Deutschunterricht in Theorie und Praxis

DTP

Handbuch zur Didaktik der deutschen Sprache
und Literatur in elf Bänden

herausgegeben von

Winfried Ulrich

Band 6

Schneider Verlag Hohengehren GmbH

Sprachreflexion und Grammatikunterricht

herausgegeben von

Hildegard Gornik

Schneider Verlag Hohengehren GmbH

Umschlag: PE-Mediendesign, Elke Boscher,
88521 Ertingen

Leider ist es uns nicht gelungen, die Rechteinhaber aller Texte und Abbildungen zu ermitteln bzw. mit ihnen in Kontakt zu kommen.
Berechtigte Ansprüche werden selbstverständlich im Rahmen der üblichen Vereinbarungen abgegolten.

Gedruckt auf umweltfreundlichem Papier (chlor- und säurefrei hergestellt).

Bibliografische Information der Deutschen Nationalbibliothek

Die Deutsche Nationalbibliothek verzeichnet diese Publikation in der Deutschen Nationalbibliografie; detaillierte bibliografische Daten sind im Internet über ›http://dnb.d-nb.de‹ abrufbar.

ISBN: 978-3-8340-0505-2

Schneider Verlag Hohengehren, Wilhelmstr. 13, D-73666 Baltmannsweiler
Homepage: www.paedagogik.de

Das Werk und seine Teile sind urheberrechtlich geschützt. Jede Verwertung in anderen als den gesetzlich zugelassenen Fällen bedarf der vorherigen schriftlichen Einwilligung des Verlages. Hinweis zu § 52a UrhG: Weder das Werk noch seine Teile dürfen ohne vorherige schriftliche Einwilligung des Verlages öffentlich zugänglich gemacht werden. Dies gilt auch bei einer entsprechenden Nutzung für Unterrichtszwecke!

© Schneider Verlag Hohengehren, 73666 Baltmannsweiler 2014
Printed in Germany – Druck: Djurcic, Schorndorf

Inhaltsverzeichnis

Vorwort des Herausgebers des Handbuchs
„Deutschunterricht in Theorie und Praxis" IX

Vorwort der Herausgeberin dieses Bandes XIII

A Geschichte und Entwicklung

A 1   Geschichte der Grammatikdidaktik – von den Anfängen bis zur Gegenwart
      von *Jakob Ossner* 3

B Konzeptionelle und empirische Grundlagen

B 1   Sprachreflexion, Sprachbewusstheit, Sprachwissen, Sprachgefühl und die Kompetenz der Sprachthematisierung – ein Einblick in ein Begriffsfeld
      von *Hildegard Gornik* 41

B 2   Linguistische Theoriebildung, Schulgrammatik und Terminologie
      von *Ludger Hoffmann* 59

B 3   Formen und Funktionen in der Grammatik
      von *Wilhelm Köller* 90

B 4   Grammatik und sprachliches Handeln
      von *Ludger Hoffmann* 110

B 5   Grammatik und Textualität
      von *Peter Klotz* 142

B 6   Grammatik und Literalität
      von *Ursula Bredel* 160

B 7   Vorschulische Sprachreflexion
      von *Helga Andresen* 174

B 8   Sprachreflexion und Schriftspracherwerb
      von *Eduard Haueis* 184

B 9 Sprachreflexion von Jugendlichen innerhalb und außerhalb
      der Schule
      von *Eva Neuland/Petra Balsliemke/Hanne Steffin* 194

C Kompetenzbereiche, Gegenstände, Unterrichtsziele

C 1 Sprachstrukturen verstehen: Die Entwicklung grammatischer
      Kategorien
      von *Matthias Granzow-Emden* 213

C 2 Sprachreflexion und Texte verfassen
      von *Thorsten Pohl* 242

C 3 Sprachreflexion und Orthographie
      von *Ursula Bredel* 266

C 4 Grammatische Sprachreflexion und elaboriertes Textverstehen
      von *Thomas Lischeid* 282

C 5 Sprachreflexion und mündliche Kommunikation
      von *Anne Berkemeier* 299

C 6 Sprachentwicklung – Sprachwandel – Sprachevolution
      reflektieren
      von *Wolfgang Steinig* 308

C 7 Grammatikunterricht, Sprachreflexion und Sprachkritik
      von *Jörg Kilian* 326

D Methoden

D 1 Methodische Konzepte der Sprachreflexion im Unterricht
      von *Ann Peyer* 343

D 2 Sprachreflexion/Grammatikunterricht in Sprachbüchern und
      anderen Medien
      von *Christina Noack/Oliver Teuber* 365

D 3 Sprachvergleich als methodischer Zugang
      von *Stefan Jeuk* 385

D 4 Sprachreflexion und Vermittlung der Grammatik im russischen
      Muttersprachenunterricht
      von *Irina Ezhova-Heer* 398

E Empirische Unterrichtsforschung

E 1 Der Beitrag der empirischen Unterrichtsforschung zur Debatte um Unterrichtsqualität im Grammatikunterricht
von *Ruven Stahns* 415

E 2 Grammatikunterricht, grammatisches Wissen und schriftsprachliches Können
von *Reinhold Funke* 429

F Erfolgskontrollen / Leistungsmessung

F 1 Sprachreflexion laut Bildungsstandards und Bildungsplänen
von *Hans Werner Huneke* 457

F 2 Leistungsaufgaben zu grammatischem Wissen
von *Peter Kühn* 473

G Exemplarische Unterrichtsmodelle

G 1 Sich Sätze erklären – zur Verbindung von Form und Funktion im Grammatikunterricht
von *Björn Rothstein* 499

G 2 Fortführen
von *Friederike Kern* 512

G 3 Konnektoren als Schnittstelle zwischen Grammatik- und Schreibunterricht
von *Sonja Ocheduska-Aden* 525

G 4 Treffend bezeichnen
von *Astrid Müller* 538

G 5 Textnahe Lektüre durch grammatisches Wissen
von *Peter Klotz* 552

G 6 Wörter zusammenschreiben oder auseinander. Orthographie und Sprachbewusstheit
von *Jakob Ossner* 565

G 7 Textrezeption durch Interpunktion steuern – am Beispiel punkthaltiger Zeichen
von *Birgit Mesch* 578

Sachwortregister 605

Vorwort des Herausgebers des Handbuchs „Deutschunterricht in Theorie und Praxis"

Zur Konzeption des Handbuches DTP

Der Deutschunterricht ist das zentrale Unterrichtsfach, das Kernfach im allgemeinbildenden Schulwesen Deutschlands mit der Aufgabe, nicht nur die grundlegenden Kulturtechniken des Lesens und Schreibens zu vermitteln, sondern die an Sprache und Texte gebundenen kognitiven, kommunikativen und kreativen Fähigkeiten der heranwachsenden Generation zu fördern. Dabei geht es um „Schlüsselqualifikationen", die zur Bewältigung vieler Situationen im privaten und beruflichen Alltag benötigt werden, sowie um Kompetenzen, die zur Teilnahme am kulturellen Leben der Gesellschaft befähigen.

Sprache ist von zentraler Bedeutung für das menschliche Leben. Erst seine Sprache macht den Menschen zu dem, der er ist. Seine Sprachkompetenz befähigt ihn zum Handeln. Sie hilft beim Erwerb von Weltwissen, bei der Begriffsbildung und bei Denkoperationen; sie erlaubt den zwischenmenschlichen Austausch von Gedanken und Gefühlen, rezeptiv beim Zuhören und Lesen, produktiv beim Sprechen und Schreiben. Keine andere Fähigkeit ist für die Persönlichkeitsentfaltung und die Entwicklung zu einem mündigen Glied der Gesellschaft von ähnlich herausragender Bedeutung.

Sprachkompetenz wird von früher Kindheit an erworben und erweitert, zunächst auf „natürliche" Weise in der Familie, dann in Vorschule und Schule systematisch und zielorientiert angeleitet in Lehr- und Lernprozessen, vor allem im Deutschunterricht. Auf die Unterrichtspraxis in den Schulen und die dort erzielten Ergebnisse richten sich deshalb häufig sowohl die kritischen Blicke der Öffentlichkeit wie auch die hoffnungsvollen Erwartungen von Eltern und Bildungspolitikern.

Welche Aufgaben soll der Deutschunterricht haben? Wie soll Deutschunterricht erteilt werden? Eine Antwort auf diese Fragen darf von der „Fachdidaktik Deutsch" erwartet werden, der Theorie des Deutschunterrichts. Sie ist eine in Forschung und Lehre an den Universitäten und Pädagogischen Hochschulen vertretene wissenschaftliche Disziplin. Als solche ist sie relativ jung und bislang noch nicht voll entwickelt. Sie hat es gegenwärtig nicht leicht. Einerseits muss sie sich an den Hochschulen im Kreis etablierter Disziplinen behaupten und mit vorzeigbaren, kritisch diskutierten Forschungsergebnissen um Anerkennung kämpfen. Andererseits darf sie sich dabei nicht in wirklichkeitsferne Theorie verirren. Sie muss die gegebene Unterrichtspraxis, die konkreten Lehr- und Lernprozesse im Alltag der Schulen und sonstigen Bildungseinrichtungen im Auge behalten und sich innovativ auf diese beziehen. Erst in der unterrichtspraktischen Erprobung erweist sich, ob die theoretischen Konstrukte umsetzbar sind oder modifiziert werden müssen. Eine (möglichst institutionalisierte) ständige Kommunikation zwischen Forschern und Praktikern ist notwendig, der wechselseitige Austausch von Impulsen und Erfahrungen. Praxisorientierte Theorie an den Hochschulen und theoriegeleitete Praxis in den Schulen: Das muss als übergeordnetes Ziel gelten.

Diesem Ziel ist das vorliegende elfbändige Handbuch „Deutschunterricht in Theorie und Praxis" (DTP) verpflichtet. Mit ihm wird der Versuch unternommen, ein Schulfach einer in diesem Ausmaß noch nie durchgeführten wissenschaftlichen Bestandsaufnahme zu unterziehen und aus dieser Bestandsaufnahme schlüssige Vorschläge für eine zukünftige Weiterentwicklung abzuleiten. Die Theorie des Deutschunterrichts in der klassischen Ausformung von Sprachunterricht und Literaturunterricht unterzieht sich damit einer Selbstevaluation, besinnt sich auf ihre Entwicklung und ihren gegenwärtigen Zustand, artikuliert ihr Selbstverständnis und beschreibt antizipierend ihre Zukunft. Dabei bekennt sie sich zu den in den letzten Jahren/Jahrzehnten erfolgten Erweiterungen ihres Zuständigkeitsbereichs: So sind z. B. Deutsch als Zweitsprache, Deutsch als Fremdsprache, Mediendidaktik und frühkindliche Sprachförderung in den Fokus der Deutschdidaktik gerückt.

Die Komplexität des Gegenstands „Fachdidaktik Deutsch" und die Schwierigkeiten seiner Beschreibung zeigen sich auch darin, dass es in vielen Aspekten Überschneidungen zu anderen Wissenschaften gibt, die sich mit der Ontogenese, der Erziehung, der Psyche von Kindern, der Sprache als System und Gebrauch, der Literatur, den Kommunikationsmedien usw. beschäftigen. Interdisziplinäre Zusammenarbeit mit gegenseitiger Befruchtung ist notwendig, z. B. mit den unmittelbaren Bezugswissenschaften Linguistik und Literaturwissenschaft, aber auch mit Schulpädagogik, Lernpsychologie, den Kognitionswissenschaften.

Außer der Zusammenarbeit mit anderen Wissenschaftsdisziplinen ist die „Fachdidaktik Deutsch" auf empirische Unterrichtsforschung angewiesen. Eine solche ist bislang erst in Ansätzen vorhanden, muss aber für die Zukunft in größerem Umfang gefordert und durchgeführt werden. Das gilt besonders, wenn aktuell Schulen und Lehrkräften einerseits viel mehr Gestaltungsfreiheit eingeräumt wird als bisher, andererseits der Erfolg ihrer Arbeit mit Hilfe fester Bildungsstandards überprüft werden soll. Beides ist erklärter Wille der Bildungspolitiker.

Das Handbuch DTP beschreibt also den Deutschunterricht nach Zielsetzungen, Unterrichtsmethoden, Unterrichtsmitteln, Lernergebnissen. Eine systematische Beschreibung kommt nicht umhin, das Schulfach als eine Zusammensetzung aus verschiedenen Ziel- und Inhaltsbereichen anzusehen. Eine solche Aufteilung stellt in gewisser Weise eine künstliche Trennung von Zusammengehörendem dar, denn natürlich sind die Bereiche nicht autonom, sondern bereits in der Theorie vielfältig miteinander verflochten, erst recht in der Unterrichtspraxis integrativ zu behandeln. Im Bewusstsein dieser Spannung orientiert sich das Gesamtwerk DTP in seiner Gliederung an den Lern- und Arbeitsbereichen, die sich aus der Curriculardiskussion der letzten Jahrzehnte ergeben haben, und ergänzt sie um weitere für die Deutschdidaktik relevante Bereiche. So ergeben sich insgesamt elf Themenbereiche (verteilt auf dreizehn Bände bzw. Teilbände), die in der Verantwortung von jeweiligen Bandherausgebern liegen:

1 Deutsche Sprache in Kindergarten und Vorschule
Prof. Dr. Herbert Günther, Universität Koblenz-Landau
Prof. Dr. Rolf Bindel, Universität Hannover

2 Schriftsprach- und Orthographieerwerb: Erstlesen, Erstschreiben
Prof. Dr. Christa Röber-Siekmeyer, Pädagogische Hochschule Freiburg
Helene Olfert, Universität Osnabrück

3 Mündliche Kommunikation und Gesprächsdidaktik
Prof. Dr. Michael Becker-Mrotzek, Universität Köln

4 Schriftlicher Sprachgebrauch/Texte verfassen
Prof. Dr. Helmuth Feilke, Universität Gießen
Prof. Dr. Thorsten Pohl, Universität Oldenburg

5 Weiterführender Orthographieerwerb
Prof. Dr. Ursula Bredel, Universität Hildesheim
Tilo Reißig, Universität Hildesheim

6 Sprachreflexion und Grammatikunterricht
Prof. Dr. Hildegard Gornik, Universität Hildesheim

7 Wortschatzarbeit
Prof. Dr. Inge Pohl, Universität Koblenz-Landau
Prof. Dr. Winfried Ulrich, Universität Kiel

8 Digitale Medien im Deutschunterricht
Prof. Dr. Volker Frederking, Universität Erlangen-Nürnberg
Dr. Thomas Möbius, Pädagogische Hochschule Heidelberg
Axel Krommer, Universität Erlangen-Nürnberg

9 Deutsch als Zweitsprache
Prof. Dr. Bernt Ahrenholz, Friedrich Schiller Universität Jena
Prof. Dr. Ingelore Oomen-Welke, Pädagogische Hochschule Freiburg

10 Deutsch als Fremdsprache
Prof. Dr. Ingelore Oomen-Welke, Pädagogische Hochschule Freiburg
Prof. Dr. Bernt Ahrenholz, Friedrich Schiller Universität Jena

11,1–3 Lese- und Literaturunterricht, Bände 1–3
Prof. Dr. Kaspar Spinner, Universität Augsburg
Prof. Dr. Michael Kämper-van den Boogaart, Humboldt-Universität Berlin

Als Projektleiter und Gesamtherausgeber des Werkes zeichnet Prof. Dr. Dr. h. c. mult. Winfried Ulrich, Germanistisches Seminar der Christian-Albrechts-Universität zu Kiel, verantwortlich.

Alle Teilbände fügen sich in eine gemeinsame Gesamtkonzeption ein, andererseits sind sie auch als in sich geschlossene Abhandlungen zu verstehen. Inhaltliche Überlappungen der Einzelbände sind nicht ganz zu vermeiden, bis zu einem gewissen Grad sogar wünschenswert. So gibt es z. B. einen speziellen Band für Deutsch als Zweitsprache; unabhängig davon muss die Berücksichtigung der unterschiedlichen Herkunftssprachen von Schülern mit Migrationshintergrund auch in anderen Bänden erfolgen. Obgleich sich die einzelnen Bände marginal aufgrund des jeweiligen Standes der Forschung in Aufbau und Umfang unterscheiden, orientieren sich alle Autorinnen und Autoren grundsätzlich an folgender Binnengliederung:

A Geschichte und Entwicklung des Teilbereichs des Deutschunterrichts
B Konzeptionelle und empirische Grundlagen
C Kompetenzbereiche, Unterrichtsziele
D Methoden und Medieneinsatz
E Gegenwärtiger Stand empirischer Unterrichtsforschung
F Erfolgskontrollen und Leistungsmessung
G Exemplarische Unterrichtsmodelle

Der Herausgeber des Gesamtwerks und die Herausgeberinnen und Herausgeber der Einzelbände hoffen, dass von dieser Veröffentlichung über viele Jahre hin fruchtbare Impulse ausgehen werden: erstens auf die schulpolitischen Diskussionen und Entscheidungen (einschließlich Lehrerbildung und Lehrplanentwicklung in den einzelnen Bundesländern), zweitens auf die fachdidaktische Forschung und Lehre an Universitäten und Pädagogischen Hochschulen, drittens auf eine im Vergleich damit stärker praxisorientierte Lehrerausbildung in den Studienseminaren und viertens schließlich auf die konkrete Unterrichtsgestaltung in den Schulen.

Möge im Umfeld der Wissenschaften die mit DTP vorgelegte Strukturierung der Theorie des Deutschunterrichts zusammen mit den unterbreiteten Vorschlägen zu vertiefter Forschung in ihren Gegenstandsbereichen einer weiteren Präzisierung und Profilierung der „Fachdidaktik Deutsch" dienlich sein!

Stampe, im Sommer 2010   Winfried Ulrich

Vorwort der Herausgeberin dieses Bandes

Der Grammatikunterricht steht trotz seiner langen Tradition immer wieder unter Rechtfertigungsdruck. Das liegt nicht zuletzt darin begründet, dass er – trotz des lebendigen Gegenstands Sprache – auch heute noch allzu häufig auf totes Benennungswissen abzielt, das von der Sprach- und Sprachreflexionspraxis der Schülerinnen und Schüler weit entfernt ist. Seit geraumer Zeit – verstärkt im Kontext von Bildungsstandards und multilingualen Klassen – wird in der Fachdidaktik diskutiert, wie im Deutschunterricht grammatisches Wissen entwickelt werden kann, das auch dem Lesen und Verfassen von Texten, dem orthographisch richtigen Schreiben und dem Sprechen und Zuhören nützt. In welchem Maße für die Entwicklung dieser Kompetenzen der systematische Blick auf Sprache und der Erwerb von grammatischer Terminologie erforderlich sind, bedarf auch weiterhin genauerer Klärung. Einigkeit herrscht darüber, dass im Unterricht stärker als bisher an der Sprachbewusstheit der Kinder und Jugendlichen angeknüpft und ihre Mehrsprachigkeit einbezogen werden muss. Welche Grammatik sich hierfür besser als die traditionelle Grammatik eignet und gleichzeitig ein angemessenes Bild von Sprache entwirft, ist gerade aktuell ein zentrales Thema. In einem funktionalen Grammatikunterricht, der nicht nur integrativ angelegt ist, sondern auf einer funktionalen Grammatik basiert, könnten die genannten Ziele vielleicht erreicht werden. Hier ist empirische Forschung nötig.

Der vorliegende Band bündelt den derzeitigen Stand der Forschung, wobei die Leser berücksichtigen mögen, dass die Entstehung eines solchen Bandes mit der raschen Weiterentwicklung der fachdidaktischen Diskussion nicht in jeglicher Hinsicht Schritt halten kann. Auch wenn im Theorieteil funktionale Sprachkonzeptionen besondere Berücksichtigung erfahren, so sind die Artikel des Bandes insgesamt nicht einem einzelnen wissenschaftlichen Paradigma verpflichtet.

Der Band betont die Beziehung zwischen Form und Funktion in der Grammatik und die reflexive Praxis, die im Grammatikunterricht weiterentwickelt wird, sowie die Notwendigkeit, den Blick zu weiten und die Bezüge zwischen Grammatik und den anderen Gegenständen des Deutschunterrichts zu sehen.

Die Gliederung des Bandes entspricht der Vorgabe für alle DTP-Bände. Der Block A des vorliegenden Bandes zeichnet die Geschichte der Grammatikdidaktik nach – von den Anfängen bis zur jetzigen heterogenen Situation, stellt also auch die aktuellen Tendenzen und Perspektiven dar.

Der große Block B legt die theoretischen Grundlagen: Im ersten Teil dieses Blocks geht es zunächst um einen Einblick in die Begriffe, die sich um „Sprachreflexion" herum gruppieren und mit denen man das erfassen will, von dem man im Unterricht ausgehen, was man weiterentwickeln und erreichen will. Sodann steht die Grammatik im Zentrum: mit ihrem Form-Funktions-Zusammenhang und in ihrem Bezug zum sprachlichen Handeln, zur Textualität und Literalität.

Der zweite Teil des Blocks B skizziert die Facetten der Sprachreflexion, wie sie sich vorschulisch, geformt durch den Schriftspracherwerb, in der späteren Schulzeit und außerschulisch zeigen.

Die Artikel des Blocks C entfalten die unterrichtliche Entwicklung grammatischen Wissens seitens der Schülerinnen und Schüler und die didaktische Modellierung grammatischer Wissensbestände. Dabei werden auch die Bezüge zwischen grammatischer Reflexion und den anderen Kompetenzbereichen und Kompetenzen entfaltet, darunter die oft vernachlässigte Kompetenz der Sprachkritik. Außerdem geht es um Gegenstände der Reflexion, die ebenfalls nicht allein unter grammatischer Perspektive zu betrachten sind: Sprachentwicklung, Sprachwandel, Sprachevolution.

Block D diskutiert methodische Konzepte der Sprachreflexion in ihrer Entwicklung und wie sie in Unterrichtsmedien in Erscheinung treten, auch unter der Perspektive der Mehrsprachigkeit der Klassen, und bietet am Beispiel Russland einen Einblick in grammatikdidaktische Konzepte im Ausland.

Block E informiert über den Beitrag der empirischen Unterrichtsforschung zur Debatte um die Qualität des Grammatikunterrichts und über den aktuellen Forschungsstand zum Zusammenhang zwischen Grammatikunterricht, grammatischem Wissen und schriftsprachlichem Können.

Ausgehend von in Bildungsstandards, Bildungsplänen und Curricula fixierten Anforderungen an Sprachreflexion im Unterricht werden in Block F Leistungsaufgaben zur Sprachreflexion kritisch analysiert.

Die exemplarischen Unterrichtsmodelle des Blocks G wollen Impulse für den Unterricht geben. Sie lassen die Unterschiedlichkeit der grammatikdidaktischen Modellierungen und der unterrichtlichen Herangehensweisen erkennen.

Aus den verschiedensten Gründen hat die Entstehung dieses Bandes eine lange Zeit in Anspruch genommen, so dass sich die Autoren und Autorinnen z. T. in erheblicher Geduld üben mussten. Allen Autoren und Autorinnen danke ich für ihre engagierte Arbeit. Ihre Beiträge haben diesen voluminösen Band erst möglich gemacht.

Auch dem Initiator der Handbuchreihe DTP, Herrn Prof. Dr. Winfried Ulrich, sei an dieser Stelle herzlich gedankt. Er hat den Entstehungsprozess dieses Bandes kontinuierlich verfolgt und begleitet. Danken möchte ich schließlich Magdalena Baunack für die Unterstützung während ihrer Zeit als studentische Hilfskraft, Annette Farkas für die Sorgfalt bei der Korrektur in der Endphase der Arbeit und Frau Majer vom Schneiderverlag für die stets freundliche und kooperative Zusammenarbeit in der Produktionsphase.

Hildegard Gornik

A
Geschichte und Entwicklung

JAKOB OSSNER

A Geschichte der Grammatikdidaktik – von den Anfängen bis zur Gegenwart

1 Forschungsstand

Einen Überblick über die Geschichte des Grammatikunterrichts, der „die Geschichte der Grammatik selbst" sei, gibt Glinz (2003b). Seine Darstellung beginnt mit einer Bestimmung dessen, was alles zur Grammatik gehöre, wendet sich dann der Frage der historischen Entwicklung der Begriffe für Wortarten und Wortformen zu, beschreibt das Grammatikmodell Beckers in der schulischen Adaption durch Wurst, das bis in die heutigen Tage Wirkung zeigt, und zieht Linien des Grammatikunterrichts nach 1945. Dabei widmet er dem „Problem der Benennung" einen eigenen Abschnitt. Eine Monographie „Muttersprachlicher Grammatikunterricht von der Antike bis um 1600" hat Reich (1972) vorgelegt, Vesper (1980) sowie Erlinger (1989; 1991) erörtern die Geschichte des 19. Jh., Erlinger (1969) die des 20. Jahrhunderts bis Ende der 60er Jahre. Unter linguistisch-historischen Aspekten wird man auf Arens (1955), Helbig (1973) sowie Köller (1988), unter Lehrplangesichtspunkten auf die Darstellung von Dolch (1965) und unter solchen des Deutschunterrichts auf die von Frank (1973) zurückgreifen. Von besonderem Wert ist Jellineks „Geschichte der neuhochdeutschen Grammatik von den Anfängen bis Adelung" in zwei Bänden von 1913. Eine sehr lesbare Darstellung der Schulgrammatik gibt Knobloch (2000) im HSK-Band „Morphologie". Die Geschichte der Deutschdidaktik/-methodik in der DDR mit Verweisen auf die Grammatikdidaktik wird in Friedrich/Kreisel (1995) dargestellt; hilfreich sind auch die Darstellung von Friedrich (2006, hier v. a. mit Blick auf den realen Deutschunterricht) sowie sein Aufsatz in dem Sammelband von Abels (1992). Die Methodik des Grammatikunterrichts nach 1945 mit einem Verweis auf Becker und das 19. Jh. erörtert Gornik (2003). Aufschlussreich sind die Betrachtungen Ivos (1994) zur Antike, zu Augustinus und Dante, Humboldt und Weisgerber. Immer noch von großem Wert sind die Textsammlungen von Geffert (1956), Rötzer (1973) und Erlinger (1988).

Alles in allem fällt auf, dass, abgesehen von Handbuchartikeln und der Geschichte der Deutschdidaktik in der DDR, die letzten 20 Jahre nichts zum Thema erschienen ist, womit sich auch die Hoffnung Vespers (1980), eine historisch-kritische Sprachdidaktik zu begründen, bis heute nicht erfüllt hat.

2 Die Anfänge in der Antike

Die Beschäftigung mit Sprache ist alt und immer eng mit Unterricht verbunden. Die Wurzeln aber sind philosophischer Natur: bei den Vorsokratikern die Frage nach dem Organ des Denkens, bei Aristoteles, dem wir wesentliche Teile unserer grammatischen Terminologie in ihrer lateinischen Übersetzung (s. u.) verdanken, die nach dem logischen Urteil (vor allem in „perí hermenéias") sowie nach Substanz und Akzidenz. Mit Blick auf den Unterricht meint die „grammatiké téchne" zuerst elementar die Kenntnis der „grámmata", der Buchstaben. Dabei schiebt sich bald ein besonderes Problem in den Vordergrund: Ab dem 5. Jh. v. Chr. treten exegetische Probleme kanonischer Texte auf, insbesondere Homers, die durch eine normative Betrachtung in der „grammatiké téchne" zu lösen versucht wurden. Dieser pragmatische Ansatzpunkt wird durch die Sophisten zur umfassenden Erziehungstheorie („paideía") ideologisiert, für die die Sprache „das Organ der Erziehung" (Stenzel zit. nach Reich 1972, 18) war. Damit ist der Weg frei zur „orthoépeia", der Sprachrichtigkeitskunst, die nicht nur den richtigen Ausdruck lehren, sondern diesen auch verbessern wollte. Reich (1972, 20) unterteilt den Unterricht in der Grammatik daher in einen engeren, der auf Orthographie, Etymologie, Semasiologie, Metrik und Rhythmik gerichtet ist, und einen weiteren, der auf Rhetorik, Dialcktik und Literatur zielt. Im platonischen Philosophenstaat ist für die Grammatik, die eine subsidiäre Funktion hat – „propaidéumaton", 'Vorbildungswissenschaft' –, das 10.–12. Lebensjahr vorgesehen (vgl. Dolch 1965, 38). Propädeutisch ist sie in einem zweifachen Sinn; zum einen hinsichtlich der Kulturtechniken Lesen und Schreiben, die das praktische Ziel des grammatischen Unterrichts waren, dann aber auch darin, dass, wie Aristoteles bemerkt, sie „zu Geldgeschäften, zur Hauswirtschaft, zur Erlernung der Wissenschaften und zu mancherlei Staatsgeschäften von Nutzen ist" (Aristoteles, Politik, VIII. Buch, 1338a). Dabei ist die Grammatik bis dahin nicht unumstritten. Die Kyniker lehnen sie ab, wie Diogenes Laertius 600 Jahre später berichtet: „Sie verwerfen auch die üblichen Wissensfächer. Wer die Herrschaft über sich selbst gewonnen hat, – so pflegte Antisthenes zu sagen, – der gibt sich nicht mit grammatischen Künsten ab" (Laertius, zit. nach Dolch 1965, 28). Damit wird einer der großen Diskurse auf diesem Feld eröffnet, der die Geschichte der Grammatikdidaktik durchzieht und bei Gaiser (1950) in die Frage gegossen wird, wie viel Grammatik denn der Mensch brauche. Die Antwort bei Gaiser lautet: keine. Ermert wiederholt die Gaisersche Frage 1982 und Ingendahl (1999) verneint sie ebenfalls vehement bislang zum letzten Mal. Auch in der DDR wird die Frage kontrovers diskutiert (vgl. Friedrich 1995, 81).

Der propädeutische Charakter der Beschäftigung mit Grammatik gilt auch für das Werk mit der größten Rezeption, die Grammatik des Dionysos Thrax, die ca. 120 v. Chr. verfasst wurde. Bis dahin war das System der grammatischen Kategorien stark ausgebaut worden. Platon unterscheidet lediglich zwischen Name/Nomen („ónoma") und Verb („rhéma"), Aristoteles nimmt Bindewörter („sýndesmoi") dazu und beginnt eine Formenlehre („ptósis = casus") zu entwickeln, die Stoiker scheiden die Eigennamen („ónoma") von den Gattungsnamen („prosegoría") und kennen Adverbien („mesótes") und Pronomina

A Geschichte der Grammatikdidaktik

("árthra") (vgl. Steinthal 1890). Dionysos Thrax' Grammatik umfasst 25 Paragraphen, beginnend mit einer Bestimmung dessen, was Grammatik sei („Grammatik ist die Kunde vom normalen Sprachgebrauch der Dichter und Schriftsteller"). Es folgen Kapitel zu: § 6: Laut („Über die Buchstaben"); §§ 7–10: Silbe; §§ 12–20: Redeteile (das, was heute unter „Wortarten" verstanden wird), in Sonderheit: §§ 12f.: Nomen (3 Genera, 2 Arten, 3 Formen, 3 Numeri, 5 Kasus); §§ 13f.: Verb (5 Modi, 3 Genera, 2 Arten, 3 Formen, 3 Numeri, 3 Personen, 3 Tempora); § 15: Partizip; § 16: Artikel (3 Genera, 3 Numeri, 5 Kasus); § 17: Pronomen; § 18: Präposition; § 19: Adverb; § 20: Konjunktion. Die letzten Paragraphen behandeln Verstöße gegen die Sprachrichtigkeit, sog. „Barbarismen" (das sind Verstöße gegen die idiomatische Korrektheit) und „Solözismen" (Verstöße gegen die idiomatische Syntax; vgl. Lausberg 1960, § 470) sowie dichterische Wendungen und Figuren (vgl. Arens 1955, 19 ff.). Eine „genaue Übertragung" (Arens 1955, 28) dieser Grammatik, die sich in den Dienst der Philologie stellte (vgl. Reich 1972; Köller 1988, 19), auf die lateinischen Verhältnisse erfolgt durch Remmius Palaemon um die Zeitenwende. Er behält die Bezeichnung („grammatiké téchne", nun „ars grammatica") bei, und auf ihn geht auch ein verunklarender Übersetzungsfehler zurück, da er den Fall, den Dionysos „aitiatiké" („Verursachungsfall") genannt hatte, mit „Akkusativ" („Anklagefall") bezeichnete. Aus dem 4. Jh. n. Chr. stammt die „ars grammatica" des Donatus, die als „ars maior" und als „ars minor", in der nur die Wortarten („partes orationis") behandelt werden, erscheint und die zu der wesentlichen Schulgrammatik des Mittelalter wurde, auf deren Grundlage man die heiligen Schriften zu lesen lernte (zur Wirkung vgl. auch Ivo 1989).

Mit Dionysos Thrax wurde eine Tradition geknüpft, die bis heute reicht. Zu Recht schreibt Arens (1955, 28): „Wer eine beliebige Schulgrammatik von heute aufschlägt, findet ziemlich genau den Aufbau wieder, den der Thraker wählte. Sie beginnt mit der Lautlehre und endet meist mit der Konjunktion; jede Wortart wird mit ihren Akzidentien abgehandelt". Was hinzukommt, ist eine Satzlehre, erstmals durch Apollonius Dyskolos im 2. Jh. n. Chr., auf die sich dann wiederum Priscianus (5. Jh. n. Chr.), neben dem Donatus die führende Grammatik der Mittelalters, bezieht. So hat die Grammatik des Priscian auch einen letzten Teil (Bücher 17 und 18, die auch „Priscianus minor" geheißen werden, im Umfang etwa ein Viertel des Gesamtwerks), der sich mit der Syntax beschäftigt. Nimmt man noch zwei Begriffe aus der Bedeutungslehre dazu, dann hat man den Stand, der 1982 durch das „Verzeichnis grundlegender grammatischer Fachausdrücke" der Kultusministerkonferenz amtlich und durch die nationalen Bildungsstandards von 2003 und 2004 im Kern, wenn auch sehr reduziert, bestätigt wurde. Damit hat die Schulgrammatik eine über 2500 Jahre währende Tradition, die, obwohl heute eher vergessen, dennoch diesen curricularen Teil nicht nur gewichtig, sondern auch schwerfällig macht.

Die Grammatik der Antike hat einen konservativen Zug hinsichtlich der Sprachrichtigkeit (vgl. Uhl 1998, 21 ff.), in Antike und Mittelalter ist sie propädeutisch für die Schriftauslegung und die Redekunst, die sich in der „elocutio" an der „consuetudo" („Sprachgebrauch") ausrichtet. Damit ist aber nicht der Sprachgebrauch der Massen, sondern nur der der Gebildeten gemeint, der sich wiederum an Grammatikschulung ausrichtet (vgl. ebd., 31). Anders gesagt: Die Rhetorik ist von Anfang an zwar medial mündlich, aber konzeptual schriftlich konzipiert (vgl. Versteeg 1986, zit. bei Uhl 1998, 36). Schließlich hat Grammatik fremdsprachendidaktische Züge, da sie bereits bei den Griechen im Hellenismus, mehr noch bei den Römern, ganz besonders aber im Mittelalter dazu dient, eine fremde Sprache als schriftliche Literatursprache zu erlernen.

Der Unterricht selbst erfolgt bei den Griechen durch den „grammatikós" („grammaticus" bei den Römern), auf den aufbauend der „Rhetor" Beredsamkeit lehrt. Nicht nur dieses Muster, sondern auch der Usus, dass der Elementarunterricht in Lesen und Schreiben von einer Person, der weiterführende Unterricht dagegen als Fachunterricht von mehreren Lehrern erteilt wird (vgl. Dolch 1965, 66), hat sich im Grunde bis heute curricular festgesetzt. Grammatikunterricht erfolgt hauptsächlich in den unteren Klassen bei einem Klassenlehrer, in den oberen beschäftigt man sich neben anderem mit Literatur. Zwei grundlegende curriculare Gedanken Quintilians sind dagegen lange verschüttet gewesen, bis sie unter neuen Vorzeichen wieder wirksam wurden: Der eine ist die These, dass es besser sei, von praktischen Übungen zu theoretischen zu gehen – eine Auffassung, die erst Erasmus wieder belebte –, der andere, dass ein Curriculum im Grundsatz spiralförmig aufzubauen sei (ebd., 67).

3 Das Mittelalter

Der spätantiken Satire des Martianus Capella verdanken wir die Vorstellung der sieben freien Künste („septem artes liberales"), wie sie das ganze Mittelalter prägte und in zahlreichen Kunstwerken festgehalten ist. In der Satire soll „Merkur" mit der „philologia", als Inbegriff der Wissenschaften (außer Philosophie und den Berufswissenschaften), vermählt werden. Die Philologie tritt mit sieben Mägden auf, eben den sieben freien Künsten (Grammatik, Dialektik und Rhetorik, die das „Trivium" bilden; Geometrie, Arithmetik, Astronomie und Musik, die das „Quadrivium" darstellen), die alle mit ihren Attributen vorgestellt werden, die Grammatik mit einem Messer („Zungenmesser"), das den Wildwuchs der natürlichen Rede beschneiden soll; spätere Darstellungen stellen sie auch mit einer Rute dar. Capella goss in eine poetische Form, was seit Varro, einem römischen Grammatiker des letzten Jh. v. Chr., sich herausbildete. Bereits zwei Jahrhunderte vor Capellas Satire haben jedoch zwei Kirchenväter, die beide vor ihrer Bekehrung Rhetoriklehrer waren, Hieronymus und Augustinus, der antiken Bildungsvorstellung zum Durchbruch in der neuen, vom Christentum geprägten Zeit verhelfen. Das sich schnell ausbreitende Christentum, eine ausgewiesene Schriftreligion, braucht Disziplinen, die sich um die Sprache bemühten, wobei hinzukommt: „Grammatik, Rhetorik, Dialektik erleichtern durch ihren formalen Charakter die Assimilation" (Willmann 1903, 222). Das Latein (in Form des Mittel- und Spätlatein) wird für die Gebildeten neben ihrer erworbenen Muttersprache zur „Vatersprache", womit zum Ausdruck gebracht wird, „dass deren Funktion weit über die gewöhnliche einer Fremdsprache hinaus bis zur muttersprachigen reicht" (Langosch 1965, 2). Erst Dante und Roger Bacon setzen dem im 13. Jh. die „Vulgata", die Volkssprachen entgegen. Dabei tut sich schnell ein Dilemma auf: Die Volkssprachen sind in sich sehr verschieden, „wie z. B. in Toskana die von Siena und Arezzo, in der Lombardei die von Ferrara und Piacenza. Ja in derselben Stadt nehmen wir eine gewisse Verschiedenheit wahr" (Dante „De vulgari eloquentia", zit. nach Arens 1955, 45). Dieses für einen Grammatiker unersprießliche Problem wird durch die Proklamation einer Hochsprache gelöst: „Es ist die erlauchte, maßgebende, bei Hof gesprochene und höfische Sprache (vulgare) in Italien" (ebd.). Damit ist man wieder bei der Notwendigkeit der Grammatik als Bildungsinstrument. Denn aus der Volkssprache müssen die Dichter „aus einem rohen, unbearbeitet-kunstlos-ungebildeten Lexikon (rudibus vocabulis), einer verworren-dunklen Syntax (perplexis constructionibus) und aus einer schwachen und schlicht-bäuerlich-ungeschliffenen Aussprache (defectivis prolationibus ... rusticanus accentibus)" auswählen, „dass daraus etwas 'so Vollendetes, so Urbanes' [wird]. Mit anderen Worten: sie [muss] durch Bildung erhöht (sublimatum est magistratu)" (Ivo 1994, 77 f.) werden.

Der eigenständige Beitrag des Mittelalters besteht in der Weiterentwicklung einer propädeutischen Grammatik zu einer Sprachphilosophie durch die sog. „Modisten", deren höchst spekulativer Ansatz, durch die Sprache zur Wahrheit zu gelangen, curricular jedoch nur insofern wirksam wurde, als der Ansatz die „ars grammatica" nun zur Grundlage der Schulwissenschaften schlechthin machte (vgl. Reich 1972, 86). Dies galt nicht nur für die Lateinschulen, sondern ebenso für die sog. Artistenfakultät, die mit dem „Baccalaureus artium" abschloss.

Auch das Mittealter kennt unter seinen Vorzeichen die „Antigrammatiker". So heißt es bei Petrus Damiani im 11. Jh.: „Der allmächtige Gott bedarf unserer Grammatik nicht ... und sandte als Apostel nicht Philosophen und Rhetoren aus, sondern einfache Fischersleute" (Damiani, zit. nach Reich 1972, 83). Der Topos von der Unnatürlichkeit grammatischen Bestrebens ist geboren.

4 Die Neuzeit

Mit Blick auf die Grammatik und den Grammatikunterricht kennzeichnet das Ende des Mittelalters das Ende des Lateinunterrichts in der bisherigen Form als

„lingua franca" der Gelehrten. Dabei hatte der muttersprachliche Unterricht aus den Bedürfnislagen der Handwerker und Bürger heraus schon im 14. Jh. begonnen. Die erste deutsche Fibel von 1477 von Kristofferus Hueber aus Landshut entwickelt einen „modus legendi" durch die Verknüpfung eines Buchstabens mit einem Bild, „z. B. das 'i' durch das Bild eines Igels" (Reich 1972, 125), eine Methode, die sich bis heute bewahrt hat. Revolutionärer – und in der Zukunft wieder vergessen – ist, dass er die Buchstaben nach Konsonanten (zusammen mit häufigen Konsonantenverbindungen) und Vokalen (die über den Konsonanten in einem Dreieck stehen; vgl. ebd.) ordnet und damit einen Hinweis zum Bau von Wörtern gibt. „Hierin liegt eine selbständige grammatische Leistung, die nicht nur aus dem Erstleseunterricht hervorgegangen ist, sondern diesen auch zu erleichtern bestimmt war. Das Bewusstsein von der gegenseitigen Förderung von Leseunterricht und elementarer Grammatik setzt sich dann [...] immer mehr durch" (ebd.). Reich weist darauf hin, dass sich die grammatische Beschäftigung aus lebenspraktischen Tätigkeiten ergab: neben dem Lesen- und Schreibenlernen das Briefeschreiben, das zu Betrachtungen der Interpunktion (mit einem ersten Werk von Niclas von Wyle 1477, der sich am Lateinischen orientierte) und zu einer „tütsch rhetorica" führte.

Wie bedeutsam die Reformation sowie die Bibelübersetzung für das Deutsche auch ist, die Reformer, Luther und Melanchthon, wandten sich explizit gegen den deutschen Unterricht, wenngleich das „Laienpriestertum", zusammen mit der ins Deutsche übersetzten Bibel, genau diesen Unterricht beförderte. Dabei wurde er allerdings aus seiner lebenspraktischen Verankerung herausgelöst, indem dem Religionsunterricht als Ziel vorgegeben wurde, „in dem Catechismo" (Reich 1972, Anm. 705, verweist auf verschiedene Schulordnungen) zu unterweisen. Bei all diesen Bemühungen kann man aber von einem deutschen Grammatikunterricht berechtigterweise lange nicht sprechen. Es fehlt vor allem eine deutsche Grammatik. Diese wird durch Interlinearversionen des Donat und v. a. durch die Übersetzung von Johannes Turmair (gen. „Aventinus") im 15. Jahrhundert vorbereitet, der erste Versuch einer eigenständigen deutschen Grammatik muss Valentin Ickelsamer mit seiner „Teütschen grammatica" (1534) zugeschrieben werden. Darin betont er, dass nicht nur ein deutscher Donat, sondern eine Grammatik für das Deutsche nötig sei, vom Lehrer verlangt er: „Also halt ich/müßt ein Teütscher Grammaticus die teütsche zuo schuol füre/Nämlich/ das er in die rechten art un weiß der teütschen wörter un rede /auß oder nach künstlicher und rechter anleytung/ der rede teyl/ mit ire acciden: erkläret un zu verstehn geb" (Ickelsamer 1534, Nachdruck in: Fechner 1972). Seine Grammatik leistet dies aber nur ansatzweise; sie ist wesentlich „Hilfsmittel für den Sprachunterricht" (Rössing-Hager 2000, 777), genauer für den Schreib- und Leseunterricht – „grammatikorthographisch" (ebd., 780) – ausgerichtet. In dem angestrebten deutschen Sprachunterricht bereitet „die muttersprachliche Grammatik [...] auf bestimmte Berufe und die Erlernung von Fremdsprachen vor und schult die

Verstandeskräfte; die Beschäftigung mit der ursprünglichen Bedeutung der Wörter dient der Erhaltung der Sprache; die Sprachpflege ist zugleich Bewusstseinsbildung, der bewusste Sprachgebrauch Voraussetzung für ein gottesfürchtiges Leben" (ebd., 781). Erst 84 Jahre später erscheint von Johannes Kromayer eine weitere deutsche Grammatik, die nun, ganz anders als Ickelsamer, der auf Flexionsparadigmen ganz verzichtet hatte, weil er glaubte, dass man diese in der Muttersprache eh unbewusst erlerne, genau diese ausgiebig behandelt. Das didaktische Interesse Ickelsamers teilt im Besonderen Ratke, dem wir nicht nur den Ausdruck „Didaktik" verdanken, sondern auch den ersten Schulbuchverlag („die Fürstliche Druckerei zu Köthen"). 1612 lässt er dem Reichstag ein Memorial übermitteln, in dem es im § 5 heißt: „Alles zuerst in der Muttersprache" (Ratke, zit. nach Dolch 1965, 279). Die Begründung lautet: „Denn in der Muttersprach ist der Vorteil, dass der Lehrjung nur auf die Sache zu gedenken hat, die er lernen soll und darf sich nicht weiteres mit der Sprach bemühen. [...] alsdann ist es ihm auch keine Müh, auch in fremden Sprachen solches zu üben. Auch ist dieser Nutzen dabei, daß [...] ein jeder hernach, wes Stands er auch ist, kann zu besserm Verstand gelangen" (ebd., mit Auslassungen). Ratke entwirft ein Programm, indem er für alle Schulsprachen (Deutsch, Latein, Französisch, Italienisch, Griechisch) Grammatiken „nach der Lehrart Ratichii" erstellen lässt, in denen sich aber letztlich ein „monolingualer Habitus" (Gogolin 1994) zeigte: „Seine deutsche Schule war doch sehr stark [...] eine lateinische Schule auf deutsch" (Dolch 1965, 282). Erst Comenius verweist auf die Eigenart jeder Sprache (vgl. ebd.). Für beide pädagogischen Neuerer gilt aber, dass sie die Erlernung und Pflege der Muttersprache an die erste Stelle setzen und dieses – das ist das Fortwirken der lateinischen Tradition – durch eine Unterweisung in der Grammatik erreichen wollen. Begünstigt wird der Muttersprachenunterricht durch die sog. „Sprachgesellschaften", die sich im Besonderen der „Sprachreinheit" verschrieben hatten, die durch Ausschöpfung der Möglichkeiten des Deutschen, wozu man wiederum eine grammatische Beschreibung brauchte, erreicht werden sollte. (Zu den Sprachgesellschaften vgl. v. Polenz 2000.)

Muss sich das Deutsche im 17. Jahrhundert erst etablieren, so ist es 150 Jahre später eine bedeutende Literatursprache, für die die Grammatiker wie Gottsched oder Adelung einen bedeutenden Beitrag leisteten. Am Unterricht in den Schulen ändert sich im Grundsatz dadurch jedoch wenig. Allerdings befördern und prägen die normierenden Bemühungen um das Deutsche von Schottelius bis Adelung, die meist in der richtigen Schreibung (Orthographie) und Aussprache (Orthoepie) ihr Ziel hatten, den Schulunterricht. (Zur Sprachnormierung bis zur dt. Klassik vgl. Kilian 2000.)

5 Das 19. Jahrhundert

Bewegung in den Grammatikunterricht kommt erst im 19. Jahrhundert. Nicht nur erstreckt sich nun die Schulpflicht über mindestens sechs, wenn nicht gar acht Jahre, es hatte sich auch die sprachwissenschaftliche und sprachtheoretisch/

-philosophische Betrachtungsweise gründlich geändert. 1819 erscheint der erste Band von Jacob Grimms „Deutscher Grammatik", der mit einer historisch vergleichenden Sprachforschung ein neues Paradigma entwirft, das nicht unmittelbar auf die Schule bezogen ist. Vielmehr lehnt Grimm einen Grammatikunterricht in der Schule kategorisch als „unsägliche Pedanterei" (Vorrede zur „Deutschen Grammatik") ab. In dieser Vorrede zur „Deutschen Grammatik" unterscheidet Jacob Grimm drei Richtungen des wissenschaftlichen Studiums der Grammatik: die normativ-kritische, die ihr System „aus den für vollkommen gegebenen besten Schriftstellern gewisser Zeiten" (Grimm 1819, 7) zusammensetzt, die logisch-philosophische, die er als nicht-empirisch ablehnt, und die historische, die ihre Darstellung aus dem Studium der Sprachentwicklung gewinnt.

Schulisch bedeutsam wird die logisch-philosophische Richtung durch Karl Ferdinand Becker, der 1827 den ersten Band seiner Grammatik „Organism der Sprache" veröffentlichte (2. Aufl. 1841). Becker gibt in gewisser Weise ein besonderes Versprechen ab, nämlich durch den Grammatikunterricht Denkschulung betreiben zu können (zum geistesgeschichtlichen Hintergrund vgl. Erlinger/Feilke 1983). „Sprachdenklehre" wird entsprechend sein Entwurf von seinem wichtigsten pädagogischen Propagandisten, dem Pfarrer Raimund Jakob Wurst genannt, der das Becker'sche System mit der alten Begründung, durch Grammatikunterricht den Katechismus besser verstehen zu können, auf die Volksschule überträgt (vgl. Wurst 1843; ein Beispiel für die Wurst'sche Methode kann nachgelesen werden bei Erlinger/Feilke 1983, 73f.).

„Wie geht es nun zu," fragt Rudolf v. Raumer (1857), „dass ein Mann, der mit dem redlichsten Willen und nicht geringem Talent im Geiste Wilhelm v. Humboldts zu arbeiten glaubte, der Stammvater jener überschwenglichen Verkehrtheiten geworden ist, mit denen Raimund Wurst und andere unsere Schulen heimgesucht haben?" (v. Raumer 1857, 224) Becker hatte einen wesentlichen Nerv getroffen, der mit der Ablösung des lateinischen Unterrichts durch den deutschen Unterricht offen dalag: Grammatikunterricht brauchte nun eine Begründung, die Becker mit seiner Urteilslehre gab: Grammatik verbessert nicht den eigenen Sprachgebrauch, sondern schult das Denken.

Von solchen Versprechungen waren v. Raumer und die Junggrammatiker weit entfernt. Im Gegensatz zu Grimm, der in der Vorrede zur deutschen Grammatik 1819 von „abgezogene[n], matte[n] und mißgegriffene[n] Regeln der Sprachmeister" spricht, hebt v. Raumer in seiner Antwort auf die Frage, ob man „die eigene Landessprache gar nicht mehr unter die Gegenstände des Schulunterrichts zählen sollte", die Bedeutsamkeit der Schriftsprachlichkeit und im Zusammenhang mit ihr der Grammatik hervor: „Worin liegt denn überhaupt der Grund, dass wir unsere eigene Muttersprache in den Kreis der Schulbildung aufnehmen müssen? Denn man täusche sich nicht! Man ziehe den Kreis der schulischen Behandlung des Deutschen so eng als man will, immer bleibt einiges über, was nur der weiß und kann, der es gelernt hat, so zum Beispiel orthographisch schreiben. Warum gibt sich das alles nicht mit der Muttermilch? Warum können wir es nicht dem schöpferischen Sprachinstinkt jedes einzelnen ebenso vollständig anheimgeben, wie wir beim Sprechenlernen der Kinder die Natur allein walten lassen? Die Antwort ist: Weil wir eben unsere sogenannte Muttersprache bereits seit mehr als tausend Jahren nicht bloß sprechen, sondern auch schreiben" (ebd., 225).

Belustigt konstatiert v. Raumer, dass Jacob Grimm mit seiner ablehnenden Haltung gegen die Schulgrammatik diese zu besonderer quantitativer Blüte getrieben habe und darunter auch Verfasser zu finden seien, die sich dabei explizit auf Grimm berufen würden.

Dazu gehört auch der Versuch Bauers, 1868 mit „Grundzüge der neuhochdeutschen Grammatik für höhere Bildungs-Anstalten" eine Grammatik vorzulegen, die „die Verbindung zwischen der historischen Schule Grimms, der philosophischen Schule Beckers und der nach Bauers Verständnis psychologischen Schule Humboldts anstrebte" (Vesper 1980, 148). Das Ziel war eine Mischgrammatik für die Lehrkräfte, deren Inkonsistenz in der Ausrichtung didaktisch offensichtlich nicht störte. Nicht zuletzt durch die Bearbeitung durch Konrad Duden ab der 18. Auflage 1881 wirkte diese Grammatik bis ins 20. Jahrhundert; die letzte Auflage erfolgte 1935. Diese über den Namen Duden für die Schulen einflussreiche Grammatik wurde erst 1959 gründlich revidiert (s. u. bei Glinz; zu einer sehr aufschlussreichen Darstellung der grammatiktheoretischen Auseinandersetzungen des 19. Jahrhunderts vgl. Vesper 1980, 155, Tabelle 16.)

Philipp Wackernagel (1863) wirft zwei Themen auf, die für das Kommende bis heute von einiger Bedeutung sind:

a) Wissenschaftliche Grammatik vs. pädagogische Grammatik,
b) Grammatische Terminologie.

Bei Ersterem gesteht Wackernagel nur Grimm das Prädikat „wissenschaftlich" zu und wirft Becker vor, die Grammatik einem außersprachlichen System (der „Denklehre") unterwerfen zu wollen. Eine pädagogische Grammatik müsse seiner Meinung nach einer wissenschaftlichen folgen. Dennoch aber ist Becker derjenige, der, obwohl mit der Tradition brechend, in der Schule außerordentliche Erfolge feiert. Neben dem schon genannten Grund, dass Becker eine Begründungslücke für den muttersprachlichen Unterricht schließt, nennt Vesper (1980, 115) „zwei bedeutende Verdienste der Beckerschen Konzeption: die Festlegung der *grammatischen Kategorien* und die detaillierte Ausarbeitung der *Satzgliedlehre*". Ein weiterer kommt hinzu: Becker entwirft nicht nur seine beiden Bände zur Grammatik, sondern schiebt 1831 einen Band „Schulgrammatik der deutschen Sprache" zeitnah nach. „Als sich herausstellte, dass auch diese Schulgrammatik noch zu kompliziert und umfangreich insbesondere im Anfängerunterricht war, entwickelt Becker unter abermaliger Verkürzung seinen 'Leitfaden für den ersten Unterricht in der deutschen Sprachlehre' (1833, 8. Aufl. 1864)" (Vesper 1980, 117). So hatte Becker eine nachhaltige Wirkung bis nach dem 2. Weltkrieg.

Duden preist ihn 1876 als die „immer noch am frischesten und vollsten strömende Quelle, an der jeder reiche Belehrung schöpfen kann" (Duden 1876, 13, zit. nach Bredel 2007, 213).

Das zweite Thema, das Wackernagel anschlägt, die grammatische Terminologie, ist eines, das seit der deutschen Grammatik von Schottelius virulent ist. Mit einer Grammatik des Deutschen geht auch die Eindeutschung der grammatischen Begriffe einher, die je nach Anlage der Grammatik immer wieder anders gefasst werden. Wackernagel zitiert Jean Paul, der eine ironisch-sarkastische Replik auf die „Sprachverwirrung" wirft und daher nach einer Rückübersetzung des Donatus ins Lateinische ruft. Jellinek (1913, 4–19) nennt 138 grammatische Werke, die von 1451 bis Adelung verfasst wurden, was eine breite grammatische Terminologie zur Folge hatte, die durch den Neuansatz durch Becker noch beträchtlich vermehrt wurde. Rhetorisch fragt Jean Paul (1838, 205): „Sollen wir immer erst die neue Sprache eines Sprachregellehrers lernen, um unsere alte zu erlernen, und jene wieder vergessen oder übersetzen, um wieder die neue eines andern zu verstehen?" und Wackernagel setzt nicht minder ironisch fort: „In den letzten Worten ist auch zugleich vortrefflich der Wert der Schulgrammatiken anerkannt" (Wackernagel 1863, 81). Gefruchtet hat der Aufruf kaum. 1872 betont Hiecke, der gerne zu den Vorläufern der Reformpädagogik gezählt wird, dass die grammatische Terminologie aus dem Anschluss an das Gelesene erwachsen solle, damit „die grammatische Terminologie leicht und interessant" (Hiecke 1872, 158) werde. In der Analyse des Beispielsatzes „*Rübezahl hat in dem Gebirge einen eigenen Krautgarten*" gebraucht er aber selbst teilweise eine modische Mischterminologie („bekleideter Hauptsatz"); insbesondere bleibt Hiecke die Antwort auf die Frage, warum der Satz aus der Sage überhaupt grammatisch analysiert werden soll, schuldig. Seine Behauptung, dass damit das Bekannte erkannt werde, kann nicht überzeugen, wenngleich anklingt, was später Sprachbewusstheit genannt wird. Die Frage der grammatischen Terminologie wird wieder virulent im 20. Jh., wenn Glinz Begriffe wie „Zielgröße" einführen möchte, und dann 1982 mit dem verbindlichen „Verzeichnis grammatischer Begriffe" der Kultusministerkonferenz, das bald von Seiten der Linguistik (vgl. Bausch/Grosse 1987), weniger von Seiten der Didaktik (vgl. Raasch 1983), kritisiert wird.

Zu den Vorläufern der Reformpädagogik wird auch Rudolf Hildebrand gerechnet, der 1867 in erster, 1962 in 27. Auflage „Vom deutschen Sprachunterricht in der Schule" verlegte und damit eine beispiellose Wirkung im Rahmen sehr unterschiedlicher Konzeptionen (s. u.) erzielte. Hildebrand gesteht gleich zu Beginn seiner Ausführungen, dass er – ordentlicher Professor für „neuere deutsche Literatur und Sprache an der Universität Leipzig" – „mit der pädagogischen Literatur leider viel zu wenig bekannt sei" (Hildebrand 1920, 1), was er dem Umstand, dass er „über ein Vierteljahrhundert" am Grimm'schen Wörterbuch gearbeitet habe, zuschreibt. Dies ist umso erstaunlicher, als Hildebrand die Diskussion um den Grammatikunterricht pädagogisiert, indem er als wesentliche Größe den Schüler in die Diskussion einbringt. Hildebrand gibt vier Losungen aus:

„1. Der Sprachunterricht solle mit der Sprache zugleich den Inhalt der Sprache, ihren Lebensgehalt voll und für sich und warm erfassen.
2. Der Lehrer des Deutschen solle nichts lehren, was die Schüler selbst aus sich finden können, sondern alles [sic!] das sie unter seiner Leitung finden lassen.
3. Das Hauptgewicht solle auf die gesprochene und gehörte Sprache gelegt werden, nicht auf die geschriebene und gesehene.
4. Das Hochdeutsch, als Ziel des Unterrichts, sollte nicht als etwas für sich gelehrt werden, wie ein anderes Latein, sondern im engsten Anschluß an die in der Klasse vorfindliche Volkssprache oder Haussprache" (Hildebrand 1920, 5).

Sein Plädoyer geht gegen das „Hauptleiden des deutschen Unterrichts", das er als „Gefühl der Leere" (ebd.) oder „Langeweile" (ebd., 4) beschreibt und für einen Unterricht, bei dem die Schülerinnen und Schüler „die Schulbänke und Schulwände und die ganze Schule vergessen würden vor lauter tätigstem innern Leben [...] und zwar mit dem Gefühl, wie sie aus ihrem eigensten Leben mitten heraus in eine Höhe gehoben würden, die nur eine Veredelung dessen wäre, was sie selbst schon hatten, nichts nagelneues Fremdes" (ebd., 4). Für dieses Ziel erwartet er von der Lehrkraft, dass sie das, was die Schüler vor allem mündlich von sich geben, aufnehmen und einem Gespräch über Sprache zuführen. Dass er dabei der gesprochenen Sprache den Vorzug gibt, hängt damit zusammen, dass er vor allem sie als lebendig empfindet. Dass sich ein solcher „deutscher Unterricht" kaum um die Syntax, dagegen sehr um die Wortlehre kümmert, liegt auf der Hand. Hildebrand selbst ergänzt seine Ausführungen auch in späteren Auflagen um eine Wortbildungslehre („ein Bissen Kuchen zwischen das Brot" (ebd., 76)) und etabliert damit ein Paradigma, auf das sich die Reformpädagogen, die Sprachinhaltforschung und auch die DDR-Didaktik berufen (s. u.).

Hildebrand trifft, wie die zahlreichen Auflagen zeigen, die er zu seinen Lebzeiten zur weiteren Exemplifizierung seiner Vorstellungen nutzt, einen Nerv der Lehrkräfte, denen die normative Schulgrammatik als zu lebensfern erschien und die dem Becker'-/Wurst'schen Versprechen, das Denken zu schulen, nicht glauben mochten. Allerdings geht es zu weit, ihn einen Vorläufer des integrativen Grammatikunterrichts zu nennen (vgl. Bredel 2007, 214). Eher muss man ihn einem situativen Grammatikunterricht zurechnen, der sich die grammatischen Themen mit dem Ziel gelehrter Sprachplaudereien zu den verschiedensten Gelegenheiten sucht (vgl. Hildebrand 1920, 14). Hildebrand läutet also einen Diskurs ein, der die Reformpädagogik mit ihrer Hinwendung zum Kind durchzieht und besonders in den 80er und 90er Jahren des letzten Jahrhunderts mit der Wiederentdeckung der Reformpädagogik zum Mainstream auch in der Grammatikdidaktik wird (vgl. unten „Situativer Grammatikunterricht"). Vor allem stellt

Hildebrand das ganze Vokabular für diesen Diskursstrang zur Verfügung: Leere und Langeweile auf Seiten des herkömmlichen, sog. „formalen Grammatikunterrichts", – Schüler- und Lebensnähe, Lebendigkeit und Gefühl auf Seiten des neuen Unterrichts.

Damit schließt das Jahrhundert mit der Einleitung eines Diskurses ab, der das folgende sowohl am Anfang als auch am Ende bestimmt, die „Pädagogik vom Kinde aus", die einer, die sich nur an den Gegenständen orientiert, entgegengesetzt wird. Die Motive sind dabei ähnlich. In beiden Fällen zeigt sich eine „epochale Wendung vom Mechanismus zum Vitalismus" (Reble 1960, 256), die sich in beiden Fällen in Jugendbewegungen, wenn auch unter verschiedenen Vorzeichen, zeigt. Im Grammatikunterricht bedeutet dies jedesmal ein Abgehen von einer als zwanghaft empfundenen systematischen Betrachtung hin zum als lebendig empfundenen Sprachgebrauch der Schülerinnen und Schüler.

6 Das 20. Jahrhundert

Exklusiv als „Plaudereien" (Cretius 1927, VI) gibt der Berliner Rektor Paul Cretius seine „Lebensvolle Sprachlehre" aus und meint: „Alles ist recht, wenn's nur recht getragen wird vom rechten Verstehen der Kindesnatur und von der rechten Liebe zur Muttersprache" (ebd., Vorwort zur 4. und 5. Auflage). Nicht von ungefähr ist Cretius' Buch keiner Theorie mehr verpflichtet, ein Weg, den Hildebrand gewiesen hat und den die kindorientierte Reformpädagogik vollends ging. Noch deutlicher ist dies zu sehen bei einem der bedeutenden Vertreter der Reformpädagogik, bei Fritz Gansberg, der den Sprachunterricht „lebensnah" gestalten will und ihn ganz dem Erleben – diesem reformpädagogischen Zentralbegriff – unterordnet: „Zu einer solchen produktiven Anwendung auf das praktische Erleben eignen sich besonders die 'Bewegungswörter', die Tätigkeitswörter im engeren und wirklichen Sinn. [...] An wie viele Möglichkeiten des Alltags kann uns z. B. das Wort 'heben' erinnern. Wir denken an die tausend Sachen, die tagtäglich in die Höhe genommen oder auf einen erhöhten Platz gelegt werden; wir sehen im Geiste den Fuhrmann, der Fässer, Kisten und Säcke vom Wagen oder auf den Wagen hebt, die Mutter, die beim Aufräumen allerlei Spielzeug, mitunter auch eine Nähnadel oder einen Knopf vom Boden aufhebt, an den Turner [...] usw. usw., ohne dass wir so leicht ein Ende finden könnten; es muss nur, ohne dass immer ganze Sätze gebildet werden, durch nähere Bestimmungen die betreffende Tätigkeit so scharf wie nur möglich charakterisiert werden" (Gansberg 1920, 70 f.).

Wie schwer man sich allerdings tut, wenn beiläufige Bemerkungen überschritten werden, zeigt Erlinger am Beispiel Lotte Müllers, einer bekennenden Gaudig-Schülerin, über die er einerseits schreibt: „Die Sprache wird in ihrer expressiven Kraft gesehen, ihre Betrachtung hilft zur ästhetischen Erhellung der Dichtung, schafft aber zugleich ein Sprachbewusstsein, das sie über das Dasein als reines

Kommunikationsmittel hinaushebt" (Erlinger 1969, 140). Auf der anderen Seite aber werden „die Grenzen der Müller'schen Bemühungen evident. Die pädagogische Grundlage ist modern – aber in der steten Betonung kindlicher Aktivität zu überspitzt 'vom Kinde aus', die Grammatik jedoch in ihrem Zentrum, der Satzlehre, antiquiert" (ebd., 143).

Eine besondere und in den Schriften wenig reflektierte Verbindung geht die historisch ausgerichtete Sprachwissenschaft der Junggrammatiker mit den neuen Bewegungen seit Hildebrand ein; diese äußert sich in der Hinwendung zum Dialekt als dem sprachlich Unmittelbaren für die Schülerinnen und Schüler. Der Schweizer v. Greyerz lehnt jede Art von Grammatiken ab, da sie „offenbar für Leute [geschrieben sind], die zwar Deutsch können, denen es aber ein Vergnügen bereitet, ihre Kenntnisse durch eine systematische Anordnung, gelehrte Terminologie und allgemeine Formeln bestätigt und befestigt zu sehen. In dieser Lage ist kein Schüler" (v. Greyerz, zit. nach Erlinger 1969, 138). Dem setzt er die Mannigfaltigkeit des Sprechens, die sich insbesondere in den Mundarten zeige, entgegen. Dies führt in der Zeit des Nationalsozialismus zu der Vorstellung, dass „das Kind des Volkes" seine eigene, der Hochsprache der Intellektuellen entgegengesetzte Hochsprache habe, die „eine andere geistige Haltung" offenbare, als Sprache der „zukünftigen, praktisch-tüchtigen Männer und Frauen des unmittelbaren Arbeits- und Wirtschaftslebens" (Ferchland 1935, zit. nach Geffert 1956, 101 f., der Ferchland lobend – ebd., 22 – in seine Sammlung aufgenommen hat). Ferchland beruft sich direkt auf Hildebrand, der lediglich „die Schulstube der Volksschule" (ebd., 101) noch nicht gekannt habe. Hierin zeigt sich nicht zuletzt, dass die Grammatikdidaktik, wie die Sprachdidaktik insgesamt – nicht nur zu dieser Zeit –, unhistorisch verfährt, was nicht nur zur jeweils dienlichen Einvernahme führt, sondern auch zur Wiederkehr von Strömungen ohne Erkenntnisfortschritt. Dies gilt auch, wenn auch eingeschränkt, für eine der prägenden Gestalten der Sprachdidaktik des 20. Jahrhunderts, Leo Weisgerber.

Weisgerber beruft sich – wie Becker – direkt auf Humboldt, darauf, dass die Sprache die Sicht der Welt präge. Gegen das Prädikat eines „Humboldt redivivus" wendet Ivo (1994, 153) ein, dass Humboldt und Weisgerber in „der Annahme einer konstitutiven Rolle der Sprachen im Erkenntnisprozess" zwar einen gemeinsamen Ausgangspunkt hätten, „in der Auslegung dieser Rolle, ihrer Herleitung und in den Konsequenzen, die aus dieser Annahme gezogen werde", lägen aber „die Konzepte denkbar weit auseinander" (ebd.). Dagegen wendet Glinz (2003a, 23) ein, dass für Weisgerber weniger Humboldt, sondern vielmehr der Strukturalismus, insbesondere Trubetzkoj leitend gewesen sei, mit dem ihn „der Gedanke des Systems" (ebd.) verbunden habe.

„Becker lieferte, was die Zeit forderte", heißt es bei Glinz (1947, 55) über Becker; dies hätte er mit noch größerem Recht über Weisgerber schreiben können. Das Becker'sche Versprechen der Denkschulung konnte nicht eingelöst werden, das sprachhistorische Interesse der Junggrammatiker verfehlte die

Bedürfnisse der Schule ganz, Hildebrands Sprachthematisierungen waren anregend, aber nicht weitreichend genug, da der situative Zugang sich gegen einen systematischen Zugriff sperrte, Weisgerber bot einen Rahmen, der Grammatikunterricht in einen höheren Sprachunterricht einordnete und ihm mit der „inhaltbezogenen Sprachforschung" einen tieferen Sinn verlieh. Durch das „Worten der Welt" (so ein Titel in Weisgerber 1973) sollte durch die Sprachlehre und Sprachkunde (s. u.) das Tor zur Welt schlechthin aufgestoßen werden können. Weisgerber wollte die Sprachwissenschaft aus ihrer Zulieferfunktion („ancilla philologiae") befreien und ihr die „zentrale Stelle [...], die ihr deshalb gebührt, weil ihr Objekt, die Sprache, bei jedem Volk und in jeder Kultur eine zentrale Bedeutung hat" (Güntert 1929, zit. nach Roth 2004, 106), einräumen. Der Sprachunterricht, der einhergeht mit einer antigrammatischen Attitüde, wird nun zur Königsdisziplin des Unterrichts schlechthin. Weisgerber wird nicht müde, „die Kluft zwischen den grammatischen Kategorien und der sprachlichen Wirklichkeit" (Weisgerber 1950, 9) zu beklagen und „das Ende einer bestimmten Form des Sprachunterrichts, der Grammatik" (ebd., 8), „das Ende der grammatisch bestimmten Sprachlehre", die „die Sprache herauslöst aus ihren lebendigen Zusammenhängen (ebd., 15), auszurufen. Eine richtige Grammatik sei ihrem „Wesen nach das Bewusstmachen dessen, was unbewusst als Muttersprache in einer Sprachgemeinschaft lebt" (ebd., 14). Dass eine solche Lehre nicht nur ideologiebildend, sondern auch ideologieanfällig ist, muss an dieser Stelle nicht weiter ausgeführt werden (vgl. v. a. Roth 2004).

An der Sprachinhaltforschung als Kern der Sprachwissenschaft halten nicht nur Sprachlehrer wie Rahn und Pfleiderer, die den gymnasialen Deutschunterricht nach dem 2. Weltkrieg durch ihre Sprachbücher entscheidend prägten, fest, v. a. gilt dies für den wichtigsten Protagonisten der Grammatikdidaktik nach dem Krieg, Hans Glinz.

Noch der über 100 Seiten starke Handbuch-Artikel in Beinlich (1961) mit dem bezeichnenden Titel „Der Sprachunterricht im engeren Sinne oder Sprachlehre und Sprachkunde" verbleibt grundsätzlich auf dem Fundament der Sprachinhaltforschung, wie Glinz 2003 in seinem erneuten Handbuchartikel zur Geschichte der Sprachdidaktik Weisgerber, der mit Ivo (1994) endgültig erledigt schien, einen eigenen Abschnitt widmet. Darin beklagt er allerdings u. a. an Weisgerber die folgenden Punkte:

- „Ein wachsender Glaube an die erkenntnisleitende Kraft von Termini und ein Übereinander-Schichten von Ebenen, die mit je verschiedenen (aber wenig klaren) Methoden angegangen werden sollten: 'lautbezogen – gestaltbezogen – inhaltbezogen – leistungsbezogen – wirkungsbezogen' (Weisgerber 1963, 15).
- Die Weigerung, sich von traditionellen grammatischen Begriffen zu lösen – ja ein Glaube an einen *Sinn* aller einmal geschaffenen grammatischen Termini. [...].
- Eine Überdeutung formalgrammatischer Verschiedenheiten, z.B. (nach einer Idee von Brinkmann), dass der Gebrauch einer Kombination von Dativ und Akkusativ ('Sie schenkte *ihm* diesen Ring') die angemessenere, die 'humanere'

Darstellungsweise sei als die gleichbedeutende Kombination von Akkusativ und Präpokasus ('Sie beschenkte *ihn* mit diesem Ring' – Weisgerber 1958, 67).

– Vor allem aber: eine leidenschaftliche Ablehnung des Ausgehens von der Analyse einzelner Texte und ebenso ein Ablehnen der systematischen Bindung aller Begriffe an die Durchführung von Proben, von Operationen. Bei solchem Ausgehen von Texten, so fürchtete Weisgerber, kämen zu sehr nur Einzelheiten in den Blick, und man verliere das gewaltige Ganze des 'inneren Sprachbaus' aus den Augen" (Glinz 2003a, 23 f.).

Die Grammatikdidaktik operational gemacht zu haben, ist allerdings genau das Verdienst von Glinz, der die Verschiebeprobe, die Ersatzprobe, Klangprobe – die, heute mehr oder weniger vergessen (schon Helbig 1973, 221 ff. erwähnt sie in seiner Würdigung von Glinz nicht), für Glinz von großer Bedeutung war – als Instrumentarien der Grammatikforschung und des Grammatikunterrichts eingeführt hat (vgl. Glinz 1957; 1965; 2003b). Damit war etwas Entscheidendes gewonnen: Zum einen mussten grammatische Begriffe nicht mehr nur gelehrt werden, sondern konnten zusammen mit den Schülern erarbeitet werden („Interpretation nach vollzogenem Experimentieren"; Glinz 1965, 57), sodass nun auch jenseits der Beliebigkeit von Sprachplaudereien ein Grammatikunterricht vom Kinde aus möglich wurde. (Eine genuin didaktisch-lerntheoretische Begründung der operationalen Verfahren liefert erst Haueis 1981.) Glinz kennzeichnet sein operationales Verfahren als Auffindungsverfahren: „Wir haben nicht zuerst bestimmt, was ein Verb ist, dann seine finiten Formen aufgestellt und schließlich den Platz dieser Formen im Satzbau geprüft. Ganz im Gegenteil, wir haben von gegebenen, aus dem Klang gewonnenen Sätzen her durch Verschieben und Ersetzen eine Gliederung gefunden, haben dann die Glieder wieder auf verschiedene Arten erprobt und sind dadurch schließlich auf die festen Punkte gestoßen, welche als 'Leitglieder' in den Sätzen bestehen" (Glinz 1965, 97). Mit „Leitglied" wird das Prädikat auf der Grundlage der Operationen motiviert bezeichnet (vgl. auch kurz später die Ausführungen ebd.). Mit seiner Terminologie konnte sich Glinz allerdings nicht durchsetzen, vielleicht auch deswegen, weil er sie selbst nur als „bloße Hinweise ohne definitorischen Sinn" (Knobloch 2000, 114; vgl. auch Glinz 1987) verstand. „Sie sind als Bezeichnungen für Einheiten der Nomosphäre aufgefasst worden, lassen sich aber nur als Namen für Einheiten der Morphosphäre rechtfertigen – und für die gibt es weitgehend extensionsgleiche traditionelle Bezeichnungen" (Knobloch 2000, 115). Wirkmächtig bis heute ist dagegen sein operationales Vorgehen. Glinz hat seine sprachdidaktischen Vorstellungen wissenschaftlich, v. a. durch die Anpassung der Duden-Grammatik flankiert (vgl. Glinz 1961, 246; aufschlussreich auch Glinz 2003b, 430: „Die Duden-Grammatik von 1959 war formell die Nachfolgerin der Bauer-Dudenschen [sic!] Grammatik von 1850/1881 (letztmals 1935). Inhaltlich aber war sie etwas gänzlich Neues. Sie berief sich im Vorwort auf die „inhaltbezogene Grammatik" und Humboldt, übernahm aber für die Praxis v. a. neue Begriffsfassungen von mir."). Dasselbe gilt für die unterrichtspraktische Tätigkeit durch die

Sprachbücher (vgl. Glinz ebd.: „Wichtig für die Tradierung von Überliefertem wie für das Erproben von Neuem waren und sind die *Sprachbücher* für die *Schulen.* Ein grundsätzlicher Neubau, an dem ich intensiv mitarbeitete, wurde versucht im 'Deutschen Sprachspiegel'", vgl. Arends et al. 1956).

In seinem schon erwähnten Handbuchartikel von 1961 unterscheidet er zwischen „Sprachlehre" („ein deutscher Wortkörper für den viel älteren, schon aus der Antike ererbten Wortinhalt *Grammatik*" (Glinz 1961, 226)) und „Sprachkunde" („das Losungswort einer Gruppe von Unterrichtsreformern [...] was in der Sprachlehre nicht zu seinem Recht kommt und doch nach neuerer Auffassung als Einsicht in Bau und Bestand der Sprache wichtig ist und dem Schüler bewusst gemacht werden soll" (ebd., 228)). Hier ist ein weiterer wesentlicher Begriff genannt: „bewusst", der bereits bei Weisgerber eine wesentliche Rolle spielt (s. o.). Auch wenn Glinz (ebenso wenig wie Weisgerber) diesen Begriff nicht systematisch gebraucht, so nimmt er vieles von der Diskussion, wie sie seit den 90er Jahren des letzten Jahrhunderts geführt wird, vorweg. Dazu gehört insbesondere auch sein Plädoyer für das, was er „echten Arbeitsunterricht" nennt und auf integrativen Grammatikunterricht vorausverweist: „Der Schüler soll sich sein Verhältnis zur Sprache, seine Gestaltungsweisen und seine Einsichten durch eigenen Umgang mit der Sprache erwerben" (Arends et al. 1956, 3).

Glinz Gedanken werden nicht in dem Maße aufgenommen und weiterentwickelt, wie dies möglich gewesen wäre. Weder die Sprachbücher von Rahn und Pfleiderer („Deutsche Spracherziehung"), die den Sprach- und Grammatikunterricht der höheren Schulen prägen, noch die Methodiken bzw. Didaktiken des Deutschunterrichts, die das Feld der Lehrerausbildung bis in die 80er Jahre beherrschen, von Ulshöfer (1. Aufl. 1957), Essen (1. Aufl. 1955) und Helmers (1. Aufl. 1966), setzen in der Gesamtanlage neue Akzente. Ulshöfers und Essens Auffassungen sind noch ganz im Denken der inhaltbezogenen Sprachbetrachtung verfangen, womit sie ihre zahlreichen, sehr unterschiedlichen methodischen Vorschläge unterfüttern. Dabei bleibt die Zweiteilung in den herkömmlichen Grammatikunterricht (Sprachlehre) und die umgreifende Sprachkunde, die bei beiden zur Bildungsaufgabe schlechthin stilisiert wird, erhalten. Ulshöfer beruft sich explizit auf Humboldt und Herder (1968, 75) und auch auf Hildebrand (ebd., 163), den er gegen die Falschinterpretationen, er habe die Grammatik aus dem gesprochenen Wort abgeleitet (ebd., 164), zu verteidigen versucht. Helmers nimmt den Begriff der „Sprachbetrachtung" auf, den bereits Essen (1955 und 1959) als „Arbeitsweise" (1955, zit. nach Rötzer 1973, 60) des Grammatikunterrichts und Frey (1959) als „Bekenntnis zu einer neuen Methode und Zielsetzung" (zit. nach Rötzer 1973, 84) gebraucht haben, und setzt ihn als Überschrift über einen von sieben Lernbereichen des Deutschunterrichts, dessen Aufgabe das „Verstehen des Sprachrepertoires" (Helmers 1972, 35) sein soll. Dabei setzt Helmers – anders als Essen, Frey und Ulshöfer – auf die traditionelle Grammatikschreibung, ein Umstand, der angesichts der Umwälzungen, die in dieser Zeit die Linguistik durchlebt, dazu führt, dass seine Vorstellungen von Anfang an heftiger Kritik ausgesetzt sind (vgl. Diegritz/König 1973). Wie Glinz gebraucht Helmers die Begriffe „Sprachlehre" und „Sprachkunde", die er beide, wohl zum ersten Mal, unter „kognitives Sprachbetrachten" fasst, wobei er das erste mit Grammatikunterricht identifiziert, das zweite aber auf „Etymologieunterricht" eingrenzt. Das spekulative philosophische Gedankengebäude, das Ulshöfer zur selben Zeit für das Gymnasium noch zu retten versucht, ist brüchig geworden. Mit dem „Funkkolleg Sprache" (Baumgärtner et al. 1971 f.) hat sich die inhaltbezogene Grammatik ebenso erledigt wie mit der aufkeimenden Soziolinguistik völlig neue Themen in die Schule einziehen (vgl. Ivo 1994, 153). Zudem ändern sich nach 1970 auch die institutionellen Bedingungen der Diskussion. Bislang wurde sie geführt von Leuten, die unmittelbar aus der Lehrerbildung kamen, teils als Fachleiter an Studienseminaren wie Ulshöfer, teils als Professoren an Pädagogischen Hochschulen wie Glinz (selbst Weisgerber war anfangs an einer Pädagogischen Akademie tätig (vgl. Glinz 2003 a, 22)), nun findet größtenteils die Lehrerbildung nach der Eingliederung der Pädagogischen Hochschulen für alle Schularten an Universitäten statt, zudem bewirken die Bildungskrise und der sich anschließende Bildungsaufbruch der 70er Jahre eine starke Vermehrung und wesentliche Verjüngung der Professorenschaft, die sich an den neuen Paradigmen der „Linguistik", die die „Sprachwissenschaft" auch terminologisch abgelöst hatte, orientieren. Es kommt zu einer teilweise ebenso euphorischen wie oberflächlichen Übernahme der sog. „Generativen Grammatik" oder der „Valenzgrammatik", deren Anspruch, Sprache nicht nur zu beschreiben, sondern jenseits ideologischer Verstrickung auch zu erklären, die Sprachdidaktiker des Deutschen einnimmt. So musste diese neue Welle, die in den Sprachbüchern „Sprache und Sprechen" sowie im „Klett-Sprachbuch" ihren Ausdruck fand, das Schicksal der Mengenlehre erleiden. Die Schule war darauf nicht vorbereitet, der Versuch scheiterte und behinderte die weitere Diskussion entscheidend.

Es entsteht zudem ein ziemlich fruchtloser Streit, welche wissenschaftliche Grammatik die für die Schule geeignete sei. Menzel (1975, 65 ff.) erörtert „die traditionelle Form der Grammatik", „die strukturelle Grammatik", „die inhaltsbezogene [sic!] Grammatik", „die generative Grammatik" und „die Dependenzgrammatik" und kommt zu dem Schluss, dass eine „pädagogische Grammatik die spezifischen Fragestellungen und Verfahrensweisen sowie bestimmte Ergebnisse *verschiedener* linguistischer Schulen in ihr System einbeziehen" (ebd., 81) solle. Solange es aber diese Schulgrammatik nicht gibt – und es gibt sie bis heute nicht –, sind Lehrkräfte im konkreten Unterricht überfordert. Die Diversifikation dessen, was einmal „Grammatikunterricht" oder „Sprachlehre" hieß, und der Wildwuchs, der sich in den Sprachbüchern ausbreitete, veranlasst 1982 die Ständige Konferenz der Kultusminister (KMK), eine verbindliche Terminologieliste zu veröffentlichen. Dabei erliegt die KMK einem entscheidenden Irrtum, indem sie meint, eine solche Liste ließe sich jenseits von linguistischen Theorien aufstellen: „Der Katalog ist als ein Kompromiß unterschiedlicher sprachwissenschaftlicher Standpunkte zu betrachten. Z. B. bedeuten die im Bereich der Satzlehre aufgeführten Fachausdrücke keine Festlegung auf ein bestimmtes Grammatikmodell" (Bausch/Grosse 1987, 221). Zuerst wird diese Liste insbesondere von sprachdidaktischer Seite, wenn auch verhalten, begrüßt (vgl. Raasch 1983), mit Bausch/Grosse wird dann jedoch eine massive Kritik insbesondere im Umfeld des Instituts für deutsche Sprache (IdS) geübt. Besonders Glinz (1987, 21 ff.) zeigt die Mängel und Missverständnisse dieser Liste auf. Dass sie sich bis zu den nationalen Bildungsstandards von 2004, die diesen Zustand jedoch nur fortschreiben, gehalten hat, offenbart die gegenwärtige Verunsicherung in der Grammatikdidaktik. Diese zeigt sich nicht zuletzt in der Schwierigkeit, den Arbeitsbereich zu bezeichnen (vgl. Ossner 2007a, 134). Mit der Abkehr von der inhaltbezogenen Sprachbetrachtung wurde auch die Terminologie „Sprachlehre" und „Sprachkunde" obsolet. Lediglich der bayrische Lehrplan spricht noch von „Sprachlehre" – ergänzt sie aber um „Sprachbetrachtung". Die hessischen Rahmenrichtlinien führten die noch heute verwendete Bezeichnung „Sprachreflexion" ein.[1] (Daneben taucht besonders seit Helmers (1972) „Sprachbetrachtung" auf, „Sprache untersuchen" betonte wiederum mehr den operationalen Zugang, um ganz sicher zu gehen, findet sich auch „Sprachbetrachtung und Grammatik" (Bildungsplan Baden-Württemberg)).

Die grammatikdidaktische Diskussion bestimmen nach dem Scheitern der Adaption wissenschaftlicher Grammatikschreibungen für die Didaktik vier Themen:

– Situativer Grammatikunterricht,
– Integrativer Grammatikunterricht,
– Grammatikwerkstatt,
– Funktionaler Grammatikunterricht.

Am Ende der 70er Jahre schlagen Boettcher/Sitta ein Konzept vor, das sie den „anderen Grammatikunterricht" nennen, wobei über Heft 34 von Praxis Deutsch, das „Grammatik in Situationen" betitelt ist, dieses Konzept Eingang in die Schulen findet. Der situative Grammatikunterricht verfährt methodisch wie Hildebrand (ohne allerdings sich auf ihn expressis verbis zu beziehen), ist aber vom didaktischen Anliegen her anders gelagert. Während Hildebrand gar keine grammatische Absicht verfolgt, versuchen die beiden Autoren durch eine situative Anbindung grammatischer Themen diese zu retten. Dabei müssen aber notgedrungen die grammatischen Themen so vielfältig sein, wie es die – „grammatikträchtigen" – Situationen sind, im Anschluss an die die Sprache reflektiert

---

[1] Diese ist allerdings auch bereits seit den frühen 50er Jahren angelegt. So heißt es bei Pfleiderer 1954: „Dabei handelt es sich im Fall der Sprache nicht um eine einfache, sondern um eine doppelte Reflexion: der junge Mensch soll sprechend über das Sprechen reflektieren, d. h. reflektieren mit Hilfe eben des Sprachdenkens, darüber er reflektieren soll" (Pfeiderer, zit. nach Rötzer 1973, 47).

wird, sodass keine Systematik entstehen kann. Boettcher/Sitta reflektieren diesen Einwand und stellen einer „Wissenssystematik" eine „Verfahrenssystematik" entgegen (vgl. ebd., 19f.). Dabei sind sie nicht weit von dem bereits oben zitierten Pfleiderer (1954) entfernt, bei dem es heißt: „Am besten wäre es, auf einen systematischen Aufbau eines Stoffes ganz zu verzichten und immer nur von Fall zu Fall die Dinge grammatisch zu besprechen, die eben der Klärung bedürfen" (Pfleiderer, zit. nach Rötzer 1973, 51). Pfleiderer fährt allerdings resignativ fort, dass sich darauf kein Lehrplan einlassen werde. In dieser Hinsicht stehen die Zeichen Anfang der 80er Jahre besser. Boettcher/Sitta haben wohl auch geahnt, dass ihr Konzept bei Lehrkräften das Gefühl der Überforderung erzeugen könnte und schließen daher mit neun Punkten für eine neue Lehrerqualifikation.[2] Dass das Konzept nicht in einem Sprachbuch zu fassen ist – vorhandene Sprachbücher sollen nur noch als Nachschlagewerke für die situative Grammatikarbeit genutzt werden –, hat zu deutlicher Kritik geführt.

Boueke (1982) stellt daher dem situativen Grammatikunterricht den integrativen entgegen, der zwar auch von Situationen ausgehe, aber anders als der situative Grammatikunterricht konzipiere der integrative Grammatikunterricht (im Sprachbuch) Situationen, die „ein methodisch genau planbares Handeln ermöglichen" (Boueke 1982, 78). Grammatikunterricht stellt für Texteschreiben und Texteanalysieren „Regeln kommunikativen Handelns und ihnen zugrundeliegende Regeln des Sprachsystem" (ebd., 79) bereit, die es im Unterricht „zu entdecken" (ebd.) gelte. Grammatikunterricht bildet damit eine Klammer für alle Arbeitsbereiche des Faches Deutsch, das Konzept des „verbundenen Deutschunterrichts" (vgl. Ulshöfer 1969, 119) wird durch den verbindenden, integrativen Sprachunterricht gewährleistet. Unklar bleibt, welche Rolle in einem solchen Konzept ein Grammatikunterricht, der auf systematische Zusammenhänge ausgerichtet ist, haben könne. Diese Schwierigkeit zeigt sich ganz besonders in integrativen Sprachbüchern, die Grammatik im Zusammenhang entweder als Sonderheft oder als separaten Teil über die thematische Integration hinaus anbieten.

Eisenberg & Menzel versuchen dagegen, einen eigenständigen Grammatikunterricht zu retten.

Ziel ist: „Die Schülerinnen und Schüler sollen [in der Grammatikwerkstatt; J. O.] lernen wenigstens annähernd so vorzugehen, wie dies die Sprachwissenschaft auch tut" (Eisenberg/Menzel 1995, 16).

Die beiden Autoren nehmen mit der Grammatikwerkstatt die Tradition des operationalen Grammatikunterrichts auf und wenden sich explizit gegen eine Funktionalisierung des Grammatikunterrichts, die in ihren Augen eine Unterordnung unter fremde Zwecke wäre. Dagegen betonen sie die Notwendigkeit, im Unter-

---

[2] Dies ist auch deswegen interessant, weil seit der Reformpädagogik die Ausbildung des Deutschlehrers immer wieder reflektiert wird, was sich allerdings nach 1970 völlig verliert. Erst in jüngster Zeit wird sie wieder, nun aber unter den neuen Vorzeichen der Studienreform nach Bologna, thematisiert.

richt grammatische Kategorien bilden zu lernen. Dazu nehmen sie den pädagogischen Werkstatt-Gedanken, nach dem die Schülerinnen und Schüler experimentierend verfahren sollen, um sich (induktiv) z. B. die Wortartkategorien selbständig zu erarbeiten. Dabei wird allerdings die Kritik am operationalen Vorgehen (Grewendorf, 1987, 160ff.), die darauf zielt, dass ohne einen theoretischen Rahmen den Operationen das Fundament fehle, ebenso außer Acht gelassen wie die didaktisch-lerntheoretische Begründung operationaler Verfahren vor dem Hintergrund der Tätigkeitstheorie und Wagenscheins „genetischem Lehren" durch Haueis (1981).

Integration und damit verbundene Funktionalisierung des Grammatikunterrichts sowie linguistische Proben als empfohlenes Instrument für sprachliche, vor allem schriftsprachliche Probleme, zeichnen vor allem die nationalen Bildungsstandards aus, die die gegenwärtige Bildungslandschaft beherrschen.

Den Arbeitsbereich nennen die Bildungsstandards „Sprache und Sprachgebrauch untersuchen" und ordnen ihm eine übergeordnete, alle Arbeitsbereiche verbindende Funktion zu. Demgegenüber tritt die systematische Betrachtung – „Sprache als System verstehen", wie die Formulierung in allen Bildungsstandards lautet – in den Hintergrund. Ganz besonders ist dies bei den Bildungsstandards zum Mittleren Schulabschluss sowie für die Hauptschule in der Ausführung des Arbeitsbereichs, in dem die Standards formuliert werden, zu sehen, da nun Grammatik als System nicht mehr vorkommt. Vielmehr sind die typischen grammatischen Themen (Wortarten, Satzfunktionen etc.) auf ihre Leistung „für Sprechen, Schreiben und Textuntersuchung" (Kultusministerkonferenz 2003, 16; 2004b, 15) hin zu untersuchen. Unter dieser Perspektive wird auch die Wortbildung („Zusammensetzung und Ableitung von Wörtern") unter „Sprachliche Mittel zur Sicherung des Textzusammenhangs (Textkohärenz) kennen und anwenden" (ebd., 2003, 16) subsumiert. Lediglich die Bildungsstandards für den Primarbereich (Kultusministerkonferenz 2004a) nennen einen eigenen Standard „grundlegende sprachliche Strukturen und Begriffe kennen und verwenden" und listen einschlägige grammatische Begriffe auf der Wort- und Satzebene auf (ebd., 14). Wie die 4. Beispielaufgabe (ebd. 2004a, 49) zeigt, wird hier traditionelles deklaratives grammatisches Wissen erwartet („Schreibe die Adjektive aus dem Text heraus [...] Bilde die fehlenden Vergleichsformen"; ebd.), das dann in der Sekundarstufe nur noch unter dem Leistungsaspekt behandelt wird. Entsprechend weisen die Aufgabenbeispiele der Sekundarstufe keine grammatischen Aufgaben im engeren Sinn mehr aus.

Damit folgen die nationalen Bildungsstandards dem traditionellen Schema, dass der engere Grammatikunterricht als Vermittlung deklarativen grammatischen Wissens Propädeutik für die Rhetorik ist (s. auch unten unter „Methoden des Grammatikunterrichts"). Sprache über Grammatik als Theorie sprachlicher Strukturen und Erscheinungen verstehen zu lernen, sieht ein solches Konzept nicht vor, vielmehr kommt man nur bei Gelegenheit auch auf Sprache (dabei auch auf sprachliche Strukturen und grammatische Kategorien) zu sprechen.

Ivos Ruf von 1988 „Grammatik tut not!" – nicht nur Grammatikunterricht! – ist indes nicht völlig ungehört verhallt.

Die Blickrichtung geht jetzt nicht auf funktionalen Grammatikunterricht in dem Sinne, wie die Bildungsstandards dies modellieren, sondern auf eine funktionale Grammatik selbst. Bereits 1983 hatte Köller eine grammatikdidaktische Schrift mit dem Titel „Funktionaler Grammatikunterricht" vorgelegt und darin gefragt, wozu Tempus, Genus und Modus „erfunden" worden seien und so die Funktion sprachlicher Formen thematisiert. Köllers Argumentation ist dabei semiotisch ausgerichtet (vgl. auch Köller, B 3). Anders die dreibändige IdS-Grammatik, hier wird das „Grundprinzip funktionaler Grammatik" folgendermaßen eingeführt: „Das Ensemble sprachlicher Formen und Mittel (die Ausdrucksstruktur) ist zu erklären durch die kommunikativen Aufgaben und Zwecke im Handlungszusammenhang" (Zifonun u. a. 1997, 8). Damit kommt eine pragmatisch-interaktionelle Sicht in die Grammatikschreibung, und mit dem Stichwort „funktional" wird die Sinnfrage jetzt für die Grammatik selbst zu beantworten versucht.

Hoffmann, Mitverfasser der IdS-Grammatik, führt diesen Strang in „Deutsche Grammatik. Grundlagen für eine Lehrerausbildung, Schule, Deutsch als Zweitsprache und Deutsch als Fremdsprache" (2013) mit einer didaktischen Perspektive fort. Die Frage, die Hoffmann aufwirft, ist nicht, ob Grammatik bei der Analyse von Texten einen Beitrag leisten kann, sondern wie durch Grammatik Texte überhaupt konstituiert werden: „Grammatik ist das Formensystem einer Sprache, das ausgebildet ist, um die Zwecke der Handelnden zu erfüllen" (Hoffmann 2013, 14). Dieses Diktum wird verbunden mit einer Forderung nach Systematik: „Eine Sprache verstehen heißt, sie in ihrem systematischen Aufbau, der Funktionen in Formen verstehbar macht und Verständigung erlaubt, zu begreifen. Die Zusammenhänge in der Grammatik der Sprache sind systematisch zu erarbeiten. Man braucht ein Bild vom Ganzen, Fragmente reichen nicht. Daher müssen Grammatiken gelesen werden. Nachschlagen kann systematische Lektüre nicht ersetzen" (ebd.).

Anders geht der Gießener Kreis vor, der die Liste grammatischer Termini, wie sie die Kultusministerkonferenz 1982 zur Befriedung der damaligen Auseinandersetzungen um den richtigen Grammatikunterricht erlassen hat, revidieren will (zum Konzept vgl. Ossner 2012). Skeptisch gegen eine funktionale Festlegung – eingedenk, dass der Funktionsbegriff schillernd ist und schon Helbig (1969) elf verschiedene Gebrauchsweisen festgestellt hat – ist die Liste formorientiert. Dabei versuchen die Mitglieder dieses Kreises anders als die KMK-Liste von 1982, Termini nicht nur aufzulisten, sondern sie auch begrifflich zu fassen, indem neben einer Definition auch Beispiele und Erläuterungen gegeben werden sowie Problemlösungsverfahren, die das beschriebene sprachliche Phänomen thematisieren. Die bei Manuskriptabgabe vorliegende Liste ist zuerst im

Wesentlichen nur für ein linguistisches Publikum und vielleicht für die Lehrerausbildung geeignet, für den Schulgebrauch muss die Liste überarbeitet und in Teilen (auch hinsichtlich funktionaler Perspektiven) neu gefasst werden.

Sowohl bei Hoffmann als auch beim Gießener Kreis erfolgt eine Ausweitung des schulgrammatischen Betrachtungsfeldes hin auf Wortgruppen, Satztopologie und die Partikeln. Mit den Letzteren wird in allen neueren Grammatiken, vor allem auch schulisch orientierten wie Boettcher 2009, Granzow-Emden 2013, eine Verbindung der Syntax mit der Pragmatik hergestellt.

Anders ist das grammatikdidaktische Konzept Funkes zu werten (Funke et al. 2010; Funke 2011). Funkes Denkmittelpunkt bildet die spontane Sprachreflexion im Sprachhandlungsvollzug. Dabei geht Funke von einem impliziten Bewusstheitskonzept als Ausgangspunkt von Sprachbewusstwerdungsprozessen aus und wendet sich gegen eine falsche Verdinglichung von Sprache, wie sie schon Andresen (1985, 119) beklagt hatte. Funkes Interesse gilt daher keiner terminologischen Fassung von Sprachbewusstheit, vielmehr setzt er auf intelligente Aufgabenkonzepte, mit denen Sprachbewusstheit befördert werden könne, weil mit ihnen eine direkte Auseinandersetzung mit Sprache erfolgen könne, während der herkömmliche Grammatikunterricht, selbst wenn er als operationaler Werkstattunterricht daherkommt, ein extrakommunikatives Arrangement treffen muss. Man kann das Funke'sche Konzept einen Grammatikunterricht „bottom up" nennen, während der herkömmliche Grammatikunterricht sowie die neueren Bemühungen (Hoffmann 2013; Granzow-Emden 2013; der Gießener Kreis) typisch „top down" ist.

Die weitere Diskussion sollte zeigen, wie beide Vorstellungen miteinander verbunden werden können, denn beide Vorgehens- und Verarbeitungsweisen braucht es im Lernen.

Für die künftige Diskussion muss sich also erweisen, ob für einen selbständigen Grammatikunterricht ein Platz bleibt jenseits der „instrumentellen Funktion" (s. unten Friedrich, 1995), wie sie zur Zeit die Bildungsstandards der weiterführenden Schulen besonders betonen. Einen solchen Platz kann es nur geben, wenn sich eine entsprechende Begründung finden lässt.

Auf den ersten Blick kann Grammatik keinen direkten Beitrag zu dem, was seit der Curriculumtheorie von Robinsohn (1973) mit „Bewältigung von Lebenssituationen" umschrieben und im Zusammenhang mit der Kompetenzorientierung in besonderer Weise eingefordert wird, leisten. Daher liegen die zahlreichen Begründungsversuche für den Grammatikunterricht auch ganz anders und betonen, dass, entgegen dem ersten Schein, der Grammatikunterricht dennoch nützlich sei. (Zu den vielfältigen Begründungsversuchen des Grammatikunterrichts vgl. Erlinger 1986; Menzel 1975, 83 ff.; Boettcher/Sitta 1978, 14 f.; Oomen-Welke 1982, 1 f.)

Hoffmann (2013) sieht eine Begründung darin, dass Grammatik und Grammatikunterricht eine Sprache verstehbar machen würden (siehe auch die Titel bei

Boettcher 2009 und Granzow-Emden 2013). Eine solche Begründung reicht aber vermutlich nicht aus. Seine Sprache versteht auch, wenngleich anders, der, der nicht durch die grammatische Schule gegangen ist. Folgt man der Argumentation Illichs, versteht der sie vielleicht sogar besser (vgl. Illich 1982a; Illich 1982b). Illich wehrt sich gegen die „unterrichtete Muttersprache", die sich zur Richterin über die „vernakuläre Sprache" erhebe (Illich 1982b, 42). Der Einsatz der Grammatik sei der Versuch, „Herrschaft über Denkformen, Lebensart und Leibhaftigkeit" (Illich 1982a, 28) zu gewinnen. Damit ist eine Begründung für Grammatik in der Schule abgegeben, die heute obsolet scheint, nämlich eine sprachliche Norm zu setzen, die sich im Konzept der Hochsprache ausdrückt. Nicht nur ist an die Stelle der Hochsprache die Standardsprache getreten, sondern das gesellschaftliche Konzept der Egalität wird auch auf alle Sprachvarietäten angewandt. Lediglich unter der Perspektive von Deutsch als Zweitsprache wird neuerdings wieder eine besondere Varietät, nun nicht mehr „Hochsprache", sondern „Bildungssprache" (vgl. Gogolin/Lange 2011) genannt, als Leitziel unter dem Gesichtspunkt gleicher Bildungschancen hervorgehoben – wie überhaupt die Diskussion um den Grammatikunterricht unter der Migrationssituation neu belebt wird (s. dazu auch den Untertitel bei Hoffmann 2013).

Über ein Verstehenskonzept geht die Begründung, wie sie Wygotski schon in den 30er Jahren des letzten Jahrhunderts gegeben hat, hinaus. Als entscheidende Frage formuliert Wygotski: Was leistet eigentlich der Grammatikunterricht, „der für ein Kind scheinbar wenig nötig, wenig nützlich ist. Die Arithmetik vermittelt dem Kinde neue Fähigkeiten. Das Kind, das nicht addieren und dividieren kann, wird dies durch Kenntnisse in der Arithmetik lernen. Aber die Grammatik scheint dem Kind keine neuen Fähigkeiten zu vermitteln. Das Kind kann bereits, bevor es in die Schule kommt, konjugieren und deklinieren. Was lernt es durch die Grammatik Neues?" (Wygotski 1971, 229). Wygotskis Antwort lautet: „[Das Kind] dekliniert und konjugiert, aber es weiß nicht, dass es dekliniert und konjugiert" (ebd., 230). Die Antwort bedeutet, dass es die Aufgabe des Grammatikunterrichts ist, vom Können über ein Wissen zu einem bewussten, professionellen Können (bei Wygotski „willkürlich") zu kommen. In diesem Zusammenhang wird die Frage nach sprachlichen Formen und kognitiven und interaktionellen Funktionen von zentraler Bedeutung. Ulshöfer hatte dies 1969 so formuliert: Grammatikunterricht ziele auf die „Schulung des funktionalen Denkens" (ebd., 110), seine Aufgabe sei, „den Blick vom Sprachinhalt auf die Sprachform [zu] lenken, damit allmählich eine bestimmte Betrachtungsweise und Einstellung entsteht [...] die Hinlenkung auf die grammatische Form [...] erzieht zu einer grundlegenden Denkform, die der Erwachsene täglich anwenden muß" (ebd., 109f.). Die Perspektive wäre also: vom Inhalt zur sprachlichen Form, zur sprachlichen (grammatisch-pragmatischen) Funktion.

Sprachbewusstheit in seiner heutigen Fassung (vgl. Bredel 2007, 167ff.), die sich vom Gebrauch bei Weisgerber oder Glinz unterscheidet, kann eine schlüssige

Begründung für eine Grammatikdidaktik und Methodik des Grammatikunterrichts abgeben, zumal Sprachbewusstheit lerntheoretisch einsichtig zu machen ist (vgl. Karmiloff-Smith 1992), weil sie an die metalinguistischen Erfahrungen (vgl. Gornik 1989) von allen Kindern, nicht nur der muttersprachlichen, anknüpft. Dass Sprachbewusstheit ein Lernmotor sein kann, zeigen die Untersuchungen von Böhme-Dürr (1987) und Klotz (1996). Dabei sind aber zumindest die folgenden Probleme bis heute nicht transparent gefasst und geklärt: Wie kann Sprachbewusstheit als sich selbst tragendes Leitziel, das über Inhalts- und Beziehungsaspekt, differenzierten Wortschatz, grundlegende Textfunktionen, Sprechweisen, Sprachwandel und Mehrsprachigkeit hinausgeht (vgl. Kultusministerkonferenz 2003, 15f.) formuliert werden? Wie ist Sprachbewusstheit in schulisch institutionellen Zusammenhängen in einer mehrsprachigen Gesellschaft genau zu fassen? Welchen Stellenwert hat systematisches Lernen hinsichtlich einer Sprachbewusstheit, denn Sprachbewusstheit braucht keinen eigenen Lernbereich, sondern kann am jeweils passenden Gegenstand verfolgt werden? Welches wäre ein geeignetes schulisches System und wie müssten Schülerinnen und Schüler, vor allem aber auch die Lehrkräfte daraufhin ausgebildet werden?

7 Grammatikdidaktik in der DDR

Anders wird die Sinnfrage in der DDR gestellt. Im Einklang nicht nur mit der Staatsideologie, mit der „ungebrochenen Überzeugung der Planbarkeit der Persönlichkeitsentwicklung" (Friedrich 1995, 54) sowie dem Glauben an die „Allmacht der Erziehung" (ebd., 60), geht es auch beim Grammatikunterricht um den Beitrag zur „sozialistischen Persönlichkeit", ein Anliegen, das über ein hohes Normenbewusstsein im Einklang mit Sprachpflege verfolgt wird. Roth (1998, 386) verweist auf die Bedeutung der Sprachpflege in der DDR, die „in den 70er Jahren [...] dann [in die] Diskussion, Rezeption und Weiterentwicklung des umfassenden Sprachkultur-Konzeptes der Prager linguistischen Schule" überging. Schulisch wird nicht von Sprachpflege, sondern von „Spracherziehung", ein Ausdruck, der um diese Zeit in der Bundesrepublik längst obsolet geworden war, gesprochen. Vielmehr wird unter den Vorzeichen der westdeutschen Liberalisierung eine Normdebatte geführt, die Normorientierung gegen Beschreibung als wissenschaftlichem Ideal stellt (vgl. die Aufsatzsammlung von Gloy/Presch 1976). Anders der DDR-Lehrplan von 1969f., der davon spricht, dass die Schüler „zu Haltungen und Einstellungen zu führen [sind], die für die Bewältigung der sprachlichen Aufgaben benötigt werden. Das ist besonders wichtig für die Arbeit am normgerechten Gebrauch der Muttersprache. Erfolge auf diesem Gebiet sind nur zu erreichen, wenn die Schüler überzeugt sind, daß grammatisch-orthographisch und orthoepisch richtiger Sprachgebrauch erforderlich ist, um Kommunikationsziele zu erreichen" (Neuner 1972, 311; zu den verschiedenen Lehrplänen der DDR vgl. Friedrich 1995). Der Lehrplan weist die Grammatik, die, wie Friedrich (ebd., 62) ausführt, in den 50er und 60er Jahren im Vordergrund steht, von der 1. bis zur 8. Klasse explizit aus, wobei in den Klassen 1–4 „grundlegendes Wissen über Wortarten und Satz" (ebd., 295) und den Klassen 5–8 „Wissen über Syntax des einfachen und zusammengesetzten Satzes" (ebd.) vermittelt werden soll. Für die Klassen 9–10 sind „komplexe Gestaltungsaufgaben unter besonderer Beachtung des kommunikativen Aspekts (gesellschaftliche Kommunikationsvorgänge), Festigung und Weiterentwicklung des muttersprachlichen Wissens und Könnens" (ebd.) vorgesehen. Hier ist ein anderer, sogar präziserer Integrationsgedanke angelegt, als dies Jahre später in der Bundesrepublik der Fall war: „Das gesamte muttersprachliche Wissen und Können wird nunmehr [in den Klassen 9–10 (J. O.)] im Zusammenhang mit der Lösung von Darstellungsaufgaben gefestigt und weiterentwickelt. Damit ändert sich die Organisationsform des Muttersprachunterrichts gegenüber den vorausgegangenen Klassen. Die Gliederung in Disziplinen, die sowohl in der Mittelstufe als vor allem auch in der Unterstufe zur Sicherung der Systematik der Arbeit notwendig ist, wird, nachdem die Teillehrgänge in Grammatik und Orthographie abgeschlossen sind, ab Klasse 9 aufgegeben" (Bütow et al. 1970, 5). Ist die sozialistische Persönlichkeit der Fernpunkt, so sind „die kommunikative Funktion der Sprache" (ebd., 294) der Nahpunkt, sodass „die unmittelbare Verbindung des Muttersprachunterrichts mit der gesellschaftlichen Praxis gesichert und eine enge Beziehung zum Leben der Schüler hergestellt [ist]. Das *kommunikative Prinzip* orientiert auf natürliche Mitteilungssituationen und motiviert so die Forderung nach hohen sprachlichen Leistungen" (ebd.). Sprachtheoretisch verweist das kommunikative Prinzip auf die funktionale Grammatik Wilhelm Schmidts, der 1958 seine „Deutsche Sprachkunde als Handbuch für Lehrer und Studierende" und 1964 seine „Grundfragen der deutschen Grammatik" „zur wissenschaftlichen Fundierung des Deutschunterrichts und damit Erhöhung seiner Qualität und Wirksamkeit" (Schmidt 1964, 5) veröffentlicht hatte. Dabei knüpft Schmidt expressis verbis an Hildebrand und den sprachkundlichen Unterricht an (ebd., 300; wie insgesamt die Lehrpläne an die Reformpädagogik anzuknüpfen versuchen; vgl. Friedrich 1995, 64) und beschreibt als „wichtigsten Grundsatz": „Der sprachkundliche Unterricht dient auf allen Stufen der allgemeinbildenden Schule der aktiven Sprachgestaltung" (ebd., 299). Ganz im Sinne Hildebrands und nicht weit entfernt von Glinz wird der Sprachkunde die Beschäftigung „mit dem 'Baumaterial' der Sprache, mit ihrem Wortbestand" (ebd. 299) zugewiesen und der Sprachlehre die Bewusstmachung der „Formen und Fügungsgesetze der Sprache" (ebd.). In den „Grundfragen der deutschen Grammatik" bestimmt Schmidt den in der Sprachlehre angesiedelten Grammatikunterricht so: „Im Grammatik-Unterricht kommt es besonders darauf an, unter konsequenter Anwendung des Gesichtspunktes der Funktionalität die Einsichten in die Struktur der Muttersprache und ihre wichtigsten Gesetzmäßigkeiten der Ausbildung und Festigung richtiger Sprachgewohnheiten dienstbar zu machen. Daneben muss grammatisches Wissen auch vermittelt werden, damit es beim Gestalten des eigenen Ausdrucks und beim Aufnehmen von Sprache bewusst eingesetzt werden kann, und es ist schließlich als das Fundament der Maßstäbe zur Beurteilung richtiger und den funktionalen Stilbereichen entsprechender Sprachgestaltung unerlässlich, die die Schüler im muttersprachlichen Unterricht erwerben müssen" (Schmidt 1977, 35).

„Anfang der 70er Jahre galt [...] das Konzept des funktionalen Grammatikunterrichts weithin als gescheitert" (Friedrich 1995, 89). Mit dem Lehrplan von 1982ff. vollzog sich, wie Friedrich (1995, 63) ausführt, eine grundsätzliche Lehrplanänderung. Nach der „Etappe der Sprachpflege" sowie der „Etappe der Vermittlung von systemhaftem sprachlichem Wissen zum Zwecke der Entwicklung sprachlichen Könnens" (ebd., 65), folgt nun die der „Entwicklung sprachlich-kommunikativen Könnens (beziehungsweise Verhaltens) auf der Grundlage eines im wesentlichen rationalen Lernkonzepts" (ebd.). Grammatik wird „instrumentell", „zur Begründung sprachpraktischer Aufgaben genutzt" (zu den damit verbundenen Konzepten eines integrativen Grammatikunterrichts vgl. Kreisel 1996). Vor allem wird Orthographie als „geronnene Grammatik" verstanden" (Friedrich 1995, 89). Orthographie und Grammatik werden nun zu einer Disziplin zusammengelegt und orthographische Übungen Bestandteil der grammatischen Unterweisung (vgl. ebd.). Damit rückt die Normorientierung, „die Entwicklung des sprachlichen Könnens im richtigen Schreiben von Wörtern und Wortformen sowie im richtigen Interpunktieren" (Herrmann 1985, 14) unter neuen Vorzeichen wieder in den Vordergrund.

8 Grammatikmethodik

Die Diskussion um die Methodik des Grammatikunterrichts ist eine, die im 19. Jahrhundert mit Hildebrand aufkommt. Wenn auch nicht begrifflich, so steht dennoch sein Unterrichtskonzept dem systematischen Lernen, das Becker nur neu begründete, aber methodisch übernahm, entgegen. Nicht mehr das grammatische System galt es zu erwerben, sondern vom Kinde aus sollten Spracherscheinungen thematisiert werden. Diese Vorstellung wirft umso mehr die Frage nach dem Ziel derartiger Sprachthematisierungen auf, eine Frage, die zeitbedingt immer wieder neu beantwortet wurde. Susanne Engelmann, eine entschiedene Vertreterin der Reformpädagogik, deren „Methodik des Deutschen Unterrichts" von 1925 im Jahr 1951 noch einmal aufgelegt wurde und auf die sich Wilhelm Schmidt (s.o.) noch beruft, zielt auf die „sittliche Persönlichkeit" (ebd., Vorwort zur 4. Aufl.), eine „Schule der Gesittung", wie ihr Herausgeber Otto Haase schreibt (vgl. Vorwort der Ausgabe von 1951). Ausgewiesene „Denkrahmen" finden sich bei Becker im Rahmen der inhaltbezogenen Grammatik und des Deutschunterrichts in der DDR. Ivos Versuch einer Verortung zwischen „einheimisch und fremd" (vgl. Untertitel von Ivo 1994) und seine Klage über den fehlenden „Denkrahmen" von 1996, sind unerwidert verklungen. Ohne Verortung der Ziele sind aber alle Methoden notgedrungen beliebig. Die Diskussion über systematischen, situativen, integrativen Grammatikunterricht oder Werkstattunterricht ist erkennbar an der Oberfläche angesiedelt und wird unentschieden geführt: situativ als Ausgangspunkt, aber dennoch im Ziel systematisch, integrativ mit Blick auf den gesamten Deutschunterricht und vielleicht sogar darüber hinaus als sprachliches Unterrichtsprinzip, induktiv als Werkstatt. Solange Methoden nicht in übergeordneten grundsätzlichen Vorstellungen verankert werden, kann sie auch nicht anders geführt werden, sodass zu befürchten steht, dass Gorniks resignative Aussage auch künftig gelten wird: „Trotz der grundlegenden Veränderung der Beschreibung von Sprache durch die moderne Sprachwissenschaft, trotz grundlegender neuer Entwürfe von Sprachunterricht hat sich an der Wertschätzung der Form von Sprache, des Materialcharakters der Sprache seitens vieler Lehrkräfte bis heute kaum etwas geändert. Bis noch vor 10 Jahren war nicht nur die Sprachlehre von Rahn und Pfleiderer, die die Tradition des 19. Jh.s explizit fortsetzte, zu haben, sondern für viele Lehrkräfte sind auch heute noch Tabellen, Merksätze und Benennungspraxis mit Grammatikunterricht sozusagen synonym. Dass Formaspekte leichter abprüfbar erscheinen, mag kein unwesentlicher Grund dafür sein" (Gornik 2003, 817; vgl. auch Bremerich-Vos 1999a, 8, mit Bezug auf „schulische Grammatikbiographien"; Boettcher 1995, der nicht nur von „tempo presto" im Grammatikunterricht spricht, sondern über Unterrichtstranskripte auch die Hilflosigkeit darin zeigt). Hinzu kommt, dass Grammatikunterricht in einem besonderen Maße von vorgefertigten Unterrichtsmedien geleitet wird, die auch in der Form als „Arbeitsbuch" (Helmers 1972, 104) stark auf deklaratives Wissen und dessen Reproduktion ausgerichtet sind. Bei diesem Befund wird die lange Diskussion des richtigen Einsatzes des Grammatikunterrichts vorläufig erhalten bleiben. Den Gegnern eines Grammatikunterrichts in der Grundschule (Engelmann 1951, 70 mit Berufung auf Wackernagel 1842 (sic!); Gaiser 1950; Pfleiderer 1954; zuletzt Kluge 1980; Bremerich-Vos 1999b, auch mit Bezug auf Schwenk 1976, 226) steht die ganze Tradition entgegen, in der die unteren Klassen für ein begriffliches Fundament für einen sprachlich orientierten Deutschunterricht genutzt werden, eine Tradition, die die nationalen Bildungsstandards verschärft fortführen (s.o.). Dabei zeigt aber die Untersuchung von Ivo/Neuland (1991), dass von einer Nachhaltigkeit des Grammatikunterrichts weder in den unteren noch in den oberen Klassen die Rede sein kann. Auch ihr Resümee lautet: „Die Befragten wissen wenig von der Grammatik ihrer Muttersprache, mögen sie nicht sonderlich und erinnern sich nicht gern an ihren Grammatikunterricht, halten aber daran fest, dass Grammatikunterricht sein muß, und geben hierfür unterschiedliche Gründe an, die sich in ihre Aussagen insgesamt nicht nahtlos einpassen" (Ivo/Neuland 1991, 437), wobei sich „grammatisches Wissen [...] weitgehend auf ein formales Begriffswissen im traditionellen Kernbereich von Wort- und Satzlehre" (ebd., 459) beschränke. Die Rezepte gegen einen solchen Grammatikunterricht sind so vielfältig wie die Erklärungen für den niederschmetternden Befund.

9 Zusammenfassung

Kein Gebiet des Deutschunterrichts hat eine längere Tradition als der Grammatikunterricht, die weit über den Unterricht in der deutschen Sprache hinausreicht. Dabei war Grammatikunterricht immer unbestritten, solange er instrumentell für die sprachlichen Erklärungen etwa bei Textexegesen (Homer, die Bibel ...) oder vor allem bei der schriftlichen Sprachproduktion gesehen wurde. Ein solcher Grammatikunterricht ist nicht systematisch, sondern in einem sehr weiten Sinne „situativ" und richtet sich am in Frage stehenden Gegenstand aus. In die Kritik kommt der Grammatikunterricht dort, wo er muttersprachlich als eigenes systematisches Lernfeld auftritt. Dazu drängt der Grammatikunterricht allerdings früh wegen der systematischen Verknüpfung der zu erklärenden Einheiten (allen voran der Wortarten und Satzglieder) und der damit verbundenen Komplexität des Feldes. Selbst wenn Grammatikunterricht als Hilfestellung für Lesen und Schreiben konzipiert wird, beansprucht er ein eigenes Feld als Hilfswissenschaft. Für einen eigenen Lernbereich „Grammatikunterricht in der Muttersprache" müssen Begründungen gefunden werden, die anders geartet sind als für die meisten Lerngegenstände der Schule. Während diese auf weltorientierten Wissenszuwachs und den Auf- und Ausbau von nützlichen Fähigkeiten und Fertigkeiten verweisen können, kann der Grammatikunterricht mit derlei unmittelbarer Nützlichkeit nicht dienen. Dies bringt den „Grammatikunterricht in der Muttersprache" immer in die Diskussion, zumal die zahlreichen Versprechungen, die gegeben wurden, sich regelmäßig als zu vollmundig erwiesen. Die heutige Annahme, dass Grammatikunterricht der Bewusstheit des eigenen Handelns dienen können solle, indem er den „inneren Monitor" (Ossner 2007b) schärfe und damit den Sprachnutzer professionalisiere, ist am ehesten gerechtfertigt, wenn dabei auch ein langer Atem in Rechnung gestellt wird. Die Forschungen von Karmiloff-Smith (1992) zeigen, dass Bewusstheitsentwicklung mit Einbrüchen und retardierenden Momenten verknüpft ist und linearer Lernzuwachs, den ein Unterricht verspricht, der im 45-Minutentakt oder von Test zu Test Fortschritte messen möchte, unter den Vorzeichen von Bewusstheit nicht auf einfachem Weg erreicht werden kann. So wird der Grammatikunterricht terminologisch und oberflächlich, wo er sich der auch im Bildungsbetrieb herrschenden Wachstumsideologie anpasst, oder unzeitgemäß, wo er dies nicht tut. Schließlich verlangt ein Grammatikunterricht, der über das Aufsagen von Merksätzen hinausgehen soll, eine Lehrerausbildung, die zuletzt von Boettcher und Sitta (1978) angemahnt wurde, für die aber bis heute tragfähige Konzepte fehlen.

1843 hatte Wackernagel vom Hohepriesteramt des Sprachlehrers gesprochen. 1999 hatte Ingendahl vorläufig zum letzten Mal den Grammatikunterricht völlig abgelehnt, in der DDR wurde und nun in den nationalen Bildungsstandards wird der Grammatikunterricht im Wesentlichen nach Nützlichkeitsaspekten für schriftsprachliche Anforderungen ausgerichtet. Zwischen Hohepriesteramt,

Verriss und proklamierter Nützlichkeit bewegte sich und bewegt sich der Grammatikunterricht stets hin und her.

Literatur

Andresen, Ute: Schriftspracherwerb und die Entstehung von Sprachbewußtheit. Opladen: Westdeutscher Verlag 1985

Andresen, Helga/Funke, Reinhold: Entwicklung sprachlichen Wissens und sprachlicher Bewusstheit. In: Bredel, Ursula/Günther, Hartmut/Klotz, Peter/Ossner, Jakob/Siebert-Ott, Gesa (Hrsg.): Didaktik der deutschen Sprache. Ein Handbuch, Bd. 1. Paderborn: Schöningh UTB 2003, 438–451

Arends, Felix/Arnold, August/Glinz, Hans: Deutscher Sprachspiegel. Düsseldorf: Schwann 1956

Abels, Kurt (Hrsg.): Deutschunterricht in der DDR 1949–1989. Frankfurt: Lang 1992

Arens, Hans: Sprachwissenschaft. Der Gang ihrer Entwicklung von der Antike bis zur Gegenwart. Freiburg: Alber 1955

Bauer, Friedrich: Grundzüge der neuhochdeutschen Grammatik: für höhere Bildungs-Anstalten. Nördlingen: C.H. Beck 1868

Baumgärtner, Klaus/Steger, Hugo (Hrsg.): Funkkolleg Sprache. 2 Bde. Frankfurt: Fischer 1971f.

Bausch, Karl-Heinz/Grosse, Siegfried (Hrsg.): Grammatische Terminologie in Sprachbuch und Unterricht. Düsseldorf: Schwann 1987

Becker, Karl Ferdinand: Organism der Sprache. Frankfurt: Kettembeil, 2. Aufl. 1841 (1. Aufl. 1827)

Beinlich, Alexander (Hrsg.): Handbuch des Deutschunterrichts im 1. bis 10. Schuljahr. 2 Bde. Emsdetten (Westf.): Lechte 1961

Boettcher, Wolfgang/Sitta, Horst: Grammatik in Situationen. In: Praxis Deutsch 6 (1979) 34, 12–21

Boettcher, Wolfgang: Zur gegenwärtigen Praxis des Grammatikunterrichts: eine kritische Bestandsaufnahme. In: Mitteilungen des Deutschen Germanistenverbandes 42 (1995) 2, 2–7

Boettcher, Wolfgang: Grammatik verstehen. 3 Bde. Berlin: de Gruyter 2009

Böhme-Dürr, Karin: Fördert Sprachbewußtsein die Sprachentwicklung? In: Sprache und Kognition 6 (1987) 4, 177–191

Boueke, Dietrich: Systematischer und integrativer Grammatikunterricht. Zur Methodik des Sprachunterrichts. In: Ermert, Karl (Hrsg.): Wieviel Grammatik braucht der Mensch? Loccum: Evangelische Akademie 1982

Bredel, Ursula: Sprachbetrachtung und Grammatikunterricht. Paderborn: Schöningh UTB 2007

Bremerich-Vos, Albert (Hrsg.): Zur Praxis des Grammatikunterrichts. Freiburg: Fillibach 1999a

Bremerich-Vos, Albert: Zum Grammatikunterricht in der Grundschule. In: Bremerich-Vos, Albert (Hrsg.): Zur Praxis des Grammatikunterrichts. Freiburg: Fillibach 1999b, 13–80

Bütow, Wilfried/Kalcher, Ursula/Schreinert, Gert/Siebenbrodt, Magdalene: Arbeit am Ausdruck. 9./10. Klasse. Teil 1. Fachwissenschaftliche und methodische Anleitung. Berlin: Volk und Wissen 1970

Cretius, Paul: Lebensvolle Sprachlehre. Vorbereitungen für den Deutschunterricht. 9. Teil. Osterwieck-Harz: Zickfeldt Verlag, 5. Aufl. 1927 (1. Aufl. 1922)

Diegritz, Theodor/König, Ekkehard: Deutsch-Didaktik und Wissenschaftstheorie. In: Linguistik und Didaktik 4 (1973) 13, 59-76

Dolch, Josef: Lehrplan des Abendlandes. Zweieinhalb Jahrtausende seiner Geschichte. Ratingen: Henn, 2. Aufl. 1965

Eisenberg, Peter/Menzel Wolfgang: Grammatikwerkstatt: In: Praxis Deutsch 22 (1995) 129, 14-23

Engelmann, Susanne: Methodik des Deutschen Unterrichts. Berlin: o. V., 4. Aufl. 1951 (1. Aufl. 1925)

Erlinger, Hans Dieter: Sprachwissenschaft und Schulgrammatik. Strukturen und Ergebnisse von 1900 bis zur Gegenwart. Düsseldorf: Schwann 1969

Erlinger, Hans Dieter: Begründungen für Grammatikunterricht: einst und heute. In: Der Deutschunterricht 38 (1986) 2, 104-116

Erlinger, Hans Dieter: Studienbuch: Grammatikunterricht. Paderborn: Schöningh 1988

Erlinger, Hans Dieter (Hrsg.): Satzlehre, Denkschulung, Nationalsprache, deutsche Schulgrammatik zwischen 1800 und 1850. Münster: Nodus 1989

Erlinger, Hans Dieter (Hrsg.): Muttersprachlicher Unterricht im 19. Jahrhundert: Untersuchungen zu seiner Genese und Institutionalisierung. Tübingen: Niemeyer 1991

Erlinger, Hans Dieter/Feilke, Helmut: Was haben wir von Karl Ferdinand Becker? In: Linguistische Berichte 24 (1983) 87, 64-98

Ermert, Karl: Wieviel Grammatik braucht der Mensch? Loccum: Evangelische Akademie 1982

Essen, Erika: Zum Aufbau der Grammatik im Deutschunterricht der Unterstufe. In: Der Deutschunterricht 11 (1959) 7-28

Essen, Erika: Methodik des Deutschunterrichts. Heidelberg: Quelle und Meyer, 7. Aufl. 1968 (1. Aufl. 1955)

Ferchland, Gertrud: Volkstümliche Hochsprache. Vom deutschen Sprachunterricht in der Volksschule. Hamburg: Hanseatische Verlagsanstalt 1935 (Teile auch abgedruckt in: Geffert 1956, 100-103)

Frank, Horst Joachim: Geschichte des Deutschunterrichts. Von den Anfängen bis 1945. München: Hanser 1973

Frey, Emmy: Zum Neubau der Schulgrammatik. In: Der Deutschunterricht 11 (1959) 88-103 (auch abgedruckt in: Rötzer 1973, 84-112)

Friedrich, Bodo: Lehrplanentwicklung, ein Element der Entwicklung des Muttersprachunterrichts. (= Teil von: Friedrich, Bodo/Kreisel, Marina: Die Entwicklung des Muttersprachunterrichts in der DDR – dargestellt an den Lehrplanänderungen von 1946-1982. In: Delnoy, Resy/Herrlitz, Wolfgang/Kroon, Sjaak (Hrsg.): European Education in Mother Tongue: a second survey of standard language teaching in eight European countries (= Studies in Mother Tongue Education 6). Nijmegen: Internat. Mother Tongue Education Network 1995

Friedrich, Bodo (Hrsg.): Geschichte des Deutschunterrichts von 1945 bis 1989 (Teil 1). Frankfurt: Lang 2006

Funke, Reinhold/Wieland, Regina/Melzer, Florian/Schönenberg, Stefanie: Forschungsbericht zum Projekt SPieGEL (= Sprachintuitiver Einblick in Grammatik und Entwicklung von Leseverstehen). Unveröffentlichter Projektbericht. Heidelberg 2010

Funke, Reinhold: Grammatisches Lernen – kein Fall für jeden? In: Noack, Christina/Köpcke, Klaus-Michael (Hrsg.): Sprachliche Strukturen thematisieren. Baltmannsweiler: Schneider Hohengehren 2011, 87-107

A Geschichte der Grammatikdidaktik

Gaiser, Konrad: Wieviel Grammatik braucht der Mensch? In: Pädagogische Provinz. Monatsschrift für Erziehung und Unterricht 13 (1959) 4, 590–599 (auch abgedruckt in: Rötzer 1973, 1–15)

Gansberg, Fritz: Wie wir die Welt begreifen. Eine Anleitung zu denkendem Sprachunterricht. Braunschweig: Westermann, 2. Aufl. 1920 (1. Aufl. 1913)

Geffert, Heinrich (Hrsg.): Der Unterricht in der Muttersprache. Weinheim: Beltz 1956

Glinz, Hans: Geschichte und Kritik der Lehre von den Satzgliedern in der deutschen Grammatik. Bern: Buchdruck Bühler 1947

Glinz, Hans: Der Sprachunterricht im engeren Sinne oder Sprachlehre und Sprachkunde. In: Beinlich, Alexander (Hrsg.): Handbuch des Deutschunterrichts im 1. bis 10. Schuljahr. Bd. 1, Teil 4. Emsdetten (Westf.): Lechte 1961, 215–313

Glinz, Hans: Die innere Form des Deutschen. Bern: Francke, 4. Aufl. 1965 (1. Aufl. 1952)

Glinz, Hans: Der deutsche Satz. Wortarten und Satzglieder wissenschaftlich gefaßt und dichterisch gedeutet. Düsseldorf: Schwann 1957

Glinz, Hans: Der Sprachunterricht im engeren Sinne oder Sprachlehre und Sprachkunde. In: Beinlich, Alexander (Hrsg.): Handbuch des Deutschunterrichts. Bd. 1. Emsdetten: Lechte 1961, 225–323

Glinz, Hans: Grundsätzliches über grammatische Begriffe und grammatische Termini. In: Bausch, Karl-Heinz/Grosse, Siegfried (Hrsg.): Grammatische Terminologie in Sprachbuch und Unterricht. Düsseldorf: Schwann 1987, 21–49

Glinz, Hans: Geschichte der Sprachdidaktik. In: Bredel, Ursula/Günther, Hartmut/Klotz, Peter/Ossner, Jakob/Siebert-Ott, Gesa (Hrsg.): Didaktik der deutschen Sprache. Ein Handbuch. Bd. 1. Paderborn: Schöningh UTB 2003a, 17–29

Glinz, Hans: Geschichte der Didaktik der Grammatik. In: Bredel, Ursula/Günther, Hartmut/Klotz, Peter/Ossner, Jakob/Siebert-Ott, Gesa (Hrsg.): Didaktik der deutschen Sprache. Ein Handbuch. Bd. 1. Paderborn: Schöningh UTB 2003b, 423–437

Gloy, Klaus/Presch, Gunter (Hrsg.): Sprachnormen III. Kommunikationsorientierte Linguistik – Sprachdidaktik. Stuttgart: Fromann-Holzboog 1976

Gogolin, Ingrid: Der monolinguale Habitus der multilingualen Schule. Münster: Waxmann 1994

Gogolin, Ingrid/Lange, Imke: Bildungssprache und Durchgängige Sprachbildung. In: Fürstenau, Sara/Gomolla, Mechthild (Hrsg.): Migration und schulischer Wandel: Mehrsprachigkeit. Wiesbaden: VS-Verlag, 107–127

Gornik, Hildegard: Metasprachliche Entwicklung bei Kindern. Definitionsprobleme und Forschungsergebnisse – ein Überblick. In: Haueis, Eduard (Hrsg.): Sprachbewußtheit und Schulgrammatik. OBST (1989) 40, 39–57

Gornik, Hildegard: Methoden des Grammatikunterrichts. In: Bredel, Ursula/Günther, Hartmut/Klotz, Peter/Ossner, Jakob/Siebert-Ott, Gesa (Hrsg.): Didaktik der deutschen Sprache. Ein Handbuch. Bd. 2. Paderborn: Schöningh UTB 2003, 814–829

Granzow-Emden, Matthias: Deutsche Grammatik verstehen und unterrichten. Tübingen: Narr 2013

Grewendorf, Günther/Hamm, Fritz/Sternefeld, Wolfgang: Sprachliches Wissen. Frankfurt: Suhrkamp 1987

Greyerz, Otto v.: Der Deutschunterricht als Weg zur nationalen Erziehung. Leipzig: Klinkhardt, 2. Aufl. 1921 (Teile auch abgedruckt in: Geffert 1956, 103–105)

Grimm, Jacob: Deutsche Grammatik. Bd. I. Göttingen: Dieterich 1819

Haueis, Eduard: Grammatik entdecken. Grundlagen des kognitiven Lernens im Sprachunterricht. Paderborn: Schöningh 1981

Helbig Gerhard: Zum Funktionsbegriff in der modernen Linguistik. In: Wissenschaftliche Zeitschrift der Humboldt-Universität zu Berlin, Gesellschaftlich-Sprachwissenschaftliche Reihe XVIII (1969), 241–249

Helbig, Gerhard: Geschichte der neueren Sprachwissenschaft. Unter dem besonderen Aspekt der Grammatik-Theorie. München: Hueber, 2. Aufl. 1973

Helmers, Herrmann: Eine Einführung in die Theorie der muttersprachlichen und literarischen Bildung. Stuttgart: Klett, 7. Aufl. 1972 (1. Aufl. 1966)

Herrmann, Hartmut: Zur Funktion der Disziplin Grammatik/Orthographie im Muttersprachenunterricht und Ansatzpunkte für die weitere Unterrichtsforschung. In: Entwicklung des grammatisch-orthographischen Könnens der Schüler. Konferenzbeiträge (Protokollband, Teil 1). Zwickau: Pädagogische Hochschule Ernst Schneller 1985

Hiecke, Robert Heinrich: Der deutsche Unterricht auf deutschen Gymnasien. Ein pädagogischer Versuch. Weimar: Julius Werner 1972

Hildebrand, Rudolf: Vom deutschen Sprachunterricht und von deutscher Erziehung und Bildung überhaupt. Mit einem Anhang über die Fremdwörter und einem über das Altdeutsche in der Schule. Leipzig: Klinkhardt, 15. Aufl. 1920 (1. Aufl. 1867)

Hoffmann, Ludger: Funktionaler Grammatikunterricht. In: Becker, Tabea/Peschel, Corinna (Hrsg.): Gesteuerter und ungesteuerter Grammatikerwerb. Baltmannsweiler: Schneider Hohengehren 2006, 20–44

Hoffmann, Ludger: Deutsche Grammatik. Grundlagen für die Lehrerausbildung, Schule, Deutsch als Zweitsprache und Deutsch als Fremdsprache. Berlin: Erich Schmidt Verlag 2013

Ickelsamer, Valentin: Ein Teütsche Grammatica. In: Fechner, Heinrich (Hrsg.): Vier seltene Schriften des sechzehnten Jahrhunderts. Hildesheim: Olms 1972

Illich, Ivan: Das Recht auf die gemeine Sprache. In: Illich, Ivan (Hrsg.): Das Recht auf Gemeinheit. Reinbek: rororo 1982a, 11–29

Illich, Ivan: Die wahrhafte Muttersprache. In: Illich, Ivan (Hrsg.): Das Recht auf Gemeinheit. Reinbek: rororo 1982b, 304–348

Ingendahl, Werner: Sprachreflexion statt Grammatik. Ein didaktisches Konzept für alle Schulstufen. Tübingen: Niemeyer 1999

Ivo, Hubert: „Grammatik tut not!" – Warum? Zur Bewußtseinsgeschichte eines Werturteils. In: Diskussion Deutsch 19 (1988) 103, 484–506

Ivo, Hubert: Donatschnitzer. In: Zeitschrift für Literaturwissenschaft und Linguistik 19 (1989) 76, 29–55

Ivo, Hubert: Muttersprache – Identität – Nation. Sprachliche Bildung im Spannungsfeld zwischen einheimisch und fremd. Opladen: Westdeutscher Verlag 1994

Ivo, Hubert: Über den Tag hinaus. Begriff einer allgemeinen Sprachdidaktik. In: Didaktik Deutsch 1 (1996) 1, 8–29

Ivo, Hubert/Neuland, Eva: Grammatisches Wissen. Skizze einer empirischen Untersuchung über Art, Umfang und Verteilung grammatischen Wissens (in der Bundesrepublik). In: Diskussion Deutsch 22 (1991) 121, 437–493

Jellinek, Max Hermann: Geschichte der neuhochdeutschen Grammatik von den Anfängen bis auf Adelung. 2 Bde. Heidelberg: Winter 1913/1914

Karmiloff-Smith, Anette: Beyond Modularity. A Developmental Perspective on Cognitive Science. Cambridge: MIT Press 1992

Kilian, Jörg: Entwicklungen der normativ orientierten Sprachforschung in Deutschland im 17. und 18. Jahrhundert außerhalb der Sprachgesellschaften. In: Auroux, Sylvain/Koerner, E. F. Konrad/Niederehe, Hans-Josef/Versteeg, Kees (Hrsg.): Geschichte der

Sprachwissenschaften. Ein internationales Handbuch zur Entwicklung der Sprachforschung von den Anfängen bis zur Gegenwart. Berlin: de Gruyter 2000, 841–851

Klotz, Peter: Grammatische Wege zur Textgestaltungskompetenz. Tübingen: Niemeyer 1996

Kluge, Wolfram: Kann man die Großschreibung auf intuitivem Wege lernen? In: Haueis, Eduard (Hrsg.): Sprachbewußtheit und Schulgrammatik. OBST (1989) 40, 87–96

Knobloch, Clemens: Schulgrammatik als Modell linguistischer Beschreibung. In: Booij, Geert/Lehmann, Christian/Mugdan, Joachim (Hrsg.): Morphologie. Ein internationales Handbuch zur Flexion und Wortbildung. Berlin: de Gruyter 2000, 104–116

Köller, Wilhelm: Funktionaler Grammatikunterricht. Baltmannsweiler: Schneider Hohengehren 1983

Köller, Wilhelm: Philosophie der Grammatik. Stuttgart: Metzler 1988

Kreisel, Marina: Favorisierung von Methoden im Deutschunterricht der neuen Länder – nur ein Thema für die Deutschdidaktik? In: Lern- und Lehr-Forschung (Universität Potsdam) (1996) 15, 119–138

Kultusministerkonferenz: Bildungsstandards im Fach Deutsch für den Mittleren Schulabschluss. Neuwied: Wolters Kluwer 2003

Kultusministerkonferenz: Bildungsstandards im Fach Deutsch für den Primarbereich. Neuwied: Wolters Kluwer 2004a

Kultusministerkonferenz: Bildungsstandards im Fach Deutsch für den Hauptschulabschluss. Neuwied: Wolters Kluwer 2004b

Langosch, Karl: Profile des lateinischen Mittelalters. Geschichtliche Bilder aus dem europäischen Geistesleben. Darmstadt: WBG 1965

Lausberg, Heinrich: Handbuch der literarischen Rhetorik. Eine Grundlegung der Literaturwissenschaft. München: Hueber 1960

Maas, Utz: Grundzüge der deutschen Orthographie. Tübingen: Niemeyer 1992

Menzel, Wolfgang: Die deutsche Schulgrammatik. Paderborn: Schöningh UTB, 3. Aufl. 1975

Müller, Lotte: Vom Deutschunterricht in der Arbeitsschule. Leipzig: Klinkhardt, 3. Aufl. 1925 (1. Aufl. 1921)

Neuner, Gerhart: Allgemeinbildung. Lehrplanwerk, Unterricht. Eine Interpretation des Lehrplanwerks der sozialistischen Schule der DDR unter dem Gesichtspunkt der Gestaltung eines wissenschaftlichen und parteilichen Unterrichts. Ausgearbeitet von einem Autorenkollektiv unter der Leitung von Gerhard Neuner. Berlin: Volk und Wissen 1972

Oomen-Welke, Ingelore: Didaktik der Grammatik. Eine Einführung an Beispielen für die Klassen 5–10. Tübingen: Niemeyer 1982

Oomen-Welke, Ingelore: Entwicklung sprachlichen Wissens und Bewusstseins im mehrsprachigen Kontext. In: Bredel, Ursula/Günther, Hartmut/Klotz, Peter/Ossner, Jakob/Siebert-Ott, Gesa (Hrsg.): Didaktik der deutschen Sprache. Ein Handbuch, Bd. 1. Paderborn: Schöningh UTB 2003, 452–463

Ossner, Jakob: Sprachbewusstheit: Anregung des inneren Monitors. In: Willenberg, Heiner (Hrsg.): Kompetenzhandbuch für den Deutschunterricht. Baltmannsweiler: Schneider Hohengehren 2007a, 13–147

Ossner, Jakob: Wissen, System und Erklärungskompetenz in der Sprachthematisierung. In: Gailberger, Steffen/Krelle, Michael (Hrsg.): Wissen und Kompetenz. Entwicklungslinien und Kontinuitäten in Deutschdidaktik und Deutschunterricht. Baltmannsweiler: Schneider Hohengehren 2007b, 211–227

Ossner, Jakob: Grammatische Terminologie in der Schule. Einladung zur Diskussion. In: Mitteilungen des deutschen Germanistenverbandes 59 (2012)[1], 73–90 (ebenso in: Didaktik Deutsch 18 (2012) 32, 111–126)

Paul, Jean: Der alte ins Lateinische zurückübersetzte Donatus. In: Paul, Jean (Hrsg): Jean Paul's literarischer Nachlaß (Jean Paul's sämmtliche [sic!] Werke. 3. Bd.). Berlin: G. Reimer 1838

Pfleiderer, Wolfgang: Grammatik und Sprachunterricht. In: Der Deutschunterricht 6 (1954) 4, 21–38 (auch abgedruckt in: Rötzer 1973, 34–56)

Polenz, Peter v.: Die Sprachgesellschaften und die Entstehung eines literarischen Standards in Deutschland. In: Auroux, Sylvain/Koerner, E.F. Konrad/Niederehe, Hans-Josef/Versteeg, Kees (Hrsg.): Geschichte der Sprachwissenschaften. Ein internationales Handbuch zur Entwicklung der Sprachforschung von den Anfängen bis zur Gegenwart. Berlin: de Gruyter 2000, 827–841

Raasch, Albert (Hrsg.): Grammatische Terminologie. Vorschläge für den Sprachunterricht. Tübingen: Narr 1983

Raumer, Rudolf v.: Der Unterricht im Deutschen. In: Raumer, Karl v. (Hrsg.): Geschichte der Pädagogik. 3. Teil. Stuttgart: Liesching, 3. Aufl. 1857 (1. Aufl. 1851) (Teile auch abgedruckt in: Geffert 1956, 65–67)

Reble, Albert: Geschichte der Pädagogik. Stuttgart: Klett, 5. Aufl. 1960 (1. Aufl. 1951)

Reich, Gerhard: Muttersprachlicher Grammatikunterricht von der Antike bis um 1600. Weinheim: Beltz 1972

Reumuth, Karl/Schorb, Alfons O.: Der muttersprachliche Unterricht. Beiträge zur deutschen Spracherziehung. Bad Godesberg: Dürr, 10. Aufl. 1966 (1. Aufl. 1948)

Robinsohn, Saul: Bildungsreform als Revision des Curriculums. Neuwied: Luchterhand 1973

Rössing-Hager, Monika: Frühe grammatische Beschreibungen des Deutschen. In: Auroux, Sylvain/Koerner, E.F. Konrad/Niederehe, Hans-Josef/Versteeg, Kees (Hrsg.): Geschichte der Sprachwissenschaften. Ein internationales Handbuch zur Entwicklung der Sprachforschung von den Anfängen bis zur Gegenwart. Berlin: de Gruyter 2000, 777–784

Roth, Jürgen: Methodologie und Ideologie des Konzepts der Sprachgemeinschaft. Fachgeschichte und systematische Aspekte einer soziologischen Theorie der Sprache bei Leo Weisgerber. Dissertation Frankfurt 2004

Roth, Klaus-Hinrich: Positionen der Sprachpflege in historischer Sicht. In: Besch, Werner/Betten, Anne/Reichmann, Oskar/Sonderegger, Stefan (Hrsg.): Sprachgeschichte. Ein Handbuch zur Geschichte der deutschen Sprache und ihrer Erforschung. Berlin: de Gruyter, 2. Aufl. 1998, 383–396

Rötzer, Hans Gerd (Hrsg.): Zur Didaktik der deutschen Grammatik. Darmstadt: WBG 1973

Schmidt, Wilhelm: Deutsche Sprachkunde. Ein Handbuch für Lehrer und Studierende. Berlin: Volk und Wissen, 5. Aufl. 1964 (1. Aufl. 1958)

Schmidt, Wilhelm: Grundfragen der deutschen Grammatik. Eine Einführung in die funktionale Sprachlehre. Berlin: Volk und Wissen, 5. Aufl. 1977 (1. Aufl. 1964)

Schwenk, Helga: Welchen sinn hat der grammatikunterricht in der schule. In: Diskussion Deutsch 7 (1976) 20, 212–227

Steinthal, Heyman: Geschichte der Sprachwissenschaft bei den Griechen und Römern mit besonderer Rücksicht auf die Logik. Berlin: Dümmler, 2. Aufl. 1890 (1. Aufl. 1863)

Uhl, Anne: Servius als Sprachlehrer. Zur Sprachrichtigkeit in der exegetischen Praxis des spätantiken Grammatikunterrichts. Göttingen: Vandenhoeck & Ruprecht 1998

A Geschichte der Grammatikdidaktik

Ulshöfer, Robert: Methodik des Deutschunterrichts. Mittelstufe II. Stuttgart: Klett, 5. Aufl. 1968 (1. Aufl. 1957)

Ulshöfer, Robert: Methodik des Deutschunterrichts. Unterstufe. Stuttgart: Klett, 4. Aufl. 1969 (1. Aufl. 1963)

Vesper, Wilhelm: Deutsche Schulgrammatik im 19. Jahrhundert. Zur Begründung einer historisch-kritischen Sprachdidaktik. Tübingen: Niemeyer 1980

Wackernagel, Philipp: Der Unterricht in der Muttersprache. In: Deutsches Lesebuch. Vierter Teil, für Lehrer. Stuttgart: Liesching, 3. Aufl. 1863 (1. Aufl. 1843)

Weisgerber, Leo: Das Tor zur Muttersprache. Düsseldorf: Schwann 1950

Weisgerber, Leo: Die sprachliche Gestaltung der Welt. Düsseldorf: Schwann 1973

Weisgerber, Leo: Die vier Stufen in der Erforschung der Sprachen. Düsseldorf: Schwann 1963

Weisgerber, Leo: Verschiebungen in der sprachlichen Einschätzung von Menschen und Sachen. Köln: Westdeutscher Verlag 1958

Willmann, Otto: Didaktik als Bildungslehre nach ihren Beziehungen zur Socialforschung und zur Geschichte der Bildung. 2. Bde. Braunschweig: Vieweg 1903

Wurst, Raimund Jakob: Praktische Sprachdenklehre für Volksschulen und die Elementarklassen der Gymnasial- und Real-Anstalten. Reutlingen: Mäcken 1843

Wygotski, Lew S.: Denken und Sprechen. Frankfurt: Fischer 1971

Zifonun, Gisela/Hoffmann, Ludger/Strecker, Bruno: Grammatik der deutschen Sprache. 3 Bde. Berlin: de Gruyter 1997

B
Konzeptionelle und empirische Grundlagen

HILDEGARD GORNIK

B 1 Sprachreflexion, Sprachbewusstheit, Sprachwissen, Sprachgefühl und die Kompetenz der Sprachthematisierung –
ein Einblick in ein Begriffsfeld

1 Das konfuse Bild der Termini und Begriffe

Die Reihe der verwandten Termini und Begriffe, die aktuell in der Sprachdidaktik vor allem bei der Diskussion um die Kompetenz der Sprachthematisierung und den Kompetenzbereich „Sprache und Sprachgebrauch untersuchen", speziell den Grammatikunterricht immer wieder gebraucht werden, ist lang. „Sprachreflexion", „Sprachwissen", „Sprachbewusstheit" lassen sich mit Leichtigkeit weiter ergänzen um Termini wie „Sprachbewusstsein", „explizites und implizites Sprachwissen", „prozedurales (Sprach-)Wissen", „sprachliches Problemlösewissen" und diverse mehr. Und wenn man den englischen und französischen Sprachraum hinzunähme, so wären zumindest „language awareness", „linguistic awareness", „linguistic consciousness", „savoir métalinguistique", „activités métalinguistiques" und „éveil aux langues" zu nennen, wobei nicht alle diese Begriffe hier im einzelnen diskutiert werden. So wie sich die den Termini zugehörigen Begriffe überschneiden, so ist auch unklar, was diese realiter ausmacht und in welcher Beziehung sie zueinander stehen. Auch wenn sie aktuell häufig benutzt werden, so geschieht dies doch auf unterschiedliche Weise, mit divergierendem Begriffs- bzw. eher Bedeutungsumfang. Denn nicht immer sind sie exakt definiert. Zu ergänzen ist diese Liste um den alten Begriff „Sprachgefühl", der Anfang der 1980er Jahre Gegenstand einer Preisfrage war (vgl. Gauger/Oesterreicher 1982) und auch heute hin und wieder wieder benutzt wird, sowie „Sprachachtsamkeit", ein Begriff, mit dem Beisbart (1999) zu argumentieren versuchte, ohne dass er sich durchgesetzt hätte.

Im Folgenden soll versucht werden, aufbauend auf bereits vorliegenden Versuchen der Zusammenschau (z. B. Gornik 1989; Neuland 2002; Andresen/Funke 2003; Hug 2007; Funke 2008; Gornik 2010), einen Einblick in das Begriffsfeld zu geben. Dies geschieht vor dem Hintergrund der Debatte, worum es im Grammatikunterricht im Eigentlichen zu gehen habe (bspw. Switalla 1992; Boettcher/Sitta 1978; Eichler 1980; Haueis 1981; Köller 1983; Ossner 1988; Einecke 1996; Klotz 1996; Menzel 1999; Ulrich 2001; Hoffmann 2006; Köpcke/Ziegler 2011): darum, dass Schülerinnen und Schüler auf der Basis des Grammatikunterrichts Einsicht nehmen in Struktur und Funktion von Sprache – so wie sie im Unterricht bspw. Einsicht nehmen in biologische Zusammenhänge –, oder ob dies mit der

Perspektive geschieht, ihnen dadurch einen professionelleren Gebrauch von Sprache zu ermöglichen (vgl. dazu auch Ossner, A zur aktuellen Diskussion; C 1 bis C 5).

Es erscheint daher nötig, in die anstehenden Begriffsklärungen die Kontexte, in denen die Begriffe relevant geworden sind, und die Unterrichtsinhalte, die mit ihnen üblicherweise verknüpft oder in den Blick genommen werden, in der gebotenen Kürze aufzugreifen.

2 Sprachreflexion, Sprachthematisierung, Reflexion über Sprache, Sprachbetrachtung

In den verschiedensten Situationen benutzen wir Sprache nicht, wie sonst üblich, um anderen etwas mitzuteilen, für uns selbst etwas festzuhalten, etwas zu klären, von jemandem etwas zu bekommen u. Ä., sondern Sprache oder Sprachgebrauch rücken selbst in den Fokus: Wir beziehen uns auf Sprache, auf Sprachgebrauch. Die Aspekte, für die wir uns dabei interessieren, sind vielfältig, Intentionen und Anlässe zahlreich: Wir beziehen uns auf Sprache, auf Sprachgebrauch, wenn wir uns befremdet äußern über eine bestimmte Sprechmelodie einer Person, weil wir sie als Ausdruck von Schauspielerei empfinden; wir tun es, wenn wir uns beim Schreiben eines Textes fragen, ob in *DAS MEISTE* das Wort *MEISTE* groß oder klein geschrieben wird, wenn uns auffällt, dass die eine Partei die Begriffe der anderen Partei besetzt oder in bestimmten Wissenschaftskontexten eine technizistische Metaphorik benutzt wird und wir dies kritisieren; Vorschulkinder beziehen sich auf Sprache, wenn sie sich verbessern oder mit Sprache spielen, Erstklässler, wenn sie ihre ersten Schreibversuche machen und Sprache zergliedern müssen, oder Fünftklässler, wenn sie definieren, was ein Subjekt ist oder die Stellungsvarianten eines Adjektivs beschreiben. Philosophen beziehen sich auf Sprache, wenn sie wie Wittgenstein pointiert sagen „Die Bedeutung eines Zeichens ist sein Gebrauch" (Wittgenstein 2001, 20 (Originalausgabe 1953)), Schriftsteller, wenn sie ihre Texte verändern, wie in vielen handgeschriebenen Originalmanuskripten nachzuverfolgen ist, oder wenn sie – wie Schädlich in der Geschichte „Der Sprachabschneider" – ihre Figuren Sprachformen ihrer eigenen Sprache verkaufen und sich einer immer reduzierteren Form von Sprache bedienen lassen (vgl. dazu Köller 2006), und bildende Künstler, wenn sie wie Kosuth in „One and Three Chairs" (1965–67) das sprachliche Zeichen zum Thema machen (vgl. Streitberger 2004, 188 ff.). Der Bezug auf Sprache und Sprachgebrauch ist also nicht einmal ausschließlich an Sprache als Ausdrucksform gebunden.

Clark (1978) bietet eine schon klassisch zu nennende Liste von solchen Bezugnahmen.

All diese Beispiele – bei all ihrer Unterschiedlichkeit – lassen sich als Beispiele von „Sprachreflexion" anführen, wenn man diesen Begriff weit auffasst (vgl.

aber weiter unten zu Sprachreflexion/Reflexion über Sprache) oder als Beispiele von „Sprachthematisierung" (Ossner 1989). Beide Termini sind dann zu lesen als neutrale Grundtermini, die Bezugnahmen umfassen, die aus einer Kommunikationssituation heraus entstehen, ebenso wie solche, die außerhalb einer Kommunikationssituation erfolgen und in denen systematische Aspekte in den Vordergrund rücken. Henne hat 1975 diesen Unterschied mit den Attributen „metakommunikativ" und „extrakommunikativ" gefasst (darauf weist Paul 1999 hin; vgl. auch August 1977, 90, der sich auf Ungeheuer bezieht), Paul (ebd.) mit der Differenzierung zwischen „praktischer Sprachreflexion" und „handlungsentlasteter Sprachreflexion" (Paul 1999, 1ff.), Bredel 2007 mit „situationsgebundener" und „situationsenthobener" Sprachbetrachtung (vgl. ebd., 110 und ihre weitere Differenzierung weiter unten). Darüber hinaus sind mit diesen weit gefassten Begriffen auch frühe Formen der Sprachthematisierung einbezogen (vgl. Andresen, B 7). Sprachreflexion (in diesem weiten Sinne) und Sprachthematisierung lassen sich dann synonym benutzen.

Die Beispiele zeigen auch, dass Sprachreflexion/Sprachthematisierung nicht an explizite Äußerungen über Sprache gebunden ist, an einen metasprachlichen Gebrauch von Sprache. Wer z. B. Formulierungen abwägt, macht dies im Idealfall rasch und ohne den Umweg über Äußerungen über die verglichenen Formulierungen. Der Prozess ist nur partiell beobachtbar.

Außerdem wird deutlich, dass es keiner definitorisch gefassten Begrifflichkeit bedarf, wenn auch diese Form der Sprachthematisierung die geschätztere ist. Dies führt z. B. dazu, narrative Formen der Sprachthematisierung oder Sprachreflexion (vgl. Köller 2006) abzuwerten, wie Köller betont: „Begriffliche Sprachreflexionen gelten gemeinhin als professionell und narrative als amateurhaft", obwohl gerade die narrativen Formen „uns ein Gefühl von der Vieldimensionalität der Sprache als eines anthropologischen Urphänomens (...) vermitteln" (ebd., 3), sie daher auch „als Formen einer unbegrifflichen Sprachphilosophie zu verstehen" seien (ebd., 5). Doch sind, so Köller, solche narrativen Sprachreflexionen als „Vorformen begrifflicher Objektivierungen anzusehen, insofern sie den Rahmen kenntlich machen, in dem Begriffe eine Ordnungsfunktion erfüllen können, und andererseits als Mittel, erstarrte Begriffe aufzulösen und Theorien über Sprache zu überprüfen und zu exemplifizieren" (ebd., 30). Überlegungen dieser Art sind wesentlich, wenn es darum geht zu entscheiden, welche Formen von Sprachreflexion/Sprachthematisierung im Unterricht eine Rolle spielen sollen, wenn man die Lernenden fördern möchte.

In der Sprachdidaktik wird, wie bereits angedeutet wurde, auch „Reflexion über Sprache" benutzt für die im Unterricht zu entwickelnde oder zu fördernde Kompetenz der Sprachthematisierung, vor allem aber als Bezeichnung für den vierten sog. „Lernbereich" (heute in einer etwas veränderten Fokussierung „Kompetenzbereich") neben dem Lesen, Schreiben und dem Sprechen und Zuhören, der seit seiner Existenz mit einer Vielzahl von Bezeichnungen belegt worden ist (vgl. dazu Ossner 2006, 38 ff.; Huneke, F 1) (aktuell mit „Sprache und Sprachgebrauch untersuchen"), und mit der Bezeichnung „Reflexion über Sprache" eine ganz spezifische Akzentuierung erfährt (vgl. Huneke, F 1, 1.2). Entstanden in der kommunikativen Didaktik der 1960er und vor allem 1970er Jahre (vgl. dazu z. B. zusammenfassend Riegler 2006), angelegt allerdings schon in den 1950er Jahren (vgl. Ossner, A, 19), markiert „Reflexion über Sprache" eine klare Abwendung vom Grammatikunterricht alter Schule. Sprachreflexion soll sich nicht in Grammatikunterricht erschöpfen, sie soll mehr umfassen. Die Bezeichnung wird zum Kampfbegriff. Vor allem emanzipatorische Zielsetzungen werden zentral gesetzt: Die Schülerinnen und Schüler sollen die manipulativen Absichten, die mit Sprache nicht selten verfolgt werden, durchschauen, die Ideologieabhängigkeit der Verwendung von Sprache wahrnehmen, ihre Schichtspezifik bemerken, sollen die Rolle der Sprache in der Gesellschaft begreifen, sollen Sprachkritik üben lernen (vgl. Neuland 1993; 1994). Ingendahl (1999) knüpft an diese emanzipatorischen Intentionen an, wenn er die Verschiedenheit der Zielsetzungen betont, die mit „Sprachreflexion" verfolgt werden können und sollten:

a) alltagspraktische (z. B. um „Verständigungsprobleme" zu lösen)
b) theoretische (um „wahre Erkenntnis des Reflektierten" zu erreichen)
c) ästhetische (im „sinnliche[n] und phantasierende[n] Spiel")
d) ethisch-politische (zur „Rechtfertigung oder Kritik sprachlich gelebten Lebens")

Sprachreflexion soll Grammatikunterricht ablösen (so auch Ingendahls Buchtitel: „Sprachreflexion statt Grammatikunterricht").

Die Breite dieser Zielsetzungen und damit auch der Gegenstände der Sprachthematisierung und Sprachreflexion ist aktuell nicht im Fokus (vgl. kritisch dazu auch bereits Bremerich-Vos 1992; Neuland 1992 und 1993; Redder 1998; Neuland 2002; vgl. in diesem Band z. B. Kilian, C 7; Steinig, C 8; Peyer, D 1; Klotz, G 5). Im Kompetenzbereich „Sprache und Sprachgebrauch untersuchen" wird vor allem eine Verbindung zum Schreiben und dort wiederum ganz besonders zum Überarbeiten hergestellt. In diesem Zusammenhang wird dann auch von „System der Sprache" gesprochen: „Im Sinne von 'Sprache im Gebrauch' arbeiten sie [die Schüler/innen, d. V.] an dem umfassenden Bereich menschlicher Verständigung, im Sinne von 'Sprache als System' nehmen sie vorwiegend grammatische Erscheinungen und ihre inhaltliche Funktion in den Blick und nutzen diese zur Textherstellung sowie Textüberarbeitung" (Nationale Bildungsstandards für den Mittleren Schulabschluss, 2003, 9). Hier spielen jedoch heute sehr unterschiedliche Sprachtheorien als Hintergrund eine Rolle: strukturalistisch formbezogene (vgl. Granzow-Emden, C 1) oder aber funktional handlungsbezogene (vgl. Hoffmann, B 2) oder semiotisch fundierte (Köller, B 3). Das Ziel ist, Sprache zu verstehen, auch um einen besseren Gebrauch von Sprache machen zu können, und zwar sowohl produktiv wie rezeptiv (vgl. z. B. Granzow-Emden, C 1; Peyer, D 1; Huneke, F 1). Die Sprachnorm steht dabei – auch unter der Perspektive, dass die deutsche Standardsprache für viele Schülerinnen und Schüler Zweitsprache oder Zweitvarietät ist – **mit** im Fokus (vgl. Jeuk, D 3), ist aber nur **ein** Aspekt neben einem diskurs- und intentionsangemessenen Gebrauch von Sprache. Welche Begrifflichkeit entwickelt und welche Terminologie dabei genutzt werden kann, ist seit geraumer Zeit Gegenstand (vgl. Ossner, A und die Initiative, den Grammatikunterricht terminologisch-begrifflich neu zu fundieren, vgl. www.grammatischeterminologie.de). Betont wird heute wie damals die Notwendigkeit, an den Aktivitäten der Lernenden selbst anzusetzen, wie der Terminus Sprachreflexion markiert.

Diejenigen, die aktuell den Terminus „Sprachreflexion" gebrauchen – so lässt sich mit aller Vorsicht sagen –, akzentuieren damit die Aktivität der Lernenden und zugleich die Breite der im Unterricht zu behandelnden Gegenstände.

Bredel (2007) greift auf den vielleicht neutraleren Terminus „Sprachbetrachtung" zurück. Gebräuchlich ist dieser Terminus auch in der Linguistik, dort um in der Nachfolge de Saussures synchrone von diachroner Sprachbetrachtung zu unterscheiden. „Sprachbetrachtung" war ebenfalls einmal Lernbereichsbezeichnung, vor allem in den 1980er Jahren. „Sprachbetrachtungsaktivitäten" – so unterschiedlich sie sich gestalten mögen – haben, so Bredel (2007, 24 ff.) mehrere Merkmale gemeinsam:

- „Distanzierung
  Bei jeder Form der Sprachbetrachtung wird ein Abstand zwischen dem Sprachbetrachter und dem Instrument Sprache hergestellt."
- „Deautomatisierung
  Mit dem Betrachten einer sprachlichen Erscheinung wird ihre automatisierte Prozessierung aufgegeben."
- „Dekontextualisierung
  Bei jeder Form der Sprachbetrachtung wird das betrachtete Phänomen aus seiner ursprünglichen Umgebung herausgelöst und in die Umgebung der Betrachtung eingebettet."

In dieser Zusammenstellung hebt Bredel pointiert die in der Forschung genannten wesentlichen Merkmale hervor. Das, was wir mit Sprachreflexion, Sprachthematisierung oder Sprachbetrachtung meinen, lässt sich anhand dieser Kriterien charakterisieren – bei aller Unterschiedlichkeit der jeweiligen Motive der Sprachthematisierung und der Gegenstände. In den verschiedenen Situationen, in denen Sprache zum Thema wird, kommen diese Eigenschaften unterschiedlich stark zur Geltung. Sprachbetrachtungsaktivitäten können erst dann als solche bezeichnet werden, wenn sie – so Bredel – bemerkt werden können, wenn sie sozusagen nach außen treten, bspw. beim Sprechen über Sprache. Hier wird deutlich, dass es Bredel darauf ankommt, jegliches Spekulative beim Sprechen über Sprachbetrachtung respektive Sprachreflexion respektive Sprachthematisierung zu meiden.

3 Language awareness, Sprachbewusstheit, Sprachaufmerksamkeit, Sprachgefühl

Noch schillernder als die Begriffe „Sprachthematisierung" oder „Sprachreflexion" oder „Sprachbetrachtung" ist der der „Sprachbewusstheit", der nicht selten synonym mit „Sprachbewusstsein", aber auch in Abgrenzung dazu genutzt wird (vgl. z. B. Gauger 1976 („Sprachbewusstsein" statt „Sprachbewusstheit"); Brockmeier 1997, 228 ff.; Beisbart 1999, 78 f. (Sprachbewusstheit vs. Sprachbewusstsein); vgl. auch Ossner 1989, 25 f. zur Kritik am Terminus Sprachbewusstsein und zur Notwendigkeit der Beachtung seines Zusammenhangs mit der Bewusstseinsphilosophie; Funke 2008, 11).

Eingang gefunden in die wissenschaftliche Diskussion haben Terminus und Begriff „Sprachbewusstheit" auf mehrfache Weise: Einmal als Übersetzung des englischen Begriffes „language awareness", der – bezogen auf den Muttersprachenunterricht und vor allem den Fremdsprachenunterricht – benutzt wurde, um die Abkehr vom Behaviorismus und die kognitive Neuorientierung in den 1960er und 1970er Jahren auf diese Weise begrifflich zu fassen. Sprachunterricht sollte der Förderung von language awareness dienen (vgl. exemplarisch Luchtenberg 1995; Gnutzmann 1997; Luchtenberg, DTP 9, B 6). Zum andern durch die Spracherwerbsforschung, die von „language awareness" und häufiger von „linguistic awareness" (auch von „linguistic consciousness") als im Spracherwerb zu erwerbender Kompetenz spricht (Clark 1978; Sinclair 1978; Hakes 1984). Daneben aber vor allem in der Nachfolge Wygotskis durch Andresen (1985) im Kontext der Erforschung des Schriftspracherwerbs.

Der Terminus „Sprachbewusstheit" wurde 1991 anlässlich einer Tagung von Linguisten und Linguistinnen in London als angemessene deutsche Übersetzung des englischen Begriffs „language awareness" festgelegt (vgl. Fehling 2008, 46, die sich auf Sinclair 1992 bezieht). Wenn der Terminus in der deutschen fachdidaktischen Diskussion benutzt wird, meint er allerdings nicht unbedingt das, was mit „language awareness" bezeichnet wird. Und ebenso wie bei „Sprachbewusstheit" wird auch mit „language awareness" nicht stets dasselbe verbunden: „At times [...] one is not really sure what the user has in mind" (vgl. James/Garrett 1992, 3). Das mag auch damit in Zusammenhang stehen, dass der Terminus in den genannten unterschiedlichen Kontexten gebraucht wird.

James und Garrett (1992) unterscheiden fünf Dimensionen („domains") von „language awareness": die affektive, soziale, politische und die kognitive Dimension sowie die Dimension der Performanz (vgl. zusammenfassend z. B. Eichler/Nold 2007, 65 f.; Fehling 2008). Der Begriff umfasst hier also das Interesse an Sprache, Sprachsensibilität (affektive Dimension), die Einstellung der Toleranz bezüglich anderer Sprachen (soziale Dimension), eine sprachkritische Haltung, vor allem die Wahrnehmung des Manipulationspotentials von Sprache (politische Dimension) sowie Wissen über Natur und Funktion der Sprache, z. B.

bezüglich Korrektheit, Angemessenheit von grammatischen Konstruktionen o. Ä. (kognitive Dimension), während die Dimension der Performanz die Vorstellung fokussiert, dass sich „language awareness" auch im Gebrauch der Sprache zeige. Insofern ist „language awareness" anschlussfähig an Vorstellungen, wie sie sich etwa zur selben Zeit mit „Reflexion über Sprache" verbinden.

Der fachdidaktische Begriff der „Sprachbewusstheit" knüpft bei seiner Entstehung nicht an „language awareness" an, er steht in einer anderen Tradition: Andresen (1985) beschreibt mit diesem Begriff die Auswirkungen des Schriftspracherwerbs auf den Zugriff auf Sprache und folgt damit Wygotski. Durch den Schriftspracherwerb, so die Auffassung Wygotskis und Andresens, verändert sich dieser Zugriff, insofern Sprache nicht mehr kontextgebunden für die verschiedensten Zwecke benutzt wird, sondern selbst im Zentrum der Aufmerksamkeit steht (vgl. Andresen, B 7; Haueis, B 8): Auf Sprache muss im Schriftspracherwerb willkürlich und systematisch zugegriffen werden. Andresen (1985) nennt dies in der Nachfolge Wygotskis „eigentliche Bewusstwerdung". Der Zugriff erfolge bei der eigentlichen Bewusstwerdung nicht mehr abhängig von einer Situation, wie es vor dem Schriftspracherwerb der Fall sei, wenn aus den verschiedensten Gründen hin und wieder die Aufmerksamkeit von dem, was man sagen will, abgezogen und auf die Sprache selbst gerichtet werde, bspw. um sich besser verständlich zu machen, sondern situationsunabhängig, eben „willkürlich" und immer wieder auf die gleiche Weise, „systematisch". Andresens und Wygotskis Unterscheidung lässt sich beziehen auf die Unterscheidung von meta- und extrakommunikativem Handeln. Andresen/Funke führen zur Illustration das folgende treffende Beispiel an:

> „Der Anlaut des Wortes [maus] ist unabhängig von den Sprachhandlungssituationen, in denen das Wort gebraucht wird, stets [m], und das Wort wird, da ein Substantiv, groß geschrieben, auch wenn das dadurch bezeichnete Tier zu den kleinen Lebewesen gehört" (Andresen/Funke 2003, 444).

Vor dem Schriftspracherwerb, so Andresen, könne lediglich von „aktueller Bewusstwerdung" gesprochen werden. Durch den Schriftspracherwerb entsteht nach Wygotski also ein neues Denken, nämlich eine neue „Verfügbarkeit einer kognitiven Orientierung beim Sprachgebrauch", so Andresen/Funke (2003, 439), mit dem Merkmal, „sie in Gang zu setzen oder unterbinden zu können, unabhängig davon, ob externe Bedingungen, die sie auszulösen, geeignet sind, erfüllt sind oder nicht" (Funke 2008, 9). „Sprachbewusstheit" definiert Andresen 2011 ganz allgemein als „einen Prozess der Auseinandersetzung von Menschen mit (ihrer) Sprache, der alle strukturellen Ebenen und Funktionen von Sprache betreffen kann" und betont die Veränderungen, die Sprachbewusstheit im Laufe der Ontogenese durchläuft.

Ossner bringt bei der Diskussion der Unterschiedlichkeit der angesprochenen Prozesse 1989 in Abgrenzung zu denjenigen, die hier nur von „Bewusstheit" reden, zwei weitere Termini – „Sprachthematisierung" und „Sprachaufmerksamkeit" – in die Diskussion. Dabei ist „Sprachthematisierung" (siehe oben) eine Art neutraler Grundterminus. Von ihr ist die Rede, wenn Sprachliches zum Thema wird. Von „Sprachaufmerksamkeit" wird dann gesprochen, wenn nicht nur Sprachliches, sondern Sprache thematisiert wird. Deutlich gemacht wird dieser Unterschied am Beispiel der verwunderten Aussage des sechsjährigen Christoph, dass seine Kindergartenfreundin Cidem zu seiner Schwester Lisa *der Lisa* sagen würde (Ossner 1989, 87). Der Verlauf des Gesprächs, das sich zwischen Vater und Sohn an dieser Stelle anschließt, zeigt, dass sich Christoph darüber wundert, dass nach seiner Meinung das türkische Mädchen Cidem Jungen und Mädchen verwechselt; seine Aufmerksamkeit ist auf den Inhalt gerichtet und nur in diffuser Weise auf die sprachlichen Mittel, den Inhalt zu transportieren. In diesem Sinne ist auch die Bemerkung, dass man beim Lesen eines Textes dieses oder jenes Wort nicht verstehe, nach Ossner zwar Sprachthematisierung, nicht aber schon Sprachaufmerksamkeit. Erst wenn jemand fragen würde, warum der Autor des Textes nicht dieses, sondern jenes Wort verwendet habe, kommt Sprachaufmerksamkeit ins Spiel. Sprachbewusstheit tritt demgegenüber dann auf, wenn auch die eigene Sprachproduktion in Abwägung von Alternativen kontrolliert werden kann.

Ossner plädiert an dieser Stelle dafür, die Sprachthematisierungen der SchülerInnen ernst zu nehmen und im Unterricht Sprachaufmerksamkeit und Sprachbewusstheit herzustellen, wozu Sprachwissen (grammatisches Wissen) nötig sei.

2010 differenziert Ossner zwischen einem Monitor, der Sprachproduktion und Sprachrezeption begleitet und den er zum „Können" zählt, und dem durch Unterricht weiterentwickelten, dem „professionalisierten" Monitor, der „Sprachbewusstheit". Auch hier betont er, dass sich dieser Monitor im bewussten Abwägen zwischen verschiedenen sprachlichen Handlungsalternativen zeige. Sprachbewusstheit in diesem Sinne ist dann die „Anregung des inneren Monitors". Ossner ordnet die Sprachbewusstheit der Metakognition zu (siehe weiter unten).

Gauger und Oesterreicher hatten 1982 auf den alten Begriff des „Sprachgefühls" zurückgegriffen. Sie definieren es als „gefühlsmäßiges Wissen hinsichtlich dessen, was richtig ist im Sinne der Norm innerhalb des regional und sozio-kulturell vielfältig differenzierten Gebrauchs einer Sprache; es ist ein Sediment im Bewußtsein solch normsensiblen – aktiven und passiven – Umgangs mit ihr" (ebd., 63) und grenzen von ihm den „Sprachsinn" ab, sozusagen das entwickelte Sprachgefühl, ebenfalls „intuitiv", „unwissenschaftlich", sicher im Urteil darüber, „was mit Sprache gemacht werden kann" (ebd., 27), ohne dies im einzelnen begründen zu können. Charakteristisch ist die Spontaneität, in der Urteile auf der Basis des „Sprachgefühls" (und des „Sprachsinns") gefällt werden (kritisch zu Gauger/Oesterreicher vgl. Ossner 1982).

Das „Sprachgefühl" – Stichwort im Grimmschen Wörterbuch wie in aktuellen Wörterbüchern der deutschen Sprache, aber nicht Stichwort in einem linguistischen oder didaktischen Wörterbuch – wurde in der Sprachdidaktik immer wieder einmal herangezogen, um das zu bezeichnen, was es im Unterricht auszubilden, was es weiterzuentwickeln gelte (vgl. Holm 2012, 26ff.): so von Karl Ferdinand Becker (Becker 1841, 20), speziell bezogen auf die sog. Volksschule:

> Die Sprachlehre „kann nur in so fern lehren, wie man sprechen soll, als sie in uns die inneren Bildungsgesetze der Sprache zum Bewußtsein bringt und uns dadurch in Stand setzt, zu beurtheilen, ob die Sprechweise im Einzelnen diesen Gesetzen gemäß sei, oder nicht."

oder von Rudolf Hildebrand, der das Sprachgefühl als Basis für das selbsttätige „Zugreifen" auf Sprache ansieht (Hildebrand 1930, 24; zitiert nach Hohm 2012, 26ff.). Auch Hildebrand betont, dass man „Sprachgefühl" ausdifferenzieren muss:

> „Das Sprachgefühl hat übrigens mehr als eine Gestalt. Es erhebt sich zum Theil aus sich selbst heraus zum Sprachbewußtsein, anderntheils bleibt es aber, und zwar zum größeren Theile im bloßen Sprachinstinct stecken" (ebd.).

Hildebrand plädiert also für die Notwendigkeit der Entwicklung des Sprachgefühls hin zum „Sprachbewußtsein" bzw. der Sprachbewusstheit.

In der jüngeren Vergangenheit sind bspw. Abraham (1994), Funke (2006), Köller (2006), Eichler/Nold (2007) diejenigen, die sich nicht scheuen, „Sprachgefühl" zu benutzen, obwohl das Wort ganz offensichtlich nicht zu den anerkannten Termini der Sprachdidaktik gehört. Sie betonen – jeder auf seine Weise – den Unterschied zwischen dem deklarativen Wissen, das schulisch vermittelt wird, und dem Sprachgefühl (durchaus als „Urteilsinstanz" (Abraham 1994, 123)) und setzen mehr auf dessen Entwicklung als auf den Erwerb terminologisch gefasster Begrifflichkeit. Mit „Sprachgefühl" kommt also – wie durch das Bild des Monitors – der **Zugang** zum „impliziten Wissen", zum „prozeduralen Wissen" in den Blick.

Wie die Differenzierungen zwischen aktueller und eigentlicher Bewusstwerdung, zwischen Sprachthematisierung, Sprachaufmerksamkeit und Sprachbewusstheit oder eben zwischen Sprachgefühl und Sprachbewusstsein oder Sprachsinn zeigen, heben alle Forscher hervor, dass – in der Terminologie von Andresen/Funke 2003 – die „Zugänglichkeit von Sprache" entwickelbar und zu entwickeln ist.

4 Sprachwissen

Ein besonderer Aspekt ist mit dem Entwicklungsmodell von Karmiloff-Smith (1992 und 1996) in die Diskussion gekommen. In diesem Modell werden implizite Levels von sprachlicher Bewusstheit von expliziten unterschieden:

Jeder Sprachproduktion und jeder Sprachrezeption liegt – wie jedem Handeln – „implizites Wissen" zugrunde: Die Prozesse der Sprachproduktion und der Sprachrezeption laufen zunächst – in Interaktion zwischen angeborenen Dispositionen und Umweltreizen – automatisch ab. Dementsprechend bilden sich kognitive Repräsentationen. Doch von einem bestimmten Punkt an, so Karmiloff-Smith (1992 und 1996), beginnen diese kognitiv zugänglich zu werden, indem sie kognitiv reorganisiert werden. Karmiloff-Smith spricht hier von einer „redescription" des bei ihr stets domänenspezifisch gedachten Wissens (von level I (I = implicit) über level E 1 bis level E 3 (E = explicit)): Das sprachliche Wissen (ebenso, aber unabhängig davon, das physikalische, mathematische etc.) wird zugleich immer stärker explizierbar. Damit einher geht eine immer stärkere Kontrolle der Prozesse. Die Entwicklung verläuft also allmählich vom „kommunikativen Begleitbewusstsein" (Schlieben-Lange 1972) durch Rekodierung zum verbalisierbaren Wissen. Karmiloff-Smith beschreibt diese Prozesse auch bezogen auf das Lernen eines Klavierstücks: Während zu Beginn aufgrund von automatisiert ablaufenden Prozessen ein „Können" („behavioral mastery") erreicht wird, werden nun Teile des Stücks immer stärker zugänglich: Es kann mit dem Spielen des Stücks an einer beliebigen Stelle begonnen werden, Stellen können variiert werden, einzelnes wird fokussiert, anderes ausgeblendet (level E 1). Indiz bei der Sprachentwicklung hierfür sind Fehler, die sich bei bis dahin automatisch richtig produzierten Strukturen beobachten lassen. So bemerkt Karmiloff-Smith bei 6jährigen Kindern, dass sie das französische Possessiv *mes* (z. B. in *mes chaussures*), das sie bis dato korrekt benutzt haben, nun fehlerhaft bilden, dabei aber gleichzeitig zeigen, dass sie die Komponenten Possessiv und Plural, die die Wortform *mes* gleichzeitig ausdrückt, wahrgenommen haben. Die Beschäftigung mit der kognitiven Reorganisation, so Karmiloff-Smith, irritiert den automatisierten Prozess. Über eine Zwischenstufe 2 setzt Karmiloff-Smith eine Stufe 3 an um zu beschreiben, dass nun das Wissen verbalisiert werden kann. Der Prozess der Explizierung ist also nicht an Verbalisierungen gebunden, diese sind aber – modellhaft betrachtet – deren höchste Stufe. Das Modell ist nicht als ein Stufenmodell zu interpretieren. So erfasst Karmiloff-Smith zwar den Weg von der Kompetenz, eine Sprache zu sprechen, bis hin zu metasprachlichen Äußerungen über Sprache, doch sind die einzelnen Prozesse in den einzelnen Mikrodomänen der Domäne Sprache als wiederkehrend zu denken. Allerdings baut die Explizierung immer auf implizitem Wissen auf. Zugleich verdeutlicht Karmiloff-Smith, dass es ihrer Ansicht nach falsch ist, dem impliziten Wissen das explizite auf eine schlichte Weise gegenüberzustellen: Explizitheit ist ein graduelles Phänomen, ist als mehr oder weniger vorhanden zu denken. Und: Die Entwicklung folgt der sog. U-Kurve des Lernens, die besagt, dass es bei der Gesamtentwicklung zu entscheidenden Einbrüchen kommen kann. Wer über Sprache nachdenkt, kann sie verlieren.

Die Veröffentlichungen von Karmiloff-Smith sind kontrovers diskutiert worden: Sowohl wurden sie als Meilenstein bezeichnet als auch als zu vage kritisiert. Für die Sprachdidaktik bleibt wesentlich, dass Explizitheit nicht an metasprachliche Äußerungen über Sprache allein gebunden werden kann, eine komplementäre

Gegenüberstellung von „Können" und „Wissen", „knowing-how" und „knowing-that" (Ryle 1969, Originalausgabe 1949) daher als zu kurz gegriffen betrachtet werden muss, insofern Können und Wissen ineinandergreifen und – wieder in der Terminologie von Andresen/Funke – die „Zugänglichkeit" von sprachlichen Phänomenen während der Nutzung von Sprache erworben wird. Dies hat zur Folge, dass es leichter fällt, sich etwas bewusst zu machen, was gerade bereits kognitiv aufgerufen, sozusagen „in Aktion" ist. Die Voraussetzung dafür ist allerdings eine gewisse „behavioral mastery".

Verbinden lässt sich diese Einordnung mit der Theorie von Bialystok, die sie anhand von Untersuchungen von bilingualen Kindern entwickelt (1986; 2001; vgl. auch Funke 2008, 15). Sie unterscheidet „control of linguistic processing" („Begleitbewusstsein") von „analysis of linguistic knowledge": Immer stärkere Kontrolle zu gewinnen über sprachliche Prozesse ist etwas anderes, als sprachliches Wissen immer besser analytisch zu durchdringen.

Funke 2005 weist die Abhängigkeit der Entwicklung deklarativen Wissens über Sprache von anderen Wissensformen (er spricht von dem Verfügen über „spezifisch syntaktische Information") am Unterrichtsgegenstand Wortart nach: Er lässt Schülerinnen und Schüler unter verschiedenen Sätzen nach der Methode „to odd one out" den nicht zu den anderen Sätzen passenden Satz aussortieren und auf diese Weise die Zugänglichkeit von syntaktischen Mustern demonstrieren. Nur diejenigen Schülerinnen und Schüler können in expliziten Wortarttests systematisch richtige Antworten geben, die auch in den impliziten Wortarttests gut abgeschnitten haben (vgl. dazu und zu weiteren Ergebnissen Funke, E 2).

Wie explizite Äußerungen über Sprache selbst wiederum helfen können, den Prozess des Zugänglichwerden von Sprache voranzutreiben, bleibt weiterhin zu erforschen, wie auch Funke betont. Ergebnisse dieser Art spielen jedoch eine wichtige Rolle, wenn überlegt wird, von welchen sprachlichen Aktivitäten man auf welche Wissensbestände schließen kann und zugleich wie explizites Wissen im Kompetenzbereich Sprache und Sprachgebrauch untersuchen aussehen sollte.

In ihrer Systematisierung der an den verschiedenen Sprachbetrachtungsaktivitäten beteiligten Wissensmodalitäten geht Bredel ganz von den Sprachbetrachtungsaktivitäten selbst aus und schließt auf die Unterschiedlichkeit der dann jeweils relevanten Wissensformen. Auf einer ersten Ebene differenziert sie zwischen „operativen" und „deklarativen" Aktivitäten. Operativ nennt sie solche, in der „primärsprachliche Sprachverarbeitungsprozesse" aktiviert und „kontrollierten Manipulationen unterzogen" werden (Bredel 2007, 109), wie z. B. durch die Glinzschen Proben. Die Aktivitäten erfolgen, wie sie es nennt, „online". Für die hierfür angenommene Wissensform nutzt sie den Terminus „Prozesswissen". Deklarative Aktivitäten, wie z. B. das Beschreiben von Sprache, dagegen erfolgen „offline", das hierfür angenommene Wissen nennt sie „Analysewissen". Für beide Aktivitäten gilt, dass sie – so Bredel – situationsgebunden und situationsentbunden stattfinden können und entsprechend „integriertes" oder „autonomes" Wissen dabei eine Rolle spielt. Der Unterschied liegt im sog. „Problem- und Aufgabenbewusstsein" (Waller 1988): Bei situationsentbundenen Aktivitäten (bei August 1977 „extrakommunikativen") muss kontrolliert und absichtsvoll vorgegangen werden, so Bredel, bei den situationsgebundenen (bei August 1977 „metakommunikativen") sei das nicht der Fall. Für die situationsgebundenen setzt Bredel an, dass integriertes Prozesswissen nötig ist, bspw. dann, wenn Formulierungen beim Schreiben verglichen werden, integriertes Analysewissen zeige sich, wenn Wortbedeutungen geklärt würden oder über Texte gesprochen werde. Autonomes Prozesswissen sei nötig bei der – situationsentbundenen – Anwendung grammatischer Proben, autonomes Analysewissen, wenn bspw. Wortarten benannt werden müssen.

	situationsgebunden	situationsentbunden
operativ	integriertes Prozesswissen	autonomes Prozesswissen
deklarativ	integriertes Analysewissen	autonomes Analysewissen

(Bredel 2007, 110)

Eine solch differenzierte Unterscheidung von Wissenstypen anhand einer Kreuzklassifkation könnte den Eindruck erwecken, als seien klare Abgrenzungen in Form von Entweder-oder-Entscheidungen möglich. Die dargestellte Forschung spricht eher von Phänomenen mit gleitenden Übergängen. So mag es auch fraglich erscheinen, ob unterschiedliches Wissen aktiviert wird, wenn z. B. die Glinzsche Umstellprobe situationsgebunden oder situationsungebunden angewendet wird. Bredels Kreuzklassifikation verhilft jedoch dazu, Sprachbetrachtungsaktivitäten genauer als bisher zu beschreiben, auch wenn der Einzelfall so eindeutig nicht zuzuordnen ist, wie die angegebenen Beispiele suggerieren mögen.

6 Die Kompetenz der Sprachthematisierung

Nicht zuletzt im Kontext der Leistungsstudien hat die Fachdidaktik begonnen, die im Unterricht zu fördernden Kompetenzen genauer als zuvor zu beschreiben. Dass dies nur im Rahmen von Theorie möglich ist, Kompetenz mit Empirie allein nicht zu fassen ist, hat Ossner 2006 betont. In seinem Vorschlag eines Modells, das die im Deutschunterricht zu entwickelnden und zu fördernden Kompetenzen beschreibt, orientiert sich Ossner an den bei Mandl/Friedrich/ Hron 1986 unterschiedenen Wissensformen und setzt auch für die Kompetenz der Sprachthematisierung an, dass „Deklaratives Wissen", „Problemlösungswissen", „Prozedurales Wissen" und „Metakognition" auszubilden und zu fördern sei. Wissen ist der Kompetenz in diesem Kompetenzmodell nicht vorgelagert, es ist Teil der Kompetenz. Und Können und Wissen werden in diesem Modell in einem erweiterten Wissensbegriff zusammengeführt. Für die Kompe-

B 1 Sprachreflexion, Sprachbewusstheit, Sprachwissen, Sprachgefühl

tenz der Sprachthematisierung postuliert Ossner, fachliches Wissen, Problemlösungswissen und Metakognition (unter die auch die Sprachbewusstheit fällt) besonders zu gewichten.

In der DESI-Studie (vgl. Eichler/Nold 2007) wird (u. a.) „Sprachbewusstheit" untersucht, wobei unter dem Begriff die Fähigkeit verstanden wird,

> „die sich in der Mutter-, Zweit- und Fremdsprache auf Grund der bewussten und aufmerksamen Auseinandersetzung mit Sprache entwickelt. Sie befähigt Lernende, sprachliche Regelungen kontrolliert anzuwenden und zu beurteilen sowie Verstöße zu korrigieren. Im Vordergrund des Interesses stehen dabei zwei Teilbereiche sprachlichen Handelns. Es wird untersucht, welches Wissen die Schüler/innen abrufen und einsetzen können, um entweder über entsprechende Regelungen reflektieren und sie einordnen oder gegebenenfalls Verstöße korrigieren zu können. Die Fähigkeit zur Sprachreflexion beruht dabei eher auf Wissen über Sprache (explizites/deklaratives/verbalisierbares Wissen), während die sprachliche Korrekturfähigkeit stärker vom Wissen des Sprachgebrauchs oder des Sprachgefühls (vorwiegend implizites und prozedurales Wissen) geleitet sein kann" (ebd., 63).

Hier erscheint „Sprachbewusstheit" als eine Art Oberbegriff und wird – wie im Kompetenzmodell Ossners – mit verschiedenen Wissensformen in Beziehung gesetzt. Während Ossner jedoch Sprachbewusstheit der Metakognition zurechnet und sie als deren höchste Form definiert, zeigt sich Sprachbewusstheit laut DESI Studie auch, wenn sprachliches Wissen expliziert (bei Ossner: deklaratives Wissen) und wenn prozedurales Wissen aktiviert wird (bei Ossner, je nach Aufgabe: prozedurales Wissen oder Metakognition, aber noch keine Sprachbewusstheit). Vagheitssignale wie „eher" oder „vorwiegend" verweisen bei Eichler auf die Probleme einer klaren Einordnung. Eichler (2007) sieht den Begriff Sprachbewusstheit der DESI-Studie zwischen „automatisiertem Sprachgefühl" und „explizitem Sprachbewusstsein" (ebd., 34) und hebt den neuen Begriff der „prozeduralen Sprachbewusstheit" hervor (ebd., 35), der dann zutreffe oder anzuwenden sei, wenn zu einer Korrektur aufgefordert werde. Modelliert werden hier also als zentrale Elemente der Sprachthematisierungskompetenz die Fähigkeit, normbezogene Korrekturen vorzunehmen, und die, unterrichtlich erworbenes deklaratives Wissen über Sprache wiederzugeben.

Die Diskussion der Aufgaben in der Fachdidaktik zeigt, wie umstritten diese Modellierung ist; kritisiert werden bereits die ausgewählten Teilbereiche der Sprache (so müssen bspw. Konjunktivformen gebildet und (zudem noch falsch) beschrieben werden (zum Sprachbewusstheitskonzept von DESI vgl. auch Bremerich-Vos/Nold 2007, zur Kritik an den DESI-Aufgaben vgl. Kühn, F 2)).

In jüngerer Zeit fordert bspw. auch Bittner (2011), dass Grammatikunterricht stärker an diesem Wissen anknüpfen muss (siehe auch Ossner 1993). Und er geht noch einen Schritt weiter, indem er die Orientierung an der Schriftlichkeit dafür verantwortlich macht, dass durch den Unterricht der Blick auf Sprachliches und damit letztlich auf Grammatik verstellt wird (ebd., 18). Es seien „eigene Fähigkeiten erfahrbar" werden zu lassen. Dies sei möglich bspw. durch die Thematisierung von Spracherwerb oder Sprachveränderung (vgl. dazu Steinig, C 6), und man könnte ergänzen: durch das Aufgreifen von eigener kritischer Sprachreflexion (vgl. Neuland et al., C 9; vgl. bspw. auch Berkemeier 1999).

Dieser kurze Blick in die didaktische Diskussion macht sichtbar, dass man von einem Konsens bezüglich der Modellierung der Sprachthematisierungskompetenz weit entfernt ist. Die von verschiedenen Forscherinnen und Forschern seit langem geforderte Verbindung von prozeduralem/implizitem und deklarativem Wissen ist dabei nur **ein** Problem, wenn auch vielleicht das schwierigste. Denn es gilt das deklarative Wissen so zu modellieren, dass die extrakommunikative Praxis des systematischen Blicks auf Sprache fruchtbar werden kann für die Praxis des Sprechens und Zuhörens, des Schreibens, des Lesens (vgl. Pohl, C 2; Lischeid, C 4; Berkemeier, C 5). Zudem: Für die Sprachthematisierung (oder Sprachreflexion) gilt es in einem weitaus größeren Maße als bei den übrigen Kompetenzen zu klären, welche Relevanz man den verschiedenen beteiligten Wissensformen überhaupt geben will: Welchen Stellenwert soll terminologisches, vor allem grammatisches terminologisches Wissen haben? Soll es eher um metakognitives Wissen gehen, vor allem um Sprachbewusstheit? Wenn ja, wie soll Sprachbewusstheit konzeptionell gefasst werden? Was soll das Problemlösewissen umfassen? Welchen Stellenwert hat das prozedurale Wissen in einem Unterricht, in dem verstärkt grammatische Unsicherheiten nicht nur bei Lernern mit Deutsch als Zweitsprache auffallen? Wie wesentlich ist die sprachpraktische Relevanz des grammatischen Wissens? Und welchen Stellenwert hat Grammatik im engeren Sinne (Wortarten und Phrasen und ihre Funktion) im Kompetenzbereich Sprache und Sprachgebrauch untersuchen?

Vor diesen Fragen steht die Grundfrage, welches Bild von Sprache, welche Idee von Sprache und damit auch von Grammatik in den Köpfen der Schülerinnen und Schüler entstehen soll (vgl. z.B. Hoffmann, B 2; Köller, B 3; Granzow-Emden, C 1; Lischeid, C 6; Steinig, C 6; Neuland et al., B 9; Kilian, C 7), welche Haltung Sprache gegenüber.

Ohne die Klärung der Frage nach der Idee von Sprache fehlt der Beantwortung aller anderen die Basis.

Verlagen, die mit ihren Schulbüchern die Realität des Unterrichts weithin prägen, und Leistungsstudien, die vorrangig an einer testgerechten Modellierung interessiert sein müssen, kann die Entscheidung dieser Frage nicht überlassen werden.

Literatur

Abraham, Ulf: StilGestalten. Geschichte und Systematik der Rede vom Stil in der Deutschdidaktik. Tübingen: Niemeyer 1996

Andresen, Helga: Schriftspracherwerb und die Entstehung von Sprachbewußtheit. Opladen: Westdeutscher Verlag 1985

B1 Sprachreflexion, Sprachbewusstheit, Sprachwissen, Sprachgefühl

Andresen, Helga: Entstehung von Sprachbewusstheit in der frühen Kindheit. Spracherwerbstheoretische und didaktische Perspektiven. In: Köpcke, Klaus-Michael/Noack, Christina (Hrsg.): Sprachliche Strukturen thematisieren. Sprachunterricht in Zeiten der Bildungsstandards. Baltmannsweiler: Schneider Hohengehren 2011, 15–26

Andresen, Helga/Funke, Reinold: Entwicklung sprachlichen Wissens und sprachlicher Bewusstheit. In: Bredel, Ursula/Günther, Hartmut/Klotz, Peter/Ossner, Jakob/Siebert-Ott, Gesa (Hrsg.): Didaktik der deutschen Sprache. Bd. 1. Paderborn: Schöningh 2003, 438–451

Augst, Gerhard: Empirische Untersuchungen zum Wortschatz eines Schulanfängers. In: Grundwortschatz und Ideolekt. Empirische Untersuchungen zur semantischen und lexikalischen Struktur des kindlichen Wortschatzes. In: Augst, Gerhard/Bauer, Andrea/Stein, Anette (Hrsg.): Grundwortschatz und Ideolekt. Tübingen: Niemeyer 1977, 74–93

Becker, Karl Ferdinand: Organism der Sprache. Hildesheim: Olms 1970 (Reprograf. Nachdr. der 2. neubearb. Ausg. Frankfurt a. M. 1841) (1. Aufl. 1827)

Beisbart, Ortwin: Sprachbewusstseinsförderung und Sprachunterricht. In: Klotz/Peyer (Hrsg.) 1999, 73–83

Berkemeier, Anne: Über Sprache reden: Sprachbewusstheit bei Lernenden entdecken. In: Klotz, Peter/Peyer, Ann (Hrsg.): Wege und Irrwege sprachlich-grammatischer Sozialisation. Bestandsaufnahmen, Reflexionen, Impulse. Baltmannsweiler: Schneider Hohengehren 1999, 85–108

Bialystok, Ellen: Factors of Growth of Linguistic Awareness. In: Child Development 57 (1986) 498–510

Bialystok, Ellen: Bilingualism in development: language, literature and cognition. Cambridge: Cambridge University Press 2001

Bittner, Andreas: Das Implizite 'explizieren'. Überlegungen zum Wissen über Grammatik und zum Gegenstand des Grammatikunterrichts. In: Köpcke, Klaus-Michael/Ziegler, Arne (Hrsg.): Grammatik – Lehren, Lernen, Verstehen. Zugänge zur Grammatik des Gegenwartsdeutschen. Berlin: de Gruyter 2011, 17–35

Boettcher, Wolfgang/Sitta, Horst: Der andere Grammatikunterricht. München: Urban u. Schwarzenberg 1978

Bredel, Ursula: Sprachbetrachtung und Grammatikunterricht. Paderborn: Schöningh 2007

Bremerich-Vos, Albert: Zur Förderung von Sprachkritik und reflexivem Sprachgebrauch in der Sekundarstufe II. In: Der Deutschunterricht 44 (1992) 4, 50–62

Bremerich-Vos, Albert/Böhme, Katrin: Kompetenzdiagnostik im Bereich „Sprache und Sprachgebrauch untersuchen". In: Granzer, Dietlinde/Köller, Olaf/Bremerich-Vos, Albert (Hrsg.): Bildungsstandards Deutsch und Mathematik. Weinheim: Beltz 2009, 376–392

Bremerich-Vos, Albert/Grotjahn, Rüdiger: Lesekompetenz und Sprachbewusstheit: Anmerkungen zu zwei aktuellen Debatten. In: Beck, Bärbel/Klieme, Eckard (Hrsg.): Sprachliche Kompetenzen. Konzepte und Messung. DESI-Studie (Deutsch Englisch Schülerleistungen international). Weinheim: Beltz 2007, 158–177

Brockmeier, Jens: Literales Bewußtsein. Schriftlichkeit und das Verhältnis von Sprache und Kultur. München: Fink 1998

Clark, Eve V.: Awareness of language. Some evidence from what children say and do. In: Sinclair, Anne/Jarvella, Robert/Levelt, William J. M. (Hrsg.) 1978, 17–43

Eichler, Wolfgang: Grammatikunterricht. In: Lange, Günter/Neumann, Karl/Ziesenis, Werner (Hrsg.): Taschenbuch des Deutschunterrichts. Bd. 1. Baltmannsweiler: Schneider Hohengehren 1980, 226–247

Eichler, Wolfgang/Nold, Günter: Sprachbewusstheit. In: Beck, Bärbel/Klieme, Eckard (Hrsg.): Sprachliche Kompetenzen. Konzepte und Messung. DESI-Studie (Deutsch Englisch Schülerleistungen international). Weinheim : Beltz 2007, 63–82

Eichler, Wolfgang: Sprachbewusstheit und grammatisches Wissen. Bemerkungen zu einem lernbegleitenden Grammatikunterricht. In: Köpcke, Klaus-Michael/Ziegler, Arne (Hrsg.): Grammatik in der Universität und für die Schule. Theorie, Empirie und Modellbildung. Tübingen: Niemeyer 2007 (Reihe Germanistische Linguistik, 277), 33–44

Einecke, Günther: Fokussieren – auf die sprachliche Ebene lenken. In: Deutschunterricht 48 (1996) 6, 10–25

Fehling, Sylvia: Language awareness und bilingualer Unterricht. Bern: Lang 2008

Funke, Reinold: Sprachliches im Blickfeld des Wissens. Tübingen: Niemeyer 2005

Funke, Reinold: Einleitung. In: Funke, Reinold/Jäkel, Olaf/Januschek, Franz (Hrsg.): Denken über Sprechen. Facetten von Sprachbewusstheit. Flensburg: Flensburg University Press 2008 (Schriftenreihe Flensburg Linguistics: Applied and interdisciplinary Research 1), 9–23

Gauger, Hans-Martin: Sprachbewußtheit und Sprachwissenschaft. München: Piper 1976, 11–72

Gauger, Hans-Martin/Oesterreicher, Wulf: Sprachgefühl und Sprachsinn. In: Oesterreicher, Wulf/Henne, Helmut/Geier, Manfred/Müller, Wolfgang: Sprachgefühl? Vier Antworten auf eine Preisfrage (= Preisschriften der Deutschen Akademie für Sprache und Dichtung). Heidelberg: Schneider 1982

Gnutzmann, Claus: Language Awareness. Geschichte, Grundlagen, Anwendungen. In: Praxis des neusprachlichen Unterrichts 44 (1997) 228–236

Gornik, Hildegard: Metasprachliche Fähigkeiten bei Kindern. Definitionsprobleme und Forschungsergebnisse – Ein Überblick. In: OBST (1989) 40, 39–57

Gornik, Hildegard: Über Sprache reflektieren: Sprachthematisierung und Sprachbewusstheit. In: Huneke, Hans-Werner (Hrsg.): Sprach- und Mediendidaktik. Taschenbuch des Deutschunterrichts. Bd. 1. Baltmannsweiler: Schneider Hohengehren 2010, 232–249

Hakes, David: The development of metalinguistic abilities in children. Berlin: Springer 1984

Haueis, Eduard: Grammatik entdecken. Grundlagen des kognitiven Lernens im Sprachunterricht. Paderborn: Schöningh 1981

Henne, Helmut: Sprachpragmatik: Nachschrift einer Vorlesung. Tübingen: Niemeyer 1975

Hoffmann, Ludger: Funktionaler Grammatikunterricht. In: Becker, Tabea/Peschel, Corinna (Hrsg.): Gesteuerter und ungesteuerter Grammatikerwerb. Baltmannsweiler: Schneider Hohengehren 2006, 20–45

Hohm, Michael: Sprachbewusstheit, Lesekompetenz und Textverstehen. Wie die Grammatik beim Lesen hilft. Saarbrücken: Akademikerverlag 2012

Hug, Michael: Sprachbewusstheit/Sprachbewusstsein – the state of the art. In: Hug, Michael/Siebert-Ott, Gesa (Hrsg.): Sprachbewusstheit und Mehrsprachigkeit. Baltmannsweiler: Schneider Hohengehren 2007, 10–31

Ingendahl, Werner: Sprachreflexion statt Grammatikunterricht: ein didaktisches Konzept für alle Schulstufen. Tübingen: Niemeyer 1999

James, Carl/Garrett, Peter: The scope of Language Awareness. In: James, Carl/Garrett:, Peter (Hrsg.): Language Awareness in the Classroom. London: Longman 1991, 3–20

Karmiloff-Smith, Annette: Beyond modularity. A developmental perspective on cognitive science. Cambridge, Mass. a. London: MIT Press 1992

Karmiloff-Smith, Annette: Rethinking metalinguistic awareness. In: Cognition 58 (1996) 93–108

Klotz, Peter: Grammatische Wege zur Textgestaltungskompetenz. Tübingen: Niemeyer 1996

Klotz, Peter/Peyer Ann (Hrsg.): Wege und Irrwege sprachlich-grammatischer Sozialisation. Bestandsaufnahme – Reflexionen – Impulse. Baltmannsweiler: Schneider Hohengehren 1999

Köpcke, Klaus-Michael/Ziegler, Arne (Hrsg.): Grammatik – Lehren, Lernen, Verstehen. Zugänge zur Grammatik des Gegenwartsdeutschen. Berlin: de Gruyter 2011

Köller, Wilhelm: Funktionaler Grammatikunterricht. Hannover: Schroedel 1983

Köller, Wilhalm: Narrative Formen der Sprachreflexionen. Interpretationen zu Geschichten über Sprache von der Antike bis zur Gegenwart. Berlin 2006 (Studia Linguistica Germanica 79)

Locke, John: Essay über den menschlichen Verstand. Hrsg. von Udo Thiel. Berlin: Akademie-Verlag 1997 (Originalausgabe: An essay concerning human understanding 1690)

Luchtenberg, Sigrid: Language Awareness-Konzeptionen. Ein Weg zur Aktualisierung des Lernbereichs „Reflexion über Sprache". In: Der Deutschunterricht 1995, 4, 93–108

Mandl, Heinz/Friedrich, Helmut/Hron, Aemilian: Psychologie des Wissenserwerbs. In: Weidenmann, Bernd/Kranpp, Andreas (Hrsg.): Pädagogische Psychologie. Weinheim: Beltz 1986, 143–187

Menzel, Wolfgang: Grammatik-Werkstatt. Theorie und Praxis eines prozessorientierten Grammatikunterrichts für die Primar- und die Sekundarstufe. Seelze-Velber: Kallmeyer 1999

Neuland, Eva: Sprachbewußtsein und Sprachreflexion. Der Deutschunterricht 44 (1992) 4, herausgegeben und eingeleitet von Eva Neuland)

Neuland, Eva: Reflexion über Sprache. Reformansatz und uneingelöstes Programm der Sprachdidaktik. In: Bremerich-Vos, Albert (Hrsg.): Handlungsfeld Deutschunterricht im Kontext. Festschrift für Hubert Ivo. Frankfurt/M.: Diesterweg 1993, 85–101

Neuland, Eva: Sprachbewusstsein – eine zentrale Kategorie für den Deutschunterricht. In: Der Deutschunterricht 54 (2002) 3, 4–10

Neuland, Eva: Reflexion über Sprache. Reformansatz und uneingelöstes Programm der Sprachdidaktik. In: Bremerich-Vos, Alber/(Hrsg.): Handlungsfeld Deutschunterricht im Kontext. Festschrift für Hubert Ivo. Frankfurt/Main: Diesterweg, 85–10

Ossner, Jakob: Sprachgefühl und Sprachsinn (über Gauger, Hans-Martin/Oesterreicher, Wulf 1982). In: zeno 3 (1982) 5, 68–71

Ossner, Jakob: Funktionale Sprachbetrachtung. Systematische und didaktische Überlegungen. In: Osnabrücker Beiträge zur Sprachtheorie (1988) 39, 82–104

Ossner, Jakob: Sprachthematisierung – Sprachaufmerksamkeit – Sprachwissen. In: Osnabrücker Beiträge zur Sprachtheorie (1989) 40, 25–38

Ossner, Jakob: Wege zur Grammatik. Ein weiterer Versuch zu der Frage. „Wie viel Grammatik braucht der Mensch?" In: Földes, Czaba (Hrsg.): Germanistik und Deutschlehrerausbildung. Szeged: Päd. Hochschule Gyula Juhász 1993, 327–329

Ossner, Jakob: Kompetenzen und Kompetenzmodelle im Deutschunterricht. In: Didaktik Deutsch 12 (2006) 21, 5–19

Ossner, Jakob: Sprachwissen und Sprachbewusstheit. Schülerinnen, Schüler, Lehrerinnen und Lehrer, Lehrbücher und Bildungspläne. In: Becker, Tabea/Peschel, Corinna (Hrsg.): Gesteuerter und ungesteuerter Grammatikerwerb. Baltmannsweiler: Schneider Hohengehren 2006, 8–19

Ossner, Jakob: Sprachbewusstheit: Anregung des inneren Monitors. In: Willenberg, Heiner (Hrsg.): Kompetenzhandbuch für den Deutschunterricht. Auf der empirischen Basis des DESI-Projekts. Baltmannsweiler: Schneider Hohengehren 2010, 134–147

Paul, Ingwer: Praktische Sprachreflexion. Tübingen: Niemeyer 1999

Portmann-Tselikas, Paul R.: Sprachaufmerksamkeit und Grammatiklernen. In: Portmann-Tselikas, Paul R./Schmölzer-Eibinger, Sabine (Hrsg.): Grammatik und Sprachaufmerksamkeit. Innsbruck: Studienverlag 2001 (Theorie und Praxis – Österreichische Beiträge zu Deutsch als Fremdsprache 6), 9–48

Redder, Angelika: Sprachwissen als handlungspraktisches Bewusstsein – eine funktional-pragmatische Diskussion. In: Didaktik Deutsch 3 (1998) 5, 60–76

Riegler, Susanne: Mit Kindern über Sprache nachdenken – eine historisch-kritische, systematische und empirische Untersuchung zur Sprachreflexion in der Grundschule. Freiburg: Fillibach 2006

Ryle, Gilbert: Der Begriff des Geistes. Stuttgart: Reclam 1969 (1. Auflage 1949)

Schlieben-Lange, Brigitte: Linguistische Pragmatik. 2., überarb. Aufl. Stuttgart: Kohlhammer 1979

Sinclair, Anne/Jarvella, Robert/Levelt, William J.M. (Hrsg.): The child's conception of language. Berlin: Springer 1978

Spitta, Gudrun: Sind Sprachbewusstheit und Sprachbewusstsein dasselbe? Oder: Gedanken zu einer vernachlässigten Differenzierung. http://elib.suub.uni-bremen.de/edocs/00101144-1.PDF

Streitberger, Alexander: Ausdruck – Modell – Diskurs: Sprachreflexion in der Kunst des 20. Jahrhunderts. Berlin: Dietrich Reimer 2004

Switalla, Bernd: Wie Kinder über Sprache denken. Über die Entdeckung eines neuen Problems. In: Der Deutschunterricht 44 (1992) 4, 24–34

Techtmeier, Bärbel (Hrsg.): Theoretische und praktische Fragen der Sprachkultur. Berlin: Akad. d. Wiss. d. DDR, Zentralinst. f. Sprachwiss. 1987 (Linguistische Studien, Reihe A, Arbeitsberichte 170), 29–44

Ulrich, Winfried: Wie und wozu Grammatikunterricht. In: Deutschunterricht 54 (2001) 1, 4–12

Wittgenstein, Ludwig: Philosophische Untersuchungen. Kritisch-genetische Edition. Herausgegeben von Joachim Schulte. Frankfurt: Wissenschaftliche Buchgesellschaft 2001 (Original 1953)

Wygotski, Lev Semjonowitsch: Denken und Sprechen. Frankfurt: Fischer 1993 (Fischer TB 7368) (Originalausgabe Moskau 1934)

LUDGER HOFFMANN

B 2 Linguistische Theoriebildung, Schulgrammatik und Terminologie

1 Einführung

In diesem Beitrag werden wissenschaftlicher und didaktischer Zugang zur Grammatik ins Verhältnis gesetzt. Die Schulgrammatik ist nicht einfach ein Abbild wissenschaftlicher Grammatik. Sie ist eine für den Zweck der Vermittlung ausgebildete Systematisierung grammatischer Phänomene, die für spezifische Lernergruppen und ihre Voraussetzungen formuliert ist.

Wie Sprache als Medium der Kommunikation funktioniert, durch die ein Hörerwissen ans Sprecherwissen anzuschließen ist, und welche Rolle die einzelnen sprachlichen Mittel dabei spielen, behandelt die Grammatik als Kern der Sprachwissenschaft. Verstehbar ist das Gesagte nicht nur auf der Folie laufender Kooperation, sondern vor allem, weil es eine Form hat, an der sich die orientieren können, die die Sprache beherrschen. Zu dieser Form gehört das Verhältnis von Teilen und Ganzem, von Abfolge und Kombinatorik, von Wörtern und Markierungen, von Sätzen und Satzfolgen. Die Grammatik beschreibt, was sich an der Oberfläche von Gesprächen und Texten zeigt, bringt Ordnung in die Beobachtungen, indem sie die Wiederkehr des Gleichen, die Unterschiede der Position und des Kontextes und das Zusammenspiel der Mittel beschreibt und die Ergebnisse in Kategorien fasst. Die Untersuchung zahlreicher Äußerungen führt auf Regularitäten. Am Ende stehen Erklärungen wie: Die Form F ist ausgebildet und wird gebraucht, um die Funktion Z zu realisieren.

Aus der wissenschaftlichen Beschreibung und Erklärung folgt aber noch nicht, dass es so sein soll oder muss, wie man es beobachtet. Basis der Wissenschaft sind sorgfältige Beobachtungen, Normierungen werden zu anderen Zwecken gemacht. Wer „Fehler" feststellt, muss Rechenschaft darüber ablegen können, inwieweit etwas tatsächlich die Grenzen überschreitet, die ein einzelsprachliches System zieht. Eine Erklärung sollte – soweit möglich – auch Produktionsbedingungen und Lernprozesse einschließen. Insofern ist die Fehleranalyse sehr komplex und stellt erhebliche Anforderungen an die Lehrerausbildung.

2 Grammatikkonzepte

Die Grammatik war ursprünglich eine Hilfe zum Verstehen schriftlicher (griech. *grámma* 'Buchstabe') Texte, älterer Überlieferungen und der Grundlagen menschlicher Rede. Verstehenshilfen wurden sprachtheoretisch systematisiert, indem Wörtern Kategorien zugewiesen wurden wie „Name" *(ónoma)* oder „Über etwas Gesagtes" *(rhéma).* Diese Kategorienbezeichnungen waren meist „sprechend" und beschreibend, sie beinhalteten bereits einen Erklärungsansatz: Was ich zuordnen kann, habe ich schon verstanden. Ein altes Missverständnis: Verstehen kommt vor dem Klassifizieren, aus dem analytischen Durchdringen von x und dem Vergleich mit x1, x2, ... xn ergibt sich die Klassifizierung: x, x1, ... xn fallen unter die Kategorie X. In der Antike entstand die klassische Wortartenlehre (Dionysios Thrax, Aelius Donatus u.a.; vgl. Ehlich 2007b) mit ihren vielfach metaphorischen Bestimmungen: Zum „nomen" zählt nicht nur der Eigenname, sondern auch der Gattungsname, der Stoffname und zunächst oft auch das Adjektiv. Gemeinsam ist ihnen eine Bezeichnungsfunktion, die auch erlaubt zu symbolisieren, was nicht präsent ist. Wortformen und Funktionen in der Äußerung gingen oft gemeinsam in die Kategorie ein, so dass z. B. nicht klar war, ob „ónoma" als Name den Zugang zu einem Individuum verschaffte oder der Satzgegenstand in einem Gedanken war. Es fehlte auch an einer klaren Trennung von Form und Funktion. Das ist ein Problem bis hinein in die Schulgrammatik: Noch heute werden Wortart und Satzglied/Satzfunktion oft verwechselt. Zunächst entwickelte sich eine Grammatik der Wörter, die für die Rolle von Wortgruppen, Konstruktionen, Sätzen, Gesprächen und Texten blind blieb. Die Vagheit der Kategorien und die Fixiertheit auf die Wortgrammatik vererbten sich bis in die Schulgrammatik unserer Tage. Eine kritiklose Fortführung alter Termini oder ihre Nutzung als bloße Etiketten begegnen uns auch in der modernen, strukturorientierten Grammatikforschung. Die alten Wortarten erschienen lange als nicht hinterfragbares, überliefertes System, dessen Grundlage Dionysios Thrax geliefert hatte und das fraglos den Unterricht bestimmen konnte. Der wissenschaftliche Anspruch veränderte sich schrittweise durch die Konfrontation mit „exotischen" Sprachen und die genauere historische wie zunehmend synchrone Sprachbetrachtung des 19. Jahrhunderts. Der amerikanische Strukturalismus entwickelte eine ausgefeilte Methodik von Entdeckungsverfahren für den Umgang mit Sprachdaten unbekannter Sprachen, aus der bestimmte Operationen („Proben") später durch Glinz in der Erstsprachendidaktik heimisch gemacht wurden, wo sie viel angewendet, aber wenig in ihrer Logik diskutiert worden sind. Bereits im amerikanischen Strukturalismus zeigte sich, wie schwer es ist, auf Bedeutung und Sprachwissen (einheimischer Mehrsprachiger) zu verzichten. Dabei hatte der Begründer des Strukturalismus, de Saussure, das Zeichensystem Sprache („langue") als überindividuelle soziale Tatsache in den Köpfen ihrer Sprecher verankert. Es war dann Chomsky, der Grammatik als Kompetenz bzw. Sprachwissen dem faktischen Sprechen und seinen Erscheinungsformen entgegengesetzt hat. Er schließt mittels Grammatikalitätsbeurteilungen von Sätzen, die als kritisch gelten, auf der Basis dessen, was der typische Sprecher weiß und als „wohlgeformt" beurteilt, auf die Grammatik. Der Ansatz Chomskys idealisiert und setzt sich nicht der Wirklichkeit des sprachlichen Handelns im Alltag aus, das durch Variation, Mischen, situative Anforderungen etc.

gekennzeichnet ist. Basis ist die menschentypische, genetisch verankerte Universalgrammatik, die in passender Umgebung den schnellen Erwerb einer Einzelsprache erlaubt, solange das Kind nicht älter ist als 5–6 Jahre. Das Kind kann nicht **nicht** Sprache **erwerben** – muss aber schon mühevoll den Wortschatz und die Unregelmäßigkeiten der Grammatik **lernen** und dazu auf kognitive Mechanismen und Strategien zurückgreifen. Der Gegensatz „Lernen-Erwerben" gehört zu den fatalen Oppositionen, auf die man eine sperrige Wirklichkeit zu reduzieren sucht, als wäre nicht auch das Lernen bestimmt durch das menschliche Potenzial und das Erwerben durch Eigenaktivität. Man hat die Kompetenzidee Chomskys als unbrauchbar für didaktische Ansätze eingeschätzt, ihre direkte Umsetzung wurde selbst von ihren Anhängern nicht propagiert. Gleichwohl hat der Kompetenzgedanke – allerdings nicht in Form einer Idealisierung („idealer Sprecher, homogene Sprachgemeinschaft") – auch in den Sprachunterricht Einzug gehalten; hier erscheint er in lernzielorientierter, behavioristisch klein gearbeiteter Fassung. Es sollen Kompetenzen vermittelt oder selbst konstruiert werden, obwohl es doch kaum klare Vorstellungen darüber gibt, wie die komplexe Sprachfähigkeit des Menschen aufgebaut sein könnte und wie sie sich konkret manifestiert. Für die Praxis werden denn auch eher simple Fertigkeiten operationalisiert, die sich einfach testen lassen. Eine grundlegende Kritik an diesem europaweit verbreiteten Verfahren steht noch aus. Sie wäre von den Fachdisziplinen zu leisten. Auf Chomsky und de Saussure jedenfalls können sich diese Konzepte nicht berufen.

Schon seit den dreißiger Jahren hat der Prager Strukturalismus (Mathesius, Jakobson, Trubetzkoy, Bühler) das Strukturprinzip funktional unterlegt, sich mit der Funktion im Phonem, im Schriftzeichen, in der Äußerungsstruktur (Thema/Rhema) befasst und wichtige Grundlagen moderner funktionaler Linguistik geschaffen. Diese funktionalen Ideen sind in der didaktischen Umsetzung lange vernachlässigt worden.

Im Rahmen der Pragmatik, die sich seit den siebziger Jahren entwickelte, wurde Grammatik als Systematik des sprachlichen Handelns gesehen. Damit wurden die Impulse des Prager Funktionalismus und besonders Bühlers, aber auch der Sprachphilosophie von Wittgenstein, Austin, Grice aufgenommen und auch für die Analyse des grammatischen Kerns fruchtbar gemacht. Sprachliches Handeln bewegt sich in den Formen des Sprachsystems, die für spezifische Zwecke ausgebildet sind (sprachlich Zeigen; Thematisieren; Fragen; Erzählen etc.). In der Didaktik allerdings wurden lange nur die Frühformen der Sprechakttheorie aufgenommen und Handlungen unabhängig von Grammatik behandelt. Grammatik und Kommunikation gerieten gar in einen Gegensatz. Allenfalls an Textbeispielen, in Verbindung mit Literatur wurden grammatische Phänomene behandelt. Das hieß „Integrativer Unterricht" und es blieb offen, was denn da rehabilitiert werden musste. Jedenfalls wurde die Grammatik zur Magd der Textbetrachtung. Sie wurde nurmehr unsystematisch und reduziert auf Wortarten und Satzglieder sowie basale Satzmuster vermittelt. Inwiefern Grammatik für das Textverstehen und Formulieren eine zentrale Rolle spielt, blieb im Verborgenen.

Tatsächlich ist Grammatik nur systematisch betrieben sinnvoll, nicht als isolierte Einzelbetrachtung ohne Anschluss und Perspektive. Denn jede Äußerung beansprucht gleichzeitig verschiedene Dimensionen des Systems. Die Wahl eines Mittels hängt ab von anderen Wahlen, die Äußerungselemente wirken aufeinander. Daher hat und braucht man die umfänglichen systematischen Grammatiken. Ein Unterricht, der sachgerechter Erfassung der Gegenstände dient, muss schrittweise ein systematisches Bild der Sprache aufbauen. Sonst bleibt er in alltäglicher Rede über Sprache stecken.

3 Wissenschaftliche Grammatik und Referenzgrammatik

3.1 Prinzipien

Bezugspunkt für die Didaktik sind vor allem wissenschaftliche Grammatiken des Deutschen, weniger die vielfältige Grammatikforschung mit theoretischen Interessen. Wissenschaftliche Grammatiken lassen sich so charakterisieren:

(a) Adressaten sind Wissenschaft und Hochschullehre (Linguistik, Sprachdidaktik, Deutsch als Fremd-/Zweitsprache, Nachbardisziplinen) sowie Lehrwerkautoren.
(b) Sie sind auf eine oder mehrere kompatible wissenschaftliche Theorien basiert.
(c) Sie haben einen weitgehenden Erklärungsanspruch.
(d) Sie zielen auf möglichst vollständiges und methodisch kontrolliertes Erfassen sprachlicher Formen und Funktionen im Systemzusammenhang.
(e) Sie fokussieren die Gegenwartssprache oder ältere Sprachstufen; sprachvergleichende Komponenten sind kaum zu finden.
(f) Datengrundlage sind schriftlich fixierte Äußerungen aus Publizistik oder Belletristik, selbst erfundene bzw. quasi-empirische Sätze oder seltener auch authentische Gesprächsbeispiele (aus Korpora).
(g) Sie verfügen über ein möglichst konsistentes terminologisches Netz.
(h) Programmatisch sollen sie beschreiben und erklären, nicht aber Normen setzen.

Untersuchungen zur faktischen Rezeption fehlen. Problematisch ist, dass diese Werke einen anspruchsvollen theoretischen Zusammenhang aufbauen, den nur durchgängige Lektüre nachvollziehen lässt, sie aber meist zum Nachschlagen benutzt werden. Eine Form für alle Zwecke ist nicht gefunden.

Wer sich auf eine aktuelle Theorie stützt, läuft Gefahr, dass sie vom Fortschritt der Entwicklung überholt wird, dass eine andere Sicht der Fakten Modifikationen erfordert. Die Erklärungsgrundlage muss so breit angelegt sein, dass der Zugriff sich auch bei Veränderungen der Theorie lohnt und die Systematik der

Daten auch von aktuelleren Ansätzen genutzt werden kann. Das hat Konsequenzen für die Darstellung: Sie soll theoretisch fundiert, aber nah an den Daten entwickelt und gut nachvollziehbar sein. Entscheidend ist es, die wesentlichen Aspekte des Gegenstands zu verdeutlichen, und das kann bedeuten, nicht nur die Sicht einer Theorie einzunehmen. Was vor dem Hintergrund wissenschaftlicher Erklärungsansprüche problematisch ist, kann geradezu geboten sein, wenn ein Gesamtbild der Sprache zu entfalten ist. Paradoxien dieser Art sind aus der Didaktik vertraut. Im Zweifel hat das grammatische Phänomen Vorrang vor der theoretischen Erklärung, die nicht in jedem Fall gegeben werden kann (vgl. Huddleston/Pullum 2002, 19). Standard ist eine Darstellung, die neben einer expliziten Morphologie Elemente der Phrasenstruktur, Phänomene der Abhängigkeit, Satzarten und Satzstrukturen sowie die Wortstellung berücksichtigt, inzwischen öfter auch die Intonation, die ein genuines grammatisches Mittel ist. Der grammatische Teilbereich Orthographie ist nur über grammatische Reflexion zugänglich, deren Basis in einer Grammatik gegeben werden kann. Davon wird öfter kein Gebrauch gemacht. Übereinzelsprachliches, Universelles begegnet selten so wie Darstellungen auf universalgrammatischer Grundlage.

Vollständigkeit ist ein Anspruch an Grammatiken, der gegenwärtig nicht zu erfüllen ist. Wissenschaftliche Grammatiken mögen sehr umfangreich sein, alle haben Lücken und theoriebedingte blinde Flecke. Es fehlt öfter an Phänomenen, die nicht in den Rahmen passen wie Parenthesen, Ellipsen, Maßausdrücke, Abtönungspartikeln, Appositionen, vor allem wird die gesprochene Sprache erst in jüngerer Zeit einbezogen, wenngleich selten systematisch. Authentizität gewährleistet nur die Breite, nicht schon literarische oder journalistische Beispiele, die leicht zugänglich sind. Dass die Daten dokumentiert und Korpora genutzt werden sollten, steht inzwischen außer Diskussion. Im 20. Jahrhundert finden sprachgeschichtliche Aspekte immer weniger Eingang, wiewohl sie für ein Verständnis der Gegenwartssprache hoch relevant sind; im 19. Jahrhundert noch war die Orientierung durchgängig diachron.

Der wissenschaftliche Anspruch bedingt eine konsistente Terminologie, die Begriffe erhalten ihren Stellenwert im Rahmen einer Theorie. Konsistenz ist bei einem Theorienpluralismus nicht möglich. Die Begriffe sind auf das Erfassen einzelsprachlicher Phänomene ausgerichtet. Wünschenswert wäre eine Schnittstelle auch zu Vergleichssprachen.

Normativ möchte keine Grammatik dieser Art sein, auch wenn sich niemand gegen normative Lesungen wehren kann. Die Analyse entwickelt aus der systematischen Sicht heraus, was möglich ist und was nicht.

Von einer wissenschaftlichen Grammatik ist die „Referenzgrammatik" zu unterscheiden. In einer Referenzgrammatik liegt der Akzent auf breiterer Zugänglichkeit sowie auf der Vollständigkeit. Alle wichtigen Phänomene sollen beschrieben sein. Merkmale sind:

(a) Adressatengruppen sind Lehrende und (fortgeschrittene) Lernende.
(b) Der Bezug auf wissenschaftliche Theorien ist sekundär gegenüber dem Vollständigkeitsanspruch; verschiedene Theorien können nebeneinander beansprucht werden.
(c) Möglichst vollständiges Beschreiben und Auflisten sprachlicher Formen steht gegenüber dem Erklären im Vordergrund.
(d) Es wird ein Sprachstadium (in der Regel die Gegenwartssprache) fokussiert.
(e) Datengrundlage sind authentische Äußerungen (Korpus) oder erfundene Beispiele.
(f) Genutzt werden vor allem Termini der grammatischen Tradition, denen übergreifende, theorieunabhängige Geltung zugeschrieben wird.
(g) Regularitäten werden öfter zu Normen erhoben.

Die Zuordnung wichtiger Grammatiken zu diesen Kategorien ist nicht ganz einfach. Es besteht nicht einmal Einigkeit, was als „beschreibend" (die sprachlichen Formen an der Oberfläche charakterisieren) oder „erklärend" (auf formale, funktionale, historische ... Prinzipien zurückführen) gelten soll. Vollständigkeit ist als Ziel unumstritten. Das ist für wissenschaftliche Grammatiken eine Schwierigkeit, da ihr theoretischer Anspruch ihnen bei der Vollständigkeit im Weg stehen kann. Aber auch die Referenzgrammatiken haben deutliche Lücken, auch sie vernachlässigen meist die gesprochene Sprache und die Intonation.

Wissenschaftliche Ansprüche erheben explizit die „Grundzüge einer deutschen Grammatik" von Heidolph et al. (1981) (Basis: Chomskys Standardtheorie), die „Grammatik der deutschen Sprache" von Zifonun/Hoffmann/Strecker (1997) (Basis: Pragmatik und logische Semantik). Der zweibändige „Grundriss der deutschen Grammatik" von Eisenberg (2006) (Basis: funktionaler Strukturalismus) ist für den Hochschulunterricht gedacht, führt in die Forschung ein und ist ebenfalls als wissenschaftliche Grammatik zu werten. „Die innere Form des Deutschen" von Glinz (1973) verbindet Inhaltsorientierung mit strukturalistischen Verfahren; der Ansatz von Glinz hat später in der Didaktik eine große Rolle gespielt. Die „Textgrammatik der deutschen Sprache" von Weinrich (2003) ist strukturalistisch merkmalsorientiert und stellt den Klammeraufbau des Deutschen (Satzklammer, Nominalklammer) ins Zentrum. Schon vor der pragmatischen Wende text- und redeorientiert ist „Die Deutsche Sprache" von Brinkmann (1971), die heute noch ebenso lesenswert ist wie die klassischen Grammatiken von Blatz, Behaghel und Paul, die durchgängig die Sprachgeschichte einbeziehen. Zu den Referenzgrammatiken zu zählen ist die Duden-Grammatik (2009), die breit angelegt ist und allgemein zugänglich sein will; sie verzichtet traditionell nicht auf normative Hinweise. Referenzgrammatiken sind auch die dependentiell fundierten Werke von Engel (2009) und Helbig/Buscha (2008), die vor allem Lehrende im Bereich Deutsch als Fremdsprache adressieren.

3.2 Ziele und Methoden

Wissenschaftliche Grammatiken zielen auf ein Bild einer natürlichen Sprache, das durch Beispiele, Phänomendarstellungen, Regeln und Erklärungen klare Konturen zeigt. Sie sollen zeigen, wie das System der Sprache aufgebaut ist und in welcher Weise die einzelnen Mittel (Laute, Silben, Töne, Schriftzeichen, Flexion, Wortbildung, Wortgruppen, Abfolge, Intonation) genutzt werden. In jeder Einzelsprache sind die Mittel anders ausbalanciert (bei fehlender Flexion wie im chinesischen Mandarin werden die Töne stärker genutzt, statt eines analytischen Aufbaus wie in *der Schlüssel wurde von Mine gefunden* kann ein synthetischer realisiert sein wie im agglutinierenden Türkisch: *anahtar Mine tarafından bul**un**du*), so dass gesagt werden kann, was zu sagen ist – nur in anderer Form. Damit ergibt sich eine Grundlage, um über das Sprachspezifische (die Wortarten etwa) hinauszugehen und Sprachen auf funktionaler Grundlage vergleichen zu können.

In der Sprachwissenschaft bezeichnet man mit „Regeln" nichts Vorgeschriebenes, sondern Regularitäten, die aus Beobachtungen an einschlägigen Daten und durch Systematisierungen gewonnen sind. Der erste Schritt fokussiert ein Phänomen wie das Vorkommen von *ja* unter unterschiedlichen Bedingungen:

(1) *Regnet es?* ***Ja***.
(2) *Mir persönlich kann das **ja** egal sein; aber ich halte das für eine Strategie, die langfristig nicht aufgehen wird* (Cosmas II: REI/BNG.01205 K. Andreae, Rede im Dt. Bundestag am 28.10.2004).
(3) *Das kann mir persönlich **ja** egal sein.*
(4) *Mir persönlich kann **ja** das egal sein.*
(5) **Mir persönlich kann das egal **ja** sein.*
(6) **Er hat ein Paket **ja** bekommen.*
(7) ****Ja** kann das mir persönlich egal sein.*
(8) **Kann das **ja** mir persönlich egal sein?*
(9) **Paula sucht eine Hose, die **ja** kariert ist.*
(10) *Du findest Paula, die **ja** eine Hose sucht, am ehesten im XXL-Shop.*
(11) *Du bist **ja** dick geworden!*
(12) *Werd **ja** nicht frech! [betontes ja]*
(13) *Du bist dick, **ja** richtig fett geworden!*
(14) *Ich kann mich **ja** mal ein bisschen an den autobahnraststätten unten an der a5 rumtreiben, vielleicht seh ich den gross ja dann zufällig, wie er mit watzke und zorc nen kaffee trinkt ...*
[http://www.transfermarkt.de/de/forum/84/trainerkarussell/thread/9169/anzeige.html]

Was lässt sich beobachten? Man kann *ja* nicht nur als Antwort (1), das ist der Ursprung, sondern auch in Aussagesätzen (2–4) verwenden. Das aber nur innerhalb der vom Verb gebildeten Satzklammer *kann ... sein* (2), nicht vor dem zweiten Verbteil (5) oder nach einem Objektausdruck, der Neues und Gewichtiges (mündlich zu betonendes) ausdrückt (6). Außerdem ist *ja* nicht in Fragen möglich (8), nicht in restriktiven (den Gegenstandsbereich einschränkenden) Relativsätzen (9), wohl aber in appositiven (Zusatzinformation anlagernden) (10). *Ja* erscheint in Ausrufen (11) und betont in Imperativgruppen (12). Ferner kann es wie ein Konjunktor (*und, denn...*) eingesetzt werden und markiert eine steigernde Anreihung (11). *Ja* ist mit Partikeln wie *mal* kombinierbar (14) (*ja mal*, nicht: *mal ja). Es können Regularitäten formuliert werden, die für alle Vorkommen von *ja* gelten und sich an immer neuen Fällen bewähren. Dafür müssen die Grammatik anderer Ausdrücke, die Satzstruktur, die Gewichtung und die Satzklammer einbezogen werden. Es ist praktisch, dafür Termini zu haben.

Wir können die Frage stellen, welche Bedeutung *ja* hat und ob diese Bedeutung in allen Vorkommen gleich ist oder für ein Wort mehrere Bedeutungen anzusetzen sind, wie das die meisten Wörterbücher behaupten. Wenn wir die Mehrdeutigkeitsthese vertreten, hätte etwa Goethe bei aktivem Wortschatz von 900000 Wörtern laut Goethe-Wörterbuch ca. 360000 Bedeutungen im Kopf gehabt. Mag sein. Eine einfachere Annahme wäre, dass ein Wort wie *ja* eine Grundbedeutung hat (pointiert: Ausdruck von 'Gewissheit auf Sprecherseite'), die den verschiedenen Verwendungszusammenhängen ihren Sinn gibt (vgl. Hoffmann 2008).

Wollen wir nicht für jeden Ausdruck eine eigene Grammatik schreiben, suchen wir Verallgemeinerungen. Verhalten sich andere Wörter wie *ja*? Kandidat wäre etwa *eigentlich*. Wir können nun ein strukturalistisches Verfahren anwenden, um weiterzukommen, nämlich die Ersatzprobe. Allerdings geht das nicht mechanisch und ohne Sprachwissen. Ersetzen wir *ja* durch *eigentlich*, stellen wir fest – wenn wir Deutsch können, für Lerner ist das schwierig –, dass das in den Beispielen teilweise gut funktioniert, allerdings bei geänderter Bedeutung, während (11–13) problematisch sind. So viel Übereinstimmung könnte dazu führen, dass wir *ja* und *eigentlich* in passenden Verwendungsweisen einer Kategorie zuweisen, die wir „Abtönungspartikeln" nennen. Anschließend müssen wir unsere Beobachtungen genauer auf *eigentlich* ausrichten und dann sehen wir weitere Unterschiede:

(15) Das **eigentliche** Dilemma ist, dass in der Ausbildung zu wenig Grammatik gemacht wird.
(16) Das **Eigentliche** ist unsichtbar (Saint-Exupery, Der kleine Prinz, dt.).

Hier könnte man *eigentlich* nicht durch *ja* ersetzen, wohl aber durch *ganz* oder *entscheidend*.

Eigentlich ist von *eigen* 'Besitz' abgeleitet. Kombinieren wir x mit *-lich*, entsteht als Possessivkompositum ein Adjektiv, das 'x erhält die Eigenschaft einer Gestalt, einer Form'. So bedeutet *tröst+lich*, dass etwa das Gestalt-Charakteristikum des Trostes zugewiesen wird. *Eigentlich* bezeichnet kombinatorisch den 'Inbegriff von etwas', 'das bestimmende Charakteristikum', 'den Kern eines x'.

Wir stoßen damit auf Ausdrücke, die mit Substantiven kombiniert werden können. Sie unterstützen oder erweitern deren Charakterisierungsleistung durch Angabe einer Eigenschaft (*Was für ein X ist das? Ein großes/buntes/altes ... X*). Ausdrücke dieser Art haben in der Regel mehrere Wortformen, stimmen sich mit Genus, Numerus, Kasus des Substantivs ab, sind aber auch für ein vorausgehendes oder fehlendes Artikelwort sensibel (*das eigentliche Dilemma/eigentliches Dilemma ist* ...). Viele können Steigerungsformen bilden (*schöner, *eigentlicher, *schwangerer*). Wir halten fest:

(A) In vielen Verwendungen werden *ja* und *eigentlich* in gleicher Weise konstruiert, selbstverständlich bei je eigenem, aber doch vergleichbarem (Operation im Bereich von Wissen und Erwartungen) Bedeutungsbeitrag. Hier könnten *ja* und *eigentlich* einer Wortart angehören („Abtönungspartikel").

(B) Kombinatorik und Charakterisierungsleistung in (15, 16) weisen *eigentlich* in solchen Zusammenhängen als eine Form aus, die wie andere aus der Reihe *bunt, groß, schnell* ... verwendet wird, also einer anderen Wortart zugewiesen werden kann („Adjektiv").

(C) Ein besonderer Gebrauch ist in (1) sichtbar: *Ja* steht außerhalb einer Satzkombinatorik und ist in seiner Äußerungsbedeutung ohne den erfragten Sachverhalt nicht verständlich; das spricht für eine eigene Wortart, der auch *nein* angehört („Responsiv").

(D) Im Fall (12) muss *ja* betont werden, das ist eine eigene Form in spezifischem Gebrauch („Abtönungspartikel" in Kombination mit dem Imperativ).

Die weiterführende Frage ist, ob allen Verwendungen von *ja* oder *eigentlich* je etwas gemeinsam ist und ob es historisch eine Form gibt, aus der die anderen Gebräuche entstanden sind. Dazu brauchen wir ein reichhaltiges Daten-Korpus, auch aus älteren Sprachstufen, möglichst mit mündlichen und schriftlichen Verwendungen. Darin müssen verschiedene Äußerungsmodi (Fragesatz, Ausruf etc.) und Kombinationen vertreten sein. Bestimmte Verwendungen bilden eine Form, wenn ihnen eine gemeinsame Funktion zukommt. Diesen Zusammenhang gilt es herauszuarbeiten. Es zeigt sich, wie in der Grammatik alles ineinander greift und dass wir von einer Grammatik ein Bild sprachlicher Phänomene und ihrer Funktionen erwarten sollten. Je nach Grammatiktyp ist das Bild mehr oder weniger vollständig.

4 Schulgrammatik

4.1 Prinzipien

Für die Schulgrammatik ist die Adressatenfrage einfach zu beantworten: Sie soll Lehrenden wie Lernenden einen Zugang zur Systematik der im Unterricht behandelten Grammatik bieten und für Lernprozesse genutzt werden. Durch die Heterogenität der Adressaten ergibt sich eine Differenzierung in folgende Gruppen:

A. Grammatische Darstellungen mit systematischem Charakter, die dem wissenschaftlichen Stand entsprechen und den Bedürfnisse schulischer Praxis auf den einzelnen Stufen angepasst sind (Schulgrammatiken);
B. Grammatische Lektionen (als Teil von Lehrwerken oder unabhängig), die unmittelbar im Unterricht einsetzbar sind und den Möglichkeiten einzelner Stufen und Altersgruppen entsprechen (Didaktische Grammatiken), also (b1) für jüngere Lerner empraktisches Lernen erlauben, das im sprachlichen Medium selbst erfolgt, in Dialogen, Sprachspielen, Liedern, eigenen Produktionen etc. und in spezifischer Weise relationiert zum Schrifterwerb; (b2) für ältere Lerner Reflexionsprozesse anbahnen und vertiefen, die den Aufbau eines systematisch angelegten Bildes des Deutschen nach sich ziehen und zugleich die Sprachplanung und das Sprachverstehen (Gespräche und Texte) befördern.
C. Darstellungen und Übungen, die eher auf Schüler/innen mit Deutsch als Erstsprache zugeschnitten sind (z. B. Buscha 1999; Dreyer/Schmitt 2010; Fandrych 2005; Heringer 1989).
D. Darstellungen und Übungen, die eher auf mehrsprachige Schüler/innen abstellen und wenigstens Bezüge auf Türkisch und Russisch gestatten, um die Verarbeitung im Sprachwissen zu unterstützen (Aksoy et al. 2002).
E. Vorgehensweisen, die eher induktiv sind gegenüber solchen, die aus einer gegebenen Systematik die Einzelbereiche deduktiv ableiten.

Für Didaktische Grammatiken lässt sich postulieren:
(a) eine lernerspezifische, induktives und selbständiges Lernen ermöglichende oder für die Vorstufe des Unterrichtens lehrerspezifische Auswahl grammatischer Phänomene wird geboten;
(b) im Fall der Mehrsprachigkeit sind Bezüge zu den Erstsprachen herzustellen; Norm kann dann nicht der Deutsch-L1-Lerner sein, sondern Norm ist das besondere Potential, sich in mehreren Sprachen verständigen zu können;
(c) die Vermittlung ist fundiert im Forschungsstand, die Systematik muss aber didaktisch durchgearbeitet und lernerspezifisch adaptiert sein;
(d) die Erklärungen sind funktional;
(e) es gibt methodisch kontrollierte Zugänge zu sprachlichen Formen und Funktionen;
(f) im Mittelpunkt steht die Gegenwartssprache (mündlich/schriftlich);
(g) die Datengrundlage bilden vorzugsweise authentische Beispiele;
(h) sie haben ein konsistentes terminologisches Netz mit Bezügen zum Fremdsprachenunterricht;
(i) Normen oder stilistische Anweisungen sollten begründet sein;
(j) die Grammatikvermittlung verbindet sich mit der Optimierung des Verstehens von Texten und Gesprächen sowie mit dem Formulieren;
(k) die grammatische Reflexion ist mit Schrifterwerb und Orthographie verknüpft.

4.2 Schulgrammatiken

Systematische Grammatiken haben eine lange Tradition, denkt man an Johann Christian August Heyses (1904) „Leitfaden zum gründlichen Unterrichte der deutschen Sprache für höhere und niedere Schulen sowie zum Selbstunterrichte" oder an die „Deutsche Schulgrammatik" von Fritz Hinze, die von den 50er Jahren bis in die 80er immer wieder aufgelegt wurde. 1989 entstanden die „Deutsche Schulgrammatik" von Dietrich Homberger und Heringers „Grammatik und Stil"; die „Schülerduden Grammatik" von Gallmann/Sitta/Looser erschien 2006 in der 5. Auflage, 2009 erschienen die „Praxis Grammatik" von Wolfgang Menzel sowie „Der kleine Duden Grammatik" von Ursula und Rudolf Hoberg (nicht unmittelbar für die Schule, sondern für Beruf, Studium, Alltag adressiert). Im Aufbau erkennt man, dass die Kernkomponenten der traditionellen Grammatik des 19. Jahrhunderts entsprechen:

Tab 1: Grammatikkomponenten in Schulgrammatiken

Grammatikkomponente	Schulgrammatik
Lautlehre	Homberger, Schülerduden, Menzel, Der kleine Duden
Rechtschreibung	Hinze, Schülerduden, Menzel, Der kleine Duden
Wortstruktur	Homberger, Menzel, Der kleine Duden
Wortbildung	Hinze, Homberger, Menzel, Der kleine Duden
Wortarten	Heringer, Hinze, Homberger, Menzel, Schülerduden, Der kleine Duden
Determinative vs. Pronomen/Proterme	Der kleine Duden (sonst: „Stellvertreter und Begleiter" o. Ä.)
Abtönungspartikeln	Heringer, Menzel, Schülerduden (bei den Adverbien genannt), Der kleine Duden (auch: Gradpartikeln)
Interjektionen	Homberger, Schülerduden, Der kleine Duden (auch: Responsive)
Satzglieder	Heringer, Hinze, Homberger, Menzel, Schülerduden, Der kleine Duden
Satzarten	Heringer, Hinze, Homberger, Menzel, Schülerduden, Der kleine Duden
Komplexe Sätze	Heringer, Hinze, Homberger, Menzel, Schülerduden, Der kleine Duden
Wortgruppen/Phrasen	Heringer, Schülerduden
Lineare Abfolge	Heringer, Hinze, Homberger, Menzel, Schülerduden, Der kleine Duden
Intonation	Hinze
Text	Heringer, Schülerduden

Auffällig ist, dass das Konzept des Wortes wenig Aufmerksamkeit erfährt; es sollte in der Grundschule angebahnt und später vertieft werden. Rechtschreibung wird meist als eigener Komplex in speziellen Werken und Sprachbuchteilen behandelt. Dabei darf die Verbindung zur Grammatik, deren Teil die Orthographie ist, nicht verloren gehen. Die Wortarten werden selektiv behandelt. Es fehlen insbesondere die Partikelwortarten und Differenzierungen im Bereich der Determinative und der Pronomina (Proterme).

Wortbildung ist ein typisches Thema für die fortgeschrittene Sprachreflexion, also ab der Mittelstufe, wo sonst Grammatik kaum mehr vorkommt. Textualität wird in jüngerer Zeit öfter behandelt, es liegen didaktisch interessante Konzepte vor. Viel zu selten werden Wortgruppen thematisiert, die im Verhältnis zu Satzgliedern/Satzfunktionen äußerst wichtig sind. Besonders interessant wären – auch sprachvergleichend (mit einer Schulsprache bzw. einer anderen Erstsprache) – lineare Abfolge und Intonation.

Betrachtet man das schulische Curriculum aus sprachwissenschaftlicher Sicht, erscheint die Auswahl willkürlich und nur durch Tradition begründet. Die Reduktion verhindert geradezu, dass ein Bild der Sprache entsteht und Sprachwissen produktiv gemacht werden kann für Textverstehen und Formulieren. Das Problem besteht darin, dass stets bei einer Formkategorie angesetzt wird, zu der ein Zugang schon vorausgesetzt wird; diese Kategorie wird dann erläutert. Der Blick wird auf etwas gelenkt, was als wahrnehmbar gilt: Laute, Wörter, Sätze. Tatsächlich aber sind Formen nichts, was sich unmittelbar ergibt. Formkategorien fassen zusammen, was in bestimmter Hinsicht gleich ist, an der Oberfläche aber sehr unterschiedlich sein kann. Man hört z. B. [ˈhaːbən, ˈhabn̩, ˈhaːbm̩, ˈhabm̩, ˈham], geschrieben ‹haben› und [ˈhaːp, ˈhaːbə, gəˈhaːpt] ‹hab, habe, gehabt›; regional klingt es noch anders, z. B. pfälzisch [ˈhavə]. Wer gut hört – wie ein Kind – muss erst einmal den Zusammenhang der Formen eines Wortes erkennen. Auch Silben sind nicht einfach rhythmisch zugänglich [ˈaːt-lɐ], [aː-dlɐ]. Die Oberfläche ist nicht das Einfache, Gegebene. Sie wird aus vielfältigen Verwendungen, aus unterschiedlichen Aussprachen bzw. aus verschiedenen Realisierungen von Schriftzeichen als Typus erst abstrahiert. Das fällt besonders schwer, wenn man nicht weiß, wovon etwas die Form ist, unter welcher Funktion etwas von anderen Vorkommen zu unterscheiden ist. Menschen mit ausgebautem Sprachvermögen und Sprachwissen können zu Formen wenigstens Funktionen hinzudenken. Kinder, deren Reflexionsvermögen im Sprachbereich erst ausgebildet werden muss – eine beträchtliche Leistung, die Unterricht zu erbringen hat – haben damit Probleme. Vielen erscheint das Adjektiv als leicht (Fant 2007 stellt es an den Anfang). Es wurde früher oft über die Frage *wie?* als „Wiewort" bestimmt. Auch Studierende kennen noch diesen Zugang. Eine Frage definiert aber nichts. Die Antwort soll Klassenmitglieder aufweisen. *Ein schönes Fest* › *Wie ist das Fest?* › *(Das Fest ist) schön*. Die Antwort manifestiert einen prädikativen Gebrauch, den viele Adjektive nicht erlauben (*der heutige Tag, der schla-*

fende Hannes, die westfälische Suppe, das Wiener Würstchen etc.). Die Frage erfasst mit Vollverb öfter einen adverbialen Gebrauch (*Wie ist sie ins Wasser gesprungen? Blindlings/kopfüber/irgendwie/mit Schwung/ohne Furcht* ...). Die Wie-Frage führt nicht auf den entscheidenden attributiven Gebrauch, sie klärt auch nicht die Bedeutung, wenn man sie überhaupt verallgemeinernd fassen kann. „Eigenschaftswort" ist besser, aber Eigenschaft muss hier sehr abstrakt verstanden werden. Bei einer *sorgfältigen Arbeit* ist die Erstellung sorgfältig gewesen, ein *päpstliches Schreiben* ist eines, das der Papst verfasst hat oder verantwortet, eine *amtliche Untersuchung* wird von einer Behörde oder in ihrem Auftrag durchgeführt. Adjektive charakterisieren etwas, das bereits durch einen symbolischen Ausdruck (Substantiv, anderes Adjektiv, Verb/Verbgruppe) gegeben ist. Es kommt auf das Zusammenspiel Substantiv – Adjektiv an, wie an relativen (intensionalen) Adjektiven zu sehen ist (*große Maus – großer Elefant; mutmaßlicher Mörder*). Das zeigt sich auch an Kombinationen wie *geschnittener Rasen, geschnittenes Brot* oder *ärztliche Ausbildung/Untersuchung/Ethik*. Aus der Schwierigkeit kann man den Schluss ziehen, es sei günstig, mit den formalen Eigenschaften zu beginnen:

„Adjektive sind Wörter mit folgenden grammatischen Eigenschaften: 1. Sie können *dekliniert* werden [...] 2. Für die Flexion stehen bei jedem Adjektiv zwei Typen von Endungen zur Verfügung: *starke* und *schwache* [...] 3. Zu den meisten Adjektiven können Vergleichsformen (Komparationsformen) gebildet werden ... 4. Adjektive können im Satz unterschiedlich gebraucht werden [...]" (Gallmann/Sitta/Looser 2006, 208). Der Schülerduden hebt vor allem auf den attributiven Gebrauch ab. Hinze (1955, 59) kennzeichnet das „Wesen des Adjektivs" als Angabe der „Art (Eigenschaft, Zustand) eines Substantivs" – wobei er die Ebenen verwechselt – sowie des Grades eines Merkmals. Homberger wählt einen inhaltlichen Einstieg, geht dann aber sofort zu den formalen Eigenschaften über:

„Adjektive geben die Eigenschaft, das Verhalten, das Aussehen oder den Zustand von jemandem oder etwas an; sie dienen der Charakterisierung und Bewertung. Das Adjektiv kann als Attribut (Satzgliedteil) oder als selbständiges Satzglied gebraucht werden. Es wird wie ein Nomen dekliniert und bildet Vergleichsstufen" (Homberger 1989, 45). Was heißt „wie ein Nomen"? Homberger verwendet noch den irreführenden Ausdruck „Adjektivadverb":

„Das Adjektiv kann die Stelle eines Adverbs (eines Umstandsworts) einnehmen; es steht bei einem Verb. Man sagt, es wird adverbial oder als Adjektivadverb gebraucht" (ebd., 46).

Es handelt sich aber nur um eine funktionale Gemeinsamkeit symbolischer Ausdrücke, nicht um die Bildung einer besonderen Unterkategorie des Adverbs, wie der Terminus nahelegt. Zugleich zeigt sich die alte Idee der Stellvertretung, die suggeriert, es gäbe einen eigentlichen Ausdruck, der ersetzt würde, weil er gerade nicht zur Verfügung steht. Am Beispiel

(17) *Paula arbeitet gern/eifrig/sorgfältig/voller Eifer/...*

wird klar, dass es um eine gemeinsame funktionale Leistung symbolischer Ausdrücke geht, die der Spezifizierung einer Szene (*Paula arbeitet*) dienen.

Heringer (1989, 92) gibt Beispielsätze mit Adjektiven und bringt dann formale Kriterien sowie das semantische, dass Adjektive ein „direktes Gegenteil" (*lang – kurz*) haben könnten. Später stellt er fest, „dass wir mit ihnen Eigenschaften zuschreiben. Dies können einfache Merkmale sein oder Beziehungen zwischen Gegenständen und Personen" (ebd., 93). Daran schließt sich eine Liste von Valenzen an. Später führt er noch Wertwörter (*kindisch*), Orientierungswörter (*hiesig*) und Zahlwörter (*drei*) an. In seinen stilistischen Hinweisen finden sich Bemerkungen zur Funktionalität, aber sie bleiben im Hintergrund: „Mehrere Adjektive gemeinsam können natürlich den Gegenstand ganz genau charakterisieren. So erscheinen sie als bequemes Mittel der Genauigkeit. Aber die Adjektivhäufungen blasen den Satz zu sehr auf" (ebd., 108).

Diesen Schulgrammatiken ist gemeinsam, dass sie – vom definitorischen Einstieg abgesehen – Adjektive in ihrer Form (Flexion, Komparation, Nominalisierung, Satzglied erster oder zweiter Stufe) beschreiben. Eine Lernerorientierung ist kaum sichtbar, sieht man von den stilistischen Hinweisen Heringers oder den Übungen des Schülerdudens ab:

„Bestimme in den folgenden Sätzen alle Adjektive und adjektivisch gebrauchten Partizipien. Dabei sind anzugeben: 1. Die Komparation [...] 2. die Flexionsart [...] 3. der Numerus [...] 6. der Gebrauch (attributiv, nominalisiert, prädikativ, adverbial)" (Schülerduden 2006, 241). Menzels Kurzgrammatik (2009): „Adjektive gehören zu den flektierbaren Wörtern. Wörter, die als Attribute zwischen Artikel und Nomen stehen können, sind Adjektive. In ihren Deklinationsformen richten sich die Adjektive nach den zugehörigen Nomen" (ebd., 49). Als Test führt er die „Probe der Attribuierbarkeit" an. Auch hier fehlen funktionale Erläuterungen.

Es bleibt fraglich, ob ausgearbeitete Schulgrammatiken für die Lernenden nützlich sein können. Sie sind eher Hintergrundlektüre für Lehrende.

4.3 Grammatikwerkstatt, operationale Methoden

Menzels „Grammatikwerkstatt" (1999) präsentiert keinen systematischen Überblick, sondern orientiert sich am Interesse des Schülers, das als „funktionales" hingestellt wird.

„Der will nicht an sich wissen, wie Formen aussehen, sondern vor allem, warum die eine Form in seinem Verwendungszusammenhang akzeptiert wird, die andere jedoch nicht" (ebd., 11).

Allerdings verlangt die Warum-Frage Menzels Erklärungen. Und nichts weniger als Wissenschaftspropädeutik ist der Anspruch. Im Lernprozess ist nachzuvollziehen, „wie Menschen zu diesem Wissen gelangt sind" (ebd., 15). Das ist kaum möglich: Oft gibt es mehrere Wege; auch die wissenschaftlichen sind nicht immer

B 2 Linguistische Theoriebildung, Schulgrammatik und Terminologie 73

so, wie Methodiken es vorzeichnen. Vor allem bedarf es systematischer Einblicke, so dass es eine Überforderung ist, Kinder zu Linguisten machen zu wollen. Richtig aber ist, sie im Lernprozess zu beteiligen, ihr sprachliches Wissen (auch aus anderen Sprachen als Deutsch, über Lautunterschiede, Konstruktionen, mit denen Situationen bewältigt werden etc.) fruchtbar zu machen und nicht einfach durch neues, aufgepfropftes Wissen zu überlagern. Mit operativen Methoden erhält der Schüler „einen Einblick in Verfahren, nach denen man mit Schülerinnen und Schülern einzelne Probleme der Wort- und Satzlehre sowie des grammatisch richtigen bzw. zweifelhaften und immer wieder den Korrekturen ausgesetzten Sprachgebrauchs erarbeiten kann" (ebd., 5).

Die Operationen am sprachlichen Material dienen dazu, akzeptabler und normativ angemessen zu schreiben und zu sprechen. Dazu sollen Teilsysteme wie das der Satzglieder, der Adjektive oder der Verbformen vermittelt werden. Sie setzen auf Intuitionen über Sätze, die miteinander verglichen werden, um ein Ergebnis zu erhalten, was dann interpretiert werden muss. Es handelt sich also um eine Kontrastbildung mit erfundenen oder vorgestellten Sätzen. Die Verwendungssituation muss imaginiert werden, um zu einer Lösung zu kommen; allerdings kann man sich immer verschiedene Verwendungen vorstellen.

Ein wichtiges Verfahren, nicht nur für Menzel, ist die „Umstellprobe". Diese Probe soll – neben stilistischen Einsatzmöglichkeiten – auf die „Satzglieder" führen, wiewohl diese Kategorie dafür nicht nötig sei; sie sei nur eine Weise, etwas begrifflich [!] zu fassen: „Wir stellen nur um, was ein Satzglied ist" (ebd., 15). Dass Umstellen so einfach nicht ist, sieht man leicht:

(18) *Sie haben keine alten Bücher gekauft.*
(19) *Alte Bücher haben sie keine gekauft.*
(20) *Bücher gekauft haben sie.*
(21) *?Keine alten Bücher haben sie gekauft.*

Der Status von *keine* erscheint unklar, auch der Wechsel der Adjektivflexion. Bekommt *keine* durch die Umstellung einen eigenen adverbialen Status? Für *Bücher gekauft* – eine Verbgruppe mit Akkusativkomplement – sieht die Schulgrammatik keine Kategorie vor. Wir stoßen rasch auf Probleme, für die die Schulgrammatik keine Lösungen hat.

Definitorisch sind Attribute (genauer: Ausdrücke in Attribut-Funktion, die als „Satzglieder zweiter Stufe" gelten) weitgehend ausgeschlossen, denn Adjektive kann man nicht umstellen. Bestimmte Relativsätze können auch im Nachfeld – also „umgestellt" – erscheinen:

(22) *Sie hat ein Rad, mit dem man schnell fahren kann, gesucht.* [restriktiver Relativsatz]
(23) *Sie hat ein Rad gesucht, mit dem man schnell fahren kann.*
(24) *Man hat Paula, die viel geleistet hat, eine Urkunde überreicht.* [appositiver Relativsatz, mit Nominalphrase (femin.) besetztes Mittelfeld]
(25) *?Man hat Paula eine Urkunde überreicht, die viel geleistet hat.*

Adverbialia betrachtet Menzel als einfache Fälle und schlägt vor, in der Grundschule mit ihnen zu beginnen. Sie müssten u. a. von attributiven Präpositionalphrasen unterschieden werden. Wir verschieben ins Vorfeld, weil das die im Deutschen sinnvollste Verschiebeposition ist, und wir beschränken uns auf Aussagesätze.

(26) *Sie kaufte vom Metzger **am Bahnhof** 300 Gramm Wurst.* [Attribut oder Adverbial]
(27) *Vom Metzger am Bahnhof kaufte sie 300 Gramm Wurst.* [Attribut]
(28) ***Am Bahnhof** kaufte sie vom Metzger 300 Gramm Wurst.* [Adverbial]
(29) *Vom Metzger kaufte sie **am Bahnhof** 300 Gramm Wurst.* [Adverbial]

Welche Konsequenz ziehen wir für den Ausgangssatz? Die Probesätze vereindeutigen, Satz (26) hat zwei Lesarten. Was folgt aus diesen Beispielen, wie viele Satzglieder liegen vor, wie wären sie zu kategorisieren? Oder verschieben wir gar nicht Satzglieder, die wir vorab oder implizit semantisch (Adverbiale des Ortes etc.) definiert haben, sondern nur Formeinheiten, nämlich einfache oder komplexe Wortgruppen oder Phrasen? Das spricht dann gegen das herkömmliche Satzglied-Konzept. Und müssen die Wortgruppen je nach Verständnis funktional anders kategorisiert werden? Verschieben führt nicht direkt auf die „Satzgliedfunktion".

Oft kann man nur verschieben, wenn die Gewichtung grundlegend geändert wird und ein Kontrastakzent auf das Vorfeld fällt, akzeptabel ist das nur in einem entsprechenden Redezusammenhang. Wir sehen eine grundsätzliche Schwierigkeit kontextfreien Analysierens, in dem alles von sprachlicher Phantasie abhängt.

(30) *Er hat die Aufgabe anders gelöst.*
(31) (Sprecher A: *Er hat die Aufgabe mit dem Kolmogoroff-Axiom gelöst.* Sprecher B: *Nein –*) ***An**ders hat er die Aufgabe gelöst. (Er hat nämlich ...)*
(32) **Er hat anders die Aufgabe gelöst.*

Die Probe soll den Wahrheitswert erhalten, sie ändert aber durch eine andere Gewichtung (vgl. 31) den Sinn. Sie müsste also zur Veränderung der ganzen Äußerungsfolge führen, indem etwa angenommen wird, dass eine andere Äußerung vorausgegangen ist, zu der ein Kontrast gebildet werden soll. Entnimmt man die Probe-Sätze einem fertigen Text, so muss ihr ursprünglicher Zusammenhang aufgelöst und kreativ etwas Neues etabliert werden. Frageadverbien können im Deutschen gar nicht verschoben werden, sie stehen fest im Vorfeld. Die folgenden Beispiele illustrieren das Problem diskontinuierlicher Ausdrücke im Deutschen:

(33) *Meine Schwester fährt dorthin.*
(34) *Dorthin fährt meine Schwester.*
(35) *Dort fährt meine Schwester hin.*
(36) *Sie hat alles richtig machen wollen.*
(37) *??Richtig machen wollen hat sie alles.*

(38) *Machen wollen hat sie alles richtig.
(39) Paula ruft jeden Tag an.
(40) *An ruft Paula jeden Tag.

Diskontinuierlich sind nicht nur wenige Adverbien, auch der Verbalkomplex ist mit der Probe nicht zu fassen. Menzel vermeidet ihn weitgehend. In der Schulgrammatik gilt das finite (flektierte) Verb als Prädikat. Das ist der eklatanteste Fall der Gleichsetzung von Form und Funktion. Ein so verstandenes Satzglied Prädikat erscheint nur in anderen Äußerungsmodi verschoben, das aber zwangsweise (*Sie fährt heute ab/Fahr heute ab!/..., weil sie heute abfuhr*); präziser müsste man sagen, dass die Stellung in der Satzklammer fest ist und von Schiebung keine Rede sein kann. Homberger sieht das Prädikat in den Satzarten verschoben (vgl. 1989, 92). Wenn man mit dem Prädikatsausdruck die Bestimmung der Valenz verbinden möchte, um die elementare Satzstruktur zu erschließen, muss man den ganzen Verbalkomplex betrachten, nicht nur den flektierten Teil:

(41) **Sie hat jemandem etwas** geschenkt.

Bezogen auf die elementare Proposition spricht Strecker in der „Grammatik der deutschen Sprache" vom „minimalen Prädikat", während das „maximale" das Gegenstück zum Subjekt ist und (Kasus-)Komplemente und Supplemente einer elementaren Proposition einschließt, soweit sie sich nicht auf die ganze Proposition beziehen:

(42) Helene **hat** in ihrer Kindheit **gern Monopoly gespielt**, bis sie eine Marketing-Bitch wurde.

Man sieht, dass die mechanische Anwendung zu Schwierigkeiten führen kann, die vielleicht gerade vermieden werden sollten (abstrakte Sprachbetrachtung). Ein reflektierter Umgang nach Art der Wissenschaft ist nicht leicht zu erreichen, wie man durch Lektüre der Grundbücher des amerikanischen Strukturalismus (Nida, Pike, Hockett u. a.) nachvollziehen kann. Die Verschiebeprobe beruht auf Verhältnissen in der linearen Abfolge des Deutschen, insbesondere Behaghels erstem Gesetz, dass das geistig Zusammengehörige auch zusammengestellt werde (vgl. 1932, 4). Wird auf Thematizität und Gewichtung nicht geachtet, verändert man rasch den Sinn. Man darf Schüler/innen nicht mit wenig akzeptablen oder ungrammatischen Sätzen arbeiten lassen – was aber oft vorkommt, wenn in der Grammatikwerkstatt gehobelt wird.

Will man das Satzglied genauer bestimmen, wechselt man von der formalen Seite auf eine funktionale oder inhaltliche. Das ist vielen nicht klar, weil die Kategorie „Satzglied" Form und Funktion vermischt – eine Quelle vielfältiger Probleme. Dieser Wechsel der Ebene wird mit der Ersatzprobe vollzogen. Nach dem Subjekt fragt man *Wer oder was?*, indem ein Teil des Ausgangssatzes durch ein Fragewort ersetzt wird und der Rest konstant bleibt; dass sich der Sinn verändert, wird nicht beachtet. Manchmal muss der Ausgangssatz noch bearbeitet werden, etwa um ein Dummy-*es* loszuwerden.

(43) *Peter schläft.* → *Wer schläft?* → *Peter* = Subjekt (hat Subjektfunktion).
(44) *Paula wird kritisiert.* → *Wer wird kritisiert?* → *Paula* = Subjekt.
(45) *Dass sie fleißig ist / Wer fleißig ist / Fleißig arbeiten fällt niemandem auf.* → *Was / Wer fällt niemandem auf?* → *Dass sie fleißig ist / Wer fleißig ist / Fleißig arbeiten* = Subjekt.
(46) *War Peter der Pate?* → *Wer war der Pate?* → *Peter* = Subjekt.
(47) *Es trat ein Esel auf.* → *Ein Esel trat auf.* → *Wer trat auf?* → *Ein Esel* = Subjekt.
(48) *Es war einmal ein König.* → *Wer oder was war einmal ein König?* oder *Es war einmal wer oder was?* (Menzel schlägt vor, *es* durch *da* zu ersetzen, so dass wir eine doppelte Ersetzung hätten, mit der die Frage wieder funktionierte).
(49) *Es schneit.* → *Was schneit?* →? (kein Subjekt).
(50) *Morgen wird gearbeitet* →? (keine Ersetzung sinnvoll).
(51) *Der Gärtner ist der Mörder* → *Wer ist der Mörder?* → *Der Gärtner (Subjekt)* oder *Was ist der Gärtner?* → *Der Mörder* (Subjekt).

Die Beispiele zeigen verschiedene Probleme. Mit der Frage wird im Hörerwissen nach einer Größe gesucht, über die mit dem Satzrest etwas prädiziert werden kann, was schon als wahr unterstellt wird. Das fixe *es* bei Existenz- oder Witterungsverben (48, 49) kann eigentlich nicht ersetzt werden, weil der Sachverhalt durch eine Konstruktion fest versprachlicht und nichts herauszubrechen ist. Nun spricht man bei Schwierigkeiten mit dem Subjekt gern von der „Hauptsache" (Menzel 1999, 79), vom Täter, aber das ist in keinem unserer Fälle wirklich hilfreich (in 51 wird die Mehrdeutigkeit nicht erfasst). Andere Fälle werden ausgeschieden, weil das Subjekt im Deutschen im Nominativ steht bzw. nominal sein muss (45, 50) (Menzel 1999, 83). Wenn wir zum Kriterium machen, wovon oder worüber etwas gesagt wird mit dem (maximalen) Prädikat, was der szenische Ausgangspunkt ist, können wir mit Schwierigkeiten eher fertig werden. Dann aber müssen wir akzeptieren, dass wie im Englischen auch im Deutschen ein Adverb oder ein Satz die Subjektfunktion übernehmen kann. Sonst bleiben wir bei unentscheidbaren und bei subjektlosen Sätzen stehen. Die Ersatzprobe listet auf, was an einer bestimmten Satzposition (in der Phonologie: Wortposition) erscheinen und bei Konstanz des Rests eine äquivalente Funktion übernehmen kann; oft ändert sich der Sinn.

Geläufig ist der Anaphorierungstest zur Ermittlung von Satzgliedern; auch er hat Probleme:

(52) *Der Direktor hat seinen Angestellten die ganze Bibliothek für eine Million verkauft.* → *Er* [Subjektkomplement] *hat sie* [Akkusativ-Kompl.] *ihnen* [Dativkompl.] *dafür* [Präpositivkompl.] *verkauft.*
(53) *Er ist über Mainz nach Mannheim gefahren.* → *Er* [Selbstersetzung] *ist über? / *darüber dorthin* [Direktivkompl.] *gefahren.*

(54) *Der Regisseur hat den „Tell" zur Aufführung gebracht.* → *Er hat ihn zu? gebracht.*

Die Erweiterungsprobe ist ein Sonderfall der Ersatzprobe, eine unbesetzte Stelle wird besetzt und man schaut, was da möglich ist.

Das Problem der Proben liegt keineswegs nur in Menzels Werkstatt, in seiner Darstellung wird immerhin zu besonnenem Umgang damit aufgerufen. Die Operationen arbeiten mit dem Sprachwissen. Ihre Anwendung kann Intuitionen zugänglich machen und Nachdenken auslösen (vgl. auch Ossner 2006, 230f.). Nützlich sind sie nur, wenn

– der Ausgangspunkt bewusst gemacht und das Sprachwissen aktualisiert wird;
– deutlich ist, was das Ergebnis solcher Operationen sein kann und wie solche Ergebnisse zu werten sind;
– Anwendungsbereiche gemieden werden, in denen sie gar nicht greifen, z. B. feste Wendungen oder Funktionsverbgefüge, Kontexte, die Kontrastbildung erfordern etc.

Eine Operation kann Ergebnisse haben, die mit unseren Vorannahmen nicht übereinstimmen, im Zweifel müssen wir neu ansetzen mit anderen Operationen, veränderten Sprechsituationen. Das würde deutlich machen, dass die Operationen ein bloßes, manchmal schlechtes Hilfsmittel und keineswegs Selbstzweck sind. Fragen in der Anwendung sind:

• Was weiß ich schon? Was möchte ich wissen?
• Wie ist die Ausgangsäußerung zu verstehen? Was ging voraus?
• An welcher Position kann etwas verändert werden und wo nicht?
• Welche Änderung kann gemacht werden? Welche Gründe gibt es?
• Was sind die Auswirkungen auf die Äußerung und ihre Elemente?
• Wie verhält sich die veränderte Äußerung zur Ausgangsäußerung?
• Wie kann man die Ergebnisse der Proben formal und funktional interpretieren?
• Was ergibt sich für die von Proben unabhängige grammatische Systematik?

Die Operationen sind nicht schon die Analyse, sie sind nur ein kleiner Teil davon. Sie setzen Wissen über das, was sinnvoll gefunden werden kann, voraus und liefern noch keinen theoretisch sinnvollen Zusammenhang (vgl. Hoffmann 2013, Kap. S1). Sie können im Reich der Form bleiben, das zieht aber viele Probleme nach sich. Wir haben am Fall der Ersatzprobe schon gesehen, dass die Anwendung schnell auf funktionale Fragen führt und dann Erklärungen gefunden werden müssen, die eine Probe selbst nicht liefert. Aber sollen wir die Form des Hammers durch seinen Aufbau aus Stiel, Finne und Bahn oder durch Auseinandernehmen und anders Zusammensetzen erklären? Oder durch seinen Zweck, Bewegungsenergie umzusetzen, für den seine Form ausgebildet ist? Die Formen sind für Funktionen da. Wir haben einen Punkt bisher nicht beachtet, der in den einschlägigen Werken nicht bedacht wird. Das Sprachwissen, das schulgrammatisch vorausgesetzt wird, sollte an der Erstsprache Deutsch ausgebildet sein, damit Proben gemacht und ihr Effekt beurteilt werden kann. Tatsächlich haben wir es in der Schule vielfach mit mehrsprachigen Kindern zu tun, deren Sprachkompetenz anders ausgebildet ist und deren Fähigkeit und Wissen so nicht genutzt werden kann. Wenn wir unmittelbare Sprachzugänge für den Unterricht fruchtbar machen wollen, dann müssen wir andere Erstsprachen systematisch einbeziehen. Die sprachlichen Intuitionen zum Deutschen sind erst noch zu schärfen, und da ist der bessere Weg, am authentischen Material Beobachtungen zu machen und über sie zu sprechen. Die Proben sind hier nicht das ideale Mittel.

4.4 Funktionaler Unterricht und Curriculum

Sprachunterricht zielt auf Handlung und Erkenntnis im Anschluss an das Wissen und im Blick auf künftige Praxis (Formulieren, Darstellen, Probleme Bearbeiten, Schreiben). In den Anfangsphasen der Schule kann nur an mediales Lernen angeschlossen werden, das den Zugang zur Sprache oder zu mehreren Sprachen im Medium der Sprache selbst schafft. So wie Sprache vorschulisch durch Kommunikation gelernt wird. Solche Situationen zeichnen sich durch implizite Lehr-Lern-Gespräche aus. Dominant sind Formen gemeinsamen Nennens und Zeigens in Sprachspielen, Formen des Erzählens und Beschreibens, die Basisfähigkeiten ansprechen und Grundkenntnisse in der Vermittlungssprache sichern. Kinder anderer Erstsprache bedürfen unbedingt weiterer Förderung, damit die begriffliche Entwicklung vorangetrieben und ein komplexes Sprachwissen ausgebaut wird. Versuche mit medialem Lernen in der Schule basieren zunächst auf festen Formen, die ein Erwerbsgerüst bilden können. Dazu können Lieder, Reime, Rätsel, Witze etc. dienen (z. B. können spielerisch Wortformen in einem bestimmten Kasus eingesetzt werden). Wie im Erwerb können aus größeren Komplexen kleinere Funktionseinheiten gewonnen und später eigenständig verwendet und modifiziert werden. Der extern-kognitive Zugang erzeugt Wissen über die Sprache, das der Einbettung in eine Praxis erst bedarf. Soll nicht isoliertes Kategorienwissen über Sprache vermittelt werden, sondern auch Kompetenz, muss die Verbindung mit medialem Lernen gelingen. Wenn genügend Spracherfahrungen gemacht sind, kann Sprache auch zum Gegenstand werden, der in Distanz erscheint. Solcher Abstand vom scheinbar Selbstverständlichen fällt mehrsprachigen Kindern manchmal leichter, die in ihren Sprachen in vergleichbarer Weise gefördert wurden. Eine weitere Sprache – die auch in Deutschland verwendet wird – kann neben dem Schriftzugang auch Kindern deutscher Erstsprache schon in der Grundschule spezifische Erfahrungen vermitteln, die kognitives und später reflexives Lernen fördern. Erfolgreiches kognitives Sprachlernen bahnt schon den Übergang zu reflexivem Lernen an, das dann – vor allem in den Sekundarstufen – zu einer Propädeutik der Sprachanalyse werden sollte.

In ihrer Programmatik zielt die Schule auch auf mediales Lernen, beispielsweise im Schreibunterricht. Das richtige Schreiben muss erworben werden, und dies ist nur durch Schreiben möglich. Die Komplexität der Orthographie muss aber auch durch Einsicht – etwa in den Silbenaufbau – vermittelt werden. Orthographie ist auf spezifische grammatische Kategorisierungen angewiesen, die kognitiv zu lernen sind, für die eine reflexive Komponente sehr förderlich wäre. Dazu sind bislang wenige Verfahren entwickelt.

Im reflexiven Lernen schließlich werden Lerner sich ihrer Lernprozesse bewusst, können über ihr Lernen und seine Bedingungen nachdenken und über das Verhältnis zum Medium Sprache. Aktuell spiegelt ein überzogenes Reflexionskonzept eine Erkenntnissuche vor, die nicht stattfindet, suggerieren operationale Verfahren eine Form von Praxis, die keine authentische ist, offenbart die inkonsistente Terminologie einen Bezug auf wissenschaftliches Wissen, der längst verschüttet ist. Demgegenüber gilt es, das praktisch-problemlösende Potenzial der Grammatik zur Geltung zu bringen. Dies bedarf der sinnvollen Verzahnung mit einem Lernen im Medium der Sprache selbst – wie es charakteristisch ist für die Primarstufe – mit einem kognitiven Lernen, das Sprachphänomene zum Gegenstand in der Distanz macht und erst in der Sekundarstufe richtig eingesetzt werden kann. Erst mit zunehmendem Alter haben Schüler Zugang zu einer höheren, reflexiven Stufe des Sprachbewusstseins, die sich systematisieren lässt (reflexives Lernen). Das bedeutet aber nicht, dass Jüngere vom Zugang zu Kategorien, die letztlich wissenschaftlich fundiert sind, ferngehalten werden und mit irreführenden Begriffsbildungen abgespeist werden müssten. Sie beobachten scharf und zeigen auch Ansätze des Nachdenkens über Ordnungskategorien.

Als Prinzip für alle Stufen gilt:

> Grammatikunterricht, in einfacher, mediale Zugänge nutzender wie in komplexer, wissensverarbeitender Form, muss wissenschaftlich fundiert und auf eine Systematik hin angelegt sein. Ziel ist, ein klar konturiertes und treffendes Bild von Sprache zu erhalten.

Der Unterricht sollte authentische Daten (Gespräche, Zeitungstexte, literarische Texte) nutzen – er kann nicht auf eine dienend-integrative oder situativnützliche Rolle beschränkt werden, wie es einige Ansätze (z. B. der situative Grammatikunterricht (Boettcher/Sitta 1981)) postuliert haben. Denn die fehlende Systematik führt letztlich zu einem unwissenschaftlichen Sprachverständnis. Da der Unterricht es mit einem Medium des Handelns zu tun hat, das die Verständigung und die Vermittlung des Wissens betrifft, sollten sich die Unterrichtsergebnisse auch in einer Entwicklung der sprachlichen Handlungsfähigkeit, nicht nur in einer Analyse- und Kategorisierungsfähigkeit, niederschlagen. Im Idealfall vermag eine reiche Lehrpraxis das intuitive Vermögen analytisch fortzubilden. Es entsteht ein Wissen über Formen in zentralen Gebrauchszusammenhängen, das einen Transfer auf unterschiedliche Konstellationen des Handelns erlaubt. So wird auch eine Nutzung für das Textverstehen (einschließlich des literarischen Verstehens) und bewussten Sprachgebrauch ermöglicht.

Grammatik ist die Systematik des Handelns, die Formen und Funktionen von Äußerungen in Diskurs und Text bestimmt. Der Unterricht kann weder einem Aufbau der Mittel von den kleinsten bis zu den größeren Einheiten noch einer diffusen Abfolge von Funktionen oder situativen Notwendigkeiten folgen. Er muss sich an der grammatischen Logik (einschließlich derjenigen der Orthographie) orientieren und an der Funktionalität der Mittel. Im Zentrum stehen Funktionseinheiten, d.h. Mittelkonfigurationen, die eine Funktion realisieren. Eigenständig funktional sind Wörter wie *du, wir, hier, Paula,* nicht aber *wegen, weil, ein.* Wortarten bilden nicht den Ausgangspunkt oder die Basis des Grammatikunterrichts. Angesetzt wird bei dem, was eine Handlungsfunktion hat. Zunächst bei Einheiten oberhalb der Wortebene, also Wortgruppen und Sätzen. Die Wortgruppe (Phrase) ist die zentrale Einheit der Grammatik. Mit Wortgruppen beziehen wir uns auf Personen (*mein Hund Diego*) und konkrete (*mein Ball*) oder abstrakte Dinge (*der Unterricht in der Grundschule*), auf Ereignisse und Handlungen (*langsam fahren*), Eigenschaften (*schön und bunt*) und Umstände (*ohne seinen Freund zu benachrichtigen/wegen des schlechten Wetters*). Im Deutschen sieht man den Zusammenhang gut an der Formabstimmung in der Nominalgruppe. Kasus und Numerus (Singular, Plural) sind oft nur am Artikel (ggf. im Zusammenspiel mit einem Adjektiv) ablesbar. Es sind solche Gruppen, die an verschiedenen Satzpositionen realisiert werden können, insbesondere vor dem flektierten Verb im Aussagesatz (Vorfeldposition). Sie tragen auch Satzfunktionen wie Subjekt, Komplement (Ergänzung), Supplement (Angabe), Adverbial etc. Nur im Grenzfall sind sie auf ihren Kopf – auf ein Wort – reduziert (*Milch schmeckt allen, Paula trinkt sie gern*). Der Unterschied zwischen Wortgruppe und Satzfunktion („Satzglied") muss im Unterricht deutlich werden, um die heute häufigen Verwechslungen zwischen Form und Funktion zu vermeiden. Wörter sind nicht die grundlegende funktionale Einheit und auch als Form schwer zu fassen. Sie sind selbst meist funktional komplex (*Licht+er, Haus+tür, weg+fahren, des+halb*). Eine Ordnung der elementaren Mittel unter funktionalem Aspekt bietet das Konzept von Feldern und Prozeduren. Ehlich (2007a) hat es im Anschluss an Bühler systematisch entwickelt. Grundlage der Unterscheidungen sind die Zwecke beim Verständigungshandeln von Sprecher (S) und Hörer (H):

(a) S nennt/charakterisiert einen Gegenstand oder Sachverhalt auf der Grundlage von Objektkenntnis und geteiltem sprachlichen Wissen: nennende („symbolische") Prozedur: *Tisch, schnell, glaub-, gern;*

(b) S orientiert H auf ein Element des gemeinsamen Verweisraums (Situation, Vorstellung, Text, Gespräch): zeigende („deiktische") Prozedur: *ich, du, jetzt, hier, da, dann;*

(c) S steuert den Hörer H in der Form eines direkten Eingriffs in sein Handeln: lenkende („expeditive") Prozedur: *hm̌, (bericht-)e* [Imperativendung];

(d) S verdeutlicht die Verarbeitung sprachlicher Handlungselemente durch H: aufbauende („operative") Prozedur: *weil, dass; aber, und; als, wie;*

(e) S übermittelt H Einstellungen und Nuancierungen: malende („expressive") Prozedur: *Hat die Mut!* [Tonmodulationen wie im Ausrufesatz].

Grammatikunterricht muss die funktionale Struktur von Sätzen verdeutlichen. Der Satz drückt immer einen vollständigen Gedanken aus und enthält genau eine flektierte („finite") Verbform (*hat, wird, geh-t, schläf-st* etc.). Dem Gedanken entspricht eine Synthese aus Subjektion und Prädikation. Es handelt sich um eine Verbindung des funktional Ungleichartigen: Die Subjektion konstituiert einen Gegenstand als Basis, die Prädikation charakterisiert ihn. Wenn wir den Aufbau eines einfachen Satzes funktional darstellen, ergibt sich eine Struktur wie diese:

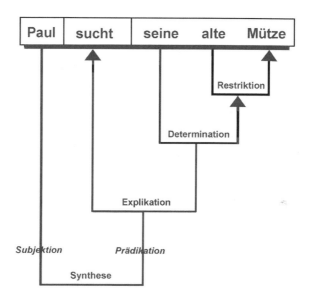

Wir sehen im Beispiel, dass man sich mit *Paul* in einem Zug auf eine der Gruppe bekannte Person beziehen kann. Das Verb *suchen* bildet das Gerüst einer Szene, die an einer Person festgemacht ist (*Paul*) und weiter entfaltet werden kann; sie kann mit dem, was gesucht wird, entfaltet werden: *seine alte Mütze*. Mit *seine alte Mütze* wird die Prädikation entfaltet, expliziert und damit das Ereignis verdeutlicht. Der gemeinte Gegenstand bedarf zur Klarstellung einer Ausdrucksgruppe. Das geht über Prozeduren der Integration, deren Zweck es ist, die Funktionalität eines Mittels zu stützen. Mit *alte* wird das, was *Mütze* symbolisch als Kategorie nur umreißt, eingeschränkt auf eine alte. Eine integrative Prozedur, die restringiert, um den Bezug zu sichern. Ohne Artikelwort (*seine, die . . .*) kann man sich mit einem Substantiv als Gattungsnamen im Singular auf nichts Konkretes beziehen, allenfalls auf Stoffliches (*Mensch mag ich nicht, sagte der Löwe*

Leo). Das possessive *seine* determiniert; es verankert die Mütze an einer erwähnten und hier fortgeführten Person, das ist Paul. Die Gruppe *seine alte Mütze* entwickelt, expliziert die Suchen-Szene. Die Verbgruppe *sucht seine alte Mütze* bildet funktional die Prädikation und charakterisiert das, was mit *Paul* gesagt wird und die Subjektion bildet. Mit Subjektion und Prädikation wird Funktionsverschiedenes synthetisch zusammengeschlossen, so dass ein Gedanke ausgedrückt werden kann.

Hauptsätze realisieren – anders als Nebensätze – immer einen spezifischen Handlungszweck in der Kommunikation, haben eine eigene „Illokution". Im Beispiel geht es um die Übertragung von Wissen, wir sprechen von einer Assertion. Manche Zwecke wie die Antwort können auch von Wörtern oder Wortgruppen allein realisiert werden. Wir sehen an dem einfachen Beispiel, dass wir nicht nur auf der oberen Ebene von Handlung sprechen können; es gibt auch kleine Handlungseinheiten, etwa die Namensprozedur, die auf vorgängiger Benennung beruht.

Für die Umsetzung der funktionalen Überlegungen in einem begründeten Grammatikunterricht kann das Konzept didaktischer Pfade genutzt werden (Hoffmann 2004, 2006, 2007b). Ein didaktischer Pfad basiert auf der Logik sprachlicher Mittel wie auf einer sinnvollen Auswahl für die Lerngruppe. Er beschreibt eine didaktisch wie sachlogisch begründbare Abfolge grammatischer Gegenstände. Einzubeziehen ist, was wir über Sprachaneignung in der Erstsprache wie in der Zweitsprache Deutsch wissen.

Hintergrund sind funktionale Überlegungen, die den Zusammenhang von Sprachmitteln und Wissen modellieren. Der Einstieg in das Reden über Gegenstände lässt sich mit seinen Voraussetzungen wie in Abb. 1 darstellen. Über Gegenstände reden wir mit Wortgruppen (Phrasen) wie *meine Freundin, ein Tisch* oder *der alte Hut* und mit einzelnen Wörtern: Eigennamen wie *Paula* und *Iran*, Zeigwörtern (Deixeis) wie *du* oder *das*. Eigennamen werden gebraucht, wenn Person oder Ding schon innerhalb einer Gruppe unter einem Namen bekannt sind. Ansonsten erfassen wir die Welt des Sagbaren mit charakterisierenden Symbolausdrücken: *Tisch* erfasst, was als Tisch zu charakterisieren ist, *verheiratet* alle Menschen, die verheiratet sind usw. Gegenstände werden gemäß ihrer Art oder Gattung kategorisiert und mit Gattungsnamen kommunikativ ins Spiel gebracht. Nur mit *Tisch, Vase, Wagen* kann man sich noch nicht auf einen konkreten Gegenstand beziehen, dazu brauchen wir im Deutschen einen Artikel. Der Artikel markiert den nach Sprechereinschätzung bestehenden Zugang des Adressaten zum Gegenstand. Bei *der X* ist der Gegenstand schon zugänglich, er wurde bereits genannt, ist allgemein bekannt, ist auffällig in der Situation etc. Die Zugänglichkeit kann auch durch Sprecher-/Hörerverweis (*mein, dein*) oder Bezug auf ein anderes Ding (*sein*) oder ein vorangestelltes Nomen im Genitiv (*Peters Gedächtnis*) markiert werden. Pränominaler Genitiv + Possessivendung ist ein Standardverfahren des Ausdrucks von Zugänglichkeit im Türkischen, das keinen bestimmten Artikel hat, während Russisch vor allem die lineare Abfolge einsetzt (Hoffmann 2007a). Mit *ein X* kann man etwas neu einführen (*da stand ein Koffer*). Mit Substantiven charakterisieren wir hinsichtlich Name, Art oder Stoff (*Paul, Mensch, Milch*), mit Adjektiven weisen wir Dingen eine Eigenschaft zu (*grau*). Damit ergibt sich eine bestimmte Sachlogik für den Ausschnitt einfache Nominalgruppe (Abb. 1).

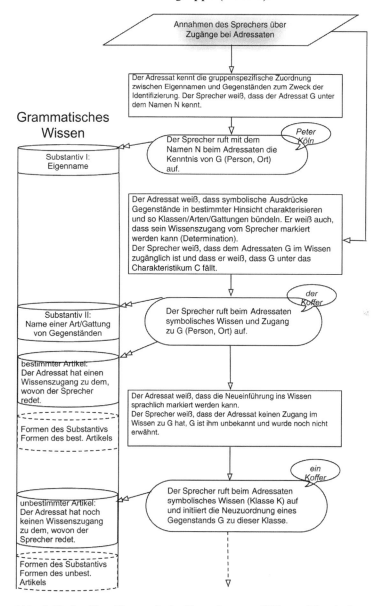

Abb. 1 Reden über Gegenstände: Prozeduren und Wissen (Einstieg)

Nach Einführung der Eigennamen werden aus der funktional eingeführten Phrase schrittweise Gattungsname und bestimmter bzw. unbestimmter Artikel ausgegliedert und formal wie funktional behandelt. Später dann das Adjektiv in seiner Funktion, den Gegenstandsbereich einzuschränken (*ich meine nicht irgendeinen, sondern den roten Tisch*). Das geschieht zunächst spielerisch-handelnd, noch nicht reflektierend. Parallel oder zuvor können Sprecherzeigwort (*ich*) und Hörerzeigwort (*du*) behandelt werden, viel später dann die schwierigeren Formen, die auf eine erst (im Blick auf Anwesende oder in der Vorstellung) zu bildende Gruppe verweisen: *wir, ihr*, später die Kasusformen *uns, euch*. Der Gegenstandspfad ist mit dem Pfad der Verbszenen zu verknüpfen, so dass Sätze zu thematisieren sind (vgl. Hoffmann 2013). Das Prinzip der Pfade ist immer, von funktional eigenständigen Formen auszugehen und ihre Funktionsweise zu erklären. Erklärungen sollten weitgehend auf eigenen Entdeckungen, auf Experimenten, auf Spielen, auf Textarbeit und nicht zuletzt Gesprächsanalyse beruhen. Dann folgt das Ausgliedern der für den Aufbau der Einheit wichtigen Formen (z. B. des Artikels oder des Adjcktivs oder – viel später – attributiver Präpositionalphrasen und Relativsätze). Die Form wird dann genauer betrachtet, ihre Funktion in verschiedenen Gebrauchszusammenhängen aufgezeigt und durch Übungen gefestigt – insbesondere unter zweitsprachlichem Aspekt. Angesetzt wird bei Funktionseinheiten, ein Lernen über die Funktion, dem die Formbetrachtung folgt. Sind Einheiten komplex, werden – nachdem die Funktionsweise verdeutlicht ist – die Elemente (Wortarten, funktionale Basiseinheiten) ausgekoppelt und für sich untersucht.

4.5 Terminologie

Mit jeder grammatischen Theorie verbindet sich eine spezifische Terminologie. Die Termini ergeben überhaupt nur im Rahmen der Theorie einen Sinn. Der allgemeinere Ausdruck „Term" umfasst Ausdrücke, die sich auf etwas beziehen. Die begriffliche Seite eines Terminus bedarf gerade dann der Klärung, wenn der Ausdruck auch im Alltag geläufig ist. Um sicherzustellen, dass in theoretischen Zusammenhängen der Gebrauch eindeutig ist, wird die Bedeutung durch Definition festgelegt. Weicht die Definition stark vom Üblichen ab, sind Missverständnisse vorprogrammiert. In der Philosophie ist erkannt, dass für die sinnvolle Fassung von Termini eine Sprachanalyse nötig ist, um jenes Erkenntnisziel nicht zu verfehlen, das als Ergebnis einer Reflexion erscheint (so sieht es im Mittelalter Thomas v. Aquin). Termini kondensieren eine Untersuchung sprachlicher Phänomene in Form oder Funktion, indem sie ihnen eine bündige Klassenbezeichnung geben, so dass die vorgängige Analyse in schnellem Zugriff wieder präsent gemacht werden kann. Problematisch ist es,

– wenn der Terminus im Lauf der Geschichte seine Bedeutung verändert,
– wenn der Zugang zur ursprünglichen Phänomenanalyse verschüttet ist,
– wenn der theoretische Rahmen nicht (mehr) zugänglich ist,

– wenn der Terminus Universalität vorgaukelt und von der ursprünglichen Bezugssprache nicht auf eine andere übertragbar ist,
– wenn ein Terminus sprechend ist, aber sein deskriptiver Gehalt nicht dazu beiträgt, die zu fassenden Phänomene zu kennzeichnen,
– wenn die Konkurrenz von Termini die Sache wie die Theoriebezüge verdeckt, die falsche Auffassung fördert, es sei Unterschiedliches oder jenseits von Theoriegrenzen Dasselbe gemeint.

Die klassischen Wortartbezeichnungen (Ehlich 2007b; Robins 2010) zeigen viele der genannten Probleme und sind im Modus der Fraglosigkeit vom Griechischen auf das Lateinische, später auf das Deutsche oder Englische übertragen worden. Dabei sind Wortarten sprachspezifisch. Zwar haben alle Sprachen Zeigwörter (Deiktika) wie *ich, hier, jetzt*, ihre Verwendung und vor allem ihre Felddimensionen (Nähe, Ferne; nah beim Sprecher, nah beim Hörer, nah bei beiden etc.) sind aber recht unterschiedlich. Viele geben, jedenfalls in der Ausgangssprache, eine abgekürzte Gebrauchsbestimmung („interjectio' 'das dazwischen Geworfene, in die Rede, zwischen die Beiträge Eingestreute') oder Formbestimmung („adverbium" 'das zum Verb oder einem Ausdruck Hinzugesetzte', griech. „epírrhema"). Manchmal ist ihr Entstehungszusammenhang auch unbekannt.

Die Terminologie in Lehrwerken und Unterricht wurde entscheidend durch das 1982 erschienene „Verzeichnis grundlegender Fachausdrücke" der KMK bestimmt, das sich als „Kompromiss unterschiedlicher sprachwissenschaftlicher Standpunkte" kennzeichnet. An anderer Stelle heißt es, man habe keiner Theorie den Vorzug geben wollen – so wurde die Schulgrammatik des 19. Jahrhunderts gewählt, die in vieler Hinsicht (in der Inhaltsorientierung, in der Blindheit für Strukturen, in der logischen Grundlegung) vortheoretisch ist. Der Liste liegt ein großes Missverständnis zugrunde, denn die Termini werden von den Theorien und Sprachen gelöst und als bloße Nomenklatur, als Etiketten betrachtet. Zwar ist von einem Vorschlag die Rede, es heißt auch, Eindeutschungen seien auf unteren Stufen statthaft, aber über die Lehrwerke und Lehrpläne hat die Liste als Festlegung und Fortschrittsbremse gewirkt. Gegenüber der breiten linguistischen Kritik waren die Kultusminister immun. Das Fehlen einer valenzorientierten Terminologie (Ergänzungen/Angaben bzw. Komplemente/Supplemente) und des gesamten Partikelbereichs (mit Überdehnung des Adverbs, analog zur englischen Grammatik), die Defekte in den Einzelbereichen (Artikel, Pronomen) und nicht zuletzt die Intransparenz der gesamten Systematik erscheinen problematisch. Mit dem „Numerale" wurde eine obsolete Wortart (wieder) eingeführt; es gehört nach allen wichtigen Kriterien zu den Adjektiven. Die semantischen Kategorien „real/irreal/potential", „Gegenwart/Vergangenheit/Zukunft" und „gleichzeitig/vorzeitig/nachzeitig" sind im Deutschen unbrauchbar. Das „Satzglied" vermischt Form und Funktion; der Ausdruck des Subjekts ist zugleich diese Funktion, vgl.: *Die Frau/Sie/Wer das gehört hatte ... lachte.* Damit wird der Zugang zur Einheit Wortgruppe/Phrase – aber auch zu Infinitivgruppe und Satz verstellt. Man geht zurück zur traditionellen Grammatik seit dem 18. Jahrhundert. Dort wurde eine Ausdifferenzierung der klassischen „partes orationes" vorgenommen, die zwischen Wortart und Redeteil schwankte. In der jüngeren Grammatikforschung haben wir aber eine klare Trennung zwischen Form (Phrase, Satz) und Funktion (Satzfunktion). In der KMK-Liste wird der Fall, dass „Satzglieder" satzförmig sein können, sogar explizit ausgegrenzt. Damit erscheinen „Satzglieder" als kasusbestimmte Einheiten und das Subjekt wird so vermittelt, dass es ein Ausdruck im Nominativ ist. Das „Prädikat" wird auf den verbalen, finiten Teil des Satzes beschränkt und damit nicht – wie in der Antike – dem Subjekt gegenübergestellt als das, was darüber gesagt wird. Es ist damit inhaltlich-funktional schwer zu fassen und wird in der Schulgrammatik praktisch dem Verb gleichgesetzt, womit es überflüssig wird. Bereits im logikorientierten 19. Jahrhundert wird dies am Beispiel des Kopulaverbs *sein* als problematisch diskutiert, das allein nicht ausreiche, von Gesagtem etwas zu prädizieren. Logisch komme es hier auf das prädikative Adjektiv oder Nomen an. Becker (1870) verweist auf Sprachen mit Nominalsätzen, die kein Kopulaverb einsetzen; das sind etwa die semitischen Sprachen. Es gibt gute Gründe, den aus den Verbformen gebildeten „Verbalkomplex" von der Verbgruppe, zu der das Verb semantisch ergänzende („Komplemente") und zusätzlich spezifizierende Angaben gehören, zu unterscheiden. Behält man wie die Liste der KMK das – eigentlich durch seinen Kasus bestimmte – Objekt bei, müsste der Valenzaspekt eingeschlossen werden. Auch das Adverbial wird traditionsbestimmt, nämlich durch semantische Unterklassen (temporal, lokal etc.), gefasst, nicht aber in seiner auf Verb- oder Verbgruppe bzw. den Satz bezogenen Kombinatorik und Spezifizierungsleistung.

Der Einstieg in der Primarstufe darf nicht überfordern. Für den Schrifterwerb ist die Kategorie des Nomens wichtig, das Nomen als Kopf einer nominalen Gruppe wird groß geschrieben *(der Morgen, ein Seufzen, ein gewisses Etwas, die beiden Verrückten, ohne Wenn und Aber)*, was sich durch Erweiterungsproben (mit Artikel, Adjektiv etc.) – also dem spielerischen Aufbau einer nominalen Gruppe – klären lässt; das Substantiv als Wortart schreibt man nicht immer groß *(unrecht haben)*. Der Einwand gegen das „Substantiv", im Englischen sage man heute „noun" statt „substantive", verkennt wiederum, dass Wortarten sprachspezifisch sind, auch wenn hier Gemeinsamkeiten bestehen. Im Übrigen hat „Nomen" den Nachteil der Assoziation von „Eigennamen". Eine scharfe Ausdifferenzierung in Wortarten, die als Nomen erscheinen können (Substantiv, Adjektiv, Verb) ist der Sekundarstufe vorbehalten, allerdings braucht man in der Grundschule einen ersten – in Kombination mit dem Nomen – gewonnenen Begriff von Adjektiven und dem bestimmten wie dem unbestimmten Artikel.

Eine angemessene Terminologie muss

- theoretisch fundiert sein,
- die Phänomene trennscharf und vollständig erfassen und ein System bilden,

- schrittweise in den Sekundarstufen zu einem leistungsfähigen Instrumentarium entwickelt werden können, das Sprachreflexion und eigenständiges Lernen befördert.

5 Kurzes Fazit

In der Schulgrammatik werden bis hin zur Terminologie Elemente wissenschaftlicher Grammatik – oft vergangener Jahrhunderte – in Anspruch genommen, ohne dass darüber ausführlich Rechenschaft gegeben worden wäre. Natürlich muss eine in der Schule vermittelte Grammatik wissenschaftlichen Standards entsprechen, auch wenn auf viele Inhalte solcher Grammatikmodelle verzichtet werden muss. Kriterien der Auswahl sind die Möglichkeit, ein Bild des Deutschen zu vermitteln, die Brauchbarkeit für das Schreiben (Orthographie wie schriftliches Formulieren), für das Verstehen von Texten und Gesprächen sowie für das mündliche Sprachhandeln. Daher bietet sich eine sprachanalytische Methode an, die Sprache nicht nur als System von Formen sehen lässt, sondern auch funktional als ein Medium des Handelns. Dabei sind die Spracherfahrungen (gerade der mehrsprachigen Schüler) systematisch einzubeziehen. In der Grundschule und Orientierungsstufe sollte eine andere „Arbeitssprache" (Rehbein 2010) als Deutsch zugelassen werden, um die Vermittlung zwischen dem begrifflich Erfassten und dem zu Lernenden und in die Unterrichtskommunikation Einzubringenden leichter zu machen. Der Vergleich von Sprachen (vgl. Jeuk D 3; Hoffmann 2013) bietet in der Sekundarstufe großen Gewinn, wird aber bislang nicht einmal für den Fremdsprachenunterricht produktiv gemacht.

Literatur

Aksoy, Aydan/Grießhaber, Wilhelm/Kolcu-Zengin, Serpil/Rehbein, Jochen: Lehrbuch Deutsch für Türken – Türkler için Almanca ders kitabi. Eine praktische Grammatik in zwei Sprachen. iki dilli uygulamalı Almanca. Hamburg: Signum 2002

Arndt, Horst: Wissenschaftliche Grammatik und pädagogische Grammatik. In: Neusprachliche Mitteilungen 22 (1969), 65–76

Becker, Karl Ferdinand: Ausführliche deutsche Grammatik als Kommentar der Schulgrammatik. Prag: Tempsky 1870 [Nachdruck Hildesheim: Olms 1969]

Behaghel, Otto: Deutsche Syntax. Band IV. Heidelberg: Winter 1932

Boettcher, Wolfgang/Sitta, Horst: Der andere Grammatikunterricht. München: Urban und Schwarzenberg 1981

Börner, Wolfgang/Vogel, Klaus: Zum Verhältnis von wissenschaftlicher und pädagogischer Grammatik in der Fremdsprachenlehre. In Börner, Wolfgang/Kielhöfer, Bernd/Vogel, Klaus (Hrsg.): Französisch lehren und lernen. Aspekte der Sprachlehrforschung. Frankfurt/M.: Scriptor 1976, 7–39

Bornemann, Monika/Bornemann, Michael: Duden Schulgrammatik extra. Deutsch. Mannheim: Dudenverlag, 2. Aufl. 2006

Brinkmann, Henning: Die deutsche Sprache. Gestalt und Leistung. Düsseldorf: Schwann, 2., neubearb. und erw. Aufl. 1971

Buscha, Joachim: Linguistische und didaktische Grammatik. Beiträge zu Deutsch als Fremdsprache. Leipzig: Verlag Enzyklopädie 1989

Buscha, Joachim/Freudenberg-Findeisen, Renate/Forstreuter, Eike/Koch, Hermann/ Kuntzsch, Lutz: Grammatik in Feldern. München: Verlag für Deutsch 1999

Dudenredaktion (Hrsg.): Duden. Die Grammatik. Mannheim: Dudenverlag, 8. Aufl. 2009

Ehlich, Konrad: Sprache und sprachliches Handeln. Bd. 2. Berlin/New York: de Gruyter 2007a

Ehlich, Konrad: Zur Geschichte der Wortarten. In: Hoffmann, Ludger (Hrsg.): Handbuch der deutschen Wortarten. Berlin/New York: de Gruyter 2007b, 51–95

Eisenberg, Peter: Grundriss der deutschen Grammatik. Bd. 1–2. Stuttgart: Metzler, 3. Aufl. 2006

Engel, Ulrich: Deutsche Grammatik. München: Iudicium, 2. Aufl. 2009

Fandrych, Christian: Die Grammatik. DaF für die Grundstufe. Stuttgart: Klett 2005

Fant, Doreen: Kinderleichte Kurzgrammatik der deutschen Sprache. Vöhringen: Fant-Verlag 2007

Gallmann, Peter/Sitta, Horst/Looser, Roman: Schülerduden Grammatik. Eine Sprachlehre mit Übungen und Lösungen. Herausgegeben von der Dudenredaktion. Mannheim/Leipzig/Wien/Zürich: Dudenverlag, 5. Aufl. 2006

Glinz, Hans: Die innere Form des Deutschen. Bern: Francke, 6. Aufl. 1973

Gornik, Hildegard: Methoden des Grammatikunterrichts. In: Bredel, Ursula/Klotz, Peter/Ossner, Jakob/Siebert-Ott, Gesa (Hrsg.): Didaktik der deutschen Sprache – ein Handbuch. Bd. 2. Paderborn: Schöningh 2003, 814–829

Grießhaber, Wilhelm/Özel, Bilge/Rehbein Jochen: Aspekte von Arbeits- und Denksprache türkischer Schüler. In: Unterrichtswissenschaft 24 (1996) 1, 3–20

Heidolph, Karl-Erich/Flämig, Walter/Motsch, Wolfgang: Grundzüge einer deutschen Grammatik. Berlin: Akademie 1981

Helbig, Gerhard/Buscha, Joachim: Deutsche Grammatik. Berlin: Langenscheidt, 14. Aufl. 2008

Heringer, Hans-Jürgen: Lesen lehren lernen: Eine rezeptive Grammatik des Deutschen. Tübingen: Niemeyer 1988

Heringer, Hans-Jürgen: Grammatik und Stil. Berlin: Cornelsen 1989

Heyse, Johann Christian August: Leitfaden zum gründlichen Unterrichte der deutschen Sprache für höhere und niedere Schulen sowie zum Selbstunterrichte. Hannover/Leipzig: Hahnsche Buchhandlung 1904

Hinze, Fritz: Deutsche Schulgrammatik. Stuttgart: Klett 1955

Hoberg, Ursula/Hoberg, Rudolf: Der kleine Duden. Deutsche Grammatik. Mannheim: Dudenverlag, 4. Aufl. 2009

Hoffmann, Ludger: Gewichtung: ein funktionaler Zugang zur Grammatik. In: Der Deutschunterricht 47 (1995) 4, 23–37

Hoffmann, Ludger: 'Gegenstandskonstitution' und 'Gewichtung': eine kontrastiv-grammatische Perspektive. In: Jahrbuch Deutsch als Fremdsprache 21 (1995) 104–133

Hoffmann, Ludger: Anapher im Text. In: Antos, Gerd/Brinker, Klaus/Heinmann, Wolfgang/Sager, Sven F. (Hrsg.): Text- und Gesprächslinguistik. Bd. 1. HSK 16.1. Berlin/ New York: de Gruyter 2000, 295–305

Hoffmann, Ludger: Funktionaler Grammatikunterricht in der Grundschule. In: Die Grundschule (2004) 10 [http://www.die-grundschule.de/] (unter Specials)

Hoffmann, Ludger: Funktionaler Grammatikunterricht. In: Becker, Tabea/Peschel, Corinna (Hrsg.): Gesteuerter und ungesteuerter Grammatikunterricht. Baltmannsweiler: Schneider Hohengehren 2006, 20–45

Hoffmann, Ludger (Hrsg.): Handbuch der deutschen Wortarten. Berlin: de Gruyter 2007 (2. Aufl. 2009)

Hoffmann, Ludger: Determinativ. In: Hoffmann, Ludger (Hrsg.) 2007a, 293–357

Hoffmann, Ludger: Didaktik der Wortarten. In: Hoffmann, Ludger (Hrsg.) 2007b, 925–953

Hoffmann, Ludger: Über *ja*. In: Deutsche Sprache 36 (2008) 3, 193–219

Hoffmann, Ludger: Deutsche Grammatik [Grundlagen für Lehrerausbildung, Schule, Deutsch als Zweitsprache und Deutsch als Fremdsprache]. Berlin: Erich Schmidt 2013

Homberger, Dietrich: Deutsche Schulgrammatik. Frankfurt/M.: Diesterweg 1989

Huddleston, Rodney/Pullum, George K.: The Cambridge Grammar of the English Language. Cambridge: University Press 2002

Hufnagel, Elke: PONS Schulgrammatik Plus Deutsch: Umfassend nachschlagen, verstehen, wissen. Das Plus: mit passenden Regeln zu Rechtschreibung und Zeichensetzung. Stuttgart: Pons 2008

Jung, Lothar: Linguistische Grammatik und didaktische Grammatik. Frankfurt/M.: Diesterweg 1978

Menzel, Wolfgang: Grammatik-Werkstatt. Seelze-Velber: Kallmeyer 1999

Menzel, Wolfgang: Praxis Grammatik. Braunschweig: Westermann 2009

Ossner, Jakob: Sprachdidaktik Deutsch. Paderborn: Schöningh 2006

Rehbein, Jochen: Die Sprachblockade. Ein Plädoyer für Türkisch als Arbeitssprache. In: Die Grundschule 14 (2010) 2, 28–32

Richter, Michael: Ideen zur Veranschaulichung von Aussagen mit Modalverben. Sprachwissenschaftliche Annahmen – für den Unterricht aufbereitet. Lüneburg 2004 [http://www.linguistik-online.de/18_04/richter.pdf]

Robins, Robert H.: The development of the Word Class System of the European Grammatical Tradition. In: Hoffmann, Ludger: Sprachwissenschaft. Ein Reader. Berlin/New York: de Gruyter, 3. Aufl. 2010, 553–570

Schulz, Dora/Griesbach, Heinz: Grammatik der deutschen Sprache. München: Hueber, 11. Aufl. 1978

Storrer, Angelika: Hypertext und Texttechnologie. In: Knapp, Karlfried/Antos, Gerd/Becker-Mrotzek, Michael (Hrsg.): Angewandte Linguistik. Ein Lehrbuch. Tübingen: Francke 2004, 207–228

Weinrich, Harald: Textgrammatik der deutschen Sprache. Hildesheim: Olms, 2., rev. Aufl. 2003

Wilmanns, Werner: Wilmanns Deutsche Schulgrammatik nebst Regeln und Wörterverzeichnis für die deutsche Rechtschreibung nach der amtlichen Festsetzung. Stuttgart: Weidmansche Buchhandlung 1908

Zifonun, Gisela/Hoffmann, Ludger/Strecker, Bruno: Grammatik der deutschen Sprache. 3 Bde. Berlin/New York: de Gruyter 1997

WILHELM KÖLLER

B 3 Formen und Funktionen in der Grammatik

1 Der Problemzusammenhang

Die Frage nach den Formen und Funktionen in der Grammatik wird nicht selten als eine Frage verstanden, bei der man prinzipiell zwischen einer fachwissenschaftlichen und einer fachdidaktischen Zielorientierung unterscheiden könne. Dabei wird dann oft von der Prämisse ausgegangen, dass der fachwissenschaftliche Zugang ein objektorientierter Denkansatz sei, der exakte Antworten mit einer großen Wahrheitsnähe verspreche, und dass der fachdidaktische Zugang ein eher subjekt- und verwendungsorientierter Denkansatz sei, der allenfalls vage Antworten mit einem eingeschränkten bzw. vorläufigen Erkenntniswert ermögliche.

Dieses Oppositionsmodell wird hier aus mehreren Gründen für recht unfruchtbar gehalten. Zum einen impliziert es nämlich in der Regel, dass sich das fachwissenschaftliche Erkenntnisinteresse auf rein morphologische und systemtheoretische Probleme verkürzt und dass dabei umfassende pragmatische Wahrnehmungsinteressen meist ganz aus den Augen verloren werden. Außerdem dokumentieren die vergänglichen Moden fachwissenschaftlicher Konzeptbildungen auch sehr deutlich, dass die Hoffnung auf eine große Wahrheitsnähe fachwissenschaftlicher Begriffsbildungen auf ziemlich tönernen Füßen stehen kann. Einen Königsweg zu absolut sachgerechten grammatischen Begriffsbildungen, die gleichermaßen Form- und Funktionsaspekte grammatischer Formen adäquat erfassen, scheint es nicht zu geben. Zum andern ist zu berücksichtigen, dass die Exaktheit von grammatischen Begriffsbildungen auch kein Wert an sich ist, weil eine solche Exaktheit oft mit einem Verzicht auf die Wahrnehmung von Komplexität bzw. mit einem Verzicht auf polyperspektivische Erkenntnisinteressen erkauft wird. Außerdem stellt sich natürlich auch die Frage, ob Phänomene, die möglicherweise von Natur her vage Grenzen haben, durch sehr exakte Begriffe überhaupt sachgerecht objektiviert werden können.

Die Vagheit von Begriffsbildungen ist in Argumentationsprozessen zweifellos ziemlich hinderlich und zuweilen sogar sehr ärgerlich. Allerdings haben wir in diesem Zusammenhang auch zu beachten, dass diese Vagheit durchaus ein Ausdruck dafür sein kann, dass man sich seine jeweiligen Denkgegenstände nicht von vornherein abstraktiv so verkürzt hat, dass sie dann gut in das Prokrustesbett eines theoretisch exakten Konzepts oder Begriffs passen.

Viel wichtiger als die scharfe Unterscheidung zwischen einem fachwissenschaftlichen und einem fachdidaktischen Grammatikkonzept ist es, sich Rechenschaft darüber abzulegen, welche Kriterien bei der grammatischen Theoriebildung als zentral und welche eher als randständig betrachtet werden sollen. Weiterhin wäre zu klären, von welchen Denkprämissen man ausgeht, welche Erkenntnisziele man verfolgt, welche Implikationen die jeweils verwandten Begriffe haben bzw. haben sollen und wie sich objektorientierte und subjektorientierte Differenzierungsinteressen zu einem sinnvollen Ausgleich bringen lassen, der weitere Fragen nicht überflüssig macht.

Wenn wir uns bei der Frage nach den Formen und Funktionen in der Grammatik erkenntnistheoretisch nicht an einen abbildungstheoretisch, sondern an einen pragmatisch orientierten Wahrheitsbegriff halten, dann ergeben sich generell auch ganz andere Wahrnehmungsinteressen. Wir sind nicht mehr dem Ziel verpflichtet, Vorgegebenes begrifflich abzukupfern, sondern müssen vielmehr danach streben, es so zu erschließen, dass wir in Handlungsprozessen sinnvoll damit umgehen können. Die Oppositionsspannung zwischen einem fachwissenschaftlichen und einem fachdidaktischen Zugriff löst sich dann weitgehend von selbst auf, weil es jetzt eigentlich nur noch darum geht, grammatische Formen und Funktionen perspektivisch kontrolliert wahrzunehmen, zu beschreiben und zu beurteilen.

Unter diesen Umständen haben wir uns dann auch von dem unrealistischen Gedanken freizumachen, dass die Wissenschaft in der Lage sein könnte, subjekt- oder voraussetzungsfrei gleichsam in einer göttlichen Wahrnehmungsperspektive von nirgendwo, einen Sachgegenstand zu erfassen und begrifflich zu objektivieren. Die wissenschaftstheoretisch und anthropologisch gut zu rechtfertigende Überzeugung, dass in allen Erkenntnisprozessen die Subjektsphäre mit der Objektsphäre verbunden werden muss, um fruchtbare Kontakte mit den jeweiligen Erkenntnisgegenständen zu gewinnen, hat Goethe in einem Brief an Schiller vom 19.12.1798 eindrucksvoll thematisiert. „Übrigens ist mir alles verhaßt, was mich bloß belehrt, ohne meine Tätigkeit zu vermehren oder unmittelbar zu beleben" (Goethe 1968, Bd. 2, 362).

2 Der Begriff der Funktion

Über den Begriff der Funktion lässt sich in der Sprachwissenschaft aus mindestens zwei Gründen nicht leicht Einigkeit erzielen. Zum einen sind wir bei entsprechenden Bemühungen dazu gezwungen, die Sprachwissenschaft nicht allein als Systemwissenschaft zu verstehen, weil wir uns zwangsläufig mit erkenntnistheoretischen und sozialpsychologischen Fragen zu beschäftigen haben bzw. mit Fragen der Sprachgenese und des Sprachgebrauchs. Zum andern wird der Funktionsbegriff in sehr vielen Wissenschaften verwendet, was es erschwert, ihn begrifflich präzise zu bestimmen.

Seine klarste semantische Ausprägung hat der Funktionsbegriff sicherlich in der Mathematik gefunden. Hier dient er dazu, diejenige Ordnungsstruktur zu benennen, nach der eine unabhängige Variable so mit einer abhängigen Variablen verbunden ist, dass eine Veränderung der ersten Variablen eine klar bestimmbare Veränderung der zweiten zur Folge hat. Das bedeutet, dass der Begriff der Funktion hier vornehmlich dazu dient, die möglichen Relationsbeziehungen und Relationsbedingungen zwischen Einzelgrößen zu erfassen und zu beschreiben.

Die genuine Verschränkung des Funktionsbegriffs mit dem Relationsbegriff hat ihn dann auch in zunehmendem Maße für die Philosophie und die Geisteswissenschaften interessant gemacht. Er hat nämlich eine zunehmende Relevanz für alle ontologischen Bemühungen bekommen, die traditionelle Dominanz des Substanzbegriffs zu brechen und die Eigenart von Phänomenen nicht über Wesensbeschreibungen zu thematisieren, sondern über Funktionsbeschreibungen bzw. über ihre Einbindung in mögliche Relationsbeziehungen. Das hat dann nicht selten zu der radikalen These geführt, dass Phänomene eigentlich gar keinen festen Wesensgehalt hätten, sondern allenfalls einen variablen, insofern sie im Prinzip Produkte von Relationen seien. Sie träten nämlich für uns nur als Relata in Beziehungsgeflechten in Erscheinung, aber nicht als Phänomene mit einem festen Wesen, welches von vornherein genau bestimme, mit welchen anderen sie verbunden werden könnten. Dieser Denkansatz hat dann natürlich dem hypothetischen, experimentellen und konstruktivistischen Denken große Freiheitsspielräume eröffnet, weil das Feld der möglichen Relations- und Funktionsbeziehungen von Größen zu anderen nicht von vornherein normativ beschränkt werden konnte.

Im Kontext des Relationsdenkens hat der Funktionsbegriff auch eine zunehmende Relevanz in den Sozialwissenschaften bekommen. Er begann insbesondere dann eine immer größere Rolle zu spielen, als man sich bemühte, die Faktoren zu erfassen, die bei der Entstehung und Erhaltung von sozialen Institutionen wie beispielsweise des Rechts, des Staates, der Sitten oder der Sprache eine zentrale Rolle spielen. Der Funktionsbegriff ermögliche es nämlich, Ordnungsstrukturen nicht nur aus den Intentionen des individuellen Wollens abzuleiten, sondern auch aus überindividuellen sozialen Erfordernissen und Systemzwängen. Außerdem ergab sich die Möglichkeit, die Existenzberechtigung und Vitalität von sozialen Institutionen aus deren pragmatischen Funktionen abzuleiten.

Wichtig ist in all diesen Zusammenhängen, dass der Begriff der Funktion nicht nur eng mit dem Begriff der Relation verknüpft ist, sondern auch mit dem des Sinns. Unser heutiges Wort *Sinn* geht nämlich bezeichnenderweise etymologisch auf das ahd. Wort *sind* als Bezeichnung für einen Weg oder eine Richtung zurück, was sich noch heute in der Wortprägung *Uhrzeigersinn* dokumentiert. Die Verknüpfung des Funktions- mit dem Sinnbegriff verdeutlicht, dass sich die Funktion von Einzelelementen eigentlich nur in einem Gesamtzusammenhang von Elementen entfalten kann, in dem es für diese Elemente allerdings gewisse Spielräume bzw. Interdependenzen geben muss. Das bedeutet, dass man möglicherweise gar nicht davon sprechen kann, dass Elemente bestimmte Funktionen haben, sondern eher davon, dass sie Funktionen sind, weil sie für uns letztlich nur über ihre Funktionen umfassend wahrnehmbar sind und nicht über ihre morphologische Gestalt.

Aus alldem ergibt sich dann, dass man die Funktion bzw. den Sinn von etwas nicht dann wirklich erfasst, wenn man nur auf das jeweilige Phänomen selbst sieht und nach dessen Wesen fragt, sondern paradoxerweise nur dann, wenn man auf anderes schaut, weil es ja als ein Relatum in einem Relationsgeflecht angesehen wird. Funktionale Erkenntnis von etwas impliziert so gesehen im Prinzip den Verzicht auf Wesenserkenntnis, aber zugleich eine gesteigerte Sensibilität für Relationen und Relationsmöglichkeiten. Radikal zu Ende gedacht ist deshalb der Funktionsbegriff auch nicht auf den Systembegriff im Sinne eines geschlossenen Ordnungssystems zu beziehen, sondern vielmehr auf den Strukturbegriff im Sinne eines offenen Systems, das seine Stabilität durch seine Veränderungsfähigkeit gewinnt. Strukturvorstellungen sind deshalb im Gegensatz zu Systemvorstellungen auch eher mit dem Gedanken von Entfaltungsprozessen in Verbindung zu bringen als mit dem von schon abgeschlossenen Ordnungskonventionen.

Zum Systemgedanken gehört die Tendenz, alles auszumerzen, was die Perfektion einer Systemordnung stört. Zum Strukturgedanken gehört zwar auch die Tendenz, das Zusammenspiel von Einzelelementen zu optimieren, aber in diesem Prozess kann Vagheiten eine wichtige Aufgabe zufallen, insofern durch sie die Flexibilität von Relationen bzw. Funktionen in konkreten Gebrauchssituationen erhöht werden kann. Der Strukturgedanke ist außerdem immer eng mit dem Evolutionsgedanken verknüpft, insofern davon ausgegangen wird, dass alten Funktionsträgern unter veränderten Rahmenbedingungen neue Funktionen zufallen können, dass sie alte Funktionen aufgeben müssen und dass sie neue Funktionen entwickeln müssen, um lebensfähig zu bleiben.

Im Prinzip ist die natürliche Sprache eine gewachsene und veränderungsfähige soziale Institution, die nicht befriedigend über den Systemgedanken und die Vorstellung von festen Funktionen ihrer Elemente zu erfassen ist, sondern nur über den Strukturgedanken und die Vorstellung von variablen Funktionen ihrer Einzelelemente. Die Sprache muss ihre Mittel auf den verschiedenen Ordnungsebenen morphologisch und pragmatisch ständig mehr oder weniger schnell ändern können, um ihren kognitiven Differenzierungs- und ihren kommunikativen Informationsfunktionen dauerhaft gerecht werden zu können. Daraus erwächst der Sprachwissenschaft die Aufgabe, anatomische Analysen der gegebenen Sprachkonventionen mit physiologischen Analysen des jeweiligen Sprachgebrauchs zu verbinden. Das bedeutet weiterhin, dass sich die Funktionsanalyse grammatischer Formen nicht nur am monologischen bzw. schriftlichen Sprachgebrauch zu orientieren hat, sondern auch am dialogischen bzw. mündlichen.

Die struktur- bzw. sinnbildenden Funktionen grammatischer und lexikalischer Formen lassen sich am besten über den Begriff des Zeichens erfassen und beschreiben. Voraussetzung dabei ist allerdings, dass man Zeichen nicht als konventionalisierte statische Abbildungswerkzeuge versteht, sondern als intentionale dynamische Sinnbildungswerkzeuge bzw. als sozial wirksame Interaktionsinstrumente. Diese Sichtweise auf Sprache bzw. sprachliche Formen ist in der Sprachwissenschaft keineswegs selbstverständlich. Aus diesem Grunde gibt es in ihr auch sehr unterschiedliche Vorstellungen darüber, wie man den Funktionsbegriff sprachtheoretisch bestimmen soll. Selbst innerhalb der sogenannten „funktionalen Grammatik" wird der Funktionsbegriff je nach erkenntnistheoretischer und pragmatischer Grundorientierung sehr unterschiedlich verstanden (Helbig 1973, 162f.).

3 Die semiotische Transformation des Grammatikbegriffs

Ein gleichermaßen gegenstandsadäquates und pragmatisch relevantes Grammatikkonzept, das als Grundkonzept sowohl für fachwissenschaftliche als auch für fachdidaktische Überlegungen sinnvoll ist, lässt sich vielleicht am besten entwickeln, wenn man den Grammatikbegriff semiotisch transformiert. Das bedeutet, dass man nicht mehr nach dem Begriff der Grammatik im Sinne einer transsubjektiven und überzeitlichen platonischen Idee fragt, sondern danach, welche sprachlichen Beobachtungsphänomene man nach welchen Kriterien als grammatische Zeichen ansehen will und welche nicht. Diese semiotische Transformation unserer Grammatikvorstellung ist nicht so harmlos, wie sie auf den ersten Blick erscheint, weil sie mit recht weitreichenden Konsequenzen für die Ausbildung und die Nutzung unseres grammatischen Wissens verbunden ist.

Die Wahrnehmung des Grammatikproblems als Zeichenproblem hat nämlich mindestens drei fundamentale Implikationen für die hier zu diskutierende Problematik. Erstens geht die Semiotik von der Grundprämisse aus, dass es eigentlich kein völlig geschlossenes Inventar von Zeichen für bestimmte ontische Gegenstandsbereiche gibt, sondern dass im Prinzip alle Beobachtungsphänomene zu Zeichen werden können, wenn man ihnen eine sinnvolle Verweisfunktion auf etwas anderes zuordnen kann. Zweitens postuliert die Semiotik, dass jedes Zeichen ein dreistelliges Relationsgebilde ist, bei dem ein bestimmter Zeichenträger in einer bestimmten Interpretationsperspektive auf einen bestimmten Zeicheninhalt verweist. Drittens hält es die Semiotik für unumgänglich, danach zu fragen, welche pragmatischen Differenzierungsbedürfnisse die Menschen zur Ausbildung bzw. zur Wahrnehmung von Zeichen geführt haben, weil nur so zu ermitteln ist, welche kognitiven und kommunikativen Funktionen einzelne Zeichen haben oder haben können.

Der semiotische Zugriff auf das Phänomen „Grammatik" macht von vornherein klar, dass Aussagen über grammatische Zeichen sich nicht darin erschöpfen dürfen, Beiträge zu einer bloßen grammatischen Gebildelehre zu liefern, sondern dass sie vielmehr immer auch Beiträge zu einer grammatischen Funktionslehre zu leisten haben, in die dann natürlich auch eine Gebildelehre integriert sein muss. Das bedeutet, dass bei einem semiotischen Zugriff auf die Grammatik die jeweiligen Formanalysen nicht einfach durch Funktionsanalysen in einem quantitativen Sinne zu ergänzen sind, sondern dass es dabei zu einer qualitativen Umstrukturierung von Fragestellungen für das ganze Problemfeld kommen muss. Grammatische Formanalysen gewinnen unter diesen Bedingungen ihre Berechtigung und ihren Wert erst dann, wenn sie mit grammatischen Funktionsanalysen verbunden werden können, und grammatische Funktionsanalysen werden erst dann sinnvoll, wenn geklärt werden kann, ob sich Bezüge zu intersubjektiv wahrnehmbaren und verständlichen sprachlichen Formen bzw. Zeichenträgern herstellen lassen.

Diese integrative Sicht auf Form- und Funktionsaspekte grammatischer Zeichen führt sprachtheoretisch zu einer doppelten Sensibilität. Einerseits wird uns nahegelegt, grammatische Zeichen morphologisch und funktional idealtypisch von lexikalischen Zeichen abzugrenzen und nach den Übergangszonen zwischen diesen beiden Zeichentypen zu fragen. Andererseits wird uns nahegelegt, nach dem in grammatischen Zeichen sedimentierten Wissen zu fragen und uns auch für die Entwicklungsgeschichte und den möglichen Funktionswandel von grammatischen Zeichen zu interessieren.

Die mit dem semiotischen Denkansatz verbundene Ausweitung und spezifische Akzentuierung des Erkenntnisinteresses an der Grammatik ist zugleich gefährlich und anregend. Gefährlich ist dieser Ansatz, weil sich der Bezugsbereich des Grammatikbegriffs gewaltig ausweitet, insofern die Menge der sprachlichen Formen, die potenziell als grammatische Zeichen angesehen werden können, nicht mehr auf das traditionell bekannte Inventar von grammatischen Formen begrenzt werden kann. Das Interesse für Funktionsfragen motiviert nämlich dazu, auch nach verdeckten grammatischen Formen zu suchen, die den neu entdeckten Funktionen Ausdruck geben können. Da sich im semiotischen Denkansatz der Blick außerdem auch auf die Entwicklungsgeschichte von grammatischen Formen richtet, wird in ihm der traditionell mit dem Grammatikbegriff verbundene Systembegriff in seiner strengen Form recht problematisch, da auch mit entwicklungsgeschichtlich bedingten Systeminkohärenzen zu rechnen ist. Anregend ist dieser Ansatz, weil er uns dazu herausfordert, unser implizites grammatisches Wissen, das in unserem Sprachgefühl fest verankert ist, auf einer begrifflichen Ebene explizit zu machen. Das hilft uns dann auch dabei, unser grammatisches Wissen insbesondere im Rahmen des schriftlichen Sprachgebrauchs auf neue Weise produktiv und rezeptiv zu nutzen und auch argumentativ einzusetzen.

Was zum Reich der Grammatik bzw. zum Reich der grammatischen Zeichen gehört, steht nicht von vornherein fest, sondern ergibt sich erst durch die Fragen, die man an sprachliche Beobachtungsphänomene stellt, bzw. durch die Kriterien, mit denen man sprachliche Phänomene typologisch nach lexikalischen, grammatischen und textuellen Zeichen kategorisiert. Grundsätzlich lässt sich sagen, dass die Grammatik einem Eisberg gleicht, von dem wir immer nur einen kleinen Teil direkt wahrnehmen können und der sich weder in seinen Oberflächen- noch in seinen Tiefendimensionen leicht vermessen lässt. Die Grammatik wird so gesehen zu einem provozierenden Phänomen, das unseren heuristischen Einfallsreichtum und unsere hermeneutischen Strategien auf eine harte Probe stellt.

Historisch gesehen knüpft die semiotische Transformation des Grammatikbegriffs eigentlich wieder an das Grammatikverständnis der Antike an. Dieses war ursprünglich nämlich dadurch gekennzeichnet, dass unter dem Begriff „Grammatik" alle Kenntnisse und Fähigkeiten zusammengefasst wurden, die beim Gebrauch der Sprache und insbesondere beim Herstellen und Verstehen von Texten notwendig waren. Dementsprechend wurde mit dem Terminus „Grammatik" zugleich auch eine Wissenschaft bezeichnet, die wir heute mit den Termini „Philologie" oder „Textwissenschaft" bezeichnen würden. Im Mittelalter gehörte die „Grammatik" deshalb auch zu den sieben freien Künsten, mit denen sich jeder Student vor seinem eigentlichen Fachstudium zu befassen hatte. Die sogenannte „grammatica speculativa" umfasste sogar einen Gegenstandsbereich, den wir heute als „Erkenntnistheorie" oder als „Sprachphilosophie" bezeichnen würden.

4 Die Form-Funktions-Korrelation

Üblicherweise beginnen Überlegungen zur Korrelation von Formen und Funktionen in der Grammatik mit der morphologischen Beschreibung grammatischer Formen. Man glaubt nämlich, hier eine sichere empirische Ausgangsbasis zu haben, die es verhindert, dass man sich gleich in mehr oder weniger hypothetische oder idealisierende Interpretationen zu unübersichtlichen pragmatischen Funktionen grammatischer Erscheinungen verstrickt. Im Rahmen eines semiotischen Denkansatzes zur Bewältigung des Grammatikproblems ist ein solches Verfahren zwar legitim und möglich, aber weder zwingend noch zureichend. Das Korrelationsverhältnis zwischen grammatischen Formen und Funktionen ist in diesem Denkansatz nämlich nicht als ein stabiles Konventionsverhältnis zwischen zwei vorgegebenen Größen anzusehen. Es muss vielmehr als ein dynamisches Interaktionsverhältnis betrachtet werden, aus dem die beiden korrelierten Größen erst als inhaltlich beschreibbare Größen hervorgehen.

Das bedeutet, dass man im Prinzip die Analyse grammatischer Phänomene ebenso gut mit Funktions- wie mit Formüberlegungen beginnen kann. Deshalb ist es durchaus berechtigt, gleich am Anfang danach zu fragen, welche kognitiven und kommunikativen Funktionen die Sprache zu erfüllen hat bzw. welche Formen sie auf der lexikalischen, grammatischen und textuellen Ebene ausbilden muss, um diesen pragmatischen Anforderungen gerecht werden zu können.

B 3 Formen und Funktionen in der Grammatik

Bevor man sich auf empirisch überprüfbare Aussagen zu grammatischen Formen und Funktionen einlässt, ist es daher durchaus zulässig, danach zu fragen, welchen Umfang und Inhalt man dem Form- und Funktionsbegriff jeweils zuordnen möchte, welche Kriterien man dabei verwenden will und wie sich der Form- und der Funktionsbegriff wechselseitig Kontur geben können.

Wenn man seine Grammatikanalysen bei den grammatischen Formen beginnt, dann muss man sich zunächst Rechenschaft darüber ablegen, welche sprachlichen Phänomene morphologisch überhaupt als grammatische Zeichenträger in Frage kommen können. Falls man dabei von der traditionellen Grundvorstellung ausgeht, dass grammatische Formen etwas mit der Strukturierung und Ordnung von inhaltlichen Sachvorstellungen zu tun haben, dann ergibt sich ein großes Spektrum grammatischer Formen. Folgende morphologisch sehr unterschiedliche sprachliche Phänomene kämen prinzipiell als grammatische Zeichenträger bzw. Zeichen in Frage: unselbständige grammatische Morpheme an lexikalischen Zeichen (Kasusmorpheme, Steigerungsmorpheme, Tempusmorpheme), Wortartenindikatoren (Deklinationsmorpheme, Konjugationsmorpheme, Artikel), selbständige grammatische Morpheme (Konjunktionen, Präpositionen, Artikel), Kommentarzeichen (Modalpartikel, Interjektionen, Sprechaktindikatoren), prosodische Zeichen (Frageintonation, Ausrufintonation, Aussageintonation, Pause), Stellungsmuster von lexikalischen Zeichen und Satzgliedern (Thema-Rhema-Relation, Verbum finitum, prädeterminierende und postdeterminierende Attribute), Textmuster (Indikatoren für fiktionale Texte, Sachtexte, Gesetzestexte). Je nach den Spezifikationen dieses Klassifikationskriteriums stellt sich das Feld grammatischer Formen als größer oder kleiner dar. Je nach der Komplexität der ins Auge gefassten Ordnungs- und Strukturierungsfunktionen grammatischer Formen ergibt sich ein übersichtliches oder weniger übersichtliches Feld grammatischer Formen.

Wenn man seine grammatischen Analysen bei den grammatischen Funktionen beginnt, dann muss man zunächst klären, welche sprachinternen Organisierungsfunktionen und welche sprachexternen Interpretationsfunktionen überhaupt mit dem Phänomen „Sprache" verbunden sein können und wie sich diese historisch entwickelt bzw. sprachspezifisch präzisiert haben. Dieser Denkansatz kommt ohne informationstheoretische und kulturhistorische Überlegungen natürlich ebenso wenig aus wie ohne anthropologische und psychologische bzw. ohne phylogenetische und ontogenetische Überlegungen zum Spracherwerb und zur Sprachverwendung. Bestimmte pragmatische oder kulturelle Funktionsbedürfnisse können die Entwicklung bestimmter grammatischer Formen erzwingen oder in bestimmter Weise akzentuieren.

Aus der spezifischen Entwicklungsgeschichte des grammatischen Forminventars lassen sich meist recht gut bestimmte Merkwürdigkeiten und scheinbare Anomalien im Funktionsspektrum bestimmter grammatischer Formen und Systeme erklären, die systemtheoretisch gesehen oft nicht verständlich sind. Beispielsweise haben ältere grammatische Formen meist ein sehr viel unspezifischeres Funktionsspektrum als jüngere, die in der Regel als Sprossformen nur für die Akzentuierung ganz bestimmter Teilfunktionen im Rahmen einer allgemeinen Grundfunktion zuständig sind. So haben etwa im Deutschen die alten Tempusformen „Präsens" und „Präteritum" ein größeres und undifferenzierteres Funktionsspektrum als die jüngeren zusammengesetzten Tempusformen. Das hat zu der systemtheoretisch eigentlich unhaltbaren Situation geführt, dass die alten Formen zuweilen als unspezifische Pauschalformen verwendet werden, die auch das Funktionsgebiet der jüngeren abdecken, zuweilen aber auch als kontrastive Oppositionsformen, die nicht gegen die jüngeren ausgetauscht werden können. Nur so ist erklärbar, warum man beispielsweise mit dem Präsens im Prinzip auf alle Zeitstufen Bezug nehmen kann, weil es ursprünglich in Opposition zum Gebrauch des Präteritums nicht Distanz, sondern nur psychische Nähe zu bestimmten Prozessen signalisieren sollte. In Opposition zum Gebrauch des Futur I oder des Perfekts kann das Präsens heute allerdings durchaus auch einen unmittelbaren Gegenwartsbezug signalisieren bzw. eine Kongruenz zwischen Sprechzeit und Geschehenszeit.

5 Lexikalische und grammatische Zeichen

Sowohl beim form- als auch beim funktionsorientierten Analyseansatz stellt sich die Aufgabe, die grammatischen von den lexikalischen Zeichen abzugrenzen und aus dieser Kontrastrelation das Form- und Funktionsprofil beider Zeichenklassen zu ermitteln. Dabei zeigt sich dann auch sehr klar, dass wir sprachliche Phänomene keineswegs mit unschuldigen Augen betrachten, sondern immer durch die Brille von bestimmten theoretischen Vorentscheidungen und Erkenntnisinteressen. Dieser Tatbestand ist nun aber keineswegs zu überwinden oder zu verdammen, sondern vielmehr produktiv zu nutzen. Er kann nämlich dabei helfen, unseren Blick auf Sprache perspektivisch zu konzentrieren und nicht dem Wahn zu verfallen, letzte Aussagen über die Sprache bzw. die Grammatik in einer gleichsam göttlichen Sichtweise machen zu wollen.

Solange die Sprache nur im Sinne der Bühlerschen „Ausdrucksfunktion" und „Appellfunktion" genutzt wird, solange ist die Unterscheidung zwischen lexikalischen und grammatischen Zeichen ziemlich sinnlos, weil mit konkreten sprachlichen Äußerungen nur sehr einfache und pauschalisierte Informationsfunktionen verbunden sind. Das wird erst anders, wenn der Sprache sowohl phylogenetisch als auch ontogenetisch eine „Darstellungsfunktion" oder gar eine „Argumentationsfunktion" zuwächst. Unter diesen Bedingungen muss sich die Menge der sprachlichen Zeichen nicht nur im Hinblick auf die Repräsentation unterschiedlicher Referenzobjekte quantitativ ausweiten, sondern auch im Hinblick auf die Nutzung von Einzelzeichen qualitativ ausdifferenzieren. Diese pragmatischen Notwendigkeiten machen es unumgänglich, die funktionalen Gebrauchsmöglichkeiten sprachlicher Einzelzeichen typologisch zu präzisieren. Die grundlegendste Differenzierung ist dabei sicher die zwischen lexikalischen und grammatischen Zeichen, die sich dann natürlich weiterhin subdifferenzieren lässt.

Zeichen- und Sprachtheoretiker haben auf eine solche entwicklungsgeschichtliche und systemtheoretische Differenzierungsnotwendigkeit in komplexen Zeichensystemen immer wieder hingewiesen. Lambert hat im 18. Jahrhundert postuliert, dass komplexe Zeichensysteme wie etwa die Mathematik „Zeichen der Größen" und „Zeichen der Operationen" bedürften (Lambert 1965, Bd. 2, 33). Humboldt hat betont, die Sprache zerfalle in Wörter, „welche die Materie, den Gegenstand, und solche, welche die Form, die Thätigkeit des Denkens betreffen" (Humboldt 1906, Bd. 5, 438f.). Später ist diese Differenz zwischen zwei Grundtypen sprachlicher Zeichen dann terminologisch auch als Differenz von Nennzeichen und Operationszeichen, von Inhaltszeichen und Funktionszeichen oder von autosemantischen und synsemantischen Zeichen beschrieben worden.

Informationslogisch betrachtet lässt sich sagen, dass lexikalische Zeichen im Prozess der Vorstellungsbildung die Funktion von Basiszeichen haben und grammatische Zeichen die Funktion von metainformativen Interpretationszeichen, welche die jeweiligen Funktionsrollen von Basiszeichen in komplexen Vorstellungsbildungen präzisieren. Das dokumentiert sich beispielsweise in den flektierenden Sprachen sehr klar in der Funktion von Kasusmorphemen, welche die jeweiligen Satzgliedrollen von Substantiven metainformativ kennzeichnen. Auch Konjunktionen dienen ganz offensichtlich dazu, die Relation zwischen zwei Aussagen metainformativ zu qualifizieren, weshalb sie syntaktisch auch zu keinem der Sätze gehören, die sie verbinden.

Äußerungen, die nur aus grammatisch nicht näher bestimmten lexikalischen Zeichen bestehen, lassen sich meist noch einigermaßen zutreffend verstehen, wenn wir aus den jeweiligen situativen und sprachlichen Kontexten genügend metainformative Interpretationsinformationen abrufen können. Äußerungen, die nur aus grammatischen Zeichen bestehen, sind dagegen völlig unverständlich, weil wir natürlich gar nicht wissen, welche Grundinformationen sie interpretieren und präzisieren sollen. Über grammatischen Zeichen lässt sich wegen ihrer genuinen Organisationsfunktion im Gegensatz zu lexikalischen Zeichen auch keinerlei Gegenstandsbewusstsein von etwas aufbauen.

Weinrich hat deshalb insbesondere für grammatische Zeichen das Programm einer „Instruktionssemantik" entwickelt und grammatische Zeichen als Orientierungssignale klassifiziert, die ähnlich wie Verkehrszeichen von den Sprachproduzenten in regelmäßigen Abständen in Texten gesetzt werden müssten, damit sich die Sprachrezipienten im Labyrinth der vielen lexikalischen Zeichen nicht verirrten. So gesehen fungieren grammatische Zeichen dann als verdeckte Imperative, um den konkreten Sinn von lexikalischen Zeichen in bestimmter Weise festzulegen bzw. um aus lexikalischen Einzelzeichen komplexe Sprachgebilde wie Sätze und Texte herzustellen (Weinrich 1976, 78; 1993, 18).

Aufgabe der Grammatikforschung wäre es so gesehen dann, nicht nur danach zu fragen, welches Inventar von grammatischen Formen wir haben und welche Instruktionsfunktionen mit den einzelnen Formen verbunden sind, sondern auch danach, welche grammatischen Zeichen eine Sprache ausbilden muss, um den sprachlichen Sinnbildungsaufgaben einer bestimmten Kultur so klar und effizient wie möglich gerecht werden zu können. Das bedeutet, dass die grammatischen Analyseanstrengungen sich nicht nur anatomisch mit der Morphologie grammatischer Formen zu beschäftigen haben, sondern auch physiologisch mit deren Aufgaben in kognitiven und kommunikativen Handlungsprozessen. Außerdem wäre zu klären, wie sich diese Aufgaben am besten auf lexikalische und grammatische Zeichen verteilen lassen.

6 Grammatische Formen als Wissensspeicher

Pragmatisch gesehen haben Zeichen aller Art für ihre Benutzer nicht nur eine kommunikative Funktion, insofern sie dazu dienen, anderen etwas mitzuteilen, sondern auch eine kognitive Funktion, insofern sie dazu dienen, Wissen mit Hilfe von intersubjektiv verständlichen Mustern zu objektivieren und zu typisieren. Deshalb sind nicht nur lexikalische, sondern auch grammatische Zeichen als Ergebnisse kognitiver Differenzierungsanstrengungen zu werten. Sie sind als Manifestationsweisen eines kollektiven kulturellen Wissens anzusehen, das bei jedem Sprachgebrauch nicht nur genutzt, sondern zugleich auch immer wieder als relevant bestätigt wird. Bei diesem sprachlichen Kollektivwissen stellt sich weniger die Frage, ob es in einem abbildenden Sinne ontisch wahr ist, sondern vielmehr die Frage, ob es für die pragmatischen Bedürfnisse der jeweiligen Sprachbenutzer und Lebenswelten praktikabel ist.

Aus der bloßen Existenz und Tradierung lexikalischer und grammatischer Zeichen lässt sich ableiten, dass sich in ihnen ein Wissen konkretisiert und stabilisiert hat, das sich evolutionär bewährt hat und das sich eben deshalb auch in einem pragmatischen Sinne als fruchtbar, wenn nicht als wahr, erwiesen hat. Es scheint auf die jeweiligen Lebenswelten der Sprachbenutzer so zu passen wie der Huf des Pferdes auf die Steppe oder die Flosse des Fisches ins Wasser. Dieser Passungscharakter lässt sich bei lexikalischen Zeichen natürlich sehr viel leichter beschreiben, begründen und verändern als bei grammatischen Zeichen, weil letztere als Organisationszeichen sehr viel abstrakter und fundamentaler sind.

Das in grammatischen Zeichen sedimentierte Kollektivwissen ist aus mindestens drei Gründen schwer zu identifizieren, zu strukturieren und auf den Begriff zu bringen. Erstens ist es kein „Gegenstandswissen" (knowing that) von der Welt, sondern ein „Handlungswissen" (knowing how) darüber, wie man lexikalische Zeichen sinnvoll typisiert (Wortartmuster), kombiniert (Syntaxmuster) oder funktional akzentuiert (Kommentarzeichen). Da ein solches Organisationswissen üblicherweise nicht im Fokus unserer aktuellen inhaltlichen Aufmerksamkeit liegt, sondern diese vielmehr strukturiert, lässt es sich sehr schwer begrifflich vergegenwärtigen und hinsichtlich seiner kognitiven Implikationen und Funktionen qualifizieren. Zweitens ist das grammatische Wissen Prämisse und Basis unseres Denkens, insofern es ja Inhalte betrifft, die wir beim Denken und Wahrnehmen medial nutzen, aber in der Regel nicht problematisieren. Grammatische Formen sehen wir mehr oder weniger als selbstverständliche Naturformen des Denkens an, obwohl sie natürlich ebenso wie lexikalische Formen Kulturformen sind, die von Sprache zu Sprache sehr unterschiedlich ausfallen können. Drittens ist das grammatische Wissen bei sprachlichen Formen oft so stark mit dem lexikalischen Wissen verwachsen, dass wir beide Wissensmanifestationen nur mit Hilfe ganz bestimmter methodischer Verfahren und Vergleichsoperationen voneinander trennen können. Das trifft insbesondere bei unselbständigen grammatischen Morphemen, bei Stellungsmustern oder bei Begriffsbildungstypen bzw. Wortarten zu.

Bei der sprachlichen Objektivierung eines Sachphänomens mit Hilfe eines lexikalischen Zeichens, das einer bestimmten Wortart angehört, zeigt sich besonders deutlich, wie eng lexikalisches und grammatisches Wissen miteinander verwachsen sein können bzw. sich überlagern. Wenn wir beispielsweise einen bestimmten Erfahrungsbereich mit Hilfe eines Substantivs, eines Adjektivs oder eines Verbs sprachlich objektivieren (*Wärme, warm, wärmen*), so haben wir uns vorab immer schon entschieden, hinsichtlich welcher Aspekte er für uns wichtig ist bzw. werden soll.

Natürlich könnte man in diesem Fall auch die Meinung vertreten, dass die drei unterschiedlichen sprachlichen Objektivierungsweisen auf drei unterschiedliche ontische Phänomene Bezug nehmen und nicht auf drei unterschiedliche Sichtweisen bzw. Interpretationen desselben Phänomens. Aber ebenso plausibel ist wohl die Annahme, dass die drei unterschiedlichen sprachlichen Objektivierungsweisen Ausdrucksformen der Nutzung eines bestimmten pragmatischen Wissens sind, dessen Pointe gerade darin besteht, dass es sich pragmatisch bewährt hat, sich eine Seinsgegebenheit je nach Bedarf als „Substanz", als „Eigenschaft" oder als „Prozess" vorzustellen. Wortartenunterschiede ließen sich dementsprechend auch als ontologische Ordnungshypothesen verstehen, die sich für die alltäglichen Denkbedürfnisse als so brauchbar erwiesen haben, dass sie sich als ständig verwendbare grammatische Ordnungsmuster manifestiert haben. Die Tatsache, dass nicht alle Sprachen identische Wortartmuster entwickelt haben, bestätigt diese Auffassung eher, als dass sie sie in Frage stellt. Es wird nämlich deutlich, dass sich die grammatischen Formen im Prinzip leichter pragmatisch als ontisch begründen lassen und dass es durchaus unterschiedliche perspektivische Zugänge zur Welt gibt, die alle in ganz bestimmten Hinsichten sinnvoll sind.

Wenn sich in einer Sprache einmal bestimmte grammatische Strukturierungsmuster ausgebildet und in evolutionären Siebungsprozessen auch erhalten haben, dann hat sich in ihnen ein interpretatives Basiswissen konkretisiert, das alle weiteren Wissensbildungsprozesse beeinflusst. So nimmt beispielsweise die Etablierung von Wortarten nicht nur Einfluss auf unsere aspektuelle Wahrnehmung von Welt, sondern auch auf die Ausbildung von syntaktischen Aussagemustern, attributiven Präzisierungsmustern und adverbialen Ergänzungsmustern. Ähnliches gilt für die Entscheidung der indogermanischen Sprachen, Verben im aktuellen Aussagegebrauch ständig mit Tempus-, Genus-, Modus- und zuweilen auch mit Aktionsartkennzeichnungen zu versehen (Köller 2004, 341, 414).

Grundsätzlich lässt sich sagen, dass unser grammatisches Zeichenwissen sehr viel stärker auf die Strukturierung unseres Denkens und Wahrnehmens im Sinne des „sprachlichen Relativitätsprinzips" Einfluss nimmt als unser lexikalisches Zeichenwissen, weil wir uns zu diesem organisatorischen Basiswissen kaum Alternativen bewusst machen können. Deshalb hat Hegel in seiner 2. Nürnberger Gymnasialrede grammatische Analysen auch als wichtige Formen der Selbstaufklärung des Denkens angesehen: „Die Grammatik hat nämlich die Kategorien, die eigentümlichen Erzeugnisse und Bestimmungen des Verstandes zu ihrem Inhalte; in ihr fängt also der Verstand selbst an, *gelernt* zu werden" (Hegel 2003, Bd. 4, 322). Jakobson hat betont, dass sich die einzelnen Sprachen insbesondere dadurch voneinander unterschieden, dass sie durch ihre grammatischen Formen bestimmte Differenzierungen in jedem Sprachgebrauch obligatorisch machten und andere nicht. „Sprachen unterscheiden sich im wesentlichen durch das, was sie mitteilen *müssen* und nicht durch das, was sie mitteilen *können*" (Jakobson 1974, 159).

Als kulturspezifische Basisformen von Wissen sind grammatische Zeichen und Wissenstypisierungen ungleich stabiler als lexikalische Zeichen und Wissenstypisierungen. Um das zu veranschaulichen, kann man vielleicht auf folgende Analogie aus der Selbstorganisation der Natur zurückgreifen. Ein Baum kann nur dann eine große und variable Krone ausbilden, wenn er zugleich auch einen festen und dauerhaft haltbaren Stamm ausbildet. Ein Körper braucht ein stabiles Skelett, um variablen Formen von Muskeln und Organen Halt zu bieten. Grundsätzlich lässt sich bei allen komplexen Systemen beobachten, dass sie nur dann eine dauerhafte Funktionsstabilität gewinnen, wenn sie sich auf unterschiedlichen Ebenen schnell bzw. langsam umgestalten können. Für diesen Tatbestand hat sich in der Biologie der Begriff „Fließgleichgewicht" eingebürgert.

Um das zu veranschaulichen, hat der Biologe von Bertalanffy darauf aufmerksam gemacht, dass beispielsweise bei der Kontraktion eines Muskels sich eine lang andauernde langsame Prozesswelle, die sich in der anatomischen Struktur des Muskels objektiviert, und eine schnelle und kurz andauernde Prozesswelle, die sich in der konkreten physiologischen Reaktion des Muskels objektiviert, überlagern (von Bertalanffy 1949, 129). Deshalb interpretiert er auch Strukturen als lang andauernde und Funktionen als kurz andauernde Prozesswellen. Diese sich überlagernde Prozessdynamik in biologischen Ordnungszusammenhängen lässt sich vielleicht mit der Prozessdynamik in sprachlichen Ordnungszusammenhängen vergleichen. Dabei kann man sowohl an das abstrakte Sprachsystem denken als auch an eine konkrete sprachliche Ordnungsform wie etwa eine metaphorische Aussageweise.

7 Grammatikalisierungsprozesse

Wie schon erwähnt setzt der Druck zu der Entwicklung grammatischer Formen bzw. zu Grammatikalisierungsprozessen phylogenetisch und ontogenetisch erst dann ein, wenn die Sprache nicht mehr nur in ihrer Appell- und Ausdrucksfunktion genutzt wird, sondern auch in ihrer Darstellungs- und Argumentationsfunktion, bei der sich der Sprachgebrauch auch mehr und mehr von seiner Einbindung in konkrete Situationen emanzipiert. Unter diesen Umständen wird die Sprache zu einem autonomen Sinnbildungsmittel, das sich so perfekt wie möglich grammatisch durchstrukturieren muss. Diese Sichtweise impliziert auch, dass man sich von der These zu verabschieden hat, dass grammatische Zeichen sich generell aus lexikalischen entwickelt haben. Das trifft zwar für bestimmte, relativ spät entwickelte grammatischen Zeichen zu, aber im Prinzip hat man davon auszugehen, dass beide Zeichentypen sich koevolutionär entwickelt haben und sich entwicklungsgeschichtlich auch wechselseitig bedingen. Dafür spricht auch die große morphologische Vielfalt grammatischer Zeichen.

Die Geburtsstunde der Lexik als Inventar darstellender Inhaltszeichen und der Grammatik als Inventar organisierender Instruktionszeichen ist die Bildung der sogenannten „Zweiwortsätze". Sprachliche Elementaräußerungen, die oft mit den Verlegenheitstermini „Einwortsatz" oder „Satzwort" bezeichnet werden, sind weder Sätze noch Wörter, sondern sprachliche Objektivierungsformen, bei denen die Klassifikationsbegriffe „Satz" und „Wort" überhaupt noch nicht greifen. Eine solche Unterscheidung wird erst sinnvoll, wenn es eine Gesamtgröße gibt, die in Teilgrößen mit unterschiedlichen Sinnbildungsfunktionen untergliedert werden kann und bei der die jeweiligen Teilgrößen in spezifischen Relationen zu der Gesamtgröße und zu den anderen Teilgrößen stehen.

Aus dem konstruktiven Zusammenhang der Teilgrößen ergibt sich, dass nur ein Teil von ihnen eine Repräsentationsfunktion für außersprachliche Tatbestände haben kann und dass ein anderer Teil eine interpretierende Instruktionsfunktion für die Qualifizierung der Sinnbildungsrollen von anderen Sprachgrößen wahrzunehmen hat. Grammatische Instruktionszeichen müssen morphologisch so in Erscheinung treten, dass sie intersubjektiv gut erfasst und verstanden werden können. Das schließt nicht aus, dass wir diese zuweilen nur über unser Sprachgefühl als der Summe unseres Sprachwissens wahrnehmen und verstehen können, insofern sie faktisch auf sehr unterschiedliche und oft auch sehr verdeckte Weise in Erscheinung treten. Entstehungsgeschichtlich gesehen gehen grammatische

Zeichen in der Regel auf das Ausprobieren von sprachlichen Form- und Strukturierungsvarianten zurück, wie wir das auch bei der Entstehung von Stilformen als spezifischen Sinnbildungsmitteln kennen. Im Hinblick auf diese Analogie hat Spitzer deshalb auch folgende These formuliert: „Syntax, ja Grammatik sind nichts als gefrorene Stilistik" (Spitzer 1961, Bd. 2, 517).

Mehrwortsätze bzw. Mehrwortäußerungen sind im Prinzip Ergebnisse von Anstrengungen, die Sprache zu einem relativ situationsunabhängigen autonomen Sinnbildungsmittel auszubauen, mit dem man nicht nur Informationsdefizite in einer bestimmten Situation beseitigen kann, sondern mit dem man auch ganz eigenständige Vorstellungswelten zu erzeugen vermag. Dieser Emanzipationsprozess der Sprache, der es erforderlich macht, ein Inventar lexikalischer Nennzeichen, grammatischer Organisationszeichen und kommunikativer Textzeichen bzw. Textmuster zu entwickeln, erfährt durch die Verwendung der Schrift einen zusätzlichen Schub. Die relativ situationsabstrakte schriftliche Sprachverwendung hat Wygotski auch im Hinblick auf die Verwendung grammatischer Zeichen folgendermaßen charakterisiert: „Es ist eine auf maximale Verständlichkeit für andere Personen gerichtete Sprache. Alles muß darin bis zu Ende gesagt werden" (Wygotski 1971, 227f.).

Der Erzeugungs- und Ausdifferenzierungsprozess von sprachlichen Zeichen ist dadurch gekennzeichnet, dass das System der grammatischen Zeichen zur Geschlossenheit und zu einem streng geregelten Gebrauch tendiert, während das System der lexikalischen Zeichen zur Offenheit und zu einem variablen Gebrauch tendiert. Das dokumentiert sich besonders klar im metaphorischen Sprachgebrauch, in dem alle grammatischen Konventionen streng respektiert werden, damit sich lexikalische Konventionen um so problemloser durchbrechen lassen.

Die Ausbildung und systematische Verwendung grammatischer Formen hat eine fundamentale „sprachökonomische" Funktion. Wenn man immer wieder bestimmte Metainformationen zur funktionalen Qualifizierung des Stellenwerts von bestimmten Grundinformationen benötigt, dann ist es eleganter und einfacher, dazu nicht zusätzliche interpretative Metasätze zu verwenden, sondern stattdessen standardisierte grammatische Instruktionszeichen. Diese können hinsichtlich ihrer morphologischen Gestalt, ihres metainformativen Instruktionswertes und ihrer Einbindung in spezifische grammatische Zeichenfelder sehr unterschiedlich ausfallen, aber gleichwohl erleichtern und ökonomisieren sie den Sprachgebrauch sehr nachhaltig. Durch sie wird nämlich auf nicht-prädikative bzw. auf implizite Weise ständig mitgeteilt, welche syntaktische Rolle die jeweiligen lexikalischen Zeichen spielen sollen und wie man sie im aktuellen Sprachgebrauch inhaltlich zu verstehen hat. Das macht es unnötig, ständig Sachvorstellungen und Sachaussagen durch Metasätze präzisieren zu müssen.

Die These von der sprachökonomischen Funktion grammatischer Formen lässt sich am Gebrauch der Kausalkonjunktion *weil* sehr gut demonstrieren. Um jemandem klarzumachen, dass zwischen zwei beobachtbaren empirischen Tatbeständen ein kausaler Relationszusammenhang besteht, kann man zwei sachthematische Basisaussagen machen und den Zusammenhang zwischen beiden durch eine eingeschobene reflexionsthematische Metaaussage entsprechend qualifizieren (*Die Straße ist nass. Dafür gibt es einen Grund. Es hat geregnet.*). Denselben Informationseffekt kann man allerdings auf sehr viel einfachere Weise durch die Nutzung einer Kausalkonjunktion erzielen (*Die Straße ist nass, weil es geregnet hat.*). Konjunktionen, die keine Glieder der Sätze sind, die durch sie verbunden werden, sind deshalb gleichsam als verdeckte Metaaussagen über den Zusammenhang zwischen zwei Einzelaussagen zu verstehen.

Grammatikalisierungsprozesse lassen sich auch sehr gut an Negationsformen exemplifizieren. Das Bedürfnis nach Abwehrgesten und sprachlichen Negationshandlungen ist sicher ein universales pragmatisches Basisbedürfnis in allen Formen von Kommunikationsprozessen. Deshalb hat sich auch in allen Sprachen ein großes Inventar von grammatischen Negationszeichen mit sehr differenzierten Negationsbezügen, Negationsfunktionen und Negationsintensitäten herausgebildet. Im Deutschen reicht das morphologische Inventar von Negationsformen von selbständigen Negationswörtern (*nicht, nie, kein, niemand, ohne* usw.) über unselbständige Negationspräfixe (*un-, miss-, a-*) und Negationssuffixe (*-los, -frei*) bis zu sprachlichen Stilformen mit Negationsimplikationen (Ironie, Fiktion, Metapher). Die einzelnen Negationsformen können sehr unterschiedliche Negationsbezüge haben (Wortnegation, Satznegation, Textnegation). Die Intensität der jeweiligen Negationsinstruktion kann sich von einer Negation im Sinne eines mathematischen Minuszeichens oder eines logischen Aufhebungszeichens (*kein, nicht, nie*) bis zur bloßen Relativierung von uneingeschränkten Geltungsansprüchen (Ironie, Modalwörter, Konjunktive) erstrecken. In jedem Fall wird durch den Gebrauch von metainformativen grammatischen Negationszeichen der sprachliche Aufwand für die sprachliche Realisierung einer Negationshandlung minimalisiert.

Ein zwingendes pragmatisches Bedürfnis besteht sicherlich auch darin, den Sachgehalt von Vorstellungen und Aussagen hinsichtlich ihres Geltungsanspruchs und ihrer Handlungsimplikationen zu modifizieren bzw. spezifisch zu akzentuieren. Dafür ist ebenso wie für die Negation ein reichhaltiges Feld von Modifizierungsformen entwickelt worden. Dieses reicht von Konjunktivformen, die Aussagen als bloß vermittelt oder als hypothetisch kennzeichnen, über Modalwörter (*vielleicht, wahrscheinlich, vermutlich*), die Aussagen hinsichtlich ihres Geltungsanspruchs spezifisch qualifizieren, bis zu Abtönungs- bzw. Modalpartikeln (*doch, schon, nämlich*), die signalisieren, dass eine Äußerung als eine spezifische Handlung bzw. ein Sprechakt zu verstehen ist (Behauptung, Beruhigung, Begründung usw.). In der normativen Stilistik, die sich vor allem für den sachbezogenen Inhalt von Aussagen interessiert, sind die Modalpartikeln oft als bloße „Würzwörter" abgetan oder gar als „Läuse im Pelz der Sprache" disqualifiziert worden. Dabei wurde allerdings meist übersehen, dass sie eine wichtige Sinnbildungsfunktion haben, insofern sie uns etwas darüber sagen, aus welchen pragmatischen Motiven heraus ein Sprecher überhaupt eine Aussage macht und welchen Stellenwert sie jeweils für den Adressaten haben soll. Der Gebrauch von Modalpartikeln erspart uns so gesehen den Gebrauch von sprechaktbezeichnenden performativen Verben bzw. von interpretativen Metasätzen (Köller 2004, 526 ff.).

Ein genialer sprachökonomischer Schachzug ist sicherlich auch darin zu sehen, die Grundformen von Adjektiven durch Komparativ- und Superlativformen zu ergänzen. Das hatte nämlich den Effekt, dass man sich nun ersparen konnte, eine unüberschaubare Zahl von Adjektiven auszubilden, um die unterschiedlichen Intensitäten von Eigenschaften mit eigenen Wörtern zu benennen (*gut, besser*). Für die üblichen pragmatischen Differenzierungsbedürfnisse reicht es in der Regel nämlich aus, sich eine Eigenschaft in drei unterschiedlichen Intensitätsstufen vorzustellen (*schön, schöner, am schönsten*). Das vereinfacht nicht nur den Aufwand für die typologische Spezifizierung von Eigenschaften, sondern entlastet auch das Wortgedächtnis ungemein.

Grammatikalisierungsprozesse haben natürlich nicht nur ökonomisierende, sondern auch generalisierende und spezifizierende sprachliche Funktionsmöglichkeiten und eben deshalb auch kognitive Implikationen. Die grammatischen Zeichen für elementare und ständig wiederkehrende metainformative Organisations-, Differenzierungs- und Qualifizierungsaufgaben müssen sich notwendigerweise feldmäßig ordnen, um intersubjektiv wirksam werden zu können. Dadurch bilden sich stabile Denk- und Darstellungsmuster heraus, die in jedem Sprachgebrauch wirksam werden. Das Leistungsprofil der einzelnen grammatischen Formen ist kulturspezifisch, aber es hat durchaus auch universale Aspekte, insofern sich aus dem sozialen Zusammenleben der Menschen ganz bestimmte, anthropologisch begründbare grammatische Regulierungsnotwendigkeiten ergeben. Negationsformen, Modalformen, Attributsformen, Verknüpfungsformen und Kommentierungsformen gehören sicherlich zu solchen grammatischen Universalien, die quer durch alle Sprachen anzutreffen sind.

Da die Ordnungsfunktionen grammatischer Formen sehr elementar und sehr abstrakt sind, fallen sie uns meist gar nicht ins Auge. Sie werden von uns als selbstverständliche Naturformen der Sprache wahrgenommen und nicht als historisch entwickelte Kulturformen. Wir können uns von ihnen methodisch nur im Rahmen von kontrastiven Sprachvergleichen, von Austauschoperationen oder von Verwendungsverboten soweit distanzieren, dass sie uns als Ordnungsformen mit einer spezifischen Strukturierungsfunktion sichtbar werden.

Aus dem hohen Grad von Abstraktivität, der allen grammatischen Zeichen eigen ist, ergibt sich auch, dass viele von ihnen, aber keineswegs alle, aus der Transformation von lexikalischen Zeichen entstanden sind. Das lässt sich exemplarisch sehr schön an den Kausalkonjunktionen *weil* und *da* zeigen (Köller 2004, 512 ff.;

Szczepaniak 2009, 181 ff.). Die nhd. Konjunktion *weil* geht sprachhistorisch auf mhd. *dî wîle* zurück und ist erst im 18. Jahrhundert zu einer genuinen Kausalkonjunktion ohne direkte zeitliche Koordinationsfunktionen geworden. Dieser Grammatikalisierungsprozess ist offenbar dadurch motiviert gewesen, dass man Ereignisse, die zeitlich aufeinander folgten, auch inhaltlich immer als ursächlich miteinander verknüpft angesehen hat.

Eine ähnliche historische Genese besitzt auch die Kausalkonjunktion *da,* die sprachhistorisch sowohl eine Beziehung zu dem mhd. Ortsadverb *dâ* als auch zu dem mhd. Zeitadverb *dô* hat. Auch hier scheint man davon ausgegangen zu sein, dass alles, was örtlich und zeitlich zusammen erlebt werden kann, auch irgendwie kausal miteinander verknüpft ist. Interessant ist in diesem Zusammenhang, dass aus systemtheoretischen Gründen der Feldorganisation grammatischer Zeichen die Konjunktionen *weil* und *da* natürlich nicht identische kognitive Differenzierungs- und instruktive Organisationsaufgaben haben durften. Deshalb ist der Konjunktion *da* in Opposition zu *weil* heute eher die Funktion zugefallen, schon bekannte Kausalrelationen wieder ins Bewusstsein zu rufen als neu erkannte zu postulieren. Deshalb wird *da* auch bevorzugt in kausalen Nebensätzen verwendet, die den jeweiligen Hauptsätzen vorangestellt sind.

Vor dem Hintergrund dieser Überlegungen wird auch die schon erwähnte These plausibel, dass viele grammatische Formen sich aus funktionskräftigen Stilformen entwickelt haben. Ein gutes Beispiel dafür ist aus der jüngeren Sprachgeschichte die sogenannte „erlebte Rede", die sich inzwischen als ein festes Erzählmuster und damit funktional gesehen auch als eine sehr komplexe grammatische Form mit einer bestimmten Sinnbildungsfunktion etabliert hat. Diese Form ist allerdings morphologisch nicht so leicht zu fassen (Köller 2004, 706 ff.).

Bei der „erlebten Rede" handelt es sich um die Grammatikalisierung eines Erzählverfahrens, bei dem vom Erzähler Sachverhalte in der 3. Pers. Präteritum objektiviert werden, die eigentlich in der 1. Pers. Präsens in Form einer direkten Rede wiedergegeben werden müssten, weil Inhalt und Wortwahl nicht vom Erzähler zu verantworten sind, sondern von der Person, über die er jeweils erzählt. Durch dieses Darstellungsverfahren macht sich der Erzähler zum unmittelbaren Sprachrohr einer seiner Gestalten und lässt den Leser an deren Denk- und Wahrnehmungsprozessen in einer Weise teilnehmen, die einem distanzierten Erzählen eigentlich widerspricht.

Die „erlebte Rede", die als spezifische Erzählform bzw. als spezifische grammatische Organisationsform am Tempusgebrauch, an der Wortwahl, der Syntax, den wertenden Adjektiven und dem Gebrauch von Modalpartikeln erkannt werden kann, füllt sicher eine Lücke im Feld der üblichen Erzählformen. Sie lässt sich deshalb durchaus als ein sehr komplexes metainformatives Instruktionssignal für die Verarbeitung von Einzelinformationen verstehen. Es kann daher auch zu schweren Missverständnissen kommen, wenn man diese sprachliche Objektivierungsform nicht als spezifisches sprachliches Organisationsmuster wahrnimmt und in Verstehensprozessen entsprechend berücksichtigt. Der Stellenwert von bzw. die inhaltliche Verantwortlichkeit für bestimmte Sachaussagen ist dann nämlich nicht mehr zutreffend zu erfassen. Dadurch kann es zu schweren kommunikativen Turbulenzen kommen, die denen ähneln, die entstehen, wenn man eine indirekte Rede nicht als solche erfasst bzw. wenn man die grammatische Instruktionsfunktion von Konjunktiven als Signale für die Vermittlung von Denkinhalten anderer unberücksichtigt lässt.

Dafür bietet der Fall des Bundestagspräsidenten Jenninger ein gutes Beispiel. Dieser hatte die Stilform bzw. die Erzählform der „erlebten Rede" bei einer Gedenkrede zum 50. Jahrestag der antijüdischen Pogrome von 1938 benutzt, um so unmittelbar wie möglich die verharmlosenden Denkstrukturen der passiven Zuschauer sprachlich zu vermitteln. Das haben einige Bundestagsabgeordnete und die Öffentlichkeit teilweise so gründlich missverstanden, dass sie Jenninger vorwarfen, sich mit dem Denken zu identifizieren, das er nur so authentisch wie möglich als abschreckendes Beispiel vermitteln wollte. Der Sturm der Entrüstung war so groß, dass er zurücktreten musste. Jenninger war sicherlich nicht vorzuwerfen, dass er sich mit dem Denken identifizierte, das er in der Form der „erlebten Rede" objektiviert und vermittelt hatte. Vorzuwerfen war ihm allerdings, dass er diese sprachliche Vermittlungsform in der Textsorte „Gedenkrede" verwandt hat, in der sie eigentlich nicht zu erwarten ist und in der er sie deshalb zumindest explizit metainformativ hätte erläutern müssen, um ihre ganz spezifische Sinnbildungsfunktion kenntlich zu machen (Köller 2004, 715 ff.).

Literatur

Bertalanffy, Ludwig v.: Das biologische Weltbild. Bern: Francke 1949

Coseriu, Eugenio: Formen und Funktionen. Studien zur Grammatik. Tübingen: Niemeyer 1987

Diewald, Gabriele: Grammatikalisierung: Wie entsteht Grammatik? In: Der Deutschunterricht 52 (2000) 3, 28–40

Goethe, Johann Wolfgang v.: Goethes Briefe. Hamburger Ausgabe in 4 Bde. Hamburg: Wegner, 2. Aufl. 1986

Hegel, Georg Wilhelm Friedrich: Werke. Frankfurt: Suhrkamp, 4. Aufl. 2003

Helbig, Gerhard: Geschichte der neueren Sprachwissenschaft. Unter dem besonderen Aspekt der Grammatiktheorie. München: Max Hueber Verlag, 2. Aufl. 1973

Humboldt, Wilhelm v.: Gesammelte Schriften. Hrsg. von der Königlich Preußischen Akademie der Wissenschaften. Bd. 5. Berlin: Behr 1906

Jakobson, Roman: Form und Sinn. München: Fink 1974

Köller, Wilhelm: Funktionaler Grammatikunterricht. Tempus, Genus, Modus: Wozu wurde das erfunden? Baltmannsweiler: Schneider Hohengehren, 4. Aufl. 1997

Köller, Wilhelm: Philosophie der Grammatik. Vom Sinn grammatischen Wissens. Stuttgart: Metzler 1988

Köller, Wilhelm: Perspektivität und Sprache. Zur Struktur von Objektivierungsformen in Bildern, im Denken und in der Sprache. Berlin/New York: de Gruyter 2004

Köller, Wilhelm: Stil und Grammatik. In: Fix, Ulla/Gardt, Andreas/Knape, Joachim (Hrsg.): Rhetorik und Stilistik. Teilband 2. Berlin/New York: de Gruyter 2009, 1210–1230

Lambert, Johann Heinrich: Philosophische Schriften, Neues Organon. Leipzig 1764. Nachdruck Hildesheim: Olms 1965

Spitzer, Leo: Stilstudien, 2 Bde. Darmstadt: Wissenschaftliche Buchgesellschaft, 2. Aufl. 1961

Szczepaniak, Renata: Grammatikalisierung im Deutschen. Eine Einführung. Tübingen: Narr 2009

Weinrich, Harald: Sprache in Texten. Stuttgart: Klett 1976

Weinrich, Harald: Textgrammatik der deutschen Sprache. Mannheim: Duden 1993

Wygotski, Lew Semjonowitsch: Denken und Sprechen. Stuttgart: Fischer, 2. Aufl. 1971

LUDGER HOFFMANN

B 4 Grammatik und sprachliches Handeln

1 Vom sprachlichen Handeln zur Grammatik

Nach traditioneller Auffassung betreibt Grammatik, wer Formen und Strukturen der Sprache untersucht. Damit scheint die Analyse sprachlicher Kommunikation, sprachlichen Handelns nichts gemein zu haben. So jedenfalls besagt es eine noch immer verbreitete Auffassung. Sie verbindet sich mit einigen linguistischen Richtungen. Beispielsweise mit dem amerikanischen Strukturalismus, der Operationen wie Vertauschen, Verschieben, Ersetzen eingeführt hat, um zu Klassifikationen zu kommen, die nicht auf Bedeutung und Intuition zurückgreifen. Wenn man – das war die Ausgangslage – mit Daten unbekannter Sprachen zu tun hat, ist methodische Strenge angezeigt. Es hat sich aber gezeigt, dass auf sprachliches Wissen nicht verzichtet werden kann. In den dreißiger Jahren hatte Charles Morris die einflussreiche Trennung zwischen syntaktischer, semantischer und pragmatischer Dimension des Zeichens gemacht. Demnach waren Syntax und Pragmatik, Grammatik und Handeln verschiedene Welten. Die Idee, dass Sprache Handlung ist und kommunikativen wie erkenntnisbezogenen Funktionen dient, wurde so zum Verschwinden gebracht. Für Chomsky tragen Verwendung und Kommunikation zum Verständnis menschlicher Sprachfähigkeit nichts bei. Es gelte – so Chomsky – zu verstehen, wie es möglich sei, die enorme syntaktische Komplexität auszubilden, die nötig ist, um Gedanken auszudrücken. Die unbegrenzten Möglichkeiten, rekursiv immer neue Einheiten zu bilden (*der Koffer der Mutter der Lehrerin der fünften Klasse des angesagten Gymnasiums der Stadt...*) seien spezifisch menschlich. Nur dann könne man über Kommunikation reden, wenn man für sie eine universelle menschliche Kompetenz postulieren könnte, die der grammatischen des „idealen Sprecher/Hörers" gleichkomme. In der Sprechakttheorie des Philosophen Searle werden Sprechakte nach „Glückensbedingungen", „Regeln" und „illokutionärem Punkt" im Blick auf Sprecherintentionen untersucht. Als sprachliches Gegenstück erscheinen nur Sätze – als handele man sprachlich nur in Satzform und nutze vor allem „performative Formeln" (*Ich verspreche Dir, zu singen*). Als die Idee, es gäbe eindeutige sprachliche Indizien für die Handlungscharakteristik, sich als nicht haltbar erwies, hat man von sprachlichen Merkmalen ganz abgesehen. Handeln wurde Teil der Bedeutungstheorie, die auf Sprecherintentionen (Searle bezieht sich auf Grice) aufgebaut war. Dass die Handlungsperspektive kritisch gegen die Sicht von Sprache als System statisch gedachter Zeichen zu wenden war, wurde in früher Pragmatik nicht mehr gesehen. Anders im Rahmen der Funktionalen Pragmatik, die in den 70er Jahren an Bühlers Sprachtheorie (1934) anschloss. In seiner Lehre von den sprachlichen Grundfunktionen (Ausdrucks-, Appell-, Darstellungsfunktion) zielt Bühler auf eine Fundierung der Sprache im Handeln und die Überwindung überkommener Zeichenauffassungen. Für ihn ist Sprache ein Werkzeug, ein Organon – nicht in einem instrumentalistischen Sinn, sondern als ein durch seine Aufgaben „geformter Mittler" (1934, XXI). Ein Werkzeug wie die Sprache ist für seinen Zweck geformt und ausgebildet wie ein Hammer für das Einschlagen von Nägeln. Die Funktionsweise von Sprache wird deutlich in Bühlers Deixistheorie. Ausdrücke des Zeigfelds *(ich, jetzt, hier ...)* sind Wegweisern und Zeigegesten vergleichbar: Der Hörer vollzieht eine Orientierung nach, die der Sprecher aktuell hat. Wenn der Sprecher das Gesagte in einem Nahbereich verortet *(hier wohne ich, hier haben wir Demokratie – dort wohnst du, dort herrscht keine Demokratie)*, muss der Hörer sich auf den vom Sprecher als nah markierten Bereich *(hier)* oder einen vom Sprecher als entfernt betrachten Bereich *(dort)* orientieren. Mit *ich* wird er auf den Sprecher als deiktisches Zentrum, mit *du* auf eine Person als Gegenüber orientiert. Das Verständnis baut sich im Handlungsprozess auf und kann gemeinsame Wahrnehmung oder gemeinsame Vorstellung nutzen. Sprachliches Handeln ist Kooperation, die Verständigung zum Zweck hat. Im Anschluss an Bühler sieht die Funktionale Pragmatik Sprache im Handeln begründet. Sprache ist ein Medium des Wissensaustauschs zwischen Sprecher und Hörer, sprachliche Verfahren sind auf die Bearbeitung des Hörerwissens abgestellt. Ins Zentrum tritt die Kategorie des Zwecks von sprachlichem Handeln (Ehlich 2007a, 14). Sprache sei nicht nur Instrument des kommunikativen Handelns, sondern jede Einzelsprache in ihrer konkreten lexikalischen und grammatischen Beschaffenheit, ihren inneren Strukturen, sei auch Resultat des sprachlichen Handelns der Sprechergemeinschaft. Die zu beobachtende Systematik sprachlicher Mittel liegt der Grammatik zugrunde. Grammatik ist die Systematik sprachlichen Handelns. Das, was als zweckgerichtete Handlungsmöglichkeit (Handlungsmuster) gesellschaftlich zur Verfügung steht, wird subjektiv als Ziel, Intention oder Absicht erfahren und geäußert, es wird Zweck der Handelnden. Es gibt dabei keine quasi automatische Übereinstimmung von Illokution, Sprecherziel und Handlungsverlauf. Störungen des Handelns, Abweichungen des Ziels vom Zweck des verwendeten Handlungsmusters, Brüche im Muster sind möglich, wie Gesprächsanalysen verdeutlichen. Sie zeigen zudem, dass der Hörer im Gespräch nicht einfach eine Person ist, die gerade nicht spricht; ihm fallen spezielle Tätigkeiten zu, z. B. eine begleitende und bewertende Kommentierung, sprechersteuernde Interjektionen, nonverbale Äußerungen etc. Das Handeln ist in Sequenzen (Sprecherwechsel) und Verkettungen (von Äußerungen eines Sprechers ohne Wechsel, z. B. im Erzählen) organisiert. Das sprachliche Handeln vollzieht sich von Angesicht zu Angesicht, in Diskursen, oder über Äußerungen, die raumzeitliche Grenzen überwinden, weil sie in Textformen erscheinen. Textanalysen gehören wie Gesprächsanalysen zu den wichtigen Untersuchungsgegenständen der Pragmatik. Sprachliches Handeln vollzieht sich keinesfalls immer unter denselben Bedingungen. Die

Frage nach dem Weg zielt darauf, ein bestimmtes, praktisch notwendiges Wissen zu bekommen. Die Frage an den Schüler oder die Studentin kann deren Wissen überprüfen wollen. In der Vernehmung vor Gericht geht es um für den Fall einschlägiges Wissen und die Glaubwürdigkeit eines Zeugen, der sagen soll, was er für wahr hält. Da eine Reihe von Institutionen weitgehend sprachlich verfasst sind, so das Gericht, die Massenmedien oder die Schule, andererseits auch Institute wie die Ehe und ökonomische Transaktionen wie das Bezahlen sprachgebunden sind, ergibt sich ein großer Bedarf an linguistischer Institutionsanalyse, dem eine Vielzahl von Studien entspricht. (Überblicke: Ehlich 2007a; Rehbein/ Kameyama 2006; Rehbein 2001). Vieles davon kann auch für die Schule vorbildhaft sein, die sich bislang im Unterricht wie in Lehrwerken sprachlicher Authentizität weitgehend entzieht. Eine ähnliche Ausrichtung im empirischen Zugang hat die auf amerikanische Einflüsse (Ethnomethodologie, Soziologie) zurückgehende Konversationsanalyse (Bergmann 2010; Deppermann 1999). Sie setzt sich das Ziel, die Herstellung sozialer Ordnung im Gespräch und die sequentielle Organisation von Gesprächen durchschaubar zu machen. Dazu gehören die Hörerorientiertheit („recipient design") und die „konditionale Relevanz" (Fragen lassen als nächsten Zug eine geeignete Antwort erwarten), die Struktur, Abfolge und Verteilung der Redebeiträge („Turns"), die Eröffnung und Beendigung des Gesprächs, Reparaturen. Kommunikation ist bestimmt durch soziale Praktiken und sozio-stilistische Verfahren. Grammatik wurde separat gehalten, erst in jüngster Zeit scheint sich dies durch Einbezug konstruktionsgrammatischer Ansätze zu ändern.

2 Die funktionale Perspektive im grammatischen Unterricht

Seit den 70er Jahren spricht auch die Sprachdidaktik von Handlungen und von kommunikationsorientiertem Unterricht. Manchmal spricht sie von nichts anderem, weil Grammatik der traditionellen Art keine Kompetenzen fördere und wissenschaftliche Ansätze als „linguistisierende" Modelle in Verruf gekommen waren, die eine „Abbilddidaktik" darstellten. Die traditionellen Konzepte der Schulgrammatik verbanden sich mit der fremdsprachendidaktischen Grammatik-Übersetzungs-Methode. Es werden aus Texten entnommene Formen benannt, nach Merkmalen (Genus, Numerus, Kasus, Person etc.) bestimmt und Paradigmen zugewiesen. Nur: Man erklärt so noch nichts, kann Erkenntnisse nicht für das Schreiben oder Sprechen nutzen; allenfalls beim Übersetzen aus einer Fremdsprache hat man durch die Merkmale eine Unterstützung, etwa beim Auffinden von Kongruenzen im Lateinischen, das eine sehr variable Stellung aufweist (1. Person Singular Verb → Personalpronomen 1. Person Singular). Linguistische Modelle sind – wenngleich in reduzierter Form – vereinzelt in Sprachbüchern der 70er Jahre erschienen, haben aber – abgesehen von den „Operationen" des Strukturalismus – im Unterricht keine Rolle gespielt. Die sprachdidaktische Diskussion der letzten Jahre hat so den Anschluss an die Wissenschaft verloren. Nun sollen ja keineswegs wissenschaftliche Erkenntnisse 1:1 übertragen werden. Aber es ist notwendig, nicht hinter die Wissenschaft so weit zurückzufallen, dass geradezu falsche oder unzureichende Ansichten vermittelt, schlecht definierte und abgegrenzte Termini verwendet und keinerlei Erklärungen gegeben werden. Wenn auch nicht mit wissenschaftlicher Tiefe, so sollte doch ein Bild der Sprache und des Deutschen sowie einiger Kontrastphänomene von Kontaktsprachen entstehen. Gegenwärtig entsteht nichts. Studierende bringen im Regelfall wenige, undefinierte Termini und schiefe Ansichten der Grammatik mit, die im Studium mühsam überwunden werden müssen.

In vielen Lehrwerken geschieht die Behandlung von Text und Kommunikation unabhängig von Grammatik, die nur als Anhängsel erscheint oder allein im Rahmen einer Textbetrachtung („integriert") gemacht werden darf. Zu solcher Trennung haben auch Grammatiker beigetragen, etwa im Konzept eines „situativen Grammatikunterrichts" (Boettcher/Sitta 1981). Dieser Ansatz sieht vor, systematischen Unterricht stark zu reduzieren und grammatische Teiluntersuchungen nur instrumentell einzusetzen, vornehmlich, wenn das zur Textanalyse, Texterstellung oder zum Verständnis von Sprachverwendungen nötig sei. Auch für Vertreter des „integrativen Grammatikunterrichts" wie Bartnitzky (2005) kann die linguistische Systematik nicht Fundament des Unterrichts sein, allenfalls eine didaktische Auswahl, die lerntheoretisch ergiebig sein müsse. Die integrativen Konzepte sehen vor, die grammatischen Analysen unmittelbar in die Textbetrachtung einzubauen, einen Text also inhaltlich und auch grammatisch-operational zu untersuchen. Die Trennung von systematischer Grammatik und Handlungstheorie führt zur Ausgrenzung der Grammatik und zu einer Bestimmung von interaktiven Funktionen im luftleeren Raum, ohne die sprachlichen Mittel einzubeziehen. In diesem Fall bleibt es bei traditioneller Grammatik mit Wortarten- und Satz(glied)lehre, der relativ vage bestimmte Handlungen (Mitteilen, Schildern etc.) gegenüberstehen, die in freier Interpretation gewonnen sind.

Für eine Abkehr von unsystematischem, fremdbestimmten Grammatikunterricht plädiert Menzel in seiner „Grammatik-Werkstatt" (1999). Er schlägt vor, mit den strukturalistischen Operationen (bes. Ersatzprobe, Verschiebeprobe) zu arbeiten, um „Einsichten in den Aufbau und das Funktionieren unserer Sprache" (ebd., 12) zu gewinnen und mittels „Experimentierregeln" wieder zu systematischen Einsichten zu gelangen. Dazu sollen Schüler/innen eigene Entdeckungen machen und „wissenschaftspropädeutisch" in forschendem Lernen den Weg der Sprachwissenschaft nachvollziehen (ebd., 14). Operativ komme man zu Einsichten und könne Sprachverstehen und Formulieren verbessern. Menzel unternimmt nicht weniger als eine Rehabilitation des Grammatikunterrichts, der nun wieder auf Augenhöhe mit Biologie oder Physik erscheinen soll (ebd., 16). Allerdings geht es nicht primär um Funktionalität, die Frage also: Welche Funktionen manifestieren sich in den sprachlichen Formen? Funktionalität wird gegenüber der Form, der grammatischen Kategorisierung heruntergespielt. In den Strukturen liegt die Funktionalität, so seine an Eisenbergs Grammatik geschulte Sicht, eigens aufweisen muss man sie aber offenbar nicht. Anders Wilhelm Köller, für den die Instruktionssemantik von S. J. Schmidt und H. Weinrich die Grundlage funktionaler Sprachbetrachtung liefert:

„Die Instruktionssemantik, die sowohl für die Analyse lexikalischer als auch grammatischer Zeichen gedacht ist, geht von einer handlungstheoretischen Grundlage aus. Sie interessiert sich nicht für das, was Zeichen repräsentieren, sondern für das, wozu Zeichen auffordern. Jedes sprachliche Zeichen wird als eine Anweisung des Sprechers an den Hörer verstanden, sich auf eine bestimmte Weise zu verhalten" (Köller 1997, 15).

Nach Köller (1988, 93f.; und B3) schaffen Zeichen Orientierung, in dem sie Hörern in Texten

(a) durch lexikalische Zeichen Zugang zu Referenzobjekten verschaffen; durch grammatische Zeichen

(b1) ontologische Interpretationshinweise geben (kategoriale Zeichen wie Hauptwortarten, Numeruszeichen, die meisten Konjunktionen);

(b2) Vorstellungen auf die Sprechsituation beziehen, was durch Pronomen, Artikel, Tempusformen in ihrer zeitlichen Einordnungsrolle geschieht;

(b3) den kommunikativ-pragmatischen Stellenwert verdeutlichen, also Aussageintention, rhetorische Strategie und Stil (Partikeln, Tempus-, Modus-, Genusformen des Verbs, Thema-Rhema);

(b4) Konnexionsanweisungen geben (Flexionskongruenz, best. Pronomen und Konjunktionen (in Gliedsätzen), Kasusformen).

Zum einen also haben die Zeichen textorganisierende und instruierende Funktion, zum anderen verbinden sich mit ihnen kognitive, das Denken beeinflussende Funktionen. Das Zeichen steht nicht für etwas im klassischen Sinn, es instruiert und differenziert kognitiv. Was Sprecher und Hörer tun, wird hier dem Zeichen zugeordnet. Diese Einsicht hat Bühler zu seinem Organongedanken und seiner Felderlehre gebracht, die in der Rezeption zu einer umfassenden Handlungstheorie ausgebaut wurden. In der Instruktionssemantik wird die positive Einsicht in die aktive Hörerrolle als je spezifische Anweisung gedeutet – vergleichbar den Anweisungen eines Computerprogramms, die strikt sequentiell abzuarbeiten sind. Doch wie gelingt das Hören? Nur, indem sie Anteil haben am Sprachwissen und am je aktuellen Laufwissen, indem sie Wahrnehmungen teilen und äquivalente Vorstellungen aufbauen. Nicht allein, indem sie Anweisungen befolgen, sondern indem sie aktiv kooperieren und gemeinsames Wissen nutzen und neu aufbauen. Die Handlungen von Sprechern und Hörern greifen ineinander, um einen Austausch des Wissens zu ermöglichen. Sprache ist Werkzeug, Medium der Wissensbearbeitung, so Bühler und die ihm folgende Tradition. Die Bühler folgende Pragmatik verabsolutiert den Instruktionsaspekt nicht, sondern nimmt die Komplexität sprachlichen Handelns auf den verschiedenen Ebenen – von den kleinsten Prozeduren bis hin zu Illokutionen wie Fragen, Behaupten, Versprechen – in den Blick. Auf allen Dimensionen haben wir eine Wechselbeziehung zwischen einfacher oder komplexerer sprachlicher Form und der jeweiligen Funktion. Die hohe Komplexität von Illokutionen erfordert zu ihrer Bestimmung erheblichen Aufwand in der Handlungsbeschreibung wie in der Zuordnung einer ganzen Menge von sprachlichen Mitteln. Die Instruktionssemantik macht zu Recht geltend, dass sprachlich ausgelöste Höreraktivität ein entscheidendes Moment im Verständnis von Kommunikation ist. Sie betrachtet die kognitive Funktion als eigenen Typus, der aber mit der Instruktion dialektisch verschränkt sei. So sei der Numerus als Instruktion zu einer ontologischen Differenzierung zu werten. Das leuchtet ein, wenn man den Plural etwa als Ausdruck diskreter Vielheit wertet, wirft aber Fragen auf, z. B. wie denn generische Plurale einzuordnen sind (*Wale sind Meeressäuger*) oder ob man einer Sprachgemeinschaft, die keinen grammatischen Plural hat (Pirahã nach Everett 2005; 2010), eine andere Ontologie oder Kognition unterstellen sollte. Die Instruktionsmetapher wird schwierig, wo sie dem Zeichen statisch Handlungskraft zuweist statt Sprechern und Hörern in kooperativem Verständigungshandeln, in dem sie sprachliche Mittel zweckgerecht nutzen. Ohne Sprecher/Hörer gibt es keine Zeichen. *Haus* repräsentiert nicht ein Referenzobjekt, Sprecher charakterisieren mit dem Ausdruck für Hörer einen bestimmten Gebäudetyp, der von Menschen genutzt wird und eine typische Gestalt hat. Über ein Haus reden kann man im Deutschen aber erst, wenn man den Ausdruck determiniert (*ein/das Haus; alle Häuser* (eines Gegenstandsbereichs)).

3 Dimensionen sprachlichen Handelns I: Gespräche (Diskurse) und Texte

Im Alltagsverständnis vieler Sprachdidaktiker und Sprachwissenschaftler verbindet sich die Vorstellung von Text mit der von Kommunikation: Wir kommunizieren demnach in Texten, Kommunikate sind Texte. Grammatisch geht die Gleichung aber nicht auf: Gespräche zeigen grammatische Besonderheiten, Texte ebenfalls. Es ist also wichtig, Gespräche oder (wie Linguisten oft sagen:) **Diskurse** von **Texten** zu unterscheiden. Gespräche/Diskurse zeichnen sich aus durch Situationseinbindung, typisch sind:

a) gemeinsame Anwesenheit und gemeinsames Wahrnehmen von Sprechern und Hörern: Orientierung am Hier und Jetzt, am gerade Gesagten und zu Verarbeitenden, Einbezug von Blick, Gestik, Raumposition, Paraverbalem (Lachen, Seufzer etc.);

b) lokale Koordination des Handelns: Sprecherwechsel, Gewichtung (Hoffmann 2002) und thematische Organisation werden unmittelbar kontrolliert und abgestimmt, die Äußerungsproduktion wird von Sprecher und Hörer überwacht.

Die Verständigung erfolgt multimodal an Ort und Stelle, Probleme werden möglichst zeitnah zur Entstehung behandelt. Die Folgen des Handelns können unmittelbar berücksichtigt werden. Fortlaufende Rückmeldungen durch Interjektionen oder nonverbale Mittel steuern den Fortgang des Gesprächs. Das mündlich Gesagte ist flüchtig und nur extern zu speichern (Gedächtnis, elektronische Aufzeichnung); die Reichweite ist nur lokal auszudehnen (Lautsprecher etc.).

Von Texten (vgl. Hoffmann 2011) spricht man, wenn Äußerungen so eingerichtet sind, dass sie nicht in eine Situation eingebunden bleiben, sondern Zeiten und Räume überwinden können. Das heißt: Der Text stellt auf Dauer, ist zu anderen Zeiten oder an deren Orten „lesbar". Die Text-Gestalt kann ortsfest immer wieder zugänglich sein (Denkmal) oder in einem oder vielen Exemplaren weitergegeben werden. In seiner festen Gestalt garantiert er zuverlässige Bewahrung (z. B. von Vertragsinhalten, heiligen Texten, Überlieferungen, Mythen, Abstammungslisten, Gesetzen etc.) und damit auch rechtliche, religiöse oder wirtschaftliche Einklagbarkeit. Texte leisten „die Überwindung der Flüchtigkeit der unmittelbaren, situativ eingebundenen Sprechhandlung" (Ehlich 1984, 18). Entscheidende Merkmale sind:

a) die Nutzung eines nicht-flüchtigen Trägers (Gedächtnis, Papier, Stein, Leder, Ton etc.);
b) die Asynchronie von Produktions- und Rezeptionssituation;
c) die Gewährleistung zeitversetzter Rezeption durch eine explizite Sprachform (z. B. die Standardsprache, eine übergreifende Verkehrssprache wie Englisch oder Latein), mit der die Unzugänglichkeit des Autors und der Ausfall der Verständnissicherung im Gespräch kompensiert werden;
d) eine im Vergleich zum Gespräch umfassendere Reflexion der Vertextung und eine ausgreifendere, die Rezeption antizipierende Planung der Äußerung.

Texte müssen nicht schriftlich sein, Diskurse sind mündlich:

Realisierung	Diskurs	Text
mündlich	Alltagsgespräch, Telefonat [abgeleitete Form], Vortrag [mit schriftl. Vorlage: abgeleitete Form]	Witz, Lied, Sentenz ...
schriftlich	[diskursnah/paradiskursiv: Chat, Kritzelbriefe in der Schule ...]	Buch, Brief, E-Mail, Formular [abgeleitete Form]

Telefongespräche können nicht den Wahrnehmungsraum nutzen und bilden daher eine abgeleitete Form. Der Chat kommt auch sprachlich dem Diskurs nahe, nutzt aber textuelle Mittel, verdeckt die Konstellation der Handelnden (Anonymisierung), überwindet räumliche Distanz und verbirgt die Äußerungsproduktion. Die analoge Darstellung der Produkte auf dem Schirm erfolgt programmgesteuert, kanalspezifisch und ist – im unmoderierten Chat – geordnet nach der Abfolge der Ankunft. Es gibt keine naturwüchsige Organisation des Sprecherwechsels; Verkettungen (wie im Erzählen, Beschreiben, Berichten) fehlen weitgehend. Der Kritzelbrief dient zeitnaher Kommunikation, nutzt aber einen dauerhaften Träger, der auch Dritten zugänglich werden kann. Das Formular bedient sich der Textform, wird aber erst komplett durch die Einträge eines Adressaten und ist insofern abgeleitet.

Den Differenzen entsprechen unterschiedliche Planungsanforderungen. Sie werden gefasst in der Skala „konzeptuelle Mündlichkeit versus konzeptuelle Schriftlichkeit", die Koch/Österreicher (1985; 1997) der medialen Form schriftlich/mündlich gegenübergestellt haben. Der unterschiedlichen Planung und den unterschiedlichen Ressourcen von Diskurs- und Textformen entsprechen grammatische Differenzen.

Da Grammatik sich traditionell auf die Schriftlichkeit bezieht, waren neue Ansätze erforderlich, um grammatische Phänomene der Mündlichkeit bzw. des Diskurses zu untersuchen. Ein Beispiel ist die Konstruktion *weil* mit Hauptsatzstellung:

(1) Jà .. und dann bin ich irgendwann durchgedreht .. weil →. die Tür war nich verriegelt → dann hab ich die Tür aufgemacht und bin weggelaufen (Gericht F.13.7 (.. Pausenzeichen; → progrediente, schwebende Intonation; Unterstreichung markiert Akzent))

Nach *weil* bleibt der Ton in der Schwebe, und es folgt eine Pause, die aber nicht obligatorisch ist. Ein Nebensatz hat keine eigene Illokution. Durch den Übergang zur Hauptsatzstruktur wird die Begründung eigenständig. Außerdem kann im Vorfeld eines Hauptsatzes (vor dem flektierten Verb) eine weitere Gewichtung erfolgen („*Tür*"). Das geht in der Mündlichkeit, nicht aber im geschriebenen Text. Eine Untersuchung solcher Formen kann im Unterricht die Normunterschiede für Text versus Gespräch verdeutlichen. Die Analyse von Gesprächen ist ein wichtiger Unterrichtsgegenstand. Es gibt viele Transkriptionen, die genutzt werden können (man kann auch selber welche erstellen), und an denen erheblich mehr zu zeigen ist als an erfundenen Lehrwerksdialogen. Die Erfahrung, dass mündliche Kommunikation sich anderer Mittel bedient als geschriebene ist Ausgangspunkt für genauere Untersuchungen sprachlicher Mittel des Gesprächs (Intonation und Gewichtung, Wortfolge, Abtönungspartikeln, Interjektionen, Ellipsen – alles Mittel, die bislang völlig vernachlässigt sind). Den grammatisch-systematischen Hintergrund finden Lehrende z.B. in Hoffmann 2013 und Zifonun/Hoffmann/Strecker 1997, Bd. 1.

4 Dimensionen sprachlichen Handelns II: Illokution

Wie dargestellt geht die Entwicklung in der Funktionalen Pragmatik wie in der funktionalen Grammatikdidaktik dahin, nicht mehr nur die großen, komplexen Handlungseinheiten (Illokutionen) in Texten und Gesprächen zum Gegenstand zu machen, sondern die funktionalen Grundlagen des ganzen Formensystems einzubeziehen. Zum einen geht es um die Handlungsqualität von Äußerungen, die seit der Sprechakttheorie von Austin und Searle als „Illokution" bezeichnet wird, zum anderen um die Handlungsqualität kleinster Einheiten, der Prozeduren (Kap. 5). Die Illokution wird über die jeweilige Handlungskonstellation (Beteiligte, Anforderung der Situation im Hier und Jetzt), die eingesetzte Äußerungsform mit ihren sprachlichen Mitteln und das erschließbare Wissen rekonstruiert. Frage, Assertion, Aufforderung sind gesellschaftlich wie schulisch von besonderem Interesse, sie können als universelle Funktionen gelten und werden hier im Mittelpunkt stehen.

Sprachliches Handeln ist bestimmt durch Zwecke. Wir verstehen uns, weil und sofern wir uns in den gesellschaftlich ausgearbeiteten Formen des Handelns bewegen, in die wir hineinsozialisiert sind. Sprachliche Handlungen sind Äußerungen, die durch Zwecke bestimmt sind, zugleich aber auch im Rahmen der laufenden Diskurse taktisch oder strategisch eingesetzt sein können. Die kommunikativen Zwecke im interaktiven Austausch werden als „Illokutionen" bezeichnet. Zum Ausdruck einer Illokution gehört oft der Ausdruck einer Proposition: Wir entwerfen einen Sachverhalt, einen Gedanken, der besagt, wie die Welt aussieht, wenn er wahr ist (z. B.: *Paula geht zur Schule*). Dazu kommen die Charakteristik eines Redegegenstands (*Paula, das Mädchen, Hannas Freundin, sie, die* ...) und ein Charakteristikum, das etwas prädiziert, die Funktion einer Prädikation hat (... *geht zur Schule*). Wir können den Gedanken zur Grundlage einer Frage machen (*Geht Paula zur Schule?*) oder zur Basis einer Assertion (*Paula geht zur Schule*); beide gehören zu demselben Zweckbereich Wissenstransfer (4.1). Ein Gedanke kann aber auch durch eine Aufforderung wahr gemacht werden (*Geh zur Schule, Paula! Schreiben Sie den Text ab, Frau Meyer!*). Oder durch ein Versprechen (*Ja, ich gehe zur Schule*). Oder er ist Teil einer vertraglichen Festlegung, an die Partner sich halten müssen (*Zwischen den VW-Werken, Wolfsburg, und Frau Paula Meyer aus Wolfenbüttel, geb. am 5.10.1985 ... wird folgender Arbeitsvertrag geschlossen ...*). Das alles gehört zum Zweckbereich Handlungskoordination (4.2).

4.1 Zweckbereich: Transfer von Wissen

Der Sprecher fordert ein bestimmtes Wissen an. Der Hörer übermittelt ihm ein entsprechendes Wissen. Das transferierte Wissen kann in einem dritten Zug bewertet werden. Die Frage ist ausgebildet, um dem Hörer ein fehlendes Wissenselement X zu verdeutlichen, damit er dieses Defizit beheben kann. Der Hörer wird so eingeschätzt, dass er X weiß und mit einer Assertion ausdrücken kann. Das Muster Frage-Antwort schließt beide Illokutionen zu einer Einheit mit Sprecherwechsel zusammen, um einen Wissenstransfer dieser Art zu ermöglichen. Dazu muss neben dem Sprecher auch der Hörer mental und sprachlich aktiv werden. Wer das Muster kennt, findet sich in der Regel verpflichtet, in der

Hörerposition daran mitzuwirken. Am Ende steht geteiltes Wissen über einen Sachverhalt, der als wahr gilt. Ein Beispiel aus der Schule:

(2)
L   *Wer ist noch nicht fertig jetzt*↓
S2   *Ich*↓
Rob   *Ich bin fertig*↓
     (Redder, Schulstunden, 67 (adaptiert))

Der Lehrer setzt in seiner Frage voraus, dass jemand noch nicht fertig ist, und möchte genannt bekommen, wer unter die Prädikation fällt. W-Fragen beinhalten stets ein Thema als Voraussetzung und markieren im W-Wort (Interrogativum) das fehlende Wissenselement, sie spiegeln also die Wissenszerlegung beim Sprecher und verdeutlichen, was als neues Element, als Rhema, vom Hörer erwartet wird: Nenne mir Personen für die gilt, dass sie noch nicht fertig sind jetzt. Eine hinreichende Antwort kann in einer minimalen Assertion von Schüler 2 gegeben werden, aber auch in einem ganzen Satz (Robert). Das komplettierte Wissen (z. B. *Ich bin / Robert ist fertig*) wird allenfalls zur Bestätigung oder Übernahme in ein institutionelles Wissen noch einmal (re-)formuliert – so etwa vor Gericht, wo es um sicheres Wissen geht, das in die Akten wandert und für das

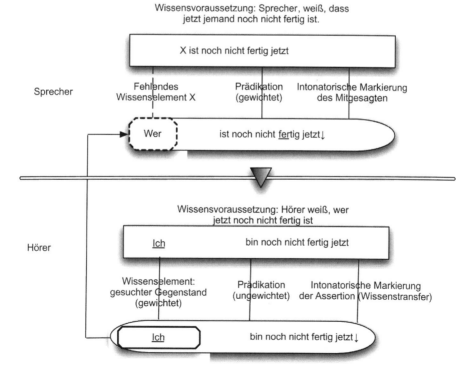

Abb. 1: Wissenstransfer im Fragemuster (Ergänzungsfrage + Assertion)

Urteil gebraucht wird. Die Frageform ist präzise durch ihren Zweck bestimmt. Im Deutschen macht der Ausdruck des fehlenden Wissenselements den Anfang, es steht meist im Vorfeld (vor dem finiten Verb). Da die W-Frage fallend intoniert ist, markiert sie die Fragevoraussetzung, hier also, dass X noch nicht fertig ist. Auch die assertive Antwort ist zweckbestimmt. Robert liefert die vorausgesetzte Prädikation (*fertig sein*) und das fehlende Element (*ich*). Abb. 1 gibt eine schematische Darstellung des Fragebeispiels.

Im folgenden Beispiel wird mit dem Interrogativum *wieso* nach einem Grund für die thematisch gegebene Wissensvoraussetzung (*das* (Körperdarstellung auf einem Tafelbild) *ist hier umgedreht*) gefragt, der Grund ist also das erfragte fehlende Wissenselement, genauer: warum an einer Stelle im Nahbereich, auf die gezeigt wird (*hier*), die Skizze umgedreht ist. Das *hm̀* setzt fortlaufendes, unabgeschlossenes Nachdenken des Schülers nach außen, wie es der Aufgabenstellung entspricht; Roberts Äußerung weist die Frage mit Nicht-Wissen zurück, besetzt also eine bei jeder Frage auch gegebene Musterposition. S1 schließlich äußert eine (scherzhafte) Vermutung.

(3)
L	*Wieso ist das hier umgedreht?*	
S3		*hm̀*
Rob		*Weiß ich doch nich.*
S1		*Da macht der Mensch gerad n*

S1	*Kopfstand.*	

(Redder 1982, 20 (adaptiert))

Nur ist es hier so, dass dem Fragesteller der Grund bekannt ist und er darauf abzielt, dass die Schüler/innen nachdenken, um selbst darauf zu kommen. Die Frage ist taktisch eingesetzt, wie es in Ausbildungsinstitutionen üblich ist. Manchmal stellen Fragen ein Problem zum Nachdenken (*Würfelt Gott?*), sind also nicht unmittelbar entscheidbar. In solchen „Regiefragen" wird genutzt, dass Fragen Wissensverarbeitungen bei Hörern in Gang setzen (Ehlich/Rehbein 1986, 68ff.). Sie sind nahe an der Aufforderung. Auch die Examensfrage nutzt das Fragemuster zu modifiziertem Zweck: Der Sprecher will allein wissen, ob der Hörer X kennt. In der Zeugenbefragung vor Gericht kann die Frage nur unter besonderen Umständen (der Zeuge würde sich selbst belasten, ist mit dem Angeklagten verwandt etc.) zurückgewiesen werden, und es besteht eine besondere, mit Sanktionen versehene Verpflichtung, die Antwort an dem zu orientieren, was man für wahr hält. Institutionen verändern also Handlungsbedingungen und kennen spezifische Ausprägungen einzelner Handlungsmuster. Sie nutzen aber in ihrem Rahmen die Formen alltäglicher Verständigung.

(4) Lehrer (a) *Fragen wa uns aber zunächst mal, was die denn überhaupt gegen Polizisten haben. (...)*

Lehrer (b) *Kriegen wa im Text was gesagt... darüber,.. was die Jungen hier (...) gegen Polizisten haben?*

Sa *Ja, die finden ähm, a/die e, em nich für/für Recht und, eh, Ordnung sorgen, sondern, eh, na so so (ähnlisch).* (Ehlich/Rehbein 1986, 36* (adaptiert))

Der Lehrer beginnt mit einer Adhortativform (Verb am Anfang, Sprechergruppendeixis *wir*), die in den Bereich des Aufforderns (4.2 unten) gehört, aber hier in Verbindung mit dem Handlungsverb *fragen* eine der Regiefrage vergleichbare Steuerung der Wissensverarbeitung auslöst. Eine schnelle Antwort aus vorhandenem Wissen ist gerade nicht erwartet, sondern eine tastende Suche, die erst Belege sammelt und schließlich eine Folgerung benennt. Es gibt dann auch zunächst keine entsprechenden Antworten, und der Lehrer setzt mit einer Entscheidungsfrage (b) fort. Die Antwort des Schülers Sa zeigt, wie er sich an die Sache herantastet.

Im Fall einer Entscheidungsfrage wird die Entscheidung über einen Sachverhaltsentwurf dem Hörer aufgegeben. Mit dem Responsiv *ja* assertiert er die Wahrheit, mit *nein* die Falschheit der Proposition. Ein besonders fragliches Element kann gewichtet sein (*Hat **Paul** den Elfmeter verschossen?*: Ich weiß, dass jemand den Elfmeter verschossen hat und will wissen, ob es Paul war). Eine solche Frage muss sinnvoll entscheidbar sein.

Im Fall einer Alternativfrage (*Ist die Konferenz heute oder morgen?*) wird die Welt auf zwei sich ausschließende Möglichkeiten reduziert, weitere (*Die Konferenz war gestern, ist übermorgen*) sind nicht gegeben. Der Fragesteller muss zuvor wissen, welche Alternative sinnvoll vom Hörer entscheidbar ist. Eine Bestätigungsfrage drückt einen Sachverhalt als tendenziell gegeben aus, der Sprecher benötigt aber die Bestätigung oder Zurückweisung des Hörers (*Du bist doch Paula aus der dritten Klasse? Ja/Nein*). Eine Assertion setzt nicht unbedingt eine Frage voraus, sie kann auch realisiert werden, wenn beim Anderen ein Wissensdefizit nur vermutet oder antizipiert wird.

In Argumentationszusammenhängen finden sich Wissenstransfers auch in der ersten Musterposition: Behauptungen manifestieren einen Wahrheitsanspruch, es wird eine Position bezogen, die auf Nachfrage, Anzweifeln hin zu begründen ist. Begründungen sollen einen problematischen oder problematisierten Geltungsanspruch plausibel machen, aus geteiltem Wissen heraus eine Behauptung, aber auch eine andere Sprechhandlung (Frage, Wunsch, Bitte etc.) nachvollziehbar machen. Das Behaupten kann nicht nur durch Aussagesätze, sondern auch durch rhetorische Fragesätze (*Bin ich Krösus?*) erfolgen, die keine Antwort verlangen, sondern auf dem Hörer bekanntem oder erschließbarem Wissen basiert sind (Der Sprecher ist kein Krösus).

Im Diskurs können Handlungsmuster in Form von Verkettungen (ein Sprecher durchgehend), z. B. Lehrervortrag als Verkettung von Assertionen, oder Sequenz (systematischer Sprecherwechsel), z. B. Frage → Antwort → positive/ negative Bewertung, vorkommen. Eine größere Form des Wissenstransfers sind Erzählungen, die den Hörer über die Herstellung von Gemeinsamkeit in der Vorstellung und Bewertung von Ereignissen einbeziehen. Der Zweck des Erzählens realisiert sich über die Zwecke einzelner Handlungen, in deren Mittelpunkt der Transfer einer Geschichte mit einem Relevanzpunkt (unerwarteter Verlauf, Komplikation) steht, der sie für die Hörer erzählenswert und in der Bewertung nachvollziehbar macht. Erzählungen können der Unterhaltung dienen, aber auch – z. B. vor Gericht – als Belege eigener Unschuld oder mangelnder Involviertheit in ein Tatereignis gelten. Sie präsentieren nicht nur eine zeitlich verkettete Abfolge von Ereignisstationen (p *dann* q *dann* u, *dann* ... *bis* z ...), die auf einen Höhepunkt zuläuft, der szenisch dargestellt wird (die Zeit wird gewissermaßen angehalten durch eine Vergegenwärtigung im Präsens: *da sehe ich, wie* ...; *da kommt mir ein Lastwagen entgegen* ...; *da greift der plötzlich zum Messer* ...). Der Hörer soll eine Erfahrung nachvollziehen, sich in die Szene versetzen und die Bewertung teilen können. Damit verbindet sich eine bestimmte Perspektive auf den Erzähler, seine Identität: Er ist Opfer, hat großes Glück, erweist sich als clever etc. Die Herstellung von Gemeinsamkeit zeigt sich in der laufenden Interaktion, die für das Erzählen eingefroren ist: Nur der Erzähler hat (nach Anforderung) Rederecht für seinen langen, verketteten Beitrag; begleitende Kommentare, Interjektionen etc. sind aber möglich und zeigen Anteilnahme. Manchmal gelingt das bereits Kindern im Vorschulalter, so im folgenden Beispiel Daniel. Die Erzählung wird segmentiert (aufgeteilt in Handlungseinheiten s1 ... sn) wiedergegeben.

(5) Erzählung Daniel 3;5 Jahre; Anne (Mutter von D. und L.); Karin (Freundin von A.); Zeichen: ((Nonverbales));/ Abbruch; • kurze Pause; •• längere Pause; ↓, →, ↑ fallender, schwebender, steigender Tonverlauf.

(s1)	Anne	((erzählt von Familie T.))
(s2)	Daniel	*Da wollt ich/ach da/d ich wollte mal was mitnehmen da/*
(s3)	Anne	*Aus deren Wohnung*↓
(s4)	Daniel	• *Hat die T. gesacht:* → *„ach ja"* → *kann ich*↓
(s6a)	Daniel	*Aber der/der* •
(s5)	Anne	*Das war Alexander*↓
(s6b)	Daniel	*Alexander*↓ *Der wollte das nich*↓
(s7)	Daniel	*Der hat* • *gesacht: „Nein da/d/das will ich selber behalten"*↓
(s8)	Daniel	*Und das wollt er*
(s9)	Daniel	*und da/und da hab ich doch da so geweint*↓
(s10)	Daniel	*Jā* • *und dann warn die Leute weg*→
(s11)	Daniel	*da war ich ganz dusselig wieder*↓
(s12)	Anne	((lacht))
(s13)	Karin	((lacht))

Daniel erzählt eine eigene Erfahrung und nutzt, dass eine szenische Konstellation durch die Erzählung seiner Mutter schon gegeben ist; er muss also keine Orientierung (Personen, Zeit, Ort) leisten. Sie fällt Kindern noch im Schulalter recht schwer, zum einen in der Formulierung, zum anderen in der Berücksichtigung des Hörer-Vorwissens. Das deiktische Adverb *da* reorientiert auf die Konstellation. Die Zeitstelle wird mit *mal* unbestimmt als irgendein Zeitintervall benannt, so dass die Handlungsfolge einen Startpunkt hat. Es wird der mentale Handlungsentschluss in der erzählten Zeit (*wollte*) wiedergegeben. Das Objekt der Begierde bleibt offen. So komplettiert Anne, dass es aus der Wohnung von Familie T. stammte. Anne kennt also die Geschichte und wechselt in die Unterstützungsrolle. Frühes Erzählen – das hat die einschlägige Erwerbsforschung verschiedentlich herausgearbeitet (Hoffmann 1984; Meng/Kraft/Nitsche 1991; Hausendorf/Quasthoff 1996; Quasthoff 2003 (Überblick)) – zeichnet sich durch Lehr-/Lernformen aus. In solchen Diskursen fördern Erwachsene das Erzählen durch verständnissichernde Fragen, eigenes Bereitstellen von Elementen des Erzählschemas, Kommentare und Bewertungen und erleichtern anderen Hörern das Verständnis (vgl. s5). Daniel führt die Szene unmittelbar vor, indem er das Gespräch vergegenwärtigt. Die Kombination aus Interjektionen *ach ja* wird durch direkte Rede wiedergegeben. Das für ihn entscheidende Resultat ist im Präsens der Szene dargestellt. Der Wechsel vom narrativen Präteritum ins vergegenwärtigende Präsens – auch Teil des Präsensperfekts in (s7) – deutet sich schon als Vorstufe an. Der den Punkt der Szene ausmachende Konflikt wird mit dem fokusumlenkenden Konjunktor *aber* markiert (s6a), Antagonist war Alexander. Auf ihn wird mit der Objektdeixis *der* gezeigt. Solches Zeigen setzt voraus, dass sein Objekt im Wahrnehmungsraum oder im Rederaum vom Hörer auffindbar ist. Eine entsprechende Hörereinschätzung gelingt typischerweise noch nicht, fällt auch in den nächsten Jahren noch schwer. Daher sichert Anne den Personzugang durch die Verbindung Deixis (*das*) – Eigenname (*Alexander*). Namen rufen eine gegebene Kenntnis (Person, Ort, Land etc.) aus dem Wissen ab; hier verfügt die Hörerin Karin offenbar nicht über den nötigen Zugang, insofern kann sie nur eine Wissensposition eröffnen, die künftig mit Alexander adressiert werden kann und in die einzelne Prädikationen einzufügen sind. Zugleich stützt Anne den Erzähler, der den Namen kennt und nutzen kann (s6b bestätigt die gemeinte Person). Nun kann die Geschichte weiter erzählt und auf die Person auch gezeigt werden (*der*). Der Konflikt wird mit identischem Modalverb auf einfache Weise über eine Negation zunächst aufgebaut: *ich wollt ... – der wollte das nicht,* dann auch explizit durch ein Zitat (s7), so dass die Szene anschaulich bleibt. Anschließend wird im Präteritum, also auf der Ebene des Geschehensablaufs in der Zeit, die antagonistische Position noch einmal als entgegengesetztes Wollen herausgestellt (s8), bevor dann zur nächsten Szene (*und da*) übergegangen wird, in der Erzähler sich als Leidenden präsentiert. Die Abtönungspartikel *doch* dient einer kontrastierenden Wissensverarbeitung, die das Verhältnis zur Ausgangsszene aufruft. Das deiktische Adverb *so* zeigt auf

Aspekte an Objekten, Dimensionen von symbolisch Versprachlichtem (Dinge, Handlungen, Eigenschaften), die der Anschauung entnommen oder vorgestellt werden können. Hier wird wiederum im Präsensperfekt ausgedrückt, dass das Kind geweint hat, ohne dass das symbolisch ausgedrückt werden muss oder kann. In Kindererzählungen wird *so* öfter als Stellvertreter eingesetzt für nicht oder erst später Gesagtes oder gar nicht Auszudrückendes (Ehlich 2007a (Bd. 3), 414). Es kann eine Qualität andeuten, die faktisch in der Entwicklung noch nicht verbalisierbar ist, und dadurch die Prozessierung einer komplexen Form von – für Dreijährige – enormer Anforderung ermöglicht. Das *jā* im Segment 10 zeigt deutlich, dass Daniel schon die Hörerreaktionen zu berücksichtigen sucht, also eine Gewissheit des Verstehens absichern möchte. Zugleich kennt er bereits die Anforderung, dass eine Erzählung geschlossen werden muss, und folgt ihr im Erzähltempus Präteritum. Dann kommt er zum Eigentlichen, nämlich zur Herstellung gemeinsamer Bewertung, die er mit *ganz dusselig* auf seinen Zustand in der erzählten Zeit kennzeichnet. Dafür muss Daniel eine Außenposition einnehmen, sich distanziert gegenübertreten, was auch gelingt. Diese Art der Bewertungsleistung führt zum Erfolg der Geschichte, er bringt gerade dadurch die Hörerinnen zum Lachen.

Das Beispiel zeigt, wie komplex die sprachlich-grammatischen Mittel und die funktionalen Anforderungen sind und wie erstaunlich die Leistung, diese – diskursiv unterstützt – zu bewältigen. Benötigt werden:

– Mittel einer Orientierung auf die Konstellation (nominale Gruppen: *eines Tages, letzten Sonntag; auf dem Spielplatz, im Klassenraum; der Klassenlehrer, mein Freund Marc ...*);
– Mittel der Geschehensentwicklung (*da, (und) dann, plötzlich ...*);
– Mittel der Beschreibung (Vorstellen räumlicher Oberfläche: (*an der Wand; links neben ...*);
– Mittel der Vergegenwärtigung relevanten Geschehens (direkte Rede, Redewiedergabe; Übergang: Präteritum – Präsens, Präsensperfekt: *plötzlich höre ich einen Knall ...*);
– Mittel zum Teilen von Bewertungen (intonatorische Modulation, Gewichtung durch Akzent, Exklamative ...).

Das sind insbesondere Mittel des Malfelds, des Zeigfelds und des Symbolfelds (Kap. 5).

Das alltägliche Erzählen (vgl. Strukturschema Abb. 2) ist eingebettet in ein Gespräch, bedarf also geweckter Hörerbereitschaft und fortlaufenden Hörerinteresses. Die begleitenden Bewertungen und Einwürfe der Hörer sind notwendig, erst die Hörer machen eine solche Erzählung vollständig, denn der Relevanzpunkt der Geschichte muss von ihnen geteilt werden, sonst scheitert sie (*na und?*). Dabei steht die Frage materieller Wahrheit nicht im Vordergrund. Die Geschichte mag (teilweise) erfunden sein, die Perspektive ist die des Erzählers, seine zugrundeliegenden Wertungen müssen übernommen werden können.

Anders in der institutionellen Form des Berichts: Alles Gesagte muss institutionell (für Polizei, Gericht, Versicherung etc.) relevant sein und steht unter einem Wahrheitsanspruch. Die Gewichtung soll derjenigen entsprechen, die die Institution hat. Statt riskanter Handlungsinterpretationen soll möglichst nahe an der Wahrnehmung beschrieben (statt *dann wollte er ihn ermorden: dann spannte er den Hahn*) und nicht ein gemeinsamer Vorstellungsraum szenisch durchschritten werden.

(a) Der Sprecher erinnert sich an Ereignisse, die er wahrgenommen hat (Beobachtungswissen) oder in die er involviert war (Aktantenwissen).

(b) Der Sprecher hält die Ereignisse aktuell für erzählenswert und bemüht sich im Gespräch um eine Erzähllizenz (Ankündigung, Abstract) für eine längere Darstellung bzw. wird zum Erzählen aufgefordert.

(c) Der Sprecher arrangiert das Wissen hörerorientiert in Form einer Geschichte nach einem Handlungsschema (Konstellation, Handlungsfolge, Relevanzpunkt, Abschluss, Bewertungsaspekte).

(d) Der Sprecher entwickelt hörerorientiert die Konstellation der Geschichte (Zeit, Ort, Ausgangssituation, beteiligte Aktanten) und baut einen szenischen Vorstellungsraum auf, in dem verwiesen und symbolisiert werden kann.

(e) Die Handlungsschritte und Ereignisse werden - normalerweise entsprechend der Wirklichkeit oder logischer Plausibilität - so wiedergegeben, dass die Hörer die Erzählperspektive durch Versetzung möglichst gut nachvollziehen können. Deutlich wird der Relevanzpunkt, um dessentwillen erzählt wird, (Komplikation, Erwartungsabweichung etc.) herausgearbeitet und bewertet; der Relevanzpunkt kann durch Tempuswechsel (zum Präsens), Übergang zu direkter Redewiedergabe oder durch Kommentierung markiert werden.

(f) Die Darstellung der Geschichte wird abgeschlossen durch Angabe eines Resultats oder von Handlungsfolgen oder Konsequenzen, die bis in die Aktualität reichen; möglich ist eine verallgemeinernde Bewertung (Lehre).

(g) Mit dem Abschluss wird in die laufende Interaktion zurückgeleitet, das kontinuierliche Rederecht wieder abgegeben.

Abb. 2: Ablaufstruktur alltäglichen Erzählens

In der Schule ist es sehr schwer, mit der impliziten Didaktik, die wir im Beispiel gesehen haben, zu arbeiten. Auch das Erzählen wird Teil schulischer Wertung, die Hörerbewertungen verdrängen kann. Unterricht ist nicht gerade ein Treibhaus für Erzählungen, kann aber spezifische Ressourcen des Erzählens entwickeln und schulisch-institutionelle Erzählformen fördern (Ohlhus/Stude 2009). Hier nun eine Erzählung aus der Grundschule, 1. Klasse / 1. Schulstunde, 6-jähriger Junge, L1: Griechisch:

(6) Schulerzählung (L: Lehrerin; Andras: Schüler (6 J.); ( ) nicht identifizierter Wortlaut)

(s1) L   *Andras↓*
(s2) Andras   *Ich war erst zu Hause→*
(s3) Andras   *und habe mit meinem Bruder mit Bausteine gebaut→*
(s4) Andras   *einen großen Eiffelturm gebaut↓*

(s5)	Andras	Dann haben wir ● ehm mit zwei Hotwheel Autos so gemacht→ damit ● der Auto drin geht in den Eifelturm↓
(s6)	Andras	Dann haben wir son Garage gemacht↓
(s7)	Andras	●● Dann/dann hab ich so fest gemacht→
(s8)	Andras	dann ist alles kaputt gegangen↓
(s9)	Andras	sind wir rausgegangen
(s10)	Andras	und haben wir dann gespielt zu meinem Freund↓
(s11)	Andras	Der hatte so einen ● Hund↓
(s12)	Andras	Und dieser Hund hat mich immer gefangen↓
(s13)	Andras	wollte beißen und den Stuhl→
(s14)	Andras	und hat Michael nen bisschen mit die Nase so gemacht↓
(s15)	Andras	Und dann bin ich nach Hause gegangen→
(s16)	Andras	und hab so sone Spinne in der Hand→ zwei Spinnen in die Hand genommen vom Keller
(s17)	Andras	und hab sie zu dem Hund drauf gemacht→ damit ( )
(s18)	L	Eine kurze/ein Hinweis für dich↓
(s19)	L	Wir erzählen nicht von dem letzten Jahr, sondern nur vom Wochenende→
(s20)	L	und die anderen Kinder wollen auch noch erzählen↓
(s21)	L	Okay, weißt Bescheid↑

Andras hat noch keine große Schulerfahrung. Er realisiert keine Erzählung, sondern eine zeitlich mit *dann* geordneteListe von Wochenendaktivitäten, in der auch das Ereignis mit dem Hund (s11 ff.) nicht sprachlich profiliert ist. Das Tempus ist konstant (Präsensperfekt als umgangssprachlich dominantes Vergangenheitstempus). Direkte Rede, Gewichtungen fehlen. Der Hörer arbeitet die Ereignisse ab, ohne einen übergeordneten Zweckzusammenhang, einen Bewertungsansatz oder ein Resultat zu erkennen. Die Lehrerkritik moniert die Fülle des Angereihten und macht deutlich, dass der Schüler sich (künftig) einschränken soll, er hat, anders als sonst ein Erzähler, keine längerfristige Redelizenz. Welche Entwicklung hier angestoßen wird, ist deutlich. Zu Erzählungen des Typs (5) wird es nicht kommen, sondern eher zu schultypischen Formen flachen Erzählens.

4.2 Zweckbereich: Handlungskoordination

Der Sprecher übermittelt den eigenen Handlungsplan, gibt dem Adressaten einen Handlungsplan vor oder bringt einen geteilten Plan zum Ausdruck. Im ersten Fall kann es sich um eine Ankündigung oder ein Versprechen (in der Regel angefordert) handeln, im zweiten um eine Aufforderung, einen Befehl, eine Bitte, eine Anweisung, im dritten um eine wechselseitige Vereinbarung, die das Handeln bestimmt, etwa durch einen Vertrag.

Zweck des Aufforderns ist es, einen Handlungsplan so zu übertragen, dass der Adressat will und ausführt, was der Sprecher gewollt hat. Wer etwas aktuell nicht tun kann, will oder darf, eine Handlung nicht zum eigenen Zuständigkeitsbereich zählt, muss sich mit seinem Hörer im gemeinsamen Handlungsraum so koordinieren, dass der den Plan übernimmt und umsetzt. Sprachlich kann er diesen Zweck erreichen, indem er den Spielraum des Anderen durch ein Modalverb adressiert (*Kannst du/könntest du mir helfen, du darfst jetzt mitmachen* ...), seine Handlungsrealisierung als Möglichkeit anspricht (werden + Konjunktiv II: *Würdest Du das Grillen übernehmen?*), mit einem Modalverb sein eigenes Wollen, seine eigene Absicht ausdrückt (*Ich möchte, dass Du ... Ich will, dass Du* ...). Das folgende Beispiel enthält eine Serie von Handlungsanleitungen des Lehrers. Anleitungen sind Aufforderungen in einem institutionellen Rahmen, der durch schulische Programme bestimmt ist (von Befehlen können wir hier gegenwärtig nicht mehr sprechen); hingegen beruhen Weisungen auf Arbeitsverträgen.

(7) Lehrer (a) *Ich möchte euch bitten äh ma in/in euer Heft* (...) (b) *Hört bitte zu!* (c) *Ihr könnt das allein machen oder mit Eurem Nachbarn zusammen.* (...) (d) *Und zwar erfindet ihr zwei kurze Geschichten. Zwei, in denen der Satz vorkommt: 'Du machst dir Sorgen.'* (...) *Aber in denen er verschieden betont wird.* (Redder 1982, 53f.)

(a) Ausgedrückt sind die anordnende Person (sprecherdeiktisch mit *ich*), die Adressaten (Hörergruppendeixis *ihr*), die Absicht (Modalverb: *möchte*) und die Handlungsmodalität (*bitten* als höfliche Aufforderung).

(b) Imperativform (Plural), die eine subjektlose Wortgruppe bildet; der Imperativ ist ein Verbmodus, der den direkten Transfer eines Handlungskonzepts auf einen anwesenden Adressaten leistet, daher den Empfänger in der Regel auspart und als harte, wenig höfliche Form gilt. Sie greift nicht in den Modalraum (Planung, Abschätzung des Handlungsspielraums) beim Adressaten ein, sondern steuert direkt anwesende Adressaten, so dass sie prädestiniert ist für sanktionsbewehrte Befehle, Drohungen, rasch zu befolgende Warnungen etc. Die Imperativendung gehört dem Lenkfeld der Sprache (Kap. 5.4) an.

Handlungssteuerung in der Präsenz macht die Verbalisierung des Subjekts nicht erforderlich (*Bring mir ne Currywurst!*), es sei denn, der Adressat ist durch Auswahl aus einer Gruppe zu fokussieren (*Bring **du** mir ne Currywurst!*).

(8)
L *Überleg ma, ob die Drei und wie oft die Drei in die Zweiundsiebzig passt! Wie oft passt sie*

L	*in die Sieben?*
S1	*(zweimal)*
SH	*Ehm .. zweimal.*

L *Und was bleibt da noch übrig von zweiundsiebzig?*
(Redder 1982, 107 (adaptiert))

Schulische Handlungsanleitungen sind verbindlich; soweit sie sich im institutionellen Rahmen bewegen, ist ihnen zu folgen. Der Lehrer lenkt in (8) die Wissensverarbeitung der Schüler direkt, indem er eine Prüfaufgabe stellt, die in eine mathematische mündet. Er greift direkt ins mentale Handeln ein. Die Abtönungspartikel *ma(l)* symbolisiert ein sich nicht wiederholendes Zeitintervall und wirkt so in Aufforderungen einschränkend (*du musst das nicht so lange wiederholen, bis du es geschafft hast*). In einer Serie von Handlungen schließt der Lehrer eine Ergänzungsfrage nach dem Resultat der Bearbeitung an, die voraussetzt, dass die Drei x-mal in die Zweiundsiebzig passt. Es ist also das schulische Muster „Aufgaben-Stellen/Aufgaben-Lösen" (vgl. Ehlich/Rehbein 1986, 14 ff.), dessen erster Teil hier in komplexer Form realisiert erscheint. Die Aufforderung zielt darauf, mentale Aktivitäten auszulösen, die die Voraussetzung für die Be-

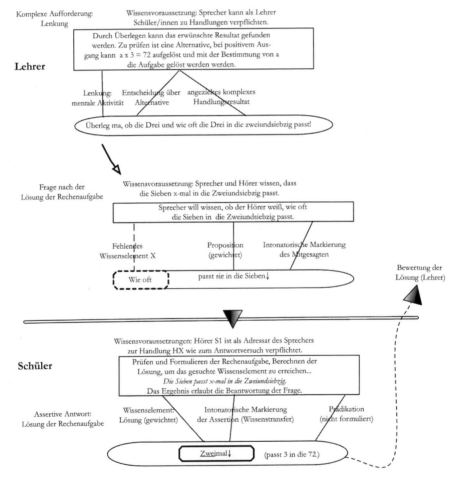

Abb. 3: Schulisches Handlungsmuster Aufgaben-Stellen/Aufgaben-Lösen in komplexer Form

antwortung der Frage liefern. Die Wissensbearbeitung wird in zwei Teilschritte aufgelöst. Im ersten Schritt soll in Form einer Alternative die Bearbeitungsmöglichkeit der konkreten Aufgabe überprüft werden: Ein negativer Ausgang (die Drei passt nicht) würde zu einem Abbruch der Bearbeitung und Nach-Außen-Setzen dieses Zwischenergebnisses führen. Ein positiver Ausgang führt dazu, der Aufgabe eine konkrete mathematische Form (etwa als Gleichung) zu geben und sie zu lösen, so dass das Resultat (als assertive Antwort) weitergegeben werden kann. Es folgt dann der Schritt der mentalen Überprüfung und äußeren Bewertung durch den Lehrer, von dem die Art des Fortgangs im Unterrichtsgespräch abhängt. Das Aufgabe-Lösungs-Muster ist hier jedenfalls abgeschlossen (Abb. 3).

(c) Ein Aussagesatz oder eine Fragesatz beschreibt eine Alternative in einem Möglichkeitsraum des Adressaten, der durch das Modalverb *können* konstituiert ist. Es werden scheinbar Realisierungsformen offen gehalten, zwischen denen gewählt werden muss. Institutionell fragt sich aber, ob eine Wahl wirklich gegeben ist und nicht nur die sprachliche Form die einer höflichen Bitte (*Kannst mir mal helfen?*) ist. Im folgenden Beispiel (9) einer Assertion im Vermutungsmodus wird indikativisch eine Wirklichkeit benannt, in der – im Kontrast (*doch*) zum faktischen Stand – eine solche Alternative im Handlungsspielraum vermutet (*vielleicht*) wird. Die Präsentation einer Handlungsmöglichkeit vom Lehrer wird hier als Weg verstanden, den man beschreiten kann.

(9)
L   *Gut, die finden die Polizei nicht gut, aber vielleicht könn wa da doch n*
         bisschen näher drauf eingehen, warum sie das nicht tun.
L   (Kornelia)
S1   *Eh*
Korn.   *Ja, hier steht ja drin eh, die sind mit Gummiknüppeln reingekommen*
Korn.   *und hätten/und hätten also denen paar drübergezogen...*
         (Ehlich/Rehbein 1986, 37* (adaptiert))

Modalisierung oder ein anderes Handlungsverb (wie z.B. *vorschlagen*) heißt nicht, dass der institutionelle Aufforderungscharakter verloren geht:

(10) Lehrerin *Ich möchte/ich würd vorschlagen, dass wir den Text, das ist in*
               dem Kästchen der Text Nummer zwei, mal mit allen drei Mög-
               lichkeiten lesen.
               (Redder 1981, 49)

Auch die Modalität *Wollen* (*Wir wollen jetzt...*, *Wollt ihr...*) stellt das Handeln nicht frei, sondern transferiert die institutionelle Anforderung in das Wollen der

Einzelnen, die es als eigenes Wollen übernehmen sollen. Das gilt auch für die Frageform, die den Weg über die Wissensverarbeitung wählt, in der eine positive Antwort die Ausführung des Handlungsplans beinhaltete:

(11) Lehrer *Eh, wollt ihr euch nich nen Stuhl besorgen?*
(Ehlich/Rehbein 1986, 2*)

(d) Im indikativischen Aussagesatz wird Wirklichkeit dargestellt. Die Form wird zur Aufforderung genutzt, insofern die Beteiligten wissen, dass diese Wirklichkeit erst noch hergestellt werden muss – und zwar vom Adressaten, der damit direkt konfrontiert wird. Die Sprechergruppendeixis *wir* ist institutionsspezifisch auf die Adressaten verengt.

(12) Lehrer *Das möchten wer nochma kurz festhalten, das ist zwar schon 'paarmal gesagt worden, aber sagen wer s bitte zur Klarheit noch einmal.*
S1 *Der Heino!*
(Ehlich/Rehbein 1986, 34f.*)

(e) Der Adhortativ (vgl. 4.1, Beispiel (4a)) appelliert zu kollektivem Handeln (Verberst + Sprechergruppendeixis: *Gehen wir!*).

(f) Partizip- und Infinitivformen (*Aufgepasst! Setzen!*) sind harte institutionelle (Militär, Schule) Varianten des Aufforderns. Die adressierten Personen werden nicht verbalisiert. Als Handlung (Infinitiv) oder Ergebnis (Partizip) wird ausgedrückt, was erst zu realisieren ist. Eine Modalisierung oder Temporalisierung fehlt (abgesehen von einem Zeitadverb wie *jetzt, sofort*). So haben die Adressaten keinen Vorlauf, in dem sie den Handlungsspielraum, ihre Kompetenz, Zuständigkeit, Verantwortlichkeit, Absicht oder Entschlussbildung überprüfen könnten.

5 Dimensionen sprachlichen Handelns III: sprachliche Mittel und Prozeduren

Sprachliche Prozeduren wie Zeigen, Nennen, Lenken bilden die kleinsten funktionalen Einheiten menschlichen Sprachhandelns, sie bestimmen das Potential der Sprache. Organisiert sind sie in Feldern.

Feld	Prozedur	Sprachliche Mittel
Zeigfeld (deiktisches Feld)	zeigend	ich, du, wir; hier, da, dort; jetzt, dann; dies
Nennfeld (Symbolfeld)	nennend	Frau, Paul, schnell, gern, sag-
Verarbeitungsfeld (Operationsfeld)	aufbauend	ein, der; er, sie; weil, als, dass; und, denn; als, wie
Lenkfeld (expeditives Feld)	lenkend	(bericht)-e!; âh, ôh
Malfeld (expressives Feld)	malend	[Tonmodulationen wie im Ausrufesatz:] Hat **die** Mut!

Einige können eigenständig gebraucht werden (*da, nà*); ihre Konfigurationen bilden Äußerungen, die einen Sachverhalt entwerfen können (*der*$_{Operationsf..}$ *Tisch*$_{Symbolf.}$ *wackel*$_{Symbolf.}$*-t*$_{Operationsf.}$) und denen eine Handlungsqualität als Illokution (Kap. 4) zugeschrieben werden kann. Wir gehen auf das Malfeld bzw. die expressive Prozedur, die noch nicht sehr gut erforscht ist, nicht näher ein. Hier geht es um emotionale Empathie, die Fähigkeit, interaktiv Gefühle Anderer lesen zu können. Neben mimischer und gestischer Expression dient die Sprache emotionalem Ausdruck von Sprechern und erlaubt Synemotionalität des Hörers, sie vermittelt einen unmittelbaren Zugang zu emotionalen Zuständen. Die einschlägigen Prozeduren nutzen insbesondere die Möglichkeiten der Intonation.

5.1 Sprachliches Zeigen: die deiktische Prozedur und das Zeigfeld

Sprache dient der Verständigung über die Welt. Die zentrale Schnittstelle bilden Verfahren des Zeigens. Ihre Voraussetzung ist gemeinsame Aufmerksamkeit: Sehen, was der Andere sieht, Anderen etwas sichtbar machen. Wenn der Sprecher *da* sagt, löst die Äußerung eine Orientierung auf etwas im Raum aus. Das Zeigen nutzt die als geteilt erkannte Struktur des Wahrnehmungsraums zur Orientierung von Rezipienten, die dazu die Perspektive des Produzenten einnehmen und nachvollziehen müssen. Deiktische Prozeduren nutzen einen gemeinsamen „Verweisraum" (Ehlich): den Wahrnehmungs- oder Vorstellungsraum, den Rede- oder Diskurs- und den Textraum, in dem das Gemeinte jeweils mit Unterstützung des sprachlichen Ausdrucks zu erschließen ist. Sprachliches Zeigen setzt für die Übernahme von Standort („Origo") und Perspektive des Sprechers durch den Hörer eine Synchronisation voraus. Wenn der Andere sich orientiert wie ich, kann ich seinen Standort einnehmen, um zu sehen, was er sieht, und nachzuvollziehen, was im Orientierungsfeld das Gemeinte ist.

Das „Zeigfeld" (Bühler) ist ein sprachspezifisches Gliederungssystem der Zeigwörter. Das Verständnis einer deiktischen Prozedur erfordert die Verortung der Deixis im sprachspezifischen Zeigfeld. Jedes Element hat einen Stellenwert im Kontrast zu den Nachbarelementen. Die Ordnung basiert auf dem Zeigwert. Grundlage ist eine dimensionale Raumaufteilung. Elementar ist ein bloßer räumlicher/zeitlicher Verweis auf Präsentes in einer neutralisierten Form (*da*). Spezifischer ist eine räumliche Orientierung, die den Sprecherbereich, markiert durch *ich*, vom Hörerbereich, markiert durch *du*, unterscheidet und das Umfeld als Nahbereich (*hier, hüben*) vom Fernbereich (*da, dort, drüben*) trennt. Die Orientierung erfolgt relativ zum Sprecher. Das deiktische System erfordert je aktuelle Konstitutionsleistungen (wer Sprecher ist, sagt *ich*, auf seinen Nahbereich orientiert er mit *hier* etc.), damit ist es flexibel und dynamisch. Für den Verweis auf Personen, Objekte, Zeitintervalle, Ortsbereiche, Aspekte können spezifische sprachliche Formen ausgeprägt sein.

Am Anfang des Weges in das Zeigfeld steht für das Kind das lautlich einfache *da*, das auf einen präsenten Raumbereich, in dem sich ein x befindet, zeigt. Später kann es – gestisch unterstützt – in Opposition zu *hier*, das im Nahbereich zeigt, auch auf etwas im Fernbereich verweisen. Im Feld der lokalen Deixis finden wir das neutralisierte *da (da ist eine Maus)* und die Nähe-Ferne-Opposition *hier – da/dort*. Abstrakt ist die Temporaldeixis, die auf das aktuelle Sprechzeitintervall orientiert (*jetzt*). Der mit *ich* aufgerufene personale Nahbereich als Aktions- und Erfahrungszentrum ist für die soziale Identität grundlegend. Der Ich-Raumbereich enthält die Origo als körper-/rumpfgebundenes Orientierungszentrum, das auditiv über die Stimmqualität zusätzlich identifizierbar wird (Bühler 1999). In diesem Raum kann jede andere kooperierende Person ihrerseits zu einem solchen Zentrum werden und die Sprecherrolle übernehmen. Dem räumlich gefassten „Ich" steht ein davon abgegrenztes „Du" gegenüber als Gegenstück im Fernbereich des Zeigfelds. Deiktisch sind im Deutschen auch die beiden Tempora Präsens (vergegenwärtigt ein Zeitintervall) und Präteritum (verweist auf ein vergangenes Zeitintervall).

Arten der Deixis (funktionale Klassifikation sprachl. Mittel)	Verweisbereich	Formen	Traditionelle Bezeichnung
Persondeixis: Sprecherdeixis, Hörerdeixis; Sprechergruppendeixis, Hörergruppendeixis	Sprecher, Hörer; Gruppe aus Sprecher (inklusiv/exklusiv)/ Hörer und mit ihnen verbundenen Personen	*ich, du* (Balanceform), *Sie* (Distanzform); *wir; ihr* (Balanceform), *Sie* (Distanzform)	Personalpronomen
Possessivdeixis (Possessivum)	Sprecher, Hörer, denen ein Gegenstand zugewiesen wird Gruppe aus Sprecher (inklusiv/exklusiv)/ Hörer und mit ihnen verbundenen Personen, denen ein Gegenstand zugewiesen wird	*mein(e)s, dein(e)s* (Balanceform), *Ihr(e)s* (Distanzform); *unser(e)s, euer(e)s* (Balanceform), *Ihr(e)s* (Distanzform)	Possessivpronomen (umfasst auch die determinativen Formen wie *mein; dein; unser; euer*)
Objektdeixis	Objekte i. w. S. (Dinge, Personen)	<u>der</u>; *dieser*; <u>er</u>; *jener*	Demonstrativpronomen
Aspektdeixis: Adverb	Aspekte	*so*	**Adverb** (Art und Weise)
Lokale Deixis: lokaldeiktisches Adverb	Raumbereich	*hier; da; dort*	Adverb (lokal)
Temporale Deixis: temporaldeiktisches Adverb Tempus des Verbs	Zeitintervall	*jetzt*, Präsens, Präteritum	Adverb (temporal) Präsens, Präteritum
Zweck: Der Hörer identifiziert über eine Synchronisierung mit dem Sprecher das Gemeinte in einem Verweisraum (Wahrnehmung, Vorstellung) und übernimmt es in seine Wissensverarbeitung.			

Die funktionale Klassifikation kann in das Wortartsystem eingehen (vgl. Zifonun/Hoffmann/Strecker 1997; Hoffmann 2007), das sich traditionell durch eine inhomogene Kriterienmischung und Vernachlässigung des Funktionsaspekts auszeichnet. In einer funktionalen Grammatik sind aber auch Formdifferenzierungen (Flexion, Stellung und Kombinatorik) zu berücksichtigen, weil in der Regel eine formale Differenz eine funktionale anzeigt. Das traditionelle Possessivpronomen zerfällt dann in zwei Klassen (Possessivum – possessives Determinativ), deren eine selbständig (*das ist meins*) vorkommt, während die andere zu den Determinativen, die mit einem Nomen kombiniert werden (*das ist mein Spielzeug*), zählt. Beide unterscheiden sich auch in den Flexionsformen des Singulars (Nom. und Gen. Mask./Neutr.; Akk. Neutr.). Funktional gesehen ergibt sich keine Rechtfertigung für das traditionelle Pronomen, das ja in Schulgrammatiken noch „Stellvertreter und Begleiter" eingeschlossen hat. Wir finden eine Vielzahl formal unterschiedlicher Ausdrücke, die sich zwei Funktionsbereichen zuordnen lassen: Die einen sind deiktisch (z.B. *ich, wir*), die anderen unterstützen operativ die Sprachverarbeitung (*er, sie, es*), manche leisten beides (z.B. die possessiven Determinative). Funktional haben 1. und 2. Person der Personalpronomina nichts mit der 3. Person gemein. Die einen dienen sprachlichem Zeigen auf Sprecher, Hörer bzw. eigens zu bildende Sprecher-/Hörergruppen, sie „vertreten" (Pro-Nomen) nicht. Aber auch *er, sie, es* – die Anapher – vertritt kein Nomen, bestenfalls kann man sagen, dass sie dort vorkommt, wo eine Nominalgruppe vorkommt.

(13) [*Ein König*] bekam [*drei Töchter*]. a. *Er bekam drei Töchter.* b. *Er bekam sie.*

Im Beispiel ist die Ersetzung grammatisch möglich, aber am Textanfang sinnlos. Nur wo in einer Äußerungsfolge etwas thematisch fortgeführt wird, ist eine Anapher sinnvoll:

(14) [*Er*] *suchte, als die Zeit gekommen war, einen Gemahl für* [*sie*].

Manchmal ist die Fortführung notwendig, um Fehlschlüsse zu vermeiden:

(15) *Peter kam in die Klasse.* [*Peter/er*] *war unvorbereitet.*

Die Anapher operiert auf dem laufenden Wissen, das insbesondere durch Vorgängeräußerungen gegeben ist. Etwas, das schon präsent ist, wird thematisch fortgeführt. Insofern gehört sie dem Operationsfeld und nicht dem Zeigfeld an. Auch im Zeigfeld kann thematisch fortgeführt werden; dies leistet die (anadeiktisch verwendete) Objektdeixis (z.B. *der*), die entlang der Kette des Gesagten auf den nächstmöglichen Gegenstand reorientiert:

(16) *Peter hat einen Koffer.* [*Er/Der*] *ist sehr groß.*

Die Anapher (*er*) führt das Parallelelement des Vorgängersatzes fort (*Peter*), die Deixis das nächstmögliche (*Koffer*), wobei beide von der Genus- und Kasusmarkierung profitieren und das Gesuchte mit dem Prädikat verträglich sein muss.

	"Personalpronomina"		
	Verweis (Deixis)/Bezug (Anapher)	Balance	Distanz
Zeigwort (Deixis)	Sprecher	*ich*	–
	Sprechergruppe	*wir*	–
	Hörer	*du*	*Sie* *
	Hörergruppe	*ihr*	*Sie* *
Fortführer (Anapher)	Vorgängerausdruck: Mask. Sg.		*er*
	Vorgängerausdruck: Fem. Sg.		*sie*
	Vorgängerausdruck: Neutr. Sg.		*es*
	Vorgängerausdruck: Pl.		*sie*

* Die Distanzform *Sie* ist aus der Anapher *sie* abgeleitet, ursprünglich also kein Zeigwort, daher „paradeiktisch".

5.2 Nennen und Charakterisieren: symbolische Prozedur und Symbolfeld

Substantive (*Haus, Paula, Milch*), Verben (*geh-, sag-*), Adjektive (*klein, mutmaßlich, drei, grün*), einige Adverbien (*gern*) machen das „Symbolfeld" der Sprache (Bühler) aus. Symbole schaffen Sinn durch Aktualisierung des sprachlichen Wissensnetzes. Symbole stehen nicht für etwas Anderes, sie werden in einer Weise verwendet, die mit ihrem Lautwert nichts zu tun hat. Sie ermöglichen es, Dinge und Prozesse mit charakteristischen Eigenschaften, in Form von Prädikaten, unter einer bestimmten Hinsicht zu erfassen. Wir können eine Aktion in unterschiedlichen Hinsichten fassen, sie z.B. als *Bewegen des Beins, Treten*, (den Gegenspieler) *Foulen* bezeichnen; wir können etwas generalisieren – mit Gattungsnamen (*Mensch, Tür, Wald*) und Stoffnamen (*Stahl, Gold*) – oder individualisierend über Gegenstands- und Namenskenntnis (*Iran, Obama, die Pyrenäen*) erfassen. Die Prädikate unserer Sprache sind in unserem Sprachwissen verankert und geben uns vielfältige Möglichkeiten, Gedanken dadurch zu formulieren, dass wir Gegenstände und Ereignisse charakterisieren. Ein Gedanke kann als wahr gelten, wenn ein Gegenstand tatsächlich unter ein Prädikat fällt. Symbolische Ausdrücke bilden die Basis des Wissenstransfers im sprachlichen Handeln. Sie sind verbunden mit dem Begriffssystem, das Menschen Zugang zur Wirklichkeit gibt, und somit auch mit der Erkenntnisfunktion von Sprache.

Substantive spielen eine zentrale Rolle bei der Konstitution von Gegenständen, über die wir sprechen können. Eigennamen und Stoffnamen können auf sich gestellt in der Kommunikation Individuen bzw. Substanzen aufrufen. Gattungsnamen bedürfen im Deutschen eines Determinativs aus dem Operationsfeld, das die Art des Hörerzugangs zum Wissen markiert. Der bestimmte Artikel lässt den

Hörer Bekanntes aufrufen: *der Koffer* (den wir gestern gekauft haben); *die Schule* (in die du gehst); *der Löwe* (der dir als Tierart bekannt ist); *der Motor* (das Auto, um das es geht, hat wie andere auch einen Motor). Der unbestimmte Artikel dient der Neueinführung ins Wissen; das quantifizierende Determinativ markiert die Wahl aus einem Gegenstandsbereich: *alle Schülerinnen* (aus einer bestimmten Klasse); das possessive dient der Bestimmung über die Zugehörigkeit zu Sprecher, Hörer, Dritten. Entscheidendes Formmerkmal des Substantivs im Deutschen ist das jeweilige Genus. Es dient der Markierung dessen, was zur Nominalphrase gehört und ist besonders an der Artikelform sichtbar. Artikel und Adjektiv passen sich in Kasus und Numerus an das Kopfnomen an, so dass die Funktionseinheit der Gegenstandskonstitution gut markiert ist (*einen großen Hasen*). Hinzukommen können unflektierte Nomen (**Peter** *Meiers*), attributive Nominalphrasen im Genitiv (**Peters** *Haus, das Haus* **meines Vaters**), Präpositionalgruppen (*das Haus* **am Wald**), Attributsätze (*das Haus,* **das brannte**; *die Frage,* **ob es regnet**...) und Infinitivgruppen (*der Versuch,* **ohne Mühe durchzukommen**).

Attributive Elemente der Nominalphrase können restriktiv sein, den Gegenstandsbereich einschränken, um das Gemeinte zu verdeutlichen (*ich möchte einen Rechner, der sparsam ist (und keinen anderen)*). Wo solche Einschränkungen nicht gefordert sind, sind sie appositiv, geben Zusatzinformationen (*der schlaue Otto*). Die Funktion von Adjektiven besteht darin, die in einer Nominalphrase gegebene Charakteristik um eine weitere Eigenschaft anzureichern (Frage: Was für ein Gegenstand ist das?).

Das, was eine Szene als Ereignis oder Handlung ausmacht, ihre Konstellation, Entwicklung, Dynamik wird mit Verben erfasst. Das Verb bindet die Mitspieler der Szene. Es gibt vor, welche szenischen Elemente zu erwarten sind und welche nicht, es weist den Mitspielern (Ergänzungen/Komplementen) einen Kasus zu, so dass sie von anderen unterschieden werden können: *jemandem*$_{Dativ}$ *einen Blumenstrauß*$_{Akkusativ}$ *schenken*. Diese Verbgruppe hat die Funktion einer Prädikation, die über das Subjekt ausgesagt wird, an dem die Szene verankert ist:

(17) *[Paula]*$_{Subjektion}$ *[schenkt [Hanna] [einen Blumenstrauß]*$_{Prädikation}$.

Die Prädikation kann spezifiziert werden, etwa durch ein Adverb wie *gern*. Die ganze Szene kann ebenfalls spezifiziert werden, etwa zeitlich durch das Zeigwort *heute* oder den Symbolausdruck *in drei Tagen*, lokal durch das Zeigwort *da* oder den Symbolausdruck *in der Schule*. Das Ganze kann auch modalisiert werden, z. B. durch *wahrscheinlich*. Dass Zeigfeld- und Symbolfeldausdrücke in eine verstehbare Äußerungsform kommen, dafür sind operative Prozeduren verantwortlich.

5.3 Organisation des Äußerungsverstehens: die operative Prozedur und das Operationsfeld

Sprache enthält aus dem Symbolfeld und dem Zeigfeld abgezogene, für das Äußerungsverstehen funktionalisierte Mittel, die die Einordnung der Ausdrücke, das Verständnis des Äußerungsaufbaus und der Zusammengehörigkeit ihrer Teile durch den Hörer unterstützen. So sind aus Symbolfeldausdrücken Verbendungen oder Substantivkasusendungen oder Präpositionen, aus Zeigwörtern Konjunktoren oder definite Artikel, aus dem Zahlwort unbestimmte Artikel entstanden. Operative Prozeduren dienen der grammatischen Organisation für das Verstehen. Gäbe es sie nicht, müsste man im folgenden Satz auf die kursiven Elemente und die geregelte Abfolge verzichten.

(18) *Der* alte König *hatte den* besten Gelehrt*en des* Landes *geraten,* schnell *über die* Grenze *zu* gehen *und nach einem* Nachfolger *zu* suchen.

(19) Alt best König Land Gelehrte rat schnell geh Grenze such Nachfolger.

Operative Sprachmittel markieren, was zusammengehört, durch Abfolge oder kongruierende Affixe, kennzeichnen thematische Fortführung (Anapher: *er, sie, es*), verdeutlichen die Gliederung und funktionale Zusammengehörigkeit (Konjunktoren wie *und,* Konnektivpartikeln wie *übrigens*), lösen mit Abtönungspartikeln wie *halt* oder *eh* eine spezifische Bearbeitung von Wissen und Erwartungen aus. Determinative bahnen den Zugang zu spezifischem Hörerwissen. Syntaktische Verfahren prägen dem zeitlichen Nacheinander des Gesagten eine hierarchische Gliederung für das kompositionale (auf dem Äußerungsaufbau beruhende) Verstehen auf.

Syntax beruht auf elementaren operativen Prozeduren, die funktional sind. Sie verbinden Sprachmittel so, dass sie mit ihren Potentialen die Grundlage einer neuen Funktionseinheit bilden (vgl. Hoffmann 2003; 2010). Die Kombinationen sind – anders als meist angenommen – nicht von einem Typ: Konstituenz (Teil-Ganzes), Dependenz (Abhängigkeit vom Hauptverb, Adjektiv etc.), sondern es gibt unterschiedliche funktionale Typen, je nach Interaktion ihrer Teile und Teilbedeutungen:

a) **Integration:** Funktionseinheit, in der die Funktion des einen auf die Funktion des anderen Mittels hingeordnet ist und diese Funktion unterstützt, ausbaut oder ausdifferenziert – die Integration ist die Grundlage der Phrasenbildung.

(20) *[Der berühmte Pianist] sammelt [historische Flügel].*

b) **Synthese:** Bildung einer Funktionseinheit höherer Stufe aus funktional unterschiedlichen und eigenständigen Funktionseinheiten – die Synthese bildet die propositionale Basis eines Satzes.

(21) *[Meine Schwester Paula] [singt].*

c) **Koordination:** Verbindung von Funktionseinheiten mit sich überschneidendem Funktionspotential unter einer einheitlichen Funktion, markiert durch Juxtaposition (Nebeneinanderstellung) oder Konjunktor bzw. Komma. Sie stellt komplexe Zusammenhänge von Handlungen, Sachverhalten, Prädikatsgegenständen her, erlaubt Differentes aspektuell zusammenzubringen.

(22) *[Sie mag Hai]*, **aber** *[andere Fische **oder** Tierfleisch] isst sie grundsätzlich nicht].*

d) **Installation:** Einbindung einer Funktionseinheit in eine funktional abgeschlossene Trägereinheit.

(23) *Grammatik macht – **offen gesagt** – Spaß, wenn man – **etwas oder viel** – davon versteht.*

Die Prädikation erfordert einen symbolischen Ausdruck, die Subjektion kann durch symbolische wie zeigende Ausdrücke realisiert werden. Der gedankliche Kern ist somit symbolkonstituiert. Ein Gedanke wird im Satz höreroreintiert zum Kommunikat aufbereitet. Das Gesagte gilt für die Sprechzeit, im Hier und Jetzt deiktischer Origo. Distanz davon bedarf des Ausdrucks. Die Verarbeitung wird sprachspezifisch durch operative Mittel unterstützt. Syntaktische Prozeduren erweitern die Möglichkeiten einzelner symbolischer Mittel durch Kombinationsmöglichkeiten von Wortformen, Wortgruppen, Sätzen, Satzketten. In der Kombinatorik wird das Gemeinte eingeschränkt und präziser zugänglich gemacht, es kann expliziter dargestellt und besser situationsunabhängig (in Texten) zugänglich gehalten werden. Damit ergeben sich zahllose Arten, Dinge zusammen zu denken, komplexe Zusammenhänge, Prozesse, Szenen etc. auszudrücken. In der Äußerung wirken die Prozeduren funktional abgestimmt zusammen, um dem Hörer ein Verständnis des Gemeinten zu erlauben. Eine Kombination kann sich im Gebrauch als so nützlich erweisen, dass sie als Formel (Redewendung, Idiom, Phraseologismus) fest werden kann, in der einige Teile nicht veränderbar, andere als Slots situationsgerecht unterschiedlich zu besetzen sind. Solchen Schemata, in denen Variablen zu füllen sind (*x bringt y in Rage* etc.), entsprechen komplette Pläne, die in einem Zug abrufbar sind.

Die lineare Abfolge, in die eine Äußerung gebracht werden muss, ist selbst funktional. Die Prinzipien zeigt Abb. 4. Sie beruht auf der Feldgliederung, der Abfolge, die um die Satzklammer herum aufgebaut ist. Der finite Verbteil besetzt die zweite Position in der Grundstruktur des Aussagesatzes, der infinite die Endposition der Klammer (*hat ... gesagt; macht ... blau; wird ... geschafft haben*). Nicht immer ist der zweite Klammerteil besetzt; Nebensätze haben kein Vorfeld, der Subjunktor besetzt den ersten Klammerteil, der ganze Verbalkomplex den zweiten (27). Ohne Vorfeld sind auch Entscheidungsfragesätze und Imperativeinheiten (28).

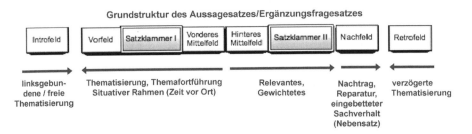

Abb. 4: Prinzipien der linearen Abfolge im Aussagesatz/Ergänzungsfragesatz

Beispiele (Akzentsilbe unterstrichen, Füllung der Satzklammer fett):
(24) *In Köln* **hat** *sie ihrer Schwester mal einen Hut* **gekauft** *gestern.*
(25) *Sie* **hat** *gestern in Köln ihrer Schwester einen Hut* **gekauft**.
(26) *Die Paula, die* **hat** *den Hut wohl ihrer Schwester* **gekauft**.
(27) *Gekauft* **hat** *sie ihn mir in Köln,* **obwohl** *ich mit Hüten nie etwas am Hut* **gehabt habe**.
(28) **Sag** *mal was Nettes!* **Will** *dir nichts* **einfallen**?

Ausdrücke im Introfeld werden mit Pause und fallender Intonation ganz abgesetzt und mit einer Anapher fortgeführt (*Der Film ↓ ich habe ihn nicht gesehen*) (freies Thema) oder mit schwebender Intonation und deiktischer Reorientierung im Vorfeld (*Der Film → der ist neu*) (linksangebundene Thematisierung) der Grundstruktur vorangestellt.

5.4 Sprachliches Steuern: die expeditive Prozedur des Lenkfelds

Sprache erlaubt die direkte Hörersteuerung. Sprachmittel können unmittelbar in Handlungsprozesse eingreifen und für ihre Modifikation (Ausrichtung, Beschleunigung, Fokussierung etc.) sorgen. Das Lenken ist eine Prozedur, die auf Online-Hörereffekte zielt: die Übernahme eines Handlungskonzepts zur Realisierung beim Imperativ (*acht-e auf den Lehrer!*), die Aufmerksamkeit und eine situativ nahegelegte Reaktion beim Vokativ (*Paula!* (= Lass das)), die Sprechersteuerung durch den Hörer bei Interjektionen wie *hm*.

Interjektionen (Ehlich 2007b; Hoffmann 1997) tragen keinen eigenen propositionalen Gehalt, sind an die Mündlichkeit gebunden, nur über ihre spezifische adressatenbezogene interaktive Rolle bestimmbar und stehen mit ihrer Form (Lautstruktur und Tonalität) außerhalb des Lexikons einer Sprache. Sie gestatten sogar die Lenkung des Sprechers aus der Hörerposition und bilden so ein spezielles kommunikatives Subsystem, das beispielsweise online zur Planänderung (*hm*) oder zur Beschleunigung (*jà*) beitragen kann; sie geben dem Sprecher ein direkt nutzbares Feedback. Sie können aber auch expressive Qualität haben (*äh*) oder überraschendes Erkennen einer Problemlösung ausdrücken (*ahâ*).

6 Fazit

Hier konnte nur ein Überblick gegeben werden (vertiefend: Zifonun/Hoffmann/Strecker 1997; Ehlich 2007a; Hoffmann 2007/2009; Hoffmann 2013). Der Blick auf die funktionale Landkarte zeigt blühende Regionen, aber auch für die Didaktik noch unerschlossene Gegenden. Das betrifft besonders den Bereich der sprachlichen Mittel und ihrer Funktionalität, der im Kapitel 5 dargestellt wurde. Es wäre wichtig, Wortarten nicht länger als bloße Benennungs- und Sortierkategorien einzuführen, sondern sie in funktionaler Analyse zu verankern. Dann aber braucht man ein System, das funktional begründet ist. Und man darf die vielen Wortarten nicht vergessen, die in der Schule bislang keine Rolle spielen: Abtönungspartikeln, Gradpartikeln, Konnektivpartikeln; Interjektionen; Responsive. Wo Unterschiede wichtig sind, müssen sie gemacht werden. Die traditionelle „Konjunktion" z. B. umfasst Subjunktoren, die Nebensätze und sonst nichts einbetten; und Konjunktoren, die funktional äquivalente Elemente (Wörter, Wortgruppen, Sätze) verbinden. Mit einer funktionalen wie zugleich formbezogenen Perspektive können im Unterricht Erklärungen gegeben werden. Entdeckungen sind nicht auf die Ergebnisse (oft undurchschauter) Operationen beschränkt. Was an authentischen Gesprächen und in (journalistischen wie literarischen) Texten zu sehen ist, kann auf eine grammatische Systematik bezogen werden, so dass sich ein Bild des Deutschen ergibt. Nur durch systematischen Unterricht ist es möglich, Deutsch – was ja neuerdings auch Richtlinien vorsehen – mit Kontaktsprachen (wie Türkisch, Russisch) oder Nahsprachen (wie Englisch, Französisch) zu vergleichen. Ein solcher Vergleich schärft die Konturen der Einzelsprachen und legt die Grundlagen für allgemeinere sprachtheoretische Betrachtungen, wie sie die Oberstufe vorsieht. Auch in der Sekundarstufe II kann und sollte endlich guter Grammatikunterricht gemacht werden.

Literatur

Bartnitzky, Horst: Grammatikunterricht in der Grundschule. Berlin: Cornelsen 2005

Bergmann, Jörg: Ethnomethodologische Konversationsanalyse. In: Hoffmann, Ludger (Hrsg.): Sprachwissenschaft. Ein Reader. Berlin/New York: de Gruyter, 3. Aufl. 2010, 258–274 [zuerst 1995]

Boettcher, Wolfgang/Sitta, Horst: Der andere Grammatikunterricht. München: Urban und Schwarzenberg 1981

Bühler, Karl: Sprachtheorie: die Darstellungsfunktion der Sprache. Jena: Fischer 1934 – Ungekürzter Neudr. d. Ausg. Stuttgart UTB: Lucius und Lucius 1999 (UTB 1159)

Deppermann, Arnulf: Gespräche analysieren: eine Einführung. Opladen: Leske und Budrich 1999

Ehlich, Konrad: Zum Textbegriff. In: Rothkegel, Annelie/Sandig, Barbara (Hrsg.): Text – Textsorten – Semantik. Hamburg: Buske 1984, 9–25

Ehlich, Konrad: Sprache und Sprachliches Handeln. Bde. 1–3. Berlin/New York: de Gruyter 2007a

Ehlich, Konrad: Interjektion und Responsiv. In: Hoffmann, Ludger (Hrsg.): Handbuch der deutschen Wortarten. Berlin/New York: de Gruyter 2007b/2009, 423–445

Ehlich, Konrad/Rehbein, Jochen: Muster und Institution. Tübingen: Narr 1986

Everett, Daniel L.: Cultural Constraints on Grammar and Cognition in Pirahã. In: Current Anthropology 46 (2005) 4, 621–634

Everett, Daniel L.: Das glücklichste Volk. München: DVA 2010

Hausendorf, Heiko/Quasthoff Uta: Sprachentwicklung und Interaktion. Wiesbaden: Westdt. Verlag 1996

Hoffmann, Ludger: Zur Ausbildung der Erzählkompetenz: eine methodische Perspektive. In: Ehlich, Konrad (Hrsg.): Erzählen in der Schule. Tübingen: Narr 1984, 202–222

Hoffmann, Ludger: C4.2. Interjektionen und Responsive. In: Zifonun, Gisela/Hoffmann, Ludger/Strecker, Bruno (Hrsg.): Grammatik der deutschen Sprache. Berlin/New York: de Gruyter 1997, 360–408

Hoffmann, Ludger: Kommunikative Gewichtung. In: Peschel, Corinna (Hrsg.): Grammatik und Grammatikvermittlung. Frankfurt: Lang 2002, 9–37

Hoffmann, Ludger: Funktionale Syntax. Prinzipien und Prozeduren. In: Hoffmann, Ludger (Hrsg.): Funktionale Syntax. Berlin/New York: de Gruyter 2003, 18–122 [Ausz. in: Hoffmann, Ludger (Hrsg.): Sprachwissenschaft. Ein Reader. Berlin/New York: de Gruyter, 3. Aufl. 2010, 684–717]

Hoffmann, Ludger: Funktionaler Grammatikunterricht. In: Becker, Tabea/Peschel, Corinna (Hrsg.): Gesteuerter und ungesteuerter Grammatikunterricht. Baltmannsweiler: Schneider Hohengehren 2006, 20–45

Hoffmann, Ludger (Hrsg.): Handbuch der deutschen Wortarten. Berlin/New York: de Gruyter 2007/2009

Hoffmann, Ludger: Sprachwissenschaft. Ein Reader. Berlin/New York: de Gruyter, 3. Aufl. 2010

Hoffmann, Ludger: Deutsche Grammatik. Grundlagen für Lehrerausbildung, Schule, Deutsch als Zweitsprache und Deutsch als Fremdsprache. Berlin: Erich Schmidt 2013

Hoffmann, Ludger: Pragmatik und Grammatik der Textstruktur. In: Feilke, Helmuth/Pohl, Thorsten (Hrsg.): Handbuch Schriftlicher Sprachgebrauch/Texte verfassen (DTP 9). Baltmannsweiler: Schneider Hohengehren (erscheint 2014)

Koch, Peter/Oesterreicher, Wulf: Sprache der Nähe – Sprache der Distanz. Mündlichkeit und Schriftlichkeit im Spannungsfeld von Sprachtheorie und Sprachgebrauch. In: Romanistisches Jahrbuch 36 (1985), 15–43

Koch, Peter/Oesterreicher, Wulf: Schriftlichkeit und Sprache. In: Günther, Hartmut/Ludwig, Otto (Hrsg.): Schrift und Schriftlichkeit. Ein interdisziplinäres Handbuch internationaler Forschung. HSK 10.1. Berlin/New York: de Gruyter 1997, 587–604.

Köller, Wilhelm: Philosophie der Grammatik. Vom Sinn grammatischen Wissens. Stuttgart: Metzler 1988

Köller, Wilhelm: Funktionaler Grammatikunterricht. Tempus, Genus, Modus: Wozu wurde das erfunden? Baltmannsweiler: Schneider Hohengehren, 4. Aufl. 1997 (1. Aufl. 1983)

Meng, Katharina/Kraft, Barbara/Nitsche, Ursula: Kommunikation im Kindergarten. Berlin: Akademie 1991

Menzel, Wolfgang: Grammatik-Werkstatt. Seelze-Velber: Kallmeyer 1999

Ohlhus, Sören/Stude, Juliane: Erzählen im Unterricht der Grundschule. In: Becker-Mrotzek, Michael (Hrsg.): Mündliche Kommunikation und Gesprächsdidaktik. (DTP 3). Baltmannsweiler: Schneider Hohengehren 2009, 471–486

Quasthoff, Uta: Entwicklung mündlicher Fähigkeiten. In: Bredel, Ursula/Siebert-Ott, Gesa/Thelen, Tobias (Hrsg.): Didaktik der deutschen Sprache: Band 1. Paderborn: Schöningh UTB 2003, 107–120

Redder, Angelika (Hrsg.): Schulstunden. Tübingen: Narr 1982

Rehbein, Jochen: Konzepte der Diskursanalyse. In: Brinker, Klaus/Antos, Gerd/Heinemann, Wolfgang/Sager, Sven F. (Hrsg.): Text- und Gesprächslinguistik. HSK 16.2, 2. Halbband. Berlin/New York: de Gruyter 2001, 927–945

Rehbein, Jochen/Kameyama, Shinichi: Pragmatik. In: Ammon, Ulrich/Dittmar, Norbert/Mattheier, Klaus J./Trudgill, Peter (Hrsg.): Sociolinguistics/Soziolinguistik. HSK 3.2. Berlin/New York: de Gruyter, 2. Aufl. 2006, 556–588

Zifonun, Gisela/Hoffmann, Ludger/Strecker, Bruno: Grammatik der deutschen Sprache. 3 Bde. Berlin/New York: de Gruyter 1997

PETER KLOTZ

B 5 Grammatik und Textualität

1 Die Ausgangslage

Grammatik und Textualität in einem Zusammenhang zu sehen, ist linguistisch und fachdidaktisch ziemlich selbstverständlich, doch bleibt dieser Zusammenhang meist im Allgemeinen, nicht zuletzt, weil der Begriff „Textualität" wohl immer noch ein Schattendasein führt; er ist nur wenig über die Textwissenschaft hinaus als wesentlicher Begriff etabliert. Einen konkreten, gar heuristischen und funktionalen Bezug zwischen Grammatik und Text bzw. gar Textualität herzustellen, ist bis heute selten geblieben (z. B. Scherner 1984; Nussbaumer 1991; Weinrich 1993). Im Schulalltag spiegeln sich diese Verhältnisse. Nicht nur, dass der „Grammatikunterricht" zumeist ein Schattendasein führt, wenn man darunter mehr als die Hinführung zu Terminologie und Wieder-Auffinden sprachlicher Phänomene versteht, sondern auch die begrifflich neuere Variante „Sprachreflexion" erreicht den konkreten Textbezug nur selten bzw. allenfalls am Rande. Und was einen Text zum Text macht, erfahren Schüler und Schülerinnen systemisch fast nie, insbesondere fehlt die dominant grammatische und pragmatische Perspektive. Zwar behilft sich der Deutschunterricht mit einigen Strukturvorgaben, angefangen von dem ebenso leeren wie unausrottbaren Schema „Einleitung – Hauptteil – Schluss" bis hin zu differenzierten Strukturmustern für den Argumentationsaufsatz; die inhaltliche Orientierung dominiert fast ausschließlich.

Schule vertraut prima vista erst einmal kindlichen Erfahrungen mit Texten, also mit Märchen, Geschichten, Comics, Filmserien, und die Grundschule leistet die große Aufgabe, erste Vorstellungen von „Text" zu vermitteln, die dann schon in Form von Textsorten in Erscheinung (Dehn 1991) treten. Ansonsten aber, so entsteht der Eindruck, wird auf allgemeine, amorphe Vorstellungen von Text, von Texthaftigkeit vertraut, gelegentlich im zufriedenen Bewusstsein, dass solche amorphe Vorstellungen Kreativität begünstigten. Demgegenüber leistet der Literaturunterricht sehr viel konkretere Anschauung, was denn ein Text sei und seine Texthaftigkeit, seine **Textualität** ausmache: Gedichte, Märchen, Alltagsgeschichten, Fabeln, Sagen, Novellen, Kurzgeschichten werden den Heranwachsenden in ihrer Gestalthaftigkeit präsentiert, und so entsteht ein Einblick in literarische Textualität, die nur nicht oder nur ganz selten mit diesem Terminus in Verbindung gebracht wird. Das wiederum liegt an der so schwer überwindbaren **mentalen Trennung der Fachteile für Sprache und Literatur** an der Hochschule, was für die Lehrerausbildung Konsequenzen hat: Es fehlt trotz mancher Bemühung in der Deutschdidaktik an Routinen, Sprach- und Literaturwissen unmittelbar funktional zu verbinden.

Was also in diesem Beitrag funktional zusammengeführt werden soll, bezieht sich auf etwas, was im Unterricht nur selten in funktionale Verbindung gebracht wird, nämlich grammatisches Wissen bezogen auf Text, und es bezieht sich auf ein Zweites, das in seiner systemischen und pragmatischen Sprachlichkeit selten so beschrieben wird – die Textualität eines Textes. Beides ist aufs engste miteinander ver**woben**, wie das Etymon „Text" immer schon klar ausweist.

Das Ziel der Darstellung des Zusammenhangs von Grammatik und Textualität besteht zunächst in der Stärkung der Sensibilisierung für und der Wahrnehmung von Sprachlichkeit und Texthaftigkeit, sodann in der Hinführung zu Redeweisen über die Sprachlichkeit von Texten und schließlich in der Fähigkeit, über Texte sprachlich und pragmatisch Mitteilenswertes, Weiterführendes, Strittiges, Begeisterndes u. Ä. herausfinden und artikulieren zu können. Dies bedeutet eine Absage an Zielvorstellungen, die bei Begrifflichkeit und Terminologie, somit bei Zuordnungen als Sprach- und Textwissen enden. Es bedeutet vielmehr, dass das Reden-Können über Sprache und Texte als lebenslanger Entfaltungsprozess – gerade unter allgemein-didaktischer Perspektive – zu sehen ist. Denn „Text" ist sowohl Faszinosum als auch relevante Orientierungsgröße, wenn es um Sprache, um Grammatik, um Gestaltung und Verstehen geht.

2 Hauptaspekte

„Textualität" meint alle Komponenten, die einen Text als Text erscheinen lassen. Der „manifeste Text" (Eco 1987) wird aus den materialen Elementen der Sprache gebildet, die von den grammatischen Zeichen (Köller 1983) so geordnet werden, dass kommunikativ sinnvolle Einheiten entstehen, also Sätze aus Phrasen/Satzgliedern und ggf. aus Wortgruppen (z. B. Attributen) und Wörtern. Mehrere Sätze können einen Text bilden, dessen Textualität, dessen Texthaftigkeit idealiter gekennzeichnet ist durch einen markanten **Anfang** und ein markantes **Ende**, durch die **Entfaltung eines Themas** oder auch mehrerer, in Verbund stehender Themen. Diese Entfaltung wird zusammengehalten durch „Kohärenz", d. h. durch intentionale, inhaltliche, affektive und kommunikative Zusammengehörigkeit. Dabei bedarf die Kohärenz als nicht-materielle Größe der „Kohäsion", d. h. des durch Grammatik und durch Wortwahl, die die Geschlossenheit der semantischen Isotopie erreichen kann, konkret-sprachlichen Zusammenhalts. Da Texte nur als mehr oder weniger konventionalisierte Textsorten (Feilke 2003; Gansel 2011; Fandrych/Thurmair 2011) vorkommen, bewirkt unter pragmatischer Perspektive eine dominant gesetzte „Sprachhandlung" wie z. B. ERZÄHLEN, BESCHREIBEN, FESTLEGEN eine spezifische Form von Textualität. Kohärenz und Textualität sind also eng beieinander liegende Begriffe, wobei „Kohärenz" eher dem rein mentalen Konstrukt Text nahesteht, „Kohäsion" durch alle konkret sprachlichen und grammatischen Komponenten erzeugt wird, so dass „Textualität" jene texthafte Verbindung meint, die sich aus Kohäsion und

Kohärenz, durchaus unter Berücksichtigung von Kontexten (s. u.), ergibt. Nicht-Texte dagegen haben eine ganz geringe bzw. keine volle grammatische und pragmatische Formierung (z. B. Notizzettel). Die Übergänge von Textualität zu gering ausgeprägter Textualität können fließend sein (wie viele Texte, gelegentlich auch Schulaufsätze zeigen).

Weiterhin ist eine Sichtweise sinnvoll, die Texte als Makrozeichen versteht, die unter Kontextkonstellationen (Klotz/Portmann-Tselikas/Weidacher 2010; Hausendorf/Kesselheim 2008; Polenz 1985) geäußert werden, welche sie z. T. – über ihre Thematisierung hinaus – widerspiegeln (z. B. die ersten Artikel des Grundgesetzes, vgl. bei Polenz 1985), und sie sind Zeichen, die ein quasi Denotat präsentieren und durch ihre Thematisierungen auf weitere Kontexte verweisen. Diese Zusammenhänge können erklären, warum es bei der Rezeption und Weiterverwendung eines Textes zu Interpretationsvarianten bzw. Verstehensdifferenzen kommt, und deshalb verdient die Verbindung Grammatik-Textualität besondere Beachtung. Sie steht konstitutiv für einen mehr oder weniger präzisen, gleichzeitig pragmatischen – wie immer auch gerichteten – Ausdruckswillen (vgl. Polenz 1985). Gleichermaßen verweist dieser Zusammenhang auf die Verstehensmöglichkeiten, die ein Text in seiner manifesten Gestalt anbietet. Insofern ist es sinnvoll, dem Textproduzenten einen immateriellen „Text 1" zu unterstellen, während sich beim Rezipienten durch den Rezeptionsprozess des „manifesten Textes" ein „Text 2" (Nussbaumer 1991) ausbildet.

Die Bereiche Grammatik und Textualität müssen unter systemlinguistischen und pragmatischen Aspekten betrachtet werden: Zum einen gilt es, jene Aspekte zu sehen, die grammatisch, d. h. morphologisch, syntaktisch, phonologisch-prosodisch und pragmatisch-semantisch zu seiner Textualität beitragen. Sie wird vor allem durch transphrastische (z. B. Beaugrande/Dressler 1981; Weinrich 1993; Linke/Nussbaumer/Portmann 2004) und diskurslinguistische (z. B. Warnke/Spitzmüller 2008) Ansätze erarbeitet und in der herkömmlichen Textgrammatik dargestellt. Zum anderen sind jene Aspekte in Bezug auf Grammatik und Textualität zu betrachten, die gleichermaßen als Komponenten einer „Textgrammatik" anzusehen sind und die sich auf die Textualität eines Textes strukturbildend auswirken. Es sind dies stilistische, textsortenspezifische sowie pragmatische und kommunikative Ansätze (z. B. Polenz 1985; Hausendorf/Kesselheim 2008; Fix 2008). Beide Aspektgruppen sind interdepentiell aufeinander bezogen. Denn Textualität entsteht unter kommunikativen und pragmatischen Bedingungen, und sprachliche Strukturen können weithin als ihre Folge gesehen werden.

Funktional wird der hier thematisierte Zusammenhang bedeutsam, wenn es um konkret sprachliche Aspekte beim Textverstehen, Textbewerten und Texte-Gestalten geht. Diese Funktionalität erstreckt sich nicht zuletzt auf Erwerbsprozesse des Texte-Schreibens und -Rezipierens, weshalb sie unmittelbare Relevanz für die Fachdidaktik und somit auch für den Deutschunterricht hat.

Unter didaktischer Perspektive wirken sich die sachlich-fachlichen Perspektiven nicht nur im Hinblick auf ihre Vermittlung bzw. die zu beachtende Ontogenese aus, sondern auch auf die grundständig zu berücksichtigende Differenz von alltäglichen/expositorischen und literarischen Texten. Das Schulfach Deutsch, aber auch das Sprach-, Text- und Literaturbewusstsein unserer erwachsenen Mitmenschen müssen einerseits von sich aus die epistemisch getrennten Bereiche von Sprach- und Literaturwissenschaft verknüpfen. Nach wie vor blockiert aber die Trennung der akademischen Teilfächer de facto ein funktionales Zusammenwirken, wie es das Schulfach Deutsch, das akademische Fach Germanistik und der Erwachsenenalltag bräuchten. Verstehensprozesse sind immer eine Mischung bzw. Bündelung allgemeiner, soziokultureller und textueller Komponenten.

3 Vom Wort zum Text – grammatisch gesehen

Dass Texte aus Wörtern bestehen, bliebe eine triviale Feststellung, wenn die Sätze der Texte und somit die Texte nicht das Ergebnis einer meist vorbewussten, spätestens aber bei einer – möglichen – Überarbeitung bewussten Selektion und Kombination wären. Die mithin erwähnte Jakobsonsche Poetizitätsformel (Jakobson 1960) beschreibt eher linguistisch als schöpferisch aktuell den Generierungsprozess von Sätzen und Texten. Denn wir müssen annehmen, dass sowohl Textschaffens- als auch Textverstehensprozesse von „mittelkomplexen Einheiten" ausgehen, die kognitiv und affektiv auf das Ganze des Textes hin geordnet werden.

Der Bezug auf mittelkomplexe Entitäten ist trotz aller Eingrenzungsschwierigkeiten aus zwei Aspekten heraus bedeutsam: Einerseits erfordert unter rein sprachlichem Aspekt die grammatisch-begriffliche Konstruktion zum Beispiel der Satzglieder innerhalb des Flusses, der Linearität von Sprache Aufmerksamkeit: Sie sind letztlich informative Einheiten innerhalb eines maximalen Stellenbauplans der Einheit Satz (Polenz 1985; Klotz 1989; 1996). Diese Einheiten können relativ expandiert als Gliedsätze erscheinen, sie erreichen mittleren Umfang durch Attribuierung, oder sie sind sehr reduziert als Proform. Andererseits begründen sich solche informativen Einheiten in der anzunehmenden Bildlichkeit menschlichen Denkens, wie sie auch an der Sprache selbst zu beobachten ist (wie schon Beispiele wie *Bergschulter, Flussarm* usw. zeigen) und wie sie durch die Metaphorologie (Blumenberg 1999; Heidenreich 2009) aufgegriffen worden ist. Überdies scheint unser Denken von starker Bildlichkeit geprägt zu sein, die sich gewissermaßen erst ihren sprachlichen Ausdruck suchen muss (siehe etwa Boehm 2007; Heidenreich 2009). Bildlichkeit ist in sich relativ komplex und lässt beide Operationalisierungsformen zu: top down und bottom up.

Wenn diese Sicht auf Mittelkomplexität und ihre Bedeutung für Sprache und Text so zutrifft, dann lassen sich in Satzgliedern, die auch als Gliedsätze auftreten können, informationelle Einheiten sehen, aber ebenso in Unterteilungen wie Vorfeld, Mittelfeld und Nachfeld im Zusammenhang mit Wort- bzw. Satzgliedfolge eines Satzes, und schließlich stellen auch Sätze solche mittelkomplexe, informationelle Einheiten dar. Pragmatisch hinwiederum wird von Propositionen als Einheiten gesprochen und Thema und Rhema werden als relativ eigenständige informationelle Einheiten begriffen. All diesen Einheitenbildungen ist – je nach modellhafter Perspektive – gemeinsam, dass sie zu Sprache gewordene Denk- und Affektpropositionen abzubilden scheinen, die auf eine Ganzheit zustreben. Unterhalb dieser mittelkomplexen Informationseinheiten sind z.B. die Wortgruppen anzusiedeln, die in ihren Bündelungen in die oben erwähnten Einheiten integriert sein können, also etwa umfangreiche Attribute; auch sie folgen in gewisser Weise Regeln der Linearität (Haueis 1999).

Eine interessante Ähnlichkeit mit diesen mittelkomplexen Einheiten, insbesondere mit den Satzgliedern, haben die „Textsegmente" (vulgo: Abschnitte) auf der Ebene des Gesamttextes. Sie stellen Großeinheiten dar, die einem topic (Giora 1988), einer relativ abstrakten Aussage, zugeordnet sind. Sie sind unter rhetorischem Aspekt in verschiedenen strukturellen Gesamttextpositionen denkbar, also verschiebbar wie Satzglieder, eben dorthin, wo sie ihre beste Wirkung tun. Diese Ordnung der Textsegmente ist aber nicht zuletzt abhängig von der Textsorte, also etwa bei Narrationen von einer Zeitstruktur einschließlich aller ihrer Spielformen, bei Argumentationen vom Argumentationsziel oder bei Informationen vom adressatenbezogenen Vorwissen.

Bezieht man nun diese Überlegungen auf grammatische Beobachtungsfelder, die die Textualität betreffen, so lassen sich folgende Beobachtungsstationen ausmachen:

Wörter
    Satzglieder
        Satz -------------- Sätze
            Textsegmente
                Text

Wortordnung bzw. Satzgliedfolge;
Adverbialien (Deixis; Kausalität; Modalität);
Tempus, Modus, genus verbi;
Komplexität bzw. Einfachheit der Satzstrukturen;
Proformen und Konnektive;
Thema-Rhema-Strukturen.

Wo die Beobachtung anfängt, ist dabei weniger wichtig als die Aufmerksamkeit, die alle Stationen abtastet. Innerhalb dieses Beobachtungsstroms ergibt sich die Relevanz von Wort- und Satzgliedfolge, von Satzverbindungen und Textsegmentstruktur. M.a.W., Textualität ist mehrschichtig und komplex, und sie bedarf, um aufgedeckt zu werden, einer hohen Sprachaufmerksamkeit gepaart mit einem routinierten Sprachwissen, das kommunikativ und ästhetisch-stilistisch funktional ausgerichtet ist. So wird nur der-/diejenige Sensibilität für die

Sprachlichkeit von Texten entwickeln, der/die über ein (Vor-)Wissen über Sprache verfügt. Damit ist von der bekannten Grundschwierigkeit die Rede, die einerseits so oft zur Ablehnung eines als funktionslos erfahrenen grammatischen Wissens und andererseits zu einer – salopp gesagt – didaktischen „Henne-Ei-Konstellation" führt: Wer noch wenig sprachlich-grammatisches Wissen besitzt, wird kaum sensibel auf die Sprachlichkeit und die formalen Strukturen von Texten reagieren und konstruktiv über Sprache in Verbindung mit Textschaffens- und/oder Textrezeptionsprozessen nachdenken und sprechen können. Und wessen sprachliches Wissen bei Begriffen und Terminologie stehen bleibt, wird die genannten Fähigkeiten gar nicht erst entwickeln – oder allenfalls in addressierter Weise besitzen (viele als letzte positionierte Aufgabenstellungen zur Sprache in Sprach- und Lesebüchern sowie in Prüfaufgaben bestätigen diesen Missstand). Unter solchen realen, auf explizite Sprachsensibilität bezogenen Prämissen gilt es, den Zusammenhang von Grammatik und Textualität in seiner Relevanz herauszustellen, und zwar im Sinne eines Prozesses von Text- und Spracherfahrungen, bei dem Sprache als Fragestellung virulent und relevant wird bzw. ist. Erst wenn dies kontinuierlich im Deutschunterricht und ebenso im Studium künftiger Lehrkräfte geschieht, wird am Ende eines solchen Prozesses – andere sind denkbar, z.B. in Verbindung mit Literaturverstehen – sich ein Sprach- und Grammatikwissen einstellen, das über Einsichten in Sprache, Sprachgebrauch und in ästhetisch gestaltete Texte verfügt.

Um dorthin zu gelangen, können die Grundfragen ganz einfach gestellt werden. Was tut ein Text mit mir? Was macht mich ihn verstehen, was treibt mich zu bestimmten Gefühlen und Gedanken, was reizt mich zu Reaktionen? und: Woher weiß ich eigentlich, was ein – vollständiger – Text ist? Was kann ich für eigene Texte tun, damit sie gelingen? Wann ist ein Text „fertig"?

Wer sich solche Fragen ernsthaft stellt, weiß, dass die Antworten unvollkommen sein und bleiben werden, dass nur Schlaglichter in diesen Wald der Zusammenhänge möglich sein werden und dass nur im Glücksfall die Antworten zu Werkzeugen des Texte-Austauschens, des Kommunizierens werden. Wer unter solcher Einsicht auf den alltäglichen Grammatikunterricht schaut, mag vielleicht verzweifeln, weil die oben gestellten Fragen einfach zu selten vorkommen. Und doch ist andererseits einzuräumen, dass ein erster, allgemein begrifflicher und sogar terminologischer Unterricht zunächst nötig ist: als erste Einsicht in Sprache, die eine ähnliche soziokulturelle Bedeutung hat wie die Einsicht in den Pflanzenbau, in chemische Verbindungen, in physikalische Gesetze oder in mathematische Axiome und Strukturierungen. Kinder sind für einen solchen Blick auf die Welt erst einmal offen. Das kann in der Folge zur Etablierung eines Vorwissens führen, das so schnell wie möglich mit einsehbaren Funktionen verbunden werden muss. Jugendlichen und auch Erwachsenen kommt es schließlich vor allem auf die Brauchbarkeit von Wissen an. Deshalb muss die zentrale didaktische und unterrichtliche Aufgabe lauten: Sprachwissen, und dazu gehört beides, grammatisches und textuelles Wissen, kann letztlich nur durch Textbegegnungen, selten nur durch kleinere künstliche Beispiele, erfahren werden.

4 Textualität – von innen gesehen

Texte referieren auf Welt, aber sie sind natürlich nicht die Welt, freilich aber ein Teil der Welt, und so entfalten sie eigene „Textwelten". Textwelten und Welt stehen in einem eigentümlichen Spannungsverhältnis, das nicht zuletzt dadurch gekennzeichnet ist, dass die Textwelt überschaubarer ist, dass sie einzelne Themen- und Phänomenbereiche fokussiert und somit Ab- und Ausgrenzungsfunktion hat. Auf solche Weise wird Welt kommunikabel, und der Text ist das thematisierende, fokussierende, neu konstellierende Makrozeichen dazu. Diese Eigenschaften teilt der Text in gewisser Weise mit dem Bild (Ehlich 2005) und mit der (Guckkasten-)Bühne. Der Rahmen leistet die Abgrenzung gegenüber der Unübersichtlichkeit der Welt, und er macht auf den „In-Halt" aufmerksam. Alles, was sich innerhalb des Rahmens findet, ist Inszenierung: die Gegenstände, ihre Relationen zueinander, die Perspektivierung bzw. Nicht-Perspektivierung, die thematische Konturierung und die stilistische Färbung im weitesten Sinne.

Während diese Gemeinsamkeiten besonders augenfällig sind und deshalb anschaulicherweise für die Entdeckung und Beschreibung von Textualität genutzt werden können, ergibt sich doch ein wesentlicher Unterschied, der in der medialen Zeichenformatierung und ihrer Rezeption liegt. Texte können nur linear geschaffen und rezipiert werden, so dass zwar einerseits die Zusammenfügung zu einem – idealiter – kohärenten Ganzen durch die Rezipienten zu leisten ist und gleicherweise das Reden und Schreiben über Texte wieder der Linearität bzw. der verfließenden Zeit ausgeliefert sind. Andererseits geschieht zwar Bildbetrachtung auch letztlich in der Zeit, wie Untersuchungen zu Bewegungen der Augen in Millisekunden zeigen, aber unmerklich: Der Eindruck der Ganzheitlichkeit stellt sich bei der Rezeption dominant ein. Erst ein sehr aktiver Rezipient wandert gewissermaßen von Thema zu Thema, von Akzent („Rhema" gewissermaßen) zu Akzent, und Reden und Schreiben über Bilder folgen natürlich wiederum dem linearen Fluss sprachlicher Äußerungen.

Grammatik nun beschreibt jene Strukturen, die sich hierarchisierend und ordnend in den Text einschreiben, um gleichsam gegen die Linearität aller mündlichen und schriftlichen Wortfolgen zu wirken und somit kognitive, affektive und handlungsbezogene „Bilder", nämlich Gesamtheiten in Form von informativ konturierten Textsegmenten, zu erzeugen (Klotz 1991). Textualität ist nun jener Aspekt der Sprache, der im Grenzbereich von Gesamthaftigkeit und Linearität eines Textes den beobachtenden Blick lenkt – sei es im bewussten Schaffensprozess, sei es im aufmerksamen Rezeptionsakt. So bewirken die grammatischen Zeichen zum einen Kohäsion – von Numerus und Person über Kasus, Tempus, Modus, Genus verbi, Adverbialien (Polenz 1985; Klotz 1996), zu Konnektoren und Proformen –, die sich semantisch und pragmatisch in die Ebene der Kohärenz einfügt; zum anderen sind Frequenz und Markanz der eingesetzten grammatischen Zeichen ebenso am Stil eines Textes beteiligt wie Register und Wortwahl. Denn Stil ist in seiner spezifischen Ausprägung eine wesentliche Komponente der Textualität (Fix 2008).

Kohärenz entsteht aber nicht nur durch die steuernde Nutzung grammatischer und durch die bewusste Auswahl referentieller (Wörter) Zeichen, sondern ebenso durch außersprachliche Wissensbestände, die die Kommunikationspartner teilen bzw. ergänzen können. Solche außersprachlichen Wissensbestände, solche Teile eines „Weltwissens", werden durch meist konnotative Teile der Semantik der Wörter eines Textes aufgerufen, und zwar dann, wenn diese semantischen Teile – Sememe – einem Sinnbezirk, einer „Isotopie"-Ebene zuordenbar sind (*Hund-bellen-Futter-Zähne fletschen-aggressiv*). Diese Isotopien werden von kooperativen Kommunikationspartnern selbst dann im Sinne von Kohärenz erzeugt, wenn sie nur schwer erschließbar sind, aber sichtlich einer Textualität zugehören. „So lassen sich in den ersten beiden Zeilen aus August Stramms Gedicht „Patrouille"

Die Steine feinden
Fenster grinst Verrat

die Wörter *feinden* und *Verrat* über ein Merkmal FEINDLICH einer gemeinsamen Isotopieebene zuordnen, der wir dann im zweiten Schritt auch das Wort *grinst* zurechnen können" (Linke/Nussbaumer/Portmann 2004, 230). Die Gedichtform und somit die von Anfang an nötige Anstrengung der rezeptiven Kooperation bedingen diese Verstehensleistung in erheblichem Maße mit, zumal für die Expressionisten die Riskanz der Wortwahl ein wesentliches Stilmittel darstellt und somit Teil der eben auch außersprachlich bewirkten Kohärenz – es geht um Bildungswissen zum Expressionismus – ist.

Außersprachliche Wissensbestände werden ebenso durch Präsuppositionen und durch den common sense (Feilke 1994) aktiviert. Das Beispiel *Sven hat es geschafft, Karten für das Bob Dylan-Konzert zu bekommen* (nach Linke/Nussbaumer/Portmann 2004, 233) präsupponiert durch das Wort *schaffen* die Mühe und das Glück, die mit dem Kartenerwerb verbunden war, und der ganze Satz präsupponiert für jemanden, der sich nicht in der Pop-Szene auskennt, dass B. D. ein berühmter oder wichtiger Musiker sein muss, so dass es zum höflichen Verhalten gehört – common sense hier –, Sven Respekt zu bezeugen. Gerade die Isotopie- und die Präsuppositionsebene machen deutlich, dass Texte nicht nur Zeichenansammlungen in irgendeiner Ordnung sind, sondern selbst strukturierte Makrozeichen.

Auf der informationellen Ebene eines Textes bewährt sich bei der Sichtung seiner Textualität der Thema-Rhema-Zusammenhang. Unter der Perspektive der Textualität ist Folgendes an diesem Beobachtungsmodell gewichtig: Wenn Texte dazu da sind, Themen kommunikativ und unter bestimmten Bedingungen ästhetisch zu entfalten, dann ist diese Entfaltung auch auf der Mikro- und auf der Mesoebene ein Stück weit sichtbar zu machen. Auch wenn die Forschung dies noch nicht umfangreich und systematisch getan hat, so kann es zur Beschreibung von Textualität aufschlussreich sein, in welchem Verhältnis und in welcher Gestaltung Thema-Konstanz und Thema-Progression eines Textes stehen. Insbesondere kann angenommen werden, dass bei großer Themakonstanz die Darstellung des Gesamtthemas auf Genauigkeit angelegt ist, bei mittlerer Themaprogression auf Umsichtigkeit, also mehrere Subthemen mit herangezogen werden. Solche Annahmen sind aber deshalb nicht allzu sicher, weil Faktoren wie Weltwissen der Kommunikationspartner, pragmatische Intentionalität oder Kontexteinflüsse das Thema-Rhema-Verhältnis stark beeinflussen; überdies ist im Mikrobereich nicht immer ganz sicher zu bestimmen, was nun genau Thema ist. Kompliziert wird dieser Zusammenhang weiterhin dadurch, dass Subrhemata das eigentliche Rhema bilden können. So ist etwa das Attribut *mild* im folgenden Beispiel zwar Subrhema, wirkt sich aber im Folgesatz als Thema recht eigentlich aus: *Die Kanarischen Inseln haben ein mildes Klima. Das zieht viele Urlauber an.* Ein Satz wie **Die Inseln haben ein Klima* ist trotz grammatischer Korrektheit informationell sinnlos; erst das Subrhema *mildes* verschafft dem Satz informationellen Sinn. Dieser „Sinn" ist am folgenden Subjekt *Das* beteiligt; darüber hinaus lagern sich in dieses Satzthema Weltwissen und Kontexte ein, wie sie etwa von der Reisebranche transportiert werden. Freilich, diese kleine Beobachtung zeigt recht genau, wie ein grammatischer Blick, hier auf das Attribut, das Thema-Rhema-Schema unter der Perspektivität von Textualität erhellt und funktional machen kann. Gleichzeitig wird deutlich, wie durch die Proform *Das* Kohäsion und Kohärenz ausgebildet werden – eine Beobachtung, die insgesamt für das Thema-Rhema-Schema gilt.

Schließlich wirken sich Textsortenkonventionen unmittelbar auf die Textualität und die Präsenz grammatischer Zeichen aus. Um ein ganz einfaches Beispiel heranzuziehen: Präteritum und Plusquamperfekt formen überwiegend und dominant das Erzählen, so dass sich die Akzeptanz dieser Konvention des Erzählens mit den Erwartungen der Rezipienten deckt. Wenn nun in jüngster Zeit die Beobachtung gemacht wird, dass moderne narrative Texte zunehmend im Präsens erzählt werden (z. B. Wilhelm Genazino), dann wirkt sich dies als Kennzeichen dieser Erzählungen so aus, dass sich damit ihre Textualität markant unterscheidet. Das war schon bei Erzählungen wie Schnitzlers „Fräulein Else" wegen der Darstellungsform des inneren Monologs so. Damit einhergehend verändert sich beispw. dort die Deixisgestaltung, ganz besonders die Themaprogression, und es kommt zu spannenden Themabrüchen.

Unter textgrammatischer Perspektive wird die Textualität der Textsorten durch die Strukturierung der Propositionsfolge gestiftet. So hat die Verständlichkeitsforschung (Giora 1988; Shen 1989) gezeigt, dass bei informativen und auch bei argumentativen Texten dann beste Verstehensvoraussetzungen bestehen, wenn das Texttopic bzw. das Textsegmenttopic in allgemeinster Weise am Anfang eines Textes oder Textabschnitts formuliert wird und dann das Thema von Proposition zu Proposition inhaltlich spezifischer wird. Eigene Untersuchungen (Klotz 1991) hierzu haben ergeben, dass alltägliche Texte (etwa des gehobenen Journalismus) eine Spezifikationstiefe von vier, wissenschaftliche Texte von sieben Spezifikationen/Propositionen idealiter haben, damit die Kohärenz zum Topic – z.B. wegen Überlastung des Kurzzeitgedächtnisses – nicht abreißt. Überdies haben meine Untersuchungen ergeben, dass sich das Korrekturverhalten von Lehrkräften an dieser Dimension der Spezifikationstiefe zu orientieren scheint: weniger spezifizierende Propositionen in einem Textabschnitt werden bei Schülertexten als Mangel, mehr solcher Propositionen als mangelnde Untergliederung angemahnt. Zeitungstexte scheinen hier in ihrem Informationsverlauf relativ prägend zu sein, so etwa ein Abschnitt aus der Wissenschaftsseite der „Süddeutschen Zeitung" (25.2.2010, 18):

> Navigationssatelliten sind im Prinzip fliegende Uhren ‹topic›, die aus einer Höhe von 20.200 Kilometer mit einem sehr schwachen Signal ihre Position und die exakte Zeit zur Erde senden. ‹1.spezifizierende Proposition› Navigationsgeräte empfangen diese Daten ‹2. s. P.› und errechnen dann aus der Zeit, welche die Signale vom Satelliten bis zum Empfänger brauchen, ‹3. s. P.› und der Position der Satelliten ihre eigene Position. ‹4. s. P.›.

Einleitungs- und Schlusssegmente von Texten kehren diese Ordnung – wohl aus rhetorischen Gründen – oft um: Mit der am meisten spezifischen Proposition wird beispielhaft begonnen, um dann textuell bei der Verallgemeinerung anzukommen. So beginnt der Artikel, dem obiges Textsegment entnommen wurde, denn auch mit einem Spezifikum:

> Ein teuflischer Plan: Um an die Exklusivstory von einem Gefecht zwischen amerikanischen und chinesischen Truppen zu gelangen, lässt ein skrupelloser Medienmogul über seine eigenen Satelliten ... die Signale des Navigationssatelliten manipulieren. Natürlich durchkreuzt Superagent James Bond ...

Narrative Texte sind häufig so strukturiert, dass durch ein initiales Ereignis ein Problem entsteht, das einer ersten Lösung zugeführt wird, die aber selbst wieder zum Problem wird, das gelöst werden muss. Solche Ketten werden auf ein Erzählziel hin in thematisch-rhematischer Auswahl inszeniert. Anschauliches Beispiel für diese narrative Grundstruktur sind die Märchen mit ihren drei Rätseln, Aufgaben, Hindernissen oder was immer, bis dann das glückliche Ende als Ziel erreicht ist. Überdies wird dieses basale Muster aus Gründen der Spannung, der Aussage, der Fokussierung oder was es auch sei gerne entlang des Zeitablaufs variiert – ein besonders markantes Beispiel hierfür ist etwa Kleists „Marquise von O".

Festhaltenswert ist an diesen Beobachtungen der Verständlichkeitsforschung, dass nicht nur die Muster eigenen Verstehens, bezogen auf den Informationsverlauf, sichtbar werden können, sondern dass sich daraus unter Erwerbsperspektive unmittelbar Textgestaltungskompetenzen entwickeln lassen.

5 Ein Beispiel zur Veranschaulichung

Im Folgenden sei ein Text betrachtet, bei dem zentrale grammatische Kategorien dergestalt ihre Wirkung tun, dass daraus ein hochrelevantes Ganzes wird. Die heranzuziehenden Kategorien im **Satz-/Textbezug** sind:

(a) Satzbezug
- Wort und Wortbildung,
- Satzglied und Gliedsatz,
- Deutsch als Klammersprache,
- Tempus, Modus, Genus verbi,
- Wort-/Satzglied-/Satzfolge: Linearität,
- Konnexität und semantische Isotopie,
- Präsupposition und Kontextgenerierung,
- Thema-Rhema-Struktur.

(b) Textbezug
- Die kleinste textbildende Einheit ist die Verknüpfung zweier Sachverhalte; ein Sachverhalt ist die Basis für eine Äußerung bzw. einen Satz.
- Texte sind Makrozeichen, d.h. sie sind indexikalische Zeichen für umfangreichere und komplexe Zusammenhänge, auf die sie quasi denotativ und konnotativ verweisen.
- Über ihre Binnenverweise sowie die Nahelegung von Kontexten entwickeln Texte Kohärenz, d.h. einen geistig-informationellen Zusammenhang.
- Als konkret sprachliche Entitäten bilden Register, Tempus, Modus, Genus verbi, Wortfolge, Proformen und Konnektive die Kohäsion eines Textes aus.
- Die Variation von erwartbaren sprachlichen Elementen (wie z.B. Register; Phraseologismen; Satzgliedfolge; Satzlängen und Satztypen) charakterisieren einen Text hinsichtlich seines Stils.

Die folgende Anekdote von Heinrich von Kleist löst unweigerlich Erstaunen und viele Fragen aus. Die Betrachtung dieses Textes soll einem oszillierenden Verstehens- und Beschreibungsverfahren unterworfen werden, das in der Weise systematisch ist, als die Interdependenz von Pragmatik, Grammatik und Textualität die Relevanz der Betrachtung aufbaut.

> Der Griffel Gottes
>
> In Polen war eine Gräfin von P..., eine bejahrte Dame, die ein sehr bösartiges Leben führte, und besonders ihre Untergebenen, durch ihren Geiz und ihre Grausamkeit, bis auf das Blut quälte. Diese Dame, als sie starb, vermachte einem Kloster, das ihr die Absolution erteilt hatte, ihr Vermögen; wofür ihr das Kloster, auf dem Gottesacker, einen kostbaren, aus Erz gegossenen, Leichenstein setzen ließ, auf welchem dieses Umstandes, mit vielem Gepränge, Erwähnung geschehen war. Tags darauf schlug der Blitz, das Erz schmelzend, über den Leichenstein ein, und ließ nichts, als eine Anzahl von Buchstaben stehen, die, zusammen gelesen, also lauteten: sie ist

gerichtet! – Der Vorfall (die Schriftgelehrten mögen ihn erklären) ist gegründet; der Leichenstein existiert noch, und es leben Männer in dieser Stadt, die ihn samt der besagten Inschrift gesehen.

Heinrich von Kleist 1993, 263

Dieser inhaltlich nahezu unglaubliche Text – unglaublich auch, dass er überhaupt erzählt wird – entwickelt seine Textualität durch eine pragmatische Doppelstruktur, nämlich durch die Verbindung von Narration und von Beglaubigungsversuch. Ableitbar wird daraus eine dritte pragmatische Ebene, die einer Bedeutungszuschreibung, die sich z.B. interpretativ auf eine höhere Gerechtigkeit zubewegen kann oder die auf eine Kritik religiöser Institutionen und Praktiken zuläuft. Das auch von Kleist graphisch hervorgehobene *sie ist gerichtet* wird in einem weiteren Sinn doppelbezüglich: Sie wird nämlich auf die alte Dame und auf die Klosterpraxis beziehbar.

Dies so zu sehen und in etwa so zu formulieren, erfordert den bewusst pragmatischen Blick auf Textualität angesichts eines Textes. Die daraus abgeleitete Redeweise steht einerseits in Distanz, andererseits aber auch in der Nähe einer literarischen Textbetrachtung. Freilich, eine pragmalinguistische Zugehensweise ist nahezu unabhängig vom Betrachtobjekt, sie kann wohl immer angewandt werden und führt meist zu nachvollziehbaren, theoretisch gestützten Äußerungsweisen.

Dass sich Textualität immer auch aus Sprachhandlungen, die miteinander – wenigstens plausibel – verknüpft sind, speist, ist eine erste Voraussetzung. Sie verweist 1. auf die Verbindung von Illokution – Proposition – Perlokution; 2. auf die Bedeutung der Makro-Sprachhandlung Textsorte (hier Narration, die fast dialogisch-betrachtend zu Ende geführt wird); 3. auf die Möglichkeit von pragmatischen Texttiefenstrukturen, die dem Verstehen, hier einer Interpretation und somit der Perlokution, nahe stehen. M.a.W., Textualität konstituiert sich pragmatisch über die Konvention von Textsorten, pragmatisch-kommunikativ über entsprechende Erwartungserfüllung oder aber – so wie im Beispiel – über das Spiel mit bzw. die Konterkarierung von Erwartungen.

Im Übergang von pragmatischer zu systemlinguistischer Betrachtweise stellt sich die Frage nach Anfang und Ende eines Textes als ganz wesentlichen Konstituenten von Textualität. Ganz konventionell wird im Beispiel am Anfang die Deixis der Narration festgelegt, hier durch Ortsadverbiale, narrationstypisches Präteritum und durch Personennennung. Das Ende wird, wie schon pragmatisch festgestellt, doppelt gestaltet: Die Narration endet mit einem resultativen Satz im Präsens (vgl. Märchenschlüsse!) und der Nachtext folgt einer einfachen Argumentstruktur, wiederum im Präsens: Die Struktur besteht hier aus Behauptung mit Einschluss der Grenzen der Behauptung, Beweis und Augenzeugenschaft.

Der Mittelteil des Textes folgt einer sehr deutlichen Thema-Rhema-Struktur, zunächst mit Thema-Konstanz – *die Dame* –, sodann mit der Thema-Veränderung – *der Leichenstein* – und schließlich mit der Zusammenführung beider

Themen – *der Vorfall*. Die rhematischen Teile sind komplex, was sich in der Syntax unmittelbar niederschlägt, sowohl durch die Tempusstruktur als auch durch die Satztypen. Die Tempus-Struktur richtet sich hier nach der consecutio temporum. Einen narrativ-zeitlichen Akzent enthält der 2. Satz, der qua Plusquamperfekt eine vorgängige Erläuterung gleichsam „nachschiebt" und die Themaprogression einleitet: ..., *das ihr die Absolution erteilt hatte*. Durch dieses kataphorische Spiel entsteht eine Herausstellungsstruktur, die durch den komplexen Schluss dieses langen Satzes gleichsam bestätigt wird. Die Reihenfolge der Attribuierungen der ersten beiden Sätze erweist sich als stilistisch markant, indem sie in ihrer Abfolge immer expandierter werden und somit die Spannung der deutschen Satzklammer voll ausnutzen. Die folgenden Sätze, also das Ereignis des Blitzes und die resultativen Bemerkungen, verringern die Attribute erheblich. Es erweist sich immer mehr, dass der zentrale Satz *sie ist gerichtet* durch seine Einfachheit auch syntaktisch einen formalen Gegenakzent setzt, während die übrige Darstellung die Komplexität der Sachverhalte durch komplexe hypotaktische Syntax spiegelt. Dieser Satz stellt des Weiteren das Erzählziel im Sinne der „story grammar" dar: Konfliktkonstellationen und deren Lösungen sind als sich steigernder Verlauf angelegt, der mit dem Erzählziel „Erlösen" bzw. Katharsis sein Ende findet (Shen 1989; Giora/Shen 1994; Klotz 1996). Vorausgegangen war die Konfliktkonstellation von bösem Leben und dem nahenden Tod. Die Lösung der Vererbung birgt den Konflikt der Verlogenheit und der Geldgier für das Kloster. Darüber soll – Lösung des 2. Konflikts – der Grabstein hinweglügen. Und aus diesem Gemenge von Lösung und Konflikt entsteht die finale Konstellation, eben auf das Erzählziel hin. Der Schluss kann ganz im Sinne der story grammar als Rahmen(-erzählung) gesehen werden, der kräftig genug gestaltet ist, im Rückblick auf den Text auch für den Anfang zu gelten: Er erklärt, warum die Geschichte immer noch erzählt werden müsse. Im Übrigen fällt auf, dass für die story grammar-Struktur dieses Textes die Märchenkonfiguration gewählt wurde, nämlich die Konfiguration der **drei** Schwierigkeiten, die nach einer Lösung verlangen.

Das Stilistische, also Markanz und Frequenz ausgewählter sprachlicher Möglichkeiten einschließlich ihrer deutlichen Funktionen, bewirkt in hohem Maße die Geschlossenheit des hier vorliegenden Textes. Sie findet sich ebenso in den Proformen (*Gräfin – Dame – sie*) wie in der Registerwahl, die durch Begrifflichkeit charakterisierbar ist: ... *Geiz, Grausamkeit, Absolution, Vermögen, Gepränge, Vorfall* ... Dieses Stilistikum mag auch die Nominalisierung bzw. die Anwendung eines Funktionalverbgefüges in pomphafter Weise bewirkt haben: *auf welchem dieses Umstands ... Erwähnung geschehen war* statt schlicht „erwähnt wurde".

Diese Kleist-Anekdote ist trotz ihrer äußerlichen Sachlichkeit angefüllt mit Präsuppositionen: das Vererben eines Vermögens an eine kirchliche Institution verweist u. a. auf das Vertrauen in die Käuflichkeit aller Institutionen und verweist auf die Fortsetzung einer ausnützerischen Lebenspraxis. Diese mit dem gesellschaftlichen common sense verbundene Praxis wird durch die Anekdote Lügen gestraft, dergestalt dass das Ereignis des Blitzes und der entstehende Grabinschriftstext in keiner Weise präsupponierbar waren. Und genau dies erzielt dann den Effekt, den man einer Anekdote konventionellerweise zuschreibt: das Überraschende, das Erstaunliche; und so wird die Textualität des Textes und dieser Textsorte aufs beste erreicht. Die Textualität des Textes wirkt also syntaktisch ebenso geschlossen und interessant gestaltet, wie sie es pragmatisch eben auch ist. Der genaue analytische Blick hat die Texthaftigkeit, die Textualität freigelegt, und zwar gleichermaßen in Bezug auf seine Kohäsion und auf seine Kohärenz. Er beschreibt den Aufbau des Makrozeichens „Text", er erfasst ästhetisch-funktional den Stil und er dient somit einer eng textbezogenen Deutung. Denn dass ein Text als Makrozeichen begriffen werden kann, hat die analytische Sicht eben auch gezeigt. Dem (Sprach-)Zeichen kann das Bezeichnete und die interpretierende Vorstellung vom Bezeichneten zugeordnet werden, und in dieser „Dreiheit" wird der Text selbst zum Zeichen (Köller 2004, bes. 235–249).

Das Beispiel zeigt, wie mit Hilfe eines weiten Verständnisses von Grammatik bzw. von Sprachwissen – Syntax **und** Pragmatik – Textualität sehr wohl wahrgenommen, beschrieben und verstanden werden kann. Die prozedurale Schwierigkeit der formalen Textwahrnehmung und -beschreibung besteht aber – übrigens wie in der Mathematik – darin, dass gegenüber dem Objekt, dem Text, die ganzen oder wenigstens sehr viele Wissensmöglichkeiten präsent sein müssen, um sprachsensibel die „Gemachtheit" eines Textes zu erfassen, also die spezifisch relevanten Phänomene zu erkennen und miteinander ins funktionale Verstehensspiel zu bringen (vgl. Klotz, G 5). Das Beispiel zeigt weiterhin unter Erwerbsperspektive, dass ein simples Kennen und Aufzählenkönnen von grammatischen und pragmatischen (Textualitäts-)Aspekten nicht zielführend sein kann, sondern dass nur ein handwerklicher, operationalisierbar gemachter Lern- und Erfahrungsweg Wissen und Können dergestalt zusammenführt, **dass ich weiß, was ich tue, wenn ich lese, höre, wahrnehme, schreibe, rede, gestalte.** Erst die kontinuierlich praktizierte Textbeschreibung schafft ein kombiniertes Sprach- und Textbewusstsein.

6 Didaktische Aspekte auf den Zusammenhang von Grammatik und Textualität

Was Texte sind, wie sie anfangen und wie sie aufhören, welche Sprachlichkeit für verschiedene Textsorten relativ typisch sind, all dies erfahren Heranwachsende schon vor der Schulzeit, sie erfahren es weiter in der Schule, freilich nicht kognitiv zunächst, aber dann allmählich mit dem eigenen Textschreiben, und schließlich immer mehr, wenn sie das Glück haben, ihnen selbst wichtige Texte schreiben zu müssen – und zu können. Wenn das so ist bzw. irgendwann so kommt, beginnt auch eine eigenständige Sprachreflexion, die um Ausdruck und Strukturen ringt. Dass Schule genau solche Schreibanlässe nur schwer und selten ermöglichen kann, ist leider so bei institutionellen Lernprozessen; das ist auch nur selten durch andere Konstellationen besser modellierbar. Methodisch mag hier das Prinzip Schriftlichkeit durch Schriftlichkeit helfen und natürlich ebenso die Relevanz der Aufgabenstellung. Vergleichbares ließe sich zu Rezeptionsprozessen sagen. Schule hat bereitzustellen, hat gewissermaßen produktive und rezeptive „Textgymnastik" anzubieten. Gerade das Wissen um und das Gespür für Texte, Sprache, Gestaltung muss immer wieder dem epistemischen Subjekt (Sieber 1990) überlassen werden.

Methodisch wird häufig ein solcher Weg begangen, etwa wenn über die sprachliche Gestaltung von Bildergeschichten mittelkomplexe Inhalte zu einem Textganzen zusammengebaut werden, wenn über prototypische Beispiele (z. B. über Märchen) vorbewusst Textmuster erworben werden oder wenn literarische Texte strukturell analysiert werden. Was gewissermaßen fehlt, ist die Bewusstmachung des formalen, den Kern von Textarbeit betreffenden Ziels, der Textualität, die sich aufbaut durch lexikalische und grammatische Faktoren, die sich der Linearität aller Texte gewissermaßen entgegenstellen, um gestalthafte Fasslichkeit zu erreichen. Insofern führt der Blick auf Textualität in die Vielfalt grammatischer Zeichen und Kombinationen ein. Und dies ist und bleibt komplex und mühsam, bis sich Routinen und Erfolge einstellen.

Was freilich möglich ist, ist die kognitive Auseinandersetzung mit Textualität und mit (ihrer) Sprachlichkeit. Aber auch sie hat nur Sinn, wenn sie kontinuierlich den Heranwachsenden angeboten wird, wenn die Fragen nach Sprachlichkeit und Texthaftigkeit die Arbeit beständig funktional begleiten. Wer eigene und fremde Texte gemäß ihrer Struktur, ihres Stils, ihrer sprachlichen und grammatischen Besonderheiten beschreiben kann, ist auf dem Weg zu solcher Sprach- und Textsensibilisierung. Und diese Arbeit, diese Anstrengung rechtfertigt sich durch die so allmählich und ganz natürlich entstehende Fähigkeit, in sprachlichen und textstrukturellen Alternativen denken und handeln zu lernen, nämlich sich klar zu werden über sprachliche Optionen, die schließlich in ein bewusstes Verfügen über Sprache münden. Dies so zu formulieren, mag idealistisch sein, aber diese Aufgabe löst sich nicht in ein Entweder-Oder auf, sondern ist gestuft zu sehen, etwa in ein Ahnen und Bemühen, in ein halb- oder vorbewusstes Gelingen, in ein wissendes Scheitern und schließlich in ein beständiges, bewusstes Ziel.

Zum Schluss seien einige Möglichkeiten vorgeschlagen[1], die auf verschiedene Aspekte von Textualität relativ spezifisch verweisen:

---

[1] Vgl. die Liste am Ende von Klotz, G 5. Eine Zuordnung zu Klassenstufen wird bewusst **nicht** vorgenommen; sie muss aus dem Unterrichtszusammenhang und den Phänomenen selbst entstehen.

Textbeispiele	Aspekte von Textualität
Arthur Schnitzler: „Leutnant Gustl"	Register als Spiegel des stream of consciousness und mittelkomplexen Denkens; daraus die spezifisch andere, an der Mündlichkeit orientierte Textualität
Franz Kafka: „Auf der Galerie"	Tempus/Modus- sowie Hypotaxe/Parataxe-Oppositionen; daraus spezifisch sprachlich orientierte Textualität
Heinrich von Kleist: Alle Texte	Textualität durch dominante Hypotaxe als Spiegelung von Komplexität
Christian Morgenstern: Etliche Gedichte	Kollokation von „Unsinnswörtern" in tradierte Formen; morphosyntaktische Flexion und Wortfolge (auch geeignet für Grundschule, aber nicht nur)[2]

Textualität, also das Phänomen der Texthaftigkeit, des Wissens und Spürens, wie ein Text anfangen und enden könnte, was in und mit ihm wenigstens gesagt werden müsste, welche Entfaltungsmöglichkeiten und welche thematischen Konzentrationspotentiale in ihm stecken, was ihn markant bzw. textsortenzugehörig und somit konventionell macht, all dies ist ohne Arbeit am Text, ohne Sprachwissen nicht zu haben. Dass solche Kenntnisse und Fähigkeiten didaktisch konzeptioniert werden sollten, ist letztlich eine soziokulturelle Frage, nämlich die Teilhabe an kommunikativer und kultureller Kompetenz. Eine solche eher formale Kompetenz sollte aber nicht nur als für Fachleute spezifisch angesehen werden, etwa weil es Heranwachsenden und den meisten erwachsenen Mitmenschen fast nur auf die Inhalte ankomme. Dies stimmt so nicht. Die Einsicht in Strukturen kann ästhetisches Vergnügen auslösen, sie kann – recht eigentlich – kritikfähig machen, sie kann Redeweisen ermöglichen, die weiter führen und sie schafft in gewissem Umfang ein produktives und rezeptives Verfügen. Aber auch dies bleibt eine sowohl soziokulturelle als auch didaktische Frage.

Literatur

Beaugrande, Robert-Alain de/Dressler Wolfgang U.: Einführung in die Textlinguistik. Tübingen: Niemeyer 1981

Boehm, Gottfried: Wie Bilder Sinn erzeugen. Berlin: University Press 2007

Brinker, Klaus: Linguistische Textanalyse. Eine Einführung in Grundbegriffe und Methoden. Berlin: Schmidt, 7. Aufl. 2010

Dehn, Mechthild: Stil von Grundschülern? Schülertexte verstehen lernen und die Folgen für den Unterricht. In: Der Deutschunterricht 43 (1991) 3, 37–51

Dijk, Teun A. van: Textwissenschaft. Tübingen: Niemeyer 1980

Eco, Umberto: Lector in Fabula. Die Mitarbeit der Interpretation in erzählenden Texten. München: Hanser 1987, München: dtv 1990

---

[2] Um hier wenigstens ein Beispiel zu geben: **Gruselett.** Der Flügelflagel gaustert/durchs Wiruwaruwolz,/der rote Fingur plaustert/und grausig gutzt der Golz.

Ehlich, Konrad: Sind Bilder Texte? In: Der Deutschunterricht 57 (2005) 4, 51–60

Fandrych, Christian/Thurmair, Maria: Textsorten im Deutschen. Linguistische Analysen aus sprachdidaktischer Sicht. Tübingen: Stauffenburg 2011

Feilke, Helmut: Entwicklung schriftlich-konzeptualer Fähigkeiten. In: Bredel, Ursula/Günther, Hartmut/Klotz, Peter/Ossner, Jakob/Siebert-Ott, Gesa (Hrsg.): Didaktik der deutschen Sprache. Bd. 1. Paderborn/München/Wien/Zürich: Ferdinand Schöningh 2003, 178–193

Feilke, Helmut: Common sense-Kompetenz. Überlegungen zu einer Theorie „sympathischen" und „natürlichen" Meinens und Verstehens. Frankfurt/M.: Suhrkamp 1994

Fix, Ulla: Text und Texlinguistik. In: Janich, Nina (Hrsg.): Textlinguistik. 15 Einführungen. Tübingen: Narr 2008, 15–34

Gansel, Christine: Textlinguistik. Göttingen: Vandenhoeck & Ruprecht 2011

Giora, Rachel: On the Informativeness Requirement. In: Journal of Pragmatics 12 (1988) 547–565

Giora, Rachel/Shen Yeshayahu: Degrees of Narrativity and Strategies of Semantic Reduction. In: Poetics 22 (1994) 447–458

Haueis, Eduard: Von ungewissen Gewissheiten – für ein differenziertes Wissen zu Wortgruppen für die Lehrenden. In: Klotz, Peter/Peyer, Ann: Wege und Irrwege sprachlich-grammatischer Sozialisation. Bestandsaufnahme – Reflexionen – Impulse. Baltmannsweiler: Schneider Hohengehren 1999, 155–168

Hausendorf, Heiko/Kesselheim, Wolfgang: Textlinguistik fürs Examen. Göttingen: Vandenhoeck & Ruprecht 2008

Heidenreich, Felix: Philosophie und ihre Hilfswissenschaften. Begriffsgeschichte, Wortvergleich und Metaphernforschung. In: Philosophische Rundschau 56 (2009) 2, 130–144

Jakobson, Roman: Linguistik und Poetik. In: Jakobson, Roman/Holenstein, Elmar (Hrsg.): Poetik. Ausgewählte Aufsätze 1921–1971. Frankfurt/M.: Suhrkamp 1979

Klotz, Peter: Schulgrammatik. Alltagssprachliche Wege zu Sprachwissen und Sprachbewußtsein. In: Haueis, Eduard (Hrsg.): Sprachbewußtheit und Schulgrammatik. (= OBST 40) (1989), 97–114

Klotz, Peter: Syntaktische und textuelle Perspektiven zu Text und Textsorte. In: Neuland, Eva/Bleckwenn, Helga (Hrsg.): Stil, Stilistik, Stilisierung: linguistische, literaturwissenschaftliche und didaktische Beiträge zur Stilforschung. Frankfurt/M./Bern/New York/Paris: Lang 1991, 39–54

Klotz, Peter: Grammatische Wege zur Textgestaltungskompetenz. Theorie und Empirie. Tübingen: Niemeyer 1996

Klotz, Peter/Portmann-Tselikas, Paul R./Weidachter, Georg: Kontexte und Texte: Soziokulturelle Konstellationen literalen Handelns. Tübingen: Narr 2010

Köller, Wilhelm: Funktionaler Grammatikunterricht. Tempus, Genus, Modus: Wozu wurde das erfunden? Baltmannsweiler: Schneider Hohengehren 1997 (1. Aufl. 1983)

Köller, Wilhelm: Perspektivität und Sprache. Zur Struktur von Objektivierungsformen in Bildern, im Denken und in der Sprache. Berlin/New York: de Gruyter 2004

Linke, Angelika/Nussbaumer, Markus/Portmann Paul R.: Studienbuch Linguistik. Tübingen: Niemeyer, 5., erw. Aufl. 2004

Nussbaumer, Markus: Was Texte sind und was sie sein sollen. Tübingen: Niemeyer 1991

Polenz, Peter von: Deutsche Satzsemantik. Grundbegriffe des Zwischen-den-Zeilen-Lesens. Berlin/New York: de Gruyter 1985

Scherner, Maximilian: Sprache als Text. Tübingen: Niemeyer 1984

Sieber, Peter: Perspektiven einer Deutschdidaktik für die deutsche Schweiz. Aarau/Salzburg/Frankfurt/M.: Sauerländer 1990

Shen, Yeshayahu: The x-bar grammar for stories: Story grammar revisited. In: Text 9 (1989) 4, 415–467

Warnke, Ingo H./Spitzmüller, Jürgen: Text- und Diskurslinguistik. In: Janich, Nina (Hrsg.): Textlinguistik. 15 Einführungen. Tübingen 2008, 35–54

Weinrich, Harald: Textgrammatik der deutschen Sprache. Mannhein/Leipzig/Wien/Zürich: Duden 1993

Sowie:

Kleist, Heinrich von: Der Griffel Gottes. In: Sämtliche Werke und Briefe. Bd. 2. Hrsg. von Helmut Sembdner (zweibändige Ausgabe in einem Band). München: dtv, 9. Aufl 1993, 263

URSULA BREDEL

B 6 Grammatik und Literalität

Dem modernen Alltagsverständnis folgend sind Grammatik und Schrift zwei ganz unterschiedliche Gegenstände. Dem Wortsinn folgend sind sie eins: „gramma" bedeutet 'der Buchstabe', 'das Geschriebene'. In diesem Sinn formuliert Stetter (1997, 136): „Die Ausbildung alphabetischer Graphie und Orthographie und die Ausbildung der Grammatik sind, recht betrachtet, ein und derselbe Vorgang".

Ziel des vorliegenden Beitrags ist es, den inhaltlichen Zusammenhang zwischen Grammatik und Schrift herauszuarbeiten und zugleich zu zeigen, warum das Wissen über diesen Zusammenhang in der Moderne verlorengegangen ist. Die Folgen eines von der Schrift abgekoppelten Grammatikverständnisses sowie eines von der Grammatik abgekoppelten Schriftverständnisses für die Entwicklung des modernen Grammatik- und Orthographieunterrichts werden skizziert. Abschließend wird für einen mediensensitiven Sprachunterricht plädiert, in dem die Schrift als Modell für die Grammatik und die Grammatik als Modell für die Schrift profiliert wird (vgl. Haueis, B 8). Die Potenziale eines schriftbasierten Grammatikunterrichts und eines grammatikbasierten Schriftunterrichts werden abschließend umrissen.

1 Grammatik und Schrift – eine historische Rekonstruktion

„Grammatica est ostiria omnium aliarum scientiarum" („Glosa notabilis" 15. Jh. (zit. nach Puff 1995, 15)), die Grammatik ist die Tür zu allen anderen Wissenschaften. Dieser, für heutige Ohren fremdartig klingenden Aussage liegt die alte Bedeutung des Begriffs Gramma, 'der Buchstabe', 'das Geschriebene' zugrunde, Grammatik wird also wörtlich verstanden als Schriftlehre oder die Kunst des Lesens und Schreibens. Auf der Grundlage dieser Lesart ist die Äußerung der „Glosa notabilis" hochmodern, denn mit „grammatica" ist nichts weniger angesprochen als 'literacy'.

Mit Lesen und Schreiben war bis in die spätere Neuzeit hinein das Lesen und Schreiben lateinischer Texte gemeint, in denen das zu dieser Zeit verfügbare, als Bildungskanon anerkannte Wissen abgelegt war. Als lingua franca beherrschte Latein den europäischen Bildungsraum. Das Lernziel für die wenigen, die alphabetisiert wurden, war also die Befähigung zur Lektüre (weniger zum Schreiben) lateinischer Texte. Der Schriftspracherwerb war damit zugleich Fremdsprachenerwerb. Die grammatische Analyse des Lateinischen war zentraler Bestandteil des Leseunterrichts, ja konnte mit diesem gleichgesetzt werden.

Nationalsprachliche Texte, die spätestens ab dem 15. Jh. in größerer Zahl erschienen und zunehmend größere gesellschaftliche Bedeutung gewannen, fanden nennenswert Eintritt in die Bildungswirklichkeit erst im 18. Jh. Nach der Einführung der allgemeinen Schulpflicht, wesentlich vorangetrieben durch die Politik in Preußen, und damit verbunden einem anderen Verständnis von Schule und Bildung war der Siegeszug des Deutschen als Bildungssprache nicht mehr aufzuhalten. 1812 wurde Deutsch offiziell zum Prüfungs- und damit auch zum Lehrfach in Schulen. Latein, das bis heute ausschließlich schriftfixiert gelehrt und gelernt wird und in dem der Grammatikunterricht bis heute eine große, wenn nicht **die** zentrale Rolle spielt, war zu einem Schulfach neben anderen geworden.

Der primäre Lese- und Schreiberwerb war nun der Erwerb der Fähigkeit, nationalsprachliche Texte zu rezipieren und zu produzieren. Und weil die Sprache der Texte zugleich die Muttersprache der SchülerInnen war, wurde die grammatische Analyse für den Leseerwerb zunehmend zur Nebensache erklärt. Der Leseunterricht hatte die Grammatik verloren, die Grammatik ihren angestammten Zweck. Neue Bedeutung erhielt sie im Rahmen der Stabilisierung des Deutschen als Bildungssprache: Denn weder das gesprochene noch das geschriebene Deutsch hatten bis dahin die für Bildungsprozesse und für den allgemeinen gesellschaftlichen Verkehr erforderliche Standardisierung erfahren (vgl. dazu ausführlich Klein 1992; 2003). Fortan hatte die Grammatik also die Aufgabe zu entscheiden, was richtig und was falsch, was gutes und was schlechtes Deutsch sei. Sie wurde eine die Muttersprache normierende Disziplin.

Je mehr aber Standardisierungen fortschreiten, desto weniger wird eine normierende Instanz gebraucht. Bereits im Lauf des 19. Jh.s erheben sich so die ersten Widerstände gegen eine normative Grammatik: „Jeder Deutsche, der sein Deutsch schlecht und recht weiß, d. h. ungelehrt, darf sich, nach dem treffenden Ausdruck eines Franzosen: eine selbsteigene, lebendige Grammatik nennen und kühnlich alle Sprachmeisterregeln fahren lassen" (Grimm 1890, 31). Ausgehend von der Annahme, dass mit dem Erstspracherwerb hinreichende sprachliche Kompetenzen aufgebaut sind, beginnen auch erste kritische Auseinandersetzungen darüber, ob und zu welchem Zweck, aber auch ab wann die Grammatik als Lernbereich der Schule legitimiert ist. So schreibt Wackernagel: „[B]is dahin [gemeint ist bis zum 14. Lebensjahr (U.B.)] ist weder der Knabe selbst noch seine Sprache hinreichend entwickelt, somit ist weder Subjekt noch Objekt der Sprachbetrachtung vorhanden" (zit. nach Günther 1970, 3). Bis heute wird in diese Richtung gedacht: So meint Gaiser (1950 (1973, 3)), dass „Grammatikunterricht vor dem 12. Lebensjahr ein unfruchtbarer Versuch am noch untauglichen Subjekt" sei. Und Bartnitzky (1993, 82) ist der Auffassung, dass „bei Grundschülern abstraktes Denken erst angebahnt wird; [...] es verbieten sich Strukturübungen und systematisches Flektieren von Wörtern (Konjugieren, Deklinieren)".

Die Depotenzierung der Grammatik als Gegenstand des Schulunterrichts fand in den Lehrplänen der 1970er Jahre ihren vorläufigen Höhepunkt: In der Grundschule fand sie nur in einigen wenigen und dann eher nicht-formalen Dimensionen (z. B. Beschreibung von Verben als Tuwörter oder Substantiven als Dingwörter) Eingang. In den mittleren Schuljahren wurde sie als Treibgut einer weitgehend funktionslos gewordenen Bildungstradition mitgeschleppt, in der Oberstufe fiel sie ganz heraus. Noch zu Beginn des 21. Jh.s stehen wir vor einer Situation, in der die Schulgrammatik einen Gegenstandsbereich bildet, dem Lehrer und Schüler gleichermaßen fremd gegenüberstehen.

Die bis hierher geleistete historische Rekonstruktion legt den Blick für die enge Verflochtenheit von Grammatik und Schrift – wenn auch in einigen Epochen ex negativo – frei: Die mit der Emanzipation vom Lateinischen vollzogene Ablösung der Grammatik von der Schrift führte zu zwei Überzeugungen, die sich parallel zu und in Abhängigkeit von diesem Emanzipationsprozess herausbildeten. Zum einen war man davon überzeugt, dass der Erwerb der Muttersprache zu einem natürlichen Verfügen über die Sprache führe, zum anderen davon, dass das geschriebene Deutsch eine Abbildung des gesprochenen Deutsch sei. Freilich hatte man das gesprochene Deutsch bis dahin überhaupt noch keiner Analyse unterzogen. Die unbefragte Gewissheit über die Deckungsgleichheit von Geschriebenem und Gesprochenem resultierte aus der Gewissheit, das bis dahin vorliegende, auf der Grundlage der Schrift gewonnene grammatische Wissen rekonstruiere die gesprochene Sprache, die überall für primär gehalten wurde und wird. Eine natürliche Erwerbstheorie und eine einfache Abbildtheorie vorausgesetzt wird auch der Schriftspracherwerb zum Kinderspiel. „Wo das Prinzip, das es zu begreifen gilt, seit jeher so grundeinfach daherkommt – wie sollte es da die Mühe noch lohnen, weiter darüber nachzudenken" (Stetter 2005, 101).

Von der Schrift abgeschnitten findet die Grammatik ihre neue Aufgabe in der Normierung des Deutschen und gerät damit in Opposition zur angenommenen natürlichen Beherrschung der Muttersprache. Diese Opposition verschärft sich in dem Maße, in dem sich die Normierung durch eine weitgehende Standardisierung des Deutschen als Verkehrssprache selbst erledigt hat. Die Grammatik wird zur Norm ohne Gegenstand. In dieser Verfassung geht sie in einen Bildungskanon ein, der nur noch durch die Tradition legitimiert werden kann und wird. Die Bedeutung, die ihr für den Muttersprachenunterricht gegeben wird, entscheidet sich dann nicht mehr sachlogisch, sondern auf der Grundlage des jeweiligen bildungspolitischen Milieus. So ist auch die nahezu vollständige Depotenzierung des Grammatikunterrichts in den reformorientierten 1970er Jahren erklärbar, von der sich der Deutschunterricht bis heute nicht erholt hat, wie die PISA-Ergebnisse zeigen: Auch 10 Jahre nach dem ersten PISA-Schock verfügen noch immer an die 20 % der 15-Jährigen nicht über ausreichende Lesekompetenzen (Klieme et al. 2010). Was sich auf der Grundlage dieses Befundes vollziehen müsste, ist jedoch keineswegs die Umstellung von der „Input-" zu einer „Outputorientierung" und die andauernde Vermessung von Schülerleistungen, wie es mit der Implementierung der Bildungsstandards derzeit kostspielig ins Werk gesetzt wird. Erforderlich ist vielmehr eine Revision der schulischen Denkgewohnheiten. Dazu gehören wesentlich die Aufklärung des Zusammenhangs von Grammatik und Schrift und seine didaktische Revitalisierung.

2 Die Schrift als Grundlage der Grammatik

Die ersten Erfahrungen mit der Grammatik ihrer Sprache machen Kinder mit dem Beginn des Schriftspracherwerbs. Worüber sie vorher unbewusst verfügten, wird auf dem Papier explizit und im Kopf expliziert. Damit ist der Schriftspracherwerb zugleich die entscheidende Nahtstelle für den Aufbau grammatischen Wissens. In Analogie zur „Glosa notabilis" (s. o.) kann formuliert werden: „scriptura est ostiria grammaticae", die Schrift ist die Tür zur Grammatik. Auch Müller (2010, 6) geht davon aus, dass „[d]er Schriftspracherwerb und seine Entwicklung entscheidenden Einfluss darauf [haben], dass sich die für die Sprachbetrachtung grundlegenden Vorstellungen in solchen metasprachlichen Kategorien wie 'Wort' – 'Satz' – 'Text' überhaupt entwickeln können und ein Austauschen und das Nachdenken über Sprache möglich wird".

Stetter (1997, 131) weitet diese, auf die Entwicklung der Sprachbetrachtungsfähigkeiten von LernerInnen bezogene Aussage auf die Linguistik als ganze aus, wenn er schreibt: „Es hängt von der Art und der Leistungsfähigkeit der jeweiligen Schrift ab, was als linguistisches Objekt phänomenal in Erscheinung treten kann". Lange vor Stetter formulierte bereits Bühler: „Wer weiß, ob eine ansehnliche Wissenschaft von der Sprache überhaupt gewachsen und hochgekommen wäre ohne die *Voranalyse*, welche man geleistet fand in der optischen Wiedergabe und Fixierung lautsprachlicher Gebilde durch die Schrift? Ich glaube [...] positiv, daß man der antiken und modernen Sprachforschung, welche von schriftmäßig voranalysierten Sprachtexten ausging, mehr grundlegende und unentbehrliche Einsichten verdankt, als es mancher unserer Zeitgenossen wahrhaben will" (Bühler 1934, 14, Hervorhebung im Original). Und Ehlich (1986, 17f.) schreibt: „Die linguistische Methode hat [...] – trotz entgegenlautender Postulate und Deklarationen – bis in die jüngste Zeit hinein literarische Formen der Sprache und nur diese behandelt".

Folgt man den genannten Überlegungen, so wäre die gesamte Grammatiktheorie in Wahrheit eine Schrifttheorie mit der Orthographie als einer ihrer wichtigsten LinguistInnen. Und tatsächlich zeigen traditionelle (Schul-)Grammatiken gegenüber den sehr viel weiter fortgeschrittenen wissenschaftlichen Grammatiken (vgl. beispielhaft Zifonun et al. 1997) ein durch und durch schriftbasiertes Gesicht. Das betrifft die Auswahl sprachlicher Phänomene und die Art ihrer Beschreibung.

Bei der Auswahl von Phänomenen geht es darum, Entscheidungen darüber zu treffen, welche sprachlichen Phänomene zur Grammatik gehören und welche nicht. Der Schrift folgend, wählt die traditionelle Grammatik genau diejenigen aus, die auch die Schrift markiert: Wörter und Sätze. Ausgespart bleiben die sprachlichen Einheiten Laut und Silbe, aber auch der Text, für dessen Strukturierung sich die orthographischen Markierungen zunehmend verlieren. Des Weiteren fehlen Intonation, Akzent, Pause oder Mimik/Gestik, also all das, was gesprochensprachliche Äußerungen auszeichnet, sowie der Begriff der Äußerung und seine Bearbeitung in Abgrenzung zum Satz insgesamt.

Auch bei den Wörtern und bei den Wortformen kommen nur bestimmte, eben die verschrifteten in den Blick. Bearbeitet werden Substantive, Verben, Adjektive etc. Häufig unerwähnt bleiben die Interjektionen, also Ausdrücke wie *hm, aha* oder *oh*. Als genuin diskurssteuernde Mittel (Ehlich 1986) haben sie im schriftlichen Register und mithin in der traditionellen Grammatik keinen Platz. Besprochen werden für gewöhnlich weiterhin alle Personalformen von Verben (1./2./3. Ps Sg/Pl durch alle Tempora und Modi), nicht aber der Inflektiv, also Formen wie *würg, grins, krach* etc., die traditionell nicht ins schriftsprachliche Register gehören, sondern mündliche Formen sind und verschriftet höchstens in Comics, einer konzeptionell mündlichen Textsorte, zu finden sind. Unerwähnt blieb lange auch das bekommen-Passiv (*er bekommt von allen gratuliert*), das als typisch mündliche Ausdrucksform gilt.

Auch werden nicht alle Varianten sprachlicher Ausdrücke zugelassen: Bearbeitet werden Strukturen/Formen wie *hast du*, nicht aber solche wie *haste*, also typisch gesprochensprachliche Varianten, bei denen das Pronomen regelhaft an die Verbform klitisiert. Bei der Behandlung der unterordnenden Konjunktionen wird auch *weil* besprochen, die für die mündliche Kommunikation typische und völlig reguläre weil-V2-Stellung (*Ich esse nur einen Nachtisch, weil – ich war schon in der Mensa*), bei der sich *weil* nicht mehr wie eine unterordnende, sondern wie eine nebenordnende Konjunktion (also analog zu *und* oder *oder*) verhält, aber nicht. Insgesamt wird in herkömmlichen Grammatiken Varianz zugunsten von (schriftinduzierter) Eindeutigkeit zurückgedrängt. Das gilt selbst für Formen, die im Schriftregister variabel sind (z.B. Nominativformen wie *Friede/Frieden*, Genitivformen wie *Tisches/Tischs*, Dativformen wie *mit einem Male/Mal*). Entweder es wird überhaupt nur eine Form genannt oder es wird normativ festgelegt, welche der beiden die zutreffende ist.

Auch bei der Art der Beschreibung von Phänomenen stoßen wir überall auf die Schrift; denn „die schriftliche Äußerung, der Text, [gewinnt] aufgrund seiner materiellen Stabilität und der nichtzeitlichen Erstreckung ein Eigenleben. Schriftstücke, geschriebene Texte erwecken den Anschein, als existieren sie aus eigener Kraft" (Günther 1988, 11 f.). Die Tätigkeiten von Sprechern und Hörern, aber auch die von Lesern und Schreibern bleiben daher außerhalb der analytischen Reichweite traditioneller Grammatiken: Kontext- bzw. situationsab-

B6 Grammatik und Literalität

hängige Strukturen, also Formen wie *Komme gleich* oder *Jetzt nicht* werden – wenn überhaupt – nicht in Bezug auf ihre Kontext- und Situationsspezifik erfasst und beschrieben, sondern als Ellipsen (also als Reduktionen von Vollformen von Sätzen) analysiert. Umgekehrt gelten Äußerungen wie *ja* und *nein* als Satzäquivalente. Die gesamte sprachliche Empirie gerät in den Sog einmal fixierter, schriftbasierter Kategorien (hier: Satz).

Dabei ist es keinesfalls so, dass sich Grammatiken als Exegeten der Schrift verstehen und diese explizit zum Ausgangspunkt nähmen. Die schriftlichen Markierungen, die die grammatischen Kategorienbildungen zuallererst erzeugen, bleiben überall unerwähnt – nicht nur der Laut, auch der Buchstabe fehlt. Wie Schlieben-Lange (1994, 117 f.) bemerkt, ist das „Zusammenspiel von expliziter Ausgrenzung von Schrift und faktischer – nicht reflektierter – Bindung an die Schrift [...] konstitutiv für die meisten sprachwissenschaftlichen Richtungen des 20. Jahrhunderts". Die Schriftfixiertheit macht paradoxerweise blind gegenüber dem Medium Schrift, dem das Untersuchungsobjekt (die Grammatik) entnommen wurde. Man ist im Gegenteil davon überzeugt, die primäre, also die gesprochene Sprache erfasst zu haben, die de Saussure, der Begründer der modernen Sprachwissenschaft, als den alleinigen Gegenstand der Sprachwissenschaft festlegt: „Nicht die Verknüpfung von geschriebenem und gesprochenem Wort ist Gegenstand der Sprachwissenschaft, sondern nur das letztere, das gesprochene Wort allein ist ihr Objekt" (de Saussure 1931 (1967), 28).

Diese Art der Grammatikschreibung hat für die Modellierung beider Systeme, des geschriebenen und des gesprochenen, ungewollte Konsequenzen: Gilt eine (in Wahrheit schriftbasierte) Grammatik erst einmal als Beschreibung der gesprochenen Sprache, spricht alles dafür, die Schrift als Abbild der gesprochenen Sprache aufzufassen. Die Selbstverständlichkeit, in der der Schriftspracherwerb in den meisten Konzepten auf das Lautprinzip reduziert wird, ist nicht zuletzt auch eine Konsequenz der hier skizzierten Theoriegeschichte. Orthographische Schreibungen, die der „Lauttreue" nicht entsprechen, werden nur unsystematisch weiterbearbeitet und zuletzt als von außen gemachte Vorschriften erklärt. Eine systembasierte Analyse der Orthographie, zu der auch und in erster Linie die Rekonstruktion der in der Schrift abgebundenen Grammatik gehören würde, bleibt außerhalb der Reichweite.

Die zweite ungewollte Konsequenz betrifft die gesprochene Sprache. Ein Sprecher, der dem herkömmlichen Grammatikunterricht folgt, wird bei seinen eigenen Sprachproduktionen immer wieder auf Differenzen stoßen. Er sagt nicht *hast du*, sondern *haste*, er verwendet *weil* in V2-Stellung, er gebraucht Interjektionen und den Inflektiv, er spricht meistens nicht in „ganzen Sätzen" etc. Bei der Auswertung dieser Differenzerfahrung gewinnt die Grammatik die Oberhand: Der eigene Sprachgebrauch gilt als unzureichend, nicht normgerecht. So wird jede noch so deskriptiv angelegte Grammatik für den Nutzer zur normativen Beurteilungsfolie seines eigenen Sprachgebrauchs (vgl. hierzu auch Bredel

2008). Es bleibt das „dunkle Gefühl" zurück, „dass das eigene Sprachverhalten eigentlich keine rechte *Sprache* ist" (Boettcher/Sitta 1978, Hervorhebung im Original).

Die dritte ungewollte Konsequenz betrifft den Grammatikunterricht selbst: Die Entfremdung vom eigenen Sprachgebrauch, wie sie als Resultat des traditionellen Grammatikunterrichts sichtbar wurde, führte ab den 1970er Jahren zur Entwicklung von „schülerorientierten" Grammatikdidaktiken, die den Abstand zwischen der schülerseitigen Spracherfahrung und der schulisch thematisierten Sprache zu minimieren versuchten (vgl. hierzu im Überblick Gornik 2003): Der Situationsorientierte Grammatikunterricht von Boettcher und Sitta (1978), der an Beispielen aus der unmittelbaren kommunikativen Praxis der SchülerInnen ansetzt, der Funktionale Grammatikunterricht von Köller (1983), der die Bedeutungen und kommunikativen Funktionen sprachlicher Zeichen zum Gegenstand macht, die Grammatikwerkstatt von Eisenberg und Menzel (1995), die mit grammatischen Operationen die kognitiven Prozesse der Sprachverarbeitung ansprechen, sowie der Integrative Grammatikunterricht von Einecke (1995), bei dem die grammatischen Themen an andere, in Eineckes Augen besser zugängliche Lerninhalte des Faches Deutsch angeschlossen werden.

Trotz großer Differenzen stehen diese Ansätze in einem Punkt dicht beisammen: Sie können als Versuch gelten, den Grammatikunterricht mit Sinn aufzuladen, den er seit der Durchsetzung des Deutschen als Nationalsprache verloren hatte. Und sie teilen sich ein Schicksal: Sie werden kaum systematisch umgesetzt. In der Schule dominiert nach wie vor der Grammatikunterricht nach dem Vorbild des Lateinunterrichts.

Allen Ansätzen, sowohl den traditionellen als auch den schülerorientierten Grammatikdidaktiken gemeinsam ist, dass eine systematische Zuweisung grammatischer Analysen zur geschriebenen oder zur gesprochenen Sprache nicht erkennbar ist. Dies gilt selbst für die Grammatikwerkstatt, deren Methoden noch am besten geeignet sind, den Konnex zwischen Grammatik und Schrift sichtbar zu machen.

3 Grammatikunterricht im Spiegel von Mündlichkeit und Schriftlichkeit

Damit ein Grammatikunterricht nicht bereits (verdeckte) Schriftanalyse ist – und so die gesprochene Sprache marginalisiert – benötigt man auch und gerade für den Unterricht eine stabile Sprachtheorie und mithin eine stabile Theorie von gesprochener und geschriebener Sprache, die hier als medienspezifische Ausprägungen des Sprachsystems verstanden werden.

Daher gilt es zunächst, die Abbildtheorie, also die Vorstellung, die geschriebene Sprache bilde die gesprochene Sprache ab, zu verwerfen, und beide, die geschriebene und die gesprochene Sprache, als autonome Ausprägungen des

Systems in ihren medialen und konzeptionellen Dimensionen (vgl. hierzu Koch/ Oesterreicher 1985) zu rekonstruieren. Im Gegensatz zu der einfachen Dichotomie zwischen Medialität einerseits und Konzeptionalität andererseits, wie sie bei Koch und Oesterreicher zur Diskussion gestellt wurde, wird hier zwischen Prozess- und Produkteigenschaften unterschieden. Als Prozesseigenschaften werden diejenigen erfasst, die die Ausführung von Sprechhandlungen in der geschriebenen und gesprochenen Sprache betreffen. Als Produkteigenschaften gelten Merkmale der Ergebnisse der ausgeführten Sprech-/Schreibhandlungen, die sich teilweise aus den Prozesseigenschaften ergeben (s. u.).

geschriebene Sprache	gesprochene Sprache
Prozesseigenschaften	
– keine Kopräsenz von Schreiber und Leser	– Kopräsenz von Sprecher und Hörer
– kontext-/situationsentbunden	– kontext-/situationsgesteuert
– fehlendes Feedback-System	– ausgebautes Feedback-System
– verdeckte Dialogizität; impliziter Leser	– overte Dialogizität; expliziter Hörer
– Planung/Überarbeitung vor der Rezeption	– Planung/Korrektur während der Rezeption
– autonome Rezeptionszeit	– an die Produktionszeit gebundene Rezeptionszeit
– instrumentelle Produktion	– artikulatorische Produktion
– visuelle Rezeption	– auditive Rezeption
Produkteigenschaften	
– dauernd	– flüchtig
– segmentale Repräsentation	– koartikulatorische Repräsentation
– grammatische Explikation	– kontextsensitive Explikation
– standardisiert (Orthographie)	– varietätenreich (dialektal, soziolektal, ideolektal ...)
– keine situative Komplexitätsbeschränkung	– situative Komplexitätsbeschränkung
– hohe Informationsdichte	– geringe Informationsdichte
– hohe grammatische Dichte (Hypotaxen)	– geringe grammatische Dichte (Parataxen)
– sprachlich hergestellte Kohärenz-/Kohäsionsbeziehungen	– dialogisch hergestellte Kohärenz-/Kohäsionsbildung

Die Unterscheidung zwischen der geschriebenen und der gesprochenen Sprache mit den skizzierten Prozess- und Produkteigenschaften ist in der und für die Schule zentral. Das gilt für die Gegenstände, die mit Schülern und Schülerinnen thematisiert werden (s. u.), es gilt aber auch für die Einschätzung schülerseitiger Leistungen. Vor allem schützt das Wissen über die Verschiedenheiten von Prozess- und Produkteigenschaften geschriebener und gesprochener Sprache vor lehrerseitigen Fehlerwartungen, etwa der, dass SchülerInnen „in ganzen Sätzen" zu sprechen hätten, oder der, dass das genaue Aussprechen eines Wortes zur korrekten Schreibung führe, oder der, dass man das Komma hören könne, oder der, dass es lediglich methodisch relevant sei, ob ein Unterrichtsgegenstand mündlich oder schriftlich erläutert wird etc.

Eine weitere für den vorliegenden Zusammenhang zentrale Erkenntnis, die sich aus der Unterscheidung zwischen der gesprochenen und der geschriebenen Sprache ergibt, ist die, dass die gesprochene Sprache für die Durchführung **grammatischer** Analysen ein denkbar ungeeignetes Objekt darstellt: Bereits wegen ihrer uneinholbaren Flüchtigkeit ist sie für eine Analyse, die auf die Vergegenständlichung (Sichtbarkeit) ihrer Objekte angewiesen ist, gar nicht erreichbar (vgl. Paul 1999). Das Nachdenken über Sprache ist schon deshalb an die Schrift gebunden (Bredel 2007). Darüber hinaus erschwert die fehlende Standardisierung der gesprochenen Sprache die Auswahl der grammatisch relevanten Gegenstände. Die koartikulatorische Repräsentation sprachlicher Formen macht die Ermittlung klarer Untersuchungsgegenstände zu einer eigenen, aufwändigen Arbeit, für die die Schriftgeschichte mehrere Jahrhunderte gebraucht hat (vgl. Saenger 1997; Tophinke 2000). Und selbst wenn es all diese epistemologischen Probleme nicht gäbe, wäre die konzeptionelle Mündlichkeit wegen der geringen grammatischen Dichte und der dialogisch hergestellten Kohärenz-/Kohäsionsbildung gesprochensprachlicher Produkte ein besonders unergiebiger Gegenstand besonders für anspruchsvollere grammatische Analysen. Die Grammatik ist somit auf die Schrift verwiesen.

4 Grammatikbasierter Schriftunterricht

Nun ist aber nicht nur die Schrift ein besonders gutes Modell für die Grammatik, sondern auch die Grammatik ein besonders gutes Modell für die Schrift, die sich nicht aus der Lautung ableitet, sondern aus den grammatischen Strukturen, die sie expliziert. Damit ist Schriftspracherwerb von Beginn an Grammatikerwerb (vgl. auch Röber 2009).

Das folgende, nur auf den ersten Blick künstlich erscheinende Beispiel zeigt, welche grammatischen Strukturen die Schrift bei kompetenten LeserInnen bereits beim Wortlesen aktiviert – und zwar unabhängig davon, ob es ihnen in der Schule gezeigt worden ist oder nicht:

i) *Ferenc gralt in die Schule.*
ii) *Ferenc schwänzt gralt die Schule.*

Ohne *gralt* zu kennen, wissen kompetente Leser, dass es sich (in beiden Fällen) um ein syntaktisches Wort handeln muss – denn es ist mit einem Leerraum von den anderen Wörtern des Satzes abgetrennt, und das heißt, es ist einer grammatischen Analyse zugänglich. Im ersten Fall (i) wird diese unter Berücksichtigung des syntaktischen Kontextes wie folgt vorgenommen: An der Zweitposition ist erkennbar, dass es sich um eine Verbform (3. Person Singular) mit *t* als Flexiv und *gral* als Stamm (Infinitiv *gralen*) handelt. Daraus kann abgeleitet werden, dass *gralt* hier mit langem, gespanntem *a* gesprochen werden muss, also [ɑ:]. Anders verhält es sich mit dem zweiten Fall (ii): Hier ist *gralt* ein Adjektiv, das *t* gehört zum Stamm, gesprochen werden muss mit kurzem, ungespanntem *a*, also [a].

Dieses, zunächst für illustrative Zwecke verwendete Beispiel zeigt also, wie viel Grammatik im Erkennen und Auswerten schriftlicher Äußerungen steckt. Um eine Buchstabenkette wie *gralt* zu lesen, unternehmen kompetente Leser demnach mindestens eine

1. syntaktische Analyse (Identifizierung von Buchstabenketten als Wörter)
2. lexikalische Analyse (Zuweisung der Wortart (Verb, Adjektiv))
3. morphologische Analyse (Zerlegung von Buchstabenketten in morphologische Einheiten (Stamm, Flexiv))
4. phonologische Analyse (Zuordnung von Buchstaben zu Lautgesten)
5. prosodische Analyse (Zuordnung von Vokalqualitäten auf der Grundlage der Silbenstruktur → (i) *gralt/gralen* (langes *a*), (ii) *gralt/gralter/am graltesten* (kurzes *a*))

Diese Analyseschritte gelten selbstverständlich auch für Wörter, die nicht – wie *gralt* – Kunstwörter sind. Ein analoges Verhältnis wie an *gralt* demonstriert liegt etwa mit Wörtern wie *das Pult* vs. *(er) pult* oder *die Rast* vs. *(sie) rast* vor.

An natürlichen Beispielen lässt sich der genannte Zusammenhang aber wesentlich schlechter illustrieren. Denn gerade kompetenten Lesern fällt es schwer, sich den analytischen Apparat bewusst zu machen, den sie so mühelos beherrschen. Er ist ihnen in Fleisch und Blut übergegangen. Dabei ist keiner dieser Analyseschritte so selbstverständlich oder natürlich, wie er erscheint. Denn keine dieser analytischen Fähigkeiten ist vor dem Schriftspracherwerb bereits ausgebildet (Andresen 1985; Röber 2009). Sie werden zusammen mit dem Lesen und Schreiben, also im Kontakt mit der Schrift erworben.

Gesteuert wird der Aufbau der grammatischen Analysefähigkeit in diesem Sinne jedoch nur selten durch den Unterricht, der sich gerade in der Grundschule – auch wegen der oben genannten historischen Entwicklung – durch die Abwesenheit grammatischen und orthographischen Lernens auszeichnet. Der Auslöser für die Entdeckung schriftrelevanter grammatischer Strukturen ist vielmehr die Orthographie selbst, die dem Leser diejenigen Einheiten vor Augen führt, die er für die grammatische Analyse und damit für sein Leseverstehen braucht: „Lerner [...] können [...] zu einer sachadäquaten Rekonstruktion des Schriftsystems gelangen. Sie können – auch bei unangemessener Vermittlung im Unterricht – zunächst unsystematisch Erscheinendes so in Zusammenhänge bringen, dass sich Muster und Analogien mental herausbilden. Diese Lerner werden scheinbar 'wie von selbst' zu guten Rechtschreibern [und zu guten Lesern (U. B.)]" (Müller

2010, 88). Die Grundlage für diese eigenaktive Aneignung ist die Verknüpfung von orthographischen Phänomenen mit der „selbsteigene[n] [...] Grammatik" (Grimm, s. o.), die unter den Bedingungen des Schriftspracherwerbs selbst neu ausgerichtet wird (vgl. Scheerer 1993; umfassend dazu Röber 2009, 20, die den Schrifterwerb in diesem Sinn als „intellektuelle Schulung" bezeichnet).

Nun wissen wir aus zahlreichen Studien (z. B. PISA, IGLU, DESI, leo), dass die „intellektuelle Schulung" durch die Schrift nicht von allen SchülerInnen ohne Unterstützung gemeistert wird. Diejenigen, denen es nicht gelingt, der Orthographie die Informationen zu entnehmen, die sie für eine regelgerechte Lese- und Schreibpraxis benötigen, erhalten jedoch auch von der Schule kaum Hilfe: Durchgesetzt, auch im Zuge der Reformpädagogik, haben sich regellose Initiationen in die Schrift, wie sie etwa im Programm „Lesen durch Scheiben" (Reichen), aber auch in Fibellehrgängen, die die gesamte Schrift auf die Relation zwischen Laut und Buchstabe reduzieren, sichtbar werden. Mit dieser methodischen Entscheidung nimmt sich der Schriftunterricht die Möglichkeit, die Regularitäten der Schrift für die LernerInnen herauszuarbeiten und sie als Ausdruck grammatischer Strukturen verstehbar zu machen.

5 Schriftbasierter Grammatikunterricht

Dass sich die Grammatik deutlicher (oder überhaupt erst) in der geschriebenen Sprache zeigt, macht die Schrift nun umgekehrt zu einem besonders ergiebigen Modell für die Grammatik und damit für den Grammatikunterricht. Sie könnte in diesem Sinn Pate für die Entdeckung, die Bearbeitung und begriffliche Konsolidierung sprachlicher Einheiten und Strukturen stehen. Am Beispiel des Wortbegriffs, der im Grammatikunterricht ebenso zentral ist, wie er in der Regel unexpliziert bleibt, soll gezeigt werden, was gemeint ist: Auf die Frage, was ein Wort ist, erhält man bis in die Oberstufe hinein seltsame Antworten. Auch Studierende des Faches Deutsch verfügen in der Regel nicht über einen linguistisch angemessenen Wortbegriff. So fällt es ihnen schwer, die Frage zu beantworten, warum *Maler* im Satz *Darin sind viele Maler Meister* ein Wort ist, in *Da sind viele Malermeister* aber nicht. Das Setzen des Zwischenraums ist offenbar an einen bestimmten, nämlich den syntaktischen Wortbegriff gebunden. Diesen mit Hilfe der Schrift, die ihn expliziert, herauszuarbeiten und ihn gegen den lexikalischen und den etymologischen Wortbegriff abzugrenzen, wäre eine wichtige und hochfunktionale Aufgabe des Grammatikunterrichts: Sie könnte in frühen Lernjahren eher mit operativen, in späteren Lernjahren dann mit analytischen Verfahren bewältigt werden. Die jüngeren LernerInnen könnten über sprachliche Operationen (z. B. Umstell- und Substitutionsproben, Flexionsproben) einen eher impliziten Wortbegriff herausarbeiten (der zusätzlich zu einer erhöhten Schreibsicherheit führen würde). Mit älteren LernerInnen könnte – auch auf der Grundlage der Bearbeitung von orthographischen Zweifelsfällen – ein zunehmend expliziter Wortbegriff entwickelt werden, mit dem sie auch andere Sprachbetrachtungsaufgaben (etwa die Analyse von literarischen Texten) bearbeiten könnten (und der ihnen zusätzlich dazu verhelfen könnte, vor allem in Zweifelsfällen eine begründete Entscheidung treffen zu können und damit zugleich eine kompetente und selbstbewusste, weil grammatisch gesättigte Haltung zu ihrer eigenen orthographischen Praxis zu gewinnen).

Jedoch geht es nicht nur um die Gewinnung grammatischen Wissens, wie es sich aus einer kontrollierten Schreibpraxis ergeben könnte, sondern zugleich um die sprachbewusste Verfügbarkeit von sprachlichen Kategorien, die sich aus der Lesepraxis ergibt. Ein viel diskutiertes Beispiel für diesen Zusammenhang ist die satzinterne Großschreibung, die den Leser auf das Vorliegen einer nominalen Gruppe, genauer: auf deren rechten Rand orientiert und damit zugleich Satzglieder sichtbar macht. Die Effekte der satzinternen Großschreibung auf das Lesen wurden in den 1980er Jahren auf der Grundlage psycholinguistischer Experimente beschrieben (vgl. im Überblick Nottbusch/Jonischkait 2010).

In jüngerer Zeit haben Funke und Sieger (2009) ermittelt, dass nicht nur die spontane Aktivierung einer syntaktischen Kategorie, sondern auch ihr stabiles Verfügbarhalten im Arbeitsgedächtnis für das Lesen von Bedeutung ist. Gute Leser unterscheiden sich von schlechten Lesern vor allem dadurch, dass sie grammatische Strukturmuster für die weitere Verarbeitung im Arbeitsgedächtnis verfügbar halten (Funke/Sieger 2009).

Die Arbeit an der Nominalgruppe und mithin an Satzgliedern ist schon deshalb eine wichtige Aufgabe des Grammatikunterrichts. Wiederum ginge es in frühen Lernjahren um die operative Durcharbeitung von durch die Orthographie visualisierten Satzgliedstrukturen (etwa durch Umstell-, Ergänzungs- und Substitutionsproben), in späteren Lernjahren könnten die operativ gewonnenen Einheiten in Bezug auf ihre Funktion im Satz weitergehend analysiert und auf dieser Grundlage als Subjekte oder Objekte etc. begrifflich gefasst werden.

6 Fazit

Die hier vorgenommene theoretische Engführung von Grammatik und Schrift deckt nur einen Teil der Potenziale ab, die der schulische Grammatikunterricht hat und haben kann (vgl. die Beiträge C 2, C 4, C 5 in diesem Band). Es handelt sich aber – wie wir gesehen haben – um eine besonders ergiebige Verwandtschaftsbeziehung, die auch mit Blick auf die historische Entwicklung der Schulgrammatik, vor allem aber durch die empirischen Befunde von PISA, IGLU, DESI und leo ihre Rechtfertigung findet:

Stünde der Grammatikunterricht – wie hier skizziert – im Dienst der Entdeckung schriftlicher Strukturen, wäre er also mindestens auch Lese- und Schreibunterricht, würde nicht nur die Chance auf gelingende Schriftspracherwerbsbiographien steigen, vielmehr gewönne der Grammatikunterricht auch die Bedeutung der „grammatica" und damit seine im 19. Jh. verlorengegangene Legitimation zurück.

Literatur

Andresen, Helga: Schriftspracherwerb und die Entstehung von Sprachbewußtheit. Opladen: Westdeutscher Verlag 1985

Bartnitzky, Horst: Sprachunterricht heute. Frankfurt/M.: Cornelsen, 4. Aufl. 1993

Boettcher, Wolfgang/Sitta, Horst: Der andere Grammatikunterricht. Veränderung des klassischen Grammatikunterrichts. Neue Modelle und Lehrmethoden. München u. a.: Urban & Schwarzenberg 1978

Bredel, Ursula: Sprachbetrachtung und Grammatikunterricht. Paderborn: Schöningh UTB 2007

Bredel, Ursula: Sprachsystem – Sprachnorm – Sprachunterricht. In: Härle, Gerhard/Rank, Bernhard (Hrsg.): „Sich bilden, ist nichts anders, als frei werden." Sprachliche und literarische Bildung als Herausforderung für den Deutschunterricht. Baltmannsweiler: Schneider Hohengehren 2008, 285–302

Bühler, Karl: Sprachtheorie. Die Darstellungsfunktion der Sprache. Jena: Fischer 1934

Ehlich, Konrad: Interjektionen. Tübingen: Niemeyer 1986

Einecke, Günther: Unterrichtsideen Integrierter Grammatikunterricht. Textproduktion und Grammatik. 5.–10. Schuljahr. Stuttgart: Klett, 4. Aufl. 1995 (1. Aufl 1991)

Eisenberg, Peter/Menzel, Wolfgang: Grammatik-Werkstatt. In: Praxis Deutsch 22 (1995) 129, 14–23

Funke, Reinold/Sieger, Jasmin: Die Nutzung von orthographischen Hinweisen auf syntaktische Strukturen und ihre Bedeutung für das Leseverstehen. In: Didaktik Deutsch 15 (2009) 26, 31–53

Gaiser, Konrad: Wieviel Grammatik braucht der Mensch? In: Rötzer, Hans G. (Hrsg.): Zur Didaktik der deutschen Grammatik. Darmstadt: Wissenschaftliche Buchgesellschaft 1950 (hrsg. 1973), 1–15

Gornik, Hildegard: Methoden des Grammatikunterrichts. In: Bredel, Ursula/Günther, Hartmut/Klotz, Peter/Ossner, Jakob/Siebert-Ott, Gesa (Hrsg.): Didaktik der deutschen Sprache. Ein Handbuch. 2. Teilband. Paderborn: Schöningh UTB 2003, 814–829

Günther, Hartmut: Deutsche Schulgrammatik im 19. Jahrhundert. Ms. Köln 1970

Günther, Hartmut: Schriftliche Sprache. Strukturen geschriebener Wörter und ihre Verarbeitung beim Lesen. Tübingen: Niemeyer 1988

Klein, Wolf-Peter: Am Anfang war das Wort. Theorie- und wissenschaftsgeschichtliche Elemente frühneuzeitlichen Sprachbewusstseins. Berlin: Akademie Verlag 1992

Klein, Wolf-Peter: In dubio contra reum? Zur Geschichte der Reflexion über sprachliche Zweifelsfälle. In: tribüne (2003) 2, 4–14

Klieme, Eckhard/Artelt, Cordula/Hartig, Johannes/Jude, Nina/Köller, Olaf/Prenzel, Manfred/Schneider, Wolfgang/Stanat, Petra (Hrsg.): PISA 2009. Bilanz nach einem Jahrzehnt. Münster: Waxmann 2010

Koch, Peter/Oesterreicher, Wulf: Sprache der Nähe – Sprache der Distanz. Mündlichkeit und Schriftlichkeit im Spannungsfeld von Sprachtheorie und Sprachgebrauch. In: Romanistisches Jahrbuch 36 (1985), 15–43

Köller, Wilhelm: Funktionaler Grammatikunterricht. Tempus, Genus, Modus: Wozu wurde das erfunden? Baltmannsweiler: Schneider Hohengehren, 4. Aufl. 1997 (1. Aufl. 1983)

Müller, Astrid: Rechtschreiben lernen. Die Schriftstruktur entdecken – Grundlagen und Übungsvorschläge. Seelze: Klett/Kallmeyer 2010

Nottbusch, Guido/Jonischkait, Julia: Einzeluntersuchungen zur GKS, GZS und Interpunktion. In: Bredel, Ursula/Reißig, Tilo (Hrsg.): Weiterführender Orthographieerwerb (= DTP 5). Baltmannsweiler: Schneider Hohengehren 2010, 164–187

Paul, Ingwer: Praktische Sprachreflexion. Tübingen: Niemeyer 1999

Puff, Helmut: „Von dem schlüssel aller Künsten/nemblich der Grammatica" – Deutsch im lateinischen Grammatikunterricht 1480–1560. Tübingen/Basel: Francke 1995

Röber, Christa: Die Leistungen der Kinder beim Lesen- und Schreibenlernen. Grundlagen der Silbenanalytischen Methode. Ein Arbeitsbuch mit Übungsaufgaben. Baltmannsweiler: Schneider Hohengehren 2009

Saenger, Paul: Space between Words. The Origins of Silent Reading. California: Stanford University Press 1997

Saussure, Ferdinand de: Grundfragen der Allgemeinen Sprachwissenschaft. Hrsg. von Charles Bally und Albert Sechehaye unter Mitwirkung von Albert Riedlinger. Übers. von Herman Lommel. Berlin: de Gruyter, 2. Aufl. mit einem Register und einem Nachwort von Peter v. Polenz 1967 (1. Aufl. 1931)

Scheerer, Eckart: Mündlichkeit und Schriftlichkeit. Implikationen für die Modellierung kognitiver Prozesse. In: Baurmann, Jürgen/Günther, Hartmut/Knoop, Ulrich (Hrsg.): homo scribens. Perspektiven der Schriftlichkeitsforschung. Tübingen: Niemeyer 1993, 141–176

Schlieben-Lange, Brigitte: Geschichte der Reflexion über Schrift und Schriftlichkeit. In: Günther, Hartmut/Ludwig, Otto (Hrsg.): Schrift und Schriftlichkeit. Writing and Its Use. Ein interdisziplinäres Handbuch internationaler Forschung. An Interdisciplinary Handbook of International Research. 1. Halbband. Berlin/New York: de Gruyter 1994, 102–121

Stetter, Christian: Schrift und Sprache. Frankfurt/M.: Suhrkamp 1997

Stetter, Christian: System und Performanz. Symboltheoretische Grundlagen von Medientheorie und Sprachwissenschaft. Weilerswist: Velbrück 2005

Tophinke, Doris: Zur Wortabtrennung in den 'Werler Statuten' des 14. und 15. Jahrhunderts – eine exemplarische Analyse. In: Elmentaler, Michael (Hrsg.): Regionalsprachen, Stadtsprachen und Institutionssprachen im historischen Prozeß. Wien: Edition Praesens 2000, 73–99

Zifonun, Gisela/Hoffmann, Ludger/Strecker, Bruno et al.: Grammatik der deutschen Sprache. 3 Bde. Berlin/New York: de Gruyter 1997

HELGA ANDRESEN

B 7 Vorschulische Sprachreflexion

1 Einleitung

Im Alter von 3;0 Jahren stellt Reinhard eine Frage, die er sogleich selbst beantwortet:
„Was ist der Vorname von *Orange*? *Apfelsine*" (Jäkel 2008, 78).
Sechs Monate später thematisiert er im Gespräch mit seinem Vater erneut die Bezeichnungen dieser Südfrucht:
„R Weißt du was? Orangen nennt man *Orange* oder *Apfelsine*.
V Ja, zwei Wörter für eine Sache.
R So wie *Schwimmbad* und *Swimming Pool*" (ebd.).

Zweifellos reflektiert und spricht Reinhard in beiden Situationen über Sprache. Die Beispiele zeigen also, dass schon sehr junge Kinder explizite Sprachreflexion betreiben. Trotzdem sollen in diesem Beitrag nicht nur explizite, sondern auch implizite Formen der Auseinandersetzung mit Sprache thematisiert werden. Denn in den Jahren vor der Einschulung praktizieren Kinder in vielfältiger Weise implizite Sprachreflexion; diese geht ontogenetisch der expliziten voraus und häufig treten beide Formen miteinander verbunden auf. Daher müssen in die Analyse vorschulischer Sprachreflexion implizite Formen unbedingt einbezogen werden.

Gerade in der ontogenetischen Perspektive sind mittlerweile Sprachspiele gut erforscht (z. B. Andresen 2006, 2007; Cook 2000; Garvey 1978, 1984; Lang 2009, 2011). Lautspiele bilden die früheste Form der spielerischen Beschäftigung mit Sprache und durchlaufen während der ersten fünf Lebensjahre Veränderungen, die für das Verhältnis von impliziter zu expliziter Sprachreflexion aufschlussreich sind. Daher beginnt die Beschreibung spontaner Sprachspiele von Kindern in diesem Beitrag mit Lautspieldialogen.

Die Erforschung früher Sprachreflexion und entstehender Sprachbewusstheit, die in engem Zusammenhang zu sehen sind, wird theoretisch unterschiedlich fundiert (zu Überblicken vgl. Andresen/Funke 2003; Bredel 2007, 167 ff.). Je nach der theoretischen Verankerung und dem zugrunde gelegten Begriff von Sprachreflexion differiert der empirische Gegenstandsbereich erheblich. So beziehen Ansätze mit einem sehr weiten Begriff sprachlicher Bewusstheit schon Lautspielmonologe von Säuglingen in die Analyse ein, während Ansätze mit einem engen Begriff davon erst bei expliziten metasprachlichen Äußerungen beginnen (zu einem Überblick über den Phänomenbereich ist immer noch Clark 1978 empfehlenswert). In diesem Beitrag soll frühe Sprachreflexion in den Kontext des (Erst)Spracherwerbs gestellt und so theoretisch verortet werden. Das schafft eine geeignete Grundlage für Erklärungen von Veränderungen kindlicher Sprachreflexion in den ersten sechs Lebensjahren. Daher folgt auf die Beschreibung von Lautspieldialogen eine Skizzierung der spracherwerbstheoretischen Grundlagen, die dann als Basis für eine Analyse weiterer Beispiele der vorschulischen Auseinandersetzung mit Sprache dienen wird. Den Abschluss des Beitrags bildet ein Ausblick auf die beginnende Schulzeit, der Übergänge zwischen vorschulischer und schulischer Sprachreflexion thematisiert.

2 Lautspieldialoge

Bei Lautspielen handelt es sich um die Produktion meist bedeutungsfreier Lautketten, die, rhythmisch strukturiert, wiederholt und nach bestimmten Mustern variiert werden, wie es Finian und Lukas hier zeigen, beide 4;2 Jahre alt (Lang 2009, 152):

L *autsilapila: autsilapi:za: autsilapiza*
F *akalvapiu apeapimpju peapj*

Lautspielmonologe, die schon im frühen Säuglingsalter beginnen, sind seit längerem gut erforscht (z. B. Weir 1961). Zu Lautspieldialogen zwischen Kindern gab es bis vor kurzem nur wenige Studien z. B. von Keenan (1979), die Dialoge ihrer Zwillingssöhne untersucht hat. Garvey (1978) findet in ihrem Datenmaterial zum spontanen Sprachspiel zwischen Kindern, die sich nicht gut kennen, kaum Belege für gemeinsame Lautspiele. Daher stellt sie die These auf, dass Lautspieldialoge nur zwischen eng vertrauten Kindern, wie Keenans Zwillingen, auftreten. Diese These konnte Lang (2009) klar widerlegen. In ihrem Datenkorpus, das sie über mehrere Jahre hinweg erhoben hat und das von verschiedenen Kinder zwischen 2 und 7 Jahren stammt, finden sich mehrere Beispiele dafür, dass kleine Kinder, die sich kaum kennen, **gerade** über die gemeinsame Lautspielproduktion in Kommunikation treten. Dies ist ihnen bereits in einer Phase möglich, in der sie inhaltliche Kommunikation noch nicht allein, ohne die strukturierende Unterstützung durch ältere Kinder oder Erwachsene, bewältigen.

Da für den vorliegenden Beitrag die Veränderungen der Lautspieldialoge, die Lang mit zunehmendem Alter der Kinder beobachten konnte, von besonderem Interesse sind, sollen diese hier beschrieben werden. Anfangs konzentrieren sich die Kinder stark auf sich selbst, die Lautproduktion ist eingebunden in rhythmische Ganzkörperbewegungen und die Freude an ihrer Aktivität ist vor allem sensorisch-motorisch geprägt. Sprechen als lautlicher, klanglicher und rhythmisch-motorischer Prozess steht im Vordergrund und die „Funktionslust" (Bühler 1922), die das Kind dabei empfindet, regt zum Weitermachen an. Ein Partnerbezug ist zwar schon vorhanden, indem Kinder an die Lautäußerungen der jeweils anderen anknüpfen, aber Blickrichtung, Körperhaltung, Gestik und Mimik zeigen, dass sich das Kind stark auf sich selbst konzentriert. Das ändert sich aber relativ schnell: Nicht nur, dass die Spielsequenzen länger und die Lautstrukturen komplexer werden, auch die gegenseitige Bezugnahme und die kommunikative Abstimmung im Verhalten der Partner rücken in das Zentrum ihrer Aufmerksamkeit. Der spielerische Umgang mit Sprache bleibt zunächst vollständig implizit; aber im Laufe der Zeit, nach Langs Untersuchung im vierten Lebensjahr, beginnen die Kinder zunächst, einzelne Lautketten in einem kommentierenden Tonfall zu wiederholen, gefolgt von Gelächter und anderen Zeichen der Belustigung. Dies geschieht vor allem an solchen Stellen, an denen sie im Zuge ihrer Lautvariationen zu Lautungen gelangen, die Ähnlichkeiten mit einem Wort der deutschen Sprache aufweisen, wie *nadidu*, das an *Nackidei* erinnert. Häufig nennen die Kinder dann auch das jeweilige Wort und stellen so die Beziehung her. Bei solchen durch die Sprechweise markierten Wiederholungen bleibt der Kommentar noch implizit. Jedoch gehen die Kinder kurz darauf auch zu expliziten Kommentaren ihrer Spielprodukte über, wie z. B. *Soll ich mal was ganz Witziges sagen?* (Lang 2009, 197) oder *Schublblubl schönes Wort* (ebd., 169). Die damit einhergehenden Veränderungen in der Auseinandersetzung mit Sprache analysiert Lang (2011, 187) wie folgt:

„Die Funktionslust wird überlagert oder zumindest ergänzt durch ein anderes Moment der Belustigung: Den Kindern geht auf, dass sie Sprache in unüblicher Weise, eben *nicht* referentiell verwenden. Sie stellen fest, dass Lautstrukturen wie z. B. 'hallalulatsch', 'huda' oder 'dellalagn' gar keine richtigen Wörter sind, mit denen man etwas bezeichnen kann. Sowohl metasprachliche Kommentare, die sich auf die produzierten Lautvariationen beziehen, als auch metakommunikative Hinweise, die den gemeinsamen Dialog als Spiel deklarieren, können als Indizien dafür angesehen werden, dass den Kindern im Lautspiel die Diskrepanz zur normalen inhaltlich bezugnehmenden Gebrauchsfunktion von Sprache bewusst wird. Der sich im Einnehmen von Metapositionen ausdrückende veränderte Gegenstandsbezug betrifft die Gewahrwerdung des *Zeichencharakters* von Sprache."

3 Spracherwerb und Sprachreflexion

Im Folgenden wird ein theoretischer Rahmen für die Verbindung von Spracherwerb und Sprachreflexion skizziert, der sich an Arbeiten von Nelson und Tomasello orientiert, die auf den Studien von Bruner aufbauen und Beziehungen zu Vygotskijs Werk erkennen lassen (Nelson 1996, 2007; Tomasello 2006, 2009; Bruner 1987; Vygotskij 2002). Diese AutorInnen verstehen Spracherwerb als eine besondere Form kulturellen Lernens, bei der sich das Kind mit anderen Menschen in Szenen gemeinsamer Aufmerksamkeit und gemeinsamen intentionalen Handelns sprachliche Funktionen und Strukturen aneignet. Anfangs, wenn das Kind zu sprechen und zu verstehen beginnt, sind sprachliche Äußerungen an die spezifischen Kontexte, in denen das Kind sie erfährt und gebraucht, gebunden.

Im Laufe des Erwerbsprozesses löst sich diese enge Bindung, der Sprachgebrauch wird flexibler und schließlich stehen dem Kind sprachliche Strukturen kontextübergreifend und in diesem Sinne kontextunabhängig zur Verfügung. Dieser Prozess vollzieht sich sowohl auf der Ebene des Sprachgebrauchs als auch auf der Ebene der mentalen Repräsentationen, die das Kind aufbaut. Auf der mentalen Ebene ist er damit verbunden, dass ein Sprach**system** entsteht, in dem sprachliche Zeichen zueinander in Relation stehen. Während sprachliche Einheiten – Wörter oder auch ganze Phrasen – anfangs an die typischen Gebrauchskontexte gebunden repräsentiert sind, löst sich diese Symbiose im Laufe der Jahre und das Kind gelangt zu linguistischen Kategorien (Tomasello 2006, 175 ff.). Dieser Vorgang ist sowohl für Grammatik als auch Semantik mittlerweile im Rahmen des theoretischen Paradigmas gebrauchsbasierter Ansätze beschrieben. Typische Erscheinungsformen der Kategorisierungsprozesse sind Übergeneralisierungen, die im Laufe sog. u-förmiger Entwicklungen auftreten, wenn das Kind korrekte Formen, die es anfangs aus dem Sprachgebrauch seiner Umgebung ganzheitlich übernimmt, aufgibt zugunsten falscher, aber nach sprachsystematischen Regelmäßigkeiten gebildeter Formen, wie z. B. von *gesessen* zu *gesitzt*. Diese Prozesse nehmen mehrere Jahre in Anspruch und vollziehen sich für unterschiedliche sprachliche Bereiche zu unterschiedlichen Zeiten. Aber als kritische Phase für die Entstehung eines komplexen Sprachsystems wird allgemein das vierte Lebensjahr angesetzt (Nelson 2007; Tomasello 2006), also genau die Zeit, in der Lang (2009) die beschriebenen Veränderungen ihrer Probanden bei den Lautspielen hin zu expliziten Kommentaren beobachtete.

Karmiloff-Smith (1992) postuliert vier Ebenen mentaler Repräsentationen von Sprache, die sich nicht nur hinsichtlich der Strukturen, nach denen sie organisiert sind, unterscheiden, sondern auch hinsichtlich der Zugänglichkeit (accessibility) der Strukturen für die Bewusstseinsprozesse des Sprechers/Hörers. Diese Ebenen entstehen im Laufe der ontogenetischen Entwicklung durch sukzessive Restrukturierungen der bereits etablierten Systeme. Anfangs verfügt das Kind über Sprache als „behavioral mastery", gebunden an Gebrauchsroutinen. Dieses Format sprachlichen Wissens ist prozedural und vollständig implizit. Der Übergang zur zweiten Ebene ist mit den oben beschriebenen Kategorisierungsprozessen verbunden, die sprachlichen Strukturen sind dem Kind aber noch nicht explizit verfügbar. Das wird dann mit dem Übergang zur dritten Ebene möglich. Lang (2009, 220 ff.) ordnet die beschriebenen Veränderungen des Lautspiels im vierten Lebensjahr dem Übergang von Ebene 2 zu Ebene 3 zu. Anders als in der Frühphase, wo die Kinder im senso-motorischen Vollzug der Lautproduktion und -wahrnehmung aufgehen, gliedern sie später einzelne Lautketten aus den Äußerungen aus, setzen sie zu anderen sprachlichen Einheiten in Beziehung und kommentieren sie explizit.

Nelson und Tomasello betonen die Bedeutung der interaktiven Handlungspraxis von Kindern für die Veränderungen der mentalen Repräsentationen. Es ist anzunehmen, dass auch Sprachspiele und Gespräche über Sprache wie beispielsweise zwischen Reinhard und seinem Vater einen Beitrag zu der zunehmenden Zugänglichkeit sprachlicher Strukturen leisten. Dabei dürfte die Wirkung wechselseitig sein. Mit Sprache zu spielen, setzt einerseits die Verfügbarkeit der Strukturelemente, mit denen umgegangen wird, voraus. Andererseits fördert es diese Verfügbarkeit und die zugrunde liegenden mentalen Veränderungen. Daher sollen im Folgenden an einigen Beispielen Charakteristika spontaner Sprachspiele von Kindern analysiert und auch Reinhards Kommentare zu den Bezeichnungen von Apfelsinen/Orangen näher betrachtet werden.

Sprachspiele sind in der Regel hochgradig systematisch. Viele folgen dem Prinzip Wiederholung und Variation, indem aus einer sprachlichen Kette, z. B. Sätze oder Wörter, ein Teil wiederholt und ein anderer ersetzt wird (Garvey 1978). Das ist auch in dem Spiel von Jule (3;8) und Tim (4;5) der Fall (Lang 2011, 184):

Beide Kinder haben zuvor mit einem Arztkoffer gespielt.

T *Erbsekoffer Steinkoffer Arztkoffer*
J *Haarkoffer*
T *Türkoffer*
J *Stühlekoffer*

Tim geht auf die Toilette, Jule bleibt im Flur stehen.

T *und danach machen wir weiter und noch ein halben Koffer Zahnpastakoffer Waschbeckenkoffer*
Wasserkoffer
J *Pippikoffer Pippikoffer hab ich gesagt*
T (zurück) *Laternkoffer Steinkoffer noch eine Laterne mit Licht ist das witzig?*

Die Kinder kommunizieren miteinander, indem sie Operationen an Sprache vornehmen. Sprache wird dabei nicht als Mittel der inhaltlichen Kommunikation über nicht-sprachliche Gegenstände und Sachverhalte verwendet, sondern bildet den Gegenstand des gemeinsamen Spiels. Dazu lösen die Kinder Wörter aus ihren Gebrauchskontexten, zerlegen sie in kleinere Segmente und ersetzen diese teilweise. Dabei befolgen sie die Regeln der Kompositumbildung der deutschen Sprache. Auf diese Weise entstehen auch neue Wörter, die es im Deutschen nicht gibt, von denen einige möglich, andere aber aufgrund semantischer Restriktionen unmöglich sind. Dass die Kinder selbst ihr Tun als ein spezielles Handlungsformat begreifen und die sprachlichen Operationen auf Ungewöhnliches, auf eine Pointe ausgelegt sind, geht aus Tims Äußerung *danach machen wir weiter* und seiner Frage *ist das witzig?* hervor. Es wird deutlich, dass ein Reiz spontaner Sprachspiele darin liegt, dass die systematische Manipulation sprachlichen Materials zu überraschenden Ergebnissen führt, die von den Kindern nicht antizipiert worden sind. Das zeigt den experimentellen Charakter der Spiele: Indem die Kinder ihnen bekannte, vertraute sprachliche Einheiten verändern, entdecken sie Möglichkeiten zur eigenständigen, kreativen Gestaltung. Diese ergibt sich aber nur, wenn zugrunde liegende Regeln befolgt werden, denn gerade die

Systematik der Veränderung produziert Neues. Der situative Kontext beeinflusst Tims und Jules Spiel insofern, als die Wörter, die sie für die Komposita verwenden, durch ihn angeregt sind. Das Spiel selbst aber folgt sprachlichen Regeln.

Linguistisch findet man in dem Prinzip der Wiederholung und Veränderung die syntagmatische und paradigmatische Dimension von Sprache wieder: Syntagmatisch verbundene Elemente werden durch andere Elemente, die die jeweilige Position einnehmen können, ersetzt. Syntagmatische und paradigmatische Relationen werden auch von Reinhard in seinen Kommentaren zu den Synonymen thematisiert. Wenn er in seiner ersten Überlegung die Synonyme als Vor- und Nachname interpretiert, stellt er syntagmatische Beziehungen zwischen ihnen her. Dem Einwand, dass im Sprachgebrauch die Synonyme nicht kombiniert, sondern alternativ verwendet werden, könnte er entgegnen, dass auch Personen selten mit ihrem vollen Namen angesprochen werden. In diesem Beispiel früher Sprachreflexion lassen sich noch Spuren der engen Wort-Gegenstand-Beziehung (Vygotskij 2002) erkennen, die für das Denken von Kleinkindern charakteristisch ist. Dem Gegenstand werden zwei Bezeichnungen zugeordnet, und diese stehen nebeneinander, weil sie in gleicher Weise zu dem Gegenstand gehören. Aber Reinhard reflektiert über Wörter und nicht über Eigenschaften des Gegenstandes. Sein Kommentar ein halbes Jahr später befasst sich deutlich mit Relationen zwischen Zeichen, da die Synonyme paradigmatisch zueinander in Beziehung gesetzt werden: **Orange** oder **Apfelsine**. Die Ablösung des Wortes vom Gegenstand wird auch darin deutlich, dass er die Relation zwischen den Synonymen auf andere Wörter überträgt, die weder semantisch noch durch Erfahrungskontexte mit den Ausgangswörtern in Beziehung stehen. Die Analogie beruht nur auf der abstrakten Zeichenrelation.

Viele Sprachspiele von Kindern vor der Einschulung sind semantisch bedingt. Das ist auch bei Umbenennungsspielen der Fall, die in verschiedenen Varianten praktiziert werden. Sie funktionieren nach dem Prinzip, dass meist aus einem bestimmten semantischen Feld Bezeichnungen gegeneinander ausgetauscht werden: *Messer* bedeutet 'Gabel', *Gabel* bedeutet 'Löffel', *Tasse* bedeutet 'Teller', *Teller* bedeutet 'Glas' usw. Dabei nutzen die Kinder die arbiträre Zuordnung von Laut- und Bedeutungsseite, indem sie eigene Konventionen dafür schaffen. Der Witz entsteht im Sprachgebrauch, wenn z. B. eine Gabel für das Essen einer Suppe erbeten und Limonade in den Teller gegossen werden soll. Auf diese Weise erfinden die Kinder eine Geheimsprache, in der sie sich mit einigen Ausgewählten, denen sie die neuen Konventionen mitgeteilt haben, verständigen können und die bei anderen Verblüffung bewirkt.

Eine Variante des Umbenennungsspiels praktiziert Magnus im Alter von 5 Jahren: *Wenn ich ja sage, meine ich 'nein' und umgekehrt.* Hier steht aber nicht die referenzsemantische Benennungsfunktion, sondern die Handlungsfunktion von Sprache im Vordergrund, denn es geht um Bejahung und Verneinung. Wenn

Magnus auf die Frage: *Möchtest du noch mehr Kuchen?* mit *nein* antwortet und kurz darauf, nachdem der Kuchen weggeräumt worden ist, nachschiebt: *Du weißt ja, in meiner Sprache bedeutet **nein** 'ja',* dann schafft er es, Sprache gegen seine eigentliche Intention zu äußern. D. h. er trennt den Äußerungsakt von der Intention. Das erfordert ein hohes Maß an Abstraktion und Selbstkontrolle.

Ungefähr zum Ende des vierten Lebensjahres entwickeln Kinder ein Verständnis davon, dass Menschen auf der Basis von Annahmen über Sachverhalte handeln und dass diese von den Sachverhalten abweichen können, dass man also von falschen Annahmen ausgehen kann. Die Entwicklung dieser Fähigkeiten ist Gegenstand der Theory-of-Mind-Forschung (Astington 2000; Nelson 2007, 213 ff.; Tomasello 2006, 220 ff.). Tomasello weist in diesem Zusammenhang darauf hin, dass die Kinder erkennen, dass gleiche Intentionen in unterschiedliche Handlungen resultieren und gleiche Handlungen auf unterschiedliche Intentionen zurückgeführt werden können. Mit dieser Entwicklung werden Kinder auch zur Täuschung fähig, d. h. sie können gezielt eigene Absichten verbergen, um bei Kommunikationspartnern Reaktionen zu bewirken, die auf falschen Annahmen über die Intentionen des Kindes beruhen. Die Veränderung zeigt sich deutlich darin, dass kleine Kinder z. B. Geheimnisse nicht bewahren können und der Mutter stolz verkünden: *Ich darf dir gar nicht sagen, dass du einen Pullover zum Geburtstag bekommst.* Denken und Sprechen scheinen bei ihnen zusammenzufallen, während ältere Kinder differenzieren und kontrollieren können, was gesagt und was gedacht wird. Trotzdem stellt die Trennung zwischen Äußerungsakt und Intention, die Magnus bei seinem Sprachspiel vollzieht, hohe Anforderungen an die Steuerung eigener mentaler Prozesse und kann von so jungen Kindern vermutlich nur in einem geschützten sozialen Raum vorgenommen werden. Der Aspekt der Selbststeuerung im Zusammenhang mit Sprachreflexion ist hinsichtlich der Anforderungen, die der Schulunterricht an Kinder stellt, von Bedeutung.

4 Vorschulische Sprachreflexion und Anforderungen in der Schule

Im Laufe des Beitrags wurde die beschriebene Sprachreflexion als spontan bezeichnet. Das bezieht sich nicht nur darauf, dass die selbst erfundenen Sprachspiele von Kindern meist in der Handlungssituation und aus eigener Motivation heraus entstehen, sondern auch auf die kognitiven Strukturen, die der frühen Sprachreflexion zugrunde liegen. Die Begrifflichkeit lehnt sich damit an Vygotskijs Terminologie an, der Alltagsbegriffe, die das Denken von Kindern in der Vorschulphase charakterisieren, auch als spontane Begriffe bezeichnet. Kennzeichnend ist, dass Klassifizierungen nicht nach einem einheitlichen Kriterium, sondern nach wechselnden Kriterien vorgenommen werden, so dass nicht homogene Kategorien entstehen. Das lässt sich auch bei Sprachspielen von Kindern dieses Alters beobachten. So kommt es vor, dass sie ein Reimspiel beginnen und dann von *Schatz, Katz* zu *Tiger, Löwe*... übergehen, also während des Spiels das Kriterium der Reihenbildung von „lautlich" zu „semantisch" wechseln. Die Möglichkeit, gemeinsam zu spielen, zerstört das nicht, weil der Wechsel durchschaubar und nachvollziehbar ist und Spielpartner entsprechend fortsetzen können. Das zeigt, dass „spontan" nicht mit „chaotisch" gleichzusetzen ist.

Die zugrunde liegende kognitive Struktur spontaner Sprachreflexion bildet eine Basis für die Erklärung der gut belegten Beobachtungen, dass viele Kinder bis weit in das erste Schuljahr hinein Probleme damit haben, bei der Sprachbetrachtung gezielt von inhaltlichen und situativen Aspekten zu abstrahieren und Sprache nach formalen, z.B. lautlichen Kriterien, zu untersuchen. So beurteilen sie das Wort *Straße* im Vergleich mit *Straßenbahn* als länger, weil sie vom Bezeichneten und nicht von den Wörtern ausgehen. Solche Urteile verleiten Erwachsene (auch Wissenschaftler) zu der Annahme, dass Kinder erst durch den Schulunterricht zu Sprachreflexion fähig würden. Die Äußerungsformen spontaner Sprachreflexion, von denen einige hier beschrieben worden sind, zeichnen aber ein anderes Bild. Ein zentraler Unterschied zwischen der frühen Reflexion und der in der Schule geforderten liegt darin, dass die Kinder spontan, aus eigenem Antrieb heraus und mit wechselnden Fokussierungen Sprache zum Gegenstand des Handelns machen, während sie in der Schule nach ihnen vorgegebenen Kriterien gedanklich agieren müssen. Wehr (2001, 88ff.) differenziert zur Beurteilung der Rahmensituation, in der Sprachreflexion betrieben wird, zwischen aufgabenbezogenem und nicht aufgabenbezogenem Handeln. Die erste Form ist meist fremdinduziert und kann als typisch für schulische Kontexte bezeichnet werden, während die zweite selbstinduziert und typisch für spontane Sprachreflexion ist. In der Schule steht das Kind vor der Anforderung, über Sprache nach bestimmten Aufgabenstellungen zu reflektieren. Dabei entspringen die Aufgabenstellungen in der Regel nicht situativen Gegebenheiten, sondern verlangen schon bei der sprachlich-kognitiven Verarbeitung der Aufgabenformulierung abstrakte Verstehensleistungen (Donaldson 1991). Die Bearbeitung der Aufgabe verlangt darüber hinaus, dass das Kind seine eigenen mentalen Prozesse über eine längere Zeit hinweg gezielt steuert und kontrolliert.

„Auf der ganzen Welt treten Kinder zwischen fünf und sieben Jahren in eine neue Entwicklungsphase ein. Nahezu alle Gesellschaften, in denen es eine institutionalisierte Schulbildung gibt, schulen Kinder in diesem Alter ein, und häufig werden den Kindern auch neue Verantwortungen übertragen. Zumindest ein Teil der Gründe dafür, warum Erwachsene zu Kindern diesen Alters ein größeres Zutrauen haben, liegt in der wachsenden Fähigkeit der Kinder, verschiedene Regeln zu verinnerlichen, die Erwachsene ihnen geben, und diesen Regeln auch dann zu folgen, wenn der Erwachsene nicht anwesend ist, d.h. in ihrer wachsenden Fähigkeit zur Selbststeuerung. Ein weiterer Grund ist, daß Kinder in diesem Alter in der Lage sind, über ihre eigenen Tätigkeiten des Nachdenkens und Problemlösens zu sprechen, und zwar so, daß sie weitere Problemlösetätigkeiten viel leichter erlernen können. Das bedeutet, daß sie die Fähigkeit zu bestimmten, besonders produktiven Formen der Metakognition haben" (Tomasello 2006, 241 f.).

Das Moment der Kontrolle lässt sich auch bei den spontanen Sprachspielen im Vorschulalter erkennen. Wie beschrieben, richtet es sich auf die systematische und regelgeleitete Manipulation von Sprache und die Steuerung eigener mentaler Prozesse. Insofern können Sprachspiele wichtige Erfahrungen und Fähigkeiten für schulische Sprachreflexion schaffen. Aber die Anforderungen in der Schule gehen darüber hinaus. Eine gezielte Analyse von Sprache wird keineswegs erst mit Beginn des Grammatikunterrichts gefordert, sondern ist zentral und von Anfang an mit dem Schriftspracherwerb verbunden (vgl. Haueis, B 8, Vygotskij 2002; Andresen 1985).

Zusammenfassend ist festzustellen, dass frühe Sprachreflexion vielfältige Verbindungen sozialer, kognitiver, emotionaler und sprachlicher Prozesse aufweist. Zwar sind auch monologische Beispiele belegt (z.B. Weir 1961), aber Sprachspiele und -kommentare sind essentiell interaktiv. Fragen, Beschreibungen und Erklärungen zu sprachlichen Sachverhalten richten sich an Kommunikationspartner, und im Spiel setzen Kinder sich gemeinsam mit sprachlichen Strukturen und Funktionen auseinander. Indem sie diese experimentierend erkunden, erkunden sie Arbitrarität und Konventionalität sprachlicher Zeichen und erfahren sich selbst als diejenigen, die die Macht haben, Sprache zu verändern, zu verfremden und in diesem Sinne Kontrolle auszuüben, was mit positivem Selbsterleben verbunden ist (Garvey 1978; Andresen 2007). Dabei lösen sie sprachliche Zeichen aus den vertrauten Gebrauchskontexten und segmentieren sie in kleinere Struktureinheiten, was sprachliche und kognitive Flexibilität erfordert. Im Hinblick auf den Deutschunterricht ist nicht zuletzt die Erkenntnis von Bedeutung, dass Kinder offensichtlich zu Sprachreflexion motiviert sind.

Literatur

Andresen, Helga: Schriftspracherwerb und die Entstehung von Sprachbewusstheit. Opladen: Westdeutscher Verlag 1985

Andresen, Helga: Sprache, Emotion und Bewusstheit im Spiegel kindlicher Spiele. In: Bahr, Reiner/Iven, Claudia (Hrsg.): Sprache – Emotion – Bewusstheit. Beiträge zur Sprachtherapie in Schule, Praxis, Klinik. Idstein: Schulz-Kirchner 2006, 27–40

Andresen, Helga: Rollen, Regeln, Rätsel. In: Andresen, Helga/Januschek, Franz (Hrsg.): SpracheSpielen. Freiburg: Fillibach 2007, 27–44

Andresen, Helga/Funke, Reinold: Entwicklung sprachlichen Wissens und sprachlicher Bewusstheit. In: Bredel, Ursula/Hartmut, Günther/Klotz, Peter/Ossner, Jakob/Siebert-Ott, Gesa (Hrsg.): Didaktik der deutschen Sprache Bd. 1. Paderborn u.a.: Schöningh UTB 2003, 438–451

Astington, Janet W.: Wie Kinder das Denken entdecken. München/Basel: Ernst Reinhardt 2000

Bredel, Ursula: Sprachbetrachtung und Grammatikunterricht. Paderborn u. a.: Schöningh 2007

Bruner, Jerome S.: Wie das Kind sprechen lernt. Bern: Huber 1987

Bühler, Karl: Die geistige Entwicklung des Kindes. Jena: Fischer, 3. Aufl. 1922

Clark, Eve: Awareness of Language: Some Evidence from what Children Say and Do. In: Sinclair, Anne/Jarvella, Robert/Levelt, Willem (Hrsg.): The Child's Conception of Language. Berlin u. a.: Springer 1978, 17–43

Cook, Guy: Language Play, Language Learning. Oxford: Oxford University Press 2000

Donaldson, Margaret: Wie Kinder denken. Intelligenz und Schulversagen. München/Zürich: Piper 1991

Garvey, Catherine: Spielen. Stuttgart: Klett Cotta 1978

Garvey, Catherine: Children's Talk. Cambridge/Mass.: Harvard University Press 1984

Jäkel, Olaf: Die Vielfalt früher Sprachbewusstheit: Evidenz aus zwei Spracherwerbskorpora. In: Funke, Reinold/Jäkel, Olaf/Januschek, Franz (Hrsg.): Denken über Sprechen. Facetten von Sprachbewusstheit. Flensburg: Flensburg University Press 2008, 73–91 (F.L.A.I.R. Bd. 1)

Karmiloff-Smith, Annette: Beyond Modularity. A Developmental Perspective on Cognitive Science. Cambridge/Mass. u. a.: MIT Press 1992

Keenan, Elinor O.: Gesprächskompetenz bei Kindern. In: Martens, Karin (Hrsg.): Kindliche Kommunikation. Theoretische Perspektiven, empirische Analysen, methodologische Grundlagen. Frankfurt: Suhrkamp 1979, 168–201

Lang, Barbara: Lautspieldialoge. Formale Kohärenzbildung und frühe Bewusstwerdungsprozesse von Sprache in der Interaktion zwischen Kindern. Flensburg: Flensburg University Press 2009 (F.L.A.I.R. Bd. 2)

Lang, Barbara: Was den Schriftspracherwerb vorbereitet: Dekontextualisierung von Sprache und Entstehung von Sprachbewusstheit im Medium des Sprachspiels. In: Hüttis-Graff, Petra/Wieler, Petra (Hrsg.): Übergänge zwischen Mündlichkeit und Schriftlichkeit im Vor- und Grundschulalter. Freiburg: Fillibach 2011, 181–203

Nelson, Katherine: Language in Cognitive Development. Cambridge: Cambridge University Press 1996

Nelson, Katherine: Young Minds in Social Worlds. Experience, Meaning, and Memory. Cambridge/Mass.: Harvard University Press 2007

Tomasello, Michael: Die kulturelle Entwicklung des menschlichen Denkens. Frankfurt: Suhrkamp 2006 (stw 1827)

Tomasello, Michael: Die Ursprünge der menschlichen Kommunikation. Frankfurt: Suhrkamp 2009

Vygotskij, Lev S.: Denken und Sprechen. Weinheim: Beltz 2002

Wehr, Silke: Was wissen Kinder über Sprache? Die Bedeutung von Meta-Sprache für den Erwerb der Schrift- und Lautsprache. Bern u. a.: Haupt 2001

Weir, Ruth: Language in the Crib. The Hague: Mouton 1961 (2. Aufl. 1970)

EDUARD HAUEIS

B 8 Sprachreflexion und Schriftspracherwerb

Die Überschriften der Kapitel B 7 und B 9, die den Anfang und den Schluss der Beiträge zur Entwicklung von Sprachreflexion bilden, könnten vielleicht zu der Annahme verleiten, es gehe hier um die Darstellung ontogenetischer Reifeprozesse vom Vorschul- bis zum Jugend- und Erwachsenenalter. Diese Sichtweise verbietet sich aber sowohl im hier zu bearbeitenden als auch in den nachfolgenden Kapiteln. Stets nämlich ist „Entwicklung" im Hinblick auf die soziokulturellen und sprachlichen Bedingungen zur Entfaltung sprachlicher Handlungs- und Reflexionsmöglichkeiten zu fassen. Für die Sprachreflexion unter den Bedingungen des Schriftspracherwerbs bedeutet dies zweierlei:

– Zum einen ist zu berücksichtigen, inwiefern die Aneignung bestimmter Schriften und Schriftsysteme Sprachaufmerksamkeit erforderlich macht und zu Sprachreflexion anregt;
– zum anderen sind die schriftkulturellen Bedingungen in den Blick zu nehmen, die Einfluss auf subjektive Konzeptualisierungen von Schriftsprachlichkeit haben können.

Es handelt sich um unterschiedliche Aspekte einer sprachlich-kognitiven Entwicklung, die als Ganzes nicht aus den Augen zu verlieren ist. Insofern verbieten sich auch scharf gezogene Grenzlinien zur Sprachreflexion im Vorschulalter und zur Sprachreflexion unter den Bedingungen von Mehrsprachigkeit. Erfahrungen mit Schrift und Schriftsprachlichkeit spielen hier wie dort eine Rolle für Verlauf und Ausprägung von Entwicklungsprozessen. Die Zusammenhänge bleiben verdeckt, solange das Lesen- und das Schreibenlernen didaktisch nicht als Spracherwerbsprozess, sondern vorrangig als Leistungen der visuellen Wahrnehmung, der Psychomotorik und des Gedächtnisses modelliert sind. Bahnbrechend für eine neue Sicht, die den Anfangsunterricht im Lesen und Schreiben schließlich in die Zuständigkeit der Sprachdidaktik brachte, war die in den 30er Jahren des 20. Jahrhunderts erstmals erschienene Studie von Bernhard Bosch (Bosch 1984), der als einer der Ersten nachdrücklich die Fähigkeit zur Vergegenständlichung von Sprache als entscheidend für den Zugang zum Lesenlernen hervorhob. Damit wurde der Didaktik grundsätzlich der Weg zur Klärung des Verhältnisses von Schriftspracherwerb und Sprachreflexion gebahnt.

Inzwischen steht in der Didaktik, aber auch in der Psychologie, nicht mehr zur Diskussion, ob Schriftspracherwerb mit der Fähigkeit einhergehe, Sprache zum Gegenstand von Aufmerksamkeit und Bewusstheit zu machen. Trotz dieser grundsätzlichen Übereinstimmung bleiben nach wie vor viele Fragen offen, und an ihrer Klärung arbeitet man auch außerhalb von erziehungs- und unterrichtswissenschaftlichen Disziplinen. So interessieren sich Ethnolinguisten dafür, ob und inwiefern sich Sprachreflexion in schriftlosen Kulturen überhaupt entwickeln kann. Die Antworten darauf hängen nicht allein von den empirischen Befunden ab, sondern auch von der begrifflichen Modellierung der Fragestellung. Insofern sind sie auch für die Didaktik von Belang. Denn sie muss sich darüber verständigen,

– was sie als Sprachreflexion gelten lassen will;
– ob Sprachreflexion als Voraussetzung, als Folge oder als Begleiterscheinung des Schriftspracherwerbs aufzufassen ist und
– in welchem Verhältnis die Herausbildung von Sprachreflexion zu Schrift(en) und Schriftsystem(en) steht.

Die Diskussion darüber, welche Formen des Aufmerksamwerdens auf sprachliche Phänomene schon unter dem Begriff der Sprachreflexion (als einer metakognitiven Leistung) zu fassen sind, kann hier nicht geführt werden.[1] Soweit sie den Zusammenhang mit dem Schriftspracherwerb betrifft, sind die Argumente ausführlich in der Habilitationsschrift von Helga Andresen (1985) dargestellt. Über den gegenwärtigen Diskussionsstand informiert Funke (2008, 14), indem er Theorieansätze im Hinblick darauf befragt, inwieweit sie in der Lage sind, befriedigende Antworten auf Probleme der Konsistenz, der Homogenität und der Erklärungskraft anzubieten. Demnach müsste „ein Verhalten, das als Indiz für Sprachbewusstheit betrachtet wird, bei einem Individuum in Anforderungssituationen der gleichen Art über mehrere Zeitpunkte hinweg konsistent" auftreten (ebd.); es müsste sich bei der „Bewältigung verschiedener Situationen, von denen angenommen wird, dass sie Anforderungen an Sprachbewusstheit stellen", um „eine Leistung des gleichen Typs" handeln (ebd.), und schließlich müsste die Zuschreibung einer Disposition, „welche man als Sprachbewusstheit bezeichnet", „zu einem Verständnis des Verhaltens" von Menschen in bestimmten Anforderungssituationen führen (ebd.). Fasst man Sprachbewusstheit lediglich als einen Sonderfall von metakognitiver Bewusstheit auf, fällt es zwar nicht schwer, das Verhalten, das Kinder im Zuge des Schriftspracherwerbs an den Tag legen, auf eine allgemeine Disposition zu metakognitivem Verhalten zurückzuführen; es ist aber fraglich, ob man damit die Prozesse, die bei der Aneignung einer Alphabetschrift eine Rolle spielen, angemessen modelliert. Gäbe es die natürlich entwickelte Disposition zur Reflexion der mündlichen Sprechtätigkeit auf einer unspezifischen kognitiven Meta-Ebene, müsste man davon ausgehen können, dass die sprachlichen Einheiten, die für die Konstitution einer Schrift von Belang sind, „im sprechsprachlichen Handeln bereits gegeben sind und nur vorgefunden werden müssen" (Funke 2008, 15). Diese Annahme ist jedoch inzwischen in der Linguistik umstritten und in den sprachdidaktischen Forschungen zum Schriftspracherwerb insofern obsolet geworden, als sie auf der verfehlten Gleich-

---

[1] Näheres hierzu bei Andresen/Funke 2003; für einen Überblick über die Forschungsliteratur bis gegen Ende der 80er Jahre des 20. Jahrhunderts s. Gornik 1989.

setzung von Vergegenständlichung und Verdinglichung beruht. Dass es für den Schriftspracherwerb erforderlich ist, Sprachliches zum Gegenstand der Aufmerksamkeit und des Bewusstwerdens zu machen, bedeutet nicht, dass es schon vor jeder Reflexion dinghaft gegeben sei. Weder ist das „Wort ein Kinderspiel" (was Andresen 1987 kritisch infrage stellt), noch lassen sich die lautlichen Entsprechungen von phonographischen Schriftelementen als Artikulationseinheiten identifizieren.[2]

Eine Verständigung darüber, was als Sprachreflexion zu gelten habe, lässt sich unter Rückgriff auf eine von Andresen (1985) vorgeschlagene Unterscheidung erzielen. Sie grenzt Formen eines okkasionell auftretenden „aktuellen" Bewusstseins, das Sprachliches so in den Fokus der Aufmerksamkeit rückt, dass es – wie auch immer – wenigstens thematisiert werden kann, gegen ein „eigentliches" Bewusstwerden ab, das Sprachliches konsistent als Gegenstand der metakognitiven Reflexion fasst. Die Unterscheidung hilft insbesondere bei der didaktischen Modellierung von Sprachwissen, zwischen spontaner Sprachaufmerksamkeit und voll bewusster Reflexion des sprachlichen Tuns zu vermitteln.

Im Hinblick auf den Schriftspracherwerb ist damit die Beziehung zwischen sprachlichem Tun und dessen metakognitiver Reflexion noch nicht zufriedenstellend geklärt. Wäre die Fähigkeit zu Sprachreflexion die unabdingbare Voraussetzung für die erfolgreiche Aneignung der Schriftsprache durch Lesen und Schreiben, müsste man zeigen können, dass sich schon im Vorfeld des Schriftspracherwerbs die Aufmerksamkeit von Kindern spontan auf sprechsprachliche Einheiten richtet, die den Aufbau der zu erlernenden Schrift konstituieren. Da sich Schriften darin beträchtlich unterscheiden, würde das bedeuten, dass Kinder entweder unabhängig von jeder Erstbegegnung mit einer Schrift bereits über die Fähigkeit verfügen, ihre Aufmerksamkeit auf alle potenziell schriftrelevanten Aspekte von Sprache zu richten, oder dass die Beschaffenheit von Schriften jenseits dessen liegt, was an Sprachaufmerksamkeit erforderlich ist, um Zugang zum Schriftspracherwerb zu finden. Die erste Annahme wäre nur zu halten, wenn in illiteraten Kulturen die gleichen Formen von spontaner Sprachreflexion vorkämen wie in Schriftkulturen; der Nachweis dafür ist noch nicht erbracht. Folgt man der zweiten Annahme, der zufolge die für den Schriftspracherwerb vorauszusetzende metakognitive Sprachaufmerksamkeit schriftunspezifisch sei, müsste man erklären können, warum man ausgerechnet die Förderung phonologischer Bewusstheit für wichtig hält. Denn grundlegend ist diese „Vorläuferfähigkeit" zum Schriftspracherwerb nur im Hinblick auf Alphabet- und Silbenschriften.

Die Auffassung, dass sich die Fähigkeit zu Sprachreflexion erst als Folge des Schriftspracherwerbs einstellt, ist allenfalls in dem sehr eingeschränkten Sinn aufrechtzuerhalten, dass man darunter nichts anderes versteht als die Aneignung metasprachlichen grammatischen Wissens. In der Tat weiß man nichts von einer

---
[2] Grundlegend hierzu Stetter 1999 und 2002.

„Sprachlehre" in schriftlosen Kulturen, und die Vermittlung von grammatischem Wissen scheint fast überall fest an den Erwerb von Schriftsprachlichkeit geknüpft zu sein. Das Fehlen grammatischer Wissensbestände ist aber keinesfalls gleichzusetzen mit dem Ausbleiben von Sprachreflexion in dem Sinne, Sprachliches zum Gegenstand der Aufmerksamkeit und des Nachdenkens zu machen. Dass dies prozedural beim Erwerb sprachlichen Könnens und okkasionell auf der Ebene eines aktuellen Sprachbewusstseins gelingt, steht ohnehin außer Frage.

Die Sprachdidaktik kann demnach davon ausgehen, dass in der Ontogenese Sprachreflexion durch kulturelle Impulse angeregt wird und sich im Zusammenhang mit soziokulturellen Anforderungen entfaltet. Insofern erfährt die Aufmerksamkeit für Sprache, welche die Aneignung einer Schrift erfordert, ihre spezifische Ausprägung nicht unabhängig von der Beschaffenheit der Schriften und Schriftsysteme (näher hierzu Haueis 2007). Es ist daher zumindest analytisch zu unterscheiden zwischen metalinguistischen Fähigkeiten, die bei jeder Art von Schrift eine Rolle spielen, und solchen, die für Alphabetschriften und insbesondere für das orthographische System des Deutschen von Belang sind.

Jede Art von Schrift erfordert die metalinguistische Fähigkeit, sprachliche Einheiten aus dem situativen Kontext herauszulösen. Dass dies notwendig ist, leuchtet für die Aneignung von Wortschriften unmittelbar ein. Aber auch bei der Aneignung einer Alphabetschrift richtet sich die didaktische Aufmerksamkeit im Anfangsunterricht zunächst einmal auf das Lesen und Schreiben einzelner Wörter. Nun stützt sich der Wortbegriff von Kindern zunächst auf einen Gebrauch des Wortes „Wort" für alles, was man sagen kann. Das ist ein Wortbegriff, wie er in Ausdrücken wie *Sprichwort, Schimpfwort, Vorwort, ein ernstes Wort* etc. vorkommt. Im Zusammenhang mit dem Lesen- und Schreibenlernen wird es notwendig, dass sich ein Begriff herausbildet, der das Wort als eine isolierbare bedeutungshaltige sprachliche Einheit erfasst. In situativer, aufgabenbezogener Verwendung ist dieser Wortbegriff Kindern nicht unbekannt, wie bereits Januschek/Paprotté/Rohde (1979) zeigten und damit die Annahme einer lediglich auf Entwicklung beruhenden Ontogenese des Konzepts widerlegten. Für zahlreiche Formen des spielerischen Umgangs mit Sprache – wie etwa in Pfänderspielen oder Rätseln – ist eine implizite Kenntnis von Wörtern erforderlich. Und schon zu Beginn des Anfangsunterrichts taucht das Schreiben und Erlesen von einzelnen Wörtern als Aufgabe auf, zu deren Bewältigung beiträgt, dass in der Schrift Wörter durch Spatien als isolierbare Einheiten repräsentiert sind. Gleichwohl bleibt dieser Wortbegriff lange Zeit instabil; noch gegen Ende des ersten Schuljahrs zählen Kinder je nach Art der Präsentation einer zusammenhängenden Wortfolge ganz unterschiedlich: einmal nach Sprecheinheiten, das andere Mal nach der Zahl der durch Zwischenräume abgegrenzten schriftlichen Einheiten. Als quasi natürlich gegebene sprachliche Einheit darf das Wort keinesfalls vorausgesetzt werden[3]; dass die Sprachlehre in der Schule mit der Unterscheidung von Wortarten beginnt, ist daher keine unproblematische Modellierung.

Ist das Ausgliedern von Wörtern aus dem Redestrom für die Aneignung jeder Art von Schrift von Belang, stellt der Erwerb einer Alphabetschrift spezifische metalinguistische Anforderungen. Leichter als das Erlernen einer logographischen Schrift ist er deshalb nur unter der kulturellen Bedingung, dass die Schrift lediglich als Erinnerungsstütze bei der mündlichen Tradierung kanonischer Texte eine Rolle spielt. Von Wortschriften unterscheiden sich Alphabetschriften grundlegend dadurch, dass ihre Grapheme auf der lautlichen Ausdrucksseite von Wörtern operieren. Deshalb ist hier die Fähigkeit, die Aufmerksamkeit auf die Ausdrucksseite eines Wortes zu richten und ihre Beschaffenheit ins Bewusstsein zu heben, von zentraler Bedeutung für den Schriftspracherwerb (vgl. Bosch 1990). Im alltäglichen mündlichen Sprachverkehr ist die damit verbundene Abstraktionsleistung selten gefordert.

Eines der Indizien für die Schwierigkeiten, die Kinder wie auch schriftunkundige Erwachsene mit solchen Leistungen des phonologischen Bewusstseins haben können, ist in den Angaben zur „Länge eines Wortes" zu sehen. Während Schriftkundige sie aufgrund von Merkmalen bestimmen, die für die Ausdrucksseite gelten, also nach der Zahl der Buchstaben oder nach der Zahl der Silben, orientieren sich Illiterate vorzugsweise an den Größenverhältnissen der durch Wörter bezeichneten Gegenstände. Ein anderes Indiz ist die Ambiguität des Reimbegriffs. Erwachsene werden zwar nicht – wie manche Kinder – annehmen, dass *Birne* ein Reimwort zu *Apfel* ist, aber wenn sie sich *einen Reim auf etwas machen*, oder fragen, *wie sich das zusammenreimt*, haben sie sicher Übereinstimmungen auf der Inhalts- und nicht auf der Ausdrucksebene im Sinn.

Ungeachtet dieser grundsätzlichen Schwierigkeit, von der Inhaltsseite zu abstrahieren und sich auf die Ausdrucksseite von Wörtern zu konzentrieren, erfordert das Erlernen einer Alphabetschrift, dass die Lernenden einzelne Laute in Wörtern identifizieren, die Position bzw. die Abfolge von Lauten berücksichtigen und relevante Lautqualitäten erkennen. Schon weil die kleinsten artikulatorischen Spreheinheiten Silben sind[4], kann man diese metalinguistischen Leistungen nicht als selbstverständlich voraussetzen. Am ehesten gelingt ihnen das Identifizieren von Lauten bei betonten Vokalen und am Wortanfang (vgl. Ossner 2004). Bevor Kinder dann zu einer genaueren Wahrnehmung der Abfolge von Lauten übergehen können, behelfen sie sich mit einer groben Unterscheidung ihres Vorkommens in der Anfangs-, Mittel- oder Endposition eines Wortes.

---

[3] Maas (1992, 133) bezeichnet das Wort nicht als eine „Einheit der physikalischen Äußerung, sondern ihrer Planung, also eine Einheit des Monitors" und die Grenzen dieser Einheit als „syntaktische Sollbruchstellen".

[4] Selbst einzelne Vokale werden insofern silbisch artikuliert, als sie einem konsonantischen, in unserer Schrift nicht notierten Glottisverschluss folgen.

B 8 Sprachreflexion und Schriftspracherwerb

Damit ist allerdings bei einsilbigen Wörtern die richtige Abfolge schon weitgehend erfasst, solange die Silbenränder am Anfang und am Ende mit nicht mehr als einem Konsonanten besetzt sind.

Bei der Aneignung phonetisch vollständiger Schreibungen müssen die Kinder jedoch nicht nur Zahl und Abfolge von Lauten erfassen, sondern darüber hinaus auch einige relevante Lautqualitäten. Dazu gehören im Deutschen insbesondere die Unterscheidungen von stimmlosen und stimmhaften Verschluss- und Reibelauten, von gerundeten und ungerundeten Vokalen und von „langen" Vokalen in offenen und „kurzen" Vokalen in geschlossenen Silben. Keine dieser Unterscheidungen ist einfach „zu hören". Vielmehr kann dies schon Dialektsprechern Schwierigkeiten bereiten, erst recht Kindern mit fremden Muttersprachen. Dies hängt davon ab, inwieweit die genannten Merkmale als wortunterscheidend in diesen Sprachen und Varietäten von Belang sind oder nicht. Man kann aber durch das Vergegenständlichen der relevanten Merkmale die Aufmerksamkeit der Kinder schulen. Die Stimmhaftigkeit von Konsonanten kann man durch leichtes Auflegen der Finger an den Kehlkopf fühlen. Die Stimmlosigkeit von Verschlusslauten geht in der deutschen Hochsprache mit dem Merkmal der Aspiration einher; deshalb kann man eine Flaumfeder auf dem Handrücken wegblasen, wenn man *Puma* artikuliert; beim Wort *Buhmann* wird dies nicht so leicht gelingen. Die Rundung von Vokalen kann man im Spiegel als Rundung der Lippen sehen. Das Sprechen einer offenen Silbe mit einem Langvokal lässt sich durch das Dehnen eines Gummibandes begleiten. Vorgeschlagen wird auch die Veranschaulichung des Silbenbaus durch Bilder (vgl. Röber-Siekmeyer 1997). Dann kann man den Silbenbau eines Wortes wie *Rose* visualisieren, indem man für die betonte Silbe *Ro-* ein „Haus" zeichnet und für die Reduktionssilbe *-se* eine angebaute „Garage". In dem großen Haus hat der Vokal [o:] viel Platz und kann sich daher ausdehnen. Dagegen wird der Vokal [o] in *Koffer* „gequetscht", weil da die „Garage" ein Stück weit ins Haus hineingebaut ist. Der Konsonant [f] im Silbengelenk, geschrieben als ⟨ff⟩ gehört dann sowohl zum „Haus" als auch zur „Garage". Diese knappen Hinweise auf methodische Maßnahmen, mit denen phonologische Merkmale durch Vergegenständlichungen ins Bewusstsein gehoben werden können, zeigen an, dass Sprachreflexion im Zusammenhang mit dem Schriftspracherwerb in den meisten Fällen nicht durch die explizite Vermittlung einer fachlichen Begrifflichkeit anzubahnen ist, sondern durch gesteuertes implizites Lernen. Kinder, die durch gezielte Beobachtungen von Mundöffnung und Lippenstellung oder durch taktile oder kinetische Erfahrungen ihre Aufmerksamkeit auf artikulatorische Vorgänge richten sollen, lernen dabei ja nicht die richtige „Aussprache" einzelner Buchstaben, sondern setzen zur auditiven Beobachtung und Kontrolle ihrer Artikulation von Wörtern (oder Silben) gegenständliche Hilfen der taktilen, kinetischen und visuellen Wahrnehmung ein.

Auf anderem Wege als dem der Vergegenständlichung von wortunterscheidenden phonologischen Merkmalen waren Alphabetschriften auch soziogenetisch gar nicht zu entwickeln. Je mehr ihr Gebrauch jenseits einer lediglich gedächtnisstützenden Funktion in der mündlichen Textüberlieferung lag, entstanden daraus Schriftsysteme und Orthographien, die dem Zugriff auf morphosyntaktisches Wissen den Weg bahnen. Was als Wort gelten soll, ist nicht zu hören, aber in der Schrift durch Spatien sichtbar zu machen. Einbußen an kommunikativen Informationen, die im mündlichen Sprachverkehr über den stimmlichen und mimisch gestischen Ausdruck von Sprechern vermittelt sind, gleichen Schriftsysteme durch den Ausbau von Verfahren zur Sicherung morphosyntaktischer Transparenz aus. Morphematisch und syntaktisch bedingte Besonderheiten der Wortschreibung sind Gegenstand des Orthographieunterrichts; daher kann die daran geknüpfte Sprachreflexion hier außer Betracht bleiben. Sie spielen aber im Anfangsunterricht des Schriftspracherwerbs insofern eine Rolle, als bestimmte Schreibkonventionen die Aufmerksamkeit darauf lenken, dass die Schrift grammatische Informationen speichert. Spationierungen lassen Wörter als isolierbare sprachliche Einheiten in Erscheinung treten. Die Verwendung von Satzzeichen setzt Grenzsignale und gibt dadurch erste Hinweise auf die Möglichkeit der Durchgliederung größerer Einheiten. Sehr früh entdecken Kinder auch, dass Majuskeln nicht an jeder beliebigen Stelle vorkommen, und versuchen daher – noch vor jeder Belehrung – selbst herauszufinden, wo sie angebracht sein könnten. Wenn Giese (1998) von einem „Grammatikunterricht von Anfang an" spricht, ist damit gemeint, schon im Zusammenhang mit dem Schriftspracherwerb die Aufmerksamkeit der Kinder auf die Funktionalität solcher Erscheinungsformen von Schrift zu lenken.

Dies schließt bei weitem mehr ein als eine Sensibilisierung für die Funktionalität von Schriftzeichen und deren Verwendung in einzelnen Schriftstücken. Denn noch bevor sich Kinder mit den Eigenschaften einer bestimmten Schrift beschäftigen, erfahren sie etwas darüber, welche Rolle Schrift im kulturellen Verhalten der sie umgebenden Welt spielt. Diese Erfahrungen prägen die subjektiven Konzeptualisierungen von Schriftlichkeit, die nicht mit den offiziellen Erwartungen und Intentionen der Bildungseinrichtungen übereinstimmen müssen und insofern Einfluss auf die Erfolgsaussichten in der Schulkarriere haben können (näher hierzu Dehn 1999; Haueis 2009).[5] In einem weiteren Sinn gehört also auch dieser Aspekt zur Sprachreflexion im Zusammenhang mit dem Schriftspracherwerb.

Man kann in unserer Gesellschaft heute davon ausgehen, dass der Alltag der Kinder in dem Maße von Schriftgebrauch bestimmt ist, wie dieser „integrierter Bestandteil des Lebens in literalen Gesellschaften" geworden sei (Dehn et al. 1999, 571). Daraus ergibt sich aber nicht zwangsläufig, „dass die Kinder be-

---

[5] Im Zusammenhang mit sprachlicher und kultureller Heterogenität in Migrationsgesellschaften: Maas (2008).

stimmte Formen konzeptioneller Schriftlichkeit kennen und in der Rezeption beherrschen, lange bevor sie lesen (und schreiben) lernen" (ebd.). In polarer Gegenüberstellung zu konzeptioneller Mündlichkeit trifft das Hervorheben konzeptioneller Schriftlichkeit nur auf die Verhältnisse in einer Kultur zu, in der Textualität eng an Schriftnutzung gebunden und die Schriftsprache nicht „das ganz Andere" (Maas 2008) darstellt, sondern von den gesprochenen Varietäten aus erreichbar ist. Ein Sprachgebrauch, der das situativ gebundene Zeigfeld des „Ich und Du", des „Hier und Jetzt" der Face-to-face-Kommunikationen überschreitet, ist nicht überall und zu allen Zeiten an das Verfügen über Schrift gebunden. Es gelingt auch in schriftlosen Kulturen, Nachrichten über weite Entfernungen zu überbringen und relevante Wissensbestände an nachfolgende Generationen zu überliefern. In diesem Sinne kann man freilich mit Dehn schon das mündliche Erzählen von Geschichten als ein wesentliches Kriterium für Erfahrungen mit Textualität gelten lassen. In schriftkulturell geprägten Gesellschaften liegt es daher nahe, dass die Didaktik schriftgebundener Textualität besondere Aufmerksamkeit widmet und den Erstunterricht im Lesen und Schreiben darauf ausrichtet, von Anfang an eine angemessene Konzeptualisierung von Schriftlichkeit anzubahnen. Wenn Andresen (1998; 2002; 2005) die Bedeutung von kindlichen Fiktionsspielen für den Schriftspracherwerb darin sieht, dass sie die Fähigkeit zur Dekontextualisierung entwickeln, ist damit der für Textualität entscheidende Aspekt angesprochen, den Kontext des unmittelbaren sprachlichen Handelns in der Face-to-face-Kommunikation zu verlassen und sich in einem Handlungskontext zu bewegen, der dem Überbrücken „zerdehnter Sprechsituationen" dient (so, an die Adresse der Didaktik gerichtet, Ehlich 2005).

Diese enge Bindung des Schriftgebrauchs an die Produktion, Verbreitung und Verarbeitung von Texten ist allerdings weder in der Onto- noch in der Soziogenese selbstverständlich. Kinder richten ihre Aufmerksamkeit zunächst auf die motorischen Aspekte des Schreibens, auf die Gestalt der Schriftzeichen und auf das, was sie im einzelnen bedeuten könnten, bevor sich ihnen erschließt, dass mit der Abfolge dieser Zeichen komplexe Inhalte wiederzugeben sind (vgl. Hasert 1995; 1998). Sjölin (1998) zeigt, dass Kinder beim Schreiben ihrer Namen bis gegen Ende der Grundschulzeit auf die ornamentale Ausgestaltung der Buchstaben achten; erst im Laufe einiger Jahre erhalte die Schriftgestalt für Leser insofern eine Art „Unsichtbarkeitskappe", als die Aufmerksamkeit primär auf den sprachlichen Gehalt eines schriftlich fixierten Textes gelenkt wird. Auf ähnliche Akzentuierungen stößt man auch im kulturellen Vergleich. Nicht in allen Gesellschaften, die über eine Schrift verfügen, ist es üblich, sie für die kulturelle Überlieferung durch Texte zu verwenden, und in einigen Schriftkulturen erfährt die Kalligraphie mindestens die gleiche Wertschätzung wie textuelle Schriftlichkeit.

Die angedeuteten Aspekte einer erweiterten Reflexion über Schriftsprachlichkeit sind hier nicht erwähnt, um sie als Unterrichtsgegenstände vorzuschlagen.

Sie sollten aber in der didaktischen Konstituierung des Anfangsunterrichts Berücksichtigung finden, damit unterschiedliche Voraussetzungen und Bedingungen des Schriftspracherwerbs nicht nur als Leistungsunterschiede wahrgenommen werden. Deshalb ist Sprachreflexion nicht nur Schulkindern als Aufgabe zu stellen.

Literatur

Andresen, Helga: Schriftspracherwerb und die Entstehung von Sprachbewußtheit. Wiesbaden: Westdeutscher Verlag 1985

Andresen, Helga: Das Wort – ein Kinderspiel? In: Balhorn, Heiko/Brügelmann, Hans (Hrsg): Welten der Schrift in der Erfahrung der Kinder. Konstanz: Faude 1987, 83–90

Andresen, Helga: Spiel, Zeichen, Kontext. Zur Ontogenese dekontextualisierten Zeichengebrauchs. In: Giese, Heinz/Ossner, Jakob (Hrsg.): Sprache thematisieren. Freiburg: Fillibach 1998, 21–41

Andresen, Helga: Interaktion, Sprache und Spiel. Zur Funktion des Rollenspiels für die Sprachentwicklung im Vorschulalter. Tübingen: Narr 2002

Andresen, Helga: Vom Sprechen zum Schreiben. Stuttgart: Klett-Cotta 2005

Andresen, Helga/Funke, Reinold: Entwicklung sprachlichen Wissens und sprachlicher Bewusstheit. In: Bredel, Ursula/Günther, Hartmut/Klotz, Peter/Ossner, Jakob/Siebert-Ott, Gesa (Hrsg.): Didaktik der deutschen Sprache. Ein Handbuch. Band 1. Paderborn: Schöningh UTB 2003, 438–451

Bosch, Bernhard: Grundlagen des Erstleseunterrichts. Reprint der 1. Auflage 1937, ergänzt durch drei Aufsätze des Verfassers aus den Jahren 1951/52. Frankfurt/M.: Arbeitskreis Grundschule e. V. 1984

Bosch, Bernhard: Lesenlernen. Diskussionsbeiträge aus 50 Jahren. Giese, Heinz W. (Hrsg.): OBST (1990) Beiheft 9, 17–34

Dehn, Mechthild: Texte und Kontexte. Schreiben als kulturelle Tätigkeit in der Schule. Berlin: Volk und Wissen/Düsseldorf: Kamp 1999

Dehn, Mechthild/Payrhuber, Franz-Josef/Schulz, Gudrun/Spinner, Kaspar H.: Lesesozialisation, Literaturunterricht und Leseförderung in der Schule. In: Franzmann, Bodo/Hasemann, Klaus/Löffler, Dietrich (Hrsg.): Handbuch Lesen. Baltmannsweiler: Schneider Hohengehren 1999, 568–637

Ehlich, Konrad: Sind Bilder Texte? In: Der Deutschunterricht 57 (2005) 4, 51–60

Funke, Reinold: Einleitung zu: Funke, Reinold/Jäkel, Olaf/Januschek, Franz (Hrsg.): Denken über Sprechen. Facetten von Sprachbewusstheit. Flensburg: Flensburg University Press 2008, 5–23

Giese, Heinz W.: Grammatikunterricht von Anfang an: Der Schriftspracherwerb als Anlaß für grammatische Gespräche. In: Giese, Heinz W./Ossner, Jakob (Hrsg.): Sprache thematisieren. Freiburg: Fillibach 1998, 67–78

Gornik, Hildegard: Metasprachliche Entwicklung bei Kindern. Definitionsprobleme und Forschungsergebnisse – ein Überblick. In: Haueis, Eduard (Hrsg.): Sprachbewußtheit und Schulgrammatik. OBST (1989) 40, 39–57

Günther, Hartmut: Die Schrift als Modell der Lautsprache. In: Ossner, Jakob (Hrsg.): Schriftaneignung und Schreiben. OBST (1995) 51, 15–32

Günther, Hartmut: Phonographisches Lesen als Kernproblem der Dyslexie. In: Weingarten, Rüdiger/Günther, Hartmut (Hrsg.): Schriftspracherwerb. Baltmannsweiler: Schneider Hohengehren 1998, 98–115

Hasert, Jürgen: Schreiben im Vorschulalter. Die Entwicklung der funktionalen Repräsentation auf der Grundlage von Hystereseeffekten. In: Ossner, Jakob (Hrsg.): Schriftaneignung und Schreiben. OBST (1995) 51, 33–61

Hasert, Jürgen: Schreiben mit der Hand. Schreibmotorische Prozesse bei 8–10jährigen Grundschülern. Frankfurt/M. etc.: Lang 1998

Haueis, Eduard: Unterricht in der Landessprache. Beiträge zur Orientierung des didaktischen Denkens. Baltmannsweiler: Schneider Hohengehren 2007

Haueis, Eduard: Textualität im Fokus einer kulturwissenschaftlich informierten Didaktik. Universität Duisburg-Essen: LAUD 2009 (Ser. A 737)

Januschek, Franz/Paprotté, Wolf/Rohde, Wolfgang: Zur Ontogenese metasprachlicher Handlungen. In: Giese, Heinz W./Januschek, Franz/Martens, Karin (Hrsg.): Tätigkeitstheorie vs. Handlungstheorie. OBST (1979) 10, 37–69

Maas, Utz: Grundzüge der deutschen Orthographie. Tübingen: Niemeyer 1992

Maas, Utz: Sprache und Sprachen in der Migrationsgesellschaft. Die schriftkulturelle Dimension. Göttingen: V & R unipress 2008 (= IMIS-Schriften, Bd. 15)

Ossner, Jakob: Phonologische Bewusstheit und Diagnose von Schreibfähigkeiten. In: Baumann, Monika/Ossner, Jakob (Hrsg.): Diagnose und Schrift II: Schreibfähigkeiten. OBST (2004) 67, 13–30

Röber-Siekmeyer: Die Schriftsprache entdecken. Rechtschreiben im Offenen Unterricht. Weinheim: Beltz, 3. Aufl. 1997

Sjölin, Amelie: Schrift ohne Unsichtbarkeitskappe. Ikonische Aspekte von Schriftzeichen zu Schreibbeginn. In: Hasert, Jürgen/Ossner, Jakob (Hrsg.): Schriften schreiben. OBST (1998) 56, 154–167

Stetter, Christian: Schrift und Sprache. Frankfurt/M.: Suhrkamp 1999 (stw 1415)

Stetter, Christian: Über die Schwierigkeiten, eine Alphabetschrift zu erlernen. In: Villers, Jürgen (Hrsg.): Antike und Gegenwart. Festschrift für Matthias Gatzemeier. Würzburg: Königshausen & Neumann 2002, 127–175

EVA NEULAND / PETRA BALSLIEMKE / HANNE STEFFIN

B 9 Sprachreflexion von Jugendlichen innerhalb und außerhalb der Schule

1 Einführung
1.1 Erläuterung und Begründung der Fragestellung

Das Nachdenken und das Reden über Sprache finden innerhalb wie außerhalb der Schule statt. Zwischen solchen außerschulischen und innerschulischen Sprachreflexionen sind jedoch erhebliche Diskrepanzen zu konstatieren:

– Außerhalb der Schule finden wir bei Kindern, Jugendlichen und Erwachsenen Formen naiver Sprachkritik in Form von Laienurteilen über Sprache, hauptsächlich über den Sprachgebrauch anderer. Erwachsene beklagen, wie Umfragen belegen, „Sprachverfall" durch die Jugendsprache, „Sprachverhunzung" durch Entlehnungen, „Schönfärberei" durch die Sprache von Politikern. Jugendliche und Erwachsene mokieren sich leicht über Abweichungen von orthographischen, grammatischen oder stilistischen Normen sowie über Dialektgebrauch. Neben vermeintlichen Sprachmängeln und Sprachdefiziten anderer sind es aber auch Kommunikationsprobleme (vgl. Paul 1999), Missverständnisse und als unangebracht empfundene Anredeformen und Ausdrucksweisen, die Sprachthematisierungen auslösen können.

– Innerhalb der Schule ist die Thematisierung von Sprache allgemein Gegenstandsfeld des Sprachunterrichts und speziell des Grammatikunterrichts. Dabei steht Sprache als Gegenstand einer systematischen Sprachbetrachtung mit dem Kernbereich der Morphosyntax im Blickpunkt des herkömmlichen Grammatikunterrichts. Mit der Reform des Lernbereichs „Reflexion über Sprache" wurde das Blickfeld der Sprachbetrachtung erweitert um die Text- und Kommunikationsanalyse und die Sprachkritik. Ein solcher Sprachreflexionsunterricht sollte sowohl den Einbezug der eigenen Spracherfahrungen ermöglichen, als auch die allgemeine Sprach- und Kommunikationskompetenz der Lernenden fördern.

Die Diskrepanzen zwischen dem Nachdenken und Reden über Sprache innerhalb und außerhalb der Schule sind offensichtlich. Sie betreffen Anlässe, Gegenstandsfelder, Ziele und Qualitäten der Sprachreflexion:

– Während die außerschulische Sprachreflexion induktiv und situationsgebunden zu erfolgen scheint und in der Regel auf das Gegenstandsfeld der Abweichungen von der Norm der Standardsprache bezogen bleibt, findet schulische Sprachreflexion in systematischer Weise lehrplan- und curriculumsgebunden statt.

– Während bei außerschulischen Sprachreflexionen die Vergewisserung über die Standardnormen und deren Differenzierungsfunktionen sowie die Absicherung des gegenseitigen Verstehens als mögliche Motive unterstellt werden können, muss die schulische Sprachreflexion die Förderung der Sprachkompetenz als didaktisch legitimierte Zielperspektive verfolgen.

Als zentrale Fragestellung erscheint aber im herkömmlichen Grammatikunterricht wie im zeitgenössischen Sprachreflexionsunterricht, ob und in welcher Weise das unterrichtlich erworbene Sprachwissen in die außerschulischen Situationen des Nachdenkens und Redens über Sprache einbezogen wird und sich als alltagstauglich und vor allem alltagsnützlich erweist, indem es zu einem besseren Verständnis und einer angemesseneren Beschreibung und Erklärung von sprachlichen Auffälligkeiten beitragen kann.

1.2 Begriffliche Klärung und Charakterisierung von Sprachreflexion

Der Begriff Sprachreflexion wurde bislang als ein wissenschaftlicher Terminus für den alltagssprachlichen Ausdruck „Nachdenken über Sprache" verwendet, das sich in Form von Sprachthematisierungen manifestiert. Unter Sprachreflexion soll hier ein sprachbezogenes, bewusstes und aktives sprachliches Handeln verstanden werden, das Sprachbewusstsein und metasprachliche Fähigkeiten auf der Grundlage von vorhandenem wie neu gebildetem sprachlichem Wissen umfasst.[1] Der Begriff Reflexion über Sprache bleibt dagegen als fachdidaktischer Terminus dem entsprechenden schulischen Lernbereich vorbehalten (vgl. Kap. 2.1).

Um also über Sprache reflektieren zu können, muss diese zunächst einmal ins Bewusstsein gehoben, also der Zustand von Sprachbewusstheit hergestellt werden. Das Sprachbewusstsein kann als kognitive Einheit verstanden werden, die sich der direkten Beobachtung entzieht. Zu seiner genaueren Bestimmung sind Vorschläge vor allem von Schlieben-Lange (1975, 194ff.) und Coseriu (1988, 204ff.) entwickelt worden. Demnach wird das Wissen eines Sprechers um seine Sprache als ein metasprachliches Begleitbewusstsein „klar konfus"[2] genannt. Eine solche „cognitio clara confusa" ist ein sicheres, aber nicht begründbares Wissen, wie es zum Beispiel ästhetischen Urteilen des Sprachgefühls zugrunde liegen mag. Als weitere Erkenntnisstufen können die der sicheren und begründeten Erkenntnis („cognitio clara distincta") mit einer wissenschaftlich unangemessenen, aber praktisch nützlichen („inadaequata") oder mit einer wissenschaftlich angemessenen („adaequata") Begründung unterschieden werden. Mit dieser Differenzierung wird es möglich, das in alltäglichen, außerschulischen Sprachreflexionen zugrunde liegende Sprachbewusstsein mit seinen Vor- und

---
[1] Vgl. dazu Neuland 2002.
[2] In Anlehnung an die Terminologie von Leibniz.

Fehlurteilen und Widersprüchen von der fachlich fundierten und legitimierten schulischen Sprachreflexion zu unterscheiden, der ein wissenschaftlich fundiertes Sprachbewusstsein zugrunde liegen sollte.

Neben den Bildungsstufen von Sprachbewusstsein lassen sich weiterhin verschiedene Ebenen bzw. Gegenstandsbereiche sprachlichen Wissens unterscheiden, wie Schlieben-Lange (ebd.) vorschlägt, und zwar die Ebene der Unterscheidung von sprachlichen Einheiten, die Ebene der Kommunikation im Vollzug und die Ebene der Konstitution von Identitäten.

Diese Unterscheidung von sprachstrukturellem, sprachpragmatischem und soziolinguistischem Wissen ist auch für die Handlungsdimension der Sprachreflexion aufschlussreich: So kann man die These formulieren, dass die schulische Sprachreflexion in Form des herkömmlichen Grammatikunterrichts sich ausschließlich auf die erste Ebene bezieht, die schulische Sprachreflexion in Form des Sprachreflexionsunterrichts hingegen alle drei Ebenen einbeziehen sollte. Der Vermutung, dass sich außerschulische Sprachreflexionen – vor allem von Jugendlichen – auf soziolinguistische bzw. sozialidentifikatorische Aspekte von Sprache beziehen, soll im Folgenden noch genauer nachgegangen werden.

1.3 Einblicke in Forschungsstand und Forschungsprobleme

Sprachreflexionen, zumal von Jugendlichen und im Vergleich innerhalb und außerhalb der Schule, bilden keinen geschlossenen Forschungsbereich; vielmehr sind verschiedene Anknüpfungsmöglichkeiten einerseits vor allem an Forschungsbereiche der Sprachkritik und ihrer Entwicklung und andererseits an Unterrichtsforschungen zum Grammatikunterricht erkennbar. Vor allem aber lassen sich Forschungsprobleme konturieren, die sich aus dem nicht direkt beobachtbaren und nur erschließbaren Phänomen des Sprachbewusstseins ergeben. Die Bestimmung von Sprachreflexion als sprachliche Externalisierung von Sprachbewusstsein, Sprachwissen und metasprachlichen objektiven Fähigkeiten eröffnet jedoch auch empirische Perspektiven vor allem der Beobachtung und der Befragung.

Ein kurzer Einblick in angrenzende Forschungsbereiche außerschulischer Sprachreflexion weist interessanterweise einen Schwerpunkt im Bereich der vorschulischen metasprachlichen Entwicklung auf, und zwar in Studien von Weisgerber (1972), Ramge (1976), Augst (1977) u. a. in den Jahren zwischen 1970 und 1990.[3]

Neben der Entwicklung von spontaner Sprachaufmerksamkeit, naiver Sprachkritik – überwiegend an der Arbitrarität von Wortbedeutungen – sowie der Entwicklung des metaphorischen Sprachgebrauchs bildet dann der schulische Schrifspracherwerb einen weiteren Forschungsschwerpunkt im Hinblick auf die Entwicklung von Sprachbewusstsein und Sprachreflexion (Andresen 1985). Die

---
[3] Vgl. dazu die Übersicht von Gornik (1989).

Studien präsentieren in der Regel Beobachtungsdaten aus natürlichen Sprechsituationen; einige Beispiele aus Befragungen sind der Studie von Januschek et al. (1979) zur Ontogenese metasprachlicher Handlungen bei Kindern im Kontext des Schrifterwerbs zu entnehmen.

Im Hinblick auf die Entwicklung von Sprachkritik wird die Schulzeit fast gänzlich übersprungen. Dagegen verfügen wir über Befragungsdaten bei Erwachsenen im Hinblick auf die kritische Beurteilung von Sprachveränderungen in der Gegenwart, die – wie bereits erwähnt – das Fehlurteil eines „Sprachverfalls" nahelegen. Im Übrigen lassen aber solche großen Meinungsumfragen auch wenig Aussagen über konkrete Sprachreflexionsprozesse erkennen.

Forschungen zur schulischen Sprachreflexion im Jugendalter sind hingegen kaum vorhanden. Sie beschränken sich auf eine geringe Zahl von Beobachtungen im Grammatikunterricht und sind kaum verallgemeinerbar. Insgesamt lässt sich daher auf ein großes Forschungsdesiderat zum Themenbereich Sprachreflexion von Jugendlichen und ihrer genetischen Entwicklung innerhalb und außerhalb der Schule schließen.[4]

2 Reflexion über Sprache im Unterricht

2.1 Lernbereich Reflexion über Sprache

Der Lernbereich Reflexion über Sprache löste im Zuge der Reformen des Deutschunterrichts der 70er Jahre den bis dahin vorherrschenden Grammatikunterricht ab. Als ein Reformansatz machte er innovatorische Ansprüche geltend, die sich auf den Einbezug der kommunikativ-pragmatischen, der soziolinguistischen und der sprachkritischen Dimension von Sprache und seine didaktische Legitimierung durch emanzipatorische und ideologiekritische Ansprüche bezogen (vgl. Neuland 1993).

Boueke gliederte 1984 den Lernbereich in die folgenden vier Teilbereiche auf: Reflexion über das Sprachsystem („Grammatikunterricht"), Reflexion über fremdes und eigenes sprachliches Handeln („Kommunikationsanalyse" und „Metakommunikation") sowie Reflexion über unterschiedliche auf Sprache bezogene Fragestellungen („Sprachkunde"). Dementsprechend formulierte er als Zielvorstellungen „Einsicht in den Bau der Sprache", „Analyse der Funktionen und Mittel sprachlicher Kommunikation" und „Befähigung zur Metakommunikation".

Doch zeigte die Entwicklung in den Folgejahren, dass das Reformprogramm letztlich unerfüllt blieb und anstelle einer Integration der Teilbereiche und Teilziele eine Reduktion auf den Kernbereich des Grammatikunterrichts erfolgte. Vorschläge für übergreifende Zielvorstellungen stammen von Ivo (1975), Sprachbewusstsein und sprachliches Handeln im Lernziel eines reflexiven

---

[4] Vgl. dazu den Sammelband von Funke et al. (2008), insbes. Januschek, 199 ff.

Sprachgebrauchs zu verbinden. Weiterhin wurde aus einer empirischen Studie über grammatisches Wissen von Ivo/Neuland (1991) die Forderung erhoben, einen an den eigenen Spracherfahrungen der Schülerinnen und Schüler anknüpfenden und über die sozialen Funktionen und Wirkungen von Sprachgebrauch aufklärenden Sprachunterricht zu entwickeln, der das implizit vorhandene vorwissenschaftliche Begleitbewusstsein zu einem kognitiv verfügbaren, expliziten und begründeten reflexiven Wissen umzuwandeln vermag (Ivo/Neuland 1991, 442; vgl. auch Neuland 1994, 36 ff.).

2.2 Bildungsstandards und Lehrpläne

Während sich in den Richtlinien und Lehrplänen des Faches Deutsch in den verschiedenen Bundesländern inzwischen weitgehend die Bezeichnung „Reflexion über Sprache" durchgesetzt hat, gehen die Bildungsstandards[5] allerdings wieder auf die ursprüngliche Bezeichnung „Sprache und Sprachgebrauch untersuchen" zurück. Innerhalb dieses Kompetenzbereichs greifen vier wesentliche Unterkategorien zwar jeweils den Begriff „reflektiert" auf, doch wirkt dieses Bemühen eher plakativ als mit Inhalt gefüllt. So bleibt bei Durchsicht der Bildungsstandards offen, was genau an z. B. „Laut-Buchstaben-Beziehungen" reflektiert werden soll. Auch die dazugehörige Erklärung: „Wichtige Regeln der Aussprache und der Orthografie kennen und beim Sprachhandeln berücksichtigen" (KMK-Bildungsstandards 2003, 21) bringt wenig Aufschluss.

Die Kernlehrpläne für das Land Nordrhein-Westfalen, die im Wesentlichen die Bildungsstandards für die einzelnen Länder inhaltlich ausdifferenzieren sollen, verzichten dagegen nicht auf die innovativere und im Hinblick auf das Lernziel der Förderung des reflektierten Sprachhandelns eindeutigere Formulierung der Reflexion über Sprache und differenzieren diese an mehreren Stellen auch aus (vgl. z. B. Kernlehrplan Deutsch 2004, 11). In Niedersachsen wird unter dem Bereich „Sprache und Sprachgebrauch untersuchen" im Kerncurriculum für die Oberstufe auch der Umgang mit Medien eingeschlossen, was leicht zu einer Überfrachtung des Lernbereichs führen kann. Inhaltliche Ausgestaltungen wie: „Die Schülerinnen und Schüler diskutieren Fragen der ästhetischen Wertung medialer Darstellungen" (Kerncurriculum Deutsch 2009, 19) gehen weit über den ursprünglichen Rahmen dieses Lernbereichs hinaus.

Neben den problematischen Aspekten zeigen sich jedoch in den Bildungsstandards, v. a. in der Kategorie „Äußerungen und Texte in Verwendungszusammenhängen reflektieren und bewusst gestalten", auch aufschlussreiche Aspekte, wie etwa der Verweis auf Themen wie „Sprachen in der Sprache", in denen verschiedene Funktionen unterschiedlicher sprachlicher Stile unterschieden wer-

---

[5] Alle beschlossenen Bildungsstandards sind zu finden unter:
[http://www.kmk.org/bildung-schule/qualitaetssicherung-in-schulen/bildungsstandards/dokumente.html].
Hier wird der Bildungsstandard von 2003 für die Mittleren Schulabschlüsse (10. Klasse) im Fach Deutsch zugrunde gelegt.

den sollen (vgl. auch Kap. 3), sowie „Mehrsprachigkeit", die „zur Entwicklung der Sprachbewusstheit und zum Sprachvergleich" genutzt werden können.

Es bleibt jedoch festzustellen, dass die Anbindung des Sprachunterrichts an die außerschulische Realität der Schülerinnen und Schüler trotz der gegebenen Rahmenbedingungen in der unterrichtspraktischen Umsetzung oftmals noch unterbleibt. Es stellt sich weiterhin die Frage, welche Rolle unterschiedliche Modelle der Schulgrammatik dabei spielen.

2.3 Sprachreflexion und Grammatikunterricht

Werfen wir einen kurzen Blick auf Konzepte des Grammatikunterrichts und ihre Möglichkeiten, eine angemessene Beschreibung und Erklärung auch außerschulischer Spracherfahrungen zu bieten. Innerhalb des Faches Deutsch bildet der fachlich fundierte Umgang mit grammatischen Kategorien eine Basis für die formbezogene Sprachanalyse, auch wenn die Wege der Vermittlung sehr unterschiedlich gesehen werden. Die Probleme des herkömmlichen Grammatikunterrichtes haben Boettcher/Sitta kritisch aufgezeigt und mit der Konzeption des situationsorientierten Grammatikunterrichtes zu lösen versucht. Der Grammatikunterricht solle sich an der Situation ausrichten, die ein Sprecher als Sequenz seiner „erfahrenen und gedeuteten sozialen Wirklichkeit" (Boettcher/Sitta 1981, 91) ansieht, d.h. die Sprecherinteressen und Kommunikationsabsichten der Schülerinnen und Schüler sind somit wesentliche unterrichtliche Steuerungsfaktoren. Diese weiterhin zu diagnostizieren und die eigenen Sprachbeobachtungen zu verbalisieren, sind wichtige Sprachoperationen. Für Boettcher/Sitta bildet der Begriff „Sprachreflexion" die Basis für den „anderen" Grammatikunterricht.[6]

Die Form des situationsorientierten Grammatikunterrichtes führt nach der kritischen Rezeption im Fach, z.B. nach Meinung Köllers (1983), zu didaktischen, v.a. curricularen Problemen. Im funktionalen Ansatz von Köller wird dagegen ein Grammatikunterricht nach vier Prinzipien konzipiert: das Prinzip der Verfremdung (Präsentation grammatischer Phänomene in ungewohnten Kontexten), das Prinzip der operativen Produktion (z.B. Umformungs-, Ersetzungsoperationen), das genetische Prinzip (die sukzessive Entwicklung des Sachverhaltes) und das funktionale Prinzip (Berücksichtigung des Werkzeugcharakters der Sprache und die Einbettung in den laufenden Unterricht). Diesen Prinzipien schließt Köller einige Lernziele des Grammatikunterrichtes als Konkretisierung an: Demnach sollen die Lernenden zur Identifikation grammatischer Formen befähigt werden, weiterhin zur Berücksichtigung von unterschiedlichen Perspektiven und von Textsortenbezügen.[7]

---

[6] Im Unterschied dazu steht die These Ingendahls: „Sprachreflexion statt Grammatikunterricht" (1999).

[7] Konkretisierungen des funktionalen Grammatikunterrichts im Hinblick auf das Formulieren bieten z.B. die Beiträge des Deutschunterricht-Themenheftes 4 (2000). Hoffmann bestimmt Grammatik als praxisorientierte Sprachreflexion (vgl. auch Redder 1998), die in der Konfrontation mit Texten und auf der Folie des Sprachwissens der Lernenden gewonnen werden soll (2000, 6).

Integrative Konzepte des Grammatikunterrichtes versprechen Sprachunterricht funktional und integriert zu gestalten. So sollen nach Einecke (2003) die Lernbereiche „Reflexion über Sprache", „Sprechen und Schreiben" sowie „Umgang mit Texten und Medien" über das Element der Sprachbetrachtung verbunden werden, indem ein sprachliches Phänomen zunächst an einem „Kerntext" erkannt bzw. gemäß der induktiven Methode entdeckt wird. Anschließend wird über die Form und die Funktion des Textes unter besonderer Berücksichtigung der grammatischen Ebene reflektiert, d. h. die grammatischen Phänomene werden erkannt und benannt. Dazu ist die induktive Methode der „Grammatik-Werkstatt" (Eisenberg/Menzel 1995) hilfreich, wobei die Konstituente „Werkstatt" besonders für die grammatischen Operationen steht, wie z. B. Umstellprobe, Intonations-, Weglass-, Ersatz-, Erweiterungsprobe (ebd., 19).

Das distanzierte Beschreiben und Betrachten der Sprache mag auf den ersten Blick nur bedingt alltagsweltlichen Nutzen haben (so auch Lehr 2002, 60). Doch kann das Reflektieren über eigenen und fremden Sprachgebrauch das Gelingen mündlicher und schriftlicher Kommunikation erhöhen, indem sprachliche Mittel bewusst eingesetzt werden.

2.4 Merkmale schulischer Sprachreflexion

Beim Grammatikunterricht als Kernbereich schulischer Sprachreflexion geht es v. a. um die Bildung von Kategorien zur Vermittlung systematischen Wissens. Es reicht nicht, dass Schülerinnen und Schüler die erste Stufe der Sprachreflexion, die „cognitio clara confusa" erreichen, sondern gerade durch die adäquate Begründung, die erst durch das systematische, fundierte Wissen über grammatische Kategorien ermöglicht wird, kommt der schulische Grammatikunterricht zur Umsetzung seiner Ziele. Im Hinblick auf die Gegenstandsbereiche sprachlichen Wissens, wie sie Schlieben-Lange vorschlägt, ist also primär die Ebene der Unterscheidung von sprachlichen Einheiten, die Vermittlung von sprachstrukturellem Wissen von Bedeutung. Die Kategorien werden mit Hilfe von Operationen und verschiedenen Proben unterschieden und ihr Gebrauch wird eingeübt. Dabei differieren die Ansprüche an die Begründung des sprachlichen Wissens hinsichtlich der Altersstufen, insbesondere im Hinblick auf die wissenschaftliche Angemessenheit.

Unabhängig von der Methode der Vermittlung grammatischen Wissens, ob eher funktional und integriert unterrichtet wird, wie Einecke es fordert, oder der Unterricht induktive Ansätze verwirklicht, wie Eisenberg/Menzel sie beschreiben, so sind doch Kategorisierung, Systematisierung und Operationalisierung als die drei Hauptcharakteristika zu sehen, die schulischen von außerschulischem Umgang mit Sprache unterscheiden.

Ein weiteres wesentliches Merkmal schulischen Grammatikunterrichtes ist zudem die Lehrplangebundenheit. Durch vorgegebene Curricula sind vor allem die Gegenstandsfelder, anhand derer das sprachliche Wissen vermittelt wird, und deren zeitliche Anordnung weitgehend festgelegt. Als didaktisch legitimiertes

Ziel steht die Förderung der Sprachkompetenz im Zentrum, die mit Hilfe des sprachlichen Wissens umgesetzt werden soll.

3 Außerschulische Reflexionen Jugendlicher: Beispielfelder

Die These, dass gerade außerschulisch erfahrene Sprachvariation Sprachreflexionen bei Jugendlichen auslösen kann, soll durch die folgenden Beispielfelder veranschaulicht werden.

3.1 Jugendsprache als Reflexionsanlass

Die eigene Sprache Jugendlicher ist ein besonderer Anlass für außerschulische Sprachreflexion. Erste Ergebnisse verdanken wir den frühen Studien zu Spracheinstellungen Jugendlicher, v. a. von Wachau (1989), Sasse (1998) und Last (1989)[8], die auf Fragebögen und Interviews mit Jugendlichen und Erwachsenen beruhen. Auf die Frage, was an der eigenen Sprache gefällt, wurde von den Jugendlichen z.B. der lässige Ton, die lockere Art am häufigsten genannt, gefolgt von Ausdrucksfreiheit bzw. Flexibilität und Einfachheit bzw. Unkompliziertheit sowie Ausdrucksstärke (Sasse 1998, 230).

Die Spracheinstellungsstudien des Wuppertaler DFG-Projekts stellen die bislang umfangreichsten empirischen Erhebungen zum Thema Jugendsprache dar.[9] Die Typizitätseinschätzungen beruhen auf der Frage: „Was ist typisch für Jugendsprache?". Am häufigsten wurde der Äußerung zugestimmt, Jugendsprache sei lockerer als die Erwachsenensprache. Sodann wurde auf Ausdrücke aus dem Englischen und den raschen Wandel der Jugendsprache verwiesen, auf die Verwendung von Ausdrücken, über die sich andere Personen aufregen, auf das Spiel mit Sprache und die begrenzten Verstehensmöglichkeiten von Erwachsenen. Folgende Zitate[10] können die Einschätzungen veranschaulichen:

– *Weil ich die deutsche Sprache in meiner Freizeit vereinfachen will und nicht auf akorate Gramatik achten will* (17-jähriger Berufsschüler, Chemnitz)
– *Weil es ja auch Unterschiede geben muss zwischen Jugendlichen und Erwachsenen. Früher haben die Jugendlichen bestimmt auch anders gesprochen* (14-jähriger Hauptschüler, 9. Klasse, Kiel)

Gebrauchsbegründungen des eigenen Sprachgebrauchs wurden durch die Fragestellung: „Warum gebrauchst du Jugendsprache?" erhoben. Die häufigsten Antworten waren: *aus Gewohnheit, weil Jugendliche eben so sprechen, um Gefühle wie Ärger, Freude* usw. auszudrücken und im Freundeskreis mitreden und anders als Erwachsene reden zu können, schließlich um cool/lässig zu sein:

– *Weil man sich nicht so geschwollen anredet als wie die meisten Erwachsenen* (18-jähriger Berufsschüler, Regensburg)

---
[8] Vgl. dazu die Übersicht bei Neuland (2008, 44f.).
[9] Vgl. Neuland/Schubert 2005.
[10] Alle z.T. noch unveröffentlichten Zitate in Originalorthografie.

– *Um nicht uncool zu sein wie Mama und Papa* (15-jährige Gymnasiastin, 9. Klasse, Erfurt)

Die aktuellen Daten lassen erkennen, dass Jugendliche ein deutliches Bewusstsein einer eigenen Sprache haben und die Identifikation mit der eigenen Gruppe betonen.

Schließlich wurden noch Einschätzungen der Gruppentypizität des Sprachgebrauchs Jugendlicher vorgenommen. Diese Frage erwies sich als besonders aufschlussreich für die außerschulischen Sprachreflexionen Jugendlicher. Auf die Frage „Haben bestimmte Gruppen von Jugendlichen eine ganz besondere Sprechweise?" wurden nach der Gruppe der ausländischen Jugendlichen Hip-Hop-Anhänger, Skater, Computerfans, Techno-Anhänger sowie Punks am häufigsten genannt. Bei der offenen Frage, ob sie Sprechweisen der genannten Jugendgruppen anhand konkreter Beispiele veranschaulichen können, haben viel weniger Jugendliche überhaupt geantwortet, und zwar mit sehr heterogenen Zuordnungen wie z. B.: Gebrauch von Fachausdrücken, positiven und negativen Wertungen (*cool*) u. a.

Anhand dieser Befunde lässt sich festhalten, dass den Jugendlichen die Konkretisierung ihrer Reflexionen über gruppentypische Sprachen nicht leicht fällt und ihnen teilweise auch die sprachlichen Beschreibungskategorien für wahrgenommene Differenzierungen fehlen.

3.2 Sprachmischungen als Reflexionsanlass

Neben der Jugendsprache gehört auch der Umgang mit Mehrsprachigkeit zu denjenigen sprachlichen Themenbereichen, die die Aufmerksamkeit jugendlicher Sprecher auf sich lenken und Sprachreflexionen auslösen.[11]

Gerade durch den Umgang mit Gleichaltrigen mit Migrationshintergrund, aber auch durch die mediale Verbreitung kommt es zur alltäglichen Konfrontation mit anderen Sprachen oder Sprachmischungen. Dirim/Auer (2004) stellen eine Reihe von Einflüssen der türkischen auf die deutsche Sprache fest, v. a. in den Bereichen Lexik, Grammatik, aber auch Phonetik. Eine jüngere Untersuchung zu Internationalismen in der Jugendsprache (Neuland et al. 2007) bestätigt die Integration türkischer wie auch anderssprachiger Wörter in den Sprachgebrauch deutscher Jugendlicher.

Auffällig ist, dass jugendliche Migranten oft einen Ethnolekt verwenden, der sich deutlich von dem „Gastarbeiterdeutsch" der Elterngeneration abgrenzt. Gleichzeitig grenzen sie sich jedoch durch das Switchen bzw. Mixen verschiedener Sprachcodes auch von deutschen Jugendlichen ab, die diese nicht vollständig beherrschen. Insofern ist ein wesentliches Kriterium für das Mischen verschiedener Sprachen die Kreation eines eigenen Sprachcodes und damit die Manifestation einer eigenen Identität, die eine Zugehörigkeit zu beiden Kulturen aus-

---

[11] Vgl. dazu auch Redder 2000.

drückt (vgl. dazu Hinnenkamp 2000 sowie Keim/Cindark 2003). So weisen Sprachmischungen eine Reihe Charakteristika anderer jugendsprachlicher Stile auf, die ebenfalls vor allem sozialidentifikatorische Aspekte von Sprache verdeutlichen.

Bei einer noch nicht veröffentlichten Untersuchung zu deutsch-türkischen Sprachmischungen von Steffin wurden Jugendliche einer Gesamtschule befragt. Die Aussagen der Jugendlichen belegen, dass ihnen Internationalismen in ihrem eigenen Sprachgebrauch oder dem Gleichaltriger durchaus auffallen: So äußerte ein Jugendlicher auf die Frage, ob auch deutsche Jugendliche türkische Fremdwörter nutzen würden: *Definitiv, vor allem, wenn man jetzt so durch die Stadt geht, dann hört man immer wieder, egal ob jetzt deutsche, türkische, russische Jugendliche [...] Ganz einprägend.* Auf die Frage, ob die türkische Sprache einen Einfluss auf den Sprachgebrauch deutscher Jugendlicher habe, gab ein anderer Schüler, der nur zufällig bei dem Interview zugehört hatte und sich spontan und ungefragt zum Thema äußerte, die Antwort: *Ja, auf jeden Fall!* Hieraus kann geschlussfolgert werden, dass das Thema Sprachmischungen zum Nachdenken über den eigenen Sprachgebrauch und den anderer anregt[12]. Es bleibt jedoch zu klären, wie Schule das Sprachinteresse der Schüler aufgreifen und zu einer strukturierten Sprachreflexion weiterentwickeln kann.

Auf die Frage, was typisch an Sprachmischungen bei Jugendlichen sei, äußerten die Befragten keinerlei metasprachliche Beschreibungen, sondern gaben oft Beispiele, in denen sie diese Sprachmischungen nachahmten (*Da haben wir sucuk gemacht, dann so: çok çok güzel; So ey lan, süs oder so was*). Damit wird ein grundlegender Unterschied zu schulischer Sprachreflexion deutlich, die ja gerade dazu anregt, nicht nur Phänomene zu nennen, zu imitieren oder zu beschreiben, sondern auch Kategorien zu bilden und das sprachstrukturelle Wissen zu systematisieren.

Die Frage nach den Gründen für die Übernahme ergab in den Interviews ein sehr heterogenes Bild. Die Antworten der Jugendlichen gingen von einer besseren Verständigung (*Man muss sich ja verständigen können.*) über das allgemeine Interesse an Fremdsprachen (*Ich mein, ich bin so ein Sprachentyp, das interessiert mich einfach.*) bis hin zum Prestige des Türkischen (*Weil sie* [die deutschen Jugendlichen] *'s toll finden.*). Sie erfolgten zögerlicher als bei der Frage, ob die türkische Sprache Einfluss auf die deutsche habe. Dies zeigt, dass das Thema zwar durchaus Anlass für Jugendliche zu sein scheint, außerhalb des Unterrichts über Sprache nachzudenken, ob allerdings tatsächlich eine Auseinandersetzung im Sinne einer systematischen Reflexion stattfindet, ist eher unwahrscheinlich.

Insgesamt wird deutlich, dass vor allem sozialidentifikatorische Aspekte von Sprache Anlass für die Reflexion sind, die z. T. nicht frei von Vorurteilen sind, also ohne adäquate Begründung geäußert werden. Die Ebene der Unterschei-

---

[12] Ein Problem bei derartigen Befragungen bleibt allerdings, dass die Frage des Interviewers auch erst die Reflexion beim befragten Schüler auslösen kann.

dung von sprachlichen Ebenen tritt deutlich zurück, während die Konstruktion von Identitäten eine große Rolle spielt.

3.3 Reflexion über Reflexion aus Schülersicht

Anhand einer Umfrage in Form eines Fragebogens unter 36 Schülerinnen und Schülern eines Gymnasiums im Alter von 13 bis 16 Jahren im Rahmen einer Vorstudie zum Thema „Außerschulische Sprachreflexionen Jugendlicher" sollen schließlich allgemein Anlässe und Arten von Sprachreflexionen genauer überprüft werden. Die Probandengruppe besteht neben deutschsprachigen Schülerinnen und Schülern auch aus Jugendlichen, für die Deutsch die Zweitsprache darstellt. Es sind Kinder mit russischen, arabischen, marokkanischen, chinesischen, türkischen und kurdischen Migrationskontexten.

Alle Befragten konnten mindestens eine Situation benennen, in der sie über den eigenen Sprachgebrauch oder den anderer nachgedacht haben. Dabei dominieren Konfliktsituationen als Reflexionsauslöser. So wurden von den Jugendlichen als häufigste Reflexionsauslöser *bei einem Missverständnis* und *bei einem Streit* genannt. In den Antworten der Schülerinnen und Schüler lassen sich sowohl jugendsprachliche Merkmale erkennen (*ey, du alte tickst du richtig, bisse behindert?*) als auch vereinzelt metasprachliche Ausdrücke (*allgemein jugendsprachliche Ausdrücke, welches Pronomen ist richtig? welcher Fall?*). 73 % der Schülerinnen und Schüler kommentieren den Reflexionsauslöser, indem sie angeben, dass sie allein nachgedacht, diskutiert oder nachgefragt haben. Mit einer anderen Person haben 18 % über die erinnerte Situation gesprochen.

In einer offenen Frage nach einem Lieblingswort ist eine bewertende sowie eine sozialidentifikatorische Dimension zu erkennen (vgl. Kap. 1.2): Alle befragten Jugendlichen haben ein individuelles „Lieblingswort" angegeben. Dabei wurde eine Reihe jugendsprachlicher Ausdrücke genannt und zwar auch mit Verletzung von orthografischen Regeln und Verwendung von Abkürzungen. Jedoch unterbleibt bei den Schülerinnen und Schülern eine weitergehende Reflexion mit Hilfe metasprachlicher Begrifflichkeit trotz der Aufforderung zu einer Begründung in diesem Item. Manche Befragte zählen Wörter aus verschiedenen Fremdsprachen zu ihren Lieblingswörtern. Eine Schülerin führt selbstbewusst ihre Mehrsprachigkeit als Grund für einen Reflexionsauslöser an: *Beim Streit, weil ich meistens mehr Sprachen kann als meine Freundin und dann kann ich von diesen Sprachen Gebrauch machen.*

Insgesamt sind auch hier sozialidentifikatorische Aspekte deutlich zu erkennen, während die geringe Verwendung von Kategorisierungen und Systematisierungen belegt, dass schulisch vermitteltes Wissen anscheinend kaum auf außerschulische Situationen angewendet wird.

3.4 Merkmale außerschulischer Sprachreflexion

Im Alltag steht das zeitnahe Gelingen zumeist handlungsorientierter Kommunikation im Vordergrund. Außerschulische Sprachreflexion geschieht häufig sehr spontan. Die Schülerinnen und Schüler reflektieren induktiv und situationsgebunden über ihren Sprachgebrauch oder den anderer aufgrund von eigenem Interesse.

Speziell bei Jugendlichen geht es in außerschulischen Kontexten um mehr oder weniger spontane Verabredungen, gemeinsames Erleben bei Freizeitaktivitäten, um einen Erfahrungsaustausch, um ein Kennenlernen Gleichgesinnter für den Aufbau und die Festigung eines sozialen Netzwerkes. Die außerschulische Sprachreflexion zeigt sich vor allem in Form von Laienurteilen über Sprache. Anlässe für außerschulische Sprachreflexion können Sprachmängel oder Sprachdefizite ebenso wie Kommunikationsprobleme, Missverständnisse oder Streitigkeiten sein, aber auch Probleme mit einer Fremdsprache. Schülerinnen und Schülern werden sprachliche Auffälligkeiten also besonders dann bewusst, wenn sie mit einer Abweichung von sprachlichen Normen oder mit Kommunikationsschwierigkeiten verbunden sind.

Den Ergebnissen unserer Studien zufolge erreichen diese häufig nur die Reflexionsstufe „cognitio clara confusa" nach Coseriu (1988). Werden die Schülerinnen und Schüler aufgefordert, sich dazu zu äußern, so bleiben sie auf der Phänomenebene, können Beispiele ausführen oder die ihnen aufgefallenen Besonderheiten imitieren (*So ey lan, süs oder so was*). Eine Kategorisierung oder Erklärung auf einer metasprachlichen Ebene fällt dagegen schwer und kommt nur in seltensten Fällen zustande. Die Ebene der Unterscheidung von sprachlichen Einheiten, die ja im Sprachunterricht von zentraler Bedeutung ist, tritt vollständig zurück hinter die Ebene der Konstruktion von Identitäten als zentralem Gegenstandsbereich außerschulischer Sprachreflexion. Gerade in Bereichen wie Jugendsprache oder Sprachmischungen zeigen sich soziolinguistische bzw. sozialidentifikatorische Aspekte von Sprache, die für die Jugendlichen in ihrer Freizeit eine wesentliche Rolle spielen.

4 Sprachdidaktische Perspektiven

Wie einleitend vermutet (vgl. Kap. 1.1), unterscheidet sich außerschulische Sprachreflexion bei Jugendlichen wesentlich von der innerschulischen. Die Diskrepanz betrifft neben der Qualität der Sprachreflexion auch die Anlässe, Gegenstandsfelder und Ziele.

Während es bei innerschulischer Sprachreflexion um die Vermittlung sprachstrukturellen Wissens und das Bilden von Kategorien geht, darum, ein System hinter dem Sprachphänomen zu finden und zu benennen, spielt das in der außerschulischen Sprachreflexion praktisch keine Rolle. Dafür wird jedoch das soziolinguistische Wissen weitaus wichtiger. Die außerschulische Sprachreflexion setzt bei Jugendlichen oft da an, wo es um sozialidentifikatorische Aspekte von Sprache geht: Jugendliche erweitern ihren Wortschatz, kreieren einen eigenen Sprachstil, um sich damit auch sprachlich von anderen abzugrenzen und ihre Identifikation mit einer bestimmten Gruppe auszudrücken. Dies gilt für jugendsprachliche Stile wie für Sprachmischungen, die ebenfalls die Identifikation mit bestimmten Sprechergruppen, v. a. Migrantengruppen, und gleichzeitig eine Abgrenzung sowohl von Erwachsenen gleicher Herkunft wie auch von deutschen Jugendlichen ausdrücken, die nicht beide Sprachen beherrschen.

Ein weiterer wesentlicher Unterschied zwischen inner- und außerschulischer Sprachreflexion ist der im Unterricht angeleitete und lehrplangebundene Ablauf: Reflexion über Sprache erfolgt auf Aufforderung und nach Anleitung der Lehrperson. Dagegen geschieht außerhalb der Schule die Reflexion spontan und aus dem eigenen Interesse, der eigenen Motivation heraus. Oft ist die Sprachreflexion dabei an eine bestimmte Situation gebunden, etwa ein Kommunikationsproblem, ein Verstoß gegen sprachliche Normen oder vermeintliche Sprachdefizite.

Wie aber kann eine Zusammenführung solch unterschiedlicher Lebensausschnitte, Kommunikationspraxen und Wissensbereiche erfolgen, noch dazu mit dem sprachdidaktischen Anspruch der Kompetenzförderung? Will man außerschulische Spracherfahrungen für den Unterricht nutzbar machen, bleibt stets zu berücksichtigen, dass die Thematisierung ein Eingriff in die Privatsphäre der Jugendlichen darstellt und auf Abwehr der Schülerinnen und Schüler stoßen kann, wenn eine Lehrperson nicht sensibel mit Themen wie Jugendsprache oder Mehrsprachigkeit umgeht. Kenntnisse über außerschulische Sprachsozialisation bilden einen wichtigen Bestandteil der Deutschlehrerausbildung (vgl. dazu Neuland/Peschel 2013, 29ff.).

Zielsetzung unterschiedlicher Sprachreflexionen ist es, dass ein Transfer des im Unterricht erworbenen Wissens auf außerschulische Lernsituationen erfolgen kann und dadurch außerschulische Spracherfahrungen auf einer höheren Erkenntnisstufe verarbeitet werden können. Für die Verwendung von Standardsprache oder Varietäten kann dies z. B. heißen: Die Schülerinnen und Schüler lernen im Unterricht die Vor- und Nachteile der Standardsprache kennen und können so Begründungen für ihr sprachliches Handeln geben, die über das reine Vorurteil, Standardsprache sei langweilig oder zu umständlich, hinausgehen. Schulisch erworbenes Wissen kann also im Idealfall, sofern die Anbindung an die außerschulischen Erfahrungen funktioniert, dazu führen, dass Jugendliche sich ihrer Sprache bewusster bedienen und ihr sprachliches Handeln begründen können. Die Einbindung von außerschulischem Wissen in den Unterricht ist nicht als Allheilmittel zu verstehen, ihr sind auch Grenzen gesetzt. Die Möglichkeiten, die sich bei einer gelungenen Integration jedoch für die Anwendbarkeit des schulischen Wissens für die Heranwachsenden ergeben können, machen einen Versuch aber lohnenswert.

Besonders förderlich scheint dazu möglichst viel Eigeninitiative der Schülerinnen und Schüler zu sein sowie die funktionale Vermittlung des Wissens im Hinblick auf andere sprachliche Handlungs- und Gegenstandsfelder. Anlässe und Gegenstände außerschulischer Sprachreflexion, wie z.B. Jugendsprache, Sprachmischungen, die öffentliche Sprachkritik, sollten sprachwissenschaftlich fundiert und sprachdidaktisch reflektiert stärker als Unterrichtsthemen aufgegriffen werden. Vorschläge, Jugendsprache als Gegenstand und Mittel des Sprachunterrichts einzusetzen, liegen bereits vor (Neuland 2006).

Neben analytischen Zugängen sollten aber auch produktive Arbeitsformen erprobt werden. Um die Sprachverwendung und ihre Wirkung einzuüben, können Rollen- und szenische Spiele ein Raum zum Experimentieren sein. Ferner bieten sich eigene Sprachproduktionen an, wie z.B. Sprachspiele und Rap-Songs, die nach der Analyse von Vorbildtexten erstellt werden (vgl. Pörnbacher 1993). Damit könnten die Schülerinnen und Schüler zu Sprachbasteleien, Bricolagen, angeleitet werden. In höheren Klassenstufen eignet sich z.B. Poetry-Slam für die extensive Ausformung von Bricolagen und bietet eine gelungene Bühne für die reflektierte Sprachverwendung, da nicht nur vom Slammer, sondern auch vom Publikum Sprachreflexion verlangt wird. Professionelle Slammer als Vorbilder motivieren Schülerinnen und Schüler ebenfalls zu Eigenproduktionen (Bekes/Frederking 2009).

Auch das Thema der Sprachmischungen lässt sich unterrichtlich integrieren. Dazu sind Vorschläge unter dem Titel: „Kanak Sprak und Türk-Deutsch. Was Sprache über Wirklichkeit aussagt" (http://www.cornelsen.de/home/katalog/material/1.c.45808.de) entwickelt worden. Darin wird z.B. die sprachliche Wirkung von Comedians thematisiert, die genau mit solchen Sprachmischungen spielen. Die Jugendlichen sind aufgefordert, anhand von Stichwörtern einen Dialog zu schreiben und die Wirkung auf ihre Mitschülerinnen und Mitschüler zu untersuchen.

Solche Möglichkeiten können nur einen kleinen Ausschnitt möglicher Anbindungsbereiche außerschulischen Wissens an den Unterricht aufzeigen.

Literatur

Andresen, Helga: Schriftspracherwerb und die Entstehung von Sprachbewusstheit. Opladen: VS Verlag für Sozialwissenschaften 1985

Augst, Gerhard/Bauer, Andrea/Stein, Anette: Grundwortschatz und Idiolekt. Empirische Untersuchungen zur lexikalischen und semantischen Struktur des kindlichen Wortschatzes. Tübingen: Niemeyer 1977 (RGL 7)

Bekes, Peter/Frederking, Volker: Die Poetry-Slam-Expedition: Bas Böttcher. Ein Text-, Hör- und Filmbuch. Braunschweig: Schroedel 2009

Boettcher, Wolfgang/Sitta Horst: Der andere Grammatikunterricht. München/Wien/Baltimore: Beltz 1981

Boueke, Dietrich: Reflexion über Sprache In: Hopster, Norbert (Hrsg.): Handbuch Deutsch. Sekundarstufe I. Paderborn: Schöningh 1984, 334–373

Coseriu, Eugenio: Sprachkompetenz. Grundzüge der Theorie des Sprechens. Bearbeitet und herausgegeben von Heinrich Weber. Tübingen: Francke 1988

Einecke, Günter: Online-Didaktik Deutsch. 2003 [www.fachdidaktik-einecke.de]

Dirim, İnci/Auer, Peter: Türkisch sprechen nicht nur die Türken. Über die Unschärfebeziehungen zwischen Sprache und Ethnie in Deutschland. Berlin: de Gruyter 2004

Eisenberg, Peter/Menzel, Wolfgang: Grammatik-Werkstatt. In: Praxis Deutsch 22 (1995) 129, 14–23

Funke, Reinold/Jäkel, Olaf/Januschek, Franz (Hrsg.): Denken über Sprechen. Facetten von Sprachbewusstheit. Flensburg: Flensburg University Press 2008

Gornik, Hildegard: Metasprachliche Entwicklung bei Kindern. Definitionsprobleme und Forschungsergebnisse – ein Überblick. In: OBST (1989) 40, 39–59

Hinnenkamp, Volker: „Gemischt sprechen" von Migrantenjugendlichen als Ausdruck ihrer Identität. In: Der Deutschunterricht 52 (2000) 5, 96–107

Hoffmann, Ludger: Formulieren: ein Fall für die Grammatik. In: Der Deutschunterricht 52 (2000) 4, 6–20

Ingendahl, Werner: Sprachreflexion statt Grammatik: Ein didaktisches Konzept für alle Schulstufen. Tübingen: Niemeyer 1999

Ivo, Hubert: Handlungsfeld Deutschunterricht. Frankfurt/M.: Fischer 1975

Ivo, Hubert/Neuland, Eva: Grammatisches Wissen. In: Diskussion Deutsch 22 (1991) 437–493

Januschek, Franz/Paprotté, Wolf/Rohde, Wolfgang: Zur Ontogenese metasprachlicher Handlungen. In: OBST (1979) 10, 37–69

Keim, Inken/Cindark, Ibrahim: Deutsch-türkischer Mischcode in einer Migrantinnengruppe: Form von „Jugendsprache" oder soziolektales Charakteristikum? In: Neuland, Eva (Hrsg.): Jugendsprachen – Spiegel der Zeit. Frankfurt/M.: Lang 2003, 377–393

Kerncurriculum für das Gymnasium – gymnasiale Oberstufe, die Gesamtschule – gymnasiale Oberstufe, das Fachgymnasium, das Abendgymnasium, das Kolleg. Hannover 2009 (http://db2.nibis.de/1db/cuvo/datei/kc_deutsch_go_i_2009.pdf)

Kernlehrplan für das Gymnasium – Sekundarstufe I in Nordrhein-Westfalen. Frechen: Ritterbach 2004

Köller, Wilhelm: Funktionaler Grammatikunterricht: Tempus, Genus, Modus: Wozu wurde das erfunden? Hannover: Schroedel 1983

Kutsch, Stefan: Sprachreflexive Fähigkeiten im Zweitspracherwerb. In: OBST (1989) 40, 143–161

Last, Anette: „Heiße Dosen" und „Schlammziegen" – Ist das Jugendsprache? In: OBST (1989) 41, 35–68.

Lehr, Andrea: Sprachbezogenes Wissen in der Lebenswelt des Alltags. (Reihe Germanistische Linguistik, 236). Tübingen: Niemeyer 2002

Neuland, Eva: Reflexion über Sprache. Reformansatz und ungelöstes Programm der Sprachdidaktik. In: Bremerich-Vos, Albert: Handlungsfeld Deutschunterricht im Kontext. Frankfurt/M.: Diesterweg 1993, 85–101

Neuland, Eva: Vielfältiges Deutsch und eine eigene Sprache. Anmerkungen zum Lernziel „Reflexiver Sprachgebrauch". In: Informationen zur Deutschdidaktik 2 (1994) 4, 28–42

Neuland, Eva: Sprachbewusstsein. Eine zentrale Kategorie für den Sprachunterricht. In: Der Deutschunterricht 54 (2002) 3, 4–10

Neuland, Eva: Jugendsprachen – Was man über sie und was man an ihnen lernen kann. In: Neuland, Eva (Hrsg.): Variation im heutigen Deutsch: Perspektiven für den Sprachunterricht. Frankfurt/M.: Lang 2006, 223–241

Neuland, Eva/Schubert, Daniel: „Spricht die Jugend eine eigene Sprache?" Ausgewählte Ergebnisse aus einem empirischen Forschungsprojekt zu Sprachgebrauch und Spracheinstellungen Jugendlicher in Deutschland. In: Fusco, Fabiana/Marcato, Carla (Hrsg.): Forme della communicazione Giovanile, Roma: Il Calaneo 2005, 223–251

Neuland, Eva/Schubert, Daniel/Steffin, Hanne: Ciao, salut, hadi und bye. Internationalismen im Sprachgebrauch Jugendlicher? In: Neuland, Eva (Hrsg.): Jugendsprachen: mehrsprachig – kontrastiv – interkulturell. Frankfurt/M.: Lang 2007, 117–134

Neuland, Eva/Peschel, Corinna: Einführung in die Sprachdidaktik. Stuttgart: Metzler 2013

Neuland, Eva: Jugendsprache. Eine Einführung. Tübingen: Francke UTB 2008

Paul, Ingwer: Praktische Sprachreflexion. Tübingen: Niemeyer 1999

Pörnbacher, Karl: Gedichtbuch. Deutsche Gedichte aus zwölf Jahrhunderten. Berlin: Cornelsen 1993

Ramge, Hans: Spracherwerb und sprachliches Handeln. Düsseldorf: Schwann 1976

Redder, Angelika: Sprachwissen als handlungspraktisches Bewußtsein – eine funktionalpragmatische Diskussion. In: Didaktik Deutsch 4 (1998) 5, 60–76

Redder, Angelika: Fremde Reflexionen über Sprache. In: Der Deutschunterricht 52 (2000) 2, 83–98

Sasse, Ines: Spracheinstellungen und -bewertungen von Jugendlichen. In: Schlobinski, Peter/Heins, Niels-Christian (Hrsg.): Jugendliche und „ihre" Sprache. Opladen: Westdeutscher Verlag 1998, 209–233

Schlieben-Lange, Brigitte: Metasprache und Metakommunikation: Zur Überführung eines sprachphilosophischen Problems in die Sprachtheorie und in die sprachwissenschaftliche Forschungspraxis. In: Schlieben-Lange, Brigitte (Hrsg.): Sprachtheorie. Hamburg: Hoffmann und Campe 1975, 189–205

Wachau, Susanne: „... nicht so verschlüsselt und verschleimt!" Über Einstellungen gegenüber Jugendsprache. In: OBST (1989) 41, 69–97

Weisgerber, Bernhard: Elemente eines emanzipatorischen Sprachunterrichts. Heidelberg: Quelle und Meyer 1972

C
Kompetenzbereiche, Gegenstände, Unterrichtsziele

MATTHIAS GRANZOW-EMDEN

C1 Sprachstrukturen verstehen: Die Entwicklung grammatischer Kategorien

1 Einleitung

Die Entwicklung grammatischer Kategorien betrifft zum einen die Genese des sprachlichen Wissens in den Köpfen von Kindern und Jugendlichen, aber auch von Lehramtsstudierenden, zum andern die Modellierung der Grammatik für den Gebrauch an Schulen und – bezogen auf das Lehramtsstudium – an Hochschulen und Universitäten. Dabei ist Letzteres – eine sinnvolle Modellierung der sprachlichen Wissensbestände – eine notwendige Voraussetzung dafür, dass auch in den Köpfen etwas Sinnvolles stattfinden kann. Um die Modellierung der offiziellen Schulgrammatik ist es aber nicht gut bestellt (vgl. Haueis 2007 und Ossner 2000). Ein Blick in die zugelassenen Schulbücher und die administrativen Vorgaben wie die Lehrpläne oder die immer noch gültige Terminiliste der Kultusministerkonferenz von 1982 zeigt, dass sich die Vorstellungen von Sprache für den Grammatikunterricht in den letzten 150 Jahren nur unwesentlich verändert haben[1], während sich das linguistische Wissen wie in den meisten anderen Wissenschaften vervielfacht hat. Nun könnte man etwas vorschnell einwenden, dass sich die sprachlichen Strukturen seit der Klassik recht stabil gehalten haben – wenigstens im Bereich der Strukturen, die zu den traditionellen Inhalten des Grammatikunterrichts gehören. Dies entspräche allerdings dem Einwand, dass auch die Zusammensetzung der Atome und Moleküle seit recht langer Zeit konstant geblieben sei und man deshalb in der Chemie auf das Periodensystem verzichten und bei der Vierelementelehre Feuer – Erde – Wasser – Luft hätte bleiben können. Der anderthalb Jahrhunderte andauernde Dornröschenschlaf der an den Schulen praktizierten Grammatik hat auch an Hochschulen und Universitäten sprachwissenschaftliche und sprachdidaktische Forschung voneinander entfernt[2], sodass die Lehramtsstudierenden weder die eine noch die andere Art der Beschäftigung mit Sprachstrukturen als relevant für ihre zukünftige Arbeit als Lehrkraft wahrnehmen können (vgl. Boettcher 1994). In den Jahren seit Bekanntwerden der PISA-Ergebnisse konzentrierten sich die Anstrengungen

---
[1] Dazu Hoffmann 2011, 41: „Die grundlegenden Revisionen [der wissenschaftlichen Grammatik; M.G.-E.] des 20. Jahrhunderts hat die Schulgrammatik nicht bzw. mit wenig Erfolg aufgenommen"; dazu auch Noack/Ossner 2011.
[2] Die „friedliche und sich gegenseitig befruchtende Koexistenz" von wissenschaftlicher Grammatik und Schulgrammatik endete bereits im 19 Jh. mit der Begründung der modernen Sprachwissenschaft durch Jacob Grimm; dazu Ganslmayer 2010 mit Bezug zu Vesper 1980; vgl. weiterhin Ivo 2011.

auf die Formulierung von Bildungsstandards, wobei sich die damit einhergehenden empirischen Überprüfungen von Schülerleistungen nach wie vor auf die alten Modelle stützten.

2 Zur Problemlage

Der Grammatikunterricht an den Schulen ist nicht auf ein System angelegt, sondern hat ein „phänomenisolierendes Benennungswissen kultiviert" und „enthält Termini ohne Begriff, ohne Begreifen" (Hoffmann 2011, 40). Damit wird er von Lehrenden und Lernenden als zusätzlicher Ballast wahrgenommen und kann seiner eigentlichen Aufgabe – durch eine angemessene Modellbildung der Sprachstrukturen das Leben in einer Schriftkultur zu erleichtern – nicht nachkommen.

Die im Grammatikunterricht zu vermittelnden Inhalte bzw. Kompetenzen sind in den neuen Rahmenlehrplänen jeweils zwei Klassenstufen zugeordnet; die Schulbuchverlage achten wiederum darauf, dass entsprechende Inhalte vorkommen. Dies geschieht entweder in thematischer Anbindung an die einzelnen Einheiten der integrativ angelegten Schulbücher oder aber in Grammatikeinheiten, die häufig als Appendix am Ende eines Buches erscheinen. Beide Darstellungsweisen tragen nicht zur Entwicklung eines Systems bei. Damit verhindert die derzeitige Schulgrammatik den Einblick in die übergreifenden Muster der Sprache und sorgt für eine Vereinzelung der Phänomene: Sie erklärt beispielsweise ohne den Bezug auf Sätze oder Wortgruppen und meist auf semantischer Grundlage, was ein Verb und was ein Nomen sei und überträgt diese Art der Beschreibung auf die nicht flektierbaren Wortarten, zu denen sie jedoch nur selten vordringt; sie beschränkt die Auseinandersetzung mit Kasus und Satzgliedern auf die Fragemethode[3] und bezieht in der Satzartenlehre Sprachhandlungen, Satzzeichen und syntaktische Strukturen in einer nicht durchschaubaren Weise aufeinander. Mit einer solchen Vereinzelung werden weder die vom Verb ausgehenden Satzstrukturen noch die satzinterne Großschreibung von Nomen[4] noch die Funktionen von Präpositionalgruppen oder Verbletztsätzen durchschau- und beherrschbar; sowohl Akkusativ als auch Akkusativobjekt werden mit der Wen- oder-was-Frage gleichgesetzt; für die Sätze fehlt eine angemessene syntaktische Grundlage. Der Terminus Satz wiederum begegnet den Schülerinnen und Schülern auf mannigfache Weise: Die bereits erwähnte Liste der Kultusministerkonferenz von 1982[5] nennt hierzu über zwanzig Termini: Einfacher Satz,

---

[3] Die Fragemethode gehört zu den besonders problematischen Verfahren im schulischen Grammatikunterricht, weil sie Kasus- und Satzgliedlehre auf linguistisch und didaktisch unangemessene Weise vermengt; dazu Granzow-Emden 2006.

[4] Nach wie vor gehört die Großschreibung von Nomen zum fehleranfälligsten Bereich in der Schule; dazu Bredel 2010, Günther/Nünke 2005, Röber-Siekmeyer 1999 und Funke 1995.

[5] vgl. „Verzeichnis grundlegender grammatischer Fachausdrücke":
http://www.kmk.org/fileadmin/pdf/Bildung/AllgBildung/Verzeichnis-Grammatische-Fachausdruecke.pdf

Satzreihe, Satzgefüge, Hauptsatz, Satzglied, Gliedsatz, Satzaussage, Satzgegenstand, Subjektsatz, Objektsatz, Adverbialsatz, Attributsatz, Indirekter Fragesatz, Konjunktionalsatz, Relativsatz, Partizipialsatz, Infinitivsatz, Aussagesatz, Fragesatz, Wunschsatz, Ausrufesatz. In der Schule gebräuchlich ist weiterhin die Unterscheidung von Nebensatz und Relativsatz; es gibt den Redebegleitsatz und den „ganzen Satz". Was dabei an der Oberfläche nach einem ausdifferenzierten Blick auf die Sprache aussieht, ist bei genauerer Betrachtung ein Sammelsurium unterschiedlichster Annäherungen an diese sprachliche Einheit: Einige der Termini knüpfen an die Satzgliedlehre an (wie z. B. Gliedsatz, Subjektsatz, Objektsatz, Adverbialsatz, Attributsatz), andere Termini wie Partizipial- und Infinitivsatz beziehen sich auf Sätze als Wortgruppen. Termini wie Satzreihe und Satzgefüge sind auf das Zusammenspiel von Sätzen bezogen und implizieren Vorstellungen, die mit den Termini Haupt- und Nebensatz getroffen werden sollen. Die Konstrukte zu Haupt- bzw. Nebensatz wiederum divergieren in den schulischen Modellen. Mit den Termini Aussagesatz, Fragesatz, Wunschsatz und Ausrufesatz sind weder formale noch funktionale Erkenntnisse zu gewinnen, weil sie beide Perspektiven in einer nicht auflösbaren Weise vermischen und in eindimensionaler Weise auf die Satzschlusszeichen beziehen (vgl. Granzow-Emden 2011).

Ob die Lehrkräfte nun den Kindern und Jugendlichen solche Wissensbestände näherbringen oder ihre pädagogische Verantwortung darin sehen, ihnen das damit verbundene Verwirrungspotential zu ersparen: In beiden Fällen kann die Grammatik nicht dazu beitragen, sich den Lernbereich Schrift und Schriftlichkeit zu erschließen und beherrschbar zu machen. Vor dem Hintergrund der Traditionen im und den Vorgaben zum Grammatikunterricht haben sich gegensätzliche Haltungen und Handlungsweisen herausgebildet: Grammatik und Grammatikunterricht werden selbst in der althergebrachten Form als Kulturgut betrachtet und genießen ein hohes Prestige in verschiedenen Bildungsschichten (vgl. Ivo/Neuland 1991). Gleichzeitig ist die Grammatik ein ebenso unbeliebter wie selten praktizierter Gegenstand des Deutschunterrichts, worauf nicht zuletzt das rudimentäre oder nicht vorhandene Grammatikwissen der Lehramtsstudierenden im Fach Deutsch hinweist (vgl. Dürscheid 2007, Schmitz 2003).

3 Ansätze zur Lösung

Es ist eine gemeinsame Aufgabe von Sprachwissenschaft und Sprachdidaktik, der Entwicklung grammatischer Kategorien in den Köpfen der Kinder und Jugendlichen eine brauchbare theoretische Grundlage zu geben. Dies betrifft in Wechselwirkung sowohl die Termini[6] als auch die Modelle, die im Grammatikunterricht verwendet werden können. In diesem Sinne fragt Dürscheid 2010 aus

---

[6] Vgl. dazu die Arbeit des von Mathilde Hennig begründeten Gießener Kreises: www.grammatischeterminologie.de

einer anwendungsbezogenen Sicht, welche Grammatik sich am besten zur Beschreibung des Deutschen eigne. In ihrer Antwort verweist sie zunächst darauf, dass die für die schulische Grammatik typische Beschränkung auf Wortarten und Satzglieder nicht ausreiche, sondern ergänzt werden müsse um weitere Theorien. Dazu gehöre das sogenannte Stellungsfeldermodell (vgl. Wöllstein 2010), das ich in diesem Beitrag als Feldgliederung des Satzes bezeichnen werde, aber auch Elemente aus der Valenzgrammatik (vgl. Ágel 2000) und der funktionalen Grammatik (siehe Hoffmann B 2). Dabei betont Dürscheid 2010, dass man keines der Modelle als Ganzes brauche, wohl aber „die zentralen, damit verbundenen Komponenten" (ebd., 64) kennen sollte. Dies betrifft im Rahmen der hier gestellten Frage nach einer didaktisch sinnvollen und verantwortbaren Entwicklung grammatischer Kategorien – sowohl als Modell als auch „in den Köpfen" – zunächst die Lehramtsstudierenden. In der Folge ließen sich damit aber auch die überkommenen Inhalte des schulischen Grammatikunterrichts neu modellieren. Das Ziel wäre eine auf das System bezogene und in ihrer theoretischen Modellierung widerspruchsfreie Perspektive auf die Sprache, die im Idealfall mit einer allgemein verbreiteten Terminologie auf der Grundlage einer angemessen entwickelten Begrifflichkeit dazu beiträgt, was in den unterschiedlichen Kompetenzfeldern des Deutschunterrichts zu tun ist. So könnte sich das Potential, das in den grammatischen Wissensbeständen steckt, nicht nur in den näherliegenden Bereichen wie dem schulischen Schreiben und der Orthografieaneignung, sondern auch in den Bereichen Umgang mit Literatur und anderen Texten sowie Sprechen und Zuhören entfalten.

In Abweichung von den Erwartungen, die man üblicherweise an die Beiträge in einem Handbuch stellt, soll in den folgenden Abschnitten ein Modell für den Sprachunterricht umrissen werden, das von den Formen ausgeht und damit von den äußerlich wahrnehmbaren Phänomenen der Sprache, die für die Kinder spätestens bei der Schriftaneignung eine Rolle spielen. Das Modell stellt eine Erweiterung der Vorschläge aus Bredel 2007 dar (Abschnitt 3.3.5: „Vorschläge für einen formalen Grammatikunterricht am Beispiel des Verbs und der Kasus") und liegt in ausführlicherer Form auch als Einführung für Studierende vor (Granzow-Emden 2013).

Nach einem kritischen Blick auf die Tradition der Unterscheidung von Wortarten und Satzgliedern wird ein syntaktischer Begriff der Wortarten anhand der Feldgliederung des Satzes entwickelt, der von Anfang an mit der Satzgliedlehre kompatibel ist. Zu den Wortarten gelangt man dabei nicht über Definitionen, sondern über die Positionen der Wörter in Wortgruppen. Ein solcher syntaktischer Wortartenbegriff ist anschlussfähig an eine lexikalisch-kategoriale Sicht, die als recht abstrakte Einteilung in Wörterbüchern verwendet wird und die im bisherigen Grammatikunterricht den Ausgangspunkt der grammatischen Modellbildung bildet. Für ein syntaktisches Verständnis der Wortarten ist die Feldgliederung des Satzes grundlegend, die zunächst zu einem angemessenen Begriff des

Verbs als der satzkonstituierenden Einheit führt. Die Feldgliederung ermöglicht weiterhin eine syntaktisch eindeutige Unterscheidung von Satzformen, die an die Stelle der herkömmlichen Satzarten treten. Damit lassen sich nicht nur die Widersprüchlichkeiten der Satzartenlehre vermeiden, sondern auch die funktionalen Anteile der herkömmlichen Satzarten wie Frage, Aufforderung usw. angemessener fassen. Auch der Satzgliedbegriff ist in diesem Modell durch die Vorfeldbesetzung bereits angelegt. Neben dem Satz, der als Verbgruppe mit einer prinzipiellen Zweiteiligkeit des Verbs gefasst wird, sind Nominal- und Präpositionalgruppen die wichtigsten Wortgruppen, die ihrerseits eine Feldgliederung mit Analogien zur Feldgliederung des Satzes aufweisen. Sowohl über die Präpositionen als auch über die Valenztheorie ist eine didaktisch verantwortbare Annäherung an die Kasus als den vielleicht komplexesten Kategorisierungen von Nominalgruppen möglich.

4 Die kategorialen Wortarten und die relationalen Satzglieder der schulischen Grammatik

Die schulische Grammatik hat zwei Säulen: Die eine ist die Wortartenlehre, die andere ist die Satzgliedlehre. Während die Satzgliedlehre die syntaktischen Beziehungen im Satz zu erfassen versucht und damit relational angelegt ist, teilt die Wortartenlehre die zumindest auf den ersten Blick am einfachsten erfassbaren Einheiten der Sprache, nämlich die einzelnen Wörter, in lexikalische Kategorien ein. Ein bestimmtes Verb ist damit seinem Wesen nach ein Verb. Eine solche Wortartenlehre hat eine lange Tradition: Bereits bei Aelius Donatus, der mit seiner im vierten nachchristlichen Jahrhundert erschienenen und auch im Mittelalter sehr verbreiteten Grammatik die abendländische Grammatikschreibung geprägt hat, findet sich die Frage nach den Redeteilen, wie er die Wortarten nannte. So folgen auf seine rhetorisch gemeinten Fragen, was die einzelnen Wortarten seien (z. B. „Verbum – quid est?"; „Nomen – quid est?" ...), kategoriale Beschreibungen, die mit einer Mischung aus semantischen und formalen Merkmalen das Wesen der Wortarten zu erfassen versuchen, so z. B. für das Verb:

> „Verbum est pars orationis cum tempore et persona sine casu aut agere aliquid aut pati aut neutrum significans" (vgl. Schönberger 2009, 78).
>
> (Das Verb ist ein Redeteil mit temporaler und personaler Markierung ohne Deklination, das ausdrückt, dass man entweder etwas tut oder erleidet oder keines von beidem.)

Der Grammatikunterricht des Deutschen hat auf diese Tradition zurückgegriffen. Merkkästen wie die folgenden finden sich in den allermeisten Lehrwerken:

> „Verben (Tätigkeitswörter) sagen aus, was ist, was geschieht oder was jemand tut, z. B.: 'fragen', 'kennen', 'vertauschen', 'haben'."
> Deutschbuch 5, Cornelsen 2004, 88

„Wörter, die eine **Tätigkeit** (z. B. nehmen), einen **Vorgang** (z. B. erscheinen) oder einen **Zustand** (z. B. liegen) beschreiben, nennt man **Verben**."
Wort & Co 5, Buchner 2004, 88

Mit der Kennzeichnung von Verben als Tätigkeitswörtern erscheinen bereits die frequentesten Verben wie *sein, werden, haben, können, müssen, wollen, sollen* oder *lassen* als Ausnahmen. Gleichzeitig ist auf der Grundlage der semantischen Charakterisierung die Abgrenzung des Verbs von den Nomen nicht möglich: In der Beschreibung der Wortarten im Grammatikduden finden sich die semantischen Bestimmungsmerkmale für die Verben auch bei den Nomen (dort als „Substantive" bezeichnet), die Handlungen (*Schlag, Wurf, Schnitt, Boykott*), Vorgänge (*Leben, Sterben, Schwimmen, Schlaf, Reise*) und Zustände (*Friede, Ruhe, Angst, Liebe, Alter*) bezeichnen können (Dudenredaktion 2009, 147f.). Dies alles ist hinlänglich bekannt. Konsequenzen wurden hieraus jedoch nicht gezogen: In 23 von 24 in Brandenburg und Berlin zugelassenen Schulbüchern findet sich das Verb nach wie vor als „Tätigkeitswort". Diese Terminologie wird als Hilfskonstrukt für einen ersten Zugang betrachtet, sorgt aber von Anfang an für Verwirrung. Zwar gibt es Wörter wie *Sonne* und *schwimmen*, die man als prototypische Vertreter der Nomen oder Verben betrachten mag, aber im folgenden Satz scheinen sich diese Zuordnungen umzukehren:

Nach dem Schwimmen sonne ich mich auf der Liegewiese.

Dieses Beispiel ist keine „Ausnahme" und alles andere als spitzfindig. Bleibt man bei der kategorialen Sichtweise, würde man *Schwimmen* als „substantiviertes Verb" betrachten. Dieses in der Schule übliche Konstrukt erscheint bei genauerer Betrachtung absurd: Dann müsste man nämlich ganz analog *sonne* als „verbiertes Substantiv" bezeichnen. Eine Einheit wie *während,* die in der Wortgruppe *während des Schwimmens* als Präposition gilt und im untergeordneten Satz *während sie sich gesonnt hat* als Subjunktion, müsste dann konsequenterweise in der einen oder andern Verwendung als „subjunktionierte Präposition" oder aber als „präpositionierte Subjunktion" bezeichnet werden – je nachdem, welche Verwendung von *während* als die ursprünglichere betrachtet wird. Bei einer solchen (hier vorsätzlich überzeichneten) Terminologie würde man wiederum übersehen, dass es auch die als Verb verwendbare Einheit *währen* mit der Partizip I-Form *während* gibt (z. B. *ein immerwährender Sommer*). Es kann als Normalfall betrachtet werden, dass lexikalische Bedeutungseinheiten durch die Wortarten wandern. Ein Wort ist nicht seinem Wesen nach einer bestimmten Wortart zugeordnet, sondern kann erst im Satz im Zusammenspiel mit anderen Einheiten einer Wortklasse, die wir hier als syntaktische Kategorie fassen wollen, zugeordnet werden. Dies zeigt sich am deutlichsten bei den Nomen, weil die meisten Wörter als Nomen verwendet werden können und die Großschreibung dies sichtbar macht. Die kategoriale Wortarteneinteilung in der Schule kann ihren Beitrag zu einer angemessenen Entwicklung grammatischer Kategorien in den Köpfen nicht leisten, weil sie für ein statisches Sprachverständnis und für viele Ausnahmen sorgt und dabei Grammatikalisierungsprozesse überdeckt.

Das Problematische an dem Versuch einer semantischen Begriffsbildung liegt aber nur an der Oberfläche darin, dass Wortarten falsch geschrieben oder klassifiziert werden. In der Tiefe geht es um viel mehr: Es geht um das eigentliche Ziel des Grammatikunterrichts. Die Auseinandersetzung der Kinder und Jugendlichen mit Sprache sollte sich nicht auf Inhaltliches beschränken, sondern so erweitert werden, dass sie die Sprache als System begreifen lernen. Dazu gehört auch, sprachliche Formen in Texten und Sätzen fokussieren zu können. Ein erster semantischer Zugang durchkreuzt dieses Ziel. Mit den semantisch begründeten Termini für syntaktisch begründete Einteilungen wird ein unangemessenes Begriffsverständnis angebahnt, und weil das Verb **die** zentrale Einheit für den Satz ist, kann dabei auch ein angemessenes Verständnis für die gesamte Grammatik verbaut werden. Das falsche Wissen erscheint den Kindern und Jugendlichen zunächst einfach, vielleicht allzu einfach. Im zweiten Anlauf, wenn das Tätigkeitswort zum Verb umgetauft wird, scheint sich nur der Terminus zu ändern, während der unangemessene Begriff, der hinter dem Terminus steht, als früh gelegte und ganz tiefe Spur das grammatische Wissen prägt[7] und mitunter ein Leben lang wirksam ist.

Dies zeigt sich, wenn erfahrene Lehrkräfte, die Schulbücher verfassen, die unangemessene Vermittlung der Wortarten umstandslos auf die Satzgliedlehre übertragen wie im folgenden Beispiel:

> Das Prädikat drückt aus, was jemand tut, was mit jemandem geschieht oder was etwas ist.
> Es besteht immer aus einem Verb oder einer Verbgruppe.
>
> Es gibt Antwort auf die Frage:
> **Was geschieht? Was tut jemand?**
>
> Die Dinosaurier verschwanden von der Erde.
> Was **taten** die letzten Dinosaurier?
> Sie **verschwanden** von der Erde.
> Prädikat = **verschwanden**

P.A.U.L. D.5, Schöningh 2004, 268

Nicht einmal hier, wo es erklärtermaßen um die syntaktischen Relationen im Satz geht, wird eine syntaktische Perspektive eingenommen, sondern die semantische Erklärung beibehalten. In sage und schreibe zehn von 24 in Berlin und

---

[7] Vgl. Bredel 2010, 221: Bei der Vermittlung der Großschreibung von Substantiven werden mit dem semantischen Kriterium „sowohl methodisch als auch didaktisch die Weichen so gestellt, dass die gesamte weitere curriculare Anstrengung darin besteht, diesen initialen Fehler zu revidieren".

Brandenburg zugelassenen Schulbüchern für die fünfte Klasse wird das sog. Prädikat in entsprechender Weise ausdrücklich als erfragbare Einheit eingeführt. Kein Sprecher des Deutschen würde aber auf die Frage „*Was geschieht?*" bzw. „*Was taten die letzten Dinosaurier?*" allein mit der Einheit „*verschwanden*" antworten – auf diese Antwort zielt aber die vorgegebene Ermittlungsprozedur. Überdies kann die Art des Verschwindens der Dinosaurier nicht als ein Tun betrachtet werden.

Das Prädikat als erfragbare Einheit darzustellen, mag daher kommen, dass es traditionell zu den Satzgliedern gezählt wird und die Satzglieder in ihrer schulgrammatischen Modellierung auf ihre Erfragbarkeit reduziert werden. Das Prädikat ist aber gar nicht erfragbar; auf die o. g. Fragen erhält man den ganzen Satz als Antwort. Weiterhin ist das Prädikat allenfalls qua definitionem ein Satzglied, was wiederum einen angemessenen Satzgliedbegriff verstellt. Satzglieder sind durch eine Reihe von Merkmalen gekennzeichnet, von denen keines auf das traditionelle Prädikat zutrifft:

Was wir in Grammatiken und Schulbüchern über Satzglieder erfahren:	… aber:
Satzglieder sind verschiebbare Einheiten.	Das sogenannte Prädikat ist nicht verschiebbar.
Ein Satzglied kann ins Vorfeld verschoben werden.	Das linke Verbfeld kann nicht vor sich selbst stehen – mit dem finiten Verb ist also ein wesentlicher Teil des sogenannten Prädikats nicht vorfeldfähig.
Ein Satzglied kann komplex sein, also aus mehreren Wortgruppen bestehen, die zusammengehören und meist nebeneinander stehen.	Das sogenannte Prädikat erscheint in seiner zweiteiligen Form im Verbzweitsatz diskontinuierlich im linken und rechten Verbfeld.
Ein Satzglied kann normalerweise nur als Ganzes ins Vorfeld verschoben werden.	Vom sogenannten Prädikat kann allenfalls das rechte Verbfeld im Vorfeld erscheinen.
Semantisch tragen die Satzglieder die Mitspielerrollen des Satzes (wie Agens, Patiens, Rezipient etc.).	Das sogenannte Prädikat trägt niemals eine Mitspielerrolle, vielmehr teilt es den Satzgliedern ihre Rollen zu.
Satzglieder sind erfragbare Einheiten.	Das sogenannte Prädikat lässt sich nicht erfragen.

Wenn sich das Prädikat nun an keiner Stelle wie ein Satzglied verhält, liegt es nahe, dass es gar kein Satzglied ist. Obwohl dies bereits von Glinz 1957 festgestellt wurde, findet sich diese Sichtweise zwar in seinen in der Schweiz erschienenen Schulbüchern; in den meisten anderen Lehrwerken gehört es hingegen zu den Grundfesten der Schulgrammatik, das Prädikat als Satzglied zu betrachten.

An dieser Stelle zeigen sich auf den ersten Blick die geistigen Spuren von Karl Ferdinand Becker, der im 19. Jahrhundert in maßgeblicher Weise die Schulgrammatik prägte: Er trennte die Wortarten- von der Satzgliedlehre, und weil es sich dabei um verschiedene Beschreibungsebenen der Sprache handelt, schien es auch konsequent, die beiden Ebenen terminologisch nicht zu vermischen.

Nun war aber sein Prädikatsbegriff ein ganz anderer: Becker 1851 fasste all das in einem Satz als Prädikat, was nicht Subjekt war – ein Satz bestand aus dem Satzgegenstand (dem Subjekt) und der Satzaussage (dem Prädikat), wobei zum Prädikat auch Objekte und Adverbialien gehören konnten (Becker 1851, 2 u. 65). Diese Modellierung lässt sich auf das Zusammenspiel von Referieren und Prädizieren in einem Satz beziehen und kann durchaus zur Sprachbewusstheit beitragen.

Der Prädikatsbegriff, der im obigen Schulbuchbeispiel deutlich wird, ist jedoch ein ganz anderer: Er reduziert das Prädikat auf das Verb bzw. die Verbgruppe eines Satzes. Damit findet faktisch nur noch eine Umbenennung statt: Was die Kinder zunächst kategorial als Tätigkeitswörter oder Verben kennengelernt haben, wird nun als Prädikat bezeichnet. Eine solche verwirrende Umbenennung lässt sich mit einer syntaktischen Perspektive auf die Wortarten vermeiden: Die Aufgabe der Verben ist es eben nicht, im lexikalisch-kategorialen Sinn Tätigkeiten usw. zu bezeichnen. Verben sind die zentralen Einheiten des Satzes und dafür da, im valenzgrammatischen Sinne den im Satz ausgedrückten Gedanken zu konstituieren. Und wenn im Folgenden von „als Verben verwendeten Einheiten" die Rede ist, verweist dies auf einen Wortartenbegriff, der sich von der herkömmlichen Einteilung unterscheidet.

Während die übliche Wortarteneinteilung das Wesen der Wörter in eigenen, vom Satz losgelösten Merkmalen zu erfassen versucht, setzt eine syntaktische Wortarteneinteilung bei der Verwendung von Wörtern im Satz an. Diese Sichtweise ist zwar nicht ganz so simpel wie die herkömmliche, hat aber einige Vorteile: Die Kategorienbildung geht dann von Texten und den darin vorkommenden Sätzen aus. Diese Einheiten sind den Kindern und Jugendlichen durch ihren Sprachgebrauch vertraut. Damit ist diese Einteilung – obwohl sie bei komplexeren Einheiten ansetzt – weniger abstrakt.

5 Die Feldgliederung des Satzes

Die Feldgliederung des Satzes könnte in der Schule zum wichtigsten Muster der Grammatik werden. Auf dieses Muster lässt sich das meiste des schulgrammatischen Wissens beziehen; in der Schule ist es ausbaufähig durch weitere Erkenntnisse und im Studium kompatibel mit neueren Sprachtheorien. Die Feldgliederung schafft einen Bezugsrahmen, mit dem sich grammatische Inhalte widerspruchsfrei und sukzessive entwickeln lassen, wobei der Fokus auf unterschiedliche Aspekte gerichtet sein kann. Damit entsteht ein strukturelles Verständnis für den Satz, was insbesondere den Kindern und Jugendlichen mit einer anderen Erstsprache eine Orientierung in der Sprachaneignung ermöglicht.

Grundlegend ist es, das Verb von Anfang an als wichtigste Einheit des Satzes zu erkennen (vgl. Müller/Tophinke 2011), die meistens in einer zweiteiligen Form als Verbklammer erscheint[8] und üblicherweise mit einer finiten Form das linke und mit einer infiniten Form das rechte Verbfeld besetzt. In den meisten Grammatiken werden auch die beiden Verbfelder als „Verb-" oder auch als „Satzklammer" bezeichnet. Wenn man aber von einer Klammer im Satz spricht, meint man zwei Positionen, die ein Feld umschließen. Insofern ist es irreführend, auch die jeweils einzelne Position als „Klammer" zu bezeichnen[9]. Auch die Verben sind sprachliche Einheiten, die einen Platz brauchen.

Anhand der Feldgliederung lässt sich das, was in der Schule etwas unscharf als Satzbau bezeichnet wird, bereits in der Primarstufe an einfach gebauten Sätzen entwickeln. Bereits solche Sätze enthalten das Prinzip, das später auf den Bau beliebig komplexer Sätze übertragen werden kann:

Das linke und das rechte Verbfeld klammern ein Feld, das Mittelfeld, ein. Davor entsteht das Vorfeld, danach das Nachfeld. Jedes dieser Felder kann besetzt sein

---

[8] Seit Weinrich 1986 geht man von einer prinzipiellen Zweiteiligkeit des Verbs im Satz aus.
[9] Meinem Mitarbeiter Johannes Luber danke ich für diesen Hinweis.

C1 Sprachstrukturen verstehen 223

oder auch unbesetzt bleiben: Das Vorfeld beherbergt üblicherweise genau ein Satzglied, das (wie jedes Satzglied) durch Attribute zunehmend komplex werden kann und das auch als untergeordneter Satz erscheinen kann. Bleibt es leer, entsteht ein Verberstsatz. Ein solcher Satz ist markiert für besondere Sprachhandlungen (s. u.). Im Mittelfeld können prinzipiell so viele Satzglieder erscheinen, wie es das Kontextgedächtnis zulässt (vgl. Weinrich 2007). Falls das Subjekt nicht im Vorfeld erscheint, ist es üblicherweise im Mittelfeld an der ersten Position zu finden.

Rechts vom rechten Verbfeld kann ein Nachfeld besetzt werden, das ein Satzglied in Satzform enthalten kann und dann meist nicht weiter auffällig ist wie in Satz (1) und (2); es kann ausgeklammerte Vergleiche enthalten wie in den Sätzen (3) und (4) oder zur Entlastung des Mittelfeldes dienen wie in Satz (5). Es lässt sich auch dafür nutzen, Einheiten hervorzuheben wie in Satz (6). Neben diesen Beispielen gibt es die insbesondere im mündlichen Sprachgebrauch verwendete Reparaturfunktion wie in Satz (7).

(1) *Der Vogel wollte einen Wurm fangen,* **nachdem er früh losgeflogen war.**
(2) *Der Vogel wusste,* **was er wollte.**
(3) *Der Vogel ist an diesem Tag sehr viel früher losgeflogen* **als an den Tagen zuvor.**
(4) *Der Vogel hat sich schon lange nicht mehr so satt gefühlt* **wie an diesem Morgen.**
(5) *Der Vogel wachte nach einer kurzen Nacht nicht in seinem Nest auf,* **das nun hoch über ihm lag und das er wohl eher unfreiwillig verlassen hatte.**
(6) *Frühling lässt sein blaues Band wieder flattern* **durch die Lüfte.**
(7) *Der Vogel ist weggeflogen* **heute Morgen kurz nach Sonnenaufgang.**

Möchte man Kindern das Einsortieren von Wörtern in das Felderschema vermitteln, ist dies zunächst ein Spiel mit vielen Unbekannten; es kann und soll nicht auf Anhieb gelingen. Es ermöglicht vielmehr eine Verlangsamung, die für jede Beschäftigung mit Schrift notwendig ist. Zu Beginn können die Kinder aus Wortkarten einen Satz (bzw. unterschiedliche Sätze) bilden – noch unabhängig von den Feldern. Dabei nutzt man den spielerischen Aufforderungscharakter, der von dem Material selbst ausgeht, wenn es um das Verbinden von Teilen zu einem sinnvollen Ganzen geht. Das anschließende Einsortieren der dabei entstehenden Sätze in das Felderschema kommt dem Bedürfnis nach regelgeleiteten Spielen entgegen. Bereits hier lässt sich erkennen, dass 1. das Verb in einer finiten Form erscheint, 2. im häufigsten und unmarkierten Muster – dem Verbzweitsatz – genau ein Satzglied im Vorfeld steht und 3. prinzipiell beide Verbfelder besetzt werden können, wenn z. B. ein trennbares Verb[10] oder auch ein zusätzliches Modal- oder Hilfsverb[11] im linken Verbfeld verwendet wird.

Diese drei Erkenntnisse setzen bei äußerlich sichtbaren sprachlichen Phänomenen und damit bei der Form an. Formbezogenes Wissen ist bei der Schriftaneignung unverzichtbar. Da die sprachlichen Formen bestimmte Zwecke im

---
[10] Dazu Mesch (erscheint 2014).
[11] Diese Bezeichnungen brauchen die Kinder als Terminologie natürlich nicht von Anfang an.

sprachlichen Handeln erfüllen, kann die Ausbildung von Sprachbewusstheit nicht auf funktionale Betrachtungen verzichten. Form und Funktion gehören zusammen – hierfür einige Beispiele:

ad 1.: Die finite Verbform führt zu der Einheit, die die Finitheit bewirkt, dem Subjekt. Das Subjekt erkennt man durch eine Plural- oder auch eine „*du*"-Probe, weil Subjekt und finites Verb in Numerus und Person übereinstimmen. Im Folgenden wird die jeweils hervorgehobene Einheit ersetzt:

> **Der Vogel** *fängt den Wurm.*
> *Die Vögel fangen den Wurm.*
> *Du fängst den Wurm.*

Ändert sich das finite Verb bei Verwendung der Pluralform oder lässt sich die Einheit *du* für die untersuchte Einheit einsetzen, was natürlich auch eine Veränderung des finiten Verbs nach sich zieht, handelt es sich um ein Subjekt. Das ist nicht so, wenn man das Objekt ersetzt:

> *Der Vogel fängt* **den Wurm**.
> *Der Vogel fängt die Würmer.*
> *Der Vogel fängt dich.*

Dies ermöglicht von Anfang an einen angemessenen Subjektsbegriff und macht die Wer-oder-was-Frage entbehrlich.

ad 2.: Die Vorfeldbesetzung mit nur einem Satzglied führt sowohl zum Begriff des Satzgliedes als auch des Verbzweitsatzes. Bei der Umstellprobe ins Vorfeld wird üblicherweise ein Satzglied bewegt, das mehr oder weniger komplex sein kann[12]. Mit dem Verbzweitsatz wird das problematische Konstrukt des Aussagesatzes entbehrlich (vgl. Granzow-Emden 2011). Ein leeres Vorfeld hingegen sorgt für den markierten Verberstsatz, der signalisiert, dass noch etwas kommen muss. Bei Witzen ist dies z. B. die Orientierung des Hörers auf die Pointe hin (*Kommt ein Mann zum Arzt...*), bei Aufforderungen kann dies eine Handlung sein (*Nimm den Keks!*) oder bei Fragen die implizite Aufforderung zu einer Antwort (*Hast du morgen Zeit?*). Auch eine Bedingung kann mit leerem Vorfeld formuliert und als implizite Frage bzw. als Verweis auf die im übergeordneten Satz dargestellte Folge verstanden werden (*Fliegen die Schwalben tief, wird es bald regnen*). Während der Verberstsatz immer für eine besondere Sprachhandlung[13] markiert ist, ist der Verbzweitsatz an sich noch nicht markiert, kann aber z.B. durch ein W-Wort im Vorfeld ebenfalls zu einer besonderen Sprachhandlung werden (*Wann kommt der Bus?*).

---

[12] Die unterschiedliche Komplexität kann z. B. durch Attribute oder durch abhängige Sätze entstehen. Ein abhängiger Satz hat seinerseits ebenfalls ein valenztragendes Verb und wird durch Komma vom Bezugssatz abgetrennt.

[13] Als „besonders" wird das implizite Aufmerksamkeitspotential betrachtet, das vom leeren Vorfeld ausgeht. Erzählungen, Mitteilungen, Informationen oder wissenschaftliche Darstellungen hingegen benutzen vorwiegend Verbzweitsätze.

ad 3.: Die prinzipielle Besetzbarkeit der beiden Verbfelder sollte von Anfang an in den Blick genommen werden. Dies bereitet strukturelle Einblicke in die komplexe Formenwelt der Verben vor, zu der neben den Modalverbkonstruktionen insbesondere die analytischen Tempus- und Passivformen gehören.

Die Feldgliederung des Satzes zeigt, dass das Verb nicht „eine Wortart" neben vier oder neun anderen Wortarten ist. Es ist *die* Einheit, die den Satz zum Satz macht; was ein Verb ist, erfährt man umgekehrt nur vom Satz her. Diese Einheit lässt sich nicht in einer Klassenstufe und schon gar nicht in einer Unterrichtseinheit abhandeln. Es bestimmt die ganze Schulzeit hindurch den Grammatikunterricht.

Dass Schulkinder schon sehr früh die Feldgliederung des Satzes intuitiv beherrschen, zeigen die Untersuchungen von Funke 2005 und Melzer 2011. Bei einer ihrer Untersuchungen sollen Kinder das „schwarze Schaf" aus vier Sätzen wie den folgenden herausfinden:

Beispiel 1 (nach Funke 2005, 188)
An unserem Kaninchenstall hängt ein Vorhängeschloss.
a) *Dieses SCHLOSS machte ich zu.*
b) *Dieses SCHLOSS sperrte ich ab.*
c) *Dieses SCHLOSS klinkte ich ein.*
d) *Dieses SCHLOSS ich ab.*

Beispiel 2

Die Schülerinnen und Schüler waren bei ihrer Abschlussfeier mit ihrer Rektorin nicht zufrieden.
a) *Die REDE immer so unverständlich.*
b) *Die REDE war nur schwer verständlich.*
c) *Die REDE erschien vielen zu schwierig.*
d) *Die REDE hat kaum jemandem gefallen.*

Beispiel 3

Als Zugabe hörten wir vom Schulchor ein Lied von Shakira.
a) *Das SINGEN die immer mit viel Begeisterung.*
b) *Das SINGEN begeisterte auch das Publikum.*
c) *Das SINGEN viele nochmals auf dem Nachhauseweg.*
d) *Das SINGEN wir auch manchmal im Unterricht.*

Die in Majuskeln dargestellten Einheiten erscheinen entweder als Nomen in einer Nominalgruppe im Vorfeld und werden dann großgeschrieben oder sie erscheinen kleingeschrieben als finites Verb im linken Verbfeld. Unter den vier Antworten a bis d unterscheidet sich jeweils eine Zeile als schwarzes Schaf von den anderen drei Zeilen. Die auch intuitiv erfassbaren Unterschiede werden durch das Einordnen in das Felderschema sichtbar:

	Vorfeld	linkes Verbfeld	Mittelfeld	rechtes Verbfeld	Nachfeld
1	An unserem Kaninchenstall	hängt	ein Vorhängeschloss.		
a	Dieses SCHLOSS	machte	ich	zu.	
b	Dieses SCHLOSS	sperrte	ich	ab.	
c	Dieses SCHLOSS	klinkte	ich	ein.	
d	Dieses	SCHLOSS	ich	ab.	

	Vorfeld	linkes Verbfeld	Mittelfeld	rechtes Verbfeld	Nachfeld
2	Die Schülerinnen und Schüler	waren	bei ihrer Abschlussfeier mit ihrer Rektorin nicht zufrieden.		
a	Die	REDE	immer so unverständlich.		
b	Die REDE	war	nur schwer verständlich.		
c	Die REDE	erschien	vielen zu schwierig.		
d	Die REDE	hat	kaum jemandem	gefallen.	

	Vorfeld	linkes Verbfeld	Mittelfeld	rechtes Verbfeld	Nachfeld
3	Zum Schluss	hörten	wir vom Schulchor ein Lied von Shakira.		
a	Das	SINGEN	die immer mit viel Begeisterung.		
b	Das SINGEN	begeisterte	auch das Publikum.		
c	Das	SINGEN	viele nochmals auf dem Nachhauseweg.		
d	Das	SINGEN	wir auch manchmal im Unterricht.		

Aufschlussreich können Umformungen sein – indem z. B. ein Hilfsverb hinzugezogen wird, wodurch beide Verbfelder besetzt sind:

C1 Sprachstrukturen verstehen

	Vorfeld	linkes Verbfeld	Mittelfeld	rechtes Verbfeld	Nachfeld
3	Zum Schluss	hörten	wir vom Schulchor ein Lied von Shakira.		
a'	Das	haben	die immer mit viel Begeisterung	gesungen.	
b'	Das SINGEN	hat	auch das Publikum	begeistert.	
c'	Das	haben	viele nochmals auf dem Nachhauseweg	gesungen.	
d'	Das	haben	wir auch manchmal im Unterricht	gesungen.	

Der Vergleich der finiten Verbformen *haben* (in a', c' und d') und *hat* (in b') verweist wiederum auf die Subjekte, die ihrerseits durch Ersatzproben (Variation im Numerus wie in a" und b" oder in der Person wie in d") ermittelt werden können:

	Vorfeld	linkes Verbfeld	Mittelfeld	rechtes Verbfeld	Nachfeld
a'	Das	haben	die (Kinder) immer mit viel Begeisterung	gesungen.	
a"	Das	hat	Shakira immer mit viel Begeisterung	gesungen.	
b'	Das SINGEN	hat	auch das Publikum	begeistert.	
b"	Die Lieder	haben	auch das Publikum	begeistert.	
d'	Das	haben	wir auch manchmal im Unterricht	gesungen.	
d"	Das	habe	ich auch manchmal im Unterricht	gesungen.	

Dabei lassen sich auch die Valenzen der Verben und die vom valenztragenden Verb ausgehenden semantischen Rollen im Satz thematisieren:

Die (Kinder) singen das (Lied).

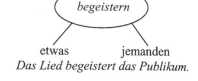
Das Lied begeistert das Publikum.

Diese Art der Darstellung, die dem Chemieunterricht entlehnt ist und an die Molekülstruktur von Atomen erinnert, kann sowohl zum Ergänzungs- als auch zum Objektbegriff führen[14]. Dieses Modell sollte von Anfang an nicht als starres Schema vermittelt werden. Eine Einheit wird nicht nur „als Verb verwendet", sondern eine so verwendete Einheit kann auch ihre Semantik variieren wie in den folgenden Beispielen zum Verb *stellen*:

(1) *Sie stellt den Karton in den Keller.* – jemand stellt etwas irgendwohin
(2) *Er stellt seinem Gegner eine Falle/eine Frage/ein Bein.* – jemand stellt jemandem etwas (als Funktionsverbgefüge idiomatisch begrenzt)
(3) *Er stellt den Wecker.* – jemand stellt etwas (insbesondere auf Uhren bezogen)
(4) *Er stellt den Wein für die Feier.* – jemand stellt etwas (i. S. v. bereitstellen, spendieren)
(5) *Der Polizist stellt den Dieb.* – jemand stellt jemanden (i. S. v. *ergreifen* oder *überführen*)

Hier haben wir zwei dreiwertige und zwei zweiwertige „Atommodelle", wobei sich alle fünf Bedeutungen unterscheiden – auch die mit dem gleichen formalen Schema in den Sätzen (3) und (4):

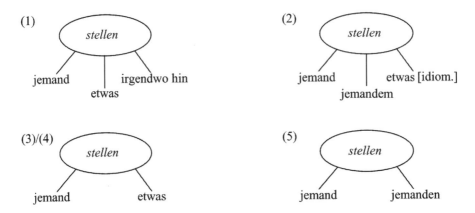

Sowohl die Darstellung im Atommodell als auch die Feldgliederung dienen der Veranschaulichung der Sprachstruktur. Während das Atommodell die Einheit fokussiert, die in einem konkreten Satz als valenztragendes Verb verwendet wird, bekommt mit der Feldgliederung der Satz als Ganzes eine lineare Gliederung, die eine anschauliche Vorstellung vom Satzbau und einen sprachlichen Zugriff auf konkrete Sätze ermöglicht. Dabei lassen sich zunächst Wortgruppen graphisch voneinander abheben: Insbesondere im Mittelfeld, das von vielen Satzgliedern besetzt sein kann, sorgt die Zeilengliederung von Wortgruppen für

---

[14] Die Schulgrammatik betrachtet zwar jedes Objekt als Ergänzung, aber nicht jede Ergänzung als Objekt. So ist in dem oben folgenden Satz (1) die Einheit *in den Keller* eine Ergänzung des Verbs *stellen*, wird aber schulgrammatisch nicht als Objekt, sondern als Adverbiale betrachtet. Zum Objektbegriff vgl. Gornik 2011 und Gornik/Weise 2009.

eine bessere Übersicht. Mit der Umstellprobe lassen sich die zusammengehörigen Wortgruppen identifizieren, wenn ein Satzglied mit einem Attribut wie in 3'
ins Vorfeld verschoben wird:

3	Zum Schluss	hörten	wir vom Schulchor ein Lied von Shakira.	
3'	Ein Lied von Shakira.	hörten	wir zum Schluss vom Schulchor.	

Die Feldgliederung dient auch dem Leseverständnis, weil man mit den Kenntnissen über den Aufbau des Satzes nicht mehr blind nach Bedeutungen suchen muss, sondern weiß, wo strukturell bedeutsame Verbteile oder Satzglieder gefunden werden können. Aber nicht nur der Satz lässt sich in dieser Weise gliedern: Während der Satz eine Art Makrostruktur darstellt, findet sich dieses Muster auch in der Mikrostruktur von Nominal- und Präpositionalgruppen.

6 Die Feldgliederung der Nominal- und Präpositionalgruppe

Die Nominalgruppe hat wie der Satz eine Klammerstruktur – die Satz- und die Nominalklammer sind etwa zur gleichen Zeit bereits im Althochdeutschen entstanden (vgl. Ágel 1996). Beide Klammern haben gemeinsam, dass im linken Feld die strukturell wichtigste Einheit erscheint: Im Satz ist es das finite Verb, in der Nominalgruppe ein Pronomen oder ein Begleiter. Im rechten Feld findet sich üblicherweise die inhaltlich wichtigere Einheit: Im Satz erscheint dort oft das valenztragende Verb, in der Nominalgruppe das Nomen (vgl. Weinrich 2007 und 1986):

habe	...	abgeschlossen
dieses	...	Schloss
werde	...	reden
die	...	Rede
konnte	...	singen
das	...	Singen

Wir können damit sowohl für den Satz als auch für die Nominalgruppe ein ganz ähnliches Muster zugrunde legen:

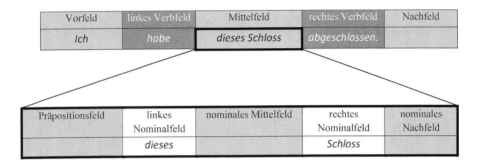

Auf den ersten Blick mag diese Darstellung als theoretische Spielerei erscheinen. Sie kann aber dazu beitragen, auch beliebig komplexe Nominalgruppen in den Griff zu bekommen. Eine Nominalgruppe aus linkem und rechtem Nominalfeld kann über eine Erweiterungsprobe komplexer werden: Im nominalen Mittelfeld, das man auch als mittleres Attributsfeld bezeichnen könnte, können deklinierte Adjektive erscheinen, die wiederum beispielsweise um Partikeln oder Präpositionalgruppen erweitert sein können und dann komplexe Adjektivgruppen bilden; im nominalen Nachfeld, das man auch als nachgestelltes Attributsfeld bezeichnen könnte, können unterschiedlichste Attribute wie Genitivattribute, Präpositionalattribute oder Relativsätze erscheinen:

Präpositionsfeld	linkes Nominalfeld	nominales Mittelfeld	rechtes Nominalfeld	nominales Nachfeld
	dieses	alte, ganz schön verrostete, schon von meinem Großvater benutzte	Schloss	an unserem Kaninchenstall

Wie bereits der Satz wird auch diese Wortgruppe durch ein linkes und ein rechtes Feld strukturiert. Unter bestimmten Bedingungen kann hier nur das eine oder das andere besetzt sein. Der Begleiter kann z. B. fehlen, wenn das Nomen Individuen bezeichnet (also bei Eigennamen) oder auch, wenn nicht zählbare Substanzen bezeichnet werden[15].

Fehlt hingegen das Nomen, ändert sich in traditioneller Sichtweise die Wortart des linken Nominalfeldes – der Begleiter (bzw. das Artikelwort) wird zum Pronomen. In der Tat kann ein Wort wie *dieses* als Begleiter oder als Pronomen verwendet werden, und es gibt gute Gründe, die Einheit im linken Nominalfeld als die grundlegendere für die Struktur dieser Wortgruppe zu betrachten: Sie ist – ganz ähnlich wie das finite Verb für den Satz – strukturell die wichtigere und sprachgeschichtlich der Ausgangspunkt für die heutige Gestalt der Nominal-

---

[15] Hier kann das funktionale Konzept von Zeigen und Nennen erhellend sein; zusammenfassend Granzow-Emden 2013, Abschn. 10.5 bis 10.8.

gruppe (vgl. das obige Beispiel 1a: *Dieses Schloss machte ich zu: Dieses machte ich zu;* aber: **Schloss machte ich zu*).

Einer Nominalgruppe kann prinzipiell eine Präposition vorausgehen – der lateinische Terminus verweist auf diese syntaktische Möglichkeit (lat. *praeponere* – 'voranstellen'); eher selten im Deutschen sind nachgestellte Präpositionen, die dann auch als Postpositionen bezeichnet werden (z.B. *meiner Meinung nach; den Bestimmungen zufolge*). Die Verbindung aus Präposition und Nominalgruppe wird als Präpositionalgruppe bezeichnet. Die Präposition fordert von der folgenden Nominalgruppe einen bestimmten Kasus.

Die folgende Illustration zur Präpositionalgruppe und zum Satz soll zeigen, wie die Feldgliederung auch komplexe Wortgruppen durchschaubar macht:

Präpositionsfeld	linkes Nominalfeld	nominales Mittelfeld	rechtes Nominalfeld	nominales Nachfeld
an	*diesem*	*alten, ganz schön verrosteten, schon von meinem Großvater benutzten*	*Schloss*	*an unserem Kaninchenstall*

Vorfeld	linkes Verbfeld	Mittelfeld	rechtes Verbfeld	Nachfeld
An diesem alten, ganz schön verrosteten, schon von meinem Großvater benutzten Schloss an unserem Kaninchenstall	*hänge*	*ich sehr.*		

Die als Präpositionen verwendeten Einheiten sorgen für ein sprachliches Phänomen, das zu den am schwersten fassbaren Kategorisierungen gehört: Sie können die drei obliquen Kasus Akkusativ, Dativ und Genitiv auslösen, die sich wiederum an den zugehörigen Nominalgruppen zeigen. Damit ist in der Mikrostruktur der Präpositionalgruppen die weitestgehend formbezogene Kategorisierung der Kasus von Nominalgruppen am plausibelsten zu entwickeln. Beispielsweise können die beiden Präpositionen *ohne* und *mit* zwar gegensätzlich verwendet werden, haben dabei aber trotzdem eine vergleichbare Bedeutung und fordern wiederum unterschiedliche Kasusformen:

ohne den Freund/mit dem Freund
ohne dich/mit dir

Die Formen, die hier in den Nominalgruppen *den Freund* bzw. *dem Freund* erscheinen, finden sich auch im Satz im Zusammenspiel mit den Verben:

Sie unterstützt den Freund. / Sie hilft dem Freund.
Sie unterstützt dich. / Sie hilft dir.

Dass sowohl Präpositionen in der Präpositionalgruppe als auch Verben in der Verbgruppe (im Satz) bei den zugehörigen Nominalgruppen bestimmte Formen auslösen, lässt sich nicht im logischen Sinne „verstehen", sondern nur als formale sprachliche Gegebenheit zur Kenntnis nehmen (etwa so wie die inhaltlichen Bedeutungen bestimmter Lautfolgen). In der Schule sollten für eine angemessene Begriffsbildung zuerst die sprachlichen Phänomene an sich wahrgenommen werden, bevor die Kasus mit ihren Termini belegt werden und bevor man mit der Fragemethode auf sie zugreift. Gleichwohl erlauben in einem weiteren Schritt die Bezeichnungen „Akkusativ" für die Formen *den Freund* oder *dich* bzw. „Dativ" für die Formen *dem Freund* oder *dir* einen sprachlichen Zugriff auf diese Phänomene.

Der Genitiv als weiterer Kasus kann im Rahmen der Feldgliederung der Nominalgruppe entwickelt werden: Im nominalen Nachfeld kann prinzipiell und nur im direkten Anschluss eine Nominalgruppe als Genitivattribut erscheinen:

Im Parlament wurde über die Subventionierung des Ökostroms gestritten.

Sie kann ihrerseits – weil auch sie eine Nominalgruppe ist – in ihrem Nachfeld wieder eine Nominalgruppe im Genitiv als Genitivattribut an sich binden, wodurch eine Kettenstruktur entstehen kann[16]:

Ein Blick in die Zukunft zeigt
die Notwendigkeit einer Diskussion der Folgen einer Energiewende.

7 Die Verbindung von Sätzen

Mit der Feldgliederung des Satzes besitzt das Deutsche ein universelles Muster, das auch zur Unterscheidung der satzverbindenden Einheiten genutzt werden kann, die in neueren Darstellungen als Konnektoren zusammengefasst werden. Zu ihnen gehören nicht nur die in der schulgrammatischen Terminologie als Konjunktionen und Subjunktionen bekannten Einheiten, sondern auch einige als Pronomen und Adverbien verwendbare Einheiten sowie die seit jeher stiefmütterlich behandelten Partikeln[17].

---

[16] Ein methodischer Zugang für die Grundschule zum Genitivattribut und der Möglichkeit einer Kettenstruktur findet sich in Granzow-Emden 2003.

[17] Dass die Partikeln – insbesondere für die Kinder und Jugendlichen mit anderer Erstsprache – zu einem wichtigen Lerngegenstand im Grammatikunterricht gehören, auch wenn sie in der KMK-Liste gar nicht und in Schulbüchern nur selten erscheinen, zeigt Gornik 2011.

Wenn hier trotzdem die formale Unterscheidung der hier syntaktisch gefassten Wortarten beibehalten wird, dann deshalb, weil sie in enger Verbindung mit unserem Hauptmuster, der Feldgliederung des Satzes, stehen. So stehen als Konjunktionen verwendete Einheiten bei der Verbindung von Sätzen außerhalb der Feldgliederung und damit vor dem Vorfeld. Sie verändern nichts an der Satzstruktur, sondern stehen wie Kupplungen zwischen Wortgruppen:

		Vorfeld	linkes Verbfeld	Mittelfeld	rechtes Verbfeld	Nachfeld
1		Am Anfang	schuf	Gott Himmel und Erde.		
2	Und	die Erde	war	wüst und leer,		
3	und	es	war	finster auf der Tiefe;		
4	und	der Geist Gottes	schwebte	auf dem Wasser.		
5	Und	Gott	sprach:			Es werde Licht!
6	Und	es	ward	Licht.		
7	Und	Gott	sah,			dass das Licht gut war.

Als Konjunktionen können beispielsweise auch die folgenden Einheiten gebraucht werden:

oder, aber, denn, doch, sondern, beziehungsweise ...

Subjunktionen hingegen verändern die Satzstruktur. Die meisten Theorien verorten die Subjunktion im linken Verbfeld mit der Folge, dass das finite Verb von dort vertrieben wird und am Ende des Satzes erscheint, während das Vorfeld gleichzeitig blockiert ist. Die hier verwendete Darstellung weicht von der linguistisch üblichen ab; sie ist didaktisch motiviert und sieht sowohl für Subjunktionen als auch für Relativa ein gemeinsames Feld aus Vorfeld und linkem Verbfeld vor. Dieses neue, hier dunkel markierte Feld soll sowohl die syntaktische Auswirkung dieser Einheit, die Verbletztstellung, als auch die an den Leser bzw. Hörer gerichtete Aufforderung, die mit dem Verbletztsatz ausgedrückte Abhängigkeit zu einer anderen Einheit herzustellen, symbolisieren:

		Vorfeld	linkes Verbfeld	Mittelfeld	rechtes Verbfeld	Nachfeld
7	Und	Gott	sah,			dass ...
		dass		das Licht gut	war.	

Die Abhängigkeit eines Satzes mit der Subjunktion *dass* besteht üblicherweise zu einem Bezugssatz. Der *dass*-Satz kann nicht nur als dessen Objekt, sondern auch als Subjekt dienen und dabei mit der Einheit *es* korrelieren oder auch alleine im Vorfeld erscheinen:

Vorfeld	linkes Verbfeld	Mittelfeld	rechtes Verbfeld	Nachfeld
Es	ist	mein Bier,		dass ...
dass		ich	trinke.	
Dass ich trinke,	ist	mein Bier.		

Die Subjunktion *dass* stellt einen Bezug zum gesamten übergeordneten Satz her, der dabei nur als Redewendung im Sinne *Es ist meine Angelegenheit...* verstanden werden kann.

Das Muster Verbletztsatz kann auch durch Einheiten ausgelöst werden, die als Relativum verwendet werden. Syntaktisch verdrängt ein Relativum ebenso wie die Subjunktion das finite Verb ins rechte Verbfeld. Ein Relativum bezieht sich aber nicht auf den ganzen Bezugssatz, sondern verweist üblicherweise auf eine Nominalgruppe. Der hierbei entstehende Relativsatz ist üblicherweise Teil eines Satzgliedes und gilt dann als Attribut wie im folgenden Beispiel:

Vorfeld	linkes Verbfeld	Mittelfeld	rechtes Verbfeld	Nachfeld
Es	ist	mein Bier,		
das		ich	trinke.	

Während das Relativum *das* auf die Nominalgruppe *mein Bier* und damit auf ein hopfen- und malzhaltiges Getränk verweist, geht es im *dass*-Satz inhaltlich nicht um eine aktuelle Flüssigkeitszufuhr, sondern um ein Alkoholproblem.

Der Terminus Verbletztsatz kann den weder funktional noch strukturell einheitlich verwendeten Terminus Nebensatz ersetzen, der für die Kinder und Jugendlichen ein inhaltsbezogenes Verständnis nahelegt und im Hauptsatz die wichtigere, im Nebensatz die nebensächliche Information erwarten lässt, was offensichtlich nicht zutrifft. Auch der Terminus Hauptsatz ist nicht klar definiert und wird manchmal unter strukturellen und manchmal unter inhaltlichen Gesichtspunkten verwandt. Was aber für eine strukturelle Analyse benötigt wird, ist für den Verbletztsatz eine Einheit, zu der die Abhängigkeit besteht (z. B. einen Bezugssatz oder eine Bezugsnominalgruppe). Als Bezugssatz wiederum kann sowohl ein Verbzweitsatz als auch ein Verberstsatz als auch ein anderer Verbletztsatz infrage kommen; der Terminus Hauptsatz sorgt hier für viel Verwirrung.

Eine inhaltliche Textverbindung kann nicht nur durch Konjunktionen und Subjunktionen zustande kommen, sondern auch durch Adverbien wie in den folgenden Zeilen 8 und 11 der Schöpfungsgeschichte:

		Vorfeld	linkes Verbfeld	Mittelfeld	rechtes Verbfeld	Nachfeld
8		Da	schied	Gott das Licht von der Finsternis		
9	und	(Gott)	nannte	das Licht Tag		
10	und	(Gott	nannte)	die Finsternis Nacht.		
11		Da	ward	aus Abend und Morgen der erste Tag.		

Der Verweis durch die Einheit *da* hat gleichzeitig eine räumliche und eine zeitliche Komponente und markiert jeweils eine Zäsur im Verlauf der Ereignisse (vgl. Redder 1990, 176f.). Formal können Adverbien das Vorfeld besetzen und damit als Satzglied erscheinen. Sie bewirken im Unterschied zu Subjunktionen keine Verbletztstellung.

Als Satzglied ist eine als Adverb verwendete Einheit auf den Satz, in dem sie erscheint, bezogen, während eine als Subjunktion verwendete Einheit eines abhängigen Satzes in ihrer Bedeutung auf den übergeordneten Satz bezogen ist. Dies soll anhand der Feldgliederung veranschaulicht werden. Im folgenden Satz wird *seitdem* zunächst als Subjunktion verwendet:

Seitdem er zur Uni ging, hatte er kaum noch Zeit.

Hier erscheint der abhängige Satz im Vorfeld des Bezugssatzes und ist ein Satzglied dieses Bezugssatzes:

Vorfeld	linkes Verbfeld	Mittelfeld	rechtes Verbfeld	Nachfeld
Seitdem		er zur Uni	ging,	

Vorfeld	linkes Verbfeld	Mittelfeld	rechtes Verbfeld	Nachfeld
Seitdem er zur Uni ging,	hatte	er kaum noch Zeit.		

Die als Subjunktion verwendete Einheit gehört *inhaltlich* nicht zum abhängigen Satz, in dem sie erscheint, sondern zum übergeordneten Bezugssatz. Wenn wir nämlich diese Gedankenfolge durch zwei selbständige Sätze ausdrücken, erscheint *seitdem* als Adverb im zweiten Satz:

Vorfeld	linkes Verbfeld	Mittelfeld	rechtes Verbfeld	Nachfeld
Er	*ging*	*zur Uni.*		
Seitdem	*hatte*	*er kaum noch Zeit.*		

Nur ein Teil der Einheiten, die als Subjunktion verwendet werden können, sind auch als Adverb verwendbar und umgekehrt. Wenn in einer Grammatik oder einem Wörterbuch Beispiele wie die folgenden lexikalisch als Adverbien oder Subjunktionen angeführt sind, heißt das nichts anderes, als dass sie sich syntaktisch als Adverbien bzw. als Subjunktionen verwenden lassen:

Adverb – Einheit, die im Vorfeld stehen kann:	Subjunktion – Einheit im linken Verbfeld/Vorfeld mit Verbletztstellung:
danach	*nachdem*
davor/zuvor	*bevor*
damals/da (im Vorfeld)	*als*
deshalb	*weil/da*
trotzdem	*obwohl*

Weil der Inhalt einer als Subjunktion verwendeten Einheit inhaltlich auf den Bezugssatz gerichtet ist, lässt sich eine Einheit wie *nachdem* (als Subjunktion) durch eine inhaltlich gegenteilige Einheit wie *davor* (als Adverb) ersetzen:

    12   *Sie ging in den Schuldienst, nachdem sie ihr Studium beendet hatte.*
    13   *Sie ging in den Schuldienst. Davor hatte sie ihr Studium beendet.*

Mit der größeren Komplexität, die eine Konstruktion mit Subjunktion und Verbletztsatz erfordert, gewinnt der Satzbau an Variabilität: Der abhängige Satz aus 12 kann als Satzglied auch im Vorfeld erscheinen wie in 12'. Dagegen sind die beiden Sätze in 13 als zwei selbständige Gedanken in ihrer Abfolge festgelegt, weil die verweisende Einheit *davor* nur auf ein zuvor genanntes Ereignis verweisen kann (vgl. 13'):

    12' *Nachdem sie ihr Studium beendet hatte, ging sie in den Schuldienst.*
    13' *?Davor hatte sie ihr Studium beendet. Sie ging in den Schuldienst.*

Die Auseinandersetzung mit den satz- und textverbindenden Einheiten zeigt, wie Form und Funktion in der Sprache zusammenwirken. Hat man beispielsweise die Funktion der Verbletztstellung als inhärente Handlungsanweisung an einen Hörer bzw. Leser verstanden, dass der Satz auf eine andere Einheit bezogen werden muss, kann auch eine Zusammenstellung der als Subjunktionen verwendbaren Einheiten als sprachliche Formen zur Sprachbewusstheit beitragen. Die ausschließliche Betrachtung der Form im Grammatikunterricht erschiene ohne die funktionalen Bezüge als wenig durchschaubare Spielerei. Aber auch eine Beschränkung auf die funktionalen Anteile wäre unbefriedigend, weil mit den fehlenden sicht- bzw. hörbaren Sprachformen die Gründe für die unterschiedlichen Verstehensmöglichkeiten im Dunkeln blieben.

Neben den Verbletztsätzen gibt es mit Infinitivgruppen eine besondere Form abhängiger Einheiten. Nimmt man das Vorhandensein eines finiten Verbs als Satzkriterium, sind solche Einheiten keine Sätze. Betrachtet man hingegen Einheiten mit valenztragendem Verb als Satz, kann man auch diese Wortgruppen als Sätze bezeichnen, wobei deren Subjekt auf den ersten Blick zu fehlen scheint, als inhaltliche Ergänzung aber üblicherweise im Bezugssatz zu finden ist. Im Folgenden werden sie auf die Feldgliederung bezogen und damit wie Sätze behandelt.

Eine strukturelle Ähnlichkeit von untergeordneten Infinitivsätzen[18] und Verbletztsätzen findet sich in Wortgruppen, in denen die Einheiten *um, ohne* oder *anstatt* als Subjunktionen „besonderer Art" (Eisenberg 2013, 367) in dem dunkel markierten Feld aus Vorfeld und linkem Verbfeld verwendet werden und sich mit einem Infinitiv mit *zu* im rechten Verbfeld verbinden:

Vorfeld	linkes Verbfeld	Mittelfeld	rechtes Verbfeld	Nachfeld
Er	hat	mit dem Trinken	*aufgehört,*	um ...
	um	seine Leber	*zu schonen.*	

In solchen abhängigen Einheiten kann das dunkel markierte Feld auch unbesetzt bleiben, wenn der Infinitivsatz als Ergänzung des Bezugssatzes dient. In unserer Darstellung hat das dunkel markierte Feld dann die Funktion, die Verbindung des Infinitivsatzes mit seinem Bezugssatz zu symbolisieren:

---

[18] In Bedienungsanleitungen, Rezepten u. ä. Textsorten gibt es auch Infinitivsätze, die nicht als „untergeordnet" zu betrachten sind: *Zuerst Zucker, Butter und das Eigelb in einer Schüssel verrühren, dann den Eischnee unterheben* ...

Vorfeld	linkes Verbfeld	Mittelfeld	rechtes Verbfeld	Nachfeld
Er	hat		beschlossen,	...
		seine Leber	zu schonen.	
Es	ist	nicht gut für die Leber,		...
		bei jeder Mahlzeit Bier	zu trinken.	
Es	ist	nicht immer die richtige Zeit,		...
	(um)	Bier	zu trinken.	

Die Einheit *zu* erscheint mit der infiniten Verbform innerhalb des rechten Verbfeldes, weil sie als morphologischer Wortbestandteil des Verbs zu betrachten ist, was bei trennbaren Verben auch in der Schreibung sichtbar wird (Eisenberg 2013, 351f.):

Vorfeld	linkes Verbfeld	Mittelfeld	rechtes Verbfeld	Nachfeld
Es	ist	nicht notwendig,		
		sein Glas immer	auszutrinken.	

8 Schlussüberlegungen

Wer Sprachstrukturen verstehen will, muss die darin enthaltenen Kategorien zunächst als sprachliche Phänomene erkennen und begreifen lernen. Dabei sollten die Gliederungsmöglichkeiten der Schrift genutzt werden, um einzelne Einheiten zu fokussieren. Neben der hier dargestellten Feldgliederung und Valenzstruktur sind in der Schule insbesondere verschiebbare Einheiten sinnvoll, mit denen sich die Morphem-, Wort- und Wortgruppenstruktur bis hin zur Satzstruktur veranschaulichen lassen. Auch die Darstellung von Wortgruppen in Zeilen oder Tabellen können zum Verstehen der Sprachstrukturen beitragen, wenn sie nicht nur Formen auflisten, sondern wo immer möglich einen syntaktischen Kontext einbeziehen. Erst wenn die Sprachstrukturen in dieser Weise ins Bewusstsein gelangen, wird eine grammatische Terminologie notwendig, mit der sich die sprachlichen Erscheinungen fassen lassen.

In der didaktischen Diskussion wurde immer wieder die Frage gestellt, **wie viel** an sprachlichem Wissen sein muss. Diese Frage ist letztendlich unfruchtbar. In einer Schriftkultur geht es immer wieder um sprachlich-strukturelles Wissen – sowohl beim eigenen Verfassen von Texten als auch beim Lesen. Und zwischen bloßer Alphabetisierung und ausgebildeter Schriftlichkeit ist ein weiter Raum, den man mehr oder weniger beschreiten kann. Und dieses Mehr oder Weniger unterscheidet bessere von weniger guten Schreiberinnen und Schreibern bzw. Leserinnen und Lesern. Insofern ist das erste Ziel grammatischen Nachdenkens immer die Schreib- und Lesepraxis. Dass es dabei nicht nur auf die Menge des Vermittelten ankommt, sondern auch auf bestmöglich strukturiertes und angemessenes Wissen, steht außer Frage. Vermittelt über die Schrift kann auch der mündliche Sprachgebrauch von den grammatischen Kenntnissen profitieren – dies funktioniert aber nicht nach der Formel „Heute gelernt – morgen gekonnt". Bewusstmachungsprozesse zeigen mitunter sogar den gegenteiligen Effekt: Sie können eine vorübergehende Verunsicherung bewirken – das weiß jeder, der mit einiger Routine ein Musikinstrument spielt und sich dabei überlegt, was seine Finger da eigentlich tun. Auch Kinder sprechen ihre Muttersprache schon recht routiniert, wenn sie in die Schule kommen und werden von der Schrift immer wieder „aufgehalten", wenn sie lernen, das unbewusst Gekonnte immer besser zu beherrschen.

Literatur

Ágel, Vilmos: Finites Substantiv. In: Zeitschrift für germanistische Linguistik 24 (1996) 1, 16–57

Ágel, Vilmos: Valenztheorie. Tübingen: Narr 2000

Becker, Karl Ferdinand: Leitfaden für den ersten Unterricht in der deutschen Sprachlehre. 6. Ausgabe. Frankfurt am Main: Kettembeil 1851

Boettcher, Wolfgang: Grammatikunterricht in Schule und Lehrerausbildung. In: Der Deutschunterricht 47 (1994) 5, 8–31

Bredel, Ursula: Sprachbetrachtung und Grammatikunterricht. Paderborn: Schöningh 2007

Bredel, Ursula: Die satzinterne Großschreibung – System und Erwerb. In: Bredel, Ursula / Müller, Astrid / Hinney, Gabriele (Hrsg.): Schriftsystem und Schrifterwerb: linguistisch – didaktisch – empirisch. Berlin / New York: de Gruyter 2010, 217–234

Bredel, Ursula: Sprachbegriffe und Sprachthematisierung – Das Verhältnis von Linguistik, Sprachdidaktik und Schule. In: Köpcke, Klaus-Michael / Noack, Christina (Hrsg.): Sprachliche Strukturen thematisieren. Sprachunterricht in Zeiten der Bildungsstandards. Tübingen: Niemeyer 2011, 47–59

Dudenredaktion (Hrsg.): DUDEN. Die Grammatik. Unentbehrlich für richtiges Deutsch. Mannheim / Leipzig / Wien / Zürich: Dudenverlag, 8., überarbeitete Auflage 2009

Dürscheid, Christa: Damit das grammatische Abendland nicht untergeht. Grammatikunterricht auf der Sekundarstufe II. In: Köpcke, Klaus-Michael / Ziegler, Arne: Grammatik in der Universität und für die Schule: Theorie, Empirie und Modellbildung. Tübingen: Niemeyer 2007

Dürscheid, Christa: Lateinische Schulgrammatik oder andere Modelle? Welche Grammatik eignet sich am besten zur Beschreibung des Deutschen? In: Habermann, Mechthild (Hrsg.): Grammatik wozu? Vom Nutzen des Grammatikwissens in Alltag und Schule. Mannheim: Dudenverlag 2010, 47–65

Eisenberg, Peter: Grundriss der deutschen Grammatik. Band 2: Der Satz. Stuttgart / Weimar: Metzler, 4., aktualisierte und überarbeitete Auflage 2013

Funke, Reinold: Grammatik in Funktion. Beobachtungen zu Groß- und Kleinschreibfehlern in Diktaten. In: Deutschunterricht 48 (1995) 430–434

Funke, Reinold: Sprachliches im Blickfeld des Wissens. Grammatische Kenntnisse von Schülerinnen und Schülern. Tübingen: Niemeyer 2005

Ganslmayer, Christine: Tradition und Entwicklung einer deutschen Grammatik. In: Habermann, Mechthild (Hrsg.): Grammatik wozu? Vom Nutzen des Grammatikwissens in Alltag und Schule. Mannheim: Dudenverlag 2010, 31–46

Glinz, Hans: Wortarten und Satzglieder im Deutschen, Französischen und Lateinischen (1957). In: Glinz, Hans: Sprachwissenschaft und Schule. Gesammelte Schriften zu Sprachtheorie, Grammatik, Textanalyse und Sprachdidaktik 1950–1990. Zürich: Sabe 1993, 126–143

Gornik, Hildegard/Weise, Anja: „Da steckt immer *wem* drin, wer was kriegt." Den Begriff „Objekt" entwickeln. In: Praxis Deutsch 36 (2009) 214, 18–24

Gornik, Hildegard: Anmerkungen zu Aufgaben im Grammatikunterricht am Beispiel der Entwicklung des Begriffs Objekt – Traditionen und Neuorientierungen. In: Köpcke, Klaus-Michael/Noack, Christina (Hrsg.): Sprachliche Strukturen thematisieren. Sprachunterricht in Zeiten der Bildungsstandards. Tübingen: Niemeyer 2011, 108–120

Gornik, Hildegard: Überlegungen zur didaktischen Modellierung der Partikeln. In: Noack, Christina/Ossner, Jakob (Hrsg.): Grammatikunterricht und Grammatikterminologie. Osnabrücker Beiträge zur Sprachtheorie (= OBST) (2011) 79, 93–111

Granzow-Emden, Matthias: Oh wie gut, dass niemand weiß? Zur grammatischen Kategorienbildung in der Grundschule. In: Grundschule (2003) 5, 35–39

Granzow-Emden, Matthias: Wer oder was erschlägt man besser nicht mit einer Klappe? Kasus und Satzglieder im Deutschunterricht. In: Becker, Tabea/Peschel, Corinna (Hrsg.): Gesteuerter und ungesteuerter Grammatikerwerb. Baltmannsweiler: Schneider Hohengehren 2006, 87–104

Granzow-Emden, Matthias: Kritik an der schulischen Satzlehre und Ansätze für eine Neumodellierung. In: Köpcke, Klaus-Michael/Noack, Christina (Hrsg.): Sprachliche Strukturen thematisieren. Sprachunterricht in Zeiten der Bildungsstandards. Tübingen: Niemeyer 2011, 121–137

Granzow-Emden, Matthias: Deutsche Grammatik verstehen und unterrichten. Tübingen: Narr 2013

Günther, Hartmut/Nünke, Ellen: Warum das Kleine groß geschrieben wird. Duisburg: Gilles & Francke 2005

Habermann, Mechthild: Was ist eigentlich „Grammatik"? – Eine Einführung. In: Habermann, Mechthild (Hrsg.): Grammatik wozu? Vom Nutzen des Grammatikwissens in Alltag und Schule. Mannheim: Dudenverlag 2010, 9–14

Haueis, Eduard: Unterricht in der Landessprache. Beiträge zur Orientierung des didaktischen Denkens. Baltmannsweiler: Schneider Hohengehren 2007

Hoffmann, Ludger: Zwischen wissenschaftlicher Grammatik und Schulgrammatik: die Terminologie. In: Noack, Christina/Ossner, Jakob (Hrsg.): Grammatikunterricht und Grammatikterminologie. Osnabrücker Beiträge zur Sprachtheorie (= OBST) (2011) 79, 33–56

Ivo, Hubert/Neuland, Eva: Grammatisches Wissen – Skizze einer empirischen Untersuchung. In: Diskussion Deutsch (1991) 119, 437–485

Ivo, Hubert: Wissenschaftliche Schulgrammatik des Deutschen? In: Noack, Christina/Ossner, Jakob (Hrsg.): Grammatikunterricht und Grammatikterminologie. Osnabrücker Beiträge zur Sprachtheorie (= OBST) (2011) 79, 13–32

Melzer, Florian: Direktes Umgehen mit syntaktischen Strukturen – ein Unterrichtsansatz für die Sekundarstufe I. In: Noack, Christina/Ossner, Jakob (Hrsg.): Grammatikunterricht und Grammatikterminologie. Osnabrücker Beiträge zur Sprachtheorie (= OBST) (2011) 79, 159–180

Mesch, Birgit: Anknüpfungspunkte für eine Interface-Didaktik des Verbs – am Beispiel von Präfix- und Partikelverben. In: Mesch, Birgit/Rothstein, Björn (Hrsg.): Verbdidaktik. Ein Sammelband. Tübingen: Niemeyer (erscheint 2014)

Müller, Astrid/Tophinke, Doris: Verben in Sätzen. Basisartikel. In: Praxis Deutsch (2011) 226, 4–11

Noack, Christina/Ossner, Jakob: Grammatikunterricht und Grammatikterminologie. In: Noack, Christina/Ossner, Jakob (Hrsg.): Grammatikunterricht und Grammatikterminologie. Osnabrücker Beiträge zur Sprachtheorie (= OBST) (2011) 79, 7–12

Ossner, Jakob: Grammatik in Schulbüchern. In: Köpcke, Klaus-Michael/Ziegler, Arne: Grammatik in der Universität und für die Schule: Theorie, Empirie und Modellbildung. Tübingen: Niemeyer 2007, 161–183

Ossner, Jakob: Sprachwissen und Sprachbewusstsein. In: Witte, Hansjörg/Garbe, Christine/Holle, Karl/Stückrath, Jörn/Willenberg, Heiner (Hrsg.): Deutschunterricht zwischen Kompetenzerwerb und Persönlichkeitsbildung. Baltmannsweiler: Schneider Hohengehren 2000, 297–311

Redder, Angelika: Grammatiktheorie und sprachliches Handeln: „denn" und „da". Tübingen: Niemeyer 1990

Schmitz, Ulrich: Satzzeigen. Wie oft kann das grammatische Abendland noch untergehen? In: Mitteilungen des Deutschen Germanistenverbandes (2003) 2–3, 452–458

Schönberger, Axel (Hrsg.): Die Ars maior des Aelius Donatus. Lateinischer Text und kommentierte deutsche Übersetzung einer antiken Lateingrammatik des 4. Jahrhunderts für den fortgeschrittenen Anfängerunterricht. Frankfurt am Main: Valentia 2009

Schönenberg, Stephanie: Problemfall Verbklammer? Der Klammermann als Basismodell der Satzlehre. In: Praxis Deutsch 38 (2011) 226, 12–19

Vesper, Wilhelm: Deutsche Schulgrammatik im 19. Jahrhundert. Zur Begründung einer historisch-kritischen Sprachdidaktik. Tübingen: Niemeyer 1980

Weinrich, Harald: Klammersprache Deutsch. In: Sprachnormen in der Diskussion. Beiträge vorgelegt von Sprachfreunden. Berlin/New York: de Gruyter 1986, 116–145

Weinrich, Harald: Textgrammatik der deutschen Sprache. Hildesheim: Georg-Olms-Verlag, 4., revidierte Auflage 2007

Wöllstein, Angelika: Topologisches Satzmodell. Heidelberg: Universitätsverlag Winter 2010

THORSTEN POHL

C 2 Sprachreflexion und Texte verfassen

1 Einleitung

Abraham konstatiert in einem aktuellen Beitrag mit dem Titel „Grammatik beim Lesen und Schreiben von Texten in der Schule" – abgesehen von wenigen Ausnahmen – eine gewisse Abstinenz der Grammatikdidaktik in der Schreibdidaktik wie auch der Schreibdidaktik in der Grammatikdidaktik (2010, 331).[1] Und in der Tat ist es so, dass unter den jüngeren Beiträgen in der Fachliteratur nur wenige dezidiert auf den Zusammenhang von „Grammatik" und „Texte schreiben" fokussiert sind: etwa Abraham selbst sowie Müller (2011), Peschel (2006a/b) und Uhl (2011). Das muss insofern verwundern, als der Bereich der medialen Schriftlichkeit durch die Langsamkeit, Vorläufigkeit und Objektivation von Sprache (vgl. Pohl/Steinhoff 2010, 9f.) sprach- einschließlich grammatikreflexiven Prozessen besonders zugänglich ist. Darauf macht etwa Bredel von konzeptuell-theoretischer Warte und durch Anlegen der von ihr für „Sprachbetrachtung" vorgeschlagenen „Bestimmungsmerkmale" („Distanzierung, Deautomatisierung und Dekontextualisierung") aufmerksam (2007, 38ff.), daraus folgert etwa Ossner in konzeptionell-didaktischer Perspektive: „Grammatische Probleme stellen sich beim Schreiben. Die konzeptionelle mündliche Rede folgt eher der Logik der Situation, als einer normativen Grammatik. [...] Aus dieser Sachbestimmung ergibt sich didaktisch, dass grammatische Betrachtungen im Zusammenhang mit dem Schreiben gestellt werden können" (2007a, 180; ganz ähnlich Rothstein 2010, 151).

Sieht man (u. a.) hierin den didaktischen Wert des Grammatikunterrichts, fällt die bekanntermaßen seit Jahrzehnten kritische Legitimationslage (vgl. z. B. Bremerich-Vos 1999; vgl. Eichler 1998 für eine Übersicht an Legitimierungsversuchen) eines Grammatikunterrichts für L1-Lerner (einmal mehr) zugunsten der Indienstnahme für eine der vier sprachlichen Primärkompetenzen aus (Sprechen, Schreiben, Zuhören, Lesen). Im gleichen Moment verschiebt sich das didaktische Plausibilisierungsproblem: Wenn es Bremerich-Vos/Böhme mit Verweis auf Felder für „unstrittig" halten, dass „die Reflexion über Sprache im muttersprachlichen Bereich darin münden soll, implizites sprachliches Können um explizites (meta)sprachliches Wissen 'anzureichern'" (2009, 378 resp. Felder 2006, 42), dann geht damit zwar einerseits eine grundlegende Orientierung am

---

[1] Anders im Fall der Orthographiedidaktik; vgl. z. B. Fuhrhop (2011) und Noack (2011), die für eine Nutzung der Rechtschreibung für den Grammatikunterricht plädieren, sowie Bredel (C 3). Vgl. aber auch Augst, der empirische Belege gegen die These zusammenstellt, „dass der normale Schreiber nach grammatischen Prozeduren" handele (2010, 173f.).

Spracherwerb einher, denn nur das, was implizit da ist, kann explizit „angereichert" oder „expliziert" werden (Bittner 2011; ähnlich z. B. Gornik/Granzow-Emden 2008, 129), andererseits tritt damit die Frage in den Blick, wie jenes explizierte Wissen seinerseits zurückwirken kann auf besagte Primärkompetenzen. Eingedenk der Tatsache, dass Letztere ihrerseits in dienender Funktion für konzeptuell-inhaltliche und kommunikativ-pragmatische Aufgaben stehen, unterliegen sie vergleichsweise starken Routinisierungs- und Habitualisierungsanforderungen (eben mit gewissen Abstrichen im Bereich der Schriftlichkeit). Anders gewendet besteht die eigentliche grammatikdidaktische Gretchen-Frage in der Entwicklungsbewegung **wieder zurück**, also im zweiten „zu": **von implizit zu explizit zu implizit**. Ist diese Entwicklungsbewegung des Wieder-Zurück erwerbslogisch überhaupt möglich oder lässt sie sich zumindest auf einer theoretischen Ebene ansatzweise plausibel konzeptualisieren?

Kurz gefasst sagt die im Folgenden erwogene Antwort: Ja, es ist wahrscheinlich möglich, aber nur unter zwei Voraussetzungen: a) es liegt eine möglichst präzise Orientierung am Erwerb vor und b) das explizite Wissen, das zurück zur sprachlichen Handlungskompetenz führen soll, darf nicht zu explizit sein. Mit Anforderung b) geht zugleich ein Plädoyer für eine *Zweiteilung* oder *Gabelung* des reflexionsbezogenen Kompetenzbereichs mithin des Grammatikunterrichts einher.

2 Erwerbsorientiertheit – eine Zusammenstellung vorliegender Ansätze

In jüngerer Zeit ist (wieder) vermehrt eine Orientierung des Grammatikunterrichts und insbesondere seiner curricularen Progression am sprachlichen Erwerb gefordert worden; hier etwa als: „Korrelierung des Unterrichts mit dem natürlichen Spracherwerb" (Peschel 2011, 84; vgl. auch Becker 2011, 199; Hinze/Köpcke 2007, 97 und insg. Becker/Peschel (Hrsg.) 2006). Erwerbsorientierung ist dabei nicht gleich Erwerbsorientierung. Überblickt man vorliegende Beiträge, lassen sich zumindest folgende Ausrichtungen unterscheiden:

1. Orientierung am Erstspracherwerb zur Förderung primärsprachlicher Kompetenzen: z. B. Becker 2006/2011 (Verständnis von Passivkonstruktionen und Präpositionengebrauch) und Hinze/Köpcke 2007 (Distribution der Perfektauxiliare)

2. Orientierung am Erstspracherwerb zur Förderung sprachreflexiver Kompetenzen: z. B. Bittner 2011 (Aufbau des Verbalparadigmas) und Oomen-Welke 1999 (mehrsprachige Kontexte)

3. Orientierung an metasprachlichen Fähigkeiten, wie sie im „natürlichen" Spracherwerb (also ohne schulische Unterstützung) bereits erworben werden, zur Förderung sprachreflexiver Kompetenzen: z. B. Gornik 1989 (generelle Forderung) und Berkemeier 1999 („Struktursensibilität")

4. Orientierung am Erstspracherwerb zur Förderung primärsprachlicher Kompetenzen, die nicht unbedingt „natürlich", also „ungesteuert" aufgebaut werden:[2] z. B. Peschel 2006a (Konjunktionen) und Rothstein 2010 (Konjunktiv II)
5. Orientierung an bereits erworbenen Strukturen, die im spontansprachlichen Zugang den Lernern zugänglich sind, zur „Stabilisierung" dieses Zugangs: insb. Funke 2007 und 2011 und Melzer 2011 (syntaktische Strukturen)
6. Orientierung an der Entwicklung allgemein kognitiver Fähigkeiten zur Förderung sprachreflexiver Kompetenzen: z. B. Haueis 1981 (u. a. in Piagetscher Entwicklungsmodellierung) und Bredel 2007 (diskutierend)

Lässt man Fall 6 als domänenunspezifische Orientierung außer Acht und legt die Entwicklungsmodellierung von Karmiloff-Smith (1993) an, stellt man fest, dass die Zugänge beim Level E3 einsetzender verbaler Verfügbarkeit (Fall 3), zumindest aber am Level des I-formats (Fälle 1 und 2 sowie 5) anschließen, was als zwingend anzusehen ist (vgl. den folgenden Abschnitt). Eine gewisse Ausnahme bildet Fall 4, obschon selbstverständlich auch hier Vorläuferfähigkeiten vorliegen und beide genannten Autoren den empirisch ermittelten Lernstand einbeziehen.

Überblickt man die vorliegenden Ansätze zur Erwerbsorientierung gesamthaft, ist auffällig, dass kein Ansatz vorliegt, der sich dezidiert auf Entwicklungsdaten aus der Schreibentwicklungsforschung bezieht. Dies verwundert insofern, als a) wie eingangs erläutert „Schriftlichkeit [...] einen natürlichen Rahmen [schafft], um Sprache zu thematisieren" (Ossner 2007a, 182) und b) der Aufbau „schriftlich-konzeptualer Fähigkeiten" einen eigenständigen Entwicklungsvorgang bildet, bei dem nicht einfach medial und konzeptionell mündliche Fähigkeiten in den Bereich der Literalität übertragen werden, sondern ein genuiner Aufbau an spezifisch schriftsprachlichen Struktur- und Ausdrucksformen erfolgt (vgl. Feilke 2003). Die dergestalt noch ausstehende Orientierung an der Schreibentwicklung müsste nicht allein übergreifende Phänomene und Tendenzen einer sich entwickelnden Textkompetenz einbeziehen, sondern konkret am Erwerb bestimmter Textdomänen und -sorten ansetzen, weil diese spezifischen Texthandlungskontexte als aneignungslogisch besonders relevant einzuschätzen sind (vgl. Augst et al. 2007).

3 Von implizit zu explizit – Reflexionswissen als Epiphänomen erster und zweiter Ordnung

Die Entstehung von Reflexionswissen ist erwerbslogisch „natürlich" und wahrscheinlich sogar als ein essentieller Bestandteil zu begreifen, der die Robustheit

---

[2] Vermutlich deshalb, weil den Lernenden in ihrer außerschulischen Umgebung die dafür notwendigen Erwerbskontexte resp. Kommunikationsanforderungen fehlen, was allerdings niemals mit Ausschließlichkeit gilt, vgl. etwa zur Bedeutung des Fiktions- und Rollenspiels für den Konjunktiverwerb Knobloch (2001).

insbesondere erstsprachlicher Erwerbsprozesse mit garantiert (u. a. als Fragen nach Wort- und Äußerungsbedeutungen wie *Was bedeutet ...?, Was meinst du mit ...? etc.*). Gleichermaßen „natürlich" scheint das solcherart aufgebaute Sprachreflexionswissen begrenzt zu sein, und zwar in Abhängigkeit von Kommunikationskontexten und ihren spezifischen Kommunikationsanforderungen (Gombert 1992, 186ff.; vgl. auch List 1992, 17). Das liegt daran, dass jenes im Erwerb produzierte reflexive Überschusswissen ganz überwiegend durch kommunikative Restriktionen der Verständnissicherung motiviert wird (die dann im Nebeneffekt erwerbswirksam werden können). Entsprechend „thematisieren Kinder bis in das beginnende Schulalter hinein vornehmlich handlungs-, inhalts- und sprecherbezogene Aspekte von Sprache" (Andresen/Funke 2006, 438). Minimalvoraussetzung für die Reflexierung von Wissen ist die Wahrnehmung einer Differenz (Vergleich zweier Kommunikationssituationen, Missverstehen/ Verstehen, Andersverstehen/Verstehen etc.) bzw. wie Andresen formuliert: „Sprachreflexion wird Kindern erst dann möglich, wenn sich auf der Ebene mentaler Repräsentationen sprachliche Zeichen von den Repräsentationen der Gebrauchskontexte abgelöst haben" (2011, 23; ähnlich Gombert 1992, 188f. und Switalla 1992, 31). Dies setzt seinerseits ein „initial level of automation of linguistic behaviour" voraus (Gombert 1992, 187; ähnlich Andresen 2011, 23) bzw. in der Modellierung von Karmiloff-Smith, auf die sich im vorliegenden Kontext eine Reihe von Autoren stützen (z.B.: Gombert selbst, Belke/Belke 2006, Gornik 2010, Ossner 2006), das „I-format" des „behavioral mastery" (1993, 17ff.), was empirisch u. a. durch Studien zur Sprachbewusstheit pragmatischer Phänomene (vgl. Gornik 1989, 50ff.) gut gestützt wird.

In Gegenrichtung scheint die reflexive Zugänglichkeit von grammatischen Phänomenen im engeren Sinne stark begrenzt zu sein und dies, obwohl zumindest bei Schuleintritt für weite Bereiche der L1-Grammatik das I-format vorausgesetzt werden kann: „Während schon in der frühkindlichen Sprachentwicklung semantische, pragmatische und auch phonetische Phänomene die Aufmerksamkeit wecken, werden Aspekte der Morphologie und der Syntax erst deutlich später bewusst" (Gornik 2010, 242) – wenn überhaupt. Denn hier wirkt sich die ausdrucks- wie inhaltsseitige Reduziertheit grammatischer Zeichen und Strukturen (in der Grammatikalisierungsforschung als Abbau phonologischer und semantischer „Integrität", vgl. Lehmann 1995 und Diewald 1997) dergestalt aus, dass der Gebrauch dieses synsemantischen Zeichenrepertoires für bewusstseinsnahe Prozesse wenig oder nur schwach salient ist.[3] Dies belegen sehr deutlich die von Bremrich-Vos/Böhme für den Bereich „Sprache und Sprachgebrauch untersuchen" ermittelten Kompetenzstufen bei Grundschülern und -schülerinnen (2009): Niveau I: lexikalische Bedeutungen von Konkreta, Niveau II: Silbe,[4]

---

[3] Was Köller in methodischer Hinsicht zum Prinzip der „Verfremdung" grammatischer Zeichen bringt, um sie so in das Bewusstsein der Lernenden zu heben (1997, 29).
[4] Ermittelt durch Identifikation von Reimwörtern in Minimalpaarkonstellation (2009, 381), also vor der Folie *semantischer* Differenzerfahrung, was für den Phänomenbereich der „phonologischen Bewusstheit" insgesamt konstitutiv sein könnte.

Niveau III: Wortartbegriffe im lexikalischen Zugriff, Niveau IV: Derivation im Zusammenhang von Wortfamilien, Niveau V: Satzgliedbegriffe.

Insgesamt sieht es also so aus, als werde die Entwicklungsbewegung von implizit zu explizit, d. h. der den Erstspracherwerb begleitende Aufbau sprachreflexiven Wissens (vgl. den Forschungsüberblick von Gornik 1989 sowie Bredel 2007, 167 ff.), insbesondere durch zwei Parameter reguliert: zum einen durch die Reflexionsprozesse evozierenden Kommunikationsanforderungen (wobei der Schriftspracherwerb als besonders reflexionsfördernd gilt, vgl. insb. Andresen 1985), zum anderen durch die Grammatikalisierungsgrade der zum Reflexionsgegenstand gemachten Sprachzeichen und -strukturen. Da es sich in beiden Fällen um graduelle Phänomene handelt, sind Intensität und Reichweite jener „natürlichen" Reflexierungsprozesse nicht generell zu bestimmen. Gleichwohl scheint eine kritische Grenze zu einem Reflexionswissen zu bestehen, das derart weit von den kommunikativen Relevanzen der Alltagssprachverwender und ihren prozessualen Verarbeitungsmöglichkeiten abgekoppelt ist, dass diese es für sich nicht mehr als sprachhandlungssteuernde Konzeptualisierungen erfahren, was Untersuchungen wie etwa diejenige von Ivo/Neuland (1991) belegen. Als sprachdidaktischer Reflex auf die vorliegende Konstellation können Situierungsbestrebungen eines eigens für Sprachreflexion reservierten „metasprachlichen Diskurses" (Holle 1999, 44 und Gornik/Granzow-Emden 2008, 129) oder eines „besonderen Sprachspiels" (Ivo 2011, 23) gelten; beide lassen sich reinterpretieren als Verlängerung der erstsprachlichen Erwerbssituation unter für Sprachreflexionsvorgänge verschärften Bedingungen – und selbstverständlich bildet letztlich die Sprachwissenschaft bzw. die Grammatikforschung selbst einen solchen Diskurs oder ein solches Sprachspiel (ähnlich: Switalla 1988, 23; Ossner 2007b, 141 f.).

Dass die Bildungsstandards – allein schon in ihrer graphischen Aufbereitung – dem infrage stehenden Kompetenzbereich einen „Sonderstatus" (Gornik 2010, 233) zuweisen, der quer zu den primärsprachlichen Kompetenzen liegt, scheint vor dem Hintergrund des Gesagten durchaus gerechtfertigt: Sprachhandlungsprozesse – ob redend, zuhörend, schreibend oder lesend – tendieren zu reflexiven Prozessen oder bergen doch zumindest ein solches Potential. Dass indes „Sprache und Sprachgebrauch untersuchen" in den Standards einer „Kippbewegung" (Bredel 2007, 250) von **unten** (Standards für die 4. Klasse) zu **oben** (Standards für den mittleren Schulabschluss) unterliegt, lässt sich sowohl durch vorliegende theoretische Erwerbsmodellierungen als auch durch empirische Erwerbsuntersuchungen kaum plausibilisieren: Das sprachliche Reflektieren erwächst aus dem sprachlichen Tun bzw. Können – nicht umgekehrt, was insbesondere für jüngere, weniger weit entwickelte Lernende gilt. Denn abgesehen von erheblichen Differenzen im Detail sind die einschlägigen Erwerbsmodellierungen einer ressourcenorientierten Konzeptualisierung verpflichtet, nach der die Lerner durch Prozesse der Routinisierung und Habitualisierung kognitiv so weit entlastet werden, dass zusätzliche Aufgaben – eben u. a. solche des Reflektierens – bewältigbar werden.

In Anbetracht des Erläuterten wird im Folgenden davon ausgegangen, dass es sich bei dem entstehenden Reflexions**wissen** und -bewusstsein **als solchem** um ein Epiphänomen handelt; für dieses gilt:[5]

1. Es handelt sich prinzipiell um eine andere Art von Wissen als das in primärsprachlichen Prozessen handlungsleitende.
2. Es wird als Nebenprodukt in primärsprachlichen Kommunikationsprozessen gebildet, wird von diesen also kausal verursacht.
3. Es kann als Begleitphänomen zu primärsprachlichen Handlungsprozessen zeitweilig hinzutreten, ist aber für die anderen Kommunikationsbeteiligten nicht wahrnehmbar und dem Kommunikationsprozess insgesamt gegenüber kontingent.
4. Unter bestimmten Umständen kann es eine Art vermittelnden Anstoßpunkt für primärsprachliche Handlungsprozesse bilden (schwache These eines Epiphänomens).

Reflexionswissen als Epiphänomen erster Ordnung tritt ausschließlich situationsgebunden bzw. kommunikativ integriert auf, Reflexionswissen als Epiphänomen zweiter Ordnung ist situationsentbunden bzw. autonom und operiert auf der Basis von Epiphänomenen erster Ordnung, die so geordnet (systematisiert) werden.

4 Von explizit zu implizit – Konzeptualisierungsversuche

Der bedenkentragende Hinweis gegen die Vorstellung, explizites Sprachwissen sei unbedingt und unmittelbar in implizites Sprachwissen transferierbar, kann mittlerweile als einschlägiger Topos der betreffenden fachdidaktischen Literatur gelten; so spricht Peschel etwa von einer „irrigen Annahme" (2011, 80) und bei Bredel heißt es gar: „einer der vielleicht schwerwiegendsten Irrtümer der Sprachdidaktik" (Bredel 2007, 98 in Rekurs auf die 'intellektualistische Legende' nach Ryle 1992, 30 ff.). Will man sich nicht allein auf eine rein apodiktische Haltung zurückziehen (wie z. B. Blattmann/Kottke 2002, 9 f. oder Weidacher 2011, 51), muss man sich einem Fragenkomplex stellen, wie er hier z. B. von Eichler angeschnitten wird: „Kann man in der Muttersprache prozedurales Wissen (also z. B. grammatisches und stilistisches Können) über deklaratives Wissen (instruiertes Wissen und Erkenntnisse im Grammatik- und Stilistikunterricht) erwerben und wie stark ist sprachbewusstes Handeln in der Muttersprache überhaupt?" (2007, 38). Im Folgenden sollen daher Ansätze und Modellierungen aus der Literatur gesichtet werden, die von theoretischer Warte aus ver-

---

[5] Die Begriffsbildung ist *nicht* deckungsgleich mit derjenigen von Gombert für „epilinguistic control" (1992, 188) bzw. für „maîtrise épilinguistique" (List 1992, 17).

suchen, einen Transfer von explizitem Reflexionswissen zu implizitem Sprachhandeln zu konzeptualisieren. Gemeinsam ist ihnen die Suche nach einer dritten, zwischen implizit und explizit vermittelnden Komponente.

Rank setzt als diese dritte Komponente das „bewußte Verstehen" an, das zwischen „unbewußten Verstehensroutinen" und „eigentlicher Bewusstheit" im Sinne einer „systematischen Analyse" vermittelt und dabei „keine statische, sondern eine dynamische Kategorie" bildet, deren „nichtabschließbare Entwicklung" durch den Sprach- und Grammatikunterricht zu fördern sei (1995, 36). „Bewußtes Verstehen" begreift er als „**Resultat** aktueller und eigentlicher Bewußtwerdung" (1995, 36; Herv. T. P.), d. h. erst die Anwendung systematisierten Sprachwissens in kommunikativ relevanten Verstehensprozessen wirkt sich auf die Ausbildung „bewußten Verstehens" mit entsprechenden Effekten auf die „unbewußten Verstehensroutinen" aus. Wie man sich konkret einen solchen Routinisierungsprozess vorzustellen hat, bleibt bei Rank offen; in kognitiver Hinsicht überaus anspruchsvoll erscheint für die anvisierten Lerner die doppelte Aufmerksamkeit auf systematisiertes Sprachwissen einerseits und kommunikativ vermittelte bzw. zu verarbeitende Sprachinhalte andererseits.

Strukturell vergleichbar situiert ist das Monitor-Konzept von Ossner (2007b), da es wie das Konzept bei Rank zugleich Zielkonzept didaktischer Förderung und Vermittlungsinstanz zwischen implizit und explizit bildet. Ganz plausibel geht Ossner zunächst davon aus, dass Sprachverwender generell über eine Instanz verfügen, die als „Begleiterscheinung unserer Handlungsfähigkeit" rezeptive wie produktive Sprachhandlungen überwacht. Dieser „Monitor" wirkt sich für die Sprachteilhaber durchaus erfahrbar, z. B. in Selbst- und Fremdkorrekturen, als „situationsgebundenes" also „integriertes" „Prozess- und Analysewissen" aus, wie es sich in der Taxonomie von Bredel (2007, 110) verorten lässt. Ossner selbst bestimmt das Monitoring im Sinne eines „tacit knowledge" als „metakommunikativ", nicht aber als „metalinguistisch" (systematisierter Bezug auf Sprache) und nicht als „extralinguistisch" (isolierbar aus dem kommunikativen Kontext). Es ist in erster Linie am kommunikativen Erfolg orientiert, kann aber auch auf „sprachliche Korrektheit ausgerichtet sein" (2007b, 135). Dieses ohnehin gegebene Monitoring-Verhalten soll nun Ossner zufolge in dem Sinne bei den Lernern „professionalisiert werden" (2007b, 135), dass diese „aus mehreren Alternativen" die beste auswählen können und zwar bevor Handlungsalternativen durch das kommunikative Feedback notwendig werden: „Damit sind mögliche Handlungsreparaturen in das Vorfeld gewandert, in die Handlungsplanung" (2007b, 236). Das Monitoring wirkt sich dann bereits auf eine interiorisiert antizipierte Abgleichung von kommunikativen Mitteln mit den kommunikativen Handlungszielen aus; sowohl kommunikative Alternativen als auch ihre möglichen Effekte werden vorab intelligibel durchgespielt – so zumindest die Idealvorstellung.

In dem solchermaßen von Ossner aufgespannten konzeptuellen Rahmen spielt der Komplex von „grammatischer Probe", „Operation" und „Prozedur" eine entscheidende Rolle (2007a/b). Die insbesondere durch die „Grammatik-Werkstatt" nach Eisenberg und Menzel (1995 und insbes. Menzel 1999) als – überaus voraussetzungsreiches[6] – Erkenntnisinstrument eingesetzten grammatischen Proben sollen durch Internalisierungsprozesse für die Lernenden zu verfügbaren „Operationen" (im Sinne Aeblis) und damit zu einem handlungsrelevanten Bestandteil ihres „prozeduralen Wissens" werden. Angestrebt wird auf einer „Stufe von Prozeduralität, die der Bewusstheit zugänglich ist" (Ossner 2007b, 147), das didaktische Ziel, dass „immer mehr Aufmerksamkeit von den sprachlichen Mitteln zu den intendierten Inhalten übergehen kann" (Ossner 2007a, 181). „Prozeduralisierungen sind gewöhnlich das Ergebnis von Übung und Erfahrung" (2007b, 145) – der Weg zurück von explizit zu implizit scheint daher ebenfalls über eine Art von „behavioral mastery" zu führen.

Mit dem Monitor-Konzept vergleichbar ist schließlich auch das von Portmann-Tselikas eingebrachte Konzept einer „hybriden Sprachverarbeitung". Der Autor geht ebenfalls von der Differenz „Wissen über Sprache vs. Sprachkönnen" aus, die in der Fremdsprachendidaktik „besonders virulent" sei (2011, 73). Im Anschluss an die Modellierung von Levelt zur kognitiven Verarbeitung bei sprachlichen Produktions- und Rezeptionsprozessen unterscheidet er von einer primären Ebene diejenige der „sekundären Operationen". Während erstere die „Basis für automatisierte, d. h. zugleich schnelle und effiziente Produktion und Rezeption" bilde, halten „Feedbackschlaufen die Option für aufwändigere Verarbeitung, Qualitätskontrolle und Korrektur offen". Dabei gilt allerdings: „Diese sekundären Operationen greifen an den Resultaten spontaner Sprachverarbeitungsprozesse an und dienen zu deren Überformung – sie greifen nicht in die grundständigen Verarbeitungsprozesse selber ein" (2011, 76). Der Modus, in dem dieses stattfinden könne, wird von Portmann-Tselikas als „hybride Sprachverarbeitung" bezeichnet, die „aufgrund externer Umstände (Normzwänge, Leistungsanforderungen, verfügbares explizites Wissen über Sprache usw.) nicht nur in Einzelfällen ad hoc wahrgenommen wird, sondern gewohnheitsmäßig so intensiv genutzt wird", dass im Effekt ein hoher Anteil „bewusster Bearbeitung und Überformung der primär rezipierten bzw. produzierten sprachlichen Strukturen" (2011, 76) resultiere. Portmann-Tselikas sieht in diesem besonderen Modus der Sprachverarbeitung gerade auch Chancen für reanalytische Prozesse im Sinne des rr-Modells von Karmiloff-Smith.

---

[6] Insbesondere dadurch, dass die Einschätzung und Einordnung der im experimentellen Umgang mit den Proben erzielten Effekte auf ein sicheres implizites Grammatikwissen bei den Lernenden rekurriert (vgl. detailliert Switalla 2000, 216 ff.).

5 Leitgedanken für einen reflexionsorientierten Schreibunterricht sowie ein Exkurs zur Zweiteilung des Grammatikunterrichts

Aus den in den Abschnitten 2 bis 4 angestellten Überlegungen sollen im Folgenden Leitgedanken zu einem reflexionsorientierten Schreibunterricht extrapoliert werden, für den auf der Basis unseres bisherigen theoretischen und empirischen Wissens davon auszugehen ist, dass Reflexionswissen tatsächlich positiven Einfluss auf die primärsprachliche Handlungskompetenz des Texte-Verfassens ausüben kann.

1) **Erwerbsorientiertheit:** In Anbetracht der empirisch hinreichend belegten Eigenständigkeit der Schreibentwicklung muss ein reflexionsorientierter Schreibunterricht möglichst präzise an bekannte Tendenzen und Phasen des Erwerbs textueller Kompetenzen anschließen. Minimal muss bei den Lernenden hinsichtlich der mit Reflexionsprozessen anvisierten Teilkompetenz ein „behavioral mastery" vorliegen, besser noch eines der Bewusstwerdungsstadien E 1 bis E 3. Das I-format wird in der Regel in den empirischen Daten sichtbar, wenn eine Struktur- oder Ausdrucksform von den Lernern besonders frequent genutzt und intensiv bearbeitet wird, wenn es sich gewissermaßen um eine aktuell zentrale Baustelle im Erwerb handelt. Von entwicklungspsychologischer Warte ist davon auszugehen, dass diese ggf. auch „Grammatik-trächtigen" **Erwerbs**situationen oder besser -konstellationen (in bewusster Abwandlung von Boettcher/Sitta 1979, 18) Bewusstwerdungsprozessen am ehesten zugänglich sind. Dabei kann es sich um Textdomänen übergreifende Tendenzen handeln, oftmals sind die betreffenden Aneignungsphänomene indes textsortenspezifisch, was eigens zu beachten ist.

2) **Kommunikative Motiviertheit:** Die im Erstspracherwerb bereits wirksame, Sprachreflexionsprozesse motivierende Instanz der kommunikativen Verständnissicherung ist für Texthandlungskontexte zu verlängern. Dies beginnt bereits bei der Konzeption von Schreibaufgaben, die einer gezielten Profilierung im Sinne von Bachmann und Becker-Mrotzek bedürfen, wozu u. a. zählt,[7] dass die Lernenden „Gelegenheit haben, die Wirkung ihres Textes auf die Leser zu überprüfen, so wie sie es aus der mündlichen Kommunikation gewöhnt sind" (2010, 195). Eine solche intensive Rückmeldungspraxis/-kultur für schriftliche Texte innerhalb der Lerngruppe und auch vonseiten der Lehrperson ist schließlich zu ergänzen mit den in der prozessorientierten Schreibdidaktik bekannten Überarbeitungsverfahren (wie u. a. UWE-Prinzip, Textlupe, Schreibkonferenz). Hinzu kommt das Anforderungs- und Herausforderungsniveau der gestellten Schreibaufträge selbst, das schreibdidaktisch gezielt gesteigert seinerseits zu weiter-

---

[7] Hinzu kommen das Merkmal einer für die Lerner plausiblen Kommunikationsfunktion, die Einbindung des Textes in eine soziale Interaktion sowie die Sicherstellung des für den Schreibauftrag notwendigen Sachwissens (2010, 195).

führenden Reflexionsprozessen anregen kann, denn die „Veränderungen mentaler Repräsentationen sind nicht nur Voraussetzung, sondern auch Resultat von Veränderungen der Handlungspraxis, in die Kinder eingebunden sind" (so Andresen 2011, 23 in Abgrenzung zu Karmiloff-Smith).

3. **Kognitiv-sprachliche Verarbeitungskapazität:** Schreiben hat einen „ausgesprochenen Arbeitscharakter" und bedeutet „Schwerstarbeit" (August 1988, 52) in Sonderheit für Lernende. Ihre Schreibsituation zeichnet sich u. a. dadurch aus, dass grundlegende, den Schreibprozess stützende Prozessroutinen noch gar nicht oder nur rudimentär ausgebildet sind. Hinzu kommen ggf. neue, noch unbekannte Schreibaufgaben und -anforderungen und nicht zuletzt wollen und sollen die Lernenden mit ihrem Schreiben ja eigenständige inhaltlich-konzeptuelle und pragmatisch-kommunikative Ziele realisieren. Insgesamt zeichnet sich ihre Schreibsituation durch eine hohe kognitive Belastung bzw. durch eine intensive Nutzung der zur Verfügung stehenden kognitiven Ressourcen aus. Der Öffnungsgrad, mit sprachreflexivem Wissen in diesen verdichteten Prozess – mit positivem Effekt für die entstehenden Schreibprodukte – hineinzugelangen, scheint als überaus schmal oder eher gering einzuschätzen zu sein. In einem reflexionsbezogenen Schreibunterricht muss dies Konsequenzen für a) die Art dieses zusätzlich zu verarbeitenden Wissens und für b) die Art und Weise seiner Verarbeitung selbst haben.

a) **Konzeptualität, Funktionalität und Terminologizität:** In Anbetracht der kognitiv angespannten Ausgangslage erscheint es wenig vielversprechend, wenn das Sprachreflexionswissen, das in Schreibprozess und Schreibentwicklung der Lerner eingehen soll, analytisch aufwändig zu ermitteln und konzeptuell schwer zu fassen ist. Die Restriktionen kognitiver Zugänglichkeit und Verarbeitbarkeit sprechen für eine Beschränkung auf das Reflexionswissen erster Ordnung, das kommunikativ stets rückgebunden ist an textuell zu bewältigende Kommunikationsaufgaben. Stark grammatikalisierte Zeichen und Strukturen werden in diesem Arrangement aufgrund ihrer lernerseitig schwachen Salienz nur bedingt, vor allem aber eher indirekt über in Perspektive der Lernenden nachvollziehbaren Funktionszuschreibungen fokussiert, die in den seltensten Fällen deckungsgleich mit systemintern konstituierter grammatischer Funktionalität (vgl. Eisenberg 1999, 6ff.) sein werden.[8] In einem solchen, an konkreten „Inhaltsbereichen" orientierten **onomasiologischen** Zugang „werden also unter dem einigenden Gesichtspunkt ihrer Bedeutung oder Funktion unterschiedliche grammatische, lexikalische und wortbildungsmorphologische Mittel wie in einem 'Sprachmittelreservoir' zusammengestellt" (Kühn 2008, 210 mit Bezug auf Buscha et al. 2002). Termi-

---

[8] In diesem Sinne appelliert Klotz für eine „Ausstattung der Modelle mit unmittelbaren Funktionen für den Sprachgebrauch, den rezeptiven und den produktiven, um daraus erst am Ende Einsichtstiftung zu gewinnen" (2011, 384; ähnlich 2007, 10). Am ehesten realisiert ist dies wohl in Ansätzen einer „funktionalen Grammatik", wie diejenige Köllers (1997) oder Hoffmanns (2006).

nologische Sachangemessenheit und Präzision sind Restriktionen der metakommunikativen und -textuellen Verständnisleistung konsequent **unter**zuordnen. Ggf. sind bloße Umschreibungen, Faustregeln oder lerngruppenidiosynkratische Bezeichnungen, u. U. sogar mit semantischer Aufladung (vgl. zur Diskussion um die schulgrammatische Terminologie z. B. Bredel 2007, 244 ff.), durchaus zu tolerieren, sofern die Kommunikation über Texte und die daraus resultierenden Überarbeitungsvorgänge erfolgreich verlaufen.

b) **Interiorisierung, Routinisierung und Prozeduralisierung:** Die Idealvorstellung, die sich insbesondere aus den theoretischen Erörterungen von Abschnitt 4 ableiten lässt, ist die, dass das Reflexionswissen auf den Schreibprozess bezogen **von hinten nach vorne** und auf den Lerner bezogen **von außen nach innen** wächst. Im Modus einer „hybriden Sprachverarbeitung" bauen die Lernenden zunächst in gemeinsamen Überarbeitungskontexten explizites text- und textsortenbezogenes Reflexionswissen erster Ordnung auf, das dann in einem Interiorisierungsprozess zusehends aus der Prozessphase des Überarbeitens (zunächst mit anderen, dann allein) in die Prozessphasen des Planens und Formulierens vorverlagert wird, sodass Überarbeitungen des „Prätextes" im Sinne Wrobels (1995) möglich werden. Ossner erklärt: „Die gezeigten Proben machen Sprache 'beweglich', indem die erstbeste Formulierung auf ihr Veränderungspotential hin abgeklopft werden kann, um erst vor dem Gesamt der Alternativen die am beste [sic!] geeignete zu wählen" (2007b, 142 f.). Dass es bei diesem Vorgehen nicht zu einer Überlastung der den Lernern zur Verfügung stehenden kognitiven Ressourcen kommt, scheint insofern wahrscheinlich, als es sich bei den betreffenden Proben „lediglich um Methodisierungen 'natürlicher' sprachlicher Operationsfähigkeiten" handelt, wie bereits Boettcher/Sitta erklären, die den nämlichen Gedanken wie Ossner fassen (1982, 252). Wiederum vor dem Hintergrund der begrenzten kognitiven Ressourcen sowie des unter a) bereits Formulierten sollten Ausgangspunkt nicht abstrakte grammatische Kategorien und Funktionen, sondern „Prozeduren" im Sinne Feilkes seien, für die gilt, dass sie als vermittelnde Elemente zwischen Schreibprozess und -produkt „sprachliche Verfahren zur Textkonstitution" bilden, die „in der Regel domänen- und funktions- bzw. sortentypisch in besonderer Weise sprachlich ausgeprägt" sind (Feilke 2010, 1).[9]

---

[9] Als Beispiele nennt Feilke u. a.: „Spannung erzeugen, mögliche Einwände in die eigene Argumentation integrieren, fremde Äußerungen in den eigenen Text einbeziehen" (2010, 1). Der Autor argumentiert in didaktischer Perspektive überdies dafür, den Schreibunterricht nicht in erster Linie an Schreib- und Textfunktionen zu orientieren, die „für den Lerner stets ein Mysterium" bildeten, sondern eher an den sprachlichen Mitteln selbst: „Mit Mead oder Wittgenstein gesprochen sind die zeichenhaften Werkzeuge des Handelns stets die 'Vor-Bilder' möglicher Intentionen im Schreibprozess" (2010, 9).

Exkurs: Die vorausgehend entwickelten Leitgedanken entsprechen zwar in ihrer grundsätzlichen Ausrichtung derjenigen Interpretation des Kompetenzbereichs „Sprache und Sprachgebrauch untersuchen", die Kühn für die Standards der 4. Klasse vorlegt: „Die Evaluation grammatischer Kompetenzen ist demnach nicht wissenschaftssystematisch bestimmt, sondern ergibt sich aus den Problemen, die Schüler auf verschiedenen Alters- und Klassenstufen mit dem Verstehen und Produzieren mündlicher und schriftlicher Texte haben" (2008, 206). Gleichwohl kann sich der Kompetenzbereich darin nicht erschöpfen; entsprechend formuliert Ossner: „Die Teile des Curriculums, die eine dienende Funktion haben, im Wesentlichen für die Bereiche der Schriftlichkeit sind mit den Teilen, die auf einen systematischen Sprachausbau zielen und daher um ihrer selbst willen erforderlich sind, abzugleichen. Aus diesem Abgleich wird sich ergeben müssen, dass manches funktional – gewöhnlich mit Blick auf ein schriftliches Ziel – besprochen wird, was systematisch in anderer Umgebung wiederum neu thematisiert werden muss" (2006, 18). Dem oben umrissenen reflexionsorientierten Schreibunterricht ist ein Sprachreflexions- mithin ein Grammatikunterricht an die Seite zu stellen, der „Einblick in den Bau der Sprache" (Eisenberg/Menzel 1995, 17) als Selbstzweck oder Bildungsziel fernab von unmittelbarer Verwertbarkeit für primärsprachliche Kompetenzen und auf den höheren Kompetenzstufen mit wissenschaftspropädeutischer Zielsetzung konzeptualisiert:

Propädeutischer Grammatikunterricht	**Reflexionsorientierter Schreibunterricht**
Problem konzeptualisierend	Problem lösend
„Modus des formalen Denkens" (Bredel 2007, 262)	Modus kommunikativen Handelns (mit Texten)
Auf- und Ausbau sprachexpliziten Wissens	Auf- und Ausbau sprachimpliziten Könnens
terminologisch orientiert	terminologisch fakultativ / idiosynkratisch
Operationen als Erkenntnisinstrument	Operationen als Prozessroutinen / Prozeduren
Systemfunktionalität	„Kommunikative" Funktionalität
eher semasiologische Orientierung	eher onomasiologische Orientierung

Ansätze eines solchen propädeutischen Grammatikunterrichts lassen sich unter der Bezeichnung eines „problemorientierten Grammatikunterrichts" subsumieren, wie sie von Köpcke und Noack vorgeschlagen wird (2011, 7; vgl. auch mit ähnlichem Impetus Köpcke/Ziegler 2011). Zu ihm zählen insbesondere Phänomenbereiche wie grammatische „Zweifelsfälle" (Dürscheid 2011; Konopka 2011), kategorielle „Grenzgänger" (Hennig 2011), Fragen der „Akzeptabilität" (Köpcke 2011), grammatischer Wandel (Nübling 2011) und sprachliche „Variation" (Ziegler 2011). Nun haben beide Arten von sprachreflexivem Unterricht ihre eigene Berechtigung; dies nicht nur von Anfang an, sondern vor allem bis zum Ende des schulischen Curriculums.[10] Sowohl der Grammatikunterricht (egal welcher Façon) als auch der Schreibunterricht teilen das Schicksal eines verfrühten Endes. Im Falle des Schreibunterrichts ist dies in Hinsicht auf die gerade auch in der gymnasialen Oberstufe noch einmal gesteigerten Schreibanforderungen (u. a. das präwissenschaftliche Schreiben für die Facharbeit), im Falle des Grammatikunterrichts in Bezug auf die evtl. Aufnahme eines Germanistik-Studiums besonders bedenklich.[11]

Alles in allem ist eine Idealvorstellung sicherlich nachvollziehbar, nach der mit identischem analytischen und terminologischem Instrumentarium sowohl ein reflexiver Schreibunterricht als auch ein propädeutischer Grammatikunterricht zu gestalten sind. Wahrscheinlich aber kann der Deutschunterricht in einem entscheidenden Punkt entlastet werden, wenn man diese Bereiche trennt. So ist auch in Schülerperspektive zu fragen, ob die zuweilen – geradezu zwanghaft erscheinenden – Versuche der Schüler-, Situations- und Lebensweltorientierung im Falle hoch abstrakter Entitäten wie grammatischer Kategorialität, grammatischer Funktionalität und grammatischer Regularität tatsächlich plausibel sind bzw. ob es nicht gerade auch für die Lernenden zielführender wäre, wenn man die Auseinandersetzung mit und Untersuchung von grammatischen Phänomenen nicht von Vornherein **in besonderer Weise markierte**, eben als Erkundungs- und Entdeckungsvorgänge jenseits des normalen Sprachhandelns, die u. a. eine experimentelle Haltung gegenüber dem Lerngegenstand erforderlich machen.[12]

6 Drei konzeptuelle Fallbeispiele eines sprachreflexiven Schreibunterrichts

6.1 Zur „Variation des Satzanfangs" – temporale Situierung beim Erzählen (Primarstufe)

Die „Variation des Satzanfangs" bildet (zumindest) im Primarbereich ein **schreibdidaktisches Brauchtum** mit sicherlich langanhaltender Tradition. Insbesondere *und-dann-* sowie *und-da-*Konstruktionen werden nicht allein schreib-

---

[10] Vgl. z. B. Scherner (2011, 363 f.), der mit Referenz auf andere Autoren bemängelt, dass der Grammatikunterricht nicht über die Mittelstufe hinausführe. Am anderen Ende korrespondiert damit die Debatte um eine „Verfrühung" grammatischer Unterrichtsinhalte (vgl. Funke 2006, 199) sowie Vorschläge zur Umkehrung der curricularen Progression grammatischer Unterrichtsschwerpunkte: von Pragmatik über Semantik zu Syntax/Morphologie (Boettcher/Sitta 1981, 30 ff. und Switalla 1988, 3).

[11] Durch die extreme Dominanz literaturwissenschaftlicher Anteile im Deutschunterricht der Oberstufe wird Studieninteressierten fälschlicherweise ein Bild der Disziplin Germanistik vermittelt, das zumindest die Hälfte des Universitätsfaches ausblendet; ein seit Jahrzehnten unverantwortbarer Missstand, der überdies fehlendes grammatisches Grundlagenwissen bei den Studienanfängern zur Folge hat.

[12] Kommunikativ motivierte Analyseoperationen zur Satzgliedbestimmung, wie sie zurecht von Granzow-Emden kritisiert werden (1999 und 2006), wären damit z. B. genauso ausgeschlossen wie semantisierte Wortklassenbezeichnungen (z. B. „Tu-Wort").

didaktisch aufbereitet und z. B. als der „Herr Undaklau" bekämpft (Gerichhausen 1998, 6), sondern auch als „semantisch leer" generell unter Kritik gestellt (Klotz 1996, 240 ff. und 2011, 387 f.). Zwar setzt die schreibdidaktisch dergestalt betriebene Sprachreflexion (vgl. z. B. auch Reuschling 1993, 48 und Spitta 1992, 25) an einer grammatischen Strukturform an, dem syntaktischen „Vorfeld", das vermutlich für die Sprachwahrnehmung der Lernenden vergleichsweise gut zugänglich ist (da durch die Topikalisierung stark markiert), gleichwohl fallen die betreffenden schreibdidaktischen Interventionen gegenüber dem in der Primarstufe oftmals angestrebten Erzählen **unspezifisch** und gegenüber dem zugrundeliegenden Schreibentwicklungsprozess **oberflächlich** aus.

Einmal abgesehen von der Relevanz der Inversionsstellung im Spracherwerb allgemein und für Textkompetenzen im Speziellen (vgl. zum diagnostischen Status der Inversion die Profilanalyse nach Grießhaber 2010, 147 ff.) müsste ein an der Schreibentwicklung orientierter Schreibunterricht zunächst die besondere Leistung der *und-dann*-Verkettungsstrukturen (und ihrer Varianten, vgl. Augst et al. 2007, 242) erkennen. Nach der vorausgehenden Entwicklungsphase der „selektierten Assoziationen", einem Stadium, in dem die Lernertexte stark assoziativ und ungeordnet ausfallen (Augst et al. 2007, 352), führt ein sachlogisch orientiertes Vertextungsmuster, wie es mit einer *und-dann*-Strategie zum Ausdruck kommt, erstens zu stärker kohäsiv verknüpften Texten (neben Wiederaufnahmen und pronominalen Substitutionen, die schon zuvor realisiert werden), zweitens zu stärker geordneten (ansatzweise kohärenten) Texten und drittens zu einer dem Schreibauftrag angemesseneren Auswahl an Inhaltselementen. Bei aller Monotonizität, die die Lernertexte in dieser Phase auszeichnet, muss die Verkettungsstrategie nicht allein als für diese Übergangsphase durchaus probates Mittel, sondern im Gesamterwerbsverlauf auch als einschneidender Entwicklungsschritt begriffen werden.

Soll nun mit einem sprachreflexiven Schreibunterricht die nächste Entwicklungsphase antizipiert werden, nach Augst et al. die Phase der „perspektivierten Sequenzen" (2007, 352), muss es darum gehen, „gegliederte Textteile bei den Kindern zu evozieren, also – um beim Erzählen zu bleiben – einzelne Ereignisse in besonderer Weise zu perspektivieren. Möglich, dass man dies mittels einzelner Konnexive anbahnen kann, dann aber nicht in der Differenz von *und dann* vs. *danach*, sondern in der Differenz von *und dann* vs. z. B. *plötzlich* oder *auf einmal*" (ebd. 2007, 362). Aber auch dies reicht vor dem Hintergrund des in Abschnitt 5 Geforderten nicht aus, denn erstens bleiben die von den Autoren vorgeschlagenen Sprachmittel im Bereich der Konnektoren (Konjunktionen und Adverbien) und zweitens lösen sie ihre Positionierung im Vorfeld nicht auf, sodass „Sprache 'beweglich'" (Ossner 2007b, 142) werden kann.

Zur Ausbildung einer literalen Prozedur (im Sinne Feilkes) der temporal-chronologischen Situierung beim Erzählen muss also das [nach Augst et al.] zweite Entwicklungsniveau der „sequenzierten Selektionen" (2007, 352) als Lernvoraussetzung zwingend gegeben sein; erst jetzt fokussieren die Lernenden von sich aus temporale Ordnungen in ihren Texten – allerdings mit noch stark eingeschränkten sprachlichen Mitteln. Diese sowie ihre Positionierung im syntaktischen Zusammenhang sind mit entsprechenden Reflexionsschritten zu erweitern. D. h. bezogen auf das Erstere vor allem, das Spektrum der sprachlichen Mittel vom konjunktionalen und adverbialen Bereich auszudehnen auf die Wortgruppe (*Am nächsten Morgen, im selben Moment*) und den Gliedsatz (*Als ich die Treppe herunter rannte, ...*). D. h. bezogen auf das Letztere, mit Anregungen zur Umpositionierung – allerdings immer im konkreten textuellen Zusammenhang – vom Vorfeld abweichende syntaktische Möglichkeiten mit ihren Effekten für die Textrezeption erkunden zu lassen. Die entsprechenden Entdeckungs- und Reflexionsprozesse sollten eingedenk der begrenzten kognitiv-sprachlichen Verarbeitungskapazität (vgl. Abs. 5) in erster Linie **inhaltlich** – und zwar konkret auf den Erzählgegenstand hin – orientiert sein und können resp. sollten nur von einem Minimum an grammatischem Rüstzeug – eher noch metasprachlichen Verständigungsausdrücken – flankiert werden („Wort", „Wortgruppe", „Satz", „vorne/hinten im Satz" etc.). Als Stützstruktur bei der Textproduktion und -überarbeitung eingesetzte Leitfragen können zunächst schlicht einzelne Zeitpunkte, sodann vor allem den zeitlichen Zusammenhang sowie schließlich das zeitliche Erleben der Figuren betreffen. Schließlich sind mittels des Schreibauftrags Evozierungspotentiale dann gegeben, wenn man von der oftmals in den Erzählanlässen für Grundschüler gegebenen Einheit von Raum, Zeit und Ort[13] abweicht und Erzählaufträge konzipiert, die Erzählungen über einen ausgedehnteren zeitlichen Zusammenhang mit entsprechenden Einschnitten oder mit unterschiedlichen, teils parallelen Erzählsträngen (wie etwa in der Untersuchung von Hug 2001) einfordern.

6.2 Das „schmückende Adjektiv" – emotionale Involvierung beim Erzählen (Primar- und Mittelstufe)

Ein weiteres gerade für die Schreibdidaktik der Grundschuljahre einschlägiges Brauchtum bilden „schmückende Adjektive". Didaktisiert z. B. als „Frau Wiewortreich" aus den „Schreibhandwerkern" von Gerichhausen (1998, 6) oder als „Hinweise zur Textüberarbeitung" wie in Reuschling (1993, 45f.) soll auf der Basis einer einzelnen Wortklasse und dem Einsatz ihrer Vertreter in einer bestimmten syntaktischen Position[14] die spezifisch narrative Qualität der Lernertexte, wie emotionale Involvierung, Anschaulichkeit, Spannung und Dramatisierung, gesteigert werden. Vor dem Hintergrund des oben angestrebten reflexi-

---

[13] In der Regel prototypisch für Erzählungen zu Bildergeschichten; vgl. Bredel (2001) für eine Kritik an dieser Art von Schreibaufträgen.

[14] Prototypisch antizipiert wird wohl zumeist eine Realisierung in attributiver Stellung, da dem Adjektiv in dieser Position tatsächlich der fakultative Status eines 'schmückenden' oder 'ausschmückenden' Elements zukommt; im Gegensatz etwa zu seinem prädikativen (und dann syntaktisch obligatorischen) Einsatz.

onsorientierten Schreibunterrichts verkennt dieses Vorgehen erstens die Konstellation in der frühen Schreibentwicklung, was die emotionale Markierung von Textelementen anbelangt, verfehlt dieses Vorgehen zweitens die für Grundschullerner zentrale Strukturebene des textuellen Komplexitätsaufbaus und verengt dieses Vorgehen drittens das Spektrum an sprachlichen Struktur- und Ausdrucksformen, das für das didaktisch angezielte Phänomen relevant und möglich ist.

Ad 1) konstatieren Augst et al. nach einer ersten Phase in der Schreibentwicklung, die „von einem emotional aufgeladenen, z. T. geradezu emphatischen Zugang zum Schreibgegenstand" sowie einer entsprechenden Textgestaltung zeuge (vgl. auch Weinhold 2000), für die zweite Entwicklungsphase und unter dem Einwirken der jetzt von den Lernenden eingesetzten Vertextungsmuster eine „starke Versachlichungstendenz" (2007, 354); erst danach kehren emotional markierte Inhaltselemente in die Schülertexte zurück. Entscheidend für diesen U-Kurven-Verlauf ist die unterschiedliche Qualität der emotionalen Markierungen auf den Schenkeln des U: Während Augst et al. für den Beginn der Schreibentwicklung von einer schreiberbezogenen „emotionalen Involviertheit" ausgehen, ermitteln die Autoren in ihren Analysen für die Texte ab dem dritten Erwerbsstadium eine leserorientierte „emotionale Involvierung" (2007, 342f.). Daraus folgt für einen reflexionsorientierten Schreibunterricht, dass dieser erst an diese dritte Erwerbsphase anschließen kann.

Ad 2) ermitteln Augst et al. für alle fünf untersuchten Textsorten sowie bezogen auf die drei Erhebungszeitpunkte (Ende 2., 3. und 4. Klasse) die durchschnittliche Propositonskomplexität (operationalisiert als Wortanzahl pro flektiertem Verb). Das Ergebnis ist für ein Ansinnen nach „schmückenden Adjektiven" ernüchternd: Die Werte stagnieren fast durchweg[15] je nach Textsorte bei 5,5 bis 6,5 Wörtern pro flektiertem Verb und fallen überdies bei der Erzählung im Vergleich zu allen anderen Textsorten am geringsten aus;[16] sie müssten indes ansteigen, wenn die Lerner zusehends attributiv eingesetzte Adjektive verwendeten. Die Ergebnisse bedeuten freilich nicht, dass die Lerner die phrasale Komplexität in ihren Texten überhaupt nicht steigerten, aber eben noch nicht in der Grundschulzeit, sondern auf lange Sicht; vgl. die von Augst für die 9. Klasse (2010, 84) sowie die von Pohl für studentische Texte ermittelten Werte (2007, 404). Die Ergebnisse bedeuten überdies nicht, dass die Grundschullerner die Komplexität ihrer Texte noch gar nicht steigerten. Dies wird ersichtlich, wenn man die Anzahl subordinierter Gliedsätze einbezieht (vgl. Augst et al. 2007, 311): Die betreffenden Werte steigen von Schuljahr zu Schuljahr stark an, wobei sie für Relativsatz-Konstruktionen, die z. T. als funktionales Äquivalent zu 'schmückenden Adjek-

---

[15] Einzige Ausnahme bildet interessanterweise die Beschreibung, bei der es zu einem kontinuierlichen Anstieg der Werte um ca. 0,5 Wörter pro Schuljahr kommt, was für eine kommunikative Motivierung in Erwerb und Vermittlung spricht.
[16] Dieses Forschungsergebnis wurde von Pregel (1970, 66ff.) bereits vorweggenommen und wird in etwa durch die Werte in Klotz (1996, 221) und Augst (2010, 84) bestätigt.

tiven' betrachtet werden können, einem besonders deutlichem Zuwachs unterliegen. Unter Umständen realisieren die Lerner ein 'schmückendes Adjektiv' prädikativ mittels einer Relativsatzstruktur wie hier Benni: „Aber es war nur eine Spinne, die sehr groß ist" (4. Klasse). Wenn Augst et al. mit ihrem Fazit Recht haben, das Grundschulalter bilde „innerhalb der Schreibentwicklung ein *syntaktisches Zeitalter*" (2007, 353), dann verfehlt das 'schmückende Adjektiv' die primär von den Lernern zum Aufbau textueller Komplexität fokussierte Strukturebene.

Ad 3) ist auf einer rein sachanalytischen Ebene zu fragen, warum den Vertretern einer einzelnen Wortklasse sowie ausgerechnet **dieser** Wortklasse (und nicht Adverbien, Verben, Substantiven etc.) Involvierungsleistungen beim Erzählen überantwortet werden. Und in der Tat verhält es sich so, dass in der von Augst ermittelten Liste an „stilistischen Mitteln", die als „Intensitätsmarkierer" in Erzähltexten fungieren, zwar durchaus Adjektive auftreten, sie sind am angestrebten Rezeptionseffekt aber **lediglich beteiligt**; Augst unterscheidet u. a. „Phraseologismen", „Vergleiche", „Augmentationen" und „Interjektionen" (2010, 88 f.). Bezieht man zudem die nach Menzel speziell für den Spannungsaufbau zur Verfügung stehenden Mittel mit ein, dann ergibt sich ein Spektrum, das von der Ebene einzelner Wörter über die von Sätzen bis zur Struktur des Textes insgesamt führt (Menzel im Druck). Alles in allem erscheint es also wenig zielführend, den Aufbau von Prozeduren zur Involvierung und Spannungserzeugung an eine einzelne Wortklasse zu knüpfen. Vielversprechender sind auch hier Entdeckungs- und Reflexionsvorgänge, die der Rezeptionswirkung konkreter Formulierungen nachspüren. Entsprechend schlägt etwa Menzel ein zweischrittiges Verfahren vor, das von der Entdeckung der betreffenden Sprachmittel (auch in literarischen Texten selbst) zu ihrem übenden Einsatz führt. Und auch hier lassen sich über den Schreibauftrag bestimmte Schreibleistungen anregen, wie sie etwa in dem Schulbuch *Tandem* unter der Überschrift „Wissen für die Profis" vorgeschlagen werden (Ausgabe für die Realschule, 8. Klasse, S. 28).

6.3 Zum 'logischen' Einsatz von Konjunktionen – Kausalbeziehungen und Begründungszusammenhänge beim Argumentieren (Mittel- und Oberstufe)

Oft beklagt wird der nicht angemessene, falsche oder gar unlogische Einsatz von Konjunktionen in expositorischen und argumentativen Texten von Lernenden in der Mittel- und Oberstufe (und selbst bei studentischen Autoren). Ganz parallel zu den bereits thematisierten Fällen wird in der schreibdidaktischen Intervention oftmals die spezielle Wortklasse der koordinierenden und insbesondere subordinierenden Konjunktionen fokussiert (wie z.B. von Müller 2011), also eine geschlossene Klasse stark grammatikalisierter Vertreter, die aufgrund ihrer 'Desemantisierung' oder 'semantischen Entleerung' (vgl. Diewald 1997, 19) für L2-Lerner ohnehin, u. U. aber auch für L1-Lerner nur schwer zugänglich ist.

C2 Sprachreflexion und Texte verfassen

In der Schreibentwicklungsforschung ist mehrfach belegt worden, dass es nach einem quantitativen Ausbau des Konjunktionengebrauchs,[17] der bereits in der Grundschule einsetzt (vgl. Abs. 6.2), zur Mitte der Sekundarstufe I hin (etwa 7./ 8. Klasse) zu einem quantitativen Rückgang von Konjunktionen in den Lernertexten kommt (vgl. Augst/Faigel 1986, 95 ff.; Bachmann 2002, 180 und Augst et al. 2007, 283 ff.). Dieser Erwerbseffekt einer, wenn man so will, umgekehrten U-Kurve lässt sich durch das Zusammenwirken von einerseits Strategien der „textpragmatischen Kohärenz" (Bachmann 2002, 178) unter „Einfluss *sozialer Kognition*" (Feilke 2003, 189),[18] mit andererseits dem Einsatz syntaktisch stärker integrierter Verfahren der Subordination (u. a. Nominalphrasen, Linkserweiterungen, Partizipialkonstruktionen) erklären. Mit dieser Entwicklungsbewegung hin zu einer „komprimierten Syntax" (Polenz 1985) und freilich in Abhängigkeit vom konkreten Schreibauftrag steigt die Wahrscheinlichkeit, dass die Autoren Sachverhaltsbeziehungen und Begründungszusammenhänge mit „lexikalischen Mitteln" (*Grund, Ursache, Folge, verursachen*), statt grammatischen wie eben u. a. Konjunktionen ausdrücken.

Erst jetzt besteht im Sinne des hier vorgeschlagenen sprachreflexiven Schreibunterrichts eine günstige Ausgangslage für Prozeduren zur Realisierung von Kausalbeziehungen und Begründungszusammenhängen und zwar dergestalt, dass die betreffenden Reflexionsprozesse von den lexikalischen Mitteln (Nomina und Verben) zu den schwach grammatikalisierten und u. U. semantisch noch transparenten Mitteln (Adverbien wie *folglich*) bis schließlich zu den stark grammatikalisierten Mitteln (Konjunktionen, Präpositionen) fortschreiten. Im Sinne einer „Grammatik in Feldern" (Buscha et al. 2002) lassen sich dann für einzelne Sachverhaltsrelationen (wie u. a. Kausalität, Konditionalität) Zusammenstellungen mit Vertretern aus verschiedenen Wortklassen vornehmen, was den Lernern die Semantik stark grammatikalisierter Sprachmittel erschließt und operative Kontrollverfahren z. B. bei der Textüberarbeitung durch entsprechende Substitutionstests ermöglicht.

Literatur

Abraham, Ulf: Grammatik beim Lesen und Schreiben von Texten in der Schule. In: Habermann, Mechthild (Hrsg.): Grammatik wozu? Vom Nutzen des Grammatikwissens in Alltag und Schule. Mannheim: Dudenverlag 2010, 323–340

Andresen, Helga: Schriftspracherwerb und die Entstehung von Sprachbewusstheit. Opladen: Westdeutscher Verlag 1985

Andresen, Helga: Entstehung von Sprachbewusstheit in der frühen Kindheit. Spracherwerbstheoretische und didaktische Perspektiven. In: Köpcke, Klaus-Michael/Noack, Christina 2011, 15–26

---

[17] Was nicht heißt, die betreffenden Konjunktionen würden immer angemessen eingesetzt, wie Peschel (2006a, 112 ff.) zeigt.
[18] D. h. dem Leser wird in einem gewissen Ausmaß überantwortet, Sachverhaltsbeziehungen im Rezeptionsprozess selbstständig zu rekonstruieren.

Andresen, Helga/Funke, Reinold: Entwicklung sprachlichen Wissens und sprachlicher Bewusstheit. In: Bredel, Ursula/Günther, Hartmut/Klotz, Peter/Ossner, Jakob/Siebert-Ott, Gesa (Hrsg.): Didaktik der deutschen Sprache. Ein Handbuch. Bd. 1. Paderborn: Schöningh, 2., durchges. Aufl. 2006, 438–451

Augst, Gerhard: Schreiben als Überarbeiten – „Writing is Rewriting". Oder „Hilfe! Wie kann ich den Nippel durch die Lasche ziehen?". In: Der Deutschunterricht 40 (1988) 3, 51–62

Augst, Gerhard: Grammatik und Orthographie. Oder: Kann man ohne Grammatikwissen überhaupt richtig schreiben? In: Habermann, Mechthild (Hrsg.): Grammatik wozu? Vom Nutzen des Grammatikwissens in Alltag und Schule. Mannheim: Dudenverlag 2010, 173–192

Augst, Gerhard/Faigel, Peter: Von der Reihung zur Gestaltung. Untersuchungen zur Ontogenese der schriftsprachlichen Fähigkeiten von 13–23 Jahren. Frankfurt/M.: Lang 1986

Augst, Gerhard/Pohl, Thorsten/Henrich, Alexandra/Disselhoff, Katrin: Text-Sorten-Kompetenz. Eine echte Longitudinalstudie zur Entwicklung der Textkompetenz im Grundschulalter. Frankfurt/M. u. a.: Lang 2007

Bachmann, Thomas: Kohärenz und Kohäsion. Indikatoren für Schreibentwicklung. Innsbruck: Studienverlag 2002

Bachmann, Thomas/Becker-Mrotzek, Michael: Schreibaufgaben situieren und profilieren. In: Pohl, Thorsten/Steinhoff, Torsten (Hrsg.): Textformen als Lernformen. Duisburg: Gilles & Francke 2010, 191–209

Becker, Tabea: Erwerb und Verarbeitung komplexer grammatischer Strukturen bei Grundschulkindern. Ein Vergleich zwischen ein- und zweisprachigen Kindern. In: Becker, Tabea/Peschel, Corinna (Hrsg.) 2006, 156–172

Becker, Tabea/Peschel, Corinna (Hrsg.): Gesteuerter und ungesteuerter Grammatikerwerb. Baltmannsweiler: Schneider Hohengehren 2006

Becker, Tabea: „Entgegen des Trends": Erwerb, Rektion und Didaktik von Präpositionen. In: Köpcke, Klaus-Michael/Noack, Christina (Hrsg.) 2011, 199–217

Belke, Eva/Belke, Gerlind: Das Sprachspiel als Grundlage institutioneller Sprachvermittlung. Ein psycholinguistisch fundiertes Konzept für den Zweitspracherwerb. In: Becker, Tabea/Peschel, Corinna (Hrsg.) 2006, 174–200

Berkemeier, Anne: Über Sprache reden: Sprachbewusstheit bei Lernenden entdecken. In: Klotz, Peter/Peyer, Ann (Hrsg.): Wege und Irrwege sprachlich-grammatischer Sozialisation. Bestandsaufnahmen, Reflexionen, Impulse. Baltmannsweiler: Schneider Hohengehren 1999, 85–108

Bittner, Andreas: Das Implizite 'explizieren'. Überlegungen zum Wissen über Grammatik und zum Gegenstand des Grammatikunterrichts. In: Köpcke, Klaus-Michael/Ziegler, Arne 2011, 17–35

Blattmann, Ekkehard/Kottke, Edith: Der Satzfächer im Grammatikunterricht der Grundschule. In: Blattmann, Ekkehard/Frederking, Volker (Hrsg.): Deutschunterricht konkret. Bd. 2. Baltmannsweiler: Schneider Hohengehren 2002, 9–116

Boettcher, Wolfgang/Sitta, Horst: Grammatik in Situationen. In: Praxis Deutsch 6 (1979) 34, 12–21

Boettcher, Wolfgang/Sitta, Horst: Der andere Grammatikunterricht. München u. a.: Urban & Schwarzenberg, 2., durchges. Aufl. 1981

Bredel, Ursula: Ohne Worte – Zum Verhältnis von Grammatik und Textproduktion am Beispiel des Erzählens von Bildergeschichten. In: Didaktik Deutsch 7 (2001) 11, 4–21

Bredel, Ursula: Sprachbetrachtung und Grammatikunterricht. Paderborn: Schöningh 2007

Bremerich-Vos, Albert: Zum Grammatikunterricht in der Grundschule: Wie gehabt, gar nicht, anders? In: Bremerich-Vos, Albert (Hrsg.): Zur Praxis des Grammatikunterrichts. Freiburg/Br.: Fillibach 1999, 13–80

Bremerich-Vos, Albert/Böhme, Katrin: Kompetenzdiagnostik im Bereich „Sprache und Sprachgebrauch untersuchen". In: Granzer, Dietlinde/Köller, Olaf/Bremerich-Vos, Albert/van Heuvel-Panhuizen, Marja den/Reiss, Kristina/Walther, Gerd (Hrsg.): Bildungsstandards Deutsch und Mathematik. Weinheim: Beltz 2009, 376–392

Buscha, Joachim/Freudenberg-Findeisen, Renate/Forstreuter, Eike/Koch, Hermann/Kuntzsch, Lutz: Grammatik in Feldern. Ein Lehr- und Übungsbuch für Fortgeschrittene. Ismaning: Huber 2002

Diewald, Gabriele: Grammatikalisierung. Eine Einführung in Sein und Werden grammatischer Formen. Tübingen: Niemeyer 1997

Dürscheid, Christa: Zweifelsfälle als Chance? Zweifeln als Problem? Sprachliche Zweifelsfälle im Deutschunterricht. In: Köpcke, Klaus-Michael/Ziegler, Arne (Hrsg.): Grammatik – Lehren, Lernen, Verstehen. Zugänge zur Grammatik des Gegenwartsdeutschen. Berlin: de Gruyter 2011, 155–173

Eichler, Wolfgang: Grammatikunterricht. In: Lange, Günter/Neumann, Karl/Ziesenis, Werner (Hrsg.): Taschenbuch des Deutschunterrichts. Grundfragen und Praxis der Sprach- und Literaturdidaktik. Bd. I. Baltmannsweiler: Schneider Hohengehren, 6., vollst. überarb. Aufl. 1998, 226–257

Eichler, Wolfgang: Sprachbewusstheit und grammatisches Wissen. Bemerkungen zu einem lernbegleitenden Grammatikunterricht. In: Köpcke, Klaus-Michael/Ziegler, Arne (Hrsg.): Grammatik in der Universität und für die Schule. Theorie, Empirie und Modellbildung. Tübingen: Niemeyer 2007, 33–44

Eisenberg, Peter/Menzel, Wolfgang: Grammatik-Werkstatt. In: Praxis Deutsch 22 (1995) 129, 14–23

Eisenberg, Peter: Grundriss der deutschen Grammatik. Bd. 2: Der Satz. Stuttgart/Weimar: Metzler 1999

Feilke, Helmuth: Entwicklung schriftlich-konzeptualer Fähigkeiten. In: Bredel, Ursula/Günther, Hartmut/Klotz, Peter/Ossner, Jakob/Siebert-Ott, Gesa (Hrsg): Didaktik der deutschen Sprache. Ein Handbuch. Bd. I. Paderborn u. a.: Schöningh 2003, 178–192

Feilke, Helmuth: „Aller guten Dinge sind drei!" Überlegungen zu Textroutinen und literalen Prozeduren. In: Bons, Iris/Gloning, Thomas/Kaltwasser, Dennis (Hrsg.): Festplatte für Gerd Fritz. Gießen, 17.05.2010 [http://www.festschrift-gerd-fritz.de/files/feilke_2010_literale-prozeduren-und-textroutinen.pdf]

Felder, Ekkehard: Sprache als Medium und Gegenstand des Unterrichts. In: Bredel, Ursula/Günther, Hartmut/Klotz, Peter/Ossner, Jakob/Siebert-Ott, Gesa (Hrsg.): Didaktik der deutschen Sprache. Ein Handbuch. Bd. 1. Paderborn: Schöningh, 2., durchges. Aufl. 2006, 42–51

Funke, Reinold: Grammatikunterricht. In: Kliewer, Heinz-Jürgen/Pohl, Inge (Hrsg.): Lexikon Deutschdidaktik. Bd. 1. Baltmannsweiler: Schneider Hohengehren 2006, 198–200

Funke, Reinold: Die Innenseite der Grammatik – die Innenseite des Lesens. In: Köpcke, Klaus-Michael/Ziegler, Arne (Hrsg.): Grammatik in der Universität und für die Schule. Theorie, Empirie und Modellbildung. Tübingen: Niemeyer 2007, 147–160

Funke, Reinold: Grammatisches Lernen – kein Fall für jeden? In: Köpcke, Klaus-Michael/Noack, Christina (Hrsg.) 2011, 87–107

Fuhrhop, Nanna: Grammatik verstehen lernen – Grammatik sehen lernen. In: Köpcke, Klaus-Michael/Ziegler, Arne 2011, 307–323

Gerichhausen, Sonja: Die Schreibhandwerker. Heinsberg: Dieck 1998

Gombert, Jean Émile: Metalinguistic development. New York: Harvester Wheatsheaf 1992

Gornik, Hildegard: Metasprachliche Fähigkeiten bei Kindern. Definitionsprobleme und Forschungsergebnisse – Ein Überblick. In: OBST (1989) 40, 39–57

Gornik, Hildegard: Über Sprache reflektieren: Sprachthematisierung und Sprachbewusstheit. In: Huneke, Hans-Werner (Hrsg.): Sprach- und Mediendidaktik. Taschenbuch des Deutschunterrichts. Bd. 1. Baltmannsweiler: Schneider Hohengehren 2010, 232–249

Gornik, Hildegard/Granzow-Emden, Matthias: Sprachthematisierung und grammatische Begriffe. In: Didaktik Deutsch. Sonderheft 2008, 127–138

Granzow-Emden, Matthias: Grammatik ist, wenn man trotzdem fragt. Vom „Elend der Grammatiker-Fragen" bei der Kasus-Ermittlung. In: Klotz, Peter/Peyer, Ann (Hrsg.): Wege und Irrwege sprachlich-grammatischer Sozialisation. Bestandsaufnahme – Reflexionen – Impulse. Baltmannsweiler: Schneider Hohengehren 1999, 169–183

Granzow-Emden, Matthias: Wer oder was erschlägt man besser nicht mit einer Klappe? Kasus und Satzglieder im Deutschunterricht. In: Becker, Tabea/Peschel, Corinna (Hrsg.) 2006, 87–104

Grießhaber, Wilhelm: Spracherwerbsprozesse in Erst- und Zweitspracherwerb. Duisburg: Universitätsverlag Rhein-Ruhr 2010

Haueis, Eduard: Grammatik entdecken. Grundlagen des kognitiven Lernens im Sprachunterricht. Paderborn: Schöningh 1981

Hennig, Mathilde: Satzglieder in Schulgrammatik und Linguistik. In: Köpcke, Klaus-Michael/Ziegler, Arne 2011, 127–151

Hinze, Christian/Köpcke, Klaus-Michael: Was wissen Grundschüler über die Verwendung der Perfektauxiliare „haben" und „sein"? In: Köpcke, Klaus-Michael/Ziegler, Arne (Hrsg.): Grammatik in der Universität und für die Schule. Theorie, Empirie und Modellbildung. Tübingen: Niemeyer 2007, 95–128

Hoffmann, Ludger: Funktionaler Grammatikunterricht. In: Becker, Tabea/Peschel, Corinna 2006, 20–44

Holle, Karl: Wie lernen Kinder, sprachliche Strukturen zu thematisieren? Grundsätzliche Erwägungen und ein Forschungsüberblick zum Konstrukt 'literale Sprachbewussheit' (metalinguistic awareness). In: Holle, Karl (Hrsg.): Konstruktionen der Verständigung. Die Organisation von Schriftlichkeit als Gegenstand didaktischer Reflexion. Lüneburg: Univ. Fachbereich I, 2. Aufl. 1999, 37–111

Hug, Michael: Aspekte zeitsprachlicher Entwicklung in Schülertexten. Eine Untersuchung im 3., 5. und 7. Schuljahr. Frankfurt/M. u. a.: Lang 2001

Ivo, Hubert: Wissenschaftliche Schulgrammatik des Deutschen? In: OBST (2011) 79, 13–32

Ivo, Hubert/Neuland, Eva: Grammatisches Wissen. Skizze einer empirischen Untersuchung über Art, Umfang und Verteilung grammatischen Wissens (in der Bundesrepublik). In: Diskussion Deutsch 22 (1991), 437–493

Karmiloff-Smith, Annette: Beyond Modularity. A Developmental Perspective on Cognitive Science. Cambridge, Mass./London: MIT Press 1993

Klotz, Peter: Grammatische Wege zur Textgestaltungskompetenz. Theorie und Empirie. Tübingen: Niemeyer 1996

Klotz, Peter: Grammatikdidaktik – auf dem Prüfstand. In: Köpcke, Klaus-Michael/Ziegler, Arne (Hrsg.): Grammatik in der Universität und für die Schule. Theorie, Empirie und Modellbildung. Tübingen: Niemeyer 2007, 7–31

Klotz, Peter: Linearität und Textualität. In: Köpcke, Klaus-Michael/Ziegler, Arne 2011, 383–396

Knobloch, Clemens: Wie man „den Konjunktiv" erwirbt. In: Feilke, Helmuth/Kappest, Klaus-Peter/Knobloch, Clemens (Hrsg.): Grammatikalisierung, Spracherwerb und Schriftlichkeit. Tübingen: Niemeyer 2001, 67–90

Köller, Wilhelm: Funktionaler Grammatikunterricht. Tempus, Genus, Modus: wozu wurde das erfunden? Baltmannsweiler: Schneider Hohengehren 1997

Konopka, Marek: Grammatik verstehen lernen und korpusgestützte Analysen von Zweifelsfällen. In: Köpcke, Klaus-Michael/Ziegler, Arne 2011, 265–285

Köpcke, Klaus-Michael: Grammatikalität und Akzeptabilität. Zwei für den Grammatikunterricht zentrale Begriffe verstehen lernen. In: Köpcke, Klaus-Michael/Ziegler, Arne 2011, 287–304

Köpcke, Klaus-Michael/Noack, Christina (Hrsg.): Sprachliche Strukturen thematisieren. Sprachunterricht in Zeiten der Bildungsstandards. Baltmannsweiler: Schneider Hohengehren 2011

Köpcke, Klaus-Michael/Noack, Christina: Zweifelsfälle erwünscht: Perspektiven für den Sprachunterricht. In: Köpcke, Klaus-Michael/Noack, Christina 2011, 3–12

Köpcke, Klaus-Michael/Ziegler, Arne: Der, die, das – Wer, wie, was – Wieso, weshalb, warum? Wer nicht fragt, bleibt dumm. In: Köpcke, Klaus-Michael/Ziegler, Arne (Hrsg.) 2011, 3–13

Köpcke, Klaus-Michael/Ziegler, Arne (Hrsg.): Grammatik – Lehren, Lernen, Verstehen. Zugänge zur Grammatik des Gegenwartsdeutschen. Berlin: de Gruyter 2011

Kühn, Peter: „Gute Aufgaben" zur Lernstandsbestimmung im Kompetenzbereich „Sprache und Sprachgebrauch untersuchen". In: Bremerich-Vos, Albert/Granzer, Dietlinde/Köller, Olaf (Hrsg.): Lernstandsbestimmung im Fach Deutsch. Gute Aufgaben für den Unterricht. Weinheim: Beltz 2008, 196–212

Lehmann, Christian: Thoughts on Grammaticalization. München/Newcastle: Lincom Europa, rev. and expand. version 1995

List, Gudula: Zur Entwicklung metasprachlicher Fähigkeiten. Aus der Sicht der Sprachpsychologie. In: Der Deutschunterricht 44 (1992) 4, 15–23

Melzer, Florian: Direktes Umgehen mit syntaktischen Strukturen – ein Unterrichtsansatz für die Sekundarstufe I. In: OBST (2011) 79, 159–180

Menzel, Wolfgang: Grammatik-Werkstatt. Theorie und Praxis prozessorientierten Grammatikunterrichts für die Primar- und Sekundarstufe. Seelze-Velber: Kallmeyer 1999

Menzel, Wolfgang: Spannend erzählen. In: Feilke, Helmuth/Pohl, Thorsten (Hrsg.): Schriftlicher Sprachgebrauch/Texte verfassen. Deutschunterricht in Theorie und Praxis. Bd. 4. Baltmannsweiler: Schneider Hohengehren (im Druck)

Müller, Christoph: Warum fällt mir das nicht ein? Grammatikwissen als Impuls für selbstgesteuerte Schreibprozesse. In: OBST (2011) 79, 141–158

Noack, Christina: Vom Nutzen der Orthographie für einen gelingenden Grammatikunterricht. In: Köpcke, Klaus-Michael/Ziegler, Arne 2011, 325–339

Nübling, Damaris: Unter großem persönlichem oder persönlichen Einsatz? Der sprachliche Zweifelsfall adjektivischer Parallel- vs. Wechselfexion als Beispiel für aktuellen grammatischen Wandel. In: Köpcke, Klaus-Michael/Ziegler, Arne 2011, 175–195

Oomen-Welke, Ingelore: Sprachen in der Klasse. In: Praxis Deutsch 26 (1999) 157, 14–23

Ossner, Jakob: Sprachwissen und Sprachbewusstheit. Schülerinnen, Schüler, Lehrerinnen und Lehrer, Lehrbücher und Bildungspläne. In: Becker, Tabea/Peschel, Corinna (Hrsg.) 2006, 8–19

Ossner, Jakob: Grammatik in Schulbüchern. In: Köpcke, Klaus-Michael/Ziegler, Arne (Hrsg.): Grammatik in der Universität und für die Schule. Theorie, Empirie und Modellbildung. Tübingen: Niemeyer 2007a, 161–183

Ossner, Jakob: Sprachbewusstheit: Anregung des inneren Monitors. In: Willenberg, Heiner (Hrsg.): Kompetenzhandbuch für den Deutschunterricht. Auf der empirischen Basis des DESI-Projekts. Baltmannsweiler: Schneider Hohengehren 2007b, 134–147

Peschel, Corinna: Vom Nutzen textgrammatischen Wissens für die Textproduktion. Eine Untersuchung schulischen Grammatikunterrichts am Beispiel kausaler Verknüpfungsmittel. In: Becker, Tabea/Peschel, Corinna (Hrsg.) 2006a, 105–127

Peschel, Corinna: Verweismittel – Anaphorik – thematische Fortführung. Ein Thema für den Grammatikunterricht? In: Spiegel, Carmen/Vogt, Rüdiger (Hrsg.): Vom Nutzen der Textlinguistik für den Unterricht. Baltmannsweiler: Schneider Hohengehren 2006b, 171–185

Peschel, Corinna: Die Rolle der Grammatik im Curriculum des Deutschunterrichts in der Sekundarstufe I. In: OBST (2011) 79, 79–86

Pohl, Thorsten: Studien zur Ontogenese des wissenschaftlichen Schreibens. Tübingen: Niemeyer 2007

Pohl, Thorsten: Die Entwicklung der Text-Sorten-Kompetenz im Grundschulalter. In: Bremerich-Vos, Albert/Granzer, Dietlinde/Köller, Olaf (Hrsg.): Lernstandsbestimmung im Fach Deutsch. Gute Aufgaben für den Unterricht. Weinheim/Basel: Beltz 2008, 88–116

Pohl, Thorsten/Steinhoff, Torsten: Textformen als Lernformen. In: Pohl, Thorsten/Steinhoff, Torsten (Hrsg.): Textformen als Lernformen. Duisburg: Gilles & Francke 2010, 5–26 (Kölner Beiträge zur Sprachdidaktik Reihe A, 7)

Polenz, Peter von: Deutsche Satzsemantik. Grundbegriffe des Zwischen-den-Zeilen-Lesens. Berlin: de Gruyter 1985

Portmann-Tselikas, Paul: Spracherwerb, grammatische Begriffe und sprachliche Phänomene. In: Köpcke, Klaus-Michael/Ziegler, Arne 2011, 71–90

Pregel, Dietrich: Zum Sprachstil des Grundschulkindes. Studien zum Gebrauch des Adjektivs und zur Typologie der Stilalter. Düsseldorf: Schwann 1970

Rank, Bernhard: Wege zur Grammatik und zum Erzählen. Baltmannsweiler: Schneider Hohengehren 1995

Reuschling, Gisela: Erzähltexte schreiben. In: Merkelbach, Valentin (Hrsg.): Kreatives Schreiben. Braunschweig: Westermann 1993, 42–57

Rothstein, Björn: Sprachintegrativer Grammatikunterricht. Zum Zusammenspiel von Sprachwissenschaft und Sprachdidaktik im Mutter- und Fremdsprachenunterricht. Tübingen: Stauffenburg 2010

Ryle, Gilbert: Der Begriff des Geistes. Stuttgart: Reclam 1992

Scherner, Maximilian: Über die Schulgrammatik hinaus: Von der Phrase zur Textverarbeitung. Ein integrativer Neuansatz für die Deutschdidaktik der Sekundarstufe II. In: Köpcke, Klaus-Michael/Ziegler, Arne 2011, 363–381

Spitta, Gudrun: Schreibkonferenzen in der Klasse 3 und 4. Ein Weg vom spontanen Schreiben zum selbstbewußten Verfassen von Texten. Frankfurt/M.: Cornelsen Scriptor 1992

Switalla, Bernd: Schritte und Stufen der Bildung und Anwendung grammatischen Wissens. In: Praxis Grundschule (1988) 3, 2–3

Switalla, Bernd: Wie Kinder über die Sprache denken. Über die Entdeckung eines neuen Problems. In: Der Deutschunterricht 44 (1992) 4, 24–33

Switalla, Bernd: Grammatik-Notizen. In: Bahlhorn, Heiko/Giese, Heinz/Osburg, Claudia (Hrsg.): Betrachtungen über Sprachbetrachtungen. Grammatik und Unterricht. Seelze: Kallmeyer 2000, 212–231

Uhl, Benjamin: Grammatisch-temporale Phänomene in schriftlichen Erzählungen von Schülern der Primarstufe. In: Köpcke, Klaus-Michael/Noack, Christina (Hrsg.) 2011, 138–152

Weidacher, Georg: Zur Funktionalität grammatischer Konstruktionen. Funktional-grammatische Analysen und ihre Einsetzbarkeit für den universitären Grammatikunterricht. In: Köpcke, Klaus-Michael/Ziegler, Arne 2011, 51–69

Weinhold, Swantje: Text als Herausforderung. Zur Textkompetenz am Schulanfang. Freiburg/Br.: Fillibach 2000

Wrobel, Arne: Schreiben als Handlung. Überlegungen und Untersuchungen zur Theorie der Textproduktion. Tübingen: Niemeyer 1995

Ziegler, Arne: Standardsprachliche Variation als Ausgangspunkt grammatischer Reflexion. In: Köpcke, Klaus-Michael/Ziegler, Arne 2011, 145–264

URSULA BREDEL

C3 Sprachreflexion und Orthographie

1 Zum Verhältnis von Sprachreflexion und Orthographie

Dass ein Zusammenhang zwischen Sprachreflexion und Orthographie besteht, ist unbestritten. Huneke (2010, 304) meint sogar, dass „Rechtschreibung [...] von Sprachanalyse und von der Reflexion über Sprache nicht klar zu trennen" sei. Denn „Rechtschreiben impliziert [...] Sprachanalyse auf verschiedenen linguistischen Beschreibungsebenen" (ebd.). Gemeint sind phonologische, prosodische, morphologische und syntaktische Analysen, die den Schreibprozess steuern bzw. begleiten. Ungeklärt ist allerdings, wie genau orthographische und sprachreflexive Wissensbestände aufeinander bezogen sind. Bei Huneke (2010, 304) heißt es dazu: „Wie [...] prozedurales Wissen (richtig schreiben können) und deklaratives Wissen (Regeln kennen und Schreibungen damit begründen) zusammenhängen, ist nicht leicht zu bestimmen".

Ein Antwortversuch liegt mit der Untersuchung von Funke (2005) vor, der das sprachliche Wissen, das als orthographisches Begleitwissen verfügbar ist, als „Wissen in Funktion" bezeichnet: „Wenn deutschsprachige Schreiber über Tausende von Wörtern hinweg Nomen fehlerfrei durch Großschreibung kennzeichnen, ohne dass die übergeordnete Schreibplanung dadurch beeinträchtigt wird, so setzt das voraus, dass sie in einer raschen und mühelosen und überaus zuverlässigen Weise auf das Vorliegen syntaktischer Strukturen reagieren. Ein grammatisches Wissen, das zu solchen Leistungen befähigt, wird [...] als Wissen in Funktion bezeichnet" (Funke 2005, 307). Funke geht davon aus, dass das Wissen in Funktion nicht im Grammatikunterricht erworben wird, sondern durch eine aktive Schreib- und Lesepraxis. Auch Spiegel (1999, 373) vertritt die Auffassung, dass „[d]ie Unterstützung der Regelbildung [...] weder durch eine intensive Besprechung von Rechtschreibfällen noch durch die Nennung von Regeln [gelingt]. Vielmehr scheint eine direkte Verbindung von Denken und Tätigkeit besonders hilfreich zu sein [...], d.h. eine gedankliche Aktivität muss fest im Schreibprozess verankert sein".

Diese Verankerung beginnt bereits bei der Erstbegegnung mit der Schrift, denn „[i]nsofern Schrift Sprache materialisiert, fördert das Schreibenlernen per se die Sprachbewusstheit" (Gornik 2010, 242), und zwar in Bezug auf diejenigen sprachlichen Merkmale, die die Schrift ausbuchstabiert (Phonologie, Prosodie, Morphologie und Syntax). Röber (2009, 20) bezeichnet den Schriftspracherwerb in diesem Sinn als „intellektuelle Schulung".

Bringt man die Überlegungen von Huneke, Funke, Spiegel, Gornik und Röber zusammen, ist mindestens von einer bidirektionalen Wirksamkeit von Orthographie und Sprachreflexion auszugehen: Die orthographische Praxis generiert sprachliches Wissen sowie umgekehrt sprachliches Wissen die orthographische Praxis fördert, wobei dieses sprachliche Wissen, folgt man Funke, nicht explizit aufrufbar vorhanden sein muss, sondern seine Wirksamkeit als implizites Begleitwissen zeigt.

2 Sprachreflexion und Orthographie in der Schule

Blickt man exemplarisch in aktuelle Sprachbücher, wird die enge Verzahnung von Sprachreflexion und Orthographie in der Schule jedoch nicht in der erforderlichen Engführung strukturiert. Im Orthographieunterricht werden orthographische Gesetzmäßigkeiten, wenn sie überhaupt sprachanalytisch fundiert werden, nach dem Muster von „eine Regel kennen" – „eine Regel anwenden" modelliert (Bredel 2008). Es wird angenommen, dass ein Schreiber über explizierbares, deklaratives Wissen verfügen muss, also eine Regel kennen und aufsagen können muss, um orthographisch schreiben zu können. Die Ermittlung des Verhältnisses zwischen prozeduralem Wissen und deklarativem Wissen, die bei Huneke als ein zentrales Desiderat ausgewiesen ist, ist im Schulunterricht – ganz ohne empirische Prüfung – also bereits entschieden. Das implizit bleibende Wissen über sprachliche Strukturen, also das „Wissen in Funktion", geht in den Bildungsstandards für die Primarstufe (nicht aber für den Mittleren Schulabschluss) als „Rechtschreibgespür" (KMK 2004, 8; 11) ein, erhält aber keinen systematischen Stellenwert. Umgekehrt geht vom herkömmlichen Grammatikunterricht kaum ein Reflex auf das orthographische Schreiben aus. In den Bildungsstandards für die Primarstufe wird bei den Beschreibungen des Kompetenzbereichs „Sprache und Sprachgebrauch untersuchen" überhaupt kein Zusammenhang mit der Orthographie hergestellt. In den Standards für den Mittleren Schulabschluss heißt es: „In der mündlichen Äußerung beachten sie [die Schüler/innen, U. B.] wichtige Regeln der Aussprache, in den schriftlichen die der Orthographie und Zeichensetzung" (KMK 2003, 9), wobei erst die weitere Ausarbeitung dieses Aspekts in den Standards deutlich macht, was hier unter Orthographie verstanden wird: Die Schüler/innen sollen nämlich „Laut-Buchstaben-Beziehungen kennen und reflektieren", und das heißt, so der entsprechende Unterpunkt, „wichtige Regeln [...] der Orthografie kennen und beim Sprachhandeln berücksichtigen" (KMK 2003, 16).

Mit solchen Konzeptualisierungen vergibt sich sowohl der Grammatikunterricht als auch der Orthographieunterricht wertvolle Chancen sowohl beim Aufbau orthographischen Könnens als auch beim Aufbau sprachreflexiver Kompetenzen.

Die Ergebnisse des Rechtschreibunterrichts sind dann auch entsprechend. In einer jüngst erschienenen Studie zur Analphabetenrate in Deutschland wurde ermittelt, dass bis zu 40 % aller erwachsenen Schreiber/innen Probleme mit der Rechtschreibung auch gebräuchlicher Wörter haben (Grotlüschen/Riekmann 2011, 2). Daran, dass der Orthographieunterricht an deutschen Schulen optimiert werden muss, kann also überhaupt kein Zweifel bestehen.

Und es ist nicht auszuschließen, dass als eines der zentralen Probleme die fehlende kognitive Durchdringung der Orthographie identifiziert werden muss, die dann wahrscheinlicher wird, wenn das orthographische Wissen in der Schule auf ein Wissen über „Laut-Buchstaben-Beziehungen" reduziert wird (s. o.). Es sind gerade die schwachen Lerner/innen, die noch in höheren Lernjahren versuchen, Schreibungen lautlich zu begründen (Scheerer-Neumann 2004; Eckert/Stein 2004) und auch deshalb immer wieder am orthographisch korrekten Schreiben und das heißt: am Ausbuchstabieren grammatischer Strukturen scheitern.

3 Die Orthographie als Reflexionsanlass

Im Folgenden soll versucht werden, den engen Zusammenhang zwischen Sprachreflexion und Orthographie an ausgewählten Beispielen praktisch werden zu lassen.

Den Ausgangspunkt bildet die folgende These: Die Orthographie **zeigt** grammatische Strukturen. Sie ist deshalb eine der wichtigsten Quellen für die Anbahnung und Ausdifferenzierung sprachreflexiver Aktivitäten. Ossner (2001) spricht in diesem Sinne auch von „orthographischen Formularen", die als Basis für eine sprachbewusste Aneignung schriftrelevanter Strukturen dienen.

Die folgende Darstellung wird von orthographischen Phänomenen ausgehen und jeweils zeigen, welche und wie viel Grammatik darin enthalten ist und wie es möglich wird, den Unterricht so zu strukturieren, dass Sprachreflexion und Orthographie so aneinander anschlussfähig werden, dass „Wissen in Funktion" entstehen kann.

3.1 Reflexionsanlass Wortschreibung

Das Schriftsystem des Deutschen greift bei der Wortschreibung auf drei Struktureinheiten zu: phonologische (Phoneme), prosodische (Silben, Füße, Akzente) und morphologische (Stämme, Derivations- und Flexionsmorpheme). Jedes orthographische Wort zeigt also die phonologische, die prosodische und die morphologische Struktur eines lexikalischen Eintrags, wobei zwei Aspekte zu beachten sind:

1. Phonologische, prosodische und morphologische Verschriftungen greifen ineinander. Manchmal ist die Rede davon, dass sie sich gegenseitig überschreiben können, dass also eine Struktureinheit sich gegen eine andere behauptet, so dass z. B. die morphologische Schreibung wie in ‹*sollen*› – ‹*soll*› im Fall von ‹*kommen*› – ‹*kam*› (*‹*komm*›) der phonologischen Verschriftung untergeordnet wird.

2. Nicht alle der genannten Strukturebenen sind kognitiv in derselben Weise zugänglich: Während Phoneme und Morpheme abstrakte Struktureinheiten darstellen und also nicht hörbar sind, haben Silben, Füße und Akzente auch physische Realität. Das heißt auch, dass sich die relevanten Verschriftungseinheiten für Lerner/innen unterschiedlich gut für eine „intellektuelle Schulung" eignen.

Phonologische Schreibungen

Wer in eine Alphabetschrift eingeführt wird, muss seine Aufmerksamkeit weg von der Bedeutung sprachlicher Ausdrücke hin auf ihre Lautstruktur lenken. Man spricht auch von phonologischer Bewusstheit. Unterschieden werden die phonologische Bewusstheit im engeren Sinn, also eine Konzentration auf Einzellaute, und die phonologische Bewusstheit im weiteren Sinn, also eine Konzentration auf Silben, Akzente und Reime. In manchen Schriftspracherwerbstheorien wird angenommen, die phonologische Bewusstheit im engeren Sinn sei eine zentrale Voraussetzung für einen glückenden Schriftspracherwerb. Wer also, so die Annahme, in der Lage ist, Laute aus Lautketten herauszulösen, der habe einen wichtigen Schritt in Richtung eines erfolgreichen Schriftspracherwerbs getan.

Dieser Annahme liegt eine eigene Schriftauffassung zugrunde, derzufolge Buchstaben Laute repräsentieren. Folgerichtig wird angenommen, dass die Isolierung von Lauten dem Erwerb von Buchstabenkenntnissen vorausgehen muss.

Nun gilt jedoch „[d]ie Auffassung, in der gesprochenen Sprache entsprächen den Buchstaben der geschriebenen Sprache eine wohlgeordnete Folge abgrenzbarer Einzellaute" in der Phonetik als „schlichtweg falsch" (Pompino-Marschall 1995, 2). Sie gehört ins „Reich der Fiktion" (ebd.). Durch die vielfache Überlagerung lautlicher Einheiten durch Nachbareinheiten ist es noch nicht einmal maschinell möglich, phonetisch diskrete Segmente zu gewinnen (ebd.).

Die Aufgabe, die Kindern gestellt wird, einzelne Laute aus dem Lautstrom herauszuhören, um ihnen Buchstaben zuzuordnen, ist also alles andere als leicht zu lösen. Sie erfordert die Absehung von phonetisch bedingten Kontingenzen unter Beibehaltung von phonologisch relevanten Eigenschaften sprachlicher Laute (Huneke 2010, 307). Pate steht dabei der Buchstabe, der eben von diesen Kontingenzen befreite Phoneme repräsentiert.

Vom Buchstaben und nicht vom Phon aus wird also das Wissen über Laute aufgebaut. Deshalb ist es auch nicht erstaunlich, dass Kinder, die in den entsprechenden Untersuchungen schon vor Schulbeginn über phonologische Bewusstheit im engeren Sinn verfügten, zugleich diejenigen waren, die bereits mit der Schrift experimentiert und erste Buchstabenkenntnisse aufgebaut hatten (Bryant/Bradley 1985). Ihre phonologische Bewusstheit war nicht Voraussetzung, sondern Folge der Schriftbegegnung.

Dieser knappe Ausflug in die frühen Schriftspracherwerbsprozesse zeigt, dass der Erwerb der Schriftsprache weniger von der gesprochenen, sondern vielmehr von der geschriebenen Sprache gesteuert wird (Hinney 1997). Pointiert gesprochen lernen die Kinder durch die regelgerechte Interpretation der Buchstaben das **phonologische** (nicht das phonetische) System ihrer Sprache „sehen".

Ein schlechter Ratgeber ist die Schulung der **phonetischen** Sprachaufmerksamkeit, wenn das „genaue Hinhören" oder das „deutliche Sprechen" der Herauslösung von Einzellauten aus dem Lautstrom dienen soll. Den Kindern wird dadurch vermittelt, Wortschreibungen seien ausschließlich lautlich motiviert; „die grammatische Ebene der Schriftsprache bleibt dadurch kognitiv unterentwickelt" (Bredel et al. 2011, 109).

Silbische Schreibungen

Will man im Schriftspracherwerb an Einheiten ansetzen, die (sowohl artikulatorisch als auch auditiv) phonetische Realität besitzen, ist man auf die Silbe verwiesen (Pompino-Marschall 1995). Silben können bereits von Vorschulkindern wahrgenommen werden (phonologische Bewusstheit im weiteren Sinn; Grümmer/Welling 2002) und liefern so einen guten phonetischen Grundbaustein, der sich als Einstieg in die Schrift auch deshalb eignet, weil die Orthographie selbst Silben verschriftet. Denn die Grundform für die Wortschreibung ist der Trochäus, eine Silbenfolge aus betonter Silbe (Hauptsilbe) und unbetonter Silbe (Reduktionssilbe). Sie gilt als basale Rhythmusstruktur des Deutschen (Eisenberg 2006).

Mit dem Erwerb der Schreibung von offenen (***Ha**-se*, ***ru**-fen*) und geschlossenen Hauptsilben (***Tan**-te*, ***rup**-fen*) lernen die Kinder die grundlegenden Strukturen betonter Silben und ihre Folgen für die Vokalartikulation (offene Hauptsilbe: lang/gespannt vs. geschlossene Hauptsilbe: kurz/ungespannt) kennen. Mit einer Konzentration auf die Reduktionssilbe (*Ha-**se**, ru-**fen**, Tan-**te**, rup-**fen***) erschließen sie sich die Struktur unbetonter Silben (Hinney 1997; Röber 2009; Bredel 2009).

Diese Kerneigenschaften der deutschen Wortschreibung werden in verschiedenen silbenbasierten Schriftspracherwerbsmodellen mit dem Muster von Haus (Hauptsilbe) und Garage (Reduktionssilbe) veranschaulicht, die jeweils drei Abteilungen aufweisen. Im Zentrum steht stets ein Vokal, die linken und rechten Ränder sind konsonantisch gefüllt (oder sie sind frei – mit den entsprechenden Konsequenzen für die Wortstruktur):

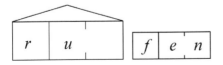

Eine weniger statische Repräsentation des trochäischen Grundmusters liegt der didaktischen Modellierung von Hinney (1997) zugrunde, die die Silbenstruktur durch Silbenbögen repräsentiert, wobei die Betonungsstruktur (Haupt-/Reduktionssilbe) mit unterschiedlicher Bogenstärke visualisiert wird.

ru fen
⌣ ⌣

Der Vorteil silbenbasierter Modelle gegenüber dem phonographischen ist nicht nur das Ansetzen an auditiv und artikulatorisch erfahrbaren Einheiten sowie eine sachangemessene Modellierung der orthographischen Verhältnisse des Deutschen. Zugleich kann die ikonische Abbildung der Worteigenschaften durch Haus und Garage (Betontheitsverhältnisse, Vokalqualitäten, abgebildet durch besetzte vs. freie „dritte Zimmer" in der Hauptsilbe) für die Kinder als Reflexionsanlass dienen: Sie lernen die Grundstruktur deutscher Wörter nicht nur sehen, sie lernen zugleich, darüber zu sprechen (etwa: Wenn das dritte Zimmer frei ist, klingt das Wort anders als bei besetztem dritten Zimmer...) und bilden so sprachreflexive Kompetenzen am orthographischen Material aus. Sie vollziehen die reflexiven Aktivitäten **an** und **zusammen mit** den orthographischen Daten.

Die Modellierung der Silbenanalyse nach Hinney (1997) erlaubt die aktive Analyse von trochäischen Schlüsselwörtern und darauf aufbauend die Erschließung schriftkonstituierender Einheiten (Silbe – Anfangsrand, Reim, Nukleus, Endrand).

Damit folgen diese Modelle der von Funke und Spiegel formulierten Anforderung an den Schreib(erwerbs)prozess, eine „direkte Verbindung von Denken und Tätigkeit" (Spiegel 1999, S. 373) herzustellen und zu unterhalten. Das Strukturwissen über das trochäische Basismuster wird so zu „Wissen in Funktion".

Morphologische Schreibungen

Die am Trochäus orientierten silbischen Schreibungen bilden den Ausgangspunkt für die orthographische Wortschreibung, nicht aber bereits ihren Zielpunkt. Denn ein zentrales Prinzip der deutschen Orthographie besagt, dass Wortstämme in allen Umgebungen so ähnlich wie möglich geschrieben werden. Wir schreiben also ‹*soll*› und nicht ‹*sol*› wg. ‹*sollen*›, ‹*Berg*› und nicht ‹*Berk*› wg. ‹*Berge*› und so fort. Der Trochäus gilt normalerweise als Stützform zur Herleitung der Basisschreibung, von der die Stammschreibung abgeleitet wird (vgl. aber Geilfuß-Wolfgang 2007). Im didaktischen Basismuster (Haus und Garage) zeigt sich dieser Ableitungsmechanismus durch die Einfärbung des Wortstammes; der Morphemschnitt liegt vor dem Silbenkern der Reduktionssilbe; links vom Morphemschnitt steht der Stamm (hier *ruf*), rechts von ihm finden sich grammatische Informationen (hier *en* für den Infinitiv).

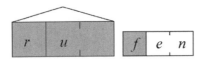

Auch hier wieder wird durch die Visualisierung der in der Schrift abgelegten Strukturen orthographische Praxis zusammen mit sprachlichem Wissen aktiviert: Die Kinder können die morphologischen Strukturen **sehen** lernen und von dort aus orthographische und sprachstrukturelle Schlussfolgerungen ziehen: Was links vom Morphemschnitt steht, wird in jedem Wort, das diesen Stamm enthält, gleich geschrieben (Stammkonstanz). Was rechts vom Stamm steht, ist variabel und macht Aussagen über grammatische Funktionen.

Bei Hinney (1997) wird die morphologische Struktur über das zweischrittige Konstruktionsprinzip abgeleitet: Die Schreibung der morphologischen Einheiten Wortstamm, Derivationsmorphem und Flexiv wird in einem wechselseitigen Abgleich zwischen Schlüsselwörtern und daraus abgeleiteten Wortformen erschlossen.

Zur Herleitung der Rolle von Silben und Morphemen in der Schrift und im Schriftspracherwerbsprozess wurde hier mit gutem Grund ein starkes Verb gewählt, das im Präteritum den Ablaut ‹*ie*› aufweist (‹*rief*›). Die Stammkonstanzschreibung wird hier zum Problem, das jedoch auf der Grundlage von silbischem Strukturwissen zielführend bearbeitet werden kann: Das Konsonantengerüst bleibt stabil, verändert wird nur der Vokal – die Modifikation spielt sich also im Silbenkern ab. So kann der Hypothesenraum über morphologische Schreibungen wirksam begrenzt werden. Klar geworden sein dürfte aber auch, dass starke Verben wie *rufen* nicht am Anfang des Erwerbs morphologischer Schreibungen stehen. Geeignet für die Anbahnung des Wissens über die morphologische Stammschreibung sind Wörter, bei denen der Stamm über alle grammatischen Formen hinweg konstant bleibt.

Bis hierher haben wir herausgearbeitet, dass und wie die Schrift sprachliche Struktureinheiten von Wörtern (Silben, Füße, Akzente, Morpheme) ausbuchstabiert und welche didaktischen Modelle die Kinder dabei unterstützen können, diese Struktureinheiten entdecken und für ihre orthographische Schreibpraxis nutzen zu lernen.

3.2 Reflexionsanlass syntaktische Schreibung

Wenn wir im folgenden drei weitere schriftsprachliche Markierungen, die Getrennt- und Zusammenschreibung, die Groß- und Kleinschreibung sowie die Interpunktion in den Blick nehmen, geht es nicht mehr um die Ausbuchstabierung lexikalischer Eigenschaften, sondern um die Markierung syntaktischer Eigenschaften. Die Reflexionsaktivitäten, die durch ihre Bearbeitung angeregt werden können, führen also direkt zu denjenigen Kategorien, die auch im traditionellen Grammatikunterricht relevant sind.

Getrennt- und Zusammenschreibung

Leerzeichen „definieren im Schreibprozess rekursiv die Kategorie 'Wort' und stellen sie bildlich dar, machen das Geschriebene somit einer grammatischen Analyse zugänglich" (Stetter 1997, 135f.).

Nimmt man die Aussage Stetters ernst, ist das Wort eine Kategorie, die nicht von sich aus vorliegt, sondern die erst durch die Schrift gewonnen wird. Was auf den ersten Blick irritierend klingt – gehört das Wort doch scheinbar unverrückbar fest in das grammatische Repertoire –, wird mit einem Blick in die Geschichte des Wortzwischenraums plausibel:

Bis ins 6. Jh. n. u. Z. sind Texte in „scriptio continua" üblich, also Texte ohne Wortzwischenräume (vgl. ausführlich dazu Saenger 1997; Parkes 1993). Das Lesen dieser Texte ist alles andere als einfach: Der Leser muss in einem ersten Schritt die Wortgrenzen identifizieren, in einem zweiten Schritt erst kann er die isolierten Wörter analysieren und auf der Grundlage dieser Analyse zu größeren Wortgruppen und schließlich zu Sätzen zusammenfassen. Saenger beschreibt das Lesen von „scriptio continua"-Texten daher als zweischrittigen Prozess: „For ancients, *lectio*, the synthetic combination of letters to form syllables and syllables to form words, of necessity preceded *narratio*, that is, the comprehension of a text" (Saenger 1997, 9; Hervorhebungen im Original). Das Lesen von Texten in „scriptio continua" war deshalb immer (auch) Sprachanalyse, die von jedem Leser neu zu leisten war.

Mit der Einführung des Wortzwischenraums in der sog. „scriptio discontinua" vollzieht sich der Übergang zu einem einstufigen Leseprozess. Die Wörter und die in ihnen enthaltene lexikalische, morphologische und syntaktische Information müssen nicht mehr leserseitig rekonstruiert werden; sie sind nun direkt zugänglich und können unmittelbar weiterverarbeitet werden.

Nun muss man sich aber den Wechsel zwischen der „scriptio continua" und der „scriptio discontinua" nicht abrupt vorstellen. Zwar verbreitete sich der Leerraum, einmal erfunden, geradezu epidemisch. Wo aber genau er gesetzt werden sollte, war über längere Zeit nicht ganz klar. Tophinke (2000) belegt noch in der frühen Neuzeit (14./15. Jh.), in den Werler Statuten, folgende Schreibungen:

Zusammenschreibungen:	Getrenntschreibungen:
‹inder stat› (*in der Stadt*)	‹ghe rychte› (*Gerichtszeugnis*)
‹insime huos› (*in seinem Haus*)	‹vyn vat› (*Weinfass*)
‹zoldemen› (*soll ihm*)	‹borghere scap› (*Bürgerschaft*)

Bei den Zusammenschreibungen werden mehrere syntaktische Wörter, also Wörter mit eigenständiger syntaktischer Funktion, ohne Worttrenner notiert. Bei den Getrenntschreibungen werden Bestandteile isoliert, die für sich genommen keine eigenständige syntaktische Funktion im Satz haben. Diese Schreibungen zeigen aber auch, wie systematisch die Schreiber vorgegangen sind, und das heißt auch, wie viel sprachanalytische Arbeit hier geleistet worden ist: Bei den Getrenntschreibungen liegen die Trennstellen immer an morphologischen

Fugen, mindestens einer der Bestandteile ist ein Inhaltswort (*rychte, vyn, vat, borghere*). Den Zusammenschreibungen fallen Funktionswörter (*der, sime, demen*) zum Opfer. Es besteht also die Tendenz, syntaktische, schwachtonige Einheiten zu binden und lexikalische, akzentuierte Einheiten freizustellen.

Der Streit darüber, wo genau der Leerraum steht, ist bis heute nicht beigelegt. So haben die Reformer von 1996 an einigen Stellen Getrenntschreibung vorgeschrieben, wo vor 1996 zusammengeschrieben wurde. Mit der Re-Reform von 2006 wurden einige dieser Entscheidungen wieder rückgängig gemacht.

Am Beispiel des Ausdrucks KOPF_STEHEN wird deutlich, worum es 1996 und 2006 ging: Bis 1996 wurde *kopfstehen* geschrieben, bei Distanzstellung (*steht kopf*) musste der Zweitbestandteil kleingeschrieben werden. Hintergrund solcher Schreibungen ist der Befund, dass *kopf* in der Konstruktion *kopfstehen* keine syntaktische Ausprägung erfahren kann. So schlagen alle Tests, die normalerweise mit Substantiven funktionieren, fehl: Artikelfähigkeit: **er steht den Kopf*; Attributsfähigkeit: **er steht Kopf, den er fast verloren hätte*; Pluralfähigkeit: **er steht Köpfe*. Die Reform von 1996 hat nun das lexikalische Kriterium (*Kopf* ist ein Substantiv) auch unabhängig von den syntaktischen Gegebenheiten gestärkt; so musste ab 1996 geschrieben werden *Kopf stehen* und *er steht Kopf*. Freilich war schwer zu begründen, welche syntaktische Beziehung zwischen den beiden Teilausdrücken *kopf* und *stehen* besteht; denn nur eine solche syntaktische Beziehung rechtfertigt die Getrenntschreibung und damit die Auswertung der Teilausdrücke als Einheiten einer syntaktischen Phrase. Die Re-Reform von 2006 hat das syntaktische Kriterium wieder gestärkt und diese Entscheidung rückgängig gemacht: Seitdem wird wieder *kopfstehen* geschrieben. Es kann insgesamt wohl folgende Tendenz formuliert werden: Die Reformer von 1996 hatten sich für eine eher kontextfreie, lexikonorientierte Orthographie entschieden. Die Re-Reformer von 2006 stehen eher für eine kontextsensitive, syntaxorientierte Orthographieauffassung.

Dieser Ausflug in die Geschichte der Orthographiereform zeigt aber auch, dass die Entscheidungen über Getrennt- und Zusammenschreibung solche sind, die auf der Grundlage der Grammatik getroffen werden. Das Setzen des Wortzwischenraums beim Schreiben ist ebenso eine sprachanalytische Entscheidung wie das Interpretieren des Wortzwischenraums beim Lesen. Wir schreiben MANTEL_KNÖPFE in (1) *Meine Mantelknöpfe sind offen.* zusammen, weil wir wissen, dass sie zusammen **ein** syntaktisches Wort bilden, das als ganzes Teil des Subjektausdrucks (*meine Mantelknöpfe*) ist. Im Satz (2) *Meinen Mantel knöpfe ich zu.* schreiben wir dieselbe Buchstabenkette getrennt, denn es handelt um **zwei** syntaktische Wörter, die in einem Prädikat-Objekt-Verhältnis zueinander stehen (Beispiel aus Müller 2010, 190).

Beispiele wie diese könnten nun auch in der Schule einen optimalen Reflexionsanlass bieten, mit dem die sprachanalytische Arbeit (das Ermitteln eines Wortbegriffs) mit der orthographischen Praxis (Zusammen- und Getrenntschreibung) verknüpft wird. Durch die Umstellprobe können Schüler/innen ermitteln, dass die Ausdrücke *MANTEL* und *KNÖPFE* in Beispiel (1) nur zusammen verschoben werden können und in Beispiel (2) einzeln verschiebbar sind (*Ich knöpfe meinen Mantel zu*). Auch der Pluraltest gelingt nur in Beispiel (2) (**Meine Mäntelknöpfe ...* vs. *Meine Mäntel knöpfe ...*) Beide Proben sind untrügliche Zeichen dafür, dass *Mantel* in (2) ein eigenes syntaktisches Wort ist, das mit dem Zwischenraum separiert wird, in (1) nicht. Weitere Möglichkeiten zur analytischen Erschließung des schriftsprachlich relevanten Wortbegriffs sind in späteren Lernjahren – auch sprachspielerische – kontextsensitive Kontrastierungen (*Sie hat bei den Kindern gesessen/*Sie hat beiden Kindern gesessen; Die beiden Inder in den Anden/*Die bei den in der in den an den*).

Die kontrollierte Manipulation solcher Daten führt zur Entdeckung der Funktion des Wortzwischenraums durch die kognitive Verknüpfung von orthographischen Markierungen und sprachlichen Strukturen.

Der herkömmliche Orthographieunterricht nutzt diese Chancen bislang jedoch nur unzureichend: Wie Fuhrhop (2010) an exemplarischen Schulbuchanalysen herausgearbeitet hat, wird die Aufmerksamkeit der Schüler/innen erst dann auf die Getrennt- und Zusammenschreibung gelenkt, wenn es um orthographische Zweifelsfälle geht (*schief_gehen, Schlange_stehen, getrennt_schreiben, zusammen_schreiben, mond_beschienen* etc.). Fuhrhop (2010, 252) nennt diese curriculare Vorgehensweise zurecht „katastrophal". „Die sprachlichen Daten, die in den Beispielen [gemeint sind die Beispiele in den Schulbüchern, U.B.] vorkommen, erscheinen geradezu als Sammelsurium der Problemfälle. Es wird an keiner Stelle versucht, sich über einen Kernbereich der Sache zu nähern, verstehbare Grundlagen fehlen komplett" (ebd., 253).

Groß- und Kleinschreibung

Im Normalfall, d.h. überall dort, wo keine besonderen Bedingungen vorliegen, schreiben wir klein. Das bedeutet auch, dass es keine Regel für die Kleinschreibung gibt. Nur für die Großschreibung müssen Bedingungen angegeben werden. Das Deutsche kennt hier zwei Markierungspositionen: Die satzinitiale und die satzinterne Großschreibung. Die satzinitiale Großschreibung (Großschreibung am Satzanfang) signalisiert dem Leser, dass eine neue syntaktische Verrechnungseinheit beginnt. Etwas diffiziler und mithin umstrittener ist die Funktion der satzinternen Großschreibung. Hier stehen sich zwei Beschreibungskonzepte gegenüber: Das traditionelle Konzept besagt, mit der satzinternen Großschreibung werde die Identität einer bestimmten Wortart (Substantiv) markiert. Das moderne Konzept erklärt die satzinterne Großschreibung über die syntaktische Funktion, Kern einer Nominalgruppe zu sein (vgl. dazu Eisenberg 1981; Maas 1992). Die prototypische Nominalgruppe (*der rüstige Rentner*) ist links durch ein Artikelwort (hier *der*) und rechts durch ihren Kern (hier *Rentner*) begrenzt. Zwischen Artikelwort und Kern können Attribute stehen (hier *rüstige*).

Die Tragfähigkeit des syntaktischen Modells wird sichtbar an Beispielen wie *das kleine Schwarze, die glatte Eins, sein ewiges Nörgeln* etc. Denn die großzuschreibenden Ausdrücke sind keine Substantive, wohl aber Kerne von Nominalgruppen.

Die syntaktische Funktion der Großschreibung als Kennzeichnung des Kerns einer Nominalgruppe aufzugreifen, bedeutet für den Unterricht von Beginn an eine Einbettung großzuschreibender Ausdrücke in das syntaktische Muster Nominalgruppe. Dazu liegen in der Orthographiedidaktik gut ausgearbeitete Vorschläge u. a. von Röber-Siekmeyer (1999) und Günther und Nünke (2005) vor, die ähnlich wie wir es bei der Getrennt- und Zusammenschreibung gezeigt haben, mit kontrollierten Manipulationen an sprachlichen Strukturen arbeiten. Röber-Siekmeyer (1999) schlägt die Arbeit an sog. Treppengedichten vor:

Das Üben
Das lange Üben
Das lange, intensive Üben
Das lange, intensive, anstrengende Üben
...

Durch den Auf- und Abbau solcher Phrasen entdecken die Lerner/innen, dass jeweils der rechte Rand (das Stufenwort) großgeschrieben wird. Durch die Visualisierung der sprachlichen Struktur, die durch Großschreibung markiert wird, stützt die Arbeit mit dem Treppengedicht die Verknüpfung von sprachreflexiven Aktivitäten und orthographischer Praxis.

Aber auch hier zeigen Schulbuchanalysen, dass dieser Zusammenhang in der schulischen Praxis nicht hinreichend wahrgenommen wird. Denn üblicherweise wird die satzinterne Großschreibung als lexikalische Markierung (Substantiv) ausgewiesen, wobei diese in der Grundschule zusätzlich auf Substantive eines spezifischen semantischen Zuschnitts eingeschränkt werden (Substantive als Bezeichnungen für „Menschen, Tiere, Sachen"). Die Semantisierung der Grammatik in der Primarstufe führt hier also gleich doppelt in die Irre.

Interpunktion

Interpunktionszeichen instruieren den Leser zur Durchführung bestimmter Sprachverarbeitungsepisoden (Bredel 2008a; 2011). Wir wollen uns hier auf die Leistungen von Punkt und Komma konzentrieren, die überall als genuin grammatische Interpunktionszeichen gelten, und zunächst ermitteln, welche grammatischen Einheiten für den Punkt und das Komma bestimmend sind, um aufzeigen zu können, mit welchen sprachreflexiven Aktivitäten die Arbeit an der Interpunktion verknüpft ist.

Sehen wir uns zunächst die Prozesssteuerung an, die vom Punkt ausgelöst wird: Analog zum Leerzeichen, das die Schnittstelle zwischen Lexikon und Syntax markiert (s. o.), markiert der Punkt die Schnittstelle zwischen Syntax und Text. Er indiziert, dass die mit der satzinitialen Großschreibung begonnene und nun mit dem Punkt beendete syntaktische Verrechnungsepisode nicht weitergeführt wird, sondern die gesamte Einheit als ganze als Texteinheit weiterverarbeitet werden muss.

Normalerweise handelt es sich bei einer solchen Einheit um einen Satz, das ist unter sprachtheoretischer Perspektive die maximale syntaktische Verrechnungseinheit mit einem Verb als Verrechnungszentrum. Dieser Zusammenhang findet in Interpunktionsdarstellungen seinen Niederschlag derart, dass der Punkt an den Satz gebunden wird. In den Amtlichen Regeln (AR) 2006, § 67 heißt es: „Mit dem Punkt kennzeichnet man den Schluss eines Ganzsatzes".

Die Bezeichnung „Ganzsatz" (statt „Satz") ist aus zwei Gründen erforderlich: Zum einen muss die mit dem Punkt begrenzte Einheit selbst kein Satz im syntaktisch definierten Sinn sein (*Aspirin hilft.* **Hinlegen auch.** *Hilft Aspirin? –* **Nein**.). Zum anderen werden nicht alle Sätze mit dem Punkt begrenzt. „Nebensätze grenzt man mit Komma ab" (AR 2006, § 74). Das Komma fasst also – wie der Punkt – eine syntaktische Verrechnungseinheit zu einer Einheit zusammen, leitet aber – im Gegensatz zum Punkt – nicht in die Textarbeit über. Vielmehr müssen die beiden mit dem Komma begrenzten Teilsätze noch mit den Verfahren der syntaktischen Sprachverarbeitung verknüpft und dann als ganzes an den textuellen Apparat übergeben werden. Mit „Ganzsatz" ist also nicht die größte syntaktische, sondern tatsächlich die kleinste textuelle Einheit gemeint.

Gemeinsam ist den komma- und punktsensitiven Positionen, dass sie sich an denjenigen syntaktischen Nahtstellen befinden, die zur Neuberechnung einer satzwertigen Einheit führen. Weil diese häufig ein verbales Zentrum haben (also tatsächlich Sätze im syntaktisch definierten Sinne sind), schlagen Sutter und Lindauer (2005) eine Kommadidaktik vor, bei der das Verb als „König" identifiziert wird, dem seine „Untertanen" (Ergänzungen) zugeordnet werden. Die Grenzen von Königreichen werden kommatiert. Eine weitere, struktursensitive Intervention zum Aufbau von Punkt- und Kommasensitivität ist die Arbeit mit dem topologischen Satzmodell (Wöllstein 2010), das den Rahmen für satzwertige Einheiten visualisiert; die komma-/punktrelevanten Stellen befinden sich an den Rändern der entsprechenden Einheiten:

	Vorfeld	LK	Mittelfeld	RK
Hauptsätze	*Heute*	*schreibt*	*Hans ein Diktat*	
	Hans	*hat*	*ein Diktat*	*geschrieben*
		LK	Mittelfeld	RK
Nebensätze		*weil*	*Hans ein Diktat*	*schreibt*
		als	*Hans ein Diktat*	*geschrieben hat*

Die Königsdidaktik von Sutter und Lindauer und die am topologischen Modell ausgerichtete Kommadidaktik arbeiten mit verschiedenen Reflexionsaktivitäten: Das Königsmodell ist an der Kategorisierung von Einheiten orientiert, stützt also das explizite, deklarative Wissen über Verben und ihre Ergänzungen und leitet daraus die kommarelevanten Stellen ab. Die am topologischen Modell ausgerichtete Kommadidaktik arbeitet demgegenüber wie bereits das Haus-Garagen-Modell und das Treppengedicht mit der Visualisierung schriftsprachlicher Einheiten, die für die Kommasetzung relevant sind. Welche Modellierung größeren Erfolg verspricht, wäre empirisch zu prüfen. Was hier deutlich gemacht werden sollte, ist die unabweisliche Verknüpfung von sprachreflexiver und orthographischer Praxis bei der Ermittlung kommarelevanter Strukturen. Dass die meisten von sich behaupten, das Komma „nach Gefühl" zu setzen, widerspricht dem nicht: Denn kompetente Schreiber/innen „[reagieren] auf das Vorliegen syntaktischer Strukturen" (Funke 2005, 307), ohne dass diese bewusst, also im Sinne expliziten Wissens, verfügbar sein müssten. Der Schreibprozess wird durch implizites Begleitwissen über syntaktische Strukturen gesteuert.

Ein Blick in Schulbücher zeigt nun erneut das weitgehende Fehlen von struktursensitiven Interventionen bei der Komma- und der Punktdidaktik. Der Punkt wird an die Kategorie Satz geknüpft, ohne dass der Satzbegriff hinreichend geklärt wäre. Dass er von Kindern schon früh und im Kernbereich meist recht sicher gesetzt wird, liegt daran, dass der Übergang vom Satz zum Text, zu dem er instruiert, sprachpsychologisch gut wahrnehmbar ist.

Das Komma, das kognitiv weniger saliente Verarbeitungsverfahren markiert und schon deshalb fehleranfälliger ist, wird in den meisten Schulbüchern an das Auftreten von „Signalwörtern" (*als, während, weil, aber* etc.) geknüpft – mit der Folge, dass den Schüler/innen schließende Kommas ebenso schwerfallen wie das Setzen des Kommas bei Relativsätzen, bei denen das „Signalwort" fehlt (vgl. aber das Treffpunkte Sprachbuch, das eine am Verb ausgerichtete Kommadidaktik initiiert). Arbeiten die Schüler/innen schon früh (also vor der Einführung des Punktes und des Kommas) mit dem topologischen Modell oder aber auch mit der Königsdidaktik von Sutter und Lindauer, kann das damit aktivierte und für die Lerner/innen sichtbare Strukturmuster für die Punkt- und die Kommasetzung genutzt werden. Wieder ist es die Arbeit an der grammatischen Struktur, die als Impuls und als Auslöser für die korrekte orthographische Kennzeichnung dient und zugleich sprachliches Wissen generiert.

4 Fazit

Zu Beginn des Beitrags wurde mit Huneke (2010) die These formuliert, dass zwischen Sprachanalyse und Orthographie ein unaufhebbarer Zusammenhang besteht. Mit Funke (2005) wurde die Sorte sprachlichen Wissens, die die orthographische Praxis strukturiert, als „Wissen in Funktion" profiliert, das durch die

„direkte Verbindung von Denken und Tätigkeit" (Spiegel 1999) als schriftsprachliches Begleitwissen fungiert. Weil die Orthographie sprachliche Strukturen „zeigt", so wurde weiter argumentiert, können sie orthographischen Schreibungen selbst entnommen werden. Didaktisch bedarf es dafür einer Gegenstandsmodellierung, die die orthographierelevanten Strukturen auch in ihrer Aufschichtung sichtbar und damit begreifbar macht.

Für die Ermittlung der Gesetzmäßigkeiten der Wortschreibung wurden die Modelle von Hinney (1997), Röber (2009) und Bredel (2009) zur Diskussion gestellt, mit denen Silben- und Akzentstrukturen sowie morphologische Einheiten sichtbar gemacht werden können und mit denen eine aktive Auseinandersetzung mit Wortstrukturen möglich wird.

Bei den syntaktischen Schreibungen wurden für die Getrennt- und Zusammenschreibung grammatische Operationen, für die satzinterne Großschreibung das Treppengedicht nach Röber-Siekmeyer (1999) und für die Interpunktion das topologische Modell sowie die Königsdidaktik nach Sutter und Lindauer (2005) besprochen.

Gemeinsam ist den hier vorgestellten didaktischen Modellierungen unter gegenstandsbezogener Perspektive die Orientierung an den Strukturen, die von der Orthographie ausbuchstabiert werden; unter lernstruktureller Perspektive bieten sie Ansatzpunkte zum Aufbau eines sprachsystematischen Wissens, das als schriftsprachliches Begleitwissen in Aktion treten kann.

Wie ein roter Faden zog sich nun jedoch ein weiterer Befund durch den Beitrag: Die Modelle für die Schule, wie sie in Bildungsstandards und vielen Schulbüchern sichtbar werden, weisen eine weit hinter modernen orthographietheoretischen und lerntheoretischen Kenntnissen zurückbleibende Vorstellung sowohl vom orthographischen Lernen als auch vom grammatischen Lernen auf. Es ist daher aus meiner Sicht eines der drängendsten Desiderate, nicht nur theoretische Modellbildung zu betreiben, sondern in enger Kooperation mit der Schuladministration, den Schulen und dem Schulbuchmarkt zielführende Konzepte praktisch werden zu lassen.

Literatur

AR: Die amtliche Regelung der neuen Rechtschreibung. In: Duden: Die deutsche Rechtschreibung. Das umfassende Standardwerk auf der Grundlage der neuen amtlichen Regeln. Mannheim u. a.: Dudenverlag 2006, 1161–1216

Bredel, Ursula: Sprachsystem – Sprachnorm – Sprachunterricht. In: Härle, Gerhard/Rank, Bernhard (Hrsg.): „Sich bilden, ist nichts anders, als frei werden." Sprachliche und literarische Bildung als Herausforderung für den Deutschunterricht. Baltmannsweiler: Schneider Hohengehren 2008, 285–302

Bredel, Ursula: Die Interpunktion des Deutschen. Ein kompositionelles System zur Online-Steuerung des Lesens. Tübingen: Niemeyer 2008a

Bredel, Ursula: Orthographie als System – Orthographieerwerb als Systemerwerb. In: Zeitschrift für Literaturwissenschaft und Linguistik 39 (2009) 153, 135–154

Bredel, Ursula: Interpunktion. Heidelberg: Winter 2011
Bredel, Ursula/Fuhrhop, Nanna/Noack, Christina: Wie Kinder lesen und schreiben lernen. Tübingen: Francke 2011
Bryant, Peter E./Bradley, Lynette: Children's reading problems. Oxford: Blackwell 1985
Eckert, Thomas/Stein, Mareike: Ergebnisse einer Untersuchung zum orthographischen Wissen von HauptschülerInnen. In: Bredel, Ursula/Siebert-Ott, Gesa/Thelen, Tobias (Hrsg.): Schriftspracherwerb und Orthographie. Baltmannsweiler: Schneider Hohengehren 2004, 123–161
Eisenberg, Peter: Substantiv oder Eigenname? Über die Prinzipien unserer Regeln zur Groß- und Kleinschreibung. In: Linguistische Berichte 22 (1981) 72, 77–101
Eisenberg, Peter: Grundriss der deutschen Grammatik. Das Wort. Bd. 1. Stuttgart: Metzler, 3., durchgesehene Aufl. 2006
Fuhrhop, Nanna: Getrennt- und Zusammenschreibung: Kern und Peripherie. Rechtschreibdidaktische Konsequenzen aus dieser Unterscheidung. In: Bredel, Ursula/Müller, Astrid/Hinney, Gabriele (Hrsg.): Schriftsystem und Schrifterwerb: linguistisch – didaktisch – empirisch. Tübingen: de Gruyter 2010
Funke, Reinold: Sprachliches im Blickfeld des Wissens. Grammatische Kenntnisse von Schülern und Schülerinnen. Tübingen: Niemeyer 2005
Geilfuß-Wolfgang, Jochen: Stammkonstanz ohne Stützformen. In: Zeitschrift für Sprachwissenschaft 26 (2007) 133–154
Gornik, Hildegard: Über Sprache reflektieren: Sprachthematisierung und Sprachbewusstheit. In: Frederking, Volker/Huneke, Hans-Werner/Krommer, Axel/Meier, Christel (Hrsg.): Taschenbuch des Deutschunterrichts. Bd. 1: Sprach- und Mediendidaktik, herausgegeben von Hans-Werner Huneke. Baltmannsweiler: Schneider Hohengehren 2010, 232–249
Grotlüschen, Anke/Riekmann, Wibke: leo. – Level-One Studie. Literalität von Erwachsenen auf den unteren Kompetenzniveaus. Presseheft 2011 [http://blogs.epb.uni-hamburg.de/leo/files/2011/02/leo-Level-One-Studie-Presseheft1.pdf] (31.7.2011)
Grümmer, Christiane/Welling, Alfons: Die Silbe und ihre Bedeutung für das Schriftsprachlernen – ein Bericht über anglo-amerikanische Forschungen. In: Tophinke, Doris/Röber-Siekmeyer, Christa (Hrsg.): Schärfungsschreibung im Fokus. Baltmannsweiler: Schneider Hohengehren 2002, 8–14
Günther, Hartmut/Nünke, Ellen: Warum das Kleine groß geschrieben wird, wie man das lernt und wie man das lehrt. Düsseldorf: Gilles & Franke 2005 (auch als download unter [http://www.koebes.uni-koeln.de/])
Hinney, Gabriele: Neubestimmung von Lerninhalten für den Rechtschreibunterricht. Ein fachdidaktischer Beitrag zur Schriftaneignung als Problemlöseprozeß. Frankfurt/M. u. a.: Lang 1997
Huneke, Hans-Werner: Schrifterwerb und Rechtschreibunterricht. In: Frederking, Volker/Huneke, Hans-Werner/Krommer, Axel/Meier, Christel (Hrsg.): Taschenbuch des Deutschunterrichts. Bd. 1: Sprach- und Mediendidaktik, herausgegeben von Hans-Werner Huneke. Baltmannsweiler: Schneider Hohengehren 2010, 304–322
KMK: Bildungsstandards im Fach Deutsch für den Mittleren Schulabschluss. Beschluss vom 4.12.2003. München: Luchterhand 2003
KMK: Bildungsstandards im Fach Deutsch für den Primarbereich. Beschluss vom 15.10.2004. München: Luchterhand 2004
Maas, Utz: Grundzüge der deutschen Orthographie. Tübingen: Niemeyer 1992
Müller, Astrid: Rechtschreibern lernen. Die Schriftstruktur entdecken – Grundlagen und Übungsvorschläge. Seelze: Klett/Kallmeyer 2010

Ossner, Jakob: „Orthographische Formulare". In: Feilke, Helmuth/Kappest, Klaus-Peter/ Knobloch, Clemens (Hrsg.): Grammatikalisierung, Spracherwerb und Schriftlichkeit. Tübingen: Niemeyer 2001, 127–153

Parkes, Malcolm B.: Pause and Effect. An Introduction to the History of Punctuation in the West. Berkeley/Los Angeles: University of California Press 1993

Pompino-Marschall, Bernd: Einführung in die Phonetik. Berlin/New York: de Gruyter 1995

Röber, Christa: Die Leistungen der Kinder beim Lesen- und Schreibenlernen. Grundlagen der Silbenanalytischen Methode. Ein Arbeitsbuch mit Übungsaufgaben. Baltmannsweiler: Schneider Hohengehren 2009

Röber-Siekmeyer, Christa: Ein anderer Weg zur Groß- und Kleinschreibung. Stuttgart: Klett 1999

Saenger, Paul: Space between Words. The Origins of Silent Reading. California: Stanford University Press 1997

Scheerer-Neumann, Gerheid: „Ich rede so im Kopf, wie man es schreibt." Mitteilungen von Kindern zum wortspezifischen Orthographieerwerb. In: Bremerich-Vos, Albert/ Löffler, Cordula/Herné, Karl-Ludwig (Hrsg.): Neue Beiträge zur Rechtschreibtheorie und -didaktik. Freiburg: Fillibach 2004, 105–123

Spiegel, Ute: Förderung der Rechtschreibleistung im 3./4. Schuljahr. Fallstudien zur Einführung selbstständiger Lern- und Arbeitsstrategien in den Unterricht. Augsburg: Wißner 1999

Stetter, Christian: Schrift und Sprache. Frankfurt/M.: Suhrkamp 1997

Sutter, Elisabeth/Lindauer, Thomas: Könige, Königreiche und Kommaregeln. In: Praxis Deutsch 32 (2005) 191, 28–35

Tophinke, Doris: Zur Wortabtrennung in den 'Werler Statuten' des 14. und 15. Jahrhunderts – eine exemplarische Analyse. In: Elmentaler, Michael (Hrsg.): Regionalsprachen, Stadtsprachen und Institutionssprachen im historischen Prozeß. Wien: Edition Praesens 2000, 73–99

Treffpunkte 6. Sprachbuch. Hannover: Schroedel 2002

Treffpunkte 7. Sprachbuch. Hannover: Schroedel 2003

Wöllstein, Angelika: Topologisches Satzmodell. Heidelberg: Winter 2010

THOMAS LISCHEID

C4 Grammatische Sprachreflexion und elaboriertes Textverstehen

1 Modellannahmen zur kompetenzorientierten „Integration" von Sprache und Literatur

Die aktuelle Kompetenzorientierung hat auch in der Fachdidaktik Deutsch die allgemein schon wirkende Tendenz zur Arbeits- und Wissensteilung in ihrem Fachbereich nochmals verstärkt, indem sie zunächst davon ausgeht, dass konzeptionelle Überlegungen zum fachlichen Lernen in der Regel auf eine jeweilige Domäne, sprich auf einzelne Lernbereiche und Unterlernbereich zu konzentrieren sind. Gegenläufige Konzepte drohen dadurch ins Hintertreffen der Aufmerksamkeit zu geraten, obgleich sie zum hergebrachten Selbstverständnis von Allgemeiner und Fachdidaktik gehören und – mit unterschiedlichen Begründungsfiguren – die Notwendigkeit einer Verbindung zwischen verschiedenen Lernbereichen betonen (vgl. z.B. Ossner 2006). Als ein Indikator der damit infrage stehenden Problematik kann der Umgang mit dem Prinzip der „Integration" gehören, das zumindest bis dato zu den hochrangig verorteten Prinzipien in der Fachdidaktik Deutsch gehört hat (vgl. z.B. Ossner 2006; Klotz 2008). Zwar wird der Terminus insgesamt in einem polyvalenten Sinne gebraucht, wenn etwa darunter auch eine Verbindung von Form- und Funktionsaspekten sprachlich-literarischer Phänomene, von induktiven und deduktiven Herangehensweisen oder auch von situationsorientierten und systematischen Lernarrangements gefasst wird. Als die prominenteste Begriffsverwendung kann aber sicherlich die Verbindung der verschiedenen Aufgaben- bzw. Lernbereiche im Fach Deutsch gelten.

Zur Begründung, warum das Integrationsprinzip weiterhin Geltung beanspruchen kann und soll, ist hervorzuheben, dass dadurch bestimmte grundsätzliche Ziele des (Deutsch-)Unterrichts Unterstützung erfahren, die von der Kompetenzorientierung kaum oder gar nicht berührt werden. Dazu gehört, dass man sich von der Verbindung der Lernbereiche eine höhere Motivation, Alltagsnähe und Nutzung unterschiedlicher Lernwege der Schüler und Schülerinnen erhofft, aber auch, dass Gegenstandsfelder, die ansonsten isoliert behandelt werden, in ihrer Ganzheit und Vernetzung mit anderen (wieder-)erkannt werden können (vgl. z.B. Klotz 2008). Eine neuerliche Stärkung des Integrationsprinzips, wie sie damit erwogen wird, stellt aber nicht nur eine Rückbesinnung auf Grundsätze dar, wie sie schon vor der Kompetenzorientierung anerkannt waren, sondern kann auch, wie im Folgenden zu zeigen sein wird, dafür sorgen, dem aktuellen Paradigmenwechsel innerhalb des Fachdiskurses ein geschärftes Profil abzugewinnen. Dazu muss man sich vergegenwärtigen, dass sich durch diese Fragestellung das Abstraktionsniveau kompetenzorientierter Modellbildung natürlich insoweit erhöht, als jetzt nicht nur domänenspezifische Kompetenzmodelle entwickelt werden müssen, sondern – soweit vorhanden und vergleichbar – ihre theoretische und anwendungsorientierte Inbezugnahme in den Blick der Aufmerksamkeit gerät. Vor dem Hintergrund des derzeitigen Forschungsstands ist es sicherlich noch zu früh, ein Makro- oder Supermodell einer integrativen Didaktik präsentieren zu wollen, das alle oder möglichst viele Domänen des Faches Deutsch in einer kompetenzorientierten und zugleich eben verbindenden Modellierung umfasst. Auf einer mittleren Ebene der Modellentwicklung ließe sich aber wohl schon zum derzeitigen Stand fragen, ob nicht einzelne kompetenzorientierte Hypothesen und Resultate, wie sie zu einzelnen Domänen schon vorliegen oder konzeptionell entwickelt werden können, so untereinander in Beziehung zu setzen sind, dass auf diese Weise ein exemplarischer Beitrag zu einer solchen übergreifenden Theorie geleistet werden kann. In diesem Sinne hat es sich der folgende Beitrag zum Ziel gesetzt, am Paradigma einer Inbezugnahme der Bereiche „Sprachreflexion/Grammatik" und „Lesen bzw. Textverstehen" eine solche Integration unter Einschluss der kompetenzorientierten Perspektive vorzunehmen. Eine Verbindung von Sprachreflexion und Lesen in der Fachdidaktik kann als der wohl prominenteste und zugleich schwierigste Anwendungsfall der Lernbereichsintegration angesehen werden, da er die in Fachwissenschaft und Fachdidaktik auch institutionell separierten Felder von „Sprache" und „Literatur" (wieder) näher zusammenrückt.

Die folgenden Ausführungen gehen so vor, dass sie zunächst eine theoriegeleitete Integration der Kompetenzorientierung beider Lernbereiche angehen, indem zuerst die bekannte Kompetenzorientierung im Bereich des Lese- bzw. Textverstehens kurz dargestellt und dann mit dem Bereich Sprachreflexion/Grammatik verbunden wird (Kapitel 2). Im anschließenden Kapitel 3 wird die Integration an dem konkreten grammatikorientierten Beispiel der Verbindung von Tempus und Textualität veranschaulicht und vertieft.

2.1 Kompetenzbereich Lese- bzw. Textverstehen

Zentraler Sachgegenstand des Deutschunterrichts in der Schule sind bekanntlich von alters her „Texte", wobei darunter zunächst einmal schriftsprachlich fixierte Äußerungen verstanden werden, die von mindestens Phrasen- bzw. Satzlänge (z. B. Redewendungen, Aphorismen) über mittellange (z. B. Zeitungstexte, Erzählungen, Gedichte) bis hin zu langen Dokumenten (z. B. des literaturgeschichtlichen Kanons) reichen und ein Mindestmaß an formaler, inhaltlicher sowie funktionaler Kohärenz aufweisen. Das Verstehenlernen dieser Texte ist eine Hauptaufgabe des Faches Deutsch, ihre Vermittlung zielt auf eine Kernkompetenz von Unterricht und Schule überhaupt. Überblickt man die Vorgaben, die Bildungsstandards, Kernlehrpläne und die didaktische Fachliteratur machen, so lassen sich bestimmte Aspekte dieser Kernkompetenz benennen, die diese im Einzelnen auffächern. Dazu gehören vor allem:

- die Vermittlung elementarer Lesefertigkeit und erweiterter Leseflüssigkeit;
- die Unterstützung subjektiver Involviertheit in einen Text, etwa durch Vorstellungsbildung und Imaginationsfähigkeit;
- der gestalterische Umgang mit Lektüren in verschiedenen Formen, wie Vortrag, Gespräch und Inszenierung, in Formen des eigenen Vertextens (Schreibens) und Visualisierens (Diagramme, Bilder, Filme);
- die Steigerung der Fähigkeit analytisch-kognitiven Leseverstehens (die zurzeit einen Schwerpunkt der – eben auch kognitiv orientierten – Kompetenzorientierung ausmacht);
- die Verfügung über Arbeitstechniken und Strategien zur Förderung der Lese-Effizienz und deren kritische Steuerung und Überprüfung;
- der Erwerb expliziten Wissens über Text- und andere Medienangebote (Wissen über Autoren, Werke, Gattungen, Stile, Epochen; literarische und technische Medien u. a.) sowie über deren aktuellen bzw. historischen soziokulturellen Hintergrund;
- die Ausbildung einer kritischen Reflexionsfähigkeit gegenüber Inhalten und Formen von Texten und Medien wie auch gegenüber des eigenen (methodischen, inhaltlichen, habituellen) Umgangs mit ihnen;
- die Aneignung eines positiven, stabilen und involvierenden Habitus gegenüber dem Lesen, der auf der Entwicklung von Lese-Motivation, -Engagement und -Volition auch gegenüber längeren und schwierigeren Texten und Medien besteht;
- die kritische Nutzung des Lesens zur eigenen Persönlichkeitsbildung (z. B. zum Wissenserwerb, zur Unterhaltung und/oder zur ästhetisch-kulturellen Bildung);
- die Bereitschaft und Fähigkeit zum Austausch über Gelesenes mit anderen im Gespräch und anderen Formen sozialer und kultureller Anschlusskommunikation.

Zusammengenommen können diese Aspekte des verstehenden Umgangs mit Texten zu etwas führen, das man als die Bildung einer „Textualitätsbewusstheit" bezeichnen kann, wobei dieser Begriff hier bewusst auch deswegen stark gemacht wird, weil er eine terminologische Angleichung an den Begriff der „Sprachbewusstheit" erlaubt, der eben im Bereich der Sprachreflexion die dort leitende Zielvorstellung benennt (siehe unten). Die in beiden Termini angesprochene „Bewusstheit" umfasst jeweils den Ausbau von sowohl kognitiven als auch subjektiven und sozialen Lern- und Entwicklungspotentialen, wobei für den Umgang mit Texten die neuere Forschung seit PISA, IGLU und DESI eine

C4 Grammatische Sprachreflexion und elaboriertes Textverstehen

Reihe von Modellen entwickelt hat. In diesem Zusammenhang greifen wir an dieser Stelle einen neueren Vorschlag aus dem Bereich der Fachdidaktik Deutsch auf, den Köster und Rosebrock (2009) vor dem Hintergrund der aktuellen Diskussion entwickelt haben und der uns, wie noch zu zeigen sein wird, weitere interessante Anknüpfungspunkte des Verstehens von Texten an den Bereich der Sprachreflexion/Grammatik erlaubt, der Texte und Textformate verschiedener Art (pragmatischer wie vor allem auch literarischer) umfasst. Dazu sei das Modell schematisch zusammengefasst (siehe unten) und kurz erläutert. Wie an dem Schema abzulesen ist, werden auf der kognitiven Ebene Wissensarten des impliziten prozessualen und problemlösenden Wissens mit explizitem Fakten- und Reflexions-Wissens zusammengefasst, wobei sich die Prozess-Ebene wiederum nach fünf „Levels" als Felder fachdidaktischer Kompetenzanforderung unterteilt, nämlich nach den drei Levels der „Wort- und Satz-Identifikation", der „lokalen" sowie „globalen Kohärenz" (zu verstehen als Kohärenzbildungen auf Wort-, Satz- und Text-Ebene). Darüber hinaus werden zwei Level benannt, die nach Köster/Rosebrock aus fachwissenschaftlicher und fachdidaktischer Perspektive unbedingt mit zu berücksichtigen sind, da sie erhöhte Anforderungen eines erweiterten bzw. elaborierten Textverständnisses bedeuten. Das vierte Level, der Umgang mit den „Superstrukturen" eines Textes, zielt dabei auf die Fokussierung von sprachlichen, insbesondere semantischen Gestaltungsmitteln (gemeint sind Argumentationsstrukturen, rhetorische Mittel der uneigentlichen Rede und allgemeines Textsortenwissen). Das fünfte Level, die „Identifikation von Darstellungsstrategien", strebt schließlich die Erkenntnis pragmatischer Intentionen und Wirkungsabsichten an (insbesondere in eher schwierigen, weil wiederum „indirekten" Fällen, die eine plausible Form- und Funktionsrelation des Textes mit dem kulturellen Vorwissen des Lesers voraussetzen). Hinzuzufügen sind sodann das Feld deklarativ-expliziten Wissens (über Texte/Medien und historische und soziokulturelle Bedingungen und Wirkungsweisen) sowie eine metakognitive Reflexionskompetenz (von Inhalt, Form und Wirkung von Texten und Medien). Von diesen Aspekten der Kompetenzorientierung, die alle als dominant kognitiv ausgerichtet anzusehen sind, unterscheiden sich die beiden anderen, indem sie eher subjektive oder soziale Kompetenzen fokussieren (so die Ausbildung eines Lese-Habitus und einer bestimmten Lese-Funktion auf der Subjekt-Ebene oder die Unterscheidung zur Fähigkeit informeller, institutioneller oder öffentlicher Anschlusskommunikation auf der soziokulturellen Ebene):

Wissensart	Typ	Merkmale
prozessuales und problemlösendes sowie Fakten- und Reflexionswissen (kognitive Ebene)	implizites Wissen	Wort-/Satz-Identifikation
		lokale Kohärenz (satzübergreifend)
		globale Kohärenz (textintegrierend)
		Erkennen von Superstrukturen (Semantik) (Informations-/Argumentationsmuster, rhetorische Mittel (Ironie, Symbolik), Textsortenwissen)
		Identifikation von Darstellungsstrategien (Pragmatische Funktionen)
	explizites Wissen	Erarbeitung von Faktenwissen und Aktivierung zu vertieftem Leseverstehen: Wissen über Autoren, Werke, Epochen, Stile
	Metakognition	Reflexion von Inhalt und Form
Subjekt-Ebene	Leser-Habitus	Motivation, Engagement, Erfahrung
	Lese-Funktion	Wissenserwerb, Unterhaltung, ästhetisch-kulturelle Bildung
sozio-kulturelle Ebene	informell	Familie, Freunde, Bekannte
	institutionell	Schule
	öffentlich	Medien (Zeitung, Zeitschrift, Theater, Radio, Fernsehen, Internet usw.)

Schema: Systematik Lesekompetenz (in Anlehnung an Köster/Rosebrock 2009)

2.2 Kompetenzbereich Grammatik/Sprachreflexion

Als die Kernaufgabe des Aufgabenbereichs „Sprachreflexion" (auch z. B. „Sprachbetrachtung", „Sprachthematisierung" oder „Nachdenken über Sprache" benannt) wird in der Regel angesehen, die analytische Arbeit an der Sprache, wie sie im Zusammenhang mit den primärsprachlichen Lernbereichen Sprechen, Schreiben und Lesen zum Tragen kommt, in einem eigenen Lernbereich systematisch und metasprachlich zu reflektieren. Damit erhält dieser Arbeitsbereich den für ihn typischen Doppelstatus, zum einen den Nutzen sprachlichen Könnens und Wissens für die anderen Lernbereiche zu betonen, zum anderen den Eigenwert deklarativen und metakognitiven Wissens herauszuheben. Je nach fachdidaktischer Auffassung kann der einen oder anderen Seite der Vorzug gegeben werden; insgesamt überwiegt aber wohl die Sichtweise, dass beide Seiten in einer Art Doppelpoligkeit zum Arbeitsfeld Sprachreflexion gehören, sich wechselhaft bedingen und somit in ein Gleichgewicht zu bringen sind. Als Königspfad hierhin kann sicherlich das Prinzip der – hier domänenspezifischen – „Integration" gelten, auch wenn sowohl Fragen hinsichtlich grundlegender theoretischer Konzeptionen (Ziele, Begründungen, Voraussetzungen), Methoden

(z. B. systematischer oder situativer, funktionaler oder integrativer Grammatikunterricht) sowie empirischer Forschungen (vgl. z. B. in der Frage der Art und des Nutzens deklarativen und metakognitiven Wissens für die prozedurale Sprachproduktion) noch nicht ausreichend geklärt sind.

Als oberstes Ziel des Aufgabenbereichs gilt, wie oben schon angedeutet, die Entwicklung und Förderung von „Sprachbewusstsein" bzw. „Sprachbewusstheit" (vgl. neuerdings Gornik 2010, 81). Was genau unter diesen Termini zu verstehen ist und wie sie, im Sinne eines Konsens im Fachdiskurs, zu benutzen sind, muss die zurzeit noch im Fluss befindliche Debatte erweisen, in der diese Begriffe teils in unterschiedlicher, teils in gegensätzlicher Bedeutungsweise verwendet werden (vgl. Andresen/Funke 2003). Im Rahmen der vorliegenden Darstellung schließen wir uns einer Begriffsverwendung an, nach der unter „Sprachbewusstheit" das explizite, systematisch-deklarative und metasprachliche bzw. metakognitive Wissen hinsichtlich sprachlicher Gegenstände und Sachverhalte zu verstehen ist, das mit analytisch-reflexiven Prozeduren der Distanzierung, De-Automatisierung und De-Kontextualisierung von sprachlichen Phänomenen verbunden ist. In Abgrenzung dazu sind unter „Sprachbewusstsein" alle Arten eher impliziten Wissens und Könnens gemeint, die im operativ-integrierten Zusammenhang mit primärsprachlichen Vollzügen des Sprechens, Schreibens und Lesens zur Geltung kommen (nach Bredel 2007, 38–59).

Ist die vorgestellte Auffassung von Sprachbewusstheit insbesondere auf kognitive Dimensionen fokussiert, so lassen sich in Anlehnung an die angloamerikanische Forschung zur „language awareness" weitere Dimensionen angeben, die innerhalb des Prozesses der Sprachbewusstheit mitwirken und ebenfalls einer fachdidaktischen Berücksichtigung bedürfen. Hierzu wären insbesondere affektiv-personale, soziopolitische und wohl nicht zuletzt ästhetisch-kreative Dimensionen zu zählen (vgl. Gnutzmann 1997; Eichler/Nold 2007). Überblickt man das Feld in Gänze, so lassen sich kompetenzorientierte Ziele des Bereichs Sprachreflexion benennen, die, ähnlich wie im Bereich des Lese- und Textverstehens, sowohl kognitive und metakognitive als auch personale, soziale und ästhetisch-kulturelle Aspekte umfassen:

– die Aktivierung und Nutzung grammatischen Wissens und Könnens für produktive und rezeptive Akte der Sprachtätigkeit (Sprechen/Zuhören, Schreiben, Lesen);
– die Vermittlung systematisch-deklarativen Wissens über Sprache hinsichtlich bestimmter inhaltlicher Kernfelder (als Wissen über Orthographie, Morphologie, Syntax, Semantik, Pragmatik; Wissen über Sprachgeschichte, Sprachvarietäten und Sprachtheorien);
– die Anleitung zum metakognitiven Reflexionsvermögen über Systematik und Gebrauch von Sprache (z. B. hinsichtlich Sprachrichtigkeit und -angemessenheit; im Rahmen von Sprachvergleichen und Sprachkritik);

- das Nutzen deklarativen und metakognitiven Wissens zur prozeduralen und problemlösenden Sprachproduktion im Sprechen, Schreiben und Lesen;
- die Sensibilisierung für ästhetische und kreativ-gestalterische Aspekte der Sprachproduktion und -rezeption (Sprachgenuss in Verbindung z. B. mit Sprachspielen und Sprachwitzen);
- die Vermittlung einer neugierig-interessierten Grundhaltung gegenüber sprachlichen Phänomenen sowohl für die eigene personale Entwicklung (sprachlich-kulturelle Bildung, allgemein-kognitive Entwicklung) als auch für Vollzüge sozialer Anschlusskommunikation (Sprachreflexion und -kritik im informellen und öffentlichen Raum; sprachlich-kulturelle Fähigkeiten im Umgang mit der eigenen und anderen Sprachen).

Will man die beschriebenen Anforderungen in Modellform formulieren, so bietet sich die Ausrichtung nach Wissensebenen und -typen an, wie es unter dem Einfluss der pädagogisch-psychologischen Expertiseforschung auch schon für andere Domänen des Deutschunterrichts (insbesondere das Lesen, siehe oben) geschehen ist. In diesem Sinne sei folgendes Modell der Kompetenzorientierung für den Bereich der Sprachreflexion hypothetisch gesetzt:

Wissensebene	Wissenstyp	Kompetenz-Merkmale
prozessuales und problemlösendes Wissen sowie Fakten- und Reflexionswissen (kognitive Ebene)	implizites Wissen	Aktivierung und Nutzung grammatischen Wissens und Könnens für produktive und rezeptive Akte: Sprechen/ Zuhören, Schreiben, Lesen/Textverstehen Aktivierung speziellen Wissens und Könnens zur Bearbeitung sprachreflexiver Tätigkeiten
	explizites Wissen	systematisch-deklaratives Wissen über den Sachgegenstand Sprache bzw. Sprachgebrauch: – Wissen über Orthographie, Morphologie, Syntax, Semantik, Pragmatik – Wissen über Sprachgeschichte, Sprachvarietäten, Sprachtheorien
	Metakognition	Reflexionsfähigkeit gegenüber Systematik und pragmatischem Gebrauch von Sprache (Sprachkritik)
Subjekt-Ebene	affektiv-personal	Ausbildung einer neugierig-interessierten, auch ästhetisch-sprachspielerischen Grundhaltung gegenüber Sprache und dem Nachdenken über Sprache Ausbildung kritischen Sprachbewusstseins bzw. kritischer Sprachbewusstheit
sozio-kulturelle Ebene	sozial	Ausbildung von Fähigkeiten und Fertigkeiten zur sozialen Anschlusskommunikation hinsichtlich Sprachthemen: privat, institutionell (Schule), öffentlich (Publikation)

Schema: Kompetenzorientierung im Bereich Sprachreflexion/Grammatik

C 4 Grammatische Sprachreflexion und elaboriertes Textverstehen

Ebenso unter dem Einfluss der Expertiseforschung steht natürlich die Forderung an die Fachdidaktik, das soeben vorgestellte Kompetenzmodell mit seiner synchron-systematischen Ausrichtung um ein Modell zu ergänzen, das auch Fragen des entwicklungsbezogenen Erwerbs und der damit aufeinander folgenden Schwierigkeitsstufen in den Blick nimmt. Die Vorstellungen und Konzepte sind auch hier innerhalb der Fachdidaktik noch nicht völlig ausgereift (u. a. aufgrund der noch lückenhaften empirischen Forschung). Das folgende Modell versteht sich insofern als heuristisch, systematisch grob vereinfachend und einzelne Elemente akzentuierend. Domänenspezifisch unterscheidet es die vier Unterteilbereiche Orthographie, Grammatik sowie Semantik/Pragmatik als traditionelle Kernbereiche der Sprachreflexion in der Schule, die jeweils mit Hilfe einer Unterscheidung nach vier Levels der Lernanforderung (elementar, erweitert, elaboriert, kritisch-reflexiv) sowie einer Groborientierung anhand von Schulstufen ausdifferenziert werden. Auf die einzelnen Gegenstandfelder ließe sich so die Entwicklung jeweils bereichsspezifischer Teilkompetenzen (orthographischer, grammatischer, semantischer Bewusstheit oder auch von Tempus-, Modus- oder auch Syntaxbewusstheit) postulieren:

	orthographisch	**grammatisch**	**semantisch**	**pragmatisch**
elementar (Primarstufe)	Laut-Buchstaben-Zuordnung Großschreibung	einfache Wortarten Satzglieder	einfacher (Basis-) Wortschatz	Eigen-Perspektive
erweitert (Sekundarstufe I)	Dopplung/ Dehnung Nominalisierung	Tempus einfache Satzstrukturen	erweiterter vertiefter Wortschatz	Ergänzung Fremd-Perspektive
elaboriert (Ende Sekundarstufe I)	schwierige Zusammen-/ Getrenntschreibung Fach-/ Fremdwortschreibung	Genus Modus (Konjunktiv) komplexe Satzstrukturen	Fachsprachliches Metaphorik/ Symbolik	Perspektivendistanzierung und Perspektivenwechsel
kritisch-reflexiv (Sekundarstufe II)	Ambivalenz (Mehrdeutigkeit/Uneindeutigkeit/Vagheit) Paradigmen: Tempus, Modus, Syntax, Lexik, Symbolik, (Multi-)Perspektivität			

Schema: Modell möglicher Erwartung an Kompetenzentwicklung Sprachreflexion/Grammatik

2.3 Integration von Grammatik/Sprachreflexion mit Textverstehen

Sucht man nach einer Integration der beiden vorgestellten Aufgabenfelder, so liegt es sicherlich nahe, diese in einer möglichen Schnittmenge der Modelle und darin auf möglichst hoher Rangstufe zu suchen. Geht man so vor, so ist auf den ersten Blick ersichtlich, dass es auf der Ebene der Wort- und Satz-Identifikation eine naheliegende Verbindungsmöglichkeit von sprachlichem und literarisch-textuellem Wissen und Können gibt. Diese Ebene stellt nun aber, gemessen an den Erfordernissen des Lesekompetenzmodells, die hierarchieniedrigste der Textverstehensstufen dar, so dass sich die Frage stellt, ob sich nicht auch auf den hierarchiehöheren Stufen Integrationsmöglichkeiten eröffnen. Man kann in diesem Zusammenhang sicherlich davon ausgehen, dass Voraussetzung dazu sein dürfte, dass die betreffenden grammatischen Phänomene dann über eine Form- und Funktionskapazität verfügen müssten, die entweder dazu angetan ist, eine prägende und möglichst auffällige Wirkung auf der Ebene der lokalen bzw. globalen Kohärenzbildung von Texten auszuüben, und/oder die Rolle der textprägenden Darstellungsstruktur und -strategie zu übernehmen imstande ist. Als Kandidaten für solche textseitigen Anforderungen kommen besonders die grammatischen Phänomene in Betracht, die in der fachdidaktischen Diskussion der letzten Jahre unter integrativer, funktional-pragmatischer oder auch handlungsorientiert-produktiver Perspektive für die Behandlung im Unterricht stark gemacht worden sind (z. B. Köller 1983/1997; Scherner 2003; Klotz 2007). Dazu gehören beispielsweise die Phänomene Verb (Tempus/Modus), Syntax (einfach-komplex; Konnektoren; emphatische Herausstellungen), Lexik/Semantik (Metaphorik/Symbolik) und Pragmatik (sprachliche Suppositionen). Das folgende Modell versucht die Kompetenzanforderungen für den Bereich Sprachreflexion mit denjenigen zum Textverstehen integrierend aufeinander zu beziehen. Dazu greift es hinsichtlich der Sprachreflexion auf die oben dargestellten Modellannahmen zurück, fokussiert sie aber noch einmal so, dass insbesondere die für ein Text- und Literaturverstehen relevanten Aspekte in den Blick geraten.

C4 Grammatische Sprachreflexion und elaboriertes Textverstehen

Wissensart	Typ	Zielkompetenz Sprachbewusstheit im Bereich Grammatik/ Sprachreflexion	Zielkompetenz Textualitätsbewusstheit im Bereich Lese- und Textverstehen
prozessuales und problem- lösendes sowie Fakten- und Reflexions- wissen (kognitive Ebene)	implizites Wissen	grammatische und semantische Formen mit funktional-pragmatisch prägender Textrelevanz: z. B. – Nomen – Verb (Tempus, Modus) – Satzstrukturen (Hypotaxe, Parataxe) – Lexik/Semantik (Metaphorik/ Symbolik) – Pragmatik (Perspektive)	Wort-/Satz-Identifikation
			lokale Kohärenz (satzübergreifend)
			globale Kohärenz (textintegrierend)
			Erkennen von textprägenden Superstrukturen grammatischer Art (Semantik, Informations-/Argumentationsmuster, rhetorische Mittel (Ironie, Symbolik), Textsortenwissen)
	explizites Wissen		Identifikation von Darstellungsstrategien (pragmatische Funktionen)
			Erarbeitung von Faktenwissen und Aktivierung zu vertieftem Leseverstehen: Relevanz grammatischer Formen/Funktionen Wissen über Autoren, Werke, Epochen, Stile
	Meta- kognition		Reflexion der Bedeutung von Grammatik/Semantik/Pragmatik für Inhalt und Form
Subjekt- Ebene	Habitus	Motivation, Engagement, Erfahrung	
	Funktion	Wissenserwerb, Unterhaltung, ästhetisch-kulturelle Bildung	
sozio- kulturelle Ebene	privat- informell	Familie, Freunde, Bekannte	
	institutionell	Schule	
	öffentlich	Medien (Zeitung, Zeitschrift, Theater, Radio, Fernsehen, Internet usw.)	

Zur Veranschaulichung und Vertiefung der vorgestellten Überlegungen sei im Folgenden ein Beispielfall aus einem der grammatischen Kernbereiche (Verbsyntax) behandelt.

3 Tempus und Textualität

Zeit-Wörter

Ich bin,
du bist,
wir sind –
so lernt es jedes Kind.

Ich war
du warst
wir waren –
auch das ist bald erfahren.

Und was dazwischen
so geschwind
von Tag zu Nacht
vorüberrinnt –
das ist,
das wird gewesen sein:

dein Wirbelwind
von Jahren,
der eben erst
beginnt.

Metagrammatische Literatur erhebt per definitionem ein grammatisches Phänomen zum thematischen Inhalt eines mit Kennzeichen erkennbarer Literarizität ausgestatteten Textes. Dieser selbstreflexive Gestus eröffnet damit einen für jede Rezeption naheliegenden, weil textauffälligen Anlass, über die Form- und Funktionsrelation grammatischer Phänomene in Texten nachzudenken. In Max Kruses Text, einem mehrstrophigen, gereimten Gedicht, das einer Sammlung von Kinder- und Jugendlyrik der Gegenwart entnommen ist (Kruse 1989), wird, wie schon der Titel „Zeit-Wörter" andeutet, das grammatische Phänomen des Tempus behandelt. Aus der Perspektive eines offenbar welt- und zeiterfahrenen Erwachsenen formuliert, der sich – als Sprecher-Ich – an ein offenbar neugeborenes Kind als lyrisches Du richtet, regen die Worte des Gedichts dazu an, über die Bedeutung bestimmter grammatischer Formen der Verbsyntax, eben die „Zeit-Wörter" für die Entwicklung und Ausdifferenzierung des individuellen Sprach-, Zeit- und Weltbewusstseins nachzudenken. In diesem Zusammenhang ist die Zitierung bekannter Konjugationstabellen des Deutschen und anderer konventioneller Tempusphrasen als beispielhafte Verdeutlichung zu verstehen, wie sich im sprachlichen Medium grammatischer Tempusformen in jedem Heranwachsenden ein Bewusstsein über die Welt und ihre zeitliche Geformtheit und Wandelbarkeit herausbildet: eben als Akt der Korrespondenz der – auch hier verwendeten – Leittempora Präsens, Präteritum und Futur mit den drei kulturell etablierten Zeitkontinua der Gegenwart, Vergangenheit und Zukunft. Dementsprechend kann der Text auch als Grammatik systematisierender Impuls dienen, die wichtigsten Tempusformen im Deutschen und ihre je konventionell festgelegte Funktion der Zeitreferenz zu rekapitulieren. Die folgende Einteilung geht von der fachwissenschaftlich inzwischen gängigen Annahme aus, dass die bekannten sechs verschiedenen Tempusformen im Deutschen kriteriengeleitet durch insgesamt drei Kennzeichen jeweils für sich bestimmt und eindeutig von einander abgegrenzt werden können. In der Fachliteratur existieren verschiedene Benennungen dieser Kriterien, sie meinen aber im Grunde Analoges (vgl. z. B. Weinrich 1964; 1993; Menzel 2004; DUDEN 2006). Wir wählen dazu im Folgenden eine Terminologie, wonach „S" den „Sprechzeitpunkt" jeder Aussage meint (immer mit der Zeitreferenz „Gegenwart", z. B. als Zeitpunkt eines Gedichtvortrags oder Leseakts), während „B" den „Betrachtungszeitpunkt" meint, unter dem eine Aussage getätigt wird („*das ist*" = Gegenwart; „*das wird gewesen sein*" = Futur II), und „E" das inhaltlich thematisierte „Ereignis" oder „Geschehen" anzeigt. Diese dreigliedrige Bestimmung erlaubt es, die drei Grundtempusformen (Präsens, Präteritum, Futur I), die sich jeweils auf eine zeitliche Grundreferenz (Gegenwart, Vergangenheit, Zukunft) beziehen, von denen zu unterscheiden, in denen durch die Differenz von Betrachtungszeitpunkt (B) und Ereignis (E) Verhältnisse der Vor- bzw. Nachzeitigkeit innerhalb eines zeitlichen Kontinuums artikuliert werden. Als Schema:

Kriterien S – B – E	Zeitreferenz		
S (Sprecher- zeitpunkt)	Gegenwart		
	B <– S	B = S	S –> B
B (Betrachtungs- zeitpunkt)	Vergangenheit	Gegenwart	Zukunft
B = E (Ereignis) (Gleichzeitigkeit)	Präteritum (*ich war*)	Präsens (*ich bin*)	Futur I (*ich werde sein*)
B ≠ E (Vor-/Nachzeitig- keit)	Plusquamperfekt (Präteritumsper- fekt) (*das war gewesen*)	Perfekt (Präsensperfekt) (*das ist gewesen*)	Futur II (Futurperfekt) (*das wird gewesen sein*)

Schema: Tempusformen und Zeitreferenz

Will man die vorgestellte Differenzierung des Tempusgebrauchs in Texten in ein curriculares Modell für den Deutschunterricht übertragen, so bietet sich zunächst ein Vorgehen nach einerseits systematischen, andererseits aus dem Schulalltag erfahrungsgesättigten Plausibilitäten an (solange es keine ausreichende empirische Forschung hierzu gibt). Das folgende Modell geht in diesem Sinne so vor, dass es verschiedene Tempusformen und -funktionen, wie wir sie zuvor behandelt haben, zum einen mit bestimmten Textformaten bzw. konkreten Beispieltexten in Beziehung setzt (horizontale Achse), zum anderen curricular verschiedenen Phasen des Primar- und Sekundarstufenunterrichts (vertikale Achse) zuordnet:

Schulstufen	Tempusformen	dom. Textfunktion	Textbeispiele
Primarstufe und **Anfang** **Sekundarstufe I** **(Klasse 1–6)**	pragmatisches Präsens – aktuales Präsens – generelles Präsens – Präsens als Futur I Präteritum Futur I + II	Standardtypen von Form und Funktion des Tempusgebrauchs	Alltags- und Medientexte
	3 Perfektformen	Markierung von Vorzeitigkeit	
	historisches Präteritum (Erlebnis-Erzählung)	Standardform schriftlichen Erzählens	Schriftliche Erzählungen (Brief u. a.)
	episches Präteritum (literarische Epik)	Standardform literarischen Erzählens	Literarische Erzählungen
	episches Perfekt (mündl. Erzählen)	Standardform mündlichen Erzählens	Mündliche Alltagserzählungen
Mitte/Ende **Sekundarstufe I** **(Klasse 7–10)**	szenisches Präsens (literarische Epik) episches Präsens (Gegenwartsliteratur) absolutes Präsens (Lyrik)	Literarische Verfremdungen nach Gattungen (Epik/Lyrik) und ggf. in Bezug zu einzelnen – Epochen – Autoren – Texten	(Kunst-)Literatur von Goethezeit bis Moderne Gegenwartsliteratur (z. B. Hildesheimer) Moderne Lyrik (z. B. Enzensberger)
Sekundarstufe II **(Klasse 11–12/13)**	„Tempus" in metagrammatischer Literatur ambivalente Mehrdeutigkeiten des Tempusgebrauchs in der Kunstliteratur	Metareflexion von Tempus/Tempusgebrauch kritische Abwägung von ambivalenten Geltungsbereichen des Tempusgebrauchs	z. B. Max Kruse: „Zeit-Wörter" z. B. Ernst Bloch: „Fall ins Jetzt"

C4 Grammatische Sprachreflexion und elaboriertes Textverstehen

Wie man sieht, finden in diesem Modell die wichtigsten Tempusformen im Zusammenhang mit bestimmten Textformaten so Berücksichtigung, dass sie sich zwischen der Primarstufe und dem Ende der Sekundarstufe I aufeinander aufbauend und untereinander differenzierend verteilen. Für die Sekundarstufe II sieht es sodann die Möglichkeit eines kritisch-reflexiven Umgangs mit komplexen, das heißt hier ambivalenten, mehrdeutigen und vagen Texten vor (die in der Regel aus dem Bereich der Kunstliteratur stammen werden). Wie in diesem Sinne verschiedene tempusgrammatische Elemente innerhalb eines Textes zusammenspielen und die Textstruktur prägen, soll an einem abschließenden Text beispielhaft gezeigt werden, der, ähnlich wie das Eingangsgedicht Max Kruses, wiederum metareflexiv ausgerichtet ist. Es handelt sich um Ernst Blochs Erzählung mit dem metagrammatisch bzw. metatemporal zu verstehenden Titel „Fall ins Jetzt", von dem zunächst die wichtigsten Passagen wiedergegeben sollen:

„Man kann auch sonderbar aufs Hier und Da kommen, das ist nie weit von uns. [...]. Man hatte gelernt und sich gestritten, war darüber müde geworden. Da unterhielten sich die Juden, im Bethaus der kleinen Stadt, was man sich wünschte, wenn ein Engel käme. [...]. Zuletzt wandte sich der Rabbi an einen Bettler, der gestern abend zugelaufen war und nun zerlumpt und kümmerlich auf der hinteren Bank saß. „Was möchtest du dir wünschen, Lieber? Gott sei geklagt, du siehst nicht aus, wie wenn du ohne Wunsch sein könntest." – „Ich wollte", sagte der Bettler, „ich wäre ein großer König und hätte ein großes Land. In jeder Stadt hätte ich einen Palast, und in der allerschönsten meine Residenz, aus Onyx, Sandel und Marmor. Da säße ich auf dem Thron, wäre gefürchtet von meinen Feinden, geliebt von meinem Volk, wie der König Salomon. Aber im Krieg habe ich nicht Salomos Glück; der Feind bricht ein, meine Heere werden geschlagen und alle Städte und Wälder gehen in Brand auf. Der Feind steht schon vor meiner Residenz, ich höre das Getümmel auf den Straßen und sitze im Thronsaal ganz allein, mit Krone, Szepter, Purpur und Hermelin, verlassen von allen meinen Würdenträgern und höre, wie das Volk nach meinem Blut schreit. Da ziehe ich mich aus bis aufs Hemd und werfe alle Pracht von mir, springe durchs Fenster hinab auf den Hof. Komme hindurch durch die Stadt, das Getümmel, das freie Feld und laufe, laufe durch mein verbranntes Land, um mein Leben. Zehn Tage lang bis zur Grenze, wo mich niemand mehr kennt, und komme hinüber, zu anderen Menschen, die nichts von mir wissen, nichts von mir wollen, bin gerettet und seit gestern abend sitze ich hier." – Lange Pause und ein Chok dazu, der Bettler war aufgesprungen, der Rabbi sah ihn an. „Ich muß schon sagen", sprach der Rabbi langsam, „ich muß schon sagen, du bist ein merkwürdiger Mensch. Wozu wünscht du dir denn alles, wenn du alles wieder verlierst. Was hättest du dann von deinem Reichtum und deiner Herrlichkeit?" – „Rabbi", sprach der Bettler und setzte sich wieder, „ich hätte schon etwas, ein Hemd." – Nun lachten die Juden und schüttelten die Köpfe und schenkten dem König das Hemd, mit einem Witz war der Chok zugedeckt. Dieses merkwürdige Jetzt als Ende oder Ende des Jetzt in dem Wort: Seit gestern abend sitze ich hier, dieser Durchbruch des Hierseins mitten aus dem Traum heraus. Sprachlich vermittelt durch den vertrackten Übergang, den der erzählende Bettler aus der Wunschform, mit der er beginnt, über das historische plötzlich zum wirklichen Präsens nimmt. Den Hörer überläuft es etwas, wenn er landet, wo er ist [...]."

Eindrücklich lassen sich an dem Text bestimmte Standardregularitäten des Tempusgebrauchs bestätigen, wie wir sie oben besprochen haben. Zu ihnen zählen die Verwendung des räsonierenden Präsens im philosophisch-kommentierenden Rahmentext (erster Absatz und Schlusspartie) sowie die Verwendung des Präteritums als Basistempus in der Binnenerzählung (mittlerer Absatz: „Da unterhielten sich die Juden [...]"). Ebenso gehören die Verwendung des Präteritumsperfekts zur Signalisierung der Vorzeitigkeit bestimmter Ereignisse („Man hatte gelernt und gestritten") sowie der Gebrauch des Präsens im Rahmen der verwendeten wörtlichen Rede dazu (zwischen Rabbi und Bettler: „Was möchtest du dir wünschen, mein Lieber?"). Darüber hinaus sind aber auch bestimmte Verfremdungen zu entdecken, die für die ambivalente Mehr- und Uneindeutigkeit des Textsinns sorgen. Diese literarischen Verfremdungen, die gerade diesen Text so interessant und nahezu einzigartig machen (und die Bloch in seinem Kommentar mit expliziert), finden sich innerhalb der Erzählung des sogenannten „Bettlers", die damit so etwas wie eine Binnenerzählung innerhalb der Erzählung abgibt. Auffälligkeiten produziert insbesondere der Textabschnitt zwischen der ersten Artikulation seines „Wunsches", die zunächst – ganz standardmäßig – im Konjunktiv Präteritum gehalten ist („Ich wäre ein großer König"), dessen folgender narrativer Ausgestaltung, in deren Rahmen die Verbsyntax plötzlich vom Konjunktiv in den Indikativ Präsens wechselt („Aber im Krieg habe ich nicht Salomos Glück"), bis zum abschließenden Halbsatz, der – nochmals different gegenüber dem vorhergehenden Tempusgebrauch – offensichtlich in einem aktualen Präsens formuliert ist: „und *seit gestern Abend sitze ich hier*" (schon im Original durch Kursivdruck hervorgehoben!). Entscheidend für das Verständnis nicht nur dieser Textpartie, sondern des Gesamttextes selbst ist dabei, wie der zwischenzeitliche Tempusgebrauch zwischen Konjunktiv Präsens am Anfang und aktualem Präsens Indikativ am Ende aufgefasst wird. Denn der aufmerksamen Lektüre, die Blochs Hinweise aufnimmt, aber noch weiter differenziert, eröffnet der unvermittelte Wechsel der grammatischen Form zwei verschiedene Verstehensmöglichkeiten, je nachdem, welche Tempusform und -funktion man zugrunde legt. Geht man vom Form- und Funktionstyp des historisch-faktischen Präsens aus, das dann, so muss man weiter – per Supposition – voraussetzen, im Rahmen eines dann zu erwartenden, hier aber übersprungenen („elliptischen") Präteritums verwendet würde, so meint man den angesprochenen „Bettler" als einen – exilierten und bettelarmen – König erkennen zu können, der den Zuhörern seine tragische Lebensgeschichte erzählt und sich mit der letzten Wendung seiner Rede endgültig zu offenbaren scheint. Versteht man jedoch die infrage stehende Tempusform als – das in literarischen Texten gängige – szenisch-fiktionales Präsens, ergibt sich ein ganz anderes Bild: Demnach wäre der Erzähler nicht wirklich ein (ehemaliger) König, sondern würde nur mit dieser Vorstellung wort-, d. h. hier tempusgewandt spielen, um eine ganz bestimmte Redeabsicht zu verfolgen (und zwar wohl weniger das Ziel eines raffinierten, von keinem bemerkbaren Betrugs, als vielmehr die einer für den genügend intelligenten und sprachaufmerksamen Hörer und Leser durchschaubaren Fiktion). Sieht man schließlich beide Lektüremöglichkeiten als sich nicht gegenseitig ausschließende, sondern für diesen Text konstitutive Sinnpotentiale an, so ergibt sich der Eindruck einer Offenheit, Vagheit und Mehrdeutigkeit des Gesamttextes, die aber wohl auf der Ebene der – tempusgrammatisch geprägten – Superstruktur und Darstellungsmodi als gleichsam bewusst arrangiert anzunehmen ist (und damit ähnliche Wirkungen beim Leser auslöst, wie sie bei den Zuhörern innerhalb der Erzählung zu beobachten sind). Denn letztendlich können sich beide Sinnpotentiale in dem gemeinsamen pragmatischen Ziel, das so sprachgewandt verfolgt wird, verbunden fühlen, – und das sie ja offensichtlich am Ende auch erreichen. Denn sei es als Reverenzerweis an einen wirklichen, wenn auch seiner Macht und Herrlichkeit verlustig gegangenen „Königs", oder sei es als Lohn für die anrührende Vorstellung eines wortgewandten/sprachmächtigen „Bettlers": Unserem Erzähler wird am Ende das ihm fehlende „Hemd" zum Geschenk gemacht, und zwar durch niemand anderen als die umstehenden Zuhörer. Und analog zu ihnen verbleibt dem aufmerksam lesenden Betrachter die – vor diesem Bild einer mehrdeutigen, aber harmonischen Abschlussszene – beruhigende Gewissheit, sich an einer metagrammatischen Parabel über die Möglichkeiten des geschickten und nutzbringenden Tempusgebrauchs in Texten erfreuen und mit anderen darüber vergnüglich austauschen zu können.

Literatur

Andresen, Helga/Funke, Reinhold: Entwicklung sprachlichen Wissens und sprachlicher Bewusstheit. In: Bredel, Ursula/Günther, Hartmut/Klotz, Peter/Ossner, Jakob/Siebert-Ott, Gesa (Hrsg.): Didaktik der deutschen Sprache, Bd. 1. Paderborn: Schöningh UTB 2003, 438–451

Bredel, Ursula: Sprachbetrachtung und Grammatikunterricht. Paderborn: Schöningh UTB 2007

Bloch, Ernst: Fall ins Jetzt. In: Bloch, Ernst: Spuren. Frankfurt/M.: Suhrkamp 1985, 98–99

DUDEN: Die Grammatik. Mannheim: Dudenverlag, 7., völlig neu erarb. und erw. Aufl. 2006

Eichler, Wolfgang/Nold, Günter: Sprachbewusstheit. In: Beck, Bärbel/Klieme, Eckhard (Hrsg.): Sprachliche Kompetenzen, Konzepte und Messung. DESI-Studie. Weinheim/Basel: Beltz 2007, 63–82

Gnutzmann, Claus: Language Awareness. Geschichte, Grundlagen, Anwendungen. In: Praxis des neusprachlichen Unterrichts 44 (1997), 228–236

Gornik, Hildegard: Über Sprache reflektieren: Sprachthematisierung und Sprachbewusstheit. In: Frederking, Volker/Huneke, Hans-Werner/Krommer, Axel/Meier, Christel (Hrsg.): Taschenbuch des Deutschunterrichts. Bd. 2: Sprache und Medien. Baltmannsweiler: Schneider Hohengehren 2010, 232–249

Klotz, Peter: Grammatikdidaktik – auf dem Prüfstand. In: Köpcke, Klaus-Michael/Ziegler, Arne (Hrsg.): Grammatik in der Universität und für die Schule. Theorie, Empirie und Modellbildung. Tübingen: Niemeyer 2007, 7–31

Klotz, Peter: Integrativer Deutschunterricht. In: Kämper-van den Boogaart, Michael (Hrsg.): Deutsch Didaktik. Leitfaden für die Sekundarstufe I und II. Berlin: Cornelsen, völlig neubearb. Aufl. 2008, 58–71

Köller, Wilhelm: Funktionaler Grammatikunterricht. Tempus, Genus, Modus: Wozu wurde das erfunden? Baltmannsweiler: Schneiderverlag Hohengehren, 4., neu bearb. u. erg. Aufl. 1997 (1. Aufl. 1983)

Köller, Wilhelm: Perspektivität und Sprache. Zur Struktur von Objektivierungsformen in Bildern, im Denken und in der Sprache. Berlin/New York: de Gruyter 2004

Köster, Juliane/Rosebrock, Cornelia: Lesen – mit Texten und Medien umgehen. In: Bremerich-Vos, Albert/Granzer, Dietlinde/Behrens, Ulrike/Köller, Olaf (Hrsg.): Bildungsstandards für die Grundschule: Deutsch konkret. Berlin: Cornelsen 2009, 104–138

Kruse, Max: Zeit-Wörter. In: Kliewer, Heinz-Jürgen (Hrsg.): Die Wundertüte. Alte und neue Gedichte für Kinder. Stuttgart: Reclam 1989, 135f.

Menzel, Wolfgang: Zeitformen und Zeitgestaltung. In: Praxis Deutsch 31 (2004) 186, 6–15

Ossner, Jakob: Sprachdidaktik Deutsch. Eine Einführung. Paderborn: Schöningh UTB 2006

Ossner, Jakob: Sprachbewusstheit: Anregung des inneren Monitors. In: Willenberg, Heiner (Hrsg.): Kompetenzhandbuch für den Deutschunterricht. Baltmannsweiler: Schneiderverlag Hohengehren 2007, 134–147

Petersen, Jürgen H.: Erzählen im Präsens. Die Korrektur herrschender Tempus-Theorien durch die poetische Praxis der Moderne. In: Euphorion 86 (1992) 65–89

Scherner, Maximilian: Grammatik und Textualität. In: Bredel, Ursula/Günther, Hartmut/Klotz, Peter/Ossner, Jakob/Siebert-Ott, Gesa (Hrsg.): Didaktik der deutschen Sprache, Bd. 1. Paderborn: Schöningh UTB 2003, 476–486

Weinrich, Harald: Tempus: Besprochene und erzählte Welt. Stuttgart/Berlin/Köln/Mainz: Kohlhammer 1964 (2., völlig neu bearb. Aufl. 1971)

Weinrich, Harald: Textgrammatik der deutschen Sprache. Mannheim/Leipzig/Wien/Zürich: Dudenverlag 1993

ANNE BERKEMEIER

C5 Sprachreflexion und mündliche Kommunikation

1 Über Grammatik beim Sprechen und Hören reflektieren

Über Grammatik beim Sprechen und Hören zu reflektieren, ist eine bisher ungewohnte didaktische Perspektive. Warum das so ist, lässt sich leicht begründen: Die meisten Grammatiken beziehen sich auf geschriebene Sprache, und diese Sichtweise hat eine sehr lange Tradition. Die Beschreibung mündlicher grammatischer Phänomene befindet sich dagegen noch in der Entwicklung. Das hängt auch damit zusammen, dass die Fixierung, Transkription und Analyse gesprochener Sprache vergleichsweise aufwändig ist. Abgesehen davon sind aber auch anwendungsbezogene Grammatiken, die sich auf das Schreiben und Lesen beziehen, noch nicht lange im Fokus.

Angesichts solcher Bedingungen lohnt der vergleichsweise hohe Aufwand der didaktischen Modellierung dieses Bereiches m. E. nur, wenn die Reflexion auch der Weiterentwicklung kommunikativer Fähigkeiten nützt. Denn wenn die Reflexion mündlicher Kommunikation nicht integrativ und funktional an konkrete Fähigkeiten und Handlungen anknüpft (Beispiele in Berkemeier 2011), gilt auch für diesen Bereich, was seit langem am traditionellen Grammatikunterricht kritisiert wird: die Orientierung auf methodisch, semantisch und morpho-syntaktisch vereinfachende Operationen und auf kontextlose Einzelsätze. Die Vermittlung rein deklarativen Wissens gepaart mit mangelnder Selbsttätigkeit und mangelnder Anwendbarkeit grammatischer Reflexion und grammatischen Wissens auf die eigene Sprachproduktion und -rezeption haben selten erfolgreiche Lernprozesse zur Folge.

Die unterrichtliche Reflexion mündlicher Kommunikation ist traditionell stark beeinflusst durch Sprecherziehung, Rhetorik und Kommunikationspsychologie. Es handelt sich um Disziplinen, die in der Regel nicht auf grammatische Strukturen ausgerichtet sind. Hier sind – abgesehen vom Bereich der Standardlautung – vor allem größere Einheiten mündlicher Kommunikation im Blick: z. B. Rede- und Gesprächskompetenz, der rhetorische „Fünf-Satz" und Rezitation in Sprecherziehung und Rhetorik sowie Modelle zur Verständigung in der Kommunikationspsychologie. Traditionell stellt die Sprecherziehung eine große Menge von Sprech- und Kommunikationsübungen zur Verfügung, die aber oft nicht so authentisch eingebettet sind, dass man davon ausgehen darf, dass die geübten Fähigkeiten automatisch und direkt auf eine Anwendung außerhalb des Unterrichts transferiert werden können. Wenn im Deutschunterricht über gesprochene Sprache reflektiert werden soll, findet man in Schulbüchern immer noch das Sender-Empfänger-Modell oder das Vier-Ohren-Modell von Schulz von

Thun, obwohl – linguistisch gesehen – die Begrenztheit ihrer Aussagekraft evident ist (vgl. z. B. Sachweh 2005). Inzwischen gibt es zwar auch einige linguistische Vorschläge für die Reflexion gesprochener Sprache, die sich jedoch eher auf die inhaltliche als auf die grammatische Analyse gesprochener Sprache konzentrieren und außerdem selten mit Übung und Anwendung kombiniert werden. Auch hier darf bezweifelt werden, dass bereits die reine Reflexion in Anwendungssituationen direkt zu nutzbaren Fähigkeiten führt. Gewinnbringend dürfte eine Verbindung der Methoden sein: Was SchülerInnen in der Anwendung schwerfällt, sollte reflektiert, geübt und erneut im Handlungszusammenhang angewendet werden.

2 Begründung der Verwendung einer handlungsbezogenen Grammatik

Will man mündliche grammatische Fähigkeiten in der Mutter- oder Zweitsprache gezielt fördern, müssen auch Reflexion und Übung wie die Anwendung handlungsbezogen sein. Daher ist es unumgänglich, eine Grammatik heranzuziehen, die sprachliche Strukturen handlungsbezogen und bezogen auf mündliche Kommunikation beschreibt. Beides ist im Rahmen der funktional-pragmatischen Sprachbeschreibung der Fall (vgl. Hoffmann 2013 und B 2 und B 4). Im Fokus dieser Grammatik steht die Verständigung zwischen Sprecher und Hörer, also sowohl verständliches Sprechen als auch verstehendes Hören.

Im Blick auf die Grammatik gesprochener Sprache können, systematisch gesehen, die Einheiten Laut, Wort, funktionale Äußerungseinheit und kommunikative Handlungsform (Diskursart) mit ihrem jeweils zugrundeliegendem Handlungsmuster in den Blick genommen werden (vgl. Fiehler 2005). In diesem Artikel sollen im Weiteren exemplarisch Kohäsionsmittel fokussiert werden. Daher sei am Beispiel der Wortarten gezeigt, inwiefern sich eine handlungsbezogene Grammatik von der traditionellen Wortartenklassifikation unterscheidet. Kleinste Handlungseinheiten, deren Inventar sich zu großen Teilen mit dem der traditionellen Wortarten decken, werden funktional-pragmatisch als Prozeduren bezeichnet, die – anders als in der traditionellen Schulgrammatik – in fünf Gruppen klassifiziert werden (vgl. z. B. Hoffmann 2006; 2013 und B 2):

- Mittels der symbolischen Prozedur werden Gegenstände und Sachverhalte benannt oder charakterisiert. Dies geschieht vornehmlich mit Substantiven, Verben und Adjektiven.
- Um den Hörer auf etwas zu orientieren, kann der Sprecher durch Ausdrücke wie *ich, hier, jetzt* oder auch durch den Tempusgebrauch die zeigende/deiktische Prozedur verwenden.
- Durch Verwendung der operativen Prozedur verdeutlicht ein Sprecher dem Hörer, wie sprachliche Elemente verarbeitet werden sollen. Hierunter fallen z. B. Wortarten wie die Anapher (*er, sie, es*), der Artikel, Kon- und Subjunktoren und einige Präpositionen.

- Ein Sprecher steuert einen Hörer durch direkten Eingriff, wenn er z. B. Interjektionen oder Imperativformen verwendet. Daher wird diese Prozedur lenkend/expeditiv genannt.
- Schließlich übermittelt ein Sprecher Einstellungen und Nuancierungen mittels malender/expressiver Prozedur, z. B. durch Betonung oder Imitation.

An dieser Auflistung ist bereits erkennbar, dass auch Wortarten und sprecherische Mittel erfasst sind, die in schriftsprachbezogenen Grammatiken allenfalls am Rande vorkommen. Wichtiger noch ist aber, dass die **Funktion** sprachlicher Mittel und nicht nur ihre **Form** in den Vordergrund gerückt wird. Damit ist es möglich, SchülerInnen zu verdeutlichen, welche sprachlichen Mittel sie selbst als SprecherInnen einsetzen können, um im „Hörerkopf", also im mentalen Bereich des Hörers, etwas zu erreichen. Damit werden auch Verständlichkeit und Verstehen greifbarer.

In komplementärer Ergänzung zu Hoffmanns systematisch und funktional ausgerichteten „Didaktischen Pfaden" (Hoffmann 2004; 2006; 2013 und B2) erscheint es aus integrativer Perspektive sinnvoll, zusätzlich von den Lernbereichen des Deutschunterrichts auszugehen, also vom Schreiben, Lesen, Sprechen und Hören, damit für die Lernenden die Bedeutung grammatischen Wissens für die Entwicklung des eigenen sprachlichen Handelns direkt erfahrbar wird.

Didaktisch wird Verständlichkeit und Verstehen derzeit allmählich im Hinblick auf Schreiben (z. B. Becker-Mrotzek 1997; Kast 1999; Heringer 2000; Fix 2008; Pohl, C 2) und Lesen (z. B. Funke/Sieger 2009; Lischeid, C 4) thematisiert, für den Bereich Sprechen finden sich allerdings lediglich allererste Ansätze (Berkemeier 2006), der Bereich Hören wurde – wie üblich – bisher leider fast gar nicht in den Blick genommen (außer Moll 2001). Sollen sprachliche Mittel handlungsbezogen in ihrer Funktion analysiert, geübt und angewendet werden, bietet sich an, von einer konkreten Diskursart (oder Textart) auszugehen und zu reflektieren, welche Funktionen ausgewählte sprachliche Mittel im jeweiligen Handlungszusammenhang haben bzw. haben können (vgl. Hoffmann 2004, 2006, 2013), damit deren Einsatz anschließend geübt und auch in der Anwendung realisiert werden kann. Um einen Fähigkeitsgewinn zu erzielen, ist es ferner sinnvoll, solche Mittel in den Blick zu nehmen, deren Gebrauch nicht bereits vollständig erworben wurde. Der Gebrauch komplexerer grammatischer Mittel ergibt sich häufig durch komplexere kommunikative Anforderungen. Daher erscheint es – auch unter Berücksichtigung bereits vorliegender Arbeiten – sinnvoll, Diskursarten auszuwählen, innerhalb derer Verständlichkeit und Verstehen in komplexeren Handlungszusammenhängen zu berücksichtigen sind, wie es z. B. beim **Präsentieren** (Berkemeier 2006), **Erklären** (Spreckels 2009; Vogt 2009) und **Argumentieren** (Spiegel 2006; Vogt 2002) der Fall ist. Im Folgenden wird vorgeschlagen, den Blick auf Kohäsionsmittel, also auf operative und deiktische Prozeduren zu lenken, da diese besonders wichtig sind, um HörerInnen sprachlich Zusammenhänge von einzelnen Wissenselementen zu verdeutlichen.

3 Beispiel: Bedeutung von Kohäsionsmitteln bei mündlicher Sachverhaltsdarstellung

Wenn Hörende (oder Lesende) mündlichen (oder schriftlichen) Darstellungen Wissen entnehmen wollen, müssen sie nicht nur die einzelnen Wissenselemente verstehen, sondern auch die Kombinatorik der dargestellten Propositionen (Wissenselemente) mental rekonstruieren. Kohäsionsmittel können dabei wertvolle Hinweise geben, da sie die Bezüge von Wissenselementen sprachlich abbilden. Beim Sprechen (wie auch beim Schreiben) geht es daher umgekehrt darum, Wissenselemente entsprechend der inhaltlichen Struktur auch sprachlich miteinander zu verknüpfen, damit es dem Hörer (oder Leser) möglichst leicht gemacht wird, die propositionale Struktur mental zu rekonstruieren. Zweck ist bei der Produktion nicht die Entnahme, sondern die Weitergabe von Wissen. Ein/e Sprecher/in könnte sich also beispielsweise die Frage stellen, welche sprachlichen Mittel er/sie im jeweiligen kommunikativen Kontext nutzen kann, um temporale Bezüge darzustellen. Es sind u. a. Subjunktoren (*als, nachdem*), die Satzabfolge, Präpositionen (*vor*) oder Konnektivpartikeln (*erstens*) denkbar. Ein/e Hörer/in dagegen kann darauf achten, mittels welcher sprachlicher Mittel welche Art von Bezügen dargestellt werden. Hört man z. B. „erstens", ist davon auszugehen, dass eine gliedernde Reihung zu erwarten ist. Innerhalb dieser Struktur kann man als Hörer/in die folgenden Einzelinformationen besser wahrnehmen und in diese Struktur einordnen. Thematisiert man Kohäsionsmittel auf diese Weise, geht es nicht darum, solche Mittel nur zu benennen oder Nebensätze entsprechend zu kategorisieren wie im traditionellen Grammatikunterricht (vgl. Gornik 2008), sondern darum, sich verständlich als Sprecher/in auszudrücken bzw. als Hörer/in zu verstehen.

Bis vor Kurzem wurde im Hinblick auf den Kohäsionsmittelgebrauch von Schüler/innen hervorgehoben, dass Kinder und Jugendliche insgesamt eher wenige und häufig dieselben Kohäsionsmittel verwenden und dass entsprechende Sprachfähigkeiten erst relativ spät gezielt eingesetzt werden (Bachmann 2002; Peschel 2005; Feilke 2003; Knapp 1997; Gornik 2008). Peschel (2005) vermutet, dass im Unterricht zu selten echte kommunikative Anliegen vorlägen und fast nie echte RezipientInnen vorhanden seien. Damit legt sie nahe, dass der Befund der „Kohäsionsmittelarmut" auch auf einem Vermittlungs- und Erhebungsproblem beruhen könnte. Als Gegenthese wäre m. E. die Annahme vertretbar, dass Kinder mit Deutsch als Mutter- und Zweitsprache bereits früh beim Hörverstehen wie beim Sprechen ein relativ breites Spektrum an Kohäsionsmitteln zur Verfügung haben, die sie auch oft in richtiger Weise verwenden. Allerdings führen die schulischen Aufgabenstellungen sowie die Bedingungen des Unterrichts und der Datenerhebung nicht unbedingt zu deren Verwendung im unterrichtlichen Kontext (vgl. im Gegensatz dazu Berkemeier et al. i. E.).

Wenn Schüler/innen schon sehr früh über Kohäsionsmittel verfügen, diese Fähigkeiten in Unterrichtskontexten aber kaum sichtbar werden, stellt sich die

Frage, welche Unterrichtsmethoden die SchülerInnen veranlassen, diese Mittel intensiver zu verwenden. Mit Sicherheit ist das Vorhandensein echter RezipientInnen wesentlich (vgl. Peschel 2005). Ein integrativer und funktionaler Grammatikunterricht ist also an eine tatsächliche kommunikative Aufgabe mit echten RezipientInnen im Kompetenzbereich Mündlicher Sprachgebrauch anzubinden. Allerdings fällt in Feedbackgesprächen zu Präsentationen (Berkemeier 2006) wie auch in Schreibkonferenzen (z. B. Becker-Mrotzek 2004) auf, dass von Schülerseite gute Verständlichkeit in der Regel nicht explizit gelobt wird, dass Feedbackinhalte häufig lediglich wortbezogen sind und Überarbeitungen nur lokal vorgenommen werden, obwohl dabei echte RezipientInnen Rückmeldungen geben. Sogar mangelnde grammatische Verständlichkeit wird ausgesprochen selten thematisiert, was erstaunlich ist, weil diese die Rezipierenden beim Verstehen deutlich stören dürfte. Demnach stellt sich auch die Frage, wie SchülerInnen lernen, operative und deiktische Prozeduren beim Verstehen und Verständlichmachen **bewusst** zu nutzen.

4 Schulungsmöglichkeiten bezogen auf den Kohäsionsmittelgebrauch

Bisher liegen nur wenige Vorschläge zur Förderung des Kohäsionsmittelgebrauchs vor. Daher seien im Folgenden einige Denkansätze zur Entwicklung entsprechender Konzepte vorgestellt.

Um Bewusstheit für mangelnde Verständlichkeit zu entwickeln, bietet es sich an, über Nicht-Verstehen bzw. Unverständliches – ggf. im Vergleich zu Verständlichem – zu **reflektieren**, Gründe zu analysieren und Verbesserungsvorschläge zu erarbeiten (Unterrichtsvorschlag dazu z. B. in Berkemeier/Pfennig 2006). Insbesondere für Lernende mit schwachen Deutschkenntnissen ist es häufig eine neue und entlastende Erfahrung, dass es nicht immer an ihnen selbst liegt, wenn sie etwas nicht verstehen. Bezogen auf die Kohäsionsmittel ist es dabei keinesfalls so, dass eindeutig mangelnder oder falscher Gebrauch zu Verständlichkeitsproblemen führt. Abgesehen von dem analytisch simplen Fall, dass jemand etwas präsentiert, das er/sie selbst nicht verstanden hat, kann es sein, dass verstandene Informationen aufgrund mangelnder Präsentationsplanung nicht in einer sinnvollen Reihenfolge präsentiert werden (vgl. Beispielanalyse in Berkemeier 2009, 68 ff.), dass Stichwörter nicht ohne Probleme in mündliche Formulierungen überführt werden können (vgl. Beispielanalyse in Berkemeier 2009, 64 f.) oder dass die hohe Komplexität eines Präsentationsgegenstandes trotz mental angemessener Strukturierung mündliche Formulierungsprobleme nach sich zieht, wie z. B. Verweise ins Leere, uneindeutige Anaphern und häufige Abbrüche (vgl. Beispielanalyse in Berkemeier 2009, 59 ff.). Erfahrungsgemäß helfen gegenstandsadäquate Visualisierungen, Kohäsionsmittel beim Präsentieren sinnvoll einzusetzen und sie beim Hören bzw. bei der Informationsverarbeitung zu nutzen. Hier kann also z. B. ein Optimierungsvorschlag ansetzen.

Im Umfang überschaubare **Übungen** könnten sich systematisch auf Formen des operativen Feldes und deren Verwendung beziehen. Hierfür bieten sich überschaubare Teilprozesse komplexerer Handlungsformen an (z. B. die Einleitung einer Präsentation oder die begründete Beurteilung am Schluss einer Buchvorstellung). Kohäsionsmittel können in unterschiedlicher Konstellation zur Auswahl gestellt werden, z. B. solche, die bei bestimmten Visualisierungsarten (Gliederung, Zeitstrahl, Pfeile, mathematische Zeichen) oder Diskursarten (Erzählung, Anleitung, Beschreibung etc.) naheliegen. Andere Ordnungsmöglichkeiten sind semantische (temporal, konsekutiv etc.) oder grammatische Kategorien (Kon-/Subjunktionen, Präpositionalphrasen) in Kombination mit Satzbauplänen. Letztere können SchülerInnen mit Deutsch als Zweitsprache orientieren, wenn die entsprechenden syntaktischen Strukturen noch nicht erworben wurden. Aber auch Muttersprachlern können sie zu einer abwechslungsreicheren Syntax verhelfen. Darüber hinaus können in der Reflexion als ungünstig analysierte Präsentationsausschnitte fremder SchülerInnen (Transkriptmaterial z. B. in Berkemeier 2006) übungshalber überarbeitet und dann selbst präsentiert werden.

Bezogen auf die **Anwendung** besteht in besonderer Weise im Bereich der Rezeption mündlicher Sachinformationen Entwicklungsbedarf. Obwohl diese Fähigkeit von SchülerInnen im Unterricht permanent erwartet wird, wissen wir nur wenig über solche Prozesse und potenziellen Schulungsmöglichkeiten (vgl. Ockel 1997). Allerdings sind Hörfähigkeiten z. B. aufgrund der Flüchtigkeit mündlicher Kommunikation schwierig zu schulen. Zwar gibt es Übungsverfahren wie z. B. „Aktives Zuhören" oder auch Spiele wie „Stille Post" (Schuster 1998, Berthold 1997), die Transferwahrscheinlichkeit auf komplexere Handlungszusammenhänge darf aber nicht zu hoch eingeschätzt werden. Die Aufgabenentwicklung im Kontext der Vergleichsarbeiten ist eher mit Hörverstehensübungen aus der Fremdsprachenmethodik zu vergleichen.

Während der Rezipient den Wahrnehmungsprozess beim Lesen beliebig oft wiederholen kann, ist dies in der Regel beim Hören nicht möglich. Wie beim Lesen können kognitive Prozesse auch bei der Verarbeitung von auditiven Prozessen nicht unmittelbar beobachtet werden. Multiple-Choice-Tests fördern die Handlungsfähigkeit der SchülerInnen aber nur bedingt, da eine solche Abfrage in der Regel in mündlichen Kommunikationsprozessen realiter nicht vorkommt. Denkbare handlungsbezogene Schulungsmöglichkeiten wären das Anfertigen von Notizen und Mitschriften, selbsttätiges Erklären im Kontext von Präsentationen und das Formulieren von Nachfragen im Feedbackgespräch.

Moll (2001) hat im Hinblick auf Seminar-Notizen, -Mitschriften und -Protokolle von Studierenden mit Deutsch als Mutter- und Fremdsprache nachgewiesen, dass diese Prozesse auch bei Studierenden nicht vorausgesetzt werden können, sondern entwickelt werden müssen. Bei der Erstellung von Mitschriften handelt es sich um einen komplexen Prozess. Wichtig ist dabei, dass relevante Informationen (in Abhängigkeit von Zweck, Vorwissen und Sprechermarkierung) erfasst werden, dass die dargestellte Logik abgebildet wird und dass sprachliche Mittel und Formen dafür (auch grammatisch) ökonomisch eingesetzt werden.

In der Schreibdidaktik wird in den letzten Jahren empfohlen, die Verständlichkeit schriftlicher Texte am Beispiel von Instruktionen überprüfbar zu machen (z. B. Becker-Mrotzek 2003, Fix 2003). Dieses Verfahren könnte auf die Rezeption mündlicher Anweisungen im Kontext von Präsentationen übertragen werden: Anhand der Umsetzung der Anweisungen (z. B. Aufbau chemischer oder physikalischer Versuche) durch die HörerInnen kann evaluiert werden, inwiefern die Instruktionsinformationen verstanden wurden bzw. verständlich formuliert wurden.

SchülerInnen sollten auch darin gefördert werden, Probleme bei der Rezeption und bei der Einbindung neuer Wissenselemente in vorhandene Wissensstrukturen in Form von Nachfragen zu bearbeiten. Dies spielt insbesondere bei der Herleitung und Fixierung von Besprechungsergebnissen eine wesentliche Rolle.

Je mehr bekannt ist über gegenseitige Entwicklungseinflüsse von mündlichen und schriftlichen Kommunikationsfähigkeiten (vgl. Ohlhus 2005), desto leichter wird es werden, diese auch didaktisch zu nutzen. Wenn also z. B. in mündlichen Erzählungen bereits Mittel verwendet werden, die Lernende in schriftlichen Texten noch nicht verwenden, sollte dies im Unterricht entsprechend genutzt werden, um die kommunikativen Fähigkeiten im Mündlichen auch für das Schriftliche nutzbar zu machen.

5 Chancen im Vergleich mit der traditionellen Schulgrammatik

Nimmt man authentische Diskurse im Unterricht als Anlass zur Reflexion über grammatische Strukturen und zur Förderung (mündlicher) Kommunikationsfähigkeiten, so können einige Probleme des traditionellen Grammatikunterrichts umgangen werden. Wichtig ist dabei, dass Grammatik für die Lernenden nicht quasi als „Naturgesetz", sondern als „zu entwickelnde Theorie" auf der Suche nach Systematik erkennbar wird, da diese Sichtweise die selbsttätige Analyse unter Einbezug von Introspektion befördert. Hierfür eignet sich Mündlichkeit vielleicht in besonderem Maße, weil sie in der traditionellen Schulgrammatik nicht betrachtet wird. Die handlungsbezogene Sicht sollte den Bezug auf das **eigene** Handeln in den Vordergrund nehmen. Mit diesem Fokus dürften auch Gewinne für die Untersuchung der immer noch offenen Frage nach der Bedeutung von Sprachbewusstheit für das sprachliche Können zu erzielen sein. Die Nutzung grammatischer Strukturen für das Sprechen (wie für das Schreiben) besteht in der bewussten Auswahl sprachlicher Strukturen in Diskursen (oder Texten), aber auch im bewussten Switchen zwischen verschiedenen grammatischen Strukturen z. B. bei Reformulierungen. Beim Hören (wie beim Lesen) steht das bewusste Erkennen sprachlicher Strukturen in Diskursen (bzw. Texten) im Vordergrund. Bei der Weiterverarbeitung rezipierter Inhalte kommt auch hier dem bewussten Switchen zwischen grammatischen Strukturen, z. B. Nutzung von Nominalisierungen bei der Stichwortgenerierung, besondere Bedeutung zu. Bewusstheit bezogen auf grammatische Unterschiede und Übereinstimmungen im Mündlichen und Schriftlichen in Abhängigkeit von der Funktion der jeweiligen Handlungsform dürfte die Entwicklung des gezielten Einsatzes und der gezielten Nutzung sprachlicher Mittel im Handlungskontext unterstützen, wenn dieser Handlungskontext auch im Unterricht gegeben ist.

Literatur

Bachmann, Thomas: Kohäsion und Kohärenz: Indikatoren für Schreibentwicklung. Zum Aufbau kohärenzstiftender Strukturen in instruktiven Texten von Kindern und Jugendlichen. Insbruck u. a.: Studien Verlag 2002

Becker-Mrotzek, Michael: Schreibentwicklung und Textproduktion. Opladen: Westdeutscher Verlag 1997

Becker-Mrotzek, Michael: Schreibkonferenzen in der Grundschule. In: Bräuer, Gerd (Hrsg.): Schreiben(d) lernen. Ideen und Projekte für die Schule. Hamburg: Ed. Körber-Stiftung 2004, 105–119

Becker-Mrotzek, Michael: Wie schreibt man eine Bedienungsanleitung? In: Praxis Deutsch 30 (2003) 179, 32–36

Behrens, Ulrike/Eriksson, Birgit: Kompetenzorientiert unterrichten – Aufgaben profilieren: Aufgabenkultur im Bereich Zuhören im Visier. In: Spiegel, Carmen/Krelle, Michael (Hrsg.): Sprechen und Kommunizieren. Baltmannsweiler: Schneiderverlag Hohengehren 2009, 204–219

Berkemeier, Anne/Geigenfeind, Astrid/Schmitt, Markus: Implementierung und Evaluation schulischer Schreibförderung als Herausforderung am Beispiel der *Sachtextzusammenfassung*. In: dieS-online (i. E.).
http://www.uni-giessen.de/cms/fbz/fb05/dies/publikationen

Berkemeier, Anne: Plädoyer für eine funktional-pragmatische Ausrichtung des Grammatikunterrichts. In: Osnabrücker Beiträge zur Sprachtheorie (OBST): Grammatikunterricht und Grammatikterminologie. (2011) 79, 57–77

Berkemeier, Anne: Praxisband: Präsentieren lehren – Vorschläge und Materialien für den Deutschunterricht. Baltmannsweiler: Schneider Hohengehren 2009

Berkemeier, Anne: Präsentieren und Moderieren im Deutschunterricht der Sekundarstufen. Baltmannsweiler: Schneider Hohengehren 2006

Berkemeier, Anne/Pfennig, Lothar: Den Zuhörer im Blick: Jugendbücher erfolgreich präsentieren. In: Deutschunterricht 59 (2006) 6, 20–25

Berthold, Siegwart: Reden lernen im Deutschunterricht: Übungen für die Sekundarstufe I und II. Essen: Neue Deutsche Schule 1997

Feilke, Helmut: Entwicklung schriftlich-konzeptueller Fähigkeiten. In: Bredel, Ursula/Günther, Hartmut/Klotz, Peter/Ossner, Jakob/Siebert-Ott, Gesa (Hrsg.): Didaktik der deutschen Sprache, Band 1. Paderborn: Schöningh UTB, 2., durchges. Aufl. 2006, 178–192

Fiehler, Reinhard: Gesprochene Sprache. In: Duden. Die Grammatik. 7. Auflage. Mannheim: Dudenverlag 2005, 1175–1256

Fix, Martin: Lernen durch Schreiben. In: Praxis Deutsch 35 (2008) 210, 6–18

Fix, Martin: „... dann schneidest du einen Ritz in die Mitte des Leitwerkes." Bastelanleitungen nach dem „UWE-Prinzip" verständlicher formulieren. In: Praxis Deutsch 30 (2003) 179, 22–26

Funke, Reinold/Sieger, Jasmin: Die Nutzung von orthographischen Hinweisen auf syntaktische Strukturen und ihre Bedeutung für das Leseverständnis. Empirische Daten und didaktische Folgerungen. In: Didaktik Deutsch 15 (2009) 26, 31–53

Gornik, Hildegard: „Deshalb" oder „folglich"? Verknüpfungswörter verwenden. In: Deutschunterricht 61 (2008) 2, 10–13

Heringer, Hans Jürgen: Wie die Grammatik beim Schreiben hilft. In: Der Deutschunterricht 52 (2000) 4, 21–28

Hoffmann, Ludger: Funktionaler Grammatikunterricht in der Grundschule. In: Grundschule 36 (2004) 10, 39 ff.

Hoffmann, Ludger: Funktionaler Grammatikunterricht. In: Becker, Tabea/Peschel, Corinna (Hrsg.): Gesteuerter und ungesteuerter Grammatikunterricht. Baltmannsweiler: Schneider Hohengehren 2006, 20–45

Hoffmann, Ludger: Deutsche Grammatik. Berlin: Erich Schmidt 2013

Kast, Bernd: Fertigkeit Schreiben. München u. a.: Langenscheidt 1999

Knapp, Werner: Schriftliches Erzählen in der Zweitsprache. Tübingen: Niemeyer 1997

Moll, Melanie: Das wissenschaftliche Protokoll: Vom Seminardiskurs zur Textart: empirische Rekonstruktion und Erfordernisse für die Praxis. München: indicium 2001

Ockel, Eberhard: Zuhören im Deutschunterricht. In: Deutschunterricht 50 (1997) 12, 605–612

Ohlhus, Sören: Schreibentwicklung und mündliche Strukturierungsfähigkeiten. In: Feilke, Helmut/Schmidlin, Regula (Hrsg.): Literale Textentwicklung. Frankfurt: Lang 2005, 43–68

Peschel, Corinna: Vom Nutzen textgrammatischen Wissens für die Textproduktion – eine Untersuchung schulischen Grammatikunterrichts am Beispiel kausaler Verknüpfungsmittel. In: Becker, Tabea/Peschel, Corinna (Hrsg.): Gesteuerter und ungesteuerter Grammatikerwerb. Baltmannsweiler: Schneider Hohengehren 2005, 105–127

Redder, Angelika: Sprachwissen als handlungspraktisches Bewusstsein – eine funktionalpragmatische Diskussion. In: Didaktik Deutsch 4 (1998) 5, 60–76

Sachweh, Svenja: «Noch ein Löffelchen?» Effektive Kommunikation in der Altenpflege. Bern: Hans Huber 2005

Schuster, Karl: Mündlicher Sprachgebrauch im Deutschunterricht. Baltmannsweiler: Schneider Hohengehren 1998

Spiegel, Carmen: Interaktion im Deutschunterricht am Beispiel der Argumentationseinübung. Verlag für Gesprächsforschung 2006 Download: http://www.verlag-gespraechsforschung.de/2006/spiegel.htm

Spreckels, Janet (Hrsg.): Erklären im Kontext. Neue Perspektiven aus der Gesprächs- und Unterrichtsforschung. Baltmannsweiler: Schneider Hohengehren 2009

Vogt, Rüdiger: Im Deutschunterricht diskutieren: zur Linguistik und Didaktik einer kommunikativen Praktik. Tübingen: Niemeyer 2002

Vogt, Rüdiger (Hrsg.): Erklären. Gesprächsanalytische und fachdidaktische Perspektiven. Tübingen: Stauffenburg 2009

WOLFGANG STEINIG

C 6 Sprachentwicklung – Sprachwandel – Sprachevolution reflektieren

1 Sprache als ein dynamisches System begreifen

In diesem Beitrag sollen didaktische Möglichkeiten ausgelotet werden, wie Schülerinnen und Schüler lernen können, Sprache als ein dynamisches System zu begreifen. Damit soll der verbreiteten Vorstellung von Sprache als einem normativ verfestigten System, über dessen Regeln und Gebrauch man in Wörterbüchern und Grammatiken Endgültiges erfahren könne, entgegengewirkt werden. Drei Bereiche werden dabei diskutiert: die kindliche Sprachentwicklung, der sprachliche Wandel und die Evolution der Sprache. In allen Bereichen sind Veränderung und Dynamik konstituierende Elemente. Und diese Elemente sind keineswegs akzidentiell, sondern gehören zentral zum Wesen menschlicher Sprachlichkeit.

Wenn man Entwicklung, Wandel und Ursprung von Sprache didaktisch modellieren möchte, benötigt man einen Zugang. Bei der Sprachentwicklung kann dieser Zugang unmittelbar aus eigener Beobachtung des kindlichen Sprachgebrauchs gewonnen werden. In jeder Familie können Eltern wie ältere Geschwister oft in wenigen Wochen wahrnehmen, wie sich das Sprachverhalten kleinerer Kinder verändert.

Beim Sprachwandel ist es wesentlich schwieriger, einen unmittelbaren Zugang zu gewinnen. Einen Prozess zu erkennen, der sich über Jahrzehnte und Jahrhunderte vollzieht, aber auch in der Gegenwart ständig an unterschiedlichen Orten, bei unterschiedlichen Sprechern, in unterschiedlichen Sprechsituationen und in gleichzeitiger Ungleichzeitigkeit vonstattengeht, ohne dass einem dies bewusst wird, ist eine didaktische Herausforderung.

Und schließlich entzieht sich die Sprachevolution, die sich vor Jahrtausenden in einem Tier-Mensch-Übergangsfeld vollzog, gänzlich unmittelbarer Beobachtung. Während man anhand von Knochenresten tief in die Urgeschichte frühester Menschen und ihrer hominiden Vorfahren eindringen kann, ist dies für die Evolution der Sprache nur höchst eingeschränkt möglich. Aber aus zwei Gründen wäre gerade dieser Bereich für den Deutschunterricht ertragreich. Zum einen gibt es kaum ein Thema, für das sich Menschen seit jeher so stark interessieren: Wie entstand unsere Sprachlichkeit – eine Fähigkeit, die uns wahrscheinlich am stärksten als Menschen auszeichnet? Die Motivation, sich dieser Frage zu nähern, dürfte auf allen Schulstufen außergewöhnlich hoch sein. Zum anderen ließe sich dieses Thema gut als fächerübergreifendes Projekt im Verbund mit Biologie, Philosophie und Religion bearbeiten.[1]

2 Sprachentwicklung

Als Eltern oder Kinder mit jüngeren Geschwistern kann man miterleben, wie sich Sprache entwickelt und verändert. Diese Realität lässt sich beobachten, beschreiben und reflektieren. Im Rahmen eines Projekts zur Sprachentwicklung ließen sich in unterschiedlichen Klassenstufen, angefangen von der Grundschule bis zur gymnasialen Oberstufe, sprachliche Äußerungen im Kleinkindalter sammeln, systematisieren und reflektieren. So würde Schülern am sinnfälligsten evident, wie unvollkommen und veränderlich sprachliche Anfänge sind, wie viel Mühe es kleinen Kindern bereitet, Inhalte und Intentionen adäquat auszudrücken, und wie viel Zeit nötig ist, bis man sich zur Sprache der Erwachsenen vorgearbeitet hat.

Da man sich tagtäglich selbst als Schüler im Prozess sprachlicher Ausdifferenzierung befindet, bemerkt man kaum etwas von diesem Entwicklungsprozess. Aber mit Videomitschnitten lassen sich Quer- und Längsschnitte bei kleineren Kindern aus der eigenen Familie, aus der Familie von Mitschülern oder auch anhand der eigenen sprachlichen Entwicklung objektivierend festhalten und einer Analyse zugänglich machen. Schüler können eigenständig recherchieren, in welchem Lebensmonat Kinder mit dem Sprechen beginnen und welche Wörter zuerst geäußert werden. Sie können ihre Eltern fragen, wann und wie sie selbst oder Geschwister und Freunde anfingen zu sprechen. Im Rahmen eines Projekts ließe sich so in einer Klasse eine Übersicht über den Beginn des Wortschatzerwerbs zusammenstellen. Daran schlössen sich Überlegungen zur Art des Wortschatzes an. Sind es vor allem Substantive, die sich auf konkrete Bereiche der unmittelbaren Umgebung eines Kindes beziehen, wie Familienmitglieder, Tiere, Spielsachen, Essen und Trinken, greifbare, sichtbare und manipulierbare Dinge? Oder tauchen auch andere Wörter auf (vgl. Wode 1988; Kauschke 2000; Szagun 2002)? Die Schüler werden bei ihren Recherchen feststellen, dass man sich wesentlich leichter an Substantive als an unscheinbare Funktionswörter erinnern kann, die aber offenbar schon sehr früh bedeutsam sind.

Die beiden ersten Phasen des Erwerbs wären aus didaktischer Sicht am ertragreichsten zu modellieren:

1. Die Zeit von 0;10–1;8 Jahren, in der ein Kind die ersten Äußerungen produziert.
2. Der sog. Vokabelspurt im Alter von 1;8–3;6 Jahren, eine Zeit, in der bei den meisten Kindern eine sprunghafte Ausweitung des Wortschatzes zu beobachten ist.
(vgl. Rothweiler 2002)

---

[1] Schäfer (2010) hat in einem Themenheft zum Zentralabitur eine anregende Textauswahl mit Aufgaben zu „Sprachursprung, Spracherwerb, Sprachwandel, Sprachkritik, Sprachskepsis, Sprachnot" zusammengestellt.

Schüler sind keine Wissenschaftler, und deshalb sollte man nicht erwarten, dass am Ende eines Projekts zur Sprachentwicklung ein Korpus stehen wird, anhand dessen man eindeutige Zuordnungen zu Stufen kindlicher Sprachentwicklung nachweisen kann. Voraussichtlich werden die Schüler nur relativ wenige Sprachdaten sammeln können, und da es in der Geschwindigkeit des Erwerbs von Kind zu Kind große Unterschiede gibt, könnten sich am Ende eines solchen Projekts mehr Fragen als Antworten ergeben – Fragen, die darauf abzielen, wie sich diese große Varianz erklären lässt.

Sie hängt zum einen mit genetischen Dispositionen zusammen, zum anderen mit der Quantität und Qualität, mit der Eltern mit ihren Kindern kommunizieren. Genetische Dispositionen lassen sich nicht beobachten, wohl aber die Eltern-Kind-Kommunikation. Deshalb wäre es für Schüler in höheren Klassen sinnvoll, sich nicht nur auf die Äußerungen von Kindern zu konzentrieren, sondern auch auf das an das Kind gerichtete Sprachverhalten von Eltern und älteren Geschwistern. Dabei würde relativ rasch deutlich, dass es Familien gibt, in denen oft und auf vielfältige Weise mit Kleinkindern kommuniziert wird, während in anderen nicht viel mehr als das Notwendige zur Bewältigung des Alltags geäußert wird. Dieser in einer umfangreichen amerikanischen Längsschnittstudie (1318 einstündige Videoaufzeichnungen zur Kommunikation mit 42 Kleinkindern von 0;8–3;2 Jahren) beobachtete Unterschied zwischen „redefreudigen" und „schweigsamen" Familien steht in engem Zusammenhang mit der sozialen Schicht: In Familien von Sozialhilfeempfängern („welfare") richten Eltern durchschnittlich nur 616 Wörter in der Stunde an ihre Kinder, bei Eltern mit höherer Bildung und höherem Einkommen („professionals") steigt die Anzahl auf 2153 Wörter, also beinahe auf das Vierfache (vgl. Hart/Risley 1995).

Neben diesem außergewöhnlich hohen quantitativen Unterschied zeigten sich in der Studie auch qualitative Unterschiede. In bildungsnahen Familien löst sich das Sprechen häufiger vom situativen Kontext. Man spricht öfter über Vergangenes und Zukünftiges, man erzählt und spielt mit der Sprache. Sprechen muss Kleinkindern in diesen Familien als eine lustvolle Aktivität mit hohem Aufforderungscharakter erscheinen. In einem anregenden Sprachmilieu entwickeln sich ihre Sprechfrequenz und ihre verbalen Fähigkeiten rascher als bei Kindern in sozial schwachen und bildungsfernen Familien, in denen die sprachlichen Anregungen quantitativ wie qualitativ geringer sind. Kinder, die in einem gehobenen Milieu aufwachsen, produzieren nach Hart/Risley (1995) in den ersten drei Jahren circa zwölf Millionen Wörter; Kinder in sozial schwachen Familien dagegen nur etwa vier Millionen (vgl. Steinig 2010).

Ähnlich große Unterschiede ließen sich wahrscheinlich auch in deutschen Familien beobachten, in einsprachigen wie in zweisprachigen mit Zuwanderungsgeschichte. Schüler höherer Klassen könnten anhand von Auszügen aus einschlägiger Literatur (z. B. Szagun 2013) und Sprachaufzeichnungen erfahren, dass es eine relativ feste Folge von Entwicklungsschritten gibt, nach der alle hör- und sprechfähigen Kinder die Erstsprache erwerben[2], aber dass es andererseits auch große Unterschiede in der Geschwindigkeit und der Qualität der Sprachentwicklung gibt, die durch die Art und Weise beeinflusst wird, wie Eltern mit ihren Kindern sprechen. Sie könnten entdecken, wie Eltern auf frühkindliche Äußerungen reagieren, und so auch erkennen, dass die Quantität der an das Kind gerichteten Äußerungen einen großen Einfluss auf seine sprachliche Entwicklung hat.

Um die Einsicht in die überaus wichtige Rolle elaborierter Eltern-Kind-Kommunikation für den schulischen, beruflichen und gesellschaftlichen Erfolg von Kindern nicht nur als Faktum erkennbar zu machen, sondern auch Strategien zu entwickeln, wie man die Kommunikation mit Kindern reichhaltiger gestalten kann, sind Rollenspiele sinnvoll, in denen Schüler lernen, wie man mit kleinen Kindern anregend kommuniziert, ihnen etwas vorliest oder eine Geschichte erzählt. Als konkrete, authentische Erfahrung würden Begegnungen von älteren Schülern mit Kindergartenkindern oder Erstklässlern, bei denen zu zweit oder in Kleingruppen erzählt, vorgelesen und (mit Sprache) gespielt würde, den nachhaltigsten Lernerfolg ermöglichen (vgl. Steinig 2002).

Wenn die überragende Rolle der Eltern-Kind-Kommunikation vor allem Schülern aus unteren sozialen Schichten, in denen tendenziell weniger gesprochen wird, bewusst würde, dann wäre das gewissermaßen eine auf die Zukunft gerichtete Sprachkompensation; im besten Fall eine sprachbewusste Einstimmung auf eine mögliche eigene Elternschaft, die dazu beitragen könnte, dass eine eigene familiale Spracharmut nicht in die nächste Generation tradiert wird.

An die in der Schule erworbenen ritualisierten Formen des Erzählens und Vorlesens ließe sich später anknüpfen und so eine Erzählkultur in der eigenen Familie aufbauen.

Eine besondere Spracherwerbssituation findet man in Familien, in denen nicht nur Deutsch, sondern teilweise, überwiegend oder ausschließlich eine andere Sprache gesprochen wird. Wenn Schüler sich mit dem Erstspracherwerb befassen, werden sie zwangsläufig auch auf den Zweitspracherwerb und den doppelten Erstspracherwerb stoßen, denn nur noch in seltenen Fällen wird man Schulklassen ohne Kinder mit Zuwanderungsgeschichte finden. Es wird vor allem für monolingual deutsch aufwachsende Kinder spannend sein zu erfahren, wie in diesen Familien kommuniziert wird.

Im Rahmen erfahrungsoffener Hausaufgaben könnten Schüler die Kommunikation in zweisprachigen Familien beobachten, möglicherweise auch aufzeichnen und so u.a. das Phänomen des Code-Switching entdecken. Mit Fragen zum Gebrauch, zur Wertschätzung und zum Prestige der Familiensprachen in der

---

[2] Als ein auch für SchülerInnen der gymnasialen Oberstufe verständlicher Text zum Erwerb des Satzbaus sei die Informationsbroschüre 1/2002 der Forschungs- und Kontaktstelle Mehrsprachigkeit von Rosemarie Tracy „Deutsch als Erstsprache: Was wissen wir über die wichtigsten Meilensteine des Erwerbs?" empfohlen (www.schule-bw.de/unterricht/paedagogik/sprachfoerderung/wissenschaft/unimannheim.pdf).

Herkunftskultur und in Deutschland bekämen sie einen vertieften Einblick in höchst unterschiedliche sprachliche Gemengelagen. Besonders in drei- und mehrsprachigen Familien wie in kurdischen, in denen neben Kurdisch als Erstsprache und Deutsch auch Türkisch gesprochen wird, ließe sich das „geheime Leben von Sprachen" (vgl. Brizic 2007) mit hohem Erkenntnisgewinn erkunden und im Rahmen von Fach- oder Projektarbeiten darstellen.

3 Sprachwandel

Bei Recherchen zum Sprachverhalten kann deutlich werden, dass die hohe Anzahl zweisprachiger Familien mit ihrer großen Vielfalt verwendeter Sprachen und den komplexen situativen wie biographischen Mischungsverhältnissen mit häufigem Code-Switching im täglichen Gebrauch dazu führen könnte, dass sich die deutsche Sprache verändern wird. Denn Sprachkontakte und Varianz auf der Mikroebene des Sprachlebens sind ein wesentlicher Faktor für sprachlichen Wandel in einer Sprachgemeinschaft.

In zweisprachigen Familien sind Varianz und Kontakt unmittelbar evident. Hier eine mögliche Ursache für sprachlichen Wandel zu erkennen, dürfte älteren Schülern rasch einleuchten. Die Einsicht, dass auch in monolingual deutschen Familien und bei jedem einzelnen Sprecher immer mehrere sprachliche Alternativen auf phonologischer, syntaktischer, semantischer und pragmatischer Ebene zur Verfügung stehen und so Varianten und Varianz ständig für Bewegung und Veränderung in einer Sprachgemeinschaft sorgen, ist dagegen nicht so leicht nachzuvollziehen. Aber dennoch müsste als Ziel in einer Unterrichtseinheit zum Sprachwandel die Erkenntnis stehen, dass Sprachvariation die zentrale Voraussetzung für Sprachwandel ist. Jeder einzelne Sprecher, der sich der zur Verfügung stehenden Varianten bedient, steht grundsätzlich immer in dem Zwiespalt, entweder seinen sprachlichen Aufwand zu reduzieren, um Kraft zu sparen, oder aber seinen sprachlichen Aufwand zu erhöhen, um so einen stärkeren Eindruck bei seinen Hörern oder Lesern zu hinterlassen. Keller (2003, 139f.) formuliert diese beiden konkurrierenden Maximen prägnant:

„Rede so, dass Du beachtet wirst!"
„Rede so, dass es Dich nicht unnötige Anstrengung kostet!"

Diese beiden Maximen können auch jüngere Schüler leicht aus eigener Erfahrung bestätigen, etwa wenn sie auf eine unbeliebte Tante mundfaul reagieren oder beim Treffen mit Freunden phantasievoll und witzig formulieren.[3]

---

[3] Hierzu könnten Aufgaben konzipiert werden, in denen Varianten unterschiedlicher grammatischer Komplexität und stilistischer Kreativität zu identischen Inhalten formuliert werden, die sich (a) an einen gleichaltrigen Freund und (b) an einen wenig bekannten Erwachsenen richten, etwa so: *Das war ein so was von hammermäßiger Sound, der reine Wahnsinn, vollkommen irre. – Das war ein schönes Konzert.*

Während sich Sprachvarianz im Alltag beobachten lässt und die beiden Maximen des Sprachwandels mit Beispielen veranschaulicht werden können, ist der Wandel selbst unmittelbarer Beobachtung nicht zugänglich. Man wird auch keinen Verursacher entdecken können, der den Wandel intendiert hat und dafür verantwortlich wäre. Weder die Sprache selbst treibt ihren Wandel voran – so als ob sie ein Eigenleben hätte und einen bestimmten Weg einschlagen möchte –, noch versuchen Menschen als ihre Sprecher und Schreiber, Sprache gezielt zu verändern, sieht man einmal von den wenigen, meist erfolglosen Bemühungen ab, einzelne Ausdrücke einzuführen oder auszumerzen.

Da Sprachwandel weder ein natürliches Phänomen noch ein von Menschen geschaffenes Artefakt ist, hat ihn Rudi Keller (2003) als ein Phänomen der dritten Art bezeichnet: das Ergebnis des Wirkens einer „unsichtbaren Hand". Ähnlich wie bei der Entstehung eines Trampelpfades auf einem Rasen kommt es zu einem Ergebnis, das niemand geplant oder gewollt hat. Es entsteht vielmehr, weil viele Menschen das gleiche Verhalten zeigen: einen Weg über den Rasen abzukürzen, um rasch vorwärts zu kommen, oder eine bestimmte Formulierung zu wählen, weil sie als kommunikativ günstig erscheint und vergleichsweise wenig Kraftaufwand erfordert. Aus unzähligen Sprechhandlungen, die unkoordiniert von unterschiedlichsten Sprechern einer Sprachgemeinschaft mit unterschiedlichsten Absichten gleichzeitig und kontinuierlich vollzogen werden, entwickeln sich ungewollt, ungeplant und spontan sprachliche Veränderungen, die das Sprachsystem als eine dynamische, nicht willkürlich kontrollierbare Ordnung erscheinen lassen.

Sprachlicher Wandel ist – ähnlich wie die Evolution der Lebewesen durch „natürliche Selektion" – kein zielgerichteter Vorgang. In welche Richtung sich Sprache oder Lebewesen verändern werden, lässt sich nicht vorhersagen. Nur im Nachhinein, wenn eine Veränderung erfolgt ist, kann man mögliche Gründe, die zu einer Veränderung in eine bestimmte Richtung geführt haben könnten, als plausibel annehmen; letzte Gewissheit wird man jedoch nicht bekommen.

Im Gegensatz zu kulturellen Phänomenen, die Menschen bewusst gestalten, wie Malerei, Architektur, Musik, Tanz, Rituale, Gesetze, Sitten oder auch sprachliche Kunstwerke, entzieht sich Sprache einer gestaltenden Einflussnahme auf ihre Entwicklung. Nur in Bezug auf die Schriftsprache, vor allem bei der Festlegung orthographischer Regeln, ist eine unmittelbare Einflussnahme möglich. Für die gesprochene Sprache lassen sich dagegen nur für wenige Fälle im Bereich der Lexik intendierte Einflussnahmen nachweisen, die erfolgreich waren, beispielsweise Sprachgesellschaften im Barock, die gegen den Einfluss des Latein und Französischen zu Felde zogen mit dem Ergebnis, dass eine Reihe lateinischer oder französischer Wörter durch deutsche ersetzt wurden (vgl. Engels 1983). Gegenwärtig versucht der „Verein Deutsche Sprache" (www.vds-ev.de) in vergleichbarer Weise den Einfluss des Englischen einzudämmen und geht deshalb gegen Anglizismen vor. Aber Sprachen in ihren komplexen Strukturen, vor allem mit ihrer Grammatik und Aussprache, lassen sich nicht in ihrer Entwicklung beeinflussen. Sie verändern sich, ohne dass Sprachkritiker dies verhindern können.

Alle indoeuropäischen Sprachen verändern sich seit vielen Jahrhunderten langsam, aber stetig in unterschiedlichen Geschwindigkeiten von einem synthetischen zum analytischen Sprachbau (vgl. Stedje 2007, 21 ff.). Nicht nur Humboldt (1836) missfiel diese Entwicklung, da er synthetischen Sprachen eine höhere Qualität zuerkannte als analytischen. Wenn man anstatt einer analytischen Variante wie *er würde kommen* eine synthetische Alternative wie *er käme* oder *er komme* wählt, dann erscheint sie einem anspruchsvoller. Aber es wäre abwegig anzunehmen, dass das Englische, bei dem die Entwicklung zum analytischen Sprachbau am weitesten fortgeschritten ist, Flexionsendungen weitgehend weggefallen sind und synthetische Alternativen nicht mehr zur Verfügung stehen, primitiver sei als das Deutsche. *I go, you go, he goes* ist zwar grammatisch einfacher als *ich gehe, du gehst, er geht*, aber dieser grammatischen Einfachheit in der Verbalflexion steht eine hohe Komplexität im Wortschatz und in der Idiomatik gegenüber. Dennoch sollte man nicht annehmen, alle Sprachen seien grundsätzlich ähnlich komplex, da sie einfachere Bereiche mit komplexeren kompensieren würden, wie Linguisten ungeprüft immer wieder neu behaupten.[4]

Sprachen, die über größere Zeiträume intensiv mit anderen Sprachen in Kontakt standen und von Sprechern anderer Sprachgemeinschaften als Zweitsprache erlernt wurden, sind offenbar stärker einer Tendenz zum analytischen Sprachbau ausgesetzt als Sprachen kleinerer, geographisch randständiger Sprachgemeinschaften, die Migrationsbewegungen weniger ausgesetzt waren, wie etwa das Litauische, das als indoeuropäische Sprache mit einer komplexen Flexionsmorphologie seinen synthetischen Charakter weitgehend bewahrt hat und so dem Lateinischen, Altgriechischen und Sanskrit ähnelt. Eine komplexe synthetische Morphologie hat sich offenbar in Sprachgemeinschaften nicht nur aus kommunikativen Erfordernissen entwickelt, sondern auch als eine effektive Möglichkeit, es Fremden schwer zu machen, ihre Sprache zu erlernen und so Teil einer Sprachgemeinschaft zu werden. Gruppenkohäsion nach innen und Abgrenzung nach außen sind eine universale Strategie, die mit schwer erlernbaren sprachlichen Merkmalen erreicht werden kann (vgl. Steinig 2008). Der subjektive Eindruck, dass Sprachen, in denen analytische Äußerungen gegenüber synthetischen überwiegen, leichter zu erlernen seien, hat wahrscheinlich eine objektive kognitive Basis. Beim Erst- wie beim Zweitspracherwerb des Deutschen lässt sich beispielsweise beobachten, dass Äußerungen im Perfekt früher erworben werden als im Präteritum. Analytische Formen scheinen zudem funktional flexibler und

---

[4] So findet man in zahlreichen Einführungen in die Linguistik diese unbewiesene These, z. B. auch in der seit den 1970er Jahren immer wieder neu aufgelegten Einführung von Fromkin/Rodman/Hyams (1974/2010, 25): „[...] all languages are equally complex and equally capable of expressing any idea in the universe".

mithin kommunikativ variabler einsetzbar zu sein, so dass der langfristige Trend vom synthetischen zum analytischen Sprachbau in indoeuropäischen Sprachen nicht als ein degenerativer Prozess angesehen werden kann (vgl. Knobloch 2011, 240 ff.).

Alle Sprachen erhalten ein hohes Maß an Komplexität, denn Menschen formulieren nicht immer mit möglichst geringem Kraftaufwand, suchen also nicht immer nach dem sprachlich einfachsten Weg. In Situationen, in denen Macht und Prestige im Spiel sind, wenn man sich – eingebunden in Hierarchien und Abhängigkeiten – von seiner besten Seite zeigen möchte, um Einfluss und Anerkennung gegenüber Ranghöheren zu erlangen oder einen Geschlechtspartner zu gewinnen, dann wird man sich auch sprachlich besonders anstrengen. Der sprachliche Ausdruck wird in diesen Situationen gewissermaßen zur Visitenkarte einer Person; er signalisiert den Gesprächspartnern, wie sie einen Sprecher hinsichtlich seiner Kompetenzen und seiner gesellschaftlichen Stellung einzuschätzen haben. Deshalb fällt es Menschen im vertrauten Kreis der Familie oder unter Freunden leicht sich zu äußern, denn hier spüren sie keinen Druck, sich in besonderer Weise präsentieren zu müssen. Verlässt man aber den privaten Raum und agiert in der Öffentlichkeit, steigt der Anspruch, sich in besonderer Weise zu präsentieren und dementsprechend sprachlich aufwändiger zu formulieren. Man drückt sich gewählter aus, man sucht nach besonderen, seltener gebrauchten Wörtern, man formuliert komplexer und artikuliert präziser.

Diesen Unterschied zwischen der Kommunikation im privaten und öffentlichen Raum können Schüler bereits im ersten Schuljahr erfahren, beispielsweise im Rollenspiel. Die Sie/du-Unterscheidung macht diese situative Differenzierung sinnfällig. Auch anhand anderer Sprachen, am besten derer, die in einer Klasse vertreten sind, können Schüler beobachten, welche lexikalischen, grammatischen und stilistischen Möglichkeiten bestehen, den Unterschied zwischen öffentlichen, durch Hierarchien und Prestige geprägten Situationen und privaten Situationen auszudrücken.

Das Motiv, sich sprachlich kreativ und innovativ zu zeigen, um einen besonderen Eindruck zu erzielen, dürfte Schülern ab der Pubertät besonders einleuchtend erscheinen, denn in Gesprächen unter Jugendlichen hat sprachliche Kreativität einen hohen Stellenwert und trägt entscheidend dazu bei, in der Peer Group Anerkennung zu bekommen. Jugendsprachliche Innovationen sind somit eine wichtige Quelle für sprachliche Veränderungen, die oft im allgemeinen Sprachgebrauch Eingang finden.

Es geht nicht nur um das Setzen außergewöhnlicher sprachlicher Akzente, denn man möchte sich sprachlich auch so verhalten wie alle anderen, um zu zeigen, dass man zu einer Gemeinschaft gehört. In dieser Spannung zwischen sprachlicher Anpassung und Eigenständigkeit steht jeder Sprecher, aber ein Jugendlicher, der seine Rolle in der Gesellschaft zu finden sucht, wohl in besonderer Weise. Diese Problematik dürfte Schülern ab etwa der sechsten Klasse nicht fremd sein. Schüler der Oberstufe könnten jedoch dazu fähig sein, auf Veränderungen innerhalb ihrer Sprachgemeinschaft zurückzublicken, die sie selbst erfahren haben, und amüsiert und/oder kritisch jugendsprachliche Ausdrücke zu reflektieren, die noch vor wenigen Jahren angesagt waren. Besonders für intensivierende Ausdrücke kann dieser Rückblick gelingen. Davon ausgehend ließe sich dann diskutieren, warum gerade diese Ausdrücke einem hohen Verschleiß ausgesetzt sind und ständig durch neue ersetzt werden müssen. Daran anschließend könnte man dann vielleicht im Deutschunterricht etwas lernen, was man normalerweise nicht in der Schule lernt, aber entscheidend für den Erfolg im Leben ist: etwas über Macht, Prestige, Einfluss und Relevanz. Denn Steigerungspartikeln sind gewissermaßen die Schlüsselwörter, mit denen sich diese Bereiche erschließen lassen: *Ich bin cool, du bist cool, wir sind cool, aber ich bin cooler, weil ich einfach irre geil drauf bin.*

Auch junge Karrieren von Inhaltswörtern lassen sich einigermaßen gut von älteren Schülern nachverfolgen. Sie können Auskunft darüber geben, welche Wertadjektive wie *abgespaced, chillig, stressig, nervig, gefrustet, gedisst* oder *krass* erst seit kurzem oder bereits länger in Gebrauch sind und mit welchen man zeigen kann, ob man sich auf der Höhe seiner Zeit befindet. *Speckbarbie*, ein aufgetakeltes Mädchen in viel zu enger Kleidung, wurde 2010 in einer Umfrage des Langenscheidt-Verlags zum beliebtesten Jugendwort gewählt. 2011 kam der *Puddingpanzer* als Bezeichnung für eine dicke Person auf. Nur: Kennen Jugendliche all diese angeblich unter Jugendlichen verbreiteten Wörter? Oder möchten Verlage mit ihren Wörterbüchern zur Jugendsprache nicht vielmehr Aktualität demonstrieren und sich ein jugendliches Image geben? Auch aus dieser Fragestellung könnte ein Projekt entstehen: Eine Umfrage unter Jugendlichen um zu eruieren, welche Wörter tatsächlich unter Kindern und Jugendlichen der eigenen Schule in Gebrauch sind. Neben jugendsprachlichen Ausdrücken lassen sich Anglizismen untersuchen, die in der Öffentlichkeit, vor allem in Internetforen, heftig und kontrovers diskutiert werden. Wie tolerant oder wie intolerant geht man als Schüler mit diesen Ausdrücken um?

Spannend sind auch bedrohte oder aussterbende Wörter wie *Bube, Gastarbeiter, Herzeleid* oder *Mirakel*, über die sich sprachbewusste Gymnasiasten manchmal köstlich amüsieren können und die sie dann aus dem Abseits holen und ihnen zu neuen Karrieren im Jargon ihrer Clique verhelfen. Totgesagte Wörter können urplötzlich wieder höchst lebendig werden. Aber wann und warum dies geschieht, lässt sich nicht prognostizieren, allenfalls im Nachhinein erklären. Dabei lernt man, dass sprachlicher Wandel ein kontinuierlicher Prozess ist. Neue Wörter tauchen irgendwann einmal auf, werden häufiger, haben ihre starken Zeiten, beginnen zu schwächeln und können schließlich ganz verschwinden. Spannend könnte die Frage für Schüler sein, wann und warum Wörter neu geboren werden. Wer hat sie zuerst verwendet? Und warum konnten sie sich überhaupt durchsetzen?

Schwieriger wird es, wenn man sich mit unscheinbaren Funktionswörtern wie beispielsweise mit der Konjunktion *deshalb* beschäftigt. Wenigen Sprechern ist wahrscheinlich bewusst, dass sie heute kaum noch diese Konjunktion im gesprochenen Alltagsdeutsch verwenden, sondern stattdessen *von daher*. Derartige Veränderungen verbreiten sich unauffällig unterhalb der Schwelle bewusster Aufmerksamkeit und sind für Schüler zunächst wohl auch weniger interessant als spektakuläre Neologismen, die öffentliche Aufmerksamkeit erfahren. Aber hier, unauffällig und kaum beachtet, findet der weitaus größte Teil sprachlichen Wandels statt. Um dies an konkreten Beispielen festmachen zu können, benötigt man ein geradezu detektivisches Gespür für Sprache. Hier liegt auch das motivationale Potential für den Unterricht. Wenn Schüler einmal dieses Gespür entwickelt haben, gewissermaßen Lunte gerochen haben, kann sich ein regelrechtes sprachliches Jagdfieber entwickeln.

Für die Didaktik ergeben sich grundsätzlich drei Perspektiven, sich mit Sprachwandel zu beschäftigen:
– Beschäftigung mit älteren Sprachzuständen des Deutschen, beispielsweise dem Mittelhochdeutschen;
– Aufspüren aktueller sprachlicher Wandlungsprozesse;
– begründbare und kreative Spekulationen, in welche Richtung sich das Deutsche verändern wird.

Die Arbeit mit älterer Sprache und Literatur ist im Deutschunterricht seit den 1950er Jahren stetig zurückgegangen. Neuerdings hat aber Thomas Möbius (2010) gezeigt, wie sich mittelhochdeutsche Literatur so didaktisch modellieren lässt, dass sie im Kontext von Mehrsprachigkeit und Interkulturalität zu spannenden und überraschenden Einsichten führen kann. Er macht Vorschläge, wie sich der immer rigider gewordene Kanon mittelhochdeutscher Texte durch die Berücksichtigung anderer Textsorten erweitern lässt, und zeigt, welche Kompetenzen bei Schülern aktiviert werden können, um ältere Texte zu verstehen.

Sprachliche Veränderungen lassen sich auch in der jüngeren Vergangenheit aufspüren, beispielsweise am Wandel von Personenbezeichnungen (Schuster/Wich-Reif 2009) oder Kindesbezeichnungen (Mühlbauer/Riegler 2009), anhand der Bildungsweisen von starken und schwachen Verben (Spiekermann 2009) oder der Tendenz zur Nachfeldbesetzung von Satzgliedern (Bär 2000). Voeste (2009) schlägt für den Unterricht vor, „Ausklammerungen"[5] anhand von Ausschnitten aus einem übersetzten Jugendbuch (Bis(s) zum Morgengrauen (Meyer 2008)) unter dem Aspekt einer simulierten Mündlichkeit zu behandeln und zu zeigen, dass Sätze aufgrund einer besseren Informationsverteilung zwischen Mittel- und Nachfeld verständlicher werden können.

---

[5] Der Begriff „Ausklammerung" suggeriert gegenüber „Nachfeldbesetzung", dass ein Ausdruck eigentlich in der Satzklammer stehen müsste und bekommt so eine normative Nebenbedeutung, die für eine deskriptive Linguistik nicht sinnvoll ist; in einem didaktischen Kontext kann er jedoch sinnvoll sein, da hier Schüler in der Regel wertend Stellung gegenüber (vermeintlichen) Abweichungen nehmen sollen.

Aktuelle Wandlungsprozesse führen oft zu heftigen Reaktionen, wie man in der teilweise polemisch geführten Diskussion im Internet zur Akzeptanz von Anglizismen nachlesen kann. Auch die seit Jahrhunderten immer wieder neu kolportierten Vorstellungen eines drohenden Sprachverfalls kann man hier finden. In der Auseinandersetzung mit den diskutierten Beispielen können Schüler die Fähigkeit entwickeln, sachlich mit Sprachkritik umzugehen und eigene Positionen zu vertreten.

Das jugendsprachlich geprägte Verhalten in der Schule ließe sich mit Befragungen zur Einstellung gegenüber bestimmten Ausdrücken eruieren. Werden sie als „korrekt", „gewählt", „derb", „deplatziert", „holprig", „treffend", „schlampig", „höflich", „blass", „direkt", „gekünstelt" o. ä. empfunden?[6] Mit „Semantischen Differentialen", die Schüler mit eigenen, ihnen sinnvoll erscheinenden Gegensatzpaaren, wie „natürlich" vs. „gekünstelt" oder „angesagt" vs. „out" selbst zusammenstellen können, ließe sich die Einstellung gegenüber Wörtern, Ausdrücken oder Texten ermitteln, um daraus Urteile über ihre Akzeptanz und Entwicklungsperspektive abzuleiten.

Zukünftiger Wandel einzelner Ausdrücke lässt sich zwar nicht prognostizieren, aber langfristige Entwicklungstendenzen, wie der Wandel vom synthetischen zum analytischen Sprachbau, der mit einer Reduktion der Flexionsmorphologie einhergeht, werden sich höchstwahrscheinlich in den kommenden Jahrhunderten fortsetzen. Wie könnte, unter dieser Prämisse, das Deutsche in hundert Jahren aussehen? Damit die Beschäftigung mit dieser Frage nicht in ein chaotisches Raten ausufert, könnten Auszüge aus den autobiographischen Reiseerzählungen „fom winde ferfeelt" von Zé do Rock gelesen werden. Der Autor kreiert darin ein „ferainfactes Doitsh", das anhand von nachvollziehbaren Regeln, von Kapitel zu Kapitel, orthographisch und grammatisch sukzessive vereinfacht und dabei konzeptionell immer mündlicher wird. Gegen Ende des Buches nimmt er sich die Vereinfachung der Artikel vor:

„das swerdoitshe hat 16 bestimmte artikel: der, den, dem, des ...
das ultradoitsh-u hat nur *de*.
de unbestimmte artikel is *a*, for wokal *en*. a birne, en apfel" (do Rock 1995, 226).

Was also spräche dagegen, wenn wir in hundert Jahren „*de Löffel, de Gabel und de Messer*" hätten, denn schließlich könnte auch hier das attraktive Englisch mit seinem Einheitsartikel „the" für die deutsche Grammatik als Vorbild dienen. Vieles spricht dafür, dass die grammatische Komplexität des Deutschen abnimmt, ohne dabei an Funktionalität zu verlieren. Doch wenn sich Sprecher bereits seit Jahrhunderten auf den Kellerschen Trampelpfad reduzierter verbaler Anstrengung begeben haben und es tatsächlich eine über viele Sprachen hin verbreitete, langfristige Tendenz zur sprachlichen Vereinfachung gibt, stellt sich die

---
[6] Zum kreativen Potential jugendsprachlicher Varianten vgl. Wiese (2012).

Frage, ob Sprachen ursprünglich grammatisch komplexer waren als moderne Sprachen. Dies aber wiederum widerspricht der Vorstellung, dass zu Beginn menschlicher Kultur und einer eingeschränkteren Intelligenz älteste Sprachstufen eine überaus komplexe Grammatik besessen hätten. Möglicherweise werden sich Schüler selbst dieses Dilemmas bewusst und stellen Fragen zum Ursprung menschlicher Sprachfähigkeit.

4 Sprachevolution

Sprachfähigkeit beruht nicht – wie die Schrift – auf einer Entdeckung oder Erfindung, sondern ist ein wesentliches Merkmal der Spezies Mensch und mithin Teil seiner biologischen Ausstattung als Resultat natürlicher und sexueller Selektion. Merkmale, die auf natürlicher Selektion beruhen, sind Anpassungen (Adaptationen) an Bedingungen der Umwelt, die auf eine möglichst ökonomische, zuverlässige und effektive Weise das Überleben sichern. Während der Selektionsdruck hier von der Umwelt ausgeht, sind es in der sexuellen Selektion Mitglieder des anderen Geschlechts aus der eigenen Art, die aufgrund bestimmter Merkmale Geschlechtspartner wählen. Damit werden diese Merkmale bedeutsam, prägen sich aus und bekommen eine Signalfunktion.

Während natürliche Selektion eher dazu tendiert, Variation zu reduzieren, führt sexuelle Selektion zu einer variantenreichen Vielfalt. In der Sprache sind beide Tendenzen vereinigt: zum einen eine reduzierte, voraussagbare sprachliche Basis mit festen, hochfrequenten Mustern, die weitgehend ausreicht, um den Alltag zu organisieren und bei Gefahr das Überleben zu sichern; zum anderen eine hoch komplexe, variantenreiche, wenig voraussagbare expressive Vielfalt, ein semantisches und grammatisches Feuerwerk, das in der Dichtung oder beim Flirten in beeindruckender Form seine Wirkungen entfalten kann.

Sexuelle Selektion fördert Variation von Merkmalen, um in der Konkurrenz der Geschlechter Differenz möglichst deutlich signalisieren zu können. Da aber eine, durch natürliche Selektion entstandene, zuverlässige kommunikative Basis mit ihren überlebenswichtigen Funktionen gegenseitiger eindeutiger Informationen und deutlicher Appelle nicht aufgegeben werden kann, bewegt sich Sprache seit ihren Ursprüngen in einem Spannungsfeld zwischen konservativer Basis und variantenreichem Überbau. Alle Versuche, die Entwicklung menschlicher Sprachfähigkeit nur auf den Druck einer Form von Selektion zurückzuführen, führen in eine Aporie. Pinker/Bloom (1990), die einseitig auf natürliche Selektion setzen, stoßen mit ihrer Theorie („language as an adaptation to the cognitive niche") an Grenzen, da sie nicht erklären können, wie sprachliche Merkmale, die sich nicht auf funktionale Adaptationen zurückführen lassen, entstanden sind. Und Geoffrey Miller (2000), für den sexuelle Selektion die treibende Kraft der Sprachevolution mit ihrer sich daraus ergebenden Fülle grammatischer und stilistischer Optionen ist, kann die mit geringem Kraftaufwand erzeugten sprachlichen Alltagsroutinen nicht erklären. Er verkennt, dass Sprache nicht nur ein Mittel ist, um zu imponieren und Fitness und Überlegenheit gegenüber Geschlechtspartnern und Konkurrenten zu signalisieren, sondern auch ein gut funktionierendes Medium, mit dem das menschliche Zusammenleben mit meist einfachen sprachlichen Routinen und voraussagbaren Kollokationen organisiert werden kann (vgl. Knobloch 2011, 258).

Nach meiner Auffassung hat sich Sprache in einem komplexen Zusammenspiel von natürlicher und sexueller Selektion entwickelt:

1. Natürliche Selektion führt zur Entwicklung überlebenswichtiger, situativ gebundener Ausdrücke, die dem einfachen grammatischen Prinzip der Reihung folgen.
2. Sexuelle Selektion ermöglicht eine hierarchisch und rekursiv funktionierende Grammatik mit einem variantenreichen Wortschatz.

Gehirnanalytische Studien mit bildgebenden Verfahren (vgl. Grodzinsky/Friederici 2009) deuten darauf hin, dass sich diese beiden Formen unterschiedlicher grammatischer Komplexität in unterschiedlichen Gehirnarealen ausgebildet haben, wobei Areale, in denen einfache grammatische Strukturen generiert werden, auch bei Affen nachgewiesen werden können. Nicht nur beim Generieren von Sprache, auch bei der Rezeption, lassen sich zwei gehirnphysiologische Wege nachweisen, wie die Sprachdaten unterschiedlicher Komplexität verarbeitet werden. Friederici/Alter (2004) haben diese in einem „dynamic dual pathway model" konzeptionalisiert.

Wenn man davon ausgeht, dass sich der evolutionäre Ursprung menschlicher Sprachfähigkeit bis heute in unserem Sprachverhalten nachweisen lässt, dann müssten sich Indizien für diese beiden Wege, die auf unterschiedlichen selektiven Vorgängen beruhen, in mündlichen Äußerungen wie in schriftlichen Texten finden lassen. An dieser Suche können sich auch Schüler beteiligen.

Zur didaktischen Modellierung sollte man von der Frage ausgehen, welche Funktionen Sprache haben kann. Mögliche Funktionen werden im Unterricht gesammelt und anhand von Äußerungen in unterschiedlichen Situationen konkretisiert. Dabei lässt sich feststellen, dass sich der kognitive Aufwand, etwas zu formulieren, mehr oder weniger stark voneinander unterscheidet. Während im kleinen Kreis mit Eltern, Geschwistern und Freunden Gespräche normalerweise mühelos verlaufen und man nicht über einzelne Äußerungen nachdenkt, wird man in öffentlichen Situationen genauer auf seine Formulierungen achten und sich bemühen, Ziele und Sachverhalte möglichst präzise darzustellen und auf sein Publikum einen guten Eindruck zu machen.

Zunächst mag man vermuten, Sprache diene in erster Linie gegenseitiger Information. Aber wenn man Äußerungen, die man tagtäglich im Alltag produziert, genauer betrachtet, dann enthalten sie meist nur wenige Informationen, die für einen Gesprächspartner wirklich wichtig oder notwendig wären. Die meisten Äußerungen dienen offenbar einem möglichst konfliktfreien sozialen Miteinander. Malinowski (1923) prägte dafür den Begriff „phatische Kommunikation". Man begrüßt sich, erkundigt sich nach dem Befinden, redet über das Wetter, erzählt etwas über eigene Erlebnisse, macht Witze und redet über gemeinsame Bekannte und Freunde; all dies, um eine angenehme Gesprächsatmosphäre zu erzeugen. Man webt gewissermaßen gemeinsam an einem Gesprächsteppich, der ein Gefühl von Gemeinschaft erzeugt. Je mehr an angenehmer Gesprächszeit man mit jemandem verbringt, desto höher ist die Wahrscheinlichkeit, dass er die an ihn gerichteten Erwartungen erfüllt und einen in einer prekären Situation unterstützt.

Dunbar (1996) vergleicht diese verbalen „Zuwendungen" in phatischer Kommunikation mit dem Lausen von Menschenaffen und sieht darin ein zentrales Motiv für die Evolution menschlicher Sprache. Er konnte nämlich beobachten, dass Schimpansen und Bonobos einen großen Teil ihrer Zeit damit verbringen, bestimmten Mitgliedern ihrer Gruppe das Fell zu lausen. Diese angenehme Zuwendung veranlasst sie, sich in Auseinandersetzungen mit anderen Gruppenmitgliedern unterstützend zu verhalten. Während beim Lausen immer nur ein Partner in den Genuss körperlicher Zuwendung kommen kann, können Menschen die Strategie, Verbündete zu gewinnen, effektiver mit sprachlicher Zuwendung in Kleingruppen mit bis zu drei Gesprächspartnern erzielen. Während Gruppen von Menschenaffen etwa 35 bis 40 Individuen umfassen, stieg die Gruppengröße vom Australopithecus über die Hominiden bis zum Homo sapiens auf bis zu 150 Mitglieder an. Entsprechend vergrößerte sich der Neocortex, um die zunehmende Komplexität der Sozialkontakte zu bewältigen, und zwar mit Sprache, die gegenüber körperlicher Kontaktpflege eine größere Reichweite ermöglichte.

Wenn sich Schüler nun vergegenwärtigen, dass sie, besonders im Kontakt mit Gleichaltrigen, ständig das Bedürfnis haben zu sprechen und dabei meist nur wenige relevante Informationen weitergeben, sondern die weitaus meiste Gesprächszeit mit belanglosen, manchmal witzigen Bemerkungen und kurzen Erzählungen zu alltäglichen Begebenheiten, die sie selbst erlebt haben oder die ihnen erzählt wurden, verbringen, dann erscheint die These Dunbars, Sprache sei in erster Linie eine Art verbale Fellpflege, um ein partnerschaftliches Miteinander aufrechtzuerhalten, plausibel. Deutlich werden müsste aber auch, dass diese Theorie der Sprachentstehung nur eine unter sehr vielen anderen ist, die unmöglich alle, auch nur ansatzweise, im Unterricht behandelt werden können.

Die beiden Wege der Sprachevolution, natürliche und sexuelle Selektion, kommen auch in den beiden Maximen zum Ausdruck, mit denen sich Individuen in einer Gemeinschaft positionieren müssen:

– Sprich so, wie alle anderen, damit du als vollwertiges Mitglied in einer Gemeinschaft anerkannt wirst.
– Versuche, dich in bestimmten Situationen sprachlich in Szene zu setzen, damit du an Einfluss gewinnst und man dich von anderen unterscheiden kann.

Die erste Maxime macht keine sprachliche Variation erforderlich, und sie würde allein auch keinen Sprachwandel bewirken. Sie sorgt aber dafür, dass Sprachen trotz ihrer Vielfalt über mindesten drei Generationen erstaunlich stabil bleiben. Anhand eines dialektal geprägten Sprachgebrauchs kann man das heimatliche Gefühl des Dazugehörens erfahren, besonders dann, wenn man nach längerer Zeit zu den Menschen seines Sprach- und Dialektraums zurückkehrt und das vertraute Idiom wieder hört. Für zweisprachige Schüler, die selbst oder deren Eltern ihre Heimat und ihren ursprünglichen Sprachraum verlassen haben, ist dieses Gefühl der sprachlichen Zugehörigkeit aber oft zwiespältig. So kann diese Maxime Ursache für Verunsicherungen und Identitätskonflikte sein, wenn die sprachliche Verortung in einem zweisprachigen Umfeld nicht ausreichend gelingt.

Ein sprachbiographisch komplexer Hintergrund führt meist notgedrungen dazu, dass man sich sprachlich anders verhält und als ein anderer – im Sinne der zweiten Maxime – wahrgenommen wird. Aber nicht nur Migrationen und Sprachkontakte verursachen sprachliche Differenzen und Varianz. Bedeutender sind Unterschiede, die auf dem Machtgefälle einer Gruppe beruhen, wobei dieses Gefälle durch Intelligenz, Wissen, Alter und Geschlecht kulturspezifisch modifiziert wird. So spricht jedes Individuum seinen einzigartigen Idiolekt, aber gleichwohl die Sprache der Gemeinschaft. Dieses Paradoxon war immer vorhanden und wird auch so bleiben.

In der Parabel von der Maus Frederick von Leo Lionni können bereits Grundschüler diese beiden Maximen und das damit einhergehende Sprachverhalten erfahren. Zu Beginn sammeln Mäuse Nahrung für den Winter: eine gemeinschaftliche Tätigkeit, um das Überleben zu sichern. Aber Frederick beteiligt sich nicht an dieser Arbeit, sondern denkt sich Geschichten aus, die er den Mäusen im Winter erzählt. Er dient gewissermaßen sprachlich der Gruppe, in dem er ihre depressive Stimmung vertreibt (vgl. dazu die Theorie von Eibl 2004), und hebt sich gleichzeitig aus der Gemeinschaft heraus, wobei er – als Dichter – Prestige gewinnt. Während alle übrigen Mäuse nur floskelhafte Äußerungen hervorbringen („Träumst du, Frederick?"), kann Frederick Poesie erzeugen.

Das Sammeln von Nahrung und das Anlegen von Vorräten dient – ganz im Sinne der natürlichen Selektion – dem Überleben in einer bedrohlichen Umwelt. Dabei sind sympraktische Äußerungen nützlich, um diese Tätigkeit effektiv zu unterstützen. Sammeln wie Jagen, in urzeitlichen wie heutigen Gruppen, erfordern weder eine komplexe Syntax noch einen variantenreichen Wortschatz. Aber in den Zeiten davor und danach, in Zeiten der Muße, vor allem in rituell geprägten Situationen, in denen sich Sprache vom sympraktischen Alltagshandeln löst und mithin dekontextualisiert wird, konnte ein experimenteller, formenreicher und bewusst gestalteter Umgang mit Sprache entstehen (vgl. Steinig 2008).

Die Parabel von Frederick wirft auch die Frage auf, ob diese sprachmächtige Maus egoistisch oder altruistisch handelt und ob Sprache eher zur Entfaltung eines altruistisch geprägten Gemeinsinns und zum gemeinsamen Überleben in einer problematischen (eiszeitlichen) Umwelt entwickelt wurde oder ob sie nicht vielmehr dem Durchsetzen egoistischer Motive diente und sich deshalb bis heute hervorragend zur Selbstdarstellung, zur Lüge und zur Täuschung eignet. Da mit Richard Dawkins 1976 erschienenem Bestseller „Das egoistische Gen" (2008) der Neodarwinismus zum wissenschaftlichen Mainstream avancierte, spielen Ansätze, die auf Altruismus, Arterhaltung und Gruppenselektion setzen, in neueren Studien zur Evolution der Sprache kaum noch eine Rolle. Aber das könnte sich auch wieder ändern.

Einen gänzlich anderen didaktischen Zugang zum Sprachursprung bieten Ursprungsmythen, die in zahlreichen Kulturen überliefert sind. Wenn man sich über den Deutschunterricht hinaus in einem Projekt mit den Fächern Philosophie und Religion so dem Sprachursprung nähern möchte, wird man Schüler mit mythologischen und religiösen Texten konfrontieren, die auf sie wahrscheinlich befremdlich wirken. Aber diese Konfrontationen mit unbekannten fremdkulturellen, aber auch bekannten biblischen Vorstellungen, etwa der Geschichte vom Turmbau zu Babel (vgl. Steinig 1998), ließen sich – mit etwas didaktischer Phantasie – vielleicht doch wieder zu modernen wissenschaftlichen Vorstellungen in Bezug setzen, so dass am Ende die Erkenntnis stünde, dass auch die Wissenschaft mehr oder weniger plausible Erzählungen vom Sprachursprung kreiert, die wohl nie bewiesen werden können.

Literatur

Bär, Jochen: Deutsch im Jahr 2000. Eine sprachhistorische Standortbestimmung. In: Eichhoff-Cyrus, Karin M./Hoberg, Rudolf (Hrsg.): Die deutsche Sprache zur Jahrtausendwende. Sprachkultur oder Sprachverfall. Mannheim u. a.: Duden 2000

Brizic, Katharina: Das geheime Leben der Sprachen. Gesprochene und verschwiegene Sprachen und ihr Einfluss auf den Spracherwerb in der Migration. Münster u. a.: Waxmann 2007

Dawkins, Richard: Das egoistische Gen. Heidelberg: Spektrum Akademischer Verlag 2008 (amerik. Erstausgabe 1976)

Dunbar, Robin: Grooming, Gossip, and the Evolution of Language. Cambridge, MA: Harvard UP 1996

Engels, Heinz: Die Sprachgesellschaften des 17. Jahrhunderts. Gießen: Schmitz 1983

Eibl, Karl: Animal poeta. Bausteine zur biologischen Kultur- und Literaturtheorie. Paderborn: Mentis 2004

Friederici, Angela D./Alter, Kai: Lateralization of auditory language functions: A dynamic dual pathway model. In: Brain and Language 89 (2004) 2, 267–276

Fromkin, Victoria A./Rodman, Robert/Hyams, Nina: An Introduction to Language. Philadelphia u. a.: Harcourt Brace Jovanovic College Publisher 1974 (9. überarb. Aufl. 2010)

Grodzinsky, Yosef/Friederici, Angela D.: Neuroimaging of syntax and syntactic processing. In: Current Opinion in Neurobiology 16 (2009) 2, 240–246

Hart, Betty/Risley, Todd R.: Meaningfull Differences in the Everyday Experience of Young American Children. Baltimore u. a.: Brookes 1995

Humboldt, Wilhelm von: Über die Verschiedenheit des menschlichen Sprachbaues und ihren Einfluss auf die geistige Entwicklung des Menschengeschlechts. Wiesbaden: Marix 1836/2003

Kauschke, Christina: Der Erwerb des frühkindlichen Lexikons. Eine empirische Studie zur Entwicklung des Wortschatzes im Deutschen. Tübingen: Narr 2000

Keller, Rudi: Sprachwandel. Von der unsichtbaren Hand der Sprache. Tübingen u. a.: Francke 1990 (3., durchges. Aufl. 2003 (UTB 1567))

Knobloch, Clemens: Linguistischer Neoevolutionismus – eine Problemskizze. In: Knobloch, Clemens: Sprachauffassungen. Frankfurt/M.: Lang 2011, 199–270

Malinowski, Bronislaw: The problem of meaning in primitive languages. In: Ogden, Charles/Richards, Ivor (Hrsg.) 1923, 296–336

Meyer, Stephenie: Bis(s) zum Morgengrauen. Hamburg: Carlsen 2008

Miller, Geoffrey: The Mating Mind. How Sexual Choice Chaped the Evolution of Human Nature. New York u. a.: Doubleday 2000

Möbius, Thomas: Grundlegungen einer symmedial-textnahen Didaktik älterer deutscher Literatur. München: Kopäd 2010

Mühlbauer, Evelyn/Riegler, Susanne: Ein prächtiger Knabe!? In: Praxis Deutsch 36 (2009) 215, 18–24

Ogden, Charles/Richards, Ivor: The Meaning of Meaning. London: Routledge 1923

Pinker, Steven/Bloom, Paul: Natural language and natural selection. In: Behavioral and Brain Sciences 13 (1990) 4, 707–784

Rock, Zé do: fom winde ferfeelt. Berlin: Edition diá 1995

Rothweiler, Monika: Spracherwerb. In: Meibauer, Jörg/Demske, Ulrike/Geilfuß-Wolfgang, Jochen/Pafel, Jürgen/Ramers, Karl-Heinz/Rothweiler, Monika/Steinbach, Markus (Hrsg.): Einführung in die germanistische Linguistik. Stuttgart/Weimar: Metzler 2002, 251–293

Schäfer, Stefan: Sprache. Sprachursprung, Spracherwerb, Sprachwandel, Sprachkritik, Sprachskepsis, Sprachnot. (=Themenheft Zentralabitur). Stuttgart/Leipzig: Klett 2010

Schuster, Britt-Marie/Wich-Reif, Claudia: Backfisch – Jugendlicher – Teenie. In: Praxis Deutsch 36 (2009) 215, 14–17

Spiekermann, Helmut: *Glomm* oder *glimmte – frug* oder *fragte*? In: Praxis Deutsch 36 (2009) 215, 25–29

Stedje, Astrid: Deutsche Sprache gestern und heute. Paderborn: Fink, 6. Aufl. 2007

Steinig, Wolfgang: Von Babylon zum Internet – Sprachliche Bildung zwischen Oralität und Literalität. In: Kuhs, Katharina/Steinig, Wolfgang (Hrsg.): Pfade durch Babylon. Konzepte und Beispiele für den Umgang mit sprachlicher Vielfalt. Freiburg i. B.: Fillibach 1998, 13–33

Steinig, Wolfgang: Partnerschaftliches Lernen mit Grund- und Hauptschülern. In: Blattmann, Ekkehard/Frederking, Volker (Hrsg.): Deutschunterricht konkret. Band 2 „Sprache". Festschrift für Theodor Karst. Baltmannsweiler: Schneider Hohengehren 2002, 163–186

Steinig, Wolfgang: Als die Wörter tanzen lernten. Ursprung und Gegenwart von Sprache. Heidelberg: Springer & Spektrum Akademischer Verlag 2008

Steinig, Wolfgang: Soziale Milieus und Deutschunterricht. In: Huneke, Hans-Werner (Hrsg.): Sprach- und Mediendidaktik (= Taschenbuch des Deutschunterrichts, Bd. 1). Baltmannsweiler: Schneider Hohengehren 2010, 88–104

Szagun, Gisela: Wörter lernen in der Muttersprache. Der ontogenetische Vokabularerwerb. In: Dittmann, Jürgen/Schmidt, Claudia (Hrsg.): Über Wörter. Grundkurs Linguistik. Freiburg: Rombach 2002, 311–333

Szagun, Gisela: Sprachentwicklung beim Kind. Weinheim, Basel: Beltz, 5. Aufl. 2013

Tracy, Rosemarie: Deutsch als Erstsprache: Was wissen wir über die wichtigsten Meilensteine des Erwerbs? Informationsbroschüre 1/2002 der Forschungs- und Kontaktstelle Mehrsprachigkeit der Universität Mannheim [www.schule-bw.de/unterricht/paedagogik/sprachfoerderung/wissenschaft/unimannheim.pdf] (12.3.2012)

Voeste, Anja: Sprachwandel abbremsen oder beschleunigen? In: Praxis Deutsch 36 (2009) 215, 30–35

Wiese, Heike: Kiezdeutsch. Ein neuer Dialekt entsteht. München: Beck 2012

Wode, Henning: Einführung in die Psycholinguistik. Ismaning: Hueber 1988

JÖRG KILIAN

C7 Grammatikunterricht, Sprachreflexion und Sprachkritik

1 Grammatikschreibung, Grammatikunterricht – und Sprachkritik

Die linguistische Grammatikschreibung versteht sich in aller Regel als deskriptive Wissenschaft, nicht als kritische. Diese Abgrenzung findet u. a. darin ihren Grund, dass „kritisch" unzutreffenderweise nicht selten mit „normativ", gar „präskriptiv" identifiziert wird. Das Selbstverständnis der Grammatikschreibung als einer rein deskriptiven Wissenschaft darf indes als „Mythos der deskriptiven Grammatik" bezeichnet werden (vgl. Cherubim 1984, 159f.). Mehr oder minder explizit ist dies auch den vorliegenden Überblicksdarstellungen zur Grammatik der deutschen Standardsprache zu entnehmen. So führt etwa Peter Eisenberg, dessen Grammatik in der germanistischen Linguistik wohl als eine der am intensivsten rezipierten Grammatiken gelten darf, zwar aus, dass wissenschaftliche, empirisch fundierte Grammatiken deskriptive Grammatiken seien, räumt kurz darauf aber ein:

> „Die Sprache als Menge von wohlgeformten Einheiten und die Grammatik als Spezifikation der Regularitäten, die genau auf diese Menge von Einheiten passt und damit zwischen grammatisch und ungrammatisch trennt, bringt die Möglichkeit von reiner Deskription ins Wanken. Im Deutschen gibt es tausende von Formvarianten und Doppelformen, die der Grammatikschreibung als sog. Zweifelsfälle entgegentreten [...]. Die Grammatik bewertet solche Zweifelsfälle, indem sie feststellt, warum und wo sie auftreten. In diesem Sinne bleibt es Aufgabe der Grammatik, zwischen richtig und falsch zu entscheiden" (Eisenberg 2006, 10).

Der Gegenstand der Grammatikschreibung muss im Zuge derselben stets kritisch aus dem Gesamt dessen, was zur Sprache gehört, ausgehoben und qua Beschreibung als zur Grammatik dieser Sprache gehörig bestimmt werden. Schon diese Gegenstandskonstitution ist rein deskriptiv nicht möglich, sondern bedarf eines kritischen Urteils, mithin einer normativen Festlegung (das zeigt sich bereits bei der Bestimmung dessen, worauf sich das Adjektiv „deutsch" in der Bezeichnung „deutsche Grammatik" bezieht). Jede Darstellung der Grammatik einer Sprache – z.B. jede Grammatik in Buchform, wie sie auch im Deutschunterricht genutzt wird bzw. werden sollte – und jede Grammatikeinheit in einem Lehrwerk ist in diesem weiteren Sinne sprachkritisch, nämlich in dem Sinne der kritischen Auswahl aus der Gesamtheit des sprachsystematisch Möglichen aufgrund der wissenschaftlich begründeten Feststellung von Ähnlichkeiten und Unterschieden relativ zu einer bestimmten Größe (z. B. der Varietäten-

C7 Grammatikunterricht, Sprachreflexion und Sprachkritik

norm der deutschen Standardsprache). Empirisch auf der Grundlage von Korpora festgestellte Vorkommenshäufigkeiten oder auch kompetenzlinguistisch abgeleitete Regeln komplettieren die Methoden der kritischen wissenschaftlichen Gegenstandskonstitution, ersetzen sie aber nicht:

> „Sprachbeschreibungen, insofern sie notwendig selektiv sind, übernehmen mit ihrem Gegenstand die diesen Gegenstand konstituierenden Entscheidungen, stützen sich (z. B. bei den sog. Strukturproben) darauf ab und vollziehen im Beschreibungsakt selbst neue Entscheidungen. Insofern sind sie intentional sprachkritisch, – ob sie es wollen oder nicht, ob es ihnen bewußt ist oder verborgen bleibt" (Cherubim 1984, 161 f.; Hervorhebungen im Original).

In diesem weiteren Sinne von Sprachkritik – im vorliegenden Fall: Sprachkritik als linguistisch begründete kritische Selektion sprachlicher Mittel aus dem Reservoir des sprachsystematisch Möglichen und deren Zuweisung zur Norm der geschriebenen (und ggf. auch der gesprochenen) deutschen Standardsprache – ist auch die gesteuerte Erzeugung grammatischen Wissens im Regelunterricht des Deutschen als Erstsprache „intentional sprachkritisch". Sie soll es in Bezug auf den vornehmsten Gegenstand des **sprachlichen Lernens** nach offizieller Lesart auch sein: Es gilt, prozedurales und metakognitives grammatisches Wissen und – zu diesem Zweck dann auch – deklaratives und problemlösendes grammatisches Wissen über die Varietät der deutschen Standardsprache zu vermitteln bzw. zu erzeugen mit Blick auf das Ziel des Sprache-Könnens. In Bezug auf die **sprachliche Bildung** hingegen und mit Blick auf das Ziel des Sprache-Kennens, mithin auch der Wissenschaftspropädeutik, wird der Varietätenraum des Deutschen bei der gesteuerten Erzeugung grammatischen Wissens im Regelunterricht des Deutschen als Erstsprache weiter geöffnet. Die Ziele des Grammatikunterrichts sind hier weniger auf die Erzeugung prozeduralen und metakognitiven Wissens über die deutsche Standardsprache gerichtet als auf die Erzeugung deklarativen und problemlösenden (bzw. wissenschaftspropädeutisch: methodologischen) Wissens. Sprachkritik dient hier nicht mehr der Gegenstandskonstitution, sondern ist selbst Lehr-Lern-Gegenstand.

In dem skizzierten weiten Sinne ist eine Sprachkritik, die im Grammatikunterricht dem Zweck des sprachlichen Lernens dienen soll, in gewisser Weise eine Sprachkritik „von oben". Sie ist es in der Weise, dass sie die synchronisch konventionell der deutschen Standardsprache zugewiesenen sprachlichen Mittel ins Zentrum der Sprachbetrachtung stellt und ihre Bewusstmachung sowie letztlich Beherrschung zum Zweck des Grammatikunterrichts erklärt. Die sprachlichen Mittel anderer Varietäten treten demgegenüber in den Hintergrund. Eine solche „intentionale Sprachkritik" gehört seit den Anfängen eines systematischen „deutschen Unterrichts" im Deutschland des 19. Jahrhunderts zum Grammatikunterricht und ihre Durchführung zu den Aufgaben der Lehrkräfte (vgl. von Polenz 1973, 129; Steinig/Huneke 2007, 17 f.; Rothstein 2010, Kap. 3.3). Wann immer Lehrkräfte Fragen beantworten sollen wie z. B.: „Heißt es „saugte" oder „sog"?", „(Wann) darf eine Konjunktiv II-Form Ersatz finden durch eine

„würde" + Infinitiv-Konstruktion?", „(Wann) dürfen in einem erzählenden Text Tempuswechsel erfolgen?", sind sie in diesem weiten Sinne grundsätzlich sprachkritische und qua Amt zugleich normensetzende und normenvermittelnde Instanzen, die in diesem Augenblick kritisch über Varianten urteilen, und zwar auch dann, wenn sie ihre Entscheidung auf der Grundlage variationslinguistischer Ansätze treffen (vgl. dazu z. B. Eisenberg/Voigt 1990; Davies 2006; Bredel 2007, Kap. 1.6). Die sprach(normen)kritischen Urteile der Lehrkräfte sind in diesem Fall Instrument der Gegenstandsbestimmung; sie sind jedoch noch keine didaktische Modellierung von Sprachkritik zum Zweck der Vermittlung bzw. Erzeugung von Wissen über diesen Gegenstand. Nicht selten wirken sie einer solchen Modellierung sogar geradezu entgegen insofern, als gegenstandskonstituierende sprachkritische Urteile der Lehrkraft im Grammatikunterricht dazu tendieren, eine unhinterfragte normative Wirkung zu entfalten. Solange sprachkritische Zugriffe und Urteile im Grammatikunterricht lediglich implizit, sporadisch und an mehr oder minder situativ bedingten Einzelfällen zum Zweck der Normenstabilisierung eine Rolle spielen, kann von einer sprachdidaktisch modellierten Sprachkritik noch keine Rede sein. Von einer solchen ist erst dann zu sprechen, wenn sprachkritische Ansätze und Methoden systematisch und orientiert an sprachnormentheoretischen, varietätenlinguistischen und sprachhistorischen Erkenntnissen im Grammatikunterricht spiralcurricular als didaktischer Schlüssel zum sprachlichen Lernen und zur sprachlichen Bildung operationalisiert werden (vgl. Siehr 2000, 290; Kilian 2006, 75 f.; Kilian 2013). Eine solche sprachdidaktisch modellierte Sprachkritik gewinnt denn auch ihre konkreten Gegenstände nicht allein auf der Grundlage empirisch belegbarer oder antizipierbarer grammatischer Zweifelsfälle oder grammatisch bedingter Kommunikationskonflikte (Sprachgebrauch), sondern nimmt darüber hinausgehend auch normativ gefestigte (Sprachnormen) und systematische (Sprachsystem) Strukturen in den Blick und soll zu linguistisch begründeten Urteilen über dieselben führen (vgl. Eisenberg/Voigt 1990). Eine sprachdidaktisch modellierte Sprachkritik setzt dazu an, auch zum Zweck des sprachlichen Lernens die institutionalisierte Sprachkritik „von oben" selbst zum Gegenstand der kritischen Sprachbetrachtung zu machen, um die Leistungen von Sprache und sprachlichen Normen, aber auch deren Varianten einer den jeweiligen Lerngruppen adäquaten linguistisch begründeten kritischen Bewertung zuzuführen. An diesem Anspruch zeigt sich bereits, dass eine sprachdidaktisch modellierte Sprachkritik mehr und anderes ist als „Reflexion über Sprache".

2 Sprachkritik und Sprachreflexion in Grammatikdidaktik und Grammatikunterricht

Eine Durchsicht von Handbüchern und Kompendien zur Didaktik der deutschen Sprache, von Lehrwerken sowie von Bildungsplänen und Bildungsstandards bestätigt das bekannte Bild, dass der Grammatik in der wissenschaftlichen Sprachdidaktik ein höherer Stellenwert beigemessen wird als in der bildungspolitischen Konzeption und in Lehrwerken für den Deutschunterricht. In Letzteren ist auch der Gebrauch des Wortes „Grammatik" zur Bezeichnung eines Lehr-Lern-Bereichs des Deutschunterrichts weiter rückläufig. Grammatikunterricht gehört einerseits, auch unter dem nominellen Dach des Kompetenzbereichs „Sprache und Sprachgebrauch untersuchen" in den KMK-Bildungsstandards, zum festen Bestand des Deutschunterrichts; er wird jedoch, andererseits, innerhalb desselben didaktisch eher pflichtbewusst und methodisch eher traditionell darin untergebracht. Diese Unterbringung endet überdies grundsätzlich – und ebenso grundsätzlich nach einigen Wiederholungen dessen, was die Primarstufe in den Bereichen Wortartenlehre und Satzgliedlehre im Wesentlichen bereits vorbereitet hatte – allerspätestens am Ende der Sekundarstufe I (vgl. dazu auch Steets 2007, 211; Steinig/Huneke 2011, 170).

Eine sprachdidaktische Modellierung von Sprachkritik im Grammatikunterricht ist insgesamt, und das heißt: auch in der sprachdidaktischen Forschung, noch nicht in Sicht. Nur hin und wieder wurde und wird einer sprachdidaktischen Sprachkritik einige Aufmerksamkeit zuteil, namentlich in den 70er- und 80er-Jahren des 20. Jahrhunderts, insgesamt nicht wenig, aber verstreut und in keinem sprachdidaktischen Gesamtzusammenhang. In den bildungspolitischen und unterrichtsmethodischen Konzeptionen zum Grammatikunterricht spiegelt sich dieser Forschungsstand insofern, als Sprachkritik auch hier allenfalls verstreut und ohne sprachdidaktischen Gesamtzusammenhang erscheint (vgl. Kilian 2009; Kilian/Niehr/Schiewe 2010, Kap. 4).

Dieser prekäre Forschungsstand ist nicht zuletzt wiederum darauf zurückzuführen, dass die Frage nach der grammatikdidaktischen Funktion und dem grammatikdidaktischen Potenzial von Sprachkritik nur beantwortet werden kann auf der Grundlage eines Gesamtkonzepts für den Grammatikunterricht im Regelunterricht des Deutschen als Erstsprache – und ein solches Gesamtkonzept fehlt nach wie vor. Erstaunlich ist dieser prekäre Forschungsstand gleichwohl insofern, als aus der grammatikdidaktischen Forschung seit langem Ergebnisse bekannt sind, die Abhilfe einfordern:

- ein mit dem Ende der Primarstufenzeit zunehmendes Desinteresse der Schülerinnen und Schüler an grammatischen Gegenständen und Fragestellungen, was möglicherweise damit zusammenhängt, dass ein kritisches Hinterfragen von Sprachlichem seitens der Schülerinnen und Schüler von Lehrkräften nur als Spiel aufgefasst wird und spätestens mit dem Ende der Primarstufenzeit auch das Ende grammatischer „Spiele" angesetzt wird (vgl. jedoch dazu, wie sprachkritisch das Spiel sein kann, z. B. Andresen/Januschek 1995);
- ein geringes deklaratives, problemlösendes und metakognitives (und mitunter auch prozedurales) grammatisches Wissen von Schülerinnen und Schülern aller Schulformen am Ende der Schulzeit und von Studentinnen und Studen-

ten zu Beginn des Studiums (vgl. dazu Ivo/Neuland 1991; Schmitz 2003; Dürscheid 2007);

– ein auf ein homogenes Normengefüge verengter „Sprach"-Begriff bei Lehrkräften, die daraus zur Erfüllung ihrer Aufgabe, die Normen der geschriebenen Standardsprache zu vermitteln, allzu oft ein einseitig ausgerichtetes, rigides Normenverständnis ableiten (vgl. dazu von Polenz 1973, 151 ff.; Braun 1979; Davies 2000; 2006).

Als eine Abhilfe gedacht war in den 1970er-Jahren die Abkehr von einem (ausschließlich im Sinne der formalen Sprachlehre interpretierten) Grammatikunterricht, der über die Erzeugung deklarativen grammatischen Wissens standardsprachliche Normen vermitteln und eine „Verbesserung" des Sprachgebrauchs bewirken sollte. An seine Stelle trat eine als forschend-entdeckend konzipierte Sprachbetrachtung im Deutschunterricht, die zumeist als „Reflexion über Sprache" oder „Sprachreflexion" bezeichnet wurde und auch der Betrachtung grammatischer Phänomene Raum geben sollte (vgl. Bredel 2007, 31 ff.; Kilian 2009; Kilian/Niehr/Schiewe 2010, 101 ff.). Der Anspruch einer „Verbesserung" des Sprachgebrauchs bezog sich nun zumeist auf die allgemeine „Kommunikationsfähigkeit" (vgl. Ader 1983, zuerst 1974). Der in den aktuellen KMK-Bildungsstandards als „Sprache und Sprachgebrauch untersuchen" benannte Kompetenzbereich führt diesen Ansatz grundsätzlich fort. Insofern die Fähigkeit, über Sprache zu reflektieren, den Beginn von Sprachbewusstheit markiert, ist damit eine wichtige Voraussetzung für sprachkritische Betrachtungen von Sprache gegeben. Sprachreflexion und Sprachkritik sind indes nicht identisch. Dementsprechend sind „über Sprache und Sprachgebrauch reflektieren" und „Sprache und Sprachgebrauch kritisieren" zwei verschiedene metasprachliche Handlungen, die aus sprachdidaktischer Perspektive verschiedene Zieldimensionen eröffnen und verschiedene Kompetenzen voraussetzen und auch erzeugen sollen (vgl. ausführlicher dazu Kilian 2009). Man könnte diesbezüglich von einer „Sprachreflexionskompetenz" (vgl. Klotz 2004) und einer „Sprachkritikkompetenz" sprechen. So vermögen etwa Wolfgang Menzels „Verabsolutierungsexperimente" zur Sprachreflexion zu führen, insofern sie die Veränderungen der instruktiven und kognitiven Funktionen bewusst machen, die eine Verabsolutierung einer Tempuskategorie (etwa des Präteritums) in einem Text nach sich zieht (vgl. Menzel 2006). Die hier angeleitete Sprachreflexion im Sinne der Bewusstmachung von Ähnlichkeiten und Unterschieden sowie der Befähigung zur Wahrnehmung und Beschreibung derselben ist indes nur in einem weiten Sinne auch sprachkritisch. Diese Reflexion setzt die Fähigkeit zur Einnahme einer die Sprache oder in diesem Fall den Sprachgebrauch objektivierenden kritischen Haltung und die Fähigkeit zur Entdeckung von Sprachauffälligem voraus. Wenn der Erwerb dieser Fähigkeiten auf Grammatisches konzentriert und das Sprachauffällige zum Zweck einer über die Bewusstmachung hinausgehenden Ergebnissicherung und kognitiven Erfassung in eine grammatische Regelformulierung gebracht wird, ist grundsätzlich der Rahmen gefüllt, der in der aktuellen Grammatikdidaktik mit dem Begriff der „Sprachreflexion" und in den KMK-Bildungsstandards für die Sek. I in Bezug auf den Grammatikunterricht mit der Bezeichnung des Kompetenzbereichs „Sprache und Sprachgebrauch untersuchen" abgesteckt wird. Die dabei in den Blick genommene didaktische Zielperspektive von Sprachreflexion bzw. „Sprache und Sprachgebrauch untersuchen" wird in der Regel mit dem Begriff der „Sprachbewusstheit" bzw. dem des „Sprachbewusstseins" zu erfassen versucht.

Sprachkritik in einem engeren Sinne geht über diese Zielperspektive und geht auch über die zur Sprachreflexion notwendigen Fertigkeiten und Fähigkeiten hinaus. Wenn gilt, dass unterschiedliche sprachliche Formen der Einfassung und Kennzeichnung unterschiedlicher sprachlicher Inhalte dienen und grammatische Strukturen systematische Beziehungen zwischen Form und Inhalt herstellen, dann kann eine didaktisch modellierte Sprachreflexion zur Bewusstmachung dieser Leistung grammatischer Strukturen führen; eine sprachdidaktisch modellierte Sprachkritik soll darüber hinaus aber auch zur linguistisch begründeten Bewertung der Erfüllung dieser Leistung befähigen. Zum Erkennen und Bewusstmachen sprachlicher Erscheinungsformen tritt also deren Bewertung und Beurteilung relativ zu Bedingungen des Sprachgebrauchs, zu Sprachnormen (Diskurs- und Varietätennormen) und zu Strukturen des Sprachsystems. Befähigung zur Sprachkritik im engeren Sinne baut daher auf der Sprachreflexionsfähigkeit auf, erfordert zusätzlich jedoch eine Fähigkeit zur intersubjektiv überprüfbaren, linguistisch begründeten kritischen Bewertung und Beurteilung der Leistungen von Sprache und Sprachgebrauch.

3 Sprachkritische Kompetenz und grammatisches Wissen

Sprachdidaktisch modellierte Sprachkritik, und damit auch Sprachkritik im Grammatikunterricht, zielt auf eine Veränderung der Sprachkompetenz, nicht auf eine Veränderung oder Stabilisierung der Sprachnorm oder des Sprachsystems.

Dies hat zur Konsequenz, dass sie die sprachlichen Normen und die Strukturen des Sprachsystems so zu nehmen hat, wie sie nach aktuellem sprachwissenschaftlichem Forschungsstand eben sind. Ob und inwieweit eine sprachdidaktisch modellierte Sprachkritik Auswirkungen auf den Sprachgebrauch, auf Sprachnormen oder gar das Sprachsystem zeitigt, ist überdies eine ganz andere Frage. Das Augenmerk der didaktischen Modellierung muss vielmehr darauf gerichtet sein festzustellen, welche Gegenstände, Fragestellungen, Ansätze, Methoden der linguistischen Sprachkritik das sprachliche Lernen und die sprachliche Bildung relativ zu kognitiven und kommunikativen sprachlichen Kompetenzen, Lernalters-, Klassen- und Kompetenzstufen und inhaltlichen Lehr-Lern-Zielen fördern können. Die sprachdidaktische Sprachkritik legt daher andere Bewertungskriterien an und wählt andere Gegenstände aus als die linguistische. Ihre Kriterien dienen nicht in erster Linie der Kritik der Sprache, der Sprachnormen oder des Sprachgebrauchs, sondern sollen sprachliches Lernen befördern, sprachliche Bildung erzeugen und die Schülerinnen und Schüler zu einer sprachkritischen Kompetenz und darüber dann zu einer sprachlichen Kompetenz führen, die sie zur bewussten Lösung kognitiver und kommunikativer Aufgaben befähigt. Ebenso wie eine didaktische Grammatik nicht lediglich eine reduzierte und simplifizierte wissenschaftliche Grammatik ist, ist eine sprachdidaktische Sprachkritik im Grammatikunterricht nicht lediglich eine reduzierte und simplifizierte linguistische Sprachkritik zu grammatischen Gegenständen.

Sprachkritik als didaktischer Schlüssel zum sprachlichen Lernen und zur sprachlichen Bildung ist daher, wie eingangs erwähnt, auch in grammatikdidaktischer Hinsicht zumindest zweifach zu entfalten (vgl. Kilian 2009):

a) in Bezug auf sprachliches Lernen mit der Zieldimension des Sprache-Könnens;
b) in Bezug auf die sprachliche Bildung mit der Zieldimension des Sprache-Kennens (auch mit eigenem Bildungswert grammatischen Wissens, vgl. dazu Klotz 2007, 13; Dürscheid 2007).

In diesem Zusammenhang muss Sprachkritik stets auch als methodische Kompetenz in Erscheinung treten (s.o.: Sprachkritikkompetenz), d.h. als Fertigkeit und Fähigkeit, Sprache, Sprachnormen und Sprachgebrauch auf wissenschaftlicher Grundlage und intersubjektiv überprüfbarem Wege einer kritischen Betrachtung zuführen zu können. So lassen sich etwa Fragen wie die nach der Grammatikalität und Akzeptabilität eines Sprachgebrauchs nur beantworten mit Bezug auf das kontextuelle Bedingungsgefüge dieses Sprachgebrauchs, auf das diesem Sprachgebrauch prototypisch korrespondierende Normengefüge sowie auf das relativ zur betrachteten Konstruktion jeweils sprachsystematisch Mögliche. Fragen zur sprachlichen Korrektheit wiederum lassen sich nur beantworten mit Bezug sowohl auf ein Normengefüge wie auch mit Bezug auf das Sprachsystem als solches und die Prinzipien seiner „langfristigen Entwicklungstendenz" (von Polenz 1973, 152). Es bedarf daher zur Beantwortung solcher Fragen, erstens, des deklarativen Grundwissens über Existenzweisen und Existenzformen von Sprache, über grammatische Normengefüge und sprachsystematisch gegebene Möglichkeiten sowie über sprachhistorische Entwicklungstendenzen; es bedarf, zweitens, des deklarativen, des problemlösenden und wohl auch des prozeduralen Wissens (im Sinne einer Fertigkeit) über Ansätze und Methoden der linguistisch begründeten Sprachkritik, um Sprachgebrauch, Sprachnorm(en) und Sprachsystem kritisch vergleichend zueinander in Beziehung setzen zu können; und es bedarf, drittens, der Fähigkeit, auf der Grundlage des Vergleichs ein linguistisch begründetes sprachkritisches Urteil fällen zu können. Diese Ausführungen legen nahe, dass ein sprachkritischer Grammatikunterricht eine anspruchsvolle Herausforderung ist. Schülerinnen und Schüler fällen jedoch in ihrem alltäglichen Sprachhandeln wie auch in ihrem schulischen Sprachhandeln (z. B. im Rahmen der Textüberarbeitung) kritische Grammatikalitäts- und Akzeptabilitätsurteile. Die eigentliche didaktische Herausforderung besteht deshalb darin, diese intuitive Sprachkritikkompetenz relativ zu Lernalter und Leistungsvermögen systematisch zu entfalten und dabei die grammatischen Kategorien sowohl als Werkzeuge wie auch selbst als Gegenstände des kritischen Urteils bewusst zu machen (vgl. Köpcke/Noack 2011).

4 Sprachkritik als didaktischer Schlüssel zum sprachlichen Lernen und zur sprachlichen Bildung im Bereich der Grammatik

Im Rahmen eines grammatikdidaktischen Gesamtkonzepts für den Unterricht des Deutschen als Erstsprache kann Sprachkritik dem sprachlichen Lernen (zum Zweck des Sprache-Könnens) als didaktischer Schlüssel dienen, indem die diastratisch, diaphasisch und diatopisch allen Varietäten als Leitnorm vorgelagerte Standardsprache zum Ausgangs- und Zielpunkt sprachkritisch vergleichender und bewertender Untersuchungen erklärt wird. Auf diesem Wege können Normen der deutschen Standardsprache bewusst als Wissen verfügbar gemacht und wiederum der kritischen Sprach(normen)betrachtung zugeführt werden.

Der Umstand, dass Sprachkritik im Grammatikunterricht auch zum Zweck der Normenvermittlung betrieben wird – sei es intendiert oder nicht – und auf diese Weise eine einseitig bewertende Gewichtung und Stabilisierung der Normen der Standardsprache als Leitvarietät bewirkt, hat sowohl in der Sprachwissenschaft wie in der Sprachdidaktik immer wieder Diskussionen um die Frage entfacht, ob und inwiefern Sprachkritik innerhalb sprachwissenschaftlicher und sprachdidaktischer Konzeptionen überhaupt eine Rolle spielen kann und sollte. Diese Diskussionen gehen nicht selten von der Sorge aus, dass die deutsche Standardsprache in sprachdidaktischen Modellierungen von Sprachkritik im Grammatikunterricht einseitig mit der Aura des „richtigen", „guten", „korrekten" Deutsch belegt werde. Im Umkehrschluss erschienen dann alle übrigen Varietäten als „falsch", „schlecht", „inkorrekt". Belege dafür, dass diese Sorge nicht ganz unbegründet erscheint, lassen sich rasch finden – allerdings nicht im Zusammenhang mit einem sprachkritisch modellierten Grammatikunterricht, sondern in – zumindest älteren – Standardwerken der Sprachdidaktik und in aktuellen Standardwerken der „deskriptiven" Grammatikschreibung (vgl. z. B. die Zuordnung der „Sprachübung" und „Sprachbetrachtung" zu den „recte"-Lernbereichen in Hermann Helmers „Didaktik der deutschen Sprache" (1970, 34 f.) oder vgl. den Untertitel der jüngsten Ausgabe der Dudengrammatik 2009: „Unentbehrlich für richtiges Deutsch"). Einer solchen Sorge ist Peter von Polenz bereits 1973 überzeugend entgegengetreten insofern, als er deutlich macht, dass gerade der Erwerb einer sprachkritischen Kompetenz im Deutschunterricht vor bipolaren Kurzschlüssen zu schützen vermag:

„Sprachkritische Sprachdidaktik ist das einzige Mittel dagegen, daß die Menschen in der modernen Massengesellschaft den zu 'sekundären Systemen' erstarrten Sprachbräuchen wehrlos ausgeliefert sind. [...] Das Reden gegen die Sprachbräuche sollte, eher als die Anpassung an sie, vordringliches Lernziel des primärsprachlichen Unterrichts in einer demokratischen Schule sein" (von Polenz 1973, 147).

Nicht immer und zumal nicht immer mit der gebotenen Sorgfalt wird in den genannten Diskussionen zudem beachtet, dass eine didaktisch modellierte Sprachkritik sich nicht unmittelbar auf eine Existenzweise von Sprache zu beziehen hat (auf das Sprachsystem, auf eine Diskurs- oder Varietätennorm, auf einen Sprachgebrauch), sondern, wie oben ausgeführt, auf die Kompetenz des Sprechers konzentriert bleiben muss. So ist z.B. schon die kritische Auswahl des sprachlichen Unterrichtsgegenstandes mit Bezug auf die Kompetenz des Sprechers/Schreibers und vor dem Hintergrund der kommunikativen und kognitiven Aufgaben der Sprachgesellschaft zu begründen. Dass es in sprachdidaktischem Zusammenhang zuallererst die Normen der deutschen Standardsprache, namentlich der geschriebenen deutschen Standardsprache, sind, die Ausgangs- und Zielpunkt der sprachkritischen Betrachtungen sein sollen, hat aus sprachwissenschaftlicher Sicht mit der relativen Unmarkiertheit dieser Varietät in Bezug auf diastratische, diaphasische und diatopische Merkmale zu tun und mit der sprachgesellschaftlichen Rolle, die ihr als Leitvarietät der deutschen Sprache zukommt. Diese Rolle spiegelt sich schon darin, dass die geschriebene deutsche Standardsprache im Zentrum auch der linguistischen Sprachbeschreibung steht. Und es hat aus sprachdidaktischer Sicht etwas damit zu tun, dass namentlich auch diejenigen Schülerinnen und Schüler, die außerhalb des Deutschunterrichts keinen oder kaum Kontakt zur gesprochenen und geschriebenen deutschen Standardsprache finden, die Möglichkeit erhalten müssen, eine standardsprachliche Kompetenz zu erwerben (vgl. Ammon 1982, 94 f. und 100). Die Kunst einer (Grammatik)didaktik der Sprachkritik ist es gerade, diese Möglichkeit zur sprachlichen Chancengleichheit zu eröffnen, ohne die Fehler des kompensatorischen Sprachunterrichts zu wiederholen, aber auch ohne einer soziolinguistisch unbesonnenen, mithin sprachromantischen Vorstellung einer funktionalen Äquivalenz der verschiedenen Varietäten des Deutschen bei der Erfüllung kommunikativer und kognitiver Aufgaben in der deutschen Sprachgesellschaft das Wort zu reden (wohin z.B. Maitz/Elspaß 2009, 61 ff. mitunter zu neigen scheinen). So ist es zwar aus linguistischer Sicht durchaus zutreffend, dass eine Konstruktion wie *dem Bruder sein Fahrrad* sprachhistorisch auf ein hohes Alter zurückblickt und im Sprachgebrauch funktional äquivalent zur Konstruktion mit Genitivattribut (*das Fahrrad des Bruders*) sein kann; in manchen Diskursnormen mag die erste Konstruktion mithin angemessener, mag die zweite gar als gespreizt bewertet und entsprechend markiert sein (vgl. von Polenz 1973, 136; Peyer et al. 1996, 19; Maitz/Elspaß 2009, 61). Relativ zu den Normen der deutschen Standardsprache gilt die Konstruktion aus Dativ + Possessivpronomen indes (noch) als falsch. Der Grammatikunterricht, auch der sprachkritisch orientierte, wäre überfordert, sollte er nicht allein das grammatische Wissen von Schülerinnen und Schülern fordern und fördern, sondern auch bewusst und intentional Prozesse varietätenlinguistischer Sprachpolitik betreiben wollen. Und selbstverständlich trifft zu, dass „Hauptschulabsolventen […] höchst effizient […] ihre Alltagssprache nach den Regeln verwenden, die sie natürlich erworben haben" (Maitz/Elspaß 2009, 62). Die soziale Sprachwirklichkeit erwartet über diese natürlich erworbene Alltagssprache hinaus gleichwohl die Kenntnis und Befolgung anderer, historisch herausgebildeter und jeweils synchronisch normativ gesetzter Regeln, u. a. standardschriftsprachliche und fachsprachliche. Es ist nicht angezeigt, die aus linguistischer Sicht vielleicht erwünschte Durchbrechung dieser Erwartung gerade denjenigen aufzubürden, denen nicht von Haus aus eine weit gefächerte Teilhabe an der standard- und fachsprachlichen Schriftkultur gegeben ist. Vielmehr ist und bleibt die Befähigung zur erfolgreichen Lösung der kommunikativen und kognitiven Aufgaben in weiten Bereichen der sozialen Sprachwirklichkeit – und namentlich der standardsprachlich dominierten Domänen derselben – eine der vornehmsten Aufgaben des Deutschunterrichts. Und die Befähigung zur kritischen Reflexion und Beurteilung von Sprache und Sprachgebrauch in dieser sozialen Sprachwirklichkeit sowie zu kritisch reflektierter Sprachproduktion und Sprachrezeption ist und bleibt eine der vornehmsten Aufgaben einer sprachdidaktisch modellierten Sprachkritik.

4.1 Sprachkritik als didaktischer Schlüssel zum sprachlichen Lernen im Bereich der Grammatik

Grammatikdidaktik und Sprachkritik sind vor diesem Hintergrund auch zum Zweck des **sprachlichen Lernens** ertragreich miteinander kombinierbar. Beide Seiten, die linguistisch begründete Sprachkritik und die an sprachlichen Kompetenzen der Lernenden sowie linguistischen Inhalten orientierte Sprachdidaktik, sind, wie erwähnt, mit Blick auf die standardsprachliche Normierung und die Vermittlung standardsprachlicher Normen zu einer kritischen Auswahl aus der sprachlichen Vielfalt des Sprachsystems angehalten. Da erst die Vielfalt überhaupt Anlass gibt zur Auswahl, sind die jeweiligen Auswahlen und deskriptiven wie normativen Markierungen sowohl standardsprachlicher wie nicht-standardsprachlicher Strukturen jedoch stets sprachwissenschaftlich zu begründen, wobei auch die standardsprachlichen Normen selbst zum Gegenstand der Kritik werden. Der kritische Nachvollzug – oder auch Neuvollzug – dieser Begründung erzwingt die Erarbeitung, Bewusstmachung und Bewertung von (u. a. diastratischen, diaphasischen, diatopischen) Unterschieden und führt in Methoden der Erarbeitung, Bewusstmachung und Bewertung sprachlicher Variation ein. Insofern als die begründete sprachkritische Bewertung über die in sprachdidaktischen Konzepten zur Sprachreflexion üblicherweise als Ziel deklarierte Bewusstmachung hinausgeht und eine begründete sprachkritische Positionierung einfordert, bleibt eine sprachdidaktisch modellierte Sprachkritik im Grammatikunterricht nicht bei der Explizitmachung impliziten grammatischen Wissens stehen (vgl. Steinig/Huneke 2011, 171 ff. zu diesem allgemeinen Ziel des Grammatikunterrichts). Sie fordert die Schülerinnen und Schüler vielmehr nachhaltig dazu auf, die normativ gesetzten standardsprachlichen und nichtstandardsprachlichen Auswahlen in Bezug auf ihre Leistungsfähigkeit bei der Lösung kommunikativer und kognitiver Aufgaben kritisch zu hinterfragen und begründet zu bewerten. Die Vermittlung der Sprachnormentscheidungen, die Andere getroffen haben und deren Ergebnis in Form weitgehend standardisierter konventioneller sprachlicher Mittel zur Lösung kommunikativer und kognitiver Aufgaben im Spracherwerbsleben gelernt wird, geht dann einher mit einer zunehmenden Befähigung zur begründeten Kritik dieser vorgegebenen Sprachnormentscheidungen und zur Erprobung alternativer Entscheidungen, die ebenfalls die kommunikativen und kognitiven Aufgaben erfüllen sollen – aber eben anders (vgl. auch von Polenz 1973, 145 ff.; Kilian/Niehr/Schiewe 2010, 121 ff.).

Auf dieser Grundlage werden Schülerinnen und Schüler auch zur Kritik der populären, mithin populistischen Sprachkritik befähigt, die mit scheinbar (und damit ist nicht „anscheinend" gemeint) fundierten, einfachen Rezepten und Sprachverfallsklagen gegen vermeintlich Falsches zu Felde ziehen und sich im Besitz des vermeintlich Richtigen wähnen. Schülerinnen und Schüler könnten es dann sein, die deutlich machen, dass populäre und populistische Sprachkritik allenfalls als Untersuchungsgegenstand, keinesfalls aber als Lehrwerk im Deutschunterricht akzeptiert werden kann (vgl. dazu auch Maitz/Elspaß 2007).

Darüber, ob und inwiefern sprachkritisch-vergleichende Untersuchungen im Grammatikunterricht einen Einfluss auf die produktive und rezeptive standardsprachliche Kompetenz sowie auf die Entwicklung eines produktiv wie rezeptiv bewussteren, mithin kritischeren Sprachgebrauchs der Schülerinnen und Schüler ausüben, lassen sich noch immer keine empirisch gesicherten Aussagen machen. Dieses empirische Desiderat teilt der Versuch einer didaktischen Modellierung von Sprachkritik im Grammatikunterricht mit der Legitimation des mutter- oder erstsprachlichen Grammatikunterrichts im Allgemeinen. Die Forschung, so hat es mitunter den Anschein, arbeitet sich in dieser Hinsicht noch immer an Jacob Grimms Verdikt eines Grammatikunterrichts zum Zweck des sprachlichen Lernens ab (vgl. z. B. – mit hohem polemischem Anteil gegen Grammatikunterricht – Ingendahl 1999, bes. 1–14; zu Grimms Verdikt vgl. Frank 1976, 450 ff.). Die Erhebung und Interpretation von Belegen für eine Einwirkung auf die produktive und rezeptive Sprachkompetenz ist abhängig davon, welche Kompetenzen, welche Lern- und Bildungsziele mit dem Grammatikunterricht im Regelunterricht des Deutschen als Erstsprache verknüpft werden.

Die Bestimmung des sprachdidaktischen Werts von Sprachkritik als Schlüssel zum sprachlichen Lernen im Grammatikunterricht wird indes in keinem Fall am Maßstab kurzfristiger und insgesamt oberflächlicher, weil lediglich auf Performanzprodukte abzielender Veränderungen im Sprachgebrauch von Schülerinnen und Schülern zu ermessen sein. Den die Tradition des Grammatikunterrichts lange Zeit beherrschenden Fehlschluss, Erfolge des Grammatikunterrichts seien an einer „Verbesserung" des Sprachgebrauchs erkennbar, will eine sprachdidaktisch modellierte Sprachkritik gerade nicht bedienen; im Gegenteil: Insofern als dieser Kurzschluss nicht selten dadurch Nahrung erhielt, dass Schülerinnen und Schüler lediglich strategisch die Normen befolgten, die die Lehrkräfte erwarteten und sich dadurch dem „schulischen Sprachnormenritus" beugten (von Polenz 1973, 152), eröffnet die didaktische Modellierung von Sprachkritik im Grammatikunterricht die Möglichkeit, diesen Ritus zu durchbrechen.

4.2 Sprachkritik als didaktischer Schlüssel zur sprachlichen Bildung im Bereich der Grammatik

Als didaktischer Schlüssel zur **sprachlichen Bildung** soll Sprachkritik im Grammatikunterricht zu einem begründeten Urteil über Möglichkeiten und Grenzen der grammatischen Strukturen des Sprachsystems, über Fülle und Armut der sprachnormativ getroffenen Auswahlen sowie der instruktiven und kognitiven Potenziale grammatischer Zeichen führen. Dazu können wiederum unterschiedliche Existenzweisen von Sprache in den Blick genommen, unterschiedliche Gegenstände auf unterschiedlichen Sprachbeschreibungsebenen gewählt und unterschiedliche Lehr-Lern-Ziele verfolgt werden. In Bezug auf sprachliche und sprachwissenschaftliche Kompetenzen der Schülerinnen und Schüler ist das Gewicht im Rahmen der Zieldimension der sprachlichen Bildung im Vergleich zur Zieldimension des sprachlichen Lernens zugunsten der Erzeugung sprachwissenschaftlich fundierten deklarativen und problemlösenden Wissens verschoben; prozedurales und metakognitives sprachliches Wissen bleiben zwar im Horizont der Kompetenzerzeugung, treten aber in den Hintergrund.

So kann sich Sprachkritik als didaktischer Schlüssel zur sprachlichen Bildung im Grammatikunterricht beispielsweise aus erkenntnistheoretischer und erkenntniskritischer Perspektive grammatischen Strukturen zuwenden. In diesem Sinne weist Wilhelm Köller im Rahmen seines Ansatzes zu einem funktionalen Grammatikunterricht explizit darauf hin, dass die Reflexion, Erarbeitung und Bewusstmachung der kognitiven und instruktiven Funktionen grammatischer Zeichen auch einen Weg eröffnen, der Frage nachzugehen, „wie weit wir außerhalb solcher Reflexionsprozesse Gefangene der grammatischen Ordnungsmuster unserer Muttersprache sind, ohne es recht zu wissen" (Köller 1997, 16; vgl. auch Weisgerber 1985, 10ff.; Dürscheid 2007, 14). In diesem Sinn kann auf einer sprachvergleichenden Ebene z. B. die Frage nach Unterschieden der konzeptuellen Referenzsteuerung in Sprachsystemen mit zwei und solchen mit drei Genera Gegenstand sprachkritischer Untersuchungen im Grammatikunterricht sein. Auf der Ebene der Einzelsprache bieten sich grammatisch-kritische Betrachtungen von Sprachnormen, Normenkonflikten und grammatischen Zweifelsfällen an, wie z. B. sprachkritische Betrachtungen zum Zweck der linguistisch begründeten Entscheidung von Fragen wie der, ob die Form *bräuchte* systemkonform und normengerecht, grammatisch und akzeptabel ist, ob die Artikellosigkeit in Fällen wie *auf Basis von, auf Grundlage von* mittlerweile ebenso standardsprachlich ist wie die in *auf Grund von* oder ob die sogenannte Satzklammer dazu führt, dass kognitive Prozesse verzögert werden. Die sprachkritische Befähigung soll, wie erwähnt, dazu führen, Normenkonflikte und Zweifelsfälle relativ zu sprachsystematischen Regeln, zu varietätenspezifischen Sprachnormen und sprachhistorischen Entwicklungstendenzen linguistisch zu beschreiben, zu bewerten und in Bezug auf den Sprachgebrauch Entscheidungen und ggf. Empfehlungen zu formulieren. Handelt es sich bei dem in Frage stehenden Gegenstand um einen konkreten Sprachgebrauch, so treten konkrete Parameter der Sprachgebrauchssituation zu der Beschreibung, Bewertung und Entscheidung hinzu. So wird z. B. bei der Frage, ob die Form *rausstellen* in dem Satz: *Es wird sich erst bei einer empirischen Prüfung rausstellen, ob die Hypothese aufrechtzuerhalten ist* in der geschriebenen Sprache eines wissenschaftlichen Aufsatzes nicht über eine Verortung dieses Sprachgebrauchs zwischen den Polen „richtig" und „falsch" zu befinden sein, sondern relativ zu spezifischen Merkmalen der Situation, Redekonstellation und Diskurs- bzw. Varietätennorm über eine Verortung zwischen den Polen „angemessen" und „unangemessen" (man vergleiche die Form *herausstellen* in dem gesprochensprachlichen Satz *Ich muss erst noch den Müll herausstellen.*).

Von solcher sprachkritischen Betrachtung grammatischer Strukturen der Einzelsprache Deutsch ausgehend kann in der Sek. II sodann ein (fächerübergreifender) Bogen gespannt werden zur übereinzelsprachlichen philosophischen Sprachkritik etwa eines Fritz Mauthner, der darlegte, dass menschliche Welterkenntnis sprachlich eingesperrt, gar eingespurt sei durch grammatische Strukturen, die die Welt in eine „substantivische Welt", eine „verbale Welt" und eine „adjektivische Welt" einteilten (vgl. dazu Kilian 2000, 121 ff.). In solchem Fall wird Sprachkritik über die didaktische Instrumentalisierung hinaus selbst zum Unterrichtsgegenstand. In gleicher Weise zum Unterrichtsgegenstand und Instrument der sprachlichen Bildung wird Sprachkritik im Grammatikunterricht bei der Diskussion der Ergebnisse der linguistisch begründeten Sprachkritik in Bezug auf die Leistung einzelner Varietätennormen des Deutschen, die zugleich zur Kritik der zumeist lediglich defizitorientierten populären Sprachkritik ebenso befähigen kann wie zur Kritik der Sprache vor dem Hintergrund anders genutzter oder ungenutzter Möglichkeiten von Sprache – und anderer „grammatischer" Strukturen, wie etwa der der Musik oder der bildenden Kunst.

Literatur

Ader, Dorothea: Grammatik als Sprachförderung. In: Braun, Peter/Krallmann, Dieter (Hrsg.): Handbuch Deutschunterricht. Bd. 1: Sprachdidaktik. Düsseldorf: Schwann-Bagel 1983, 399–410 (zuerst in Praxis Deutsch 1 (1974) 6)

Ammon, Ulrich: Sprachnormen als notwendige Lehrziele im Primärsprachunterricht. In: Mogge, Birgitta/Radtke, Ingulf (Hrsg.): Schulen für einen guten Sprachgebrauch (= Der öffentliche Sprachgebrauch. Bd. 3). Stuttgart: Klett-Cotta 1982, 91–102

Andresen, Helga/Januschek, Franz: Mit Sprache spielen: Sprachbewußtheit – Sprachkritik. In: Praxis Deutsch 22 (1995) 132, 23–27

Braun, Peter: Beobachtungen zum Normverhalten bei Studenten und Lehrern. In: Braun, Peter (Hrsg.): Deutsche Gegenwartssprache. Entwicklungen, Entwürfe, Diskussionen. München: Fink 1979, 149–155

Bredel, Ursula: Sprachbetrachtung und Grammatikunterricht. Paderborn u. a.: Schöningh 2007

Cherubim, Dieter: Grammatik und Sprachkritik. In: Osnabrücker Beiträge zur Sprachtheorie (1984) 27, 155–187

Davies, Winifred V.: Linguistic Norms at School. A Survey of Secondary-School Teachers in a Central German Dialect Area. In: Zeitschrift für Dialektologie und Linguistik 67 (2000) 2, 129–147

Davies, Winifred V.: Normbewusstsein, Normkenntnis und Normtoleranz von Deutschlehrkräften. In: Neuland, Eva (Hrsg.): Variation im heutigen Deutsch: Perspektiven für den Sprachunterricht. Frankfurt/M.: Lang 2006, 483–491

Duden. Die Grammatik. Unentbehrlich für richtiges Deutsch. Hrsg. von der Dudenredaktion. 8., überarb. Aufl. Mannheim 2009

Dürscheid, Christa: Damit das grammatische Abendland nicht untergeht. Grammatikunterricht auf der Sekundarstufe II. In: Köpcke, Klaus-Michael/Ziegler, Arne (Hrsg.): Grammatik in der Universität und für die Schule. Theorie, Empirie und Modellbildung. Tübingen: Niemeyer 2007, 45–66

Eisenberg, Peter: Grundriss der deutschen Grammatik. Bd. 1: Das Wort. Stuttgart/Weimar: Metzler, 3., durchgesehene Aufl. 2006

Eisenberg, Peter/Voigt, Gerhard: Grammatikfehler? In: Praxis Deutsch 17 (1990) 102, 10–15

Frank, Horst Joachim: Dichtung, Sprache, Menschenbildung. Geschichte des Deutschunterrichts von den Anfängen bis 1945. Bd. 1. München: dtv 1976

Greule, Albrecht: Besseres Deutsch – größere Chancen. Die Sprachförderung Erwachsener als Aufgabe der Germanistik. In: Muttersprache 96 (1986) 3–4, 202–214

Helmers, Hermann: Didaktik der deutschen Sprache: Einführung in die Theorie der muttersprachlichen und literarischen Bildung. Stuttgart: Klett, 4., neu bearb. u. erw. Aufl. 1970

Ingendahl, Werner: Sprachreflexion statt Grammatikunterricht: ein Konzept für alle Schulstufen. Tübingen: Niemeyer 1999

Ivo, Hubert/Neuland, Eva: Grammatisches Wissen. Skizze einer empirischen Untersuchung über Art, Umfang und Verteilung grammatischen Wissens (in der Bundesrepublik). In: Diskussion Deutsch 22 (1991) 121, 437–493

Kilian, Jörg: „... die Geschichte ist die wahre Kritik des Worts". Fritz Mauthner und die klassische Semasiologie. In: Henne, Helmut/Kaiser, Christine (Hrsg.): Fritz Mauthner – Sprache, Literatur, Kritik. Festakt und Symposion zu seinem 150. Geburtstag. Tübingen: Niemeyer 2000, 109–131

Kilian, Jörg: Kritische Semantik. Für eine wissenschaftliche Sprachkritik im Spannungsfeld von Sprachtheorie, Sprachnorm, Sprachpraxis. In: Zeitschrift für germanistische Linguistik 29 (2001) 293–318

Kilian, Jörg: Standardnorm versus „Parlando" in Schüler/innen-Chats. Kontrastiv-kritische Spracharbeit im Bereich mündlich und schriftlich entfalteter Schriftlichkeit. In: Der Deutschunterricht 58 (2006) 4, 74–83

Kilian, Jörg: Didaktische Konzepte zur Sprachkritik im Unterricht des Deutschen als Erstsprache. In: Aptum 5 (2009) 2, 106–129

Kilian, Jörg/Niehr, Thomas/Schiewe, Jürgen: Sprachkritik. Ansätze und Methoden der kritischen Sprachbetrachtung. Berlin/New York: de Gruyter 2010

Kilian, Jörg: Kritische Grammatik, sprachliches Lernen und sprachliche Bildung. Über Sprachreflexion und Sprachkritik im Grammatikdidaktischen Sinne. In: Köpcke, Klaus-Michael/Ziegler, Arne (Hrsg.): Schulgrammatik und Sprachunterricht im Wandel. Berlin/Boston: de Gruyter 2013, 61–82

Klotz, Peter: Sprachreflexionskompetenz und kompetenter Sprachgebrauch. In: Kämper-van den Boogaart, Michael (Hrsg.): Deutschunterricht nach der PISA-Studie. Frankfurt/M.: Lang 2004, 153–168

Klotz, Peter: Grammatikdidaktik – auf dem Prüfstand. In: Köpcke, Klaus-Michael/Ziegler, Arne (Hrsg.): Grammatik in der Universität und für die Schule. Theorie, Empirie und Modellbildung. Tübingen: Niemeyer 2007, 7–31

Köller, Wilhelm: Funktionaler Grammatikunterricht. Tempus, Genus. Modus: Wozu wurde das erfunden? Baltmannsweiler: Schneider Hohengehren 1997

Köpcke, Klaus-Michael/Noack, Christina: Zweifelsfälle erwünscht: Perspektiven für den Sprachunterricht. In: Köpcke, Klaus-Michael/Noack, Christina (Hrsg.): Sprachliche Strukturen thematisieren. Sprachunterricht in Zeiten der Bildungsstandards. Baltmannsweiler: Schneiderverlag Hohegehren 2011, 3–12

Maitz, Péter/Elspaß, Stephan: Warum der „Zwiebelfisch" nicht in den Deutschunterricht gehört. In: Info DaF 34 (2007) 5, 515–526

Maitz, Péter/Elspaß, Stephan: Sprache, Sprachwissenschaft und soziale Verantwortung – wi(e)der Sick. In: Info DaF 36 (2009) 1, 53–75

Menzel, Wolfgang: Die Zeitformen im Unterricht – Verabsolutierungsexperimente. In: Becker, Tabea/Peschel, Corinna (Hrsg.): Gesteuerter und ungesteuerter Grammatikerwerb. Baltmannsweiler: Schneider Hohengehren 2006, 64–74

Peyer, Ann/Portmann, Paul R./Brütsch, Edgar/Gallmann, Peter/Lindauer, Thomas/Linke, Angelika/Nussbaumer, Markus/Looser, Roman/Sieber, Peter u.a.: Norm, Moral und Didaktik – Die Linguistik und ihre Schmuddelkinder. In: Peyer, Ann/Portmann, Paul R. (Hrsg.): Norm, Moral und Didaktik – Die Linguistik und ihre Schmuddelkinder. Eine Aufforderung zur Diskussion. Tübingen: Niemeyer 1996, 9–46

Polenz, Peter von: Sprachkritik und Sprachnormenkritik. In: Nickel, Gerhard (Hrsg.): Angewandte Sprachwissenschaft und Deutschunterricht. München: Hueber 1973, 118–167

Schmitz, Ulrich: Satzzeigen. Wie oft kann das grammatische Abendland noch untergehen? In: Hoppe, Almut/Ehlich, Konrad (Hrsg.): Propädeutik des wissenschaftlichen Schreibens; Bologna-Folgen. Bielefeld: Aisthesis 2003, 452–458 (= Mitteilungen des Deutschen Germanistenverbandes 50 (2003) 2–3)

Siehr, Karl-Heinz: Sprachkritik und Muttersprachunterricht. Anmerkungen aus linguistischer Sicht. In: Thieroff, Rolf/Tamrat, Matthias/Fuhrhop, Nanna/Teuber, Oliver (Hrsg.): Deutsche Grammatik in Theorie und Praxis. Tübingen: Niemeyer 2000, 287–297

Steets, Angelika: Lernbereich Sprache in der Sekundarstufe I. In: Kämper-van den Boogaart, Michael (Hrsg.): Deutschdidaktik. Leitfaden für die Sekundarstufe I und II. Berlin: Cornelsen-Scriptor, 4. Aufl. 2007, 210–231

Steinig, Wolfgang/Huneke, Hans-Werner: Sprachdidaktik Deutsch: eine Einführung. Berlin: Schmidt, 4., neu bearb. u. erw. Aufl. 2011

Weisgerber, Bernhard: Vom Sinn und Unsinn der Grammatik. Bonn-Bad Godesberg: Dürr 1985

D
Methoden

ANN PEYER

D 1 Methodische Konzepte der Sprachreflexion im Unterricht

1 Einleitung

Die Frage nach Methoden des Grammatikunterrichts stellt sich auf unterschiedlichen Ebenen: Handbücher (z. B. Bredel et al. 2003) machen dazu Aussagen, das Stichwort taucht aber auch immer wieder im Gespräch mit Lehrpersonen und Studierenden auf. Entsprechend breit ist das Spektrum der Antworten: vom Überblick wie bei Gornik 2003, Riegler 2006 oder Bredel 2007 bis hin zu konkreten Unterrichtsvorschlägen in Zeitschriften und Veranstaltungen der Aus- und Weiterbildung. Der vorliegende Beitrag verbindet den Überblick über die fachdidaktische Diskussion mit Stichwörtern aus dem erziehungswissenschaftlichen Kontext.

Hinter der Frage nach Methoden steht der Wunsch nach Überblick, aber auch ein Unbehagen am üblichen Grammatikunterricht. Regelmäßig wird gefragt, wie sich Grammatik „besser" vermitteln ließe. „Besser" meint: interessante und kurzweilige Stunden, Schülerinnen und Schüler, die gerne mitarbeiten, und eine nachhaltige Vermittlung grammatischen Wissens, sodass nicht nur Begriffe gelernt werden, sondern dass sich auch die sprachliche Praxis verbessert. Texte sollen weniger Fehler aufweisen, noch lieber generell „besser" sein – vielfältiger, bewusster gestaltet und klarer strukturiert. Auf diese Desiderate hat die Fachdidaktik mit zahlreichen Impulsen reagiert, z. B. mit Anregungen zum Aufgreifen situativer und spontaner Sprachreflexion, Integration von Grammatik in andere Unterrichtsbereiche, Arbeitsformen wie Werkstatt, Einbeziehen der sprachlichen (oft mehrsprachigen) Erfahrung der Lernenden, Verlagerung von Grammatik(begriffs)wissen zu weiter verstandener Sprachreflexion und Abkehr von formal geprägten zu stärker an Funktionen und Texten orientierten Grammatikmodellen etc. (s. u. 2).

Aus fachdidaktischer Sicht hat die Diskussion über Inhalte und Ziele Priorität vor den Methoden.[1] Dabei stehen die Lernenden im Zentrum: Was nehmen sie mit aus dem Unterricht? Die Frage nach Methoden im engeren Sinn – Wie sind Lektionen aufgebaut? Wie sind Lehrer- und Schüleraktivitäten gestaltet? Wie wird Material ausgewählt und präsentiert? Wie wird der Lernerfolg gesichert und beurteilt? – rückt dabei oft in den Hintergrund. Unterrichtsvorschläge zeugen davon, dass hier durchaus konkret gedacht wird und viel Erfahrungswissen vor-

---

[1] Deutlich zeigt sich dies z. B. bei Ingendahl 1999; Paul 1999 oder in den Beiträgen in Köpcke/Ziegler 2007.

liegt, systematisch dargestellt wird diese Ebene aber selten.[2] Viele Anregungen sind kongruent mit Strömungen innerhalb der gesamten (Deutsch)didaktik, so z. B. die starke Orientierung an Situationen, die Autonomie der Lernenden und die Erkenntnis, dass die Lernvoraussetzungen immer heterogen sind. Es ist konsequent, auch den Unterrichtsbereich Grammatik und Sprachreflexion entsprechend zu akzentuieren. Jedenfalls zeigt sich dieses Bild in programmatischen Aussagen – zahlreich sind allerdings auch die Hinweise darauf, dass in der Praxis nach wie vor isolierter, systematischer Grammatikunterricht vorherrscht. „Methoden" lassen sich nicht so leicht ändern, gerade weil sie das ganze Unterrichtsgefüge beeinflussen resp. nicht unabhängig vom fachlichen und didaktischen Kontext gedacht werden können.

Erziehungswissenschaftliche Modelle, die nicht speziell für einen bestimmten fachlichen Kontext entworfen sind, helfen, die Frage nach der „Methode" neu zu perspektivieren (s. u. 3). Keineswegs soll diese Erweiterung der Fragestellung von fachlichen Überlegungen wegführen – aber sie lohnt sich, denn das fachdidaktische Reden über den Unterricht ist stark auf die gelebte Praxis und eigene Erfahrungen bezogen, sowohl in allgemeinen Aussagen als auch dort, wo Grammatikunterricht und seine Ergebnisse empirisch untersucht werden (z. B. Riegler 2006; Funke 2005).[3]

2 Zur fachdidaktischen Diskussion über Grammatikunterricht und Sprachreflexion

Im Folgenden werden die Bildungsstandards als aktuelle bildungspolitische Vorgaben[4] rekapituliert, wichtige Konzepte des Grammatikunterrichts dargestellt und einige grundsätzliche Fragen der Ausrichtung von Grammatik und Sprachreflexion diskutiert.

2.1 Bildungsstandards „Sprache und Sprachgebrauch untersuchen"

Die aktuelle Diskussion um Formen und Möglichkeiten des Unterrichtsbereichs „Grammatik und Sprachreflexion" findet sich gebündelt in den Bildungsstandards für „Sprache und Sprachgebrauch untersuchen":[5]

---

[2] Ausnahmen sind Bremerich-Vos 1993 und Berkemeier 2002.
[3] Bereits Bremerich-Vos 1993; 2003 weist darauf hin, dass viele Vorschläge zu Sprach- und Grammatikunterricht nicht lernpsychologisch und unterrichtswissenschaftlich fundiert sind und dass eine systematische Auseinandersetzung mit der Struktur des Stoffs und mit der Struktur von Aufgaben fehlt. Deshalb konstatiert er eine Kluft zwischen fachdidaktischen Ansprüchen und unterrichtlichem Brauchtum (Bremerich-Vos 1993, 104 f.; Unterrichtstranskripte und Kommentare z. B. bei Boettcher 1994; 1995; 1999; Bremerich-Vos 1993, 123–125; 1995; 1999).
[4] Auf die KMK-Liste grammatischer Begriffe wird hier nicht eingegangen, da sie keine Aussagen zu Methoden macht. S. dazu Müller 2003.
[5] Zu den Bildungsstandards s. Kühn 2008; Oomen-Welke/Kühn 2009.

Sprache und Sprachgebrauch untersuchen (4. Klasse)	Sprache und Sprachgebrauch untersuchen (10. Klasse)
„Anknüpfend an ihre Spracherfahrungen entwickeln die Kinder ihr Sprachgefühl weiter und gehen bewusster mit Sprache um. In altersgemäßen, lebensnahen Sprach- und Kommunikationssituationen erfahren und untersuchen die Kinder die Sprache in ihren Verwendungszusammenhängen und gehen dabei auf die inhaltliche Dimension und die Leistung von Wörtern, Sätzen und Texten ein. Sie sprechen auch über Erfahrungen mit anderen Sprachen. Sie verfügen über ein Grundwissen an grammatischen Strukturen, einen Grundbestand an Begriffen und Verfahren zum Untersuchen von Sprache" (KMK Bildungsstandards Primarbereich (Jahrgangsstufe 4), 9).	*„Die Schülerinnen und Schüler denken über Sprache und Sprachgebrauch nach, um das komplexe Erscheinungsbild sprachlichen Handelns – des eigenen und fremden – und die Bedingungen, unter denen es zustande kommt bzw. aufgenommen wird, zu verstehen und für die eigene Sprachentwicklung zu nutzen. Sie untersuchen und formulieren Texte nach funktionalen, normativen und ggf. ästhetischen Gesichtspunkten. Im Sinne von „Sprache im Gebrauch" arbeiten sie an dem umfassenden Bereich menschlicher Verständigung, im Sinne von „Sprache als System" nehmen sie vorwiegend grammatische Erscheinungen und ihre inhaltliche Funktion in den Blick und nutzen diese zur Textherstellung sowie Textüberarbeitung. Sie können grammatische Strukturen korrekt aufbauen und bei Bedarf korrigieren. Die grammatische Terminologie wird nicht im Sinne eines isolierten Begriffswissens, sondern stets im funktionalen Zusammenhang angewandt. In der mündlichen Äußerung beachten sie wichtige Regeln der Aussprache, in den schriftlichen die der Orthographie und Zeichensetzung"* (KMK Bildungsstandards für den Mittleren Schulabschluss (Jahrgangsstufe 10), 9).

In diesen Formulierungen klingen wichtige Postulate der fachdidaktischen Diskussion an.[6] Hier sollen sie als Folie dienen, um auf wichtige Akzente in der aktuellen Diskussion hinzuweisen:[7]

Prinzipielle Ausrichtung: Sprache soll nicht primär mit dem Ziel untersucht werden, zu erfahren, was „richtig" sei. Angestrebt wird eine deskriptive Haltung, die Unterschiedliches wahrnimmt, vergleicht und würdigt. Erst in zweiter Linie ist solches Wissen hilfreich für sprachliche Korrektheit. Grammatik und Sprachreflexion sollen situiert und in andere Lernbereiche integriert sein: Die Schülerinnen und Schüler knüpfen an bei Erfahrungen und eigenen Interessen, Sprache wird wenn möglich dann genauer untersucht, wenn Sprachliches in kommunikativen Zusammenhängen zum Thema wird.

---

[6] Eine kritische Auseinandersetzung mit diesen Standardformulierungen findet sich bei Kühn 2008, der auf einige „Ungereimtheiten und Widersprüche" aufmerksam macht: Trotz anderslautender Aussagen herrscht im Detail ein Trend zu traditioneller, nicht funktionaler Grammatik mit einem Schwerpunkt bei Wort und Satz, nicht bei Text; der Begriff „Funktion" wird nicht geklärt und wird uneinheitlich verwendet; die Progression über die Schulstufen bleibt unklar (Kühn 2008, 199).
[7] Überblick angelehnt an Oomen-Welke/Kühn 2009, erweitert.

Gegenstandsbereich[8]: Es geht um mehr als Begriffslernen; außerdem sind nicht nur Strukturen der Sprache Thema, sondern prinzipiell alles, was linguistisch untersucht wird: Sprache im Gebrauch (Pragmatik), verschiedene Sprachen und Varietäten im Vergleich (Typologie, kommunikative Muster), Sprachwandel etc. Dabei zeichnet sich eine Verschiebung ab von formalen zu funktionalen Grammatikmodellen. Explizit wird verwiesen auf Begriffe, die für das Erforschen von Sprache nützlich sind. Konkret finden sich in den Formulierungen der Standards jedoch die klassischen schulgrammatischen Termini wieder.

Lernerorientierung: „Sprache untersuchen" verweist auf ein lernerorientiertes, tendenziell induktives Vorgehen im Unterricht, daraus ist abzuleiten, dass auch die vermittelten grammatischen Begriffe operationalisiert werden, sodass die Schülerinnen und Schüler Begriffe nicht „abstrakt" lernen, sondern mit Proben immer wieder erarbeiten.

Kognitivierung: Sprachliches Lernen hat eine reflexive Komponente, sodass sich nicht nur Können, sondern auch Wissen über Sprache und Kommunikation entwickelt. Lernende bringen viel implizites Wissen über Sprache mit. Wenn sie ihre Sprache und ihr Sprechen distanzierter betrachten, erwerben sie expliziteres Wissen (prozedural und deklarativ). Wie sich die verschiedenen Wissensformen[9] gegenseitig unterstützen, ist (noch) nicht geklärt. Klar ist, dass ältere Konzepte deklaratives Wissen höher gewichtet haben, als das aktuell der Fall ist (Riegler 2006, 53 f.). In diesem Kontext hat das Stichwort „Language Awareness" zunehmend an Bedeutung gewonnen (z. B. Andresen/Funke 2003; Luchtenberg 2001).

Verschiebung vom Lehren zum Lernen: Übereinstimmend mit der allgemeinen Tendenz wird auch im Bereich Grammatik/Sprachreflexion die Konstruktion von Wissen betont. In den Blick kommen damit Eigenständigkeit, (außerschulische) Erfahrungen und Lernprozesse sowie die Genese des Wissens auf der Basis von Vorwissen (Riegler 2006, 53 f.).

Inwiefern geht es hier um Methoden? Das Stichwort wird nicht direkt genannt, aber viele der erwähnten Punkte hängen mit Methodenfragen zusammen. Wie der Blick auf die unten dargestellten Konzepte zeigt, sind die Bildungsstandards nicht eng einem Ansatz verpflichtet, das bedeutet aber, dass in der Umsetzung der Standards die Konsequenzen für die Umsetzung methodisch reflektiert werden müssen.

2.2 Konzepte und ihre Schwerpunkte

Konzepte und Methoden des Grammatikunterrichts[10] werden oft dargestellt als eine Abfolge von Paradigmen. Bereits ein grober Überblick macht deutlich, dass

---

[8] Ausführlicher zum Thema „Sätze", s. Peyer 2011, 106–111.
[9] Differenzierte Darstellung der verschiedenen Wissensmodi in wichtigen Konzepten: Bredel 2007, 205–243.
[10] Z. B. Gornik 2003 (Schwerpunkt Grammatikunterricht); Riegler 2006, 25–113 (breit angelegte Darstellung der Entwicklung); Bredel 2007, 205–243 (mit Akzent auf unterschiedlichen Wissensmodi); Peyer 2011, 90–94 (im Hinblick auf Sätze).

diese „Methoden" mehr meinen als bloß das „Wie" der Vermittlung: Es geht um die Definition und Auswahl relevanter Gegenstände, die Fokussierung unterschiedlicher Ziel- und Kompetenzbereiche und letztlich um sehr grundsätzliche Fragen des Lehrens und Lernens. Konzeptuelle Entwürfe stehen eher nebeneinander, als dass sie sich historisch auseinander ergeben. Umgekehrt gesagt: Die Frage nach der Methode könnte suggerieren, dass „sonst" alles geklärt sei: Ziele, Gegenstände, Wirkung verschiedener Lehr- und Lernformen etc. Dass dem im Rahmen der fachdidaktischen Diskussion um Grammatikunterricht mitnichten so ist, zeigen verschiedene Kontroversen.[11]

Deshalb werden in den folgenden Abschnitten erst wichtige Konzepte (2.2), anschließend grundsätzlichere Fragen (2.3) knapp erläutert. Im Folgenden ist von „Grammatikunterricht" die Rede, wenn auf Strukturen bezogen gearbeitet wird, und von „Sprachreflexion", wenn es um andere Themen und einen stärker erfahrungsbasierten Zugang geht.

2.2.1 Systematischer Grammatikunterricht

Die ursprünglich stark am Latein orientierten grammatischen Kategorien, wie sie Becker im 19. Jh. prägte, wurden im Laufe des 20. Jh. systematisiert und operationalisiert. Es zeigt sich dabei ein Bemühen – bei aller begrifflichen Systematik – auf die Lernenden einzugehen, um die Auseinandersetzung mit Grammatik sowie das erworbene Begriffswissen nachhaltiger zu verankern (Gornik 2003, 816–819). Zu beachten ist, dass in der fachdidaktischen Diskussion „traditionelle" systematische Konzepte oft negativ konnotiert sind, u. a. indem ihnen eine starke präskriptive Komponente und deduktives Vorgehen zugeschrieben werden (Bredel 2007, 227 f.).

Die operationalen Verfahren, wie Glinz sie geprägt hat, sind praktisch immer präsent, wenn im Grammatikunterricht systematisch gearbeitet wird. Dass sie nicht immer ohne Probleme angewendet werden können, ist erkannt. Generell setzen sie ein sicheres „Sprachgefühl", d. h. implizites Wissen voraus (Gornik 2003, 817 f.; Bredel 2007, 120–122).

2.2.2 Situative Sprachbetrachtung

Die programmatische Publikation „Der andere Grammatikunterricht" (Boettcher/Sitta 1981) will schulische Sprachbetrachtung aus realen Situationen ableiten. Dieser radikale Entwurf unterscheidet sich in zwei Punkten vom traditionellen Grammatikunterricht: erstens durch große Schülernähe und Spontaneität statt Planung durch die Lehrperson und zweitens durch eine sehr weit gehende Erweiterung des Gegenstandsbereichs: Alles, was an Sprache und Kommunikation auffällt, soll Thema werden. Was die Schülernähe angeht, wird allerdings oft übersehen, dass die Autoren der Lehrperson die Aufgabe zuschreiben, Beobach-

---

[11] Z.B. Boettcher/Sitta 1981; Bremerich-Vos 1993; Eisenberg/Menzel 1995; Ingendahl 1999; Klotz 2007; Menzel 1999 und 2001; Paul 1999.

tungen zu verallgemeinern, zu systematisieren und sinnvolle Begriffe einzuführen (Gornik 2003, 820 f.). Die Autoren verwahren sich dagegen, dass ihr Konzept als „systematikfeindlich" verstanden wird (Boettcher/Sitta 1981, 298 f.). Die Reaktionen auf das Konzept haben gezeigt, dass der Lehrperson mehr Wissen und unterrichtlicher Freiraum zugestanden wird, als sie realistischerweise hat (Gornik 2003, 821).

2.2.3 Integrativer Grammatikunterricht

Aus der Erkenntnis heraus, dass systematisches Begriffswissen nur selten für die Arbeit mit Texten produktiv wird, wurde eine konkretere Verzahnung von Grammatik- und Textarbeitssequenzen postuliert. Schülerinnen und Schüler sollen dabei erfahren, dass Begriffswissen und spontane Beobachtungen am Text sich verknüpfen lassen, sodass sich dessen Sinn unmittelbar im Unterricht, nicht erst für ein diffuses „Später", erschließt (Gornik 2003, 821–823; Einecke 1999). Dabei werden Anliegen des situativen Unterrichts aufgenommen, dennoch erfolgt der Unterricht geplant, auch um den Preis der Authentizität von Fragestellungen.

Bei entsprechend sorgfältiger Planung und Auswahl von Themen resp. Textbeispielen kann Grammatikunterricht tatsächlich fruchtbar mit den anderen Lernbereichen verbunden werden. Da der Planungsaufwand hoch ist, wird integrativer Grammatikunterricht meist anhand von Lehrmitteln umgesetzt, d. h. die Lehrperson übernimmt nicht die ganze Verantwortung für Material und Schwerpunkte. Ein Problem, das der integrative Unterricht mit dem situativen Ansatz teilt, ist die Systematik: Wenn die grammatisch-linguistische Systematik den Unterricht leitet, wirken die Beispiele zufällig, wenn dagegen der rote Faden vom Lektüre- oder Schreibprogramm kommt, lassen sich nicht alle Themen gleich gut unterbringen.

2.2.4 Werkstatt

Bei der Arbeit mit dem Werkstatt-Konzept von Menzel und Eisenberg (Eisenberg/Menzel 1995; Menzel 1999) gelten folgende Ansprüche: Die Systematik grammatischer Kategorien soll induktiv erarbeitet werden, der Unterricht soll die Funktionen sprachlicher Ausdrücke thematisieren und integrativ verfahren. Konkret dürfte ersteres im Zentrum stehen, gerade weil jeweils konkrete Materialien (Arbeitsblätter) vorliegen, die systematisch und induktiv angelegt sind. Funktionalität und Integration dagegen müssten im Unterrichtskontext erarbeitet werden (Gornik 2003, 825). Kritisiert wird denn auch vor allem die Reduktion auf vorgegebenes Material, welche dazu führt, dass sich die Experimentiermöglichkeiten in Grenzen halten und dass die Schülerinnen und Schüler nicht wirklich nachvollziehen, was es bedeutet, wenn Grammatikfachleute Kategorien konstruieren, sondern dass sie ausgewählte Kategorien anhand vorgegebener Beispiele rekonstruieren (Gornik 2003, 825 f.). Es drängt sich der Vergleich auf zu einem Chemie- oder Physik-Experimentierkasten: Dieser kann durchaus

Erkenntnisse ermöglichen, v. a. wenn die Experimente diskutiert oder später mit „richtigem" Material nachvollzogen werden, es ist aber auch ein bloßer Bastel- oder Aktivismus-Gebrauch möglich. Die zum Teil vehemente Kritik am Werkstatt-Konzept (Ingendahl 1999, 7 f.; Switalla 2001; Ossner 2001) bezieht sich wohl zu einem guten Teil auf das Gefälle zwischen Anspruch und Wirklichkeit.

2.3 Grundsätzliche Fragen

Lassen sich die unter 2.2 erläuterten Konzepte noch im weiteren Sinn als verschiedene „Methoden" sehen, geht es bei den folgenden Stichwörtern um Fragen der generellen Ausrichtung der schulischen Sprachbetrachtung.

2.3.1 Funktionale Grammatik

Mit dem Stichwort „funktional" wird eine sprachtheoretische Grundannahme angesprochen, nämlich dass Sprache bis in formale Details hinein geprägt sei von ihrem Gebrauch in kommunikativen Kontexten. Damit ist der Zusammenhang zwischen Form und Funktion im Fokus, der in zwei Richtungen untersucht werden kann: Man untersucht eine Form und fragt nach ihrer Funktion/ihren Funktionen oder man untersucht, welche formalen Mittel sich einer Funktion zuordnen lassen (Gornik 2003, 823). Mit diesen Fragestellungen gehen differenzierte linguistische Modelle[12] einher, die allerdings nur bedingt mit den herkömmlichen schulgrammatischen Systemen kompatibel sind, was ihre Implementierung in der Schule erschwert. Sprache in funktionalen Kontexten zu untersuchen, heißt, nicht mit isolierten Sätzen zu arbeiten, sondern mit situierten Äußerungen oder Texten. Damit ist Anschluss an die Erfahrung von Schülerinnen und Schülern möglich (Gornik 2003, 824 f.).

Die Forderung nach einer Verstärkung funktionaler Ansätze in der Schule wird damit begründet, dass diese Untersuchungsperspektive für Schülerinnen und Schüler sinnhafter und der Transfer zum aufmerksamen sprachlichen Handeln (v. a. Schreiben, Textüberarbeitung) im Alltag besser möglich ist. Ein Problem, v. a. vor dem Hintergrund, dass bestimmte Begriffe im grammatischen Kanon fest verankert sind, besteht darin, dass sich nicht alle grammatischen Teilbereiche gleich gut für funktionale Betrachtungen eignen. So werden immer wieder Themen wie Tempus und Modus oder, aus dem Bereich der Syntax, der Beziehung zwischen Satzart und Illokution angesprochen.[13]

In der Diskussion lassen sich verschiedene Stimmen unterscheiden: radikalere, welche Begriffe und Termini neu fundieren wollen, z.B. auf der Basis der IdS-Grammatik, und moderatere, die betonen, dass sich Grammatikunterricht nicht im traditionellen formalen Kategorisieren erschöpfen darf, sondern dass sprach-

---

[12] Z.B. die IdS-Grammatik von Zifonun et al. 1997; Überblick bei Redder 2007, 131–133; Ziegler 2007, v. a. 87–91; Klotz 2007, v. a. 18.
[13] Konkret z. B. ein funktionales Wortartenmodell bei Redder 2007; ein ausgearbeiteter Unterrichtsvorschlag zur Attribuierung bei Klotz 2007, 19–26.

liche Phänomene, auch wenn sie formal bestimmt werden, immer auch in ihrem kommunikativen Kontext beobachtet werden müssen.

2.3.2 Deskriptiv oder präskriptiv, handlungspraktisch oder handlungsentlastet?

In der landläufigen Meinung von Laien, teilweise auch von Lehrpersonen, ist es die Aufgabe des Grammatikunterrichts, standardsprachliche Normen zu vermitteln. Der aktuelle linguistische Blick auf grammatische Phänomene ist dagegen klar deskriptiv geprägt.[14] Der Unterschied darf nicht unterschätzt werden. „Präskriptive Sprachbetrachtungsaktivitäten dienen der Steuerung des Sprachgebrauchs [...]; es wird nicht nach systeminternen Erklärungen für [...] Varianten gesucht; entschieden wird auf der Grundlage von Gewohnheiten, Stil oder Geschmack [...]. Die deskriptiven Sprachbetrachtungsaktivitäten zielen auf die Beschreibung des Sprachsystems und seiner Varianz [...]" (Bredel 2007, 134).

Aus der sprachlichen Praxis ist der Wunsch nach präskriptiven Vorgaben verständlich: Wer sich unsicher fühlt, möchte schnell wissen, was „gilt". Wenn demgegenüber im Grammatikunterricht die deskriptiv-linguistische Zugangsweise propagiert wird, besteht die Gefahr, dass berechtigte Anliegen der handelnden Schülerinnen und Schüler sowie Lehrpersonen nicht ernst genommen werden. Dass die aktuellen Konzepte deskriptiv sind, passt zu einem (im positiven Sinn) wissenschaftlichen Blick auf Sprache. Zu klären ist jedoch, ob Normen, die den Alltag von Schülerinnen und Schülern mit prägen (z. B. Fehler in Texten, Vorgaben/Erwartungen im Bereich des sprachlichen Handelns, normativ orientierte Sprachreflexion von Laien) dabei genügend thematisiert werden (vgl. Peyer et al. 1996). Selbstverständlich soll hiermit nicht einer rigiden Normorientierung das Wort geredet werden. Schlecht wäre jedoch ein Sprachunterricht, der zwar „gute" deskriptive Reflexion über Sprache anbietet, gleichzeitig aber (z. B. im Schreibunterricht oder im Umgang mit Varietäten) die Schülerinnen und Schüler mit Normen konfrontiert, ohne sie reflexiv und diskursiv zugänglich zu machen. Oder anders gesagt: Deskriptive Sprachbetrachtung hat ein bestimmtes Erkenntnisinteresse, das im Kontext von Wissenschaft und Forschung berechtigt ist und das als Haltung auch Jugendlichen vermittelt werden soll. Deskriptives Forschen darf aber nicht gegen das Bedürfnis ausgespielt werden, in bestimmten Handlungskontexten Informationen über präskriptive Normen und ihren Geltungsanspruch zu bekommen.

Verbunden mit der Frage nach Normen ist der Bezug der Sprachbetrachtung zu einer konkreten Situation, in der gehandelt werden soll. So setzt situativer Grammatikunterricht an bei konkreten Anlässen, nach Möglichkeit solchen, die sich ungeplant ergeben. Dabei wird jedoch der Handlungskontext verlassen, das Problem wird isoliert und genauer untersucht. Diese Bewegung beschreibt Bredel (mit Bezug auf Paul 1999) mit dem Begriffspaar „handlungspraktisch" und

---
[14] Vgl. Peyer 2011, 18f.

„handlungsentlastet"[15]: Wenn Sprache gebraucht wird, ist sie normalerweise nicht im Fokus der Aufmerksamkeit. Erst wenn Irritationen auftreten, wird Sprache im Alltag zum Thema. Untersuchungen zeigen, „dass Alltagshandelnde auch bei der Lösung von Verstehensproblemen primär an der Bedeutung und am Funktionieren der Interaktion interessiert bleiben" (Bredel 2007, 151). Sich aus dem Handlungskontext zu lösen und ein Problem um seiner selbst willen zu untersuchen, ist eine Abstraktionsleistung, die nicht zu unterschätzen ist. Entsprechend sorgfältig ist abzuwägen, welches Ziel ein Lernprozess haben soll: pragmatische Problemlösung im Handlungskontext oder handlungsentlastete Reflexion? Sinnvoller als eine Engführung resp. Nivellierung der beiden Zugänge ist es, sie klarer zu trennen (Bredel 2007, 152–155, auf der Basis von Paul 1999).

2.3.3 Erweiterung des Gegenstandsbereichs: Sprachreflexion in einem weiteren Sinn

Um den verschiedenen Anliegen, die mit schulischer Sprachbetrachtung verbunden sind, gerecht zu werden, drängt es sich auf, den Gegenstandsbereich weiter zu fassen. Gerade ein forschender, in authentischem Interesse begründeter Blick auf Sprache sollte über strukturelle Fragen hinausgehen. Inhaltlich wird das Spektrum möglicher Reflexionsanlässe sehr weit gefasst, v. a. seit auch der mehrsprachige Hintergrund vieler Schülerinnen und Schüler stärker berücksichtigt wird (sog. Language-Awareness-Konzepte[16]; Riegler 2006, 89f.; Peyer 2003; 2005). Vorschläge[17] sind in der fachdidaktischen Literatur zahlreich: Wörter und Namen eignen sich gut als Ausgangspunkt, da sie als sprachliche Einheit schon früh greifbar sind (Riegler 2006, 60–63; vgl. auch Eisenberg/Linke 1996; Feilke 2009; Pohl/Ulrich 2011; Ulrich 2007).

Innere Mehrsprachigkeit: Es werden Fragen der Varietäten- und Soziolinguistik aufgenommen. Zentral ist der Umgang mit Einstellungen/Stereotypen, die für Kinder und Jugendliche eine Realität sind, von der Sprachwissenschaft aber oft ausgeblendet werden (Riegler 2006, 6–65, nach Neuland 1993 und 2002; vgl. auch Neuland 1994).

Äußere Mehrsprachigkeit: Besonders in heterogenen Klassen ist es wichtig, Mehrsprachigkeit zu thematisieren. Voraussetzung, dass dies gelingt, ist, dass Lehrpersonen einerseits eine offene Einstellung mitbringen, andererseits auch solides Fachwissen, um Schülerbeobachtungen und -fragen einordnen zu können (Riegler 2006, 67–69, nach Oomen-Welke 1998, 208f., 313f.; vgl. Oomen-Welke 2003).

---

[15] Mit Verweis auf Ingendahl 1999, 122f. und Paul 1999; s. auch Redder 1998.
[16] Siehe dazu Andresen/Funke 2003; Antos 2003; Luchtenberg 2001; Schader 2012.
[17] Konkrete Beispiele und Materialien enthält das „Sachbuch" des Schweizer Lehrmittels „Sprachwelt Deutsch", z. B. zu Spracherwerb, Tiersprachen, Jugendsprache, Sprachfamilien, Sprache und Magie, Sprache und Kunst etc. für die 7.–9. Klasse (www.sprachwelt.ch).

Sprachkritik: Die regelmäßige Bearbeitung entsprechender Fragen im Unterricht kann zu einem reflektierten Umgang mit Normen beitragen (Riegler 2006, 69–71; Kilian, C 7).

Nonverbales Handeln: Entsprechende Akzente sind oft verbunden mit spielerischen Zugängen oder der Analyse von Videoaufnahmen. Auch nonverbale Signale haben Zeichencharakter, so dass hier wichtige Erkenntnisse über die Semiotik gewonnen werden können (Riegler 2006, 71–73).

Sprachphilosophische Fragen: Wer hat Sprachen/die Sprache erfunden? Wie verständigen sich Tiere? Wenn Schülerinnen und Schüler sich auf solche Fragen einlassen, formulieren sie immer auch ihre Auffassung von Sprache. Dass sich die Fragen nicht erschöpfend beantworten lassen, ist ihr Reiz – muss aber im Unterricht auch ausgehalten werden (Riegler 2006, 73–75; Bremerich-Vos 1999b, 49–59).

Gerade für jüngere Lernende ist es einfacher, sprachliche Phänomene handlungsentlastet zu erforschen und sich daneben im strukturellen Bereich Normen der Schriftlichkeit anzueignen. Wenn sie diese besser beherrschen, sind sie freier, auch hier eine forschende Perspektive einzunehmen und Klassifizierungswissen zu hinterfragen.

2.4 Konsequenzen für die Gestaltung des Unterrichts

Eine klare Akzentuierung von handlungspraktischen oder -entlasteten Unterrichtssequenzen und die Erweiterung des Grammatikunterrichts zu umfassender Sprachreflexion hat nicht nur inhaltlich, sondern auch methodisch Folgen für die Gestaltung des Unterrichts. Die Frage nach geeigneten Unterrichtsformen und -materialien wird allerdings nur ansatzweise systematisch diskutiert (Riegler 2006, 90).[18]

Riegler weist in diesem Zusammenhang auf ein Problem hin: „Das grundsätzliche Bemühen, im Unterricht an individuelle Bestände von Sprachbewusstsein und Sprachwissen anzuknüpfen, führt in der Regel zunächst zu heterogenen Einzelbeiträgen, deren Interpretation, Einbindung und 'Kanalisierung' die Lehrkraft vor eine äußerst anspruchsvolle Aufgabe stellt" (Riegler 2006, 81f., mit Verweis auf Berkemeier 2002, 16f.). Dies umso mehr, als immer wieder festgestellt wird, dass es schwierig ist, einerseits das spontane Nachdenken über Sprache zu würdigen, andererseits – dort, wo das angestrebt wird – die am linguistischen Fachwissen orientierten Begriffe zu vermitteln (Riegler 2006, 57, mit Verweis auf Neuland 1992). Bei zahlreichen erfahrungsbasierten Vorschlägen dominiert das Unterrichtsgespräch mit fragend-entwickelndem Vorgehen, teilweise ist Arbeit in Gruppen vorgesehen; Werkstatt-Aufgaben bearbeiten die Schüle-

---

[18] „Aussagen zu konkreten Methodenfragen beschränken sich zumeist auf die Proklamation von Unterrichtsprinzipien, deren grundsätzliche Bedeutung für schulisches Lernen kaum ernsthaft in Zweifel zu ziehen ist", z. B. induktives Vorgehen mit kooperativem und selbsttätigem Lernen (Riegler 2006, 80f.).

rinnen und Schüler z. T. allein. Generell sollen sie zwar Gelegenheit haben, vieles selbst zu entdecken und eigene Fragen zu formulieren, sie sind aber im Unterrichtsgespräch oder via Aufgaben/Arbeitsblätter dennoch abhängig von der Lehrperson. In vielen Vorschlägen zeigt sich großes Vertrauen in die zielgerichtete Konstruktion von Wissen und in gemeinsames „Herausfinden" und „Erarbeiten" (vgl. Berkemeier 2002, 16). Wichtig ist außerdem, dass affektive Zieldimensionen wie „Interesse an Sprachlichem" nicht zu kurz kommen. Nur so hat die kognitive Auseinandersetzung mit Sprache ein tragendes Fundament (Riegler 2006, 104 f.). Viele neuere Konzepte nennen Motivation und Neugier als zentrale Elemente, sodass bei der Wahl von Themen und Sozialformen besonders auf die affektive Komponente geachtet werden muss.

3 Lernen und Unterrichtsqualität aus erziehungswissenschaftlicher Sicht

Die aktuelle fachdidaktische Diskussion ist deutlich geprägt von Schülerorientierung: Inhaltlich geht es darum, die alltägliche Erfahrung der Lernenden mit Sprache in den Unterricht einzubeziehen; ihre sich entwickelnde Sprachbewusstheit wird berücksichtigt, Begriffe werden operationalisiert und induktiv erarbeitet. Hinsichtlich Unterrichtsform wird Wert gelegt auf weniger direkte Instruktion, dafür mehr Aktivität und Steuerung durch die Lernenden. Im Folgenden wird dargestellt, wie sich diese Akzentuierungen in den erziehungswissenschaftlichen Kontext einordnen lassen. Das Kapitel gliedert sich in zwei große Abschnitte: Es wird diskutiert, was das momentan dominierende Konzept „Konstruktivismus" für die Unterrichtsgestaltung bedeutet (3.1), und es werden Unterrichtsmodelle vorgestellt und punktuell vertieft (3.2). Dabei wird nach sinnvollen Formen der Unterrichtsgestaltung gefragt – also nicht grundsätzlich mehr Schülerorientierung, sondern Schülerorientierung dort, wo sie Sinn macht.

3.1 Konstruktivismus

Konstruktivismus[19] als „Leitbegriff eines Paradigmas des Lehrens und Lernens" (Reusser 2006, 151) ist eine Leitmetapher geworden, und Forschungsergebnisse zeigen einen klaren Trend: „Je aktiver und selbstmotivierter, je problemlösender und dialogischer, aber auch je bewusster und reflexiver Wissen erworben resp. (ko)konstruiert wird, desto besser wird es verstanden und behalten (Transparenz, Stabilität), desto beweglicher kann es beim Denken und Handeln genutzt werden (Transfer, Mobilität), und als desto bedeutsamer werden die mit dessen

---

[19] Für eine knappe allgemeine Einführung Woolfolk 2008, 418–439. Die folgenden Ausführungen stützen sich v. a. auf die Darstellung von Reusser 2006, der sich bei grundsätzlicher Zustimmung kritisch mit der Konjunktur des Konstruktivismus in der Pädagogik und Didaktik auseinandersetzt.

Erwerb verbundenen Lernerträge erfahren (Motivationsgewinn, Zugewinn an Lernstrategien, Selbstwirksamkeit)" (ebd., 159). Oft wird Konstruktivismus als Heilmittel gegen „träges Wissen" dargestellt; allerdings verbirgt sich dahinter eine falsche Dichotomie zwischen (schlechter) Instruktion und (guter) Konstruktion, womit auch die strukturierende Rolle der Lehrperson in Frage gestellt wird (Reusser 2006, 152). „Das Aushandeln und Herstellen von Intersubjektivität [...] bleibt in jedem kulturbezogenen Unterricht eine Kardinalaufgabe. Das heißt, das Dilemma, in welchem jede Lehrkraft steht, wenn sie in einer Klasse individuelle Lernwege eröffnen und subjektive Sinnkonstruktionen herausfordern möchte, besteht darin, dass freigesetzte Subjektivität in aller Regel auch wieder begrenzt werden muss" (Reusser 2006, 157–165).

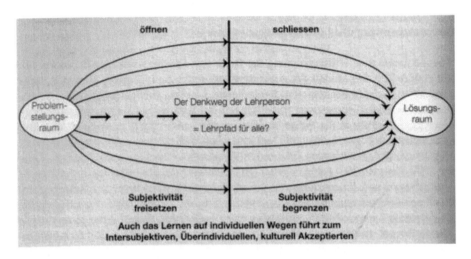

Abb. 1: Konstruktivistisches Lernen: vom Problemstellungs- zum Lösungsraum
Aus: Reusser 2006, 166 (Abb. 2)

Das Schema (Abb. 1) verweist passgenau auf die weiter oben (2.4) für den deutschdidaktischen Kontext formulierte Beobachtung, dass es wichtig sei, im Unterricht nicht nur Raum zu eröffnen, sondern auch mit den Lernenden und für sie Systematisierung zu leisten, mindestens dort, wo sie zu den Lernzielen gehört. Interessant ist diesbezüglich im Schema (Abb. 1) die senkrechte Linie: Sie darf nicht als Bruch inszeniert werden, damit die subjektiven Zugänge nicht entwertet werden, aber sie darf auch nicht ausgeblendet werden im Sinn von „das ergibt sich später". Die Kunst ist also, die Überlegungen der Lernenden zu würdigen, ihnen dabei aber auch zu zeigen, dass es eine Systematik gibt, die u. U. anders funktioniert und mit der sie sich ebenfalls befassen müssen.[20] Aufgrund der Gegenüberstellung von linker und rechter Seite im Schema können einschlä-

---

[20] Zur Umsetzung des konstruktivistischen Ansatzes im Lehrmittel „Sprachwelt Deutsch" s. Grossmann 2012.

gige sprachdidaktische Kontroversen besser verortet werden: Wird eher (a) das Öffnen, das Suchen eigener Lösungen betont oder (b) die Vermittlung von gesichertem Wissen? Zwei Zitate zur Illustration: a) „Wichtig ist [...] nicht die fachwissenschaftliche Formulierung der Probleme, vielmehr kommt es [...] darauf an, die Kinder zum selbständigen Nachdenken zu bringen und sie ihre eigene Sprache zur Beschreibung grammatischer Probleme finden zu lassen" (Spinner 1996, 34, zitiert nach Riegler 2006, 62), b) „So lange der Begriff des Satzgliedes zu den Standardbegriffen der Sprachwissenschaft und der Schulgrammatik und dessen Vermittlung zu den Standardforderungen von Richtlinien gehört, so lange muss der Didaktiker dazu beitragen, ihn so an Lernende zu vermitteln, dass sie dabei Spracherfahrungen machen und an den Prozessen der Ermittlung von Satzgliedern beteiligt werden" (Menzel 2001, 243).

3.2 Modelle für Unterrichtsgestaltung und Unterrichtsqualität

3.2.1 Prozess-Produkt- und Angebots-Nutzungs-Modell

Die klassische Auffassung von Lehr-Lernzusammenhängen geht aus von Zielen und leitet daraus in mehreren Schritten die Gestaltung des Unterrichts ab: „1. Ziele auswählen, 2. Einsichten in Schülereigenschaften gewinnen, 3. Einsichten in Lernen und Motivation gewinnen, 4. Unterrichtsmethoden und -praktiken auswählen und umsetzen, 5. Lernergebnisse auswählen und beurteilen" (Gage/ Berliner 1996, 31, Abb. 2–1). Etwas boshaft lässt sich dieses Modell so lesen, dass Inhalte vom Lehrer zum Schüler transportiert werden und dass dafür berechnend allerlei Tricks eingesetzt werden. Die Autoren betonen, „dass die Konzentration auf einzelne Variablen keinen Rückschluss erlaubt auf das Beziehungsgeflecht, das die Umgebung charakterisiert, in der wir unterrichten" (Gage/Berliner 1996, 578).

Vor diesem Hintergrund wurden umfassendere Modelle entwickelt, z. B. das sog. „Angebots-Nutzungs-Modell", welches die Gestaltung von Lehr-Lernprozessen nicht als linearen Prozess versteht. Entsprechend wird nicht der Weg des „Stoffs" von der Lehrperson zu den Schülerinnen und Schülern dargestellt, sondern es werden Faktoren abgebildet, die in ihrem Zusammenspiel dazu führen, dass Unterricht mehr oder weniger gut gelingt. Angebots-Nutzungs-Modelle gehen davon aus, dass nicht „isolierte, einfache, stabile und invariant gültige Abhängigkeitsbeziehungen zwischen Kriterien des Unterrichtserfolgs und Merkmalen des Unterrichts" bestehen. Unterricht wird in diesem Modell als Angebot verstanden, dessen Wirkungen auch davon abhängen, „(1) ob und wie Erwartungen der Lehrkraft und unterrichtliche Maßnahmen von den Schülerinnen und Schülern überhaupt wahrgenommen und wie sie interpretiert werden, sowie (2) ob und zu welchen [...] Prozessen sie auf Schülerseite führen. [...] Mit anderen Worten: Unterricht ist lediglich ein Angebot; ob und wie effizient dieses Angebot genutzt wird, hängt von einer Vielzahl dazwischenliegender Faktoren ab" (Helmke 2009, 74): von den Eingangsbedingungen der Lernenden (Vorkenntnisse, Lernstrategien, Lernmotivation) und vom Klassenkontext (z. B. leistungsfreundliches vs. -feindliches Klima, personelle Zusammensetzung der Klasse).

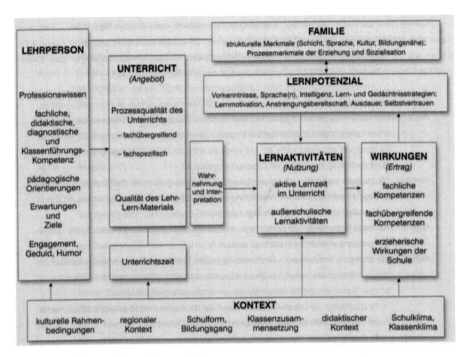

Abb. 2: Angebots-Nutzungs-Modell der Wirkungsweise des Unterrichts
Aus: Helmke 2009, 73

Da das Modell weit ausgreift, zeigt es, wie viele Voraussetzungen das Unterrichtsgeschehen und den Lernerfolg mit beeinflussen. So wird deutlich, wie ein und dasselbe Angebot – z. B. eine gut begründete, differenziert ausgearbeitete Grammatik-Werkstatt – von unterschiedlichen Klassen oder einzelnen Lernenden unterschiedlich wahrgenommen wird, unterschiedliche Prozesse auslöst und damit auch unterschiedliche Ergebnisse bewirkt. Im Folgenden sollen einzelne Gesichtspunkte aus dem Modell genauer erläutert werden, und zwar Stichwörter zur Unterrichtqualität und zur Lehrperson.

3.2.2 Lernarrangements: Sozialformen, Steuerung und Wirkungen

Konstruktivismus bedeutet eine deutliche Tendenz weg vom Frontalunterricht, hin zu vielfältigeren Sozialformen und mehr Eigenverantwortung der Lernenden. Die Möglichkeiten erschöpfen sich nicht in Gruppenarbeit oder Werkstattunterricht, wie die folgende Grafik zeigt:

D1 Methodische Konzepte der Sprachreflexion im Unterricht

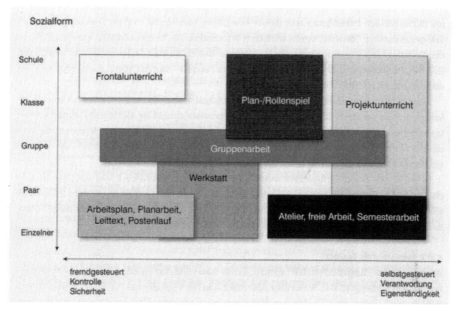

Abb. 3: Sozialformen und Fremd- oder Selbststeuerung
Aus: Helmke 2009, 262

Bezogen auf Grammatikunterricht und Sprachreflexion lässt sich dieses Schema so lesen, dass das in vielen Vorschlägen dominierende „Unterrichtsgespräch" nicht die beste Arbeitsform ist. Wo Gruppenarbeit geplant wird, muss der Grad der Steuerung der Aufgabe und den Lernzielen angepasst werden. Entsprechend der weiter oben (2.3; 3.1) angesprochenen Spannung zwischen „Öffnen" und „Schliessen" muss zwischen Steuerung und Eigenständigkeit der Lernenden die Balance gesucht werden.

Wenn Aussagen über Wirkungen bestimmter Lernarrangements gemacht werden, geschieht dies immer im Hinblick auf die Lernziele, „z. B. kognitive oder affektive Wirkungen auf Schülerseite, Leistungssteigerung oder Ausgleich von Leistungsunterschieden" (Helmke 2009, 84).

Das sog. Unterrichtsgespräch, das in vielen Vorschlägen für Grammatikunterricht und Sprachreflexion dominiert, wird nicht als Methode, sondern als Gefäß gesehen, in dem sich verschiedene Arrangements kombinieren lassen. Idealerweise wird Wissen in unterschiedlichen geeigneten Formen (direkte Instruktion, Programm etc.) vermittelt; im Unterrichtsgespräch geht es dann um kritische Überprüfung, Standpunkte und um Bewertungen der Schülerinnen und Schüler (Gage/Berliner 1996, 509–511). Trotz häufiger Kritik hat das Unterrichtsgespräch den Vorteil, dass die Lehrperson sich rasch ein Bild vom Lernen der Schülerinnen und Schüler machen und mit ihren Reaktionen die Interaktion sozial und inhaltlich verstärken kann (Gage/Berliner 1996, 514f.).

3.2.3 Lernziele

Um kognitive Lernziele, wie sie im Grammatikunterricht dominieren, zu klassifizieren, ist die Taxonomie von Bloom geläufig, die allerdings weiterentwickelt wurde zu einem Modell mit zwei Dimensionen: jener des Wissens und jener der kognitiven Prozesse (Woolfolk 2008, 588f.).

Lernziele	Lernformen	Lehrmethoden	Lehrerqualifikationen
intelligentes Wissen	systematischer, kumulativer Wissenserwerb	lehrergesteuerte direkte Instruktion	disziplinäre Sachkompetenz; Klassenführungs-, diagnostische und didaktische Kompetenz
Handlungskompetenzen	praxisnahes, erfahrungsgesättigtes, situiertes Lernen	Projektarbeit	transdisziplinäre Sachkompetenz; didaktische Kompetenz
Metakompetenzen	reflexiv verarbeiteter Wissenserwerb über eigenes Lernen und Handeln; automatisierte Routinen der Überwachung, Kontrolle und Korrektur eigenen Handelns	angeleitetes selbständiges Lernen	diagnostische Kompetenz; didaktische Kompetenz

Abb. 4: Eine zweidimensionale Taxonomie für kognitive Lernziele
Aus: Bremerich-Vos 2008, 32[21]

Bremerich-Vos zeigt, dass die meisten Aufgaben mehrere Wissenstypen und verschiedene kognitive Prozesse umfassen (Bremerich-Vos 2008, 42f.). Gesondert zu erfassen sind affektive und motivationale Ziele, die mit sozialem Lernen und Ressourcenorientierung verbunden sind. Auch hier sind verschiedene Stufen unterscheidbar: nur „empfangen"/zur Kenntnis nehmen, mit neuen Verhaltensweisen reagieren, einen Inhalt bewerten und entsprechend reagieren oder eine Wertvorstellung dauerhaft übernehmen und sich entsprechend verhalten (Woolfolk 2008, 589f.). Im Kontext von Grammatikunterricht und Sprachreflexion ist solche Differenzierung aus zwei Gründen wichtig: Erstens zielen viele „alternative" Vorschläge zu Grammatikunterricht nicht nur auf kognitive Ziele (Riegler 2006). Zweitens werden im Rahmen konstruktivistischer Ansätze Wissensdimensionen wie „Faktenwissen" und Prozessdimensionen wie „Behalten" und „Verstehen" eher abgewertet gegenüber verfahrensorientiertem und metakognitivem Wissen und Wissensdimensionen, die mehr individuelle Eigenleistung verlangen (in der oben vorgestellten Taxonomie „Bewerten" und „Erschaffen").

---
[21] Erläuterungen in Bremerich-Vos 2008, 35–41.

Dabei wird leicht übersehen, dass sicheres Faktenwissen und Behalten oder Verstehen von Begriffen eine Voraussetzung sein kann für weitere Schritte. Dies wird nicht explizit in Frage gestellt, aber – oft aus der Perspektive sprachinteressierter, linguistisch geschulter Personen – als uninteressant abgetan.

3.2.4 Eigenschaften der Lehrperson

Im Angebots-Nutzungs-Modell werden Lehrpersonen und Lernende einbezogen. Hier soll nur auf die Lehrpersonen eingegangen werden. Dass sie als letztes Stichwort figurieren, schlägt den Bogen zurück an den Anfang dieser Überlegungen: Wie lässt sich all das, was die Fachdidaktik erarbeitet, sinnvoll und nachhaltig an die Akteure in der Praxis vermitteln?

Im Fokus stehen hier nicht allgemeine Persönlichkeitsmerkmale, sondern Wissen, Selbstreflexion und Überzeugungen sowie Schlüsselkompetenzen für das Unterrichten (Helmke 2009, 113f.). Sachkompetenz „umfasst [...] keineswegs reines Fachwissen, sondern beruht auf einer Mischung aus fachdidaktischer und fachwissenschaftlicher, pädagogisch-psychologischer [...] und entwicklungspsychologischer Expertise" (Helmke 2009, 115). Bestimmend für das Handeln von Lehrpersonen sind aber ebenso subjektive Theorien zur Erklärung verschiedener Verhaltensweisen und epistemologische Überzeugungen, die sich auf die Struktur von Wissen und Lernen beziehen, „denn sie steuern – vielfach gar nicht bewusst – das Lehrerhandeln", sodass Veränderungen nur nachhaltig vermittelt werden können, wenn auch die subjektiven Theorien bewusst gemacht und ggf. revidiert werden (Helmke 2009, 117f.).

Bezogen auf Grammatikunterricht und Sprachreflexion ist dies bedeutsam. Erstens wird immer wieder das mangelnde linguistische Fachwissen von Lehramtsstudierenden beklagt – Fachwissen, das eine unabdingbare Voraussetzung für schülernahen Unterricht ist –, und zweitens ist zu beobachten, dass viele Studierende und Lehrpersonen aktuelle didaktische Entwürfe zwar zur Kenntnis nehmen, aber skeptisch bleiben, weil sie überzeugt sind, dass das eigentliche Ziel von Grammatikunterricht die Vermittlung des „richtigen" Begriffswissens sei. Deshalb gilt es auch in der Aus- und Weiterbildung mit einer konstruktivistischen Grundhaltung zu arbeiten: Die „Lernenden" sollen sich nachhaltig mit den aktuellen Konzepten auseinandersetzen können.[22] Dazu gehört, dass Bedürfnisse nach normativen Leitplanken nicht negiert werden, sondern dass der Handlungs- und Lernkontext von Lehrpersonen im Rahmen eines Angebots- und Nutzungsmodells verstanden wird. Evtl. könnte so der Ton latenter Frustration bei der Umsetzung von Konzepten in die Praxis umgestimmt werden zu einer proaktiven Auseinandersetzung mit den Ansprüchen der Praxis.

---

[22] Siehe div. Beiträge in Klotz/Peyer 1999.

4 Fazit

Was ergibt sich aus der Kombination von fachdidaktischer und erziehungswissenschaftlicher Perspektive? Welche Voraussetzungen brauchen Lehrpersonen für Grammatikunterricht und Sprachreflexion? Nötig scheint, neben solidem fachwissenschaftlichem und fachdidaktischem Wissen, vor allem ein breites unterrichtliches Handlungsrepertoire, das aber nicht oberflächlich-additiv eingesetzt werden darf, sondern das im Wissen um sinnvolle Akzentuierungen bereits in die Planung von Unterrichtssequenzen einfließt. Solange Klassifikationswissen in der Praxis seinen Stellenwert hat – traditionell und durch die aktuellen Bildungsstandards gestützt –, gilt es, solches Wissen mit adäquaten Methoden zu vermitteln. Andere Schwerpunkte der Sprachreflexion, die näher bei den Interessen der Schülerinnen und Schüler liegen, sollten methodisch entsprechend ausgestaltet werden. Fatal wäre, wenn aller Unterricht in diesem Lernbereich zu halb-offenen, halb-strukturierten Unterrichtsgesprächen verschwimmen würde.

Dies hat Konsequenzen für die Ausbildung: Sie darf nicht bei der Vermittlung von Fachwissen und guten Beispielen stehen bleiben, sondern muss sprachdidaktische Ansätze auf den aktuellen erziehungswissenschaftlichen Kontext beziehen. So bauen Studierende professionelles Wissen über die Gestaltung von Sprachunterricht auf und verstehen, dass Grammatikunterricht nicht ein alter Zopf oder Sonderfall der direkten Instruktion ist, sondern ein spezifisches Thema des Deutschunterrichts, deutlich anders gelagert als die Förderung von Handlungskompetenzen. Bildungsstandards und andere Rahmendokumente verlangen nach wie vor den Aufbau deklarativen Wissens über sprachliche Strukturen. Daneben bieten im Deutschunterricht andere Schwerpunkte des Nachdenkens über Sprache Anlass für schülernähere Sprachreflexion. Zentral ist das Anliegen, dass Begriffe für Sprachliches und Erkenntnisse über Sprache nicht nur erarbeitet, sondern auch in verschiedenen situativen Kontexten, z. B. beim Schreiben, eingesetzt werden. Die Ausbildung muss Lehrpersonen darin unterstützen, sich vom Zustand der linguistischen Laien weiterzuentwickeln.

Dass der Nutzen von Klassifikationswissen für das sprachliche Handeln seit langem in Frage gestellt wird und dass es für solchen Nutzen keine empirischen Belege gibt, stellt ein Dilemma dar, das sich nicht wirklich auflösen lässt: Soll auf Begriffswissen ausgerichteter Grammatikunterricht so gut wie möglich gestaltet werden, oder ist er aus prinzipiellen Gründen ganz abzulehnen? Dann wäre er allerdings auch konsequent aus Standards und Lehrplänen zu streichen, und noch besser auch aus den subjektiven Theorien aller Beteiligten. Sinnvoll ist auf jeden Fall, die verschiedenen kognitiven und affektiven Ziele auszudifferenzieren und konsequent die passenden Formen der Vermittlung zu suchen.

Um einerseits die Grundsatzdiskussion fruchtbar zu führen und andererseits den Kontakt mit der Praxis nicht zu verlieren, ist es wichtig, auf verschiedenen Flughöhen zu diskutieren und solche auch gegenseitig anzuerkennen. Neben der

Grundsatzdebatte, in der pointierte Positionen formuliert werden können, sollte sich eine pragmatische Ebene der Vermittlung auch kleinerer Schritte etablieren, die sorgfältig konkretisiert und in methodischen Fragen die Nähe der Erziehungswissenschaften nicht scheut. Gerade das Angebots-Nutzungs-Modell mit seinem Bezug zur empirischen Unterrichtsforschung kann helfen, Unterricht mit Blick auf alle wesentlichen Einflussfaktoren zu konzipieren und zu evaluieren und Grammatik und Sprachreflexion als Lernbereiche des Deutschunterrichts differenziert, vielseitig und schülernah zu gestalten. Aus einer solchen Haltung kann die Fachdidaktik auch differenziert reagieren auf die Skepsis der Praxis gegenüber Vorschlägen, die nicht dem traditionellen Bild entsprechen.

Literatur

Andresen, Helga/Funke, Reinold: Entwicklung sprachlichen Wissens und sprachlicher Bewusstheit. In: Bredel, Ursula et al. 2003, 438–451

Antos, Gerd: Vermittlungsprozesse außerhalb des Sprachunterrichts. In: Bredel, Ursula et al. (Hrsg.) 2003, 639–649

Balhorn, Heiko/Giese, Heinz/Osburg, Claudia (Hrsg.): Betrachtungen über Sprachbetrachtungen. Grammatik und Unterricht. Seelze: Kallmeyer 2001

Berkemeier, Anne: Sprachbewusstsein und Unterrichtswirklichkeit: Produktive Umsetzungsmöglichkeiten. In: Der Deutschunterricht 54 (2002) 3, 11–17

Boettcher, Wolfgang: Grammatikunterricht in Schule und Lehrerausbildung. In: Der Deutschunterricht 46 (1994) 5, 8–31

Boettcher, Wolfgang: Zur gegenwärtigen Praxis des Grammatikunterrichts: eine kritische Bestandsaufnahme. In: Mitteilungen des Deutschen Germanistenverbandes 42 (1995) 2, 2–7

Boettcher, Wolfgang: Der Kampf mit dem Präpositionalobjekt. In: Bremerich-Vos, Albert 1999, 193–252

Boettcher, Wolfgang/Sitta, Horst: Der andere Grammatikunterricht. München/Wien/Baltimore: Urban & Schwarzenberg 1981 (1. Aufl. 1978)

Bredel, Ursula/Günther, Hartmut/Ossner, Jakob/Klotz, Peter/Siebert-Ott, Gesa (Hrsg.): Didaktik der deutschen Sprache – Ein Handbuch. 2 Bde. Paderborn: Schöningh UTB 2003

Bredel, Ursula: Sprachbetrachtung und Grammatikunterricht. Paderborn/München/Wien/Zürich: Schöningh 2007

Bremerich-Vos, Albert: Grammatikunterricht – ein Plädoyer für das Backen kleinerer Brötchen. In: Bremerich-Vos, Albert (Hrsg.): Handlungsfeld Deutschunterricht im Kontext. Festschrift für Hubert Ivo. Frankfurt: Diesterweg 1993, 102–129

Bremerich-Vos, Albert: „Dann probiert mal schön!" – Mikroskopisches zur Bildung grammatischen Wissens im schulischen Unterricht. In: Mitteilungen des Deutschen Germanistenverbandes 42 (1995) 2, 27–32

Bremerich-Vos, Albert (Hrsg.): Zur Praxis des Grammatikunterrichts. Mit Materialien für Lehrer und Schüler. Freiburg i. Br.: Fillibach 1999

Bremerich-Vos, Albert: Zum Grammatikunterricht in der Grundschule: wie gehabt, gar nicht, anders? In: Bremerich-Vos, Albert 1999, 13–80

Bremerich-Vos, Albert: Sprachdidaktik und Sprachwissenschaft – Anmerkungen zu einem prekären Verhältnis und seiner Zukunft. In: Linke, Angelika/Ortner, Hanspeter/Portmann-Tselikas, Paul R.: 2003, 285–304

Bremerich-Vos, Albert: Benjamin S. Bloom (und andere) revisited. In: Bremerich-Vos, Albert/Granzer, Dietlinde/Köller, Olaf 2008, 29–49

Bremerich-Vos, Albert: Die Bildungsstandards Deutsch. In: Bremerich-Vos, Albert et al. 2009, 14–42

Bremerich-Vos, Albert/Böhme, Katrin: Kompetenzdiagnostik im Bereich „Sprache und Sprachgebrauch untersuchen". In: Granzer, Dietlinde/Köller, Olaf/Bremerich-Vos, Albert u. a. (Hrsg.): Bildungsstandards Deutsch und Mathematik. Leistungsmessung in der Grundschule. Weinheim/Basel: Beltz 2009, 376–392

Bremerich-Vos, Albert/Granzer, Dietlinde/Behrens, Ulrike/Köller, Olaf (Hrsg.): Bildungsstandards für die Grundschule. Deutsch konkret. Berlin: Cornelsen Scriptor 2009, 139–184

Bremerich-Vos, Albert/Granzer, Dietlinde/Köller, Olaf (Hrsg.): Lernstandsbestimmung im Fach Deutsch. Gute Aufgaben für den Unterricht. Weinheim/Basel: Beltz 2008

Einecke, Günther: Auf die sprachliche Ebene lenken. Gesprächssteuerung, Erkenntniswege und Übungen im integrierten Grammatikunterricht. In: Bremerich-Vos, Albert 1999, 125–191

Eisenberg, Peter/Menzel, Wolfgang: Grammatik-Werkstatt. In: Praxis Deutsch 22 (1995) 129, 14–23

Eisenberg, Peter/Linke, Angelika: Wörter. In: Praxis Deutsch 23 (1996) 139, 20–30

Feilke, Helmuth: Wörter und Wendungen: kennen, lernen, können. In: Praxis Deutsch 36 (2009) 218, 4–13

Funke, Reinold: Sprachliches im Blickfeld des Wissens. Grammatische Kenntnisse von Schülerinnen und Schülern. Tübingen: Niemeyer 2005

Gage, Nathaniel L./Berliner, David C.: Pädagogische Psychologie. Weinheim: Beltz, 5., vollst. überarb. Aufl. 1996

Gornik, Hildegard: Methoden des Grammatikunterrichts. In: Bredel, Ursula et al. 2003, 814–829

Grossmann, Therese: Mit Lernaufgaben kompetenzorientierten Unterricht implementieren. In: Ballis, Anja/Peyer, Ann (Hrsg.): Lernmedien und Lernaufgaben im Deutschunterricht. Bad Heilbrunn: Klinkhardt 2012, 69–81

Helmke, Andreas: Unterrichtsqualität und Lehrerprofessionalität. Diagnose, Evaluation und Verbesserung des Unterrichts. Seelze/Velber: Klett/Kallmeyer, 2., aktualisierte Aufl. 2009

Ingendahl, Werner: Sprachreflexion statt Grammatik. Ein didaktisches Konzept für alle Schulstufen. Tübingen: Niemeyer 1999

Klotz, Peter: Grammatikdidaktik – auf dem Prüfstand. In: Köpcke, Klaus-Michael/Ziegler, Arne 2007, 7–31

Klotz, Peter/Peyer, Ann (Hrsg.): Wege und Irrwege sprachlich-grammatischer Sozialisation. Bestandsaufnahme – Reflexionen – Impulse. Baltmannsweiler: Schneider Hohengehren 1999

KMK: Bildungsstandards im Fach Deutsch für den Primarbereich (Jahrgangsstufe 4). Beschluss der Kultusministerkonferenz vom 15.10.2004 [http://www.kmk.org/fileadmin/veroeffentlichungen_beschluesse/2004/2004_10_15-Bildungsstandards-Deutsch-Primar.pdf]

KMK: Vereinbarung über Bildungsstandards für den Mittleren Schulabschluss (Jahrgangsstufe 10). Beschluss der Kultusministerkonferenz vom 4.12.2003 [http://www.kmk.org/fileadmin/veroeffentlichungen_beschluesse/2003/2003_12_04-BS-Deutsch-MS.pdf]

Köpcke, Klaus-Michael/Ziegler, Arne (Hrsg.): Grammatik in der Universität und für die Schule. Theorie, Empirie und Modellbildung. Tübingen: Niemeyer 2007

Kühn, Peter: „Gute Aufgaben" zur Lernstandsbestimmung im Kompetenzbereich „Sprache und Sprachgebrauch untersuchen". In: Bremerich-Vos, Albert/Granzer, Dietlinde/Köller, Olaf 2008, 196–212

Linke, Angelika/Ortner, Hanspeter/Portmann, Paul R. (Hrsg.): Sprache und mehr. Ansichten einer Linguistik der sprachlichen Praxis. Tübingen: Niemeyer 2003

Luchtenberg, Sigrid: Grammatik in Language-Awareness-Konzeptionen. In: Portmann-Tselikas, Paul R./Schmölzer-Eibinger, Sabine 2001, 87–115

Menzel, Wolfgang: Grammatik-Werkstatt. Theorie und Praxis eines prozessorientierten Grammatikunterrichts für die Primar- und Sekundarstufe. Seelze: Kallmeyer 1999

Menzel, Wolfgang: Grammatik-Werkstatt – Antwort auf Switalla und Ossner. In: Balhorn, Heiko et al. 2001, 242–248

Müller, Christoph: Schulgrammatik und schulgrammatische Terminologie. In: Bredel, Ursula et al. 2003, 464–475

Neuland, Eva: Sprachbewusstsein und Sprachreflexion innerhalb und außerhalb der Schule. Zur Einführung in die Themenstellung. In: Der Deutschunterricht 44 (1992) 4, 3–14

Neuland, Eva: Reflexion über Sprache. Reformansatz und uneingelöstes Programm der Sprachdidaktik. In: Bremerich-Vos, Albert (Hrsg.): Handlungsfeld Deutschunterricht im Kontext. Festschrift für Hubert Ivo. Frankfurt: Diesterweg 1993, 85–101

Neuland, Eva: Sprachbewusstsein und Sprachvariation. Zur Entwicklung und Förderung eines Sprachdifferenzbewusstseins. In: Klotz, Peter/Sieber, Peter (Hrsg.): Vielerlei Deutsch. Umgang mit Sprachvarietäten in der Schule. Stuttgart: Klett 1994, 173–191

Neuland, Eva: Sprachbewusstsein – eine zentrale Kategorie für den Sprachunterricht. In: Der Deutschunterricht 54 (2002) 3, 4–10

Oomen-Welke, Ingelore: „… ich kann da nix!" – Mehr zutrauen im Deutschunterricht. Freiburg i. Br.: Fillibach 1998

Oomen-Welke, Ingelore: Entwicklung sprachlichen Wissens und Bewusstseins im mehrsprachigen Kontext. In: Bredel, Ursula et al. 2003, 452–464

Oomen-Welke, Ingelore/Kühn, Peter: Sprache und Sprachgebrauch untersuchen. In: Bremerich-Vos et al. 2009, 139–184

Ossner, Jakob: Die nächsten Aufgaben lösen, ohne „kleinere Brötchen zu backen". Anmerkungen zu Bernd Switalla: Grammatik-Notizen. In: Balhorn, Heiko/Giese, Heinz/Osburg, Claudia 2001, 232–241

Paul, Ingwer: Praktische Sprachreflexion. Tübingen: Niemeyer 1999

Peyer, Ann: Language Awareness: Neugier und Norm. In: Linke, Angelika/Ortner, Hanspeter/Portmann, Paul R. 2003, 323–345

Peyer, Ann: Grammatikunterricht. In: Lange, Günther/Weinhold, Swantje (Hrsg.): Grundlagen der Deutschdidaktik. Sprachdidaktik, Mediendidaktik, Literaturdidaktik. Baltmannsweiler: Schneider Hohengehren 2005, 73–100

Peyer, Ann: Sätze untersuchen. Lernorientierte Sprachreflexion und grammatisches Wissen. Seelze: Kallmeyer 2011

Peyer, Ann/Portmann, Paul R./Brütsch, Edgar/Gallmann, Peter/Lindauer, Thomas/ Linke, Angelika/Nussbaumer, Markus/Looser, Roman/Sieber, Peter u. a.: Norm, Moral und Didaktik. Die Linguistik und ihre Schmuddelkinder. Einleitung. In: Peyer, Ann/Portmann, Paul (Hrsg.): Norm, Moral und Didaktik. Die Linguistik und ihre Schmuddelkinder. Tübingen: Niemeyer 1996, 9–46

Pohl, Inge/Ulrich, Winfried: Wortschatzarbeit. Baltmannsweiler: Schneider Hohengehren 2011 (DTP Bd. 7)

Portmann-Tselikas, Paul R./Schmölzer-Eibinger, Sabine (Hrsg.): Grammatik und Sprachaufmerksamkeit. Innsbruck/Wien u. a.: Studien Verlag 2001

Redder, Angelika: Sprachwissen als handlungspraktisches Bewusstsein – eine funktional-pragmatische Diskussion. In: Didaktik Deutsch 3 (1998) 5, 60–76

Redder, Angelika: Wortarten als Grundlage der Grammatikvermittlung? In: Köpcke, Klaus-Michael/Ziegler, Arne 2007, 129–145

Reusser, Kurt: Konstruktivismus – vom epistemologischen Leitbegriff zur Erneuerung der didaktischen Kultur. In: Baer, Matthias/Fuchs, Michael/Reusser, Kurt/Wyss, Heinz/ Füglister, Peter (Hrsg.): Didaktik auf psychologischer Grundlage. Von Hans Aeblis kognitionspsychologischer Didaktik zur modernen Lehr- und Lernforschung. Bern: h.e.p. Verlag 2006, 151–168

Riegler, Susanne: Mit Kindern über Sprache nachdenken. Eine historisch-kritische, systematische und empirische Untersuchung zur Sprachreflexion in der Grundschule. Freiburg i. Br.: Fillibach 2006

Schader, Basil: Sprachenvielfalt als Chance – Handbuch für den Unterricht in mehrsprachigen Klassen. 101 praktische Vorschläge. Zürich: Orell Füssli Verlag 2012

Spinner, Kaspar H.: Nachdenken über Wörter. In: Praxis Deutsch 23 (1996) 139, 34–35

Switalla, Bernd: Wie Kinder über Sprache denken. Zur Entdeckung eines neuen Problems. In: Der Deutschunterricht 44 (1992) 4, 24–33

Switalla, Bernd: Grammatik-Notizen. In: Balhorn, Heiko et al. 2001, 212–232

Ulrich, Winfried: Wörter, Wörter, Wörter. Wortschatzarbeit im muttersprachlichen Deutschunterricht. Baltmannsweiler: Schneider Hohengehren 2007

Woolfolk, Anita: Pädagogische Psychologie. München: Pearson Studium, 10. Aufl., übersetzt von Ute Schönpflug 2008

Ziegler, Arne: Vom Text zur Form zum Inhalt und zurück. Grammatische Analysen literarischer Texte – eine funktionale Perspektive für die Deutschlehrerausbildung. In: Köpcke, Klaus-Michael/Ziegler, Arne 2007, 79–93

Zifonun, Gisela/Hoffmann, Ludger/Strecker, Bruno u. a.: Grammatik der deutschen Sprache. 3 Bde. Berlin: de Gruyter 1997

Verzeichnis der Abbildungen

Abb. 1: Konstruktivistisches Lernen: vom Problemstellungs- zum Lösungsraum. Aus: Reusser 2006, 166 (Abb. 2)

Abb. 2: Angebots-Nutzungs-Modell der Wirkungsweise des Unterrichts. Aus: Helmke 2009, 73 (Abb. 6)

Abb. 3: Sozialformen und Fremd- oder Selbststeuerung. Aus: Helmke 2009, 262 (Abb. 24)

Abb. 4: Eine zweidimensionale Taxonomie für kognitive Lernziele. Aus: Bremerich-Vos, Albert/Granzer, Dietlinde/Köller, Olaf (Hrsg.) 2008, 32 (Abb. 1)

CHRISTINA NOACK / OLIVER TEUBER

D 2 Sprachreflexion / Grammatikunterricht in Sprachbüchern und anderen Medien

1 Einleitung

Schlägt man aktuelle Sprachbücher auf, begegnen einem u. a. die traditionellen grammatischen Lerngegenstände, v. a. Wortart- und Satzgliedanalysen. Einer möglichen didaktischen Neu-Konzeption, wie sie die Forschung seit Jahren fordert, haben Sprachbuchautoren und -verlage somit eine Absage erteilt, indem sie einerseits zwar wieder mehr Grammatik zulassen als etwa zu Zeiten eines stärker an Kommunikation ausgerichteten Deutschunterrichts, andererseits mit dem traditionellen Sprachunterricht jedoch auf ein längst überholt geglaubtes Konzept setzen. Versuche, sprachwissenschaftliche Modelle und Verfahren etwa aus der Valenz- oder der Phrasenstrukturgrammatik, die in den 1970er Jahren durch das **Klett Sprachbuch** oder **Sprache und Sprechen** (Schroedel, 1972) für eine kurze Zeitspanne didaktisiert worden waren, in den Sprachunterricht zurückzuholen, sind zumindest in den einschlägigen Verlagsreihen nicht bekannt und wären in den üblichen Genehmigungsverfahren wohl auch chancenlos. Überlebt haben jedoch die von Hans Glinz (1952) entwickelten operationalen Verfahren oder auch „Proben", die sich heute in gewissen Abwandlungen in jedem Sprachbuch finden.

Diese Tendenzen sind natürlich nicht verwunderlich, berücksichtigt man die strengen und für innovative Konzepte wenig offenen Genehmigungsverfahren für Schullehrwerke: Die 2004 für das Fach Deutsch von der KMK herausgegebenen nationalen Bildungsstandards (BS) sind die Instanz, an der sich Sprachbuchautoren qua Zulassungsprozedere zu orientieren haben; es liegt also auf der Hand, dass sich die Grundanforderungen, insbesondere die sprachlichen Themen und Zielkompetenzen der BS in den Lehrwerken wiederfinden. Gegenüber den älteren Rahmenrichtlinien geht es in den kompetenzorientierten neuen Vorgaben darum, dass die Schüler sprachliche Kategorien kennen und funktional anwenden, bzw. „über Verwendung von Sprache nachdenken und sie als System verstehen" (BS MS, 8). Der globale Anspruch, dem sich die Schulbuchverlage entsprechend anzupassen haben, ist also ein funktional-systematischer (zur Definition vgl. unten). Dementsprechend ist davon auszugehen, dass die seit 2004 zugelassenen Sprachbücher weniger auf Inhalte denn auf Kompetenzaufbau hin konzipiert sind. So wirbt etwa Westermann auf der Verlagshomepage für das damals neu eingeführte Sprachbuch **Klartext** (2008) explizit mit der engen Orientierung an den nordrhein-westfälischen Lehrplänen. Gleichzeitig sollte sich das Konzept eines funktional-systematischen Sprachunterrichts in den neueren Sprachbüchern wiederfinden. Anders als in früheren Lehrwerken dürften sie demnach weder isoliertes Grammatikwissen vermitteln (i. S. des systematischen Grammatikunterrichts der 1970er Jahre), noch den Schwerpunkt einseitig auf kommunikative Kompetenzen bzw. Sprachhandlungswissen legen (wie in den 1980er und 90er Jahren), sondern vielmehr Möglichkeiten der funktionalen Anwendung sprachlicher Strukturen bei gleichzeitig konsequenter Vermittlung systematischer Grundlagen aufzeigen. Ob und in welcher Weise dieser Anspruch jeweils umgesetzt wird, ist Thema des vorliegenden Beitrags. Er befasst sich zudem mit Konzepten und inhaltlicher Ausgestaltung aktueller Sprachbücher. Dabei wird untersucht, welche sprachlichen Themen, Begriffe und Terminologien in den einzelnen Schulstufen vermittelt werden, wie die Gewichtung der sprachlichen Anteile in unterschiedlichen Lehrwerken aussieht, welches didaktische Konzept jeweils zugrunde liegt und welche Vermittlungswege vorgeschlagen werden. Die hier exemplarisch untersuchten Werke werden kritisch dahingehend betrachtet, ob die Selbstauskünfte der Verlage zur Konzeption überzeugend sind. Neben dem herkömmlichen gedruckten Sprachbuch befasst sich der Beitrag mit den Möglichkeiten der Neuen Medien, und zwar einerseits mit in den Schulbuchverlagsprogrammen angebotenen Begleitmaterialien auf CD-ROM sowie andererseits mit Computerlernspielen im Internet. Die Darstellungen beziehen sich in erster Linie auf **aktuelle** Unterrichtswerke und Konzepte.

2 Sprachbuchtypen und Themenspektren

Die derzeit auf dem Schulbuchmarkt eingesetzten Sprachlehrwerke lassen sich von ihrer globalen inhaltlichen Ausrichtung her drei Typen zuordnen:

1. **Reine Sprachbücher.** Diese sind ausschließlich auf die Vermittlung sprachlicher Themen hin konzipiert und stellen den Normalfall in der Primarstufe dar, z. B. **Bausteine Sprachbuch 2–4** (Diesterweg), werden jedoch auch für die Sekundarstufe angeboten – etwa **Treffpunkte Sprachbuch 5–10** (Schroedel). In den Verlagsprogrammen finden sich i. d. R. daneben die entsprechenden Lesebücher.

2. **Kombinierte Sprach-Lesebücher**, mit denen das gesamte Themenspektrum des Deutschunterrichts, d. h. Sprach- und Literaturunterricht, abgedeckt werden kann. Dieser Typus findet sich als Standardkonzeption in der Sekundarstufe I, z. B. **Deutschbuch** (Cornelsen) oder **Praxis Sprache und Literatur** (Westermann), vereinzelt auch in der Grundschule, z. B. **Leporello** (Westermann). Ein besonderer Fall war das Grundschullehrwerk **LolliPop** (Cornelsen), das bis 2002 als „Sprach-Sach-Buch" (mit separatem Lesebuch) erschien, seit 2008 jedoch als reines Sprachbuch (neben den „Themenheften Sache") vorliegt.

3. **Zusatzbücher** im Vormittagsbereich, zur Übung/Vertiefung spezieller Sprachthemen, z. B. **Wort-Satz-Text** (Westermann), **Basiswissen Grammatik** (Schroedel), **Wissen mit System** (Schöningh).

2.1 Grundschule

Das typische Lehrwerk der Grundschule ist der reine Sprachbuchtyp, kombinierte Sprach-Lesebücher sind hier eher selten. Die Sprachbücher weisen einen relativ hohen Grammatikanteil auf, so etwa **Bausteine** für das 2. Schuljahr, in dem die grammatischen Themen 71 von 119 Seiten (ca. 60 %) ausmachen. Die Themenpalette der grundschulischen Sprachbücher erstreckt sich bereits in den frühen Werken des zweiten und dritten Schuljahres über alle Bereiche der Sprachbeschreibung. Folgende Synopse gibt die behandelten Themen der Primarstufenwerke wieder:

Phonologie:	lange und kurze Vokale, **Silben**
Morphologie:	Verbalflexion: Personalform und Infinitiv Nominalflexion (Numerus; Komparation v. Adjektiven) Komposition und Derivation
Lexikon:	Wortschatz: **Wortfamilie**, Hyperonyme, **Wortfelder** **Wortarten (Nomen, Adjektiv, Verb)**
Syntax:	**Satzglieder** (vorbegrifflich) **Satzarten (Frage-, Aussage-, Ausrufesatz)** **Satzzeichen** syntaktische Relationen: Nomen und „Begleiter"
Semantik:	Homonyme, Idiome
Text:	Textsorten (Sachtext, Prosa, Lyrik)

(Die fett markierten Begriffe werden explizit in den BS der Primarstufe genannt. Statt der hier aufgeführten wissenschaftlichen Ausdrücke werden anfangs überwiegend deutsche Gebrauchstermini verwendet, vgl. hierzu Abschnitt 4 und die Übersicht im Anhang.) Dieses Themenspektrum entspricht im Kern demjenigen der Lehrwerke für die Sekundarstufe I, d. h. die in den späteren Sprachbüchern behandelten Gegenstände werden bereits in der Primarstufe angelegt und in den späteren Jahrgängen präzisiert und ausgeweitet.

2.2 Haupt-/Realschule

In der Sekundarstufe I verschiebt sich das quantitative Verhältnis zwischen grammatischen und anderen sprachlichen sowie literarischen Themen gegenüber den Grundschullehrwerken deutlich. Als ein weiterer Unterschied lässt sich feststellen, dass die einzelnen Themen, die in der Primarstufe noch weitgehend unverbunden präsentiert werden, in den Lehrwerken für die Haupt- und Realschule (die teilw. für beide Schulformen gemeinsam zugelassen sind, bzw. zusätzlich für die Gesamtschule) häufig mit einem übergeordneten pragmatischen Anlass, d. h. funktional im Sinne der Bildungsstandards, verknüpft sind; so z. B. **prologo 8** (kombiniertes Sprach-/Lesebuch):

Morphologische Themen	Bildung des Futurs: „Prognosen über die Zukunft anstellen"
	Nominalisierung: „knappe Darstellungen"
	Konjunktiv: „über etwas Gesagtes berichten"
Syntaktisch-lexikalische Themen	Satzglieder: „Sätze wirkungsvoll verbinden"
	Konjunktionen: „einen Standpunkt vertreten"
	Modalverben: „Wirkung von Aussagen"
	Adverbien: „Meinungen verdeutlichen"

Weitere Themen sind hier Attribute, Metaphern, Infinitiv, indirekte Frage, Textbezüge. Die grammatischen Themen werden in **prologo** systematisch am Ende eines jeden Kapitels auf insgesamt zwei Seiten dargestellt. Zusätzlich findet sich ein zwanzigseitiger Nachschlage- und Übungsteil am Ende des Bandes. Der Anteil grammatischer Themen beträgt insges. 40 von 266 Seiten (ca. 15 %).

Auch in dem ebenfalls für die Haupt- und Realschule gemeinsam zugelassenen Sprach-Lesebuch **Praxis Sprache 5** (Neubearbeitung) gibt es am Ende ein eigenständiges Kapitel „Sprache und Sprachgebrauch". Auf insgesamt 64 von 287 Seiten (ca. 22 %) werden auch hier die traditionellen Themen Morphologie (Flexion und Wortbildung), Lexikon (Wortfamilien, Wortfelder) und Syntax (Satzglieder, Satzarten) vermittelt. Ganz ähnliche Themen finden sich übrigens in einem älteren, reinen Sprachbuch (d.h. ohne Lesebuchanteil) aus den frühen siebziger Jahren, der Zeit der heute überwiegend negativ konnotierten Linguistisierung (**Sprache und Sprechen 5,** Schroedel 1972; vgl. auch die Ausführungen im Einleitungskapitel). Mit 30 von insgesamt 141 Seiten (ca. 22 %) machen auch hier die Grammatikthemen einen für ein reines Sprachbuch vergleichsweise geringen Anteil aus.

2.3 Gymnasium

In dem Sprach-Lesebuch **Praxis Sprache und Literatur** (Westermann) gibt es ebenso wie in dem für die Haupt-/Realschule zugelassenen bereits vorgestellten **Praxis Sprache** aus demselben Verlag ein eigenes Kapitel „Praxis Rechtschreiben und Grammatik", in dem die in den Bildungsplänen für die entsprechenden Schulstufen als Kompetenzziele formulierten grammatischen Themen abgehandelt werden. In dem Band für das 5. Schuljahr sind dies auf gerade einmal 41 von 304 Seiten (13,5 %)

- Wörter in Sätzen: Die Wortarten, ihre Erkennungszeichen und Funktionen
- Sätze in Texten: Interpunktion, Zeitformen des Verbs, Satzglieder.

Dieselben Themen werden dann in Band 6 weiter vertieft, wie es den BS entspricht, die bekanntlich gemeinsame Kompetenzen für die Jahrgänge 5 und 6 vorschreiben. Die Bezüge zu den Bildungsstandards werden übrigens meist in auf der Verlagshomepage eingestellten Stoffverteilungsplänen detailliert aufgelistet.

3 Konzeption und Vermittlungsansätze

Lesch (2003) unternimmt für die älteren Sprachbücher (bis Anfang der 1990er Jahre) eine Typisierung in „Lernbereichstypen" und „Integrative Typen", die so auch für die aktuellen Werke noch Gültigkeit besitzt. Der erste Typ ist deutlich sichtbar nach den Lern- bzw. Kompetenzbereichen des Faches gegliedert, z. T. weisen die Bücher darüber hinaus ergänzende Einheiten oder Projekte auf. Das integrative Sprachbuch orientiert sich zwar auch an den Lern- bzw. Kompetenzbereichen, grenzt diese jedoch nicht äußerlich sichtbar voneinander ab, sondern integriert mehrere Bereiche innerhalb thematischer Kapitel bzw. Lerneinheiten. Ein Beispiel für ein Lehrwerk, das nach seinem Eigenverständnis integrativ konzipiert ist, ist das Sprach-Lesebuch **Duo Deutsch**, in dem kommunikative Themen mit grammatischen Übungen (Satzverbindungen, Konjunktionsgebrauch) verknüpft werden, vgl. den Ausschnitt aus dem Stoffverteilungsplan für das 5. Schuljahr (http://www.oldenbourg.de):

2. Sätze können überzeugen – Satzgefüge und Satzreihen (S. 137–142)	Sprechen und zuhören: • Sie tragen Wünsche und Forderungen angemessen vor. • Sie formulieren eigene Meinungen und vertreten sie in Ansätzen strukturiert. • Sie erkennen Kommunikationsstörungen und schlagen Korrekturen vor. Reflexion über Sprache: • Die Schüler/innen erkennen Abhängigkeiten der Verständigung von der Situation (mündlicher oder schriftlicher Sprachgebrauch, private oder öffentliche Kommunikation), der Rolle der Sprecherinnen oder Sprecher und die Bedeutung ihrer kulturellen und geschlechtsspezifischen Zugehörigkeit. • Konjunktionen • Satzverbindungen: Satzreihe, Satzgefüge, Hauptsatz, Nebensatz (inkl. Zeichensetzung) • Sie verfügen über Einsichten in sprachliche Strukturen durch die Anwendung operationaler Verfahren wie Verschiebe-, Weglass-, Ersatz-, Erweiterungs-, Ergänzungs-, Umstellprobe. • Schreibung der s-Laute (*das/dass*)

Aktuelle Sprachbücher verfolgen mehrheitlich den Anspruch einer motivationsfördernden, lebensweltnahen und gleichzeitig kompetenzorientierten Gesamtkonzeption. Die Motivationsförderung soll sich in einer reich bebilderten Aufmachung der Bücher niederschlagen, in einem weiten Themenspektrum, das angeblich die Lebenswelt der entsprechenden Altersgruppe spiegelt (Hobbys, Film- und Popstars, Freundeskreis, Gefühlswelt etc. in der Sekundarstufe I; Freunde, Tiere, Spiele, Klassenzimmer in der Grundschule) sowie in einer Integration von Pflicht und Kür: Die vielfach als trocken empfundenen Grammatikübungen werden in lebensweltliche Themen verpackt präsentiert, so dass man durchaus von einer Weiterentwicklung des situativen Grammatikunterrichts sprechen kann; schließlich sollen hier „grammatikträchtige", realitätsnahe, an der Lebenswirklichkeit der Kinder orientierte Situationen inszeniert werden.

3.1 Was bedeutet „integrativ"?

Der Terminus **integrativ**, der gerne im Einleitungssatz des schulbuchbegleitenden Lehrerhandbuchs vorkommt, ist notorisch mehrdeutig. In einer ersten Herleitung entstammt er der Diskussion um Methoden des Grammatikunterrichts und bezeichnet dort „zwei Ansätze [...], die beide zwischen der Position des situativen und der des systematischen Grammatikunterrichts vermitteln" (Gornik 2003, 821). Nach Peyer (2005, 78) wird mit „integrativ" einerseits das ganze Spektrum zwischen „situativ" und „systematisch" bezeichnet, als auch ein Grammatikunterricht, der sich an Fehlern in Schülertexten orientiert. Gornik (2003, 822) zufolge werde mit „integrativ" zum einen eine Verbindung von grammatischer Arbeit mit Reflexion über Sprachhandeln bezeichnet, also eine pragmatisch fundierte (und eventuell funktional ausgerichtete), mehr oder weniger systematische Grammatik. Zum anderen bezeichne der Terminus einen „Lernbereiche übergreifenden Unterricht" (ebd.), wobei wieder uneindeutig bleibt, ob die Lernbereiche lediglich auf den Sprachunterricht oder auf den gesamten Deutschunterricht zu beziehen sind, oder ob sie (insbesondere in der Grundschule) fächerübergreifend verstanden werden.

Es ist somit nicht selbsterklärend, wenn eine Schulbuchreihe den Eigenanspruch erhebt, integrativ zu sein. Gornik (2003, 823) sieht einen „fatale[n] Missbrauch des Ansatzes [dann vorliegen], wenn nur zum Schein anhand eines Themas geschrieben oder gelesen, die Grammatikarbeit aber lediglich angehängt wird, ohne für das Schreiben oder Lesen wirklich von Nutzen zu sein." Und Peyer (2005, 80) beschreibt ziemlich genau, was dann oft genug im Sprachbuch zu beobachten ist: eine „einzelne [...] Lektion, die mit einem «Aufhänger»-Text beginnt und dann systematische Grammatik anschließt, ohne den Bogen wieder zurück zum Text zu schlagen." Kritik am leichtfertigen Gebrauch des Terminus durch die Schulbuchverlage äußert auch Menzel (1999, 133), für den der integrative Grammatikunterricht „nur dann etwas für den Gebrauch der Sprache [leistet], wenn er tatsächlich von Problemen der Schülersprache ausgeht und zu ihrer Lösung führt, – und nicht dann schon, wenn er in einer didaktischen Schleife an anderen Themen Grammatik mal eben en passant ins Spiel bringt". Eine Kritik übrigens, die sich auch auf das von ihm selbst herausgegebene Sprachbuch **Praxis Sprache** bzw. **Praxis Sprache und Literatur** beziehen lässt!

3.2 „induktiv" und „handlungsorientiert"

Induktiver Unterricht entspricht dem allgemeinen Verständnis eines modernen, nachhaltigen Unterrichts, während die deduktive Vermittlungsweise eher mit den Einschleifpraktiken eines als überholt angesehenen Unterrichts in Verbindung gebracht wird. Tatsächlich arbeiten jedoch aktuelle Schulbücher im Prinzip nicht anders, nur dass an die Stelle des rein formalen Präsentierens motivationsfördernde, aber konstruiert-vereinfachte Texte stehen.

Die deduktive Methode ist besonders für den muttersprachlichen Grammatikunterricht Kritik ausgesetzt, da das, was durch die Sprachintuition bereits vorschulisch gegeben ist, nicht zum Ausgangspunkt weiterführender Überlegungen, sondern zum Ziel der Betrachtungen wird (zu einer frühen Kritik durch Hiecke, Mitte des 19. Jahrhunderts, vgl. Bredel 2007, 213f.). Gewollt deduktiv sind in der Regel die Lehrwerke für den Fremdsprachunterricht angelegt, da hier nicht auf die Spracherfahrung der Schüler zurückgegriffen werden kann.

Exkurs zu Differenzierung nach sprachlich heterogenen Lerngruppen

Für den muttersprachlichen gegenüber dem fremdsprachlichen Unterricht kann also von einer verfestigten methodischen Zielsetzung ausgegangen werden: muttersprachlich so induktiv wie möglich, fremdsprachlich so deduktiv wie nötig. Für das notorisch unbeackerte Feld des Deutsch-als-Zweitsprache-Unterrichts ist diese jedoch alles andere als klar; es kann an dieser Stelle lediglich folgendes angemerkt werden: Geht man für den DaZ-Unterricht von einer eher deduktiveinübungsintensiven Zielsetzung aus, so ist die in der häufig mehrsprachigen Unterrichtswirklichkeit gebotene Gleichzeitigkeit von muttersprachlichem und zweitsprachlichem Unterricht im Grunde bereits von vornherein zum Scheitern verurteilt. Die Schulbuchreihe **Doppelklick** erhebt ihrer Konzeption nach den Anspruch, DaZ-Methodik und interkulturelle Themen zu behandeln, was jedoch über einen Vergleich unterschiedlicher Sprachen kaum hinausgeht. Die Reihe **prologo** verweist in ihren Lehrerbegleitmaterialien etwas pauschal auf einschlägige Arbeiten von Rösch, um die auf muttersprachlichen Unterricht abzielende Konzeption auch für den DaZ-Unterricht zu öffnen. Dies erscheint aus den bereits gesagten Gesichtspunkten heraus problematisch, da DaM und DaZ weder vergleichbare Lernprozesse noch vergleichbare Lernziele aufweisen. Einen ernstzunehmenden Anfang stellt demgegenüber das Werk **Treffpunkte Sprachbuch** dar, in dem sich z.B. im Band für das 7. Schuljahr eine Übung zum Leseverständnis von Sachtexten findet, die bekanntlich allzu häufig eine große Lernhürde für DaZ-Lerner darstellen, ohne dass dies in den Sachfachmaterialien ausreichend Berücksichtigung findet.

3.3 Vermittlungsansätze und integrativer Anspruch: Ein Beispiel

Insgesamt wird man mit Bezug auf die Methoden des Grammatikunterrichts feststellen können, dass sich spätestens seit Festschreibung der Bildungsstandards eine Tendenz hin zu einem systematischen Grammatikunterricht entwickelt hat. Für ein nominell integratives Lehrwerk (**Deutschbuch**, Cornelsen) soll dies im Folgenden kurz auseinandergesetzt werden.

Das **Deutschbuch** existiert in zwei Fassungen, einer für Real- und Gesamtschulen unter dem Titel **Deutschbuch. Grundausgabe** (neuere Auflagen als **Deutschbuch. Neue Grundausgabe**) und einer für das Gymnasium unter dem einfachen Titel **Deutschbuch**.

Durch seine Konzeption kann die Grundausgabe des Deutschbuchs als repräsentativ für ein bestimmtes Verständnis von integrativem Grammatikunterricht bezeichnet werden. Innerhalb der Kapitel stellt sich dies so dar, dass regelmäßig Aufgaben zu grammatischen und orthographischen Themen in den anderen Hauptlernbereichen zugeordneten Abschnitten vorkommen, bei denen dann am Seitenrand auf die Seitenzahl hinten im Buch verwiesen wird, wo das Thema im Extrakapitel „Grammatik und Rechtschreibung" behandelt wird. Auf diese Weise findet faktisch eine Doppelung der Inhalte statt, die einmal – in Anlehnung an ein kontrolliert situatives Konzept – in andere Lernbereiche eingebunden thematisiert werden und dann ein zweites Mal – in Anlehnung an ein systematisches Konzept – in einem umfassenden und ausgegliederten Grammatikkapitel geschlossen dargestellt und eingeübt werden. Eine solche Struktur findet sich beispielsweise auch in **deutsch.punkt** (Klett), **prologo** (Westermann) oder **Treffpunkte Sprachbuch** (Schroedel).

Die Buchreihe für das Gymnasium kennt hingegen kein gesondertes Grammatikkapitel. Insgesamt tritt hier Nachdenken über Sprache öfter auch als verknüpfter Lernbereich auf. Integration im oben dargestellten Verständnis findet aber insbesondere durch die Einbindung der anderen Lernbereiche in das Grammatikkapitel statt, so z. B. ein Abschnitt mit literarischen Texten im Kapitel „Wörter bilden – Bedeutungen untersuchen" im **Deutschbuch** für die 6. Klasse (1997, 93–112).

4 Terminologie

Ganz allgemein ist festzuhalten, dass für den oben beschriebenen induktiven und handlungsorientierten Unterricht Toleranz in Fragen der Terminologie eine unabdingbare Forderung ist. Dem stehen in erster Linie die Festschreibungen der Bildungsstandards und insbesondere die „Liste grammatischer Fachausdrücke" der KMK von 1982 entgegen. Dieser Umstand führte in der jüngsten Vergangenheit zu der Formierung einer Arbeitsgruppe, in der sich Sprachdidaktiker und Sprachwissenschaftler mit einer Revision dieser Liste befassen (vgl. Ossner 2012). Zum zweiten ist seit längerem in den Lehrplänen die Toleranz gegenüber Arbeitsbegriffen im Unterricht rückläufig (vgl. den diesbezüglich offensten Berliner Lehrplan von 1987 gegenüber der stark an deduktiven Benennunterricht erinnernden „Liste verbindlicher Fachbegriffe – Klassen 1–4" im aktuellen Kernlehrplan Deutsch Grundschule für NRW, 5). Und schließlich scheint in einem herkömmlichen Buch Offenheit in Fragen der Terminologie schon aus technischen Gründen nicht verwirklichbar. Hier muss von vornherein eine festgeschriebene Begrifflichkeit weiterentwickelt werden.

Zur Terminologie und den dahinterstehenden Begriffen im Einzelnen (vgl. auch die Übersichtstabellen im Anhang): Insgesamt werden acht Wortarten bis zum Ende der zehnten Klasse verhandelt (entsprechend der Neun-Wortarten-Lehre abzüglich Interjektionen; vgl. Ossner A1, Hoffmann, B2 und Köller, B1.3). Ausreißer gibt es nur vereinzelt, wie im **Deutschbuch Grundausgabe 7**, wo im Arbeitsheft in einer Zusammenfassung plötzlich zehn Wortarten abgehandelt werden, nämlich mit Numeralen und Interjektionen zwei, die in der gesamten Reihe an keiner anderen Stelle auftauchen.

- **Nomen** werden in der zweiten Klasse der Grundschule gerne auch als „Namenwörter" eingeführt. Ab der dritten Klasse wird primär von „Nomen" gesprochen, der deutsche Terminus wird als Verständnishilfe meist zusätzlich in Klammern aufgeführt. In der Sekundarstufe findet sich mitunter auch der Terminus „Substantiv", die Bezeichnung „Hauptwort" ersetzt hier den grundschulischen Hilfsausdruck.

- Der **Artikel** wird auch in sonst durchgehend die vereinheitlichte Terminologie benutzenden Lehrwerken als „Begleiter" bezeichnet, so in **Pusteblume** und in **Praxis Sprache** bis zur 7. (!) Klasse, ab der 5. Klasse wird aber primär der lat. Terminus verwendet.

- **Adjektive** werden in der 2. Klasse oft als „Wiewörter" eingeführt, in Sekundarstufenwerken durchaus auch als „Eigenschaftswörter" bezeichnet.

- Die **Pronomen** werden fast durchgängig bei ihrer Einführung in der 3. Klasse zunächst auch als „Fürwörter" bezeichnet. In der Sekundarstufe lassen sich hier inhaltlich große Differenzen ausmachen in Bezug auf die Frage, wie viele Unterklassen von Pronomen angenommen werden. Das Personalpronomen kommt durchgängig ab der 5. Klasse vor, mitunter auch als „persönliches Fürwort", das Relativpronomen (ohne deutschen Terminus) wird zwischen der 6. und 10. Klasse eingeführt, das Possessivpronomen („besitzanzeigendes Fürwort") in der 6. oder 7. Klasse. Demonstrativpronomen, die zwischen der 6. und 10. Klasse eingeführt werden, werden gerne auch als „hinweisende Fürwörter" bezeichnet. Indefinit-, Interrogativ- (bzw. Frage-) und Reflexivpronomen kommen nicht in allen Lehrwerken vor. Als inhaltlich unglücklich muss man wohl die Thematisierung von Anredepronomen in einigen Werken in der 6. Klasse betrachten, insoweit dabei der Eindruck vermittelt wird, es handle sich um eine syntaktische Klasse neben den anderen Unterklassen der Prono-

men. (Von der Sache her geht es natürlich um die – mögliche – Großschreibung dieser Pronomen[1].)
- Für das **Verb**, das im zweiten Schuljahr eingeführt wird, ist in Grundschullehrwerken immer noch die Bezeichnung „Tuwort" oder „Tunwort" (in **Piri** sogar beide nebeneinander) durchaus gängig, in Sekundarstufenwerken „Tätigkeits-" oder „Zeitwort" (in **wortstark** beide nebeneinander).
- **Präpositionen** (die, wie alle folgenden Wortarten, lehrplangemäß nicht in der Grundschule eingeführt werden bzw. werden müssen) werden praktisch durchgängig auch als „Verhältniswörter" bezeichnet.
- Das **Adverb** hingegen tritt nur noch in Einzelfällen als „Umstandswort" in Erscheinung.
- Die **Konjunktion** ist wieder ein Fall, bei dem sich praktisch alle Lehrwerke auf den zusätzlichen Terminus „Bindewort" verlassen, während der sich hiermit teilweise deckende Begriff des Konnektors nicht vorkommt.

Im Bereich der nominalen Kategorien sind die (in der Sekundarstufe eingeführten) **Genera** das Feld, in dem am verbreitetsten überhaupt mit den deutschen Bezeichnungen „männlich", „weiblich", „sächlich" (und immer in dieser Reihenfolge) gearbeitet wird. Stellenweise wird diese Sachbindung an das natürliche Geschlecht bei der Einführung auch noch durch Wortreihen wie *der Mann – die Frau – das Kind* unterstützt, wohingegen in einigen Lehrwerken zumindest zu einem späteren Zeitpunkt explizit gegen die Parallelisierung von grammatischem und natürlichem Geschlecht gearbeitet wird.

Bei den **Kasus** sind von der zweiten bis mindestens einschließlich der fünften Klasse neben den lateinischen Termini Nominativ, Genitiv, Dativ und Akkusativ die Bezeichnungen „Wer-Fall", „Wes-(oder Wessen-)Fall", „Wem-Fall" und „Wen-Fall" üblich, manchmal zusätzlich auch noch „1.", „2.", „3." und „4. Fall" (die Reihenfolge der Kasus bei gemeinsamer Betrachtung aller vier folgt immer dieser traditionellen Reihung).

Die **Numeri** Singular und Plural werden, den Lehrplänen entsprechend, durchgängig immer mit „Einzahl" und „Mehrzahl" parallel bezeichnet.

Bei den Verbkategorien spielt der **Infinitiv** eine zentrale Rolle. Wiederum den Vorgaben entsprechend wird er von der Einführung in der 2. oder 3. Klasse bis mindestens einschließlich der 6. Klasse auch „Grundform" genannt. Die ihm gegenübergestellten Personalformen finden sich unter dieser (einzigen) Bezeichnung ebenfalls ab der Grundschule, Zeitformen führen hingegen nur einige Sekundarstufenwerke ein. Die Termini „1., 2. und 3. Person" folgen i. d. R. ab der 5. Klasse dem üblichen Gebrauch.

---

[1] Wie bereits Hoffmann et al. 1997 unterscheidet Hoffmann 2013 die Personalpronomen für die 1. und 2. Person („Personaldeixis") von denen für die 3. Person („Anapher"), was in einem funktional ausgerichteten Sprachunterricht sicherlich auch sinnvoller wäre als die traditionelle Kategorisierung (vgl. auch Hoffmann, B 1.2 und Kern, G 2).

D 2 Sprachreflexion in Sprachbüchern und anderen Medien

Die Bezeichnung der **Tempora** kann als eines der größten Probleme der Terminologisierung in der Schulgrammatik betrachtet werden, obgleich das Verzeichnis der KMK hier eindeutig ist. Selbst Lehrwerke, die den Unterschied zwischen Zeitstufe (der 'natürlichen' Zeit: Vergangenheit, Gegenwart und Zukunft) und Zeitform (den grammatischen Kategorien wie Präteritum, Präsens, Futur, etc.) thematisieren, gelingt es nicht immer, diese sachlich notwendige Differenzierung durchzuhalten. Andere Lehrwerke versuchen dies nicht einmal und nehmen Bezeichnungen wie „Gegenwart" für das Präsens in Kauf. Insgesamt ist die lateinische Terminologie spätestens ab der vierten Klasse jedoch durchgängig (zumindest mit-)eingeführt, zu vermerken ist allein, dass das Futur I, solange das Futur II noch nicht thematisiert wird (was i. A. ab der 8. Klasse geschieht), einleuchtenderweise unter der einfachen Bezeichnung „Futur" läuft. Verbreitete Parallelterini sind für das Präsens „Gegenwartsform" (bzw. „Gegenwart"), für das Präteritum „einfache Vergangenheitsform" (bzw. „einfache Vergangenheit") und für das Perfekt „zusammengesetzte Vergangenheit(sform)". Diese deutsche Terminologie erreicht mit dem Plusquamperfekt ihr Ende. Einige Buchreihen sprechen dann (mit Bezug auf die Bedeutung und nicht mehr auf die Bildungsweise) von „vollendeter Vergangenheit(sform)", andere führen – in der 6. oder 7. Klasse – nur noch den lateinischen Ausdruck ein. Der Terminus „vollendete Zukunft" für das Futur II ist selten, auch hier wird i. d. R. allein der lateinische Begriff verwendet. Konjunktiv I und Konjunktiv II sind ab der 8. Klasse Thema in Schullehrwerken, wobei meist nur mit dieser Terminologie gearbeitet wird, Parallelterini wie „Möglichkeitsform" für den Konjunktiv I sind also eher die Ausnahme.

Im Bereich der **Adjektivkomparation**, die bereits in der Grundschule thematisiert wird, werden die Termini „Positiv", „Komparativ" und „Superlativ" erst in der 5. oder 6. Klasse überhaupt eingeführt, allerdings herrscht bei den deutschen Bezeichnungen nur für den Positiv einigermaßen Einigkeit in der Bezeichnung als „Grundform" oder „Grundstufe". Der Komparativ firmiert als „Vergleichsform", „Vergleichsstufe", „1. Vergleichsstufe", „Steigerungsstufe" oder „Höherstufe", der Superlativ als „Höchstform", „Höchststufe", oder „2. Vergleichsstufe".

Bei den **Satzgliedern** und den syntaktischen Relationen ist zunächst festzuhalten, dass der Terminus „Satzglied" spätestens in der 4. Klasse eingeführt wird, in einzelnen Fällen wird vorher gleichbedeutend von „Satzteilen" gesprochen. Die Prädikatsrelation – ab der 3. Klasse Thema – wird bis mindestens zur 5. Klasse gerne als „Satzaussage" oder „Satzkern" geführt, das **Subjekt** sehr verbreitet als „Satzgegenstand". **Akkusativ- und Dativ-Objekte**, die ab der 4. Klasse Gegenstand sind, werden entsprechend der Kasus-Terminologie oft als „Ergänzung im Wen-" bzw. „Wem-Fall" eingeführt. Zu vermuten wäre, dass eine gemeinsame abstrakte Klasse **Objekt** deshalb nicht thematisiert wird, weil davon ausgegangen wird, dass die Schüler konzeptuell überfordert wären. Ab der 5. Klasse wird einheitlich die lateinische Terminologie verwendet. Die Termini „direktes Objekt" und „indirektes Objekt" treten in Schulbüchern überhaupt nicht mehr auf (obwohl die Meinung vertreten werden kann, dass mit ihrer Hilfe die Scheidung von kategorialen und funktionalen Gegenständen erleichtert werden könnte). **Präpositionalobjekte** werden nur vereinzelt überhaupt thematisiert und zwar dann in der 10. Klasse und unter dieser Bezeichnung. Das gleiche gilt für das **Genitivobjekt**, jedoch verweist eine Bezeichnung wie „Ergänzung im 2. Fall" im Grundschullehrwerk **Piri** zur Thematisierung der Form des Genitivs auf verbreitete generelle Probleme bei der strikten Trennung kategorialer und funktionaler Gegenstände in diesem Bereich.

Die **Adverbiale** sind von der Behandlung in Schulbüchern her der Wortart Pronomen vergleichbar, und zwar insofern, als von Beginn an mehr auf die weitere Unterteilung des Gegenstands als den Gegenstand selbst Wert gelegt wird; so werden zwar die unterschiedlichen Subkategorien eingeführt, jedoch kaum eine aus sprachwissenschaftlicher Sicht angemessene Definition der Kategorie Pronomen gegeben. Werden Adverbiale in der Grundschule thematisiert (was nicht obligatorisch ist), so als „Ortsangabe" und „Zeitangabe" oder als „Bestimmung des Ortes" bzw. „der Zeit". Ähnliches findet sich in der 5. Klasse, wobei hier des Öfteren der am weitesten verbreitete Terminus „adverbiale Bestimmung (der Zeit, des Ortes)" langsam in Erscheinung tritt. Sukzessive wird dies um „adverbiale Bestimmungen der Art und Weise" und „des Grundes" erweitert.

Attribute sind ab der 6. Jahrgangsstufe Thema, wobei, wie schon vorher ersichtlich wurde, bei einer so späten Einführung des Gegenstands umso eher allein auf die lateinische Terminologie gesetzt wird.

Auffallend ist die Zäsur, die zwischen dem 4. und 5. Schuljahr, also zwischen Primar- und Sekundarstufe zu verzeichnen ist: Die „selbsterklärenden" deutschen Behelfsausdrücke, mit denen die Begriffe in der Grundschule eingeführt werden („Tu-, Wie-, Namenwort"), tauchen in den Sekundarstufenwerken nicht mehr auf, stattdessen finden sich hier andere deutsche Ausdrücke, die in der Mehrzahl der Werke den lateinischen Termini noch beigefügt sind:

Primarstufe	**Sekundarstufe**
Tuwort	Tätigkeitswort
Wiewort	Eigenschaftswort
Namenwort	Hauptwort

Hierin spiegelt sich eine Sichtweise, die die semantischen Eigenschaften der Wortarten als grundlegend für ihre Definition betrachtet. Dies scheint zumindest bei den Inhaltswörtern, v. a. wenn man prototypisch arbeitet, für eine erste Einführung akzeptabel zu sein, führt jedoch zu Problemen, wenn die formalen Eigenschaften unterbelichtet bleiben, wie es Eisenberg/Menzel treffend charakterisieren: „Den Begriff Adjektiv kennen alle; einzelne Adjektive aufzählen können sie auch; woran man Adjektive erkennt, können sie auf unterschiedliche Weise – zumeist mit semantischen Hilfsbegriffen wie Wiewort – umschreiben; was Adjektive in Texten leisten, wissen schon nur noch wenige zu erläutern; wie eine Grammatik zur Kategorie der Adjektive gelangt, weiß beinahe niemand mehr zu erklären" (1995, 15).

Problematisch wird dieses Primat der semantischen Eigenschaften dort, wo diese quasi mit dem Holzhammer auf grammatische Wortarten übertragen werden, wie z. B. auf die Präpositionen, die lt. **Sprachmagazin 6** „zeigen, wie Lebewesen und Dinge zueinander im Verhältnis stehen" (174), wobei der grammatikalisierte Präpositionsgebrauch (*Ich ärgere mich **über** diese Formulierungen*) vollständig unterschlagen wird, obwohl in dem genannten Sprachbuch nur eine Seite weiter eine entsprechende Übung vorkommt.

Ebenso unakzeptabel ist die häufig beklagte Vermischung der Kategorien Wortart und Satzglied in vielen Schulbüchern, etwa wenn Prädikaten eine Semantik („Handlung") zugeschrieben wird („Das Prädikat erkennt man durch die Frage *Was tut...*" **Bausteine 3**; „Das Verb im Satz **ist** der Satzkern. Den Satzkern nennt man auch Prädikat" **Kunterbunt 4** [Hervorhebung CN/OT]). Demgegenüber liegt beispielsweise mit dem Duden-Sprachbuch für die Grundschule ein Lehrwerk vor, das die Wortarten von der zweiten Klasse an konsequent nach morphologischen und syntagmatischen Kriterien zu definieren versucht: „Wörter, für die es eine Einzahl und eine Mehrzahl gibt, nennt man **Nomen** (Namenwort). Zu jedem Nomen gibt es einen passenden Begleiter. Man nennt ihn Artikel" **Duden Sprachbuch 2**, 2006, 19, was jedoch als Arbeitsdefinition ebenso wenig glücklich ist, haben doch gerade Abstrakta, die eine häufige Fehlerquelle bei der Großschreibung darstellen, oftmals keine Pluralform (vgl. *Liebe, Glück, Furcht*).

5 Sprachvermittlung in anderen Medien

Bei den derzeit auf dem Markt befindlichen elektronischen Lehrmaterialien kann man zunächst zwischen Online-Lernspielen und sog. Zusatzmaterialien auf CD-ROM (teilweise auch als Internet-Download) unterscheiden. Während Onlinematerialien weitgehend unabhängig von Schulbuchverlagen angeboten werden (z. B. **scoyo**, **lernwerkstatt**), haben die meisten Verlage zu den Sprachbüchern optionale Lernhilfen im Programm, die entweder als Download oder als käufliche CD bereitstehen. Die Präsentationsformen unterscheiden sich substantiell: Bei den Online-Lernspielen handelt es sich um Computerprogramme mit sprachunterstützter interaktiver Steuerung, d. h. der Benutzer kann sich durch unterschiedliche Szenarien klicken, muss dabei Aufgaben lösen und bekommt anschließend die Auflösung präsentiert. Dagegen sind die Zusatzmaterialien der Schulbuchverlage überwiegend Vordrucke von Arbeitsblättern und Zusatzaufgaben, die sich Schüler bzw. Lehrer am Computer ausdrucken, jedoch nicht online bearbeiten können.

Schulbuchbegleitende Medien, wie sie heute fast standardmäßig zu den Verlagsprogrammen gehören, eröffnen allerdings in dem Bereich, der hier zur Debatte steht, kaum Möglichkeiten, die über ein herkömmliches Schulbuch hinausgehen. Die Buchreihe **prologo** wird z. B. von einer Audio-CD/CD-ROM für die Schüler und einer Materialien-CD für die Lehrer begleitet. Neben der sicherlich größeren Benutzerfreundlichkeit scheint die einzige Möglichkeit, konzeptionell in den geplanten Verlauf einzugreifen, darin zu bestehen, die Arbeitsblätter (die als gängige Textverarbeitungsdokumente vorliegen) klassenindividuell zu verändern und beispielsweise die vorher eingeforderte terminologische Freiheit durch Suchen-und-Ersetzen in die Materialien einzupassen. Neu sind sog. „interaktive Tafelbilder", wie sie in mehreren Verlagen für den Einsatz an Whiteboards angeboten werden. Dabei handelt es sich um Foliensätze, die teilweise aus bereits ausgefüllten Vorlagen (deduktive Vermittlungsweise!), teilweise aus Leerfolien mit vorgegebenen Schemata bestehen. Der Nutzen ist als ähnlich wie bei den CD-ROMs einzustufen: Es werden v. a. die bereits in den Schulbüchern vermittelten Inhalte und Kategorien multimedial unterstützt.

Auch die elektronischen Übungen der Internetportale unterscheiden sich letztlich nicht wesentlich von den gedruckten Lehrwerken; auch hier wird grammatisches Wissen ausschließlich deduktiv vermittelt, vorgegebene Regeln sollen verstanden und angewendet werden. Dabei bestünde eine Chance dieses Mediums z. B. darin, mit Fehlern der Schüler durch intelligente Programmierung konstruktiv umzugehen, indem ihnen etwa erklärt wird, worin der Fehler besteht. Stattdessen erschöpft sich die Auswertung in einer Art Highscore nach Beendigung der Übungseinheit wie in Computerspielen üblich; eine genaue Diagnose des Lernstandes, wie es wünschenswert und technisch machbar wäre, ist Fehlanzeige. Der Vorteil solcher Lernspiele kann daher weniger in einer optimierten Vermittlungsweise (induktiv-entdeckendes und ausprobierendes Lernen) als vielmehr in einer stärkeren Motivationsförderung gesehen werden, da die Bereitschaft der Schüler, sich computergestützt mit sprachlichen Themen zu befassen, größer sein dürfte als bei gedruckten Medien.

6 Zusammenfassung

Zur **inhaltlichen Gestaltung** kann zusammenfassend gesagt werden, dass sich in allen hier untersuchten Sprachbüchern im Grunde dieselben sprachlichen Themen finden, nämlich Morphologie: Flexion und Wortbildung; Syntax: Satzarten, Satzverknüpfung, Satzglieder sowie Lexikon: Wortarten, Wortfamilien und Wortfelder, so dass von einem Kanon sprachlicher Gegenstände gesprochen werden kann, an dem sich die Lehrwerke jahrgangsübergreifend orientieren. Dies liegt wiederum an der engen Ausrichtung an den ministeriellen Vorgaben des Bundes und der Länder.

D 2 Sprachreflexion in Sprachbüchern und anderen Medien

Was die **didaktischen Ansätze** angeht, so lässt sich bei den meisten Werken konstatieren, dass ein „integrativ-funktionales" Konzept behauptet wird bei gleichzeitig eher deduktiver Vermittlungsweise. Integrativ-funktional bedeutet nach den obigen Ausführungen, dass einerseits die Kompetenzbereiche miteinander vernetzt sind, andererseits grammatische Themen in ihrer funktionalen Bedeutung für den Kommunikationsprozess gelehrt werden. Bei näherem Hinsehen ergibt sich jedoch für viele Unterrichtswerke, dass einerseits die vorgebliche Funktionalität nicht eingelöst wird: häufig nämlich dient das übergeordnete Thema lediglich als Einstieg für die eigentliche Spracharbeit. Der Anlass für die Sprachreflexion wird nach der Grammatikübung selten wieder aufgegriffen. Anderseits ist man sehr viel stärker der Tradition verhaftet, etwa bei den Wortarten, als nach den tatsächlichen Funktionen zu differenzieren (vgl. die Unterscheidung der Personalpronomen für die 1./2. gegenüber denen für die 3. Person bei Hoffmann 2013 und in diesem Band). Insgesamt lässt sich für alle aktuell auf dem Markt befindlichen Sprachbücher feststellen, dass sprachliche Themen mehr oder weniger stark systematisch vermittelt werden, wobei die entsprechenden Übungen immer situativ eingebunden sind und in einigen Büchern zusätzlich in einem gesonderten Kapitel präsentiert werden.

Typische Lernmethoden im Bereich der Sprachbetrachtung lassen sich als **Finden, Unterstreichen** und **(in vorgegebene Tabellen) Ordnen** kategorisieren. Was demgegenüber fehlt, ist das Finden eigener Systematiken, Entdecken grammatischer Regularitäten, Hinterfragen der vorgegebenen Kategorisierung, Aufzeigen von Grenz- und Zweifelsfällen. Ganz im Sinne eines traditionell ausgerichteten – und so von den Bildungsstandards vorgezeichneten – Sprachunterrichts wird bis ans Ende der Sekundarstufe I das grammatische System der deutschen Sprache als naturgegebenes, durch die Sprache mitgeliefertes unveränderliches Inventar vermittelt.

Weiterhin lässt sich feststellen, dass sich die **Ausrichtung der neuen Sprachbücher an den Bildungsstandards und Lehrplänen** unterschiedlich darstellt: Während einige Werke stark kompetenzbereichsorientiert gegliedert sind, verfolgen andere den ebenfalls in den Bildungsstandards vorgegebenen Anspruch der Differenzierung oder des integrativen Lernens.

In Fragen der **grammatischen Terminologie** haben sich die Vorgaben der KMK von 1982 einerseits flächendeckend durchgesetzt. Auf der anderen Seite muss aber auch festgestellt werden, dass zahlreiche Schulbücher zumindest zeitweise neben der 'offiziellen' lateinischen Terminologie parallel auf (vermeintlich) selbsterklärende deutsche Bezeichnungen zurückgreifen, für die es jedoch nur in Einzelfällen Vorgaben (und folglich Einheitlichkeit) gibt. Dies erschwert einerseits das Einführen von Arbeitsbegriffen im Unterricht (im Sinne des o. g. handlungsorientierten sowie des funktional-systematischen Unterrichts), andererseits führt es beim Übergang in die Sekundarstufe zu Problemen, da nicht klar ist, welche deutschen Begrifflichkeiten aus der Grundschule als bekannt vorausgesetzt werden können. Es ist davon auszugehen, dass diese deutsche Terminologie sich allen Vereinheitlichungsbestrebungen zum Trotz im Unterricht stärker verankert hat als die in der KMK-Liste vorgegebenen lateinischen Ausdrücke.

Fehlanzeige auf dem gesamten Schulbuchmarkt ist eine an wissenschaftlichen Erkenntnissen ausgerichtete **Zweitsprachdidaktik**. Zwar gibt es vereinzelte Beispiele für eine differenzierende Methodik, diese erschöpft sich aber zumeist in sprachvergleichenden Übungen und wird innerhalb der Lehrwerksreihe i. d. R. nicht konsequent curricular verfolgt.

Die **Neuen Medien** nutzen ihre besonderen medialen Möglichkeiten nur bedingt; der primäre Nutzen liegt eher in der für Schüler generell attraktiven Beschäftigung mit Computerspielen, an die sich die Programme anlehnen. Darüber hinaus unterscheiden sich jedoch weder Inhalte noch Vermittlungsweise von den gedruckten Lehrwerken, auch dort nicht, wo die entsprechenden Programme in anderer Verantwortung als der der Schulbuchverlage stehen. Die Chance, durch intelligente Benutzerführung auf die spezifischen Anforderungen und Lernschwierigkeiten einzelner Kinder zu reagieren – etwa durch Lerndiagnosen und individuelle qualitative Fehlerauswertungen –, wird von keinem der untersuchten Programme aufgegriffen, so dass der Mehrwert der elektronischen Medien als vergleichsweise gering einzustufen ist.

Schließlich ist zu konstatieren, dass die Mehrheit der aktuellen Sprachbücher abgesehen von der Thematisierung der Kompetenzbereiche gegenüber älteren Werken wenig Neues zu bieten hat. Obgleich die grammatikdidaktische Forschung seit geraumer Zeit auf Desiderate und Fehler hinweist (vgl. etwa Granzow-Emden 2013, 8 ff.), werden alte Traditionen unbeirrt fortgeführt.

Literatur

Bredel, Ursula: Sprachbetrachtung und Grammatikunterricht. Paderborn u. a.: Schöningh UTB 2007

[BS MS]: Bildungsstandards im Fach Deutsch für den Mittleren Schulabschluss. Hrsg. vom Sekretariat der Ständigen Konferenz der Kultusminister der Länder in der Bundesrepublik Deutschland. München: Wolters Kluwer 2004

Eisenberg, Peter/Menzel, Wolfgang: Grammatik-Werkstatt. In: Praxis Deutsch 22 (1995) 129, 14–23

Glinz, Hans: Die innere Form des Deutschen. Eine neue deutsche Grammatik. Bern/München: Franckke 1952

Gornik, Hildegard: Methoden des Grammatikunterrichts. In: Bredel, Ursula u. a. (Hrsg.): Didaktik der deutschen Sprache. Band 2. Paderborn u. a.: Schöningh 2003, 814–829

Granzow-Emden, Matthias: Deutsche Grammatik verstehen und unterrichten. Tübingen: Narr 2013

Hoffmann, Ludger: Deutsche Grammatik. Grundlagen für Lehrerausbildung, Schule, Deutsch als Zweitsprache und Deutsch als Fremdsprache. Berlin: Schmidt 2013

Hoppe, Henriette: Das Sprachbuch. In: Lange, Günter/Weinhold, Swantje (Hrsg.): Grundlagen der Deutschdidaktik. Baltmannsweiler: Schneider Hohengehren 2005, 151–176

Lesch, Hans-Wolfgang: Das Sprachbuch im Deutschunterricht. In: Lange, Günter/Neumann, Karl/Ziesenis, Werner (Hrsg.): Taschenbuch des Deutschunterrichts. Bd. 1. Baltmannsweiler: Schneider Hohengehren, 6. Auflage 1998

Menzel, Wolfgang: Grammatik-Werkstatt. Theorie und Praxis eines prozessorientierten Grammatikunterrichts für die Primar- und Sekundarstufe. Seelze: Kallmeyer 1999

Ossner, Jakob: Grammatische Terminologie in der Schule. In: Didaktik Deutsch 18 (2012) 32, 111–126

Peyer, Ann: Grammatikunterricht. In: Lange, Günter/Weinhold, Swantje (Hrsg.): Grundlagen der Deutschdidaktik. Sprachdidaktik – Mediendidaktik – Literaturdidaktik. Baltmannsweiler: Schneider Hohengehren 2005, 73–100

Zifonun, Gisela u. a.: Grammatik der deutschen Sprache. 3 Bde. Berlin u. a.: de Gruyter 1997

Deutschbücher

Primarstufe

Bausteine Sprachbuch 2–4. Braunschweig: Diesterweg 2007

Duden Sprachbuch 2–4. Berlin: Duden-Schulbuchverlag 2006f.

Leporello 2–4. Braunschweig: Westermann 2004

LolliPop 2–4. Berlin: Cornelsen 2007f.

Piri – Das Sprach-Lese-Buch 2–4. Stuttgart: Klett 2009f.

Pusteblume – Das Sprachbuch. Aktuelle allgemeine Ausgabe. Braunschweig: Schroedel 2009f.

Haupt-/Real-/Gesamtschule

Deutschbuch. Grundausgabe. Berlin: Cornelsen 1999–2001

deutsch.punkt 1–6. Leipzig: Klett 2005ff.

Doppelklick 5–10. Allgemeine Ausgabe. Berlin: Cornelsen 2001–2004

Klartext 5–10 (Ausgabe für NRW). Braunschweig: Westermann 2009–2012

Praxis Sprache 5–9. Allgemeine Ausgabe. Braunschweig: Westermann 2010ff.

prologo 5–9. Allgemeine Ausgabe. Braunschweig: Westermann 2009–2011

Treffpunkte Sprachbuch 5–10. Allgemeine Ausgabe. Braunschweig: Schroedel 2001–2005

wortstark 5–10. Differenzierte Ausgabe. Braunschweig: Schroedel 2009–2012

Gymnasium

Deutschbuch. Berlin: Cornelsen 1997–2000

Duo Deutsch 5–10, Ausgabe B. München u. a.: Oldenbourg 2005ff.

Praxis Sprache und Literatur 5–10. Braunschweig: Westermann 2005ff.

Historische Sprachbücher

Sprachbuch 5. Stuttgart: Klett 1970

Sprache und Sprechen 5. Hannover u. a.: Schroedel 1972

Zusatzmaterialien für den Vormittagsbereich

Ulrich, Winfried (Hrsg.): Wort – Satz – Text. Nachschlagewerk und Übungswerk für den Sprachunterricht der Klassen 8–10. Braunschweig: Westermann 1999
Basiswissen Grammatik. Braunschweig: Schroedel 2006
Deutsch: Wissen mit System. Grundlagen für die Sekundarstufe I. Braunschweig: Schöningh 2006

Anhang
Einführung grammatischer Termini in Sprachbüchern

lateinischer Terminus	gebräuchlichster Terminus bei Einführung
Nomen	Namenwort (ab Klasse 2) / Substantiv (Sek I)
Artikel	Begleiter (ab Klasse 2, vereinzelt bis Kl. 7)
Adjektiv	Wiewort (ab Klasse 2) / Eigenschaftswort (Sek I)
Verb	Tu-/Tunwort (ab Klasse 2) / Tätigkeitswort (Sek I)
Pronomen	Fürwort (ab Klasse 5/6)
Adverb	Umstandswort (ab Klasse 5)
Präposition	Verhältniswort (ab Klasse 5)
Konjunktion	Bindewort (ab Klasse 5)
Prädikat	Satzkern / Satzaussage
Subjekt	Ergänzung / Satzgegenstand
Objekt	Ergänzung / Fallergänzung
Adverbial	Orts-, Zeitangabe / adverbiale Bestimmung
Attribut	Attribut

Wortarten

Zeitpunkt der frühesten Einführung grammatischer Begriffe in den Sprachbüchern („+" = vorwiegende Verwendung, „(+)" = sekundäre Verwendung; schattiert = ausschließliche bzw. primäre Verwendung der lat. Termini)

2	3	4	5	6	7	8	9	10
Namenwort	(+)	(+)						
			(Hauptwörter)	(+)	(+)	(+)		
	Nomen	**+**	**+**	**+**	**+**	**+**	**+**	**+**
Begleiter	+	+	(+)		(+)	(+)		
	(Artikel)	(Artikel)	**Artikel**	**+**	**+**	**+**	**+**	**+**
Wiewort	(+)	(+)						
			(Eigenschaftswort)	(+)	(+)	(+)	(+)	(+)
	Adjektiv	**+**	**+**	**+**	**+**	**+**	**+**	**+**
Tuwort	+	(+)						
			(Tätigkeitswort)	(+)	(+)	(+)		
	Verb	**+**	**+**	**+**	**+**	**+**	**+**	**+**
	Fürwort	+	(+)	(+)	(+)	(+)	(+)	(+)
	Pronomen	**+**	**+**	**+**	**+**	**+**	**+**	**+**
			persönl. Fürwort					
			Personalpronomen					
			Relativpronomen					
				hinweisendes Fürwort				
			besitzanzeigendes Fürwort					
			Possessivpronomen					
			Verhältniswort					
			Präposition					
			Umstandswort					
			Adverb					
			Bindewort					
			Konjunktion					

Satzglieder

2	3	4	5	6	7	8	9	10
	Satzteile Satzglieder	Satzglieder						
	Satzkern Prädikat	Satzkern Prädikat	(Satzkern) Prädikat	Prädikat				
	Satzgegenstand Subjekt	Satzgegenstand Subjekt	Subjekt					
		Ergänzung/ Fallergänzung	Dativ-/ Akkusativobjekt					
		wer-oder- was-Fall etc.	Nominativ etc.					
		Ergänzung/ Orts-, Zeitangabe	adverbiale Bestimmung des Ortes, der Zeit					
				Attribut				
								Präpositionalobjekt

STEFAN JEUK

D 3 Sprachvergleich als methodischer Zugang

1 Einleitung

Das Vergleichen von Sprachen, sprachlichen Strukturen sowie des Sprachgebrauchs als methodischer Zugang des Deutschunterrichts wird im Arbeitsbereich Deutsch als Zweitsprache (DaZ) seit längerem diskutiert. Begründet wird dies z. B. mit dem Language Awareness Ansatz, bei dem u. a. mit Hilfe sprachvergleichender Methoden die Entwicklung von Sprachaufmerksamkeit unterstützt werden soll. Auch im Deutsch als Fremdsprachenunterricht (DaF) wird dieser Ansatz diskutiert, hier steht er teilweise im Widerspruch zu kommunikativen Ansätzen.

Im muttersprachlichen Deutschunterricht sollen im Arbeitsbereich „Sprache und Sprachgebrauch untersuchen" den Schülerinnen und Schülern sprachliche Strukturen bewusst gemacht und sprachliches Wissen vermittelt werden. Hierzu gehört auch der Erwerb grundlegender Fachbegriffe. Im Kontext der Vermittlung konzeptioneller Schriftlichkeit müssen zudem einige sprachliche Formen erst gelernt werden. Dies gilt in besonderem Maße für Dialektsprecher und für Kinder, die eine wenig ausgeprägte primäre literale Sozialisation erfahren haben. Da es in Deutschland immer mehr Schülerinnen und Schüler gibt, die Deutsch als Zweitsprache erwerben, rückt der Aspekt der Vermittlung sprachlicher Formen bzw. die Unterstützung der Sprachaneignung noch stärker in den Vordergrund.

In dem folgenden Beitrag werden Aspekte des Zweitspracherwerbs skizziert, die eine mögliche Begründung für einen sprachvergleichenden Zugang im Rahmen eines Language Awareness Ansatzes liefern (2). Anschließend wird die Diskussion innerhalb der DaF-Didaktik skizziert, da sich hier zeigen lässt, wie die Bedeutung der Sprachbewusstheit für das Sprachenlernen eingeschätzt werden kann (3). Im dritten Abschnitt wird erörtert, wie sich ein sprachvergleichender Ansatz in mehrsprachigen Lerngruppen begründen und umsetzen lässt (4). Schließlich werden methodische Zugänge vorgestellt (5).

2 Zweitspracherwerb und Language Awareness

Der Language Awareness Ansatz entstand in den 70er Jahren in den USA und Großbritannien. Dabei ging es zunächst um die Förderung des Schriftspracherwerbs durch Bewusstmachung sprachlicher Strukturen. In Deutschland wird der Ansatz schon länger diskutiert (vgl. Haueis 1989), u. a. auch im Kontext interkultureller Erziehung. Im Rahmen der Migrationspädagogik erheben interkulturelle Ansätze den Anspruch, ein Handlungskonzept zu vertreten, das auf gesellschaftspolitische Veränderungen reagiert. Durch die Auseinandersetzung mit dem Fremden und Anderen soll das Eigene bewusst gemacht werden (vgl. Holzbrecher 2008). Sprache ist hier ein Medium der persönlichen und kollektiven Identitätskonstruktion. Sprachliches Lernen kann z. B. stattfinden, wenn unterschiedliche Kommunikationsweisen bewusst gemacht und in ihrer Fremdheit auch akzeptiert werden.

Lerner mit Deutsch als Zweitsprache bringen, ebenso wie alle anderen Sprecher, ihre sprachlichen Kompetenzen in den Unterricht ein. Nutzen Lehrkräfte dies nicht, bleiben Lernchancen ungenutzt, denn mehrsprachige Lerner denken über Unterschiede und Gemeinsamkeiten von Sprachen nach, ob dies zugelassen wird oder nicht (vgl. Oomen-Welke 2008a). Ein Rückgriff auf die Erstsprache kann jedoch auch zu Irrtümern führen, deshalb sind Fehlbildungen von Schülerinnen und Schülern ein wichtiger Ansatzpunkt der Reflexion. Auch die schulischen Fremdsprachen können Hilfen bieten, über die deutsche Sprache nachzudenken.

Der Rückgriff auf Kompetenzen der Erstsprache wird häufig als Gefahr für den Zweitspracherwerb gesehen. Im Rahmen der Kontrastivhypothese wurde angenommen, dass Schwierigkeiten beim Erwerb der Zweitsprache vor allem durch den Kontrast zur Erstsprache bedingt seien. Die Schwierigkeiten, die z. B. ein Deutschlerner mit Türkisch als Erstsprache beim Zweitspracherwerb hat, müssten sich demnach durch eine kontrastive Analyse der beiden Sprachen vorhersagen lassen. Dieser Ansatz wird heute nicht mehr als Erklärungsmodell des Zweitspracherwerbs diskutiert, man ist sich einig, dass es eine Reihe von Einflussfaktoren gibt (Jeuk 2010). Fehlerschwerpunkte sind z. B. gerade auch da zu beobachten, wo sich Sprachen ähneln, zudem sind die meisten Schwierigkeiten durch die Struktur der zu lernenden Sprache bedingt.

Dennoch ist der Einfluss der Erstsprache beim Zweitspracherwerb gerade bei sogenannten Interferenzen, bei denen morphosyntaktische Strukturen der Erstsprache auf die Zweitsprache übertragen werden, vergleichsweise gut zu beobachten. Die Furcht, dass sich Interferenzen verfestigen und der Lerner dauerhaft bestimmte Fehler begeht, ist einer der Gründe dafür, dass teilweise versucht wird, die Erstsprache auszublenden.

Interferenzen auf der morphosyntaktischen Ebene sind zwar relativ leicht zu beobachten, die Interpretation führt jedoch nicht immer zu eindeutigen Ergebnissen. Wenn z. B. ein Sprecher mit Deutsch als Erstsprache im Englischunterricht *I have to school gone* äußert, liegt die Vermutung nahe, dass hier Regeln der deutschen Syntax angewendet wurden. Die zu beobachtende Endstellung einer infiniten Verbform bei Äußerungen von Kindern mit Türkisch als L1 (*Ich eine Tasse Schokolade trinken*) kann jedoch unterschiedlich interpretiert werden: Bei der Interferenzannahme würde man davon ausgehen, dass die Struktur des Türkischen, bei dem das Verb immer am Ende eines Satzes steht, auf das Deutsche übertragen wurde (vgl. Meixner 2000). Dagegen kann eingewendet werden, dass

D 3 Sprachvergleich als methodischer Zugang

es im Türkischen keine infiniten Verbformen in Sätzen gibt. Zudem entspricht die Struktur der Äußerung einem deutschen Satz, bei dem das Modalverb ausgelassen wurde. Modalsätze mit infiniten Verbformen am Satzende sind im Deutschen häufig (*ich **will** eine Tasse Schokolade **trinken***), Auslassungen von Modalverben werden auch im Erstspracherwerb z. B. auf der Zweiwortebene häufig beobachtet (*ich spielen*) (vgl. Jeuk 2003). Darüber hinaus werden solche Strukturen auch von Sprechern geäußert, die eine andere Erstsprache als Türkisch sprechen. Das Beispiel zeigt, dass die Interpretation von Interferenzen keineswegs immer eindeutig ist und ein umfangreiches Wissen über die Strukturen der beteiligten Sprachen sowie über Spracherwerbsprozesse voraussetzt (vgl. Tracy 1996).

Jüngere Lerner, insbesondere im Vorschulalter, greifen kaum auf grammatische Strukturen ihrer Erstsprache zurück. Vermutlich gehört ein bestimmtes Maß an Sprachbewusstheit dazu, um Interferenzen überhaupt zu bilden (vgl. Hug 2006). Doch selbst wenn sich in Äußerungen von Lernern Interferenzen zeigen, ist die Frage, ob dies a priori negativ interpretiert werden muss oder ob es sich um sinnvolle Lernerstrategien handelt (vgl. Wode 1992, 97f.).

Ein weiteres Phänomen des Mischens ist das Einfügen von Wörtern aus der Erstsprache in Strukturen der Zweitsprache. In der Regel passen sich die Wörter dabei den Strukturen der Zielsprache an. Die lernende Person greift auf ein Wort aus einer ihr bekannten Sprache zurück, wenn es ihr in der Zielsprache im Moment nicht zur Verfügung steht. Z. B. zeigt ein 5-jähriger Junge mit Türkisch als Erstsprache auf ein Bild und sagt: *Sie hat eine diş fırçası* ('Zahnbürste'; Jeuk 2003, 247). Obwohl es im Türkischen keine Artikel gibt, gebraucht der Junge einen Artikel für ein türkisches Wort, das sich der Struktur des Deutschen anpasst. Durch eine parallele lexikalische Aktivierung wird das Einflechten einzelner Wörter aus der einen in eine andere Sprache zu einer produktiven Strategie. Kinder nutzen dieses Verhalten als „strukturellen Steigbügel" (Tracy 1996, 87), indem sie die zur Verfügung stehenden Mittel systematisch einsetzen. Auch auf anderen sprachlichen Ebenen nutzen Lerner ihre Erstsprache. Dies gilt besonders für Aspekte der Schriftlichkeit (vgl. Cummins 2000). Es liegt nahe, dass Lerner, die bereits in einer Sprache Lesen und Schreiben können, die Funktionalität von Schrift in der Zweitsprache nicht mehr erwerben müssen. Wenn es sich bei der Erstsprache um eine Alphabetschrift handelt, sind die Bezüge noch offensichtlicher.

Language Awareness als sprachdidaktisches Konzept setzt an den vorhandenen Fähigkeiten der (mehrsprachigen) Lerner an. Dabei werden unterschiedliche Ziele verfolgt. Es geht um die Sensibilisierung für Sprache, Sprachen, sprachliche Phänomene und den Umgang mit Sprache und Sprachen. Über die Bewusstmachung sollen metalinguistische Fähigkeiten und Interessen vertieft werden. Sprachmischungen werden in diesem Sinne als ein Ausgangspunkt für metasprachliche Operationen gesehen. Der Ansatz versteht sich als ganzheitlich, denn Sprachbewusstheit soll auf verschiedenen Ebenen hergestellt werden (vgl. Luchtenberg 2008): auf der affektiven Ebene (Einstellung zu Sprachen, Freude am Umgang mit Sprachen), der sozialen Ebene (Sprachgebrauch, auch kritisch) und der kognitiven Ebene (bewusster Umgang mit Strukturen, Regeln, Mustern, Einsichten in Möglichkeiten des Sprachgebrauchs, Sprachmanipulation). Zudem soll die Entwicklung metasprachlichen Bewusstseins auch die Analysefähigkeit und das Übersetzen fördern, sowie die Entwicklung einer metasprachlichen und interkulturellen Kompetenz (vgl. Oomen-Welke 2008b).

Language Awareness geht weit über die Bewusstmachung grammatischer Strukturen hinaus und lässt sich gut mit dem in den Bildungsstandards verankerten Arbeitsbereich „Sprachbewusstsein entwickeln" verbinden. Eine zentrale Rolle spielt die Lernerautonomie, es geht auch um Einsichten in Lernstrategien und Lernverfahren. Language Awareness versteht sich nicht als Konkurrenz, sondern als Ergänzung zu kommunikativen und lernersprachenbezogenen Zugängen.

3 Sprachvergleich im Arbeitsbereich Deutsch als Fremdsprache

Im Arbeitsbereich „Deutsch als Fremdsprache" lässt sich beispielhaft zeigen, welche Bedeutung der Sprachbewusstheit für das Sprachenlernen zugewiesen wird. Die Ziele der bis weit ins letzte Jahrhundert in der Fremdsprachendidaktik vorherrschenden „Grammatik-Übersetzungsmethode" waren vorrangig die Fähigkeit zum literarischen Übersetzen sowie das Beherrschen der (literarisch orientierten) Standardsprache. Die Unterrichtssprache war die Erstsprache der Lernenden, die Vermittlung grammatischer Regelungen erfolgte deduktiv (Kniffka/Siebert-Ott 2007, 76ff.). Der Bau einer Sprache sollte grammatisch beschrieben und für das Lernen durchschaubar gemacht werden. Die Einsicht in den Bau der Sprachen diente nicht der Entwicklung von Sprachbewusstheit, sondern lediglich der Übersetzung. Die Strukturen als solche wurden nicht verglichen.

Mit der audiolingualen Methode wurde ein anderer Zugriff auf den Fremdsprachenerwerb versucht. Die Prinzipien waren in verschiedener Hinsicht neu. So wurden eine konsequente Alltagsorientierung, die Einsprachigkeit des Unterrichts in der Zielsprache und die Authentizität der Lehrkraft propagiert. Über das Üben von Satzmustern sollte die Grundlage für kommunikative Kompetenzen gelegt werden. Ein bewusster Umgang mit sprachlichen Strukturen wurde als geradezu hinderlich für den Erwerbsprozess angesehen.

Mit der kommunikativen Wende in den 80er Jahren wurden pragmatische Ansätze auch in der Fremdsprachendidaktik umgesetzt. Kommunikative Kompetenz wurde zum übergeordneten Lernziel. Die zu erwerbende Sprache wurde, wie bei der audiolingualen Methode, das Medium des Lernens. Die Sprache soll schrittweise erfahren werden, dennoch wird von Beginn an mit ihr kommuniziert. Wenn sich Kommunikationsfähigkeit als wichtigstes Ziel etabliert, wird Grammatikvermittlung, die für den Erwerb komplexer konzeptionell schriftlicher Formen notwendig sein kann, in den Hintergrund gedrängt (Henrici/Riemer 2001, 516 ff.). Der kommunikative Ansatz wird auch im „Frühen Fremdsprachenlernen" propagiert. Systematisches Einüben von Regeln oder bewusstmachende Vergleiche sprachlicher Strukturen und Regularitäten werden als hinderlich für den Erwerbsprozess angesehen. In Anlehnung an Krashen wird davon ausgegangen, dass Grammatikunterricht per se nicht geeignet sei, den Erwerb einer zweiten Sprache zu unterstützen (Bleyhl 2003).

Ab Mitte der 1980er Jahre etablierte sich der interkulturelle Ansatz. Seine Zielrichtung bestand darin, die Menschen für Mehrsprachigkeit und das Leben in multikulturellen Gesellschaften zu sensibilisieren und zu interkultureller Kommunikation zu befähigen (vgl. Huneke/Steinig 2002, 174 f.). Somit rückte die Bedeutung sprachlicher Kompetenzen in den Hintergrund, Einfühlungsvermögen, Toleranz, Konfliktfähigkeit und Kooperationsfähigkeit sollten erlernt werden. Hinter dieser Zugangsweise steht die Annahme, dass ein falsches interkulturelles Verständnis schwerwiegendere Auswirkungen auf ein Gespräch haben kann als Grammatikfehler. Durch das Fremdverstehen sollte auch das Verstehen der eigenen Person gefördert werden. Durch die starke Betonung von Unterschieden zwischen der eigenen Lebenserfahrung und der einer vergleichbaren Gruppe im Zielland besteht jedoch die Gefahr, dass eine künstliche Polarisierung in „Eigenes" und „Fremdes" entsteht, die eher interkulturelle Vorurteile als gegenseitige Verständigung hervorruft (vgl. Mecheril 2007, 81 ff.).

Im Rahmen des interkulturellen Ansatzes wurde in der Fremdsprachendidaktik der Language Awareness Ansatz aufgegriffen (Fandrych 2005). Das Nachdenken über Besonderheiten der Zielsprache im Verhältnis und im Unterschied zur Muttersprache, aber auch über die eigenen Lernstrategien sowie über soziokulturell spezifische Bedeutungen und Handlungsmuster, die sich hinter fremdsprachlichen Ausdrucksweisen aufdecken lassen, wird dabei als wichtiges Ziel erachtet. Für das Lernen ist es besonders förderlich, wenn Regularitäten und Muster entdeckend, vergleichend, kooperativ und spielerisch erarbeitet werden – auch wenn die selbst formulierten Regeln sich nicht immer an linguistischen Maßstäben messen lassen. Vertreter dieses Konzepts betonen, dass die wichtigste Funktion des Grammatikunterrichts darin bestehe, Lernende für grammatische Muster zu sensibilisieren und damit das Verstehen zu erleichtern. Der Unterricht sollte also dazu führen, neues Wissen mit bestehendem möglichst vielfältig zu verknüpfen und den Lernprozess immer wieder zu thematisieren. Hierfür wird der Sprachvergleich als wichtiger Zugang genannt. Eine aktuelle Zusammenfassung dieses Zugangs findet sich in Rothstein (2011).

4 Grammatikunterricht in heterogenen Lerngruppen

Deutsch als Fremdsprache, Deutsch als Zweitsprache und Deutsch als Muttersprache unterscheiden sich hinsichtlich einer Reihe von Rahmenbedingungen, die allgemeine gesellschaftliche Aspekte und eine politische Dimension genauso umfassen, wie eine wissenschaftliche, eine didaktische und eine methodische Dimension (vgl. Ahrenholz 2008). Ausgehend von unterschiedlichen Erwerbskontexten verfolgt der Unterricht in den jeweiligen Arbeitsbereichen unterschiedliche Ziele. Dabei muss beachtet werden, dass die Unterscheidung idealtypisch ist und die sprachlichen Lernbedingungen im Einzelfall differenziert betrachtet werden müssen.

Im muttersprachlichen Deutschunterricht dient Grammatik der Reflexion und Herstellung von Wissen über Regeln und Strukturen. Hinzu kommt, dass hinsichtlich der Produktion komplexer (schriftlicher) Texte grammatisches Wissen auch zum Erwerb grundlegender Kompetenzen dient (z. B. Kasusformen, Präteritumformen, komplexe Satzstrukturen, etc.). Im Fremdsprachenunterricht dient Sprachbewusstheit als Grundlage für den Erwerb von Strukturen, die später angewendet werden sollen. Interaktionsprozesse vollziehen sich weitgehend auf Grund von im Unterricht vermitteltem Wissen. Im DaZ Unterricht dient Sprachbewusstheit der Bewusstwerdung von Gekonntem **und** dem Erwerb von Strukturen, die Gewichtungen verschieben sich in Abhängigkeit vom Alter und den erreichten Kompetenzen in der Zweitsprache.

Nach Bredel (2007, 154) soll Grammatikunterricht an den alltäglichen Spracherfahrungen der Schülerinnen und Schüler anknüpfen. Hierzu scheint eine komparative Herangehensweise prädestiniert. Von der Anwesenheit mehrsprachiger Lerner profitieren auch die einsprachigen Schülerinnen und Schüler. „Indem wir uns ein Stück weit auf zunächst Fremdes einlassen, können wir Aspekte dessen 'objektivieren', gleichsam 'fremd' machen, was wir bisher als unser 'Eigenes' angesehen, als solches aber nicht zum Thema gemacht haben" (Bremerich-Vos 1999, 49f.). Die Mehrsprachigkeit im Klassenzimmer dient somit als Anlass, das Staunen über die eigene Sprache in Situationen zu lernen, in denen man etwas von differenten Verhältnissen in anderen Sprachen erfährt. Lasse ich mich probehalber auf eine andere Sprache ein, kann mir die eigene fragwürdig werden, ich kann mich distanzieren und Eigenschaften erkennen. Da man zum Fremden häufig leichter Zugang als zum Eigenen findet, wird Sprachvergleich zum methodischen Kunstgriff, um den Zugang zum Eigenen zu erleichtern. So werden im Grammatikunterricht nicht nur grammatische Termini geübt, vielmehr wird der Unterricht zum echten Forschen, bei dem weder die Ergebnisse noch die Begriffe von vornherein klar sind (vgl. Lindauer 2007).

Ein solcher Zugang lässt sich mit einem funktionalen Grammatikunterricht verbinden (Köller 1997), in dem die kommunikative „Funktion" grammatischer Formen ins Zentrum rückt. Mittels eines Sprachvergleichs kann z.B. thematisiert werden, wie verschiedene Funktionen in verschiedenen Sprachen realisiert werden. Können Attribute vor- und nachgestellt werden, wie im Deutschen oder Englischen, oder werden sie eher nachgestellt, wie im Französischen? Welche Möglichkeiten der Komposition bieten verschiedene Sprachen (vgl. 5)? Dieser Zugang entspricht dem didaktischen Prinzip der Verfremdung (Köller 1997, 29). Eine Konzeption von funktionalem Sprachunterricht in mehrsprachigen Klassen entwickelt Hoffmann (2011). Am Beispiel des Zeigens im Deutschen, im Türkischen und im afrikanischen Bemba zeigt er, wie ausgehend vom Sprecherstandort das Zeigfeld mit seinen Dimensionen in den verschiedenen Sprachen aufgebaut ist: Deutsch ist zweistufig (Nähe vs. Ferne, *ich/wir* vs. *du/ihr*), Türkisch ist dreistufig und Bemba vierstufig („nah [...], fern beim Hörer [...], fern von Sprecher und Hörer und sichtbar [...], fern von Sprecher und Hörer und unsichtbar [...]" (Hoffmann 2011, 20; vgl. umfassend Hoffmann 2013)). Der Vergleich der Funktion sprachlicher Zeichen führt zu einer „Erweiterung von Erkenntnissen über einen in seiner Oberflächenstruktur bekannten Gegenstand, die sich ihrer eigenen Erkenntnistätigkeit und ihrer Bedingungen versichert" (Hoffmann 2011, 20f.).

Auch die Bildungsstandards der Länder legen solche Ansätze nahe. In den Bildungsstandards Deutsch für die Hauptschule sollen im Arbeitsbereich „Sprache untersuchen" u. a. folgende Kompetenzen erreicht werden (vgl. KMK 2004):

– „Sprachen in der Sprache" kennen und in ihrer Funktion unterscheiden: Standardsprache, Umgangssprache; Dialekt; Gruppensprachen, Fachsprachen; gesprochene und geschriebene Sprache
– Sprechweisen unterscheiden und ihre Wirkung einschätzen [...]
– ausgewählte Beispiele fremdsprachlicher Einflüsse kennen und bewerten
– Unterschiede und Gemeinsamkeiten verschiedener Sprachen wahrnehmen

Um einen komparativen Sprachunterricht inszenieren zu können, müsste die Lehrkraft nach Kniffka/Siebert-Ott (2007, 186f.) über ein fundiertes Wissen über Gemeinsamkeiten und Unterschiede der beteiligten Sprachen verfügen. Diese Forderung hält vermutlich viele Lehrkräfte davon ab, in die komparative Arbeit im Klassenzimmer auch Sprachen einzubeziehen, über die sie nur wenige Informationen haben. Dem ist entgegenzuhalten, dass sich die Lehrkraft einerseits nach und nach über die Sprachen ihrer Schülerinnen und Schüler in Kenntnis setzen kann (vgl. Colombo-Scheffold et al. 2008), andererseits muss man Abschied nehmen vom Bild der Lehrkraft, die in jedem Fall ihren Schülern an Wissen überlegen ist: Hinsichtlich ihrer Erstsprachen verfügen mehrsprachige Schülerinnen und Schüler über Kompetenzen, über welche die Lehrkraft gar nicht verfügen kann. Ein Ignorieren dieser Kompetenzen führt sicher nicht dazu, dass die Schülerinnen und Schüler ihre Fähigkeiten ausblenden. Ein Thematisieren kann hingegen dazu führen, dass Schülerinnen und Schüler sich in ihren Kompetenzen ernst genommen und angenommen fühlen und sie einerseits zur Reflexion über Sprachen, andererseits zur bewussten Auseinandersetzung mit ihrem Lernprozess nutzen. Der von Lehrerinnen häufig geäußerten Furcht vor der Masse an verschiedenen Sprachen in heterogenen Lerngruppen kann durch kriteriengeleitete Sprachvergleiche begegnet werden: Man muss nicht alle Sprachen kennen, sondern einzelne Aspekte von Gemeinsamkeiten und Unterschieden zum Deutschen.

5 Methodische Zugänge

Sprachvergleich als methodischer Zugang kann auf allen sprachlichen Ebenen erfolgen. Oomen-Welke (2008b, 484ff.) formuliert in diesem Zusammenhang grundlegende Prinzipien:

1. andere Sprachen zulassen,
2. Sprachaufmerksamkeit erkennen (Kinder vergleichen spontan Sprachen und Soziolekte, mit denen sie in Kontakt kommen),
3. Vorschläge der Kinder aufgreifen (Potential für sprachliche Themen erkennen, Kinder als Experten ihrer Sprache akzeptieren),
4. andere Sprachen herbeiholen (auch schulische Fremdsprachen),
5. Texte im Vergleich (z. B. Gedichte und Lieder in verschiedenen Sprachen, Nutzen von Wörterbüchern bei semantischen Unsicherheiten),
6. Sprachsysteme im Vergleich (z. B. Schriftsysteme),
7. Alltagsroutinen im Vergleich (z. B. Begrüßung und Anrede, Nonverbales),
8. Philosophisches von und mit Kindern (z. B. über Sprachentstehung nachdenken).

Grundlegend ist die Bereitschaft, auf das Wissen der Schülerinnen und Schüler zurückzugreifen (vgl. Belke 1998). Die Mehrsprachigkeit im Klassenzimmer wird zum Anlass sich die Unterschiedlichkeit von Sprachen bewusst zu machen. Dabei kann es um kontrastive Morphologie oder Semantik gehen; Sitten, Bräuche und Anredeformen sind ebenso Gegenstand des Vergleichens wie syntaktische Strukturen oder phonologische Besonderheiten von Sprachen. Eine weitere Möglichkeit ist mit dem Vergleichen von Schriften und Schriftsystemen gegeben. In jüngerer Zeit wurde eine Reihe von konkreten Vorschlägen vorgelegt:

Peyer/Schader (2006) schlagen vor, durch das Sammeln und Ordnen von Wörtern nach ihrer Bildung und den Vergleich der Wortbildung in verschiedenen Sprachen zum Forschen anzuregen und so zu einem vertieften Verständnis der Spezifika der deutschen Wortbildung zu gelangen. Da alle Sprachen auf ähnliche Möglichkeiten der Wortbildung zurückgreifen, aber unterschiedlichen Gebrauch von diesen Möglichkeiten machen, können alle Kinder etwas zu diesem Thema beitragen. Bereits in der 2. Klasse können Kinder Wörter in ihre Bestandteile zerlegen sowie neue Wörter bilden. Im Deutschen können z. B. durch Komposition aus selbstständigen Nomen nahezu unbegrenzt neue Wörter gebildet werden. In anderen Sprachen ist dies nur eingeschränkt möglich: Im Französischen wird bspw. auf Genitivstrukturen zurückgegriffen, in allen romanischen

D 3 Sprachvergleich als methodischer Zugang

Sprachen ist die Reihenfolge Determinans – Determinatum umgekehrt wie im Deutschen. Im Türkischen ist die Möglichkeit der Komposition zwar gegeben, an das Grundwort wird jedoch ein Deklinationsmorphem angehängt (*bebek = Baby, araba = Wagen, bebekaraba_sı_ = Kinderwagen*). Wenn Kinder verschiedener Sprachen nun die Gelegenheit erhalten, im Unterricht Wortkompositionen zu übersetzen und auf Bildungsprinzipien aufmerksam zu werden, dient dies der Förderung der Sprachbewusstheit aller Kinder (vgl. Jeuk 2013, 123).

Da jüngere Kinder vor allem semantische und pragmatische Sachverhalte spontan thematisieren, erscheint in der Grundschule ein Zugang über Wörter und ihre Bedeutungen besonders sinnvoll (vgl. Riegler 2006). Diesem Gedanken folgt der Vorschlag von Gawrosch (2008), nach dem Kinder der 3. und 4. Klasse ein nach Sachfeldern geordnetes Wörterbuch in verschiedenen Sprachen selbst herstellen. Oomen-Welke (1998) weist dem Sammeln von Wörtern aus verschiedenen Sprachen für dieselbe Sache eine hohe Bedeutung für den sprachbewussten Unterricht in der Grundschule zu. Darüber hinaus sollte der Umgang mit Wörterbüchern als Übersetzungshilfe für mehrsprachige Kinder zunehmend selbstverständlich werden.

Für die Sekundarstufe I geeignet ist der Vorschlag von Schader (2003, 296 f.; vgl. auch Oomen-Welke 1995): Türkisch oder Albanisch sind in Bezug auf Verwandtschaftsbezeichnungen viel präziser als das Deutsche. Beide Sprachen kennen z. B. Bezeichnungen für die Tante mütterlicherseits oder väterlicherseits und für die angeheiratete Tante. Der Unterrichtsvorschlag zeigt anhand von Verwandtschaftsbezeichnungen, wie verschiedene Sprachen manche Bereiche der Realität unterschiedlich hoch differenzieren. Ausgangspunkt ist ein Stammbaum über mindestens drei Generationen, in dem Tanten, Großonkel, Cousinen und Angeheiratete vorgesehen sind. Das Schema wird mit den Schülerinnen und Schülern besprochen, und sie versuchen, die einzelnen Verwandtschaftsgrade zu beschreiben. Die deutschen Wörter werden dabei, falls notwendig, erarbeitet. Die Frage, wie die Bezeichnungen in den anderen Sprachen heißen, bietet vielfältige Gesprächsanlässe und führt zu der Erkenntnis, dass es verschiedene Möglichkeiten der Differenzierung gibt (ab Klasse 5). Wildenauer-Jozsa (2005) schlägt vor, Ähnlichkeiten verwandter Wörter zum Erlernen des Wortschatzes zu nutzen. Aus lautlichen Ähnlichkeiten können Eselsbrücken entstehen, außerdem können grammatische Kategorien aus bekannten Sprachen auf das Deutsche übertragen werden. Belke (2007) schlägt vor, Phraseologismen in verschiedenen Sprachen zum Gegenstand der Betrachtung zu machen (vgl. auch Tekinay 1982).

Ähnlich kann im Hinblick auf die Bewusstmachung syntaktischer Strukturen gearbeitet werden. Durch den Sprachvergleich erhalten Schülerinnen und Schüler verschiedener Herkunftssprachen die Gelegenheit, Unterschiede und Gemeinsamkeiten wahrzunehmen. Damit eröffnen sich neue Möglichkeiten, Strukturen des Deutschen zu lernen, zu unterscheiden, wie dasselbe unterschiedlich ausgedrückt werden kann, und zu entdecken, dass manchmal etwas ausgedrückt wird, das in anderen Sprachen weniger bedeutsam ist (z.B. Aspekt). Dies dient dem Aufbau der Sprachbewusstheit. Der Sprachvergleich kann am Beispiel der Verbklammer, die eine Besonderheit des Deutschen darstellt, aufgezeigt werden. Die Strukturen, um die es geht, sollen hervorgehoben werden (vgl. Jeuk 2013, 124):

Sprachen mit Verb-klammer	Andere indoeuropäische Sprachen	Andere Sprachen
Deutsch: *Ich **bin** in die Schule **gegangen**.*	Spanisch: *Yo **he ido** al instituto.*	Türkisch: *Ben okula **gitdim*** (*Ich Schulein **gegangen-bin**).*
	Kroatisch: *Isao **šam** u skolu* (***Gegangen bin** in Schule*).	Ungarisch: ***Elmetem** az iskolába* (***Gegangen**(ich) die Schu-lein).*

Schader (2003, 279) geht einen Schritt weiter, indem er vorschlägt, ganze Sätze zu vergleichen (Klasse 5 bis 10, je nach Komplexität der Äußerung): An der Tafel stehen drei Zeilen:

Zeile 1: Satz auf Deutsch (Bsp. „*Wir geben den Freunden das neue Buch.*")
Zeile 2: Satz in der Erstsprache (Albanisch: „*Ua japim shokëve librin e ri.*")
Zeile 3: wörtliche Übersetzung („*Ihnen es geben Freunden(den) Buch(das) das neue.*")

Die entsprechenden Wörter auf den Zeilen werden nun mit Strichen verbunden. Zwischen Zeile 2 und 3 sollte das ziemlich linear geschehen können. Interessanter ist der Vergleich zwischen Zeile 1 und 2. Hier kommt es zu Überkreuzungen und Fehlstellungen, z. B. hat das Personalpronomen „wir" im Albanischen keine Entsprechung; auch die Artikel fehlen, sind aber in Form von Genusmarkierungen an die Nomen angehängt. Viele dieser Befunde geben Anlass zu weiteren Fragen und Sprachbetrachtungen. Wo steht das Adjektiv? Wo steht das Verb? usw. Die grammatische Reflexion, die sich hier anschließt, ist ergiebig, und es muss darauf geachtet werden, dass die Schüler nicht überfordert werden. Eine Erweiterung gibt es dadurch, dass Schüler verschiedener Erstsprachen ihre Versionen des Satzes darunter schreiben. Eine mögliche Erkenntnis ist z.B., dass sich Satzglieder in verschiedenen Sprachen vergleichbar konstituieren.

Für das 5. bis 7. Schuljahr macht Kupfer-Schreiner (2007) einen Vorschlag, bei dem verschiedene sprachliche Ebenen zueinander in Beziehung gesetzt werden. Anhand des Gebrauchs und der Leistung des Imperativs werden bei der Arbeit an Texten Sprachstrukturen in ihren Funktionen thematisiert und produktiv genutzt. Imperativstrukturen eines Gedichtes werden ins Türkische, Polnische, Griechische und Spanische übersetzt. Die muttersprachlichen Schülerinnen und Schüler sollen die Texte ins Deutsche übersetzen, die deutschen Schülerinnen und Schüler unterstützen sie dabei bei der Ausformulierung des deutschen Textes. In Kleingruppen werden die sprachlichen Mittel beschrieben und verglichen (z.B. Satzstellung, Imperative, Konjunktivsätze, etc.; lexikalische Mittel wie Adverbien, etc.). Die Arbeit kann in Überarbeitungs- und Formulierungsprozesse von Texten eingebunden werden.

Am Beispiel von Orts- und Richtungsangaben im Deutschen, Türkischen und Russischen entwickelt Mehlem (2011) ein multimodales Modell sprachlichen Handelns für die 7. Klasse. Zunächst werden in einem Unterrichtsgespräch die Möglichkeiten des Gebrauchs von Wechselpräpositionen bei Orts- und Richtungsadverbialen im Deutschen erörtert. Die Gegenüberstellung zu den Postpositionen im Türkischen und den Präpositionen im Russischen, bei denen jeweils 6 Kasusklassen unterschieden werden, erfolgt über spielerische Formen, bei denen die muttersprachlichen Schülerinnen und Schüler mit einsprachig deutschen Schülern gemeinsam die jeweiligen Prä-/Postpositionen übersetzen müssen. Die mehrsprachigen Schülerinnen und Schüler bringen so ihr intuitives sprachliches Wissen in die Sprachreflexion ein.

Für den Fremdsprachenunterricht entwickelt Mehlhorn (2011) einen sprachvergleichenden Zugang mit Hilfe der Tertiärsprachen Russisch, Polnisch und Tschechisch. Da es sich bei den beteiligten Sprachen um indoeuropäische Sprachen handelt, gibt es eine Fülle von Gemeinsamkeiten, die teilweise tabellarisch gegenübergestellt werden können (z.B. Kasussysteme). In einem weiteren Schritt können die jeweiligen Frageproben verglichen werden, auch hier zeigt sich eine Fülle von Gemeinsamkeiten. Dies kann zu einem erweiterten Umgang mit Grammatiktabellen und Nachschlagewerken führen. Da solche Tabellen im Unterricht gemeinsam mit den Schülerinnen und Schülern hergestellt werden können, wird der Zugang zu dieser Art des Lernens erleichtert und gefördert.

Zusammenfassend lassen sich affektive und kognitive Ziele des sprachvergleichenden Unterrichts formulieren. Affektive Ziele beziehen sich auf das Einfühlungsvermögen, die Toleranz und die Kooperationsfähigkeit. Durch das Einlassen auf Fremdes und das Hinterfragen des Eigenen werden Interesse und Neugier für das Eigene und das Fremde geweckt. So entsteht interkulturelle Kompetenz im Sinne des Verständnisses für das Andere. Mehrsprachige Schülerinnen und Schüler fühlen sich in ihrer Sprache und Kultur angenommen, da sie ihre spezifischen Kompetenzen einbringen können. Außerdem wird durch die Sensibilisierung für Sprache und Sprachen die Freude am Umgang mit sprachlichen Formen und Funktionen geweckt und gefördert. Kognitive Ziele beziehen sich auf das Wissen über andere Sprachen und Kulturen, Einsichten in den Bau von Sprachen und unterschiedliche Möglichkeiten des Gebrauchs sprachlicher Mittel, die Fähigkeit über sprachliche Phänomene zu kommunizieren sowie die

Analysefähigkeit, die Übersetzungsfähigkeit und nicht zuletzt die Auseinandersetzung mit dem eigenen Lernprozess.

Literatur

Ahrenholz, Bernt: Erstsprache – Zweitsprache – Fremdsprache. In: Ahrenholz, Bernt/Oomen-Welke, Ingelore 2008, 3–16

Ahrenholz, Bernt/Oomen-Welke, Ingelore (Hrsg.): Deutsch als Zweitsprache. Baltmannsweiler: Schneider Hohengehren 2008 (DTP Bd. 9)

Belke, Gerlind: Das Spiel mit der Abweichung im Deutschunterricht mehrsprachiger Lerngruppen. In: Giese, Heinz/Ossner, Jakob (Hrsg.): Sprache thematisieren. Freiburg: Fillibach 1998, 147–166

Belke, Gerlind: Andere Länder – andere Sprüche. In: Praxis Deutsch 34 (2007) 202, 50–57

Bleyhl, Werner: Grammatikunterricht in der Grundschule? In: Fremdsprachen Frühbeginn (2003) 4, 5–9

Bredel, Ursula: Sprachbetrachtung und Grammatikunterricht. Paderborn: Schöningh 2007

Bremerich-Vos, Albert: Zur Praxis des Grammatikunterrichts. Freiburg: Fillibach 1999

Colombo-Scheffold, Simona/Fenn, Peter/Jeuk, Stefan/Schäfer, Joachim: Ausländisch für Deutsche. Freiburg: Fillibach 2008

Cummins, James: Language, Power and Pedagogy. Clevedon: Multilingual Matters 2000

Fandrych, Christian: Ordnung und Variation in Satz und Text. In: Fremdsprache Deutsch (2005) 32, 5–11

Gawrosch, Claudia: Ein Wörterbuch in verschiedenen Sprachen. In: Grundschule Deutsch (2008) 18, 22–25

Haueis, Eduard (Hrsg.): Sprachbewusstheit und Schulgrammatik. = OBST (1989) 40

Henrici, Gerd/Riemer, Claudia: Einführung in die Didaktik des Unterrichts Deutsch als Fremdsprache. Baltmannsweiler: Schneider Hohengehren 2001

Hoffmann, Ludger: Mehrsprachigkeit im funktionalen Grammatikunterricht. In: Hoffmann, Ludger/Ekinci-Kocks, Yüksel: Sprachdidaktik in mehrsprachigen Lerngruppen. Baltmannsweiler: Schneider Hohengehren 2011, 10–28

Hoffmann, Ludger: Deutsche Grammatik. Grundlagen für die Lehrerbildung, Schule, Deutsch als Zweitsprache und Deutsch als Fremdsrache. Berlin: Erich Schmidt 2013

Holzbrecher, Alfred: Interkulturelles Lernen. In: Ahrenholz, Bernt/Oomen-Welke, Ingelore 2008, 118–132

Hug, Michael: Sprachbewusstheit/Sprachbewusstsein – the state of the art. In: Hug, Michael/Siebert-Ott, Gesa (Hrsg.): Sprachbewusstheit und Mehrsprachigkeit. Baltmannsweiler: Schneider Hohengehren 2006, 10–31

Huneke, Hans-Werner/Steinig, Wolfgang: Deutsch als Fremdsprache. Berlin: Erich Schmid 2002

Jeuk, Stefan: Erste Schritte in der Zweitsprache Deutsch. Freiburg: Fillibach 2003

Jeuk, Stefan: Deutsch als Zweitsprache in der Schule. Stuttgart: Kohlhammer, 2., aktualisierte Aufl. 2013

Kniffka, Gabriele/Siebert-Ott, Gesa: Deutsch als Zweitsprache. Paderborn: Schöningh 2007

Köller, Wilhelm: Funktionaler Grammatikunterricht. Tempus, Genus, Modus: Wozu wurde das erfunden? Baltmannsweiler: Schneider Hohengehren 1997

Kultusministerkonferenz der Länder: Beschlüsse der KMK: Bildungsstandards im Fach Deutsch für den Hauptschulabschluss. München: Luchterhand 2004

Kupfer-Schreiner, Claudia: Beim Wort genommen. In: Praxis Deutsch 34 (2007) 202, 30–37

Lindauer, Thomas: Wortbildung. In: Praxis Deutsch 34 (2007) 201, 6–15

Luchtenberg, Sigrid: Language Awareness. In: Ahrenholz, Bernt/Oomen-Welke, Ingelore 2008, 107–117

Mecheril, Paul: Einführung in die Migrationspädagogik. Weinheim: Beltz 2007

Mehlem, Ulrich: Grammatikreflexion in der Schule und Sprachvergleich – Möglichkeiten multimodaler interaktiver Erarbeitung. In: OBST (2011) 79, 113–140

Mehlhorn, Grit: Slawische Sprachen als Tertiärsprachen – Potenziale für den Sprachvergleich im Fremdsprachenunterricht. In: Rothstein, Björn (Hrsg.): Sprachvergleich in der Schule. Baltmannsweiler: Schneider Hohengehren 2011, 111–136

Meixner, Johanna: „Kamele schlafen in der Luft": Selbstorganisation und Lernersprachen. In: Wendt, Michael (Hrsg.): Konstruktion statt Instruktion. Frankfurt: Lang 2000, 81–97

Oomen-Welke, Ingelore: Sprachenvielfalt im Klassenzimmer. In: Kodron, Christoph/Oomen-Welke, Ingelore: Europa sind wir. Freiburg: Fillibach 1995

Oomen-Welke, Ingelore: Sprachen entdecken. In: Giese, Heinz/Ossner, Jakob (Hrsg.): Sprache thematisieren. Freiburg: Fillibach 1998, 123–146

Oomen-Welke, Ingelore: Präkonzepte: Sprachvorstellungen ein- und mehrsprachiger SchülerInnen. In: Ahrenholz, Bernt/Oomen-Welke, Ingelore 2008a, 373–384

Oomen-Welke, Ingelore: Didaktik der Sprachenvielfalt. In: Ahrenholz, Bernt/Oomen-Welke, Ingelore 2008b, 479–492

Peyer, Ann/Schader, Basil: „Jetzt weiß ich wenigstens, wie die Wörter hergestellt werden". Wortbildung kontrastiv. In: Praxis Deutsch 33 (2006) 201, 42–49

Riegler, Susanne: Mit Kindern über Sprache nachdenken. Freiburg: Fillibach 2006

Rothstein, Björn (Hrsg.): Sprachvergleich in der Schule. Baltmannsweiler: Schneider Hohengehren 2011

Schader, Basil: Sprachenvielfalt als Chance. Zürich: Bildungsverlag eins 2003

Tekinay, Alev: Kontrastive Vorarbeiten für den Deutschunterricht mit Ausländern. In: Deutsch lernen 7 (1982) 4, 55–71

Tracy, Rosemarie: Vom Ganzen und seinen Teilen. Überlegungen zum doppelten L1 Erwerb. In: Sprache & Kognition 15 (1996) 1–2, 70–92

Wildenauer-Jozsa, Doris: Sprachvergleich als Lernerstrategie. Freiburg: Fillibach 2005

Wode, Henning: Psycholinguistik. Ismaning: Huber 1992

IRINA EZHOVA-HEER

D 4 Sprachreflexion und Vermittlung der Grammatik im russischen Muttersprachenunterricht

1 Das Schulsystem in Russland

Mit dem Zerfall der Sowjetunion wurde in Russland auch das Bildungssystem allmählich in den allgemeinen Prozess der Reformen einbezogen. Ehrgeiziges Ziel der Bildungspolitik ist seither die „Humanisierung" der autoritären Pädagogik, insbesondere die freie Persönlichkeitsentwicklung des Individuums: Die Bildungsprogramme der staatlichen Bildungslehranstalten „[...] sind auf den Prinzipien der Differenzierung der Bildung und Erziehung der Schüler, der Berücksichtigung der Bedürfnisse der Lernenden und ihrer Eltern, der Gesellschaft und des Staates aufgebaut" (Образовательная программа ГОУ гимназии № 209 Центрального района Санкт-Петербурга 2008, 6 [Das Bildungsprogramm der Staatlichen Bildungsanstalten des Gymnasiums № 209 des Zentralbezirks der Stadt Sankt-Petersburg 2008, 6]). Dem „Konzept zur Modernisierung des Bildungswesens der Russischen Föderation bis zum Jahre 2010" (2002) lag die Idee des Zusammenwirkens der einzelnen Bereiche und Stufen des Bildungswesens zugrunde, des Elementar-, Primar-, Sekundar- und Tertiärbereichs. Einbezogen wurde auch die Ausrichtung auf den Bedarf von Wirtschaft und Arbeitsmarkt.

Das Schulsystem in der Russischen Föderation ist in drei Stufen aufgeteilt: Primarstufe, Sekundarstufe I und Sekundarstufe II. Die neunjährige Schulpflicht umfasst eine vierjährige (die Einschulung findet im 6. Lebensjahr des Kindes statt) bzw. dreijährige (wenn das Kind im Alter von sieben Jahren eingeschult wird) Grundschule und eine fünfjährige Mittelschule (Sekundarstufe I). Die siebenjährigen Schulanfänger durchlaufen die vierjährige Primarschule mehrheitlich in drei Jahren mit einem Übergang aus dem dritten direkt in das fünfte Schuljahr der anschließenden grundlegenden Sekundarschule. Bisher gab es praktisch keine Selektion beim Übergang von der Sekundarstufe in die nur zweijährige Oberstufe, die Sekundarstufe II. Die Lehrer sollen eine nicht selektierte Schülerschaft auf ein hohes Leistungsniveau bringen. Reine Primarschulen befinden sich überwiegend auf dem Land. Die neunklassige Pflichtschulbildung endet nach der Sekundarstufe I mit einer Abschlussprüfung, die Sekundarstufe II mit dem Abitur. Neben den allgemeinbildenden Schulen entwickelten sich dynamisch die sog. gehobenen Schultypen, die neuen Gymnasien ab Klasse eins oder fünf, vorzugsweise mit humanwissenschaftlichem Profil, und die Lyzeen, die meist erst mit der Klasse acht oder zehn beginnen und überwiegend ein naturwissenschaftliches Profil haben.

Von den Gymnasien ist zurzeit jedes zweite philologisch ausgerichtet, d. h. die Fremdsprachen und die Fächer „russische Sprache" und „Literatur" bilden den Schwerpunkt. Solche Gymnasien und auch Lyzeen sind häufig den Hochschulen angeschlossen, um u. a. den Zustrom zu den Hochschulen stärker zu kanalisieren. Zum tertiären Bildungsbereich in der Russischen Föderation werden Universitäten, Akademien (als Zentren für Lehre und Forschung) und Institute (als fachlich spezialisierte Hochschulen) gezählt.

Für Minoritäten sind „nationale Schulen" eingerichtet, in denen ein Unterricht in der Muttersprache angeboten wird. In den nationalen autonomen Republiken werden die Nationalsprachen, die auch als Amtssprachen gelten, als Pflichtfächer an allgemeinbildenden Lehranstalten und philologischen Fakultäten der Hochschulen geführt.

2 Der russische Muttersprachenunterricht und sein Stellenwert an Bildungsanstalten der Russischen Föderation

Wie viele Wochenstunden auf die einzelnen Fächer des Lehrbereichs „Philologie" entfallen, verantwortet jede Region oder jede Schule selbst. Die Gemeinsamkeit des alten (1998) und des neuen (2004) Basisplans für die Bildungsanstalten besteht vor allem in dem hohen Stellenwert des Muttersprachenunterrichts. Anders als bspw. in Deutschland erfolgt der muttersprachliche Unterricht seit jeher in zwei getrennten Fächern, die aber eng aufeinander bezogen unterrichtet werden: die Fächer „Russische Sprache" und „Literatur".

Die quantitativen Anteile seien am Beispiel der allgemeinbildenden Schule № 553 der Stadt Sankt-Petersburg veranschaulicht (Образовательная программа ГОУ гимназии № 209 Центрального района Санкт-Петербурга 2008 [Das Bildungsprogramm der Staatlichen Bildungsanstalten des Gymnasiums № 209 des Zentralbezirks der Stadt Sankt-Petersburg 2008]). Im Primarbereich wird „Russische Sprache" fünf Stunden und „Literarisches Lesen" vier Stunden pro Woche unterrichtet. Dies ergibt bis zu 170 bzw. bis zu 136 Unterrichtsstunden pro Jahr. Auch im Sekundarbereich entfällt auf diese Schulfächer die höchste Unterrichtsstundenzahl: neun Wochenstunden (Russisch- und Literaturunterricht) in der 5. Klasse, sieben im 6. und 7. Schuljahr und danach fünf bis zum Ende der Schulzeit. In der Sekundarstufe II (in den Klassen 10 und 11) werden jeweils nur 2 Stunden pro Woche für Russisch eingeräumt. Dieses Beispiel ist repräsentativ. Den schulischen Disziplinen „Russische Sprache" und „Literatur" wird die höchste Unterrichtsstundenzahl eingeräumt: 32 bis 45 % aller Stunden in der Primarstufe und 14 bis 29 % aller Unterrichtsstunden im Sekundarbereich. Durchschnittlich sind das 36,3 % in der Grundschule und 21,3 % in den Klassen 5–9. Das arithmetische Mittel beträgt also 28,8 %.

Vergleicht man diese Zahl, die den Stellenwert der Muttersprache (als Unterrichtsfach) an russischen Schulen widerspiegelt, mit den Angaben einiger europäischer Länder, werden Unterschiede deutlich. Auf den Muttersprachenunterricht entfallen in Deutschland 14 % des Unterrichts, in Frankreich 17 %, in Finnland 18 %, in Spanien 19 %, in Dänemark 20 %, in Schweden 22 % und in Irland sowie in Italien jeweils 23 % (Kämper-van den Boogaart 2003, 29).

Im Russischunterricht in der Sekundarstufe II wird auf den erworbenen Kenntnissen der russischen Grammatik aufgebaut. Ein stärkerer Akzent wird sowohl im Russisch- als auch im Literaturunterricht auf die Vermittlung stilistischer Ressourcen der Sprache bzw. textfunktionaler und textstilistischer Sprachmittel sowie auf kompetenten mündlichen und schriftlichen Sprachgebrauch gesetzt. Die Arbeit an der Ästhetik der Sprache, am kompetenten mündlichen und schriftlichen Sprachgebrauch der Schüler findet im Russischunterricht nicht zuletzt anhand von Texten aus der Belletristik statt, das eigene Schreiben und Sprechen wird also an literarischen sprachlichen Vorbildern geschult. Die Verbindung von Sprach- und Literaturunterricht war und ist also sehr eng.

Im Folgenden wird nur der Russischunterricht behandelt.

Das Hauptziel des Muttersprachenunterrichts an einer Schule besteht in der Herausbildung der sprachlichen, kommunikativen und „linguistischen Kompetenz" der Schüler (vgl. Bildungsstandards (...) Russisch. Klassen 5–9. 2010, 6). Die linguistische Kompetenz schließt das Wissen über die Linguistik als Wissenschaft, über ihre Bereiche, ihre Grundbegriffe und die Fähigkeit des Umgangs mit linguistischen Nachschlagewerken und Wörterbüchern ein (vgl. ebd., 6). Die Kontrolle der erworbenen Sprachkenntnisse spielt im Russischunterricht eine nicht zu unterschätzende Rolle. Im russischen Muttersprachenunterricht werden daher systematisch Ergebnissicherungs- und Wiederholungsphasen eingeplant. Der Anteil der Klassenarbeiten und Tests zum Zwecke der Erfolgskontrolle ist sehr hoch (vgl. Ezhova-Heer 2009, 151; 209).

3 Die Stellung des Grammatikunterrichts im muttersprachlichen Russischunterricht

Wie in anderen Ländern hat auch in der Russischen Föderation die PISA-Studie (2000) eine heftige Diskussion ausgelöst. Die Ergebnisse dieser Studie haben die russischen Philologen und Didaktiker (u. a. Kasparžak et al. 2005) bewogen, die Gründe für den Misserfolg der Schüler aus der Russischen Föderation sowie die Qualität der Lehre im Land zu erforschen. Die Unterrichtserfahrungen der russischen Schüler unterscheiden sich nach ihrer Meinung von denen ihrer ausländischen Gleichaltrigen. Dies habe einige Aufgaben für die Getesteten aus der Russischen Föderation schwierig gemacht, so Kasparžak et al. (2004). Die Besonderheit der Ausbildung in der Russischen Föderation besteht in ihrer „quasiakademischen Ausrichtung" (ebd.).

Auch die Sprachdidaktiker waren nun plötzlich vor die Aufgabe gestellt, Änderungen in den Schulprogrammen vorzunehmen und Lehrwerke sowie Lehr- und Lernmaterialien neuer Art zu entwickeln. Russische Philologen schlugen verschiedene Wege zur Modernisierung des Sprachunterrichts und verschiedene Formen des Herangehens an die Beschreibung des Sprachsystems sowie neue Techniken der Grammatikvermittlung vor. Ob es sich dabei um eine Modernisierung der russischen Grammatikmethoden oder um die Anwendung bereits entwickelter Modelle des russischen Grammatikunterrichts handelt, wird nur verständlich vor dem Hintergrund der geschichtlichen Entwicklung des russischen Grammatikunterrichts. Sehr interessant ist die Tatsache, dass Parmenova (2002), unter Bezug auf die Theorie von 1947 (!) von Ščerba, für die Abkehr von der „passiven" und für die Zuwendung zur „aktiven und dynamischen" Grammatik plädiert hat: von der isolierten Analyse sprachlicher Elemente zur Betrachtung ihres Gebrauchs, von der Analyse fertiger zum Verfassen eigener Texte, also von einem formalen zu einem integrativen Grammatikunterricht.

3.1 Zur Entwicklung der russischen Sprachdidaktik

Die (Aus-)Formung des Russischen, die auf der phonetischen und grammatischen Ebene dem Russischen in seinem heutigen Stand nahe kommt, hat sich in der Zeit vom 14. bis zum 17. Jh. vollzogen. In diesem Zeitraum zerfiel die einheitliche ostslawische Sprache, und zwar als Folge der Teilung des Gesamtslawischen in drei ostslawische Sprachen: Ukrainisch, Weißrussisch und Russisch. In der Zeit zwischen dem 18. und 20. Jh. wurde die russische Sprache Reformen unterzogen. „Die wichtigsten sprachkultivierenden Aufgaben bestanden darin, das russische Sprachgut nach eindeutigen Kriterien vom Kirchenslawischen zu trennen" (Babenko 2002, 238). Vorher wurden das Kirchenslawische und das Russische konsequent als zwei Sprachen betrachtet (Lomonosov 1757).

> „G. Ludolf betonte in seiner 1969 in Oxford gedruckten russischen Grammatik die Existenz einer besonderen Form der Zweisprachigkeit im Moskauer Staat: Russisch als gesprochene Sprache und Kirchenslawisch als Schriftsprache. Letzteres gewann an Einfluss im Buchdruck, in der Schulbildung und in der mündlichen Kommunikation" (Babenko 2002, 238).

Ende des 18. Jahrhunderts, also in der Regierungszeit Katharinas der Großen, erreichte die russische Sprache den Status eines Unterrichtsgegenstandes und eines Unterrichtsmediums. Damals ist Russisch als curriculares Fach in die Lehrpläne der Volksschulen aufgenommen worden. Später erschienen das wissenschaftliche Werk von Lomonosov (1757) „Rossiyskaya grammatika" ['Russische Grammatik'], das die russische Sprache als ein System darstellte, und Wörterbücher, die die Sprachnormen etablierten (dazu s. Dejkina 2010, 6).

Die russische „methodische Wissenschaft" des 20. Jahrhunderts (den Begriff „Didaktik **des Russischen**" gibt es nicht) basiert auf den Traditionen der klassischen (methodischen) Schule, entwickelt von Lehrern wie F. Buslajev, K. Ušinski, A. Peškovski, K. Barchin, L. Ščerba und anderen. Die Didaktik der russischen Sprache fand ihren Anfang in den Arbeiten von Buslajev (1844/2002) und ist seitdem zur Wissenschaft mit eigenständigen methodologischen Grundlagen geworden.

Die Didaktik des Russischunterrichts wurde im Laufe des 20. Jahrhunderts durch neue Ideen bereichert. Dies hat dazu geführt, dass neue Unterrichtsmethoden aufgebaut wurden, die sich auf die Linguistik stützten und wesentlich auf den Text hin orientiert waren.

In der Entwicklung der russischen Muttersprachendidaktik des 20. Jahrhunderts führt Belova (2010, 4) unter anderem folgende Ansätze an: den „linguo-kulturellen", den „axiologischen" ('an Werten orientierten'), den „ästhetischen" und den „integrativen". Jeder dieser Ansätze wird durch die vorrangige Stellung der Grammatikvermittlung und durch die Vermittlung der russischen Sprache auf der Grundlage eines Textes realisiert und hängt mit den Phasen der Textarbeit zusammen.

Krivorotova (2010) betont die entscheidende Rolle der Grammatik beim Erwerb der Muttersprache und stützt sich in ihren Überlegungen auf die Erfahrungen der russischen Literaturkritiker und Schriftsteller:

> „Die Befriedigung des Geistes eines Kindes kann noch schwieriger sein als die des Geistes eines erwachsenen Menschen. Es ist zu wenig, ihm zu sagen, wie viele Wortarten es gibt und wie sie heißen. Erklären Sie ihm, was und wofür diese Wortarten sind und warum es so viele von ihnen gibt, – oder Sie haben selbst die Schuld an seinem Desinteresse und seinem Unverständnis" (Belinski 1848, zitiert nach Kriworotowa 2010, 10).

Im Vorwort zum „Schulbuch der russischen Grammatik" bemerkt N. Deržavin 1918 (vgl. ebd.):

> „Die Grammatik der russischen Sprache muss den Lernenden eine Zusammenfassung des positiven Wissens auf dem Gebiet der wichtigen Tatsachen des Lebens der russischen Sprache geben, in ihnen eine **Beobachtungsgabe** und eigene **Reflexion** heranbilden und ihren **philologischen Wissensdurst** [Hervorhebung E.-H.] wecken [...]", was zweifelsohne Bestandteil des Begriffs „linguistisches Denken" ist, so Krivorotova (2010, 11).

Dejkina (2010) sieht die Aufgabe der modernen Russischdidaktik darin, die russische Sprache als System begreiflich zu machen und dies nicht mit der Analyse einzelner Sprachphänomene zu verwechseln. „Gerade das zeichnet den Innovationscharakter der gegenwärtigen russischen Didaktik aus" (Dejkina 2010, 7). Die Sprachwissenschaftlerin und Lehrbuchautorin hebt gleichzeitig die Bedeutung des axiologischen Aspekts des Unterrichtsfaches Russisch hervor, also der Betonung der Entwicklung von Sprachbewusstheit, die eine Bewusstheit von der kulturellen Gebundenheit von Sprache und ihrer Verknüpfung mit dem nationalen Charakter umfasst, wobei sie der Vermittlung der Grammatik eine übergeordnete Position zuspricht.

Auch dem ästhetischen Ansatz wird in der russischen Muttersprachendidaktik große Bedeutung beigemessen. Schon in seiner ersten Arbeit „Über die Vermittlung der Muttersprache" sagt der Didaktiker Buslajev (1844), zum Gegenstand der Philologie solle „nicht alleine die Korrektheit der Sprache, sondern auch ihre Attraktivität" (Buslajev 1992, 85) werden. Mitte und Ende des 20. Jahrhunderts sowie gegenwärtig beziehen russische Didaktiker wie Stojunin (1954), Sokolova (1989), Smoljanova (2010) u. a. den Hauptgedanken Buslajevs (1844) in ihre Überlegungen ein und plädieren ebenso für die Arbeit an der Ästhetik der Sprache anhand von Texten aus der Belletristik: „Unsere Lyrik ist nicht so arm, dass sie keine wunderschönen Muster zum Erreichen der pädagogischen Ziele bereitstellen kann" (Stojunin 1954, 300).

> „Das Wichtigste im Russischunterricht ist, dass die Schüler die Attraktivität der Sprache erfassen, über ihre Möglichkeiten und – Entdeckungen staunen [...] Wenn der Schüler lernt, die Sprache zu **fühlen**, sie zu **verstehen** [Hervorhebung E.-H.], erst dann kommt der Wunsch, die Sprachgesetzmäßigkeiten 'herauszufischen', d. h. durch das tiefe Erfassen der Attraktivität der Sprache, ihres Reichtums, ihrer unerschöpflichen Möglichkeiten kommen die Schüler zum kompetenten mündlichen und schriftlichen Sprachgebrauch" (Sokolova 1983, 3, zitiert nach Smoljanova 2010, 2).

Zur Schaffung eines Systems der Vermittlung der russischen Sprache existieren heutzutage zahlreiche didaktische Ansätze und damit auch Methoden.

3.2 Methodologische Konzeptionen der Vermittlung der russischen Grammatik im Muttersprachenunterricht

Die methodischen Konzepte, die Eingang in den gegenwärtigen Grammatikunterricht an russischen Schulen gefunden haben, lassen sich in die sog. statischen (die systemorientierten und die strukturellen) und die sog. dynamischen (die funktionalen und die kommunikativen) Methoden unterscheiden. Diese werden in der Regel in ihrer reinen Form nie realisiert. Ustinov (2010) hebt folgende Methoden hervor:

– die systemorientiert-strukturelle (Glebova 1982),
– die strukturell-semantische (Pronina 1991),
– die systemorientiert-funktionale (Kupalova 1991),
– die funktional-semantische (L'vova 1993),
– die funktional-stilistische (Čižova 1981),
– die kommunikative (Kupalova 2006).

Die gegenwärtige Didaktik wird vor allem durch systemorientierte Methoden charakterisiert[1]. Solche traditionell etablierten Modelle haben ihre tiefe Begründung: Sie ermöglichen es, die Besonderheiten der Form und der Funktion jeder Spracheinheit zu erfassen. Die Schüler lernen sukzessiv jede Ebene des Sprachsystems kennen, d. h. als Element in einem System (vgl. Ustinov 2010). So wird systematisches Vorgehen mit funktionalem und integrativem verbunden. Interessant ist, dass von Grammatikdidaktikern in Deutschland, die den Gramma-

---

[1] Ein vergleichbares Vorgehen mit einer genau geplanten Abfolge von Schritten im muttersprachlichen Unterricht an deutschen Schulen wird von Eichler (1980), Boueke (1983), Eisenberg/Menzel (1995) beschrieben und von Gornik (2003) unter „Systematischer Grammatikunterricht nach der sog. Linguistischen Wende" und von Bredel (2007) unter „Der traditionelle Grammatikunterricht" zusammengefasst.

tikunterricht auf die Verknüpfung von Form und Funktion ausrichten, integratives und gleichzeitig systematisches Arbeiten ebenfalls empfohlen wird. Köller hat dieses Arbeiten 1983 für Tempus, Modus und Genus verdeutlicht (Köller 1997).

Als Grundlage für die Entwicklung der Modelle der funktionalen Grammatik im russischen Sprachraum dienten schon in den 40er Jahren von I. Meščaninov veröffentlichte Arbeiten. Anfang der 70er Jahre erschienen Beiträge der „Leningrader Schule der funktionalen Grammatik", z. B. von Bondarenko (1971/2001). In der Zeit von 1987–2001 wurden fünf Bände der Serie „Theorie der funktionalen Grammatik" (Sankt-Petersburg) herausgegeben. Zwischen der systemorientiertstrukturellen bzw. der strukturell-semantischen und der funktionalen Methode bestehen wesentliche Unterschiede. Die beiden zuerst genannten Methoden helfen den Schülern, die Frage zu beantworten: „Wie ist das Sprachsystem aufgebaut?" Die systemorientiert-strukturelle Methode analysiert Sprachphänomene überwiegend formal, während die strukturell-semantische die Sprachphänomene von der Form zur Bedeutung hin beschreibt. Der funktionale Ansatz berücksichtigt den Aufbau des Sprachsystems und seiner Elemente und ist bestrebt, die Frage zu beantworten, wie es funktioniert. Die funktionale Methode sieht im Unterrichtsprozess eine Analyse des Sprachmaterials vor, die von der Funktion hin zu den Mitteln ihrer Realisierung erfolgt, so Ustinov (2010, 27).

Innerhalb der funktionalen Methode haben sich weitere konzeptionelle Differenzierungen gezeigt.

Große Aufmerksamkeit wird in letzter Zeit im russischen Muttersprachenunterricht der Semantik der Sprachmittel geschenkt, die „[...] eine Verbindung zwischen linguistischen und kommunikativen Komponenten der Inhalte des Russischunterrichts herstellt" (Ustinov 2010, 27). Ustinov betrachtet die funktionalsemantische Methode als eine Kombination sowohl systemorientiert-linguistischer als auch systemorientiert-funktionaler Ansätze. Der Erwerb des Sprachmaterials erfolge durch die Analyse des Sprachgebrauchs (der Texte) von den Ausdrucksmitteln hin zur Bedeutung (Ustinov 2010, 28). An dieser Stelle kann man eine Parallele zu dem von Holly (1993) beschriebenen systematisch-funktionalen muttersprachlichen Grammatikunterricht in der Bundesrepublik Deutschland ziehen.

Bei der funktional-stilistischen Methode handelt es sich um eine Vermittlung der stilistischen Ressourcen der Sprache: Die stilistische Analyse der Sprachformen auf unterschiedlichen Ebenen (Lexeme, Phrasen und Konstruktionen), die Analyse der stilistischen Mittel in Texten und die Arbeit an den Besonderheiten der Sprachmittel machen die Lerner mit verschiedenen stilistischen Normen vertraut. Diese analytischen Übungen werden durch kreative Übungen ergänzt: das Redigieren von Texten, Nacherzählungen mit stilistischen Aufgaben, das Anfertigen von Aufsätzen verschiedener Stile und Genres. Wichtig ist, dass die analytische Arbeit nicht überwiegt und mit der kreativen verknüpft wird.

In den letzten Jahren wurden die Termini „funktionale Methode" und „kommunikative Methode" in auffallendem Maße aktiviert. Die kommunikative Ausrichtung geht von der Anerkennung des Hauptziels der Sprachvermittlung aus, die Fähigkeiten des Sprachgebrauchs in seinen verschiedenen Formen zu entfalten. Für die Realisierung dieses kommunikativen Ansatzes genügen die Kenntnisse der linguistischen Kategorien allein nicht, es ist die Betrachtung der Funktionen der Spracheinheiten notwendig, die nur im Sprachgebrauch aktualisiert werden, so Kupalova (2006).

> „Aber von irgendeiner bestimmten Methode im Russischunterricht zu reden, wäre nicht richtig, da sich in der letzten Zeit in der Sprachwissenschaft eine Ausrichtung etabliert hat, die ein komplexes, integratives Herangehen an die Analyse und an den Aufbau der Sprache und deren Bedeutung vorsieht. Das Grundprinzip dieses Ansatzes ist das Prinzip der grammatischen Einheit – der Einheit der strukturellen und funktionalen Aspekte der Grammatik und ihrer System- und Sprachelemente" (Bondarenko 1999, 7, zitiert nach Ustinov 2010, 27).

4 Das methodische Instrumentarium der Grammatikvermittlung und die aktuelle Situation im schulischen Muttersprachenunterricht an russischen Schulen

Die russische Muttersprachendidaktik erlebte Anfang der 90er Jahre des 20. Jahrhunderts eine euphorische Phase des Einsatzes vielfältiger methodischer Konzepte und Techniken der Muttersprachenvermittlung. Man spricht von integrativen und modularen Konzepten, von Informations- und Spieltechnologien. Die breite Palette der methodischen Ansätze hat insbesondere in den Anfängen der Reformzeit einerseits zu einer deutlichen Polarisierung bei der Anwendung in der schulischen Praxis geführt, nämlich zur Favorisierung entweder eines traditionellen oder eines innovativen Konzepts. Andererseits profitiert der moderne Russischlehrer von der Möglichkeit, auf dem Traditionellen aufzubauen und die Wechselwirkung des seit langem Etablierten und des Innovativen zu erproben und Unterrichtsgegenstände und Methoden eigenverantwortlich zu modellieren.

Donskaja (2009) kritisiert z. B. das Vorherrschen des strukturell-semantischen Ansatzes, der die Durchsetzung des funktional-kommunikativen Ansatzes problematisch macht (vgl. Donskaja 2009, 11). Akulinina (2009) unterstreicht die nicht zu unterschätzende Bedeutung des axiologischen Ansatzes für die moderne Unterrichtsdidaktik des Faches Russisch und bemängelt, dass Šanski, Herausgeber eines Schulbuchs für Russisch („Russkij jazyk". Moskau: Prosveščenije 2008), auf der Förderung der orthographischen Kompetenz und der Kompetenzen im Bereich Morphologie beharrt. Für die Behandlung der Wortart „Verb" in den Klassen 5–6 werden gemäß Akulinina etwa 20 Stunden eingeräumt. Neben der Vermittlung der morphologischen Eigenschaften des Verbs ermögliche die Auseinandersetzung auch mit der Etymologie und Semantik dieser Wortart ihrer

Meinung nach einen bewussten Gebrauch des Verbs (Akulinina 2009, 252). Potaškina (2009, 101) empfiehlt, nicht mehr mit unverständlichen linguistischen Termini zu jonglieren, und schlägt z. B. bei der Vermittlung der sechs Fälle im Russischen vor, den „linguistischen Horizont" der Schüler zu erweitern und die Muttersprache Russisch kontrastiv zu einer fremden oder/und zu den Sprachen der Völker der ehemaligen Sowjetunion zu beschreiben. Für Aleksejeva (2009) verdient die dynamische funktionale Methode mit neuen Inhalten eine besondere Beachtung:

> „Die Didaktik der russischen Sprache stützt sich heutzutage auf die Errungenschaften der Textlinguistik (Galperin), die neue Aspekte der Relation der Spracheinheiten in einem gebundenen Text eröffnet. [...] Auf den Russischunterricht mit der funktionalen Ausrichtung kommt ein neuer Inhalt zu: die Schüler machen sich mit der Rolle der Spracheinheiten im Textaufbau (textbildende Funktion) und in dem Ausdruck der Autorenposition (ausdrucksbildende Funktion) am Beispiel eines Textes bekannt" (Aleksejeva 2009, 123).

Die Bemühungen der russischen Linguisten, der Muttersprachendidaktiker und nicht zuletzt der Russischlehrer um die Modernisierung des Russischunterrichts bringen einen rasanten Anstieg der Zahl von Untersuchungen auf verschiedenen Forschungsgebieten der Sprachwissenschaft, eine Flexibilität bei der Methodisierung der Sprach(en)vermittlung und bei der Auswahl der Unterrichtsinhalte mit sich. Dementsprechend hat sich seit Ende der 80er Jahre der Markt für Lehrwerke erheblich ausdifferenziert, ist vielseitiger geworden, und das Angebot an unterschiedlichen Lehrwerken ist stark gestiegen. Übungsmaterial und Nachschlagewerke zu einzelnen Problemen der Grammatik des Russischen sind in den letzten Jahren in großer Zahl erschienen.

Der Kern der russischen Grammatik ist und bleibt die Morphologie. Die Auszüge aus den Bildungsstandards für Russisch, Klasse 5–9 (2010) veranschaulichen die Inhalte des Kursus Morphologie und spiegeln die Tendenzen der gegenwärtigen russischen muttersprachlichen Methodik wider:

> „**1. Morphologie als Bestandteil der Grammatik**
> Grammatik als Teilbereich der Linguistik. Morphologie als Bestandteil der Grammatik. Die grammatische Eigenschaft der Wortarten und deren lexikalische Bedeutung.
>
> **2. Das System der Wortarten im Russischen**
> Wortarten als lexiko-grammatische Kategorien der Wörter. Die Prinzipien der Klassifikation der Wortarten. Autosemantika und Synsemantika.
>
> **3. Das Substantiv**
> Das Substantiv als Wortart, seine allgemein-kategoriale Bedeutung, seine morphologischen Eigenschaften und syntaktischen Funktionen. Substantive für Belebtes und Unbelebtes, Eigennamen und Appellative. Genus, Numerus und Kasus der Substantive. Die Substantive des allgemeinen Geschlechts, Singulariatantum, Pluraliatantum. Deklinationsarten, indeklinable Substantive, gemischte Deklination" (Bildungsstandards (...) Russisch. Klassen 5–9 2010, 31).

D 4 Sprachreflexion im russischen Muttersprachenunterricht

Auf die Flexionslehre entfallen im Sekundarbereich I insgesamt 165 Unterrichtsstunden.

Die folgende, unvollständige Auflistung der Bildungsstandards (2010, 17) stellt erwartete Kompetenzen dar:

> „Erkennen der Wortarten nach ihrer grammatikalischen Bedeutung, ihren morphologischen Merkmalen und ihrer syntaktischen Funktion. Durchführen einer morphologischen Analyse der Substantive, von Analysen der Valenz und Kongruenz mit Adjektiven und Verben. Beobachtung der Anwendung der morphologischen Mittel in Texten verschiedener Stile und der funktionalen Vielfältigkeit der Sprache. Verwendung von Synonymen als sprachlichen Mitteln der Satz- und Textverknüpfung. Gebrauch der Substantive entsprechend den lexikalischen und grammatischen Normen und Regeln der Wortbildung sowie den Normen der Orthoepie".

Die in den Bildungsstandards aufgeführten Fähigkeiten im Bereich „Morphologie. Wortart Substantiv" für die 6. Klasse schlagen in den „Methodischen Empfehlungen zu dem Lehrbuch Russisch für die 7. Klasse" z. B. von dem Autorenteam Ladyženskaja et al. (2006) in einer leicht modifizierten Form nieder und werden durch Leistungskompetenzen auch aus dem Bereich (Text-)Linguistik ergänzt, die den Schülern abverlangt werden: Lomonosovs Bedeutung für die russische Linguistik; Gegenstand der Morphologie; Autosemantika und Synsemantika; Gemeinsamkeiten und Unterschiede der flektierbaren Wortarten; Aspekte und Konjugation der Verben; Merkmale der Pronomen im Unterschied zu anderen flektierbaren Wortarten; Zusammenhang zwischen Orthographie und Morphologie; morphologische Analyse aller bisher behandelten Wortarten; Einordnung der Wortarten; Anführen der Beispiele für erlernte orthographische Regeln; korrekte Schreibung der Wörter nach gelernten Rechtschreibregeln; Textfunktion und Textstil; charakteristische, textfunktionale und textstilistische Sprachmittel; schriftliche Wiedergabe eigener Eindrücke von einem Gemälde (Ladyženskaja et al. 2006, 6–7).

Die Inhalte dieses Kursus „Morphologie" dienen dem Ziel,

> „[…] Fähigkeiten im Sprachgebrauch, in der Kommunikation und in der Rechtschreibung zu erlangen. Dieser Kurs für die 6. Klasse ist so konzipiert, dass die Schüler flexibel mit den linguistischen Begriffen operieren, die Gesetzmäßigkeiten der morphologischen Analyse beherrschen und – darauf aufbauend – sich in der 7. Klasse weitere, neu vermittelte Wortarten aneignen können" (ebd., 40).

Eine Teilaufgabe des Kursus „Morphologie" ist

> „[…] die Vermittlung der Grundlagen der Linguistik zwecks Aneignung und Anwendung der Sprachmittel für den praktischen Sprachgebrauch unter Beachtung des Stils und der Normen der schriftlichen und mündlichen Sprachausübung. Hierdurch wird ein Beitrag zur Entwicklung und Förderung der Sprachkultur geleistet; die Entwicklung aller Sprachfertigkeiten – Schreiben, Lesen, Hören und Sprechen – findet entsprechende Berücksichtigung" (ebd., 47).

In der Planung und Durchführung des Unterrichts kommen also die Interdependenzen der Kompetenzbereiche zum Tragen. Das Lehrbuch für Russisch von

Ladyženskaja et al. (2006) war und ist immer noch Spitzenreiter und hat 2007 die 34. Ausgabe erlebt. Von allen Lehrwerken bevorzugen 80 % aller Schulen der Russischen Föderation dieses Lehrwerk: Den Lehrern ist bewusst, dass es mit wissenschaftlicher Tiefe konzipiert worden ist.

Die Vermittlung der muttersprachlichen russischen Grammatik wird in einem fächerübergreifenden Kontext vollzogen, damit die Lernenden über die Mehrsprachigkeit der Menschen, die Vielfältigkeit der Sprache, und über **die Attraktivität** der Sprache staunen können:

> „Sehr eng verbunden ist das Schulfach Russisch mit dem Fach Literatur (der Einsatz der literarischen Werke zum Zwecke der Beobachtung der Anwendung verschiedener grammatischer Formen und syntaktischer Konstruktionen sowie der Sprachmittel der Text- und Satzverknüpfung). Die gleichen linguistischen Kategorien und Begriffe finden ihre Anwendung im Fremdsprachenunterricht, verwandte Begriffe kommen auch im Fach Kunst vor (Antonymie, Antithese, Kontrast, Ausdrucksmittel). In der Landeskunde beschäftigen sich die Schüler auch mit den Sprachgruppen; im Musikunterricht finden Begriffe wie Laute, Klang, Intonation und Melodie ihre Anwendung" (Baranov et al. 2010, 9).

5 Fazit

Die Übersicht der verschiedenen didaktischen Ansätze und methodischen Konzepte, die Eingang in den derzeit praktizierten Grammatikunterricht gefunden haben, hat gezeigt, dass die Didaktik der russischen Muttersprache Ende des 20. – Anfang des 21. Jahrhunderts bestrebt ist, bei den Schülern linguistische, kommunikative und landeskundliche Kompetenzen herauszubilden (Bildungsstandards Russisch Klasse 5–9. 2010, 6). „Die Inhalte des Faches Russisch wurden zum Medium der Entwicklung der Persönlichkeit und der Erziehung der heranwachsenden Kinder und Jugendlichen" (Smirnova 2009, 144). Dies erfordert die Festlegung der „horizontalen" (Vermittlung der grammatischen Eigenschaften der Wortarten) und „vertikalen" integrativen (die Funktion der Wortarten und deren Gebrauch) Zusammenhänge, die Entwicklung der Methoden und Technologien eines innovativen Russischunterrichts (vgl. Sorokoumova 2009, 104). „Die Grammatik im russischen Muttersprachenunterricht wird auch als Objekt der metasprachlichen Reflexion bezeichnet" (Remčugova 2005, 107). Die moderne Epoche der Entwicklung der muttersprachlichen Grammatikdidaktik betont den funktionalen Aspekt bei der Vermittlung der Grammatik. Dabei werden aber gleichzeitig die verschiedensten methodischen Ressourcen in Betracht gezogen. In der letzten Zeit haben sich die Bemühungen der Didaktiker und Lehrer noch mehr intensiviert, um durch Grammatikunterricht Sprachgebrauch und Sprachverstehen zu fördern und dabei die Eigenschaften von Texten zu thematisieren, anhand derer sie sich unterscheiden können. Primär ist mit dem Grammatikunterricht die Intention verbunden, mit dem Vermittelten und Erworbenen in Handlungsprozessen sinnvoll umgehen zu können. Die Sprachlehrer bemühen sich um die intensive Verbindung des Grammatik- mit dem Literaturunterricht in dem Wissen: Die grammatische Analyse hilft, interpretatorische Intuition zu sensibilisieren. Grammatisches Wissen gilt als die Basis für besonders ergiebige Ergebnisse in den Sekundarbereichen I und II.

Die Didaktik der russischen Grammatik greift dabei auf die alten Traditionen der funktionalen Methoden zurück. Die funktionale Grammatik ergänzt, aber verdrängt nicht die traditionellen Formen der Sprachbeschreibung. Es hat in den letzten Jahrzehnten diverse Versuche gegeben, den Grammatikunterricht neu zu orientieren.

Im muttersprachlichen Grammatikunterricht an russischen Schulen ist – trotz all seiner innovativen Züge – die Vermittlung der strukturbezogenen linguistischen Kenntnisse unentbehrlich, um den zukünftigen Abiturienten den Anschluss an die Inhalte der philologischen Disziplinen im Hochschulbereich zu ermöglichen.

Literatur

Akulinina, Elena V. = Акулинина, Елена В.: Аксиологический подход к изучению глагола в 5 – 6 классах. В: Дейкина, Алевтина Д. и др. (Изд.): Аксиологические аспекты методики преподавания русского языка: Материалы Международной научно-практической конференции (19–20 марта 2009 г.) МПГУ, Ярославль: Ремдер 2009, 251–255

Alexejeva, Olga V. = Алексеева, Ольга. В.: Грамматическая форма как ценностный компонент анализа художественного текста. В: Дейкина, Алевтина Д. и др. (Изд.): Аксиологические аспекты методики преподавания русского языка: Материалы Международной научно-практической конференции (19–20 марта 2009 г.) МПГУ, Ярославль: Ремдер 2009, 123–128

Babenko, Natalia: Russisch. In: Janich, Nina/Greule, Albrecht (Hrsg.): Sprachkulturen in Europa. Ein internationales Handbuch. Tübingen: Günter Narr 2002, 236–243

Basisplan der allgemeinbildenden Anstalten der Russischen Föderation. In: Die Lehrerzeitung 10 (1998) = Базисный план общеобразовательных учреждений Российской Федерации. В: Учительская газета, № 10 от 17 марта 1998 г

Baranov, Michail T. et al. = Баранов Михаил Т. и др.: Русский язык. Программы общеобразовательных учреждений 5 – 9 классы. 11-е издание. Москва: Просвещение 2010

Belova, Natalja A. (Hrsg.) = Белова, Наталья А. (Изд.): Современные подходы к преподаванию русского языка в школе и вузе. Методические традиции и новаторство: Сб. материалов Всероссийского научно-практического семинара гос. (4 декабря 2009 г., Саранск). Под ред. Саранск: Мордов. пед. ин-т. 2010

Bildungsstandards der zweiten Generation. Russische Sprache Klassen 5 – 9. Moskau: Prosveščenie, 2. Auflage 2010 = Стандарты второго поколения. Примерные программы по учебным предметам. Русский язык. 5–9 классы: проект. 2-е изд. Москва: Просвещение 2010

Bredel, Ursula: Sprachbetrachtung und Grammatikunterricht. Paderborn/München/Wien/Zürich: Schöningh UTB 2007

Bondarenko, Alexandr V. = Бондаренко, Александр В.: Основы функциональной грамматики. СПб, 2001

Buslajev, Fjodor I. = Буслаев, Фёдор И.: О преподавании отечественного языка. Москва: Просвещение 1992

Das Bildungsprogramm der Staatlichen Bildungsanstalten des Gymnasiums № 209 des Zentralbezirks der Stadt Sankt-Petersburg 2008 = Образовательная программа ГОУ гимназии № 209 Центрального района Санкт-Петербурга 2008

Dejkina, Alevtina D. et al. (Hrsg.) = Дейкина, Алевтина Д. и др. (Изд.): Аксиологические аспекты методики преподавания русского языка: Материалы Международной научно-практической конференции (19–20 марта 2009 г.) МПГУ, Ярославль: Ремдер 2009

Dejkina, Alevtina D. = Дейкина, Алевтина Д.: Русский язык как культурная ценность в традициях и новациях преподавания. В: Белова, Наталья А. (Изд.): Современные подходы к преподаванию русского языка в школе и вузе. Методические традиции и новаторство: Сб. материалов Всероссийского научно-практического семинара гос. (4 декабря 2009 г., г. Саранск). Под ред. Саранск: Мордов. пед. ин-т. 2010, 6–8

Donskaja, Tamara K. = Донская, Тамара К.: Краткие очерки по истории методики русского языка. В: Донская, Тамара К. (Изд.): Российская академия образования. 2-е изд., доп. СПб: Сударыня 2003, 88–143

Donskaja, Tamara K. = Донская, Тамара К.: Русский национальный менталитет как ценностное достояние народа. В: Дейкина, Алевтина Д и др. (Изд.): Аксиологические аспекты методики преподавания русского языка: Материалы Международной научно-практической конференции (19–20 марта 2009 г.) МПГУ, Ярославль: Ремдер 2009, 10–15

Ezhova-Heer, Irina: Schreiben an russischen und deutschen Schulen. Unter besonderer Berücksichtigung der Textproduktion russischsprachiger Aussiedler und Spätaussiedler. Frankfurt/M.: Lang 2009

Ezhova-Heer, Irina: Untersuchungen zur Förderung der Schreibkompetenz der zugewanderten Kinder und Jugendlichen aus der ehemaligen Sowjetunion. In: Baur, Rupprecht S./Hufeisen, Britta (Hrsg.): „Vieles ist sehr ähnlich". Individuelle und gesellschaftliche Mehrsprachigkeit als bildungspolitische Aufgabe. 6 Bde. Baltmannsweiler: Schneider Hohengehren 2011, 113–135

Gornik, Hildegard: Methoden des Grammatikunterrichts. In: Bredel, Ursula/Günther, Hartmut/Klotz, Peter/Ossner, Jakob/Siebert-Ott, Gesa (Hrsg.): Didaktik der deutschen Sprache. Bd. 2. Paderborn: Schöningh UTB 2003, 814-827

Holly, Werner: Pragmatik in die Schulgrammatik! In: Heringer, Hans Jürgen/Stötzel, Georg (Hrsg.): Sprachgeschichte und Sprachkritik. Berlin/New York: de Gruyter 1993, 291–310

Janich, Nina/Greule, Albrecht (Hrsg.): Sprachkulturen in Europa. Ein internationales Handbuch. Tübingen: Narr 2002

Kasparžak, Anatolij G. et al. = Каспаржак, Анатолий Г. и др.: Новый взгляд на грамотность. По результатам международного исследования PISA. Москва: Логос 2004 [http://rus.1september.ru/article.php?ID=200501503]

Kämper van den Boogaart, Michael: Lehrpläne und Deutschunterricht. In: Kämper van den Boogaart, Michael (Hrsg.): Deutschdidaktik. Leitfaden für die Sekundarstufe I und II. Berlin: Cornelsen 2003, 12–33

Köller, Wilhelm: Funktionaler Grammatikunterricht. Tempus, Genus, Modus: Wozu wurde das erfunden? Baltmannsweiler: Schneider Hohengehren, 4. Aufl. 1997

Krivorotova, E. V. = Криворотова, Эльвира. В.: Реализация традиций отечественной методики в процессе изучения грамматических тем. В: Белова, Наталья А. (Изд.): Современные подходы к преподаванию русского языка в школе и вузе. Методические традиции и новаторство: Сб. материалов Всероссийского научно-практического семинара гос. (4 декабря 2009 г., г. Саранск). Под ред. Саранск: Мордов. пед. ин-т. 2010, 19–12

Kupalova, Alexandra J. = Купалова, Александра Ю: Семантический аспект функционального подхода к изучению синтаксиса в школе. В: Русский язык в школе. (2006) 5, 9–14

Ladyženskaja, Taisa A. et al. = Ладыженская, Таиса А. и др.: Обучение русскому языку в 7 классе: методические рекомендации к учебнику для 7 кл. общеобразовательных учреждений. 2-е изд. Москва: Просвещение 2006

Parmenova, Taisija V. = Парменова, Таисия В.: Функциональный подход к изучению грамматики в школе (Об одном из путей модернизации), 2002 [http://rus.1september.ru/articlef.php?ID=200202408]

Potaškina, Julija A. = Поташкина, Юлия А.: Бесценные ценности осознанной грамматики. В: Дейкина, Алевтина Д. и др. (Изд.): Аксиологические аспекты методики преподавания русского языка: Материалы Международной научно-практической конференции (19–20 марта 2009 г.) МПГУ, Ярославль: Ремдер 2009, 98–103

Remčukova, Elena N. = Ремчукова, Елена Н.: Креативный потенциал русской грамматики: Морфологические ресурсы языка. Москва, 2005 [http://www.dissercat.com/content/kreatcvnyi-potentsial-russkoi-grammatiki-morfologicheskie-resursy-yazyka]

Smirnova, N. V. = Смирнова Н. В. Ценностные орентиры преподавания русского языка в средней школе. В: Дейкина, Алевтина Д. и др. (Изд.): Аксиологические аспекты методики преподавания русского языка: Материалы Международной научно-практической конференции (19-20 марта 2009 г.) МПГУ, Ярославль: Ремдер 2009, 142–114

Smoljanova, Tatjana G. = Смольянова, Татьяна Г.: Категория эстетического идеала в методической науке. В: Белова, Наталья А. (Изд.): Современные подходы к преподаванию русского языка в школе и вузе. Методические традиции и новаторство: Сб. материалов Всероссийского научно-практического семинара гос. (4 декабря 2009 г., г. Саранск). Под ред. Саранск: Мордов. пед. ин-т. 2010, 19–22

Sokolova, Galina P. = Соколова, Галина П.: Речевое, интеллектуальное и нравственное развитие на уроках русского языка. В: Русский язык в школе. (1989) № 3, 3–8

Sorokoumova, Valentina N. = Сорокоумова, Валентина Н.: Основные тенденции развития методики русского языка В: Дейкина, Алевтина Д. и др. (Изд.): Аксиологические аспекты методики преподавания русского языка: Материалы Международной научно-практической конференции (19-20 марта 2009 г.) МПГУ, Ярославль: Ремдер 2009, 104–106

Trostencova, Lidija A. = Тростенцова, Лидия А.: Реализация современных подходов к обучению в новом учебнике русского языка для 8 класса. В: Белова, Наталья А. (Изд.): Современные подходы к преподаванию русского языка в школе и вузе. Методические традиции и новаторство: Сб. материалов Всероссийского научно-практического семинара гос. (4 декабря 2009 г., г. Саранск). Под ред. Саранск: Мордов. пед. ин-т. 2010, 22–25

Ustinov, Anatolij J. = Устинов, Анатолий Ю.: В соотношении современных подходов при изучении русского языка в школе. В: Белова, Наталья А. (Изд.): Современные подходы к преподаванию русского языка в школе и вузе. Методические традиции и новаторство: Сб. материалов Всероссийского научно-практического семинара гос. (4 декабря 2009 г., г. Саранск). Под ред. Саранск: Мордов. пед. ин-т. 2010, 25–29

Ščerba, Leo V. = Щерба Лев В. О трояком аспекте языковых явлений и об эксперименте в языкознании. В: Языковая система и речевая деятельность. Москва 1947, 24–39

Zujeva, Svetlana V. = Зуева, Светлана В.: Интегративная методика преподавания русского языка в средней школе. В: Дейкина, Алевтина Д и др. (Изд.): Аксиологические аспекты методики преподавания русского языка: Материалы Международной научно-практической конференции (19-20 марта 2009 г.) МПГУ, Ярославль: Ремдер 2009, 128–131

E
Empirische Unterrichtsforschung

RUVEN STAHNS

E1 Der Beitrag der empirischen Unterrichtsforschung zur Debatte um Unterrichtsqualität im Grammatikunterricht[1]

Über den Leistungsstand deutscher Schülerinnen und Schüler weiß die empirische Bildungsforschung nach der wiederholten Teilnahme der Grund- und Sekundarstufenschüler an Studien wie PISA, IGLU und TIMSS mittlerweile einiges. Wenn die Frage nach dem Zusammenhang schulischer Variablen und dem Lernerfolg der Schülerinnen und Schüler beantwortet werden soll, müssen u. a. der Unterricht und damit die Frage nach unterrichtlichen Qualitätsmerkmalen in den Blick geraten.

Im Folgenden soll anhand einiger Ausschnitte eines Unterrichtstranskripts aus dem Grammatikunterricht gezeigt werden, wie verfahren werden könnte, wenn Aussagen über die Qualität des Unterrichts vorgenommen werden sollen. Zudem werden einige Erkenntnisse vorwiegend der mathematisch-naturwissenschaftlichen empirischen Unterrichtsforschung zusammengefasst.

Um eine Einschätzung über die Qualität des Unterrichtsgeschehens zu gewinnen, stehen mit den Schülerinnen und Schülern, den Lehrkräften und externen Beurteilern drei Quellen zur Wahl. Der Arbeit von Clausen (2002) ist es zu verdanken, dass mittlerweile allen drei Perspektiven ihr ganz eigener Wert für die umfassende Einschätzung der Unterrichtsqualität zugesprochen wird. Da im vorliegenden Beitrag die „objektive" Einschätzung von Qualitätsmerkmalen im Mittelpunkt steht, die z. T. auch fachdidaktisches Wissen erfordert, wird im Folgenden aber nur die Perspektive externer Rater berücksichtigt (vgl. für eine kurze Zusammenfassung der Vor- und Nachteile der drei Perspektiven Waldis et al. 2010, 172 ff.). Deren Einschätzungen finden ihre Datenbasis i. d. R. in Videoaufzeichnungen des Unterrichts.

1 Der Grammatikunterricht zwischen Methodendiskussion und empirischer Erforschung

Geht es um die großen Linien in der Debatte um die Methoden des Grammatikunterrichts, sind heute dieselben Schlagworte zu nennen wie vor zehn oder zwanzig Jahren: Grammatikunterricht kann formal oder funktional ausgerichtet sein, er kann einem systematischen oder situationsorientierten Ansatz verpflichtet sein, das Vorgehen kann deduktiv oder induktiv angelegt sein; eine Integra-

---
[1] Es handelt sich um eine gekürzte und inhaltlich überarbeitete Version des Beitrags von Stahns/Bremerich-Vos (2013).

tion verschiedener Ansätze ist möglich (z. B. Gornik 2006; Bredel 2007, 226 ff.).
Die Diskussion um Unterrichtsmethoden wirkt in Teilen wie eine Diskussion
über die Unterrichtsqualität. Exemplarisch dafür stehen Ausführungen Gorniks
zum formalen Grammatikunterricht: „Grammatikarbeit im formalen Grammatikunterricht ist mit kleinschrittigem, gelenktem, deduktivem Vorgehen der
Lehrkräfte verbunden" (ebd., 817). Kleinschrittig und gelenkt kann aber z. B.
auch im funktional-situationsorientierten Unterricht vorgegangen werden. Ein
Urteil über die Güte des Grammatikunterrichts sollte alleine auf Grundlage der
Kenntnis von Methodenentscheidungen nicht gefällt werden; dazu bedarf es
Arbeiten zur Prozessqualität des Grammatikunterrichts, in denen Aspekte wie
das Ausmaß der Lehrerlenkung beurteilt werden.[2] Die Zahl der Untersuchungen, in denen Grammatikunterricht auf der Grundlage von Video- oder Audiodaten analysiert worden ist, ist sehr klein. Bei den bislang existierenden Arbeiten, in denen Aspekte der Gestaltung des Grammatikunterrichts thematisiert
worden sind, handelt es sich mehrheitlich um Fallstudien, die auf der Auswertung von Transkriptausschnitten des Grammatikunterrichts beruhen (z. B.
Boettcher 1994a, 1994b; Bremerich-Vos 1993, 1996, 2006; Spreckels/Trojahn,
2009; Stahns/Bremerich-Vos 2013). Die einzige Publikation, die sich auf eine
vollständig transkribierte Grammatikstunde und deren Analyse bezieht, ist wohl
Boettcher (1999).[3] Zudem liegt nicht der Fokus aller genannten Arbeiten auf
Aspekten, die in die Debatte um Unterrichtsqualität einzuordnen wären. Verallgemeinerbare Aussagen über die Gestaltung guten Grammatikunterrichts lassen
sich auf dieser Grundlage kaum tätigen. Bei dieser Forschungslage scheint es
angeraten, über den Tellerrand der Sprachdidaktik hinauszuschauen und die
aktuelle Diskussion um die Qualität des mathematisch-naturwissenschaftlichen
Unterrichts nachzuvollziehen.

2 Die empirische Unterrichtsforschung zum mathematisch-naturwissenschaftlichen Unterricht

2.1 Die Trennung der Sicht- und Gelegenheitsstrukturen des Unterrichts

Im deutschsprachigen Raum haben in jüngerer Zeit vor allem die Videostudien
„Lehr-Lern-Prozesse im Physikunterricht" (Seidel/Prenzel 2004; Seidel et al.
2006) und „Unterrichtsqualität, Lernverhalten und mathematisches Verständ-

---

[2] Es versteht sich, dass es letztlich der Kombination von Prozess- und Leistungsstudien bedarf, wenn die Lernqualität des Unterrichts beurteilt werden soll. Diese Verbindung findet sich für den Grammatikunterricht noch seltener als reine Prozessstudien (vgl. dazu Stahns/Bremerich-Vos, erscheint).
[3] Ginge es hier nicht um den Grammatik-, sondern um den Deutschunterricht generell, wäre auf die Arbeiten von Ehlich/Rehbein (1986) und Becker-Motzek/Vogt (2001) hinzuweisen, aus deren Ausführungen zu sprachlichen Handlungsmustern sich Rückschlüsse auf Qualitätsmerkmale jedweden Unterrichts erschließen lassen (vgl. dazu Bremerich-Vos 2006, 247 ff.).

nis" (Klieme et al. 2006) die Diskussion um Merkmale guten Unterrichts bereichert. Dem vorausgegangen waren die beiden TIMSS-Videostudien (Klieme/Schümer/Knoll 2001; Reusser/Pauli 2010), die die jüngere videogestützte Erforschung der Qualität des mathematisch-naturwissenschaftlichen Unterrichts in Deutschland angestoßen haben.

Spätestens mit der TIMSS-Videostudie ist es in der empirischen Unterrichtsforschung zur Praxis geworden, den Blick nicht auf einzelne Gestaltungsmerkmale zu richten, sondern – Klassen und Stunden übergreifend – wiederholt auftretende Kombinationen von Merkmalen und damit Unterrichtsmuster in den Blick zu nehmen (vgl. dazu Stigler/Hiebert, 1999, 85 ff.). In Verbindung mit Leistungstests können erfolgreiche von weniger erfolgreichen Unterrichtsmustern unterschieden werden. Auf diese Weise ist es möglich, Erkenntnisse über Qualitätsmerkmale des Unterrichts und die Wechselwirkungen der Gestaltungsmerkmale zu gewinnen.

In die Beschreibung der Unterrichtsmuster des Mathematikunterrichts in der ersten TIMSS-Videostudie wurde die Unterrichtsgestaltung hinsichtlich der Sozialformen, der Abfolge von Arbeitsphasen und von einigen Qualitätsmerkmalen im engeren Sinne einbezogen (vgl. dazu Stigler/Hiebert 1999, 25 ff.). In den sich anschließenden o. g. Untersuchungen wurde dagegen eine Trennung zwischen der Analyse der „Sichtstrukturen" und der „Gelegenheitsstrukturen" (Seidel/Prenzel 2004, 179) des Unterrichts vorgenommen. Von „Sichtstrukturen" wird gesprochen, wenn Aspekte wie Arbeitsformen (Lehrervortrag, Klassengespräch, Einzel-, Partner- und Gruppenarbeit) und/oder Unterrichtsphasen (Einstieg, Erarbeitung, Übung) zur Beschreibung der Unterrichtsmuster eingesetzt werden (z. B. Seidel 2003). Die Beobachterurteile beruhen auf niedrig-inferenten Kodierungen, die nur in geringem Maße der Interpretation des Unterrichtsgeschehens durch den Kodierer bedürfen (Clausen 2002, 48). Das Rating der Gelegenheitsstrukturen kann unter Umständen auch auf mittel- und hoch-inferenten Urteilen beruhen. Berücksichtigt werden dabei Aspekte wie „Klassenführung", „Klarheit und Strukturiertheit", „Aktivierung" u. a. m. (Helmke 2009, 168 f.). Bei solchen Ratings ist der Spielraum für die Vergabe der Kodes größer als bei niedrig-inferenten Kodierungen. Es ist davon auszugehen, dass Übereinstimmungen zwischen zwei Ratern geringer ausfallen, wenn ihr Urteil auf eigenen Schlussfolgerungen beruht (Clausen 2002, 48).

Ein Ergebnis der empirischen Unterrichtsforschung der vergangenen Jahre ist, dass die Lernqualität des Unterrichts nur in geringem Maße von der Gestaltung auf der Ebene der Sichtstrukturen beeinflusst wird – ein bestimmtes Muster optimalen Unterrichts existiert auf dieser Ebene offensichtlich nicht (Klieme 2006, 767). Die aktuelle Diskussion um die Unterrichtsqualität fußt daher vor allem auf der Ebene der Gelegenheitsstrukturen des Unterrichts.

2.2 Gelegenheitsstrukturen: „Grunddimensionen der Unterrichtsqualität"

Mittlerweile ist eine größere Zahl an Merkmalen ausgemacht, die für die Qualität der Gelegenheitsstrukturen des Unterrichts bedeutsam sind (z. B. Meyer 2008, 23 ff.; Helmke 2009, 168 ff.). Die meisten dieser Merkmale lassen sich den drei „Grunddimensionen der Unterrichtsqualität" (Klieme / Schümer / Knoll 2001, 50) zuordnen, die in einem populären Modell in der mathematisch-naturwissenschaftlichen Unterrichtsforschung angesetzt werden. Demnach zeichnet sich erfolgreicher Unterricht aus durch

- eine „strukturierte, klare und störungspräventive Unterrichtsführung",
- ein „unterstützendes, schülerorientiertes Sozialklima" und
- „kognitive Aktivierung" (Klieme et al. 2006, 131).

Die Aufstellung fußt auf der Vorstellung von Unterrichtserfolg als Resultat der Nutzung eines möglichst hochwertigen Unterrichtsangebots durch die Schülerinnen und Schüler (vgl. dazu Helmke 2009, 71 ff.). Entscheidend für den Lernerfolg in diesem „Angebots-Nutzungs-Modell" des Unterrichts sind durch den Unterricht angeregte kognitive Lernaktivitäten – insbesondere elaborierende und organisierende Prozesse als Formen tiefgehender Auseinandersetzung mit den Lerninhalten (ebd., 74).

Die Dimension „Unterrichtsführung" kann vor allem für die fachliche Leistungsentwicklung als relevant angesehen werden (Klieme et al. 2006, 131). Darüber hinaus kann in Störungsarmut, optimaler Zeitnutzung und Strukturierung eine Voraussetzung dafür gesehen werden, dass Unterricht kognitiv aktivierend gestaltet werden kann und die Entwicklung eines positiven Sozialklimas möglich wird; insofern scheint die erste Grunddimension den beiden anderen übergeordnet (Klieme 2006, 770). In der Dimension „Sozialklima" werden Unterrichtsmerkmale zusammengefasst, die gewährleisten (sollen), dass die Schülerinnen und Schüler Formen der Lernmotivation entwickeln, die eine mehr als oberflächliche Verarbeitung der Lerninhalte wahrscheinlich machen (Klieme et al. 2006, 131). Für die Dimension „kognitive Aktivierung" existiert keine untersuchungsübergreifende Bestimmung. Im deutschsprachigen Raum taucht sie zuerst im Kontext der ersten TIMSS-Videostudie auf (Klieme et al. 2001). Konzipiert wurde die kognitive Aktivierung dort so, dass sie „die Komplexität von Aufgabenstellungen und Argumentationen und die Intensität des fachlichen Lernens widerspiegelt" (ebd., 51). Bei Helmke (2009, 205) meint „kognitive Aktivierung" eine tiefgehende Verarbeitung von Informationen durch den Einsatz von Tiefenlernstrategien. Das Ziel sei, die Lernenden zu Lernaktivitäten anzuregen, die über die Formen der „mechanischen Wiederholung" (ebd.) hinausgehen. Es kann von einem Effekt kognitiv aktivierenden Unterrichts auf die Verarbeitungstiefe und die Lernmotivation ausgegangen werden (Clausen 2002, 17). Mit Einschränkungen nachgewiesen ist ein Effekt der kognitiven Aktivierung auf den Lernzuwachs der Schülerinnen und Schüler (Klieme et al. 2001, 53; Klieme et al. 2006).

Es hat sich gezeigt, dass in erfolgreichem Unterricht „für eine Ausbalancierung der Basisdimensionen, d. h. für eine strukturierte Unterrichtsführung, für ein unterstützendes Unterrichtsklima und für kognitive Aktivierung" (Klieme et al. 2006, 143) Sorge getragen werden muss.[4] Insofern scheint es für die deutschdidaktische Unterrichtsforschung angeraten, den Blick auf die Gesamtkomposition des Unterrichts hinsichtlich der drei Dimensionen zu richten.

3 Aspekte der Unterrichtsqualität im Grammatikunterricht

Das Ziel der folgenden Transkriptanalyse ist, Kodier- bzw. Ratingentscheidungen für einige Indikatoren zentraler Qualitätsmerkmale[5] anhand von Ausschnitten des Transkripts einer Grammatikstunde zu erläutern (das vollständige Transkript findet sich bei Boettcher 1999). Zurückgegriffen wird bei der Analyse auf Instrumente, die in der Studie „Lehr-Lern-Prozesse im Physikunterricht" entwickelt wurden. Berücksichtigt wurden dort auf der Ebene der Gelegenheitsstrukturen des Unterrichts die folgenden vier Indikatorenbereiche:

- „Zielorientierung",
- „Lernbegleitung",
- „Fehlerkultur",
- „Rolle der Experimente" (Seidel et al. 2006, 114).

Legte man das Modell der drei „Grunddimensionen" zugrunde, wäre „Zielorientierung" in erster Linie der Dimension „Unterrichtsführung" zuzuordnen, „Lernbegleitung" zum Teil den Dimensionen „Sozialklima" und „kognitive Aktivierung", „Fehlerklima" und „Rolle der Experimente" der Dimension „Sozialklima" (vgl. auch Klieme 2006, 770).

Beurteilt werden im Folgenden Aspekte der Indikatorenbereiche „Zielorientierung" und „Lernbegleitung". Für letztere wurde der Aspekt der Lehrerrück-

---

[4] Dabei kommt bislang die Frage zu kurz, ob die Aspekte nicht in Konkurrenz zueinander stehen. Waldis et al. haben als Forschungsdesiderat beschrieben, dass keine Erkenntnisse darüber vorliegen, „ob eine effiziente Zeitnutzung und ein kognitiv aktivierender Ansatz gleichzeitig umgesetzt werden können oder ob das eine Gestaltungsmerkmal das andere eher ausschließt." (2010, 180) Becker-Mrotzek (2002, 63 f.) hat im Anschluss an Ehlich/Rehbein (1986) den Maximenkonflikt zwischen Schülerbeteiligung im fragend-entwickelnden Unterricht und der akzelerierten Wissensvermittlung auf den Punkt gebracht: Bei dem Versuch, die Lernenden an der inhaltlichen Erarbeitung zu beteiligen, sei wegen deren fehlenden Zielbewusstseins Lenkung nötig, was dazu führe, dass Freiräume für kognitive Aktivitäten auf Schülerseite kaum vorhanden seien. Die bestmögliche Nutzung der Unterrichtszeit wird so zur Hürde für eine kognitiv aktivierende Unterrichtsgestaltung.

[5] Es versteht sich, dass es für verallgemeinerbare Aussagen über die Qualität des Grammatikunterrichts zunächst des Nachweises bedürfte, dass die genannten Merkmale im Grammatikunterricht in gleicher Weise lernrelevant sind wie im mathematisch-naturwissenschaftlichen Unterricht. Ebenso wäre die Frage nach der angemessenen Operationalisierung der Merkmale für den Grammatikunterricht zu stellen.

meldungen ausgewählt, der sowohl hinsichtlich der Entwicklung eines schülerorientierten Sozialklimas als auch hinsichtlich der kognitiven Aktivierung relevant ist. „Zielorientierung" stellt einen Aspekt der strukturierten Unterrichtsführung dar.

3.1 Zielorientierung

Ehlich/Rehbein (1986) haben im Zusammenhang mit der Beschreibung des sprachlichen Handlungsmusters „Aufgaben-Stellen/Aufgaben-Lösen" darauf hingewiesen, dass Unterrichtsziele und Lösungswege den Lernenden in der Unterrichtssituation unbekannt seien. In ihrem Versuch, die Schülerinnen und Schüler dennoch an der Problemlösung bzw. an der Rekapitulation der Problemlösung zu beteiligen, müssten Lehrende versuchen, sie anzuleiten, ohne die Schrittfolge bei der Problemlösung zu deutlich vorzugeben. Die Lehrkräfte stünden vor dem Problem, den Lernenden aktive Beteiligung zu ermöglichen, dabei aber die schnellstmögliche Erreichung des Unterrichtsziels nicht aus den Augen zu verlieren.

Die Kenntnis des Stundenziels aufseiten der Schülerinnen und Schüler könnte helfen, bei der Erarbeitung auf Lenkung/Engführung zu verzichten und damit Freiräume für kognitive Aktivität zu schaffen.

Im Folgenden können nur einige der Items berücksichtigt werden, die zur Einschätzung der Zielorientierung in der Studie zum Physikunterricht verwendet wurden. Hinsichtlich der Qualität der Strukturierung des Unterrichts wird das Lehrerverhalten dahingehend beurteilt, ob die Schülerinnen und Schüler über die Stundenziele zu Stundenbeginn aufgeklärt werden, ob diese im Verlauf der Stunde aufgegriffen werden und ob wichtige Ergebnisse zusammengefasst werden (Trepke et al. 2003, 201 f.).

Eines der Items, auf deren Basis im Rahmen der Physik-Videostudie die Zielorientierung erfasst wurde, lautet: *„Zu Beginn der Stunde macht die Lehrkraft das Ziel/die zentrale Fragestellung/Problemstellung deutlich."* (Trepke et al. 2003, 205) Das Item zielt darauf zu klären, „ob dem Beobachter/der Beobachterin das Ziel klar ist, um welches es in der Stunde gehen soll" (ebd.)[6].

Bei der von Boettcher (1999) analysierten Unterrichtsstunde geht es um die Einführung der Kategorie des Präpositionalen Objekts. Dabei steht die Unterscheidung von Präpositionalen Objekten und Adverbialen im Zentrum. Das erschließt sich allerdings erst im Verlauf der Unterrichtsstunde.

Nachdem die Lehrperson „Präpositionales Objekt" an die Tafel geschrieben hat, bemüht sie sich, das Vorwissen der Lernenden hinsichtlich der grammatischen

---

[6] Grundlage des hoch-inferenten Ratings ist die gesamte Unterrichtseinheit (Trepke et al. 2003, 202). Die Arbeit mit Transkriptausschnitten wäre nur bedingt sinnvoll, wenn es darum ginge, ein nachvollziehbares und endgültiges Gesamturteil über den Aspekt „Zielorientierung" zu fällen. Da das nicht das Ziel ist, sondern es in erster Linie darum geht, Ratinganweisungen mit Beispielen zu untermauern, ist das hier unproblematisch.

Kategorie „Objekte" zu aktivieren:[7]

179	[...] Präpositionales Objekt, wenn ihr [...]
180	diese Bezeichnung hört, da fällt
181	euch auf einmal das bekannte Wort:
182	Objekt. [1] Haben wir bisher zwei
183	verschiedene kennengelernt. Welche
184	Objekte waren das? [1]
185	Marina?
186	Akkusativ/[Räuspern] Akkusativ-
187	objekt und em Dativobjekt.
188	Akkusativobjekt und Dativobjekt.
189	Präpositional. Steckt das Wort Prä-
190	position drin, die Wortart Präposi-
191	tion haben wir kennengelernt, also
192	ein Objekt mit einer Präposition.
193	Die beiden anderen Objekte, Dativ-
194	objekt, Akkusativobjekt, die hatten
195	jeweils keine Präposition bei sich.

Allenfalls wird man in diesem Fall von partieller Klarheit[8] sprechen können, wird doch die Abgrenzung Präpositionaler Objekte von Adverbialen als Stundenziel nicht explizit genannt. Der Tafelanschrieb, den die Lehrperson zu Stundenbeginn vorgenommen hat, ist alleine nicht ausreichend, um das Zielbewusstsein der Schülerinnen und Schüler zu entwickeln; er führt eher zu Verwirrung (s. u.). Um die Schülerinnen und Schüler auf das bis dato unbekannte Präpositionale Objekt zu stoßen, soll eine Satzgliedanalyse zu den Sätzen *Martina verliebt sich in der Disco, Martina verliebt sich in den Ferien* und *Martina verliebt sich in Peter* vorgenommen werden:

245	*Wer oder was verliebt sich in der Disco.*
246	*Martina.* Is okay. Gut, und
247	weitere Satzglieder
248	*Verliebt sich.* Em ein präpositio-
249	nales Objekt?

---

[7] Auf der linken Seite finden sich die Lehreräußerungen, auf der rechten die Schüleräußerungen. Für eine Übersicht über alle eingesetzten Transkriptionszeichen vgl. Boettcher (1999, 196f.).

[8] Vgl. dazu das vierstufige Antwortformat dieses Items: 1. „Als Beobachter/Beobachterin wurde mir das Ziel der Stunde klar." 2. „Als Beobachter/Beobachterin ist mir das Ziel der Stunde zum größten Teil klar geworden." 3. „Als Beobachter wurde mir das Ziel der Stunde nur partiell klar." 4. „Als Beobachter ist mir das Ziel der Stunde überhaupt nicht klar geworden." (Trepke et al. 2003, 205f.)

250 *Verliebt sich?* [1] Haben wir da eine   Mh.
251 Präposition? [5] Hätt ich
251 euch doch lieber die Überschrift
253 nicht hier hinschreiben sollen.

Ein anderes Item lautet: „*Das Ziel wird im Verlauf der Stunde immer wieder aufgegriffen.*" (Trepke et al. 2003, 206) Geprüft wird, „ob man als Beobachter/Beobachterin im gesamten Unterrichtsverlauf das Ziel der Stunde vor Augen hat." (Ebd.) Im Verlauf der Unterrichtsstunde werden Bestimmungsmerkmale von Präpositionalen Objekten im Unterschied zu Adverbialen gesammelt (Z. 314 ff.). In dieser Phase werden die Stundenziele des Öfteren genannt, ohne ausdrücklich als Ziele qualifiziert zu werden:

314 (Müssen wer) mal überlegen, was
315 sind denn die Merkmale von einem
316 Präpositionalen Objekt, wenn wir
317 das erkennen wollen. Können wir da
318 schon einige [3] Vermutungen auf-
319 stellen. Woran erkennt man ein
320 Präpositionales Objekt? [4]
[...]
345 [...] Könnt ihr euch vor-
346 stellen, weshalb [0] häufig ein Pro-
347 blem entsteht, wenn in einem Satz
348 Präpositionale Objekte oder Adver-
349 biale Bestimmungen erkannt werden
350 sollen? [2] Machen ganz viele immer   [Husten]
351 falsch. [3] Wenn ihr euch mal die Ad-
352 verbialen Bestimmungen und das Prä-
353 positionale Objekt im Vergleich
354 anguckt. [...]
[...]
361 [...] Das heißt mit der
362 Präposition alleine (hamwer) kein
363 Erkennungsmerkmal für ein
364 Satzglied Adverbiale Bestimmung
365 oder ein Satzglied Präpositionales
366 Objekt. [...]

Um zu einer positiven Einschätzung für das genannte Item zu kommen, „sollte [...] das Ziel an sich bzw. die aufgeworfene Problemstellung erneut deutlich gemacht werden." (Trepke/Seidel/Dalahefte 2003, 206) In diesem Punkt genügt das Lehrerverhalten den Anforderungen für die Vergabe der Kodes „Trifft zu" bzw. „Trifft größtenteils zu", soweit es die Perspektive des fachdidaktisch geschulten Betrachters betrifft (ebd.). Allerdings mag diese Einschätzung anders ausfallen, wenn es möglich wäre, die Perspektive von Novizen einzunehmen, wie dies in den Rating-Anweisungen gefordert wird (ebd., 204 f.).

Das Item „*Die Lehrkraft fasst im Verlauf des Unterrichts die Unterrichtsergebnisse und Erkenntnisse bezüglich des zu Beginn explizierten Ziels zusammen*" (ebd., 207) zielt auf die Klärung der Frage, ob (Teil-)Ergebnisse nach Beendigung der Erarbeitungsschritte im Hinblick auf das Stundenziel zusammengefasst werden (ebd., 207 f.). Um die Zusammenfassung von Teilergebnissen bemüht die Lehrperson sich z. B. in dem Abschnitt, der sich an den obigen unmittelbar anschließt. Zusammengefasst wird die Rolle der Frageprobe bei der Unterscheidung von Adverbialen und Präpositionalen Objekten:

366   [...] Man muß also dann ganz
367   genau fragen, um das festzustellen.
368   HIER die Frage nach Adverbialen
368   Bestimmungen *wo* und *wann*, HIER
370   die Frage nach dem Präpositionalen
371   Objekt, und zwar fragt man mit der
372   Präposition und der normalen Ob-
373   jektfrage. [1] Ist das soweit klar?

Auch im Anschluss an den folgenden Abschnitt stellt die Lehrperson die Frage nach dem Verständnis der Schülerinnen und Schüler, nachdem sie die wichtigsten Ergebnisse zum Einsatz der Ersatzprobe zur Unterscheidung von Präpositionalen Objekten und Adverbialen zusammengefasst hat (Z. 434–459). An diesen wichtigen Stellen genügt das Lehrerverhalten wohl den Anforderungen an eine gelungene Zielorientierung hinsichtlich dieses Items.

Diese wenigen Beispielen müssen an dieser Stelle für die Einschätzung der Zielorientierung genügen. Trotz der z. T. positiven Befunde hinsichtlich der beiden letztgenannten Items kann wohl nur von partieller Zielklarheit für die Schülerinnen und Schüler gesprochen werden, da zu lange unklar bleibt, dass die Abgrenzung von Präpositionalen Objekten und Adverbialen im Mittelpunkt steht. Der von Trepke et al. vorgeschlagene Einsatz von „vorangestellten Einordnungshilfen" (2003, 202), d. h. letztlich der Bereitstellung von Informationen über die Ziele und die Struktur der Erarbeitungsphase, könnte Abhilfe schaffen.

3.2 Motivierende und kognitiv aktivierende Rückmeldungen

In der Studie zum Physikunterricht wurden fünf Rückmeldekategorien unterschieden; Rating-Grundlage waren alle Lehreräußerungen, die Einschätzung kann als niedrig- bis mittel-inferent angesehen werden (Kobarg/Seidel 2003, 176 f.). Angesetzt wurden die Kategorien „Keine Rückmeldung", „Einfache

Rückmeldung" (z. B. „Ja" oder „Nein"), „Sachlich-konstruktive Rückmeldungen", d. h. Rückmeldungen, durch die die Schüler/Schülerinnen deutliche Hinweise darauf gewinnen, was an einer Äußerung falsch war und wie Fehler zukünftig vermieden werden könnten, „Positiv-unterstützende Rückmeldungen" (z. B. Lob) und „Rückmeldungen mit sozialer Bezugsnorm" (Rückmeldungen, die den Schüler/die Schülerin dem Vergleich mit anderen aussetzen) (ebd.). Sachlich-konstruktive Rückmeldungen und positiv-unterstützende Rückmeldungen können als Stützpfeiler erfolgreichen Lernens angesehen werden (Kobarg/Seidel 2007, 155f.): Positiv-unterstützende Rückmeldungen dienen der Motivierung, sie sorgen dafür, „dass die Schülerinnen und Schüler sich in ihrer Kompetenz unterstützt fühlen" (Kobarg/Seidel 2003, 177). Sachlich-konstruktive Rückmeldungen sind für die kognitive Aktivierung bedeutsam, da „die Lernenden durch sie Informationen für die Verbesserung ihrer Lernprozesse und Lernstrategien erhalten" (Kobarg/Seidel 2007, 150). Besonders Rückmeldungen im Zusammenhang mit Fehlern scheinen hier relevant, gilt es doch nicht nur, diese zu korrigieren, sondern auch ihre Genese zurückzuverfolgen; Kobarg/Seidel beschreiben sachlich-konstruktive Rückmeldungen als „korrigierende Hilfestellungen, die sowohl inhaltlich als auch prozessbezogen sein können" (2003, 176). Im Physikunterricht greifen die Lehrpersonen im Wesentlichen auf einfache Rückmeldungen zurück, während sachlich-konstruktive und positiv-unterstützende Rückmeldungen eine untergeordnete Rolle spielen (Kobarg/Seidel 2007, 159).

Auch die meisten Rückmeldungen in dem videographierten Grammatikunterricht sind der Kategorie „Einfache Rückmeldung" zuzuordnen. Beispiele für die Kategorie „Sachlich-konstruktive Rückmeldung" finden sich spärlich. Daher wird im Folgenden eine Situation angesprochen, in der eine sachlich-konstruktive Rückmeldung erwartet werden könnte, aber ausbleibt. In dem Abschnitt bemüht sich der Schüler Aytac um eine Satzgliedbestimmung von *in Peter* im Satz *Martina verliebt sich in Peter*:

281		Dativobjekt.
282	Wie biste darauf gekommen?	
283		*In wem verliebt ah Martina sich?*
284		Ah hm *in Peter*. [1]
285		(Wir waren aber erst beim zweiten
286		Satz)
287		(Ach so)
288	Machen wir erst den zweiten, dann	
289	hast du für den dritten noch en	
290	bissel Bedenkzeit, das war nämlich	

291   nicht ganz richtig. [2] Bitte.

Der Fehler liegt darin, dass der Schüler den Dativ erfragt, wo der Akkusativ gesucht ist. Vonseiten der Lehrperson erfolgt kein Hinweis, wo der Fehler liegt. Eine die sachlich-konstruktiven Rückmeldungen kennzeichnende „korrigierende und zukunftsrichtende Hilfestellung" (Kobarg/Seidel 2003, 177) bekommt der Schüler nicht. Der Fehler wird später erneut aufgegriffen:

300   [...] Aytac hatte gerade falsch
301   gefragt, wolln wir die falsche Frage
302   nicht nochmal wiederholen, versu-
303   chen wir die richtige Frage zu
304   stellen für dieses letzte Satzglied.
305   [8] Bitte, Stefanie.
306   *In wen oder was verliebt sich*
307   *Martina. In Peter?*
308   Gut. [8] *In wen oder was [0] ver-*
309   *liebt sich Martina* war die Frage.

Ob die Verwechslung von *wem* und *wen* für den Schüler auf diese Weise deutlich wird, ist fraglich. Der Rückmeldung des Lehrers fehlt es an der inhaltlichen oder prozessbezogenen Hilfestellung, wie sie für sachlich-konstruktive Rückmeldungen zu fordern ist (Kobarg/Seidel 2003, 176).

Hinsichtlich der Entwicklung des Sozialklimas positiv zu bewerten „sind diejenigen Rückmeldungen, durch die die Lernenden von der Lehrperson positive Unterstützung erhalten. Diese Rückmeldungen können Lob, das Vermitteln von Zutrauen oder ein Vergleich mit der individuellen Bezugsnorm sein" (Kobarg/Seidel 2003, 177). In dem Transkript des Grammatikunterrichts geben nur wenige Lehreräußerungen Anlass, die Einordnung in die Kategorie „Positivunterstützende Rückmeldung" zu erwägen:

74   [...] adverbiaLE, nicht   Adverbiale, [Lachen in der Klasse]
75   verbialische.   Adverbiale Bestimmung des Grund-
76   des.
77   Gut, danke schön. Und zum näch-
78   sten Satzglied bitte.
79   *kaufte* Prädikat?
80   *kaufte* Prädikat, gut. [...]
[...]
199   [...]   [Lachen] Solln wer eine Zeile immer

200   freilassen?
201 [1] Ah ja, gut, daß ihr daran
202 denkt. [...]
[...]
579   Manchmal?
580 *Manchmal* bedeutet ja von *Zeit zu*
581 *Zeit*. Das wär also ein guter Ersatz-
582 ausdruck hier. [...]

Derlei Rückmeldungen finden sich in dem Transkript an weiteren Stellen (z. B. Z. 88 ff., Z. 112 ff., Z. 270, Z. 306 ff., 546 ff.). Ob es sich bei den Lehreräußerungen in den Transkriptausschnitten tatsächlich um positiv-unterstützende Rückmeldungen handelt, ist fraglich, bestätigt die Lehrperson in den Zeilen 77, 80 und 581 f. doch in erster Linie die Korrektheit der Schüleräußerungen. In Zeile 201 f. spricht sie ein Lob für einen nicht-inhaltlichen Hinweis des Schülers aus.

In dem Transkript finden sich die Ergebnisse der Videostudie zum Physikunterricht für den Grammatikunterricht weitgehend bestätigt: Auch in dem videographierten Grammatikunterricht spielen sachlich-konstruktive und positiv-unterstützende Rückmeldungen eine untergeordnete Rolle. Die Lehrkraft greift vor allem auf einfache Rückmeldungen (Falsifizierungen, Bestätigungen) zurück; auf Rückmeldungen mit sozialer Bezugsnorm wird glücklicherweise verzichtet.

4 Fazit

Die Indikatoren, die in diesem Beitrag bei der Transkriptanalyse aufgegriffen wurden, lassen sich den drei Grunddimensionen der Unterrichtsqualität zuordnen. Ein Aspekt strukturierter Unterrichtsführung ist die Zielorientierung der Schülerinnen und Schüler. Der Aufbau der Grammatikstunde ist für die Entwicklung des Zielbewusstseins für die mit dem Gegenstand kaum vertrauten Schülerinnen und Schüler nicht optimal, verzichtet die Lehrperson doch darauf, das Ziel zu Beginn der Stunde klar abzustecken. Für die kognitive Aktivierung könnten sachlich-konstruktive Rückmeldungen im Zusammenhang mit Schülerfehlern von Bedeutung sein. Solche Rückmeldungen kommen in der Grammatikstunde im Vergleich zu einfachen Rückmeldungen selten vor. Gleiches gilt für positiv-unterstützende Rückmeldungen, die im Zusammenhang mit der Entwicklung eines schülerorientierten Sozialklimas stehen.

Nun sind Rückschlüsse auf die allgemeine Praxis des Grammatikunterrichts aus der Analyse einer einzelnen Grammatikstunde kaum zu ziehen. Die Auswertung einiger weniger Unterrichtsstunden wird nicht ausreichen, wenn Aussagen über die Unterrichtsqualität oder auch nur die Gestaltung des Grammatikunterrichts im Allgemeinen gezogen werden sollen. Der vorliegende Beitrag sollte aber gezeigt haben, dass in der Analyse von Unterrichtsprozessen ein bislang vonseiten der Deutschdidaktik weitgehend ungenutztes Potenzial liegt, wenn es darum geht, Aufschlüsse über die Realisierung unterrichtlicher Qualitätsmerkmale zu gewinnen. Neben der Aufzeichnung einer größeren Zahl von Unterrichtsstunden wird es zukünftig verstärkt darauf ankommen, Video- und Leistungsstudien sinnvoll zu verbinden. Besonders bei der Auswertung der Videoaufzeichnungen sollte die Deutschdidaktik sich keinesfalls scheuen, die ihr angemessene Rolle zu spielen.

Literatur

Becker-Mrotzek, Michael/Vogt, Rüdiger: Unterrichtskommunikation. Linguistische Analysemethoden und Forschungsergebnisse. Tübingen: Niemeyer 2001

Becker-Mrotzek, Michael: Funktional-pragmatische Unterrichtsanalyse. In: Kammler, Clemens/Knapp, Werner (Hrsg.): Empirische Unterrichtsforschung und Deutschdidaktik. Baltmannsweiler: Schneider Hohengehren 2002, 58–78

Boettcher, Wolfgang: Grammatiksozialisation in Schule, Hochschule und Referendarausbildung. In: Beiträge zur Lehrerbildung 12 (1994a) 2, 170–186

Boettcher, Wolfgang: Grammatikunterricht in Schule und Lehrerausbildung. In: Der Deutschunterricht 46 (1994b) 5, 8–31

Boettcher, Wolfgang: Der Kampf mit dem Präpositionalobjekt. Grammatische Abenteuer in Schule und Hochschule. In: Bremerich-Vos, Albert (Hrsg.): Zur Praxis des Grammatikunterrichts. Freiburg im Breisgau: Fillibach 1999, 193–252

Bredel, Ursula: Sprachbetrachung und Grammatikunterricht. Paderborn: Schöningh 2007

Bremerich-Vos, Albert: Grammatikunterricht – ein Plädoyer für das Backen kleinerer Brötchen. In: Bremerich-Vos, Albert (Hrsg.): Handlungsfeld Deutschunterricht im Kontext. Festschrift für Hubert Ivo. Frankfurt am Main: Diesterweg 1993, 102–129

Bremerich-Vos, Albert: Deutschdidaktik und qualitative Unterrichtsforschung – Versuche in einem bislang vernachlässigten Feld. In: Schnaitmann, Gerhard W. (Hrsg.): Theorie und Praxis der Unterrichtsforschung. Methodologische und praktische Ansätze zur Erforschung von Lernprozessen. Donauwörth: Auer 1996, 209–233

Bremerich-Vos, Albert: Zur Videographie von (Deutsch-)Unterricht. Anmerkungen zur Vermittelbarkeit von linguistischer, sprachdidaktischer und pädagogisch-psychologischer Unterrichtsforschung. In: Hosenfeld, Ingmar/Schrader, Friedrich-Wilhelm (Hrsg.): Schulische Leistung. Grundlagen, Bedingungen, Perspektiven. Münster: Waxmann 2006, 243–262

Clausen, Marten: Unterrichtsqualität: Eine Frage der Perspektive? Empirische Analysen zur Übereinstimmung, Konstrukt- und Kriteriumsvalidität. Münster: Waxmann 2002

Ehlich, Konrad/Rehbein, Jochen: Muster und Institution. Untersuchungen zur schulischen Kommunikation. Tübingen: Narr 1986

Gornik, Hildegard: Methoden des Grammatikunterrichts. In: Bredel, Ursula/Günther, Hartmut/Klotz, Peter/Ossner, Jakob/Siebert-Ott, Gesa (Hrsg.): Didaktik der deutschen Sprache. Ein Handbuch. 2. Teilband. 2., durchges. Aufl. Paderborn: Schöningh UTB 2006, 814–829

Helmke, Andreas: Unterrichtsqualität und Lehrerprofessionalität. Diagnose, Evaluation und Verbesserung des Unterrichts. Seelze: Klett-Kallmeyer 2009

Klieme, Eckhard/Schümer, Gundel/Knoll, Steffen: Mathematikunterricht in der Sekundarstufe I: „Aufgabenkultur" und Unterrichtsgestaltung. In: Klieme, Eckhard/Baumert, Jürgen (Hrsg.): TIMSS – Impulse für Schule und Unterricht. Forschungsbefunde, Reforminitiativen, Praxisberichte und Video-Dokumente. Bonn: BMBF 2001, 43–57

Klieme, Eckhard: Empirische Unterrichtsforschung: aktuelle Entwicklungen, theoretische Grundlagen und fachspezifische Befunde. In: Zeitschrift für Pädagogik 52 (2006) 6, 765–773

Klieme, Eckhard/Lipowsky, Frank/Rakoczy, Katrin/Ratzka, Nadja: Qualitätsdimensionen und Wirksamkeit von Mathematikunterricht. Theoretische Grundlagen und ausgewählte Ergebnisse des Projekts „Pythagoras". In: Prenzel, Manfred/Allolio-Näcke, Lars (Hrsg.): Untersuchungen zur Bildungsqualität von Schule. Abschlussbericht des DFG-Schwerpunktprogramms BiQua. Münster: Waxmann 2006, 127–146

Kobarg, Mareike/Seidel, Tina (2003): Prozessorientierte Lernbegleitung im Physikunterricht. In: Seidel, Tina/Prenzel, Manfred/Duit, Reinders/Lehrke, Manfred (Hrsg.): Technischer Bericht zur Videostudie „Lehr-Lern-Prozesse im Physikunterricht". Kiel: IPN 2003, 151–200

Kobarg, Mareike/Seidel, Tina: Prozessorientierte Lernbegleitung – Videoanalysen im Physikunterricht der Sekundarstufe I. In: Unterrichtswissenschaft 35 (2007) 2, 148–168

Meyer, Hilbert: Was ist guter Unterricht? Berlin: Cornelsen 2008

Reusser, Kurt/Pauli, Christine: Unterrichtsgestaltung und Unterrichtsqualität – Ergebnisse einer internationalen und schweizerischen Videostudie zum Mathematikunterricht: Einleitung und Überblick. In: Reusser, Kurt/Pauli, Christine/Waldis, Monika (Hrsg.): Unterrichtsgestaltung und Unterrichtsqualität. Ergebnisse einer internationalen und schweizerischen Videostudie zum Mathematikunterricht. Münster: Waxmann 2010, 9–32

Seidel, Tina: Sichtstrukturen – Organisation unterrichtlicher Aktivitäten. In: Seidel, Tina/Prenzel, Manfred/Duit, Reinders/Lehrke, Manfred (Hrsg.): Technischer Bericht zur Videostudie „Lehr-Lern-Prozesse im Physikunterricht". Kiel: IPN 2003, 113–127

Seidel, Tina/Prenzel, Manfred: Muster unterrichtlicher Aktivitäten im Physikunterricht. In: Doll, Jörg/Prenzel, Manfred (Hrsg.): Studien zur Verbesserung der Bildungsqualität von Schule: Lehrerprofessionalisierung, Unterrichtsentwicklung und Schülerförderung. Münster: Waxmann 2004, 177–194

Seidel, Tina/Prenzel, Manfred/Rimmele, Rolf/Schwindt, Katharina/Kobarg, Mareike/Herweg, Constanze/Dalehefte, Inger Marie: Unterrichtsmuster und ihre Wirkungen. Eine Videostudie im Physikunterricht. In: Prenzel, Manfred/Allolio-Näcke, Lars (Hrsg.): Untersuchungen zur Bildungsqualität von Schule. Abschlussbericht des DFG-Schwerpunktprogramms BiQua. Münster: Waxmann 2006, 99–123

Spreckels, Janet/Trojahn, Tanja: „n objekt is also des is SCHWER zu erklären" – Eine empirische Untersuchung von Erklärungen im Grammatikunterricht. In: Vogt, Rüdiger (Hrsg.): Erklären: Gesprächsanalytische und fachdidaktische Perspektiven. Tübingen: Stauffenberg 2009, 133–149

Stahns, Ruven/Bremerich-Vos, Albert: Aspekte empirischer Unterrichtsforschung. Zur Videografie bzw. Transkription von Grammatikunterricht. In: Köpcke, Klaus-Michael/Ziegler, Arne (Hrsg.): Schulgrammatik und Sprachunterricht im Wandel. Berlin: de Gruyter 2013, 151–175

Stigler, James W./Hiebert, James: The Teaching Gap. Best Ideas from the World's Teachers for Improving Education in the Classroom. New York: Free Press 1999

Trepke, Constanze/Seidel, Tina/Dalahafte, Inger Marie: Zielorientierung im Physikunterricht. In: Seidel, Tina/Prenzel, Manfred/Duit, Reinders/Lehrke, Manfred (Hrsg.): Technischer Bericht zur Videostudie „Lehr-Lern-Prozesse im Physikunterricht". Kiel: IPN 2003, 201–228

Waldis, Monika/Grob, Urs/Pauli, Christine/Reusser, Kurt: Der schweizerische Mathematikunterricht aus der Sicht von Schülerinnen und Schülern und in der Perspektive hochinferenter Beobachterurteile. In: Reusser, Kurt/Pauli, Christine/Waldis, Monika (Hrsg.): Unterrichtsgestaltung und Unterrichtsqualität. Ergebnisse einer internationalen und schweizerischen Videostudie zum Mathematikunterricht. Münster: Waxmann 2010, 171–208

REINOLD FUNKE

E 2 Grammatikunterricht, grammatisches Wissen und schriftsprachliches Können

1 Vorbemerkung

Unter dem Einfluss des Grammatikunterrichts findet bei Kindern, wie Wygotski (1977, erstmals erschienen 1934) argumentiert, eine tiefgreifende Umstrukturierung ihres sprachlichen Wissens statt. Dieses Wissen, das ihnen bis dahin nur so weit zugänglich war, wie es in Sprechsituationen automatisch aufgerufen wird, gelangt unter ihre Kontrolle, so dass sie „willkürlich", d. h. gezielt darüber zu verfügen vermögen.

Dem Grammatikunterricht, so schreiben Hillocks/Smith (2003), gelingt es nicht einmal, die Grundbegriffe seines Gegenstandsfeldes zuverlässig zu vermitteln. Zur Entwicklung schriftsprachlichen Könnens trägt er kaum Nachweisbares bei. Selbst sein Einfluss auf die Verbesserung von Rechtschreibleistungen bleibt auf isolierte Bereiche beschränkt.

Die zentralen Fragen, welche die Gegenüberstellung der Aussagen von Wygotski und Hillocks/Smith aufwirft, lauten: Welches Wissen und Können erwerben Schülerinnen und Schüler im Grammatikunterricht, und welchen Wert hat es für ihre sprachliche Praxis? An diesen Fragen orientiert sich der folgende Bericht. Er bezieht sich auf den landessprachlichen Grammatikunterricht, wobei unter „Grammatikunterricht" unterrichtliche Bemühungen verstanden werden, die auf eine Vermittlung syntaktischen Wissens zielen. In seiner Gliederung unterscheidet der Bericht zwischen empirischen Studien, die sich auf den Umfang und die Qualität des im Grammatikunterricht erworbenen Wissens richten (Abschnitt 2), und Studien, die den Einfluss des Grammatikunterrichts auf das schriftsprachliche Können von Schülerinnen und Schülern zum Gegenstand haben (Abschnitt 3). Diese inhaltlich orientierte Unterscheidung läuft zu der methodischen Unterscheidung von deskriptiven und Interventionsstudien streckenweise parallel, ist aber nicht mit ihr identisch. Historisch gesehen überwiegt der erste Typ von Studien in der kontinentaleuropäischen Tradition, während der zweite im angloamerikanischen Raum dominiert. Die beiden zugrunde liegenden Denkweisen stehen durchaus in Konkurrenz, da als Maßstab, an dem der Grammatikunterricht gemessen wird, im ersten Fall die funktionelle Bedeutung der in ihm vermittelten Kenntnisse in der Sprachpraxis, im zweiten Fall dagegen sein kausaler Einfluss auf sprachliches Können betrachtet wird. Gerade diese Konkurrenz könnte sie jedoch letztlich geeignet machen, sich gegenseitig zu ergänzen.

2 Umfang und Qualität grammatischen Wissens

2.1 Ergebnisse des Grammatikunterrichts

Erste Anläufe, das grammatische Wissen von Schülerinnen und Schülern zu evaluieren, um die Leistungsfähigkeit des Grammatikunterrichts zu überprüfen, wurden zwischen 1965 und 1975 unternommen. Sie ergaben sich in erster Linie aus der curriculumtheoretischen Ausrichtung der damaligen Didaktik. Darüber hinaus fanden in dieser Zeit strukturale und generative Modelle der Grammatikbeschreibung Verbreitung, die hohe Erwartungen an den Grammatikunterricht entstehen ließen. Insbesondere glaubte man kurzzeitig, dass ein an einem generativen Beschreibungsmodell orientierter Grammatikunterricht zur „Sicherheit in der Verfügung über grammatische Regeln" (Oevermann 1972, 342) beitragen und damit die sprachliche Praxis beeinflussen könne.[1]

In der Bundesrepublik führte das zur Konstruktion verschiedener Erhebungsverfahren zum grammatischen Wissen und Können (Dobberthien 1974; Wendeler 1974; vgl. Wendeler 1972; Wendeler 1978). Regelmäßige und umfassende Überprüfungen des grammatischen Lernstandes wurden während der Jahre 1966–1977 in den Niederlanden von der Evaluationsagentur CITO durchgeführt (vgl. Tordoir/Wesdorp 1979). Im Rahmen von Abschlusstests zum Ende der Primarstufenzeit (Klassenstufe 6) wurden Aufgaben verschiedener Formate zum Erkennen der syntaktischen Kategorie und syntaktischen Funktion von im Satzkontext vorgegebenen Einheiten gestellt. Tordoir/Wesdorp fassen die Befunde wie folgt zusammen:

– Der Grammatikunterricht scheint sein unmittelbares Ziel, die Vermittlung grammatischen Wissens, zu erreichen.
– Das im Grammatikunterricht vermittelte Wissen scheint in einem Zusammenhang mit dem sprachlichen Können zu stehen. Daraus folgt jedoch nicht, dass der Grammatikunterricht in einem kausalen Sinne zur Verbesserung sprachlicher Leistungen beiträgt. Es könnte auch umgekehrt sein: Weil manche Schülerinnen und Schüler über ein ausgeprägtes sprachliches Können verfügen, eignen sie sich schulgrammatisches Wissen erfolgreich an.

Die aktuellen Erhebungen der CITO (z. B. Sijtstra et al. 2002) beziehen neben der grammatischen Satzanalyse (zinsontleding) unter anderem auch die Fähigkeit zur korrekten Sprachverwendung (grammaticaliteit) und zur Reflexion semantischer und pragmatischer Aspekte des Sprachgebrauchs (taalbeschouwing) ein. Nach ihren Ergebnissen blieben am Ende der Primarschulzeit die mittels schulgrammatischer Aufgabenstellungen gemessenen satzanalytischen

---

[1] In dieser Zeit ist auch der einzige bisher in Deutschland erschienene Sammelbericht über empirische Forschungen zum Grammatikunterricht entstanden, den Kochan 1975 als Bestandteil der Überarbeitung eines amerikanischen Handbuchartikels vorlegte.
Aktuelle Übersichten über empirische Forschungen zum Grammatikunterricht und zum grammatischen Wissen finden sich für den englischsprachigen Raum bei Hillocks/Smith 2003 sowie Hudson 2001, für den französischsprachigen Raum bei Gauvin 2011 (ch. 1) und für den niederländischsprachigen Raum bei Bonset/Hogeveen 2010.

Fähigkeiten insbesondere bei den im unteren Teil des Leistungsspektrums angesiedelten Schülerinnen und Schülern deutlich hinter den in den Standards definierten Erwartungen zurück. Die Fähigkeiten zum korrekten Sprachgebrauch sowie zur semantisch und pragmatisch orientierten Reflexion entsprachen dagegen auch bei diesen Schülerinnen und Schülern im Ganzen den Erwartungen.

In Deutschland waren Erhebungen zum Bereich „Sprache und Sprachgebrauch untersuchen" Bestandteil des Projekts VERA. Sie sind außerdem als Komponente der regelmäßigen Lernstandsüberprüfungen zu den Nationalen Bildungsstandards vorgesehen. Die bisher erhobenen Daten wurden zur Konstruktion von Kompetenzmodellen verwendet, deren übereinstimmende Aussage ist, dass Aufgaben, welche das Erfassen syntaktischer Beziehungen in Sätzen verlangen, als schwer einzuordnen sind, während das Zuordnen von Wörtern zu Wortarten auf rein lexikalischer Ebene bereits auf mittleren Kompetenzstufen beherrscht wird (Isaac et al. 2008; Bremerich-Vos/Böhme 2009). Insgesamt wird das grammatische Wissen der Schülerinnen und Schüler unterschiedlich beurteilt. Schübel (2000), der eine brandenburgische Evaluationsstudie auswertet, und Helmke/Hosenfeld (2007), die sich auf VERA-Daten stützen, gelangen zu einer überwiegend positiven Einschätzung; Bremerich-Vos/Böhme (2009), die Daten aus Pilotierungsstudien des IQB analysieren, äußern sich skeptischer.[2]

2.2 Qualität grammatischen Wissens

Während die aufgeführten Untersuchungen zu ermitteln anstreben, in welchem Umfang das im Grammatikunterricht vermittelte Wissen curricularen Vorgaben und Standards entspricht, zielen andere empirische Studien auf die Qualität dieses Wissens, das heißt die Tiefe des ihm zugrunde liegenden Verständnisses syntaktischer Beziehungen. Diese Studien können in Abgrenzung von den unter 2.1 dargestellten evaluativen Erhebungen als „theorieorientiert" bezeichnet werden.

Macauley (1947) legte schottischen Schülerinnen und Schülern der Klassenstufen 6–9 (Probandenzahl n = 1121) fünfzig Mehrfachwahl-Aufgaben vor, bei denen jeweils die Wortart einer im Satzkontext vorgegebenen Einheit zu bestimmen war. Die für basale Wortarten durchschnittlich erreichten Anteile richtiger Lösungen lagen zwischen 26 % (Klassenstufe 6) und 62 % (Klassenstufe 9). Aus einer Aufgabenanalyse folgert Macauley, dass diese niedrigen Werte grundlegende Verständnismängel offenbaren. Abstrakte Nomen wurden nur in 20 % aller Fälle richtig identifiziert, und Verben wurden seltener als solche erkannt, wenn sie nicht in Gestalt von unmittelbar auf das Subjekt folgenden finiten Vollverben auftraten. Homophone Formen, die sowohl als Nomen wie als Verb fungieren können (z. B. *dance, post*), stuften die Probanden Macauley zufolge nach

---

[2] Die in der LAU-Studie (Lehmann/Peek 1997; Lehmann et al. 1999) sowie der DESI-Studie (Eichler 2007) eingesetzten Aufgaben zu Sprachverstehen bzw. Sprachbewusstheit sind dagegen nur begrenzt darauf angelegt, unmittelbar im Grammatikunterricht erworbenes Wissen zu erfassen.

ihrer lexikalischen Bedeutung ein, ohne den gegebenen Kontext zu berücksichtigen. Während die Ergebnisse nach Macauley somit insgesamt „regard for meaning and disregard for function" (1947, 160) zeigten, traten gleichzeitig augenscheinlich rein formal begründete Fehler auf wie die Einstufung des Hilfsverbs *was* als Pronomen bei 12 % aller Probanden.

Die Untersuchung von Macauley, die Cawley (1958) in England mit im Wesentlichen gleichen Ergebnissen replizierte, hat im englischsprachigen Raum einigen Einfluss auf dem Grammatikunterricht gegenüber skeptische Arbeiten ausgeübt und wird in diesem Zusammenhang bis heute zitiert (Hillocks / Smith 2003; Andrews et al. 2006). Sie bietet allerdings ihrerseits Anlass zur Kritik. Macauley geht in seinen Aufgaben wiederholt von keineswegs triftigen Wortartzuordnungen aus (so wird etwa von den Testpersonen erwartet, als Artikelwörter fungierende Pronomen wie *which* und *my* als Adjektive einzuordnen; vgl. auch die Kritik bei Weaver 1996). Macauleys Behauptung, homophone Formen wie *dance* und *post* seien ohne Rücksicht auf ihre Funktion im Kontext klassifiziert worden, lässt sich anhand seiner eigenen Daten als für die Stichprobe im Ganzen nicht zutreffend erweisen, denn in beiden Fällen beeinflusst der Kontext das Antwortverhalten in der Gesamtgruppe, wie sich aus den Angaben Macauleys errechnen lässt, signifikant. Der Wert der Untersuchung Macauleys könnte insgesamt weniger in den Aufschlüssen liegen, die sie zum grammatischen Wissen von Schülerinnen und Schülern allgemein erbringt, als darin, dass sie auf die Existenz einer Gruppe von Schülerinnen und Schülern schließen lässt, die auch in mehreren Jahren Grammatikunterricht nicht zu einem auch nur grundlegenden Verständnis des vermittelten grammatischen Wissens zu gelangen vermochte.

Eine Untersuchung des Satzstrukturwissens von Schülerinnen und Schülern der Klassenstufen 5–9 (n = 1367) führte Claus-Schulze (1966) in der ehemaligen DDR durch. Neben „analytischen" Aufgaben, in denen Sätze segmentiert und Satzteile nach ihrer syntaktischen Funktion (Satzglied, Gliedsatz, Attribut) klassifiziert werden mussten, verwendete sie auch „synthetische" Aufgaben, bei denen Wortformen zu bilden oder in Texte einzusetzen waren. Da auf verschiedenen Klassenstufen unterschiedliche Aufgaben eingesetzt wurden, zur Qualität der Aufgaben keine Aussagen gemacht werden und eine systematische Datendokumentation ausbleibt, werden die quantitativen Ergebnisse der Studie im Folgenden nicht weiter erörtert. Claus-Schulze selbst beurteilt die von den Schülerinnen und Schülern erreichten Leistungen als unzureichend, stellt aber immerhin fest, dass sie in Klassenstufe 9 signifikant, wenn auch nur geringfügig besser waren als in Klassenstufe 8 (hier waren jeweils die gleichen Aufgaben eingesetzt worden). Bis heute von Interesse sind die fehleranalytischen Beobachtungen der Studie (vgl. dazu auch Claus-Schulze 1969). Sie legen nahe, dass ein Teil der Schülerinnen und Schüler zu seinen Antworten weniger aufgrund strukturbezogener Überlegungen als aufgrund oberflächlicher Analogien und aufgabenspezifischer Heuristiken gelangt ist. So wurde z. T. als Subjekt einfach das erste

„passende" Wort im Satz und als dazugehöriges Prädikat das ihm nächste Finitum angegeben, selbst wenn beide unterschiedlichen Teilsätzen angehörten. Neben semantisch bedingten Fehlern (z. B. Neigung, nur Handlungsverben als Prädikate anzusehen) sind, wie Claus-Schulze betont, auch rein formal bedingte Fehler zu verzeichnen (z. B. Präferenz, Pronomen als Subjekte einzustufen).

Zwei größere Untersuchungen zum grammatischen Wissen sind in der französischsprachigen Schweiz entstanden (Genfer Untersuchung: Kilcher-Hagedorn et al. 1987; vgl. Bronckart et al. 1979; Kilcher-Hagedorn et al. 1985; Lausanner Untersuchung: Martin/Gervaix 1992; vgl. Gervaix 1995).

Gegenstand der Genfer Untersuchung ist die Wortartkenntnis sowie die Kenntnis syntaktischer Funktionen (Objekt) bei Schülerinnen und Schülern der Klassenstufe 2–6 (n = 231). In Klassenstufe 6 erreichte der Anteil von richtig im Text identifizierten Wortarten bei Nomen 81 % und bei Adjektiven 66 %; der Anteil von im Satzkontext richtig unterstrichenen direkten Objekten lag bei 79 %. In allen Fällen waren in den höheren Klassenstufen signifikant bessere Ergebnisse zu verzeichnen als in den unteren, wobei die Unterschiede von den Verfasserinnen jedoch als quantitativ schwach ausgeprägt eingestuft werden. Eine Fehleranalyse erbrachte auch hier, dass ein Teil der Probanden oberflächliche Heuristiken zu befolgen schien, statt das jeweils eigentlich kritische syntaktische Merkmal zu beachten. Dabei spielten neben semantischen augenscheinlich auch rein formale Erwägungen eine Rolle, und zwar bereits ab der Klassenstufe 2. In Interviews, die im Anschluss an die Tests durchgeführt wurden, gaben etwa 15 % der Kinder zu ihren Antworten Erklärungen, die ohne jeden Bezug auf syntaktische Gegebenheiten waren. Auch in dieser Untersuchung war also eine Gruppe von Schülerinnen und Schülern zu beobachten, die nicht zu einem Verständnis der im Grammatikunterricht vermittelten Begriffe gelangt zu sein schien.

Die Lausanner Untersuchung befasst sich mit dem Satzstrukturwissen sowie den grammatischen Analysefähigkeiten von Schülerinnen und Schülern der Klassenstufe 8 (n = 804). In ihr erwiesen sich solche Aufgaben als leicht, bei denen einzelne Einheiten anhand von semantischen oder rein formalen Merkmalen klassifiziert werden konnten, ohne dass der Satz vorher umgeformt werden musste (das gilt z. B. für „Modifikatoren", das heißt auf ein Verb folgende Adverbiale). Schwierig waren Aufgaben, bei denen die Probanden Sätze zunächst umstellen mussten, um Einheiten zutreffend klassifizieren zu können (das ist im Französischen z. B. bei vorangestellten Objekten erforderlich). Nach Annahme der Verfasser spricht das dafür, dass ihre Probanden dazu neigten, eine „lineare" statt eine strukturbezogene Analyse von Sätzen vorzunehmen. Gerade die Befunde der Lausanner Studie weisen jedoch darauf hin, dass der Versuch, auf der Grundlage von Ergebnissen schulgrammatischer Tests Schlussfolgerungen über grammatisches Wissen zu ziehen, mit grundsätzlichen Problemen behaftet ist. Beispielsweise klassifizierten die Probanden Adverbien mit der Endung -ment, die auf ein finites Verb folgen, in 95 % aller Fälle zutreffend als Modifikatoren, wenn sie die Aufgabe hatten, Modifikatoren herauszusuchen. Sie schlugen sie jedoch in 53 % aller Fälle dem Objekt zu, wenn ihre Aufgabe lautete, Objekte zu unterstreichen. Somit entsteht der Eindruck, dass die Daten weniger Rückschlüsse darauf zulassen, welche Strukturen die Probanden den zu analysierenden Sätzen zuschreiben, als darauf, welche Vorgehensweise ihnen die zum Abarbeiten der Aufgabe jeweils probateste zu sein schien.

Die beiden Schweizer Untersuchungen, deren Ergebnisse durch weitere französischsprachige Studien (Berger et al. 1976; Bousman-Kosowski 1985; Brossard/Lambelin 1985; Legrand 1995; Fisher 1996) im Ganzen bestätigt werden, verbindet eine „konstruktivistische" Vorstellung von grammatischem Lernen, nach der dieses darauf beruht, dass Lernende aktiv Repräsentationen syntaktischer Begriffe auszubilden suchen. Eine solche Vorstellung von grammatischem Lernen wird durch die dargestellten Befunde jedoch nicht überzeugend gestützt. Diese legen ja den Eindruck nahe, dass viele Lernende eher Heuristiken zur Bewältigung äußerer Anforderungen zu entwickeln suchen, als dass sie sich mit syntaktischen Strukturen selbst auseinandersetzen.

Insgesamt wird in den theorieorientierten Studien das grammatische Wissen von Schülerinnen und Schülern skeptischer eingeschätzt als in den Evaluationsstudien. Zu einem ebenfalls skeptischen Fazit gelangt die kanadische Untersuchung von Roy et al. (1995) im Blick auf das grammatische Wissen angehender Studierender.[3] Es ist möglich, dass die negative Einschätzung in den theorieorientierten Studien, soweit es um die Beurteilung der Leistungsfähigkeit der Gesamtgruppe der Schülerinnen und Schüler geht, auch bedingt ist durch eine unzureichende Qualität der Aufgabenstellungen sowie durch das Fehlen einer voraufgehenden Spezifizierung der Erwartungen, die an das Wissen gestellt werden. Diese Studien behalten gleichwohl gegenüber den evaluativen Erhebungen ihren Wert dadurch, dass sie auf die Existenz einer Gruppe leistungsschwacher Schülerinnen und Schüler hinweisen, der der Grammatikunterricht keine tragfähige Vorstellung davon zu vermitteln vermocht hat, worum es bei syntaktischen Analysen überhaupt geht.

2.3 Direkter Zugang zu syntaktischen Strukturen

Die auf der Hand liegenden Schwächen von Anläufen, auf der Grundlage von schulgrammatischen Tests zu Rückschlüssen auf grammatisches Wissen selbst zu gelangen, haben zu verschiedenen Versuchen geführt, dieses Wissen unmittelbar zu erfassen, das heißt ohne Verwendung schulgrammatischer Terminologie und unabhängig von vorgegebenen grammatischen Klassifikationen. Untersuchungen dieser Art werden im Folgenden als Erhebungen mit „direkter Aufgabenstellung" bezeichnet. Was sie zu überprüfen suchen, ist stellenweise als Wahrnehmung syntaktischer Strukturen oder als implizites grammatisches Wissen be-

---

[3] Dem entspricht, dass Lehramtsstudierende dazu neigen, ihr eigenes grammatisches Wissen als unzureichend einzustufen (Ivo/Neuland 1991; Risel 1998; 1999; Bremerich-Vos 1999).

schrieben worden. Beide Beschreibungen werfen allerdings Fragen auf. Der Ausdruck „Wahrnehmung" bezeichnet einen sensorischen Prozess und kann, wenn er auf das Registrieren syntaktischer Merkmale angewandt wird, nur eine Metapher darstellen. Der Ausdruck „implizites Wissen" setzt voraus, dass das Registrieren syntaktischer Merkmale überhaupt als Wissen beschreibbar ist. Denkbar ist jedoch auch, dass es einfach in der Bereitschaft besteht, auf das „Nachhallen" gerade aufgetretener syntaktischer Muster zu reagieren, was allerdings in konsistenter Weise nur erfolgen kann, wenn ein Vertrautsein mit diesen Mustern gegeben ist.

In voneinander unabhängigen amerikanischen Ansätzen haben Carroll (vgl. Carroll/Sapon 1959) und O'Donnell (vgl. O'Donnell 1973; 1974) Erhebungsverfahren konstruiert, die darauf zielen, ohne Verwendung schulgrammatischer Terminologie zu erfassen, in welchem Umfang Schülerinnen und Schüler syntaktische Beziehungen in Sätzen registrieren. Bei dem von Carroll konzipierten, im „Modern Language Aptitude Test" bis heute praktizierten und in deutschsprachigen Tests (Wendeler 1974; Ingenkamp et al. 1977) adaptierten Vorgehen werden den Probanden Sätze vorgegeben, in denen ein Teil unterstrichen ist. Sie müssen dann in einem zweiten Satz dasjenige Element heraussuchen, das „dieselbe Rolle" hat wie dieser Teil. Die von O'Donnell eingesetzten Verfahren beruhen darauf, dass die Probanden entscheiden müssen, welcher unter mehreren Sätzen eine zu einem vorgegebenen Satz gleiche Tiefenstruktur hat („most like") oder eine unterschiedliche („least like"). Sowohl im Blick auf Carroll wie O'Donnell lässt sich anmerken, dass Probandenantworten auf die von ihnen konstruierten Aufgaben vermutlich in größerem Ausmaß sekundäre, analytische Prozesse spiegeln als ein spontanes, „unmittelbares" Registrieren syntaktischer Strukturen. An die Ansätze von O'Donnell anknüpfende empirische Arbeiten gelangten kaum zu überzeugenden Belegen dafür, dass es möglich ist, den auf diese Weise gemessenen Zugang zu syntaktischen Strukturen durch Grammatikunterricht auszubauen (Davis et al. 1964; O'Donnell/King 1974; Kennedy/Larson 1969; O'Donnell/Smith 1975).

Wittwer (1959; vgl. 1964) geht in einer Untersuchung mit französischsprachigen Probanden im Alter von 8–16 Jahren (n=560) von der Hypothese aus, dass Schülerinnen und Schüler über einen unmittelbaren Zugang zu syntaktischen Strukturen verfügen, der dem Zugang, welchen der Grammatikunterricht mit analytischen Mitteln zu verschaffen sucht, überlegen ist. Auch Wittwer legte, ähnlich wie zeitgleich Carroll, seinen Probanden Satzpaare vor, bei denen Satzteile mit der jeweils gleichen syntaktischen Funktion herauszusuchen waren. Die mit Hilfe dieses Vorgehens gewonnenen Ergebnisse stützen nach Wittwer seine Hypothese insofern, als die Probanden Satzteile mit prädikativer Funktion bei direkter Aufgabenstellung zuverlässiger zu erfassen vermochten, als wenn sie mit Hilfe schulgrammatischer Terminologie danach gefragt wurden. Darüber hinaus gab es bei Satzteilen aller syntaktischen Funktionen Diskrepanzfälle, das heißt Probanden, die sie bei direkter Aufgabenstellung sicher identifizieren konnten, nicht aber in schulüblichen Tests. Wittwer schließt daraus, dass Schülerinnen und Schüler sich, um zu einem zuverlässigen Erfassen syntaktischer Strukturen zu gelangen, auf ihren unmittelbaren, spontanen Zugang zu diesen stützen müssen. Der Grammatikunterricht mit seinen analytischen Erkennungsprozeduren dagegen verfälsche grammatisches Wissen und bremse dadurch den grammatischen Lernprozess.

Die Daten Wittwers sind kaum geeignet, seine Hypothesen in diesem weitreichenden Sinn zu stützen. Sie weisen jedoch auf die Möglichkeit hin, dass Schülerinnen und Schüler syntaktische Strukturen, die sie bei expliziter Befragung nicht zutreffend einzuordnen vermögen, auf einer „intuitiven" Ebene durchaus zuverlässig von anderen unterscheiden können. Mehrere französischsprachige Arbeiten sind Wittwer in diesem Ansatz gefolgt (Renard et al. 1973; Dabène/ Martin-Saurrat 1979; François 1986).

Funke (2005; vgl. Simmel 2007) führte eine Studie mit Probanden der Klassenstufe 5–7 (n = 432) durch, um zu überprüfen, in welchem Umfang Schülerinnen und Schüler den Unterschied von Nomen und finiten Verben, welche ihnen jeweils im Kontext von Sätzen vorgegeben wurden, zu erfassen vermögen. Er nutzte eine direkte Aufgabenstellung, bei der die Probanden – anders als bei Wittwer – nicht Einheiten mit gleicher Kategorie auffinden mussten, sondern Einheiten mit abweichender Kategorie (Ausreißersätze, die für die Probanden beschrieben wurden als „Sätze, die anders sind als die anderen"). Im Allgemeinen vermochten nur solche Schülerinnen und Schüler, die den Kontrast von Nomen und finiten Verben bei dieser direkten Aufgabenstellung erkannten, auch in einem schulüblichen expliziten Wortarttest Verben zuverlässig von Nomen zu unterscheiden. Dagegen gab es Probanden, die die Aufgaben mit direkter Aufgabenstellung lückenlos richtig lösten, ohne dass anhand des schulüblichen Tests belegbar gewesen wäre, dass ihnen auch nur die Bedeutung der schulgrammatischen Termini „Nomen" und „Verb" klar war. Die Ergebnisse einer anschließend durchgeführten schriftlichen Befragung sprechen gleichwohl dafür, dass ein direkter Zugang zu syntaktischen Strukturen und schulgrammatisches Wissen nicht unabhängig voneinander auftreten. Die Antworten zeigten, dass Probanden, die ihr Vorgehen bei der Bearbeitung der Aufgaben rückblickend unter Verwendung schulgrammatischer Terminologie beschrieben, mehr richtige Lösungen erreicht hatten als die anderen. Unter den Probanden, die in ihrer Antwort keine schulgrammatische Terminologie verwendeten, hatten diejenigen, die anzugeben wussten, welches Wort im Ausreißer-Satz diesen von den anderen vorgegebenen Sätzen unterscheidet, bei der Bearbeitung der Aufgaben mehr richtige Lösungen erreicht als die, die nur global auf die Unterschiedlichkeit der Sätze hingewiesen hatten. Diese Beobachtung spricht sowohl dagegen, explizites grammatisches Wissen mit schulgrammatischem Wissen gleichzusetzen, wie dagegen, das Wissen, welches eine direkte Fragestellung zutage fördert, unbesehen als „implizit" zu beschreiben.

Die Art, wie Schülerinnen und Schüler ihre Annahmen über syntaktische Strukturen in gegebenen Sätzen begründen, war Gegenstand einiger untereinander gänzlich disparater Studien. Diese führten alle zu der Beobachtung, dass in der mittleren Schulzeit (Klassenstufe 5–6) zunehmend syntaktische statt semantische Beschreibungsmittel verwendet werden, welche gegen Ende der Schulzeit wieder verstärkt durch semantische ersetzt werden (Riehme 1972 für die Identifikation von Nomen; Mahmoudien-Renard 1976 für Satztypen; Afflerbach 1997 für Kommasetzung). Es dürfte Vorsicht angezeigt sein gegenüber der Annahme, dass fortgeschrittene Lerner, die ihre Vorstellungen über die Struktur eines Satzes in semantischen statt syntaktischen Termini formulieren, sich auch tatsächlich nur auf semantische und nicht auf syntaktische Kriterien gestützt haben.

2.4 Ergebnisse verschiedener Formen von Grammatikunterricht

In Studien aus den 1970er Jahren wird der „traditionelle" Grammatikunterricht einem „modernen", auf eine strukturale oder generative Grammatik gestützten Grammatikunterricht gegenübergestellt (im englischsprachigen Raum etwa Bateman/Zidonis 1966; Smith/Sustakoski 1968; Crews 1971; Elley et al. 1976; in Deutschland Döhmann 1977; für den französischsprachigen Raum Janin et al. 1976; vgl. auch die Übersichtsdarstellung bei Besson/Bronckart 1978). Globale Unterschiede hinsichtlich der Lernergebnisse wurden dabei nicht oder nicht in nennenswertem Umfang festgestellt. Wenn die „modern" unterrichteten Schülerinnen und Schüler somit kaum mehr als die „traditionell" unterrichteten zu lernen schienen, so lernten sie aber offenbar doch Anderes. In der Stichprobe von Janin et al. (1976) etwa orientierten sich die „traditionell" unterrichteten Probanden bei der Identifikation von Subjekten mehr an semantischen, die „modern" unterrichteten mehr an formalen Kriterien. Infolgedessen erkannten Erstere Subjekte von Aktivsätzen besser, Letztere Subjekte von Passivsätzen.

Zu den Lernergebnissen eines funktionalen gegenüber einem formalen Grammatikunterricht liegen kaum belastbare Erkenntnisse vor. Scholz (1975) erteilte in einem Unterrichtsversuch in den Klassenstufen 5 und 7 Versuchsgruppen einen als „kommunikativ" bezeichneten, semantisch orientierten Grammatikunterricht. Seinem Resultat, dass diese Gruppen im Nachtest ein signifikant umfangreicheres grammatisches Wissen zeigten als die Kontrollgruppe, kann wegen methodischer Mängel kaum Aussagekraft beigemessen werden.[4]

Eine spezifische Tradition von Interventionsstudien zum Grammatikunterricht bildete sich in der ehemaligen DDR aus. Die in dieser Tradition verfolgte Fragestellung weist insofern Berührungspunkte auf mit der Fragestellung der unter 2.2 erörterten theorieorientierten Untersuchungen, als es im Kern um die Qualität des im Grammatikunterricht vermittelten Wissens geht. Die zentrale Hypothese ist, dass grammatisches Wissen dann zuverlässig und anwendungsbereit zur Ver-

---

[4] Eine weitere Studie, in der ein dezidiert funktionaler Grammatikunterricht evaluiert wird (Klotz 1996), wird unter 3.3 besprochen.

fügung steht, wenn es einen begrifflichen Charakter hat, das heißt darauf beruht, dass syntaktische Merkmale in einer verallgemeinerten Weise erfasst werden, also nicht nur bei einzelnen Fällen und nicht nur dann, wenn die Aufgabe in einer bestimmten Form gestellt wird. Das dem größten Teil dieser Arbeiten zugrunde liegende Modell von Galperin (1972) nimmt an, dass Lernende, um begriffliches Wissen zu erwerben, ihre eigene gedankliche Tätigkeit bewusst steuern müssen. Um ihnen das zu ermöglichen, wird ihnen eine schematische Skizze der Schritte an die Hand gegeben, welche bei der Bearbeitung von grammatischen Problemstellungen zu durchlaufen sind („Orientierungsgrundlage"). Die Schritte sollen zunächst in „entfalteter" Weise umgesetzt werden, das heißt in Form äußerer Handlungen, später nur noch in angedeuteter Weise ausgeführt werden und schließlich gänzlich verinnerlicht und automatisiert ablaufen. Begriffliches grammatisches Lernen auf diesem Weg zu fördern, war das Ziel einer Reihe von Unterrichtsversuchen (Jantos 1971; vgl. Jantos 1975; Herrmann 1974; Schößler 1981; Rose 1985; Schumer 1988). Weitere Arbeiten verfolgten das gleiche Ziel auf dem Hintergrund anderer, jedoch vereinbarer theoretischer Vorstellungen von Begriffsbildung (Altendorf 1969; Friedrich 1970; Siegert 1977; König 1991: merkmalsorientierte Vermittlung grammatischer Begriffe; Meyer 1969: formal-operationaler Zugang zu grammatischen Begriffen). Trotz eines erheblichen Aufwandes ist der Erkenntnisgewinn der empirischen Arbeiten aus der DDR wegen unübersehbarer und durchgehender methodischer Mängel begrenzt. Soweit diese Arbeiten als methodisch einigermaßen belastbar gelten können, lassen die in ihnen aufgewiesenen Lerneffekte eine ausgeprägte Spezifität erkennen. So zeigte Altendorf (1969), dass Schülerinnen und Schüler zwei grammatische Begriffe (kausales und konditionales Adverbial) seltener verwechselten, wenn diese im Unterricht gegenübergestellt worden waren, als wenn sie nacheinander und ohne Beziehung zueinander eingeführt worden waren. Meyer (1969) stellte fest, dass Klassen, die in der Nutzung formal-operationaler Verfahren unterrichtet worden waren, im Vergleich zu Kontrollklassen bei solchen Aufgaben besser abschnitten, bei denen die Verwendung dieser Verfahren aus in der Sache gelegenen Gründen von Nutzen zu sein vermag (z. B. Satzanalyse), nicht aber bei anderen Aufgaben (z. B. Bildung von Tempusformen). In beiden Fällen beschränkt sich der Nachweis von Lerneffekten auf die unmittelbar unterrichteten Bereiche. Eine vergleichbare Spezifität hatte sich auch bei den Vergleichen „traditioneller" und „moderner" Formen des Grammatikunterrichts gezeigt.

3 Einflüsse des Grammatikunterrichts auf das schriftsprachliche Können von Schülerinnen und Schülern

3.1 Konzeptionelles Schreiben

Die Frage, ob der Grammatikunterricht in Form einer reflexiven, analytisch vorgehenden Auseinandersetzung mit syntaktischen Strukturen zur Verbesserung konzeptionellen Schreibens beizutragen vermag, ist in einer fast hundert Jahre umspannenden Tradition englischsprachiger Forschungen empirisch untersucht worden.

Innerhalb dieser Tradition nehmen die Arbeiten von Harris (1962) und Elley et al. (1976) eine Sonderstellung ein, da beide die Wirksamkeit des Grammatikunterrichts in über mehrere Jahre ausgedehnten Unterrichtsversuchen untersuchten. Harris (1962) ging in einem auf zwei Jahre angelegten Unterrichtsversuch mit englischen Schülerinnen und Schülern der Klassenstufen 7–8 (n = 228) der Frage nach, ob der Grammatikunterricht dazu beiträgt, die „grammatische Kontrolle" über das Schreiben, die sich nach ihm in der syntaktischen Komplexität, Vielfalt und Korrektheit von Sätzen niederschlägt, auszubauen. Obwohl seine Versuchsklassen, die Grammatikunterricht erhalten hatten, ausweislich eines Nachtests mehr grammatisches Wissen erworben hatten als die Kontrollklassen, waren sie ihnen im Nachtest hinsichtlich der „grammatischen Kontrolle" beim Schreiben nicht überlegen. Elley et al. (1976) verglichen in einem sich über drei Jahre erstreckenden Unterrichtsversuch mit Schülerinnen und Schülern der Klassenstufen 9–11 (n = 166) zwei Versuchsgruppen, die Grammatikunterricht erhielten (Transformationsgrammatik, traditionelle Grammatik) und eine Kontrollgruppe, die andere Lernangebote erhielt (freie Lesezeiten und kreative Schreibübungen). In Eingangs- und Abschlusstests, jährlichen Zwischenerhebungen sowie einer ein Jahr nach Beendigung des Versuchs durchgeführten Nacherhebung wurden verschiedene Aspekte der Qualität der von den Probanden geschriebenen Texte sowie Leseverstehen, Orthographie und Sprachrichtigkeit („english usage") erhoben. In der Transfomationsgrammatik-Gruppe wurde zusätzlich das explizite grammatische Wissen überprüft. Zu keinem Erhebungszeitpunkt unterschieden sich die Probanden der drei Versuchsbedingungen signifikant hinsichtlich der Qualität ihrer selbstverfassten Texte voneinander. Das gilt, obwohl der in der Transformationsgrammatik-Gruppe eingesetzte Grammatiktest belegte, dass diese Gruppe das grammatische Wissen, welches ihr vermittelt worden war, auch tatsächlich erworben hatte.

Die meisten der weiteren Untersuchungen aus der genannten Tradition sind nicht publiziert und nur schwer zugänglich. Ihre Ergebnisse werden jedoch zusammengefasst in mehreren Sammelberichten (Braddock et al. 1963; Wesdorp 1983; Andrews et al. 2006) sowie drei Metaanalysen zum Schreibunterricht (Hillocks 1986; vgl. Hillocks 1985; Graham/Perin 2007a; vgl. Graham/Perin 2007b; 2007c sowie Graham et al. 2012).[5] Die Metaanalysen weisen zusammen genommen zehn ihren Auswahlkriterien entsprechende Studien nach, in denen der Einfluss des Grammatikunterrichts auf die Gesamtqualität von Schülertexten überprüft wird. Sie beziffern den in den Studien gefundenen Einfluss durch Angabe der Effektstärke d (Maß für den Unterschied zwischen den Lernfortschritten der

---

[5] Kurze Überblicke finden sich zudem in verschiedenen weiteren Quellen, so bei Elley 1994, Hudson 2001, Hillocks/Smith 2003, Hudson 2006 sowie Andrews 2010.

Versuchs- und der Kontrollgruppe). Werte von d über Null sprechen für einen lernförderlichen, Werte unter Null für einen lernabträglichen Einfluss. Die für den Einfluss des Grammatikunterrichts auf die Textqualität gefundenen Effektstärken liegen nach Hillocks (1986) zwischen -0,45 und 0,08, ihr Mittel wird von Graham/Perrin (2007b) mit -0,32 und von Graham u. a. (2012) mit -0,41 beziffert. Dass der Grammatikunterricht den Metaanalysen zufolge somit nicht nur keinen, sondern überwiegend sogar einen abträglichen Einfluss auf die Qualität von Schülertexten hatte, könnte ein Artefakt sein, das sich daraus ergibt, dass die auf ihn während der Unterrichtsversuche verwendete Zeit in den konkurrierenden Versuchsgruppen gezielt für Schreibübungen verwendet wurde.[6] Dennoch kann man der Konsequenz kaum ausweichen, dass ein analytischer Grammatikunterricht kein geeignetes Mittel ist, um eine Verbesserung der Textqualität zu erreichen. Eine in den Metaanalysen noch nicht berücksichtigte, vergleichsweise groß angelegte (n = 744) englische Studie mit Schülerinnen und Schülern der Klassenstufe 8 (Myhill u. a. 2012) ändert nichts an dem so formulierten Fazit, gelangt aber zu dem Schluss, dass grammatische Reflexion zur Verbesserung der Qualität von Schülertexten beitragen kann, wenn sie konsequent auf Formulierungsprobleme im Kontext fokussiert. Eine solche Arbeitsweise erwies sich als insbesondere für leistungsstarke Schülerinnen und Schüler förderlich.

Ein anderes Bild ergibt sich, wenn man Schülertexte, die unter dem Einfluss von Grammatikunterricht entstanden sind, statt nach der globalen Textqualität nach definierten sprachlichen Merkmalen (sprachliche Richtigkeit, syntaktische Komplexität, Auftreten bestimmter sprachlicher Mittel) auswertet. Während Braddock et al. (1963) positive Effekte von Grammatikunterricht auf Merkmale dieser Art verneinen, kommt Wesdorp (1983) aufgrund einer Auswertung von 53 empirischen Studien zu dem Ergebnis, dass solche Effekte jedenfalls denkbar erscheinen. Eine Metaanalyse von Rogers/Graham (2008) widmet sich „singlesubject"-Studien zum Schreiben, d. h. Arbeiten, in denen individuelle Lernverläufe – in der Regel bei förderungsbedürftigen Schülerinnen und Schülern – untersucht werden. Sie weist zu grammatisch orientierten Interventionen vier Studien aus, wobei der dort erteilte Unterricht in einer instruierenden und übenden, stark auf jeweils einen kritischen Bereich fokussierten Bearbeitung sprachlicher Probleme bestand. Alle vier Studien, an denen zusammengenommen 30 Probanden beteiligt waren, erbrachten eine Verbesserung hinsichtlich des jeweils fokussierten Bereichs, wobei die Verbesserung insgesamt 84 % der Probanden betraf.

In diesen Rahmen lassen sich die Ergebnisse der einzigen größeren deutschsprachigen Untersuchung zu Auswirkungen des Grammatikunterrichts auf Schreib-

---

[6] Graham/Perrin (2007b) weisen darauf hin, dass in den meisten von ihnen ausgewerteten Studien, anders als bei Elley et al., der Grammatikunterricht als Kontroll- und nicht als Versuchsbedingung diente. Es handelt sich häufig um Studien, die eigentlich Verfahren des Schreibunterrichts evaluieren wollten.

produkte von Schülerinnen und Schülern einordnen (Klotz 1996). Die an dem Unterrichtsversuch teilnehmenden Schülerinnen und Schüler der Klassenstufen 6–8 (n = 60) wurden klassenweise einer Versuchsbedingung mit einem funktional und textuell orientierten Grammatikunterricht und einer Kontrollbedingung mit nicht näher beschriebenem Unterricht zugeordnet. Die von den Probanden der Versuchsgruppe geschriebenen Texte übertrafen die der Kontrollgruppe signifikant in zwei von fünf im Posttest erhobenen sprachbezogenen Variablen (syntaktische Strukturnutzung, Satzgliedlänge).

Im Fazit lässt sich sagen, dass ein analytisch vorgehender Grammatikunterricht zur Verbesserung der globalen Textqualität nichts beizutragen scheint, während er das Auftreten konkreter sprachlicher Merkmale in Schülertexten möglicherweise zu befördern vermag, insbesondere wenn er gezielt auf diese Merkmale fokussiert. Beispielsweise steigerte sich die Häufigkeit, mit der ein Schüler Adjektive verwendet, wenn man mit ihm die Frage, an welchen Stellen sie sich einfügen lassen, an konkreten Beispielen aus seinem eigenen Text erörterte (Kraetsch 1981). Ebenso verringerte sich die Zahl grammatisch bedingter Fehler in Schülertexten durch auf individuelle Fehlerschwerpunkte zugeschnittene „mini-lessons" (Feng/Powers 2005). Im Grunde sind weder solche Befunde noch die Tatsache, dass die Textqualität als Ganze durch einen analytischen Grammatikunterricht nicht beeinflusst wird, überraschend. Beide Feststellungen lassen erneut eine ausgeprägte Spezifität der in Unterrichtsversuchen belegten Wirkungen von Grammatikunterricht erkennen.

Die zu Anfang des Abschnitts angesprochene englischsprachige Forschungstradition zum Zusammenhang von Grammatikunterricht und Textqualität ist mit der zunehmenden Konsolidierung des Negativbefundes in neuerer Zeit, wie Elley (1994) formuliert, „ausgetrocknet". Bis heute aktiv ist eine andere, später entstandene englischsprachige Traditionslinie, die sich mit dem „sentence combining" befasst, das heißt mit Übungen, in denen Sätze nach vorgegebenen Mustern zu größeren Einheiten verbunden werden müssen (Mellon 1969; O'Hare 1973; Kanellas et al. 1998; Saddler/Graham 2005). Solche Übungen sind im vorliegenden Zusammenhang von Interesse, da sie als „synthetische" Alternative zu einem „analytischen" Grammatikunterricht verstanden worden sind (Straw 1994). Die oben genannten Metaanalysen weisen für den Einfluss des Sentence Combining auf die Qualität von Schülertexten Effektstärken zwischen 0,12 und 0,51 (Hillocks 1986) bzw. eine mittlere Effektstärke von 0,50 (Graham/Perin 2007b) aus. Es ist denkbar, dass dieser Effekt nicht speziell darauf beruht, dass die Schülerinnen und Schüler einfache Sätze zu komplexen Sätzen zu verbinden lernen, sondern eher darauf, dass sie veranlasst werden, sich intensiv und aktiv mit Formulierungsproblemen auf Satzebene auseinanderzusetzen. Jedenfalls wurden ähnlich förderliche Effekte auch bei einer Arbeitsweise gefunden, in der Schülerinnen und Schüler angeregt wurden, einfache Sätze gemäß grammatischer Vorgaben zu bilden (Fearn/Farnan 2007). Keine vergleichbare Wirkung entfaltete dagegen das bloße Zerlegen komplexer Sätze in einfache Sätze („sentence reduction"; vgl. Straw/Schreiner 1982).

3.2 Leseverstehen

Obwohl im Fall des Leseverstehens aus guten Gründen immer wieder vermutet worden ist, dass es in einem funktionellen Zusammenhang zum grammatischem Wissen steht, lassen sich derzeit kaum hinreichende Belege für die Annahme finden, dass es durch Grammatikunterricht gefördert werden kann. In der bereits beschriebenen Untersuchung von Elley et al. (1976) erreichten die Versuchsgruppen zu keinem Erhebungszeitpunkt bessere Leseverstehensleistungen als die Kontrollgruppe. Bei O'Donnell/King (1974) erbrachten auf 15 Wochen verteilte grammatische Übungen zum systematischen Umstrukturieren von Sätzen bei Schülerinnen und Schülern der Klassenstufe 7 (n = 50) keine messbaren Fortschritte im Leseverstehen. Layton et al. (1998) stellten in einem Versuch mit Viertklässlern (n = 30) keine Verbesserung der „funktionalen" Leseleistungen durch ein syntaktisch orientiertes Training fest. In Studien, in denen ein analytisch angelegter Grammatikunterricht als Kontrollbedingung zur eigentlichen Versuchsbedingung fungierte, welche in einem handlungsorientierten Umgang mit Sprache bestand, war dieser Unterricht in keinem Fall für Leseverstehen belegbar wirksam (Straw/Schreiner 1982; White et al. 1981). Eine psycholinguistische Studie mit jungen Erwachsenen (Chipere 2003) zeigte, dass diese durch ein grammatisch orientiertes Training zu einem verbesserten Verstehen von Sätzen mit komplexen Konstruktionstypen gelangten. Jedoch war das Training ausschließlich auf den im Fokus stehenden Konstruktionstyp zugeschnitten, und es wurde nicht überprüft, ob eine Übertragung von der Ebene des Satzverstehens auf die des Textverstehens stattgefunden hatte. Im deutschsprachigen Raum konnten weder Blatt et al. (2010) noch Funke et al. (2013) für das Leseverstehen förderliche Effekte syntaxbezogener Interventionen feststellen.

Syntaktische Auffälligkeiten gehörten neben verschiedenen anderen zu den Merkmalen von Sprachwitzen und -rätseln, mit denen in englischsprachigen Studien Primarschulkindern Anstöße zur spielerischen Auseinandersetzung mit sprachlichen Ambiguitäten gegeben wurden (Yuill 1996; 2007; Zipke 2008; Zipke et al. 2009; vgl. in Deutschland ähnlich, aber ohne syntaktischen Bezug Riegler 2006). Bei dieser Vorgehensweise konnten für das Leseverstehen fördernde Effekte beobachtet werden, die die Autorinnen damit erklären, dass der Unterricht zur Ausbildung metasprachlicher Bewusstheit beigetragen habe.

Die Ergebnisse verschiedener Untersuchungen lassen es als möglich erscheinen, dass das Arbeiten mit dem Sentence Combining zur Förderung von Leseverstehen beitragen kann (Straw/Schreiner 1982; Neville/Searls 1985; Wilkinson/Patty 1993; Gonsoulin 1993). Jedoch wurden in diesen Untersuchungen als Maß für Zugewinne im Leseverstehen vorwiegend Cloze-Tests eingesetzt. Verwendet man stattdessen globale Leseverstehenstests, so scheinen die belegbaren Effekte des Sentence Combining auf Leseverstehen schwach zu sein (vgl. die Übersicht von Searls/Neville 1988 sowie die Metaanalysen Fusaro 1992; 1993; Neville/ Searls 1991). In älteren Untersuchungen ist der Einfluss auf Leseverstehen auch für das „cloze" überprüft worden, das heißt Aufgabenstellungen, bei denen Schülerinnen und Schüler Texte bearbeiten, in denen Wörter getilgt sind und aus dem Kontext heraus wieder erschlossen werden müssen. Aufgaben dieser Art stellen neben lexikalischen und textuellen auch syntaktische Anforderungen. Ob sie mit Erfolgsaussicht zur Förderung von Leseverstehen eingesetzt werden können, wie Ergebnisse von Sampson et al. (1982) nahelegen, ist unklar (zusammenfassend Jongsma 1971; 1980).

Eine weitere Variante eines auf aktives sprachliches Handeln zielenden grammatisch orientierten Trainings von Lesefähigkeiten stellt das Arbeiten mit Satzanagrammen dar. Dabei müssen auf einzelnen Karten vorgegebene Wörter zu Sätzen zusammengesetzt werden. Weaver (1979) erreichte in einem Unterrichtsversuch mit Schülerinnen und Schülern der Klassenstufe 3 (n = 30) durch ein Anagramm-Training von sechs Wochen eine signifikante Verbesserung der Leseverstehensleistungen in der Versuchsgruppe gegenüber denen der Kontrollgruppe (repliziert durch White et al. 1981 sowie durch Greenewald/Pederson 1983). Das Training umfasste bei Weaver neben den eigentlichen Anagramm-Übungen auch Phasen, die darauf zielten, eine syntaktisch begründete Systematik für die Bearbeitung der Anagramme zu vermitteln. Jedoch setzte Weaver als Nacherhebungsinstrument einen Cloze-Test ein. In einem globalen Leseverstehenstest stellte sie keine Unterschiede von Versuchs- und Kontrollgruppe fest.

Die im Ganzen unklare Befundlage zu den Einflüssen von Grammatikunterricht auf Leseverstehen könnte damit zusammenhängen, dass Leseverstehenstests eine komplexe Leistung erfassen. Möglicherweise muss man das globale Konzept des Leseverstehens weiter differenzieren, um Einflüsse von schulisch gestütztem grammatischem Lernen auf Lesefähigkeiten mit Aussicht auf Erfolg überprüfen zu können.

3.3 Bezüge zu weiteren Bereichen

In Sprachen wie dem Deutschen und dem Französischen ist die Orthographie in hohem Maße grammatisch orientiert. Das hat zur Folge, dass der Rechtschreibunterricht auf grammatische Unterscheidungen, die orthographisch markiert werden, eingehen muss. Darauf bezogene Fragen bleiben hier ausgeklammert (vgl. zu ihnen Band 5 des vorliegenden Handbuchs). Jedoch ist ein orthographiebezogenes Ergebnis der Untersuchung von Elley et al. (1976) von Interesse: Der einzige Bereich, in dem die in Transformationsgrammatik unterrichtete Gruppe ihres Unterrichtsversuchs die Kontrollgruppe nach drei Jahren übertraf, betraf Gegenstände wie Großschreibung am Satzanfang, Zeichensetzung sowie Unterscheidungsschreibungen des Typs *of/off, quiet/quite*. Elley et al. sprechen von bloß „mechanischen" Details. Jedoch liegt in dieser unscheinbaren und auf den ersten Blick randständigen Beobachtung der wohl einzige in der empirischen Literatur zu findende Hinweis darauf, dass der Grammatikunterricht das schriftsprachliche Verhalten von Schülerinnen und Schülern in nicht nur spezifischer, auf den jeweiligen Fokus des Unterrichts begrenzter Weise beeinflussen kann, sondern eine in einem gewissen Grad unspezialisierte Sensibilität für das Auftreten syntaktischer Muster zu befördern vermag. In ähnlicher Richtung lässt sich möglicherweise der Befund deuten, dass eine deutschsprachige Versuchsgruppe, die sich anhand von direkten Aufgabenstellungen (vgl. 2.2) mit dem Kontrast von Nomen und Verben auseinandergesetzt hatte, gegenüber einer Kontrollgruppe einen Fortschritt in der Groß-/Kleinschreibung erreichte, obwohl die Groß-/Kleinschreibung selbst im Unterricht weder thematisiert noch geübt worden war (Funke et al. 2013; Melzer 2011).

Während orthographische Leistungen als Ganze deutlich mit grammatischem Wissen und Können zusammenhängen (Tordoir/Wesdorp 1979), gibt es widersprüchliche Ergebnisse hinsichtlich der Zusammenhänge zwischen der Beherrschung der Rechtschreibung, die Schreibende in einem bestimmten Bereich grammatischer Schreibungen zeigen, und den expliziten grammatischen Kenntnissen bezüglich des gleichen Bereichs, über die sie verfügen. In Untersuchungen, in denen außerhalb der Schreibsituation erhoben wurde, über welches deklarative Wissen die Probanden hinsichtlich der für einen Bereich von Schreibungen geltenden Regeln verfügen, wurden nur schwache Zusammenhänge zur Beherrschung dieser Schreibungen gefunden (für die Kommasetzung im Deutschen Borchert 1988; Afflerbach 1997; Melenk 2001; für die schriftsprachliche Markierung von verbalen Flexionsformen im Französischen Gervaix 1995). Anders verhielt es sich in einer Untersuchung mit französischsprachigen Probanden, in der diese ihr grammatisches Wissen unmittelbar im Zuge des Schreibens dokumentieren konnten, indem sie noch beim Schreiben die Nomen und Adjektive unterstrichen, deren flexivische Kongruenz orthographisch zu kennzeichnen war (Nadeau/Fisher 2009). Diese Beobachtungen sprechen dafür, dass das Regelwissen, welches Schülerinnen und Schüler formulieren, wenn sie explizit befragt werden, nicht mit dem Wissen gleichgesetzt werden sollte, das sie tatsächlich nutzen, wenn sie schreiben.

Im Blick auf zweitsprachliche Schülerinnen und Schüler stellt sich die Frage, ob und unter welchen Bedingungen sie durch die Teilnahme am landessprachlichen Grammatikunterricht sprachlich gefördert werden (s. dazu Band 9 des vorliegenden Handbuchs). Erfahrungen sprechen dafür, dass Grammatikunterricht für zweitsprachliche Lerner jedenfalls eine Komponente expliziter Unterweisung einschließen sollte (Stanat et al. 2005; Lütke 2009). Jedoch lässt sich anmerken, dass Menschen einen „intuitiven" Zugang zu syntaktischen Strukturen durchaus auch in einer Zweitsprache haben können. Die im Rahmen der Untersuchung von Funke (2005) erhobenen Daten zeigen, dass die zweitsprachlichen Probanden im direkten Grammatiktest Ergebnisse erreichten, die zwar schlechter waren als die der Erstsprachler, als Ganze aber signifikant über dem bei einem bloß zufälligen Antwortverhalten zu erwartenden Niveau lagen.[7] Das Gleiche lässt sich aus von Hahn (2011) erhobenen Daten entnehmen, die in den Klassenstufen 6 und 9 (n = 337, davon 40 Zweitsprachler) untersuchte, in welchem Umfang die Probanden den Unterschied von Verbalphrasen mit „zu" als Infinitivpartikel (z. B. *zu verschwimmen*) und Adjektivphrasen mit „zu" als Intensivierungspartikel (z. B. *zu verschwommen*) bei direkter Fragestellung erkannten.

Aktuellen didaktischen Postulaten zufolge soll Grammatikunterricht nicht in Form isolierter Grammatikstunden durchgeführt werden, sondern in einen integrierten Sprachunterricht eingebettet sein. Ob das von Bedeutung für seine Lernergebnisse ist, dürfte empirisch schwer zu erhellen sein. Beobachtungen des Unterrichts von amerikanischen Lehrkräften, die als besonders effektiv im Blick auf den Aufbau von Lese- und Schreibkompetenzen eingeschätzt wurden, zeigten, dass sie häufig einen über Handlungsmodi (Lesen, Schreiben) hinweg integrierten Sprachunterricht durchführten, in diesen aber gezielt systematische, nicht integrierte Lernsequenzen einbauten (Pressley et al. 1997; Pressley et al. 1998; Allington/Johnston 2002; Langer 2002; vgl. auch Noyce/Christie 1983 für einen direkten Vergleich im Unterrichtsversuch). Diese Feststellungen sind nicht auf Grammatikunterricht in dem Sinne, wie er im deutschsprachigen Raum geläufig ist, gemünzt. Sie lassen es gleichwohl als angezeigt erscheinen, grammatisches Lernen in übergreifende Zusammenhänge zu integrieren, die Integration aber nicht dogmatisch im Sinne der Vorstellung, jede einzelne grammatische Lerneinheit müsse in übergreifende Zusammenhänge eingebettet sein, zu praktizieren.

4 Fazit

Das explizite Wissen und analytische Können, das Schülerinnen und Schüler im Grammatikunterricht erwerben, stellt sich in empirischen Untersuchungen als hinsichtlich seines Umfangs schwer abgrenzbar, instabil und heterogen dar. Das muss nicht heißen, dass Schülerinnen und Schüler im Grunde über gar kein grammatisches Wissen verfügen oder dass ihr eigentliches grammatisches Wissen in einem „impliziten Wissen" besteht, welches sich nur bei einer direkten Aufgabenstellung zeigt. Die Instabilität und Uneinheitlichkeit grammatischen Wissens ist vielmehr durchaus mit der Annahme vereinbar, dass ein Zugang zu syntaktischen Strukturen wohl allen Menschen grundsätzlich offen steht. Jedoch vermögen nicht alle Menschen von diesem Zugang zuverlässig Gebrauch zu machen, wenn sie genötigt sind, ihn systematisch zu nutzen, sei es, um explizite schulgrammatische Analysen durchzuführen, sei es, um bei einer direkten Aufgaben-

---

[7] Die Aussage beruht auf einer Sekundäranalyse (nicht publiziert). Die Daten zweitsprachlicher Probanden (n = 53) sind in der Untersuchung von Funke (2005) nicht berücksichtigt.

stellung auf syntaktische Merkmale zu fokussieren. Die unbefriedigenden Lernergebnisse des Grammatikunterrichts könnten daraus resultieren, dass er Schülerinnen und Schülern Lernschritte abverlangt, deren Bewältigung bereits erfordert, dass sie zu einer systematischen Nutzung syntaktischer Information in der Lage sind. Er setzt damit eine Fähigkeit voraus, zu deren Erwerb er eigentlich beitragen müsste. Das könnte jedenfalls für leistungsschwächere Schülerinnen und Schülern zutreffen.

Die Ergebnisse empirischer Untersuchungen lassen es als angezeigt erscheinen, differenzierte Erwartungen zu hegen bezüglich der Möglichkeit, schriftsprachliches Können durch Grammatikunterricht zu beeinflussen. Im Blick auf das Schreiben könnten Einflüsse in spezifischer Form bestehen, das heißt, soweit Lösungsmuster für die Bewältigung fest umrissener Aufgaben vermittelt werden oder definierte sprachliche Verhaltensmuster aufgebaut werden. Einflüsse auf das Leseverstehen sind bisher kaum überzeugend belegt worden. Allerdings steht eine Entwicklung theoretisch begründeter Vorstellungen darüber aus, für welche Komponenten von Leseverstehen solche Einflüsse überhaupt zu erwarten sind. Dass es unspezifische Einflüsse des Grammatikunterrichts auf sprachliches Können gibt und dieser somit indirekt zu einer Weiterentwicklung der dem Schreiben und Lesen zugrunde liegenden sprachlichen Fähigkeiten beitragen könnte, erscheint denkbar und in theoretischer Perspektive einleuchtend, ist empirisch aber derzeit nicht klar belegbar.

Literatur

Afflerbach, Sabine: Zur Ontogenese der Kommasetzung vom 7. bis zum 17. Lebensjahr. Frankfurt a. M.: Peter Lang 1997

Allington, Richard L./Johnston, Peter H.: Reading to learn. Lessons from exemplary fourth-grade classrooms. New York: Guilford 2002

Altendorf, Leonhard: Untersuchungen zur rückgreifenden Behandlung eines grammatischen Mittels im Prozeß der Erstvermittlung von Wissen unter besonderer Berücksichtigung des Vergleichs. Dargestellt an Stoffeinheiten der 5. Klasse. Dissertation. Berlin: Humboldt-Universität 1969

Andrews, Richard: Teaching sentence level grammar for writing. In: Locke, Terry (Hrsg.): Beyond the grammar wars. New York: Routledge 2010, 91–108

Andrews, Richard/Torgerson, Carole/Beverton, Sue/Freeman, Alison/Locke, Terry/Low, Graham/Robinson, Alison/Zhu, Die: The effects of grammar teaching on writing development. In: British Educational Research Journal 32 (2006) 1, 39–55

Bateman, Donald R./Zidonis, Frank R.: The effect of a study of transformational grammar on the writing of ninth and tenth graders. Urbana, IL: NCTE 1966

Berger, Yves/Marcand, G.: Le sujet. Les critères grammaticaux suffisent-ils à reconnaître les fonctions syntaxiques? In: Recherches pédagogiques (1976) 79, 59–74

Besson, Marie Joseph/Bronckart, Jean-Paul: L'apprentissage de la notion de sujet à l'école primaire. In: Université de Genève – Cahiers de la Section des Sciences et de l'Education 5 (1978), 31–45

Blatt, Inge/Müller, Astrid/Voss, Andreas: Schriftstruktur als Lesehilfe. Konzeption und Ergebnisse eines Hamburger Leseförderprojekts in Klasse 5 (HeLp). In: Bredel, Ursula/Müller, Astrid/Hinney, Gabriele (Hrsg.): Schriftsystem und Schrifterwerb. Berlin: de Gruyter 2010, 170–202

Bonset, Helge/Hogeveen, Mariëtte: Taalbeschouwing. Een inventarisatie van empirical onderzoek in basis- en voortgeset onderwijs. Enschede, NL: SLO Nationaal Expertisecentrum Leerplanontwikkeling 2010 http://taalunieversum.org/onderwijs/onderzoek/slo_taalbeschouwing_2010.pdf

Borchert, Ingrid: Leistungen der Schüler in der Interpunktion. In: Zur Gestaltung des Aneignungsprozesses in der Disziplin Grammatik/Orthographie des Muttersprachunterrichts der Deutschen Demokratischen Republik. Zwickau: Pädagogische Hochschule „Ernst Schneller" 1988, 67–71

Bousman-Kosowski, Irèna: La reconnaissance du sujet dans une phrase écrite au sortir de l'enseignement primaire. In: Revue belge de Psychologie et de Pédagogie 47 (1985) 192, 145–152

Braddock, Richard/Lloyd-Jones, Richard/Schoer, Lowell: Research in written composition. Champaign, IL: NCTE 1963

Bremerich-Vos, Albert: 'Farbiger' Grammatikunterricht. Anmerkungen zu 'Grammatikbiographien'. In: Klotz, Peter/Peyer, Ann (Hrsg.): Wege und Irrwege sprachlich-grammatischer Sozialisation. Bestandsaufnahme – Reflexionen – Impulse. Baltmannsweiler: Schneider Hohengehren 1999, 25–52

Bremerich-Vos, Albert/Böhme, Kathrin: Kompetenzdiagnostik im Bereich 'Sprache und Sprachgebrauch untersuchen'. In: Granzer, Dietlinde/Köller, Olaf/Bremerich-Vos, Albert (Hrsg.): Bildungsstandards Deutsch und Mathematik. Weinheim: Beltz 2009, 376–392

Bronckart, Jean Paul/Gennari, M./Kilcher-Hagedorn, Helga/Nogueira, A.-R./Othenin-Girard, Christine/Pasquier, A./de Weck, Geneviève: Syntaxe de base et conjugaison à l'école primaire. In: Études de linguistique appliquée 45 (1979) 34, 15–33

Brossard, Michel/Lambelin, Geneviève: Problèmes posés par l'acquisition de quelques notions grammaticales. In: Revue française de pédagogie 19 (1985) 71, 23–28

Carroll, John B./Sapon, Stanley M.: Modern Language Aptitude Test. New York: Psychological Corporation 1959

Cawley, Frank: The difficulty of grammar for pupils of secondary school age. In: British Journal of Educational Psychology 28 (1958) 2, 174–176

Chipere, Ngoni: Understanding complex sentences. Native speaker variation in syntactic competence. Hampshire: Palgrave Macmillan 2003

Claus-Schulze, Anneliese: Ergebnisse des Grammatikunterrichts in ihrer Beziehung zur Denkleistung der Schüler. Untersuchung in 5. bis 10. Klassen der zehnklassigen allgemeinbildenden polytechnischen Oberschule. Habilitationsschrift. Potsdam: Pädagogische Hochschule 1966

Claus-Schulze, Anneliese: Typische Fehler von Schülern mittlerer Klassen beim Erfassen von Attributen und einige ihrer wesentlichsten Ursachen. In: Deutschunterricht 22 (1969) 12, 653–664

Crews, Ruthellen: A linguistic versus a traditional grammar program: The effects on written sentence structure and comprehension. In: Educational Leadership 5 (1971) 1, 145–149

Dabène, Michel/Martin-Saurrat, Catherine: L'adulte et le métalangage grammatical. In: Études de linguistique appliquée 45 (1979) 34, 86–93

Davis, O. L./Smith, Harold C./Bowers, Norman D.: High school students' awareness of structural relationships in English. In: The Journal of Educational Research 58 (1964) 2, 69–71

Dobberthien, Jörn: Grammatik-Tests zu Sprachbuch 5. Stuttgart: Klett 1974

Döhmann, Ursula: Untersuchungen zum Grammatikunterricht. Tübingen: Niemeyer 1977

Eichler, Wolfgang: Sprachbewusstheit. In: Beck, Bärbel/Klieme, Ekkehard (Hrsg.): Sprachliche Kompetenzen. Konzepte und Messung. Weinheim: Beltz 2007, 147–157

Elley, Warwick: Grammar teaching and language style. In: Asher, Ronald E. (Hrsg.): The encyclopedia of language and linguistics. Volume 3. Oxford: Pergamon Press 1994, 1468–1471

Elley, Warwick/Barham, Ian/Lamb, Hilary/Wyllie, Malcolm: The role of grammar in a secondary school English curriculum. In: Research in the Teaching of English 10 (1979) 1, 5–21

Fearn, Leif/Farnan, Nancy: When is a verb? Using functional grammar to teach writing. In: Journal of Basic Writing 26 (2007) 1, 63–87

Feng, Shoudong/Powers, Kathy: The short- and long-term effect of explicit grammar instruction on fifth graders' writing. In: Reading Improvement 46 (2005) 2, 67–76

Fisher, Carole: Les savoirs grammaticaux des élèves du primaire: le cas de l'adjectif. In: Chartrand, Suzanne-G. (Hrsg.): Pour un nouvel enseignement de la grammaire. 2e édition. Montréal, Canada: Éditions logiques 1996, 315–340

François, Frédéric: Quelles 'classes' dans les 'grammaires spontanées' des enfants? In: Modèles linguistiques 7 (1986) 1, 21–30

Friedrich, Bodo: Zur simultanen Erstvermittlung von Merkmalen zweier grammatischer Begriffe. Dissertation. Berlin: Humboldt-Universität 1970

Funke, Reinold: Sprachliches im Blickfeld des Wissens. Tübingen: Niemeyer 2005

Funke, Reinold/Wieland, Regina/Schönenberg, Stephanie/Melzer, Florian: Exploring syntactic structures in first-language education: effects on literacy-related achievements. In: L1-Educational Studies in Language and Literature 13 (2013), 1–24

Fusaro, Joseph A.: Meta-analysis of the effect of sentence-combining on reading comprehension when the criterion measure is the test of reading comprehension. In: Perceptual and Motor Skills 74 (1992) 1, 331–333

Fusaro, Joseph A.: A meta-analysis of the effect of sentence-combining on reading. In: Reading Improvement 30 (1993) 4, 228–231

Galperin, Petr J.: Die geistige Handlung als Grundlage für die Bildung von Gedanken und Vorstellungen. In: Galperin, Petr J./Leont'ev, Aleksej N.: Probleme der Lerntheorie. Berlin: Volk und Wissen 1972, 33–49

Gauvin, Isabelle: Interactions didactiques en classe de français: enseignement/apprentissage de l'accord du verbe au première secondaire. Thèse PhD. Montréal, Canada: Université de Montréal 2011

Gervaix, Philippe: Qu'avez-vous fait de votre participe passé? Maîtrise et stratégies d'accord du participe passé au niveau secondaire. Lausanne: Centre Vaudois de Recherches Pédagogiques 1995

Gonsoulin, Kay W.: The effects of sentence-combining curricula on descriptive writing performance, reading achievement, and writing apprehension: A study with high-risk secondary students. Dissertation. Gainesville, FL: University of Florida 1993

Graham, Steve/McKeown, Debra/Kiuhara, Sharlene/Harris, Karen H.: A meta-analysis of writing instruction for students in the elementary grades. In: Journal of Educational Psychology 104 (2012) 4, 879–896

Graham, Steve/Perin, Dolores: Writing next: Effective strategies to improve writing of adolescents in middle and high schools – A report to Carnegie Corporation of New York. Washington, DC: Alliance for Excellent Education 2007a
http://www.all4ed.org/files/WritingNext.pdf

Graham, Steve/Perin, Dolores: A meta-analysis of writing instruction for adolescent students. In: Journal of Educational Psychology 99 (2007b) 3, 445–476

Graham, Steve/Perin, Dolores: What we know, what we still need to know: Teaching adolescents to write. In: Scientific Studies of Reading 11 (2007c) 4, 313–335

Greenewald, M. Jane/Pederson, Carolyn: Effects of sentence organization instruction on the reading comprehension of poor readers. In: Niles, Jerome A./Harris, Larry A. (Hrsg.): Searches for meaning in reading/language processing instruction. Thirty-second Yearbook of the National Reading Conference. Rochester, NY: NRC 1983, 101–103

Hahn, Kathrin: Zugänge zu grammatischen Strukturen. Entwicklung und Erprobung eines empirischen Verfahrens. Magisterarbeit. Heidelberg: Pädagogische Hochschule Heidelberg 2011

Harris, Roland J.: An experimental inquiry into the functions and value of formal grammar in the teaching of English, with special reference to the teaching of correct written English to children aged twelve to fourteen. PhD Thesis. London, UK: University of London 1962

Herrmann, Hartmut: Untersuchungen zur Effektivität der Begriffsbildung im Grammatikunterricht. Dissertation (A). Potsdam: Pädagogische Hochschule 1974

Helmke, Andreas/Hosenfeld, Ingmar et al.: Ergebnisbericht (Kurzfassung) VERA 2006 (Schuljahr 2006/08) Brandenburg. Landau: Universität Koblenz-Landau 2007 http://isq-bb.de/uploads/media/VERA_BRB_Lan-desbericht.pdf

Hillocks, George: What works in teaching composition. A meta-analysis of experimental treatment studies. In: American Journal of Education 93 (1984) 1, 133–170

Hillocks, George: Research on written composition. Urbana, IL: ERIC/NCRE 1986

Hillocks, George/Smith, Michael W.: Grammars and literacy learning. In: Flood, James/Lapp, Diane/Squire, James R./Jensen, Julie M. (Hrsg.): Handbook of research on teaching the English language arts. 2nd edition. Mahwah, NJ: Erlbaum 2003, 721–737

Hudson, Richard: Grammar teaching and writing skills: The research evidence. In: Syntax in the Schools 17 (2001), 1–6 http://www.phon.ucl.ac.uk/home/dick/writing.htm

Hudson, Richard: Language education: grammar. In: Brown, Edward K. (Hrsg.): Encyclopedia of language and linguistics. 2nd edition. Vol 7. Amsterdam: Elsevier 2006, 477–480

Ingenkamp, Karlheinz/Knapp, Andreas/Wolf, Bernhard: BBT 4–6. Bildungs-Beratungs-Test (konvergentes Denken) für 4. bis 6. Klassen. Weinheim: Beltz 1977

Isaac, Kevin/Eichler, Wolfgang/Hosenfeld, Ingmar: Ein Modell zur Vorhersage von Aufgabenschwierigkeiten im Kompetenzbereich Sprache und Sprachgebrauch untersuchen. In: Hofmann, Bernhard/Valtin, Renate (Hrsg.): Checkpoint Literacy. Tagungsband 2 zum 15. Europäischen Lesekongress 2007 in Berlin. Berlin: DGLS 2008, 12–27

Ivo, Hubert/Neuland, Eva: Grammatisches Wissen. Skizze einer empirischen Untersuchung über Art, Umfang und Verteilung grammatischen Wissens (in der Bundesrepublik). In: Diskussion Deutsch 22 (1991) 121, 437–493

Janin, Maurice/Louis, Enice/Sangsue, Georgette/Barblan, Léon/Sinclair, Hermine: L'acquisition de la notion de sujet. In: Recherches psycholinguistiques et pédagogie de la langue maternelle. Université de Genève: Centre Pédagogique Geisendorf 1976, 86–98

Jantos, Wolfgang: Zur Entwicklung des Abstrahierens und Verallgemeinerns im Grammatikunterricht der 2. und 3. Klasse. Dissertation. Berlin: Akademie der Pädagogischen Wissenschaften der DDR 1971

Jantos, Wolfgang: Die Entwicklung des Abstrahierens und Verallgemeinerns im Grammatikunterricht der Klassen 2 und 3. In: Lompscher, Joachim (Hrsg.): Theoretische und experimentelle Untersuchungen zur Entwicklung geistiger Fähigkeiten. Berlin: Volk und Wissen, 2. Aufl. 1975, 133–176

Jongsma, Eugene A.: The cloze procedure as a teaching technique. Bloomington: Indiana University 1971 http://eric.ed.gov/PDFS/ED055253.pdf

Jongsma, Eugene A.: Cloze instruction research: A second look. Newark, DE: IRA 1980

Kanellas, Robert/Carifio, James/Dagostino, Lorraine: Improving the expository writing skills of adolescents. Oxford: Oxford University Press 1998

Kennedy, Larry D./Larson, Alfred D.: The influence of structural and traditional grammatical instruction upon language perception and writing ability. In: Illinois School Research 5 (1969) 2, 31–36

Kilcher-Hagedorn, Helga/Othenin-Girard, Christine/de Weck, Geneviève: Quel raisonnement grammatical à l'école et pour quoi? In: Revue française de pédagogie 19 (1985) 71, 29–32

Kilcher-Hagedorn, Helga/Othenin-Girard, Christine/de Weck, Geneviève: Le savoir grammatical des élèves. Bern: Peter Lang 1987

Klotz, Peter: Grammatische Wege zur Textgestaltungskompetenz. Theorie und Empirie. Tübingen: Niemeyer 1996

Kochan, Detlef C.: Forschungen zum Deutschunterricht. Ergänzte Teilausgabe des Handbuchs zur Unterrichtsforschung. Weinheim: Beltz 1975

König, Simone: Zur Begriffsbildung bei der Bewältigung von Anforderungen des Grammatikunterrichts der Klassen 5–7 am Beispiel der Wortarten. Dissertation. Magdeburg: Pädagogische Hochschule 1991

Kraetsch, Gayla A.: The effects of oral instructions and training on the expansion of written language. In: Learning Disability Quarterly 4 (1981) 1, 82–90

Langer, Judith A.: Effective literacy instruction. Building successful reading and writing programs. Urbana, IL: NCTE 2002

Layton, Anne/Robinson, Julie/Lawson, Michael: The relationship between syntactic awareness and reading performance. In: Journal of Research in Reading 21 (1998) 1, 5–23

Legrand, Guy: Les débats relatifs à un savoir scolaire: L'exemple de la grammaire. In: Spirale – Revue de Recherches en Éducation (1995) 14, 27–57

Lehmann, Rainer/Peek, Rainer: Aspekte der Lernausgangslage und der Lernentwicklung von Schülerinnen und Schülern, die im Schuljahr 1996/97 eine fünfte Klasse an Hamburger Schulen besuchten. Bericht über die Erhebung im September 1996 (LAU 5). Behörde für Schule, Jugend und Berufsbildung, Amt für Schule (Hrsg.) 1997 http://bildungsserver.hamburg.de/contentblob/2815702/data/pdf-schulleistungstest-lau-5.pdf

Lehmann, Rainer/Gänsfuß, Rüdiger/Peek, Rainer: Aspekte der Lernausgangslage und der Lernentwicklung von Schülerinnen und Schülern, die im Schuljahr 1996/97 eine fünfte Klasse an Hamburger Schulen besuchten. Bericht über die Erhebung im September 1998 (LAU 7). Behörde für Schule, Jugend und Berufsbildung, Amt für Schule (Hrsg.) 1999 http://bildungsserver.hamburg.de/contentblob/2815702/data/pdf-schulleistungstest-lau-7.pdf

Lütke, Beate: Sprachbewusstheit im Kontext von Sprachunterricht. In: Ahrenholz, Bernt (Hrsg.): Empirische Befunde zu DaZ-Erwerb und Sprachförderung. Freiburg: Fillibach 2009, 153–170

Macauley, William J.: The difficulty of grammar. In: British Journal of Educational Psychology 17 (1947) 3, 153–162

Mahmoudien-Renard, Maryse: L'enoncé minimum. Remarques théoriques et implications pour l'enseignement. In: Recherches pédagogiques 79 (1976) 25–40

Martin, Daniel/Gervaix, Philippe: La grammaire de l'élève. Savoir et savoir-faire grammaticaux chez les élèves de 8e année. Lausanne: Centre Vaudois de Recherches Pédagogiques 1992

Melenk, Hartmut: Quantitative Ergebnisse. In: Melenk, Hartmut/Knapp, Werner: Inhaltsangabe – Kommasetzung. Baltmannsweiler: Schneider Hohengehren 2001, 169–188

Mellon, John: Transformational sentence combining. Urbana, IL: NCTE 1969

Melzer, Florian: Direktes Umgehen mit syntaktischen Strukturen. Ein Unterrichtsansatz für die Sekundarstufe I. In: Noack, Christa/Ossner, Jakob (Hrsg.): Grammatikunterricht und Grammatikterminologie. Osnabrücker Beiträge zur Sprachtheorie (2011) 79, 159–180

Meyer, Gerhard: Zur Begriffsbildung im Grammatikunterricht der Klasse 5 auf der Grundlage von Ergebnissen und Methoden der neueren Grammatikforschung. Dissertation. Leipzig: Karl-Marx-Universität 1969

Myhill, Debra A./Jones, Susan M./Lines, Helen/Watson, Annabel: Re-thinking grammar: the impact of embedded grammar teaching on students' writing and students' metalinguistic understanding. In: Research Papers in Education 27 (2012) 2, 139–166

Nadeau, Marie/Fisher, Carole: Faut-il des connaissances explicites en grammaire pour réussir les accords en français écrit? Résultats d'élèves de 6e année du primaire. In: Dolz, Joaquim/Simard, Claude (Hrsg.): Pratiques d'enseignement grammatical. Points de vue de l'enseignement et de l'élève. Quebec, Canada: Presses de l'Université Laval 2009, 209–232

Neville, Donald D./Searls, Evelyn F.: The effect of sentence-combining and kernel-identification training on the syntactic component of reading comprehension. In: Research in the Teaching of English 19 (1985) 1, 37–61

Neville, Donald D./Searls, Evelyn F.: A meta-analytic review of the effect of sentence-combining on reading comprehension. In: Reading Research and Instruction 31 (1991) 1, 63–76

Noyce, Ruth M./Christie, James F.: Effects of an integrated approach to grammar instruction on third graders' reading and writing. In: Elementary School Journal 84 (1983) 1, 63–69.

Oevermann, Ulrich: Schichtspezifische Formen des Sprachverhaltens und ihr Einfluß auf kognitive Prozesse. In: Roth, Heinrich (Hrsg.): Begabung und Lernen. Ergebnisse und Folgerungen neuerer Forschungen. Stuttgart: Klett, 8. Aufl. 1972, 297–356

O'Donnell, Roy C.: A test of perception of syntactic alternatives. Studies in Language Education. Report No. 2. Athens: Georgia University 1973
http://eric.ed.gov/PDFS/ED077025.pdf

O'Donnell, Roy C.: A test of perception of agnate sentence relationships. Studies in Language Education. Report No. 10. Athens: Georgia University 1974
http://eric.ed.gov/PDFS/ED096650.pdf

O'Donnell, Roy C./King, F.J.: An exploration of deep structure recovery and reading comprehension skills. In: Research in the Teaching of English 8 (1974) 3, 327–338

O'Donnell, Roy C./Smith, William L.: Increasing ninth grade students awareness of syntactic structure through direct instruction. In: Research in the Teaching of English 9 (1975) 3, 257–262

O'Hare, Frank: Sentence combining: Improving student writing without formal grammar instruction. Urbana, IL: NCTE 1973

Pressley, Michael/Yokoi, Linda/Rankin, Juan/Wharton-McDonald, Ruth/Mistretta, Jennifer: A survey of the instructional practices of grade 5 teachers nominated as effective in promoting literacy. In: Scientific Studies of Reading 1 (1997) 2, 145–160

Pressley, Michael/Wharton-McDonald, Ruth/Mistretta-Hamston, Jennifer/Echeverria, Marissa: Literacy instruction in 10 fourth- and fifth-grade classrooms in Upstate New York. In: Scientific Studies of Reading 2 (1998) 2, 159–194

Renard, Maryse: L'usage du prédicat nominal par les enfants. In: Recherches pédagogiques 57 (1973) 39–46

Riegler, Susanne: Mit Kindern über Sprache nachdenken. Freiburg: Fillibach 2006

Riehme, Joachim: Zur Behandlung der Groß- und Kleinschreibung. In: Deutschunterricht 25 (1972) 11, 610–622

Risel, Heinz: 'Grundlegende Lücken'? Zum Grammatikwissen von Studierenden des ersten Semesters. In: Karlsruher Pädagogische Beiträge 20 (1998) 44, 132–145

Risel, Heinz: Schlaglichter auf Wissensbestände. Anmerkungen zu 'Grammatikbiographien'. In: Peter Klotz/Ann Peyer (Hrsg.): Wege und Irrwege sprachlich-grammatischer Sozialisation. Bestandsaufnahme – Reflexionen – Impulse. Baltmannsweiler: Schneider Hohengehren 1999, 53–60

Rogers, Leslie A./Graham, Steve: A meta-analysis of single-subject design writing intervention research. In: Journal of Educational Psychology 100 (2008) 4, 879–906

Rose, Kurt: Zur Aneignung von Wortbildung und -schreibung bei Schülern 5. Klassen unter besonderer Berücksichtigung von Fragen des „Empirischen" und des „Theoretischen". Dissertation. Güstrow: Pädagogische Hochschule „Lieselotte Herrmann" 1985

Roy, Gérard-Raymond/Lafontaine, Louise/Legros, Catherine: Le savoir grammatical après treize ans de formation. Université de Sherbrooke: Éditions du CRP 1995

Saddler, Bruce/Graham, Steve: The effects of peer-assisted sentence combining instruction on the writing performance of more and less skilled young writers. In: Journal of Educational Psychology 97 (2005) 1, 43–54

Sampson, Michael/Walmont, William/Van Allen, Roach: The effects of instructional cloze on the comprehension, vocabulary, and divergent production of third-grade students. In: Reading Research Quarterly 17 (1982) 3, 389–419

Scholz, Harry: Untersuchungen zur Entwicklung von Können und Überzeugungen bei der Arbeit am grammatischen Mittel Attribut in den Klassen 5 und 7. Dissertation (A). Leipzig: Karl-Marx-Universität 1975

Schößler, Helmut: Die Ausbildung der Lerntätigkeit im vierten Schuljahr nach der Lehrstrategie des Aufsteigens vom Abstrakten zum Konkreten im Muttersprachunterricht (Bereich Syntax). Dissertation (A). Berlin: Akademie der Pädagogischen Wissenschaften der DDR 1981

Schübel, Adelbert: Lernstandserhebung im Fach Deutsch in den Klassenstufen 5 und 6. Teil II: Grammatisches Wissen und Können. In: Deutschunterricht 53 (2000) 6, 449–457

Schumer, Heidemarie: Zur Herausbildung von Erkenntnisinteresse im Grammatikunterricht der Klassen 2 und 3. Dargestellt am Beispiel der Behandlung der Stoffeinheit 'Das Adjektiv'. Dissertation. Erfurt: Pädagogische Hochschule 1988

Searls, Evelyn F./Neville, Donald D.: Sentence combining improves writing – can it improve reading comprehension? In: McNinch, George H. (Hrsg.): Reading in the disciplines. Yearbook of the American Reading Forum 2. Newark, DE: American Reading Forum 1982, 1–3

Searls, Evelyn F./Neville, Donald D.: An exploratory review of sentence-combining research related to reading. In: Journal of Research and Development in Education 21 (1988) 3, 1–15

Siegert, Konrad: Zum Einsatz von Identifikationsverfahren im Grammatikunterricht der allgemeinbildenden zehnklassigen Polytechnischen Oberschule. Untersuchungen zur Verbesserung des Muttersprachunterrichts. Dissertation. Berlin: Humboldt-Universität 1977

Sijtstra, Josje/van der Schooten, Frank/Hemker, Bas: Balans van het taalonderwijs aan het einde van de basisschool 3. Uitkomsten van de derde peiling in 1998. Arnhem: Citogroep 2002

Simmel, Cornelia: Wie erklären sich Schülerinnen und Schüler gegenseitig grammatische Phänomene? Eine empirische Untersuchung in 5. und 8. Klassen am Beispiel der Wortarten. In: Haueis, Eduard/Schallenberger, Stefan (Hrsg.): (Schrift-)Spracherwerb und Grammati(kali)sierung. Osnabrücker Beiträge zur Sprachtheorie (2007) 73, 81–96

Smith, Henry Lee/Sustakoski, Henry J.: The application of descriptive linguistics to the teaching of English and a statistically-measured comparison of the linguistically-oriented and traditional methods of instruction. Buffalo, NY: State University of New York 1968. http://eric.ed.gov/PDFS/ED021216.pdf

Stanat, Petra/Baumert, Jürgen/Müller, Andrea: Förderung von deutschen Sprachkompetenzen bei Kindern aus zugewanderten und sozial benachteiligten Familien: Evaluationskonzeption für das Jacobs-Sommercamp Projekt. In: Zeitschrift für Pädagogik 21 (2005) 6, 856–875

Straw, Stanley B.: Teaching of grammar. In: Purves, Alan (Hrsg.): Encyclopedia of English studies and language arts. Volume 1. New York: Scholastic 1994, 534–539

Straw, Stanley B./Schreiner, Robert: The effect of sentence manipulation on subsequent measures of reading and listening comprehension. In: Reading Research Quarterly 17 (1982) 3, 339–352

Tordoir, Agatha/Wesdorp, Hildo: Het grammatica-onderwijs in Nederland. Een researchoverzicht betreffende de effecten van grammatica onderwijs en een verslag van een onderzoek naar de praktijk van dit onderwijs in Nederland. s'Gravenhage: Staatsuitgeeverij 1979

Weaver, Constance: Teaching grammar in context. Portsmouth: Heinemann 1996

Weaver, Phyllis A.: Improving reading comprehension. Effects of sentence organization instruction. In: Reading Research Quarterly 15 (1979) 1, 129–146

Wendeler, Jürgen: Entwicklung eines Satzlehretests. In: Mitteilungen und Nachrichten des Deutschen Instituts für Internationale Pädagogische Forschung 67/68 (1972), 40–52

Wendeler, Jürgen: Satzlehre 6+. Weinheim: Beltz 1974

Wendeler, Jürgen: Wortlehre 4. Weinheim: Beltz 1978

Wesdorp, Hildo: Research v. tradition: The unequal fight. The evaluation of the traditional grammar curriculum in the Netherlands. Amsterdam: Stichting Centrum voor Onderwijsonderzoek aan de Universiteit van Amsterdam 1983

White, Carrie V./Pascarella, Ernest T./Pflaum, Susanne W.: Effects of training in sentence construction on the comprehension of learning disabled children. In: Journal of Educational Psychology 73 (1981) 5, 697–704

Wilkinson, Phyllis A./Patty, Del: The effects of sentence combining on the reading comprehension of fourth grade students. In: Research in the Teaching of English 27 (1993) 1, 104–125

Wittwer, Jacques: Les fonctions grammaticales chez l'enfant. Sujet – objet – attribut. Neuchatel: Delachaux & Niestlé 1959

Wittwer, Jacques: Contribution à une psycho-pédagogie de l'analyse grammaticale. Neuchatel: Delachaux & Niestlé 1964

Wygotski, Lev S.: Denken und Sprechen. Frankfurt a. M.: Fischer 1977

Yuill, Nicola: A funny thing happened on the way to the classroom: Jokes, riddles, and metalinguistic awareness in understanding and improving poor comprehension in children. In: Cornoldi, Cesare/Oakhill, Jane (Hrsg.): Reading comprehension difficulties. Mahwah, NJ: Erlbaum 1996, 193–220

Yuill, Nicola: Visiting Joke City: How can talking about jokes foster metalinguistic awareness in poor comprehenders? In: McNamara, Danielle S. (Hrsg.): Reading comprehension strategies. New York: Erlbaum 2007, 325–346

Zipke, Marcy: Teaching metalinguistic awareness and reading comprehension with riddles. In: The Reading Teacher 62 (2008) 2, 128–137

Zipke, Marcy/Ehri, Linnea/Cairns, Helen S.: Using semantic ambiguity instruction to improve third graders' metalinguistic awareness and reading comprehension. In: Reading Research Quarterly 44 (2009) 3, 300–321

F
Erfolgskontrollen/Leistungsmessung

HANS WERNER HUNEKE

F1 Sprachreflexion laut Bildungsstandards und Bildungsplänen

Curriculare Vorgaben stehen in einer doppelten Beziehung zum Unterricht: Einerseits handelt es sich um Regelungen, die das Unterrichtsgeschehen steuern. Sie tun dies, indem sie den Rahmen für die Ausgestaltung eines Schulfaches setzen, das Handeln von Lehrkräften beeinflussen, Gegenstand ihrer Aus- und Fortbildung sind und bei der Zulassung von Schulbüchern herangezogen werden. Andererseits wirkt auch der Unterricht auf die Entstehung von curricularen Vorgaben zurück, weil diese auf Gegebenheiten und Traditionen des Unterrichts Rücksicht nehmen, weil zu ihren Autoren häufig erfahrene Lehrkräfte gehören, weil sie sich z. T. an bereits vorliegenden Schulbüchern orientieren und weil neue Curricula vorab im Unterricht erprobt werden. Zudem handelt es sich um Dokumente, die auch im Gespräch zwischen Laien (Schülern, Eltern, Öffentlichkeit) und Fachleuten vermitteln und manchmal auch zum Thema öffentlicher Diskussion werden (vgl. die Diskussion um die Hessischen Rahmenrichtlinien von 1972, Christ 1974). Ein Blick auf solche Vorgaben verspricht deshalb auch für den Bereich der Sprachreflexion lohnend zu sein. Dazu soll in diesem Beitrag die jüngere historische Entwicklung an einem Beispiel, dem Bundesland Baden-Württemberg, nachvollzogen und ein Vergleich der aktuellen Bildungspläne der Bundesländer angeschlossen werden. Der Beitrag beschränkt sich dabei auf das allgemeinbildende Schulwesen.

Es steht, bezieht man auch eine diachrone Perspektive ein, durchaus nicht fest, was unter den beiden Begriffen des Titels zu verstehen ist, weil die entsprechenden Konzepte dem Wandel unterliegen. Unter Sprachreflexion sollen hier zusammenfassend diejenigen Aufgabenfelder des Deutschunterrichts verstanden werden, die Sprachsystem und Sprachverwendung thematisieren und reflektieren. Sie wurden und werden in den Bildungsplänen mit Bezeichnungen wie „Sprachlehre", „Sprachkunde", „Sprachbetrachtung", „Grammatikunterricht", „Reflexion über Sprache", „Sprache und Sprachgebrauch untersuchen", „Über Sprache und Sprachgebrauch nachdenken" benannt. Unter Bildungsstandards sollen umfassend die curricularen Vorgaben der Kultusverwaltungen für die Schulen verstanden werden, die für die einzelnen Schulfächer Gültigkeit haben. Sie treten als „Stoffverteilungspläne", als „Lehrpläne", als „Richtlinien" oder „Rahmenrichtlinien", als „Rahmenplan", als „Rahmenlehrplan", als „Curriculum" bzw. „Kerncurriculum", aktuell oft als „Bildungspläne" oder als „Bildungsstandards" im engeren Sinn auf. Sie sollen darauf befragt werden, wie sie jeweils den Arbeitsbereich Sprachreflexion eingrenzen, welche Aussagen sie zu Zielen, Inhalten und Methoden machen, welche Binnengliederung des Arbeitsbereichs sie vorsehen, ob Einflüsse fachdidaktischer Argumentationsstränge erkennbar werden, ob sie eine Lernprogression durch die aufsteigenden Schuljahre vorsehen und ob sie Spezifika für bestimmte Schulformen aufweisen.

1 Sprachreflexion in Bildungsplänen seit den 50er Jahren: Beispiel Baden-Württemberg

1.1 Fünfziger und sechziger Jahre: „Innere Sprachbildung" im „Muttersprachlichen Unterricht"

Nach der Gründung des Bundeslandes Baden-Württemberg (1952) und nach dem sog. „Düsseldorfer Abkommen", dem „Abkommen zwischen den Ländern der Bundesrepublik zur Vereinheitlichung auf dem Gebiete des Schulwesens" (1955), bemühte man sich im neu gebildeten Südweststaat um eine Vereinheitlichung der Bildungspläne im Rahmen des beibehaltenen dreigliedrigen Schulsystems (zur Schulgeschichte von Baden-Württemberg vgl. Schnaitmann 2002 und Institut für Schulgeschichte 2003). Dies erschien zunächst für die Gymnasien dringlich und 1957 wurden „Lehrpläne für die Gymnasien Baden-Württembergs" erlassen. Die vier Aufgabenfelder des Deutschunterrichts (ebd., 19–45) sind hier die „Erziehung zum Sprechen", die „Erziehung zum Schreiben", die „Erziehung zum Lesen" und die „Sprachlehre". Diese „erläutert die mannigfachen Sprachformen und ihre Zusammenhänge. Sie zeigt die Entwicklung der Sprache und ihre Bedeutung als geistweckende, ordnende Macht" (ebd., 29). Synchron sind also das Sprachsystem und seine Verwendung angesprochen, diachron soll diese Perspektive ergänzt und erweitert werden. Die Sprachlehre wird von einem tradierten Grammatikunterricht abgegrenzt, und es wird auf die zeitgenössischen Bemühungen von „Wissenschaft und Schule" um eine neue Grammatik verwiesen. Hier ist an die „Inhaltsbezogene Grammatik" von Leo Weisgerber einerseits und an das Buch „Die innere Form des Deutschen" von Hans Glinz andererseits zu denken, das 1952 in seiner ersten Auflage erschienen war und mit den „Glinzschen Proben" neue fachdidaktische Perspektiven eröffnete.

Für die Klassen 5–13 sind drei Zyklen der Sprachlehre vorgesehen. Auf der Unterstufe sollen Satzarten, Wortarten, Flexion und grundlegende Syntax erarbeitet und entsprechende Termini vermittelt werden. Dies soll für die Rechtschreibung, die Zeichensetzung und auch für das Fremdsprachenlernen genutzt werden. Auf der Mittelstufe soll die grammatische Arbeit weniger erweitert als vertieft werden, indem „in das Verständnis der grammatischen Erscheinungen und Gesetze eingeführt" wird (ebd., 34). Unterrichtsgegenstände sind z. B. „Die Sprache als Spiegel des Volkstums im Erb-, Lehn- und Fremdwort und in Redensarten", „Wortfelder geistiger Inhalte", „Vorgang der Abstraktion", „Bedeutungswandel", „Hochsprache, Umgangssprache, Mundart (und ihre Gefährdung), Gassensprache, Berufssprachen und Standessprachen", „Die Eigenart des deutschen Satzes im Vergleich mit der Fremdsprache" (ebd., 40–42). Auf der Oberstufe schließen sich Sprachgeschichte, Sprachpflege und Sprachtheorie (Texte von Herder, Humboldt, Wilhelm und Jacob Grimm) an.

Die Beschäftigung mit diesen Lerngegenständen soll einen Beitrag zum zentralen Ziel des Deutschunterrichts im Gymnasium leisten, der „Erziehung zum sorgfältigen Gebrauch der Muttersprache in Wort und Schrift, zum rechten Lesen und zum Nachdenken über Wesen und Werden der deutschen Sprache. Sein wichtigstes Ziel ist die Entfaltung der Kräfte des Verstehens und Gestaltens" (ebd., 29). Es geht also um einen spezifischen Beitrag zur Bildung im muttersprachlichen Unterricht, wie er im Anschluss an Seidemann (1927; 1952) als „innere Sprachbildung" diskutiert wurde.

Ein „Bildungsplan für die Volksschulen in Baden-Württemberg" wurde im Jahr 1958 erlassen. Er weist das Schulfach „Deutsche Sprache" aus, das als zentrales Ziel die „muttersprachliche Bildung" hat. Sie ist „von grundlegender Bedeutung für das geistige und seelische Wachstum des Kindes" (ebd., 56), vor allem weil ein Zugang zur Welt nur über Begriffsbildung und Sprachverwendung möglich sei. Die „Sprachkunde" erscheint hier in andere Arbeitsbereiche eingeordnet (ebd., 57):

„1. Pflege des mündlichen Ausdrucks.
2. Das Lesen.
3. Die Erziehung zur sprachlichen Gestaltung:
   a) Sprachkunde
   b) Aufsatz
4. Das Rechtschreiben.
5. Das Schreiben."

Die Sprachkunde unterscheidet sich von der gymnasialen Sprachlehre vor allem dadurch, dass Reflexion über Sprache hinter die Befähigung zu angemessenem Sprachgebrauch zurücktritt. In den ersten vier Schuljahren „werden die formalen Ordnungen der Wortbeugungen und die Zeitformen nur insoweit geübt, als es ihre Anwendung beim einwandfreien Sprechen und Schreiben erfordert" (ebd., 60). Grammatisches Begriffswissen soll sich bis zum Ende der vierten Klasse auf „Hauptwörter, Zeitwörter, Eigenschaftswörter und Geschlechtswörter" beschränken und eng am Wortschatz erarbeitet werden (ebd., 62). Für die Klassen 5–8 kommen Wortbildung, einfacher Satz und Satzgefüge hinzu, außerdem die Thematisierung von Hochsprache und Mundart. Eine feste Abfolge im Sinne einer Jahrgangsprogression wird nicht formuliert, der Unterricht solle sich situativ orientieren. Die Ausrichtung auf richtigen Sprachgebrauch und auf die Erweiterung des sprachlichen Repertoires bleibt zentral. Dies gilt auch für den 1964 nach der Einführung einer weiteren Klasse an Volksschulen erlassenen „Bildungsplan für das 9. Schuljahr der Volksschulen in Baden-Württemberg" und ab 1967 für die Hauptschule.

Der Sprachunterricht im Gymnasium wie in der Volksschule der 50er und 60er Jahre ist also der Konzeption der inneren Sprachbildung verpflichtet, soll aber in der Volksschule auf Begriffsbildung, Bewusstmachung und Reflexion über formale Aspekte von Sprache weitgehend verzichten. Eine Zwischenstellung formuliert der „Bildungsplan für die Mittelschulen Baden-Württembergs" (1963). Einer von vier Arbeitsbereichen ist (neben Sprechen, Schreiben und Lesen) die „Sprachbetrachtung". Sie „will im Schüler Sprach- und Denkvorgänge bewußt werden lassen, sein Sprachvermögen formen, sein Sprachgefühl entwickeln und ihn zum sicheren Gebrauch der Hochsprache in ihrer Ausdruckskraft und Schönheit befähigen" (ebd., 63).

1.2 Siebziger und achtziger Jahre: Curriculumrevision, Kommunikationsorientierung, „Reflexion über Sprache"

Die Einsicht in die Existenz „heimlicher Lehrpläne" und die daraus abgeleitete Forderung nach Revisionen der Curricula (Robinsohn 1967), die pragmatische und kommunikative Wende in der Sprachwissenschaft und die Einsichten der Soziolinguistik in den Zusammenhang von sozialer Schicht und Sprachverwendung („Sprachbarriere") beeinflussten die fachdidaktische Diskussion auch im Bereich Sprachreflexion. Ein besonders markantes Dokument dazu sind die „Rahmenrichtlinien Sekundarstufe I" für das Fach Deutsch aus Hessen (1974). Sie etablieren neben „Mündliche/schriftliche Kommunikation" und „Umgang mit Texten" die „Reflexion über Sprache" als einen von drei Arbeitsbereichen des Deutschunterrichts, der seinen Beitrag zum „allgemeinsten Lernziel des Deutschunterrichts", der Förderung der „sprachlichen Kommunikationsfähigkeit", leisten soll (ebd., 7). Ziele und Aufgaben aus den Arbeitsbereichen sollen dabei in thematisch ausgerichteten Unterrichtsreihen integriert werden. Die Rahmenrichtlinien exemplifizieren dies an Unterrichtsreihen wie „Satire", „Sprache und Recht", „Kommunikationsstrukturen der kommerziellen Werbung" und „Umgang mit Wissen", die aus schülernahen Situationsfeldern abgeleitet werden (ebd., 7f.). Die vier zentralen Ziele des Arbeitsbereichs lauten (ebd., 13–17):

„Die Schüler sollen lernen,

- daß Sprache in ganz allgemeinem Sinn interessengebunden ist; in diesen Zusammenhang gehört weiter die Erkenntnis, daß einige diese Interessen mit adäquaten und erfolgreichen Mitteln durchsetzen können und andere nicht, was vorwiegend gesellschaftliche Gründe hat";
- „daß bestimmte Rollen und bestimmte institutionelle Beziehungen mit einer bestimmten Sprache zusammenhängen, was zu deren Ritualisierung und Enthumanisierung beitragen kann";
- „daß Fachsprache einerseits Kommunikation vereinfacht, indem sie Sachverhalte präzisiert, Einzelheiten bestimmten eingegrenzten Sachverhalten subsumiert, formalisierte und notwendig vereinfachte Beziehungen herstellt und innerhalb bestimmter Kommunikationsbereiche auf Erklärungen und Ableitungen verzichten kann; daß sie andererseits Kommunikation zerstört, indem

sie Gesprächsteilnehmer ausschließt und über die 'Autorität der Sprache' Herrschaft ausüben kann";
- „daß unterschiedliche Textarten sich anderer sprachlicher Mittel bedienen und mit anderen Fragestellungen angegangen werden müssen".

Eine systematisierende Erarbeitung grammatischer Phänomene und Begriffe wird nicht angestrebt, aber „die Beschreibung der linguistischen Struktur [...] könnte in wenigen Fällen relevant werden" (ebd., 135).

Die Hessischen Rahmenrichtlinien lösten heftige, auch grundsätzlich und politisch geführte Diskussionen aus. Die Bildungspolitik in Baden-Württemberg war deutlich anders ausgerichtet, die Bildungspläne im Land reagierten aber auf diese Diskussion und damit auch auf die didaktischen und fachdidaktischen Positionen der Rahmenrichtlinien. Dem als ideologisiert verstandenen hessischen Zugang setzten sie stärker linguistisch fundierte Curricula entgegen:

Der „Bildungsplan für die Grundschulen" (1977) formuliert als oberstes Ziel des Deutschunterrichts, er solle „die sprachliche Fähigkeit der Schüler erweitern und differenzieren sowie erste Einblicke in Funktion und Struktur der Sprache vermitteln" (ebd., 20). Sprachreflexion wird also bereits auf hoher Abstraktionsebene neben der Kommunikationsfähigkeit genannt. Den Arbeitsbereichen (Mündliche Verständigung/Lesenlernen/Texte verstehen/Schreiben/Rechtschreiben/Texte verfassen/Einsicht in Sprache gewinnen) wird trotz ihrer Verschränkung ein festes Stundenkontingent zugewiesen. Für „Einsicht in Sprache gewinnen" sind dies in der zweiten Klasse 9,5 % des Stundenvolumens des Deutschunterrichts, in der dritten und vierten jeweils 16,5 %. Der Arbeitsbereich umfasst vier differenziert aufgefächerte „Zielkomplexe": Sprache als Verständigungsmittel erkennen/nichtverbale, mündliche und schriftliche Zeichen in Äußerungen erkennen/Einblick in Satz- und Wortstruktur der deutschen Standardsprache (d. h. Wortartenlehre und Syntax)/Wortbildung mit Bezug zur Rechtschreibung (ebd., 63–72).

Auch im „Vorläufigen Lehrplan für Deutsch" (1980) findet sich diese Tendenz zu einer systematischeren Arbeit an sprachlichen Strukturen für die Hauptschule, die Realschule und für das Gymnasium. Der Arbeitsbereich heißt nun auch in Baden-Württemberg „Reflexion über Sprache". Neben der „eher dienenden Funktion" für die anderen beiden Arbeitsbereiche wird auch eine eigene Zielsetzung formuliert (Realschule, 4): Die Schüler sollen befähigt werden,
- „die Entstehung, Verwendung und Wirkung sprachlicher Formen zu erfassen,
- die dabei gewonnenen Erkenntnisse bewusst einzusetzen
- und damit die Sprache zunehmend selbständig und wirksam zu gebrauchen".

Dieses Ziel der Bewusstmachung und der Befähigung zur selbständigen und gezielten Verwendung sprachlicher Mittel wird zwar für die Hauptschule nur auf der Stufe der Anbahnung genannt (vgl. Hauptschule, 4). Für alle drei Schulformen der Sekundarstufe wird aber darauf hingewiesen, dass die „neuen Unterrichtsziele des Arbeitsbereichs Reflexion über Sprache [...] in gesonderten Unterrichtseinheiten erarbeitet werden" sollten (ebd.).

Im Jahr 1984 erschienen neue Bildungspläne für die Grundschule, die Hauptschule, die Realschule und für das Gymnasium. Sie sind in ihrer Struktur einheitlich, auch die Zielformulierungen für den Deutschunterricht und für den Arbeitsbereich „Sprachbetrachtung" (Grundschule) bzw. „Sprachbetrachtung und Grammatik" (in den anderen drei Schulformen) sind teilweise wortgleich. Sie nehmen den Schritt zur Eigenständigkeit eines Arbeitsbereichs „Reflexion über Sprache" der vorangegangenen Generation von Bildungsplänen wieder zurück, auch ihren Bezug zur Sprachwissenschaft. Die Diktion erinnert an die der fünfziger und sechziger Jahre, wenn es zum allgemeinen Erziehungs- und Bildungsauftrag des Deutschunterrichts heißt: „Er führt den Schüler zum wahrhaften Gebrauch der Muttersprache sowie zum bewußten selbständigen und schöpferischen Umgang mit ihr" (wortgleich im Bildungsplan für die Grundschule, 98; Hauptschule, 128; Realschule, 162).

Eine Sonderstellung nimmt der Bildungsplan für das Gymnasium ein. Der Anteil des Arbeitsbereichs an der Richtstundenzahl für das Fach Deutsch liegt bei etwa 15 %. In den Klassen 5–8 wird das Sprachsystem erarbeitet – ausführlicher als in den anderen Schulformen, aber ausdrücklich ebenfalls auf der Grundlage der traditionellen Schulgrammatik und ihrer Begrifflichkeit. In Klasse 9 geht es dann auch um Stilistik, um den „bewußten Gebrauch der Sprache", um die Gegenüberstellung von gesprochener und geschriebener Sprache, um Fach- und Gruppensprachen (ebd., 301 f.), in Klasse 10 um Hochsprache und Mundart (auch diachron), um die Ausbildung einer deutschen Standardsprache, um Tendenzen der Gegenwartssprache in den beiden deutschen Staaten (ebd., 308), auf der gymnasialen Oberstufe um die Untersuchung von Argumentationen, um Sprachgeschichte, sprachlichen Wandel und Sprachkontakt, um sprachliche Normen und sprachphilosophische Themen. Diese Gegenstände bleiben weiterhin der gymnasialen Bildung vorbehalten.

1.3 Neunziger Jahre: Erwerbsorientierung, Handlungsorientierung, fachdidaktische Konzeptionen – moderate Modernisierung

Die Generation der Bildungspläne aus dem Jahr 1994 bemüht sich um moderate Modernisierungen und Anpassungen an allgemeindidaktische und teilweise auch fachdidaktische Erkenntnisse und Strömungen (Schülerorientierung, Handlungsorientierung; für den Sprachunterricht besonders relevant: Orientierung an gestuften Entwicklungs- und Erwerbsmodellen). Die Bildungspläne sind differenzierter ausgearbeitet. Sie unterscheiden deutlicher nach den einzelnen Schularten.

Der „Bildungsplan für die Grundschule" stellt dem Deutschunterricht die Aufgabe, einen Beitrag zur sprachlichen Bildung der Kinder zu leisten, einem

„wesentlich[en] Bestandteil der Entwicklung und Förderung der Gesamtpersönlichkeit". Dazu „werden die Kinder zu einem bewußten und schöpferischen Umgang mit mündlicher und schriftlicher Sprache geführt" (ebd., 19). Mit dem Aspekt der Bewusstheit ist der Arbeitsbereich Sprachreflexion angesprochen, der hier „Sprache untersuchen" heißt. Die sprachdidaktischen Konzepte der Sprachbewusstheit und der Sprachaufmerksamkeit werden knapp angesprochen, eine explizite Weiterführung wird aber nicht gegeben. Die Integration in die anderen Arbeitsbereiche im Unterricht wird gefordert, z. B. im Abschnitt über den Rechtschreiblehrgang (vgl. 20), aber das Ziel von „Einblicken" in die Sprachstruktur verleiht der Sprachreflexion auch eine gewisse Eigenständigkeit. Die Lernwege sollen den „handelnden Umgang" nutzen (ebd.). Die vorgegebenen Inhalte sind allerdings den vorangegangenen Bildungsplänen sehr ähnlich (Wortarten, Flexion, einfacher Satz und seine Teile, Liste der Fachausdrücke).

Der „Bildungsplan für die Hauptschule" (1994) schließt hier an, auch er sieht den Beitrag des Arbeitsbereichs „Sprachbetrachtung und Grammatik" in der Förderung und im Ausbau der Sprachverwendung, wobei auch „Einsichten in die Gesetzmäßigkeiten der Sprache" (ebd., 58) gewonnen werden. Auch hier bleibt die Liste der Unterrichtsinhalte wenig verändert.

Eine erweiterte Zielperspektive skizziert der „Bildungsplan für die Realschule" (1994) für den Arbeitsbereich „Sprachbetrachtung und Grammatik". Thematisch treten „eine aktive Auseinandersetzung mit den Mitteln und der Wirkung moderner Medien" und „das Bewußtmachen von Gesprächsregeln und das Einüben von Gesprächs- und Argumentationsformen sowie von Arbeitstechniken" hinzu (ebd., 18). Konzeptionell heißt es: „Eine Förderung der sprachbedingten Fähigkeiten ist ohne reflektierte Beschäftigung mit den zentralen Funktionen der sprachlichen Mittel, Grammatik und Wortschatz, nicht möglich" (ebd.).

Eine noch deutlichere Eigenständigkeit hat der Arbeitsbereich „Sprachbetrachtung und Grammatik" im „Bildungsplan für das Gymnasium" (1994). Ausgangspunkt im Unterricht sollen meist mündliche und schriftliche Sprachverwendungen sein, trotzdem gilt: „Auf Systematik kann dabei nicht verzichtet werden; dennoch steht die Betrachtung der Funktion grammatischer Erscheinungen im Vordergrund. Dies ist eine Voraussetzung für bewußteren Sprachgebrauch" (ebd., 19).

1.4 Bildungspläne nach PISA: Kompetenzorientierung

Die Wende zur „Output-Steuerung" des Bildungssystems seit dem Konstanzer Beschluss der KMK (1997) erfordert Kompetenzbeschreibungen, die in Standards operationalisiert werden und Grundlage von Qualitätssicherung sein können. Baden-Württemberg legte in diesem Zusammenhang zu Beginn des Jahres 2004 neue, nun kompetenzorientierte Bildungspläne vor, die die erwarteten Kompetenzen der SchülerInnen für jeweils zweijährige Etappen und für die Schulabschlüsse beschreiben. Sie werden durch Niveaukonkretisierungen für die drei Niveaustufen A, B und C präzisiert. Der baden-württembergische Bildungsplan unterscheidet sich von den etwa zeitgleich vorgelegten nationalen Bildungsstandards der Kultusministerkonferenz u. a. dadurch, dass er zusätzlich zu Kompetenzbeschreibungen auch Inhalte und didaktisch-methodische Prinzipien für den Unterricht nennt.

Der Plan sieht in den Standards für den Deutschunterricht einen Arbeitsbereich „Sprachbewusstsein entwickeln" vor, der integrativ mit den anderen Arbeitsbereichen verknüpft sein soll. Der „Bildungsplan für die Grundschule" betont, dass sich der Arbeitsbereich induktiv ausrichten soll („Der Weg führt nicht von der Grammatik zur Sprache, sondern von der Sprache zur Grammatik" (ebd., 46)) und nennt die Konzeption der Grammatikwerkstatt (ebd., 52). Die Kinder sollen über Sprache nachdenken können, Wörter und Wortgruppen ausgliedern und untersuchen, über operationale Verfahren Regelmäßigkeiten entdecken, über Fachbegriffe verfügen und Sprachen vergleichen (Klasse 4 (vgl. ebd., 52)). Dies entspricht weitgehend den Bildungsstandards der Kultusministerkonferenz im Fach Deutsch für den Primarbereich (2004), in denen allerdings zusätzlich der Aspekt „sprachliche Verständigung untersuchen" genannt wird (ebd., 7). Der baden-württembergische Bildungsplan ist hier stärker auf das sprachliche System bezogen.

Der „Bildungsplan für die Hauptschule" („Hauptschule und Hauptschule mit Werkrealschule") und fast wortgleich der „Bildungsplan 2010 für die Werkrealschule" zielen auf die Förderung von Sprachaufmerksamkeit, auch durch Vergleiche mit Fremd- und Herkunftssprachen, und sind darauf ausgerichtet, „Standardsprache korrekt und bewusst nutzen" zu können (ebd., 60).

Der „Bildungsplan für die Realschule" sieht als zusätzliche Aufgabe des Arbeitsbereichs vor, „die grammatikalischen Grundlagen für den Fremdsprachenunterricht" zu legen (ebd., 48). Das Gegenstandsfeld ist gegenüber der Hauptschule stärker ausdifferenziert und inhaltlich erweitert.

Der „Bildungsplan für das Gymnasium" fächert in seinen Standards für Deutsch den Arbeitsbereich „Sprachbewusstsein entwickeln" deutlich differenzierter und auch thematisch breiter auf. Unter anderem kommen Wort- und Sprachgeschichte, Semantik, Stil, Fach- und Gruppensprachen und Argumentation hinzu. Dabei soll die Fähigkeit zu bewusster Sprachverwendung „durch die Einsicht in den Systemcharakter von Sprache und durch den Erwerb von Sprachwissen" gefördert werden (ebd., 78), der Zugang soll funktional sein.

Zusammenfassend lässt bei einem Durchgang durch die Bildungspläne Baden-Württembergs für den Arbeitsbereich Sprachreflexion im Deutschunterricht festhalten,

- dass Inhalte und Gegenstände ein erhebliches Maß an Konstanz aufweisen, auch wenn die Aufgabenzuweisung an den Arbeitsbereich Sprachreflexion und die Zielformulierungen wechseln,

- dass diese Inhalte und Unterrichtsgegenstände einen Kanon mit dem Schwerpunkt Morphosyntax für die Sekundarstufe I konstituieren, der – von wenigen Ausnahmen abgesehen – erst auf der gymnasialen Oberstufe im Sinne einer umfassenderen Reflexion über Sprache erweitert wird,
- dass für die Grundschule und die Hauptschule die Förderung des Sprachkönnens Priorität hat und Sprachreflexion nur vorgesehen ist, insoweit von ihr ein Beitrag zum Sprachkönnen erwartet wird,
- dass systematisierende Arbeit an den formalen Aspekten der Sprache der Realschule und vor allem dem Gymnasium vorbehalten ist und so einen Beitrag zu einem auch schichtspezifisch geordneten Bildungskanon leistet,
- dass fachdidaktische und fachwissenschaftliche Entwicklungen bis 1994 teilweise von den Bildungsplänen rezipiert wurden, dass aber vor allem der Begriffsapparat der traditionellen Schulgrammatik weiter dominiert.

2 Sprachreflexion in gegenwärtig gültigen Bildungsplänen

Die nationalen Bildungsstandards der Kultusministerkonferenz von 2003/2004 weisen den Kompetenzbereich „Sprache und Sprachgebrauch untersuchen" aus. Er wird separat dargestellt, sei aber als mit den anderen drei Bereichen „Sprechen und Zuhören", „Schreiben" und „Lesen – mit Texten und Medien umgehen" verknüpft zu verstehen. Er wird in vier bzw. drei Aspekte untergliedert:

Primarstufe:	Hauptschulabschluss, Mittlerer Abschluss:
Sprache und Sprachgebrauch untersuchen: • grundlegende sprachliche Strukturen und Begriffe kennen • sprachliche Verständigung untersuchen • an Wörtern, Sätzen, Texten arbeiten • Gemeinsamkeiten und Unterschiede von Sprachen entdecken	Sprache und Sprachgebrauch untersuchen: • Sprache zur Verständigung gebrauchen • fachliche Kenntnisse erwerben • über Verwendung von Sprache nachdenken und sie als System verstehen

(KMK 2004, 7; KMK 2003/2004, 8)

Außerdem sollen bereichsspezifische Methoden und Arbeitstechniken einbezogen werden, z.B. die grammatischen Proben (Klang-, Weglass-, Umstell-, Ersatzprobe) und Verfahren der Fehlerkorrektur.

Die einzelnen Aspekte werden in knapper Form aufgefächert und an ausgewählten Aufgabenbeispielen illustriert. Dabei werden drei Anforderungsbereiche unterschieden (am Beispiel der Primarstufe: „Anforderungsbereich 'Wiedergeben' (AB I)", „Anforderungsbereich 'Zusammenhänge herstellen' (AB II)" und „Anforderungsbereich 'Reflektieren und beurteilen' (AB III)" (ebd., 17)). Für all diese Schritte benötigt man eigentlich eine Modellierung des Kompetenzbereichs Sprachreflexion, die theoretisch abgesichert und empirisch validiert ist, die den Erwerbsverläufen entspricht und die eine abgesicherte Unterscheidung verschiedener Anforderungsniveaus ermöglicht. Erste solche Modellierungen sind für die Aspekte „grundlegende sprachliche Strukturen und Begriffe kennen" und „an Wörtern, Sätzen, Texten arbeiten" im Rahmen von Projekten zur Leistungsmessung erarbeitet worden (vgl. für die Primarstufe Bremerich-Vos/ Böhme 2009; für die Klassenstufe 9 Eichler 2007), für die Aspekte „sprachliche Verständigung untersuchen" und „Gemeinsamkeiten und Unterschiede von Sprachen entdecken" ist hier noch erhebliche Forschungsarbeit notwendig. Für die Erstellung der gegenwärtigen Bildungspläne stand eine solche Grundlage noch kaum zur Verfügung. Es verwundert deshalb nicht, wenn in den Bundesländern unterschiedliche Wege beschritten wurden.[1] Dies wird bereits in den verschiedenen Bezeichnungen des Kompetenzbereichs deutlich, hier am Beispiel der Grundschule dargestellt:

Bezeichnungen des Kompetenzbereichs Sprachreflexion (Grundschule) in den Bundesländern:

- „Sprache und Sprachgebrauch untersuchen" (KMK, BB, BE, HB, HH, MV, NI, NW, RP, SL)
- „Sprachbewusstsein entwickeln" (BW)
- „Sprache untersuchen" (BY, SN)
- „Sprache und Sprachgebrauch untersuchen und reflektieren" (HE)
- „Sprache und Sprachgebrauch untersuchen sowie richtig schreiben" (ST)
- „Gegenstandsbereich Sprache als Regel- und Zeichensystem" (SH)
- „Über Sprache, Sprachverwendung und Sprachenlernen reflektieren" (TH)

Eine größere Zahl von Bildungsplänen schließt sich der Bezeichnung der KMK an, andere fassen den Bereich enger auf das Sprachsystem bezogen (BY, SN, SH), erweitern ihn um Reflexion (HE) oder Sprachenlernen (TH) oder sie betonen einen bestimmten Aspekt (BW: Sprachbewusstheit, ST: Rechtschreibung).

Als Ziel für den Arbeitsbereich Sprachreflexion weisen die Bildungspläne die Erweiterung des sprachlichen Könnens und Repertoires, also die Stärkung des impliziten Sprachwissens, aus. Dies gilt insbesondere für die Grundschule. Dazu sollen auch Bewusstmachung und die Erarbeitung von Strukturen des Sprachsystems einschließlich der Erarbeitung einer grammatischen Terminologie (Listen mit Fachbegriffen), also explizites Sprachwissen, einen Beitrag leisten. Die Sprachreflexion erscheint stark in diese Funktion eingebunden, die Erarbeitung

---

[1] Die deutschen Bundesländer haben kompetenzorientierte Bildungspläne vorgelegt oder sind dabei, dies zu tun. Einen etwas anderen Weg geht Österreich: Zusätzlich zu den Bildungsplänen wurden Standards erarbeitet, deren Einlösung stichprobenartig landesweit geprüft wird (Verordnung des Bundesministeriums für Unterricht, Kunst und Kultur über Bildungsstandards im Schulwesen vom 9.1.2009, vgl. http://www.bmukk.gv.at/schulen/recht/erk/vo_bildungsstandards.xml). In der Schweiz erarbeiten derzeit 21 Kantone einen gemeinsamen Lehrplan (vgl. http://www.lehrplan.ch).

F1 Sprachreflexion laut Bildungsstandards und Bildungsplänen

eines reinen Benennungswissens wird weithin abgelehnt. Wie das Verhältnis von implizitem und explizitem Sprachwissen zu sehen ist, stellen die Bildungspläne zwar nicht dar, der Zusammenhang wird als gegeben verstanden. Methodisch-didaktisch wird aber durchweg gefordert, das explizite Sprachwissen sei durch induktives Vorgehen aus dem impliziten Sprachwissen und den Spracherfahrungen der Kinder und Jugendlichen zu erarbeiten.

Eine Übersicht über die Unterrichtsgegenstände, die die Bildungspläne für den Kompetenzbereich nennen, zeigt, dass in der Grundschule zunächst vor allem an sprachsystembezogenen Inhalten gelernt werden soll (Tab. 1). Offensichtlich existiert ein Kanon von Unterrichtsgegenständen, der aus der Tradition des Grammatikunterrichts kommt (Wortarten, Wortbildung, einfacher Satz, grammatische Proben, z.T. Flexion). Er wird in einigen Ländern erweitert um Sprachvergleiche, die Reflexion über Verständigung und Kommunikation, sprachliche Variation und Mündlichkeit/Schriftlichkeit.

Tab. 1: Unterrichtsgegenstände im Arbeitsbereich Sprachreflexion: Bildungspläne für die Grundschule (Klasse 4)

	BB	BE	BW	BY	HB	HE	HH	MV	NI	NW	RP	SH	SL	SN	ST	TH
Laute			X	X									X			
Silben			X										X			
Wortarten	X	X	X	X	X	X	X	X	X	X	X	X	X	X	X	X
Wortbildung	X	X	X	X	X		X	X		X	X			X	X	X
einfacher Satz	X	X	X	X	X	X	X	X	X	X	X	X	X	X	X	
gramm. Proben	X	X	X	X	X	X		X	X		X	X	X	X		X
komplexer Satz																
Flexion			X	X							X		X	X	X	
Wortbedeutung			X	X		X										
semantische Relationen																
Text						X				X	X					
Phraseologismen				X												
mündl. vs. schriftl. Sprache						X			X		X					X
sprachl. Variation				X				X			X				X	X
Stil																
Sprachvergleiche			X				X		X	X	X		X		X	X
Verständigung	X	X			X			X		X	X					
Pragmatik																X
Sprachkontakt																
sprachl. Wandel																
Sprache + Öffentlichkeit																
Sprache + Medien																
Spracherwerb																
Sprachkritik																
Sprachtheorie																

In den Bildungsplänen für die Schulformen der Sekundarstufe I (Tab. 2) werden diese Inhalte erneut zu Unterrichtsgegenständen. Nun treten aber u. a. sprachliche Variation (in den norddeutschen Ländern unter Einbezug der niederdeutschen Regionalsprache, im Süden unter Einbezug von Dialekt und Standard), Stil, sprachlicher Wandel und die Textebene hinzu. Dabei wird eine gewisse Schulformspezifik erkennbar, Gegenstände wie sprachlicher Wandel, Stil, Sprache und Medien, Spracherwerb und Sprachtheorie werden stärker dem Gymnasium zugeordnet.

Hinter der skizzierten Zuordnung von Unterrichtsgegenständen zu Schulstufen und -formen sind Annahmen über Erwerbsverläufe und Anforderungsniveaus der daran zu gewinnenden Kompetenzen zu vermuten. Diese werden in den Bildungsplänen nicht explizit gemacht, was aber vor dem Hintergrund des erwähnten Desiderats einer abgesicherten und umfassenden Kompetenzmodellierung derzeit auch kaum möglich sein dürfte.

Tab. 2: Unterrichtsgegenstände im Arbeitsbereich Sprachreflexion: Bildungspläne für die Schulformen der Sekundarstufe I (Klasse 10)
Erläuterung: X = Erwähnung in Schulformen der Sekundarstufe I; G = zusätzliche Nennung für das Gymnasium

	BB	BE	BW	BY	HB	HE	HH	MV	NI	NW	RP	SH	SL	SN	ST	TH
Laute				X							X					
Silben																
Wortarten	X	X	X	X	X	X	X	X	X	X	X	X	X	X	X	X
Wortbildung	X	X		X	X	X	X						X	X	X	X
einfacher Satz	X	X	X	X	X	X	X	X	X	X	X	X	X	X	X	X
gramm. Proben				X	X	X	X	X	X	X				X	X	X
komplexer Satz	X	X	X		X	X	X	X	X	X	X	X	X	X	X	X
Flexion	X	X	X	X	X	X		X	X	X	X	X	G	X	X	X
Wortbedeutung	X	X	X	X			G		X	X	X		X		X	
semantische Relationen				X									G	X	X	
Text	X	X			X	X	X					X		X	X	X
Phraseologismen	X	X	X	X			G									
mündl. vs. schriftl. Sprache																
sprachl. Variation	X	X		X	X	X	X	G	X	X	X	X	X	X		X
Stil	X	X	X	X	X		G		X				X	X	X	
Sprachvergleiche	X	X		X				G	X	X			G			X
Verständigung							X		X	X	G		X	G	X	G
Pragmatik								G		X			G	X		
Sprachkontakt				X		X										
sprachl. Wandel	X	X	G	G			G	G	X	X	G	X	G	G	X	X
Sprache + Öffentlichkeit									G				G			
Sprache + Medien			G				G	G						X		
Spracherwerb								G		G			G			X
Sprachkritik			G	X												
Sprachtheorie				G				G		G			G			

Tab. 3: Unterrichtsgegenstände im Arbeitsbereich Sprachreflexion: Bildungspläne für die Sekundarstufe II (gymnasiale Oberstufe)

	BB	BE	BW	BY	HB	HE	HH	MV	NI	NW	RP	SH	SL	SN	ST	TH
Laute																
Silben																
Wortarten																
Wortbildung																
einfacher Satz																
gramm. Proben																
komplexer Satz																
Flexion																
Wortbedeutung																
semantische Relationen			X					X								
Text			X									X				
Phraseologismen																
mündl. vs. schriftl. Sprache	X	X				X										
sprachl. Variation				X	X			X	X	X	X			X		
Stil			X			X									X	X
Sprachvergleiche																
Verständigung			X					X	X	X				X	X	
Pragmatik			X	X	X	X				X	X					
Sprachkontakt										X						X
sprachl. Wandel	X	X		X	X	X				X	X			X		
Sprache + Öffentlichkeit	X	X				X	X			X			X			
Sprache + Medien		X		X	X					X	X					
Spracherwerb	X	X				X				X	X			X		X
Sprachkritik			X	X	X								X			
Sprachtheorie	X	X	X	X		X	X			X	X	X	X	X	X	

Eine Übersicht über die Unterrichtsgegenstände auf der gymnasialen Oberstufe bestätigt diesen Befund (Tab. 3). Kompetenzen der Sprachreflexion im Bereich des Sprachsystems werden offensichtlich als erworben vorausgesetzt. Nun treten Inhalte zur Sprachtheorie, zum sprachlichen Wandel, zum Spracherwerb, zur sprachlichen Variation, zu Sprache und Öffentlichkeit, zur Pragmatik und zu Sprache und Medien auf. Allerdings ist der Umfang in der Stundentafel und damit die Bedeutung, die dem Kompetenzbereich zugewiesen wird, eher gering. Nur ein Bundesland, das Saarland, sieht die „Lektüre eines sprachwissenschaftlichen oder sprachkritischen Werkes" vor. So fordern auch die „Einheitlichen Prüfungsanforderungen in der Abiturprüfung Deutsch der Kultusministerkonferenz", auf denen diese Bildungspläne basieren, lediglich ein Orientierungswissen:

„In der Abiturprüfung ist ein Orientierungswissen in Bezug auf Sprachgeschichte, Sprachsystem, kommunikative Funktion von Sprache sowie Sprachphilosophie erforderlich. Dazu zählen Themen wie Dialekt, Soziolekt, Zweisprachigkeit, Spracherwerb, Sprechen-Denken-Wirklichkeit, Sprache und Wertorientierung" (EPA 1989/2002, Punkt 1.1.3).

Dementsprechend bezieht sich von den den EPA Deutsch beigegebenen zwölf Aufgabenbeispielen lediglich eins auf eine Unterrichtssequenz zur Sprachreflexion.

Mit Beschluss der KMK vom 18.10.2012 wurden die EPA Deutsch abgelöst von den Bildungsstandards im Fach Deutsch für die Allgemeine Hochschulreife. Die in den EPA genannten Gegenstände werden hier differenzierter berücksichtigt, und es werden zugehörige Kompetenzen formuliert. Ergänzt wird insbesondere die Fähigkeit zur Analyse und (auch kritischen) Bewertung von privater und öffentlicher Sprachverwendung. Die Standards unterscheiden zwischen einem grundlegenden und einem erhöhten Niveau. Das erhöhte Niveau zeichnet sich durch Theoriebezug und den Einbezug in das Argumentieren aus.

Zusammenfassend ist festzuhalten, dass sich der Arbeitsbereich Sprachreflexion in den Bildungsplänen der Bundesländer inhaltlich an die Tradition des Grammatikunterrichts anlehnt, fachdidaktische Diskussionen der letzten Jahrzehnte jedoch teilweise aufgenommen hat (funktionaler Grammatikunterricht, Reflexion über Sprache, Grammatikwerkstatt). Kompetenzorientiertes Unterrichten wird von den derzeitigen Bildungsplänen im Bereich Sprachreflexion noch nicht umfassend auf der Grundlage validierter Kompetenzmodellierungen angestoßen. Wie ein solcher Unterricht aussehen kann, wird in der Praxis allerdings schon erkennbar (vgl. z. B. Bremerich-Vos et al. 2010, Kapitel 7; Kühn 2010). Es bleibt abzuwarten, inwieweit eine neue Generation von Bildungsplänen dies aufnehmen und gestalten kann.

Literatur

Bremerich-Vos, Albert/Böhme, Katrin: Kompetenzdiagnostik im Bereich „Sprache und Sprachgebrauch untersuchen". In: Granzer, Dietlinde/Köller, Olaf (Hrsg.): Bildungsstandards Deutsch und Mathematik. Leistungsmessung in der Grundschule. Weinheim: Beltz 2009, 376–392

Bremerich-Vos, Albert/Granzer, Dietlinde/Behrens, Ulrike/Köller, Olaf (Hrsg.): Bildungsstandards für die Grundschule: Deutsch konkret. Berlin: Cornelsen Scriptor, 2. Aufl. 2010

Christ, Hannelore/Holzschuh, Horst/Merkelbach, Valentin (Hrsg.): Hessische Rahmenrichtlinien Deutsch. Analyse und Dokumentation eines bildungspolitischen Konflikts. Düsseldorf: Bertelsmann Universitätsverlag 1974

Eichler, Wolfgang: Sprachbewusstheit. In: Beck, Bärbel/Klieme, Eckhard (Hrsg.): Sprachliche Kompetenzen. Konzepte und Messung. DESI-Studie. Weinheim: Beltz 2007, 147–157

Kühn, Peter: Sprache untersuchen und erforschen. Grammatik und Wortschatzarbeit neu gedacht. Standards und Perspektiven. Für die Jahrgänge 3 und 4. Berlin: Cornelsen Scriptor 2010

F1 Sprachreflexion laut Bildungsstandards und Bildungsplänen   471

Glinz, Hans: Die innere Form des Deutschen. Eine neue deutsche Grammatik. Bern: Francke 1952

Institut für Schulgeschichte der Pädagogischen Hochschule Weingarten (Hrsg.): Schule gestalten, verändern, erleben. 50 Jahre Schulreform in Baden-Württemberg. Bergatreute: Eppe 2003

Robinsohn, Saul Benjamin: Bildungsreform als Revision des Curriculum. Berlin: Luchterhand 1967

Schnaitmann, Gerhard: Schulreform in Baden-Württemberg. Ein chronologischer Abriss. In: Lehren und Lernen (2002) 7/8, 7–13

Seidemann, Walter: Der Deutschunterricht als innere Sprachbildung. Leipzig: Quelle und Meier 1927, 2. Aufl. 1952, ff. weitere Auflagen

Bildungspläne

Die im Abschnitt 2 verwendeten, aktuell gültigen Bildungspläne sind über den Deutschen Bildungsserver sowie über die Dokumentation der Kultusministerkonferenz zugänglich:

http://www.bildungsserver.de/zeigen.html?seite=400

http://www.kmk.org/dokumentation/rechtsvorschriften-und-lehrplaene-der-laender/lehrplaene-der-laender.html

Baden-Württemberg bis 1994

Lehrpläne für die Gymnasien Baden-Württembergs. Gemäß Erlaß des Kultusministeriums vom 4. Februar 1957. U Nr. 1252, K. u. U. Esslingen: Schneider 1957, 163 ff.

Bildungsplan für die Volksschulen in Baden-Württemberg. Hrsg. vom Kultusministerium Baden-Württemberg. Villingen: Neckar-Verlag 1958

Bildungsplan für die Mittelschulen Baden-Württembergs. Erlaß des Kultusministeriums vom 29. April 1963. U II 3210/28 – K. u. U. S. Esslingen: Schneider 1963, 187

Bildungsplan für das 9. Schuljahr der Volksschulen in Baden-Württemberg. Erlaß vom 14. März 1964. U II Nr. 3140/51 – K. u. U. 1964

Vorläufige Arbeitsanweisungen für die Hauptschulen Baden-Württembergs. Hrsg. vom Kultusministerium Baden-Württemberg. Villingen: Neckar-Verlag 1967

Rahmenrichtlinien Sekundarstufe I. 7./8. Jahrgangsstufe Deutsch. Der Hessische Kultusminister. Frankfurt: Diesterweg 1974

Bildungsplan für die Grundschulen. Amtsblatt des Kultusministeriums Baden-Württemberg. Lehrplanheft 3 (1977)

Vorläufiger Lehrplan für Deutsch, Klasse 7 der Gymnasien der Normalform. Lehrplan-Sonderdrucke aus Kultus und Unterricht. Villingen: Neckar-Verlag 1980

Vorläufiger Lehrplan für Deutsch, Klasse 7 der Realschule. Lehrplan-Sonderdrucke aus Kultus und Unterricht. Villingen: Neckar-Verlag 1980

Vorläufiger Lehrplan für Deutsch, Klasse 7 der Hauptschule. Lehrplan-Sonderdrucke aus Kultus und Unterricht. Villingen: Neckar-Verlag 1980

Bildungsplan für die Grundschule. Amtsblatt des Ministeriums für Kultus und Sport Baden-Württemberg. Lehrplanheft 5 (1984)

Bildungsplan für die Hauptschule. Amtsblatt des Ministeriums für Kultus und Sport Baden-Württemberg. Lehrplanheft 6 (1984)

Bildungsplan für die Realschule. Amtsblatt des Ministeriums für Kultus und Sport Baden-Württemberg. Lehrplanheft 7 (1984)

Bildungsplan für das Gymnasium der Normalform. Amtsblatt des Ministeriums für Kultus und Sport Baden-Württemberg. Lehrplanheft 8 (1984)

Bildungsplan für die Grundschule. Amtsblatt des Ministeriums für Kultus und Sport Baden-Württemberg. Lehrplanheft 1 (1994)

Bildungsplan für die Hauptschule. Amtsblatt des Ministeriums für Kultus und Sport Baden-Württemberg. Lehrplanheft 2 (1994)

Bildungsplan für die Realschule. Amtsblatt des Ministeriums für Kultus und Sport Baden-Württemberg. Lehrplanheft 3 (1994)

Bildungsplan für das Gymnasium. Amtsblatt des Ministeriums für Kultus und Sport Baden-Württemberg. Lehrplanheft 4 (1994)

KMK 2003/2004

Bildungsstandards der Kultusministerkonferenz. Erläuterungen zur Konzeption und Entwicklung. Am 16.12.2004 von der Kultusministerkonferenz zustimmend zur Kenntnis genommen

Bildungsstandards im Fach Deutsch für den Primarbereich (Jahrgangsstufe 4). Beschluss der Kultusministerkonferenz vom 15.10.2004

Bildungsstandards im Fach Deutsch für den Hauptschulabschluss (Jahrgangsstufe 9). Beschluss der Kultusministerkonferenz vom 15.10.2004

Bildungsstandards im Fach Deutsch für den Mittleren Schulabschluss. Beschluss der Kultusministerkonferenz vom 4.12.2003

Bildungsstandards im Fach Deutsch für den Allgemeine Hochschulreife. Beschluss der Kultusministerkonferenz vom 18.10.2012
[http://www.kmk.org/fileadmin/veroeffentlichungen_beschluesse/2012/2012_10_18-Bildungsstandards-Deutsch-Abi.pdf]

Konstanzer Beschluss – Grundsätzliche Überlegungen zu Leistungsvergleichen innerhalb der Bundesrepublik Deutschland. Beschluss der Kultusministerkonferenz vom 24.10.1997
[http://www.kmk.org/fileadmin/veroeffentlichungen_beschluesse/1997/1997_10_24-Konstanzer-Beschluss.pdf]

EPA 1989/2002. Einheitliche Anforderungen in der Abiturprüfung Deutsch. Beschluss der Kultusministerkonferenz vom 1.12.1989 in der Fassung vom 24.5.2002
[http://www.kmk.org/fileadmin/veroeffentlichungen_beschluesse/1989/1989_12_01-EPA-Deutsch.pdf]

PETER KÜHN

F2 Leistungsaufgaben zu grammatischem Wissen

1 Ausgangspunkt: Grammatikaufgaben sind über hundert Jahre gleich geblieben

Aufgaben gehören zu den zentralen Steuerungsinstrumenten des Unterrichts. Im Kontext der internationalen Leseuntersuchungen PISA und PIRLS/IGLU ist die Rede von einer neuen „Aufgabenkultur", die in der heutigen Deutschdidaktik sowie im Deutschunterricht postuliert und diskutiert wird (vgl. Köster et al. 2004). Die Diskussion wurde bei der Konzeption und Implementierung der Bildungsstandards Deutsch weitergeführt. Sie hat inzwischen eine lebhafte Auseinandersetzung über neue Aufgaben und Aufgabenformate ausgelöst. Letzteres gilt sowohl für Aufgaben, mit deren Hilfe Schülerinnen und Schüler sich die einzelnen Kompetenzen erarbeiten („Lernaufgaben"), als auch für Aufgaben, die dazu dienen, erworbene Kompetenzen zu evaluieren („Testaufgaben" oder „Leistungsaufgaben").

Im Bereich der Grammatik ist die Diskussion um eine neue Aufgabenkultur teilweise nur schleppend in Gang gekommen. Dies hat mehrere Ursachen:

(1) Das traditionelle grammatische Curriculum scheint gegenüber allen Neuansätzen resistent: Es ist trotz vielfältiger didaktischer Diskussionen seit hundert Jahren gleich geblieben: Wortformen- und Satzlehre bilden „nach wie vor den Kern einer formalen Grammatikunterweisung im Deutschunterricht" (Steinig/Huneke 2011, 170).

(2) Der formale Grammatikunterricht gilt selbst unter vielen Lehrerinnen und Lehrern als nicht mehr zeitgemäß und zweckmäßig. Sie ziehen daraus oft die fatale Konsequenz, entweder ganz auf den Grammatikunterricht zu verzichten (vgl. Schulze 2011) oder aber eine minimalistische Formengrammatik als Alibigrammatik zu vermitteln. Der Grammatikunterricht wird von Lehrerinnen und Lehrern wie von Schülerinnen und Schülern vielfach immer noch „als feindliches Gebiet" angesehen (Boettcher 2009, XI), und der Deutschunterricht gilt als „grammatikfreie Zone" (Köpcke/Noack 2011, 4).

(3) Zwar werden immer wieder neue grammatische Konzepte diskutiert – insbesondere in Abgrenzung traditioneller, rein formbezogener Ansätze. Dabei spielen heute besonders funktionale Grammatikkonzepte eine wichtige Rolle, allerdings bleibt der Funktionsbegriff schillernd: Einige stellen den funktionalen Grammatikunterricht dem formalen gegenüber und betonen die Bedeutung grammatischer Kategorien und Strukturen, andere verstehen darunter einen integrativen Grammatikunterricht, der handlungs- und textbezogen auf Sprach-

rezeption (Lesen, Hören) und Sprachproduktion (Schreiben, Sprechen) bezogen ist. Wiederum andere sprechen nur dann von funktionalem Grammatikunterricht, wenn dieser auf einer funktionalen Referenzgrammatik basiert. Ob sich solche funktionalen Referenzgrammatiken (vgl. Hoffmann 2013) im Sprachunterricht durchsetzen, bleibt abzuwarten.

(4) Viele Vorschläge, die auf einem neuen funktionsgrammatischen Ansatz beruhen und eine innovative Aufgabenkultur initiieren könnten, sind verstreut erschienen und beziehen sich auf grammatische Einzelphänomene (vgl. z. B. Gornik/Granzow-Emden 2008; Gornik/Weise 2009; Gornik 2011; Granzow-Emden 2011; Peyer 2011; Uhl 2011).

(5) Zentral für die Implementierung eines neuen Grammatikkonzeptes und einer neuen Aufgabenkultur – insbesondere auch in Schulbüchern – ist das Problem der grammatischen Terminologie. Hier haben die Bildungsstandards wenig beigesteuert, insbesondere was das grammatiktheoretische Form-Funktionsverhältnis anbelangt. Begrüßenswert ist daher die Initiative nach einer sprachtheoretisch und sprachdidaktisch fundierten Terminologiefestlegung (vgl. zusammenfassend Noack/Ossner 2011; Ossner 2012 sowie [http://www.grammatische-terminologie.de]).

All diese Aspekte lassen sich zur Begründung heranziehen, warum nach Implementierung der Bildungsstandards eine alternative Aufgabenkultur im Bereich der Grammatikdiskussion nur eher zögerlich vorankommt. Die Beharrlichkeit des grammatischen Curriculums gegenüber alternativen Konzepten beweist ein sporadischer Blick auf Aufgaben zur Grammatik in älteren Sprachbüchern und in neueren standardisierten Tests:

Beispiel 1	Beispiel 2
Suche aus folgendem Stück die Verben (Tätigkeitswörter) heraus: *Ein Fuchs kam auf einem Gang nach Beute an einen Weinstock, der voll süßer Trauben hing. Lange schlich er vor ihm auf und ab ...*	Unterstreiche alle Verben: *Der Wettstreit zwischen der Schildkröte und Kalulu verlief ungewöhnlich. Die Schildkröte besiegte den Hasen beim Wettlauf. Daraufhin krönten die verwunderten Zuschauer die Schildkröte zum König der Tiere. ...*

Die ältere Aufgabe stammt aus einem Sprachbuch von 1903, die standardisierte Testaufgabe aus dem Jahre 2008. In beiden Aufgaben müssen die Schüler in einem (Fabel)Text Wörter der Wortart Verb zuordnen. Die Aufgaben und Aufgabenformate sind identisch – zwischen ihnen liegen über 100 Jahre: unzählige Schülergenerationen, eine unüberschaubare Sprachbuchlandschaft und eine kontroverse Diskussion um sprachdidaktische und methodische Konzepte, einschließlich PISA, PIRS/IGLU und Bildungsstandards.

Im folgenden Beitrag werden auf dem Hintergrund der konzeptionellen Ausführungen in den Bildungsstandards Deutsch (Kap. 2) Aufgaben zur Grammatik diskutiert. Zunächst werden diejenigen Aufgabenbeispiele kritisch unter die Lupe genommen, die in den Bildungsstandards selbst als Musterbeispiele angeführt werden (Kap. 3), anschließend werden Beispielaufgaben gängiger standardisierter Tests (DESI, VERA, IQB) analysiert und kommentiert (Kap. 4). Das Ergebnis der Aufgabensichtung ist eher ernüchternd: Anstatt nach den Bildungsstandards im Kompetenzbereich „Sprache und Sprachgebrauch untersuchen" einen Neuanfang zu wagen, scheint man zu resignieren und begnügt sich bei den standardisierten Aufgaben immer noch mit dem „Backen kleiner Brötchen" (Bremerich-Vos 1993).

2 Voraussetzungen für eine neue Aufgabenkultur: Bildungsstandards Deutsch

Die Einführung der Bildungsstandards Deutsch schien zunächst auch für eine neue Diskussion grammatischer Aufgaben und Aufgabentypen erfolgversprechend. Die konzeptionellen Vorgaben sind zwar knapp, aber durchaus wegweisend. Der Kompetenzbereich „Sprache und Sprachgebrauch untersuchen" wird beispielsweise in den „Bildungsstandards für den Mittleren Schulabschluss" (Kultusministerkonferenz 2004, 9) folgendermaßen gefasst (für den Bereich der Primarschule vgl. Kühn 2010, 18–50):

> **„Sprache und Sprachgebrauch untersuchen**
> *Die Schülerinnen und Schüler denken über Sprache und Sprachgebrauch nach, um das komplexe Erscheinungsbild sprachlichen Handelns – des eigenen und fremden – und die Bedingungen, unter denen es zustande kommt bzw. aufgenommen wird, zu verstehen und für die eigene Sprachentwicklung zu nutzen.*
> Sie untersuchen und formulieren Texte nach funktionalen, normativen und ggf. ästhetischen Gesichtspunkten. Im Sinne von „Sprache im Gebrauch" arbeiten sie an dem umfassenden Bereich menschlicher Verständigung, im Sinne von „Sprache als System" nehmen sie vorwiegend grammatische Erscheinungen und ihre inhaltliche Funktion in den Blick und nutzen diese zur Textherstellung sowie Textüberarbeitung. Sie können grammatische Strukturen korrekt aufbauen und bei Bedarf korrigieren. Die grammatische Terminologie wird nicht im Sinne eines isolierten Begriffswissens, sondern stets im funktionalen Zusammenhang angewandt. In der mündlichen Äußerung beachten sie wichtige Regeln der Aussprache, in den schriftlichen die der Orthographie und Zeichensetzung."

In dieser Beschreibung des Kompetenzbereichs „Sprache und Sprachgebrauch untersuchen" werden folgende Aspekte als zentral herausgestellt:
(1) Auffallend ist zunächst die Neuformulierung des Kompetenzbereichs „Sprache und Sprachgebrauch untersuchen". Es wurde wohl bewusst auf Termini wie „Grammatik", „Sprachlehre", „Sprachbetrachtung", „Reflexion über Sprache", „Sprachbewusstheit" usw. verzichtet, da diese teils programmatische Vorgaben, teils spezifische Erkenntnisinteressen implizieren (vgl. dazu Bredel 2007, 226 ff.;

Ossner 2007, 134; Kühn 2010, 51 ff.). Der Gegenstandsbereich des neu formulierten Kompetenzbereichs ist weiter gefasst: Er umfasst nicht nur den engen Bereich der Grammatik und Grammatikarbeit, sondern ebenso den Bereich des Wortschatzes und der Wortschatzarbeit unter Einschluss der Wortbildung und Phraseologie und reicht über die Satz- und Wortgrenze hinaus bis auf die Textebene.

(2) Ziel der Spracharbeit ist die Förderung der rezeptiven und produktiven Sprachhandlungskompetenzen der Schülerinnen und Schüler. Das Nachdenken über die Sprache und den Sprachgebrauch ist kein Selbstzweck. Dies gilt insbesondere auch für die Arbeit an der klassischen Wortformen- und Satzlehre: Die Schülerinnen und Schüler sollen „Leistungen von Sätzen und Wortarten kennen und für Sprechen, Schreiben und Textuntersuchung nutzen" (Kultusministerkonferenz 2004, 16).

(3) Während die traditionelle Grammatikarbeit vor allem wort- und satzbezogen erfolgt, rückt mit der Förderung von Sprachhandlungskompetenzen der Text in den Mittelpunkt jeglicher Spracharbeit. Gegenstand der Untersuchung sind dabei sowohl schriftliche als auch mündliche Texte und Textsorten. Im Sinne eines funktionalen Wortschatz- und Grammatikunterrichts müssen die sprachlichen Formen im Hinblick auf ihre Funktionen im Satz, im Text und in der Kommunikation untersucht werden. Dabei ist zu berücksichtigen, dass sich solche Funktionen nicht an isolierten Formen und Begriffen festmachen lassen, sondern immer situativ und text(sorten)abhängig bestimmt werden müssen.

(4) Der Kompetenzbereich bezieht sich sowohl auf die Betrachtung der Sprache als System als auch auf die Analyse des Sprachgebrauchs. Selbst die Arbeit am Sprachsystem ist kein Selbstzweck: Sie ist nicht auf die Vermittlung formaler grammatischer Kategorien beschränkt („isoliertes Begriffswissen"), diese müssen vielmehr in ihren Funktionen und funktionalen Zusammenhängen betrachtet werden.

(5) Der neue Kompetenzbereich „Sprache und Sprachgebrauch untersuchen" erfordert eine Vernetzung mit den übrigen Kompetenzbereichen „Sprechen und Zuhören", „Schreiben" und „Lesen – mit Texten und Medien umgehen", einschließlich Rechtschreibung und Aussprache. Authentische und schülergemäße Sprech- und Schreibanlässe sowie mündliche und schriftliche Texte bzw. Textsorten sind Ausgangspunkt, Gegenstand und Ziel jeglicher Spracharbeit. Grammatikarbeit hat dienende Funktion.

Diese Konzeptpunkte finden sich auch in den Substandards des Kompetenzbereichs „Sprache und Sprachgebrauch untersuchen" (Kultusministerkonferenz 2004, 15 f.), die wiederum weiter subspezifiziert und konkretisiert werden (vgl. auch Huneke, F 1). Sie entsprechen dem Mainstream in der derzeitigen Diskussion um eine Didaktisierung der Grammatik (vgl. zur Geschichte der Grammatikdidaktik den Beitrag von Ossner, A):

(1) Die Konzentration einer rein formalen Grammatikarbeit auf Wortarten und Satzlehre soll ersetzt werden durch einen Grammatikunterricht, der die Sprachhandlungsfähigkeit der Schülerinnen und Schüler aufbauen und verbessern soll. Betont wird dabei der enge Zusammenhang zwischen Grammatikarbeit und „Textgestaltungskompetenz" (Klotz 1996). In Bezug auf die mediale Realisierung von Sprache wird inzwischen von produktiver und rezeptiver Grammatik- bzw. Wortschatzarbeit gesprochen (vgl. Kühn 2007; Oomen-Welke/Kühn 2009, 170 ff.; Kühn 2010, 73 ff.).

(2) Plädiert wird für einen integrativen und funktionalen (Köller 1983) Grammatikunterricht (vgl. den Überblick bei Gornik 2003, 821–825): Grammatikarbeit ist in den allgemeinen Sprachunterricht (z. B. in das Lesen oder Schreiben) integriert. Grammatische Kategorien und Phänomene werden nicht mehr ausschließlich formbezogen, sondern vor allem hinsichtlich ihrer semantischen und pragmatischen Funktionen betrachtet (vgl. z. B. Berkemeier 2011). Dabei beruft man sich ausdrücklich auf Referenzgrammatiken mit funktionalem Anspruch (z. B. Zifonun et al.1997; Hoffmann, B 1.4; Köller, B 1.3). Diese Position steht im bewussten Gegensatz zum sprachsystematischen Grammatikunterricht als „eigenständigem Gegenstandsbereich" mit dem Lernziel „Einsicht in den Bau und die Struktur der Sprache" (Eichler 1990, 257).

(3) Wegen zunehmender Defizite im Bereich des grammatischen Wissens in Hochschule und Schule (vgl. Schmitz 2003) fordern einige Didaktikerinnen und Didaktiker zwar verstärkt eine Rückbesinnung auf die Sicherung eines grammatischen Grundwissens (z. B. Berkemeyer/Hoppe 2001; Dürscheid 2007), die Tendenz geht jedoch in Richtung eines operationalen Grammatikunterrichts (z. B. die Sprachproben bei Glinz 1952 oder die Grammatik-Werkstatt von Eisenberg/Menzel 1995), der letztlich auf die Vermittlung von „Sprachwissen" und „Sprachbewusstsein" ausgerichtet ist: „Sprachbewusstsein" wird als „reflexive Einstellung zum eigenen wie fremden Sprachgebrauch" verstanden (Neuland 2002, 6), „das am impliziten Wissen der Schülerinnen und Schüler anknüpft" (Gornik 2011, 108). „Sprachwissen" wird als „handlungspraktisches Bewusstsein" aufgefasst (Redder 1998, 72) und umfasst ausdrücklich „deklaratives und prozedurales Wissen" (Funke 2005), „Sprachbewusstheit" wird als „reflektierter Sprachgebrauch" interpretiert (Ossner 2006, 58). „Sprachwissen", „Sprachbewusstheit" oder „Sprachbewusstsein" sind ebenfalls auf den Auf- und Ausbau der Lese- oder Schreibkompetenzen bezogen (vgl. z. B. Bredel 2007, 257 ff.; vgl. den Überblick bei Andresen/Funke 2003). In diesem Sinne darf formales Wissen in keinem Fall „zum grammatischen Selbstzweck" geraten (Steets 2003, 217). Im besten Falle führt ein „Grammatikbewusstsein" als Teil des Sprachbewusstseins zu einer „Grammatik-Bildung, die Grammatik-Kennen und Grammatik-Können" umfasst (Dürscheid 2010, 22). Die Schülerinnen und Schüler sollen ein grammatisches Wissen erwerben, „das sie auch anwenden, das sie für Sprachproduktion und Sprachverstehen nutzen können" (Gornik 2003, 817).

(4) Die Grammatikarbeit bezieht sich nicht auf den Umgang mit isolierten Wörtern oder (Beispiel)Sätzen, Grammatikarbeit ist Arbeit mit und an Texten: „Der Grammatikunterricht muss Texte thematisieren, damit die Funktionalität grammatischer Phänomene überhaupt deutlich werden kann" (Gornik 2003, 824).

Eine solche Vision von Grammatikunterricht wird heute unter dem generischen Terminus „funktionaler Grammatikunterricht" gefasst. Der funktionale Grammatikunterricht mit einer funktionalen Grammatik als sprachtheoretischer Basis gilt in der Sprachdidaktik mittlerweile vielfach als Grundlage, auf der der Sprachgebrauch und das Sprachverstehen aufgebaut und erweitert werden sollen. Die Realisierung eines solchen Grammatikunterrichts in der Unterrichts- und Evaluationspraxis scheint aber immer noch ein schwieriges Problem. Dies soll im Folgenden an den Modellaufgaben der Bildungsstandards (Kap. 3) und an Musteraufgaben standardisierter Grammatiktests (Kap. 4) gezeigt werden.

3 Aufgabenbeispiele zu den Bildungsstandards: innovativ oder doch nur traditionell?

Akzeptiert man die in den Bildungsstandards postulierten Zielsetzungen und Kompetenzanforderungen, stellt sich die Frage, wie sich diese in Aufgaben und Aufgabenformate umsetzen lassen. In den Bildungsstandards selbst werden Aufgabenbeispiele angeführt, die zeigen sollen, wie die „Standarderreichung" festgestellt werden kann. Dabei wird ein Ansatz favorisiert, „der die Kompetenzbereiche 'Umgang mit Texten und Medien', 'Schreiben' sowie 'Sprache und Sprachgebrauch untersuchen' in ihrer Komplexität und die einzelnen Standards in unterschiedlicher Intensität und Breite erfasst" (Kultusministerkonferenz 2004, 20). Die Aufgabenstellungen sind zudem vorrangig auf das Textverstehen sowie das Schreiben bezogen. Die Aufgabenvorschläge bzw. die vorgestellten Aufgaben sind in den verschiedenen Standards allerdings von unterschiedlicher Qualität:

In den **Standards für den „Mittleren Schulabschluss"** (KMK 2004) und für den **„Hauptschulabschluss"** (KMK 2005b) werden in den Aufgabenbeispielen zwar Bezüge zum Kompetenzbereich „Sprache und Sprachgebrauch untersuchen" hergestellt, es fehlen allerdings konkrete Aufgaben oder Aufgabenstellungen, aus denen ersichtlich würde, welchen konkreten Beitrag der Kompetenzbereich „Sprache und Sprachgebrauch untersuchen" zu den übergeordneten Kompetenzbereichen „Lesen" oder „Schreiben" bieten könnte. Betrachtet man die Aufgabenbeispiele in den **„Bildungsstandards für den Primarbereich"** (Kultusministerkonferenz 2005b), so zeigt sich ein anderes Bild. Auch in diesen Bildungsstandards ist der Kompetenzbereich „Sprache und Sprachgebrauch untersuchen" textbasiert und auf die Erweiterung der rezeptiven und produktiven Sprachhandlungskompetenz der Schülerinnen und Schüler bezogen:

"In altersgemäßen, lebensnahen Sprach- und Kommunikationssituationen erfahren und untersuchen die Kinder die Sprache in ihren Verwendungszusammenhängen und gehen dabei auf die inhaltliche Dimension und die Leistung von Wörtern, Sätzen und Texten ein" (Kultusministerkonferenz 2005b, 9).

In diesen Bildungsstandards lassen sich für den Kompetenzbereich „Sprache und Sprachgebrauch untersuchen" zwei charakteristische Aufgabentypen unterscheiden: Zum einen gibt es Aufgaben, die integrativ auf weiterführende Zielsetzungen (z. B. die Textrezeption oder -produktion) bezogen sind (vgl. ebd., 40 f.), zum anderen überwiegen eher kognitive Aufgaben, die sich ausschließlich auf die Kenntnis und Verwendung grundlegender sprachlicher Strukturen und Begriffe beziehen (vgl. Beispielaufgabe 3).

Beispiel 3 (aus den Bildungsstandards Deutsch, Kultusministerkonferenz 2005b, 48 ff.)

Leistungen im Tierreich
Schlaumeier
Warum nennt man Delfine auch Schlaumeier
Delfine sind sehr kluge Lebewesen sie haben das am höchsten entwickelte Gehirn aller Tiere Delfine können nicht nur nachahmen sie können sogar selbstständig denken ihre Lautsprache ist vielfältig sie versuchen sich damit wirksam zu verständigen

1. Aufgabe:
Lies den Text durch. Es fehlen Satzzeichen. Schreibe den Text ab und ergänze die Satzzeichen. *(AB I)*

3. Aufgabe:
Im Text steht das Verb *versuchen*. Es hat den Wortbaustein *ver-*.
Es gibt noch viele andere Wortbausteine. Versuche, fünf Wortbausteine zu finden und schreibe jeweils zwei Beispielwörter auf. *(AB II)*

Wortbaustein	Beispielwörter
ver-	versuchen,
ab-	abholen,

4. Aufgabe:
Schreibe die Adjektive aus dem Text heraus *(AB I)*. Trage sie an der richtigen Stelle in die Tabelle ein *(AB II)*. Bilde die fehlenden Vergleichsformen und trage sie ein *(AB II)*.

Grundform	1. Vergleichsstufe	2. Vergleichsstufe	3. Vergleichsstufe

5. Aufgabe
Stelle Wortfamilien zusammen und unterstreiche den Wortstamm. Du kannst das Wörterbuch nutzen.

(AB II)

denken _____ _____ _____ _____

verständigen _____ _____ _____ _____

8. Aufgabe:
Lies die folgenden kurzen Texte über die Leistungen anderer Tiere. Bezeichne diese Tiere jeweils mit einem zusammengesetzten Nomen und schreibe das Nomen auf die freie Zeile. *(AB III)*
Ein Riesenkänguru kann 12 Meter weit springen.
Riesenkängurus sind _____
See-Elefanten sind Robben, die besonders tief tauchen können: etwa 1200 Meter.
See-Elefanten sind _____
Kolibris sind besondere Vögel. Sie können in jede Richtung fliegen und in der Luft stehen bleiben. Sie sind darin Meister:
Kolibris sind _____

9. Aufgabe:
Vorsicht – Falle!
In jeder Zeile ist ein Wort versteckt, das nicht zu den Wörtern der Wortart in dieser Zeile passt. Streiche dieses Wort durch. *(AB II)*
TIERE TAUCHEN MEISTER LUFT WASSER
SCHNELL WEIT GUT FLIEGEN BESSER TIEF
SCHREIBEN DENKEN NACHAHMEN SCHWIMMEN GEHIRN
DU DEIN WIR NUR SIE ES

Ausgehend von einem kleinen „Sachtext" wird hier eine „Aufgabensammlung zusammengestellt" (Kultusministerkonferenz 2005b, 48), die „ein altersangemessenes Sprachbewusstsein" erfordert (ebd., 51). Die Aufgaben beziehen sich auf Interpunktion (1. Aufgabe), Wortbildung: Verbableitung (3. Aufgabe), Determinativkompositum (8. Aufgabe), Adjektive (Komparation) (4. Aufgabe), Morphologie (Wortfamilie) (5. Aufgabe) und auf die Grammatik (Wortarten) (9. Aufgabe). Der Schwerpunkt aller Aufgaben liegt damit im Kompetenzbereich „Sprache und Sprachgebrauch untersuchen" und bezieht sich eingeschränkt auf den Substandard „grundlegende sprachliche Strukturen und Begriffe kennen und verwenden" (ebd., 13). Damit stehen alle Aufgaben scheinbar im Einklang mit den konzeptionellen Vorgaben der Bildungsstandards, nach denen die Schülerinnen und Schüler „über ein Grundwissen an grammatischen Strukturen, einen Grundbestand an Begriffen und Verfahren zum Untersuchen von Sprache" verfügen müssen (ebd., 9).
Solche Aufgaben und Aufgabenformate sind allerdings in mehrfacher Hinsicht problematisch:
(1) Die Aufgabenstellungen sind nicht textorientiert, sondern auf isolierte Wörter oder Sätze bezogen. Gerade die Reduktion auf die Wort- und Satzebene sollte im Kompetenzbereich „Sprache und Sprachgebrauch untersuchen" aufgegeben werden, da man auf diese Art und Weise der traditionellen isolierten Sprachbetrachtung Vorschub leistet. Eine solche Sprachbetrachtung wurde schon lange vor der Diskussion textueller und funktionaler Grammatikansätze abgelehnt. Schon Hermann Helmers (1966, 272) forderte vor fast 50 Jahren:

> „Grammatische Formen werden dort aufgesucht, wo sie natürlicherweise auftreten. Sprache ist für das Grundschulkind ein relativ unteilbares Phänomen, bei dem Weltinhalt und sprachliche Form weitgehend verschmolzen sind. Die grammatische Sprachbetrachtung geht stets vom aktuellen Sprachzusammenhang aus."

(2) Textfreie Aufgaben sind auch aus sprachwissenschaftlicher Sicht oft problematisch: So werden beispielsweise im Sachtext „Leistungen im Tierreich" Adjektive in adverbialer Funktion gebraucht (z. B. *selbstständig* oder *wirksam*), in der entsprechenden Aufgabe werden sie aber rein wortartenmäßig als flektierbare Adjektive erfragt. Dies muss Grundschüler verwirren. Zudem bildet die unregelmäßige Adjektivform *hoch entwickelt* einen grammatischen Stolperstein, denn in Verbindungen Adjektiv + Partizip darf (im Normalfall) nur der erste Bestandteil kompariert werden. Können die Schüler auch das partizipiale Adjektiv *entwickelt* in die Tabelle von Aufgabe 4 eintragen?

(3) Der kurze Sachtext „Leistungen im Tierreich" bildet nach Aussage der Autoren „eine thematische Klammer für das zu untersuchende Wortmaterial" (Kultusministerkonferenz 2005b, 48). Der Text bietet jedoch kein ausreichendes Wortmaterial, um die Aufgaben textbezogen zu lösen: So müssen die Schülerinnen und Schüler „aus dem Kopf" Wortfamilien zusammenstellen (Aufgabe 5) oder Verbpräfixe und Verbableitungen finden (Aufgabe 3). Zur Lösung der Aufgaben 3 oder 5 wird kein Text benötigt.

(4) Manche Aufgaben verlangen vom Schüler unterschiedliches grammatisches Wissen und scheinen recht oberflächlich formuliert: Im Text werden drei abgeleitete Verben genannt (*nachahmen, versuchen, verständigen*), in Aufgabe 3 wird als Beispiel zudem die Verbableitung *abholen* aufgelistet. Die angeführten Verbableitungen sind allerdings von unterschiedlicher Qualität: Bei *versuchen* und *verständigen* handelt es sich um sogenannte Präfixverben, bei denen Präfix und Stamm nie getrennt werden dürfen (nicht trennbare Verben), *nachahmen* und *abholen* zählen dagegen zu den Partikelverben, bei denen in Verberst- und Verbzweitstellung Partikel und Basis getrennt werden (trennbare Verben; *Holt er seine Freundin von der Schule ab?*). Außerdem enthalten *nachahmen* und *verständigen* Verbbasen, die außerhalb der Verbableitung nicht vorkommen: **ahmen* oder **ständigen* sind ohne Partikel bzw. Präfix nicht verbfähig.

(5) Sämtliche Aufgaben zielen auf die Abfrage eines analytischen Begriffswissens: Kompetenzen, die sich auf die Funktion (morphologische, syntaktische, semantische oder pragmatische) beziehen, bleiben ausgeklammert, obwohl in den Bildungsstandards programmatisch von den „Leistungen" der Wörter oder Sätze die Rede ist (ebd., 9). Die Aufgabenbeispiele sind im strengen Sinne nicht kompetenzorientiert. Aus der Aufgabenstellung und der Angabe der Distraktoren wird beispielsweise nicht klar, auf Grund welcher Kompetenzen die Schülerinnen und Schüler ihre Entscheidungen getroffen haben. Warum gerade FLIEGEN im Kontrast zu SCHNELL WEIT GUT BESSER (warum Komparativform?) TIEF? Wie bewerte ich einen Schüler, der in der Reihe DU DEIN WIR NUR SIE ES „nur sie" kontaminiert oder DEIN als Possessivpronomen gegen die anderen Personalpronomen ausgrenzt? Erfolgt die Wortartendifferenzierung in Aufgabe 9 nach morphologischen, syntaktischen oder semantisch/pragmatischen Kriterien? Es wird hier nicht deutlich, warum ein bestimmtes Wort nicht in

die jeweilige Wortreihe passt. Die Evaluation ergibt lediglich, dass die Schülerinnen und Schüler etwas wissen, aber nicht warum sie zu einer bestimmten Lösung gekommen sind.

(6) Die angeführten Aufgabenbeispiele beziehen sich auf das Abfragen von Terminologiewissen und sind im Kompetenzbereich „Sprache und Sprachgebrauch untersuchen" dem Substandard „Grundlegende sprachliche Strukturen und Begriffe kennen und verwenden" zuzuordnen (ebd., 13). Mit dieser Ausrichtung der Aufgabenbeispiele setzen die Bildungsstandards Deutsch ein einseitiges und falsches Signal: Die Beschränkung auf diesen Substandard und Aufgabentyp stärkt und zementiert zum einen die traditionelle kognitiv ausgerichtete Grammatikarbeit. Zum anderen bleiben vernetzte, handlungsbezogene und textorientierte Aufgabenstellungen ausgeklammert, obwohl sie in der Konzeption der Bildungsstandards ausdrücklich gefordert und favorisiert werden.

Die direkten Hinweise und Beispielaufgaben in den Bildungsstandards sind also wenig anregend für eine neue Aufgabenkultur im Kompetenzbereich „Sprache und Sprachgebrauch untersuchen" und geben keine neuen Hinweise zur Umsetzung der geforderten Kompetenzen in die Unterrichtspraxis. Da die Einführung der Bildungsstandards eng mit der Durchführung standardisierter Evaluationen verknüpft ist (vgl. zum sog. Bildungsmonitoring[1]), werden im folgenden Kapitel Aufgaben diskutiert, die im Kontext unterschiedlicher standardisierter Prüfungen (DESI in Jahrgangsstufe 9: einmalig 2003/2004; VERA in den Jahrgangsstufen 3, 6 und 8: kontinuierlich ab 2004) gestellt werden und damit für den Unterricht Vorbildcharakter haben könnten.

4 Aufgabenbeispiele in standardisierten Prüfungen und Tests: DESI, VERA, Lernstandserhebungen

In der Studie „Deutsch Englisch. Schülerleistungen International" (DESI) wurde erstmals der Versuch unternommen, die kompetenzorientierten Bildungsstandards Deutsch über standardisierte Aufgabenstellungen zu evaluieren. Die Studie bezieht sich auch auf den Kompetenzbereich „Sprache und Sprachgebrauch untersuchen", etikettiert diesen allerdings mit dem Terminus „Sprachbewusstheit". Dabei geht es darum festzustellen, „inwieweit die Jugendlichen in der Lage sind, grammatisch exakt und stilbewusst mit Sprache in für dieses Schulalter wesentlichen Bereichen umzugehen. Der Test prüft sowohl die explizite Kenntnis grammatischer Kategorien, die in der Fachdidaktik als 'deklaratorisches Wissen' bezeichnet wird, als auch das sogenannte „monitoring", d.h. die laufende Kontrolle und ggf. Korrektur des eigenen und fremden Sprachgebrauchs hinsichtlich grammatischer und stilistischer Angemessenheit" (Eichler 2006, 112). Die DESI-Testaufgaben beziehen sich dabei auf

---

[1] Vgl.: [http://www.kmk.org/bildung-schule/qualitaetssicherung-in-schulen/bildungsmonitoring/ueberblick-gesamtstrategie-zum-bildungsmonitoring.html]

F2 Leistungsaufgaben zu grammatischem Wissen

– Aufgaben zum Begriffswissen (Beispiel: „Unterstreiche die Formen des Konjunktivs im folgenden Satz: *Wenn ich nicht noch zur Bank gelaufen wäre, wäre ich nicht zu spät gekommen.*"),
– Korrekturaufgaben aus Aufsatzfehlerbeispielen (Beispiel: „Im folgenden Satz, der aus einem Schüleraufsatz stammt, ist etwas grammatisch falsch. Unterstreiche die grammatisch falsche Stelle: *Die Diskothek wurde geschlossen, weil die Nachbarn die Lärmbelästigungen lange beklagt hatte.*"),
– Clustering- bzw. Kohärenzaufgaben (Beispiel: „Mach einen kleinen Text für die Klassenzeitung aus: *Hip-Hop, Event, Open Air, Gruppe, Großer Erfolg, Wetter, Konzert*"),
– Korrekturen von Stilblüten (Beispiel: „Wer soll hier überquert werden? Verbessere den folgenden Satz so, dass er eindeutig ist: *Zebrastreifen sollen das Überqueren der Passanten sichern.*") (vgl. ebd., 114).

Thematisch beziehen sich die Aufgabentypen auf
– „schwierige, spät und bewusst gelernte sowie durch den Sprachwandel gefährdete grammatische Phänomene (z. B.: Unterscheidung Dativ-/Akkusativobjekt, Kongruenzen innerhalb eines Satzes – d. h. Übereinstimmungen hinsichtlich Kasus, Genus, Numerus, Person – über einen größeren Fokusbereich hinweg, Gebrauch des Genitivobjekts, Konjunktivformen),
– Aspekte der Stilistik (die Einbettung fester Wortverbindungen – so genannte Kollokationen –, Stilverträglichkeit, Stilistik des Konjunktivs 1 und 2) und
– Wissensbestände im Bereich der indirekten Rede und des Konjunktivs" (ebd., 113).

Solche Aufgabentypen sind in mehrfacher Hinsicht äußerst problematisch (vgl. auch Kühn 2008, 200 ff.):

(1) Die in DESI gestellten Aufgaben sind nicht durch die Konzeption der Bildungsstandards Deutsch abgedeckt: Die Aufgaben sind – ähnlich wie die Aufgabenbeispiele der Bildungsstandards – nicht mit den übrigen Kompetenzbereichen vernetzt, sie sind nicht textorientiert, sie sind rein formbezogen und kognitiv. Selbst dort, wo es um das deklaratorische Wissen geht, erfüllen die Aufgabenstellungen nicht die Anforderungen der Bildungsstandards, nach denen die Schülerinnen und Schüler „grammatische Kategorien und ihre Leistungen in situativen und funktionalen Zusammenhängen kennen und nutzen" sollen (Kultusministerkonferenz 2004, 16).

(2) Hinter den DESI-Aufgaben steht ein normatives Grammatikverständnis. Die Aufgaben beziehen sich auf sprachsystematisch „schwierige" oder durch den Sprachgebrauch „gefährdete" grammatische und stilistische Konstruktionen bzw. Begriffe. Eine solche Einengung der Aufgabenstellungen redet sprachpuristischen Zielsetzungen das Wort. Beredtes Zeugnis hierfür ist auch die Herausstellung sprachsystematisch „schwieriger" und „gefährdeter" Kategorien wie z. B. die Thematisierung von Genitivobjekten oder des Konjunktivs II.

Die Kritik an diesen Aufgabenstellungen relativieren zwangsläufig die Ergebnisse der DESI-Studie im Bereich der „Sprachbewusstheit": So scheint mir die Feststellung, dass Schülerinnen und Schüler, die unter Kompetenzniveau A liegen (dies sind in der Stichprobe der Untersuchung 24 %), kein sprachsystematisches Wissen über Genitivobjekte besitzen oder „hinsichtlich sprachwandelbedrohter Teilkompetenzen (z. B. Konjunktiv) noch sehr unsicher sind" (Eichler 2006, 116) nicht besorgniserregend, da lediglich grammatisches Begriffswissen und an der Schriftsprache orientierte, isolierte Sprachnormen abgetestet wurden.

Während die standardisierten Aufgaben aus DESI als episodisch zu bewerten sind und in der Testlandschaft keinen nennenswerten Niederschlag gefunden haben, haben die Aufgaben in den sogenannten Diagnose- und Vergleichsarbeiten (VERA 3 und VERA 8) deutlichere Spuren hinterlassen. VERA 3 (3. Jahrgangsstufe) und VERA 8 (8. Jahrgangsstufe) evaluieren im Jahresrhythmus Sprachkompetenzen im Bereich des Leseverstehens sowie in unregelmäßigen Abständen Kompetenzen in den Bereichen „Sprache und Sprachgebrauch untersuchen", „Schreiben", „Hörverstehen" und „Orthografie". Konzipiert und organisiert werden die Vergleichsarbeiten unter der Federführung des „Instituts für Qualitätsentwicklung im Bildungswesen" (IQB, Berlin) durch das „Zentrum für Empirische Pädagogische Forschung" (Zepf, Universität Koblenz-Landau). An den standardisierten Vergleichsarbeiten VERA 3 beteiligen sich derzeit (2011) acht (Baden-Württemberg, Bremen, Mecklenburg-Vorpommern, Niedersachsen, Nordrhein-Westfalen, Rheinland-Pfalz, Saarland, Schleswig-Holstein), an VERA 8 vier Bundesländer (Bremen, Niedersachsen, Rheinland-Pfalz, Saarland). Durch die Teilnahme vieler Bundesländer und zahlreicher Schulen und auf Grund der kontinuierlich stattfindenden Evaluationen kann den VERA-Aufgaben ein Modellcharakter zugeschrieben werden. Hierzu einige Beispiele aus einem Testheft für das dritte Schuljahr (VERA 2006):

> *Jahr für Jahr ziehen die Männer vom Volk der Tuareg durch die Sahara. Sie handeln in fernen Oasen mit Salz. Monatelang sind die Männer des Wüstenvolkes unterwegs. Der neunjährige Adam Illius durfte zum ersten Mal mitreisen. Er erzählt dir von seinen Abenteuern.*
>
> Seit Stunden brennt mir schon die Sonne ins Gesicht. So weit das Auge reicht, ist nichts zu sehen als der endlose Wüstensand der Sahara. Unsere Reise beginnt in meinem Heimatdorf Timia in Niger. Die Karawane ist mit 15 Männern und 150 Kamelen unterwegs. Vor uns liegt eine Strecke von knapp 2000 Kilometern. Jeden Tag muss ich fast 15 Stunden laufen.
>
> Seit Jahrhunderten zieht mein Volk durch die Sahara, um mit Salz zu handeln. Mein Kamel Taurak hat diesen Marsch schon oft gemacht. Für mich jedoch ist es die erste Reise. Mein Vater hat gesagt, dass ich mit neun Jahren alt genug für diesen Weg bin. Ich werde meinen Vater nicht enttäuschen.
>
> Trotzdem schimpft mich unser Führer Ibrahim schon am zweiten Abend tüchtig aus. Ich bin nämlich zu weit von der Karawane weggelaufen. Die Wüste sei viel zu gefährlich, um allein darin herumzuwandern, sagt er. Das stimmt. Schließlich gibt es hier keine Straßenschilder. Ibrahim orientiert sich an den Sternen.

F 2 Leistungsaufgaben zu grammatischem Wissen

Manchmal habe ich die Nase voll. Vor allem, wenn die Sonne untergegangen ist und wir trotzdem weiterlaufen müssen. Aber wir haben viele Konkurrenten. Es gibt Händler, die können mit ihren Lastwagen die Wüste schon in ein paar Tagen durchqueren. Wir brauchen zu Fuß dafür Monate. Dabei machen wir am Tag nicht einmal zum Essen halt. Ständig muss ich hin und her rennen, um den Männern im Laufen Brot oder Tee zu bringen.

Am zehnten Tag erreichen wir die Oase Bilma. Endlich gibt es frisches Wasser. Hier kaufen wir auch das Salz, das wir später in der Marktstadt Zinder verkaufen wollen. Bis dorthin sind wir allerdings noch einmal 30 Tagesmärsche unterwegs.

Auf dem Weg nach Zinder machen wir Pause an einem Brunnen. Die Kamele haben schon wunde Stellen am Rücken. Das kommt vom schweren Gepäck. Die Männer brennen die Flecken mit glühenden Stöcken aus, damit sie sich nicht entzünden. Ich muss helfen, die Kamele ruhig zu halten. Trotzdem bocken, spucken und knurren sie wie wild.

Am Ende lohnt sich die Reise für uns. In Zinder werden wir das Salz schnell wieder los. Endlich können wir umkehren. Ich bin froh, wenn wir in unserem Dorf sind. Dann kann ich all meinen Freunden erzählen, wie mutig ich bin: Ich habe die Sahara durchquert.

Sahara-Lexikon

Karawane die, Reisegruppe, die durch unbewohnte Gebiete zieht

Nomaden die, Angehörige eines Hirtenvolkes oder Wandervolkes
nomadisch – mit Herden wandernd

Oase die, fruchtbare Stelle mit Wasser und Pflanzen in der Wüste

Tuareg die, („Targi" bedeutet „von Gott Verstoßene"), Berbervolk, das in der Sahara lebt

Beispiel 4 (aus VERA 2006)

Aufgabe 16
Kreuze alle Nomen (Namenwörter) an.
   OASE
   TUAREG
   WUND
   STÄNDIG
   KARAWANE

Aufgabe 18
Adam soll die Verben (Tunwörter) aus den folgenden Wörtern herausfinden. Hilf ihm dabei. Unterstreiche alle Verben.
ABEND HANDELT TÜCHTIG RENNT REISE FROH SCHIMPFT JAHR

Aufgabe 23
Setze die Verben (Tunwörter) in der angegebenen Zeitform ein.
- **Zeitform**: Präteritum / Vergangenheit
   Der Junge ✎ _____ (geben) sich große Mühe, um seinen Vater nicht zu enttäuschen.

- **Zeitform**: Präsens/Gegenwart
  Weil sich Adam von der Karawane ✎ _____ (entfernen),
  ✎ _____ (müssen) ihn der Karawanenführer ausschimpfen.

Aufgabe 24
In welchem Satz sind die Satzglieder durch die Striche richtig bestimmt? Kreuze an.
  Die Kamele/haben wunde/Stellen/am Rücken.
  Die Kamele/haben/wunde Stellen/am Rücken.
  Die Kamele/haben wunde/Stellen am Rücken.
  Die/Kamele/haben/wunde/Stellen/am Rücken.

Aufgabe 26
Wörter können auch zusammengesetzt werden. Lies die folgenden Sätze. Schreibe die beschriebenen Sachverhalte mit einem zusammengesetzten Nomen (Namenwort) auf.
- Ein Volk wandert in der Wüste umher.
  Dieses Volk ist ein ✎ _____
- Eine Wüste besteht nur aus Sand.
  Diese Wüste ist eine ✎ _____

Auch auf diese VERA-Modellaufgaben trifft die gleiche Kritik zu, wie auf die Aufgabenbeispiele der Bildungsstandards und die DESI-Testaufgaben:
(1) Die VERA-Aufgaben sind nur vordergründig textorientiert: Alle Aufgaben beziehen sich zwar auf einen Sachtext („Adams erste Karawane"), der vorab von den Schülerinnen und Schülern verstanden werden muss, die Grammatikaufgaben sind allerdings nicht auf das Textverstehen bezogen. Lediglich der Wortschatz sowie die Formulierungen in den Aufgaben stammen aus dem Sachtext. Die in den Bildungsstandards geforderte Vernetzung der Kompetenzbereiche findet folglich nicht statt.
(2) Die vorliegenden Aufgaben beziehen sich ausschließlich auf das grammatische Begriffswissen: Die Schülerinnen und Schüler müssen Wortarten erkennen (Aufgaben 16 und 18), Zeitformen (Präteritum und Präsens) bilden (Aufgabe 23), Satzglieder bestimmen (Aufgabe 24) oder Komposita bilden (Aufgabe 26). Diese Aufgabentypen entsprechen ebenfalls nicht den Vorgaben der Bildungsstandards, in denen im Substandard „Leistungen von Sätzen und Wörtern kennen und für Sprechen, Schreiben und Textuntersuchung nutzen" (Kultusministerkonferenz 2004, 16) explizit eine Funktionalisierung des grammatischen Begriffswissens auf die übergeordneten Kompetenzbereiche Lesen, Sprechen, Schreiben gefordert wird. Selbst wenn man den Bildungsstandards einen problematischen Funktionsbegriff attestieren muss (vgl. Peschel 2011, 82), wird in den Bildungsstandards eindeutig gefordert, auf das Abfragen isolierten grammatischen Wissens zu verzichten.
(3) Aus den Aufgabenstellungen wird nicht deutlich, welche grammatischen Kompetenzen die Schülerinnen und Schüler beherrschen: Die Anbindung der Wortartendifferenzierung auf Themenwörter des Textes ist insofern problematisch, als auch die Tester davon ausgehen, dass diese Wörter den Schülerinnen und Schülern unbekannt sind und sie diese (*Karawane, Oase, Tuareg*) in einem

beigefügten „Sahara-Lexikon" eigens semantisieren – unter Einschluss von Artikelangaben! Durch die Versalschreibung der Distraktoren können über diese isolierte Aufgabe keine Rückschlüsse darauf gezogen werden, welche Kriterien und Kompetenzen (orthografische, semantische, grammatische) die Schülerinnen und Schüler zur Wortartenbestimmung genutzt haben. Deutlich wird diese Problematik auch in Aufgabe 18, in der die Verben in konjugierter Form, die übrigen Wortarten jedoch nicht flektiert in der Grundform präsentiert werden. Die Funktion, die unterschiedliche Wortarten für die Schüler haben, gerät durch solche Aufgaben nicht in den Blick (vgl. dazu auch Steets 2003, 218 ff.).
In Aufgabe 26 wird eine Funktionalisierung der Wortbildung auf das Textverstehen geradezu vertan, wenn die Schülerinnen und Schüler eine vorgegebene Paraphrase als Kompositum zusammenfassen müssen („Ein Volk wandert in der Wüste umher." → Dieses Volk ist ein Wüstenvolk). Der authentische Text böte dagegen die Möglichkeit, im Dienste des Leseverstehens die Bedeutung des Kompositums „Wüstenvolk" aus dem Kontext heraus selbständig zu paraphrasieren („Jahr für Jahr ziehen die Männer vom Volk der Tuareg durch die Sahara. Sie handeln in fernen Oasen mit Salz. Monatelang sind die Männer des Wüstenvolkes unterwegs").

(4) Die Aufgaben sind linguistisch problematisch und konterkarieren potentielle Funktionszuschreibungen grammatischer Kategorien: So steht der erste Beispielsatz, in dem die Schülerinnen und Schüler das Präteritum einsetzen sollen („Der Junge gab sich große Mühe, um seinen Vater nicht zu enttäuschen"), im Originaltext im Futur („Mein Vater hat gesagt, dass ich mit neun Jahren alt genug für diesen Weg bin. Ich werde meinen Vater nicht enttäuschen"). Im Text drückt der Erzähler – der Junge Adam Illius – durch die Verwendung des Futurs ein Versprechen oder eine Prophezeiung aus, diese Funktion des Futurs geht in der Transformationsübung ins Präteritum vollkommen verloren. Auch die Verwendung des Modalverbs „müssen" zum Ausdruck der Notwendigkeit im zweiten Beispielsatz („Weil sich Adam von der Karawane entfernt, muss ihn der Karawanenführer ausschimpfen") ist nach der Textvorlage unmotiviert („Trotzdem schimpft mich unser Führer Ibrahim schon am zweiten Abend tüchtig aus. Ich bin nämlich zu weit von der Karawane weggelaufen").

(5) Aufgabe 24 zeigt die grundsätzliche Problematik der Verschiebeprobe zur Satzgliedbestimmung: So ließe sich rein formal auch die Wortgruppe „wunde Stellen am Rücken" verschieben und somit als Satzglied bestimmen. Dass die Satzgliedbestimmung in Grammatikaufgaben als isolierte, formale Prozedur verstanden wird, zeigt sich – wie auch in dieser Aufgabe 24 – daran, dass letztlich immer konstruierte Sätze vorgelegt werden, bei denen die Verschiebeprobe auch funktioniert. Die Tester haben – aus welchem Grunde auch immer – aus dem authentischen Satz „Die Kamele haben schon wunde Stellen am Rücken" das Adverb „schon" bei der Satzgliedbestimmung weggelassen.

(6) Betrachtet man die Aufgaben hinsichtlich der grammatischen Themen, so lässt sich Folgendes feststellen: Es sind immer wieder die gleichen formalen Aufgaben zur Wort- und Satzgrammatik, die in standardisierten Tests gestellt werden. Man kann sich des Eindrucks nicht erwehren, als ob es sich beim Set bisheriger Aufgaben um das Abbild der wissenschaftlichen Beschreibungskategorien handelt (vgl. kritisch dazu Hoffmann 2011).

Dass die VERA-Aufgaben fatale Vorbildfunktion ausüben, zeigt ein Blick in Aufgabenbeispiele, die einzelne Bundesländer als Muster auf ihren Homepages anbieten. Hier finden sich überall durchweg lediglich Aufgaben zum grammatischen Begriffswissen. Hierzu ein Beispiel:

Beispiel 5 (Landesinstitut für Schulentwicklung in Baden-Württemberg[2])

Wortarten

Bestimme in den folgenden Sätzen die Wortarten aller nummerierten Wörter. Verwende dazu ausschließlich die lateinischen Fachbegriffe und keine Abkürzungen.

Zwei Königssöhne gingen (1) einmal auf (2) Abenteuer und gerieten in ein (3) wildes, wüstes Leben, so dass (4) sie nicht wieder nach Haus (5) kamen. Der jüngste, welcher der Dummling hieß, machte sich auf und suchte seine (6) Brüder; aber wie er sie endlich (7) fand, verspotteten sie ihn (8), dass er mit seiner Einfalt sich durch die Welt schlagen wollte, und sie zwei könnten nicht durchkommen.

Diese Aufgabe zur Wortartenbestimmung entspricht ebenfalls nicht den Kompetenzanforderungen der Bildungsstandards und ist auch aus didaktischer Sicht mehrfach problematisch:

(1) Die Wortartenbestimmung erfolgt zwar an einem Text (Märchen: „Der Dummling"), sie ist jedoch in keiner Weise auf das Textverstehen funktionalisiert. Der Märchentext dient lediglich dazu, möglichst viele Wortarten zu bestimmen.

(2) Bei der Evaluation wird nicht erfasst, auf Grund welcher Kriterien die Schüler die Wortarten bestimmt haben (morphologische, syntaktische oder semantische); es geht lediglich um die Benennung der Wortarten.

(3) Die Aufgabe ist wissenschaftlich überholt: Zugrunde gelegt wird eine rein formale Wortartendifferenzierung nach lateinischem Vorbild, funktionale Aspekte der Wortartenbestimmung und -benennung bleiben ausgeklammert (vgl. Zifonun et al. 1997): So wird *sein/seine* nach der traditionellen Grammatik den Possessivpronomen zugeordnet, nach funktionalen Kriterien haben sie allerdings keine Stellvertreterfunktion, sondern eher eine Zeige- oder Begleiterfunktion.

(4) Die Wortartenbestimmung an den flektierten Formen im Satz bestimmen zu lassen, muss die Schülerinnen und Schüler verwirren. Die Wortarten werden in erster Linie nicht an den flektierten Formen festgemacht: Bei *gingen* denkt man in erster Linie an die Funktion im Satz (Prädikat) und nicht an die Wortart Verb.

---
[2] [http://www.schule-bw.de/entwicklung/dva/dva_docs/beispielaufgaben/GY6D.pdf]

Verwechslungen zwischen Wortart und Satzfunktion sind offensichtlich: *endlich* ist im vorliegenden Text adverbial gebraucht, im Wörterbuch allerdings als Homonym gebucht und kann sowohl der Wortklasse Adverb und der Wortklasse Adjektiv zugeordnet werden.

(5) Die Aufgabenstellung ist teilweise linguistisch falsch: Die Reduktion der konsekutiven Konjunktion *so dass* auf die Konjunktion *dass*, die z. B. einen Objektsatz einleitet, widerspricht in eklatanter Weise dem Sinn des Märchensatzes (*Zwei Königssöhne gerieten in ein wildes Leben, so dass ...*).

(6) Die Isolierung von Wörtern aus festen Konstruktionen ist linguistisch problematisch und unterstreicht wiederum die Einschränkung der Aufgabe auf rein formale Aspekte: *auf Abenteuer (gehen)* oder *nach Haus (kommen)* sind konstruktionsgrammatische Kategorien, die nicht auseinandergerissen werden dürfen: *nach Hause* heißt das Adverb, die neue mögliche Rechtschreibung *nachhause* unterstreicht die konstruktionsgrammatische Festigkeit – eine funktionale Beschreibung und Bestimmung der Wortarten findet nicht statt (vgl. z. B. die Hinweise bei Steets 2003, 220).

Solche linguistischen und didaktischen Inkonsistenzen sind wenig geeignet, die ohnehin schwierigen Wortartenzuordnungen durch Schülerinnen und Schüler (vgl. dazu z. B. Melenk 2001) erfolgreich so zu evaluieren, dass entsprechende didaktisch-methodische Schlussfolgerungen gezogen werden könnten. Die Übungen sind weder kompetenzorientiert noch entsprechen sie den Anforderungen der Bildungsstandards.

Auffällig ist, dass selbst Aufgaben, die sich auf authentische Texte beziehen, nicht auf das Textverstehen bezogen sind. Die Texte dienen lediglich als Materiallieferanten für formalgrammatische Aufgaben, über die ein grammatisches Begriffswissen abgefragt wird[3].

Beispiel 6 (IQB, Berlin)
Robert Gernhardt
Was es alles gibt (1999)
Da gibt es die, die schlagen
Da gibt es die, die rennen
Da gibt es die, die zündeln
Da gibt es die, die brennen
Da gibt es die, die wegsehn
Da gibt es die, die hinsehn
Da gibt es die, die mahnen:
Wer hinsieht, muss auch hingehn
Da gibt es die, die wissen
Da gibt es die, die fragen
Da gibt es die, die warnen:
Wer fragt, wird selbst geschlagen

---

[3] Vgl. Testaufgabe zu Sprachreflexion/Sprachgebrauchaufgabe auf der Homepage des IQB [http://www.iqb.hu-berlin.de/bista/aufbsp/deutsch].

Da gibt es die, die reden
Da gibt es die, die schweigen
Da gibt es die, die handeln:
Was wir sind, wird sich zeigen.

Wie sind die Verszeilen der ersten Strophe aufgebaut?
☐ Der Nebensatz wird mit der Konjunktion „da" eingeleitet.
☐ Der Hauptsatz folgt dem Nebensatz.
☐ Der Hauptsatz steht vorne, dann folgt ein Relativsatz.
☐ Das Verb im Hauptsatz steht im Plural.

Bis auf einen stehen in dem Gedicht alle Sätze im Präsens.
Schreibe den Satz auf, der in einer anderen Zeitform steht.

✎ _____

In welcher Zeitform steht dieser Satz?

✎ _____

Vers 12 lautet „Wer fragt, wird selbst geschlagen".
Wodurch unterscheidet sich dieser Vers von den anderen Versen?
Nur in diesem Vers gibt es ...
☐ drei Verben
☐ eine finite Verbform
☐ ein Hilfsverb
☐ eine Passiv-Form

Es ist ein literaturdidaktisches Sakrileg, dass ein Gedicht mit so hohem sozialkritischem Zündstoff als Vorlage zur formalen Bestimmung von Relativsätzen, Tempus- oder Passivformen herangezogen wird. Dabei liegen funktionalgrammatische Fragestellungen auf der Hand: Die Relativsätze am Gedichtanfang charakterisieren und spezifizieren Handlungen und Verhaltensweisen bestimmter sozialer Gruppen. Der Gebrauch des Präsens deutet an, dass solche Verhaltensweisen „zeitlos" sind. Das Passiv zeigt an, dass derjenige, der nachfragt, selbst den Anfeindungen ausgesetzt ist. Die Verwendung des Futurs am Ende des Gedichtes signalisiert eine – vielleicht pessimistische – Annahme oder Prognose über ein mögliches aktives oder passives Verhalten. Bei den vorliegenden Aufgaben wird aber die Chance vertan, über kreative und textfunktionale Aufgabenstellungen das Verstehen des Gedichtes zu unterstützen.

Zusammenfassung: Die bislang vorgelegten Aufgabenbeispiele zur Evaluation im Kompetenzbereich „Sprache und Sprachgebrauch untersuchen" sind ein trügerischer Maßstab zur Leistungsmessung. Isolierte wort- oder satzbezogene Aufgaben sind schnell zu konstruieren und objektiv nach richtig oder falsch zu korrigieren. Gerade in dieser Eindeutigkeit und scheinbaren Objektivität liegt jedoch eine Gefahr. Integrative, handlungsbezogene und textorientierte Aufgabenstellungen sind dagegen anspruchsvoller und bereiten auch aus psychometrischer Sicht besondere Probleme.

Aus der bisherigen Kritik ergeben sich für gute Aufgabenbeispiele mehrere Anforderungen:

(1) Aufgaben im Kompetenzbereich „Sprache und Sprachgebrauch untersuchen" sollten auf das Sprachhandeln der Schülerinnen und Schüler bezogen sein: In den Aufgaben sollten mündliche und schriftliche Texte in ihren Verwendungszusammenhängen reflektiert und gestaltet werden (vgl. Kultusministerkonferenz 2004, 15). Dies schließt selbstverständlich auch authentische Schülertexte ein.

(2) Die Aufgabenstellungen müssen auf Text(sorten) bezogen sein, da das Sprachhandeln grundsätzlich textfundiert erfolgt.

(3) Aufgaben, die sich auf die Arbeit an Wörtern, Sätzen und Texten beziehen, dürfen nicht auf das Abfragen eines kognitiven grammatischen Begriffswissens reduziert werden: In den Bildungsstandards Deutsch ist dies explizit in einem zweifachen Sinne ausgeschlossen:
– „Die grammatische Terminologie wird nicht im Sinne eines isolierten Begriffswissens, sondern stets im funktionalen Zusammenhang angewandt" (Kultusministerkonferenz 2004, 9).
– „Im Sinne von 'Sprache als System' nehmen sie vorwiegend grammatische Erscheinungen und ihre inhaltliche Funktion in den Blick und nutzen diese zur Textherstellung sowie Textüberarbeitung" (ebd., 9).

(4) Die Aufgabenformate sollten lernerorientiert, konstruktiv und kreativ ausgerichtet sein.

(5) Die Aufgaben sollten auf Textrezeption und Textproduktion funktionalisiert sein: Demzufolge sollten prinzipiell Aufgaben zur produktiven und rezeptiven Grammatikarbeit unterschieden werden: Die rezeptive Grammatik steht im Dienste des Textverstehens, die produktive Grammatikarbeit ist mit dem Sprechen und Schreiben vernetzt.

Anregungen für solche Aufgaben gibt es bereits (vgl. z. B. Kühn 2008; Oomen-Welke/Kühn 2009, bes. 232f.: Musteraufgaben auf der CD; Kühn 2010, 113ff.). Ob die im Zuge der Bildungsstandards neu konzipierten Sprachbücher im Bereich von Wortschatz und Grammatik den genannten Anforderungen genügen, müsste eigens überprüft werden.

Ein letztes Problemfeld bei der Diskussion guter Aufgabenbeispiele im Kompetenzbereich „Sprache und Sprachgebrauch untersuchen" besteht in der Zuordnung der Aufgaben zu unterschiedlichen Kompetenzstufen. In den Bildungsstandards werden zwar unterschiedliche „Anforderungsbereiche" auf drei Niveaustufen postuliert, diese sind aber vor allem auf den Kompetenzbereich „Lesen – mit Texten und Medien umgehen" bezogen (vgl. z. B. Kultusministerkonferenz 2005, 17). Die Diskussion eines kompetenzbereichsspezifischen Stufenmodells steht erst am Anfang (vgl. Isaac et al. 2009; Bremerich-Vos/Böhme 2009; Oomen-Welke/Kühn 2009, 154–159). Bezeichnenderweise beziehen sich die meisten Vorschläge bislang wiederum eingeschränkt auf den Substandard „grundlegende sprachliche Strukturen und Begriffe kennen und verwenden".

Unberücksichtigt bleiben vor allem folgende Parameter, die den Schwierigkeitsgrad von Aufgaben bestimmen (vgl. Kühn 2009):

- Anforderungen an das Vor- und Kontextwissen,
- Wahl unterschiedlicher Aufgabenformate (geschlossene, halb-offene, offene),
- Komplexität der Aufgabenstellung,
- unterschiedliche Hilfestellungen, die den Schwierigkeitsgrad erhöhen oder absenken können,
- sprachliche Formulierung der Aufgabe,
- Art und Komplexität des zu bearbeitenden Textes in Bezug auf Aufbau, Themenentwicklung, Struktur und Sprache.

Hier steht die Diskussion allerdings erst am Anfang.

Literatur

Andresen, Helga/Funke, Reinold: Entwicklung sprachlichen Wissens und sprachlicher Bewusstheit. In: Bredel, Ursula/Günther, Hartmut/Klotz, Peter/Ossner, Jakob/Siebert-Ott, Gesa (Hrsg.): Didaktik der deutschen Sprache. Ein Handbuch. 1. Teilband. Paderborn/München/Wien: Schöningh 2003, 438–451

Berkemeier, Anne: Chancen einer funktional-pragmatischen Ausrichtung des Grammatikunterrichts. In: Noack, Christina/Ossner, Jakob (Hrsg.) OBST (2011) 79, 57–77

Berkemeier, Anne/Hoppe, Almut: Einleitung. In: Berkemeier, Anne/Hoppe, Almut (Hrsg.): Grammatik und Grammatikunterricht. In: Mitteilungen des Deutschen Germanistenverbandes 48 (2001) 1, 6–9

Boettcher, Wolfgang: Grammatik verstehen. 3 Bde. Tübingen: Niemeyer 2009

Bredel, Ursula: Sprachbetrachtung und Grammatikunterricht. Paderborn/München/Wien: Schöningh 2007

Bremerich-Vos, Albert: Grammatikunterricht – Ein Plädoyer für das Backen kleiner Brötchen. In: Bremerich-Vos, Albert (Hrsg.): Handlungsfeld Deutschunterricht im Kontext. Frankfurt/M.: Diesterweg 1993, 102–129

Bremerich-Vos, Albert/Böhme, Karin: Kompetenzdiagnostik im Bereich „Sprache und Sprachgebrauch untersuchen". In: Granzer, Dietlinde/Köller, Olaf/Bremerich-Vos, Albert/van den Heuvel-Panhuizen, Marja/Reiss, Kristina/Walther, Gerd (Hrsg.): Bildungsstandards Deutsch und Mathematik. Weinheim/Basel: Beltz 2009, 376–392

Delp, Peter/Ehls, Irmgard/Heinrichs, Andrea/Stöveken, Harald/Wolff, Martina: Finale. Prüfungstraining. Hessen. Realschulabschluss 2009. Arbeitsheft Deutsch. Braunschweig: Westermann 2008

Dürscheid, Christa: Damit das grammatische Abendland nicht untergeht. Grammatikunterricht auf der Sekundarstufe II. In: Köpcke, Klaus-Michael/Ziegler, Arne (Hrsg.): Grammatik in der Universität und für die Schule. Theorie, Empirie und Modellbildung. Tübingen: Niemeyer 2007, 45–65

Dürscheid, Christa: Grammatik und Grammatikbewusstsein. In: Der Deutschunterricht 62 (2010) 6, 20–29

Eichler, Wolfgang: Grammatikunterricht. In: Lange, Günter/Neumann, Karl/Ziesenis, Werner (Hrsg.): Taschenbuch des Deutschunterrichts. Grundfragen und Praxis der Sprach- und Literaturdidaktik. Band 1: Grundlagen, Sprachdidaktik, Mediendidaktik. Baltmannsweiler: Schneider Hohengehren, 4. Aufl., 1. korrigierter Nachdruck 1990, 243–281

Eichler, Wolfgang: Sprachbewusstheit Deutsch. In: DESI-Konsortium (Klieme, Eckhard/ Eichler, Wolfgang/Helmke, Andreas/Lehmann, Rainer H./Nold, Günter/Rolff, Hans-Günter/Schröder, Konrad/Thomé, Günther/Willenberg, Heiner) (Hrsg.): Unterricht und Kompetenzerwerb in Deutsch und Englisch. Ergebnisse der DESI-Studie. Weinheim/Basel: Beltz 2006, 112–119

Eichler, Wolfgang: Sprachbewusstheit bei DESI. In: Willenberg, Heiner (Hrsg.): Kompetenzhandbuch für den Deutschunterricht. Baltmannsweiler: Schneider Hohengehren 2007, 124–133

Eisenberg, Peter/Menzel, Wolfgang: Grammatik-Werkstatt. In: Praxis Deutsch 22 (1995) 129, 14–26

Funke, Reinold: Sprachliches im Blickfeld des Wissens. Tübingen: Niemeyer 2005

Glinz, Hans: Die innere Form des Deutschen. Eine neue deutsche Grammatik. Bern: Francke 1952

Gornik, Hildegard: Methoden des Grammatikunterrichts. In: Bredel, Ursula/Günther, Hartmut/Klotz, Peter/Ossner, Jakob/Siebert-Ott, Gesa (Hrsg.): Didaktik der deutschen Sprache. Ein Handbuch. 2. Teilband. Paderborn/München/Wien: Schöningh 2003, 814–829

Gornik, Hildegard: Anmerkungen zu Aufgaben im Grammatikunterricht am Beispiel der Entwicklung des Begriffs Objekt. Traditionen und Neuorientierungen. In: Köpcke, Klaus M./Noack, Christina (Hrsg.) 2011, 108–120

Gornik, Hildegard/Granzow-Emden, Matthias: Sprachthematisierung und grammatische Begriffe. In: Didaktik Deutsch. Sonderheft. Hrsg. von Martin Böhnisch (Beiträge zum 16. Symposion Deutschdidaktik „Kompetenzen im Deutschunterricht"). Baltmannsweiler: Schneider Hohengehren 2008, 127–138

Gornik, Hildegard/Weise, Anja: „Da steckt immer *wem* drin, wer was kriegt." Den Begriff „Objekt" entwickeln. In: Praxis Deutsch 36 (2009) 214, 18–24

Granzow-Emden, Matthias: Wer oder was erschlägt man besser nicht mit einer Klappe? Kasus und Satzglieder im Deutschunterricht. In: Becker, Tabea/Peschel, Corinna (Hrsg.): Gesteuerter und ungesteuerter Grammatikerwerb. Baltmannsweiler: Schneider Hohengehren 2006, 105–127

Granzow-Emden, Matthias: Kritik an der schulischen Satzlehre und Ansätze für eine Neumodellierung. In: Köpcke, Klaus-Michael/Noack, Christina (Hrsg.) 2011, 121–137

Helmers, Hermann: Didaktik der deutschen Sprache. Einführung in die Theorie der muttersprachlichen und literarischen Bildung. Stuttgart: Klett 1966

Hoffmann, Ludger: Zwischen wissenschaftlicher Grammatik und Schulgrammatik: die Terminologie. In: Noack, Christina/Ossner, Jakob (Hrsg.) OBST (2011) 79, 33–56

Hoffmann, Ludger: Deutsche Grammatik. Grundlagen für Lehrerausbildung, Schule, Deutsch als Zweitsprache und Deutsch als Fremdsprache. Berlin: Erich Schmidt 2013

Isaak, Kevin/Metzeld, Denis/Eichler, Wolfgang: Bewusster Umgang mit Sprache – Sprache und Sprachgebrauch untersuchen. In: Der Grundschulunterricht Deutsch 56 (2009) 2, 28–31

Klotz, Peter: Grammatische Wege der Textgestaltungskompetenz. Theorie und Empirie. Tübingen: Niemeyer 1996

Köller, Wilhelm: Funktionaler Grammatikunterricht. Hannover: Schroedel 1983

Köpcke, Klaus-Michael/Noack, Christina (Hrsg.): Sprachliche Strukturen thematisieren: Sprachunterricht in Zeiten der Bildungsstandards. Baltmannsweiler: Schneider Hohengehren 2011

Köpcke, Klaus-Michael/Noack, Christina: Zweifelsfälle erwünscht: Perspektiven für den Sprachunterricht. In: Köpcke, Klaus-Michael/Noack, Christina (Hrsg.) 2011, 3–12

Köster, Juliane/Lütgert, Will/Creutzburg, Jürgen (Hrsg.): Aufgabenkultur und Lesekompetenz. Deutschdidaktische Positionen. Frankfurt/M.: Peter Lang 2004

Kühn, Peter: Rezeptive und produktive Wortschatzkompetenzen. In: Willenberg, Heiner (Hrsg.): Kompetenzhandbuch für den Deutschunterricht. Baltmannsweiler: Schneider Hohengehren 2007, 160–167

Kühn, Peter: „Gute Aufgaben" zur Lernstandsbestimmung im Kompetenzbereich „Sprache und Sprachgebrauch untersuchen". In: Bremerich-Vos, Albert/Granzer, Dietlinde/Köller, Olaf (Hrsg.): Lernstandsbestimmung im Fach Deutsch. Gute Aufgaben für den Unterricht. Weinheim/Basel: Beltz 2008, 196–21

Kühn, Peter: Woran erkenne ich, ob eine Aufgabe „schwierig" ist? In: Grundschule 4 (2009) 4–9

Kühn, Peter: Sprache untersuchen und erforschen. Berlin: Cornelsen/Scriptor 2010

Kultusministerkonferenz: Bildungsstandards im Fach Deutsch für den Mittleren Schulabschluss. Beschluss vom 4.12.2003. Hrsg. vom Sekretariat der Ständigen Konferenz der Kultusminister der Länder in der Bundesrepublik Deutschland. München: Wolters Kluwer 2004

Kultusministerkonferenz: Bildungsstandards im Fach Deutsch für den Hauptschulabschluss. (Jahrgangsstufe 9). Beschluss vom 15.10.2004. Hrsg. vom Sekretariat der Ständigen Konferenz der Kultusminister der Länder in der Bundesrepublik Deutschland. München: Wolters Kluwer 2005a

Kultusministerkonferenz: Bildungsstandards im Fach Deutsch für den Primarbereich (Jahrgangsstufe 4). Beschluss vom 15.10.2004. Hrsg. vom Sekretariat der Ständigen Konferenz der Kultusminister der Länder in der Bundesrepublik Deutschland. München: Wolters Kluwer 2005b

Melenk, Hartmut: Kommasetzung und Grammatikkenntnisse. In: Melenk, Hartmut/Knapp, Werner (Hrsg.): Inhaltsangabe – Kommasetzung. Schriftsprachliche Leistungen in Klasse 8. Baltmannsweiler: Schneider Hohengehren 2001, 169–188

Mensing, Otto: Übungsbuch zur Deutschen Grammatik für höhere Schulen. Dritter Teil (Übungsbuch). Ausgabe A. Berlin/Dresden/Leipzig: Ehlermann, 19. Aufl. 1917 (1. Aufl. 1909)

Neuland, Eva: Sprachbewusstsein – eine zentrale Kategorie für den Sprachunterricht. In: Der Deutschunterricht 54 (2002) 3, 4–10

Noack, Christina/Ossner, Jakob (Hrsg.): Grammatikunterricht und Grammatikterminologie. Duisburg: Universitätsverlag Rhein-Ruhr 2011 (= OBST 79)

Noack, Christina/Ossner, Jakob: Grammatikunterricht und Grammatikterminologie. In: Noack, Christina/Ossner, Jakob (Hrsg.) 2011, 7–12

Oomen-Welke, Ingelore/Kühn, Peter: Sprache und Sprachgebrauch untersuchen. In: Bremerich-Vos, Albert/Granzer, Dietlinde/Behrens, Ulrike/Köller, Olaf (Hrsg.): Bildungsstandards für die Grundschule: Deutsch konkret. Berlin: Cornelsen/Scriptor 2009, 139–184

Ossner, Jakob: Sprachdidaktik Deutsch. Eine Einführung. Paderborn/München/Wien: Schöningh 2006

Ossner, Jakob: Sprachbewusstheit: Anregung des inneren Monitors. In: Willenberg, Heiner (Hrsg.): Kompetenzhandbuch für den Deutschunterricht. Baltmannsweiler: Schneider Hohengehren 2007, 134–147

Ossner, Jakob: Einladung zur Diskussion. In: Mitteilungen des Deutschen Germanistenverbandes 59 (2012) 1, 74–90

Peschel, Corinna: Die Rolle der Grammatik im Curriculum des Deutschunterrichts in der Sekundarstufe I. In: Noack, Christina/Ossner, Jakob (Hrsg.) 2011, 79–91

Peyer, Ann: Leistungsaufgaben differenziert stellen. Direkte und indirekte Rede in eigenen Texten anwenden. In: Praxis Deutsch 36 (2009) 214, 26–33

Peyer, Ann: Sätze untersuchen. Lernerorientierte Sprachreflexion und grammatisches Wissen. Seelze: Kallmeyer 2011

Redder, Angelika: Sprachwissen als handlungspraktisches Bewusstsein – eine funktional-pragmatische Diskussion. In: Didaktik Deutsch 3 (1998) 5, 60–75

Schmitz, Ulrich: Satzzeigen. Wie oft kann das grammatische Abendland noch untergehen? In: Mitteilungen des Deutschen Germanistenverbandes 50 (2003) 2–3, 452–458

Schulze, Kordula: Brauchen Grundschullehrer grammatische Kompetenzen? – Einstellungen und Selbsteinschätzungen von Deutschlehrern. In: Köpcke, Klaus-Michael/Noack, Christina (Hrsg.) 2011, 27–46

Steets, Angelika: Lernbereich Sprache in der Sekundarstufe I. In: Kämper-van den Boogaart, Michael (Hrsg.): Deutschdidaktik. Leitfaden für die Sekundarstufe I und II. Berlin: Cornelsen/Scriptor 2003, 210–231

Steinig, Wolfgang/Huneke, Hans-Werner: Sprachdidaktik Deutsch. Eine Einführung. Berlin: Erich Schmidt, 4. Aufl. 2011

Uhl, Benjamin: Grammatisch-temporale Phänomene in schriftlichen Erzählungen von Schülern der Primarstufe. In: Köpcke, Klaus-Michael/Noack, Christina (Hrsg.) 2011, 138–152

VERA: Deutsch. Aufgabenheft. Projekt VERA 2006.
[http://139.14.28.6/verapub/fileadmin/downloads/2006/VERA_D_Aufgaben_2006.pdf] (27.1.2012)

Zifonun, Gisela/Hoffmann, Ludger/Strecker, Bruno (Hrsg.): Grammatik der deutschen Sprache. 3 Bde. Berlin: de Gruyter 1997

[http://www.grammatischeterminologie.de]

[http://www.kmk.org/bildung-schule/qualitaetssicherung-in-schulen/bildungsmonitoring/ueberblick-gesamtstrategie-zum-bildungsmonitoring.html]

G
Exemplarische Unterrichtsmodelle

BJÖRN ROTHSTEIN

G 1 Sich Sätze erklären – zur Verbindung von Form und Funktion im Grammatikunterricht

1 Einleitung

Die gegenwärtige Forschung bietet (leider) nicht **ein** oder **das** Modell, wie Grammatikunterricht sinnvoll zu betreiben wäre, stattdessen ist eine Vielzahl miteinander konkurrierender Vorschläge vorzufinden, von denen nur einige besonders prominente hier besprochen werden können („operationaler" und „funktionaler Grammatikunterricht" sowie die „Grammatikwerkstatt"). All diese Methodiken haben ihre historische Berechtigung (s. Rothstein 2010) und finden sich in allen Schultypen der Primar- und Sekundarstufe I wieder (dies gilt auch für den mittlerweile überholten operationalen Grammatikunterricht). Trotz gegenwärtig kontrovers geführter Forschungen zum Grammatikunterricht (vgl. u.a. die Beiträge in Ossner/Noack 2011 und Köpcke/Noack 2011) besteht weitestgehend Konsens über folgende Annahmen zum Grammatikunterricht:

i. Grammatikunterricht hat die Reflexion über Sprache zum Ziel, die der Bewusstmachung der eigenen Sprache und der Sprache der anderen dienen soll.
ii. Grammatikunterricht muss systematisch, d.h. auf konsequent betriebene Art und Weise, die sprachlichen Formen analysieren.
iii. Grammatikunterricht muss konsequent die Funktion dieser Formen erfassen.

Trotz dieses zunächst harmonisch wirkenden Konsenses gibt es keinen Königsweg für einen gelungenen Grammatikunterricht und noch viel weniger eine unumstrittene Methodik; wir werden im Abschnitt 2 v.a. sehen, dass den bestehenden Ansätzen die Verbindung von Form und Funktion nicht immer gelingt. Daher wird im Abschnitt 3 ein Verfahren vorgestellt, das dem Anspruch nach die Verbindung von Form und Funktion zuverlässig ermöglicht. Der vierte Abschnitt beschließt den Aufsatz.

2 Zu drei Arten des Grammatikunterrichts mit einer Kritik

Grammatikunterricht besteht aufgrund der curricularen Vorgaben v.a. aus der Analyse von Sätzen und ihren Bestandteilen. Wer sich Sätze des Deutschen erklären will, muss die Form und Funktion aller an ihnen beteiligten Elemente verstehen. Sätze bestehen aus verschiedenen Bausteinen. Das wird besonders bei ambigen Sätzen, d.h. bei Sätzen mit mehreren Bedeutungen bzw. Lesarten, ersichtlich.

1) *Ich sehe den Mann mit dem Fernrohr.*

Der Satz 1) kann die Bedeutungen (Funktionen) haben, dass der Mann durch das Fernrohr gesehen wird (Instrumentlesart) oder dass er ein Fernrohr besitzt (Charakterisierungslesart). Diese Lesarten sind durch unterschiedliche syntaktische Strukturen, also Formen, bedingt: In der Charakterisierungslesart ist *mit dem Fernrohr* Attribut zu *den Mann*, bei der Instrumentlesart ist es ein Adverbial. Die Umstellung des Satzes macht dies deutlich:

2) $_{Akkusativobjekt}$[*Den Mann* $_{Attribut}$[*mit dem Fernrohr*]] *sehe ich.*

Form und Funktion hängen damit eng zusammen, nur ihre gemeinsame Behandlung macht einen sinnvollen Grammatikunterricht aus. Die schulische Analyse von Sätzen beruht jedoch zumeist entweder auf der Form der Bausteine von Sätzen oder auf ihrer Funktion, wie folgende tabellarische Zusammenfassung zu ausgewählten Methoden des Grammatikunterrichts belegt:

Tab. 1: Drei Methoden des Grammatikunterrichts: operationaler und funktionaler Grammatikunterricht sowie Grammatikwerkstatt

	operationaler Grammatikunterricht	**funktionaler Grammatikunterricht**	**Grammatikwerkstatt**
Ziel	Dem Anspruch nach: – Einsichten in den formalen Bau der Sprache – Förderung der sprachlichen Kompetenz nicht ausgeschlossen	Dem Anspruch nach: – Einsichten in die kommunikative Funktion von Sprache – Erweiterung/Förderung der sprachlichen/kommunikativen Kompetenz	Dem Anspruch nach: – Einsichten in die kommunikative Funktion und die Form von Sprache – Erweiterung/Förderung der sprachlichen/kommunikativen Kompetenz – Transparentmachung der sprachwissenschaftlichen Werkzeuge, die zur Wortart- und Satzgliedbestimmung notwendig sind
Konzeption	– auf Form bezogen – systematisch (= bestimmte folgelogische Anordnung der zu behandelnden sprachlichen Phänomene)	– funktional (= auf Funktion bezogen) – häufig integrativ (auf prototypische Verwendungskontexte der jeweiligen sprachlichen Phänomene bezogen) – systematisch nicht ausgeschlossen	Dem Anspruch nach: – funktional – integrativ – systematisch – genetisch (lernen wie die „Forscher")

Methodik	Vermittlung des Lernstoffs als eigenständiges Unterrichtsthema; nicht auf kommunikative Aspekte bezogen	v. a. induktive Erarbeitung und deduktive Vermittlung des Lernstoffs, zumeist in Kombination mit anderen Unterrichtsgegenständen; auf kommunikative Aspekte bezogen	radikal induktive Erarbeitung des Lernstoffs als eigenständiges Thema, zumeist in Kombination mit anderen Unterrichtsgegenständen; auch auf kommunikative Aspekte bezogen
Material	vom Lehrer/Lehrbuch vorgegebene Sätze bzw. Texte	in prototypischen Verwendungskontext eingebettete Sätze und Texte	bereitgestellte sprachliche Experimente (z. B. Einsetzen in Lückentext)
Üben	Etikettieren des Lernstoffs auf der Folie der v. a. deduktiv vermittelten Klassifikation, zum Beispiel durch Anwenden der Glinz'schen Proben	Anwenden des Lernstoffs bezüglich seines kommunikativen Potentials	Experimentell bedingtes Entdecken und Anwenden des Lernstoffs bezüglich seines kommunikativen Potentials und seiner Form
Vertreter	u. a. Glinz (1959)	u. a. Köller (1981); Hoffmann (2004)	u. a. Menzel (1999); Eisenberg/Menzel (1995)

Die folgende Tabelle stellt nun jeweils einen möglichen Unterrichtsversuch für den operationalen und den funktionalen Grammatikunterricht sowie für die Grammatikwerkstatt dar, wobei der bereits angesprochene Beispielsatz *Ich sehe den Mann mit dem Fernrohr* zur Illustration verwendet wird. Zu betonen ist dabei, dass dies konstruierte Beispiele sind und es in der damaligen und jetzigen Unterrichtspraxis natürlich Abweichungen geben kann.

Tab. 2: Unterrichtsvorschläge für den operationalen und den funktionalen Grammatikunterricht und die Sprachwerkstatt

	operationaler Grammatikunterricht	**funktionaler Grammatikunterricht**	**Grammatikwerkstatt**
Impuls	Die SchülerInnen erhalten einen Text, in dem der betreffende Satz *Ich sehe den Mann mit dem Fernrohr* enthalten ist. Die Anwendung der Konstituentenproben ergibt zwei syntaktische Analysen (Attribut- vs. Adverbialanalyse).	(Manipulativ) erzeugte oder zufällige Begegnung mit einer funktionalen Besonderheit eines sprachlichen Ausdrucks: *Was ist an diesem Satz missverständlich? Ich sehe den Mann mit dem Fernrohr.*	Die SchülerInnen erhalten ein Arbeitsblatt mit der Aufgabe, zu überlegen, was der Satz bedeutet.

Erarbeitung	induktiv/deduktiv: Lehrperson gibt relevante formale Kategorien vor; hier: Attribut und Möglichkeiten, Attribut zu bestimmen (Konstituentenproben etc.). SchülerInnen wenden Proben an.	induktiv: Schüler erarbeiten sich relevante Kategorien selbst anhand von bereitgestelltem Material; vor allem funktionale Perspektive.	radikal induktiv: Schüler erarbeiten sich relevante Informationen auf Basis vom Lehrer bereitgestellter Experimente (z. B. durch Einsetzen oder Verschieben der Satzglieder …).
Auswertung 1	= Erarbeitung	z. B. durch Schülerpräsentationen und Abgleich mit Zielen der Lehrperson	z. B. durch Schülerpräsentationen, Besprechung der Experimente, Überprüfung der Ergebnisse
Üben	selbständiges Üben des Lernstoffs anhand der eingeführten Testverfahren; bezogen auf Form	selbständiges Üben des Lernstoffs anhand der eingeführten Testverfahren; bezogen v. a. auf Funktion	weitere Experimente; bezogen auf Form und Funktion
Auswertung 2	Erkenntnis: Sätze können unterschiedliche syntaktische Strukturen haben; keine Erkenntnisse bezüglich der Funktion.	Erkenntnis, dass Satz zwei unterschiedliche syntaktische Strukturen hat, die relevant für die Interpretation des Satzes sind. Syntaktisch ambige Strukturen können zu kommunikativen Missverständnissen führen.	Radikal induktiv erarbeitete Erkenntnis, dass Satz zwei unterschiedliche syntaktische Strukturen hat, die relevant für die Interpretation des Satzes sind. Syntaktisch ambige Strukturen können zu kommunikativen Missverständnissen führen.
Hausaufgaben	weitere Aufgaben	kreativer Schreibanlass (z. B. *Entwerft witzige Schlagzeilen für Zeitungen wie „Minister bezahlt Flugreise mit Sohn!"*)	weitere Experimente

Diese drei Arten des Grammatikunterrichts sind immer wieder Gegenstand von kritischen Besprechungen gewesen (z. B. in Gornik 2003; Bredel 2007; Steinig/Huneke 2010; Ossner 2006):

- Der operative Grammatikunterricht fokussiert zu sehr die Form; das kommunikative Potential der Sprache wird nicht ausreichend beachtet.

G1 Sich Sätze erklären

- Der funktionale Grammatikunterricht ist zumeist nicht in der Lage, eindeutige Verbindungen zwischen Form und Funktion sinnvoll herzustellen.
- Die Grammatikwerkstatt kann aufgrund ihrer radikal induktiven Vorgehensweise zu Überforderungen führen, v. a. weil die Anwendung der Experimente bereits explizites grammatisches Wissen voraussetzt (s. Ossner 2000; Switalla 2000).

Aus diesen Gesichtspunkten lassen sich zuzüglich zum Konsens aus (i) bis (iii) folgende Desiderate für den Grammatikunterricht ableiten:

- Gewisse Formen bedienen gewisse Funktionen und gewisse Funktionen greifen auf gewisse Formen zurück. Wenn das Ziel des Sprachunterrichts tatsächlich die Reflexion von Sprache sein soll und sprachliche Einheiten gleich Form-Funktionspaare sind, so muss ihre Verbindung transparent werden. Form und Funktion müssen daher als aufeinander beziehbare und gleichberechtigte sprachliche Ebenen erfassbar und überindividuell transparent vermittelbar sein.
- Der Grammatikunterricht darf nicht radikal induktiv sein, er muss jedoch ein verlässliches, für Schüler autodidaktisch handhabbares Instrument bereitstellen, mit Hilfe dessen grammatische Kategorien identifiziert, definiert und analysiert werden können.

Wer erfolgreich sowohl Form wie auch Funktion der Bausteine eines Satzes im Unterricht behandeln will, tut daher gut daran, entweder mit der Form oder der Funktion zu beginnen und erst dann ihr Zusammenspiel zu analysieren. In der Schulpraxis beginnt die Grundschule häufig mit der Funktion (z. B. in der Erfassung von Verben als Tätigkeitswörter), die weiterführenden Schulen setzen in ihren Definitionen eher bei der Form an. Die Grundschule führt somit ontologisch-funktional ein, die weiterführenden Schulen vor allem formal bzw. morphosyntaktisch, ohne dass stets eine transparente Brücke zwischen Form und Funktion geschlagen wird. Dies kann nicht anders als in Konfusion münden, denn das Zusammenspiel der Klassifikationskriterien verbleibt unklar: Das Verb wurde im hier dargestellten Sinn ursprünglich als Tätigkeit definiert, in den weiterführenden Schulen wird es nach seiner Flexion und Syntax bestimmt (Tempus, Modus, Person, Numerus, Position im Satz). Ein transparenter Abgleich zwischen Form und Funktion findet nicht statt.

Form und Funktion dürfen sich nicht ausspielen, sondern müssen einander zuarbeiten. Eine solche Zuarbeitung ist z. B. mit der „Grammatik der deutschen Sprache" (Zifonun et al. 2007) versucht worden, wenn dort ein doppelperspektivisches Vorgehen „als leitendes Prinzip" (vgl. ebd., 7) betont wird und vor allem in den didaktisch orientierten Arbeiten von Hoffmann (2004 und später) umgesetzt wurde. Ziele der Doppelperspektivik sind zum einen, das „Ensemble sprachlicher Formen und Mittel [...] zu erklären durch die kommunikativen Aufgaben und Zwecke im Handlungszusammenhang", zum anderen „die Bedeutung eines komplexen Ausdrucks [...] aus den Bedeutungen seiner Teile auf der Basis ihrer syntaktischen Beziehungen zu ermitteln" (Zifonun et al. 1997, 8). Die Autoren der „Grammatik der deutschen Sprache" fokussieren dabei einmal das Zusammenspiel von **Form plus Pragmatik**, zum anderen von **Form und Semantik** (vgl. Rothstein 2010, 25 für eine Diskussion dieses Vorgehens).

Zwar ist ein solches Vorgehen für den Grammatikunterricht – sofern „entsprechend" didaktisiert – prinzipiell gelungen, doch bleibt die irritierende Frage, wie die Form-Funktions-Paare bestimmt werden können: Welche Formen übernehmen welche Funktionen, welche Funktionen entsprechen welchen Formen und wie wird ihr Zusammenhang ermittelt? Und vor allem: Wie lässt sich dies für die Schüler operationalisierbar transparent machen? Der folgende Abschnitt versucht hierauf eine Antwort zu geben.

3 Ein Vorschlag zur transparenten Verbindung von Form und Funktion

Der zentralste Baustein eines Satzes ist sein Verb, da es – grob gesprochen – seine Mitglieder im Satz bestimmt. Die offensichtliche Frage ist, was ein Verb ist. Verben haben im Deutschen ein bestimmtes Formeninventar, das sich nach Tempus, Modus, Person und Numerus verändert. Demnach wäre die Bestimmung der Wortart Verb über ihre Form gewährleistet (z. B. Glinz 1959; Sitta/Gallmann 1997). Allerdings unterscheiden sich die Formen der verschiedenen Verbgruppen beträchtlich, was folgende vier Verben deutlich machen:

3) *wissen*   *sagen*   *denken*   *gehen*   *können*
   weiß   *sage*   *denke*   *gehe*   *kann*
   wusste   *sagte*   *dachte*   *ging*   *konnte*
   gewusst *gesagt* *gedacht* *gegangen* *gekonnt*

Daher ist eine rein formenbezogene Annäherung an das Verb zwar möglich, aber kognitiv komplex. Auch die eindeutige Bestimmung von Verben via Funktion ist schwierig, da Verben zwar beispielsweise zeitliche Informationen liefern, doch solche Informationen auch von Nomen (*Altkanzler*), Konjunktionen (*nachdem*) und Präpositionen (*vor*) stammen können (s. Rothstein 2007). Die Definition des Verbs als Zeitwort scheidet damit aus. Da Verben auch Zustände (*sein*) und Prozesse (*fließen*) versprachlichen, ist die Definition als Tuwort ebenfalls problematisch.

Es ist daher sinnvoller, einen anderen Zugang zu den Verben zu wählen, der die Besprechung ihrer Form und Funktion ermöglicht und diese auf transparente Art und Weise verbindet. Dazu eignen sich sprachwissenschaftliche Tests gut, vor allem weil mit ihnen experimentierend oder anderweitig induktiv gearbeitet werden kann. Tests, genauer sogenannte Proben, spielen in der Sprachdidaktik Deutsch seit den Arbeiten von Hans Glinz eine entscheidende Rolle. Zur Unter-

G 1 Sich Sätze erklären

teilung des Satzes verwendete Glinz (1952) die mittlerweile allseits bekannten Proben der Umstellung und Ersetzung von Konstituenten. Auf diesen Proben basiert u. a. der operationale Grammatikunterricht, bei dem die Schüler selbständig mit den Tests Konstituenten bestimmen können. Die Problematik der Proben ist in der Sprachdidaktik Deutsch bereits häufig ausführlich dargestellt worden (z. B. Bredel 2007; Drosdowski 1995, 604; Ossner 2006). Ein „blindes Anwenden" (Ossner 2006, 231) ist nicht möglich, denn es kann zu falschen Ergebnissen führen. Und: Die Anwendung von Proben erfordert bereits vorhandenes explizites grammatisches Wissen, zu welchem die Proben dem Anspruch nach eigentlich erst führen sollten.

Wenn ich hier von Tests spreche, so meine ich etwas grundsätzlich anderes, als unter Probe verstanden wird. Im Sinne von Glinz sind Proben Verfahren, mit Hilfe derer sprachliche Einheiten kategorisiert werden, ohne dass die Probe zwangsweise Teil der Definition des jeweiligen Begriffs ist. Ich möchte einen anderen Weg vorschlagen, in dem ein oder eventuell mehrere Tests Teil der jeweiligen Definition eines grammatischen Begriffs sind. Der Test soll dabei als eine Art Anker dienen und Kontinuität auf allen Klassenstufen ermöglichen. Ziel des Tests ist die Etablierung einer transparenten Verbindung zwischen Form und Funktion. Es soll sich dabei nicht um einen Gegenvorschlag zu funktional und/oder formal ausgerichteten Grammatiktheorien handeln, sondern vielmehr um die systematische und transparente Integration beider Aspekte. Da z. B. Verben in verschiedenen Formen existieren, kann man versuchen, einen universal gültigen Test zu finden, bei dem alle Verbformen durch eine andere Verbform ersetzbar sind. Ein solcher Test kann beispielsweise der Austausch einer Verbform durch eine andere sein: So sind alle Verben des Deutschen im Futur möglich (s. Hacke 2009). Daher lautet der Test zur Ermittlung, ob ein Verb vorliegt, wie folgt:

4) Futurtest
    Kannst Du das Wort umformen in ein Futur, so ist das Wort ein Verb.
    Ich fahre. → *Ich werde fahren.*
    Der Mann schläft. → *Der Mann wird schlafen.*

Demnach gilt als Regel, dass alle Wörter, die diesen Test bestehen, Verben sind. Speziell für die Grundschule lässt sich hierzu eine ontologische Stütze formulieren: Auf die Frage, was diese Wörter bezeichnen, kann als Funktion die bereits bekannte Tätigkeit angegeben werden. Im Lauf der Schulzeit können die Funktionen dann weiter präzisiert werden, etwa als Zustände, Prozesse, Zeitwörter, Wirklichkeitswörter etc. Sobald die Formen des Verbs, also seine Morphosyntax, in den Fokus rücken, kann die Form rückbezüglich des Tests betrachtet und sukzessive besprochen werden. Man beachte: Dieser Grammatikunterricht betrachtet den Test als eine Art Anker, der über alle Klassenstufen hinweg immer wieder als Lokalisierungspunkt zur Analyse des jeweiligen sprachlichen Phänomens verwendet werden kann und gewissermaßen die unterschiedlichen Blickwinkel auf Form und Funktion verbindet. Für das Verb erhalten wir damit – wenn wir die Curricula einbeziehen – etwa Folgendes:

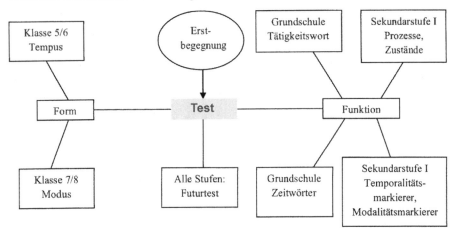

Abb. 1: Futurtest und Form/Funktion von Verben

Nach der Einführung/Entdeckung des Tests kann nach gemeinsamen Merkmalen all dieser Ersetzungen gesucht werden. Dabei können entweder eine bzw. mehrere gemeinsame formale Gemeinsamkeiten (z. B. die Verbindungen und die ihnen zugrunde liegenden abstrakteren Kategorien Tempus und Modus) oder ihre gemeinsame Funktion (z. B. Ausdruck als zeitliche Lokalisierung) betrachtet werden. Interessanterweise ergibt sich nun die bereits bemängelte fehlende Verbindung von Form und Funktion wie von selbst: Wir erhalten Form-Funktions-Paare dadurch, dass ein sprachlicher Test sie verbindet.

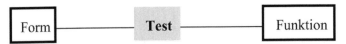

Abb. 2: Form-Funktionspaare mit Test

Um Form und Funktion aufeinander abstimmen zu können, kann gefragt werden:
– Welche Formen bestehen den Test?
– Welche Funktionen bestehen den Test?
Interessanterweise wäre damit auch ein eleganter Übergang zwischen Grundschule und weiterführender Schule gefunden: Der Test kann als Konstante zwischen Form und Funktion betrachtet werden. Was für Verben möglich ist, funktioniert auch für andere Wortarten. Nomen lassen sich beispielsweise durch Personalpronomen ersetzen. Der Test ist damit ein Werkzeug zur Ermittlung von Form-Funktionspaaren, er dient als Zugang sowohl zur Form als auch zur Funktion.

Zur Bestimmung der Satzsegmente sind demnach Tests als Scharniere zwischen Form und Funktion notwendig, der Grammatikunterricht basiert also auf:

(a) der Analyse der Form eines sprachlichen Ausdrucks,
(b) der Analyse der Funktion dieses Ausdrucks,
(c) dem Test, der Form und Funktion verbindet und der als Konstante über die Klassenstufen hinweg verwendet wird (s. Rothstein 2012).

Damit liegt nicht eine radikale Veränderung von formal bzw. funktional ausgerichteten Ansätzen zur Erklärung der deutschen Grammatik vor, sondern lediglich ein neues Zusammendenken beider Perspektiven.

3.2 Anwendungsbeispiele

Im Folgenden möchte ich zwei Anwendungen besprechen. Das erste Beispiel betrifft die Bausteine, die Segmente, des Satzes; im zweiten geht es um die Analyse des Gesamtsatzes. Der bereits mehrfach besprochene Satz *Ich sehe den Mann mit dem Fernrohr* diene dabei als Beispiel. In beiden Fällen werden zwei unterschiedliche Herangehensweisen angeboten; von der Form zur Funktion und vice versa.

Tab. 3: Unterrichtsbeispiel zum Satzsegment Attribut

	ausgehend von	
	Funktion	Form
Impuls	Thematisierung einer auffälligen sprachlichen Funktion, z. B. in einem ungewöhnlichen Kontext. *Am Telefon:* A: *Ich schaue gerade aus dem Fenster.* B: *Was siehst Du?* A: *Ich sehe einen Mann mit einem Fernrohr.* B: *Ach, Du schaust durch ein Fernrohr?* A: *Nein, er hat ein Fernrohr.*	Thematisierung einer sprachlich auffälligen Form, z. B. in einem ungewöhnlichen Kontext. *Am Telefon:* A: *Einen Mann mit dem Fernrohr sehe ich.* B: *Ach, Du schaust durch ein Fernrohr?* A: *So habe ich das nicht gesagt, ich meine, dass ich einen Mann sehe, der ein Fernrohr hat.* Begriff Attribut
Erarbeitung 1	Ermittlung der jeweiligen Konstituentenstruktur via Umstellungstest: Lesart 1: Charakterisierung Lesart 2: Werkzeug Umstellungstest	Ermittlung der jeweiligen Konstituentenstruktur via Umstellungstest: Lesart 1: Charakterisierung Lesart 2: Werkzeug Umstellungstest

Erarbeitung 2	Ermittlung der Form von Lesart 1: *mit dem Fernrohr* ist Teil der Konstituente *der Mann mit dem Fernrohr*. Attribut	Ermittlung der Funktion des Attributs Charakterisierung
Auswertung	Attribute können u. a. eine Charakterisierungsfunktion haben.	Attribute können u. a. eine Charakterisierungsfunktion haben.
Üben	v. a. Reflexion	v. a. Produktion

Kommen wir nun zum zweiten Beispiel, der Analyse des Gesamtsatzes. Die Klassifikation der Satzsegmente führt noch nicht zur Erklärung der Sätze selbst; sie ist vielmehr der erste Schritt, um den Satz als die Summe seiner Segmente zu erklären. Eine präzise Möglichkeit zu einem tieferen Satzverständnis kommt aus der lexikalistischen Syntax oder der Valenz- und der Dependenzgrammatik.

In der lexikalistischen Syntax und der Valenzgrammatik werden die regelgeleiteten und unregelmäßigen Eigenschaften eines sprachlichen Ausdrucks in sogenannten Lexikoneinträgen, Valenzen oder Dependenzen aufgeführt. Sätze werden durch die Kombinationsanforderungen der verschiedenen am jeweiligen Satz beteiligten Lexikoneinträge erklärt, deren Anforderungen aufeinander abgestimmt werden. Ein Verb wie *sehen* enthält daher in seinem Lexikoneintrag Informationen zu seiner Aussprache (Phonologie), zu seiner Flexion (Morphologie), zu seiner Wortart und seinen Mitspielern (Syntax) sowie zu seiner Bedeutung und den semantischen Anforderungen an seine Mitspieler (Semantik). *Sehen* ist ein transitives Verb, d. h. es verlangt ein Subjekt und in diesem Fall ein Akkusativobjekt.

Die valenzbedingte Funktion des Verbs belegt zudem seine besondere Relevanz für den Zugang zum Satz: Vor dem Hintergrund der Valenzgrammatik bestimmt das Verb seine satzinternen Mitspieler; im Rahmen seiner Auslegung des funktionalen Grammatikunterrichts hat Ludger Hoffmann das Verb treffend als eine „Szene" eröffnend beschrieben (siehe auch Hoffmann, B 2 und B 4).

„In jedem Verbalkomplex gibt es ein inhaltliches Zentrum: „übernehmen", „sag", „gesagt", „gespielt", realisiert durch ein Vollverb. Es charakterisiert das Subjekt in bestimmter Hinsicht. Das Verb wird oft weiter ausgebaut, weil es Anschlussstellen für eine ganze Szene, ein ganzes Ereignis einschließt. Man spielt immer etwas: Schach, Fußball, Tischtennis. Dies ist schon im Spielen mitgedacht. Auch das Verkaufen enthält schon eine ganze Szene: dass etwas jemandem gegen Geld verkauft wird. Auf diese Weise wird die Verbgruppe schrittweise ausgebaut, bis hin zu einem ganzen Satz („etwas verkaufen", „gegen Geld etwas verkaufen", „jemandem etwas gegen Geld verkaufen")" (Hoffmann 2004, 7).

Für das Verständnis von Sätzen ist damit entscheidend, wie diese Segmente funktional zusammenspielen und welchen funktionalen Kombinationsrestriktionen sie unterliegen. Nicht-satzwertige Ausdrücke, die sensitiv auf den „wer/was"-

Test reagieren (= Subjekte) kongruieren auf formaler Ebene mit dem finiten Verb und müssen – im Aktivsatz – ebenfalls bestimmte funktionale Kriterien erfordern, z. B. muss das Subjekt eines Verbs wie *sehen* tatsächlich in der Lage sein, *sehen* zu können. Das erklärt zum Beispiel die Ungrammatikalität von Sätzen wie *Der Stein sah den Mann*. Auch diese Informationen lassen sich gezielt testen durch ein entweder vorgegebenes Korpus oder durch selbstgefundene Beispiele.

5) a. *Er sah sie.*
   b. **Der Stein sah sie.*
   c. ??*Er sah das Unsichtbare.*
   d. *Er sah sie durch die Brille.*
   e. ...

Bei der Betrachtung dieses Korpus wird der Lexikoneintrag von *sehen* schnell deutlich, wobei der Zusammenhang zwischen der jeweiligen Form und der Funktion durch das Anwenden eines passenden Tests geklärt werden kann: Ausdrücke, die als Subjekte fungieren, können durch *wer oder was* ertestet werden, Akkusativobjekte durch *wen oder was* etc.

6) *sehen* (im Aktivsatz) = 1. Subjekt = Seher
   2. Akkusativobjekt = Gesehenes
   3. mit-Fernrohr = Instrument (weglassbar)

Nun werden die zwei Lesarten des Satzes deutlich: In der Instrumentlesart (= Mann wird durch Fernrohr gesehen) ist der Ausdruck *mit dem Fernrohr* ein Adverbial, in der Charakterisierungslesart (= Mann besitzt Fernrohr) ist es ein Attribut. Adverbiale sind (zumeist) weglassbar, ohne dass der Satz ungrammatisch wird (Weglassbartest). Attribute sind Teil einer Konstituente (Umstellungstest in erste Konstituentenposition eines Verbzweitsatzes). Entscheidend ist, dass die Instrumentlesart überhaupt erst durch die Bedeutung von *sehen* ermöglicht wird: *Sehen* ist nämlich eine Tätigkeit, die auch mit Hilfe eines Instruments ausgeübt werden kann. Diese Information muss vonseiten der Form von *sehen* nicht obligatorisch angegeben werden, auf funktionaler Seite schwingt sie zumindest immer mit.

Daraus lässt sich nun folgender Unterrichtsversuch bilden:

Tab. 4: Unterrichtsbeispiel zum Gesamtsatz

	ausgehend von	
	Funktion	Form
Impuls	Was bedeutet folgender Satz? „Ich sehe den Mann mit dem Fernrohr?" Warum hat er diese zwei Lesarten?	Welche Form/Struktur hat folgender Satz? „Ich sehe den Mann mit dem Fernrohr?"
Erarbeitung 1	Ermittlung des Lexikoneintrags von *sehen* via Introspektion/ Korpus. Lesart 1: Charakterisierung Lesart 2: Werkzeug Umstellungstest und Weglassbarkeit	Ermittlung des Lexikoneintrags von *sehen* via Introspektion/ Korpus. Lesart 1: Charakterisierung Lesart 2: Werkzeug Umstellungstest und Weglassbarkeit
Erarbeitung 2	Ermittlung der Form des Lexikoneintrags von *sehen*.	Ermittlung der Funktion des Lexikoneintrags von *sehen*.
Auswertung	Form und Funktion von *sehen* sowie Satzstellung machen den Satz ambig.	Form und Funktion von *sehen* sowie Satzstellung machen den Satz ambig.
Üben	v. a. Reflexion	v. a. Produktion

4 Zusammenfassung

Wie einleitend bemerkt, gibt es gegenwärtig keinen Königsweg für den Grammatikunterricht, sondern eher eine Vielzahl von Problemen, von denen eines der Zusammenhang zwischen Form und Funktion ist. In diesem Beitrag wurden vor allem die ungenügende Abstimmung von Form-Funktions-Verbindungen und die daraus resultierende Konfusion bei der Definition der Segmente in Sätzen diskutiert. Um Formen und Funktionen transparent miteinander verbinden zu können, wurde ein testbezogenes Verfahren, bei dem der Test gewissermaßen Scharnier zwischen Form und Funktion ist, vorgeschlagen. Dieser Grammatikunterricht erlaubt ein sukzessives Erweitern der jeweiligen grammatischen Kategorie über alle Klassenstufen hinweg: Sprachliche Ausdrücke, die den Futurtest bestehen, können in der Grundschule zunächst vor allem ontologisch-funktional angegangen und erst in späteren Schulphasen durch formale Merkmale ergänzt werden.

Literatur

Bredel, Ursula: Sprachbetrachtung und Grammatikunterricht. Paderborn: Schöningh 2007

Drosdowski, Günther (Hrsg.): Duden Grammatik der deutschen Gegenwartssprache. Mannheim: Dudenverlag, 5. völlig neu bearb. und erw. Aufl. 1995

Eisenberg, Peter/Menzel, Wolfgang: Grammatik-Werkstatt. In: Praxis Deutsch 22 (1995) 129, 14–26

Glinz, Hans: Die innere Form des Deutschen. Bern: Francke 1952

Glinz, Hans: Deutscher Sprachspiegel. Düsseldorf: Schwann 1959

Gornik, Hildegard: Methoden des Grammatikunterrichts. In: Bredel, Ursula/Günther, Hartmut/Klotz, Peter/Siebert-Ott, Gesa/Ossner, Jakob (Hrsg.): Didaktik der deutschen Sprache – ein Handbuch. 2. Bd. Paderborn: Schöningh 2003, 814–829

Hacke, Marion: Funktion und Bedeutung von werden + Infinitiv im Vergleich zum futurischen Präsens. Heidelberg: Winter 2009

Hoffmann, Ludger: Funktionaler Grammatikunterricht in der Grundschule. In: Die Grundschule (2004) 10, 39

Köller, Wilhelm: Funktionaler Grammatikunterricht. Tempus, Genus, Modus: Wozu wurde das erfunden? Baltmannsweiler: Schneider Hohengehren 1981

Köpcke, Klaus-Michael/Noack, Christina: Sprachliche Strukturen thematisieren. Sprachunterricht in den Zeiten von Bildungsstandards. Baltmannsweiler: Schneider Hohengehren 2011

Menzel, Wolfgang: Grammatik-Werkstatt. Theorie und Praxis eines prozessorientierten Grammatikunterrichts für die Primar- und Sekundarstufe. Seelze-Velber: Kallmeyer 1999

Ossner, Jakob: Die nächsten Aufgaben lösen, „ohne kleine Brötchen zu backen". Bemerkungen zu Bernd Switalla: Grammatik-Notizen. In: Balhorn, Heiko/Giese, Heinz/Osburg, Claudia (Hrsg.): Betrachtungen über Sprachbetrachtungen. Grammatik und Unterricht. Seelze: Kallmeyer 2000, 232–241

Ossner, Jakob: Sprachdidaktik Deutsch. Paderborn: Schöningh 2006

Ossner, Jakob/Noack, Christina (Hrsg.): Grammatikterminologie und Grammatikunterricht. = OBST (2011) 79

Rothstein, Björn: Tempus. Heidelberg: Winter 2007 (= Kurze Einführungen in die germanistische Linguistik 5)

Rothstein, Björn: Sprachintegrativer Grammatikunterricht: Zum Zusammenspiel von Sprachwissenschaft und Sprachdidaktik im Mutter- und Fremdsprachenunterricht. Tübingen: Stauffenburg 2010

Rothstein, Björn: Das Subjekt – grammatikbiografisch betrachtet. Zur inhaltlichen Unklarheit des schulischen Grammatikunterrichts im Fach Deutsch. In: Wirkendes Wort 62 (2012) 3, 479–495

Sitta, Horst/Gallmann, Peter: Deutsche Grammatik. Zürich: Lehrmittelverlag 1997

Steinig, Wolfgang/Huneke, Hans-Werner: Sprachdidaktik Deutsch. Eine Einführung. Berlin: Erich Schmidt 2010

Switalla, Bernd: Grammatik-Notizen: In: Balhorn, Heiko/Giese, Heinz/Osburg, Claudia (Hrsg.): Betrachtungen über Sprachbetrachtungen. Grammatik und Unterricht. Seelze: Kallmeyer 2000, 212–231

Zifonun, Gisela/Hoffmann, Ludger/Strecker, Bruno u. a.: Grammatik der deutschen Sprache. 3 Bde. Berlin: de Gruyter 1997

FRIEDERIKE KERN

G2 Fortführen

1 Einleitung

Beispiel (1)[1]

Es ‹hW› a ein mal ein ‹Jun-›
‹ge.› der kont sich Klei
‹gm›achen. ‹eE›r wahr einen
‹Tor› woh nur eine ‹ameise› durh
Past. ‹eE›r‹Ss›chruftsich auf
Klein. Und er ging durchd-
as Tor. Und dar war Mark-
us ‹ersagt› du must ein Ren gwin.
und ‹dan› knst ‹nah Hause› odor du Stirb-
st. und sie fara los und der
Junge ist esta. und wen
‹sieer› nicht gestord‹ sind**ist**› dan
lePternoch hoite

Diese kleine Märchenerzählung stammt aus der Feder des Drittklässlers Michael. Neben ihrer Fantasiefülle zeigt die Erzählung aus erwerbstheoretischer Sicht eine Reihe wichtiger Kompetenzen zur Produktion von Texten (auch wenn es mit der Rechtschreibung noch sehr hapert). Das Augenmerk soll sich hier vor allem auf Michaels gezielten Gebrauch sprachlicher Mittel zur Herstellung von Textkohärenz richten. Diese Mittel sind insbesondere anaphorisch verwendete Pronomen, deren textbezogene Funktion darin besteht, auf vorher Geschriebenes hinzuweisen und damit ein bereits etabliertes Thema weiter fortzuführen. Das Thema, das hier in den ersten (in der Schreibaufgabe vorgegebenen) Zeilen etabliert wird, ist ein Junge mit speziellen Eigenschaften. Auf diesen Jungen wird in den drei folgenden Sätzen mit dem Pronomen *er* referiert; danach wird ein weiterer Protagonist, Markus, eingeführt. Es wird nicht geklärt, um was für ein Wesen es sich bei Markus handelt. Markus und der Junge – „*sie*" im Text – veranstalten ein Wettrennen, das der Junge gewinnt. Dass an dieser Stelle die Nominalphrase „*der Junge*" und nicht die anaphorische Form, d.h. das Personalpronomen, verwendet wird, weist in der Tat auf eine hohe Textkompetenz hin: Der Schreiber ist sich offenbar darüber im Klaren, dass *er* an dieser Stelle in

---

[1] Vgl. Ohlhus 2005 zu den Konventionen der Umschrift. Nur dies: Die eckigen Klammern signalisieren, dass etwas durchgestrichen oder ausradiert wurde (z. B. das „h") und etwas Neues darübergeschrieben wurde (hier das „W").

seiner Referenz nicht eindeutig wäre: Es könnte auf den Jungen ebenso Bezug nehmen wie auf Markus. Um den Bezug eindeutig zu machen, greift Michael an dieser Stelle also auf die Nominalphrase zurück. Es folgt ein letzter Satz – ein typischer Märchenphraseologismus (vgl. Ohlhus 2005 zur Funktion von Phraseologismen in mündlichen und schriftlichen Fantasieerzählungen) – mit einer weiteren Anapher, um die Erzählung zu einem Abschluss zu bringen. Auch an dieser Stelle trifft Michael eine Wahl, deren Spuren in der vorliegenden Textfassung noch zu sehen sind: Zunächst schreibt Michael „*sie*" (und folgerichtig „*sind*"), verbessert dann aber zu „*er*" und „*ist*", womit er deutlich macht, dass er auf den Protagonisten allein referiert.

Die kurze Erzählung zeigt, welche wichtige Funktion die Anapher, deren typische sprachliche Form die dritte Person der Personalpronomina ist, für die Fortführung eines etablierten Themas erfüllt. Genau darin unterscheidet sich die Anapher von den Personalpronomina der ersten und zweiten Person, mit denen sie üblicherweise in einer Klasse zusammengefasst wird. Auf der KMK-Liste erscheint der Begriff der „Anapher" ebenso wenig wie in den Bildungsstandards. Auf der derzeit noch aktuellen KMK-Liste wird lediglich die Kategorie der „Personalpronomen" aufgeführt; in den Bildungsstandards erscheinen die „Pronomen" als Sammelkategorie. Die terminologische Vereinheitlichung trübt den Blick für die unterschiedlichen Funktionen, die die Pronomina der ersten und zweiten bzw. der dritten Person in Diskurs und Text erfüllen. Aus diesem Grund möchte der Artikel einen Vorschlag für eine didaktische Modellierung entwickeln, mit dem die Wortklasse „Anapher" als ein besonderes sprachliches Mittel eingeführt wird, wobei deutlich werden sollte, dass sie sich von den Personalpronomen der ersten und zweiten Person in Formbestand und Funktion unterscheidet. Im Vordergrund soll dabei der Weg stehen, der zu der Entdeckung einer Wortklasse führt, die spezifische Funktionen im Diskurs oder in einem Text übernimmt.

Zunächst wird eine theoretische Einführung in die Kategorien der Personalpronomina im Allgemeinen und der Anapher im Besonderen gegeben. Diese Einführung kann und soll das Phänomen nicht in aller Tiefe behandeln, sondern beschränkt sich auf eine Darstellung der wichtigsten funktionalen, aber auch formalen Eigenschaften (Abschnitt 2). Es folgt ein kurzer Überblick über das Vorkommen der Wortklasse „Pronomen" in den Kerncurricula verschiedener Länder und in Schulbüchern (Abschnitt 3). Anschließend wird auf den Kompetenzbereich „Sprache untersuchen und erforschen" eingegangen, unter den die Behandlung der Pronomina im Unterricht subsumiert wird (Abschnitt 2.1). Die Unterrichtsvorschläge, die anschließend in Abschnitt 4 vorgestellt werden, orientieren sich methodisch am Prinzip der Verfremdung (vgl. Köller 1997), das zur Initiierung von Reflexionsprozessen über die Funktionen von Anaphern und Personalpronomen im Text genutzt wird. Danach wird auf einige sprachtypologische Besonderheiten des Deutschen eingegangen, die für den Unterricht mit

Kindern mit Deutsch als Zweitsprache von Relevanz sind (Abschnitt 5). Der Beitrag schließt mit einem kurzen Blick auf die mündliche Erzählung einer Schulanfängerin, um einerseits Belege für bereits vorhandene Kompetenzen im Bereich der thematischen Organisation zu liefern und andererseits auf funktionale Aspekte hinzuweisen, die Anaphern im Kontext einer Erzählung zusätzlich übernehmen können (Abschnitt 6). Abschnitt 7 enthält die abschließenden Überlegungen.

2 Terminologie: Personalpronomen, Proterme und Anaphern

Hinsichtlich der relevanten Begriffe („Personalpronomen", „Proterme", „Anapher") zeigt sich ein etwas verwirrendes Bild, was u.a. auch damit zusammenhängt, dass sich die Anapher als Wortklasse nicht ins klassische System der Wortarten eingliedern lässt (vgl. Hoffmann 2000). In den Grammatiken wird sie – wenn überhaupt – als Randerscheinung bei den Personalpronomina mitbehandelt (vgl. z.B. Helbig/Buscha 1999). Einen anderen Weg wählt die Grammatik der deutschen Sprache von Zifonun et al. (1997). Unter dem Begriff der sog. Pro-Terme (traditionell: Pronomina) wird unterschieden zwischen (a) der Personendeixis sowie (b) der Anapher. Die Personendeixis umfasst die Pronomina der ersten und zweiten Person; die Anapher umfasst die Pronomina der dritten Person. Die Begründung dafür, auch die Anapher unter den Begriff der Proterme zu subsumieren, ist, dass sie ebenso wie andere unter den Protermen zusammengefasste Wortarten selbständige Argumentfunktionen haben, dem Nomen entsprechend gleichgestellt und damit auch nicht als sein Vertreter zu verstehen sind.

Im Wesentlichen lassen sich zwei Klassifikationsvorschläge für die Gruppe der Personalpronomina unterscheiden. In einer Sichtweise konstituiert die Gruppe der Personalpronomen, bestehend aus drei Personen, ein einziges nominales Paradigma, das jedoch im Unterschied zu anderen nominalen Paradigmen nicht nur nach Kasus und Numerus flektiert, sondern auch nach Person sowie – das allerdings nur in der dritten Person – nach Genus. Aus funktionaler Sicht, auf deren Grundlage der zweite Klassifikationsvorschlag beruht, ist diese Vereinheitlichung jedoch unangemessen (vgl. Zifonun 2001, Hoffmann 2000a). Stattdessen können die drei Personal-Formen in zwei verschiedene Kategorien eingeteilt werden. Die Formen der ersten und zweiten Person konstituieren die Personendeixis, da sie auf in der Situation der Äußerung anwesende Personen (*ich* und *du*) verweisen (vgl. Kameyama 2007) und sie damit die kommunikativen Rollen Sprecherin und Hörer kodieren. Deiktika erhalten ihre Bedeutung im sog. Zeigfeld, d.h. in einer unmittelbar zugänglichen Situation (demonstratio ad oculus et aures). Referenzobjekte von *ich, du, wir* oder *ihr* sind also immer Personen, die sich aufgrund ihrer Anwesenheit definitiv bestimmen lassen. Keinesfalls jedoch verweisen die Personal-Formen auf Nomen, wie es z. B. in der folgenden Schulbucherklärung postuliert wird: „Pronomen (Fürworter, Stellvertreter) vertreten oder begleiten Nomen. Sie werden wie die Nomen dekliniert (gebeugt). Die gebräuchlichsten Stellvertreter sind die Personalpronomen (persönliche Fürwörter)" (aus dem Arbeitsheft des Cornelsen-Deutschbuchs 5). In der der Erklärung folgenden Aufstellung werden die Personalpronomen der ersten, zweiten und dritten Person zusammen aufgeführt, gefolgt von einem Hinweis auf die notwendige Übereinstimmung der 3. Person mit dem Bezugsnomen, um Missverständnisse zu vermeiden. Auf weitere Unterschiede zur 1. und 2. Person (die ja gerade nicht für Nomen stehen, sondern für Personen) wird nicht eingegangen.

Die Formen der dritten Person dagegen beziehen sich nicht nur auf Personen, sondern auch auf Gegenstände, die in einem Text oder Diskurs bereits erwähnt wurden oder auf eine andere Art Aufmerksamkeit erlangt haben. Referenzobjekte sind somit bereits eingeführte oder anderweitig mental, aber nicht physisch präsente Redegegenstände. In dieser Funktion werden die Formen der dritten Person, die sich auch formal von den beiden anderen Personal-Formen unterscheiden (s. u.), als Anapher bezeichnet. Anaphern sind nach dieser Definition sprachliche Ausdrücke, die einen vorhergehenden Ausdruck (das „Antezedenz") – im Normalfall eine Nominalphrase – wiederaufnehmen, indem sie auf ihn Bezug nehmen (vgl. Consten/Schwarz-Friesel 2007); dazu müssen sie eine formale Übereinstimmung mit ihrem Antezedenz, d. h. Kongruenz in Numerus und Genus aufweisen (z. B.: *der Junge – er; den Katzen – sie*). Anaphern sind damit vor allem funktional bestimmt. Sie können zwar unterschiedliche sprachliche Formen annehmen; die (unbetonten) Personalpronomen der dritten Person werden allerdings als ihre typischste Form angesehen (vgl. Zifonun et al. 1997).[2]

Hoffmann (2000) fokussiert die spezifische Leistung der Anapher, auf bereits Gesagtes oder Beschriebenes Bezug zu nehmen und dadurch eine kontinuierliche Orientierung an eingeführten oder mental präsenten Gegenständen zu gewährleisten. Im Unterschied zu Personalpronomen der ersten und zweiten Person, die auf Objekte außerhalb des Diskurses oder Textes zeigen (im funktional-pragmatischen Paradigma wird dies auch als „deiktische Prozedur" bezeichnet), beziehen Anaphern sich auf Redegegenstände, mit dem Zweck, diese im Gedächtnis präsent zu behalten (in funktional-pragmatischer Theorie ist dies die sog. „phorische Prozedur" im Operationsfeld, vgl. dazu z. B. Ehlich 2007, 24 und Ehlich 1983). Diese Redegegenstände stellen im Normalfall das Thema eines Diskurses dar (vgl. Hoffmann 2000, 2013 und B 2).

---

[2] Auch Possessiva, Demonstrativa sowie – als lexikalische Anaphern – definite Nominalphrasen oder auch leere Elemente (Analepsen) können zu den Anaphern gehören (vgl. Consten/Schwarz-Friesel 2007). Auch aus Gründen der Anschlussfähigkeit an die in den Bildungsstandards und den Kerncurricula verwendeten Kategorien „Pronomen" bzw. „Personalpronomen" wird hier ein enger Anaphernbegriff verfolgt, der sich auf die dritte Person der Personalpromina beschränkt.

Mit der Anapher wird also angezeigt, dass die Person oder Sache, auf die mit ihr verwiesen wird, bereits bekannt ist. Dadurch erhalten Anaphern die wichtige Funktion des Fortführens bereits etablierter Themen und dienen somit im Wesentlichen der Herstellung von Kohärenz auf diskurs- und textstruktureller Ebene. Zentral im Hinblick auf eine sprachtheoretisch gestützte didaktische Heranführung an die Anapher ist es, die Unterschiede zwischen Personalpronomen und Anaphern im Blick zu behalten.

Auf formbezogene Besonderheiten im Deutschen, die sich im Flexionsparadigma zeigen, wurde ebenfalls bereits hingewiesen. Zifonun (2001) unterscheidet drei Paradigmen, denen sie die jeweiligen Personalpronomen (erste, zweite und dritte Person) zuordnet. Allen Personalpronomen gemeinsam sind zwei Numerusstellen (Singular und Plural) und vier Kasusstellen (Nominativ, Akkusativ, Genitiv und Dativ). Allein die dritte Person – die Anapher – unterscheidet zusätzlich Genus (Mask, Neut, Fem). Die erste (Sprecherdeixis) und zweite Person (Hörerdeixis), die auf Personen beziehen, differenzieren dagegen kein Genus. Allerdings lässt sich die Hörerdeixis noch im Hinblick auf die soziale Distanz zwischen Hörerin und Sprecher unterteilen. Das Deutsche nutzt für die Distanzform die Pluralform der dritten Person (*Sie*). Eine Numerusdifferenzierung findet dabei nicht statt.

Sprachtypologisch gesehen ist das universelle Vorkommen der Formen der ersten und zweiten Person eine ihrer weiteren wichtigen Eigenschaften, die sie von der dritten Person unterscheidet. In vielen Sprachen (den sog. Pro-Drop-Sprachen) sind insbesondere (aber nicht ausschließlich) die dritten Personen im Sprachgebrauch fakultativ und werden im normalen, unbetonten Fall nicht produziert. Dieser Befund ist insbesondere für den Unterricht mit Kindern anderer Muttersprachen bedeutsam; er wird weiter unten in Abschnitt 6 noch einmal thematisiert.

Trotz der Unterschiede plädiert Zifonun (2001) dafür, die beiden Gruppen „Personalpronomen" und „Anapher" in einer Kategorie zusammenzufassen. Dieser Sichtweise möchte ich mich hier anschließen; im schulischen Kontext gibt es darüber hinaus praktische Gründe, an den in den Bildungsstandards und Kerncurricula aufgeführten Kategorien festzuhalten.

3 Pronomen in den Kerncurricula und in Schulbüchern

Ein kurzer Überblick über die Erwähnung von Pronomen in den Kerncurricula der Länder zeigt, dass diese erstmals gegen Ende der Primarstufe thematisiert werden.[3] In der Sekundarstufe I erscheinen Pronomen dann wieder in den Kompetenzerwartungen zum Bereich „Reflexion über Sprache". Die Anapher findet

---
[3] Vgl. z. B. http://www.standardsicherung.schulministerium.nrw.de/lehrplaene/lehrplaene-gs/ deutsch/lehrplan-deutsch/kompetenzen/kompetenzen.html oder http://db2.nibis.de/1db/cuvo/ datei/kc_gs_deutsch_nib.pdf.

keine begriffliche Erwähnung in den Kerncurricula[4]; allerdings wird in den Kompetenzbereichen „Schreiben" und/oder „Lesen" auf stilistische und rhetorische Mittel zur Textgestaltung hingewiesen, zu denen die Anapher gerechnet werden könnte.

Für die Übung von anaphorisch verwendeten Pronomen werden – zumindest in der Primarstufe – gern Lückentexte benutzt. Auch werden Satzpaare präsentiert, in denen unklar ist, auf welches Antezedens sich das im zweiten Teil verwendete Pronomen bezieht; die Aufgabe besteht dann darin, durch einen zusätzlichen Satz die Bezugnahme eindeutig zu machen.

In der Sekundarstufe werden – wie bereits erwähnt – für die Pronomen oft die Synonyme „Fürwörter" und „Stellvertreter" benutzt. Zwar wird hingewiesen auf die Notwendigkeit, die Formen der 3. Person an das Bezugsnomen anzupassen, doch werden in Tabellen u. Ä. alle Pronomen zusammen aufgeführt. Ihre unterschiedlichen Funktionen bleiben fast immer unberücksichtigt.

3.1 Der Kompetenzbereich „Sprache und Sprachgebrauch untersuchen"

„Schülerinnen und Schüler erlernen Methoden, um Sprache zu untersuchen, und gewinnen Einsicht in den Bau der Sprache. Durch die Arbeit an Wörtern, Sätzen und Texten wird ihnen bewusst, **dass die Einsicht in die Wirkung sprachlicher Mittel dazu beitragen kann,** Verstehensprobleme zu beheben, Verständigungsprobleme aufzudecken, Textverstehen zu vertiefen sowie situationsangemessen zu sprechen und zu schreiben. Sie erkennen, dass grammatisches Wissen ausdrucksvolles und normgerechtes Schreiben unterstützen kann".[5] (Hervorhebung von F. K.).

Dieser Auszug aus dem Kerncurriculum NRW zum Kompetenzbereich „Sprache und Sprachgebrauch untersuchen" stellt die Überlegung in den Vordergrund, dass die Untersuchung von Sprache von ihrer Funktion ausgehen sollte, indem in ihm auf das grundlegende Ziel sprachlicher Kommunikation – auf Verstehen hin ausgerichteter Austausch – hingewiesen wird. Die konsequente Berücksichtigung einer funktionalen Perspektive wird in der Deutschdidaktik als eine wichtige Voraussetzung für erfolgreichen Grammatikunterricht erachtet: Um zu einem tieferen Verständnis der Sprachstrukturen zu gelangen, müssen die Verbindungen zwischen sprachlichen Formen und ihren Funktionen systematisch aufgezeigt werden; sonst bleibt ein Wissen um solche Strukturen nutzlos (vgl. u. a. Hoffmann 2011, Gornik 2011).

Eine solche Herangehensweise ist nicht nur didaktisch sinnvoll, da auf diese Weise eine Grundlage geschaffen werden kann, um grammatisches Wissen mit

---

[4] Dies gilt zumindest für die Bundesländer Nordrhein-Westfalen, Niedersachsen und Baden-Württemberg, die exemplarisch untersucht wurden.
[5] http://www.standardsicherung.schulministerium.nrw.de/lehrplaene/lehrplaene-gs/deutsch/lehrplan-deutsch/bereiche/bereiche.html.

Sprachgebrauchswissen zu verknüpfen, sie lässt sich auch interaktionstheoretisch begründen: Sprachliche Strukturen werden von Interaktionsteilnehmer/innen ebenso wie von Textproduzent/innen als Ressourcen zur Gesprächsorganisation (in Diskursen) und Konstitution von Handlungen (in Diskursen und Texten) verwendet. Sie dienen damit der Lösung verschiedener Aufgaben, die sich den Interaktionspartnern im Laufe der Produktion ihrer (mündlichen wie schriftlichen) Beiträge stellen. Das Herstellen thematischer Zusammenhänge in der laufenden Rede bzw. im laufenden Text stellt eine dieser Aufgaben dar.

Um ein Modell für die Einführung der Wortklasse „Anapher" entwickeln zu können, das diese Überlegungen sowohl in theoretischer als auch didaktisch-methodischer Weise berücksichtigt, ist es unumgänglich, die Bezugsgröße Text als Ausgangspunkt für phänomenorientierte Beobachtungen zu nehmen (wie es ja auch im obigen Auszug aus dem Kerncurriculum NRW programmatisch eingefordert wird), da sich die Anapher nur innerhalb größerer thematischer Zusammenhänge konstituiert.

4 Anaphern als Thema im Unterricht

Die oben aufgezeigten Unterschiede zwischen Personalpronomen und Anaphern sind Ausgangspunkt für die didaktische Modellierung, bei der Anaphern im Textzusammenhang eingeführt werden. Der Anwendungsbezug ist in einer solchen Herangehensweise schon enthalten (vgl. Gornik 2003, 823). Es bietet sich an, das Prinzip der Verfremdung zu nutzen, durch das den Schülerinnen und Schülern „durch überraschende Kontexte, durch ungewöhnliche Gebrauchsweisen oder durch Aufforderungen zur begrifflichen Erfassung" das, was sie bereits implizit wissen, bewusst gemacht werden soll (Köller 1997, 29). Um das Reflexionspotenzial dieses Prinzips zu nutzen, müssen die Schülerinnen und Schüler allerdings entsprechend angeleitet werden; schließlich gilt es, die Irritationen, die zunächst entstehen, so zu lenken, dass sie an ein gezieltes Nachdenken über Sprache anschließbar sind.

4.1 Anaphern im Text

Die Kinder erhalten einen Text mit einer Geschichte, die zwei Protagonisten („Lisa" und „die Katze") gleichen Geschlechts enthält. Es handelt sich um eine Art Detektivgeschichte, in der die Kinder rekonstruieren sollen, wer von den beiden Protagonisten die Torte verspeist hat. Auf diese Weise soll verdeutlicht werden, welche Funktion die Pronomen als Anaphern in dem Text haben und welche besonderen Schwierigkeiten bei ihrer (unsachgemäßen) Verwendung auftreten können.

> Morgen kommt Besuch. Deshalb hat Lisas Vater eine Torte gemacht. Er ist der beste Bäcker in der Familie. Dick mit Sahne bestrichen und verziert steht die Torte jetzt auf dem Küchentisch. Lisa, aber auch die Katze staunen. Sie

G 2 Fortführen

hockt auf einem Küchenstuhl und betrachtet die Torte mit großem Appetit. Da sagt sie zu ihr: „Denk nicht mal dran. Das gäbe großen Ärger!" Dabei würde sie selbst gerne probieren. Vielleicht könnte man ein wenig naschen, ohne dass es groß auffällt. Der Gedanke an die Torte lässt sie nicht los. Als sie nicht guckt, nähert sie sich der Torte . . .
Er kommt in die Küche und sieht sofort an dem sahneverschmierten Gesicht, welche Übeltäterin an seiner Torte war.[6]

An den Text schließen sich mehrere Aufgaben an. Zunächst sollen die Kinder gemeinsam überlegen, wer die Torte gegessen hat; anschließend sollen sie darüber diskutieren, warum sie (vermutlich) zu keiner einheitlichen Lösung gekommen sind. In einer Gruppenarbeit sollen sie dann den Text gemeinsam so umschreiben, dass die Übeltäterin aus dem Text rekonstruierbar ist. Dafür können zunächst alternative sprachliche Ressourcen erarbeitet werden, z. B. verschiedene Nominalphrasen („das Tier", „das Mädchen", „das Kind"), die eindeutig auf eine der beiden Protagonistinnen hinweisen.

Mit dieser Vorgehensweise soll den Kindern verdeutlicht werden, welchen Zweck die formalen Übereinstimmungen von Pronomen der dritten Person (also: Anaphern) mit Antezedenz haben und welche Alternativen zur Verwendung von Pronomen möglich sind. Ausgegangen wird hierbei nicht von den formalen Strukturen (d. h. den Personalpronomen), sondern von der Funktion spezifischer sprachlicher Ausdrücke, deren korrekte Benennung erst einmal nicht wichtig ist. Im Vordergrund steht stattdessen die besondere Funktion der Anaphern, durch ihren Verweis auf bereits Geschriebenes dieses im Gedächtnis präsent zu halten und damit das Thema des Textes fortzuführen und weiter zu elaborieren. Ist nicht eindeutig zu rekonstruieren, worauf sich die Anapher bezieht, entstehen Verständnisprobleme, die nicht ohne Weiteres ausgeräumt werden können.

Beobachtungen aus einer Unterrichtsstunde in einer vierten Klasse zum Thema „Anaphern" mit der oben vorgestellten Textgrundlage zeigten, dass die Kinder sehr schnell das Irritationspotenzial des Textes erfassten und manche von ihnen bereits in den Gruppengesprächen bemerkenswerte Überlegungen zur Funktion von Anaphern formulierten. So bemerkte ein Junge, das *sie* zeige (sic!) auf etwas im vorhergehenden Satz. Andere Kinder stellten kluge Betrachtungen zur Funktion der formalen Übereinstimmung (Kongruenz) von Anaphern mit ihren Antezedenzen an. So äußerten sie sich über die Ambiguität von *sie* in der folgenden Weise: „*Bei 'sie' können wir nicht wissen, ob es die Katze oder das Mädchen ist,*

---
[6] Ich danke Kathrin Grothe dafür, diesen Text für eine Unterrichtsstunde in einer vierten Klasse entwickelt zu haben und mir hierfür zur Verfügung zu stellen. Melanie Eggert danke ich für die Durchführung einer Unterrichtsstunde zum Thema „Anaphern" an der Eichendorff-Grundschule in Bielefeld, an deren Planung Kathrin Grothe entscheidend mitgewirkt hat. Mein Dank geht auch an Sören Ohlhus, der am Schreibimpuls für die Höflichkeitsanrede (s. u. 4.3) entscheidend mitgewirkt hat.

weil beide weiblich sind". *Er* dagegen sei unproblematisch, weil damit eindeutig auf den Vater verwiesen würde. Ein anderes Kind stellte dagegen fest, eine männliche Katze könne auch *er* heißen. Anschlussfähig wären hier Reflexionen über die Verwendung von Ober- und Unterbegriffen im Alltagssprachgebrauch, in dem häufig der Begriff *Katze* als Gattungsname verwendet wird, unter den beide Geschlechter subsumiert werden.

Für ihre jeweilige Interpretation (also: wer die Täterin war) argumentierten einige Kinder auf der Grundlage alltagsweltlicher Beobachtungen, z.B. dass Katzen nicht sprechen können oder auch, dass Katzen normalerweise keine Torte essen, Kinder aber schon.

Bei der Sammlung alternativer Formulierungen zur Auflösung der Ambiguität erwiesen sich die Kinder einfallsreich: Für Lisa wurden beispielsweise *„das Mädchen"* oder auch *„das Kind"* genannt; *die Katze* wurde ersetzt durch *„das Tier"*, *„der Vierbeiner"*, *„die Mieze"* oder *„das Haustier"*; es wurde auch vorgeschlagen, der Katze einen Namen zu geben.

4.2 Zu den unterschiedlichen Verwendungsweisen der dritten Person: Anapher vs. Höflichkeitsform

Dass die dritte Person der Personalpronomen auch eine andere als die anaphorische Funktion erfüllt, nämlich die der „Höflichkeitsanrede", lässt sich an einem Schreibimpuls demonstrieren, der so angelegt ist, dass verschiedene Arten von Geschichten daran angeschlossen werden können. Diese Möglichkeit wird, wie in den folgenden Beispielen, durch den zweifachen Gebrauch des Pronomens *sie* ausgelöst:

„Gehen Sie hinein, aber seien Sie vorsichtig, dass Sie sie nicht zertreten!" oder
„Gehen Sie hinein, aber seien Sie vorsichtig, dass sie Sie nicht zertreten."
oder gar
„Gehen Sie hinein, aber seien Sie vorsichtig, dass sie sie nicht zertreten."

Auch hier wird auf das Prinzip der Verfremdung zurückgegriffen. Die entstandenen Texte können Reflexionen darüber auslösen, dass Formengleichheit („sie") nicht gleichbedeutend mit Funktionsgleichheit ist und dass diesem Unterschied im Deutschen über unterschiedliche Schreibungen Rechnung getragen wird. Deutlich zeigt sich hier auch, dass sich das Höflichkeits-*Sie* ausschließlich auf Personen bezieht (Hörerdeixis), während das *sie* der dritten Person auch auf anderes als Personen verweisen kann.

5 Anaphern und Deutsch als Zweitsprache

Abschließend soll kurz auf besondere Schwierigkeiten für Kinder mit nicht-deutscher Familiensprache hingewiesen werden, die ihre Ursache in verschiedenen Sprachstrukturen haben können.[7]

1. Um eindeutige Referenz zum Antezedenz herstellen zu können, muss das Genus des Bezugsnomens bekannt sein. Da sich Genus im Deutschen nur im Artikel zeigt (oder eben bei anaphorischer Bezugnahme), relativ komplex ist und wenig Systematik aufweist, gilt es als besonders schwer zu erwerben. Überdies verfügen viele Sprachen über ein weniger ausgebautes Genus- und Kasussystem als das Deutsche.[8]
2. Wie oben bereits erwähnt, verfügen im Paradigma der Personalpronomen nicht alle Sprachen über eine dritte Person; in manchen Sprachen fällt dieses Pronomen in dialogischen und Text-Zusammenhängen häufig weg. Sprachen, die diese Eigenschaften haben, werden Pro-Drop-Sprachen genannt. Beispielsweise ist das Türkische eine solche Pro-Drop-Sprache. Für Kinder mit türkischer Familiensprache bedeutet dies, dass Anaphern häufig als „überflüssig und übertrieben explizit" angesehen werden (vgl. Rehbein 2007, 413). Ein funktionaler Zugang zu Anaphern (und anderen grammatischen Kategorien) könnte hier besonders sinnvoll sein, um auf die Bedeutsamkeit dieser kleinen Wörter insbesondere im Kontext von Texten aufmerksam zu machen.
3. Hinsichtlich der Höflichkeitsform weist Zifonun (2001, 53, 68) darauf hin, dass das Türkische, anstatt nach dem Pro-Drop-Prinzip zu verfahren, beim anaphorischen Bezug Titel oder Berufsbezeichnungen verwendet. Hier wird also – ganz im Gegensatz zu Pro-Drop – ein sprachlich-kommunikativer Mehraufwand betrieben, der im Deutschen keine Entsprechung hat.

6 Ausblick: Ein Blick in die Mündlichkeit

Am Anfang des Artikels wurde die schriftliche Erzählung eines Drittklässlers präsentiert, in der mehrere Anaphern zur Herstellung thematischer Kohärenz verwendet wurden. Die Fähigkeit, Anaphern adäquat zu verwenden und so einen thematischen Zusammenhang zwischen Äußerungen herzustellen, zeigt sich manchmal schon sehr viel früher. Deutlich wird das auch an folgendem Ausschnitt aus einer kindlichen Fantasieerzählung.

---

[7] Hierbei sei aber ausdrücklich darauf hingewiesen, dass strukturelle Unterschiede zwischen Erst- und Zweitsprache nicht automatisch zu sog. Transferfehlern in der Zweitsprache führen müssen (vgl. Kern 2013).
[8] Möglicherweise unterstützt die Kenntnis, dass Genus eine wichtige Rolle für die thematische Fortführung und somit für die Herstellung von Textkohärenz besitzt, Kinder mit Deutsch als Zweitsprache beim Genuserwerb (vgl. Montanari 2010).

Beispiel (2)[9]

```
01  KI   ähm dAs      [MÄDchen? ]   (--)
    ER                [((singt))]
    KI   LANdete;          (.)
         in so=ne     (      kleine INsel); (.)
05       .h dA waren so ganz viele fremde TIEre,   (--)
    ER   hm=hm:;  (-)
    KI   so wie:=hm dinoSAUrier,   (-)
    ER   hm=hm;  (-)
    KI   und dann war=n sie schnell FREUNde geWORden-   (-)
10       dann haben sie geSPIE:LT-   (-)
         die hatten da SPIELe-   (-)
         die hatten da TRINken-   (.)
         [sie hatten sogar sO viel FUTter,   (-)
         [(((führt die Arme kreisend über den Kopf))
15       .h hm: ungefähr so lang wie die garDI:ne; =
         [(((beschreibt einen Bogen mit dem re Arm))
         «dim» sO GROß wie (gardine;)»   (---)
    ER   hm=HM,   (-)
    KI   und DANN (.) w=wurde das kind geSUCHT-   (.)
20       von der poliZEI-   (.)
    ER   oh,   (.)
    KI   aber in dem FALSCHen land,   (--)
         hm (schmatzt) und ähm DA:NN nämlich;   (--)
         dann äh m wurde es von dem (--) SÄbelzahntiger angegriffen- =
25       = [aber dann war da der dino(.)saurier mit dieser KEUle da; =
           [(((imitiert Keulenschlag))
         = und hat ihn WEGge(stoßen);   (.)
    ER   hm (he) hm;   (--)
    KI   in ähm den WINter,   (--)
30       in das WINterland,   (--)
         ähm dann is=er immer EINgefroren-=
         =dann musste er sich unter der erde EIN:graben-   (---)
         ähm (--) dann ähm wurde das mädchen endlich gefUNden- =
         =aber es wollte bei den «h» TIE:ren bleiben»? (1.3)
35       u:nd   (--)   das MÄDchen,   (-)
         das FLIEgen konnte,   (-)
         hatte einen ADler;   (-)
         damit konnte es immer wieder nach HAUse fliegen;   (--)
    ER   hm=HM,   (.)
40  KI   «p» um BRIEfe zu schr;   (-)
         konnte sogar mit AUF blättern BRIEfe schreiben;   (--)
         und die hatten dann so: blätter die MAlen konnten; (1.2)
         ja-   (--)
         und DANN,
45       dann wurde es wieder nach HAUse geholt; (1.4)
    ER   [n=ja];
    KI   [(...)] geSCHICHte.   (--)
    ER   «h» dAs ist aber ne TOLle geschichte»;   (-)
```

---

[9] Transkriptionskonventionen nach GAT 2,0 (Selting et al. 2009)

Diese mündliche Erzählung zeigt sehr eindrucksvoll, dass einige Kinder schon zum Zeitpunkt der Einschulung über sprachliche Mittel zum Anzeigen thematischer Fortführung mithilfe von Anaphern verfügen. Darüber hinaus nutzt im vorliegenden Fall die kindliche Erzählerin den systematischen Wechsel zwischen Anaphern und Nominalphrasen zur weiteren Gestaltung und Strukturierung. Hier dient er der Hervorbringung von „Strophen", d. h. strukturellen Einheiten einer Erzählung (vgl. Ohlhus 2011). Um den Beginn einer Strophe anzuzeigen, verwendet die 6jährige Sprecherin verschiedene Nominalphrasen (z. B. *das Kind; das Mädchen; das Mädchen, das fliegen konnte*); innerhalb von Strophen werden für die Referenz auf die Protagonistin Anaphern benutzt und so thematisches Fortführen angezeigt.[10]

An dieses „implizite Wissen" (vgl. Andresen/Funke 2006) gilt es anzuknüpfen und die Kinder gezielt zum Nachdenken über die Funktionen von Pronomen im Text anzuregen, um ihnen erstens die spezifische anaphorische Funktion von Personalpronomina der dritten Person im Vergleich zu den Formen der ersten und zweiten Person bewusst zu machen, und zweitens, um sie auf die funktionalen Möglichkeiten aufmerksam zu machen, die verschiedene sprachliche Mittel erlauben (z. B. der Gebrauch von Anaphern und Nominalphrasen im Wechsel). Daran anschließende sprachreflexive Tätigkeiten können zu einem vertieften Verständnis bezüglich der unterschiedlichen Funktionen der unter der Kategorie „Personalpronomina" subsumierten Gruppe sprachlicher Ausdrücke führen.

7 Schluss

Einem funktionalen Grammatikansatz folgend wurde in dem Beitrag ein Unterrichtsmodell vorgestellt, in dem Texte nach dem Prinzip der Verfremdung genutzt wurden, um Schülern und Schülerinnen die Funktionsweise von Anaphern zu veranschaulichen. Im Zusammenhang mit funktionalen Fehlschlägen, nämlich wenn das Antezedenz der Anaphern entweder aufgrund ambiger Referenz (im ersten Text) nicht zu ermitteln ist oder aufgrund fehlerhafter Schreibkonventionen zwischen den unterschiedlichen Domänen der Referenz (Zeigfeld vs. Operationsfeld) nicht zu unterscheiden ist (im zweiten Text), können formbezogene Charakteristika der Pronomen (Kategorien des Paradigmas, Kongruenz zwischen Antezedenz und Anapher, Übereinstimmung der Form bei der dritten Person und der Höflichkeitsform) weiter thematisiert werden.

Literatur

Andresen, Helga/Funke, Reinhold: Entwicklung sprachlichen Wissens und sprachlicher Bewusstheit. In: Bredel, Ursula/Günther, Hartmut/Klotz, Peter/Ossner, Jakob/Siebert-Ott, Gesa (Hrsg.): Didaktik der deutschen Sprache. Band 1. Paderborn: Schöningh, 2., durchges. Aufl. 2006 (UTB 8235), 238–251

---

[10] Anstelle der „klassischen" Form der Anapher, i. e. die dritte Person „sie", verwendet die Erzählerin hier auch die mündliche Variante „die", um auf die Protagonistin zu referieren.

Consten, Manfred/Schwarz-Friesel, Monika: Anapher. In: Hoffmann, Ludger (Hrsg.): Handbuch der deutschen Wortarten. Berlin, New York: de Gruyter 2007, 265–292

Ehlich, Konrad: Sprache und sprachliches Handeln. Bd. 1: Pragmatik und Sprachtheorie. Berlin u. a.: de Gruyter 2007

Ehlich, Konrad: Deixis und Anapher. In: Rauh, Gisa (Hrsg.): Essays on Deixis. Tübingen: Narr 1983, 79–97

Gornik, Hildegard: Methoden des Grammatikunterrichts. In: Bredel, Ursula/Günther, Hartmut/Klotz, Peter/Ossner, Jakob/Siebert-Ott, Gesa (Hrsg.): Didaktik der deutschen Sprache. Bd. 2. Paderborn: Schöningh 2003 (UTB 8236), 814–829

Gornik, Hildegard: Überlegungen zur didaktischen Modellierung der Partikeln. In: Noack, Christina/Ossner, Jakob (Hrsg.): Grammatikunterricht und Grammatikterminologie. OBST (2011) 79, 93–111

Helbig, Gerhard/Buscha, Joachim: Deutsche Grammatik. Ein Handbuch für den Ausländerunterricht. Berlin etc.: Langenscheidt Verlag 1999

Hoffmann, Ludger: Anapher im Text. In: Antos, Gerd/Brinker, Klaus/Heinemann, Wolfgang (Hrsg.): Text- und Gesprächslinguistik Bd. 1. HSK 16.1. Berlin/New York 2000: de Gruyter, 295–304

Hoffmann, Ludger: Zwischen wissenschaftlicher Grammatik und Schulgrammatik: die Terminologie. In: Noack, Christina/Ossner, Jakob (Hrsg.): Grammatikunterricht und Grammatikterminologie. OBST (2011) 79, 33–56

Kameyana, Shinishi: Personendeixis, Objektdeixis. In: Hoffmann, Ludger (Hrsg.): Handbuch der deutschen Wortarten. Berlin, New York: de Gruyter 2007, 263–292

Kern, Friederike: Zweitsprache. In: Rothstein, Björn (Hrsg.): Kernbegriffe der Sprachdidaktik Deutsch. Baltmannsweiler: Schneider Hohengehren 2013

Köller, Wilhelm: Funktionaler Grammatikunterricht. Tempus, Genus, Modus: Wozu wurde das erfunden? Baltmannsweiler: Schneider Hohengehren 1997

Montanari, Elke: Kindliche Mehrsprachigkeit: Determination und Genus. Münster: Waxmann 2010

Ohlhus, Sören: Der Erwerb von Phraseologismen als Teil des Erwerbs von Erzählfähigkeiten. In: Der Deutschunterricht 57 (2005) 5, 72–80

Ohlhus, Sören: Erzählen als Prozess. Interaktive Organisation und narrative Verfahren in mündlichen Erzählungen zu Grundschulkindern. Dissertation 2011

Rehbein, Jochen: Erzählen in zwei Sprachen – auf Anforderung. In: Meng, Katharina/Rehbein, Jochen (Hrsg.): Kindliche Kommunikation – einsprachig und mehrsprachig. Münster: Waxmann 2007, 391–460

Selting, Margret/Aner, Peter et al.: Gesprächsanalytisches Transkriptionssystem 2. In: Gesprächsforschung-Online-Zeitschrift zur verbalen Interaktion 10 (2009) 353–402 (http://www.gespraechsforschung-bzs.de/heft2009/px-gat2.pdf)

Zifonun, Gisela: Grammatik des Deutschen im europäischen Vergleich. Das Pronomen. Teil 1: Überblick und Personalpronomen. Mannheim: Institut für Deutsche Sprache 2001

Zifonun, Gisela et al.: Grammatik der deutschen Sprache. Berlin, New York: de Gruyter 1997

SONJA OCHEDUSKA-ADEN

G 3 Konnektoren als Schnittstelle zwischen Grammatik- und Schreibunterricht

Während das argumentierende Schreiben in den Curricula aller Schulformen der Sek. I fest verankert ist, stehen Konnektoren nicht auf dem Lehrplan. Und das, obwohl sich diese par excellence für die immer wieder geforderte Verknüpfung von Schreib- und Grammatikunterricht eignen.
Ziel des folgenden Beitrags ist es, die besondere Bedeutung von Konnektoren in argumentativen Texten herauszustellen und die daraus resultierenden Möglichkeiten für deren Betrachtung im Deutschunterricht aufzuzeigen.

1 Ausgangssituation

Das argumentierende Schreiben nimmt bei der Entwicklung von Schreibkompetenz eine besondere Stellung ein:

> „Während sich der Gegenstand, über den man schreibt, beim Erzählen und Berichten *zeitlich* erstreckt und beim Beschreiben und Schildern *räumlich* vorhanden ist, geht es beim Erörtern um die Entwicklung eines *gedanklichen* Zusammenhangs. An den Schreibenden stellt dies höhere Anforderungen hinsichtlich des Textaufbaus; denn er kann sich nicht an eine zeitliche Abfolge oder eine räumliche Anordnung halten, sondern muß einen abstrakten Zusammenhang wiedergeben bzw. ihn selbst herstellen. Deshalb werden der Aufbau des Textes und seine Gliederung hier zum Problem. Die einzelnen Textteile (Satzglieder, Sätze, Abschnitte) müssen vom Schreiber bewußter angeordnet und miteinander verknüpft werden als bei erzählenden und schildernden Texten [...]" (Fritzsche 1994, 114).

Die Strukturen mündlicher Argumentationen können für die Lösung dieses Strukturierungsproblems kaum einen Anhaltspunkt bieten: Die Fähigkeiten und Fertigkeiten aus dem Bereich der mündlichen Kommunikation „müssen gemäß den Bedingungen schriftlicher Kommunikation durch abgeschlossene, semantisch selbst-verständliche Texte 'künstlich' reorganisiert werden" (Feilke 1988, 66).

Denn für einen strukturierten und kohärenten Text bedarf es nicht nur der kognitiven Organisation, sondern auch der sprachlichen Markierung dieser Struktur. Dass dies im Laufe der Schreibentwicklung eine Herausforderung darstellt, kann anhand des folgenden Textes (Abb.) illustriert werden. Der Text stammt von einem Schüler der sechsten Klasse einer städtischen Realschule, den er zu der Aufgabenstellung verfasst hat, einen Brief an Sonja Ocheduska-Aden zu schreiben und sie von seiner Meinung zu Ganztagsschulen zu überzeugen.

Der Brief lässt sich grob in zwei Bereiche unterteilen: In dem ersten Absatz werden bis auf eine Ausnahme Nachteile der Ganztagsschule genannt, in dem zweiten Absatz die Vorteile. Eingeleitet werden die Absätze jeweils durch eine sog. „Positionierungsprozedur" (Feilke 2010, 14). Trotz dieser gut überschaubaren Grobstruktur des Briefes treten an verschiedenen Stellen Irritationen auf. Zum einen lassen sich die Irritationen darauf zurückführen, dass der Leser in den Brief sozusagen hineingeworfen wird, indem er ohne Begrüßung und einleitende Hinführung der Argumentation folgen soll und ohne abschließende Worte aus dem Text entlassen wird. Zum anderen liegen diese Irritationen in der unpassenden Verwendung zweier Wörter begründet. Bei dem ersten Wort handelt es sich um *auch*, das nach klassischer Terminologie als Adverb bezeichnet wird. Es folgt in der 4. Zeile einem Argument gegen Ganztagsschulen und knüpft das neue Argument, dass die Eltern durch Ganztagsschulen Geld sparten, als ein weiteres Argument für die zuvor vertretene Position gegen Ganztagsschulen an. Dies führt zu Irritationen, da das Sparen von Geld im hiesigen kulturellen Kontext eher positiv als negativ bewertet wird.

Das zweite Wort, das für Irritationen sorgt, ist *einerseits* in der 7. Zeile. Das Wort *einerseits* wird gemäß der klassischen Terminologie als adversatives Adverb bezeichnet. Es fordert im weiteren Verlauf des Textes Passagen, die durch *and(e)rerseits, anderseits* oder *zum anderen* markiert werden (s. grammis). Entsprechend wird mit der Nennung von *einerseits* bei dem Leser die Erwartung geweckt, dass an späterer Stelle noch die zweite Seite der Medaille – das Andererseits – folgt. Doch darauf wartet der Leser vergebens, weil eben diese eine Seite bereits in dem ersten Absatz dargestellt wurde und die andere Seite in dem durch *einerseits* eingeleiteten Absatz erläutert wird.

Es wird also ersichtlich, dass es dem Schüler Schwierigkeiten bereitet, den Leser so durch den Text zu führen, dass dieser die Funktion der einzelnen Äußerungen problemlos nachvollziehen kann. Darauf, dass dieser Text kein Einzelfall ist und dass der Einsatz von Konnektivpartikeln, Adverbien und Konjunktionen in Texten auch noch bis Ende der Sek. II Schwierigkeiten bereitet, deuten die Ergebnisse der Untersuchung von Peschel (2010) hin. Es liegt daher nahe, genau diese Wörter in ihren Funktionen, Textteile miteinander zu verknüpfen und in eine semantische Relation zu setzen, zum Unterrichtsgegenstand zu machen.

2 Begriffsbestimmungen
2.1 Konnektoren

Für die oben genannte Zielsetzung bietet sich der Terminus **Konnektor** an. Da sich die in der Literatur verwendeten Definitionen von Konnektoren zum Teil gravierend in Bezug auf das, was sie umfassen, unterscheiden, soll zunächst eine Begriffsbestimmung durchgeführt werden. Die Definition des „Handbuchs der deutschen Konnektoren" scheint auf den ersten Blick geeignet zu sein, da sie weder zu eng, noch zu weit gefasst ist:

„(M1')   x ist **nicht flektierbar**.
(M2')   x vergibt **keine Kasusmerkmale** an seine syntaktische Umgebung.
(M3')   Die Bedeutung von x ist eine **zweistellige Relation**.
(M4')   Die **Argumente** der Bedeutung von x sind **propositionale Strukturen**.
(M5')   Die **Ausdrücke für die Argumente** der Bedeutung von x müssen **Satzstrukturen** sein können" (Pasch et al. 2003, 331).

Auf den zweiten Blick ergibt sich jedoch ein Kritikpunkt, der sich auf M5' bezieht. Das Merkmal M5' legt fest, dass lediglich zwei Sätze beziehungsweise potentielle Satzstrukturen miteinander verknüpft werden können. Dass diese Einschränkung problematisch ist, kann anhand der Analyse von Rehbein verdeutlicht werden. Er beschreibt die Funktionsweise von zusammengesetzten Adverbkonnektoren wie *deshalb* und *danach* und kommt zu dem Ergebnis, „daß durch die markierten zusammengesetzten Verweiswörter der jeweilige zuvor verbalisierte Zusammenhang *in toto* refokussiert wird – also keineswegs nur der Vorgängersatz" (Rehbein 1995, 194; s. auch Fabricius-Hansen 2011, 31). Daher wird an dieser Stelle vorgeschlagen, M5'entsprechend zu erweitern.

2.2 Argumentative Konnektoren

Im Folgenden gilt es nun, den Kreis der Konnektoren auf solche einzuschränken, die für das argumentierende Schreiben eine besondere Bedeutung haben. Dazu wird zunächst umrissen, was unter Argumentieren verstanden wird, um darauf aufbauend wichtige argumentative Handlungsschemata und Routineausdrücke aus dem Bereich der Konnektoren zu identifizieren. Diese semiotisch gekoppelten Handlungsschemata und Routineausdrücke werden im Folgenden mit Feilke (2012) als „literale Prozeduren" bzw. „Textroutinen"[1] bezeichnet.

Den Ausgangspunkt argumentativer Handlungen stellen strittige Einstellungen und Behauptungen dar (vgl. Wunderlich 1980, 115), wobei nicht alle strittigen Aussagen argumentativ gelöst werden können. Ob eine argumentative Lösung möglich ist, hängt von dem Geltungsanspruch ab, der mit der strittigen Einstellung oder Behauptung erhoben wird. Die Geltungsansprüche „Wahrheit von Propositionen" und „Richtigkeit von Handlungsnormen" gelten gemeinhin als argumentativ einlösbar (vgl. Habermas 1981, zit. 1995, 45 ff.). Eine Aussage, mit der ein solcher Geltungsanspruch verbunden ist, wird in der Literatur häufig als „These" bezeichnet. In der Schreibforschung spricht man hier von einer literalen „Positionierungsprozedur" (vgl. Feilke 2010; Gätje et al. 2012). Wird diese strittige Aussage aus einem Argument/einer Argumentation gefolgert, handelt es sich hierbei um eine „Folgerungsprozedur" (vgl. Feilke 2010, 14). Die Positionierungsprozeduren können mit den Folgerungsprozeduren einhergehen. Dies ist beispielsweise in dem folgenden Schülertext der Fall:

> Ganztagsschulen sind nicht gut für mich weil ich mit meiner Familie und meine Freunde was machen will und ich noch Fußballtraining habe *also bin ich da gegen*. Ich bin gegen Ganztagsschulen so wie ein paar Politiker, aber was ich hoffe ist die Mittagspause da gibt es lecker essen. [Vorname]

Aus der Annahme, dass Ganztagsschulen nicht gut für den Schreiber sind, wird – durch den Konnektor *also* markiert – eine ablehnende Haltung gegenüber Ganztagsschulen abgeleitet und als eigene Position verkündet. Geht die Positionierungsprozedur nicht mit der Folgerungsprozedur einher, wird die Positionierungsprozedur in der Regel nicht durch spezifische Konnektoren markiert.

Eine These kann – unter rein logischen Gesichtspunkten – für sich allein stehen. Erst in der Situation entsteht der Bedarf nach einer argumentativen Rechtfertigung der These. Diese Gründe, die eine These stützen, werden als „Argu-

---

[1] Feilke definiert diese Termini wie folgt: „*Textroutinen* sind textkonstituierende sprachlich konfundierte **literale Prozeduren** [Herv. S.O.-A.], die jeweils ein textliches Handlungsschema (*Gebrauchsschema*) und eine saliente Ausdrucksform (*Routineausdruck*) semiotisch koppeln. Sie können soziale Typen von Sprachhandlungsmotiven indizieren, haben ein genrekonstitutives Potential und sind ausdrucksseitig durch rekurrent kookkurrente Ausdruckskomponenten ausgezeichnet. Sie können lexikalisch als Kollokationen, syntaktisch als grammatische Konstruktionen und textlich als Makroroutinen auftreten und in vielfacher Weise ineinander eingebettet sein. Pragmatisch funktionieren sie als Kontextualisierungshinweise, die auf der Grundlage einer pars-pro-toto-Semantik ein reiches Kontextwissen für die Textrezeption und Textproduktion indizieren können" (Feilke 2012, 11 f.).

G 3 Konnektoren als Schnittstelle

mente", ihr Anführen als literale „Begründungsprozedur" (Feilke 2010) bezeichnet.

Da häufig „nicht allein mit Regularitäten argumentiert [wird – S. O.-A.], sondern mit dem Erwünschtsein oder Erforderlichsein von Sachverhalten, die durch Handeln gemäß bestimmten Regularitäten herbeigeführt werden können" (Zifonun et al. 1997, 2294), kann die Angabe von Zielen und Absichten ebenfalls zu den argumentativen literalen Prozeduren gerechnet werden. Bei dieser „Zieldarstellungsprozedur" handelt es sich um eine Begründungsprozedur im weiteren Sinn. Gleiches gilt für das Angeben von Folgen. Dieses ist zwar eher ein deskriptiver als ein argumentativer Vorgang (vgl. Eggs 2001, 88), kann aber insofern für die Argumentation nutzbar gemacht werden, als Folgen erwünscht oder unerwünscht sein und somit für oder gegen eine These verwendet werden können (vgl. Schmidt-Faber 2003, 68 ff.). Diese literale Prozedur wird im Folgenden als „Folgendarstellungsprozedur" bezeichnet.

Zur Unterstützung einer These wird in der Regel nicht nur ein Argument angeführt, sondern mehrere. Als „Additionsprozeduren" sollen solche Handlungsschemata und Routineausdrücke gelten, die weitere Argumente für die gleiche These anknüpfen und als solche markieren.

Eine Argumentation ist laut Schmidt-Faber (2003, 34) „nie eindimensional auf eine These gerichtet, sondern [...] implizit immer auch auf eine (zurückzuweisende) Gegenthese bezogen". Dies ist per definitionem der Fall, denn stünde nicht auch die Gegenposition zur Diskussion, wäre die These nicht strittig und bedürfte keiner argumentativen Rechtfertigung. Demzufolge sind in Argumentationen, in denen mögliche Einwände der Gegenposition antizipiert werden, nicht nur Argumente für die vertretene Position zu erwarten, sondern auch Argumente für die Gegenthese. Diese können den Argumenten für die vertretene Position entweder gleichwertig oder pragmatisch gewichtet gegenübergestellt werden. Ersteres kann als „Perspektivierungssprozedur", letzteres als „Konzessionsprozedur" bezeichnet werden (vgl. Feilke 2010; Rezat 2011). Mithilfe solcher Konzessionsprozeduren kann ein Argumentierender signalisieren, dass er die Wahrheit eines Gegenarguments sowie die dem Argument zugrunde liegende Schlussregel[2] prinzipiell anerkennt, in diesem speziellen Fall die daraus gezogene Schlussfolgerung jedoch ablehnt (vgl. König 1991, 637). Daher können solche literalen Prozeduren dafür „eingesetzt werden, um in Argumentations-

---

[2] Die Schlussregel (warrant) eines Arguments gibt an, inwiefern die angegebenen Daten/Argumente relevant sind bzw. zu der geschlussfolgerten These berechtigen. Sie kann die folgende Form einnehmen: „Data such as D entitle one to draw conclusions, or make claims, such as C" (Toulmin 1958, zit. 2003, 91). Die Gültigkeit einer Schlussregel kann dabei jedoch durch bestimmte Umstände, die sogenannten Ausnahmebedingungen (rebuttals), eingeschränkt werden. Das heißt, für bestimmte Fälle ist sie nicht relevant. Für die anderen Fälle ist sie immer dann relevant, wenn hinter den Schlussregeln weitere Versicherungen stehen: „Standing behind out warrants [...] there will normally be other assurances without which the warrants themselfes would posses neither authority nor currency" (Toulmin 1958, zit. 2003, 96).

situationen unnötige Differenzen zu vermeiden und das Widersprechen möglichst moderat erscheinen zu lassen" (Klein 1980, 161).

Ebenfalls von Bedeutung für das Argumentieren ist die Nennung von Bedingungen. Solche „Bedingungsprozeduren" können verwendet werden, um Ausnahmen zu markieren oder um Schlussregeln zu explizieren.

Zusammengefasst ergeben sich die folgenden argumentativen literalen Basisprozeduren[3], die typischerweise durch einen Konnektor markiert werden können:

Tab. 1: Argumentative literale Prozeduren und typische Konnektoren sowie deren Bezeichnungen in der KMK-Liste und der Dudengrammatik

Literale Prozeduren	Typische Konnektoren	Termini für semantische Relation in der KMK-Liste	Klassische Termini für semantische Relation am Beispiel der Dudengrammatik (2006, 1096 ff.)
Folgerungsprozeduren	sodass, folglich, also, daher, deshalb, deswegen, ...	konsekutiv	konsekutiv
Begründungsprozeduren	weil, da, denn, nämlich, schließlich, zumal, ...	kausal	im engeren Sinn kausal
Folgenbeschreibungsprozeduren	sodass, infolgedessen, ...	konsekutiv	konsekutiv
Zielbeschreibungsprozeduren	damit, um (...) zu	final	final
Additionsprozeduren	und, auch, sowie, sowohl (...) als auch, überdies, ...		additiv
Perspektivierungsprozeduren	aber, doch, während, einerseits – and(e)rerseits, hingegen, ...		adversativ
Konzessionsprozeduren	obwohl, wenn auch, trotzdem, dennoch, zwar (...) aber, ...	konzessiv	konzessiv
Bedingungsprozeduren	wenn, falls, vorausgesetzt, ...	konditional	konditional

---

[3] Mit der Aufzählung der Prozeduren wird keinesfalls ein Anspruch auf Vollständigkeit erhoben. Im Gegenteil: Es wird mit Feilke (2010, 13) davon ausgegangen, dass literale Prozeduren hochgradig domänenspezifisch sind, und dass je nach Domäne unterschiedliche literale Prozeduren erforderlich sind. Vielmehr handelt es sich bei der Zusammenfassung um diejenigen Basisprozeduren, die aus den obigen theoretischen Überlegungen für den Texthandlungstyp „Argumentation" allgemein angenommen werden können. Weitere domänenspezifische literale Prozeduren wären daher mit zunehmender Domänenspezifität zu ergänzen.

An dieser Auflistung fällt nun auf, dass die semantischen Relationen, welche den Additions- und Perspektivierungsprozeduren zugrunde liegen, in der KMK-Liste nicht berücksichtigt werden. Ebenfalls kritisch anzumerken ist, dass weder in der Dudengrammatik noch in der KMK-Liste zwischen dem Beschreiben von Folgen als einer Begründungsprozedur im weiteren Sinn und dem Folgern unterschieden wird, obwohl es sich (wie oben dargelegt) um grundverschiedene argumentative Handlungsschemata handelt. Gerade weil für diese im Sprachgebrauch häufig die gleichen Konnektoren verwendet werden (vgl. Stede/Walter 2011, 162), ist es von besonderer Bedeutung, die Unterschiedlichkeit der beiden literalen Prozeduren ins Bewusstsein zu rufen. Die in vielen Forschungsarbeiten übliche Trennung von konsekutiven und konklusiven Relationen (vgl. Waßner 2004; Eggs 2001; Burckhardt 1999) scheint daher auch hier unumgänglich zu sein.

Angesichts der sachlogischen Ausdifferenzierung der verschiedenen literalen Prozeduren erscheint es umso problematischer, wenn in Schulbüchern irreführende semantische Kategorien deduktiv vorgegeben werden. So werden bspw. in „Praxis: Sprache & Literatur" *deswegen, nämlich, trotzdem* und *meinetwegen* als „Adverbien des Grundes" (Menzel 2005, 248) bezeichnet, und in „Blickfeld Deutsch" werden die Adverbien *darum, also, deshalb, trotzdem, somit, folglich, daher* und *infolgedessen* unter der Überschrift „Kausaladverbien (Angabe des Grundes)" (Aleker et al. 2004, 190) zusammengefasst. In der linguistischen Literatur werden diese Konnektoren (bis auf *meinetwegen*) zwar häufig unter der Überschrift „Kausalität im weiteren Sinn" gebündelt, weil ihnen eine abstrakte konditionale wenn-dann-Relation zugrunde liegt (vgl. Dudenredaktion 2006, 1096; Zifonun et al. 1997, 2290ff.). Wird diese abstrakte Gemeinsamkeit aber nicht thematisiert, sondern werden stattdessen einfach Adverbien mit unterschiedlichsten Funktionen als „Adverbien des Grundes" etikettiert, kann diese Kategorie nicht verstanden, sondern nur auswendig gelernt werden. Dass auf diese Weise kein anwendungsbereites Wissen entstehen kann, ist offensichtlich.

3 Lerngelegenheiten durch Konnektoren als Lerngegenstand im integrativ ausgerichteten funktionalen Grammatikunterricht

Ein erklärtes Ziel von Grammatikunterricht ist es, „grammatische Einsichten zu entwickeln, die in Sprachanwendungen nutzbar zu machen sind – etwa, indem Texte oder Gespräche besser zu verstehen oder Formulierungen präziser zu fassen sind" (Hoffmann 2011, 38).

Der derzeitige Forschungsstand zeichnet zwar ein ernüchterndes Bild bezüglich der Wirkungen von Grammatikunterricht auf die Schreibleistungen: „The findings from international research clearly indicate that the teaching of grammar (using range of models) has negligible positive effects on improving secondary pupils' writing. Of further concern is the negative impact on pupils' motivation" (Wyse 2001, 422). Dennoch bedeutet dies nicht, dass jede Bemühung, über Grammatikunterricht die Schreibfähigkeiten zu verbessern, vergeblich sein muss. Vielmehr ist davon auszugehen, dass die Wirkungen von Grammatikunterricht nicht nur von den zugrunde liegenden grammatischen Modellen, sondern auch von dem jeweils betrachteten sprachlichen Phänomen sowie den angewandten Unterrichtsmethoden und der damit verbundenen Vernetzung des (implizit) bereits vorhandenen und des im Unterricht erworbenen sprachlichen Wissens bedingt werden. Darauf deuten u. a. die Ergebnisse von Klotz (1996) und Ocheduska-Aden (ersch.) hin.

Die Spezifik des sprachlichen Phänomens der Konnektoren wurde bereits oben beschrieben. Im Folgenden wird nun darauf eingegangen, welches methodische Vorgehen sich unter den Gesichtspunkten einer optimalen Wissensvernetzung anbietet und welche Lerngelegenheiten auf diese Weise geschaffen werden.

Ein alter didaktischer Grundsatz lautet, die SchülerInnen dort abzuholen, wo sie stehen. Bezogen auf den Grammatikunterricht bedeutet dies, an den Spracherfahrungen und dem (zumeist noch impliziten) Sprachwissen der SchülerInnen anzuknüpfen. Daraus lassen sich die folgenden Konsequenzen ableiten:

1. Die Bezugsgröße für die Sprachbetrachtung stellt die kommunikative Einheit dar (vgl. Hoffmann 2011, 49; Köller 1983, 35). In diesem Fall handelt es sich dabei um argumentative Handlungsschemata und Texte.

2. Der Zugang zu der Wortart „Konnektoren" erfolgt über ihre Funktionen. Wie ein Unterrichtsversuch in zwei sechsten Klassen gezeigt hat, erfassen die SchülerInnen bereits anhand weniger Beispiele intuitiv, welche Wörter und Phrasen unter dem Terminus „Konnektor" subsumiert werden können, unabhängig davon, ob Deutsch ihre Erst- oder Zweitsprache ist. Wird das Ziel verfolgt, über die Thematisierung von Konnektoren die Schreibfähigkeiten zu beeinflussen, sind die folgenden Funktionen von besonderer Bedeutung:
    a. Konnektoren verknüpfen Sätze und Textteile und markieren sie in ihren Funktionen (als Begründungen, als Folgen, usf.).
    b. Damit verbunden geht die Eigenschaft von Konnektoren einher, die Gewichtung der Konnekte zu markieren. Die Konnekte können entweder als gleichgewichtig (z. B. *und*) oder als unterschiedlich gewichtet (z. B. *sogar, obwohl*) markiert werden.
    c. Konnektoren können Sprechereinstellungen und Weltbilder transportieren. Prototypisch hierfür sind die sog. konzessiven Konnektoren, die „wenn p, dann normalerweise nicht q" präsupponieren.

3. Konkrete Beobachtungen und Wahrnehmungen der SchülerInnen stellen den Ausgangspunkt der Sprachbeobachtungen dar. Die von Köller (1983) als „Prinzip der Verfremdung" und als „Prinzip der operativen Produktivität" bezeichneten methodischen Grundsätze eröffnen den SchülerInnen die Mög-

lichkeit, mit Sprache zu experimentieren und dabei implizit verfügbares Wissen zu verbalisieren.

Auf diese Weise können Begriffe für die Funktionen der Konnektoren induktiv erarbeitet und die Beobachtungen durch ein begrifflich strukturiertes Wissensnetz geordnet und verfügbar gemacht werden (vgl. Mietzel 2003, 197; Glinz 1987, 21). Zudem wird durch das Bewusstmachen des sprachlichen Handelns und das bewusste Abwägen von sprachlichen Alternativen ein Handlungsmuster eintrainiert und internalisiert, das schließlich im Schreibprozess durch den sog. „Monitor" (Ossner 2010) Anwendung findet.

Dabei gilt es zu beachten, dass ein Konnektor je nach Kontext sehr viele unterschiedliche Funktionen übernehmen kann – so beschreibt bspw. Breindl (2004, 239 ff.) für den Konnektor *aber* allein fünf (!) verschiedene Verwendungsweisen.

Es scheint daher unumgänglich zu sein, in dem entsprechenden Grammatikunterricht zunächst ein Vokabular herauszubilden, das es ermöglicht, die Funktionen der Konnektoren in ihren konkreten Verwendungsweisen zu beschreiben, bevor abstrakte Kategorien und Termini im Unterricht erarbeitet und diskutiert werden. Auf diese Weise findet auch das von Köller (1983) als „genetisch" bezeichnete Prinzip funktionalen Grammatikunterrichts Anwendung.

4 Ein Vorschlag zur Umsetzung

Umgesetzt werden könnte dies in Bezug auf kausale und konzessive Konnektoren bspw. anhand des folgenden, nach dem „Prinzip der Verfremdung" (Köller 1983) präparierten Textes aus „Dein Spiegel" (2011) in den unteren Klassen der Sek. I:

SOLL UNGESUNDES ESSEN TEURER WERDEN?
Pizza, Pudding, Pommes: Solche Lebensmittel kosten in Dänemark jetzt mehr als früher. Seit Kurzem zahlen die Dänen eine Fettsteuer – also eine Zusatzgebühr auf fettiges Essen. Soll es eine solche Gebühr auch in Deutschland geben?
„Die Fettsteuer trägt zur gesunden Ernährung bei", findet Elvira Drobinski-Weiß: „Ich erschrecke jedes Mal, wenn ich lese, wie viele Menschen in Deutschland zu dick sind. Jedes sechste Kind ist hier übergewichtig. Trotzdem sollten ungesunde Lebensmittel mehr kosten als andere. Fettiges und Süßes sollten teurer werden – und Gesundes billiger. Denn dann würden die Leute eher auf ungesunde Lebensmittel verzichten und gesunde bevorzugen, wie Obst und Gemüse. Das sollte man sich natürlich auch leisten können. Dennoch müsste man zum Beispiel für süße Limonade mehr Mehrwertsteuer zahlen als für Mineralwasser. Wenn sich die Menschen gesund ernähren, bekommen sie weniger Krankheiten, die durch Übergewicht ausgelöst werden, etwa Diabetes oder Rückenschmerzen. Für die Krankenkassen wäre das gut. Sie müssten weniger Geld für die Patienten ausgeben als jetzt. Das Gesparte könnten sie in sinnvolle Projekte stecken, beispielsweise in Sportangebote. Auch der Staat könnte das Geld gut gebrauchen, das er durch die Fettsteuer einnimmt: um über gesunde Lebensmittel zu informieren. Er könnte damit mehr Kochkurse in Schulen anbieten. Dort zeigen Experten Kindern, wie sie Extrapfunde loswerden – gesund und satt."

Bereits beim Lesen dieses Textes treten Irritationen und Verständnisschwierigkeiten auf, welche die Konzessiva *trotzdem* und *dennoch*, die anstelle des kausalen Konnektors *deshalb* eingefügt wurden, evozieren. Zunächst gilt es nun für die SchülerInnen die entsprechenden Konnektoren zu identifizieren und zu begründen, warum diese unpassend sind. Anschließend sollen passendere Konnektoren vorgeschlagen werden. Möglich sind hier verschiedene Konnektoren, die wiederum auf ihre Wirkung hin abgewogen werden können.

In einem derart gestalteten Unterricht werden nicht nur Konnektoren in ihren Funktionen beschrieben und systematisiert. Vielmehr werden viele weitere Lerngelegenheiten eröffnet:

- Durch das Experimentieren mit Konnektoren und das Kommunizieren über deren Funktionen, werden auch die Textstruktur und die entsprechenden literalen Prozeduren in ihren Funktionen thematisiert und ins Bewusstsein der SchülerInnen gerückt. Auf diese Weise können die entsprechenden literalen Prozeduren induktiv und anwendungsbezogen in den Unterricht eingeführt werden.
- Für kooperative Formen der Textüberarbeitung kann ein solcher Unterricht nutzbar gemacht werden, indem er ein induktiv erarbeitetes Vokabular bereitstellt, das die Kommunikation über Konnektoren und weitere literale Prozeduren in entsprechenden Settings ermöglicht.
- Die Antizipation des Lesers, die als wesentliche Teilkomponente von Schreibkompetenz gilt (vgl. Knopp et al. 2012), wird in dem skizzierten Unterricht zwangsläufig berücksichtigt. Denn ob ein Konnektor fehlt oder überflüssig ist, kann häufig nur mit Blick auf den antizipierten Leser beantwortet werden (vgl. Peschel 2006, 117).
- Im Rahmen des skizzierten Unterrichts kann in höheren Schuljahren das Verhältnis von Sprache und Wirklichkeit thematisiert werden. So kann zum Beispiel anhand von kausalen Konnektoren zu der These Stellung bezogen werden, dass Kausalität außersprachlich nicht nachgewiesen werden, sondern „lediglich sprachlich behauptet und dann geglaubt oder nicht geglaubt werden" (Blühdorn 2005, 314) könne.

5 Fazit

Im Rahmen dieses Beitrags wurde zunächst aufgezeigt, dass der angemessene Einsatz von Konnektoren für SchülerInnen bis in die Sek. II hinein problematisch ist. Daraus wurde gefolgert, dass Konnektoren einen Platz im Grammatikunterricht eingeräumt bekommen sollten. Nachdem eine zweckmäßige Definition von Konnektoren vorgeschlagen wurde, konnten argumentative literale Prozeduren bestimmt und ihnen typische Konnektoren zugeordnet werden. Dadurch konnte aufgezeigt werden, dass die semantischen Klassen, welche die KMK-Liste vorgibt, als Grundlage für das Sprechen über argumentative Adverbiale nicht hinreichend sind, da sie nicht dazu dienen können, die wesentlichen argumentativen literalen Prozeduren auszudifferenzieren.

Abschließend wurde ein Vorschlag zur Thematisierung von Konnektoren im integrativen, funktional ausgerichteten Grammatikunterricht gemacht und darüber hinausgehendes Lernpotential von Konnektoren aufgezeigt.

Unterrichtsmaterialen

Aleker, Wolfgang/Blattert, Ulrike/Krebsbach, Kirsten (Hrsg.): Blickfeld Deutsch 1. Paderborn: Schöningh 2004, Druck 4/2009

Drobinski-Weiss, Elvira: Soll ungesundes Essen teurer werden? Ja. In: Dein Spiegel 3 (2011) 12, 23

Menzel, Wolfgang (Hrsg.): Praxis: Sprache & Literatur. Gymnasium 6. Braunschweig: Westermann 2005, Druck A4/2010

Literatur

Blühdorn, Hardarik: Zur Semantik kausaler Satzverbindungen. Integration, Fokussierung, Definitheit und modale Umgebung. In: Studi Linguistici e Filologici Online. Rivista Telematica del Dipartimento di Linguistica dell'Università di Pisa (SLiFO) 3.2 (2005) 311–338

Breindl, Eva: Relationsbedeutung und Konnektorbedeutung: Additivität, Adversativität und Konzessivität. In: Blühdorn, Hardarik/Breindl, Eva/Waßner, Ulrich Hermann (Hrsg.): Brücken schlagen. Grundlagen der Konnektorensemantik. Berlin: de Gruyter 2004, 225–253

Burkhardt, Doris: Konklusivität und Kausalität. In: Girke, Wolfgang (Hrsg.): Aspekte der Kausalität im Slavischen. Mainzer Studien zum Problem der Kausalität. München: Sagner 1999, 72–89

Dudenredaktion: Die Grammatik. Mannheim: Dudenverlag, überarbeiteter Nachdruck der 7., völlig neu erarbeiteten und erweiterten Auflage 2006

Eggs, Ekkehard: Argumentative Konnektoren und Textkonstitution. Am Beispiel von deduktiven und adversativen Strukturen. In: Cambourian, Alain (Hrsg.): Textkonnektoren und andere textstrukturierende Einheiten. Tübingen: Stauffenburg 2001, 61–90

Fabricius-Hansen, Cathrine: Was wird verknüpft, mit welchen Mitteln – und wozu? Zur Mehrdimensionalität der Satzverknüpfung. In: Breindl, Eva/Ferraresi, Gisella/Volodina, Anna (Hrsg.): Satzverknüpfungen. Zur Interaktion von Form, Bedeutung und Diskursfunktion. Berlin: de Gruyter 2011, 15–40

Feilke, Helmuth: Ordnung und Unordnung in argumentativen Texten. Zur Entwicklung der Fähigkeit, Texte zu strukturieren. In: Der Deutschunterricht 40 (1988) 3, 65–81

Feilke, Helmuth: „Aller guten Dinge sind drei" – Überlegungen zu Textroutinen & literalen Prozeduren. In: Bons, Iris/Gloning, Thomas/Kaltwasser, Dennis (Hrsg.): Festplatte für Gerd Fritz. Gießen 2010, 1–23 [http://www.festschrift-gerd-fritz.de/files/feilke_2010_literale-prozeduren-und-textroutinen.pdf]

Feilke, Helmuth: Was sind Textroutinen? Zur Theorie und Methodik des Forschungsfeldes. In: Feilke, Helmuth/Lehnen, Katrin (Hrsg.): Schreib- und Textroutinen. Theorie, Erwerb und didaktisch-mediale Modellierung. Frankfurt: Peter Lang 2012, 1–31

Fritzsche, Joachim: Zur Didaktik und Methodik des Deutschunterrichts. Schriftliches Arbeiten. Stuttgart: Klett 1994

Gätje, Olaf/Rezat, Sara/Steinhoff, Torsten: Positionierung. Zur Entwicklung des Gebrauchs modalisierender Prozeduren in argumentativen Texten von Schülern und Studenten. In: Feilke, Helmuth/Lehnen, Katrin (Hrsg.): Schreib- und Textroutinen. Theorie, Erwerb und didaktisch-mediale Modellierung. Frankfurt am Main: Peter Lang 2012, 125–153

Glinz, Hans: Grundsätzliches über grammatische Begriffe und grammatische Termini. In: Bausch, Karl-Heinz/Grosse, Siegfried (Hrsg.): Grammatische Terminologie in Sprachbuch und Unterricht. Düsseldorf: Schwann 1987, 21–49

grammis: einerseits. http://hypermedia.ids-mannheim.de/call/public/ gramwb.ansicht?v_app=g&v_kat=gramm&v_buchstabe=E&v_id=2067

Habermas, Jürgen: Theorie des Kommunikativen Handelns. Bd. 1: Handlungsrationalität und gesellschaftliche Rationalisierung. Frankfurt: Suhrkamp 1981/1995

Hoffmann, Ludger: Zwischen wissenschaftlicher Grammatik und Schulgrammatik: die Terminologie. In: Noack, Christina/Ossner, Jakob (Hrsg.): Grammatikunterricht und Grammatikterminologie. Duisburg: Universitätsverlag Rhein-Ruhr 2011 (= OBST 79), 33–56

Klein, Josef: Die Konzessivrelation als argumentationstheoretisches Problem. In: Zeitschrift für germanistische Linguistik: ZGL 8 (1980) 2, 154–169

Klotz, Peter: Grammatische Wege zur Textgestaltungskompetenz. Theorie und Empirie. Tübingen: Niemeyer 1996

Knopp, Matthias/Jost, Jörg/Nachtwei, Nicole/Becker-Mrotzek, Michael/Grabowski, Joachim: Teilkomponenten von Schreibkompetenz untersuchen: Bericht aus einem interdisziplinären empirischen Projekt. In: Bayrhuber, Horst/Harms, Ute/Muszynski, Bernhard/Ralle, Bernd et al. (Hrsg.): Formate fachdidaktischer Forschung. Empirische Projekte – historische Analysen – theoretische Grundlegungen. Münster: Waxmann 2012, 47–65

Köller, Wilhelm: Funktionaler Grammatikunterricht. Tempus, Genus, Modus: Wozu wurde das erfunden? Hannover: Schroedel 1983

König, Ekkehard: Konzessive Konjunktionen. In: Stechow, Arnim von/Wunderlich, Dieter (Hrsg.): Semantik. Ein internationales Handbuch der zeitgenössischen Forschung. Berlin: de Gruyter 1991, 631–639

Mietzel, Gerd: Pädagogische Psychologie des Lernens und Lehrens. Göttingen: Hogrefe, 7., korrigierte Auflage 2003

Ocheduska-Aden, Sonja: Sprachliches Wissen und Textqualitäten. Eine empirische Untersuchung zum Einfluss von funktionalem Grammatikunterricht zu Konnektoren auf die Qualität argumentativer Texte und das Konnektorwissen von Schülerinnen und Schülern (Dissertation; Arbeitstitel)

Ossner, Jakob: Sprachbewusstheit: Anregung des inneren Monitors. In: Willenberg, Heiner (Hrsg.): Kompetenzhandbuch für den Deutschunterricht. Auf der empirischen Basis des DESI-Projekts. Baltmannsweiler: Schneider Hohengehren 2010, 134–147

Pasch, Renate/Brauße, Ursula/Breindl, Eva/Waßner, Ulrich Hermann: Handbuch der deutschen Konnektoren. Linguistische Grundlagen der Beschreibung und syntaktische Merkmale der deutschen Satzverknüpfer (Konjunktionen, Satzadverbien und Partikeln). Berlin: de Gruyter 2003

Peschel, Corinna: Vom Nutzen textgrammatischen Wissens für die Textproduktion – eine Untersuchung schulischen Grammatikunterrichts am Beispiel kausaler Verknüpfungsmittel. In: Becker, Tabea/ Peschel, Corinna (Hrsg.): Gesteuerter und ungesteuerter Grammatikerwerb. Baltmannsweiler: Schneider Hohengehren 2006, 105–127

Peschel, Corinna: Zur Nutzung textorganisierender Mittel in Schülertexten. In: Informationen zur Deutschdidaktik. Zeitschrift für den Deutschunterricht in Wissenschaft und Schule (2010) 2, 43–53

Rehbein, Jochen: Über zusammengesetzte Verweiswörter und ihre Rolle in argumentierender Rede. In: Wohlrapp, Harald (Hrsg.): Wege der Argumentationsforschung. Stuttgart-Bad Cannstatt: Frommann-Holzboog 1995, 166–197

Rezat, Sara: Schriftliches Argumentieren. Zur Ontogenese konzessiver Argumentationskompetenz. In: Didaktik Deutsch 17 (2011) 31, 50–67

Schmidt-Faber, Werner: Einerseits-Andererseits: Untersuchungen zur Konfrontation normativer Argumente. Hagen: FernUniv.-Gesamthochschule 2003

Stede, Manfred / Walter, Maik: Zur Rolle der Verknüpfungsebene am Beispiel der Kausalkonnektoren. In: Breindl, Eva / Ferraresi, Gisella / Volodina, Anna (Hrsg.): Satzverknüpfungen. Zur Interaktion von Form, Bedeutung und Diskursfunktion. Berlin: de Gruyter 2011, 149–179

Toulmin, Stephen Edelston: The uses of argument. Cambridge: University Press, updated edition 1958/2003

Waßner, Ulrich Hermann: Konklusiva und Konklusivität. In: Blühdorn, Hardarik / Breindl, Eva / Waßner, Ulrich Hermann (Hrsg.): Brücken schlagen. Grundlagen der Konnektorensemantik. Berlin: de Gruyter 2004, 373–424

Wunderlich, Dieter: Pro und Kontra. In: Zeitschrift für Literaturwissenschaft und Linguistik (LiLi) 10 (1980) 38/39, 109–128

Wyse, Dominic: Grammar. For Writing? A Critical Review Of Empirical Evidence. In: British Journal of Educational Studies 49 (2001) 4, 411–421

Zifonun, Gisela / Hoffmann, Ludger / Strecker, Bruno / Ballweg, Joachim: Grammatik der deutschen Sprache. Bd. 3. Berlin: de Gruyter 1997

G 4 Treffend bezeichnen

1 Zum Begriff „Bezeichnen"

Der Begriff „Bezeichnen" steht in diesem Beitrag für solche grundlegenden sprachlich-kognitiven Handlungen, die der Referenz auf Objekte, Ereignisse, Personen, Sachverhalte i. w. S. dienen, für die in erster Linie einfache und komplexe Substantive und Substantive mit näheren Bestimmungen unterschiedlichster Art verwendet werden. Angemessenes bzw. treffendes Bezeichnen verlangt eine zumindest im Hinblick auf Intention, Situation, Textsorte und Adressaten stimmige Auswahl sprachlicher Mittel.

Für Fragen der Lernbarkeit ist die Unterscheidung zwischen „Erfassen" und „Bezeichnen" relevant, wie sie in Forschungsarbeiten zu schulisch relevanten Diskursfunktionen, in diesem Fall zum „Benennen", vorgenommen wird (vgl. Vollmer 2010, 4), denn sie macht deutlich, dass sowohl kognitive als auch sprachliche Anteile an diesem Lernprozess beteiligt sind, die sich wechselseitig beeinflussen. So kann es vorkommen, dass man das Objekt, den Prozess oder das Problem erfasst hat, dies aber (zunächst) nicht bezeichnen kann. Das thematisiert Jürg Schubiger (2002, 189) in seinem literarischen Text „Erfindungen" so: „Als der erste Mensch auf die Welt kam, fand er die Welt noch leer. Er ging herum, bis er müde war. Da fehlt doch etwas, dachte er, ein Dings, ein vierbeiniges, worauf man sitzen kann."

Aber auch die Bezeichnung selbst kann unsere Vorstellung vom Bezeichneten, seiner Funktion, seiner Beziehung zu anderen Objekten, Sachverhalten oder Personen beeinflussen. So definieren Lernende Verben fast immer als Tu-Wörter: „Ein Verb ist das, was man tut, zum Beispiel spielen. Also man tut ... also man macht...also man spielt" (Mädchen, Gymnasium, Kl. 5[1]). Schülerinnen und Schüler können ihre Vorstellung vom Begriff „Verb" häufig nicht von dem semantisch orientierten Konzept, das ihnen durch die Bezeichnung „Tuwort" im Grundschulunterricht nahegelegt wurde, trennen, geschweige denn, es weiter differenzieren. Bezeichnungen scheinen unsere Begriffsbildung – wahrscheinlich unterschiedlich stark – je nach Arbitrarität und Abstraktionsgrad der Bezeichnung und des zu Bezeichnenden – zu beeinflussen. Problematisch sind

---

[1] Auszug aus einem Interview, das im Rahmen einer Befragung durch Lehramtsstudierende der Universität Hamburg durchgeführt wurde. Bevor die Schülerinnen und Schüler sich dazu äußern sollten, was ein Verb ist, mussten sie Verben in Sätzen identifizieren und sie in konjugierter Form in Sätzen verwenden, also bereits formal-analytische Handlungen ausführen, die sie auf morphologische Eigenschaften und die syntaktische Funktion von Verben hinweisen sollten. Das nutzten sie jedoch mehrheitlich nicht für ihre Erklärung (vgl. Müller/Tophinke i. V.).

solche Termini wie „Tuwort" deshalb, weil sie mit alltagssprachlichen Ausdrücken wie „etwas tun" assoziiert werden und das eigentlich zu fassende Phänomen nicht zu kennzeichnen vermögen (vgl. Hoffmann, B 2).

Auch wenn das angemessene Bezeichnen zu den grundlegenden sprachlich-kognitiven Handlungen gehört, ist die Entwicklung der entsprechenden Teilkompetenz keineswegs einfach. Der angemessene Grad der Genauigkeit einer Bezeichnung lässt sich z. B. nur dann adäquat einschätzen, wenn klar ist, in welcher kommunikativen Situation etwas bezeichnet werden soll, welche Absicht damit verbunden ist, in welche zusätzlichen Diskursfunktionen es eingebettet ist, über welches Vorwissen der Adressat verfügt usw. Beim Bezeichnen ist also von der Maxime „So genau wie nötig, aber nicht so genau wie möglich" auszugehen. Das soll zunächst am Beispiel eines literarischen Textes (Moser 2002, 20) gezeigt werden:

> Erwin Moser
> **Das Haus im Moor, eine Gruselgeschichte**
> Einsam steht ein Haus im Moor. Es ist Vollmond. Leise gluckst es im Sumpf und eine zerzauste Pappel rauscht im Wind. Es ist kurz vor Mitternacht. Werden sie heute wieder kommen?
> Wer?
> Na, die Sumpfgeister, die Moorhexen, die glotzäugigen Wassermänner, die Fledermäuse, die Wasserwölfe, die Bisamratten, die Schilfzwerge, die langen Schlangen, die Moorgespenster und die Vampire!
> Noch ist es still. Noch rührt sich nichts.
> Vielleicht trauen sie sich heute nicht aus ihren Schlupflöchern, weil der Mond so hell scheint?

Der erste Satz dieses sehr kurzen Textes enthält die genaue Bezeichnung eines Gegenstandes: Wir erfahren, dass es um ein Haus geht. Zugleich wird etwas über das Haus ausgesagt, nämlich dass es einsam im Moor steht. Ob es sich um ein großes oder kleines, ein altes oder neues Haus handelt, ob es bewohnt ist – und wenn ja, von wem – erfahren wir nicht. Wenn man das Haus in diesem literarischen Text noch genauer charakterisieren würde, käme vielleicht folgender Textanfang zustande: *Einsam steht ein kleines, altes Einfamilienhaus, das von einer vierköpfigen Familie bewohnt wird, im Moor.* Es zeigt sich, dass der poetische Charakter des ursprünglichen Textanfangs, der schon allein durch die markierte Satzgliedstellung entsteht, durch diese genauere Bezeichnung, die zudem durch den Relativsatz Elemente einer Beschreibung enthält, verlorengeht. Die Bezeichnung ist zwar genauer, aber nicht treffender i. S. von angemessener im entsprechenden Kontext. Für diesen literarischen Text reicht es nicht nur vollkommen aus, nur einzelne besondere Merkmale des Gegenstandes (einsame Lage im Moor) anzugeben, sondern es ist textsortenkonform, auf möglichst detailliertes Bezeichnen zu verzichten, da durch die gewählte Form der Bezeichnung (durch das Substantiv *Haus*) und die knappe Aussage über das Haus ein großer Freiraum für subjektive Vorstellungsbildung bleibt. Die Frage der „Angemessenheit" kann also immer nur im konkreten situativen bzw. textuellen Zusammenhang, in dem die Bezeichnung steht, beantwortet werden.

2 Sprachliche Mittel zum Bezeichnen und ihre Funktionen

Für das Bezeichnen von Gegenständen, Lebewesen, Prozessen, Ereignissen, Gefühlen, Gedanken usw., die „Redegegenstände" (Hoffmann 2013, 75 ff.) sein sollen, verfügen wir in der Sprache über eine ganze Reihe an sprachlichen Mitteln. Geht man wortartbezogen vor, so übernehmen insbesondere Substantive und Adjektive Bezeichnungs- bzw. Charakterisierungsfunktion. Substantive dienen der Bezeichnung von Gegenständlichem mit Hilfe von Konkreta sowie von Nichtgegenständlichem (wie Vorstellungen, Handlungen, Zuständen usw.) mit Hilfe von Abstrakta (Duden-Grammatik 2005, 147). Sie können im Verbund mit anderen Wortarten wie Artikeln und anderen Determinativen „symbolisch charakterisieren und den Wissensbezug anbahnen" (Hoffmann 2013, 97). Substantive bilden die quantitativ größte Wortkategorie im Deutschen wie auch in anderen Sprachen (vgl. Eisenberg 2013, 130) und haben im Deutschen ein unendliches Potential zur Erweiterung des Wortschatzes, da ihre Wortbildungsmöglichkeiten kaum Einschränkungen unterliegen (vgl. ebd.). So ist die Komposition mit mindestens einem Substantivstamm (*Vorgarten, Laufschuhe, Baumhaus*) die prototypischste Wortbildungsart im Deutschen. Substantive entstehen durch Komposition (*Schnellstraße*), Suffigierung (*Leitung*), Präfigierung (*Abbau*) und Konversion (*das Grün*), aber auch Derivationen mit Präfixen **und** Suffixen sind möglich (*Ableitung, Unfreiheit*). Es können jedoch noch komplexere Einheiten (*Realschulabschlusszeugnis, Umleitungsausschilderung*) gebildet werden. Für situativ angemessenes Bezeichnen können Simplizia (*Eiche, Schule, Freude*) vollkommen ausreichen. Komplexe Substantive, insbesondere Kompositionen (*Haustür*) und Präfigierungen (*Vorspeise*), können das Bezeichnete zusätzlich präzisieren und z. B. Teil-Ganzes-Beziehungen oder spezifische Funktionen des Bezeichneten verdeutlichen (*Eichenblatt, Schultür, Schreibheft*). Adjektive als weitere Wortart, mit deren Hilfe genauer bezeichnet werden kann, „charakterisieren etwas, das bereits durch einen symbolischen Ausdruck (Substantiv, anderes Adjektiv, Verb/Verbgruppe) gegeben ist" (Hoffmann, B 2). Sie kommen im Satz prototypisch in folgenden Funktionen vor: attributiv (*ein großes Haus*), prädikativ (*Die Stadt ist groß*) und adverbial (*Der Neue singt gut*), wobei die attributive Funktion die Kernaufgabe von Adjektiven ist (vgl. Boettcher 2009, 118 ff.). Adjektivattribute geben „die Eigenschaft, das Verhalten, das Aussehen oder den Zustand von jemandem oder etwas" an; „sie dienen der Charakterisierung und Bewertung" (Homberger 2001, 50). Partizipien können sich ebenfalls wie Adjektive verhalten, also Eigenschaften angeben und in attributiver Funktion vorkommen (*geschnittenes Brot, treffende Bezeichnung, gefahrene Kilometer*).

Diese wortartbezogene Auflistung wichtiger sprachlicher Mittel mit Bezeichnungsfunktion deutet schon auf die Schwierigkeit hin, angemessenes Bezeichnen an das Vorkommen einzelner Wörter zu binden, denn nur selten übernimmt ein einzelnes Wort (Substantiv) allein die Bezeichnungsfunktion, in vielen Fällen tritt auch ein Artikelwort hinzu, das jedoch nur bedingt zur Modifikation der Bezeichnung beiträgt. Wir brauchen in sprachlichen Handlungskontexten also normalerweise „Einheiten oberhalb der Wortebene" (Hoffmann, B 2), auch dann, wenn die Bezeichnung schon durch einen Wortbildungsprozess spezifiziert wurde (*Die Realschulabschlussprüfung werden in diesem Schuljahr* **alle Zehntklässler unserer Stadtteilschule** *bestehen*). Der Bezug auf das einzelne Wort und seine Wortart kann eine formale Klassifikationshilfe sein, er sagt jedoch noch nichts über spezifische Bezeichnungsfunktionen aus.

Substantive, Adjektive und Partizipien können als Attribute vorkommen, die die primäre Aufgabe haben, „das von einem Substantiv Bezeichnete ›näher zu bestimmen‹" (Eisenberg 2013, 238). Was für eine nähere Bestimmung das sein kann, „hängt von der Form des Attributs und seinem Verhältnis zu anderen Attributen ab" (ebd.). Attribute können wertend beschreiben, zusätzliches Wissen zur Verfügung stellen, die Bezugsausdrücke modifizieren und genauer charakterisieren (vgl. Thurmair 2011, 418 f.). Für das Deutsche sind insbesondere adjektivische Attribute, Genitiv- sowie Präpositionalattribute und Relativsatzattribute typisch (vgl. Eisenberg 2013, 238).

Als Thema des Sprachunterrichts eignet sich diese Vielfalt an sprachlichen Mitteln zum treffenden Bezeichnen ausgezeichnet, um einerseits zu entdecken, aus welchem großen sprachlichen Repertoire man beim Ausführen dieser sprachlich-kognitiven Handlung schöpfen kann, andererseits, um Verwendungsmöglichkeiten zu erproben und auf ihre funktionale Angemessenheit hin zu untersuchen. Diese formale und funktionale Komplexität des treffenden Bezeichnens bringt gleichzeitig eine Reihe von Problemen für seine Erfass- und Lernbarkeit mit sich, denn didaktische Reduktion ist in diesem Fall nicht nur im Hinblick auf das Lernalter und die Lernvoraussetzungen der Schülerinnen und Schüler notwendig, sondern auch hinsichtlich der Sprachverwendungssituationen und Textsorten, in denen treffendes Bezeichnen verlangt wird. Diese Überlegungen sind die Grundlage für die folgenden Vorschläge für den Unterricht in einzelnen Klassenstufen.

3 Unterrichtsvorschläge: Wie kann man das treffende Bezeichnen lernen?

Der Zugang zum treffenden Bezeichnen wird hier für die Grundschule und die Sekundarstufe I über die Form der sprachlichen Ausdrücke gewählt. Dieses Vorgehen hat – trotz der oben skizzierten Probleme – den Vorteil, dass aus der großen Vielfalt an sprachlichen Möglichkeiten für angemessenes Bezeichnen zunächst die prototypischen ausgewählt werden können und an ihnen entdeckt werden kann, wie sich Aussagen durch sprachliche Mittel verändern und wie ihre Verwendung von der kommunikativen Situation abhängig ist. Für die Grundschule werden dazu einige Aufgabenbeispiele zur Arbeit mit substantivischen Komposita, für die Sekundarstufe I zu Adjektiv- und Genitiv- bzw. Präpositionalattributen skizziert. Dieses formbezogene Vorgehen mit der Orientierung an prototypischen Verwendungsweisen soll den Lernenden eine kategoriale Zuordnung und Klassifikation der Bezeichnungsmittel ermöglichen. Für die Sekundarstufe II soll modellhaft an der Arbeit mit Auszügen aus einem epischen Text gezeigt werden, wie hier über Form und Funktion entsprechender sprachlicher Mittel reflektiert werden kann. Ziel des Unterrichts in der Grundschule und der Sekundarstufe I ist zum einen die Wortschatzerweiterung, die Entwicklung von Variabilität und Differenziertheit im Gebrauch von Wörtern, Wortgruppen und Sätzen und zum anderen die Entwicklung des Sprachdifferenzbewusstseins. Mindestens das letzte Ziel ist auch für die Lernenden in der Sekundarstufe II relevant.

3.1 Komposita als Gegenstand fächerübergreifenden Lernens in der Grundschule (Klasse 3/4)

Form und Bedeutung von Komposita sind für den Unterricht nicht nur unter dem Aspekt der Verständlichkeit von Texten relevant, sondern auch um Einblicke in die Struktur von komplexen Wörtern im Deutschen zu erhalten. In der Grundschule bietet sich die Arbeit an substantivischen Komposita für Einsichten in den Zusammenhang von Struktur und Bedeutung von komplexen Wörtern an. Diese Einsichten können u. a. dadurch entstehen, dass Schülerinnen und Schüler in Abhängigkeit vom kommunikativen Kontext unterschiedliche Wortvarianten für etwas zu Bezeichnendes suchen, diese Alternativen im entsprechenden kommunikativen Kontext ausprobieren, eine Alternative auswählen und ihre Entscheidung begründen. Bei den sprachlichen Alternativen, die in solchen Prozessen vorgeschlagen werden, wird es sich häufig um Komposita handeln, die genauer untersucht werden können, um sprachbewusstes Handeln zu entwickeln. Für didaktische Überlegungen ist in diesem Zusammenhang Wissen über die Beziehung der Stammformen in einem Kompositum wichtig: Der erste Bestandteil bestimmt den zweiten näher, der zweite (oder in mehrteiligen Komposita der letzte) legt die grammatischen Kategorien (Genus, Flexion) des gebildeten Wortes fest und hat semantisch das größere Gewicht (vgl. *Stierkampf* und *Kampfstier; der Butterkuchen*). Die semantische Beziehung zwischen den Bestandteilen eines Kompositums lässt sich „rein sprachlich weder ermitteln noch auf wenige Typen beschränken" (Eisenberg 2006, 229). An Zusammensetzungen aus zwei Wortstämmen kann man untersuchen, welche Aufgabe den Bestandteilen (Bestimmungs- und Grundwort) zukommt. Auch an mehrfach zusammengesetzten Wörtern kann, vor allem für Lernende, die Deutsch als

G 4 Treffend bezeichnen

Zweitsprache sprechen, dieses für die deutsche Sprache typische Wortbildungsphänomen aufgespürt werden.

Die Arbeit an komplexen Wörtern kann folglich die Grundlage für das Verstehen und selbständige Verwenden von treffenden Bezeichnungen sein. Für eine Unterrichtseinheit in der Grundschule bieten sich dazu folgende Aufgabentypen an, die zunächst Komposita isoliert von einem kommunikativen Kontext, später als Elemente von Texten, betrachten:

a) Zusammengesetzte Nomen können nach folgendem Muster gesammelt werden: *Esstisch, Schreibtisch, Holztisch, Küchentisch, Klapptisch, Wickeltisch.* Für diese Aufgabe können Substantivstämme aus dem Alltagswortschatz, die als Grundwort in der Zusammensetzung fungieren sollen, vorgegeben werden (*Haus, Topf, Tuch, Schrank*). Die Lernenden bilden Zusammensetzungen, die das vorgegebene Substantiv als Grundwort enthalten. Sie entdecken so die vielfältigen Bedeutungsdifferenzierungen, die sich durch das linksseitige Anfügen eines weiteren Stammes ergeben. Ein Bestimmungswort kann das Grundwort näher in Bezug auf Aussehen, Beschaffenheit, Funktion usw. bezeichnen. Andererseits lassen sich die grammatischen Eigenschaften der Komposita, die durch das Grundwort festgelegt sind (Genus, Flexion), feststellen.

b) Die Leistung von Komposita für das treffende Bezeichnen und für sprachökonomisches Kommunizieren lässt sich auch durch das Paraphrasieren entdecken: *Ein Schreibheft ist ein Heft, in das man schreibt. Ein Schlafzimmer ist ein Zimmer, in dem man schläft. Ein Holztisch ist ein Tisch, der aus Holz besteht.*

Die Lernenden können auch den umgekehrten Weg beschreiten: Sie überlegen sich Umschreibungen und lassen andere das entsprechende Kompositum bilden: *Ein Baum, der im Herbst sein Laub verliert, ist ein ... Ein Platz, auf dem Autos geparkt werden können, ist ein ...* Hier zeigt sich wiederum die wesentliche Leistung von Komposita: Sie ermöglichen treffendes und sprachökonomisches Bezeichnen. Ein ähnliches Vorgehen bietet sich auch mit der Vorgabe von substantivischen Wortgruppen mit nachgestellten Attributen an, die in Komposita überführt werden sollen: *der Rahmen der Tür, der Rahmen des Bildes, der Weg zum Gehen, der Weg im Park, der Topf für Blumen, der Topf zum Kochen* usw.

c) Die Bedeutungsdifferenzierung, die durch Komposita möglich ist, lässt sich auch durch die Segmentierung von Komposita erfassen. Die Bedeutung des Kompositums (hier jetzt bereits im Textzusammenhang) kann z. B. im Vergleich zum einfachen Wort ermittelt werden. Darüber hinaus können auch dazu sprachliche Alternativen gesucht werden, wobei die Schülerinnen und Schüler neben komplexen Komposita selbstverständlich auch auf Wortgruppen mit Adjektivattributen zurückgreifen können. Der formale Unterschied sollte ihnen jedoch durch An- und Aufschreiben der Alternativen bewusst werden. Als Beispiele sind hier kurze Texte zum fächerübergreifenden Thema Haus- und Nutztiere aufgeführt:

Nutztiere anderswo

In Europa werden vor allem Pferde, Schweine, Kühe, Schafe, Hühner, Enten und Gänse als Arbeits- oder Nutztiere gehalten. In anderen Erdteilen halten Menschen ganz andere Tiere. Zwei dieser Tiere lernst du in den folgenden Textabschnitten kennen.

Das Kamel

Kamele leben in Afrika. Sie sind wahre Überlebenskünstler. Zum Beispiel kann ein Kamel bis zu drei Wochen ohne Wasser auskommen.

Man unterscheidet zwei verschiedene **Kamelarten**: Die einhöckrigen Kamele (Dromedare) und die zweihöckrigen Kamele (Trampeltiere). Viele glauben, dass Kamele in ihren **Rückenhöckern** Wasser speichern, doch das stimmt nicht. In Wirklichkeit sind dort Fettreserven gespeichert, die die Tiere sich in guten Zeiten angefressen haben.

Wegen ihres schaukelnden Ganges werden Kamele scherzhaft „**Wüstenschiffe**" genannt, da sich ein **Kamelreiter** auf ihnen wie auf einem schwankenden Schiff fühlt.[2]

Der Wasserbüffel

Wasserbüffel leben in Asien. Sie sind **Herdentiere**, die mit bis zu hundert anderen Wasserbüffeln in einer Gruppe leben.

Wie ihr Name schon sagt, lieben die Tiere Wasser. Deshalb werden sie von ihren Besitzern als **Zugtiere** zur Arbeit in überschwemmten **Reisfeldern** benutzt. Ohne den Wasserbüffel wäre der **Reisanbau** in Asien undenkbar.

Die **Büffelmilch** ist fettreicher als **Kuhmilch** und besonders für die Käseherstellung sehr beliebt.[3]

Gearbeitet werden soll zunächst nur mit den fett markierten Komposita, um eine Orientierung an überschaubaren Strukturen zu gewährleisten. Als Möglichkeit zur Differenzierung können andere komplexe Wörter aus den Texten herausgesucht und analysiert werden. Die Lernenden können zunächst die Bedeutung der markierten Substantive durch Paraphrasieren und Definieren klären und das jeweilige Bestimmungs- und Grundwort ermitteln. Das Bestimmungswort kann dann weggelassen werden, so dass deutlich wird, an welchen Stellen sich die Aussage des Textes verändert und an welchen Stellen er vielleicht nicht mehr gut bzw. gar nicht zu verstehen ist. Selbstverständlich bieten sich übergreifende Aufgaben

---

[2] Nach: Berger (2009); Lange (2004); Catchpole/Finney (1984); MacQuitty/Hills/Greenaway (1994)

[3] Nach: http://www.world-of-animals.de/Tierlexikon/Tierart_Wasserbueffel.html; http://www.bueffel-farm.de/wasserbueffel/wb-start.html
Zeichnungen: Linnea Martens

an: weitere Informationen über diese Tiere sammeln, die Texte ergänzen, schwere Wörter heraussuchen und analysieren usw. Der Lernzuwachs besteht hier u. a. darin, dass deutlich wird, wie die treffende Bezeichnung von Lebewesen und Objekten das Verstehen beeinflusst und wie wichtig adressaten- und situationsangemessenes Bezeichnen im fachlichen Kontext ist. Darüber hinaus kann das Ausprobieren von Alternativen zu sprachbewusstem Handeln und zur Wortschatzerweiterung führen.

3.2 Informativ und werbewirksam: Attribute in Reiseführern (Klasse 7/8)

Für die Erarbeitung der Funktion von Attributen eignen sich Texte aus Reiseführern, da diese sehr attributreich sind, denn Reiseführer sollen mindestens Wissen bereitstellen und werben (vgl. Thurmaier 2011, 417). Diese Textfunktionen lassen sich mit Attributen vorzüglich erfüllen, denn sie können Sachverhalte, Dinge, Personen genauer bezeichnen und wertend beschreiben. Exemplarisch wird das an Textauszügen zu einigen Hansestädten gezeigt. Diese knappen Textauszüge enthalten sowohl Informationen zu einzelnen historischen Hintergründen zur Hansezeit als auch eine Empfehlung, warum die jeweilige Stadt bis heute sehenswert ist:

> **Lübeck** wird zu Recht als die „Königin der Hanse" bezeichnet, denn das Lübecker Rathaus war das Zentrum der hanseatischen Macht. Hier fanden im Spätmittelalter die Hansetage statt. Sie waren das zentrale und übergeordnete Beschlussorgan der Hansestädte. Da die Hansetage nicht regelmäßig abgehalten werden konnten, vertrauten viele Städte auf die Beschlüsse des Lübecker Rats, wenn schnell wichtige Entscheidungen im gemeinsamen Interesse zu treffen waren. Königlich wirkt bis heute das Aussehen der Hansestadt Lübeck: Die prächtige Altstadt mit den sieben goldenen Türmen des Doms und den großen Kirchen, dem schmucken Rathaus und dem berühmten Holstentor vermittelt ein beeindruckendes Bild dieser Hansestadt, die sich selbst als „Tor zur Ostsee" bezeichnet.
>
> Die große Schwester Lübecks, die Hansestadt **Hamburg**, mag es hingegen gern etwas imposanter und nennt sich selbst deshalb das „Tor zur Welt", denn im Gegensatz zu den an der Ostsee gelegenen Hansestädten orientierte sich Hamburg während der Hansezeit stärker an Elbe und Nordsee. Die Lage an der Unterelbe begünstigte den Fernhandel mit dem Ausland und ließ Hamburg zum wichtigsten Umschlagplatz für viele Güter aus dem Binnenland heranwachsen. Hamburgs Bedeutung für die anderen Städte der Hanse war deshalb enorm groß. Wasser spielt bis heute eine große Rolle in dieser Metropole des Nordens. Die Lage im Schnittpunkt verschiedener Flüsse hat dazu geführt, dass Hamburg die Stadt mit den meisten Brücken Europas ist. Nach Spuren des Mittelalters sucht man in Hamburg jedoch vergeblich, denn der große Brand von 1842 hat weite Teile der mittelalterlichen Stadt zerstört.
>
> Die Einwohner der Hansestadt **Bremen** behaupten von sich, wenn Hamburg das Tor zur Welt sei, hätten sie den Schlüssel dafür. Tatsächlich führt Bremen einen Schlüssel in seinem Wappen. Die Konkurrenz zwischen diesen beiden Städten, die aus diesen Zuschreibungen bis heute spricht, rührt aus der Zeit der Hanse, in der es auf den Hansetagen zu Streitigkeiten um die Bedeutung der beiden Städte für die Hanse

> kam. Für die Hanse selbst war Bremen zudem stets ein unbequemer Partner, denn die Bremer Kaufleute verfolgten ihre wirtschaftlichen Interessen lieber im Alleingang als in der Gemeinschaft des Hansebundes. Noch heute ist in Bremen deutlich zu sehen, welche Entwicklung die städtische Freiheit trotz aller wirtschaftlichen und politischen Probleme ermöglicht hat. In der Innenstadt zeugen neben den großen Kirchenbauten auch das spätmittelalterliche Rathaus sowie zahlreiche Geschäfts- und Bürgerhäuser von der Vergangenheit.
>
> Neben diesen drei wohl wichtigsten Hansestädten im Norden gibt es zahlreiche weitere Städte, die mehr oder weniger lange Mitglied der Hanse waren. Zu den bekannteren im Norden gehören zweifelsohne Wismar, Rostock, Stralsund und Greifswald, aber auch Städte wie Lüneburg, Buxtehude, Anklam und Demmin können sich als Hansestädte bezeichnen.[4]

Der Text bietet eine Fülle von Attributen in unterschiedlichsten Formen. Ziel der Unterrichtseinheit soll es deshalb sein, unterschiedliche formale Möglichkeiten des treffenden Bezeichnens mit Hilfe von Attributen und ihre Leistung für den Aussagegehalt von Texten zu entdecken und selbst in eigenen Schreibprodukten anzuwenden. Es geht also um das Erkennen von Attributen und um das bewusste Anwenden unterschiedlicher Möglichkeiten, im spezifischen Kontext möglichst angemessen zu bezeichnen.

Zunächst sollte wiederum eine Beschränkung auf einzelne Attribuierungen hinsichtlich der Analyse ihrer Form und Funktion erfolgen und von prototypischen Formen (vorangestellte Adjektiv- und Partizipialattribute und nachgestellte Genitivattribute) ausgegangen werden. Dazu muss in einem ersten Schritt aus einzelnen, von der Lehrkraft vorgegebenen Wortgruppen das Substantiv identifiziert werden, das durch andere sprachliche Mittel genauer bezeichnet wird, z. B.: „Königin der Hanse", „das Zentrum der hanseatischen Macht", „das zentrale und übergeordnete Beschlussorgan der Hansestädte", „viele Städte".

Schon an diesen Beispielen lässt sich erarbeiten: Die näheren Bestimmungen können sowohl voran- als auch nachgestellt sein. Als nachgestellte Bestimmungen kommen sie häufig als Substantiv vor, das wiederum genauer bestimmt sein kann: In der Wortgruppe „das Zentrum der hanseatischen Macht" wird „Zentrum" durch ein nachgestelltes Genitivattribut spezifiziert. Im Attribut „der hanseatischen Macht" wiederum spezifiziert das Adjektiv als Attribut „Macht" näher. Ob die Wortgruppe tatsächlich eine gedankliche und strukturelle Einheit bildet, kann anschließend durch die Umstellprobe ermittelt werden. In ausgewählten Fällen kann versucht werden, andere Bezeichnungen für die Wortgruppe zu finden: „das Zentrum der hanseatischen Macht" kann durch „hanseatisches Machtzentrum" ersetzt werden, ohne dass sich die Aussage wesentlich verändert. Bei anderen Wortgruppen geht das weniger gut, da sie entweder zu komplex sind oder Adjektivattribute enthalten, die nicht ohne Weiteres in ein Kompositum oder einen Relativsatz überführt werden können. Das ist eine relativ anspruchsvolle Aufgabe, die jedoch zeigen kann, dass Attribute in der Text-

---

[4] Nach: Schwerdtfeger 2008, 59 ff.

sorte Reiseführer „in kondensierter Form vor allem faktisches Wissen bieten" (Thurmair 2011, 418). Alternativ dazu bietet es sich an, einzelne Attribute aus dem Text wegzulassen und die Bedeutungsveränderung der jeweiligen Aussage zu ergründen. Zur Differenzierung kann die Aufgabe gestellt werden, weitere Attribute in den Texten aufzuspüren und ihre Bedeutung für das treffende Bezeichnen zu untersuchen. Darüber hinaus kann in einzelnen Fällen die Form (adjektivische Attribute, Genitiv-, Präpositional- oder Relativsatzattribute), die Anzahl und Stellung (dem Substantiv voran- oder nachgestellt) Gegenstand der Analyse werden. Durch Eliminieren und/oder Ersetzen kann erkundet werden, welche Funktion den einzelnen Attributen zukommt: Führen sie dazu, dass eine charakteristische Eigenschaft des Bezeichneten genauer herausgestellt oder modifiziert wird? Welches spezifische Wissen vermitteln uns die Attribute über das zu Bezeichnende? Beziehen sie sich auf das Verhalten, das Aussehen oder den Zustand des Bezeichneten oder noch etwas anderes? Gibt es andere Möglichkeiten, das Dargestellte auszudrücken? Kann auf einzelne Attribute im Text verzichtet werden? Können sie in anderer Form auftreten? An eigenen Textproduktionen soll das bei diesen analytischen Aufgaben Gelernte angewendet werden. So können eigene attributreiche Texte als Reiseführer zum eigenen Wohnort oder zum tatsächlichen Ziel der Klassenreise verfasst und miteinander verglichen werden: Was für Attribute kommen besonders häufig vor? Welche Objekte/ Sachverhalte/Personen lassen sich durch Attribute noch genauer bzw. treffender bezeichnen?

3.3 Vorstellungen von literarischen Figuren mit Hilfe treffender Bezeichnungen entwickeln

In solchen pragmatischen Textsorten wie Reiseführern kommt es besonders darauf an, durch Attribute faktisches Wissen bereitzustellen. In epischen Texten besteht ihre Funktion vorrangig darin, Wissen über Figuren, Orte und Handlungsumstände zu liefern, so dass auf dieser Grundlage eine genauere Vorstellungsbildung beim Lesen möglich ist. Am Beispiel verschiedener Übersetzungen einzelner Textstellen aus Lew Tolstois Roman „Anna Karenina" soll gezeigt werden, welche Potenzen für die Erfassung von Funktion und Form von Bezeichnungen in der Analyse entsprechender Auszüge aus literarischen Texten stecken. Ein Ziel der Unterrichtsarbeit ist, die Suche des Autors nach der treffenden Bezeichnung bewusstzumachen, denn mit der entsprechenden Wortwahl werden Verständnis und Deutung des Textes gesteuert.

Tolstois Roman eignet sich ausgezeichnet für eine derartige sprachanalytische Betrachtung. Das soll exemplarisch an zwei Textstellen gezeigt werden, in denen zwei der Hauptfiguren des Romans, Wronski und Anna, jeweils aus den Augen ihrer „Rivalen" Lewin bzw. Kitty beschrieben werden:

Wronski im Haus des Fürsten Schtscherbatzkij:
„Wronski war nicht groß, kräftig gebaut, brünett, mit einem hübschen, gutmütigen, außerordentlich ruhigen und energischen Gesicht. In diesem Gesicht und der ganzen Gestalt, von dem kurzgeschnittenen schwarzen Haar und dem glattrasierten Kinn bis zu dem weiten, nagelneuen Uniformrock, war alles an ihm schlicht und zugleich elegant." (Tolstoj 2010, 79 f.; hrsg. von Gisela Drohla)

„Wronski war ein Mann von mäßiger Größe, kräftig gebaut, brünett, mit einem hübschen, gutmütigen Gesicht, das einen außerordentlich ruhigen, festen Ausdruck trug. In seinem Gesicht und an seiner ganzen Gestalt, von dem kurz geschorenen dunklen Haar und dem frisch rasierten Kinn bis zu der bequem sitzenden nagelneuen Uniform, war alles an ihm einfach und zugleich vornehm." (Tolstoi 2010, 66; übers. von Hermann Röhl)

„Wronskiy war nicht groß, ein stämmiger brünetter junger Mann mit freundlichem, hübschem und außerordentlich ruhigem und entschlossenem Gesichtsausdruck. In seinem Antlitz und in seiner Erscheinung, von den kurzgeschnittenen schwarzen Haaren und dem frischrasierten Kinn an bis zu der weiten, nagelneuen Uniform war alles an ihm einfach und doch zugleich schön." (Tolstoi 1920, o. S.; übers. von Hans Moser)

Anna auf dem Ball in Moskau:
„Anna war nicht in Lila, wie Kitty es unbedingt gewollt hatte, sondern in einem tief ausgeschnittenen schwarzen Samtkleid, das ihre wie aus altem Elfenbein geschnitzten vollen Schultern, die Büste und die runden Arme mit den zarten, schmalen Handgelenken sehen ließ. Das ganze Kleid war mit venetianischer Guipurespitze besetzt. Auf dem Kopf in den schwarzen Haaren – es war nur ihr eigenes Haar – trug sie eine kleine Girlande von Stiefmütterchen und eine zweite an dem schwarzen Gürtelband zwischen den weißen Spitzen. Ihre Frisur war nicht auffallend. Auffallend waren nur die eigenwilligen, kurzen schwarzen Ringel des lockigen Haars, die sich im Nacken und an den Schläfen vordrängten, sie aber noch schöner machten. Um den glatten, kräftigen Hals trug sie eine Perlenkette." (Tolstoj 2010, 120; hrsg. von Gisela Drohla)

„Anna war nicht in Lila, wie Kitty das für das einzig Gegebene gehalten hatte, sondern trug ein schwarzes, tief ausgeschnittenes Samtkleid, das ihre vollen, wie aus altem Elfenbein gedrechselten Schultern, die Büste und die rundlichen Arme mit feinen, schmalen Handgelenken frei ließ. Das ganze Kleid war mit venezianischer Stickerei besetzt. Auf dem Kopf trug sie in dem schwarzen Haar, lauter eigenem ohne fremden Zusatz, eine kleine Girlande von Stiefmütterchen, und ein Sträußchen ebendieser Blumen steckte zwischen weißen Spitzen an dem schwarzen Gürtelband. Ihre Frisur hatte nichts Auffallendes. Auffällig waren nur diese überaus reizenden, eigenwilligen, kurzen Ringel des lockigen Haares, die überall, am Nacken und an den Schläfen, vom Kopf abstanden. Um den glatten, kräftigen Hals schlang sich eine Perlenschnur." (Tolstoi 2010, 100; übers. von Hermann Röhl)

„Diese war nicht im Lilakleid, wie es Kity so sehr gewünscht hatte, sondern in einem schwarzen, niedrig ausgeschnittenen Sammetkleid, welches ihre plastischen, wie altes Elfenbein schimmernden, vollen Schultern und die Büste sehen ließ, sowie die runden Arme mit den zarten Gelenken. Das ganze Kleid war mit venetianischer Guipure besetzt. Auf dem Kopfe in ihrem schwarzen Haar, das nur ihr eigenes war, befand sich eine kleine Ranke von Stiefmütterchen und eine zweite eben solche auf dem schwarzen Bande des Gürtels zwischen weißen Spitzen. Ihre Frisur war wenig auffallend; bemerklich waren nur jene kecken kurzen krausen Löckchen, die sie so schön machten und sich stets auf ihrem Nacken und an den Schläfen hervordrängten. Auf ihrem runden kräftigen Halse ruhte eine Perlenschnur." (Tolstoi 1920, o. S.; übers. von Hans Moser)

Neben den Unterschieden auf syntaktischer Ebene fällt auf, dass einzelne Substantive, Adjektive und Verben in diesen Auszügen anders übertragen wurden, so dass sich textvergleichend erarbeiten lässt, dass Übersetzung immer auch „als vermittelnde Interpretation" (Abraham/Kepser 2008, 6) verstanden werden kann. Das Identifizieren und formale Analysieren der sprachlichen Varianten, die Beschäftigung mit den Form- und Bedeutungsunterschieden dieser Varianten, die Diskussion über die Angemessenheit bzw. Stimmigkeit der jeweiligen Übersetzung im Gesamtkontext (wenn möglich) und evt. die Suche nach weiteren „treffenden" Bezeichnungen oder der Versuch, eine „Einigungsfassung" aus den vorliegenden Übersetzungen zu erstellen, können Handlungsoptionen für den Unterricht darstellen und den Blick der Lernenden auf sprachliche Details, die wesentlich für das Verstehen und die Vorstellungsbildung sind, eröffnen. Ausgewählt werden können z. B. folgende Details aus den Übersetzungen:

Wronskis Gesichtsausdruck:

„hübsches, gutmütiges, außerordentlich ruhiges und energisches Gesicht"
„hübsches, gutmütiges Gesicht, das einen außerordentlich ruhigen, festen Ausdruck trug"
„freundlicher, hübscher und außerordentlich ruhiger und entschlossener Gesichtsausdruck"

Hier lässt sich mindestens über die Bedeutungsnuancierung von „gutmütig" und „freundlich" sowie von „energisch" – „fest" – „entschlossen" sprechen, indem z. B. mit Hilfe eines einsprachigen Wörterbuchs der Bedeutungsumfang dieser Wörter genauer geklärt wird. So findet man im Wahrig (2006) zum Lemma *gutmütig* Eintragungen wie „gutherzig", „leicht nachgebend", „anderen gern gefällig", „hilfsbereit", „nicht leicht böse" (vgl. ebd., 657), zu *freundlich* hingegen: „wohlwollend", „aufmerksam herzlich", „liebenswürdig", „gefällig", „heiter" (vgl. ebd., 553). Weitere Textstellen, in denen der Erzähler Auskunft über Wronski gibt, können herangezogen werden, so dass die Lernenden ihre Präferenzen für die eine oder andere Übersetzung fundiert begründen können. Gleiches bietet sich zur zusammenfassenden Wertung über Wronskis Gestalt an („elegant" – „vornehm" – „schön") sowie zu Details aus der Beschreibung Annas („ihre wie aus altem Elfenbein geschnitzten vollen Schultern" – „ihre vollen, wie aus altem Elfenbein gedrechselten Schultern" – „ihre plastischen, wie altes Elfenbein schimmernden, vollen Schultern").

Für die Produktion eigener Texte kann derartiges sprachaufmerksames Handeln Grundlage sein, um jeweils (ebenfalls mit dem einsprachigen Wörterbuch oder dem Thesaurus) nach sprachlichen Varianten zu suchen, die angemessen im Hinblick auf das/den zu Bezeichnende(n) bzw. das/den zu Charakterisierende(n) unter Berücksichtigung von Schreibintention, Textsorte und Adressaten sind.

Literatur

Abraham, Ulf/Kepser, Matthis: Übersetzungen lesen und schreiben. Basisartikel. In: Praxis Deutsch 35 (2008) 212, 6–13

Boettcher, Wolfgang: Grammatik verstehen. Tübingen: Niemeyer 2009

Duden (Hrsg.): Die Grammatik. Mannheim u. a.: Dudenverlag, 6. Aufl. 2005

Eisenberg, Peter: Grundriss der deutschen Grammatik, Bd. 2: Der Satz. Stuttgart/Weimar: Metzler, 4., aktualisierte und überarbeitete Aufl. 2013

Hoffmann, Ludger: Deutsche Grammatik. Grundlagen für Lehrerausbildung, Schule, Deutsch als Zweitsprache und Deutsch als Fremdsprache. Berlin: Erich Schmidt 2013

Homberger, Dietrich: Grammatik für den Deutschunterricht. Leipzig: Klett 2001

Müller, Astrid/Tophinke, Doris: Verben als Lerngegenstand in der Sekundarstufe I: Was wissen Schülerinnen und Schüler – und was können sie wissen? Erscheint in: Mesch, Birgit/Rothstein, Björn (Hrsg.): Aspekte einer Didaktik des Verbs. Berlin: de Gruyter (i. V.)

Thurmair, Maria: Grammatik verstehen lernen mithilfe von Textsorten. In: Köpcke, Klaus-Michael/Ziegler, Arne (Hrsg.): Grammatik – Lehren, Lernen, Verstehen. Zugänge zur Grammatik des Gegenwartsdeutschen. Berlin: de Gruyter 2011, 411–431

Vollmer, Helmut Johannes (Hrsg.): Schulsprachliche Kompetenzen. Zentrale Diskursfunktionen: Kurzdefinitionen. Osnabrück 2011 [http://www.home.uos.de/hvollmer/VollmerDF-Kurzdefinitionen.pdf]

Wahrig-Burfeind, Renate (Hrsg.): Deutsches Wörterbuch. Gütersloh: Wissen-Media-Verlag, 8., vollständig neu bearbeitete und aktualisierte Aufl. 2006

Literarische Texte

Moser, Erwin: Das Haus im Moor, eine Gruselgeschichte. In: Gelberg, Hans-Joachim (Hrsg.): Eines Tages. Geschichten von überallher. Weinheim u. a.: Beltz & Gelberg 2002, 60 (Erstveröffentlichung 1979)

Schubiger, Jürg: Erfindungen. In: Gelberg, Hans-Joachim (Hrsg.): Eines Tages. Geschichten von überallher. Weinheim u. a.: Beltz & Gelberg 2002, 189 (Erstveröffentlichung 1995)

Tolstoi, Lew: Anna Karenina. Aus dem Russischen von Hermann Röhl. Köln: Anaconda Verlag 2010 (Der Text folgt der Ausgabe: Berlin: Aufbau Verlag 1957)

Tolstoi, Lew: Anna Karenina. Übersetzt von Hans Moser. Leipzig: Philipp Reclam jun. Reclams Universalbibliothek 1920 [http://gutenberg.spiegel.de/buch/4043/1]

Tolstoj, Lew: Anna Karenina. Herausgegeben von Gisela Drohla. Berlin: Insel Verlag 2010 (Russische Erstausgabe 1878)

Quellentexte für die Sachtexte

Berger, Ulrike: Was Kinder wissen wollen. Wie kommt der Sand in die Wüste? Verblüffende Antworten über die Wüsten der Welt. Freiburg im Breisgau: Velber 2009

Catchpole, Clive/Finney, Denise: Die Welt lebt. Wüste. Dt. Übersetzung von Schwarzenbach, Elisabeth. Aarau/Frankfurt a. M./Salzburg: Sauerländer 1984

Lange, Harald: WAS IST WAS, Band 34: Wüsten. Nürnberg: Tessloff, veränderte Nachauflage 2004

MacQuitty, Miranda/Hills, Alan/Greenaway, Frank: Wüsten: Leben unter extremen Bedingungen. Dt. Übersetzung von Wilhelmi, Margot. Hildesheim: Gerstenberg 1994

Schwerdtfeger, Hartmut: Die Hanse und ihre Städte. Bremen: Aschenbeck Verlag, 2. Aufl. 2008

[http://www.world-of-animals.de/Tierlexikon/Tierart_Wasserbueffel.html]

[http://www.bueffel-farm.de/wasserbueffel/wb-start.html]

Zeichnungen: Linnea Martens

PETER KLOTZ

G 5 Textnahe Lektüre durch grammatisches Wissen

1 Ausgangslage und Konstellationen

Dieser Beitrag bringt zwei Bereiche ins Spiel, die miteinander zu verknüpfen nicht üblich ist und auf den ersten Blick nicht sonderlich sinnvoll erscheint. Auf grammatische Formen bei literarischen Texten zu schauen, ist sicherlich sinnvoll für Stiluntersuchungen, aber ob sich durch solche Beobachtungen das Verstehen eines literarischen Textes verbessert, verändert oder begründbarer wird, ist zunächst einmal offen und bedarf des Nachweises. Der Nachweis kann/könnte dann gelingen, wenn eine textnahe Lektüre insbesondere auf grammatischem Wissen beruhte – was ja nicht für alle, sondern nur für einige Texte – zumal sprachlich markant formulierte – zutreffen muss. Es könnte sich freilich überdies herausstellen, dass dies für viele Texte vielleicht doch recht sinnvoll sein mag. Das ist allerdings eine Vorstellung, die nicht leicht Eingang in das übliche Verständnis von literarischer Lektüre findet. **Textnahe Lektüre** könnte dem nicht mehr geschätzten werkimmanenten Literaturverständnis zugerechnet werden; aber solch ein Verständnis ist hier gerade nicht gemeint.

Literarische Texte sind Ergebnis formalen Bemühens, sind Ergebnis ästhetischer Gestaltungsfreude, sind „künstlich" in des Wortes doppelter Bedeutung, und ihr Inhalt sowie ihr Gehalt sind über ihre Thematisierungen hinaus Konsequenz ihrer Geformtheit. Wenn dies so stimmt, so geht auf den Rezipienten gewissermaßen eine ästhetische Verantwortung über, diesem Text, dieser Geformtheit, diesem Inhalt in genau dieser Gestalt so gerecht wie möglich zu werden – nicht um Deutungspotenziale zu unterdrücken, um zu der „einen richtigen" Lesart zu gelangen, sondern ganz im Gegenteil, um aus der Form die Deutungspotenziale zu entbinden – im Sinne eines gestalttheoretischen Ansatzes also (vgl. Arnheim 2000). Textnähe bedeutet dabei natürlich die Freude und die Lust am gestalteten Text, und es bedeutet, den Rezipienten „im Dienst" am Ästhetikon Text zu sehen, ihn also in seiner Bedeutung ein wenig zurückzudrängen, damit er/sie durch den Text eine Erfahrung machen kann, die jenseits ich-bezogener Spiegelung liegt – eine Konstellation, die m. E. in der Literaturdidaktik lange nicht mehr gepflegt worden ist; aber das wäre eine eigene Debatte. Sie aber wäre gerade für den Zusammenhang hier wichtig, weil das Ästhetische nicht nur seine Wirkung entfaltet, sondern weil nach Platons Dialog „Hippias Maior" (Plato 1935, 64) Sokrates die beunruhigende Frage stellt, die eine Reduktion auf die Abhängigkeit von Geschmack so nicht mehr einfach zulässt: „Ist nicht auch alles Schöne durch das Schöne schön?" (ebd.). Die Antwort darauf zu finden liegt wohl im schönen Objekt selbst, wenn denn Sokrates' Frage als These angenommen wird, und die braucht kompetente Sucher (vgl. Klotz 2009).

Warum aber, so bleibt zu fragen, gerade das grammatische Instrument für die Textnähe? Nun, wer sich auf die Form, recht eigentlich einfach auf einen Text einlässt, hat Freude an Gestaltungspotenzialen, und sie sind neben textstrukturellen Aspekten nicht zuletzt in den grammatischen Zeichen ver-/geborgen. Überdies kann die Einsicht in Grammatik, in ihre Formen, ihre Zeichenfunktion und zumal in die Belastbarkeit des mehr oder weniger normativ festgeschriebenen Systems Grammatik durch die Auseinandersetzung mit literarischen Texten verlebendigt und bereichert werden. Hier aber gilt eine deutliche Einschränkung: Literarische Texte sind nicht dafür geeignet, an ihnen etwa im Deutschunterricht Grammatikunterricht zu exekutieren: Das ist und wäre missbräuchlich, auch wenn dies vorkommen mag. Literarische Texte sind – wie die Alltagskommunikation übrigens oft auch – geeignet, die Grenzen der grammatischen Sprachbeschreibung zu beobachten. Gleichermaßen gilt es, die Sicht auf Literatur vermehrt pragmalinguistisch anzureichern; eine Möglichkeit, von der in grammatisch-integrativer Weise zu wenig Gebrauch gemacht wird, wie sie aber seit der „Deutschen Satzsemantik. Grundbegriffe des Zwischen-den-Zeilen-Lesens" (Polenz 1985) vorliegt und funktional weiterentwickelt werden könnte.

Die Funktion dieses Beitrags liegt in einer spezifischen Form der **Sprachaufmerksamkeit**, die sich eben nicht nur auf das Objekt Sprache und entstehendes Sprachbewusstsein (Andresen/Funke 2003) richtet, sondern deren Objekt bewusst gestaltete Sprache, also insbesondere Literatur ist. Es geht um eine letztlich ästhetische Sprachsensibilisierung, die sich für die **Form** ebenso sehr interessiert wie für den **Inhalt**. Dies freilich ist zentral für textnahe literarische Lektüren: Sprachliche Ästhetisierung grenzt vom Alltagssprachgebrauch ab, macht literarische Sprachverwendung eigen-artig, verändert die sprachliche Mitteilung, indem ihre Gestalthaftigkeit Teil der Inszenierung von Literatur wird. Dass im alltäglichen Sprachgebrauch ähnliche poetifizierende Sprachgebrauchstechniken – etwa bei ökonomischer oder politischer Werbung – eingesetzt werden wie beim literarischen Schreiben, widerspricht nicht der Feststellung, dass sprachliche Ästhetisierung sich vom Alltagssprachgebrauch abgrenzt, sondern bestätigt sie (Jakobson 1979). Solchermaßen werden ästhetische Wahrnehmungsweisen substantiell für ein soziokulturelles Verständnis von Literatur, und sie sind recht eigentlich selbstverständlich für die Redeweisen über literarische Texte. Hier aber scheinen Defizite zu bestehen, denn das Reden und Schreiben über Literatur erweist sich als – grosso modo betrachtet – überwiegend inhaltsorientiert. Und wenn die Beschäftigung mit Literatur sich denn doch für die Form, genauer für die sprachliche Gestaltung und sprachliche Handlungsfolgen interessiert, so dominiert der Blick auf den Wortgebrauch, die Lexik, auf die Metaphorik in besonderem Maße und auf alle jene Komponenten, die zur Musikalität des sprachlichen Ausdrucks beitragen: Vokalharmonien oder Dissonanzen, Stab-, Binnen- und Endreim, Metrum und Rhythmus. Jenseits dieser Beobachtungsbereiche, die nicht ohne Grund sich insbesondere immer wieder auf Lyrik bzw. auf gebundene Sprache beziehen, sind es textuelle Strukturen, die Beachtung finden (so z. B. die raffinierte Zeitstruktur in Kleists „Marquise von O", wo sich durch zeitliche Verschränkungen etwa die Aufklärung von Ereignissen mit Ereignissen ablöst, die das Geschehen vorantreiben).

Den Gründen für diese Beobachtungen muss man nachsinnen; sie können nicht nur an einem Mangel grammatischer und pragmatischer Kompetenz und an mangelndem Sprachbewusstsein liegen. Man kann vorab vermuten, dass es derzeit, aber eigentlich schon lange, an form-funktionsbezogenen Analyseroutinen in Hochschule und Schule fehlt, und gerade deshalb sollte man prüfen, in welchen Fällen eine erhöhte Sprach- bzw. Grammatikaufmerksamkeit der literarischen Lektüre unmittelbar nützt.

Für die Begegnung mit Grammatik hat das Bemühen um literarisches Verstehen von der Form- bzw. Sprachseite her insofern Bedeutung, als bewusste Spracherfahrungen möglich sind, die gleichermaßen für die produktive und rezeptive Sprachkompetenz mittelbar nützlich werden, da sie sensibilisieren und unmittelbarer Anlass für funktionale Sprachreflexion sind. In der Verfolgung solcher Ziele lassen sich die Verbindungen von Wahrnehmungsweisen mit Redeweisen über Literatur thematisieren, die überwiegend sprachgebunden bleiben. Dies ist nicht zuletzt für den Deutschunterricht und dort insbesondere für mittelmäßig an Literatur interessierte Schüler durchaus relevant. Nicht jede(r) mag sich so explizit zu Literatur äußern, wie das Schule immer wieder fordert bzw. fordern muss (?), und es sind wohl nicht zuletzt die Heranwachsenden, die die sozialen Distanzen spüren, wenn im Unterricht Literatur behandelt wird. Gerade sie brauchen eine Umgangsweise mit literarischen Texten, die sich mit „handwerklich" umschreiben lässt, um relativ sicher zu Äußerungen über Literatur zu kommen. Und damit beginnen ja die Entdeckungsprozeduren erst, die vielleicht Freude an Literatur und vielleicht auch an Sprache entstehen lassen. Für sogenannte „gute" Schüler und Schülerinnen ist die Verknüpfung von Textverstehen und Einsicht in Sprache alles in allem eine Bestätigung.

Eine weitere Dimension ergibt sich unter medialer Perspektive: So wie grammatische Zeichen (Tempus, Modus, Genus verbi; Wortordnung, Einbettung u. a. m.) sich in ihrer Semantik von rein referentiellen Zeichen (vulgo: Wörter) unterscheiden (Köller 2009) und deshalb ein weit höheres Maß an Aufmerksamkeit brauchen, so mag das Wissen um formale Zeichenhaftigkeit durchaus auch jene literarische Rezeption fördern, die es medial mit anderen Zeichen zu tun hat:

– Theater (Performance; Bühnenbild, Maske, Medien etc.)
– Hörspiel (akustische Rauminszenierung; Stimme, Schnitt, Überblendung, Musik, Geräusch etc.)
– Film (Bildaufbau, Kamera, Kameraeinstellungen, Kamerafahrten, Schnitt etc. und theatrale Zeichen)
– Hörbuch (Stimme, Prosodie, Pausen etc.).

Überdies bestehen unmittelbare mediale Zusammenhänge zwischen Bildhaftigkeit, Musik und Sprache, und zwar sowohl unter der Perspektive ihrer Zeichenhaftigkeit als auch synästhetisch.

Dies alles bedarf aber der Lust und der Regeln eines **Spiels**, wie im Einleitungssatz formuliert, denn nur selten **muss** man Literatur und Grammatik notwendigerweise zusammenbringen. Entdeckungsfreude, Gespanntsein auf Unerwartetes und ästhetisches Vergnügen sind die besseren Begleiter, wenn Sprachwissen und Literatur funktional aufeinandertreffen können sollen. Dass das Sprachwissen und die Einstellung zu Sprache durch dieses Spiel gewinnen können, liegt in der Natur dieser Begegnung.

2 Erste Veranschaulichung

Wenn es denn ein prototypisches Beispiel für diese Begegnung geben sollte, so ist es Kafkas „Auf der Galerie".

> FRANZ KAFKA
> „Auf der Galerie
> Wenn irgendeine hinfällige, lungensüchtige Kunstreiterin in der Manege auf schwankendem Pferd vor einem unermüdlichen Publikum vom peitschenschwingenden erbarmungslosen Chef monatelang ohne Unterbrechung im Kreise rundum getrieben würde, auf dem Pferde schwirrend, Küsse werfend, in der Taille sich wiegend, und wenn dieses Spiel unter dem nichtaussetzenden Brausen des Orchesters und der Ventilatoren in die immerfort weiter sich öffnende graue Zukunft sich fortsetzte, begleitet vom vergehenden und neu anschwellenden Beifallsklatschen der Hände, die eigentlich Dampfhämmer sind – vielleicht eilte dann ein junger Galeriebesucher die lange Treppe durch alle Ränge hinab, stürzte in die Manege, riefe das: Halt! durch die Fanfaren des immer sich anpassenden Orchesters.
> Da es aber nicht so ist; eine schöne Dame, weiß und rot, hereinfliegt, zwischen den Vorhängen, welche die stolzen Livrierten vor ihr öffnen; der Direktor, hingebungsvoll ihre Augen suchend, in Tierhaltung ihr entgegenatmet; vorsorglich sie auf den Apfelschimmel hebt, als wäre sie seine über alles geliebte Enkelin, die sich auf gefährliche Fahrt begibt; sich nicht entschließen kann, das Peitschenzeichen zu geben; schließlich in Selbstüberwindung es knallend gibt; neben dem Pferde mit offenem Munde einherläuft; die Sprünge der Reiterin scharfen Blickes verfolgt; ihre Kunstfertigkeit kaum begreifen kann; mit englischen Ausrufen zu warnen versucht; die reifenhaltenden Reitknechte wütend zu peinlichster Achtsamkeit ermahnt; vor dem großen Salto mortale das Orchester mit aufgehobenen Händen beschwört, es möge schweigen; schließlich die Kleine vom zitternden Pferde hebt, auf beide Backen küßt und keine Huldigung des Publikums für genügend erachtet; während sie selbst, von ihm gestützt, hoch auf den Fußspitzen, vom Staub umweht, mit ausgebreiteten Armen, zurückgelehntem Köpfchen ihr Glück mit dem ganzen Zirkus teilen will – da dies so ist, legt der Galeriebesucher das Gesicht auf die Brüstung und, im Schlußmarsch wie in einem schweren Traum versinkend, weint er, ohne es zu wissen" (Kafka 1994, 262).

Der Text ist so eindeutig im Bewusstsein des grammatischen Systems formuliert – ironisch gesagt, die Prager Bildungsstandards waren hierzu einfach selbstverständlich, zumal bei Zweisprachigkeit –, dass man sagen kann, er lebe von grammatischen und lexikalischen Oppositionen. Der gleiche Inhalt wird zweifach dargestellt: zuerst hypotaktisch-konditional im Konjunktiv auf der Basis eines bedrückenden Wortschatzes, sodann parataktisch im Indikativ auf der Basis eines Glanz gebenden Wortschatzes. Das bewirkt ein verwirrendes Spiel: Der hypothetische Konjunktiv steht eben nicht für Nur-zu-Denkendes (Glinz 1968), sondern für die harte Realität des Showgeschäftes, während der indikativische Teil das Showgeschäft als ein äußerliches „So ist es" abbildet. Dass dies bis in die Lexik hinein so ist, zeigt sich an der Isotopiestörung, wo die klatschenden Hände eines Zirkuspublikums mit „Dampfhämmern" gleichgesetzt werden.

Dieser Text Kafkas, der natürlich weitere Deutungen verträgt und auch bekommen hat – etwa das Kreisen der Kunstreiterin um eine leere Mitte –, dieser Text braucht Sprachwissen, wenn er nur ein wenig formalästhetisch entdeckt und erfahren werden soll.

Die Vielfalt möglicher Textbegegnungen, zumal mit literarischen Texten, die ja formal-ästhetisch besonders gestaltet sind, bringt die große Schwierigkeit mit sich, dass, um die Möglichkeiten formal-sprachlicher Wahrnehmung ausschöpfen zu können, ein breites und präsentes Sprachwissen zur Verfügung stehen muss. Denn es ist ja nicht vorhersagbar, welche sprachlichen Phänomene für einen Text besondere stilistische, ästhetische und nicht zuletzt tiefenreferentielle Bedeutung, d.h. für Analyse und Interpretation, haben werden. Eine basale Voraussetzung ist das Wissen um die Komponenten der Textualität (siehe Klotz, B 5). Sie ist jenes mentale Konstrukt, das zu erfassen versucht, was eine Anhäufung von Wörtern und Sätzen eigentlich zum Text macht, was die Texthaftigkeit eines Textes bewirkt. Und diese Frage stellt sich erst recht dringend angesichts ästhetischer Konstrukte, wie es literarische Texte nun einmal sind.

Überdies hat das Beispiel gezeigt, welcher Weg vom Text zur Grammatik und zurück zur Sprachlichkeit eines Textes und seiner Be-Deutung führt. Formale Entdeckungsprozeduren sind zunächst vor allem auf Sprachwissen und Sprachsensibilität angewiesen. Es zählt, was auffällt. Das war freilich relativ leicht beim Kafka-Beispiel: der Dampfhämmer-Vergleich stört auf, macht aufmerksam und schiebt neben die Vorstellung von Zirkusatmosphäre die Assoziationen von Fabrikhallen. Die Wiederholung des Inhalts mit völlig anderen sprachlichen Mitteln lenkt auf den Unterschied hin, und hier freilich wird sprachliches „Schulwissen" relevant: der Unterschied der Modi Indikativ und Konjunktiv, insbesondere, dass dem Indikativ ein pragmatisches „so ist es" zu eigen ist und dass der Konjunktiv II, überdies in eine gemischte Temporal- und Konditionalkonstruktion eingebunden, pragmatisch auf Hypothetisches verweist (Klotz 1991). Auch dass die Satzstruktur als Spiegelung des Dargestellten genutzt wird, bedarf einer kompetenten Sprachaufmerksamkeit: Während die erste Schilderung versucht, die Komplexität der Beobachtungen formal durch eine hypotaktische, konditionale Satzstruktur aufzunehmen und gewissermaßen in einem Atemzug das

Ganze zusammenzuzwingen, überlässt sich die zweite Schilderung dem Nacheinander der Vorführung mittels einer Parataxe, die freilich überdies so gedeutet werden könnte, dass sich bis in eine „graue Zukunft" die Reihung scheinglänzender Vorführungen fortsetzen wird.

Wenn aber nicht eine so auffällige Gruppe sprachlicher Erscheinungen vorliegt, bedarf es Vorstellungen bzw. Thesen von alltäglichem, unmarkiertem Sprachgebrauch, um die jeweilige Besonderheit, um die Abweichung wahrnehmen und beschreiben zu können. Worin sie sprachlich bzw. grammatisch besteht, ist deshalb so schwer und kaum listenhaft zu sagen, weil der jeweils unmittelbare Kontext die einzelnen Formulierungen mitbestimmt. So ist etwa die Abfolge Subjekt-Prädikat-Ergänzungen keineswegs eine „Normalabfolge"; die häufige „und dann"-Verwendung im alltäglichen Sprachgebrauch zeigt ja schon, dass vor dem Prädikat oft eine leere Phrase steht, die etwas Zeit zum Nachdenken gibt; auf das flektierte Verb folgen meist das Subjekt, sodann die übrigen Satzglieder. Aber gerade die leere „und dann"-Formel verweist auch darauf, dass die erste Satzgliedposition im deutschen Satz ganz verschieden besetzbar und benutzbar ist: sowohl als günstige Anschlussstelle für den vorausgegangenen Satz, als auch als markierte Ausdrucksstelle. – Erst wenn ein Sprachwissen diesen Stand erreicht hat, werden formale Besonderheiten beobachtbar. Und schließlich sei einschränkend festgehalten, dass sehr viele literarische Texte sich sprachlich in einem relativ unauffälligen grammatischen Rahmen bewegen, so dass der Blick auf Grammatik schlicht nicht lohnt. – Er lohnt eben nur, wenn es etwas zu entdecken gibt, das überdies textsemantische und/oder pragmatische Funktion hat.

Etwas anders gestaltet sich das umgekehrte Verhältnis: Sprachliche Sensibilität bei der Rezeption von Literatur kann Kompetenz dergestalt erhöhen, dass über solchermaßen bewusst gestaltete Sprache ein breit(er)es Kompetenzmuster entsteht – ein alter, aber nicht veralternder Zusammenhang.

3 Das weite Feld sprachlicher Beobachtungsmöglichkeiten

Die Grundfragen, inwieweit eine grammatische Sprachaufmerksamkeit sensibel macht für die Ästhetik literarischer Texte, für ihre Gemachtheit, für ihre Ausdruckspotentiale und inwieweit das Sich-Einlassen auf Literatur offen macht für Sprachstrukturen und Sprachästhetik, werden schlussendlich nicht ganz eindeutig beantwortbar sein. Das bedeutet aber gerade nicht, dass solche Aufmerksamkeit nicht weiterführend sein könnte. Notwendig ist eine relativ umfangreiche Präsenz sprachlichen Wissens, etwa wie bei der Aufdeckung von **Textualität**. Das können sein

- sprachliche Verfahren für **Herausstellungsstrukturen**, also z.B. Links- und Rechtsausklammerungen,
- Verschiebungen von **Klammerstrukturen** bei Satzglied und Satz,
- Verwendung des **Passivs**,

- Verwendung von **Funktionsverbgefügen**,
- Verschiebungen im **Mittelfeld**.

Syntaktisch-stilistische Strukturen wie
- **einfacher Satz, Parataxe, Hypotaxe**,
- **Attribuierungs**grad,
- **Adverbialien** im Deixisbereich und im Kausal- und Modalbereich,
- Nutzung von bzw. Spiel mit der **consecutio temporum**,
- **Modus**oppositionen (bis hin zur erlebten Rede).

Informationelle Strukturen wie Thema-Rhema-Konstanz und -Progression, Teilthemenentfaltungen, Themabrüche, -sprünge oder -verschiebungen.

Inszenierte Mündlichkeit durch Vokalharmonie, -akzentuierungen, -oppositionen; Dialogizität, Registerwechsel.

All dies und viel mehr kann stilistisch und ästhetisch ebenso wirkungsvoll sein wie die Verwendung einer betont einfachen Sprache – man denke etwa an Günter Eichs Gedicht Inventur:

„INVENTUR
(1) Dies ist meine Mütze,/dies ist mein Mantel,/hier ist mein Rasierzeug/im Beutel aus Leinen. [...]
(5) Die Bleistiftmine/lieb ich am meisten:/Tags schreibt sie mir Verse,/die nachts ich erdacht..."
(Eich 1973 (erstmals 1946), 10).

Die Stil- und Registerverschiebung zwischen der ersten und hier der fünften Strophe wird zum unmittelbaren, etwas altertümelnden Ausdruck zweier Befindlichkeits- und Weltzustände. Die verbale Aktionsverschiebung zum Bleistift hin zusammen mit dem benefaktorischen Dativ „mir" im vorletzten Vers sowie die Veränderung der Wortfolge („die nachts ich erdacht") und dort das Prädikat ohne Auxiliar im letzten Vers der zitierten fünften Strophe poetifizieren die Darstellung selbst, und sie steht in Kontrast zur listenhaften Bestandsaufnahme der ersten – und auch der letzten – Strophe des Gedichts.

Der Mehrwert solch grammatischer Beobachtung liegt in der Textnähe möglicher Aussagen über das Gedicht, in ihrer Präzision und somit in dieser Lust, diesem Vergnügen, eine Spracherfahrung mitmachen zu können, die bei allgemeinerer, sicher auch wertvoller Textdeutung so nicht möglich gewesen wäre. Solch sprachsensible Beobachtungen sind auf allen linguistischen Ebenen zu machen, etwa bei sparsamem oder reichlichem Adverbialien- oder Attributgebrauch, bei syntaktischen Reihenbildungen, bei komplexen hypotaktischen Strukturen und immer wieder bei raffinierter Wortfolge bzw. Vorfeld-, Mittelfeld- oder Nachfeldbesetzung.

Hinzukommen muss eine funktionale Thesenbildung, und zwar dergestalt, dass überprüft wird, wozu die sprachliche Form „taugt", was sie – etwa in Kontrast zu Anderem – auszudrücken vermag. Das kann, wie im obigen Eich-Beispiel, ein quasi Zitieren lyrischer Sprache durch Wortfolgeveränderung sein, das kann

Komplexitätsspiegelung durch Hypotaxe sein wie im ersten Satz der Kafkaparabel oben – und eben vieles Andere mehr. Grammatisch bedeutet dies durchaus auch die notwendige Erfahrung bzw. Wissenserweiterung, dass die Gleichung „ein Zeichen – eine Bedeutung" so nicht besteht, sondern dass mit einer begrenzten Offenheit bzw. Multifunktionalität sprachlicher Zeichen zu rechnen ist.

Bei einem weiten Grammatikverständnis gilt es, **pragmatische Aspekte** funktional einzubeziehen. So zeigen sich beim oben erwähnten Gedicht „Inventur" von Günter Eich an der **Oberfläche** Sprachhandlungen wie AUFZÄHLEN oder in der 5. Strophe BEKENNEN. Diesem Wechsel von einer nüchternen zu einer intimen Sprachhandlung entsprechen die Wortwahl und die syntaktische Strukturgebung. In der **Tiefe** verlangen solche Oberflächenfeststellungen Interpretation, nicht zuletzt pragmatische Interpretation. Das lyrische Ich „summiert" seinen äußeren und inneren Bestand, der zum Ausdruck einer Allgemeinbefindlichkeit der Kriegsteilnehmer wird, mit der Differenz freilich, dass hier fast ein „Dank" ausgesprochen wird für die verbliebene Möglichkeit des Dichtens – ein metapoetologisches Gedicht also überdies.

Die Anmerkungen zu diesem Gedicht verdeutlichen, wie sinnvoll es sein kann, Sprachhandlungsfolgen auf der Oberfläche und in der Tiefe eines Textes zu verfolgen. Ohne die Sprechakttheorie in der Schule explizit behandeln zu müssen, lässt sich mit den vorterminologischen Begriffen wie **Absicht** (= Illokution) und **Inhalt** (= Proposition) eine solche Beobachtungsfolge erstellen. – Dass dies geradezu unmittelbar aufschließende Funktion bei Dramendialogen hat, erschließt sich von selbst, gilt aber grundsätzlich für alle Gattungen.

Die didaktische und hier auch methodische Frage lautet: Wann und wie scheint solche Sprachsensibilität und erst recht solch weites Sprachwissen vermittelbar? Ohne hier (zu) einfache Antworten geben zu wollen: Nur ein kontinuierliches Aufmerksam-Machen, eine sich zentral um Sprachliches bemühende Aufgabenstellung, nur ein Vorführen solcher Redeweisen über Literatur – neben anderen natürlich – vermögen solche quasi handwerklichen Fähigkeiten und solche mögliche Lust an ästhetischen Texten zu evozieren. Fähigkeiten übrigens, wie sie mutatis mutandis für jeden Musiker, auch Hausmusiker, selbstverständliche Voraussetzung sind. Was hierfür freilich zu fehlen scheint, sind in der Sprachwissenschaft und in der Literaturdidaktik entsprechende Bemühungen im Rahmen der Lehramtsausbildung. – Freilich, diese m. E. zentrale Pflicht soziokultureller Vermittlung auf allen institutionellen Ebenen bleibt.

4 Sprachlichkeit in all ihren Facetten

Wenn denn die Begegnung Grammatik – Literatur so fruchtbar sein kann (nicht muss), und zwar sowohl für die Aufschließung des literarischen Textes als auch für die sprachlich-grammatische Sensibilisierung, dann bedarf es der Vorschläge für den Unterricht in Hochschule und Schule. Solche Vorschläge könnten freilich als quasi kanonische Listen wahrgenommen werden, mit denen dann diese Möglichkeit „erledigt" sei – aber eine solche Sicht verbietet sich natürlich. Wichtiger ist eine kontinuierliche ästhetische Sprachaufmerksamkeit, die zu wachen Textbegegnungen ebenso führt wie zu einer multifunktionalen Sprachsensibilität. Gäbe es noch eine beständige Aufmerksamkeit auf Stil – für ihr Wiederaufleben gibt es Anzeichen (Fix/Gardt/Knape 2008) –, so wäre dies durchaus der wissenschaftliche und (schul-)didaktische Ort für solch eine funktionale Begegnung von Grammatik und Literatur.

Im Folgenden seien einige Beispiele angeführt, mit deren Hilfe dieses Zusammenspiel einigermaßen systematisch erfassbar erscheint – auffindbar bei entsprechender Offenheit für und Lust an der sprachlichen Form.

Mögliche Texte	**dominant sprachliches/ grammatisches Phänomen**
J. v. Eichendorff: Wünschelrute	Klammerstruktur; Hypotaxe; Vokalharmonie
C. F. Meyer: Römischer Brunnen	Satzklammer; Enjambement
Chr. Reinig: Scorpius Skorpion	Prädikat(ion); Attribuierung
H. v. Kleist: Der Griffel Gottes	Hypotaxe, einfacher Satz, komplexe Attribute; Informationsdichte
F. Kafka: Auf der Galerie	Modus; Hypotaxe, Parataxe
B. Brecht: Wenn alle Menschen Haifische wären	Modus
Th. Mann: Der Erwählte	Wortbildung; Verbklammer; Stab- u. Binnenreim

Um nun in einem letzten Schritt das Einfache einer solchen Liste zu überwinden, sei ein besonderes Zeichenspiel herangezogen, das bis in die Schule hinein wie ein germanistischer Professionalitätshinweis einer Lehrkraft gehandelt werden kann. Eine Prosa soll betrachtet werden, die längst **vor** dem Medienzeitalter das mediale Spiel der Zeichen aufgenommen hat, gewissermaßen ein Extremfall als Anregung für weiteres entdeckendes Rezipieren, das das Musikalische in sprachlicher Gestaltung zu finden weiß. In der Prosa erschließt sich dies nicht so leicht und ist auch nicht so erwartbar wie in der Lyrik. Es geht um einen Text, der lautes Lesen geradezu herausfordert und damit mittelbar seine Herkunft kund tut. Wenn am Schluss von Hartmann von Aues „Gregorius. Der guote suendaer" die Ankunft in Rom mit wenigen Versen umschrieben wird, dann setzt Thomas Manns im wahrsten Wortsinn kongeniale Übertragung **und** Umerzählung „Der Erwählte" genau mit dieser Ankunftssituation ein:

G 5 Textnahe Lektüre durch grammatisches Wissen

„Von einen gnâden ich iu sage.
Vor der kunft drîer tage
dô wart ze Rôme ein grôzer schal:
sich begunden überal
die glocken selbe liuten
und kunten den liuten
daz ir rihtaere
schiere künftic waere"
(von Aue 1978, Vers 3753–3760).

„Glockenschall, Glockenschwall supra urbem, über der ganzen Stadt, in ihren von Klang überfüllten Lüften! Glocken, Glocken, sie schwingen und schaukeln, wogen und wiegen ausholend an ihren Balken, in ihren Stühlen, hundertstimmig, in babylonischem Durcheinander. Schwer und geschwind, brummend und bimmelnd, – da ist nicht Zeitmaß noch Einklang, sie reden auf einmal und alle einander ins Wort, ins Wort auch sich selber: an dröhnen die Klöppel und lassen nicht Zeit dem erregten Metall, daß es ausdröhne, da dröhnen sie pendelnd an am anderen Rande, ins eigene Gedröhne, also daß, wenn's noch hallt, »In te Domine speravi«, so hallt es auch schon »Beati, quorum tecta sunt peccata«, hinein aber klingelt es hell von kleineren Stätten, als rühre der Meßbub das Wandlungsglöcklein" (Mann 1980, 7).

Thomas Manns Erzählung setzt mit dem Wunder ein, das sich bei dem Einzug des neuen Papstes vollzieht. Es ist das doppelte Wunder, dass ein Mensch Papst werden soll, der aus einer inzestuösen Geschwistergemeinschaft hervorgegangen ist und der nach einer unschuldig-schuldigen Ehe mit seiner Mutter – denn so weit reicht die antike Geschichte des Ödipus sowohl in Hartmanns Epos als auch in Thomas Manns Erzählung hinein – und einer siebzehn Jahre währenden Buße als einzig möglicher Nachfolger auf dem Stuhl Petri der Wahlversammlung erscheint. Und es ist das Wunder der selbsttätigen Glocken, die aber doch nicht so ganz von selbst läuten bei Thomas Mann – im Gegensatz zu Hartmanns Darstellung –, denn die Macht, solches Wunder zugänglich zu machen, schreibt Thomas Mann dem „Geist der Erzählung" zu: „Wer also läutet die Glocken Roms? – Der Geist der Erzählung – [...] hic et ubique [...] das vermag er" (ebd.).

Textnähe und erste sprachliche Erfahrungen seien mit den Parametern der Tonqualität der Wörter, der Prosodie der Sätze, des Rhythmus und der reimnahen Parallelismen des Textes gemacht. Darüber hinaus werden einige grammatikalische Blicke ganz textnah die Prosodie und somit die Verschränkung von musizierender Sprache und Onomapoesie der klingenden römischen Glocken erklären und erläutern helfen.

Der Text setzt ein mit zwei neu gebildeten Wörtern, die sich nur durch einen einzigen Laut bzw. Buchstaben unterscheiden. Der Klang der Glocken wird – trompeten- und posaunenhaft, so eine Assoziation – zum „Schall" und in seiner Vielzahl zum „Schwall" (ebd., 7). Grammatisch ein höchst geeignetes Beispiel für die Möglichkeiten der deutschen Wortbildung, soweit es die Komposition betrifft: zum einen die Zusammenfügung von freien Morphemen, von Wörtern also zu einem neuen Ganzen, zum anderen die vielfältigen semantischen Fügungen, die sich ergeben können – hier recht einfach, indem ein Instrument-Wirkung-Zusammenhang hergestellt wird: der Schall und Schwall der Glocken. Sprachtypisch für das Deutsche ist die semantische Belastbarkeit dieses Konstruktionstyps durch die im Deutschen ganz besonders trainierte Kooperationsbereitschaft der Kommunikationspartner, wenn (etwa in der Schule) die Reihe gebildet wird *Schweineschnitzel, Kalbsschnitzel, Jägerschnitzel* oder eben auch *farbecht, kussecht* für Lippenstifte. – Zurück zu den Glocken: Die bislang „unerhörten" Wörter, geeignet für ein solches unerhörtes Wunder, stellen einen lyrischen sofort onomapoetisch zu verstehenden Parallelismus dar, der sich wie ein erstes rhythmisches Schema jambisch einstellt. Füllte jedes dieser Wörter eine Verszeile, so endete der Vers „männlich" oder „stumm", also einen Anspruch im Dröhnen verstummend ausdrückend, wie er dem doppelten Wunder angemessen ist, überdies, wenn es sich über die die religiöse Welt beherrschende urbs Roma ergießt. Dem Deutschen verbindet sich in solcher Sache das Lateinische jambisch ganz selbstverständlich, und die Verse beginnen gewissermaßen auszuschwingen, indem die nun auch weiblichen bzw. klingenden Versenden das tönende Bild bestimmen. Als Gedicht aufgeschrieben ergäbe der Anfang des Anfangs folgendes lyrisches Bild:

1	Glockenschall
	Glockenschwall
	supra urbem
	über der ganzen Stadt
5	in ihren von Klang erfüllten Lüften.
	Glocken, Glocken,
	sie schwingen und schaukeln,
	wogen und wiegen,
	ausholend an ihren Balken,
10	in ihren Stühlen
	hundertstimmig in babylonischem Durcheinander.

Die Umschrift verweist noch deutlicher auf die freien Rhythmen, die anklingenden Stab- und Endreime, die Parallelkonstruktionen, aber auch – nun graphisch durch die Verslänge veranschaulicht – wie dieses Schema durch die Ausdehnung (Zeile 5) und schließlich durch das Durcheinandertönen ins Klangchaos gerät (Zeile 11), in dem Rhythmus und Gleichmaß des Schwingens der Prosodie unterbrochen werden. Diese Struktur von Ordnung und Unordnung nimmt der Text wieder auf, und der Befund wird auch ganz explizit im Text selbst formuliert: „alle ins Wort, ins Wort auch sich selber [...]". Die Erwähnung der Sprache, des **Wortes,** scheint denn auch das Spiel mit den syntaktischen Mitteln zu bedingen: Die normale, unauffällige Ordnung der Wörter und Satzglieder wird verändert zu einer ganz und gar ungewöhnlichen Umstrukturierung: „**an** dröhnen [Hervorhebung P. K.] die Klöppel und lassen nicht Zeit dem erregten Metall" statt *Die Klöppel dröhnen an und sie lassen dem erregten Metall nicht Zeit.*

Solche Umstrukturierung poetifiziert den Text (vgl. Jakobson 1979; Begemann 1991; Klotz 2002) gewissermaßen und gleichzeitig zeigt sie an, dass die Grenze einer Ordnung erreicht ist – eine Struktur also, die gerade noch innerhalb der Norm steht, aber doch sehr außergewöhnlich ist, zumal in Prosa. Der weitere Text greift dies erläuternd auf, führt den Gedanken aber durch die sich unterbrechenden Satzmuster onomapoetisch/prosodisch vor: „ins eigene Gedröhne, also daß, wenn's noch hallt, »In te Domine speravi«, so hallt es auch schon »Beati, quorum tecta sunt peccata«".

Und wiederum wird die Wortfolge in ihrer Belastbarkeit ausgelotet: „hinein aber klingelt es hell", um am Schluss, gewissermaßen ausklingend, in einer üblichen Satzstruktur zu enden: „als rühre der Messbub das Wandlungsglöcklein". Was hier so vielgestaltig auffällt und noch detaillierter beschreibbar wäre, ist das Tönen mit der Sprache, die hier zum Musizieren mit einem onomapoetischen Bild wird.

Rückblickend lässt sich sagen, dass die ersten beiden Wörter des Textes das Zeichen gegeben haben, dass hier eine besondere Prosa beginnt, die sich in der Nähe der Lyrik (zwar) bewegt, aber doch ganz Prosa bleibt. Diese Prosa will gewissermaßen tönen, über den Wort- und den Satzsinn hinaus steht sie für sich wie ein musikalisches Zeichenensemble. Kompositorisch „braucht" Thomas Mann denn auch am Anfang seiner Erzählung dieses Mehr an tönender Sprache, stellt sich doch den Menschen ein Wunder als eine Grenzüberschreitung dar, die es gewissermaßen durch eine ähnliche Grenzüberschreitung – etwa im Sinne der Romantik durch „Musik" – zu gestalten gilt. Der „Geist der Erzählung" begründet den Griff zur Gattung der Prosa durchaus im musikalisch-literarisch-ästhetischen Sinne, denn der Inhalt der Geschichte selbst, er ist ja geprägt von Ordnung, Unordnung und wiederum Ordnung:

> „Eines ist gewiß, nämlich, daß ich Prosa schreibe und nicht Verselein [...] Ich höre zwar sagen, daß erst Metrum und Reim eine strenge Form abgeben, aber ich möchte wohl wissen, warum das Gehüpf auf drei, vier jambischen Füßen, wobei es obendrein alle Augenblicke zu allerlei daktylischen und anapästischem Gestolper kommt, und ein bißchen spaßige Asonanz der Endwörter die strengere Form darstellen sollten gegen eine wohlgefügte Prosa mit ihren viel feineren und geheimeren rhythmischen Verpflichtungen [...]" (Mann 1980, 13).

5 Ein ganz kurzer Schluss

Dieser Beitrag stellt vielleicht selbst eine Grenzüberschreitung dar. Er verlässt sowohl den relativ festen Boden grammatischen Wissens sowie die hohe Inhaltsorientierung literarischer Textrezeption, und doch sucht dieser Beitrag diesen Boden. Er will aufmerksam machen, und er will vor allem zeigen, wie lebendig grammatisches Wissen in solcher Funktion sein kann, zumal ohne Grammatikwissen die Redeweise über Literatur weniger präzise, weniger „formbewusst" wäre. Dies lässt sich institutionell gegenwärtig am besten im Teilfach germanistische Didaktik – Linguistik und Literaturwissenschaft finden ja doch allzu selten konstruktiv zusammen – anschaulich vermitteln, weil dort das integrative Element, das für den Deutschunterricht unverzichtbar ist, virulent bleiben muss und so seine Wirkung bis in die Schule hinein tun kann. Literatur- und Grammatikbetrachtung zusammenzudenken hat dabei weder Einengendes noch Normatives, sondern ganz im Gegenteil stellt dies einen schöpferischen rezeptionsästhetischen Akt dar, wie er einer sich soziokulturell ernst nehmenden Didaktik entspricht.

Literatur

Primärliteratur

Aue, Hartmann von: Der guote sündaer. Mittelhochdt. Text nach d. Ausg. v. Friedrich Neumann. Stuttgart: Reclam 1978 (Vers 3753–3760)

Eich, Günter: Inventur. In: Gedichte. Ausgewählt von Ilse Aichinger. Frankfurt/M.: Suhrkamp 1973, 10

Kafka, Franz: Auf der Galerie. In: Schriften, Tagebücher, Briefe. Bd. Drucke zu Lebzeiten. Hrsg. von Kittler, Wolf/Koch Hans-Gerd/Neumann, Gerhard. Frankfurt/M.: Fischer 1994, 262

Mann, Thomas: Der Erwählte. In: Mendelssohn, Peter d. (Hrsg.): Thomas Mann. Gesammelte Werke in Einzelbänden (Frankfurter Ausgabe). Frankfurt/M.: Fischer 1980, 7 ff.

Sekundärliteratur

Andresen, Helga/Funke, Reinhold: Entwicklung sprachlichen Wissens und sprachlicher Bewusstheit. In: Bredel, Ursula/Günther, Hartmut/Klotz, Peter/Ossner, Jakob/Siebert-Ott, Gesa (Hrsg.): Didaktik der deutschen Sprache. Bd. 1. Paderborn/München/Wien/Zürich: Schöningh 2003, 438–452

Arnheim, Rudolf: Kunst und Sehen. Eine Psychologie des schöpferischen Auges. Berlin/New York: de Gruyter, 3. Aufl. 2000

Begemann, Petra: Poetizität und Bedeutungskonstitution. Hamburg: Buske Verlag 1991

Fix, Ulla/Gardt, Andreas/Knape, Joachim: Rhetorik und Stilistik. Bd. 2. Berlin/New York: de Gruyter 2009

Glinz, Hans: Die innere Form des Deutschen. Bern/München: Francke, 5. Aufl. 1968

Jakobson, Roman: Linguistik und Poetik. In: Ausgewählte Aufsätze 1921–1971. Frankfurt/M.: Suhrkamp 1979

Klotz, Peter: Grammatisches Grundwissen und Schulgrammatik – am Beispiel des deutschen Modalsystems. In: Diskussion Deutsch 22 (1991) 121, 494–508

Klotz, Peter: Sprachliche Ästhetik entdecken. Grammatik, Stimme und Textwirkung. In: Praxis Deutsch 29 (2002) 172, 53–56

Klotz, Peter: Reflexionen über Sprache und Ästhetik – unter dem Blickwinkel sinnlicher Erkenntnis. In: Haueis, Eduard/Klotz, Peter (Hrsg.): Sprachästhetik. OBST (2009) 76, 161–182

Köller, Wilhelm: Stil und Grammatik. In: Fix, Ulla/Gardt, Andreas/Knape, Joachim 2009, 1210–1230

Plato: Hippias Maior. Übersetzt von Otto Appelt. Leipzig 1935, 64

Polenz, Peter v.: Deutsche Satzsemantik. Grundbegriffe des Zwischen-den-Zeilen-Lesens. Berlin/New York: de Gruyter 1985

JAKOB OSSNER

G 6 Wörter zusammenschreiben oder auseinander. Orthographie und Sprachbewusstheit

1 Das orthographische Problem: Regelwerk, Regelformulierung, grammatische Analyse

War die Getrennt- und Zusammenschreibung im Regelwerk von 1901 überhaupt nicht enthalten, erscheint sie in den nach Sachgebieten geordneten Auflagen in den 60er Jahren unter „Zusammen- und Getrenntschreibung" und enthält als Grundprinzip, dass man zusammenschreibe, „wenn ein neuer Begriff entsteht, den die bloße Nebeneinanderstellung nicht ausdrückt. [...] Getrennt schreibt man, wenn zwei zusammengehörige Wörter noch ihren ursprünglichen Sinn bewahrt haben" (Duden 1967, 42). Ausdrücklich wird darauf hingewiesen, dass es nicht möglich sei, „feste Richtlinien aufzustellen" (ebd., R 138). In den Auflagen, bei denen ab den 70er Jahren die Regeln alphabetisch geordnet sind, wird dieses noch verstärkt, indem nun nur noch von „Hinweisen" gesprochen und bestimmt wird, dass getrennt zu schreiben sei, „wo die folgenden Hinweise nicht ausreichen und auch das Wörterverzeichnis nicht weiterhilft" (Duden 1980, Vorbemerkung vor R 205).

In diesen Auflagen ist bereits leicht eine Wortartenorientierung angelegt, wenn vor allem auf „verblaßte Hauptwörter" oder „eigenschaftswörtliche Verbindungen" verwiesen wird, an denen die semantische Grundorientierung besonders deutlich veranschaulicht werden könne. Das amtliche Regelwerk (ARW) von 1996, das ganz von der semantischen Orientierung Abstand nimmt, ist nur noch an den verschiedenen Wortarten orientiert: Verb (§§ 33–35), Adjektiv und Partizip (§ 36), Substantiv (§ 37) und „andere Wortarten" (§ 39) (Die neue deutsche Rechtschreibung 1996). So sehr sich auch die Regelung gewandelt hat, diese Einteilung wird auch 2006 beibehalten – und damit auch die kasuistische Grundhaltung. Dabei ist 2006 die Kasuistik vielleicht sogar noch einmal größer geworden. War 1996 beispielsweise in § 34 (3) geregelt, dass „Fälle, bei denen der erste Bestandteil eine Ableitung auf -ig, -isch, -lich ist, zum Beispiel: *lästig fallen, übrig bleiben* [...]" getrennt geschrieben werden, so fehlt ein solcher Hinweis 2006, obwohl sich am Sachverhalt – wie unglücklich er auch im Regelwerk von 1996 ausgedrückt war – nichts geändert hat. Das Regelwerk von 1996 führt in § 34 (4) expressis verbis auf, dass man *getrennt schreiben* getrennt schreibe. Die Begründung lautet: Partizip und Verb werden auseinandergeschrieben, wie auch „(zusammengesetztes) Adverb + Verb" (§ 34 (2)), sodass man auch *auseinanderschreiben* getrennt schrieb. 2006 wird der diesem Regelwerk zugrundeliegende Schematismus, wie er sich in den Zitaten oben ausdrückt, beiseitegeräumt und eine am Usus ausgerichtete Regelung zu großen Teilen wieder eingeführt – ohne jedoch das Gerüst des Regelwerks zu ändern. Nun kann man das in § 34 (4) (ARW 1996) auch angeführte *verloren gehen* wieder zusammenschreiben, ebenso wie *gefangennehmen*; maßgeblich ist nun § 34 (2.2), der die Zusammenschreibung idiomatisierter Wendungen regelt und § 34 (2.3), wo morphologisch argumentiert wird: „In den anderen Fällen wird getrennt geschrieben. Dazu zählen insbesondere Verbindungen mit morphologisch komplexen oder erweiterten Adjektiven, zum Beispiel: *bewusstlos schlagen*". Der Wörterbuchteil bei Wahrig (2009) bestimmt dann bei „gefangen nehmen – gefangennehmen: Eine Verbindung aus *gefangen* und einem Verb wird in konkreter Bedeutung getrennt geschrieben: *Wir werden sie gefangen nehmen* (= festnehmen)" (§ 34 (2.3)). „Lässt sich die Bedeutung einer solchen Verbindung jedoch nicht aus ihren Einzelbestandteilen erschließen (Idiomatisierung), ist zusammenzuschreiben. *Mit seiner Art zu erzählen, vermochte er seine Zuhörer immer wieder gefangenzunehmen* (= in seinen Bann ziehen)" (§ 34 (2.2)). Dabei wird § 34 (2.3) allerdings so umgedeutet, als würde er von wörtlicher Bedeutung sprechen; dabei führt er aber nur ein morphologisches Kriterium, das Getrenntschreibung indiziert, an.

Kurz und gut, auch die letzten beiden Regelformulierungen bieten eher Andeutungen, die offensichtlich stark interpretierungsbedürftig sind, weswegen das Duden-Wörterbuch in der 24. Auflage bei *gefangen nehmen* auch andere Konsequenzen zieht als das Wahrig-Wörterbuch der 7. Auflage. K 53 des nach Sachgebieten alphabetisch geordneten eigenen Regelteils des Dudens bestimmt ziemlich eindeutig, dass getrennt geschrieben werden müsse und im entsprechenden Lemma wird auch die Getrenntschreibung empfohlen, wenngleich die Zusammenschreibung als eine Möglichkeit nach K 58 bei Partizipien angegeben wird. K 58 besagt aber wiederum, dass nur dann das Partizip mit dem Verb zusammengeschrieben werde, wenn das zugrundeliegende (nach dem Duden-Wörterbuch: *zugrunde liegende*) Verb bereits zusammengeschrieben wird, was aber im Lemma selbst nicht auftaucht.

Es ließen sich weitere Beispiele anführen, etwa das, wie *Freitag+Abend* in einem Satz wie: *Wir treffen uns Freitag+Abend* zu schreiben sei.

Man sollte sich daher nicht wundern, wenn Schüler (und vermutlich vor ihnen die Lehrkräfte) bei solchen Ausdrücken Schwierigkeiten haben. In einem im Auftrag des Rats für deutsche Rechtschreibung entwickelten und in 12 Klassen deutscher, schweizer, österreichischer und belgischer Schulen mit insgesamt 245 Schülerinnen und Schülern von 9. Klassen durchgeführten Test lösen nur 44,73 % der Schüler das Tageszeitenproblem (*Dienstagabend*) orthographisch korrekt, obwohl sogar im entsprechenden Item der Tageszeit eine Präposition (*am*) vorangig (Ossner 2011).

In der Orthographie gibt das amtliche Regelwerk den Rahmen an, innerhalb dessen die didaktische Modellierung passiert. Dabei liegt es nahe, dass sich die Didaktik nahe am Regelwerk bewegt und ihre Modellierung ebenfalls an den Überschriften des Regelwerks orientiert. Nach 1996 war dies durchaus sinnvoll, da das Regelwerk selbst den Willen bekundete, die Orthographie – nicht nur die Formulierung der Regeln – didaktisch einfacher zu gestalten. Als dieser Ansatz nicht zu halten war, weil die Schriftgemeinschaft sich mit sprachwidrigen Schreibungen wie *Eis laufen* oder *Kopf stehen* nicht zufriedengeben wollte, und der Bereich der Getrennt- und Zusammenschreibung 2006 neu gefasst worden war, sieht man dies dennoch der Grobeinteilung des Regelwerks nicht an, sodass es nun kaum mehr eine Orientierung bietet. Der Hinweis auf eine Wortgruppe wie Substantiv + Verb (die im Folgenden exemplarisch betrachtet wird), der 1996 Getrenntschreibung indizierte (wenn auch nicht garantierte), besagt nach 2006 wenig. Wenn schon nicht das Regelwerk daraus Konsequenzen gezogen hat, so muss zumindest die Didaktik Konsequenzen ziehen.

2 Die grammatische Fundiertheit der Orthographie

Dass die Orthographie grammatisch fundiert sei, ist eine These, die in der jüngsten Zeit in dieser Form vor allem Maas (1992) und Eisenberg (1998) vehement vertreten haben. In der Regelformulierung des ARW kann man davon aber wenig spüren. Nun liegt – mehr oder weniger zeitgleich mit der Veröffentlichung des ARW – für die Getrennt- und Zusammenschreibung ein linguistisch argumentierender Vorschlag von Jacobs (2005) vor, der zeigt, was „grammatische Fundierung" in der Getrennt- und Zusammenschreibung bedeuten kann. Entscheidend ist dabei ein Herangehen von zwei Seiten. Zum einen „von unten", von der Morphologie her: Was morphologisch als Wort bestimmt werden kann, wird zusammengeschrieben, denn unsere Vorstellung von einem Wort findet in der Zusammenschreibung der Buchstaben, in einer Kurrentschrift sinnfällig durch die Buchstabenverbindungen ausgedrückt, seinen Ausdruck. Dabei kann morphologisch ein sprachlicher Ausdruck als ein Wort bestimmt werden, wenn der letzte Schritt der Ableitung morphologisch zu bestimmen ist. In den Worten von Jacobs (2005, 38): „Ein lautsprachliches Zeichen Z ist morphologisch gebildet genau dann, wenn der letzte Schritt der Derivation von Z einem morphologischen Bildungsprozess entspricht" (wobei der Ausdruck „Derivation" allgemein, nicht im Gegensatz zu „Komposition" gebraucht wird).

Der Zugang „von oben" geschieht von der Syntax her. Zwei nebeneinanderstehende Ausdrücke werden auseinandergeschrieben, wenn zwischen Ihnen eine syntaktische Relation beschrieben werden kann. Fuhrhop (2006, 57) formuliert dieses Prinzip radikaler: „Einheiten, die syntaktisch nicht analysierbar sind, das heißt insbesondere, die nicht in syntaktischer Relation zu anderen Einheiten in einem Satz stehen, sind Bestandteile von Wörtern. Dies führt zur Zusammenschreibung."

Dieses Prinzip ist so formuliert, als sei die Getrenntschreibung das Normale und die Zusammenschreibung das Besondere. Dies ist nicht nur historisch, mit der scriptura continua als ersten Formen, sondern auch systematisch (vgl. Jacobs 2005, 97) nicht aufschlussreich. Stärker zählt, dass eine syntaktische Analyse zwischen zwei sprachlichen Ausdrücken möglich ist – in abstracto – und dennoch – in concreto – eine Zusammenschreibung erforderlich ist. Dies ist immer dann der Fall, wenn der Kontext über die jeweilige Schreibung entscheidet. Daher ist es besser so zu formulieren: **„Einheiten, die syntaktisch analysierbar sind, werden nicht zusammengeschrieben"** (Ossner 2010, 136).

Damit ist das Spektrum der zu analysierenden Fälle gegeben. An dem einen Ende finden sich alle, die klar morphologisch bestimmbar sind, an dem andern alle Fälle die „kontingent" syntaktisch analysiert werden können. „Kontingent" bedeutet, dass die syntaktische Analyse immer vor dem Hintergrund des konkreten Satzes vorgenommen werden muss.

3 Die didaktische Arbeit

3.1 Phänomene und Operationen

Zu den üblichen Aufgaben der Didaktik gehört, hinter eine phänomenale Oberfläche schauen zu lernen. Dies ist im Wesentlichen die Quintessenz des genetischen Lehrens bei Wagenschein (1968). Um das Problem zu verdeutlichen, wird im Folgenden, von einem Beispiel ausgehend, eine didaktisch motivierte Analyse zu entwickeln versucht.

Das Beispiel: *Brassen+fischen* vs. *Fliegen+fischen*

Brassen+fischen und *Fliegen+fischen* scheinen an der Oberfläche gleich konstruiert zu sein. Der auf -e endende Zweisilber, der seinen Plural regelhaft mit -n bildet, wird mit einem Verb, das einen Akkusativ bei sich haben kann, kombiniert. Nach der Vorstellung, dass gleich Konstruiertes auch gleich geschrieben werden sollte, ist also zu erwarten, dass beide Ausdrücke gleich geschrieben werden: beide getrennt oder beide zusammen. Ein Blick in ein Rechtschreibwörterbuch, welche Form es denn sei, hilft nichts, da beide Ausdrücke weder bei Wahrig noch im Duden zu finden sind.

Ein zweiter Blick macht deutlich, dass eine Syntax, die die eigene Sprachintuition verleugnet, in die Irre führt. *Fliegen* als Akkusativ zu interpretieren, macht keinen Sinn. Dies wird deutlich, wenn man beide Ausdrücke paraphrasiert:

Brassen (Akk.) *fischen* vs. *mit Fliegen* (als Köder) *fischen*

In der Didaktik geht es in gewisser Weise immer darum, dass Schülerinnen und Schüler Instrumente in die Hand bekommen, mit denen sie eigenständig Probleme lösen können. Das kann dann geschehen, wenn sie einen konkreten Fall unter einen allgemeinen subsumieren können und die Instrumente zur Lösung parat haben. Verfolgt man den Gang der Argumentation, so ist also als Erstes die

G6 Wörter zusammenschreiben oder auseinander.

Problemlösungsmethode „Paraphrasieren" angebracht. Auf diese Art kann Gleichheit oder Ungleichheit in einem ersten Zugriff festgestellt werden.

Die zweite Operation ist, ein Paradigma aufzustellen. Es beantwortet die Frage, welche weiteren Ausdrücke unter welchen Paraphrasefall zu subsumieren sind.

Fälle für das Paradigma sind Bildungen aus Substantiv+Verb:

Auto+fahren; Baumwoll+pflücken; Berg+steigen; Brassen+fischen; Brot+backen; Dank+sagen; Eis+laufen; Fliegen+fischen; Fußball+spielen; Holz+hacken; Hürden+laufen; Klavier+spielen; Kopf+stehen; Marathon+laufen; Maschine+schreiben; Rad+fahren; Radio+hören; Schluss+folgern; Schuh+putzen; Ski+laufen ...

Die alphabetische Ordnung sollte in einem ersten Schritt durch eine nach dem zweiten Glied (Verb) ergänzt werden:

Auto+fahren; Rad+fahren; Ski+fahren
Berg+steigen
Brassen+fischen; Fliegen+fischen
Bot+backen
Dank+sagen
Eis+laufen; Ski+laufen
Fußball+spielen; Klavier+spielen
Holz+hacken
Hürden+laufen; Marathon+laufen
Kopf+stehen
Maschine+schreiben
Radio+hören
Schluss+folgern

Im folgenden Schritt werden die Fälle nach dem Muster *Brassen+fischen; Fliegen+fischen* geordnet. Dabei werden die Strukturen verdeutlicht, indem beim Paradigma *Brassen+fischen* der Objektsakkusativ durch Attribuierung erweitert wird.

Brassen+fischen	Fliegen+fischen ➔ mit Fliegen fischen
Auto + fahren ➔ ein schnelles Auto fahren	Auto+fahren ➔ mit einem Auto fahren
Rad+fahren ➔ ein teures Rad fahren	Rad+fahren ➔ mit einem Rad fahren
Ski+fahren ➔ neue Ski fahren	Ski+fahren ➔ auf Skiern fahren
	Berg+steigen ➔ auf einen Berg steigen
Brot+backen ➔ leckeres Brot backen	
Dank+sagen ➔ den längst fälligen Dank sagen	

	Eis+laufen → auf dem Eis (mit Schlittschuhen) laufen
	Ski+laufen → auf/mit Skiern laufen
Fußball+spielen → das Spiel Fußball spielen	Fußball+spielen → mit einem Fußball spielen
Klavier+spielen → das Instrument Klavier spielen	Klavier+spielen → auf einem Klavier spielen
Holz+hacken → trockenes Holz hacken	
Marathon+laufen → einen anstrengenden Marathon laufen	Hürden+laufen → über Hürden laufen
	Kopf+stehen → auf dem Kopf stehen
	Maschine+schreiben → auf/mit einer (Schreib-)Maschine schreiben
	Schluss+folgern → auf einen Schluss hin folgern
Radio+hören → ?das beste Radio hören	

Es fällt auf, dass bei den Ausdrücken mit *fahren, spielen* und *laufen* beide Analysen möglich sind.

Daher ist eine weitere Betrachtung sinnvoll und nötig. Es wird schnell einsichtig, dass es einen Unterschied macht, ob jemand **auf** einem Klavier spielt, ohne Klavier spielen zu können, oder ob er das Instrument Klavier spielt. Genau das gilt auch für *Fußball+spielen*. Wer **mit** einem Fußball spielt, muss nicht Fußball spielen, anders der, der die Sportart/das Spiel Fußball spielt. Eine genauere Analyse des Gemeinten präferiert also *Fußball spielen* und *Klavier spielen* getrennt geschrieben.

Ähnlich liegt der Fall bei *Subst.+fahren*, wenngleich keineswegs so eindeutig. Bei der Variante, bei der das einschlägige Substantiv als Objekt interpretiert wird, hat *fahren* mehr die Bedeutung 'lenken', in den anderen Fällen mehr die Bedeutung 'sich fortbewegen'. Dass bis 1996 bei *Auto* mehr der Aspekt des Lenkens im Vordergrund stand, bei *Rad* mehr der der Fortbewegung, mag angesichts des Umstandes, dass für das eine eine Fahrprüfung erforderlich ist, für das andere nicht, einsichtig sein. Beide Fälle gleich zu behandeln, wie dies seit 1996 geschieht, ist aber auch einsichtig. Das zieht dann auch *Ski fahren* mit sich. In diesem Fall muss *Ski* als Pluralform (sonst: *Skier*) interpretiert werden, denn man fährt gewöhnlich mit Skiern, nicht mit einem Ski.

Bei *Hürden+laufen* liegt der Fall ganz ähnlich wie beim Ausgangsbeispiel. Wie bei *Fliegen* in *fliegenfischen* -*n*- weder Plural noch Akkusativ anzeigt, sowenig auch bei *Hürden*. In beiden Fällen liegt ein Wortbildungsfugenelement vor.

Damit ist der Fall aber bereits morphologisch entschieden, denn bei einer Getrenntschreibung könnte -n- nicht interpretiert werden.

Eindeutig scheinen die Fälle *Brot backen* und *Holz hacken*. Allerdings nimmt hier Günther (1997) eine radikale Position ein und schlägt vor, auch *biertrinken* und *holzhacken* zu schreiben. Bei *holzhacken* führt er aus, dass eine solche Schreibung „um so wahrscheinlicher [wird], je häufiger oder prominenter ein entsprechendes Kompositum ist" (Günther 1997, 6). Günther führt an, dass dies derzeit bei *holzhacken* nicht in ausreichendem Maße der Fall zu sein scheine. Bei *biertrinken* dagegen argumentiert er, dass *Bier trinken* dann zu schreiben sei, wenn *Bier* in Abhebung zu einem anderen Getränk gebraucht werde, *biertrinken* dagegen, wenn es um ein gewohnheitsmäßiges Tun gehe („*wie jeden Mittwoch*" (ebd., 10)).

Was Günther hier andeutet, hat im Konzept der Rückwärtsbildung bei Jacobs (2005) seine besondere Entfaltung bekommen.

Das Konzept der Rückwärtsbildung verläuft so:

Ausgangsverb	Implizite Derivation bzw. Konversion	Kompositum	Rückwärtsbildung
laufen	→ Lauf Laufen	→ Eislauf(en)	→ eislaufen

(vgl. Ossner 2010, 148)

Auf dieselbe Art und Weise könnte man sich vorstellen: *backen* → *(das) Backen* → *das Brotbacken* → *brotbacken*. Allerdings führte dies zu der Besonderheit, dass eben noch *Brot* als direktes Objekt zu *backen* bestimmt werden konnte und jetzt als Bestandteil einer komplexen Wortbildung bestimmt werden muss. Die sprachlichen Verhältnisse sind allerdings gänzlich verschieden. Während sich *eislaufen* als eine Kondensation darstellt und damit als Wortbildung identifizierbar ist, ist dies bei *Bier+trinken* nicht der Fall. Am deutlichsten wird dies, wenn man die syntaktischen Eigenschaften der Substantive in beiden Fällen betrachtet. Zu diesen gehört Attribuierbarkeit und Referenzmöglichkeit. Man kann wohl *leckeres Brot backen*, aber nicht **schnelles/stumpfes Eis laufen*. Vielmehr erzwingt das Attribut die Auflösung der Wortbildung: *auf schnellem/stumpfem Eis laufen*. Nicht anders bei anaphorischen Anschlüssen: *Die Bäckerin bäckt Brot, das sie ...*, aber nicht: **Die Sportlerin läuft Eis, das sie zu stumpf findet*. Ganz offensichtlich hat *Eis* in *eislaufen* seine substantivischen Eigenschaften verloren, *Brot* hat dagegen in *Brot backen* seine substantivischen Eigenschaften behalten und sollte dementsprechend behandelt werden.

Nun kann man auch *Fußball spielen* vertieft analysieren. *Fußball* wurde oben verschieden analysiert. Einmal als Name für ein Spiel und das andere Mal als ein besonderer Ball. Gewöhnlich versteht man unter *Fußball spielen* ein besonderes

Spiel, nicht dass jemand mit einem Ball, den man als Fußball identifizieren kann, spielt. Für diese letztere Bedeutung würden wir *mit einem Fußball spielen* nehmen. Aber wer mit einem Fußball spielt, spielt nicht unbedingt Fußball. Das bedeutet, dass man *Fußball spielen* nicht *mit einem Fußball spielen* synonym ersetzen kann. Entsprechend sind anaphorische Bezüge explizierend: *Er spielt Fußball, dieses Spiel hat er Handball vorgezogen.* Eine direkte Attribuierung oder anaphorische Wiederaufnahme ist nicht möglich, da sich diese immer auf das ausgelassene Bezugswort *Spiel* beziehen müsste. Analoges gilt für *Klavier spielen: Er spielt wunderbar Klavier, dieses Instrument hat er der Geige vorgezogen.* Vor diesem Hintergrund kann man nun auch *Radio+hören* analysieren: *Er hört Radio, dieses Gerät hat er sich zu Weihnachten gekauft* bzw. *dessen Musikprogramme er besonders liebt. Das beste Radio hören* bedeutet also so viel wie 'das beste Radioprogramm hören'.

Besondere Probleme liegen bei *danksagen/Dank sagen* vor. § 33 (1) E (ARW 2006) bestimmt: „In manchen Fällen stehen Zusammensetzung und Wortgruppe nebeneinander, zum Beispiel: *danksagen/Dank sagen (er sagt Dank), gewährleisten/Gewähr leisten (sie leistet Gewähr), staubsaugen/Staub saugen (er saugt Staub), brustschwimmen/Brust schwimmen (er schwimmt Brust), delfinschwimmen/Delfin schwimmen (sie schwimmt Delfin), marathonlaufen/Marathon laufen (sie läuft Marathon).*"

Das ARW fasst hier eine linguistisch heterogene Gruppe zusammen und suggeriert Varianz, die so jedoch nicht vollständig gegeben ist.

Das erste Verfahren, das man anwenden wird, ist das zuletzt erprobte. Nachdem das Paradigma aufgrund der Paraphrasemöglichkeiten gebildet ist, werden erschließende Syntagmen gebildet, die auf Getrenntschreibung hinweisen. Dort, wo dies nicht möglich ist, liegt Zusammenschreibung nahe, ohne dass sie allerdings schon feststünde.

Nehmen wir an, der Satz lautet:

Wir sind hier, um Dank zu sagen und nicht Tadel auszusprechen.

so liegt Getrenntschreibung nicht nur wegen der parallelen Struktur nahe, sondern auch wegen der oben genannten Argumente, dass *Dank* (und ebenso *Tadel*) attributiv erweitert werden kann und referierbar ist:

Wir sind hier, um den längst fälligen Dank zu sagen, den abzustatten wir nun endlich Gelegenheit haben.

Dasselbe Syntagma bei *Gewähr leisten/gewährleisten* ergibt:

Wir sind hier, um zu gewährleisten ....

und weniger **um Gewähr zu leisten.* Dagegen: *Wir sind hier, um volle Gewähr zu leisten, ...* dabei hat *zu gewährleisten* die Bedeutung 'sicherzustellen'. Daher macht der folgende Satz Sinn: *Wir sind hier um zu gewährleisten, dass Ihnen volle Gewähr geleistet wird.*

G 6 Wörter zusammenschreiben oder auseinander.

Ähnliches findet man bei *Staub saugen/staubsaugen*. Hier allerdings zeigt das Partizip II die Sprachentwicklung: *ich habe Staub gesaugt/ich habe gestaubsaugt*. Dabei liegt aber bei *Ich habe Staub gesaugt* die Bedeutung '... mit einem Staubsauger ...' vor, sodass wegen dieser Kondensation selbst bei dieser Form Zusammenschreibung naheliegt: *ich habe staubgesaugt*.

Dagegen sind bei *Brust+schwimmen/Delphin+schwimmen* (wiederum) appositive Verhältnisse anzunehmen: *Ich schwimme den Schwimmstil Brust/Delphin*.

In diesen Fällen liegt also Getrenntschreibung näher als Zusammenschreibung. So finden sich im Wörterbuchprojekt der Universität Leipzig (http://wortschatz.uni-leipzig.de/) zwölf Einträge zu *Dank sagen*, aber keiner zu *danksagen*.

Wie heterogen in diesen Fällen das Regelwerk ist, zeigt das Paradigma mit *laufen*:

Schreibung nach dem ARW	Schreibung gemäß Herleitung
eislaufen (zwischen 1996 und 2006: *Eis laufen*), *ich laufe eis*	*eislaufen, ich laufe eis*
Ski laufen, ich laufe Ski	*skilaufen, ich laufe ski*
Marathon laufen/marathonlaufen, ich laufe Marathon	*Marathon laufen, ich laufe Marathon*
(im Wörterbuch nicht verzeichnet)	*hürdenlaufen, ich laufe hürden* *hindernislaufen, ich laufe hindernis*

Eine linguistische Herleitung auf der Grundlage von Morphologie und Syntax kommt also zu anderen Ergebnissen als das amtliche Regelwerk. Dabei müsste das Regelwerk wegen des Fugenelements auch die Zusammenschreibung bei *hürdenlaufen* wählen, könnte aber bei *Hindernis+laufen* nach dem Paradigma *eislaufen* zusammenschreiben oder nach dem Paradigma *Ski laufen* auseinanderschreiben. Die Schreibung *ich laufe Hindernis* stünde aber vor denselben Schwierigkeiten wie *ich laufe Ski*. In beiden Fällen ist das syntaktische Verhältnis zwischen Verb und Substantiv nicht angebbar. Vielmehr lautet die Paraphrasierung: *ich laufe mit Ski(ern)* bzw. *ich laufe über ein Hindernis (über Hindernisse)*.

Man kann dagegen einwenden, dass man in allen Fällen Rückwärtsbildungen aus [*Eis, Ski, Marathon, Hürden, Hindernis*]+*Lauf* annehmen sollte. Das wäre denkbar und würde dazu führen, dass *ich laufe marathon* zu schreiben wäre, was wiederum dazu führen würde, dass eine Attribuierung wiederum zur Großschreibung zwingen würde (s.o.). Dieses Argument lebt von der Bildung von Reihen und davon, dass innerhalb einer Reihe mit denselben Eigenschaften dieselbe Schreibung herrschen sollte. Das Argument sagt nicht, welche Reihe man allerdings annehmen sollte. (Nach dem Ausgeführten sprechen gute Gründe dafür, *Marathon* nicht in diese Reihe zu stellen.)

Für die Zusammen- bzw. Getrenntschreibungen kann man schließlich einen weiteren Test anführen: Zusammenschreibung verlangt einen Akzent, Getrenntschreibung lässt zwei Akzente mit einer Pause erkennen. (Das Akzentkriterium wird im ARW dreimal bemüht: § 34 (1.2) E1; § 36 (2.2) E4; § 37 (1.5) E4.) Dieses Kriterium greift einigermaßen; seine Anwendung braucht außerordentlich viel Fingerspitzengefühl.

Man kommt also zu den folgenden Fällen:

– syntaktische Relationen analysierbar: *Brot backen/Holz hacken/Bier trinken/Marathon laufen*

– syntaktische Relationen unter einer bestimmten Verbinterpretation analysierbar: *Auto fahren/Rad fahren/Ski fahren*

– syntaktische Relation bei Ergänzung des ausgelassenen Appositionsrelationsgliedes analysierbar: *Fußball/Klavier spielen; Radio hören; Brust/Delphin schwimmen* (unterstellt wird also eine elliptische, keine kondensierte Struktur)

– Wortbildungsmuster analysierbar: Fugenelemente oder Elisionen: *hürdenlaufen, fliegenfischen, maschinenschreiben, schuhputzen, baumwollpflücken*; Kondensationen/nur durch Wortgruppe umschreibbar: *eislaufen, skilaufen; schlussfolgern; maschineschreiben*

– zwei konkurrierende Analysen möglich: *Marathon laufen/marathonlaufen*

Didaktisch gewendet bedeutet die Analyse, dass nach der Paraphrase, die zu einer ersten Ordnung (mit Wortgruppe/ohne Wortgruppe umschreibbar) führt, für die einzelnen Fälle rationale Rekonstruktionsverfahren gesucht werden. Dabei werden zwei Dinge unterstellt:

a) das Regelwerk bzw. das Wörterbuch geben den Usus wieder, der
b) einen rationalen, rekonstruierbaren Grund hat.

In einzelnen Fällen werden sich mehrere rationale Verfahren mit unterschiedlichen Ergebnissen angeben lassen. Das verweist auf eine grundsätzliche Modularität der Sprache, in der sich nicht alle Subsysteme eindeutig aufeinander abbilden lassen. Was also auf den ersten Blick misslich sein mag, weil es zu keinem eindeutigen Ergebnis führt, verschafft auf den zweiten Blick tiefe Einblicke in Wirkungsprinzipien der Sprache.

Die beiden Grundannahmen bedeuten, dass solche Rekonstruktionsverfahren manchmal in Konflikt zum ARW kommen werden, das zumindest in der Reform von 1996 den Usus verleugnet hat. *Maschine schreiben* ist so ein Fall. Es liegt nahe, hier in die Orthographiegeschichte zu gehen, um festzustellen, dass bis 1996 tatsächlich *maschineschreiben* zusammen mit der Form *maschinenschreiben* geschrieben wurde, das wegen des Fugenelementes auf alle Fälle klein- und zusammengeschrieben werden muss (wie die Österreicher *maschinschreiben* wegen des unselbständigen ersten Teils klein- und zusammenschreiben müssen). In solchen Fällen sollte man den Schülern grundsätzlich die Wahl lassen, ob sie der Norm oder der Einsicht folgen. Dass Schüler und Schülerinnen die Problematik spüren, zeigt die oben erwähnte empirische Untersuchung bei Neuntklässlern in den verschiedenen Ländern, bei der immerhin 35,61 % die Form *maschineschreiben* wählen, wobei die Gymnasiasten unter ihnen mit 38,13 % über diesem Durchschnittswert liegen.

Der Fall ist auch noch aus einem anderen Blickwinkel interessant. Würde man § 36 (1.1 zus. mit E1) (ARW 2006) analog anwenden, würde sich ebenfalls die Zusammenschreibung ergeben. Nach diesem Paragraphen werden Wortbildungen mit einem Adjektiv als zweitem Bestandteil zusammengeschrieben, wenn der erste (häufig substantivischer Art) „mit einer Wortgruppe paraphrasierbar ist": *angsterfüllt*, weil *von Angst erfüllt*. Analoges gilt für *maschineschreiben: auf/mit einer Maschine schreiben*; weitere Beispiele wurden bereits oben diskutiert.

3.2 Orthographisches Beweisen

Es ist unbestritten, dass man Orthographie durch ständiges Üben lernt; Üben allein hilft allerdings bei der Getrennt- und Zusammenschreibung nur bedingt. Der Grund liegt darin, dass die richtige Schreibung sich

a) oft erst im Satzzusammenhang ergibt;
b) oberflächlich Gleiches oder Ähnliches tatsächlich nicht gleich oder ähnlich ist.

Daher müssen einzelne Fälle analysiert werden, um überhaupt ein Gespür für die Problematik aufzubauen.

Dabei folgt das hier vorgeschlagene Verfahren anderen Pfaden als sie für die Rechtschreibdidaktik üblich sind, die offen oder unterschwellig stets vermitteln, dass die einzelnen Fälle ein für allemal geklärt sind und im Zweifelsfall ein Blick ins Wörterbuch genügt. Dabei wird das deklarative Wissen und das Problemlösungswissen gering gehalten, das prozedurale Wissen dagegen hoch angesetzt. Die oben gegebenen Analysen zeigen aber, dass das deklarative Wissen und das Problemlösungswissen von der Sache her für die Getrennt- und Zusammenschreibung hoch anzusetzen sind.

Wenn man also von der Sache her von der Einzelfallanalyse nicht wegkommen kann, so braucht man aber in der Didaktik dennoch einen Rahmen, der die Schülerinnen und Schüler bei der Analyse lenkt und leitet. Auf diese Art wird man ein Gefühl für Rechtschreibsicherheit, als Grundpfeiler metakognitiven Wissens in diesem Bereich, erhalten.

Die Grundfigur der oben angestellten Überlegungen ist, dass es für eine Graphie eine überzeugende Herleitung gibt. Wenn man dies unterstellt, dann kann man zum Mittel des orthographischen Beweisens greifen (Ossner 2008; 2010).

Das orthographische Beweisen geschieht in Form einer geordneten Folge von Schritten. Vom Gegenstandsfeld her muss von der Morphologie her ebenso geprüft werden wie von der Syntax her, und die Phonologie kann hinzugezogen werden. Dabei gibt es Beweisschritte (in der nachfolgenden Schrittfolge mit einem Stern gekennzeichnet), deren Zutreffen die übrigen Schritte überflüssig macht.

Im Folgenden sind mehr als die analysierten Fälle erfasst, die Beispiele machen aber das Verfahren deutlich (weitere Hinweise vgl. Ossner 2010, 174 ff.).

ZS1* Morphol. Veränderung	ZS2* Fuge	ZS3* Unselbständigkeit	ZS4 neue Eigenschaften Z	ZS5 Kondensation	ZS6 morphol. Reihenbildung	ZS7 Ein Wortakzent
Schuhputzen (e-Elision)	fliegenfischen (-n-Fuge)	**red**selig (red-)	krankschreiben (einen Patienten) vs. schreiben (einen Brief)	eislaufen (= auf dem Eis mit Schlittschuhen laufen)	bitterernst, **bitter**böse, **bitter**kalt; tief**ernst**, tod**ernst**	dabeísitzen
GS1* Morphol. Komplexität	GS2 Erweiterungsprobe	GS3 Umstellprobe	GS4 Eigenschaftenerhalt X Y	GS5 Ersetzungsprobe	GS6 Pronominalisierung	GS7 Zwei Akzente
eis<u>i</u>g kalt	(leckeres) Brot backen	Am Freitag sollten wir **Brot** backen/ **Brot** sollten wir am Freitag backen	Der Arzt musste den Patienten krank schreiben.	Wir waren **dabei – bei** dieser Gelegenheit – gestanden.	Wir sollten **Holz** hacken, **das** uns sonst verrottet.	dábei sítzen

ZS = Zusammenschreibung; GS = Getrenntschreibung; X = erster Bestandteil der infragestehenden Einheit; Y = zweiter Bestandteil der infragestehenden Einheit; Z = die zu schreibende Einheit aus X+Y

3 Zusammenfassung

Die deutsche Orthographie bietet nicht nur in dem Teil der Getrennt- und Zusammenschreibung eine ausgezeichnete Möglichkeit, das unbestrittene Ziel jeden Sprachunterrichts, nämlich Sprachbewusstheit, zu erreichen – zumindest einen Weg dorthin zu bahnen. In den Bereichen, die vor allem der Leseoptimierung gelten – Getrennt- und Zusammenschreibung, Groß- und Kleinschreibung, Interpunktion – spielt dabei die Grammatik, deren tieferer Zweck es ist, das Gesagte, vor allem aber das Geschriebene überindividuell verstehbar und transparent zu machen, eine wesentliche Rolle. Wenn man die Orthographie in diesen Bereichen nicht nur schreiben, sondern verstehen will, braucht man grammatische Analysen. Dies wurde in der Schule weitestgehend übersehen, dafür aber das „Schulmeisterkreuz Orthographie" wortreich beklagt. Man kann mit den heutigen Einsichten in die Orthographie den Schülerinnen und Schülern aber mehr bieten.

Literatur

Duden-Rechtschreibung. Mannheim: Bibliographisches Institut, 16. Aufl. 1967
Duden-Rechtschreibung. Mannheim: Bibliographisches Institut, 18. Aufl. 1980
Duden. Die deutsche Rechtschreibung. Mannheim: Bibliographisches Institut, 24. Aufl. 2006
Deutsche Rechtschreibung. Regeln und Wörterverzeichnis. Amtliche Regelung. Hrsg. vom Rat für deutsche Rechtschreibung. Tübingen: Narr 2006 (= ARW 2006)
Die neue deutsche Rechtschreibung. München: Bibliographisches Institut 1996 (= ARW 1996)
Eisenberg, Peter: Grundriss der deutschen Grammatik. Das Wort. Stuttgart: Kohlhammer 1998
Fuhrhop, Nanna: Orthographie. Heidelberg: Winter, 2. Aufl. 2006
Günther, Hartmut: Zur grammatischen Basis der Getrennt- und Zusammenschreibung. In: Dürscheid, Christa/Ramers, Karl Heinz (Hrsg.): Sprache im Fokus. Tübingen: Niemeyer 1997, 3–16
Jacobs, Joachim: Spatien. Zum System der Getrennt- und Zusammenschreibung im heutigen Deutsch. Berlin: de Gruyter 2005
Jacobs, Joachim: Vom (Un-)Sinn der Schreibvarianten. In: Zeitschrift für Sprachwissenschaft 26 (2007) 43–80
Maas, Utz: Grundzüge der deutschen Orthographie. Tübingen: Niemeyer 1992
Ossner, Jakob: Sprachdidaktik Deutsch. Eine Einführung. Paderborn: Schöningh UTPB, 2. Aufl. 2008
Ossner, Jakob: Orthographie. System und Didaktik. Paderborn: Schöningh UTB, 2010
Ossner, Jakob: Rechtschreibreform und Rechtschreibpräferenzen am Ende der Pflichtschulzeit. In: Mitteilungen des deutschen Germanistenverbandes Jahrgang 58 (2011) 1, 84–97
Wagenschein, Martin: Verstehen lehren. Weinheim: Beltz 1968
Wahrig. Die deutsche Rechtschreibung. Gütersloh: wissenmedia, 7. Aufl. 2009
Wortschatz. Universität Leipzig. [http://wortschatz.uni-leipzig.de/abfrage/]

G 7 Textrezeption durch Interpunktion steuern – am Beispiel punkthaltiger Zeichen

1 Einleitung

Als Stiefkind der Orthographie bezeichnet Mentrup (1983) die Interpunktion. Als Stiefkind der Didaktik gilt sie noch heute. Die Interpunktionszeichen bilden ein graphisches Subsystem der Schriftsprache. Sie werden im Deutschunterricht marginal und unter rechtschriftlicher Prämisse behandelt. Die Berücksichtigung der einzelnen Elemente des Zeicheninventars ist unausgewogen. Meist fällt sie zuungunsten des Punktes aus.

Neue Forschungsansätze (Bredel 2008) behandeln Interpunktion in engem Zusammenhang mit der Lesesteuerung und der Sprachverarbeitung beim Lesen, also aus funktionaler, prozessorientierter statt aus normativer, an der Sprachkonstruktion orientierter Perspektive. Dieser Paradigmenwechsel hat weitreichende Folgen für die Didaktik. Er führt weg von einer analytischen, schreiberorientierten hin zu einer synthetischen, rezipientenorientierten Interpunktionsdidaktik (Esslinger 2011). Dies soll am Beispiel des Punktes und punkthaltiger Zeichen[1] aufgezeigt werden.

Kap. 2 definiert zunächst Begriffe und stellt Inventar und System der Interpunktion vor. Deren geschichtliche Genese und Kodifizierung werden umrissen, insofern sie für die Didaktik bedeutsam sind. Kap. 3 skizziert die inter-/intraindividuelle Erwerbslogik. Kap. 4 kontrastiert die traditionelle mit einer revidierten Interpunktionsdidaktik und leitet daraus ein unterrichtliches Vorgehen für die Behandlung punkthaltiger Interpunktionszeichen ab.

2 Sachliche Grundlagen

2.1 Terminologie

Der Begriff „Interpunktion" leitet sich aus dem lat. „interpunctio" ab und meint ursprünglich die Scheidung (der Wörter) durch Punkte. Heute versteht man darunter den gesamten Komplex der Zeichensetzung. Terminologisch findet man neben **Interpunktion**szeichen auch **Satz**zeichen (Amtlichen Regelung, kurz: AR 2006, 1195). Der Ausdruck schließt Zeichen wie ‹-› und ‹'›, die auf Wortebene operieren, aus. **Satzschluss**zeichen suggeriert fälschlich, dass ‹.!?› vollständige Sätze abschließen. Vorzugsweise spricht man von „Äußerungs-

---

[1] Gemeint sind die Zeichen, deren Punkt auf der Grundlinie liegt: ‹.?!:…›. Zu ‹…› vgl. Fußnote 4.

zeichen" (Engel 1996, 824). Unstrittig ist die Rede von „Syngraphemen" (Veith 1985, 28 f.), um auf das konstitutive Auftreten dieser Zeichen mit Graphemen hinzuweisen.[2] Einigkeit herrscht auch über die Funktion der Interpunktionszeichen als graphische Mittel zur Gliederung und Strukturierung der Schrift auf Wort-, Satz- und Textebene (Gallmann 1996, 1456; Glück 2010, 303, Sp. 2 f.; Maas 1992, 63 ff.; Zifonun et al. 1997, 283 ff.).

2.2 Inventar

Ebenso strittig wie die Terminologie scheint der Bestand an Interpunktionszeichen. Wir rechnen zum Inventar alle Zeichen mit den Merkmalen „nichtadditiv", „nichtverbalisierbar", „nichtkombinierbar", „einelementig segmental", „selbständig" und „ohne graphischen Kontext darstellbar" (Bredel 2008, 21 ff.). Damit sind die Interpunktionszeichen hinreichend abgegrenzt von Diakritika, Sonderzeichen, Ziffern, Leerstellen und Buchstaben[3]. Zum Bestand gehören demnach: ‹.:?!,;()„"--´ ...›. Nicht dazu, weil potentiell verbalisierbar, gehört ‹/›.

2.3 System

Die Kenntnis des Gesamtsystems erlaubt die Einordnung punkthaltiger Zeichen in einen Gesamtzusammenhang. Ferner legt die Systematik eines sprachlichen Teilsystems wie der Interpunktion dessen Erwerbsbedingungen fest. Aus beiden Gründen wird hier das System der Interpunktion rekonstruiert. Wir folgen hierbei Bredel (2008), deren Monographie derzeit die einzig konsistente wie innovative Theorie zur Interpunktion darstellt. Sie versteht die gesamte Interpunktion als Leserorthographie. Jedes Zeichen wird über seine spezifische Instruktion für das Lesen definiert („Online"-Annahme). Die Funktionen lassen sich systematisch aus den formalen und distributionellen Eigenschaften der Zeichen ableiten.

2.3.1 Form

Die Form der Interpunktionszeichen kann danach beschrieben werden, ob sie aus einem oder mehreren Elementen bestehen, wie diese miteinander kombiniert werden und wo sie platziert sind. Als einschlägig gelten die Merkmale „Leere" (ohne Kontakt zur Grundlinie wie ‹´› und ‹...›[4]), „Vertikalität" (Oberlänge des Zeilenraumes besetzend wie ‹!› und ‹?›) und „Reduplikation" (Grundelement ist verdoppelt wie ‹...›). Jedes Zeichen besteht aus einem Merkmalstripel, z. B. der Punkt = [- leer], [- vertikal], [- redupliziert].[5] Das Merkmal

---

[2] Ferner finden sich in der Fachliteratur Begriffe wie „Hilfszeichen" (Gallmann 1985, 12) und „Interpunkteme" (Nerius/Scharnhorst 1980, 27; zit. nach Rezec 2009, 38).
[3] Diese gelten wegen ihres Vorkommens als Majuskel und Minuskel als zweielementig.
[4] Für die Auslassungszeichen ‹...› geht Bredel (2008, 26) von der historischen Form des repetitiv gebrauchten, aufrecht stehenden Divis ohne Grundlinienkontakt aus ‹///›.
[5] [+] bezeichnet die Anwesenheit, [−] die Abwesenheit eines Merkmales.

„Leere" spiegelt graphotaktische Gesetzmäßigkeiten wider. Nichtleere Zeichen wie ‹.;:?!› besitzen eine asymmetrische Kontaktposition zu ihren Nachbareinheiten, z. B. *Tim schläf<u>t</u>. Gut.* Ferner sind sie auf **eine** Zeilenrandposition festgelegt: Der Punkt z. B. kann nicht zeileninitial stehen. Zeichen mit dem Merkmal [– leer] heißen „Klitika", Zeichen mit dem Merkmal [+ leer] „Filler" (Bredel 2008, 34). Das Merkmal „Vertikalität" macht Aussagen hinsichtlich der „Schreibmodi". Der Begriff bezieht sich auf die Gestaltung des Schreibraumes: Im „Listenmodus" stehen Überschriften, Gliederungen, Listen, Tabellen etc. Alles andere steht im „Textmodus". Vertikale Zeichen wie ‹?!› werden im Listen- und Textmodus obligatorisch und in derselben Funktion verwendet, nichtvertikale Zeichen nicht unbedingt. Das erklärt, warum der Punkt nicht nach Überschriften steht.[6]

2.3.2 Distribution

Die Abfolgeregularitäten verschiedener Interpunktionszeichen bereiten Lernern/innen oft Schwierigkeiten (vgl. 3.3). Verschiedene Modelle versuchen zu erläutern, weshalb Zeichenfolgen wie *‹!.› Restriktionen unterworfen sind, andere wie ‹!?› nicht. Vereinfacht ausgedrückt wird zwischen den Zeichen ‹.?!:;,› eine Stärkehierarchie angenommen. Der Schreibraum stellt für diese Elemente immer nur ein Segment zur Verfügung (Nunberg 1990, 60). Daher verdrängt bspw. der Punkt am Ende eines Nebensatzes das Komma, sodass Folgen wie *‹,.› oder *‹.,› ausgeschlossen sind. Für vertikale Klitika wie ‹!› und ‹?› gilt dies nicht. Daher sind Folgen wie ‹???› und ‹!!› zur Intensivierung oder ‹?!› erlaubt.[7] Fälle wie *‹.?› und *‹.!› werden über die graphetische Sonderbedingung ausgeschlossen, nach der jedes punkthaltige Zeichen mit Punkt auf der Grundlinie und folgender satzinitialer Majuskel als Schlusspunkt gilt (Bredel 2008, 41).

2.3.3 Form-/Funktionszusammenhang

Das Interpunktionssystem ist kompositionell aufgebaut. Jedem formalen Merkmal entspricht eine eindeutig zuordenbare Funktion. Als Formtripel (vgl. 2.3.1) enthält jedes Zeichen eine dreigeteilte Informationsstruktur zur „Online"-Steuerung des Lesens. Diese betrifft (1) den „Instruktionstyp", (2) die „Auswertungsdomäne" und (3) den „Kodiermodus". Ad (1): Nichtvertikale Zeichen wie ‹.,;:› besitzen syntaktische Funktion. Sie instruieren den Leser, die lineare Verknüpfung von Buchstaben, Wörtern oder Phrasen zu unterbrechen. Vertikale Zeichen wie ‹!?()„"› haben eine kommunikative Funktion. Sie sagen dem Leser, wie er etwas kommunikativ zu deuten hat. Ad (2): Nichtreduplizierte Zeichen wie ‹.› oder ‹'› operieren auf Satz- oder Wortebene, reduplizierte Zeichen wie ‹:› oder ‹...› dagegen auf Textebene. Ad (3): Nichtleere Zeichen

---

[6] Zum Merkmal „Reduplikation" vgl. 2.3.3.
[7] Die unterschiedlichen Klitisierungseigenschaften gründen in der Zuordnung zu verschiedenen Klitisierungsschichten (vgl. Bredel 2008, 84ff.).

‹.,;:!?()„"› betreffen sprachlich kodierte, leere Zeichen ‹...´–› graphisch kodierte Informationen.

2.4 Geschichte und Kodifizierung der Interpunktion

2.4.1 Historische Entwicklung

Historisch haben sich vier Prinzipien herauskristallisiert, nach denen Interpunktionssysteme intern strukturiert sind (Bredel 2007a) und die zum Teil von Kindern verwendet werden (vgl. 3.2):

– Positionales Prinzip: Die Funktion eines Elementes ist positionsabhängig (Punkt auf Grund- oder Mittellinie)
– Kontextuelles Prinzip: Der Kontext legt die Funktion eines Elementes fest (Punkt + Majuskel = Satzgrenze; Punkt + Minuskel = Satzbinnengliederung)
– Formales Prinzip: Jede Form erhält ihre eigene Funktion (‹.› vs. ‹,›)
– Kompositionelles Prinzip: Zwei Elemente werden formal wie funktional miteinander kombiniert (Punkt ‹.› + ‹|› = !)

Entsprechend der Kompositionalitätsannahme differenzieren sich zugleich mit den formalen auch funktionale Eigenschaften aus. Historisch folgten auf Zeichen mit syntaktischer ‹.› solche mit kommunikativer ‹?!›[8] und schließlich mit metasprachlicher Funktion ‹„"...›.

2.4.2 Kodifizierung

Die Kodifizierungsgeschichte der Interpunktion erscheint wegen ihrer „multiplen Begründungspraxis" undurchsichtig. Prosodisch-intonatorische, semantische, grammatisch-syntaktische und stilistisch-rhetorische Prinzipien werden zur Regulierung herangezogen (vgl. AR 2006; Baudusch 1981; Höchli 1981; Schmidt-Wilpert/Lappé 1981). Dies gilt insbesondere für den Punkt. Ihm wird die Funktion zugesprochen, Sinneinheiten auszugliedern, einen fallenden Ton bzw. eine Pause anzuzeigen[9] oder Sätze und Perioden abzugrenzen (Höchli 1981). Mit der Zeit weichen leserorientierte Begründungsmuster Erklärungsansätzen, die den Punkt als Marker syntaktischer Konstruktionen deuten. Der Wechsel hat didaktische Folgen. Interpunktion verstanden als Leseinput kann anwendungs- und prozessorientiert im „Online"-Modus vermittelt werden. Interpunktion verstanden als Output grammatischer Analyse ist nur im „Offline"-Modus vermittelbar und bringt analytisch-deklaratives Wissen hervor. Daher wird hier für eine Rehabilitierung der „Online"-Perspektive plädiert (vgl. Bredel 2005, 179; Kap. 4).

---

[8] Das Fragezeichen taucht historisch vor dem Ausrufezeichen auf (Bredel 2007a, 78; Mazal 2003, 224).
[9] Die falsche Annahme vom Punkt als Pausenzeichen hält sich hartnäckig bis heute (vgl. 4.1).

3 Erwerb der Interpunktion

3.1 Empirische Untersuchungen – Fehlerstatistiken

Ein Unterrichtsmodell zur Interpunktion sollte sich auf empirisch abgesicherte Untersuchungen zur Erwerbslogik und darauf aufbauende didaktische Modellierungen beziehen. Beides existiert derzeit nicht. Entsprechende Erhebungen klammern die Interpunktion aus (vgl. Thomé 1987; Scheele 2006) oder berücksichtigen nur als komplex geltende Zeichen wie das Komma (vgl. Bergner 1980; Naumann 1995; Afflerbach 1997; Melenk 1998; Metz 2005; Müller 2007; Voss et al. 2007; Sappok 2011). Viele beschränken sich auf nur eine Jahrgangsstufe (Melenk 1998; Melenk/Knapp 2001; Metz 2005).

Einig ist man sich über die Fehleranfälligkeit der Interpunktion. In Fehlerranglisten rangiert sie an oberster Stelle (vgl. Riehme/Zimmermann 1986; für das Komma Kolakowsky 1980). Die wenigsten Statistiken geben die Fehlerhäufigkeiten der einzelnen Zeichen an. Hinzu kommt, dass viele Untersuchungen von den Normierungen vor der (Re-)Reform (1998/2006) ausgehen. Barthel/Löffler (1976) sind meines Wissens nach die einzigen, die den Punkt als eigenständige Fehlerquelle nennen und Zahlen für die Klassenstufen 4 bis 10 angeben. Zudem lokalisieren sie die Fehlerstellen hinsichtlich Listen- und Textmodus (vgl. 2.3.1). Der Punkt nimmt in den Klassen 4 bis 6 einen prozentualen Anteil von ca. 4–5 % der Gesamtfehleranzahl ein. Eine Didaktik des Punktes über die Primarstufe hinaus erscheint damit angebracht (vgl. 4.1.1 und 4.2.1).

In den seltensten Fällen wird die leserseitige Nutzung der Zeichen untersucht. Für eine rezeptionsorientierte Interpunktionsdidaktik sprechen sich Bredel (2008) und Esslinger (2011) aufgrund der Befunde von Steinhauer/Friederici (2001) und Steinhauer (2003) aus. Diese weisen eine Korrelation zwischen Rezeptions- und Produktionskompetenz beim Komma nach.

3.2 Historiogenese und Ontogenese – Vergleichende Beobachtungen

Einige markante Parallelen existieren zwischen Historio- und Ontogenese von Punkt und punkthaltigen Zeichen.

Die in Kap. 2.4.1 dargestellten historischen Phasen von strukturellen über kommunikative zu metasprachlichen Markierungen zeichnen sich cum grano salis auch im ontogenetischen Erwerb ab. Kinder beginnen mit der Verwendung von Punkt und Komma. Dann treten Frage- und Ausrufezeichen dazu, zum Schluss Auslassungspunkt und Gedankenstrich (Bredel 2007a, 84). Später präzisiert Bredel (2008, 221f.): „Sieht man sich allerdings die konkreten Punktierungsentscheidungen der Schreibnovizen an, so ist zu Beginn nicht die Syntax, sondern der *turn*, eine äußerlich wahrnehmbare Struktureinheit, die relevante Bezugsgröße. Erst mit der Zeit gelingt eine Übertragung der Eigenschaften von (kommunikativ relevanten) *turn*-Grenzen auf (syntaktisch relevante) Satzgrenzen".

G 7 Textrezeption durch Interpunktion steuern

Dies kommt der Aussage von Eichler (2008, 150) sehr nahe, der beim Erwerb der „Satzschlusszeichen" von einer Markierung „abgeschlossener Äußerungen" ausgeht, die eher kommunikativ als formal begründet ist.

Die mehrspurige Zugriffsweise der Lerner/innen auf die Interpunktion scheint mit der historischen Prinzipienvielfalt vergleichbar (vgl. 2.4.1). Eine Übersicht über die Annahmen zur Herausbildung unterschiedlicher Prinzipien in Historio- und Ontogenese gibt folgende Übersicht:

Herausbildung verschiedener Prinzipien der Interpunktion in Historio-/Ontogenese

	Historiogenese	Ontogenese		
		Maas (2003)	Eichler/Küttel (1993)	Bredel (2008)
Strategie/ Prinzip	semantisch	semantisch	intonatorisch	
	prosodisch	phonologisch	kommunikativ-propositional	kommunikativ
	strukturell	grammatisch	syntaktisch	strukturell
	metasprachlich			metasprachlich

Historisch wie ontogenetisch spielt die Zeilengrenze als graphisches Strukturierungsmittel eine bedeutende Rolle (vgl. Bsp. 2). „Per cola et commata" nennt man die Unterbrechung der Schreibung mit jeweils neuen Zeilen (vgl. Mazal 2003, 223; Menzel/Sitta 1982, 10f.). Dabei decken sich Zeilen- und Satz-/Sinngrenze (Bredel 2008, 33, Fn. 17; Kress 1994, 72f.; Maas 2003, 37f.). Auch nach dem Erwerb einiger Interpunktionszeichen halten Lerner/innen an dieser Schreibweise fest. Das mag unter anderem an den Fibeltexten liegen, die sich dieser Schreibweise bedienen (vgl. 4.1.2.2; Maas 2003, 37).

Bsp. 1: (1) Corp. Christi Coll. (zit. nach Parkes 1992, 155)

I what quod she by god and by my trouthe
I not uat what ʒe wilne that I seye
I what quod he that ʒe han on hym routhe
For goddes loue and doth hym nought to deye
Now thanne thus quod she I wolde hym preye [...]

(2) Schülertext, Jessica, Kl. 2

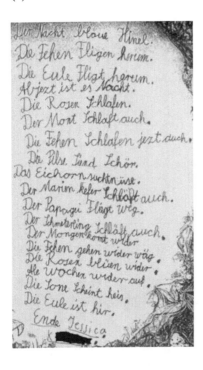

(3) Schülertext, Anna-Lena, Kl. 1

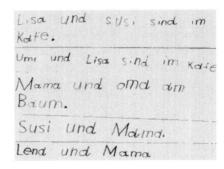

Der Einsatz von Inter**punkt**ionszeichen beginnt historisch wie ontogenetisch mit dem Punkt (Bredel 2007a, 73; 2008, 221; Wolf 2000, 1538, Sp. 2) – allerdings nicht in seiner heutigen Verwendung. Position und Funktion wechseln (positionales Prinzip, vgl. 2.4.1). Der Punkt liegt formal einmal auf der Grundlinie, ein anderes Mal auf der Mittellinie. Ebenso wenig markiert er ausschließlich Satzgrenzen. Vielmehr grenzt er auch lexikalische und syntaktische Wörter oder Texte ab (vgl. Bsp. 2; Bsp. 3 (2)).

Bsp. 2: (1) Röm. Graffito, 1. Jh. n. Chr. (zit. nach Primus 2007, 54)

quisquit • ammat
pueros • sene •
finem • puellas •
rationem • sac^{c}lii •
norefert •

(2) Schülertext, o. N., Kl. 1

Historisch folgt auf das positionale das kontextuelle Prinzip. Punkt und Minuskel markieren satzinterne Satzgrenzen, Punkt und Majuskel satzexterne Grenzen. Auch Schreibnovizen markieren mit Punkt und Folgeminuskel satzinterne Grenzen (vgl. Bsp. 3):

Bsp. 3: Das kontextuelle Auftreten von Majuskel oder Minuskel bestimmt die Punktfunktion.

(1) Otlohs Gebet, 11. Jh. n. Chr.
(zit. nach Bredel 2007a, 74)
„[...] *und durh aller dero chindline diga.*
di durh dih erslagon wurtun abherode.
Daranah hilf mir durh die diga ..."

(2) Schülertext, Jenny, Kl. 1

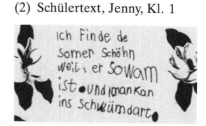

Die Beobachtungen zum Erwerb der Punktierungskompetenz zeigen, dass Kinder die Funktionsweise der Interpunktionszeichen eigenaktiv erwerben (vgl. Eichler/Küttel 1993; Eichler 2008; Afflerbach 1998).

3.3 Fallbeispiel Larissa: Ontogenese von Punkt und punkthaltigen Zeichen

Früh entdecken Kinder Interpunktionszeichen als „diskret" existierendes System neben den Buchstaben – als „Syn"-Grapheme (vgl. 2.1). Sie verwenden sie anfänglich nicht normgerecht, aber funktional (Mesch 2011, 289). Folgende Texte der Klasse 1 bis 4 zeigen chronologisch, wie Larissa den Punkt, punkthaltige Zeichen und deren (Teil-)Funktionen sukzessive entdeckt. Konstruktiv entwickelt sie – unabhängig oder entgegen schulischer Unterweisung – ein Erwerbsprofil.

Bsp. 4: (1) Larissa, Kl. 2 (9.10.2007) (2) Larissa, Kl. 2 (vor dem 5.12.2007)

(1) Larissa verzichtet in ihrem Diskurs zum Thema *Pferde* komplett auf Interpunktion. (2) Zwei Monate später verwendet sie in ihrer fiktiven Erzählung ein einziges Interpunktionszeichen: den Punkt in textabschließender Funktion. Die Überschrift enthält keinen Punkt. (3) Eine Woche später: Der Punkt mit nachfolgender Minuskel markiert eine potenzielle Satzgrenze. Der Koordinator *und* substituiert mal Punkt, mal Komma. (4) Ein Vierteljahr später: Punkt und nachfolgende Majuskel markieren ausschließlich Satzgrenzen (kontextuelles Prinzip, vgl. 2.4.1). Bei der Angabe des fiktionalen Absenders verzichtet sie der Norm entsprechend auf den Punkt (Listenmodus, vgl. 2.3.1).

(3) Larissa, Kl. 2 (12.12.2007)   (4) Larissa, Kl. 2 (8.4.2008)

(5) Larissa, Kl. 3 (11.12.2008)
Schreiben zu einer Bildergeschichte

Der Schock
Robert und Annie siend gerade von der Schule gekommen. Da sahn sie Rauch der aus den Haus kommt. „Annie schreit: veuer!"
„wier müsen schnell wasser hollen schrie Robert!"
Robert und Annie hollten schnell wasser aus den brunen heraus. Wo sie wieder da warn schüteten sie das Wasser ins haus. Annie sagte erleitert: „der Rauch ist weg.!" Danach kamm der Dicke Vater er sagte wütent: „Wieso habt ihr mich nass gespritzt.?"
„Die Kinder sagten: „Es hat doch gebrent!?"
unsin schrie der Vater: „„Ich habe doch nur geraucht!" Die Kinder schämmten sich

(6) Larissa, Kl. 3 (26.3.2009)
Schreiben zu Reizwörtern

Der Schlüssel
Es war einmal vor zwei Jahren ein Mätchen namens Klara. sie war eine echte Prizesin. Sie lebte in einen wundervollen Burg. Jetzt gerade ist Mittagessen. Der König sagt: „Klara Kanst du mal auf dem Schlüssel zu Schatzkame aufpassen ich will sicher sein wen er in guten Händen ist?"
Sie meint: „Ich pass gut auf dem kleinen Schlüssel auf!"
Der König ruft: „Ich gehe schnell noch zum grozen Makt!"
Klara antwortet: „Ja bis Bald!"
Die schone Prizesin ging drausen Schpaziren. Sie passte sehr gut auf dem funkelnden Schlüssel auf. Plötzlich [...]

(5) Im Zusammenhang mit der Integration fremder Stimmen in die eigene treten simultan die kommunikativen punkthaltigen Zeichen ‹!› und ‹?› hinzu. Treffend erscheinen ‹:› und ‚„"'. Der Doppelpunkt markiert die Stelle, an der die Rede in die Trägerkonstruktion eingebettet wird. Die Redezeichen zeichnen

diese aus. Larissa (inzwischen in Klasse 3) bereitet die Zeichenabfolge Probleme. Sie verfügt noch nicht über die graphetische Sonderbedingung punkthaltiger Zeichen, die *„*der Rauch ist weg.!" und *„*Wieso habt ihr mich nass gespritzt.?" verbietet, hingegen „Es hat doch gebrent!?" erlaubt (vgl. 2.3.2). Schwierigkeiten bereiten ihr die Positionierung und Abfolge der die Redewiedergabe betreffenden Zeichen. Entsprechende Regeln untersagen *‹„„› und verhindern das Setzen der Abführungszeichen und der die wörtliche Rede auszeichnenden Marker nach dem Redebegleitsatz wie in *„*wier müsen schnell wasser hollen schrie Robert!" (vgl. zur Didaktik der Anführungszeichen Bredel 2004). (6) Drei Monate später beherrscht Larissa die Positionierung der unterschiedlichen Markierungstypen in polyphonen Konstruktionen. Zusätzlich signalisieren Zeilenwechsel entsprechende „turn"-Wechsel. Interessant ist die Verknüpfung zweier verschiedener Satz-/Äußerungsmodi in (6): „*Klara Kanst du mal auf dem Schlüssel zu Schatzkame aufpasssen ich will sicher sein wen er in guten Händen ist?*" Larissa zieht Frage- und Aussagesatz zusammen und kennzeichnet beides gemeinsam mit einem abschließenden ‹?›. Die Verknüpfung zweier verschiedener Satz-/Äußerungsmodi bereitet selbst Profis Schwierigkeiten und stellt eine Normlücke dar (Primus 1997, 468). In (7) verwendet Larissa nach der Briefanrede weder Komma noch Ausrufezeichen. Der Zeilenwechsel übernimmt deren Funktion. Auch satzinterne Satzgrenzen grenzt sie nicht mit Komma ab. Doch tritt der Koordinator *und* konsequent an dessen Stelle. Die mit dem Modalverb *sollen* formulierte Aufforderung endet auf einen Punkt (*Sie sollten sich schämmen nich zu helten.*). Dagegen endet die wertende Aussage *Das war wöglich sehr gemein!* auf ein Ausrufezeichen. (8) Die Redezeichen werden teilweise gesetzt. Oft folgt auf das Anführungszeichen kein Abführungszeichen. Zweimal trennt ein Komma Herausstellungen ab *Ich, ich werde* [...] *Also gut, der Atler* [...]. (9) Die Punktierungskompetenz erweitert sich um den Punkt als Abkürzungszeichen *Kölner str. 65* – hinsichtlich der Funktion als Satzschlusszeichen entwickelt sie sich zurück.

(7) Larissa, Kl. 4 (29.9.2009)
    Stellungnahme zu Unfallverhalten

Hallo Herr Meyer
Ich fiende es riechtig Blöd von ihnen das sie jemanden verletzt haben und einfach weiterfahren. Sei hätte ihn helfen können und den Krankenwagen rufen können. Was würden sie machen wenn sie umgefahren werden und er so gemein wie du werst und eifach weiterfahren wührde. Sie sollten sich schämmen nich zu helten. Warum aber waren sie so gemen? Das war wöglich sehr gemein!
    Viele grüße Larissa

(8) Larissa, Kl. 4 (15.12.2009)
   Schreiben zu einer Fabel

Der Atler und der Sperling
Eines Tags rief ein Atler alle Sperlinge des Waldes. Und fragte sie: "Wer von euch kann lauter schreihen als ich?
Alle blieben still. Und wer traut sich mit mir ein Ringkampf zu mache?
wider wahr kein mukz zu hören. Und wer kann höher fliegen als ich?
Diesmal sagte ein Sperling: "Ich, ich werde dich schlagen. Die anderen Vögel starren in ferdattert an. Also gut, der Atler breitete seine mächtigen Flügel aus. Vorher sprang der Sperling auf seinen Rücken er merkten nichts. Er flog bis zum mächtigen Berg und sprach: "Na wo bist du den? Hier flüsterte der Vogel. Der Atler flog noch höher und schrie: "Wo bist du den jetzt? [...]

(9) Larissa, Kl. 4 (2. Tertial vor Ostern)
   Schreiben eines Zeitungsberichts

Ein gefährlicher Tag
Jüchen. Ein Elvjeriges Mädchen und ein neinjeriger Junge spielten mit einer Kerze sie wollten nur aus spass eine Zeitung anzünden doch das klapte nicht so wie sie es wollten, dass war in der Kölner str. 65 17. Uhr. [...]

Halten wir fest: Larissa verwendet zu keinem Zeitpunkt den Punkt rein intonatorisch oder semantisch motiviert. Ihre Kompetenzen übersteigen die curricularen Vorgaben. Es ist zu vermuten, dass die Lektüre von Texten die Funktion eines „heimlichen Lehrplans" übernimmt, der unabhängig vom kanonisierten Unterricht positive Lerneffekte erzielt (vgl. 4.1.2.2).

4   Didaktische Modellierung der Interpunktion

4.1   Traditionelle Interpunktionsdidaktik

4.1.1   Theoriegeleitete Prämissen/Fehlannahmen

Die traditionelle Didaktik wird aus folgenden Gründen der Interpunktion nicht gerecht:

1. Sie setzt produzentenseitig bei der Auszeichnung sprachlicher Konstruktionen an. Die genuine Funktion der Interpunktion zur Lesesteuerung gerät aus dem Blick („Offline"-Didaktik).
2. Interpunktionszeichen werden isoliert behandelt.
3. Intonatorische, semantische, grammatische und rhetorisch-stilistische Zugriffsweisen werden vermischt und führen zu inhomogenen Begründungsansätzen („Prinzipienwirrwarr"[10]).

---
[10] Der Begriff geht zurück auf Menzel (1978, zit. nach Eisenberg 1983, 54).

4. Zugrunde liegt die Annahme eines linearen Erwerbsmodells, das die Zeichensetzung ausklammert, in höhere Klassenstufen verlegt und/oder die Behandlung einzelner Zeichen zu früh absetzt.

Auf punkthaltige Zeichen bezogen sind folgende Fehleinschätzungen zu beobachten:

5. Satzzeichen lernen Schreiber/innen auch ohne unterrichtliche Intervention.
6. Sie sind einfach lernbar. Ihre Behandlung gehört in die Primarstufe und schließt dort ab.
7. Die Zeichen ‹.!?› werden im Zusammenhang mit Satzarten/-modi und Intonation behandelt. Es kommt zu zirkulären Definitionen: *Am Ende eines Satzes setzt man einen Punkt. Das Satzende erkennst du am Punkt. Nach dem Punkt machst du eine Pause.* Begriffe, die die Benennung der Zeichen an Sprechakttypen festmachen, leiten Lerner fehl (vgl. 4.3.2).

„Alles in allem lernen die Kinder die Satzschlusszeichen ohne Probleme. Fehlen sie, so ist eher Vergesslichkeit als Unwissen die Ursache" (August/Dehn 2002, 178). „Der Punkt wird meist intuitiv gelernt" (August/Dehn 2007, 178) – so der Tenor traditioneller Didaktik. Fehlende „Satzschlusszeichen" auf mangelnde Konzentration zurückzuführen erscheint unmotiviert. Mit welcher Berechtigung wird dies nicht auch für andere Fehlerkategorien angenommen? Indes verfügen Schüler/innen meist über einen zirkulären Satzbegriff (vgl. Bsp. 5: (1)). Ebenso wenig sind sich die Schüler/innen beim Setzen des Punktes sicher (vgl. (2); vgl. 3.1)[11]:

Bsp. 5: (1) Begründungsprotokoll (Ausschnitt)

Nick, Kl. 4; vorgegebener Satz ohne Interpunktionszeichen: *Es fängt an zu regnen*

I: [...] 'Es fängt an zu regnen', Punkt, warum?
S: Weil's 'n normaler Satz is mit Punkt.
I: Aha, was ist ein 'normaler Satz'?
S: Er hat 'en Punkt.

(2)[12] Satzschließende Punkte in Schülertexten der Klasse 3 bis 5

(a) o.N., 8 J., Kl. 3   *Der bunte Stern*

Ich hörte ein Geräusch auf der Fensterbank lag eine Birne ich schaute aus dem Fenster. [...]

(b) o.N., 10 J., Kl. 4   *Meine Geschichte Sterne*

Als lettes mal muste ich in die Schule. Gehen dann hatte ich ein Stern gesehen hatte der Stern Geräusche gemacht [...]

(c) o.N., 10 J., Kl. 5   *Marc und die bunte Birne*

Es war der 7.7.91 ein kleiner Junge namens Mar war bei seinem Opa im Garten. [...]

---

[11] Dies gilt insbesondere für Lerner/innen mit Deutsch als Zweitsprache, vgl. Beispiel 5 (2b).
[12] Die Texte entstammen dem Korpus von Rüdiger Vogt, dem ich für die Bereitstellung danke.

Auf Vergesslichkeit sind die defizitären Punkte nicht zurückzuführen, da meist auch von der satzinitialen Majuskel kein Gebrauch gemacht wird. Vielmehr kann man schließen, der Punkt wird in seiner Komplexität unterschätzt (vgl. 4.3).

4.1.2 Bildungsstandards, Curricula und Unterrichtsmaterialien

Die Folgen einer falsch verstandenen Interpunktionsdidaktik schlagen sich in den Bildungsstandards, den Lehr- und Bildungsplänen sowie in den Lehr- und Lernmaterialien nieder. Hier können nur die wichtigsten Mängel aufgezeigt werden (vgl. dazu Esslinger 2011, 318).

4.1.2.1 Bildungsstandard und Curricula

Bildungsstandards, -pläne und Curricula gehen von der „Offline"-Annahme aus, nach der Interpunktionszeichen sprachliche Konstruktionen auszeichnen. Infolgedessen werden punkthaltige Zeichen unter den Kompetenzbereichen zur Rechtschreibung (KMK 2004; KC/Nieders. 2006, GS; BP/Bad.-Württ. 2004, GS) oder zur Sprachreflexion (vgl. KC/Nieders. 2006, GS; BP/Bad.-Württ. 2004, GS) angeführt. Unter den Kompetenzbereichen zum Lesen sucht man sie vergeblich.

4.1.2.2 Leselehrwerke

Insbesondere Erstleselehrwerke verfolgen keine angemessene Interpunktionsdidaktik, schreiben unbewusst einen „heimlichen Lehrplan", der die Herausbildung einer rezeptiven Interpunktionskompetenz ungünstig beeinflusst. Während einige anfänglich ganz auf die Interpunktion verzichten, konfrontieren andere ihre Leserschaft bereits auf den ersten Seiten mit einer Vielfalt an Zeichen, für die sie bei den Leseanfängern stillschweigend Verständnis voraussetzen (vgl. Bsp. 6).

Bsp. 6: Interpunktion in Erstlesewerken

Löwenzahn und Pusteblume (1999, 14)   Die Umi-Fibel (2005, 7ff.)

Wünschenswert wären Texte, die – ausgehend von punkthaltigen Zeichen – eine systematische, rezeptionsorientierte Interpunktionsdidaktik erleichtern statt sie zu verhindern. Damit sind wir schon bei einer Revision der Interpunktionsdidaktik.

4.2 Neuer Ansatz in der Interpunktionsdidaktik

4.2.1 Theoriegeleitete Prämissen

Aus der Perspektive moderner Interpunktionstheorien und der daraus resultierenden Kritik an der traditionellen Interpunktionsdidaktik ergeben sich folgende Konsequenzen für eine revidierte Interpunktionsdidaktik:

1. Sie setzt rezipientenseitig bei der Leseprozesssteuerung an („Online"-Modus). Sie versteht Interpunktion als Leserorthographie und rückt damit deren ursprüngliche Funktion ins Zentrum.
2. Das Gesamtsystem bildet den Ausgangspunkt. Die Funktion der Einzelzeichen ergibt sich kontrastiv aus dem kompositionellen Form-/Funktionszusammenhang.
3. Die Zugriffsweisen leiten sich systematisch von der strukturellen, kommunikativen oder metasprachlichen Fundierung der Zeichen ab (kein „Prinzipienwirrwarr").
4. Interpunktionsdidaktik beginnt mit der Schriftaneignung. Sie entfaltet sich spiralcurricular und ist gekennzeichnet von einer schrittweisen Ausdifferenzierung.

Eine adäquate Instruktion punkthaltiger Zeichen sieht vor:

5. eine lernprozessbegleitende Unterstützung beim Erwerb aller punkthaltiger Zeichen
6. die Thematisierung punkthaltiger Zeichen über den Primarstufenbereich hinaus
7. die Einführung von ‹.!?› in ihrer Propädeutik für das Lesen mit einer Differenzierung nach **äußerungs**modalen statt **satz**modalen Eigenschaften und unter Verzicht auf zirkuläre Satzdefinitionen.

4.2.2 Angestrebte Kompetenzen

Der Interpunktionserwerb betrifft rezeptive wie produktive Interpunktionskompetenzen, wobei Erstere Letzteren vorausgehen (Esslinger 2011, 329). Lerner/innen begegnen dem Interpunktionsinventar zunächst beim Lesen, verwenden dieses sodann beim Schreiben kontrastiv zu Buchstaben als Gliederungsmittel (vgl. 3.2; 3.3). Die anvisierten Kompetenzen betreffen das Gesamtsystem sowie Einzelzeichen und deren Gruppierungen.

1. Kompetenzen, die das Gesamtsystem betreffen:
   – Kenntnis des Umfangs und internen Aufbaus des Interpunktionszeicheninventars
   – Kenntnis der Formmerkmale
   – Einsicht in den kompositionalen Form-/Funktionszusammenhang
   – Einsicht in die Funktion der Interpunktion als Instrument der Leseprozesssteuerung

2. Kompetenzen, die punkthaltige Zeichen und deren Abfolge betreffen:
   - Zusammenfassung der Einzelzeichen zu Gruppen (‹.?!›, ‹.;:›, ‹....›)
   - syntaktische Verkettung beenden, wenn einem Zeichen mit Punkt auf der Grundlinie eine satzinitiale Majuskel folgt, keinen Punkt setzen, wenn die syntaktische Verrechnung fortgesetzt werden soll
   - punkthaltige Zeichen verhalten sich im Text-/und Listenmodus unterschiedlich.

4.3 Unterrichtsmodell – exemplarische Umsetzung im Unterricht

Obwohl zuverlässige, erschöpfende empirische Erhebungen zur Ontogenese produktiver wie rezeptiver Interpunktionskompetenzen noch ausstehen (vgl. 3.1), ist die unterrichtliche Behandlung der Interpunktion nicht nur berechtigt, sondern notwendig. Exemplarisch wird hier eine Unterrichtssequenz für die Jahrgangsstufe 4 entwickelt.

4.3.1 Punkt und punkthaltige Zeichen bilden den Anfang

Aus erwerbstheoretischer wie struktureller Sicht empfiehlt es sich, die Begleitung von Lernprozessen mit punkthaltigen Zeichen zu beginnen. Sie stehen am Anfang des Erwerbs (vgl. 3.2) und eröffnen einen größtmöglichen systematischen Zugang zur Interpunktion, sodass „Leserorthographieerwerb" als Systemerwerb erfolgen kann. Als zentrales Formelement eignet sich der Punkt. Von ihm aus kann man die Gesamtstruktur des Interpunktionssystems über kontrastive Vergleiche mit anderen punkthaltigen Zeichen kennenlernen: nicht-redupliziert vs. redupliziert (‹.› vs. ‹:›, ‹...›), nicht-vertikal vs. vertikal (‹.› vs. ‹?›, ‹!›) und nicht-leer vs. leer (‹.› vs. ‹...›).

4.3.2 Vorschläge für ein methodisches Vorgehen im Einzelnen

Für die Umsetzung im Unterricht schlage ich folgendes Vorgehen vor:

1. Einsicht in die Funktion der Interpunktion als Instrument der Leseprozesssteuerung

Lesepropädeutisch gilt es, die Interpunktion als Mittel zur Steuerung des Lesens erfahrbar zu machen beim
   - Lesen von Texten mit fehlender oder abweichender Interpunktion
   - Lesen von Texten mit konfligierender Instruktion *Tim fragt: Kommst du!*
   - Lesen von ambigen Konstruktionen *Der Lehrer sagt Max ist doof*
   - Lesen fingierter Dialoge ohne Begleitsatz und Interpunktion.

2. Bestimmung und Abgrenzung des Inventars der Interpunktionszeichen

Entsprechend den in Kap. 4.2.2 dargelegten Kompetenzanforderungen geht es zunächst darum, die Interpunktionszeichen kennenzulernen. Über das Merkmal [– verbalisierbar] (vgl. 2.2) gelangen Lerner/innen zur Abgrenzung der Interpunktionszeichen von Sonderzeichen, Ziffern und Buchstaben (Ausnahme: „stummes h") sowie zur Bestimmung des zwölfteiligen Inventars: ‹.›, ‹:›, ‹?›, ‹!›,

G7 Textrezeption durch Interpunktion steuern 593

‹,›, ‹;›, ‹( )›, ‹„"›, ‹›, ‹´›, ‹...›, ‹–›. Spielerische Zugänge wie in Bsp. 7 führen Leser/innen zu der Erkenntnis, dass bestimmte Zeichen lautlich nicht wiedergegeben werden dürfen. Der Text lässt sich hinsichtlich weiterer Interpunkteme modifizieren.

Bsp. 7: „Satzzeichen unter sich" (nach Manz 1993, 56)

Wenn ich Komma das Komma Komma
die Sätze nicht gliedern würde Komma
könnte man sie gar nicht verstehen Punkt
Ach Komma du Großhans Komma
du willst mehr sein als ein Fragezeichen Fragezeichen
Und du erst Komma Fragezeichen Ausrufezeichen
Ich überschreie euch alle Doppelpunkt
Fragezeichen Komma Komma und Strichpunkt Ausrufezeichen
Ich setze jetzt diesem Selbstruhm einen
Schlusspunkt Punkt

---

3. Interner Aufbau des Inventars – Kenntnis der Formmerkmale/Gruppierungsmöglichkeiten

Schüler/innen erhalten den Auftrag, Interpunktionszeichen nach formalen Eigenschaften zu gruppieren. Ein experimenteller Durchlauf in den Klassen 2 bis 4 zeigt, dass sie dazu bereits ab Klasse 2 in der Lage sind. Die nachstehenden Ergebnisse (Bsp. 8) zeigen von Schülern/innen vorgenommene Zuordnungen:

Bsp. 8: Gruppierungs-/Zuordnungsvorschläge aus Kl. 2

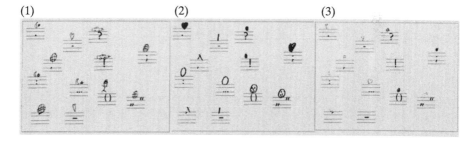

Ein anschließendes Unterrichtsgespräch arbeitet anhand divergierender Zuordnungen und Zuordnungslücken die Merkmalsoppositionen [± Doppelung], [± Grundlinienkontakt] und [± Kontakt zur Oberlinie] heraus. Beobachtungen wie diese dienen als Gesprächsanlass: (3) reiht das ‹!› unter die punkthaltigen Zeichen mit Punkt auf der Grundlinie ‹.›, ‹:› und ‹...›. (1) und (2) hingegen ordnen das ‹!› dem ‹?› zu – womöglich wegen des zusätzlichen gemeinsamen Kontaktes zur Oberlinie. Zuordnungslücken erscheinen bei (1) ‹( )› und bei (3) ‹–›. Unter Einbezug aller Ergebnisse können diese geschlossen werden. Ergebnis (2) ordnet ‹( )› den ‹„"› zu – vermutlich aufgrund ihres paarigen Auftretens. Sowohl

(1) als auch (2) ordnen ‹.› und ‹·› einander zu, wahrscheinlich wegen ihrer formalen Analogie. Die Möglichkeit, dass ein und dasselbe Zeichen mehreren Gruppen zugeordnet werden kann, sollte man unbedingt aufgreifen. Geeignet sind Doppelzuordnungen wie die von Helena (Kl. 4) (Bsp. 9):

Bsp. 9: Gruppierungs-/Zuordnungsvorschläge von Helena, Kl. 4

Helena ordnet ‹.› Gruppe 1 ‹.›, ‹?›, ‹!› und Gruppe 2 ‹.›, ‹:›, ‹...› zu. Beiden Gruppen gemein: der Punkt auf der Grundlinie. In allen Fällen kann eine satzinitiale Majuskel folgen. Die Frage nach den Gründen für die zweifache Zuordnung führt zum kompositionalen Aufbau des Gesamtsystems.

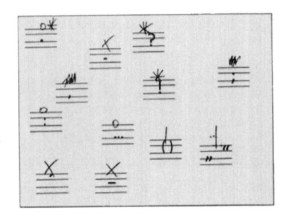

4. Kompositionaler Form-/Funktionszusammenhang

Um den kompositionalen Form-/Funktionszusammenhang punkthaltiger Zeichen aufzudecken, geht man teilschrittig vor. Zunächst gilt es herauszufinden, wann der Punkt vorkommt und was er bewirkt. Von da aus lassen sich verschiedene Gruppen von Interpunktionszeichen angehen:

Gruppe A: Punkt als Einzelzeichen
Gruppe B: ‹.›, ‹?›, ‹!›
Gruppe C: ‹.›, ‹:› (‹,›, ‹;›)
Gruppe D: ‹.› (mit satzinitialer Majuskel), ‹.› Wortzeichen, ‹...›
Gruppe E: ‹.›, ‹-›, ‹´›
Gruppe F: ‹.›, ‹?›, ‹!› in Zeichenfolgen wie ‹!!›, ‹???› *‹.!›

– Zu Gruppe A: Punkt als Einzelzeichen

Am augenfälligsten tritt die Funktion des Punktes hervor, wenn er fehlt oder normwidrig gesetzt ist. Auch hier können wieder Schülertexte herangezogen werden:

a. *Ich hörte ein Geräusch auf der Fensterbank lag eine Birne* [...]
b. *Als lettses mal muste ich in die Schule. Gehen dann hatte ich ein Stern gesehen* [...]
c. *Die Marionette hat eine karierte Jacke an ihr Körper ist aus Holz an Armen und Beinen hat sie lange Fäden mit ihnen kann man sie bewegen* (nach Menzel 1982b, 34).

Derartige Garden-Path-Konstruktionen irritieren den Leser. Der Punkt schafft Klarheit. Dabei ist seine Verwendung nicht an die Vollständigkeit eines Satzes gebunden. Texte der Kinder- und Jugendliteratur (kurz: KJL) dienen der Veranschaulichung:

d. *Da hatte er [..., B. M.] zu heulen begonnen. Die Oma mit.* (Härtling 1991, 19)

Häufig greift die KJL auf das Mittel „fingierter Mündlichkeit" zurück. An Dialogen mit häufigen „turn"-Wechseln lässt sich besonders gut erkennen, dass ein Punkt nach kommunikativen Minimaleinheiten stehen kann. Er markiert – unabhängig vom Satzbegriff – das Ende einer Äußerung:

e. *Bring sie doch mal mit. Weiß ich nicht. Nun hatte Mutter auch keine Lust mehr, das Gespräch fortzusetzen. Du bist nicht gerade gesprächig. Nee.* (Härtling 1997, 30)

Das Transkribieren fingierter Hörspieldialoge kann als vertiefende Übung dazu dienen aufzuzeigen, dass das Anzeigen eines Äußerungsendes notwendig ist, um den Wechsel der Sprecher beim Lesen nachvollziehbar zu machen:

f. *DU JA ICH HAB GESTERN DREI STUNDEN GELERNT UND DAS AM SONNTAG*
DU.
JA.
ICH HAB GESTERN DREI STUNDEN GELERNT.
UND DAS AM SONNTAG.

Das spielerische Auffinden potenzieller Satzgrenzen verdeutlicht die Funktion des Punktes, eine Äußerung – nicht einen Satz – zu beenden. Satzwertig sind alle unter (g) angeführten Beispiele:

g. *Peter schläft jeden Tag im Gartenstuhl mit der Brille auf der Nase.*
Peter schläft
Peter schläft jeden Tag
Peter schläft jeden Tag im Gartenstuhl
Peter schläft jeden Tag im Gartenstuhl mit der Brille auf der Nase.

– Zu Gruppe B: ‹.›, ‹?›, ‹!›

‹.›, ‹?› und ‹!› bilden zusammen ein Paradigma (vgl. Ossner 1998, 83). Sie besitzen einen Punkt auf der Grundlinie. Nach ihnen muss bei folgender satzinitialer Majuskel die syntaktische Verknüpfung beendet werden. Im unmarkierten Fall steht ‹.›. Bei ‹?› und ‹!› tritt zusammen mit dem zusätzlichen formalen Element jeweils eine weitere kommunikative Funktion hinzu. Das Fragezeichen bestimmt den Rezipienten als Nichtwissenden, das Ausrufezeichen als Anderswissenden (Bredel 2008, 158). Satzarten spielen dabei keine Rolle. Jede Aussage kann – abhängig vom kommunikativen Kontext – mit Punkt, Frage- oder Ausrufezeichen versehen werden: *Ja. Ja? Ja!* (vgl. auch Menzel 1982a, 22ff.). Es kommt auf die Ablaufstruktur einer kommunikativen Situation, auf deren Vor- und Nachgeschichte an, in die die jeweiligen Sprechhandlungen eingebettet sind, nicht auf den Satzmodus. Dies erklärt, weshalb der prototypische Aufforderungssatz auf einen Punkt endet (Primus 1997, 476). Beim Schreiben handlungsanleitender Texte (Aufgaben im Schulbuch, Bedienungsanleitung etc.) wird meist auf Ausrufezeichen verzichtet. Die Leser sind auf fremde Anweisungen eingestellt; diese bilden keinen Bruch zu dessen Planung. Folglich steht der Punkt. Ebenso wenig ist die Satzart an einen bestimmten Sprechakt gebunden. Befehle *Sei still*, Wünsche *Werd´schnell gesund*, Warnungen *Sei vorsichtig* und Einladungen *Nimm dir so viel, wie du brauchst* können imperativisch formuliert werden. Umgekehrt verwenden die wenigsten Instruktionsdialoge, die Kinder tagtäglich an Schulen erleben, Befehlssätze. Vielmehr hören sie Deklarative *Du kommst jetzt sofort hierher*, Adverbialkonstruktionen *bitte schnell*, Präpositionalphrasen *Und jetzt zur Turnhalle*, Infinitive *Weiter laufen* und Modalverbkonstruktionen *Ihr sollt leise sein* (Fischer 2008, 89; vgl. Fries 1988; Becker-Mrotzek 1997). Interrogativsätze können indirekte Aufforderungen beinhalten *Kannst du mir das Buch geben* oder einen Vorwurf bilden *Wie sieht es denn hier aus*. Die Intonation ist die Folge der Verteilung epistemischer Rollen und der Aussageabsicht, nicht der Satzkonstruktion.[13]

Auch hierfür finden sich Beispiele in der KJL *Bring sie doch mal mit.* (vgl. e.). Eine gute Übung kann es sein, identische Satzkonstruktionen mit unterschiedlicher Zeichensetzung und differenter kommunikativer Ablaufstruktur vergleichend auszuwerten. An ihnen kann die unterschiedliche Verteilung epistemischer Rollen herausgefiltert werden, um später zu vorgegebenen Sätzen selbst kommunikative Kontexte zu finden:

h. Es ist Nacht. **Lisa schläft.** Alles ist friedlich.
   Es ist helllichter Tag. **Lisa schläft?** Mutter kann es nicht fassen.
   Vater geht ins Kinderzimmer. Mutter ist verärgert: **Lisa schläft!** Zu spät.

Begründungen wie in Bsp. 10 lassen darauf schließen, dass Schüler/innen von sich aus isolierte Sätze gedanklich in kommunikative Kontexte einbetten, um ihre Entscheidungen hinsichtlich der Zeichensetzung zu treffen. Deutlich wird, dass sie sich beim Interpungieren nicht auf Satzarten beziehen, wie es ihnen der traditionelle Unterricht vormacht.

Bsp. 10: Interpungierungen aus Kl. 3 und 4

Die Aufgabenstellung lautete: Setze die fehlenden Satzzeichen. Begründe deine Entscheidung.

1. *Es gibt bestimmt gleich ein Gewitter*
   ‹?›: „*weil es jemernd vermutet*" (Eva, Kl. 3)
   ‹!›: „*Weil er es ruft.*" (o. N., Kl. 3)
2. *Fahren sie das Auto hier weg*₍.₎ *Parken ist hier verboten*
   ‹.›: „*Er sagt das.*" (o. N., Kl. 3)
   ‹?›: „*Weil ein deutich eine frage ist.*" (Felix, Kl. 3)
      „*weil es eine vrage ist.*" (Jonas, Kl. 4)
   ‹!›: „*Ein Fahrer schreit einen anderen Fahrer an, weil es verboten ist bei dem Parkplatz zu parken.*" (Fiona, Kl. 4)

Anhand von Kapitelüberschriften aus der KJL oder Überschriften in Kinderzeitschriften kann thematisiert werden, dass der Punkt im Gegensatz zu Frage- und

---

[13] Vgl. zur Fragezeichendidaktik Bredel 2007b, 66ff.; zur Ausrufezeichendidaktik vgl. Bredel 2010.

G 7 Textrezeption durch Interpunktion steuern 597

Ausrufezeichen nach freistehenden Zeilen nicht auftaucht. Auch dies kann aus dem kompositionalen Aufbau des Interpunktionssystems abgeleitet werden: ‹?› und ‹!› besitzen aufgrund ihres Aufbauelementes eine zusätzliche Information. Statt des Punktes übernehmen Zeilenabbruch und Abstand zum Fließtext die Funktion, den Leser auf einen syntaktischen Verknüpfungsabbruch hinzuweisen. Die kommunikativen Zusatzinformationen von Frage- und Ausrufezeichen sind damit nicht abgedeckt.

– Zu Gruppe C: ‹.›, ‹:› (‹,›, ‹;›)

Für ‹.› und ‹:› eignen sich Konstruktionen, die ohne Interpunktion mehrdeutig sind wie *Der Lehrer sagt Max ist doof* oder je nach Zeichen Unterschiedliches bedeuten:

Der Mensch denkt. Gott lenkt. *Der Lehrer spricht. Alle Schüler hören zu.*
Der Mensch denkt: Gott lenkt. *Der Lehrer spricht: Alle Schüler hören zu.*
(Der Mensch denkt, Gott lenkt.) *(Der Lehrer spricht, alle Schüler hören zu.)*

‹,› und ‹;› sind nicht mehr Thema dieses Beitrages, der nur punkthaltige Zeichen mit Grundlinienkontakt behandelt. Dennoch möchte ich sie an dieser Stelle erwähnen. Sie bilden mit ‹.› und ‹:› wegen der zwischen ihnen existierenden Stärkehierarchie zusammen ein Paradigma (vgl. 2.3.2) und sollten in diesem Zusammenhang behandelt werden. Kinder wissen beispielsweise – obwohl das Curriculum dies nicht vorsieht – implizit oder explizit, dass ein parenthetisch eingeschobener Satz nicht punktiert, sondern kommatiert wird (vgl. Bsp. 11):

Bsp. 11: Anjella, Kl. 4

*Susi kauft sich, sie ist schließlich erwachsen, eine Flasche Wein. *Ich finde das der Satz sich so besser an hört

– Zu Gruppe D: ‹.› (mit satzinitialer Majuskel), ‹.› Wortzeichen, ‹...›

i. *Die sollten ihn alle am Buckel küssen.* Der Morgen war schon versaut.
j. *Den* 18. *und letzten Platz gemacht zu haben war bitter.* O. k. *fand Lisa das nicht.*
k. *Sie war traurig... und müde.*

Der Punkt ‹.› kann nach vollständigen (vgl. i.) und unvollständigen Wörtern (vgl. j. und k.) stehen. In i. dient er – gefolgt von satzinitialer Majuskel – als „Satzzeichen". Die Äußerung ist abgeschlossen. In j. und k. kann Kleinschreibung folgen. In j. handelt es sich um Abkürzungen. In k. kürzen die Punkte nichts ab, sondern lassen etwas aus. Ausgelassen werden können Buchstaben, Wörter, Sätze und Texte.

– Zu Gruppe E: ‹.›, ‹-›, ‹´›

Ausgehend von alltäglichen, schulischen Kontexten, in denen der Punkt als Abkürzungszeichen verwendet wird – *4.10.2010, usw., z. B., d. h., N. N.* – wird dieser nochmals als Wort- und Abkürzungszeichen thematisiert. Lerner/innen verwechseln gerne dessen positionale Anordnung oder lassen ihn aus, vgl. Bsp. 12:

Bsp. 12: Punkt als Wortzeichen

> Das ist ein Ausrufesatz, weil sie es zum Bsp. zu Mutter ruft. | Kann z.B ein Kind seiner Mutter zurufen.

(1) A. K. (Kl. 3)   (2) J. A. (Kl. 3)

Ausgehend vom Punkt als Wortzeichen können Trennstrich und Apostroph thematisiert werden. Sie unterscheiden sich formal wie funktional vom Punkt: Der Punkt liegt auf der Grund-, der Trennstrich auf der Mittel- und das Apostroph auf der Oberlinie.[14] Alle drei Zeichen weisen den Leser auf die Unvollständigkeit einer Information hin. Beim Punkt wurden Buchstaben ausgelassen. Der Leser greift auf sein mentales Lexikon zurück, um die Informationslücke zu schließen. Beim Trennstrich findet der Leser die Buchstaben in der näheren Umgebung (z.B. auf der nächsten Zeile) und beim Apostroph wird eine defektive phonologische Information wiedergegeben.

– Zu Gruppe F: ‹.›, ‹?›, ‹!› in Zeichenfolgen wie ‹!!›, ‹???› *‹.!›

Gerne verwenden Schüler Zeichenfolgen wie ‹!!› oder ‹???› zur Intensivierung. Wie wir in Kap. 3.3 sahen, kommt es dabei auch zu normwidrigen Setzungen wie ‹.!› oder ‹.?›. Nachdem die Funktion von ‹.›, ‹?› und ‹!› über den kompositionalen Form-/Funktionszusammenhang erarbeitet wurde, erscheint es Kindern einleuchtend, dass ein Punkt auf der Grundlinie genügt, um eine Äußerung zu beenden. Der kompositionale Aufbau von ‹.?!› kann auch zur Erklärung herangezogen werden, weshalb Folgen wie „So?", meinte sie und „So!", meinte sie möglich sind *„So.", meinte sie dagegen nicht. Der Abbruch der Fremdstimme ist schon über die Redezeichen angezeigt. Die Punktfunktion kann daher suspendiert werden. Nicht verzichtet werden kann auf ‹?› und ‹!›, da sie im Gegensatz zum unmarkierten Punkt zusätzliche kommunikative Informationen bereithalten, die für die authentische Redewiedergabe von Bedeutung sind. Hinweisen sollte man in diesem Zusammenhang auf eine Ausnahme der graphetischen Sonderbedingung (vgl. 2.3.2), wonach nach der Verwendung des Punktes als Abkürzungszeichen sowie nach expressiver Setzung von ‹!› eine Minuskel folgen kann: *Ja, das will ich z. B. auch. Der hat hundert! davon verloren, nicht zwanzig.*

Literatur

Afflerbach, Sabine: Zur Ontogenese der Kommasetzung vom 7. bis zum 17. Lebensjahr. Eine empirische Studie. Frankfurt/M. u. a.: Lang 1997

---

[14] Den Hinweis verdanke ich Ursula Bredel.

AR = Amtliche Regelung der deutschen Rechtschreibung, Stand: März 2006. Abgedruckt in: Duden. Die deutsche Rechtschreibung. Mannheim u. a.: Dudenverlag, 24. Aufl. 2006

Augst, Gerhard/Dehn, Mechthild: Rechtschreibung und Rechtschreibunterricht. Können – Lehren – Lernen. Stuttgart u. a.: Klett, 2. Aufl. 2002

Augst, Gerhard/Dehn, Mechthild: Rechtschreibung und Rechtschreibunterricht. Können – Lehren – Lernen. Stuttgart u. a.: Klett, 3., überarb. und aktual. Aufl. 2007

Barthel, Hans/Löffler, Erich: Die Zeichensetzung in den Aufsätzen unserer Schüler. Analyse der Leistungen – Schwerpunkte der Unterrichtsarbeit. In: Deutschunterricht 29 (1976) 1, 100–112

Baudusch, Renate: Prinzipien der deutschen Interpunktion. In: Zeitschrift für Germanistik 2 (1981) 2, 206–218

Becker-Mrotzek, Michael: Schreibentwicklung und Textproduktion. Der Erwerb der Schreibfertigkeit am Beispiel der Bedienungsanleitung. Opladen: Westdeutscher Verlag 1997

Bergner, Helmut: Bemerkungen zur weiteren Arbeit an der Vermittlung und Aneignung der Kommasetzung. In: Deutschunterricht 33 (1980) 7/8, 405–410

Boschung, Dietrich/Hellenkemper, Hansgerd (Hrsg.): Kosmos der Zeichen. Schriftbild und Bildformel in Antike und Mittelalter. Wiesbaden: Reichert 2007

Bredel, Ursula: Die Didaktik der Gänsefüßchen. In: Bredel, Ursula/Siebert-Ott, Gesa/Thelen, Tobias (Hrsg.): Schriftspracherwerb und Orthographie. Baltmannsweiler: Schneider Hohengehren 2004, 207–240

Bredel, Ursula: Zur Geschichte der Interpunktionskonzeptionen des Deutschen – dargestellt an der Kodifizierung des Punktes. In: Zeitschrift für germanistische Linguistik 33 (2005) 2/3, 179–211

Bredel, Ursula: Interpunktionszeichen: Form – Geschichte – Funktion. In: Boschung/Hellenkemper 2007a, 67–86

Bredel, Ursula: Sprachbetrachtung und Grammatikunterricht. Paderborn u. a.: Schöningh 2007b

Bredel, Ursula: Die Interpunktion des Deutschen. Ein kompositionelles System zur Online-Steuerung des Lesens. Tübingen: Niemeyer 2008

Bredel, Ursula: Strukturfunktionale und erwerbstheoretische Aspekte des Interpunktionssystems am Beispiel des Ausrufezeichens. In: Bredel, Ursula/Müller, Astrid/Hinney, Gabriele (Hrsg.): Schriftsystem und Schrifterwerb: linguistisch – didaktisch – empirisch. Berlin: de Gruyter 2010, 259–275

Bredel, Ursula/Reißig, Thilo (Hrsg.): Weiterführender Orthographieerwerb. Baltmannsweiler: Schneider Hohengehren 2011 (Deutschunterricht in Theorie und Praxis)

Eichler, Wolfgang: Sprachbewusstheit und Schriftspracherwerb: Bewusstes Sprachenlernen vor allem im Bereich der Rechtschreibung und Zeichensetzung. In: Rösch, Heidi (Hrsg.): Kompetenzen im Deutschunterricht. Frankfurt/M.: Lang 2008, 143–154

Eichler, Wolfgang/Küttel, Hartmut: Eigenaktivität, Nachdenken und Experiment – zur inneren Regelbildung im Erwerb der Zeichensetzung. In: Diskussion Deutsch 24 (1993) 129, 35–44

Eisenberg, Peter: Orthographie und Schriftsystem. In: Günther, Klaus B./Günther, Hartmut (Hrsg.): Schrift, Schreiben, Schriftlichkeit. Arbeiten zur Struktur, Funktion und Entwicklung schriftlicher Sprache. Tübingen: Niemeyer 1983, 41–68

Engel, Ulrich: Deutsche Grammatik. Heidelberg: Groos, 3. Aufl. 1996

Esslinger, Gesine: Konzepte des Interpunktionserwerbs. In: Bredel/Reißig (Hrsg.) 2011, 318–339

Fischer, Kerstin: Die Interaktion zwischen Konstruktionsgrammatik und Kontextwissen am Beispiel des Satzmodus in Instruktionsdialogen. In: Stefanowitsch, Anatol/Fischer, Kerstin (Hrsg.): Konstruktionsgrammatik II. Von der Konstruktion zur Grammatik. Tübingen: Stauffenburg 2008, 81–101

Fries, Norbert: *Ist Pragmatik schwer!* – Über sogenannte „Exklamativsätze" im Deutschen. In: Sprache und Pragmatik (1988) Arbeitsberichte 3, 1–18

Gallmann, Peter: Graphische Elemente der geschriebenen Sprache. Grundlagen für eine Reform der Orthographie. Tübingen: Niemeyer 1985

Gallmann, Peter: Interpunktion (Syngrapheme). In: Günther, Hartmut/Ludwig, Otto (Hrsg.): Schrift und Schriftlichkeit. Ein interdisziplinäres Handbuch internationaler Forschung. Bd. 2. Berlin u. a.: de Gruyter 1996, 1456–1467 (= Handbücher zur Sprach- und Kommunikationswissenschaft)

Glück, Helmut: Metzler-Lexikon Sprache. Stuttgart u. a.: Metzler 2010

Höchli, Stefan: Zur Geschichte der Interpunktion im Deutschen. Eine kritische Darstellung der Lehrschriften von der zweiten Hälfte des 15. Jahrhunderts bis zum Ende des 18. Jahrhunderts. Berlin u. a.: de Gruyter 1981

Kolakowsky, Erika: Wo liegen die Ursachen der Fehler? In: Deutschunterricht 32 (1980) 7/8, 404

Kress, Gunther: Learning to write. London u. a.: Routledge 1994

Maas, Utz: Grundzüge der deutschen Orthographie. Tübingen: Niemeyer 1992

Maas, Utz: Orthographie und Schriftkultur (nicht nur im Deutschen). Arbeitsskript zur Vorlesung im SS 2003. Osnabrück: In Kommission bei der Buchhandlung zur Heide

Manz, Hans: Die Welt der Wörter. Sprachbuch für Kinder und Neugierige. Weinheim: Beltz & Gelberg 1993

Mazal, Otto: Geschichte der Buchkultur. 3 Bde. Bd. 1: Frühmittelalter. Graz: Akad. Druck- und Verlagsanstalt 2003

Melenk, Hartmut: Aspekte der Kommasetzung in der 8. Klasse. Ergebnisse eines Forschungsprojektes. In: Didaktik Deutsch 3 (1998) 4, 42–61

Melenk, Hartmut/Knapp, Werner (Hrsg.): Inhaltsangaben – Kommasetzung. Schriftsprachliche Leistungen in Klasse 8. Baltmannsweiler: Schneider Hohengehren 2001, 169–188

Mentrup, Wolfgang: Zur Zeichensetzung im Deutschen – Die Regeln und ihre Reform. Oder: Müssen Duden-Regeln so sein, wie sie sind? Tübingen: Narr 1983

Menzel, Wolfgang: Zur Didaktik der Orthographie. In: Praxis Deutsch 5 (1978) 32, 14–24

Menzel, Wolfgang: Der Satz und die Satzschlusszeichen. In: Praxis Deutsch 9 (1982a) 55, 22–27

Menzel, Wolfgang: Die Kommasetzung. In: Praxis Deutsch 9 (1982b) 55, 31–50

Menzel, Wolfgang/Sitta, Horst: Interpunktion – Zeichensetzung im Unterricht. In: Praxis Deutsch 9 (1982) 55, 10–21

Mesch, Birgit: Konzepte des Erwerbs der Getrennt- und Zusammenschreibung. In: Bredel/Reißig (Hrsg.) 2011, 268–295

Metz, Kerstin: Grammatikkenntnisse – Kommasetzung. Eine empirische Studie über das Verhältnis von Grammatikkenntnissen und Kommasetzung bei Achtklässlern im Schulartenvergleich. Baltmannsweiler: Schneiderverlag Hohengehren 2005

Müller, Hans-Georg: Zum „Komma nach Gefühl". Implizite und explizite Kommakompetenz von Berliner Schülerinnen und Schülern im Vergleich. Frankfurt/M. u.a.: Lang 2007

Naumann, Carl Ludwig: Interpunktions-'Fehler': Welchen Regeln folgen die Schreiber/Innen bei der Kommasetzung? In: Ewald, Petra/Sommerfeldt, Karl-Ernst (Hrsg.): Beiträge zur Schriftlinguistik. Festschrift zum 60. Geburtstag von D. Nerius. Frankfurt/M.: Lang 1995, 211–233 (= Sprache. System und Tätigkeit, Nr. 15)

Nerius, Dieter/Scharnhorst, Jürgen (Hrsg.): Theoretische Probleme der deutschen Orthographie. Berlin: Akademie-Verlag 1980

Nunberg, Geoffrey: The Linguistics of Punctuation. Stanford (Calif.): Center for the Study of Language and Information 1990

Ossner, Jakob: Fachdidaktik und Orthographie. Mit Bemerkungen zum Fragezeichen und Anmerkungen zur Rechtschreibreform. In: Giese, Heinz/Ossner, Jakob (Hrsg.): Sprache thematisieren. Fachdidaktische und unterrichtswissenschaftliche Aspekte. Freiburg i. Br.: Fillibach 1998, 79–104

Parkes, Malcolm B.: Pause and Effect. An Introduction to the History of Punctuation in the West. Aldershot: Scolar Press 1992

Primus, Beatrice: Satzbegriffe und Interpunktion. In: Augst, Gerhard/Blüml, Karl/Nerius, Dieter/Sitta, Horst (Hrsg.): Zur Neuregelung der deutschen Orthographie. Begründung und Kritik. Tübingen: Niemeyer 1997, 461–486

Primus, Beatrice: Die Buchstaben unseres Alphabets: Form – Entwicklung – Funktion. In: Boschung/Hellenkemper (Hrsg.) 2007, 45–65

Rezec, Oliver: Zur Struktur des deutschen Schriftsystems. Warum das Graphem nicht drei Funktionen gleichzeitig haben kann, warum ein ‹a› kein ‹ɑ› ist und andere Konstruktionsfehler des etablierten Beschreibungsmodells. Ein Verbesserungsvorschlag. [http://edoc.ub.uni-muenchen.de/10730/1/Rezec_Oliver.pdf] (Zugl.: München, Ludwig-Maximilans-Univ., Diss., 2009)

Riehme, Joachim/Zimmermann, Friedrich: Analyse orthographischer Leistungen von Schülern der POS der DDR (Interne Forschungsinformation der Pädagogischen Hochschule „Ernst Schneller" Zwickau). Zwickau 1986

Sappok, Christopher: Das deutsche Komma im Spiegel von Sprachdidaktik und Sprachforschung: Forschungslage – „Parsing vs. Phrasing" – Experimente. Berlin/Münster: LIT 2011

Schmidt-Wilpert, Gabriele/Lappé, Winfried: Die Entwicklung der Interpunktionsnorm und ihre Kodifizierung im 19. Jahrhundert. In: Zeitschrift für deutsche Philologie 100 (1981) 3, 390–416

Scheele, Veronika: Entwicklung fortgeschrittener Rechtschreibfertigkeiten: ein Beitrag zum Erwerb der „orthographischen" Strategien. Frankfurt/M. u.a.: Lang 2006

Steinhauer, Karsten: Electrophysiological correlates of prosody and punctuation. In: Brain and Language 86 (2003) 1, 142–162

Steinhauer, Karsten/Friederici, Angela D.: Prosodic Boundaries, Comma Rules, and Brain Responses: The Closure Positive Shift in ERPs as a Universal Marker for Prosodic Phrasing in Listeners and Readers. In: Journal of Psycholinguistic Research 30 (2001) 3, 267–295

Thomé, Günther: Rechtschreibfehler türkischer und deutscher Schüler. Heidelberg: Groos 1987

Veith, Werner H.: Graphem, Grapheotagmem und verwandte Begriffe. In: Augst, Gerhard (Hrsg.): Graphematik und Orthographie. Neuere Forschungen der Linguistik, Psychologie und Didaktik in der Bundesrepublik Deutschland. Frankfurt/M. u. a.: Lang 1985, 22–42 (= Theorie und Vermittlung der Sprache, Bd. 2)

Voss, Andreas/Blatt, Inge/Kowalski, Kerstin: Zur Erfassung orthographischer Kompetenz in IGLU 2006: Dargestellt an einem sprachsystematischen Test auf Grundlage von Daten aus der IGLU-Voruntersuchung. In: Didaktik Deutsch 13 (2007) 23, 15–32

Wolf, Norbert Richard: Phonetik und Phonologie, Graphetik und Graphemik des Frühneuhochdeutschen. In: Besch, Werner/Betten, Anne/Reichmann, Oskar (Hrsg.): Sprachgeschichte: ein Handbuch zur Geschichte der deutschen Sprache und ihrer Erforschung. Bd. 2.2. Berlin u. a.: de Gruyter 2000, 1527–1542

Zifonun, Gisela/Hoffmann, Ludger/Strecker, Bruno u. a.: Grammatik der deutschen Sprache. 3 Bde., Bd. 1. Berlin u. a.: de Gruyter 1997

Curricula

BP/Bad.-Württ. = Bildungsplan 2004 Grundschule; hrsg. vom Ministerium für Kultus, Jugend und Sport, Baden-Württemberg 2004

KC/Nieders. = Kerncurriculum für die Grundschule. Schuljahrgänge 1–4. Deutsch. Niedersachsen; hrsg. vom Niedersächsischen Kultusministerium 2006

KMK = Bildungsstandards im Fach Deutsch für den Primarbereich. Beschluss vom 15.10.2004 (= Beschlüsse der Kultusministerkonferenz)

Schulbücher – Fibeln

Die Umi-Fibel – Schramm, Martina/Thiele, Ruth/Ricke, Ursula. Berlin: Cornelsen 2005

Löwenzahn und Pusteblume – Hinnrichs, Jens/Berkenhoff, Angela/Heinrich, Petra: Werkstatt für das Lesen- und Schreibenlernen. Leselernbücher 1, 2, 3, 4. Gesamtband. Hannover: Schroedel 1999

Kinder- und Jugendliteratur

Härtling, Peter: Oma. Die Geschichte von Kalle, der seine Eltern verliert und von seiner Großmutter aufgenommen wird. Weinheim u. a.: Beltz & Gelberg 1991

Härtling, Peter: Ben liebt Anna. Weinheim u. a.: Beltz & Gelberg 1997

Sachwortregister

Sachwortregister

Abtönungspartikel 67, 123, 136, 139
Adjektiv 66f., 70f., 73, 83f., 134, 256ff., 316, 373, 382ff., 394, 479ff., 540
Adjektivgruppe 231
Adverb 132, 134f., 232, 236f., 374, 382, 526f., 531, 565; siehe auch deiktisches Adverb
Adverbial/adverbiale Bestimmung 74, 146, 222, 243ff., 279, 375, 383, 421, 500, 509, 558
Aktuelle Grammatikdidaktik 23ff.
Alphabetschrift 185, 270
Alternativen, sprachliche 519, 533, 542
Ambiguität/ambig 442, 499f., 519, 592
Analysewissen 52, 249
Analytischer Grammatikunterricht 439
Analytischer Sprachbau 65, 314
Anapher 133, 374, 513ff., 518
Anaphorisierungstest 76
Angebots-Nutzungs-Modell 355
Appellfunktion 98
Argumentation/argumentieren 90, 98, 103, 258, 525ff.
Argumentativer Text 116, 150, 525
Artikel 84, 134ff., 373, 383, 394, 540
Artikelwort 67, 81, 230, 275
Attribut 73f., 223, 278, 376, 432, 500, 509, 540f., 545, 558, 571
Aufgaben 24, 53, 119ff., 302f., 312, 358, 420, 430ff., 473ff., 488ff., 502, 519, 596
Aufgabenbeispiele zu den Bildungsstandards 478ff.
Ausdrucksfunktion 98
Äußere Mehrsprachigkeit 351
Außerschulische Sprachreflexion 201ff.

Begleitbewusstsein 195
Begleiter 133, 229f., 383, 486, 488; siehe auch Artikelwort
Begriffsbildung 90, 232, 438, 538
Benennungswissen 214
Bewusster Sprachgebrauch 79

Bewusstheit 30, 289, 303, 402, 442; siehe auch metasprachliche Bewusstheit, phonologische Bewusstheit, Sprachbewusstheit, Textualitätsbewusstheit
Bewusstsein 14f., 46, 49, 53, 195f., 352, 480; siehe auch handlungspraktisches Bewusstsein
Bezeichnen 538
Bildung, sprachliche 331, 331
Bildungspläne 328f., 457ff., 467ff.; siehe auch Curriculum
Bildungsstandards 22f., 30, 198, 267, 330, 344ff., 372, 391, 431, 457ff., 473ff., 483, 515, 590; siehe auch Bildungspläne, Curriculum
Bildungsstandards für Russisch 407f.
Brauchtum 256, 344

Cloze-Test 442
Curriculum 70, 78ff., 198, 430, 457ff., 473f., 590; siehe auch Bildungspläne, Bildungsstandards

Darstellungsfunktion 98
Deduktiv 282, 347, 371, 379, 388, 415, 501f., 531
Deiktische Prozedur 80, 300, 515
Deiktisches Adverb 132
Deixis/deiktisch 80, 121f., 130ff., 137, 146, 153, 374, 514
Deklaratives Wissen 52, 247, 266, 278, 286, 346, 444, 477, 575, 581
Deklaratorisches Wissen 483
Desemantisierung 258
DESI 53, 171, 284, 431, 482ff., 486
Deskription/deskriptiv 317, 326, 333, 345, 350, 429
Deskriptive Grammatik 326
Deutsch als Fremdsprache 62, 385, 388, 390
Deutsch als Zweitsprache 62, 204, 302, 322, 371, 380, 385, 390, 396, 514, 520f., 589

Didaktische Grammatik 68 ff.
Didaktischer Pfad 82, 84
Diskurs 115 ff., 131, 300, 305, 350, 513

Einfacher Satz 164, 441
Eltern-Kind-Kommunikation 308
Empirische Studien 429 ff.
Empirische Unterrichtsforschung 415 ff.
Ergänzung 226, 235
Ersatzprobe 17, 75 f., 225, 423, 465
Erstspracherwerb 243, 311, 314, 387
Erweiterungsprobe 77, 230
Erwerbsorientierung 243 f., 462 f.
Erzählen/Erzählung 78, 122 ff., 143, 254 ff., 512, 521
Expeditive Prozedur 80, 138, 301
Explizite Sprachreflexion 174
Explizites Wissen 53, 242 f., 285, 288, 346, 445
Expressive Prozedur 81, 138, 299

Fehlbildung 386
Fehler 59, 343, 350, 425 f., 465, 483, 520, 582
Feld 130, 133 f.
Feldgliederung 137, 221 ff., 229 ff.
Form 59 ff., 74, 95 ff., 110, 132, 232, 282, 349, 499 ff.
Formaler Grammatikunterricht 416, 437
Fragemethode 214, 232
Frontalunterricht 356
Funktion 23, 59 ff., 90 ff., 112 ff., 132, 282, 351, 499 ff.; siehe auch kognitive Funktion, kommunikative F., pragmatische F., syntaktische F., textsemantische F.
Funktional 61, 349, 403, 477
Funktional äquivalent 334
Funktionale Grammatik 23, 133, 251, 349 f., 404, 473, 478, 523
Funktionale Pragmatik/funktional-pragmatisch 110 f., 117, 290, 300, 504
Funktionale Sprachreflexion 554
Funktionaler Grammatikunterricht 20, 23, 78, 112 ff., 199, 390, 415, 437, 474, 478, 500 f., 531
Funktional-stilistische Methode 404

Futurtest 505

Gegenstandswissen 100
Genus verbi 289, 404, 554
Geschriebene Sprache 167, 269
Gesprächskompetenz 299
Gesprochene Sprache 165 ff., 300
Getrennt- und Zusammenschreibung 273, 565 ff.
Gewichtung 74, 126
Gießener Kreis 23
Gliedsatz 432
Glinzsche Probe 458; siehe auch Operation
Grammatik 3 ff., 10 f., 59, 80, 94 ff.; siehe auch Referenzgrammatik, Schulgrammatik, deskriptive Grammatik, didaktische Gr., funktionale Gr., handlungsbezogene Gr., normative Gr., semiotische Gr., wissenschaftliche Gr.
Grammatikalisierung 103 ff., 245
Grammatikalisierte Zeichen 251
Grammatikdidaktik 3 ff., 17, 23 ff., 26; siehe auch aktuelle Grammatikdidaktik
Grammatik-Übersetzungsmethode 112
Grammatikunterricht 3 ff., 13, 79 ff., 343 ff., 415 ff., 429 ff., 440 ff., 499 ff.; siehe auch analytischer Grammatikunterricht, formaler Gr. U., funktionaler Gr. U., integrativer Gr. U., normativer Gr. U., operationaler Gr. U., problemorientierter Gr. U., propädeutischer Gr. U., schriftbasierter Gr. U., situativer Gr. U., systematischer Gr. U., traditioneller Gr. U.
Grammatikwerkstatt 20 f., 72, 113, 500 f.
Grammatische Zeichen 93, 97 ff., 100, 114
Grammatisches Grundwissen 477
Grammatisches Wissen 186, 198, 429, 552
Groß-/Kleinschreibung 275 f., 444
Grundschule/Primarstufe 70, 78, 87, 125, 142, 232, 240, 256, 309, 367, 461, 466, 503, 505, 542
Gruppenarbeit 356 f., 519

Handlungsbezogene Grammatik 300

Sachwortregister

Handlungskompetenz 360
Handlungsorientierung 462 f.
Handlungspraktisches Bewusstsein 477
Handlungswissen 100
Hauptsatz 82, 234, 277
Herausstellung/Herausstellungsstruktur 290, 557
Heterogene Lerngruppen 390
Hören/zuhören 299 f., 369, 465
Hypotaxe/hypotaktisch 167, 556, 558

Illokution 117 ff., 153, 349
Implizite Sprachreflexion 174
Implizites Können 242 f.
Implizites Wissen 49, 285, 288, 346 f., 435, 477
Induktiv 68, 194, 205, 348, 352 f., 371 f., 415, 501 ff., 533
Innere Mehrsprachigkeit 351
Integration (Prozedur der Integration) 81, 136
Integration von Grammatik 343, 348
Integration von Sprache und Literatur 282
Integrativer Grammatikunterricht 13, 20 f., 61, 113, 473
Interferenzen 386
Interkulturalität/interkulturell 389
Interpunktion 276 ff., 576, 578 ff.

Jugendsprache/jugendsprachlich 194, 201 f., 316

Kasus 78, 84, 133, 148, 214, 395
Kategorien, grammatische 347
Klangprobe 17
Knowing how 51, 100; siehe auch Wissen, Können
Knowing that 51, 100; siehe auch Wissen
Kognitive Funktion 94, 330
Kognitivierung 346
Kohärenz 143, 149, 283, 290, 512, 521
Kohäsion 143, 148, 300, 302 f.
Komma/Kommasetzung 137, 227, 279 ff., 385, 437, 582, 596
Kommadidaktik 278, 280 f.
Kommentarzeichen 97

Kommunikative Funktion 94, 380
Kompetenz 52, 112, 463; siehe auch Gesprächskompetenz, Handlungskompetenz, morphologische Komp., sprachkritische Komp., sprachreflexive Komp.
Kompetenz der Textgestaltung 151
Kompetenzmodell 52 f., 289, 431
Kompetenzmodellierung 468, 470
Kompetenzorientierung 282, 288, 463, 489
Kompetenzstufe 245, 491
Komplexer Satz 441
Komplexität, syntaktische 439
Komposition 392, 540, 567; siehe auch Kompositum
Kompositum 178, 480, 542 f., 571
Konjunktion 107, 139, 232 f., 258 f., 374, 383, 504, 527
Konjunktiv 105, 127, 248, 296, 483, 556
Konnektivpartikel 527
Konnektor 148, 290, 525 ff.
Können 27, 52, 429 ff., 445; siehe auch implizites Können, literarisch-textuelles K., schriftsprachliches K., stilistisches K.
Konstruktivismus 353 ff.
Kontext, kommunikativer 302, 349, 596
Kontrastive Morphologie 392
Kontrastivhypothese 386
Korrektheit 46, 150, 248, 345, 402, 426

Language awareness 46, 253, 287, 346, 385 ff.
Leistungsaufgaben 473 ff.
Lektüre, textnahe 552 ff.
Lenkfeld 130, 138
Lernarrangement 282, 356
Lernaufgaben 473
Lernen/Lernprozess 59, 67, 72, 299, 335, 427, 434, 538, 592
Lernerfolg 343, 356, 416
Lernerorientierung 346
Lernziele 199, 357 f.
Lesarten 74, 499, 509 f.
Leseverstehen 442 f.

Lexik 276, 290, 598
Lexikalische Zeichen 93, 97 ff., 100, 114
Lexikon 96, 98, 138
Liste der gram. Fachausdrücke der KMK 372; siehe auch Terminiliste/Terminologieliste
Literale Prozedur 528 ff.
Literalität 160 ff., 244
Literarischer Text 539, 552; siehe auch Literatur
Literarisch-textuelles Können 290
Literatur 282 ff., 292, 555, 559, 563
Literaturverstehen 290

Medien 198, 365 ff., 377 f.
Mehrsprachigkeit/mehrsprachig 68, 78, 184, 199, 202, 204, 206, 312, 351, 385, 390, 392; siehe auch innere, äußere Mehrsprachigkeit
Metakognition 52, 288
Metakognitives Wissen 286, 576
Metasprachliche Bewusstheit 432
Methode 16, 28 f., 65, 72, 261, 331, 343 ff., 403, 405, 415 ff., 457, 500, 517; siehe auch funktional-stilistische Meth., operationale Meth., sprachanalytische Meth., vergleichende Meth.; siehe auch Grammatikunterricht, Methodik
Methodik 3, 28 f.
Migrationssituation 25
Mittelfeld 73, 222, 228, 277, 558
Modus 108, 129, 146, 148, 289 f., 349, 555
Monitor 30, 48, 188, 248, 533
Morphologie 406, 480, 567; siehe auch kontrastive Morphologie
Morphologische Kompetenz 405
Morphologische Schreibung 271
Morphosyntaktisches Wissen 190
Mündlichkeit 166, 191, 305, 521, 558
Mündliche Kommunikation 299 ff., 460

Nachfeld 73, 222, 230, 232, 317, 558
Narration/narrativ 43, 123, 153, 256
Narrativer Text 115, 151, 256
Nebensatz 82, 234
Negation 105

Nomen 133, 218, 225, 373, 543; siehe auch Substantiv
Nomen identifizieren 431, 485
Nominalgruppe/Nominalphrase 73, 171, 225, 229 ff., 275 f., 512, 523
Nonverbales 116, 122, 352
Norm, standardsprachliche 26, 62, 64, 68, 172, 194, 205, 317, 327, 330 ff., 350, 483 f., 578
Normative Grammatik 161, 483
Normativer Grammatikunterricht 242
Normierung 59

Objekt 86, 214, 221, 375 f., 421 f.
Objekt, präpositionales 361, 384, 420 f.
Ontogenese 97, 177, 582
Operation 17, 60, 73, 77, 113, 170, 178, 199, 249; siehe auch Probe
Operationale Methode 72
Operationaler Grammatikunterricht 477, 500 f.
Operative Prozedur 136, 300
Orthographie 266, 268, 565, 567
Orthographieunterricht 160, 267
Orthographisches Beweisen 575

Partikel 24, 66, 85, 105, 232
Passiv 490, 557
Personalpronomen 133 f., 383, 394, 512 f.; siehe auch Anapher, Personendeixis
Personendeixis 514; siehe auch Personalpronomen
Phonologische Bewusstheit 269
Phonologische Schreibung 269
Phylogenese 97
Pluraltest 275
Prädikat 17, 75 f., 119 f., 220, 384, 425, 488
Prädikation 81, 119 f., 135 f.
Pragmatische Funktion 90, 142, 403, 430, 557
Präposition 231, 374
Präpositionalgruppe/Präpositionalphrase 74, 229 ff.
Präpositionalobjekt siehe Objekt, präpositionales
Präskription/präskriptiv 326, 347, 350

Probe 60, 249, 346, 504f.; siehe auch Glinzsche Probe, Operation
Probleme lösen 568
Problemlösungswissen/problemlösendes Wissen 52, 285, 288, 575
Problemorientierter Grammatikunterricht 253
Pronomen 133, 230, 373, 488, 514; siehe auch Anapher
Propädeutischer Grammatikunterricht 253
Prototypisch 275, 376, 501, 546
Prozedur/Feld 80, 130; siehe auch deiktische Proz., expeditive Proz., expressive Proz., literale Proz., operative Proz., symbolische Proz.
Prozedurales Wissen/prozessuales Wissen/Prozesswissen 49, 52, 247, 266, 288, 477, 575
Punkt 276, 278, 582, 584
Punkthaltige Zeichen 591 ff.

Rechtschreibunterricht 267, 443; siehe auch Orthographieunterricht
Referenzgrammatik 62 ff.
Reflektierter Sprachgebrauch 332, 477
Reflexion über Reflexion 204
Reflexion über Sprache 43f., 197 ff., 330, 350, 457, 460 ff., 475, 516
Reflexionsorientierter Schreibunterricht 250, 253
Reflexionswissen 244 ff., 286
Regeln 65, 178, 266, 308, 345, 430, 565
Regelwerk 565 f., 573 f.
Regularitäten 59, 64 f., 295, 326
Reorganisation, kognitive 50
Repräsentation, mentale 177
Rückwärtsbildung 571, 573

Satz 81, 103, 214 f., 277, 508, 578; siehe auch einfacher Satz, komplexer Satz, Ambiguität
Satzfunktion 60, 70, 74; siehe auch Satzglied

Satzglied 60, 73 f., 85 f., 146, 171, 216 f., 223, 289, 375, 432, 557; siehe auch Satzfunktion
Satzgliedbestimmung 254, 487
Satzglied erfragen 220
Satzklammer 65, 222; siehe auch Verbklammer
Satzstruktur 289
Satztopologie 24; siehe auch topologisches Modell, Satzklammer, Verbklammer
Schreibdidaktik 242, 256
Schreibentwicklung 244, 525
Schreibung, siehe morphologische Schreibung, phonologische Schr., silbische Schr., syntaktische Schr.
Schrift 104, 160
Schriftbasierter Grammatikunterricht 160
Schriftkultur 184, 186
Schriftlichkeit 53, 166, 191, 244, 385, 467
Schriftspracherwerb 46 f., 160, 163, 168, 184 ff., 196 f., 266, 269 f.
Schriftsprachliches Können 429 ff.
Schriftsprachlichkeit 184
Schriftunterricht, grammatikbasierter 160, 168 ff.
Schulbuch 214; siehe auch Sprachbuch
Schülerorientierung 355, 462
Schulgrammatik 3, 5, 11, 19, 30, 59, 67 ff., 112 f., 163, 213 f., 300, 305
Schulgrammatisches Wissen 436
Schulische Sprachreflexion 200
Sekundarstufe I/Mittelstufe 78, 87, 258 f., 294 ff., 367
Sekundarstufe II/Oberstufe 139, 170, 258 f., 294 ff., 309, 469
Semantik 64, 114, 177, 289 f., 254, 504, 508
Semantisch 74, 214, 217 f., 227, 299, 376, 437, 565
Semiotik 94 ff., 528
Semiotische Grammatik 94 ff.
Sensibilisierung 559
Sentence combining 441 f.
Silbische Schreibung 270

Situativer Grammatikunterricht 13, 20f., 113, 343, 476
Sozialformen 356f.
Sprachanalytische Methode 87
Sprachaufmerksamkeit 48, 146, 184, 196, 385, 553, 557
Sprachbetrachtung 31, 42, 45f., 194, 242, 330, 347, 457, 475, 480
Sprachbetrachtungsaktivitäten 52, 247, 350
Sprachbewusstheit 25f., 31, 41, 46ff., 53, 174, 185, 266, 284, 287, 390, 393, 431, 475, 477, 482, 565ff.
Sprachbewusstsein 14, 195, 287, 464
Sprachbuch 70, 278, 365ff., 474
Sprachdidaktik 3, 112, 215, 247, 333, 401, 577
Sprache und Sprachgebrauch untersuchen 198, 330, 344f., 385, 457ff., 475ff.
Sprachentwicklung 308ff.
Spracherwerb 97, 176, 243, 309
Sprachevolution 308, 319
Sprachgebrauch siehe bewusster, reflektierter Sprachgebrauch
Sprachgefühl 48, 195
Sprachhandlung 153, 224, 559
Sprachkritik 194ff., 309, 326ff., 352
Sprachkritikkompetenz/sprachkritische Kompetenz 330ff.
Sprachlehre 11, 49, 330, 475
Sprach-Lesebücher 366f.
Sprachliches Handeln 110ff., 195, 360
Sprachliches Wissen 429
Sprachmischung 202ff.
Sprachnorm 45, 329f., 484; siehe auch Norm, standardsprachliche
Sprachphilosophische Fragen 353
Sprachreflexion 41, 43f., 174ff., 184, 195f., 242, 266, 286, 299ff., 331, 343, 457ff.; siehe auch außerschulische Sprachreflexion, explizite Spr.refl., funktionale Spr.refl., implizite Spr.refl., schulische Spr.refl., vorschulische Spr.refl.

Sprachreflexionskompetenz/sprachreflexive Kompetenz 243, 271, 330
Sprachspiele 78, 174ff.
Sprachthematisierung 28, 41, 47f., 53, 194f.
Sprachunterricht 14, 78, 194, 334, 350, 391, 462, 576
Sprachursprung 323
Sprachvariation 201, 312
Sprachverfall 194
Sprachvergleich 70, 385ff., 467
Sprachwandel 308, 312ff., 484
Sprachwissen 41, 49ff., 77, 146, 477, 556; siehe auch Wissen
Sprachwitze und -rätsel 442
Stellungsfeldermodell 216; siehe auch topologisches Modell
Stilistisches Können 247
Subjekt 75f., 85, 221, 224, 227, 234, 375, 384, 437, 508f.
Subjektion 137
Subjunktion 218, 232ff.
Substantiv 67, 81, 83, 134, 219, 275, 309, 538, 540, 571, 573; siehe auch Nomen
Symbolfeld 130, 134f., 136
Symbolische Prozedur 80, 134, 249, 300f.
Syntaktische Funktion 275, 407, 430, 580
Syntaktische Schreibung 272
Syntax 110, 136, 194, 276, 290, 508, 585
Synthetischer Sprachbau 65, 314
System 28, 65, 87, 91, 93, 133, 139, 166, 205, 214, 308f., 326, 484, 579
Systematischer Grammatikunterricht 194, 199, 213, 326, 347, 365, 415, 419, 428, 457, 477, 499

Tacit knowledge 248; siehe auch implizites Wissen
Tempus 290, 292ff., 349, 375, 504, 554
Termini/Terminologie 11, 16, 23, 41, 64, 84ff., 103, 218, 232, 349, 372ff., 379, 434, 474, 482
Terminiliste/Terminologieliste 19, 213; siehe auch Verzeichnis grundlegender Fachausdrücke (der KMK)

Sachwortregister

Test 30, 437, 474, 482 ff., 502, 505
Text 115 f., 143, 481, 518, 552; siehe auch argumentativer Text, literarischer Text, narrativer Text
Text verfassen 242 ff.
Textnahe Lektüre 552 ff.
Textqualität 440
Textsemantische Funktion 301, 403, 430, 499 ff., 519, 547, 557, 580
Textualität 142 ff., 292, 557
Textualitätsbewusstheit 284
Textverstehen 70, 145, 282 ff., 442, 488
Topologisches (Satz-)Modell 277 f.
Traditionelle Grammatik 16 f., 69, 110, 112, 163, 488
Traditioneller Grammatikunterricht 213, 299, 437, 473

Umstellprobe 73, 171, 224, 275, 546
Unterricht, integrativer 61; siehe auch integrativer Grammatikunterricht
Unterrichtsforschung, empirische 415 ff.
Unterrichtsgespräch 352, 357
Unterrichtsmaterialien 352, 377
Unterrichtsqualität 353 ff., 415 ff., 419
Ursprungsmythen 323

Vagheit 90, 295
Valenz (Verb-) 227 f., 365, 508
VERA 482 ff.
Verb 17, 81, 214, 217 ff., 374, 383, 394, 505 ff., 538, 565, 573
Verb, finit 120, 137, 220 ff., 224
Verb, infinit 137
Verberstsatz 224
Verbklammer 222, 394; siehe auch Satzklammer
Verbletztsatz 234 f.
Verbzweitsatz 223 f., 509
Verfahren, operationales 347
Vergegenständlichung 184
Vergleichende Methode 385
Verschiebeprobe 17, 75, 487
Verstehen, literarisches 554
Verzeichnis grundlegender Fachausdrücke (der KMK) 85, 214; siehe auch Terminiliste/Terminologieliste

Vorfeld 74, 220 ff., 558
Vorschulische Sprachreflexion 174 ff.

Wen-oder-was-Frage 214
Werkstatt 348; siehe auch Grammatikwerkstatt
Werkstatt(unterricht) 356
Wie-Frage 70
Wissen 27, 51, 285, 429 ff.; siehe auch deklaratives Wissen, deklaratorisches W., explizites W., grammatisches W., implizites W., metakognitives W., morphosyntaktisches W., problemlösendes W., prozedurales W./ prozessuales W./ Prozesswissen, schulgrammatisches W., sprachliches W., Sprachwissen, Wissen in Funktion,
Wissen in Funktion 267 ff.
Wissensarten 286
Wissenschaftliche Grammatik 19, 62 ff., 103, 110 f., 142, 148, 160, 163, 177, 216, 286, 398, 458, 475
Wort 70, 103, 170, 187
Wortart 5, 60, 85, 101, 133, 188, 216 f., 289, 300, 431, 488 f., 514, 540, 565
Wortartenlehre 60
Wortbildung 70, 392, 467, 540, 561
Wortform 3, 137, 473
Wortgruppe 24, 70, 74, 80, 146, 220, 230, 273, 572
Wortschatzerwerb 309
Wortschreibung 268

Zeichen, siehe grammatikalisierte Zeichen, grammatische Z., lexikalische Z., punkthaltige Z.
Zeigfeld 130 ff., 514, 523
Zeigwort 82; siehe auch Deixis/deiktisch
Zugänglichkeit 49, 177
Zusammensetzung 572; siehe auch Komposition, Kompositum
Zweifelsfälle 253, 275, 326, 351, 379
Zweisprachigkeit/zweisprachig 310, 312, 322, 401, 556
Zweitsprache 45, 204, 302, 380, 444; siehe auch Deutsch als Zweitsprache
Zweitspracherwerb 311, 314, 385